协作系统观的企业理论

——基于协调机制演化的分析

朱富强 著

社会科学文献出版社

SOCIAL SCIENCES ACADEMIC PRESS(CHINA)

目　录

下卷 企业组织的归属、治理和绩效表现

导　读

由于本书篇幅较长、涵盖范围较广，并且提出了迥异于承袭新古典经济学思维的企业理论和分析框架；因此，在正文之前有必要就本书研究的基本思路和相关内容作一简要介绍，以便读者能够更明晰地理解本书所得出的系列观点。

第一节　本书的理论目标及相应内容

一　问题的提出

"经济学"一词最早是 oikos（家庭）和 nomos（法或原则）的结合，它的意思就是家庭管理的原则。因此，从起源学来看，"经济学"研究的根本对象是组织，而管理组织的目的在于提高组织运作的有效性，组织运作的有效性又体现为合理的分工。一般地，人们积极参与某种组织，就在于组织所形成的分工合作能够带来分工收益与合作剩余，从而使得每个成员都能够获得更满意的收益。但是，这又衍生两方面的问题。（1）组织所产生的分工收益大小取决于成员之间的合作程度，而成员是否采取合作行为以及在多大程度上进行合作则取决于采取机会主义行为的成本，即机会主义行为是否会受到惩罚机制的有效制约。显然，这涉及制度和规范的建设与完善问题。（2）成员从分工合作中获得的满意程度又取决于分工收益的分配，而分工收益的具体分配则取决于成员之间的竞争，取决于由此产生的分工规则。显然，这涉及收益的分配问题。因此，组织成员间充满了竞争与合作的关系，而这种关系不仅关涉分工合作，也关涉收益分配。这也符合经济学研究的核心议题——组织、分工、制度和分配。

根据上述核心议题，我们可以进一步理解经济学研究的具体内容。在宏观方面，就涵括了国家组织的组成、社会分工的深化、国民经济的发展、收入分配的优化以及社会制度的改进等；在微观方面，则包括组织结构的构建、组织资源的配置、组织成员的关系、协作生产的分工、共同成果的分配、组织运行的方式及治理，等等。威克斯蒂德指出，经济学"可以包括对资源管理的一般原理的研究，不管这种资源管理是个人的、家庭的、企业的，还是国家的；包括对在一切管理中发生浪费现象的方式的检查"（转引自埃克伦德和赫伯特，2001：10）。要真正厘清组织问题，要揭示与组织相关的治理、分工以及分配等问题，就必须探究组织的性质以及组织的本质。事实上，如果组织由特定个体所成立和控制，那么，组织就具有主权性质，为特定个体所有，主权者管理组织的主要目的仅仅在于提高自身收益，这就是狭义的效率问题。但是，如果组织是由众多个体通过契约而成立和控制的，组织就具有公共机构属性，属于所有利益相关者所有，此时组织的有效运行呈现出强烈的道德性，关乎分工收益在成员之间的分配。

那么，如何揭示事物的本质呢？一般地，本质是事物的根本属性，是由隐藏在事物表象后面的内在结构决定，不同认知主体基于不同的研究视角往往会得出不同的结论；而且，社会事物之间本来就形成一种相互作用的错综复杂的共生关系，而不像自然事物那样存在着一种单一的万有引力。特别是，由于社会事物自反馈效应造成的复杂性，人类是无法完全认识到事物本质的，所能做到的仅仅是对本质认识的深化，而这本身需要认知主体具有足够广博的知识。譬如，对企业组织的研究就是如此，它需要把企业组织和家庭组织、国家组织等联系起来进行类比和联想分析，同时，也需要运用其他领域的知识及思维方式进行综合和萃取分析。其实，作为经济及社会活动的细胞，长期以来，企业都是社会科学各学科所关注的焦点：心理学对企业内员工行为心理和激励机制的研究，社会学对企业内网络关系及其社会成本以及科层制中的权威关系等的考察，伦理学对企业及其代理人的社会责任的分析以及对规范企业经济学的探索，政治学基于冲突思维考察公司内在的权力关系，法学对公司目标以及企业制度作了解释，管理学集中于企业的组织结构以及动力机制的研究，而经济学则基于经济人假设把企业内部运作纳入成本－收益的分析框架。

然而，由于上述各学科之间乃至同一学科内部的各学派之间对同一对象的分析都是割裂的，因而对企业的存在性质、道德责任、内部关系、组织结构、治理机制以及绩效表现等迄今为止都没有形成统一的认识，更没有一个基本理论框架能系统分析企业的所有方面。在很大程度上，经济学领域有关企业组织的研究基本上还是停留在表象上，要么是基于数理模型的抽象推导，要么是基于计量模型的经验分析。事实上，尽管科斯开创的新制度主义在一定程度上打开了新古典主义的企业"暗箱"，开始触及企业内部的运作；但是，它不仅沿袭了传统新古典主义的理论框架和分析思维，而且两者对企业本质的认知都是一致的：简单地假定企业属于股东所有，追求的目的是利润最大化。同时，在分析企业组织的运行时，新制度主义尽管补充了古典主义所忽视的交易成本，但同时却犯了更大的错误，将企业组织的核心功能——生产和分工——丢弃了。

事实上，从宏观视角上看经济学研究的根本目的是提高社会福利水平，并宣称要解决人类经济的资源配置和资源创造这两大问题。但显然，承袭新古典主义思维的现代主流经济学仅仅研究了资源配置问题，而资源创造问题则被舍弃了；同样，凯恩斯提出了以粗放型资源投入为特征的宏观经济学来探究国民经济的增长，但它同样忽视组织运行，忽视了劳动分工和收益分配等问题。正因为现代主流经济学集中研究个体行为而不关注组织运行，这就造成两大脱节：（1）经济学与管理学的脱节：新古典经济学不再探究企业组织的生产过程、分工过程以及分配机制等问题，因而微观层面的管理发展为一般管理学，它主要集中于组织的设计和变革，关注组织的领导和控制，注重核心竞争优势和战略安排，致力于企业文化和品牌建设。（2）经济学与政治学的脱节：凯恩斯经济学不研究政治运作过程、社会分工和收入的分配机制，因而宏观层面的管理发展为政治学，它主要集中于官僚等级制的构建，热衷于使用财政货币政策，并根据社会力量变动来调整政策政纲。

二　研究的内容

在现代经济学的研究中，企业组织中的分工和协调等逐渐退化为一个简化的动力问题，它依赖于领导人的一种操作艺术，从而成为管理学的专属领域。事实上，要把动力问题的研究上升到理论的高度，必须明确"谁行动"、"为何行动"以及"如何行动"：微观上涉及组织内部的分工和合作，涉及组织治理的激励和约束，涉及资源的配置和收益的分配，涉及组织成员间的关系和互动，涉及企业的文化和惯例。显然，这些都需要将各领域对企业研究的知识契合，这种契合有助于实现资源配置和资源创造之间的统一，从而成为完善和发展企业理论的根本途径，这也是当前企业理论研究的前沿课题。

那么，如何进行知识契合呢？一般地，这就需要从以下三个层次展开：第一步需要将经济学中各流派已初具体系的企业理论进行契合；第二步是尽可能将经济学对企业性质的研究与管理学对企业治理的研究纳入统一框架；第三步才是尽可能地囊括其他社会科学分支的相关研究。后两个层次涉及更为广泛的内容，例如，需要对不同文化下的社会认知和行为机理作深入而细致的剖析，需要对不同国家的企业组织形态、治理方式以及相应绩效作详尽的比较分析。由于篇幅的限制，本书着重基于第一个层次的契合，而将其他层次的契合作为辅助性的补充。

就目前的学术发展而言，企业理论可谓精彩纷呈，如产权学派、交易费用学派、委托－代理学派、管理学派、演化分工理论、所有权控制理论、契约理论、合作博弈理论、利益相关者理论以及超交易费用说和超产权论等。但是，就其基本路线而言，可分为两个基本流脉：（1）强调组织功能的生产分工理论，将企业视为一种协作系统，它关注财富（资源）的创造问题；（2）偏重契约性质的交易成本理论，将企业视为实现特定个体的特定利益的工具，它侧重于资源的配置问题。古典主义企业理论强调，企业组织是为所有利益相关者服务的，但缺乏对企业内部治理关系的系统分析，更缺乏一个可操作的治理机制；相反，承袭新古典经济学分析思路的新制度主义企业理论对企业内部的微观运行机理以及激励机制设计上的研究越来越深入，但撇开了企业本质的探索，从而难以基于大历史观的角度看待企业组织的变迁过程。因此，企业理论发展首先有待于将这两种路线统一起来，结合交易和分工两种视角，实现企业理论的真正契合。

事实上，分立劳动间协调增进是生产力得以不断提高的关键，是人类社会发展的根本源泉，而人类社会各种组织的产生和壮大是根基于协调机制的演化。基于这种思路，本书把企业组织视为一种基于协调机制演化并与特定分工形态相适应的协作系统，并以协调为视角考察企业组织的产生、演化以及相应的组织结构和治理机制等，从而构建一个有关企业组织的理论体系和分析框架。这就是本书倡导的协作系统观。当然，协作系统观的企业理论除了实现了第一个层次的契合外，也可以将其他有关企业组织的知识契合进这一分析框架，从而使得企业理论更为完整和系统。

因此，本书的研究内容主要有如下几个方面。

首先，把经济学中基于分工的古典主义研究路线和基于交易的新制度主义研究路线结合起来，在协调机制演化的分析框架下以新制度主义的基本术语和分析工具来构建新的企业理论体系；该企业理论通过协调机制以及相应协作系统形态演化轨迹分析企业组织的起源，并进而探求企业存在的本质以及规模扩展的界限等。

其次，将集中资源配置的经济学分析和侧重动力问题的管理学分析结合起来，以协调水平和分工效率之间的共生关系为基础构建更为系统的企业分析框架；该分析框架能够在有关企业存在性理论的基础上分析企业组织的结构形态、治理机制、产权安排以及企业效率，从而把企业组织的性质及扩展与治理及效率探讨结合起来。

再次，通过把协调区分为显性协调和隐性协调，并对影响两类协调的因素进行挖掘，从而把科层制组织的权威关系和网络化组织中的契约关系结合起来；这不仅将文化习俗、伦理认同、社会关系等都上升到理论的高度，而且将社会学、伦理学以及其他社会科学学科的相关理论和分析思路契合到协作系统观的企业分析框架之中。

最后，基于协作系统所揭示的企业根本性质有助于理解理想企业组织的结构设置、行为规范、产权安排、治理机制以及规模扩展等，通过引入协作过程中不对称权力的结构域分析可以进一步剖析理论上合理化企业与现实企业之间的差异，而这又把政治学和法学等方面的知识契合到企业理论体系中；这个分析框架可以对现实世界中的非效率的一体化及并购和反并购行为展开有效分析，揭示现实生活中规模过度扩展的内在动因，并对为委托－代理治理和社会共同治理两种模式进行比较。

总之，基于协作系统的分析有助于揭示企业组织的本来面目，认清它合理的规模扩展界限、治理机制并挖掘影响效率的各种因素，从而把企业相关问题都纳入统一分析框架；同时，以协作系统观的企业为理想状态，又可对现实企业偏离本质的状况、原因和程度进行研究，揭示企业 X 低效率的原因。设立理想状态作为参照系也是经济学中的基本分析，如科斯产权定理、M—M 无关性定律等都是如此。因此，本书充分吸收现有社会科学各方面的积极养分，从历史发展角度发展出一个以协调为视角的企业理论；该研究对企业理论发展具有重要意义，并有助于推动相关领域的理论发展。同时，本书有助于理顺当前对企业性质的混乱认识以及对企业治理的扭曲机制，并对中国企业制度的完善以及竞争力的培育等都极具重要的实践意义。

第二节　本书的基本路线及主要思路

经济学本质上是一门社会科学，其理论特性及其应用价值都不同于自然科学。这可从两方面稍加解释。（1）经济学的研究对象本身是人类行为的产物，而不外在于认知主体，因而主体对经济现象的认知也无法脱离自身的经验和感觉，即经济学的理论研究具有强烈的主观性。同时，经济学理论需要建立在具体社会关系下的社会认知和行为机理之上，因而经济学理论也具有非常强的本土性，诸如企业组织的结构设计、治理模式等都不能是普遍主义的。事实上，无论是社会价值观还是对企业组织的认知，儒家社会与西方社会都存在很大的差异，中国人的行为机理也不同于西方人。而且，尽管在过去100多年里已经受到了西方的巨大冲击，但基于儒家文化的传统经济思想至今仍然深深地根植于中国土壤中，深刻地影响着中国人的思维方式。（2）人们对社会现象进行探究的目的不是像自然科学那样仅仅是应用不可变更的基本原理，而是试图对不合理的现状进行剖析和改造以促进人类社会更为良性的发展，因而社会科学的研究本身具有强烈的规范性。相应地，作为一门社会科学，经济学必须把基于实证的"是什么"和基于规范的"应该是什么"结合起来。事实上，不探究"应该是什么"的纯粹"实证"毫无意义，而不知晓"是什么"的"规范"争论也是纸上谈兵。只有把两者结合起来才可真正形成从本质到现象的研究路线，通过探究事物的本质以及引起表象和本质相脱离的因素，而寻找纠正不合理现状的途径。

然而，当前中国大多数经济学人局限于新古典分析框架来研究经济问题，这种分析嵌入了深深的自然主义思维：一方面，基于自然主义的实证论，大多数经济学人热衷于无法得出任何"应然"结论的"实证"，尽管一些人也知道这种纯粹的"实证"似乎提供不了对实践的指导；另一方面，基于自然主义的普遍论，这些经济学人转而把中国社会的实证结果与西方社会的现状相比较，以欧美相关制度作为中国仿效的模式或改进的方向。实际上，这种思维也就是把欧美现存制度当成了"应然"。问题是，欧美的实然制度果真体现了事物的本质了吗？它是否同样经历了一个异化的过程？根据马克思等人的异化理论，由于不对等力量的操纵，人类社会的一切事物都已经被异化了，只不过异化程度有所不同而已。并且，西方社会的一系列制度的形成和发展都有其特殊的社会条件，但这种条件在中国存在吗？显然，这种分析忽视了欧美制度的独特性及其文化基础。也正是由于中国经济学人过于照搬西方的理论及其相应的制度设计，而没有考虑西方制度所基于的社会条件，更没有探究西方社会中一系列制度本身的异化和扭曲；结果，把西方的理论和实践用到中国社会时就造成了更为严重的问题，以致那些照搬的制度设计几乎没有真正成功过，国有企业改革就是如此。

　　事实上，正是由于经济学的研究对象不外在于认知主体，主体的认知也不能脱离自身经验，因此，一门致用的经济学范式就有两大基本要求：（1）要把经验事实和超验思维结合起来，实现"极高明而道中庸"的理论体系；（2）要把规范思辨和实证检验结合起来，形成"从本质到现象"的研究路线。一方面，要正确借鉴西方制度为我所用，就需要对西方社会的力量结构、法制规章以及文化习俗等进行探讨，并且要对在这种社会制度下人类的行为，特别是逆向选择、道德风险等机会主义进行分析，分析此种制度下对人类行为进行制约和激励的机制，从而探究此种制度的有效性。另一方面，要形成全面而合理的理论体系，首先要透过现象去探究经济现象的内在本质，其次要分析事物的现状表现，再次要剖析现状的成因以及引起表象和本质相脱离的因素，最后要寻找纠正事物异化的途径。实际上，把两者相结合就形成了比较制度分析的一般路线，这种分析路线也贯穿于本书始终。当然，这不仅可以分析企业组织，也可以分析其他社会制度，因为组织和制度都是人类行动的产物，都受到特定历史认知的制约。因此，在笔者看来，任何组织和制度的分析或探究都是一种比较分析。

　　就企业组织而言，具体的分析框架可用图 1 表示。

　　然而，当前中国经济学界有关企业组织的理论以及企业运行、管理机制的探讨，主要是借鉴西方主流的企业理论及其所开出的激励 - 监督机制；这种主流的企业理论承袭了新古典经济学的基本思维，把企业视为人格化的资本家，把利润最大化视为企业的发展目标。实际上，这仅仅是企业组织在发展过程中的异化形态，同时也体现了社会事物发展的一般现象；而社会事物在其演变过程中发生异化的原因，主要在于权力发生了集中和转移。在企业组织的演变过程中，团队生产规模的扩大导致了信息越来越不对称，其中，资本所有者逐渐占据了信息优势，并通过法律界定而成为事实上的所有者。正因如此，在现实生活中，企业组织往往存在三种

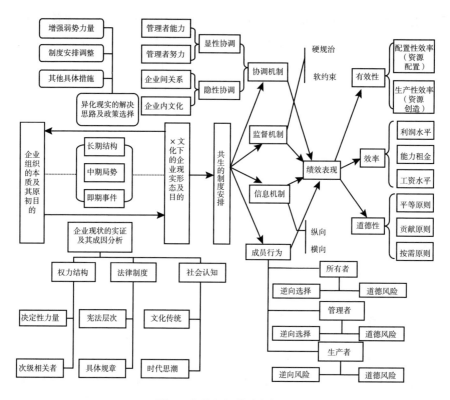

图1　企业组织的分析框架

目标特性：道德性、有效性和效率；其中，道德性是强调协作系统的各要素之间相互依赖的责任问题，有效性是指完成协作系统原初目的的程度以及自身维持问题，效率则是指个人满足的充足程度。相应地，现实世界中，企业目标实际上蕴含了寓意不同的双重特性：前两者反映了作为协作系统的基本要求，后者则是现实企业被当作私人牟利工具时的基本诉求。

当然，在不同时期，随着企业组织的现实与本质相背离的程度差异，企业日常行为中所表现出来的追求目标也存在不同。特别是，一般来说，成员个体参与组织协作就是以满足个体动机为寄托的，也就是说，协作系统内的成员个体首先关心的是效益问题，而不是整个协作系统是否有效的问题。相应地，哪个成员控制了企业组织运行的决策权，那么，他就会根据个人利益最大化的效率原则来决定企业组织的治理机制、分配规则和规模大小。例如，在早期资本主义社会，企业组织的决策权不是协作系统内的所有成员按照一致同意的原则决定的，而往往是由控制信息的极少数人决定的，这些人往往是创业者、股东或董事会成员；后来，随着所有权和经营权的分离，拥有内部控制权的经理阶层开始左右了企业的发展方向；近来随着企业权力的分散，又开始兴起工人自治说。

同时，在不同社会文化下，基于不同社会价值观而对企业组织的认知角度不同，企业组织被异化的程度也不一样，因而追求的目标也存在差异。这典型地表现在东西方社会的差异上，如日本企业就比较接近于协作系统的要求，从而带有浓厚的道德性要求。

一方面，基于自然主义和个体主义思维，西方社会往往把市场主体视为孤立的个体，认为个体间的竞争会导致社会利益的最大化，从而促进整个社会的发展；为此，西方主流企业理论强调，企业产权必须界定到个人，只有私有产权才是有效率的，这是现代产权学派的基本理论。并且，由于企业管理者都仅仅是股东的代理人，其职责是为股东利润最大化服务，而股东则可以随意买卖股票以实现其利益最大化；为此目标，董事会往往倾向于聘请那些能够在短期内提高股票市值的金融界、法律界以及流通领域的人才，而衡量企业管理者工作的直接标准就是股票的市场价值。进一步地，西方商业主义和市场经济的发展使得个人主义价值观主要体现在金钱回报上，因而不仅企业组织在雇用工人和管理者时往往会根据边际生产力来支付生产要素的报酬，而且这些被雇佣者也随时准备流动以寻求给予报酬更高的雇主，这导致了西方社会的企业组织很难形成较为稳定的共同体文化。特别是，根据主流的企业理论，市场上的活动主体都具有很强的经济人特征，只要有可能都会实行机会主义行为；因此，企业所有者必须采取一定的激励－监督机制保证其所聘用的代理人采取符合其利益的行为，这就是广为流行的委托－代理理论。显然，广为流行的新制度主义企业理论主要是基于西方社会思维和实践的总结，在一定程度上仅仅体现了欧美尤其是美国企业的运行特征。

另一方面，我们在东方社会，如日本的企业中却看到了完全不一样的情形，它们的实践与流行的企业理论之间有很大反差。譬如，日本企业更愿意从内部提拔具有专业知识的管理者，这些管理者一般也不会仅仅为更高的报酬而频繁跳槽，他们更关注企业组织的长期发展而不是短期的股票收益，更关注企业利益相关者的利益而不仅仅是企业股东的利益，更关注自身的长期声誉而不仅仅是短期的物质回报；同时，企业内部往往实行"终身雇佣""年功序列""内部晋升制""轮岗制"等制度，这使得员工对企业组织具有强烈的认同感，企业组织和员工之间以及员工相互之间也逐渐形成了密切的私人联系，从而产生了浓郁的企业共同体文化。此外，日本社会的持股主体主要不是自然人，而是法人（企业法人），相互错综复杂的持股关系使得日本社会内部实行一种"社会共同治理"的模式；在这种情况下，整个社会都形成了一种"强互惠"的关系，从而大大缓解了机会主义行为的弊端。

显然，尽管同为发达的市场经济国家，但日、美两国企业组织的运行方式和制度却表现出很多不同的特点，相应地，这两种相异的企业治理制度在不同时期的效率也很不一样。就这两种体制的发展和效率比较而言，我们可以看到，从"二战"后到20世纪60年代中前期，基于个体主义的美国企业制度一直具有很高的效率，促进了美国经济的高速发展；但是，从60年代中后期一直到80年代，基于集体主义的日本企业体制却开始爆发出强大的竞争优势，甚至在80年代基本上已经全面胜过了美国的企业，这曾经在学术界和实务界引发许多探讨与争论。当然，进入90年代以后，随着人类社会生产方式的转变，基于个体主义的美国企业似乎更能适应新形势的变化，这体现为美国新经济的蓬勃发展，而日本经济则长期低迷。不过，美国这种一枝独秀的领先地位仅仅持续了很短的时期，到了21世纪初就又开始走下坡路了；相反，尽管日本企业在新经济开创力上远不如美国企业，但信息产业发展却开始蒸蒸日上。

那么，为什么会出现这样的差异呢？文化，应该是我们不得不考虑的重要因素，在探究中国企业的制度变革时也必须考虑中国人与西方人在行为机理上的差异。

其实，就传统中国社会而言，它也非常强调企业的道德性，从而认知比较趋近于企业的本质，这有点类似于日本社会，因而也必然产生与根基于西方社会的主流企业理论不一致的要求。究其原因，中国社会具有深厚的人本主义基础，它不仅强调个人维持自然有机体内部的均衡与和谐，强调个体生命的全面发展；而且，还进一步推广到人际社会关系的和谐，因为这也是人类多样化需求的重要方面，从而维护社会的稳定和有序。因此，传统中国关注的是处于社会关系中的"社会我"，从而形成以社会为中心的价值取向；在这种社会关系中，社会财产往往无法界定到个体，而是与所有发生关系的人都有牵连，而且，组织也被视为人们通过契约而成立的相对独立的共同体，它仅仅是个人权利的"裁判者"而不是"主权者"。显然，在这种公有化的企业组织中，组织的运行和发展就不是为某一特定个体与群体的利益服务，而是为共同体所有成员的利益服务；也正是在组织社会化的前提下，这种普遍联系的动态演化分析衍生出了社会共同治理模式，要求建立普遍而对称的激励－约束机制，而不是基于单向监督的委托－代理机制。

　　因此，尽管当前中国学术界接受和宣扬的是新制度主义企业理论，实践中推崇的也是源于欧美企业的治理模式，但我们必须清醒地认识到，这种简单搬用其本身就存在着严重缺陷。究其原因，主流企业理论及其相应的治理模式仅仅体现了西方社会的基本思维和行为机理，并且西方企业的一系列制度也有其特殊的社会条件。特别是，我们应该明白，企业管理本身不仅仅甚至主要不是涉及物质资源的配置问题，而更主要涉及人力资本等社会资源的配置问题，涉及如何充分激励人力资本主体的主动性。显然，一旦涉及人与人的关系领域以及社会资源的配置这些问题，理论就具有非常强的本土性。究其原因，人与人之间的互动必然涉及人的偏好问题，而不同社会文化中人的偏好是有差异的，从而不能采用同一种治理模式。因此，如果不搞清制约中国社会的经济结构、文化结构、制度结构，就解决不了企业的治理问题，基于西方个人主义和主权价值观的委托－代理治理模式用到中国企业身上时就会变得无效。但是，目前的流行研究却往往以欧美相关制度为中国仿效的模式或改进的方向，这显然忽视了欧美制度的独特性及其文化基础。

　　基于上述分析，笔者提出了一套简化的比较分析范式，即基于文化（culture）－结构（structure）－治理（governance）－绩效（performance）的 CSGP 分析范式，来对不同文化中企业的组织、治理方式和绩效表现等进行比较研究（见图 2）。

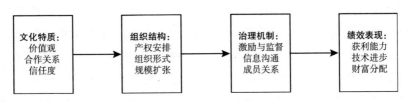

图 2　CSGP 分析范式

通过基于 CSGP 范式的比较分析，我们就可以更好地认知不同制度的优劣及其适用条件，从而为本国的制度改造提供服务。一方面，通过揭示文化性制约条件及其与社会力量结构和偶然性因素如何结合导致了企业组织的变异、多样性和演化，识别、理解和进一步阐释在不同组织形态下企业治理机制、信息状态以及个体的行为表现，从而为中国企业制度的改进和完善提供来自不同经验的知识基础。另一方面，通过对不同文化下企业绩效的实证研究探究不同企业各自的优势及其相应的文化伦理，通过对制度原生国与引入国的比较分析，从而为跨国制度学习与创新提供健全的知识基础。特别是，把从本质到现象的研究路线与 CSGP 分析范式相结合，不但可以揭示现有的企业理论以及管理模式所存在的缺陷，而且可以创造性地阐释文化传统，从而实现真正适合本国国情的技术和制度创新。事实上，从国外引入的创新，它所蕴含的意会性知识与传统观念必定有一定程度的冲突，这就需要对文化意义系统进行局部修正乃至重新阐释，使产生创新的意会性知识纳入演变着的文化传统之中，从而为导致结构转变的能动作用提供基础。

总之，正是由于企业制度本身是具体社会中人之行为互动的结果，而人的社会性行为则受传统习俗、文化以及法制的影响；因此，企业制度的改进不是一个简单的照搬过程，这也正是当前中国企业改革的艰难性所在。显然，如果不对企业本质和中国文化有深入的了解，不对不同国家的企业制度的文化共生性作深度的比较研究，那么，我们就无法"设计"或摸索出适合中国国情的有效企业制度，借鉴他国的经验也会是"头痛医头，脚痛医脚"，最后就是一个几无改革效力的"四不像"。实际上，在接受西方理论和实践之初，我们把美国企业制度当成主要的模仿对象和基本的改进参照方向，后来随着对日本企业制度了解的逐渐增多，又开始将日本模式视为更适合国情的选择；但是，由于 20 世纪 90 年代后日本经济开始出现了停滞而美国的新经济开始蒸蒸日上，又开始把欧美模式视为具有普遍意义的，从而决然抛弃日本模式而追求欧美的期权激励等治理模式。结果，中国企业改革路径就这样变来变去，最终几乎什么方向也没有了，以致迄今依然没有形成较为成熟的制度模式，各类企业制度建设依然还在摸索中。因此，这就要求我们学者基于上述的比较制度分析路线，深入地剖析各种体制的成因及其本身的适应性，并从本土文化入手寻求适合中国人行为机理的企业制度。

第三节 本书的理论前沿及相关研究

本书的首要研究目的是要对企业组织的本质进行探究，因为不了解事物的本质，就不能对事物的现实状态与本质之间的偏差进行衡量，更无法探究偏离本质的原因。然而，当前学术界占主流地位的新制度主义企业理论从市场的交易成本来说明企业存在的原因，这不仅未反映出企业组织从其他生产组织演化而来的史实，也没有为企业的运行机理提供真正的认识以及可操作的建议。实际上，它还是承袭了新古典主义的分析框架，把企业组织视为追求股东利润最大化的工具，而把雇佣工人以及管理者都视为外在于企业组织的投入要素；因此，基于交换分析视角的新制度主义企业理论并没有真正打开企业"黑箱"，以致当前包含在企业理论标题下的内容远远少于以追求利润最大化的企业家为重要角色的市场理论。

基于新古典经济学思维在处理现实问题上的无能为力，越来越多的学者开始对目前盛行的交易费用分析神话作批判性审视，并出现了一些不同的流派。首先，是强调公司管理者自治的"管理学派"。管理学派以现实中经营权与所有权分离为基础，基于管理者的控制权而以管理者效用最大化来取代股东利润最大化的假设，把企业组织视为管理者满足个人利益的工具，从而把"增长最大化"以及"销售最大化"作为企业组织的目标。其次，是强调工人控制权的"工人自治学派"。该理论把企业组织视为工人自愿联合的实体，并以工人效用最大化来取代股东利润最大化的假设，把企业组织视为劳动者实现其个人利益的工具，将资本所有者等的利益视为外生给定的。然而，这两种分析思维都没有对传统企业理论构成致命挑战，因为它们还是承袭新古典经济学的基本逻辑：把企业组织视为仅仅为特定个人或群体实现其特定效率的工具，将分析集中在具有支配权的参与者的效用最大化上，从而将企业治理视为单方向的管制，这是利益冲突的根源。

为了缓解这种冲突，一些学者相继提出了更为新颖的观点和理论。首先，魏茨曼等提出了分享理论，认为企业利润应由资本家和工人分享。但是，这仅仅是基于治理的考虑，而没有为之提供理论基础，更没有涉及对企业本质问题的探讨。其次，青木昌彦等提出了合作博弈理论，把企业组织视为由股东、管理者和雇员等成员组成的一个联盟，认为利润分配主要取决于各方的谈判模型。尽管这种基于相对力量理论的分析从外在力量的博弈均衡解释了工资的多样性，但它并没有揭示事物的本质，相反是对现存制度的合理化确证。事实上，社会各方的力量总是在不断变化，从而影响社会组织的发展，但现世的组织结构往往是事物异化发展的结果；正因如此，青木昌彦的分析无法为现实的分析提供一个合理的参照系，进而也就无法预测企业的发展趋势。最后，近年来日益盛行"利益相关者"理论，该理论开始触及企业的本质，并在更广的范围内考察企业组织的性质和成员间关系。但是，它并没有对股东价值观企业理论何以盛行提出合理解释，以及对现实企业组织的运作如何偏离利益相关者社会观进行剖析。

此外，也有不少学者从起源学角度探究企业组织的产生和性质。首先，管理学先驱巴纳德就把企业组织当作一个协作系统，并从系统的协作过程中演绎出了其组织论和管理论。巴纳德把正式组织定义为一个有意识地协调两个以上的人的活动或力量的体系，认为人们在正式组织中进行的是有意识的、有计划的、有目的的协作，而经理人员的基本职能就是协调；特别是，他还区分了作为协作系统本身的有效性和作为控制者个人目的的效率。其次，管理思想家德鲁克也认为企业组织本质上是一种社会协作系统，企业组织作为人类互动而自发形成的正式组织是组织人们为共同目标而奋斗的一种手段，是一个以满足社会需求为目的而把人们联合起来的社会机构。德鲁克认为，现实社会将企业组织视为股东个人产权汇总的观点仅仅是法律上的推定，而目前的法律和实践已抛弃了这一不成熟的假定。再次，企业史权威钱德勒梳理了大企业得以兴起的原因和过程，认为企业规模壮大从根本上讲是协调机制演化的结果。钱德勒（1987：578）甚至指出："除非经济学家能够对管理协调的功能加以分析，否则公司理论将仍然是一种生产理论。组织结构（生产要素通过它才能得以结合）不仅调节着主要经济部门中当前产品流程，它还要为未来的经济活动分配资源，因而更值得经济学家注意。"最后，纳尔逊和温特等人借助"惯例"的概念来分析企业演化。纳尔逊和温特认为，企业决策中实际存在着若干"惯例"和"选择惯例"的行为，这种演化经济学的分析方法开始把企业看作一个动态变化的组织机制。

本书继承了利益相关者社会观的基本思路，并从演化的角度进一步完善协作系统观的企业理论体系，从协作系统角度探讨利益相关者社会观的合理性，分析利润分享对协作的促进意义，并借鉴权力视角和博弈思维来探讨现实企业组织中的利润分配。显然，该企业理论更深刻地揭示了企业组织作为协作系统的根本性的源目的，同时，它在梳理前人理论的基础上又将交易和生产、竞争和合作、互动和支配、理性与权力、本质和异化、合理性和现实、演化和均衡、监督和协调、显性协调和隐性协调等对立统一的各方面契合起来。根据协作系统观的企业理论，微观企业组织的效率很大程度上来自劳动主体之间的协调，而协调水平则与相互之间的认同有关，这是企业管理中的隐性协调；而且，由于不同社会文化中人的偏好是有差异的，因而由不同的认同关系和隐性协调水平又形成了不同的治理机制。正因如此，我们说，企业组织的结构形态和相应的治理方式具有非常强的本土性；为此，在探究企业理论时又必然会涉及文化对企业治理和绩效的影响以及不同文化下对企业组织的比较分析等。

因此，基于协作系统观，在对企业组织的结构、治理及绩效进行分析时，本书还大量吸收了其他相关的研究成果。以下从两大方面予以说明。

一 文化对企业治理和绩效的影响

自泰罗、法约尔以后的很长一段时间内，企业组织被看作依据专业化和管理边际形成的合理有效的组织结构，它的立足点是加强系统的管理和控制。直到 20 世纪 20 年代以后，芙丽特在研究组织的运行时逐渐认识到了协调的重要性，并提出了组织中存在的一些协调原则：直接接触协调原则、事先协调原则、多因素协调原则、连续协调原则等。芙丽特的研究成为传统基于科学管理的组织理论研究和行为科学组织理论研究的过渡性环节，此后，管理学家已经逐渐认识到人不仅是经济的存在物，还是社会的存在物，不仅是理性的存在物，还是感性的存在物，从而发展了从人群关系入手研究个人和群体行为的行为主义管理学。特别是梅奥领导的霍桑实验，充分注重了人的情感、态度因素，从而得出不同于以往的结论：组织中的人是复杂社会系统中的成员，组织的领导应该通过增进组织成员的满足程度来激励人的工作；而且，除了正式组织外，还存在大量的非正式组织。自霍桑实验以后，管理学界开始重视非正式组织，此时人际关系得到了越来越多的重视。例如，利克特就研究了组织中的"相互支持关系"，认为完整的组织必须包括一个复合的巧妙搭配的群体结构，并且小组成员之间彼此都能结成"相互支持"的关系。后来，麦格雷戈就把科学管理时期以指挥、控制为主要特征的组织理论称为"X 理论"，并强调在组织之中，对人们之间协作的限制不是对人性的限制，而是对管理部门如何认识其人力资源潜力的独创性限制。为此，麦格雷戈又提出了相应的"Y理论"，主张用Y理论来取代X理论作为现代组织管理的基础，而威廉·大内在比较日、美企业的基础上进一步提出了"Z理论"。

在经济学界，西蒙将心理学应用到企业理论研究中，提出了有限理性和基于满意的次优利润观。莱宾斯坦因基于耶基斯－多森法则率先把除由市场决定的资源配置效率之外的影响企业效益的组织效率称为"X效率"，并在一系列著作中将之扩展为一种全面的理论体系，建立起了X效率理论的基本分析框架。当然，莱宾斯坦因所考虑的引起X低效率的主要因素在于生产者由于机会主义而产生的偷懒行为，或在职闲暇引起的实际劳动效率下降，其根源是信息的不完全；为此，他也曾提出用"劳动力利用不足"一词取代发展经济学的"隐蔽失业"一词。不过，随着对团队生产中协调作用认识的不断深化，对X低效率的探讨也具有了更广阔的视角。例如，日本学者植村利男在探究影响企业X低效率的因素时，除了指出由个人动机、企业内部动机和外部动机等引起的劳动投入问题之外，在一定程度上也认识到由非市场投入因素引起的劳动效率问题。因此，随着对企业内在特性的不断揭示，更多的学者日益认识到影响企业效率的多种综合因素。例如，青木昌彦甚至提出了制度非效率以对应于配置非效率，认为制度非效率是在特定制度框架下企业决策变量错误安排的结果。尽管如此，迄今为止学术界对X低效率更为全面的分析还是零星的，理论界对X低效率的认知主要还是停留在莱宾斯坦因所揭示的机会主义方面，这也使得主流经济学家在为企业提供处方时往往不恰当地着眼于对机会主义的抑制方面，从而无法真正解决企业效率问题。

为此，本书基于协作系统观，详尽探究了协调对企业效率的影响，全面剖析了影响企业协调水平的十大因素：技术水平的高低、经营者的协调能力、产权安排的结构、组织规模与结构的适应性、社会制度设施、企业追求的目标、信息的沟通机制、企业文化的凝聚力、企业间的合作关系、社会的伦理价值。这十大因素在不同的侧面和场合也得到不少管理学者的阐述。例如，斯坦福大学的巴斯卡尔与哈佛大学的艾斯就提出与上述影响协调因素大致相似的"7S"管理模式，把目标、人员、技巧和作风等因素视为"软S"，而将其余的因素视为"硬S"；他们通过对日本松下电器公司和美国国际电话电报公司的比较发现，美、日企业管理的根本差别就在于日本比美国更注重"软 S"。关于企业目标的重要性，还得到其他组织设计理论家的重视。例如，芙丽特就把组织运行的关键看成是个人与组织的协调，而在这一协调过程中，组织必须让个人了解其总体目标，从而使组织的总目标成为所有成员的共同目标。当然，要使组织成员认同组织的目标，就必须使组织的利益与个人的利益相统一。也就是说，组织要为成员的利益服务。显然，如果企业组织是协调成员和增进成员利益的协作系统，那么，这种利益和目标的统一也就有了深厚的基础。可见，作为协作系统的企业组织，其效率根本上来源于其成员的认同，这包括对上级权威的认同、对其他成员工作的认同以及对企业利益的认同等。因此，一个管理者如果能够把企业组织建设成一个真正默契认同的集体，那么企业组织也就成了真正有机团结的共同体。

二　不同社会文化下的企业治理比较分析

早期比较经济学的存在是以与资本主义体制相对立的社会主义体制的存在为基础的，往往采用"主义"（意识形态）分类法进行比较研究，比较的重点是不同经济类型的差异和对立，而很少涉及它们之间的共性和统一性。后来，在东西方社会"趋同假说"的推动下，比较经济学开始摆脱本质论思维的支配，其研究主题也由经济体制改为经济制度，比较的内容也逐渐扩展到经济体制的组织、结构和职能等方面。随着苏联和东欧社会主义国家的解体、剧变及其转型，东亚金融危机和欧盟成立，世界各国的市场制度越来越多元化，一些学者重新产生了对市场经济体制下制度安排的差异性进行研究的兴趣，从而出现了新比较经济学。（1）在研究对象上，新比较经济学抛弃了"主义间"的比较方法，而是主张对"主义内"的各种体制进行比较，着眼于不同的市场经济体制框架下的具体制度安排，比较分析各国制度的差异及其原因以及它们各自的有效性。因此，研究对象进一步细微化：从原先宏观的体制视角转为微观化的制度视角，从"主义比较"转变为具体制度差别及其绩效比较。（2）在研究方法上，新比较经济学不再侧重于对体制的一般性特征或普遍性问题进行比较分析，不再是局限于一种即时的、静态的研究，而是进一步从历史的视角、文化的视角以及民族的视角来考察制度差异的系统性与特殊性问题。而且，新比较经济学还进一步运用现代主流经济学发展出来的所有新理论——博弈论、不完全信息经济学、委托－代理理论——来对经济运作过程中经济主体的交换关系所涉及的信息和诱因问题——机会主义行为、道德风险、逆向选择——进行分析，大力借用各种组织和体制理论，尤其是新制度经济学，包括产权理论、交易成本理论、委托代理理论、新经济史研究等。

就组织治理和效率的比较而言，新比较经济学形成了三个主要流派。（1）以蒙泰斯、内尔、纽伯格、伯宁等为代表的"组织学派"。该学派偏重于不同体制或制度下的组织比较分析，其研究的内容包括：组织的内部结构、行为及其目标，组织的不同类型及其控制和代理问题，企业组织之间的联系与超级组织，组织的力量与工会，组织与宏观经济学，制度绩效及其比较，制度变迁的动因及其影响等。该学派认为，组织是由下列元素构成的三位一体：一群相互影响的个人，一组制约这群人决策的规则和正式程序，与经济组织息息相关的环境。此外，该学派还建立了区分组织的三个标准：谁拥有、控制或者赞助这些组织以及组织追求的目标是什么，组织成员所享有的行政、财务或者金融自治的程度，组织内部的治理方式。（2）以青木昌彦、米尔格罗姆、钱颖一、利德巴库、奥野正宽等为代表的"比较制度分析学派"。该学派使用了最广泛的、跨学科的研究工具，如博弈论、信息经济学、社会学的分析工具等，特别是博弈论成为比较制度分析的主要工具。该学派从社会学的前沿成果中汲取了营养，试图在一个统一的博弈论框架下分析制度多样性的源泉和影响，如把"社会嵌入性"和"社会资本"等概念引入经济制度的分析之中。（3）格雷夫开创的"制度的历史分析学派"。格雷夫意识到博弈论分析作为系统研究制度的理论工具有其不足之处，认为为了理解特定的制度安排在某特定国家演化生成的原因仅囿于博弈论框架本身是不够的；相反，他强调，只有分析经济体系中的社会、文化和政治因素与技术、禀赋和偏好之间的相互关系，才能对经济绩效有所了解。为此，格雷夫将历史经验的归纳分析方法与博弈论框架有机结合起来，实现了分析方法的重要创新。例如，格雷夫通过对信奉集体主义的马格里布商人与信奉个人主义的热那亚商人在交易活动中的制度安排差异及其制度变迁的比较分析而得出了一般性结论：集体主义制度与个人主义制度各有利弊。

当然，新比较经济学是在新古典传统的理论框架内被提出的，这种理论的最根本特征，是以资源配置效率作为评价经济体制的首要甚至唯一标准，从而认为任何经济组织、体制以及整体制度所要解决的问题，不外乎经济运作过程中经济主体的交换关系所涉及的信息和诱因问题；但是，它

却将技术创新或生产性效率改进以及这种改进与体制变迁的关系等一系列
问题诉诸外生决定。即使以青木昌彦等为代表的比较体制分析，其理论建
构起点也是个人化理性选择及其均衡。当然，由于均衡必须通过博弈过
程，这就意味着，相对于最优状态或"较有效率状态"而言，个人化理性
必然是有限的，个人化理性的某些集合（即集体理性）才是体制的更根本
特征。也就是说，不论是以其特有的组织理论还是以政治经济学为基础，
新比较经济学分析经济体制的视角始终没有离开个人化理性选择及其均
衡，其评价经济制度的标准始终还是资源配置；其创新之处在于，标准的
新古典经济学假定了最有效率的体制是个人化理性选择及其均衡的自然产
物，新比较经济学则将这个假定发展成可以论证的命题。因此，流行的比
较经济制度研究的范式危机，其实反映了它所引用的方法论（个人化理性
选择及其均衡）与所关注的研究对象（现实中的多样化经济体制和制度）
之间的矛盾。为此，笔者的研究特别强调在不同文化下理论内涵的差异，
这涉及人的社会性以及价值观的不同等问题。显然，正是由于不同文化下
产生了不同的心理结构、社会认知和行为机理，产生了不同的组织结构、
治理模式和绩效表现，这就有待于我们把这些方面结合起来进行分析。事
实上，学术界也已经有不少学者开始了这一探索性工作。例如，布莱尔通
过对所有权与控制关系的分析探索了新的公司治理机制，青木昌彦基于
日、美企业模式构建了信息－组织－决策比较分析框架，迪屈奇则超越交
易成本理论对公司动态发展提供了一个基本分析框架。近来，道（Dow）
展开了工人控制理论的探究及其相应实践的分析，贾科毕（Jacoby）则基
于日、美企业的比较而提出了合作性治理模式，格雷夫的比较研究也是一
项令人瞩目的工作，等等。这些研究都推动了企业理论和治理模式的发
展。

第四节　本书的基本框架及主要观点

一　研究的框架

本书的基本目标是通过对组织起源和演化的考察，揭示企业组织
作为协作系统的本质，并通过对企业相关理论的契合而构建一个以协
调机制演化为分析视角的企业理论；同时，通过探究现实企业的组织

演化和治理特征，形成基于从本质到现象的研究路线以及产权安排、治理机制和企业绩效三位一体的分析框架。显然，这个理论及分析框架有别于仅仅关注现状的新制度主义企业理论，从而更有助于对企业长期效率的探究，更能够清晰地预测企业组织的演变轨迹。基于上述理论，还要通过比较制度的分析来探究适合中国文化和国情的企业之组织结构、产权安排、治理模式等。基于这一目标和分析框架，本书分为 12 章。

"基础理论准备"部分是通过拓宽传统劳动价值理论来探究协作系统中的价值创造问题，这不但为探寻企业组织的起源提供研究思路，有助于探究企业组织的异化后果，而且也为企业组织的效率源泉提供了理论基础，从而揭示了管理者的基本职能所在。首先，从系统论的观点对系统内的价值创造理论进行反思和发展，简要介绍了系统论的有效劳动价值说的基本思想；其次，对协作系统中不同类型劳动的性质作一剖析，对迂回生产的过程和本质进行分析，从而揭示协调对协作系统中价值创造的意义；再次，基于有效劳动价值说考察了两类社会间接生产劳动——指挥协调和监督约束——的性质，探寻了它们未来的不同走势，从而为企业效率的探讨提供理论基础。

"企业组织的历史起源"部分是基于协作系统的演化进路梳理企业组织的起源，通过探究生产力的变化以及协调机制的演进轨迹来揭示协作系统的形态嬗变，这种演进主义的企业组织起源分析显然不同于新制度主义从市场推导企业的静态思路，但却有利于弄清企业组织的本质。首先，从协作系统中各生产要素的协调演进出发，剖析协调机制发展的历史轨迹，梳理与协调机制相适应的协作组织的嬗变，从而揭示企业作为协作系统的根本性质；其次，对不同协作系统中协调机制的特点进行剖析，挖掘协作系统中协调水平何以增进的原因；再次，从演化博弈的角度对企业组织的演进路径发展作了证明。

"企业组织的存在性质"部分是基于协调的角度探索现实企业的存在性质，它不但通过协调将组织内外的两类分工有机统一起来，而且还把生产和交易充分结合起来揭示企业维系存在和发展的基础，从而避免了古典经济学偏重于生产而新制度经济学只重视交易的两类弊端。首先，对基于交易的新制度主义企业理论和基于分工的古典主义企业理论的发展过程进行梳理，并对两者内在的缺陷进行剖析；其次，通过对新制度主义和古典主义分析路线的契合形成了以分工协调为主并结合交易的分析框架，从动态演进的角度提出了有关企业的新学说——综合收益增进说，从而更为全面地探究了企业组织的存在；再次，通过对分工效率演进的梳理，挖掘分工效率产生的根源，从而基于协调将分工和交易以及企业组织的内外分工统一起来。

"企业组织的规模界限"部分是对理想化企业和现实企业的规模界限进行探究，它基于从本质到现象的路线分别探究了体现协作系统本质的社会合理规模和被异化了的现实企业的规模扩张，从而提出了有效规模理论，并且，根据不同的异化力量探索现实中不同企业组织的规模特征。首先，基于新制度主义和古典主义的契合分析而发展出综合收益增进说，分析了企业规模扩展的合理界限；其次，通过引入权力分析，考察企业扩展过程中由于信息不对称而产生的收入转移效应，并由此揭示现实企业规模过度扩张的特征；再次，通过对不同情形下控制企业扩张的基本力量和主要目标的剖析，对诸如中央计划经济下的企业规模、工人自治型的企业规模、网络或集群中的企业规模以及不同文化下的企业规模进行了比较分析。

"企业组织的产权归属"部分是探索了作为协作系统的企业所有权谱系和现实中的所有权归属，它不但揭示了体现协作系统本质的企业所有权分散化要求，而且通过对权力和法律的引入揭示了企业所有权的现实界定及其演化。首先，从产权的内涵以及具体物与抽象企业之产权差异，特别是，从协作系统内部构成要素的平等地位出发，揭示了企业产权本质上的共有性；其次，分别梳理股东价值观和相关者利益社会观两种理论的思维逻辑及其演化轨迹，指出新制度主义将企业组织界定为资本所有者单一主体所有，是特定时代资本强权的产物，并与协作系统观相悖；再次，通过引进权力结构对劳资雇佣关系的实质、现状以及演变进行分析，特别是从人力资本的异质化角度出发，探讨具有高度异质性人力资本的企业家取得企业控制权的发展趋势。

"企业组织的治理结构"部分是探讨不同企业观下的治理结构问题，它不仅探索了与流行的股东价值观相对应的委托－代理机制，也基于协作关系的本质剖析了与利益相关者社会观相适应的社会共同治理模式，并对各自的适用性作了比较说明。首先，对新制度主义强调的委托－代理模式的适用性进行剖析，并基于企业权力分散的角度考察了实践中广泛使用的代理人监督代理人模式；其次，基于协作系统观探索了社会共同治理模式，并比较分析两类治理模式的绩效；再次，通过对中外社会治理环境和企业治理机制的比较，强调中国企业治理中加强监督的重要性和紧迫性，指出目前流行的激励理论适用性之不足；最后，根据代理人监督代理人的分析思路，提出相应的并较为适合我国国情的产权结构安排。

"企业组织的绩效表现"部分是剖析企业低效率根源以及提高绩效的动力，它不仅从理论上阐明了协调对企业效率的根本性影响，并通过全面梳理影响协调的因素来比较分析不同企业的绩效问题。首先，从协调水平对协作系统价值创造的根本性作用出发，分析了传统 X 低效率内涵的狭隘性，剖析造成企业 X 低效率的协调低效率内容；其次，根据影响两类协调水平的主要因素，对影响企业低效率的因素作了全面分析，从而考察提高绩效的动力问题；再次，基于对协调水平的剖析，通过对日、美企业进行比较分析，探索其各自协调的优劣因素；最后，进一步探讨了企业一体化中的协调效应和转移效应以及集群企业中的协调机制，分析了集群效率中的文化伦理因素。

"家族企业的存在解析"部分是对家族企业中隐性协调和治理机制特点的分析，它不仅揭示了缘伦理在各类组织中的核心地位，分析了缘伦理开放性转换的历史要求，同时，也比较分析了缘协调在当今企业组织中的优劣，从而探讨了家族企业的合理性变革。首先，通过对协作系统中的影响隐性协调的根本因素——伦理——的考察，分析家族企业中协调机制的优劣势；其次，分别对不同社会文化背景的现代企业以及同一社会文化下的家族企业和现代企业作比较研究，从中探索缘协调在当今社会中的优劣；再次，分析家族企业内部的治理机制，对家族企业的财务和治理软约束进行挖掘；最后，考察当前中国家族企业的现状和特色，分析其存在的意义和适应性，探究其内在的隐患和未来发展的方向。

"结语"部分是对企业组织的结构演变进行探索，主要从生产要素的改变角度来揭示新的协调机制特征，并由此来探索企业组织的网络化趋势。一方面，它从生产力水平的发展、分工水平的深化、伦理认同的扩展出发，梳理作为协作系统的企业组织本身的组织结构、治理模式等变化过程；另一方面，它考察了企业组织所面临的网络化新特征以及相应治理模式的改变，从而揭示隐性协调对未来企业效率的重要意义，以及企业形态的演化趋势。

二　创新的观点

本书最大的特色和创新是理论体系构建的更全面和分析范式的系统化：基于从本质到现象的研究线路构建了一个协作系统观的企业理论体系和分析框架，在为企业提供了理想形态的基础上又对现实企业进行了比较分析。一方面，该分析框架把目前似乎隔离的对企业组织性质的探讨和对企业治理机制的研究结合起来，把资源配置问题和动力问题纳入一个统一的分析框架；另一方面，还把社会科学各学科有关企业组织的研究契合起来，不但为企业组织的研究提供了一个基本参照系，而且剖析了现实企业偏离合理状态（即本质）的程度和原因，从而把规范企业经济学和实证企业经济学纳入了一个统一分析框架。

显然，本书的逻辑前提与传统企业理论存在明显差别：传统的新制度主义企业理论主要从静态角度出发，把企业组织当作特定某个主体所有的工具，并从这个法定所有者的角度考察企业组织的规模扩张、内部治理等问题；本书的研究则把企业组织视为人类为满足自身需求而寻求与他人合作的协作系统，并且从这种合作半径扩展出发考察企业组织的产生、发展以及本质特征。正是基于考察前提的不同，它提出了一系列有别于传统的独特观点，得出了与传统理论相差较大的结论。例如，在企业组织的起源上，本书发现了协调机制的演化轨迹，从而更有助于对企业长期效率的探究，更能够清晰地预测企业组织的演变轨迹；在企业组织的性质上，本书提出了基于动态分析的综合收益增进说；在企业组织的规模上，本书揭示了收入转移效应以及现实企业过度扩张的内在动力；在企业组织的治理上，本书提出了相应的社会共同治理模式；在企业组织的效率上，本书剖析了协调低效率及其深层原因。

事实上，本书几乎在众多问题上都有所创新，这些观点存在于每一章节之中，这里不再一一列举，只将一些主要观点通过列表简要说明如下。

（1）就企业组织的理想状态和现实问题而言。企业组织本质上是人们为提高劳动有效性而形成的协作系统，在协作系统内各成员分工合作而促进了劳动之间的协调，并由此形成了相应的组织运行机理、生产和分工机理以及资源配置机理；但是，企业组织在其发展过程中，由于生产要素所有者地位的不平等而导致了异化的发展，企业组织不再是为所有成员服务，而成为为特定个人服务的工具。根据这种分析，这里将现实中的主流企业形态与本书所揭示的企业内在本质进行比较（见表1）。

表1　企业组织的本质和表象

比较内容	企业组织的内在本质	企业组织的异化表象
起源路径	生产组织的演化	市场的对应物
起源动因	协调水平增进（辅以交易成本节约）	交易成本节约（辅以生产成本节约）
性质界定	公共机构（public institution）	私人产物（private property）
性质体现	裁判者（judge）	主权者（dominion）
研究视角	协作系统（coordination system）	获利工具（facility to make profit）
追求目标	效能（efficiency）	效率（benefit）
目标体现	综合收益增进	利润最大化
行为特征	为己利他	机会主义
效率来源	协调水平增进	劳动投入增加
管理取向	协调、合作	领导、控制
协调类型	侧重隐性协调	重视显性协调
产权归属	模糊的公有产权	清晰的私有产权
成员关系	附属共同体的社会化部分	以契约为纽带的独立个体
治理机理	双向的社会共同治理	单向的委托－代理机制
治理特征	浓郁的缘规则	典型的抽象规则
扩展边界	基于协调的综合收益最大	企业剩余利润最大

（2）就企业组织的未来发展而言。随着知识形态物化劳动的积累、人力资本异质性的增强、企业内部权力的分散，企业组织作为协作系统的特性也将愈发明显；在这种情况下，曾经被异化的企业组织也将逐渐向其本质状态回归。关于这一点，我们从现实中企业组织的演化也可以看出，如施沃伦（2004：中文版序言）就将资本主义中企业的新模式与旧模式作了对比，这体现了企业组织逐渐向其本质的回归（见表2）。

（3）就中国企业的文化根植性而言。从文化伦理和行为机理上讲，基于儒家文化基础上的组织更为接近其本质，因为基于"知行合一"而追求"极高明而道中庸"的中国传统理念有助于追求和谐的社会理想境界；因此，中国企业制度的建设应该根基于传统儒家文化，只有这样才能形成和谐的企业治理机制，促进企业的持续发展。表3体现了东西方社会在认知特质、行为机理、组织结构以及治理模式方面的差异。

表 2　企业组织的两类模式

新模式	旧模式	新模式	旧模式
整体性世界观	"二元论"世界观	真实的需求	人为制造的需求
作为共同体的企业	作为机器的企业	工作适应人	人适应工作
相互依赖的团队	"金字塔"结构	合作	竞争
员工民主	由上至下的等级制	追求质	追求量
放权给员工	管理层说了算	非中心化	中心化
开放式管理	封闭式管理	非线性化	线性化
发挥所有人的才干	雇佣军	理性的,直觉的/整体的思维	独尊理性
分享目标	一切听命于上司	弹性文化	硬性文化
工作与娱乐的统一	工作是工作,娱乐是娱乐	重精神内涵	重物质产品
长期效果	短期效果	强调和谐与同情	强调侵入与进攻
放眼全球	局限地方	文化多元论	物质至上论
整个系统的进化	控制、剥削	男女平等	父权制
开放的系统	封闭的系统	双赢	输—赢
与自然的协调	统治协调	共荣	你死我活
适当的消费	鼓动消费		

表 3　中西文化与企业组织比较

比较内容	主流西方社会	传统中国社会
根基的基本领域	自然界	人类社会
处理的基本关系	人与自然	人与人
原初的需求层次	物质生活	社会情感
实现的主要方式	发展科学知识以最大化利用自然资源	培育人文精神以克制私欲和调适社会关系
理性拓展的途径	由物及人/从物性到人性/由自然到社会	由人及物/从人性到物性/社会到自然
相应的理性特质	刚性的工具理性	软性的价值理性
基本的人性特征	性恶论(经济人假设)	性善论(由人性四端衍生出四善)
行为的主要特征	个人主义/普遍主义	集体主义/特殊主义
居先的价值观	权利优先/自由和平等补充	责任优先/仁爱和正义补充
衍生的社会困境	权利和自由的内在冲突	对居上位者的监督缺位
行为的外在制约	权力制衡/法制为根本,伦理辅之	社会舆论/德伦为体、礼法为用
行为的内在制约	敬畏上帝(负疚罪感的道德)	修心成圣/羞愧耻感的道德
社会的基本结构	夫妻关系、同序结构	父子关系、差序结构
社会的核心组织	外生的法人组织	自然的家庭或家族组织
社会组织的归属	清晰的私有产权(产权界定至个人)	模糊的公有产权(社会化共同体)
管理者行为方式	领导、控制	协调、合作
组织的治理机制	单向的委托－代理机制	双向的社会共同治理
治理的核心依据	一般性的社会契约	具体性的缘关系
治理的效能体现	强于监督,弱于激励	强于激励,弱于监督

（4）就中国企业的改革方向而言。在产权安排、组织结构、治理机制等方面应该与特定的社会习俗和文化伦理结合起来，这也就是企业模式的

本土化和传统化问题；同时，要努力克服本土模式在演化中可能的内卷化问题，而积极吸收其他文化下企业模式的有益养分，这是企业模式的国际化和现代化问题。例如，我们一方面说中国社会是集体主义的，缺乏个体自主的意识，另一方面又说中国人极度个人主义，整个社会就像一盘散沙而难以组织起来；同时，我们一方面说西方人是个人主义的，很难充分发挥集体的力量，另一方面又说西方社会具有高度的社会信任度，从而很容易组织起来。那么，我们如何理解这两种貌似矛盾的说法呢？这就涉及两个社会的文化及相应的协调机制。传统中国社会的关系主要建立在特殊的社会背景上，孕育出了非常浓郁的非正式制度以及强大的缘共同体，从而使社会呈现出明显的集体主义特征；然而，由于这种特殊关系限制或排斥了一般抽象性的正式制度建立，从而导致社会缺乏一些外生的组织。相反，西方社会的关系主要是建立在一般性的抽象规则之上，从而正式制度比较发达，并由此可以形成诸多的社会组织；然而，由于非正式制度的不足限制了个体之间更密切关系的建立以及组织的凝聚力，从而又导致组织效率低下。显然，中国社会的问题在于普遍主义的正式制度的不足，而西方社会的问题在于特殊主义的非正式制度的匮乏，因而企业组织的合理建设应该是把两者结合起来，这也是中国企业的本土化和现代化问题。

总之，本书提供了一个开阔的研究视角，它有助于我们更系统地认知企业组织的起源、演变以及未来的发展趋势，也有助于我们更全面了解企业组织的性质、目的以及结构，有助于我们更清楚地探究企业组织的效率来源以及相应的治理模式。事实上，企业组织本身也是社会的一个细胞，它有自己的独特生命，也有其应承担的责任，而不能简单地成为特定个人或群体的工具；否则，这种工具性的企业组织是难以维持的（除非它能够适应环境不断地进行变革），对社会整体发展来说也不是很有利的（最多是次优的）。日本稻盛财团董事长稻盛和夫就写道：如果仅仅"拘泥于自己的事业、自己的利益，看到的范围就会有限，自己周围的狭窄的利益虽然能够看到，但超过一定的范围就看不到了。如果能摆脱利己，摆脱自己的事业、自己的具体活动，视野就会扩大好多倍。我发觉去掉自己的私心来思考问题，我的视野就会扩大"，"老是想着'我'，就会把自己封闭在窄小的世界里。相反，如果脱离了'自我'，世界观、宇宙观都会自然地发生变化，我感到摆脱自我，实际上能看到对自己有利的东西；拘泥于自我，结果就会看不到世界的真实面貌"。

绪论：反思新制度主义的企业理论

笔者以为，研究社会现象的社会科学应该遵从从本质到现象的分析逻辑，其研究的一般路线是：首先，透过现象去探究经济现象的本质，辨析事物的本质应该是什么；其次，分析事物的现实状态，阐释事物的现状实存是怎样的；再次，考证引起表象和本质相脱离的因素，探析现状的异化形态因何形成；最后，揭示异化了的事物现状导致的危害，探究如何防止和纠正这种异化趋势。显然，经济学本质上属于社会科学，其研究的经济现象也属于社会现象，因而经济学从根本上也应遵循这种研究路线。实际上，这也是古典主义的基本研究路线，因为大多数古典经济学家都把经济学视为社会科学的一个分支来加以研究，都关注事物的本质。然而，自一群从事自然科学（工程学、数学及其他）的学者发起边际革命以来，经济学就开始把研究对象日益局限于人与物之间的关系层面，新古典主义范式也带上了深重的自然主义思维，并把这种思维推延到社会现象之中，把社会现象及其内在的关系也看成是不变的。正因如此，源于新古典经济学范式的现代主流经济理论基本上都是发展了功能主义的分析思路，它仅仅分析事物的外在表象，而没有揭示其内在实质。

即使就 20 世纪下半叶兴起的新制度经济学而言，它开始批判新古典主义对制度的舍弃和对人性的抽象，但基本上还是承袭了新古典经济学的分析框架和基本思维，是将新古典经济学的经济理论运用于对法律制度的理解和改进；其理论基础依然是把人视为"自我利益"最大化的实现者，并以经济效益贯穿于其制度分析的始终，从而诸如机会成本、价值、效用、效益、效率等微观经济学理论的一些概念术语都成为制度经济学家经常使用的术语。正因如此，新制度经济学的企业理论存在着严重的局限。（1）它对企业组织的分析基本上都仅仅着眼于企业运行的表象，对企业组织的结构、扩张、治理、产权以及效率的分析都是基于力量博弈的考虑；相应地，它仅仅从市场的交易成本的静态比较中说明企业存在的原因，这不仅没反映出企业组织从其他生产组织演化而来的史实，而且也没为企业组织的运行机理提供真正的认识以及可操作的建议。（2）它承袭了新古典主义把企业组织视为追求股东利润最大化的工具，把雇佣工人以及管理者都视为外在于企业组织，从而没有真正打开企业"黑箱"，没有分析企业内部真正的运作和生产过程，而仅仅考察企业内部的契约关系。显然，这种组织契约与市场契约并没有实质的差别，以致当前包含在企业理论标题下的内容远远少于以追求利润最大化的企业家为重要角色的市场理论。（3）它没有揭示企业组织的实质，也就没有真正去剖析现状偏离本质——企业组织本身发生异化——的原因，而是想当然地把基于力量博弈的均衡存在视为合理；因此，尽管当前有关企业的理论和分析视角精彩纷呈，但由于它并没有为观察企业现状提供一个支点（参照系），从而基本上都无法真正预测企业组织的走向，也无法提高对企业组织的实质性认识。

赫胥黎曾指出，新的真理的通常命运是，以异端邪说开始，以迷信告终。新制度主义企业理论的命运也大致遵循了这一规律，因此，在以交易成本为核心的新制度主义甚嚣尘上的中国经济学界，我们有必要静下心来对这种思潮作一深入的反思。

第一节　主流企业理论的发展背景及简要评价

目前，中国研究企业理论的学者大多信奉新制度经济学的企业理论，并且以科斯为宗。人们称赞科斯、崇拜科斯，为他作为年仅 21 岁的本科生就洞察出企业"黑箱"内幕的智慧而鼓舞，为他在高手云集的芝加哥大学舌战群儒的气概而振奋，甚至现代制度经济学领域言必称科斯。[①] 正因为"科斯开启先河的分析"（埃格特森，1996：139），使得这篇"湮没多年而又终显不朽辉煌的文章"（费方域，1998：18）在那次舌战群儒之后的影响"与日俱增"（张五常，1996；威廉姆森，1996a）。人们开始把科斯描写成一个英雄、一个伟人，一个难得的智者；他具有坚定的意志而在得不到承认的情况下默默追求自己的信念，具有骄人的智慧且在学术生涯之初就确定了自己毕生的研究方向。[②] 例如，布劳格就高度评价了科斯开拓性

---

① 参见张五常（2000b）的《罗纳德·哈里·科斯》一文。
② 参见沃因（Werin，1997）在 1991 年诺贝尔经济学奖颁奖大会上对科斯的介绍。

的两篇论文，他说："仅仅一篇论文就产生一门经济学分支的事例已属罕有；产生两个分支更不待说；而产权经济学和法律经济学乃是近 10 年来迅速发展起来的两个经济学分支，它们的产生可以直接追溯到科斯关于社会成本的论文"（布劳格，2003：57）。

　　笔者无意贬低科斯的贡献以及科斯本人的出众智慧，但还是感到纳闷：如果科斯从年轻时代就认识到自己研究的价值并把它作为毕生科研的目标，那么何以在此后最富学术思想的二三十年间，没有就此展开一系列的相关研究、发表一系列的理论文章来阐述自己的洞见？我们知道，大凡具有一定坚定信仰的人，一定会为自己的观点摇旗呐喊或者埋头苦干，以孜孜追求其思想的传播。例如：李斯特发现了当时以斯密为代表的古典主义经济学的狭隘性，从而在整个世界巡回鼓吹自己的国民经济学；马克思认为英国的古典主义走向了错误的道路，从而毕生埋头于构建自己的批判理论体系；戈森、杰文斯、瓦尔拉斯以及威克斯蒂德等人没有因自己的理论无法为时人所理解而放弃进一步的探索，他们的努力最终改变了经济学；凡勃伦则洞悉马歇尔开创的新古典经济学中抛弃制度、文化分析的错误，从而宁愿终其一生郁郁不得其志而不放弃其批判；哈耶克断言凯恩斯主义经济学中存在"致命的理性主义自负"，从而作长期的孤独的呐喊；布坎南在自己的观点没被接受之前一直颠沛流离，但也没有改变自己研究的思路和主题。同样，近期中国经济学界引以为傲的杨小凯也因认定自己的分析是对新古典的修正而一直致力于自己的超边际经济学体系的构建工作，更不用提顾准等那一批先辈在如此恶劣的环境下还尽最大可能以尺牍留人间。

　　同时，尽管自边际革命开始的经济学专业化和学院化以来，职业经济学家的知识结构就越来越狭隘，但即使如此，绝大多数的诺贝尔经济学奖获得者都是理论体系的构建者。像萨缪尔森、阿罗、哈耶克、缪尔达尔、弗里德曼、西蒙、布坎南、贝克尔、诺思、卢卡斯以及斯蒂格利茨等哪个不是硕果累累？仅有的例外——纳什也是因为他几十年的精神问题才没有著作等身，但其在短短的几年里也发表了大量高质量的文章。但是，科斯却是仅有的例外，仅有几篇文章。更重要的是，在这些文章没有被广为认知之前，科斯似乎对这些早先研究也并不上心；他在《科斯的自述》中承认，如果不是当时编辑指出《联邦通讯委员会》一文中的一个错误，他可能永远不会写出后来被广为引用的《社会成本问题》一文。更进一步地，从科斯的经历来看，长期以来，与他交流的主要是主流的新古典经济学家，所教授的课程也是新古典经济学。既然如此，又如何让人信服科斯很早就有这样的远见：相信交易费用理论将为经济学带来一场革命呢？科斯在题为"生产的制度结构"的诺贝尔颁奖演说中就承认，"我从未想到约60年后，（30年代的）这些思想将变成授予我诺贝尔奖的主要根据"。

所有这些困惑实际上在《科斯的自述》（以下简称《自述》）一文中就可以找到答案。科斯在《自述》中承认，"如果因他（沃因）的介绍而认为我是从一个比较简单的理论开始，然后逐步有计划地添加砖块，一直累积到建立制度性结构理论所需的数据俱已齐备才告罢手，那么实在是误解了我个人思想发展的过程"；"其实，我也直到最近这几年，才有一个清楚的目标。我一直都是在到达之后，才了解自己到了哪里。在每个阶段中，我个人思想的形成，都不是按照事前的宏图伟略而来的。不过到了最后，我发现自己所搜集的砖块拼凑起来，虽然谈不上是完整的理论，但如沃因所称，是一种完整理论的基础。个人认为，自己思想的发展，似乎接近生物界的演化，由各种偶发事件而带来了改变"。事实上，"撰写《社会成本问题》这篇文章，以及在20世纪60年代和张五常所作的后续讨论"，才让科斯"了解到交易对经济运作的广泛影响"；但是，即使如此，科斯"还未曾系统地评估这个问题"。也就是说，科斯尽管在早期凭借自己的敏锐性发现了新古典企业理论的缺陷，但一直都没有形成较为明确的理论，只是在交易费用理论大行其道，诺贝尔奖委员会已经赋予了他"为建立制度性结构的理论提供了砖块"的贡献后，他才感觉到"找出些砖块的相互关联，以建立起这样的理论体系"的重要性。

科斯是幸运的，如果他1937年的文章也遭受了类似塔洛克、阿克洛夫等一样的退稿命运，他也许将永远不会为后人所提起；如果生活在崇尚匿名审稿的今天或者不是幸运地遇到像迪莱克特这样的编辑，他的《联邦通讯委员会》一文根本就不可能发表，更不要说还会有一帮经济学顶级精英有此"闲情"来与之辩论。而且，如果不是科斯恰好有幸很快接下了《法律与经济》主编的职务，《社会成本问题》一文就不可能得到如此多的关注，更不可能促使《企业的性质》和《社会成本问题》两篇文章被广泛引用（可参见易宪容，1998：21-32）；那么，交易费用的视角被引入经济学中也许就要等待更长的时间了，所谓的新制度学派的出现要推迟很长一段时间。布劳格（2003：127）说："经济学家如果想对当代经济学产生影响，他一定要在适当的时候和适当的地点，而且一定要用适当的语言发表著作。"显然，科斯的论文适逢其时，从而开创了新的科学分支。譬如，卡莱茨基甚至在凯恩斯发表《通论》之前3年就发现了凯恩斯理论体系中的许多基本要素，并且在把那些基本要素放入一个体现不完全竞争现象的模型方面还超过了凯恩斯，但他是在华沙用波兰文把这些思想表述出来的，而在1935年当他终于用法文和英文发表他的著作时，又由于他使用深奥的代数表述而被人忽视了；然而，他的英文著作《经济波动理论论文集》和《动态经济学研究》问世时，则正逢凯恩斯学说处于全盛时期。

经济学也是幸运的，如果不是像西斯蒙第、古诺、戈森、杰文斯、霍布森、维克塞尔、凡勃伦、哈耶克、布坎南等一大批学者即使在不被理解之时也默默笃行其志，并最终使得自己的洞见得以流传，那么，今天的经济学思想将黯然失色。例如，哈耶克早期的一些文章如《经济学与知识》等一直得不到重视，而现在被挖掘出来后则成了信息经济学、演化经济学乃至公共选择理论的基础；戈森本人也自负地认为自己的学说在经济学上和哥白尼的学术在天文学上有相等的荣誉，然而他的思想也是过了20年以后经杰文斯和瓦尔拉斯的重新挖掘才为人们所认识。当然，不仅经济学如此，甚至其他大多数学科的发展也是如此。例如，生活并不宽裕的休谟为了从事自己喜欢的研究工作，不得不到生活费用不高的法国去谋生；并且为了坚持自己的研究理念，甚至一辈子都没能取得大学的教授职位。再说斯宾诺莎，最初他阅读希伯来神秘哲学著作，最终却蔑视这些著作，他阅读笛卡儿著作却大肆抨击笛卡儿，但也从中获得了自己的哲学思想；为了坚守自己的理念，不惜被犹太教会开除教籍甚至面临被暗杀的危险，他的代表作也无法出版。

上面讲了那么多，并不是要否定或苛责科斯及其理论，而是尝试更全面、更客观地认识科斯及其理论。事实上，科斯对经济学的发展是有巨大贡献的。我们知道，社会科学的特色在于思想的多样性，因为它体现了不同主体对同一事物的观察，每个人的视角不一样，那么赋予事物的含义也就不一样，由此就会产生不同的理论和方法。科斯的贡献正是如此，他在年轻时代敏锐的洞察力为经济学注入了新的营养剂，交易费用这个长期被忽略的范畴从此成为经济学分析的一把利刃，从而使得经济学似乎重新焕发了生机。那么，科斯为何有这样的敏锐性？为何能够提出有别于主流的观点？沃因（2003）提出了三方面的理由：（1）他总是反对任何的想当然，他对看起来正常而适用的传统常识总是采取怀疑主义的态度：如果事实和这些常识不一致，他相信事实；（2）他一直坚持经济学家的基本任务是解释我们身边的现象，对我们生活的世界有更多的了解是规划更美好经济世界蓝图的前提；（3）他顽强地坚持古老的"奥卡姆剃刀"原则，除非必要，对简单解释和简单理论的复杂化以及为了使问题的表述更深奥和精美所附加的所有精心安排都是无益的。

显然，如果要进一步追究科斯何以能够跳出教条主义的窠臼——不唯古、不唯书、不唯权（威）——的深层原因，我们就可以发现他的学术背景起到非常重要的作用。正如科斯所说，"在我成长的过程中，对学者的生涯感到懵懂，也无人指导阅读，因此无从分辨严谨的学者与浮夸的术士"；因此，科斯漫无目的地学习了历史、拉丁文、数学、化学、法律以及商业知识。尽管科斯没有"成为编篮工人、历史学者、化学家、工厂经理人或律师"，但是这些知识却极大地促进了他对现实问题的思考，正如他在自述中所说，"像我这样未受过正规训练而踏入经济学的世界，事后证明反而占了便宜。由于未经正规的思考训练，让我在处理经济问题的时候，有了更大的自由度"。实际上，其他能够取得相当贡献的经济学家也与科斯有大致相似的经历、知识背景和学术取向。例如，新制度经济学的另一发扬者和集大成者威廉姆森（1999：译者前言）就说："我成为一名具有跨学科兴趣的经济学家，这是因为一系列错综复杂的经历过程中，这是一件顺理成章的事情。"林德伯格（1998）也认为，"在经济学家中，威廉姆森极为不同寻常，他愿意吸收许多其他学科的内容，包括'公正意识'、'人的尊严'和韦伯式的描述如'计算关系'"。

第二节 主流企业理论的主要缺陷
及理论契合

科斯的经历令笔者想到了斯宾塞。这位出身贫寒、体弱多病而没有受过正统的系统教育（仅仅是他的叔父当过他的三年家庭教师）的传奇人物，仅仅凭借自己时断时续、漫无系统的自学竟然决心要将他那个时代的所有理论科学综合成一个"百科全书式"的体系，并真的在饱受疾病折磨的有生之年完成了《第一原理》、《心理学原理》、《伦理学原理》以及《社会学原理》等十卷巨著。而且，斯宾塞在人生的后期负享盛名，并在学术上也确实影响了涂尔干等一批学者，但遗憾的是，人们对他学术的盖棺论定远不如他生前，有人甚至指出，斯宾塞的胆大妄为部分是因为他的无知。同样，笔者也联想到，黑格尔生前在学术界享受极大的尊荣，但死后批判就随之而来；究其根源就在于，其学术的说教色彩居多，而内在逻辑不足。之所以说这些，就是想表明那些暂时获得巨大声誉的思想和理论并不一定能够持久。同样，如果对科斯思想的发展历程进行简要的梳理，我们从思想发展历程的角度同样可以发现其引领的新制度主义仅仅强调交易成本的分析同样可能存在的内在逻辑缺陷。

事实上，尽管科斯在很年轻的时候就敏锐地发现传统企业理论的缺陷，并天才地提出了"交易费用"这一具有重要意义的研究视角；但是，科斯的主要贡献是批判性的，在于他发现了传统分析中的缺陷，而不是建构性的，更没有提出什么完美至善的新理论。而且，即使科斯的洞见后来经过众多学者的进一步阐发和修正，已经逐步发展起几门声势颇为壮大的经济学分支；但是，这些新兴学科的缺陷依旧存在，如所谓的法和经济学实际上在利用新古典经济学的供求原理为实在法作辩护。就企业理论而言，新制度主义企业理论与传统理论具有同样的缺陷，甚至比古典主义企业理论的缺陷更大；因为它重视了交易而忽视了生产，分析了现象而舍弃了本质。正如赫胥黎的告诫所言："新的真理的通常命运是，以异端邪说开始，以迷信告终。"这句话同样适合科斯及其所开创的交易成本理论，正如科斯自己（2008）所说，"我的文章在伦敦经济学院的前辈中受到的是毫无兴趣的冷遇，经济学界中其他人的反应也相差无几"；但是，它现在却成了无数组织分析文章所必引的文献。

一方面，尽管以科斯为代表的新制度主义者在一定程度上打开了企业组织的"暗箱"，开始触及企业内部的运作方面；但是，新制度主义企业理论不仅沿袭了传统新古典经济学的企业理论的分析框架和分析方法，而且两者对企业组织本质的认知都是一致的：它们都是简单地假定企业所有权归属物质资本所有者所有，企业组织的目标都是为了股东的利益。相应地，公司的治理也是从股东的角度着手，而把雇佣工人以及管理者都视为外在于企业组织，公司从市场上招聘员工只不过是实现股东利润最大化的工具。不过，尽管已经有越来越多的学者对目前盛行的交易费用分析神话作了批判性分析，同时，强调公司管理者自治作用的"管理学派"也提出"增长最大化"以及"销售最大化"的新企业目标；但是，所有这些分析都并没有对新制度经济学构成致命的有效挑战。究其原因有二：（1）绝大多数批判忽视了对其理论的假设前提和理论逻辑中缺陷的剖析；（2）没有形成一个新的更具说服力的分析框架（刘元春，1991：2）。事实上，所有这些理论都把企业组织视为仅仅为特定个人或群体实现其目的的工具，而忽视了企业组织作为分工深化所衍生的协作系统这一根本性的源目的。

另一方面，尽管交易费用理论确实弥补了古典主义和新古典主义企业理论的一个缺陷，但它却强调过了头，产生了"矫枉过正"的效果，以致流行的企业理论忽视了企业组织的核心功能——生产方面。这一点威廉姆森（2002：29）自己也承认：只有采取这种"极端"的态度才能引起人们的重视。但是，从一个成熟的或者科学的理论发展角度而言，这种态度显然又是成问题的。事实上，我们应该认识到，尽管生产效率的提高来源于分工的深化，而分工又和交易存在密切联系；但是，交易不等同于分工，因为交易本质上属于流通领域的范畴，是对既存收益的交换以获得交换双方主观效用最大化以及交易损失最小化，而分工则是属于生产领域，是为了收益增值。人们参与生产的分工（无论是市场分工还是企业内部分工），其根本目的是获得更大的收益，而这种收益增值的基础则在于分工的有效性，即分立劳动间的协调性；也就是说，分工是有条理协作进行的，人们的生产也就是协作系统中的团体活动。

其实，就企业理论的发展而言，在经济学说史上有两个基本流脉：（1）强调生产功能的组织分工理论，将企业组织视为一种协作系统；（2）偏重契约性质的交易成本理论，将企业组织视为实现特定个体的特定利益的工具。古典主义企业理论承认企业组织是为所有利益相关者服务的，但它却缺乏对企业内部治理关系的系统分析，更缺乏一个可操作的治理机制；相反，承袭新古典经济学分析思维的新制度主义企业理论对企业内部的微观运行的研究以及激励机制的设计越来越深入，但它却撇开了企业组织的本质，从而难以基于大历史观的角度看待企业组织的变迁。即使就微观分析的对象而言，两种思维也各有利弊。事实上，新制度经济学家批评古典和新古典企业理论只重视生产成本和运输成本，而将资源配置的交易成本忽视了；但是，他们自己提出的企业理论却从相反角度极端突出了交易成本而将生产成本给抹杀了，这是另一种误导。因此，企业理论的真正发展有待于将两种思路统一起来，结合交易和分工的两种视角形成古典理论和新制度理论的真正契合。

笔者一直强调，前提假设的拓展正是理论发展的基础（朱富强，2004：前言）。同时，理论的发展往往是多方面知识契合的结果，威尔逊就写了影响深远的《论契合：知识的统合》一书，强调契合通过将跨学科的事实和建立在事实基础上的理论联系起来，实现知识的"统合"，从而创造出一种共通的解释基础。显然，如果说自然科学之间以及自然科学和社会科学之间需要契合，那么，社会科学内部就更应如此，因为在不同社会科学领域所研究的最终行为主体——人——本身是统一的。具体到社会科学内部的某一具体理论，更加必须全面而认真地对待理论的发展历程。例如，马歇尔就强调经济的"连续原则"，信奉"自然不会跳跃"的格言，坚信经济世界是不断变化和缓慢演进的，认为各种不同的流派只不过是经济思想演进长河中的一些支流，最终将汇合在一起。

究其原因，社会科学具有明显不同于自然科学的特征：自然科学家的兴趣是集中在一般规律上，社会科学者所感兴趣的则主要是那些特殊的、个别的和独特的事件。相应地，两门学科对知识结构的要求也有很大区别：自然科学的特点在于运用基本的知识去分析大量的问题，因而要求的一般专业基础知识比较多，这要求更扎实和更严格的训练；社会科学的理论则距离现实更加遥远，社会科学的理论在能够应用于具体的事例之前，需要更多额外的知识，分析任何一个小问题都需要运用大量的知识。因此，搞社会科学的人需要不断地积累和沉淀知识，所谓"活到老，学到老"用在社会科学领域更加贴切，这就更加需要对前人知识的继承。正因如此，哈耶克（2000a：448）指出："人类智力产生最佳劳动的年龄与一个人成为合格专家而必须积累知识的年龄之间的距离，随着我们从纯理论学科转向具体现象为主要研究对象的领域，会变得越来越长。"可以说，在自然科学中有大量的天才涌现，而社会科学领域的天才则是罕见的，因为它需要的知识是后天学习的，而且需要建立在今后不断学习之上；如数学家或逻辑学家也许18岁就可以做出最辉煌的成果，而历史学家有可能在80岁才能完成其最好的作品。

事实上，不管现代经济学如何强调经济学的科学化和客观性，但从根本性质上讲，经济学毕竟属于社会科学，它具有鲜明的"人文特性"。

显然，研究任何具体的社会现象都需要比自然科学更为广泛的综合性的知识，也更需要对前人知识的继承；也就是说，经济学根本的发展道路在于不同知识和理论的契合，这对企业的研究也是如此。S. T. 鲍曼在《现代公司与美国的政治思想》一书的前言中就深有感触地写道："起初，我打算分析美国政治思想和政治学中有关公司权力的概念和学说，并评估它们在特定的历史背景中的学说方面和意识形态方面的重要性。我的研究最终使我转向了别的学科——史学、法学、社会学、经济学——这些学科包含了大量有关现代公司的研究。我发现，在绝大多数情况下，社会学家并不对其本学科或者本专业之外的学科进行整合与分析，甚至谈都不谈。考虑到许多不同领域的研究所共有的密切关系，这种情况是不应该的。"

不可讳言，正是由于科斯较那些执着于摆弄数理模型的新古典经济学家具有更为广泛的知识，他更能够发现前人所熟视无睹的真实世界。正如科斯（2003）所说："一种对真实世界中发生具体事件的蔑视态度，已成为经济学家们的习惯，且他们自己也并没有觉得有什么不合适的，……主流经济学向来重理论而轻事实。"科斯还曾在《自述》中写道："我把这一切归诸自己并非一开始就主修经济学，而是先接受商科教育，因此我在开始展开经济学研究时，是希望以此来了解真实世界发生的事情。"但是，这并不意味着社会科学的研究视角是唯一的，也不意味着科斯理论已经达到了真理的光辉顶点；恰恰相反，科斯的经历启发我们应该吸收更为广泛的知识，从更为多样化的视角审视企业理论。霍姆斯特姆和泰勒尔在其著作《产业组织》中评论企业理论时就说，"目前，在这个领域内，事实依据与理论的比例非常低"。沃因（1999）曾对阿罗－德布鲁模型评论道："一个真实的制度模型应该不考虑细节。阿罗－德布鲁模型肯定做到了这一点：它将所有的契约看作是简单的价格－数量交易，是在没有混乱和干扰的情况下参与并完成的。但是在现实世界中大量的契约与这些简单的契约安排并没有相似之处。而由于来自经验精确性的要求，它甚至越来越重要，又由于最近各种契约分析流派的快速发展，模型与现实世界之间的差距变得越来越令人担心。"显然，沃因的评论对科斯开创的新制度主义企业理论也同样适用。因此，如何把当前各领域有关企业组织的研究知识契合起来，将成为企业理论发展的基本路径。

第三节　协作系统观的企业理论及其分析框架

基于分工的团队生产实际上是一个协作系统，因此，协调的分析往往都是在一定的协作系统中进行；而且，每一类的协作系统都有其相应的协调机制，那么，我们就可以相应地考察协作机制和协作系统的相互演化。显然，从人类社会发展的大历史角度来看，企业组织也是一种基于协调机制演化和协调水平增进的协作系统；因此，我们就可以从协作系统演化的角度考察企业组织的产生、演化以及相应的组织结构和治理机制。当然，在把企业组织视为人类历史发展过程中形成的有助于分工的协作系统，从而揭示企业的根本性质的同时，笔者又引入了协作过程中出现的权力不对称的结构分析，从而可以进一步剖析企业组织的实际发展。本书遵从从本质到现象的研究路线，把企业组织视为一个人类进行合作的协作系统来进行分析，并逐步形成了以协调来分析企业组织的基本框架，进而构建出了一个有关企业组织的新理论体系和分析框架。

显然，这种理论分析思路和基本前提都与主流的基于交易费用的新制度主义企业理论有很大的不同。（1）从协作系统角度的分析是将企业组织作为一个整体，分析系统内部的有机团结和演化；相反，从交易费用角度的分析则是将整体拆分为两个相对独立的个体。（2）新制度主义的企业理论实质上是继承了新古典经济学的基本思想，把企业组织当成是以财富最大化为目的，而且是以其所谓的所有者（企业主或股东）的财富最大化为目的，并从这个法定所有者的角度考察企业规模的扩张、内部的治理等问题；相反，如果从一个协作系统的角度来看，它追求的就应该是参与协作系统的所有成员的帕累托增进，从而可从合作半径扩展的角度重新审视企业组织的产生、发展及其本质特征。

当然，协作系统论也可以用来分析个体行为，这需要把个体置于不同的系统中，相当于社群主义考察处于不同首属群体中人的行为。从这个圈层的层次上就可以理解人们的不同行为，正如日本学者饭野春树（2004：前言）指出的，"将视角放在协作系统还是组织系统，根据其系统层面的不同，多少能避免管理学和组织理论中出现的混乱，也能整合复杂的道德准则之间的对立"。而且，需要指出，基于协作系统的发展是一个企业组织的理想状态，而现实中它自身也必然发生变异，因此，本书通过分析企业内部的协调性而展开对企业组织相关的系列基本问题分析的同时，还特别对现实中的企业组织与理想中的企业组织之间的差别进行比较研究，从而最终提出一个预测企业组织未来发展的基本思路。

斯蒂格利茨曾指出，经济学要解决人类的两大经济问题：资源配置问题和动力问题，这也是经济学原初研究的两大基本内容。事实上，古希腊人就非常关注对人的控制因素，创造出高超的管理艺术，并在管理配制中制定了对经济理论有重要意义的分析结构，这远远胜过现代经济学。例如，"经济学"一词的最早提出者色诺芬就集中探究了私人和公共事务的适当组织与管理，分析了人口集中和专业技能以及产品开发之间的关系；柏拉图则将这种分析进一步拓展到城邦组织上，分析了国家的政治、经济结构，探讨最优化的政治经济和公平的道德规则，进一步分析了互惠互利的专业化发展和交换理论。

不幸的是，经济学的这两大有机内容随着边际革命的兴起却逐渐割裂开来：经济学主要研究资源配置问题，即使新制度主义重新考虑制度这一因素，它也仅仅是对资源配置方式的比较；动力问题则成为管理学的固有领域，管理学把动力视为一种操作艺术问题，而没有作为一个系统的理论框架。出现这种情形，根本上在于新古典经济学研究取向的转变：它不再关注组织问题，而是转向了个体行为，集中关注个体交换而非组织运行，并且借助日益复杂的数学工具和抽象分析而蜕化为"黑板"经济学；这样，经济学的理论研究与社会现实相脱节，从而也就无法为具体的组织运行提供理论指导。

管理学主要强调组织的设计和变革，强调组织的领导和控制，强调核心竞争优势和战略安排，强调企业文化和品牌建设，但却无法上升到理论层面。现代经济学人在学院课堂里作抽象的数理建模和演绎分析，或者热衷于在给定的统计数据上作机械的量化分析，却越来越不关注现实问题；相应地，管理学人则来往于社会事务间作虚幻的演讲和指导，或者热衷于各种零碎问题的案例研究和对策分析。究其原因，如吴宣恭所说，"他们大多局限于经验层面的总结，只注重考察企业的内部结构和具体运行的管理，缺少应有的经济学的理论分析"；显然，"理论经济学的上述缺陷以及组织管理学与经济学分析相脱节等造成的空隙，不利于正确认识企业这一重要组织的经济关系实质及其运动的基本规律"（林金忠，2004：代序），这就需要将两者的知识和思维契合起来。

实际上，要把动力问题的研究上升到理论的高度，首先需要明确谁行动、为何行动以及如何行动，只有这样，才能有的放矢地施加一定的激励和约束。譬如，在协作系统的企业理论中，我们明确企业效率的增进是企业内外分立劳动之间协调增进的结果，因此，要提高效率，就首先必须关注如何促进协调水平的提高。那么，如何促进协调水平的提高呢？我们又需要剖解协调的内容。一般地，企业内的协调可以区分为显性协调和隐性协调两类。（1）就显性协调而言，主要关注管理者的管理行为。显然，管理者对生产的指挥、市场的估计以及企业发展战略的规划等都是显性协调的具体内容，这里就涉及了当前管理学研究的核心；同时，如果考虑如何提高管理者的协调水平，那么就涉及管理者的筛选机制、激励和监督机制、组织结构的设计等。（2）就隐性协调而言，关键是信息的沟通机制以及决策的贯彻问题。显然，信息沟通的有效程度主要取决于员工对组织的认同程度，这就涉及企业文化以及行为惯例的培育，涉及组织结构的适应性问题，也就是管理学领域关注的动力问题。

可见，基于协作系统的以协调为视角的分析框架，我们就可以把企业内部的激励监督机制建设以及企业文化培育、战略安排、组织变革等都统一到一个理论框架中，从而有效地实现资源配置和动力问题的统一，这实际上也就把经济学和管理学的研究契合起来。也正是基于这种统一，形成了本书的基本框架：上卷主要就是对交易成本学派有关企业性质和规模扩展相关理论的反思，下卷则是对委托－代理学派等集中于委托－代理治理和产权结构安排相关研究的质疑；显然，两卷的分析都是基于共同的理论假设前提和分析视角。为了使读者对本书的意图以及分析方法有更为清晰的理解，在本书的整个行文过程中，笔者尽量把握逻辑分析的脉络，循序渐进地展开分析。

当然，需要指出，思想的成长和体系的形成不是空穴来风，而主要是对前人思想的梳理，特别是对各类理论的辨析和综合，这也是经济学发展的基本路径。例如，这里的协调视角与交易视角并不是对立的，因为交易本身也是协调的一种机制，本书充分吸收和借鉴了交易费用的相关理论。当然，协调的分析也不是古典经济学分工理论的重复，因为古典经济学没有深刻剖析分工效率的来源以及如何促进分工效率的进一步提高。事实上，正是基于对古典主义和新制度主义的契合，本书形成了一个新的分析视角；也正是基于这一框架，我们可以把当前企业理论的不同分支有机结合起来，从而使得经济学内部的各种企业理论之间、经济学和管理学之间乃至经济科学与其他社会科学之间形成较为有机的契合。譬如，目前企业理论中的关于性质探究的学派和关于现实治理的学派就得到了很好的统一。当然，由于把企业组织视为协作系统，这样，从基于分工深化上理解的企业观及其相应结论就会与那种把企业视为特定要素并从交易上理解的企业观存在很多冲突；正因如此，本书从协作系统的角度对企业组织的诸多基本问题重新作了阐释，并提出了诸多与流行的观点不一致的结论。

总而言之，本书从协调演化的视角出发，把企业组织视为一个不断演化的协作系统，从而构建了一个新的企业理论体系，并以此为基础对企业的相关问题作了系统分析，而这个基于协作系统的企业理论体系是笔者构建协调演化的整个社会发展理论体系的一个分支。因此，如果说对以科斯为代表的新制度主义者而言，交易费用是剖析社会组织的一把利刃；那么，对笔者而言，协调演进思维将成为剖析企业组织所衍生的各类现象的一把坚斧。正是运用这把坚斧，本书揭开了企业组织的本来面貌：既不是它的可能面貌，也不是大家所认为的那个样子，并得出了众多富有启发性的结论。事实上，这也是对社会现象进行研究的一般思路：基于某种视角揭示事物的本质，同时通过功能分析认知事物的表象，再剖析表象偏离本质——事物异化——的原因，最后探索纠正事物异化的途径。笔者相信，通过这种分析路线，我们将可以更全面地认知社会现象，更清晰地把握事物的发展趋势，这也正是本书献给广大读者的有关企业组织这一事物的基本观点。

基础理论准备：协作系统中的价值创造

所谓系统，是指一切事物、过程乃至整个世界相互联系、相互依赖、相互制约、相互作用所形成的统一的有机整体。这种把世界看作是普遍联系的整体性思想就是系统思想。从这个意义上讲，任何人类个体与社会中的其他一切事物都存在密切相关，如张载在《西铭》中所称："乾称父，坤称母；予兹藐焉，乃混然中处。故天地之塞，吾其体；天地之帅，吾其性。民，吾同胞，物，吾与也。"显然，系统的根本特征就是成员之间的非独立性以及成员行为之间的协同性。也即，一个系统内的成员个体都处于相互作用的一定社会关系之下，只有相互协作才能发挥作用；从某种程度上讲，成员之间的协作及其行为之间的协调是系统得以长期存在和扩展的基础。同时，从系统扩展的角度上看，人类社会的协作系统是多层次的。巴纳德就认为，广义协作系统是指"为了达到至少一项明确的目的，依靠两个以上的人的协作，在特定的有秩序的关系中的物质、生物、个人、社会各要素的复合体"（转引自饭野春树，2004：21）。事实上，人类社会的扩展过程也就是人类协作系统的扩展过程，人类社会演化出的各类组织也就是特定环境下协作系统的一个形态。例如，企业组织本质上就是人类协作系统扩展过程中形成的一类协作系统，这种协作系统本身也在不断演化。因此，本书就是从协作系统的角度考察企业组织的相关问题，特别是着眼于企业内部要素的协作方面来探索企业组织的规模扩张、治理机制以及绩效表现等问题。当然，由于企业组织仅仅是人类协作系统演变过程中呈现出来的一种形态，因此，要考察企业组织的诞生、发展和变化，考察企业组织的特性、归属及治理，就必须从整个协作系统的性质以及演化规律着手，并首先要对协作系统的目的和意义进行探究。

事实上，作为一种社会协作系统，企业组织是一种人文组织，它与其他所有社会机构一样，是组织人们为共同目标而奋斗的一种手段。梅奥很早就提出，企业组织不仅是一种经济—技术系统，而且是一种社会系统。相应地，德鲁克强调，企业组织的目的必须在社会之中寻找，因为企业组织本身就是社会的一个器官。正因如此，巴纳德把企业组织当作一个协作系统，并从系统的协作过程中演绎出了他的组织论和管理论。在巴纳德（1997：53）看来，"协作体系是由两个以上的人为着协作达到至少一个以上目的的，以特定体系的关系组成的，包括物的、生物的、人的、社会的构成要素的复合体"。也就是说，人类社会之所以会形成协作系统，最深远的意义是为了能够满足人们的需要；协作系统的扩展过程也就是逐渐满足人们日益增长的生活水平需要的过程，也就是社会的进步过程。作为生产领域的协作系统，它满足人类需要的一个重要途径就是，促进人类财富的增长或价值的创造；从根本上说，各种生产组织的出现以及更替主要就是以增进财富增长或价值创造的效率为目的的。显然，企业组织也是生产组织的一种，基本目的也在于尽可能有效地创造更多的财富或价值。不幸的是，自新古典经济学以降，主流经济学就不再关注财富的创造问题，而是集中于资源的配置问题；即使新制度经济学宣称要重新打开企业组织这个"黑箱"，但它的关注依旧停留在交易方面，而对生产过程中的财富创造言之甚少。

那么，协作系统是如何增进财富的增长或价值的创造，以不断满足人们日益增长的需要的呢？诺思（2003a）曾经说过，他对"经济绩效最终源泉'圣杯'的找寻"是从马克思主义开始的，而马克思则是从制度以及相应的组织生产中探究经济绩效的。因此，本书对企业组织形成与发展的探究也从马克思所探究的问题和所提出的一些洞见开始，特别是古典经济学有关价值的论述是我们探讨组织分工及其效率的主要思想源泉。事实上，古典经济学的核心课题就在于研究社会组织是如何利用有限的资源创造出更多财富的。为此，研究企业的生产功能，就必须重新回到古典经济学中去，重新探讨财富是如何创造的。其中的主要理论就是劳动价值理论，因为关于价值（财富）创造的认知关乎生产组织存在和演化的本质。因此，为了让读者对本书的基本思维以及理论基础有更为系统而全面的认知，在对企业组织展开分析之前，我们先探讨一下协作系统中有关价值创造的基本理论。当然，尽管笔者强调社会财富根本上是由协作系统中的劳动创造的，但是，对生产性劳动的内涵和外延的认知却与古典经济学中所阐发的理论存在很大差异。笔者在《有效劳动价值论：以协调洞悉劳动配置》一书中强调：价值的创造不仅取决于劳动的投入量，而且取决于劳动的有效性；特别是，在日益社会化的大生产中，劳动的有效性取决于各类劳动之间的协调性（朱富强，2004）。事实上，人类社会中的任何劳动都不是孤立的，而总是处于一个协作系统中，因而劳动不仅是指直接的物质生产劳动，而且是包括有助于生产的间接劳动以及有助于提高劳动效率的协调劳动，等等。为了便于读者更好地掌握本书的理论基础和分析逻辑，以下对协作系统内的价值创造问题作一阐述。

第一节　基于协作系统的传统价值理论反思

我们知道，马克思和恩格斯把社会看成一个有机系统，认为社会就是一切关系同时存在而又互相依存的一个统一整体，作为一个资本主义生产过程也就成为一个不断积累并实现自我循环的系统过程；并且，他们还描绘了社会发展的系统形式是五种社会形态依次更替前进。事实上，系统思想也是马克思构造《资本论》科学体系的一个极其重要的原则，马克思在《资本论》中提出了"社会有机体"、"结构"、"功能"等许多现代系统科学中通用的概念和范畴，也阐述了"整体原则中的系统效应"等现代系统科学中的许多重要原则。按照系统论的观点，系统的发展是系统内所有要素共同作用的结果。马克思强调了这一点，譬如，他指出，劳动生产力是"由多种情况决定的，其中包括：工人的平均熟练程度，生产过程的社会结合，生产资料的规模和效能，以及自然条件"，这就是一种有机结合的整体，而不是简单的线性叠加。具体到价值的创造上，它就是由各类劳动共同协作的产物，马克思也提出，劳动者一个一个发挥的机械力的总和，与多数劳动者同时在同一个不可分割的操作上共同劳动时发挥的社会力量，其本质上是不同的。这可以用举重，绞起重机，破除道路障碍物等事为例。结合劳动的效果，在这里，完全不能由个别的劳动得到；即使能够，也必须花费更长得多的时间，或只能在极小规模内得到。这里的问题不仅是要由协作来提高个人的生产力，并且是创造一种生产力，那就它自身说，已经必须是一种集体力。然而，马克思在具体构建劳动价值理论时却偏离了系统论的思想，而把价值当成了孤立生产劳动的创造，忽视了团队协作生产与孤立生产时对价值创造的不同影响；并且，由于他采用自然时间来衡量劳动价值，从而使得分析静态化，进一步忽视了协调增进对价值创造的变化。为此，本节就此问题作一解析。

一 劳动价值的内涵及其量之规定

要剖析马克思劳动价值理论对系统论的偏离，首先要分析价值概念的内涵，并由此探讨马克思主义的价值概念本身的缺陷。一般地，价值内涵的界定往往与我们运用价值概念所希望达到的目的有关。那么，我们创造价值这一概念的目的又何在呢？恩格斯认为，"价值首先是用来解决某种物品是否应该生产的问题"（转引自卫兴华，2002）。这意味着，价值是与满足人们的需要有关的，而需要又涉及使用价值问题。因此，要认识"价值"一词的意义，首先要从理解财富和价值以及使用价值的关系入手，这也是理解生产力发展与价值增长之间关系的关键。

（一）财富主要是指人类劳动创造的财富

目前，关于财富的来源，学术界考察的范围有两方面：一是天赋的自然财货，二是创造的人为财富。同时，从财富的增长意义上而言，我们关注的是财富的流量或者说是增量，这应该主要是指人为财富。究其原因，天赋的自然财货是有限的或者说是固定的，而随着人类劳动的不断支出，创造的人为财富却在不断增长；同时，正是通过人类劳动，自然财货的形态得以迅速改变，从而创造出满足人类不断增长需要的使用价值。也就是说，经济学中所考虑的财富应该主要是来自劳动创造的财富。正如麦克库洛赫（1975：4）所说："经济学家不研究那些自然存在着的、不依赖人力即可以无限量取得的物品的生产和分配规律，只有人们勤劳的结果才成为他们所关怀的惟一目的。"

实际上，在启蒙思想早期，洛克就把财产定义为已经物化的劳动，并以劳动为基础提出了产权的萌芽概念。例如，洛克从原始树林的果子掉到地上开始分析，认为如果一个人弯腰拾起它们，则果子中就注入了劳动，从而成为那个人的财产。到斯密时，他更是把劳动看作是一切财富（价值）的源泉。斯密（1972：27）说："世间一切财富原来都是用劳动购买而不是用金银购买的。所以，对于占有财富并愿用以交换一些新产品的人来说，它的价值恰恰等于它使他们能够购买或支配的劳动量。"西斯蒙第（1964：11）也明确指出："财富是人类劳动的产物，它给予人们要求享受到的一切物质财富；包括一切物质享受和来源于物质享受的精神享受。"威廉·汤普逊（1986：30）则说得更为直接："没有劳动就没有财富，劳动是财富的显著属性。"

显然，通过对财富的考察和界定，我们可以达成这样两点共识：（1）财富的主要源泉是劳动；（2）财富是不断增长的，这是客观事实，也是财富的意义所在。一方面，就作为使用价值的意义上的财富而言，因为自然资源毕竟是客观限量存在，即使经过充分开发，相对人类增长的需要而言也是微不足道的。例如，李嘉图就指出过，"只有我们的体力和智力才是我们的原始财富，所以这种能力的运用，某种劳动，才是我们的原始财富；而一切被称为财富的东西，总是由这种能力的运用创造出来的"。另一方面，就作为价值意义上的财富而言，劳动更是唯一来源，因为价值体现了人与人之间的社会关系而不仅仅是一个自然的存在。

（二）价值是对异质性的使用价值之抽象

然而，传统的价值概念无法满足我们度量财富的要求。因为传统的劳动价值理论存在这样的矛盾：一方面，使用价值与劳动生产率成正比，因此，随着社会的进步，使用价值意义上的财富是不断增长的，这符合使用财富这一概念的目的；另一方面，价值却与劳动生产率成反比，因此，随着社会的进步，价值意义上的财富却更可能在下降。正是基于这种二律背反，后来的学者往往将财富与使用价值等同，马克思实际上也持这种看法。但是，用使用价值来表示财富也是有问题的：如何解释社会总体使用价值随着社会进步而增长呢？

事实上，如果就某种特定商品而言，我们说使用价值与生产率成正比，从而将随着社会进步而不断增长也许是合理的；究其原因，在单个商品使用价值不变的情况下，使用价值与商品数量成正比。但是，如果就社会全部商品而言，显然就不能这么说了；究其原因，使用价值是指特定商品的有用性，它是异质的，因而根本无法加总。其实，随着社会的发展，商品的种类和品质一直在变化，各类商品的数量也发生消长，那么，又如何说明社会财富的总体增长呢？可见，如果财富从使用价值意义上理解，不但无法加总同一时期的财富品，更无法比较社会财富的变化，何言财富的递增？

正是基于使用价值在比较和加总上的缺陷，学者开始引入价值概念。事实上，斯密研究价值问题，其根本上在于关注社会财富的增长，关注人类消费的需求；同时，借助于价值概念，就可以将异质性的使用价值抽象为同一属性的价值，从而就可以进行比较和加总。正如马克思所说，作为使用价值，商品首先有质的差别；作为交换价值，商品只能有量的差别，因而不包含任何一个使用价值的原子。

既然价值是对使用价值的抽象，那么，具体使用价值不能衡量比较的东西就可以通过价值属性来进行。这里的问题在于，两者在量上的规定性：如果两者具有量的一致性，那么一切问题就可以迎刃而解了。但是，传统劳动价值理论却将使用价值和价值在量的规定上分裂开了：使用价值用具体劳动衡量，产出量成为具体劳动的体现；价值用抽象劳动衡量，而自然时间又成了抽象劳动的度量单位。显然，不同劳动在相同时间创造出的使用价值并不相同，因而价值与财富概念之间就出现了疏远，甚至得出了商品价值量与生产率成反比的结论。

上面的解释意味着，作为人类劳动的产物，创造的人为财富有两种表现形式：使用价值是它的物质形式，价值是它的实质（价值）形式。两者实际上体现了一个东西，价值是使用价值的抽象化，是对异质化的使用价值的度量。基于价值和使用价值相结合的角度，我们就可以理解，人为财富本身具有强烈的社会属性，价值也就更好地体现了财富这种属性，并成为衡量财富更好的尺度。而存在的一个关键问题是，如何调和价值和使用价值的量度。

（三）价值和使用价值在量规定上是一致的

马克思主义劳动价值理论对使用价值和价值之关系的理解有这样两个要点。（1）两者是商品内在的二重因素，内在统一于商品之中而缺一不可。例如，恩格斯指出，我们某个人要是制造对于别人没有使用价值的物品，那么他的全部力量就不能造成丝毫价值。（2）两者的属性又存在不同：使用价值反映的是商品的自然属性，体现了人与自然间的关系；价值则是商品的社会属性，体现了生产者之间的社会关系。相应地，使用价值和价值的决定因素也是不同的：使用价值决定于具体劳动，价值决定于抽象劳动。同时，马克思主义劳动价值理论进一步引入了对具体劳动和抽象劳动的不同度量尺度：一个是具体的支出劳动量，另一个是劳动时间。结果，就导致使用价值和价值在量的规定上的分离，以至同一财富在用使用价值和价值这两种不同形式进行度量时往往会出现截然相反的变化取向。

事实上，正是存在这种属性和度量上的二分思维，马克思主义劳动价值理论内含了深深的缺陷：一方面，它认为没有用的东西是没有价值的，即使花费再多的劳动也是白费的；另一方面，却又声称在同一时间内的劳动可创造出同等量的价值，即使创造的使用价值很不一致。事实上，如果A在某一段时间内支出了一定量的劳动，但并没有创造出具有使用价值的产品，从而被认为没有创造出任何价值。既然如此，又有什么理由认为，尽管A和B在同等的时间内都支出了一定量的劳动，但由于种种原因A创造出的产品量或使用价值比B少得多，他俩所创造的产品却具有相等的价值呢？这揭示出，传统理论对使用价值、价值的量的规定和度量尺度的选择是有问题的，也反映出传统理论对财富中所体现的劳动量的理解存在模糊性。

根据马克思的看法，价值是凝结在商品中的一般人类劳动，价值与抽象劳动在量关系上成正比；使用价值则是具体劳动创造的，使用价值与具体劳动在量关系上成正比。同时，马克思主义经济学认为：抽象劳动是撇开具体特点的一般人类劳动，是将具体劳动抽象化、同质化和一般化；因此，抽象劳动和具体劳动在量变化上是一种正向关系；具体劳动量越多，对应的抽象劳动量也越多。显然，创造使用价值的具体劳动的增加，必然意味着商品中凝结的一般抽象劳动的增加，从而也必然会引起价值的增加。基于这一逻辑，使用价值和价值在量的变化上是一致的，两者都是同一财富的衡量指标。

同时，基于上述逻辑，还可以对具体劳动的异质性进行考察。一般地，就同质劳动来说，支出的具体劳动量越多，反映出的抽象劳动量也越大；就异质劳动来说，同量的复杂的具体劳动比简单的具体劳动表现出更多的抽象劳动。马克思将劳动分为简单劳动和复杂劳动，两者的区别就在于劳动的复杂程度这一"质"；而不同"质"的劳动在相同时间内创造的价值量是不同的，复杂劳动创造的价值是简单劳动的倍数。因此，对孤立的个人来说，单位时间内支出的抽象劳动量实际上主要与两个因素有关：具体劳动的强度和具体劳动的复杂程度。其中，劳动强度反映劳动支出的频率，实际上是纯劳动"量"的问题；而劳动的复杂程度反映出劳动的熟练性，实际上是劳动"质"的问题。

最后，还可以分析劳动之间的协同效用。一般地，在个人孤立的商品生产中，创造的价值量由他支出的抽象劳动量决定；但在协作系统的团队生产中，创造出的价值量大小还与另一个因素有关，这就是分立劳动之间的协调程度。马克思说，协调劳动不仅"提高个人的生产力，并且是创造一种生产力"。也就是说，劳动间的协调程度与价值的创造量有密切关系。显而易见的是，由于每个人的劳动强度以及劳动熟练程度的差异，单位时间内实际上支出的抽象劳动量也必然是不同的；在协作化的团队生产中，协调性的差异也会使得等量具体劳动创造出不同量的价值。从这个意义上说，100人分工合作所创造的价值显然比同一时间内100人孤立劳动所创造的价值更大，因为前者所创造的商品量或使用价值更多。

可见，为后人津津乐道的马克思的二重性分析是有内在重大缺陷的。一般地，二重性分析的核心在于揭示本质和现象之间的分裂式发展，如具有客观性的使用价值和具有主观性的个人效用，体现劳动创造的价值和反映供求的价格，体现工作本能的技术制度和体现虚荣本能的仪式制度，等等。但是，价值和使用价值却不是本质和现象的关系，而仅仅体现为评估和比较财富的两个维度。同时，基于两个维度来定义同一事物往往也会内含缺陷，因为两个维度定义所涉及的外延必然不可能是完全一致的，除非限于两个维度都满足的更小范畴，而这里基于使用价值和价值两大维度来定义财富显然不满足这一要求。

二 自然时间作为价值衡量尺度之误

上面的分析表明，我们在讨论人类社会的财富时一般总是指人类劳动创造的财富，它有物质形式的使用价值和实质形式的价值两种表现；而且，在量的规定上，用使用价值和价值来表示应该是一致的。然而，传统劳动价值理论却将财富与价值分割开来，特别是由于继承了配第用劳动时间作为衡量价值尺度的思想，从而无法反映财富的变化（即增长）。杰文斯（1984：133）就指出，"时间相等，所走的路程可以有长短，所锯的树木可以有多少，所汲的水亦可以有多少。所以劳动是二乘量的量。如果强度是一致的，则劳动量为强度与时间的乘积；但若强度亦是变量，则其总量应由一曲线面积代表"。因此，我们有必要对价值的衡量尺度进行反思。

（一）价值度量的两种尺度之背反

马克思理论对价值的定义是：凝结在商品中的无差别的一般人类劳

动，这也是对使用价值抽象的价值的内涵。基于这一思想，就有马克思所说的，商品的价值量，与其中实现的劳动的量成正比。但是，由于凝结的劳动量本身是看不见、摸不着的，这使得直接通过劳动量来度量商品价值在实际生活中变得难以操作；为此，马克思引入了劳动时间这一概念，以劳动时间的长短来衡量价值量的大小。正如马克思所说，一个使用价值或财富，只是因为有抽象的人类劳动对象化或物质化在其中，所以有一个价值。那末，它的价值量又要怎样去测量呢？由其中包含的"形成价值的实体"，劳动的量去测量。劳动的量由劳动所经历的时间去测量；劳动时间又有一定的时间部分，例如小时、日等等，作为它的测量的标准。这样，马克思的劳动价值理论得出的最终结论就是，含有等量劳动或能在同一劳动时间生产的各种商品，会有同样大的价值。一种商品的价值同其他任何一种商品的价值相比，等于生产上必要的劳动时间和别一种商品生产上必要的劳动时间相比。"当作价值，一切商品只是凝固的劳动时间的一定量"。

因此，传统劳动价值理论对价值的度量实际上存在两种尺度：（1）直接从价值的内涵出发用劳动来衡量，正如马克思和恩格斯所主张的，"劳动是一切价值的尺度"；（2）为避免劳动本身作度量尺度的难操作性，而用劳动时间作为价值的尺度。问题是，由于这两种方式界定的量往往是不一致的，从而使得价值的量规定呈现了不确定。因此，仅从字面上来理解，就会发生马克思已经认识到的这两种劳动价值理论中存在的一个难以解释的问题："如果一个商品的价值是由它的生产中支出的劳动量决定，那就好像一个人越是懒惰越是不熟练，他的商品将会有越是大的价值了，因为他将需要有越多的劳动时间来把它完成。"

那么，这种有违常理的论断如何解释呢？这就涉及度量尺度的合理性问题。马克思（1974：281）在1861~1863年完成的经济学手稿中写道："李嘉图在《价值和财富，它们的特性》一章中也说，真正的财富在于用尽量少的价值创造尽量多的使用价值，换句话说，就是在尽量少的劳动时间里创造出尽量丰富的物质财富。"进一步地，由于不同生产者的劳动条件不同，生产同一商品所花费的个别劳动时间也会不同，从中又可推演出，同种商品因生产者的能力不同而具有不同的价值量。那么，同种商品的价值量可以因人而异吗？这实际上也就是庞巴维克提出的问题。

（二）单位时间所创造价值量并不一致

马克思显然也已经意识到了这一问题的存在，特别指出单位时间内创造的价值的不一致性。马克思分析，时数不变，一个强度更大的劳动日，会体现为较大的价值产物。……它的价值产物，要看它的强度和社会标准强度互不一致的程度而定。同一个劳动日，不是和以前一样体现为一个不变的，而是体现为一个可变的价值产物。马克思甚至还进一步分析了国别之间由于劳动强度等因素造成的单位时间内所创造的价值量的差别。马克思指出，假若一切产业部门的劳动强度同时并且均等地增进了，新的较高的强度就会变为普通的社会的标准强度，而不再当作外延的量来计算。但在这样的场合，平均的劳动强度仍然是各国不同的，因此会限制价值规律在各国劳动日上的应用。一国一个强度较大的劳动日，比别一国一个强度较小的劳动日，用货币表现，将会体现一个较大的数额。这说明，不同的国家，由于生产力水平的差异，在相同的时间内创造的价值也不同。

当然，传统劳动价值论又发展了社会必要劳动时间概念。马克思（2001：52-53）写道："含有等量劳动或能在同样劳动时间内生产出来的商品，具有同样的价值量。一种商品的价值同其他任何一种商品的价值的比例，就是生产前者的必要劳动时间同生产后者的必要劳动时间的比例。"这样，将社会必要劳动时间创造的价值作为一个基准，具有不同生产力的劳动所创造的价值与社会必要劳动时间创造的价值之间就存在一个折算系数。问题就在于，这个社会必要劳动时间是任意时点的，社会必要劳动时间标准只能衡量同一时期不同劳动所创造的价值量，却不能衡量历史动态发展的价值量创造。事实上，既然从横向来看，生产力水平高的国家在单位时间内所创造的价值要高于那些生产力水平低的国家，而从纵向来看，生产力水平高的国家的现在也就是生产力水平低的国家的未来；因此，即使在同一时间内，由于社会发展阶段的不同，创造的价值量也是不同的。

此外，马克思也继承了李嘉图将劳动分为简单劳动和复杂劳动的思想，认为简单劳动和复杂劳动在同一时间内创造的价值是不同的，复杂劳动是多倍的简单劳动；因为，复杂劳动力"比普通劳动力需要较高的教育费用，它的生产要花费较多的劳动时间，因此它具有较高的价值。既然这种劳动力的价值较高，它也就表现为较高级的劳动，也就在同样长的时间内物化为较多的价值"。但是，由于马克思本人抽象分析的思路以及对未来复杂劳动和简单劳动将趋同的错误认识，在理论构建时就逐渐忽视了价值的系统创造中的复杂因素。

（三）自然时间不能作为价值的衡量尺度

马克思承认，复杂劳动比简单劳动能在单位时间内创造出更大的价值，而社会价值又由社会必要劳动时间决定，其中，社会必要劳动时间"则是用社会现有的标准生产条件，用社会平均的劳动熟练程度和强度下，生产任何使用价值所需要的劳动时间"。但问题是，随着社会的发展，生产率水平必定也随之提高，这样，单位时间内的社会必要劳动支出的频率和必要劳动的复杂程度也必然在增加；也就是说，随着社会的进步，单位时间内的社会必要劳动所创造的价值也在增加。其实，我们也不能一方面说，在同一时期，复杂劳动比简单劳动创造出更大的价值；另一方面又说，在不同时期，复杂劳动和简单劳动所创造的价值量却是相等的。也就是说，社会必要劳动时间创造社会价值的论断不能解释不同时期价值创造量的变化。历史的发展趋势也表明，越往早期，人类为了维持生存而需支出的劳动时间就会越长，而随着社会的发展，人类劳动所占的时间将逐渐缩短；如果因此说人类创造的价值量越来越少的话，显然是有违常理的。

当然，坚持传统劳动价值理论以及坚持自然时间作为价值尺度的学者认为，随着社会的发展，使用价值量增加了，但价值量确实是下降了，因为价值量是由劳动时间决定的。问题是，按照他们的这种见解，价值成了纯粹的加权意义上的劳动时间的概念，这实际上是多余且无用的。而且，西方经济学研究的财富或价值（以 GDP 表示）是不断增长的，而政治经济学中所探知的价值（以社会必要劳动时间表示）却很可能是下降的；在这种情况下，两门学科如何进行交流呢？正因如此，同属于经济学科的政治经济学与西方经济学之间的联系要比它们与社会学以及政治学的联系还要少。事实上，按照左大培（2003）的看法，"马克思的劳动价值论本质上是一个为人类发展而设置的评价体系"。但是，等同于社会劳动时间总量的价值并不能很好地体现出人类发展的目的。

最后，从总体上看，用劳动时间作为价值的衡量尺度实际上是一个静态分析的概念，它没有考虑到系统的发展变化，相应地，用社会必要劳动时间来度量价值的单位设定就存在严重缺陷。譬如，决定社会必要劳动时间的标准生产条件是时点意义上的还是时段意义上的，无论哪种说法都有问题；因为如果是时点意义上的标准则与连续生产的现实相矛盾，而如果用时段意义上的标准则在时段长度的确定以及不同商品生产所处的时段差异性上都存在问题。其实，马克思的真实看法是，时间成为劳动的度量尺度是资本主义社会中的一种异化。因此，自然时间（如小时、天）就不是衡量价值量大小的适宜尺度。

三 价值量与生产力关系的系统观反思

正是基于劳动时间作为价值的衡量尺度，马克思得出了"商品的价值量与劳动的生产力成反比"的结论。问题是，如果某教授花同样的时间和精力写出了质量截然不同的文章，这些文章的价值能相同吗？事实上，用劳动时间作为价值的衡量尺度是基于静态的抽象分析，它以同质劳动为前提，这就撇开了系统中复杂的生产力因素对价值创造的影响。因此，从系统论的角度来考虑价值创造，就很容易理解此类问题。

（一）劳动同质化是马克思推理的逻辑前提

"商品的价值量与劳动的生产力成反比"这一论断得出的逻辑基础是以劳动时间作为价值量大小的衡量尺度：由于"同一商品在生产上所花费的劳动时间，随劳动的生产力而变化"，因而必然可推导出"商品的价值量与体现在商品中的劳动的量成正比，与这一劳动的生产力成反比"的结论。当然，马克思坚持用劳动时间作为价值的衡量尺度，其关键在于他分析的一个基本假设：劳动的同质化。这里"同质"一词是指复杂程度大致相同的劳动，而"异质"一词是指复杂程度不同的劳动。

问题是，现实社会中的劳动确实是多种多样的，马克思为什么非要分析同质的劳动，或者说，要将多样化的异质劳动同质化呢？这就要从马克思的哲学方法进行分析和考察。马克思继承了黑格尔的哲学观，对事物的分析一般总是从最简单的现象着手，正如他研究资本主义是以最简单的商品为出发点一样，在研究劳动价值理论时也作了抽象化和简单化的处理。虽然劳动有简单和复杂的区别，但由于生产劳动的复杂程度不同，不能直接进行比较。不过，马克思认为，"一种商品尽管它是非常复杂的劳动的产物，它的价值也会使它和简单劳动的产物相等，只代表一个定量的简单劳动"；那么，我们就可以"把各种劳动力直接看作是简单的劳动力，由此省去了换算的麻烦"。为此，马克思将劳动简化，将所有的劳动全部当作简单劳动处理。

进一步地，马克思为什么又要坚持这种简化分析呢？这主要有两方面的原因：（1）他仅仅考虑直接的物质生产劳动；（2）受到时代局限性的影响。正因如此，马克思看不到社会迂回生产中劳动的多样性，更没有注意到人类劳动的异质化趋势，相反他却认为，随着资本主义工业化的深入，复杂劳动与简单劳动这一差别已经越来越小。

当然，并不仅仅只有马克思认为人类社会的劳动将越来越同质化，同时代的其他学者大致都是如此，甚至连半个世纪之后的马歇尔等也持这种看法。如马歇尔（1964：269）就说，由于分工的影响，人们的双手"就能互相和谐地工作，差不多变成自动了，经过不断的练习，他的神经力的消耗比体力的消耗甚至更为迅速减少"，这样，"当工作因此已成为例行的工作时，它就几乎已得到能由机械来代替的阶段了"；因此，"过去需要训练有序的技师的技能和判断才能做的工作，已经因为机械的改良和再分工的精细程度的不断提高而变为单纯的例行工作了，因此，不熟练的劳动者，甚至他们的妻子和孩子都被用来做这种工作"。也就是说，原来存在的基于劳动强度和熟练强度之上的复杂劳动慢慢地消失了。

（二）系统中多样化的异质劳动不能被同质化

正是经过同质化的处理，随着社会的发展以及生产力水平的提高，劳动的熟练程度和复杂程度的变化就不再列入考虑范畴了；相应地，生产率的提高也就不影响单位时间内劳动的强度和密度，从而不影响单位时间内劳动总量的支出。结果，就会出现马克思所说的"无论生产力怎样变化，同一劳动在同一时间内总是提供同量的价值"，以及出现"物质财富的量的增加，可以和价值量同时发生的减少相适应"的现象。但进一步的问题是，劳动能否抽象为同质劳动，劳动的同质化和生产力的提高能相容吗？

马克思认为，劳动的生产力，是由许多种事情决定的，其中有劳动者的平均熟练程度，科学及其技术应用的发展程度，生产过程的社会结合，生产资料的数量和效力，以及各种自然状况。也即，劳动生产力主要受劳动强度、技术水平、管理水平以及自然条件等因素的影响。其中，自然条件就是客观因素，与人的劳动支出联系较间接，根据马克思的理论，它与价值量的创造也不直接相关；而其余的劳动强度、技术水平、管理水平这三个因素实质上都与抽象劳动量的支出直接相关，因而与价值量的创造有关。显然，如果生产力的提高仅是自然因素作用的结果，那么生产力的提高对单位时间内创造的价值量就不会产生影响；但是，如果生产力的提高主要是源于人的因素，那么，随着生产力的提高，单位时间内创造的价值量就会产生变化。一般而言，随着社会的发展，自然因素的变动是缓慢的，甚至是停滞的，它也许会影响特定时间、特定地点、特定厂商的生产力，但可以排除在历史进程中整体生产力持续提高的影响因素之外；因此，在整个历史进程中，促进生产力不断提高的就主要是劳动强度、技术水平和管理水平等三个因素。特别是，由于科学技术水平是个软因素，渗透在其他几个因素中，因此，从系统演进的角度来看，生产力的提高就是技术水平改进的结果，人的劳动也就变得越来越复杂。

当然，我们也可以看到，某一商品的生产力虽然有了大幅度的提高，但是由于技术等的引进，生产工人的劳动复杂性似乎并没有提高，支出的劳动数量也没有增加，这意味着创造该商品所支出的劳动总量（包括质和量）并没有增加，甚至是下降了。由此，有的学者也许会认为，这反映了商品内含的价值量的下降；显然，这也正反映了马克思劳动价值论中的另一个缺陷：马克思关注的劳动基本上是局限于直接的物质生产的劳动，而忽视了为此商品生产所要付出的更广泛的社会劳动。其实，随着社会的发展，尽管生产同一商品的个体劳动基本上大为简单化；然而，这种个体生产劳动的简单化是建立在生产的更迂回的基础之上，而其他社会劳动的范围则越来越广，复杂性也越来越强。因此，我们不能认为只有那些直接生产者的劳动才是创造价值的劳动，相反，一切为之服务的社会劳动都是创造价值的，这也是李嘉图、穆勒等人的思想。而且，随着社会的发展，生产过程的迂回度越来越高，虽然直接生产者的工作时间大为减少了，但知识工作者以及管理者的劳动时间却大为延长，并越来越稀缺了。

可见，从整个社会系统的角度来看，社会劳动的复杂性是越来越强的，劳动的同质化与生产力的提高是难以相容的：一般来说，生产力提高必然同时伴随着劳动的异质化，而同质不变的劳动难以促使生产力的改进；即使直接生产物质产品的工人劳动的复杂程度和量都没有提高，但实际上为提高此劳动的有效性而付出的社会间接劳动的复杂性和数量都大大增加了（如科学家、管理者、教师）。因此，马克思对劳动同质化的处理虽然便于问题的抽象分析，但这种抽象化本是有缺陷的，因为生产力的提高与劳动的同质假定是不相容的；相应地，马克思建立在抽象化的、同质的和直接的生产劳动基础上而得出的"商品的价值量与劳动的生产力成反比"这一结论是存在内在缺陷的。事实上，基于上面的分析，我们可以导出这样的推理：生产力的提高，是由于生产技术改进的结果；技术的改进，则伴随着社会劳动复杂程度或劳动强度的提高；劳动复杂程度和劳动强度的提高，则必然又会导致单位时间内创造的价值量增大。这样推下去，结论必然是：在整个协作系统中，单位时间内创造的商品价值量与生产力之间存在正比关系。

四 社会系统中与价值创造相关的劳动范畴

上面的分析表明，马克思在构建价值理论时以同质化劳动为基础，分析的主要对象是孤立的直接的物质生产活动，但这对社会大系统的协作生产而言显然是不够的。事实上，从社会系统的角度出发，劳动价值理论需要能够涵盖所有相互联系和相互影响的社会劳动。一般地，可从以下三方面对传统劳动价值所论及的劳动进行扩展分析。

（一）从静态的或是比较静态的同质劳动扩展到对异质劳动的动态分析

马克思认为，复杂劳动比简单劳动能在单位时间内创造出更大的价值，而社会价值又由社会必要劳动时间决定；其中，社会必要劳动时间则是用社会现有的标准生产条件，在社会平均的劳动熟练程度和强度下，生产任何使用价值所需要的劳动时间。马克思意义上的社会必要劳动时间是以自然单位如小时、日等作为它的测量标准，而这个社会必要劳动时间的运用只能是静态的或比较静态的，而无法对劳动熟练程度和强度的连续变化进行分析。然而，随着社会的发展，单位时间内的社会必要劳动支出的频率和必要劳动的复杂程度往往在不断增进。也就是说，根据价值的基本定义，随着社会的进步，单位时间内的社会必要劳动创造的价值也在增加。因此，我们就难以用抽象的、静态的劳动时间尺度来衡量不同时代的价值量创造。

马克思也认识到了这一问题，他指出：一个 10 小时劳动日中一个强度更大的小时，比一个 12 小时劳动日中一个更松懈的小时，本来可以包含更多的劳动，即支出的劳动力 1 小时更强的劳动日的产品，比 1.2 小时更为松懈的劳动的产品，也本来可以有同样大的或更大的价值。可见，静态的社会必要劳动时间难以作为异质劳动创造价值的尺度。但是，为了便于分析，马克思将本来复杂多样的劳动进行了简单化、抽象化的处理，结果，他同时又宣称，"新的较高的强度就会变为普通的社会的标准强度，而不再当作外延的量来计算"。实际上，这仅是一种比较静态的分析法，是一种稳态的标准社会必要劳动时间转变到另一种稳态的标准社会必要劳动时间的均衡分析，而没有且不可能分析两种状态间的变化过程，甚至也割裂了两个时点的价值联系。也就是说，马克思引入社会必要劳动时间的分析只能是静态的，它往往需要以某一特定时期为观察点，说明某一时刻的劳动价值究竟如何；但是，它却无法比较两个不同时点的劳动所创造的价值的区别。特别是，一个生产之物处于连续的社会状态中，即经历了较长的时期，那么它的价值究竟由何时的社会必要劳动时间确定？以生产时期、出售时期还是消费时期，或者是存在的任一时期？

可见，正是由于分析上的静态性，使得社会必要劳动时间决定社会价值的理论难以用来衡量不同时代的劳动复杂程度差异对价值量创造的影响。马克思坚持这种简单的同质化抽象分析，其原因就在于：（1）出于自身从简单到复杂分析问题的哲学思维；（2）受时代局限性而看不到人类劳动的异质化程度存在不断加强的趋势。例如，马克思在《机器和大工业》这一章中说，机器使劳动操作简单化，使传世的或需长期努力才能掌握的劳动技能变成小孩与妇女也能掌握的操作。更为重要的是，虽然马克思认识到生产不同商品的劳动的不同性质，却简单地把劳动创造价值的差异用复杂程度来表示，认定神经力和体力消耗大致相同的劳动是属于同一性质的，从而创造的价值也大致相同。这样，马克思就回避了对社会上纷繁芜杂的各类劳动进行分析。试想，即使所花费的神经力和体力大致相同，一个当红歌星劲舞演唱与满负荷工作的普通社会白领的价值一样吗？获得的回报一样吗？因此，从系统的角度，我们应该把传统的以同质劳动为基础的静态分析扩展到以异质劳动为基础的动态分析。

（二）从直接的物质生产劳动扩展到更广泛的社会劳动

马克思将分析的着眼点放在直接的物质生产上，将生产领域的分配看成是第一次真正的贡献分配（在社会主义是按劳分配），而将其他社会职能视为非生产性的，他们的收入只是二次分配中的派生收入。马克思这种分析为社会收入的流动界定了一个清晰的视角，但是，如果把这种为分析方便而人为划分的分配方式视为社会的实质，那么就难以正确考察社会中的一系列现象。譬如，其他社会劳动是怎样影响直接生产领域价值创造的？为什么一线工人的生产时间和劳动强度以及复杂程度在下降，但创造的价值量却越来越多？尽管社会价值量在不断上升，为什么一线工人的工资往往又是增长得最慢的？再如，由于技术等的改造或引进，尽管一线生产工人的劳动复杂性和支出的劳动数量都没有变化，但该企业产品的生产力却有了大幅度的提高，这是否意味着单位商品内含的价值量下降了呢？显然，传统观点没有考虑到为生产某商品所要付出的更广泛的社会间接劳动。事实上，随着社会的发展，虽然生产同一商品的个体劳动总体上已经大为简单化了，但是，这种个体生产劳动的简单化是建立在生产更迂回的基础之上的，为提高生产力的技术进步需要花费大量的其他社会劳动，如发明创造、知识传播、学习等。

从本质上说，人类社会生产的基本方式就是"迂回生产"，而且越来越"迂回"。究其原因，迂回生产往往具有更高的生产力。譬如，鲁滨孙可以直接用双手捕鱼，也可先结成渔网再用渔网捕鱼，显然后者更有效率。事实上，为了捕捉猎物，首先要制造工具，为制造工具又需要人们学习知识，因而迂回性而非直接性的生产劳动创造价值时往往更有效。从这个意义上说，一些服务和商业领域的劳动也是创造价值的，因为它们是迂回生产过程的一部分。例如，老师在课堂上传授的知识就可以极大地提高学生的劳动技能，从而在相同时间内创造出更大价值，因而老师的工作也是创造价值的。为此，李嘉图就指出，调节价值的劳动数量必须是一个工人在任何特定时间和地点所使用的社会必要劳动，不仅用来获致技能的时间包括教师的劳动，而且，"投在用来协助这种劳动的器具、工具和箭镞物上的劳动"也必须计算在内；相应地，商品的相对价值就不单单是由它们所包含的劳动数量"支配"，而且也是由它们"运到市场之前必须经历的时间长短支配"的；"用来维持劳动"的那部分资本同"投在工具、机器和建筑物上的"那部分资本之间的不同比例以及后者的不同耐久性或前者的不同周转率与产品的相对价值有关，仅仅是因为它们带到生产过程中的时间因素（熊彼特，1992：331－332）。随着社会的发展，生产过程的迂回度越来越高，虽然直接生产者的数量和工作时间大为减少了，但知识工作者以及管理者的数量和劳动时间却大为延长了，他们开始成为社会发展的稀缺性资源。

可见，从社会发展来看，社会劳动的复杂性是越来越强的，即使直接生产物质产品的工人劳动的复杂程度和量都没有提高，但实际上为提高此劳动的有效性而付出的社会间接劳动的复杂性和量都大大增加了（如科学家、管理者、教师）。其实，当前产业工人的空闲时间增加，完全是以知识工作者的工作时间的增加为代价的。例如，就企业的管理者而言，管理者的工作时间正在变得越来越长，因而未来的社会中，管理者的时间短缺问题肯定只会越来越严重而不会越来越好转。这也反映了马克思的劳动价值理论的另一个时代局限性。正如洪银兴（2003）指出的，"在马克思所处的那个时代，劳动对经济增长起着决定性作用，而且这时的劳动主要是工人的劳动。经济发展到现代阶段，知识、技术对经济增长的作用远远超过了劳动。劳动的内容和范围也进一步扩大了，不仅工人提供劳动，技术人员、管理人员、服务人员等等都在提供劳动"。法兰克福学派的代表人物哈贝马斯在《作为"意识形态"的技术与科学》中则进一步指出：由于技术和科学成了主要的生产力，"马克思的劳动价值学说的应用前提便从此告吹了"，"直接从事生产的劳动者越来越变得不重要了"。因此，随着社会系统的发展，价值理论所涉及的劳动对象也应该不断扩展。

（三）从孤立的个体劳动扩展到对协作系统的团队劳动的分析

传统劳动价值在考察对象上的第三个狭隘性在于它集中于孤立劳动，而没有考虑团队协作对价值创造的影响，也就是说没有考虑到劳动间的协调问题。实际上，在现代社会中，迂回生产的不同工种往往由不同个体和职业所承担，迂回生产度的延长也意味着分工的拓展，相应地，迂回生产效率也就体现为分工的效率。一般地，就孤立的个人而言，他的劳动效率主要与他劳动的强度和密度有关，创造的价值量由他支出的抽象劳动量决定。但在团队化的协作生产中，一个人的生产效率显然与社会中其他人的劳动状况密切相关，因而创造出的价值量大小就与分立劳动间的协调程度有关，协调性的差异也会使得同等具体劳动量所创造出的价值量呈现出不同。而生产用于交换的商品的劳动不可能是孤立的，更现实的是处在一个不断变化的互动社会中。

实际上，马克思曾从历史演变的角度特别强调，协作在历史上和逻辑上都是资本主义生产的起点；协作之所以会演进，主要原因在于协作能创造出比个体生产更高的生产率。并且，马克思还详细地将协作体现的生产力归纳为以下几个方面：（1）协作可以使相互间的劳动差别相互抵消，形成社会的平均劳动；（2）协作可使生产资料共同消费而得到多项节约；
（3）协作不仅提高了个人生产力，而且创造了集体力；（4）协作因引起竞
争心和特有的精力振奋而提高个人的工作效率；（5）协作可使许多人的同
种作业具有连续性而提高劳动生产率；（6）协作可同时从多方面对劳动对
象进行加工而缩短总劳动时间；（7）协作可集中力量在短时间内完成紧急
的任务；（8）协作可扩大劳动的空间范围，使筑路等大型工程得以进行；
（9）协作可集中劳动力以缩小生产场地，从而节约非生产费用；（10）相
对简单的操作可以减少工作的失误；（11）即使不改变生产工具和操作方
法，仅通过操作的分解和专业化，也可以节省学习的时间和费用（程恩
富，1997：28；程恩富等，2002：134）。

可见，马克思已经充分认识到了分工协作对财富（也就是价值）创造
的重要意义，尤其重视协作劳动之间的协调问题。一般地，团队生产中个
体劳动在价值创造中的有效性与两大因素有关：（1）劳动者本身的能力，
一个有经验、受过良好教育的劳动者在相同时间内的劳动所创造的价值要
比一个没经验和缺乏教育的劳动者更有效；（2）与其他生产要素的合作，
与人合作进行创造价值时的劳动有效性往往比单干更高，借助先进设备的
劳动进行价值创造时比依靠简单工具时更高。当然，由于马克思过于关注
劳资之间在收益分配上的对抗性，从而在构建劳动价值理论时对合力创造
价值这一点也变得"熟视无睹"了，以致其理论无法反映更为真实的协作
生产的现实。事实上，马克思还错误地认为，"在价值生产上，多数只是
作为个数的倍数来计算，所以，这 1200 人是各个孤立地进行生产，还是在
同一个资本指挥下协调进行生产，对价值生产来说，不会引起任何差别"。

总之，正因为传统劳动价值理论所论及的劳动对象具有上述三方面的
狭隘性，因而它无法解释人类社会在直接劳动支出减少的情况下所带来的
价值和财富的增长。事实上，英国工业和农业领域的就业人数在全部就业
的人数中所占的比例从 1840 年的 64% 已经下降到了 1980 年的 37%、1987
年的 32.2% 以及 2000 年的大约 20%；与此同时，英国创造的 GDP 却从
1885 年的 13.16 亿英镑上升到 1980 年的 2312.1 亿英镑、1987 年的 4141.8
亿英镑以及 2000 年的 10425.9 亿英镑。即使考虑其中的就业总人口的变化
以及通货膨胀的因素，直接劳动支出和价值与财富的增长也是极不成比例
的。马歇尔（1964：第一版序言第 14 页）曾经指出："一种经济学说愈是
简单和绝对，倘使它所指的分界线在实际社会中不能找到的话，则在把它

应用到实际时它带来的混乱就愈大。"显然，经过上述对所分析的劳动范畴的扩延，就可以使得我们对经济行为的研究更加具体和丰富。

第二节 基于协作系统的劳动价值理论构建

上面从系统的角度剖解了传统劳动价值论，由于运用了同质化的抽象方法，马克思发展的劳动价值理论实际上是一种特殊的理论，仅仅适用于特殊的简单劳动阶段。显然，要发展成一个系统而普遍的理论，就需要运用"奥卡姆剃刀"（Occam's law）将不必要和不合理的假设除掉，从而得以反映更为复杂的系统世界。其实，马克思在分析价值理论时也提出了不少系统论的观点，例如，他强调多人的合力是一种集体生产力，而有价值的东西首要要满足社会的需求等等，这些都是从系统角度进行的分析。不过，他在这方面的分析是零碎的，发展的基本理论更是建立在抽象化同质劳动的基础上。因此，这里尝试将马克思的系统思想进行整理归纳，从系统论的角度发展劳动价值理论。

一 协作系统中的耗费劳动和凝结劳动

当代社会是协作性社会，而一旦个体处于社会协作的网络之中，他的劳动也就不再是个人性的，而是社会化了。正如巴纳德（1997：14）指出的，"作为特定协作体系的参加者的人，……只要他们的努力是协作性的，他们的努力就被非个人化，或换句话说，被社会化"。其实，马克思在分析价值的含义时也已经具有了明显的系统思想，如他所提及的价值就具有社会含义，因为有价值的东西本质上必须符合社会的需要。不过，由于过于强调了抽象化研究，马克思又忽视了投入劳动与对社会产生效用的凝结劳动之间的差别，从而又偏离了系统的思想。因此，这里尝试从系统论的角度梳理对价值创造起真正作用的劳动范畴。

自斯密开始，创造价值的劳动就存在是投入劳动还是支配劳动的争议。一方面，斯密（1972：26）认为，"任何一个物品的真实价格，即要取得这一物品事实上所付出的代价，乃是获它的辛苦和麻烦"；另一方面，斯密（1972：27）又指出，"对于占有财富并愿用以交换一些新产品的人来说，它的价值，恰恰等于它使他们能够购买和支配的劳动量"。一般认为，斯密混淆了价值由投入劳动或支配劳动创造两种不同学说，但布劳格

（2009：36）认为两者并不矛盾："如果两件商品在由生产它们所需要的相对人—时决定的比例上进行交换，它们当然能支配同样的……相反，如果两种商品在交换中由它们能支配的劳动所决定的比率进行交换，它们当然将体现为生产它们所需要的人—时，至少，如果在资本品中体现的人—时已被承认，利润率在所有投资范围内都是同样的。然而，怎么能说商品的交换比例是由它们在交换中所支配的劳动决定的呢？这似乎是说，一物交换另一物的比率是由它购买其他物的能力支配的，这只能是同义反复。支配劳动理论，不论它是什么，不可能是价值理论，认为亚当·斯密可能混淆了作为产品的劳动价格和它的劳动成本这些不同现象完全是荒唐的。"其实，耗费劳动价值说是从成本投入角度衡量，支配劳动价值说则主要体现为生产结果角度度量，两者之间之所以会产生差异，关键在于从劳动投入到劳动凝结之间存在一个转换，两者的差异也就在于这个转换系数的大小。

为此，随后的李嘉图和马克思都接受了投入劳动决定价值的观点。但是，由于马克思集中分析的是抽象的同质劳动，因而在他的理论中就撇开了投入劳动到支配劳动的转化问题，因为每个劳动的转化系数都是相同的；并且，马克思坚持了等价交换的价值规律，因而反对支配劳动对价值衡量的观点。事实上，一旦考虑到异质劳动的情况，那么传统理论在解释投入劳动被市场实际承认的程度差异时就不够了；即使马克思引进了劳动力和生产价格的含义，也无法真正解决这些问题，这一点笔者（朱富强，2005a）已经在《有效劳动价值论的现实阐释》一书中作了详细分析。

其实，劳动价值理论的先驱洛克（1962：37）就指出："凡是要正确估计一件东西的价值的人，都必须考虑它的数量对销路的比例，……当某种商品的数量和它的销路相比减少时，它的价值与其自身或与一种固定的尺度相比都会提高。"后来，西斯蒙第虽然继承了斯密有关投入劳动创造价值的观点，但同时对此作了相当大的发展。西斯蒙第认为，在孤立个人靠自己的劳动直接满足自己的消费或需要，并直接决定生产；而交换经济中，个人的需要必须通过交换来满足，因而消费或需要决定生产并表现为需求决定供给。西斯蒙第（1964：54）指出，在交换经济中，商品是用交换价值来评价的，"每个人都要估计一下自己生产自己所提供的那种物品花去多少劳动和时间，这就是售价的基础；他也把自己要给别人的物品所需要的劳动和时间和自己需要的物品所付出的劳动和时间作比较，这是确定买价的计算根据"。

而且，不是一切劳动耗费都能创造交换价值，只有为社会承认并满足需要的必要劳动才能创造交换价值，这个社会必要劳动实际上就是生产某一商品的平均劳动日。为此，我们就要考虑影响投入劳动向支配劳动转化的因素，这个中间环节就是投入劳动对商品创造的有效性；这里我们引进两个基本的概念，将投入劳动称为耗费劳动，而真正凝结在商品中的劳动称为凝结劳动。

此外，需要指出，马克思把价值定义为凝结在商品中的一般人类劳动，其隐含着只有凝结劳动才是真正为社会所承认的劳动，从而也就代表了实质的支配劳动。这里就提出了一个关键问题：价值究竟由何种劳动决定？是指商品生产所耗费的全部劳动呢，还是指真正发挥创造价值效果的其中一部分劳动？传统的社会主义学者倾向于理解为，商品生产所支出的全部劳动量决定了价值量的大小；也就是说，将劳动价值理论理解为价值由耗费劳动决定，这实质上因袭了马克思以前的古典政治经济学家的观点。实际上，所谓处于动态中的活劳动只是价值的源泉，但还没有或并不能全部为劳动对象所吸收，从而无法以活劳动量来决定创造价值的大小。马克思本人就持这种看法，他（马克思，1963：185）写道："在劳动过程中，劳动不断地由变动的形式转为存在形式，不断地由运动形式转为物质形式。"这意味着，物化劳动不仅是劳动而且是活劳动的存在形态，只有最终实现劳动形态转化的劳动才是创造价值的劳动；或者说，劳动创造价值的过程，在事实上是劳动形态实现最终转化的过程。

可见，马克思真正意义上创造价值的劳动应是指有效发挥作用并凝结在商品中的劳动，因为马克思对价值的定义就是凝结在商品中的一般人类劳动。马克思（1963：23）明确指出："流动状态中的人类劳动力或人类劳动，是形成价值的，但本身不是价值。它要在凝结的状态中，在物质化的形态中，方才成为价值。"不过，由于马克思过于执着黑格尔的从简单到复杂的分析观，将劳动作了抽象化和简单化的处理，从而造成了两大问题：（1）在对劳动趋势错误判断的基础上，马克思将简单劳动分析这种特殊状态当成了社会劳动的一般，以致他陷入了价值来源是耗费劳动还是凝结劳动的困惑之中，而以后的学者在劳动价值的衡量上却普遍继承了耗费劳动的思想；（2）也由于这种简化的分析，"马克思在分析价值时，一开始就假定了商品交换中的供给和需求的一致"（晏智杰，

2001：25），这样，在马克思的分析中也就模糊了耗费劳动和真正创造价值的凝结劳动。

二　有效劳动和有效劳动时间的系统含义

上面的分析表明，从系统的角度来看，价值的创造不在于耗费了多少劳动量，而在于凝结了多少劳动量。也就是说，我们估量一个投入劳动创造的价值量的大小就必须了解投入的劳动中有多少是有效的，是这些有效劳动才真正决定了价值量的大小。马克思（1963：12－13）指出，"用产品的使用价值，或用产品是一种使用价值的事实来表示有用性质的劳动，被我们简称为有用劳动。从这个观点看，我们总是考察它的有用效果"；事实上，"任何一物，要不是一种有用的物品，就不能有价值。如果它是无用的，其中包含的劳动也就是无用的，不能算作劳动，因此也就不形成价值"。可见，马克思也不认为所有的耗费劳动都能创造价值，笔者这里将创造价值的劳动称为有效劳动，它在量上等于商品中的凝结劳动。

引入有效劳动概念后，我们就可以进一步思考这样两方面的问题。

第一，可以分析社会化生产中产品与市场之间的协调。试想，意欲为市场生产的生产者结果生产出的是一堆滞销产品，他的产品是否真正具有价值，或者说价值量究竟有多大？如赫鲁晓夫抱怨的，社会主义企业"不是去生产用于装设房间的漂亮吊灯，而是生产尽可能重的吊灯，这已成为一种传统。因为生产的吊灯越重，工厂所获得利润就越多，既然它的产出是以吨位计算的"（林德布洛姆，1995：99）。其实，作为财富的表现，具有价值的东西首先是满足人们的需要，对别人没有用途的东西就必然没有价值，即使花费再多的时间和劳动也是如此。这就反映了协调的重要性，如果没有协调，或者说，协调程度不高，导致生产出的产品不适合他人或社会的需要，就意味着价值的丧失。正是基于这样的理论，笔者认为，中国历年（2002 年 9 月 16 日的报道《告别 GDP 崇拜》，http：//news.163.com/05/0303/14/1Du6257/000/1211.html）累计积压的高达 4 万亿元的相当于全国 GDP 41% 的库存（包括生产和流通领域）可能就是根本没有价值的；即使考虑到对社会的缓冲稳定器作用，也必然存在相当一部分是无价值的，因为国际公认库存标准仅仅是 5%，而日本的丰田公司的目标则是实现零库存管理。

第二，可以考察团队生产中的劳动之间的协调。市场的关键功能就在于通过供求来协调各类产品的生产，企业则以另外一种形式来协调人们的劳动，协调的高低反映了价值创造的高低；由企业扩展到国家计划等也是协调人们劳动的一种机制。事实上，在传统高度集中的计划经济体制中，劳动的协调是通过远离市场和实际需求的政府来进行的；因此，政府计划者可能由于任何微小的忽略而对社会可能造成重大损失。如兰格就举例说，国家计划委员会曾在计划中规定过在一个狩猎季度中应猎取的野兔数目，但由于在国民经济计划中遗漏了女用纽扣和发针而导致第二年社会上的短缺。而且，由于企业生产的产品往往不止一种，而更可能包括几百种型号、规格；因此，它们往往可以通过忽略其中一些目标而实现计划者规定的目标。例如，如果规定的目标是铁钉的吨位，企业就可能全部生产大号铁钉；而如果规定的目标是铁钉的数量，那么企业又可能全部生产小号铁钉。这意味着，在这种协调机制下，生产出的产品有时并不适合人们的真正需要（如生产的铁钉又粗又大等）。而根据笔者的看法，这就意味着协调失败，因而并不真正创造价值。

与有效劳动相对应的就是有效劳动时间，它是指在人们的生产活动中真正创造价值的时间是多少。有效劳动是创造价值的实体，而有效劳动时间则是价值的衡量单位。因此，从界定劳动有效性的概念入手，就可以更清楚地识别投入劳动所创造的价值量。正是从这一角度上，我们可以梳理马克思分析中的逻辑缺陷。马克思（1963：340）错误地认为："在价值生产上，多数只是作为个数的倍数来计算，所以，这 1200 人是各个孤立地进行生产，还是在同一个资本指挥下协调进行生产，对价值生产来说，不会引起任何差别。"显然，如果考虑到劳动的协调有效性，那么，1200 人协作生产所创造的价值显然要大于各自孤立生产下创造价值之和。而且，从劳动的有效性出发，我们可以更清晰地认识到按劳（动时间）分配的不合理性，因为这并没有考虑到劳动的有效性，以及将人的劳动时间折算成有效劳动时间。例如，在传统社会主义企业中广泛实行同工同酬制度，这种制度仅仅是建立在价值创造以劳动时间为尺度的基础上，而没有考虑有效性；而且，企业的规模越大，这种有效性的差异忽视就越严重。

当然，这里提出有效劳动和有效劳动时间概念在应用中往往难以操作，因为缺乏确切给出一个有效劳动或者有效劳动时间量的单位规定。在很大程度上，只有能够精确衡量有效劳动和有效劳动时间，社会主义计划经济学和按劳分配才现实可行；而在迄今为止的人类社会中，有效劳动和有效劳动时间只能通过市场机制给出一个相对的量规定，因为市场中存在无法的重复和互动。一般地，在探讨事物的本质时，往往都难以给出一个具体的量规定，如传统劳动价值论对价值也没有一个可操作的度量单位；究其原因，价值由社会必要劳动时间确定，而取决于特定时期技术水平下的平均熟练程度和劳动强度是无法操作的，从而只能借助市场机制。其实，即使仅就影响价值创造的劳动异质性而言，两类劳动之间的差异也无法度量，因而异质劳动和同质劳动的转化难以用一个既定设计的比例进行规定。事实上，李嘉图认为复杂劳动是简单劳动的倍数，但它们的转化主要求诸市场估价、谈判和协议，"各种不同性质的劳动的估价很快会在市场上得到十分准确的调整，并且主要取决于劳动者的相对熟练程度和所完成的劳动强度"。同样，马克思（1972：58）也认为，"各种劳动化为当作它们的计量单位的简单劳动的不同比例，是在生产者背后由社会过程决定的，因而在它们看来，似乎是由习惯决定的"。

三 协作系统观的有效劳动创造价值说

上面的分析指出，既然从系统的角度看，所耗费的劳动量并不等于凝结在商品中的劳动量，那么，从商品生产的劳动耗费到劳动凝结这一过程就存在一个转换系数，这个系数的大小体现了劳动的有效性程度的大小。一般地，劳动有效转换系数主要取决于系统中的劳动强度、技术水平、管理水平以及自然条件等因素；而这四个主要因素中，除了自然条件与人的劳动因素联系较间接外，其他三方面实质上都与人的劳动支出直接相关，都是创造价值的活动。因此，考虑到所有这些因素，我们就可以发展出系统论的有效劳动价值说：创造的价值量主要由支出劳动中的有效成分以及系统内所有劳动间的协同性决定。这有两层含义：在个人孤立的商品生产中，创造的价值量由其支出的抽象劳动总量（主要是由劳动支出量和劳动复杂性来度量）决定；而在团队的协作生产中，创造出的价值量的大小还与分立劳动间的协调程度有关。

第一，就孤立劳动的个体价值创造而言。我们可以通过引入劳动的有效因子，构建一个简单函数来表示一个商品的价值与支出的劳动量之间的关系：$V = e \times L^\rho$。其中，V 是商品价值量的大小，L 是商品生产需要的劳动支出量，ρ 是支出的劳动的复杂程度因子，e 是所耗劳动转化成有效劳动的系数，即反映劳动的有效程度。这一函数实质上表明了马克思所定义的劳动价值的含义，即商品价值量的大小反映了其中凝结的有效劳动量。第二，就协作系统中的团队价值创造而言，我们还可以进一步通过引进协调因子，构建协作系统中团队生产的价值创造的基本函数：$V = \lambda Q_1^{\alpha} \times Q_2^{\beta}$。其中，$V$ 表示所创造的商品的价值量大小；Q_1 表示劳动者 1 所支出的劳动量，α 是劳动者 1 的劳动有效因子；Q_2 表示劳动者 2 所支出的劳动量，β 是劳动者 2 的劳动有效因子；λ 表示分立劳动间的协调性，主要反映管理水平的高低。

这样，借助于上述函数，我们就可以重新解释劳动价值理论：单位有效劳动时间所创造的价值量不变。其中，单位有效劳动时间是考虑了单位时间内的劳动支出数量、劳动复杂程度以及劳动间的协调性等因素而折算成的；显然，劳动密度越大、劳动熟练程度越高、劳动行为之间越协调，则自然单位时间的劳动换算成的有效劳动时间也就越长。按照传统的劳动价值理论，价值是由劳动时间决定，每个商品生产者的个别生产时间决定商品的个别价值，但市场上商品的交换通常是按照社会价值进行的。当商品的个别价值低于社会价值时，商品的生产者就可以得到超额利润；而当个别价值高于社会价值时，商品生产者就会发生亏损。而按照系统论的有效劳动价值说就可以解释为：商品的交换是按照价值相等原则进行的，劳动有效程度低的商品生产者在单位时间内创造出的价值量较小，因而只能获得较少的报酬，从而发生亏损；反之，劳动有效程度高的商品生产者在单位时间内创造出较大的价值量，得到的报酬也较多。

可见，从劳动的有效性角度来看，决定价值量大小的劳动内涵要精深得多。（1）正是由于考虑到了劳动有效成分的变化，从而实际上能够对系统中异质劳动进行一般的考察；（2）有效劳动价值说以一定时期为基点就能够对创造价值的劳动的质和量进行连续分析，这意味着，有效劳动价值说具有动态的特点，从而有效弥补了传统劳动价值理论的一大缺憾；（3）有效劳动价值说是建立在社会劳动互动和迂回的基础上，实际上也涵盖了各种社会劳动，从而又弱化了传统劳动价值理论的另一不足；（4）通过协调因子的引入，我们也可以考察劳动之间的协作性。因此，有效劳动创造价值论具有较强的理论说服力，能够从整体上解释劳动强度、劳动熟练程度以及管理水平等对价值量创造的影响，也能有效地解决传统劳动价值理论中存在的悖论。特别地，这种劳动价值论把劳动配置和价值创造结合在一起，从而把供求关系引入了劳动价值理论。其实，马克思就认识到了社会需求的重要作用，并提出了"第二种含义的社会必要劳动时间"；但是，由于马克思基于自然主义的抽象化思维，他在建立劳动价值论的时候，坚决地排斥"需求决定价值"的观点，而仅仅将"需求"引入理论来解释"社会生产的比例关系"问题。显然，从这里也可以看出，马克思在探究价值创造时在某种程度上是静态的和局部的，没有像分析社会生产和资本运行那样把价值创造过程视为一个协作系统中的连续整体。

四　社会迂回生产的有效劳动价值说分析

系统论的有效劳动价值说指出，在协作系统的价值创造中，一个关键点就是劳动之间的协调性。在劳动支出量相等的情况下，如果劳动间的协调性高，那么创造出的价值量也就大。这意味着，企业组织的联合生产之所以比孤立的个体生产具有更高的效率，就在于它增进了劳动间的协调程度，从而提高了劳动的有效性，从而可以在单位时间内创造出更大的价值量。事实上，只要是为社会生产的，那么就一定属于协作系统的团队生产，因而也就必然存在劳动的协调问题；即使是在为自身生产的劳动中，只要生产者现在或今后还处在社会之中，生产者的劳动就与社会其他劳动存在千丝万缕的联系，从而也就必然存在协调问题。举个最简单的例子，生产者自己生产东西自己消费往往会影响他人生产该商品的劳动的有效性，因为生产者的自给自足显然影响了社会上的消费量。因此，即使是整个社会中自给自足的生产，也与社会整体的价值创造有关。

事实上，"价值"最一般的意义是指作为客体的外界物与作为主体的人之间的关系。马克思自己也说过，"'价值'这个普遍概念是从人们对待满足他们需要的外界物的关系中产生的"（转引自晏智杰，2002）。正因如此，马克思把同一劳动区分为具体劳动与抽象劳动，认为劳动二重性的矛盾运动决定着商品两种属性的矛盾运动，这种矛盾运动的核心是劳动转化为价值的问题，而这又决定于私人劳动与社会劳动的矛盾运动。显然，根据这里的分析逻辑，矛盾产生的本质也就是劳动之间的协调问题。

而且，按照马克思理论中社会必要劳动时间的第二种含义：社会必要劳动时间是社会总劳动时间在各个部门的分配比例，这些分配比例影响着各个部门商品的总供求关系，从宏观层面上决定着商品的价值量。显然，这意味着，商品总供求关系对于商品价值量具有重要的影响。既然商品价值和人的需要以及社会的供求之间的存在紧密联系，那么，商品的价值也必然不只取决于自己的劳动投入，也要取决于有关联的其他劳动。因此，基于劳动间的协调角度，我们可以把商品的供求和劳动价值的决定联系起来，更好地认识价值的创造。

此外，根据系统论的有效劳动价值理论，我们可以更好地理解社会生产的迂回度对社会价值创造的影响。一个显见的事实是，人类社会中直接制造业生产的蓝领工人的劳动强度和复杂程度并没有提高，而数量也在不断下降，但整个国民生产总值却在不断上升（按照现代经济学的定义，国民生产总值就是个人价值总和）。如何解释呢？显然，唯一的解释就是这些价值并非全部是一线蓝领工人的贡献，而是其他社会劳动作用的集体体现，因为，在这几十年间其他类型的劳动大大增加了，从而导致社会生产的迂回度大大延长。诺思（2003b）指出，目前世界经济有"一半以上的社会资源并没有直接用于生产任何东西，而是用于进行整合和协调不断增加的和越来越复杂的政治、经济和社会体系"。其实，早在古典主义时期，李斯特就认为，社会的生产力主要就是这些间接的精神性的资本提供的，而这些精神性的资本也就是被归属为社会资本、制度资本、知识资本和伦理资本等物化劳动，它们在价值创造的过程中主要提高协调的作用。正因如此，诺思（2003b）认为，"在过去的上百年里，我们用于交换活动的资源越来越多，我们这样做是为了获得现代技术及其生产力的增长"。

可见，尽管价值量最终所计算的是一线工人所创造出的产品和服务，但这种价值量凝结了全部社会劳动的支出，其他社会劳动大大提高了从事最终商品生产的蓝领工人的劳动有效性。所以，德鲁克（1998：86）认为，"正是他们的生产力而不是制造和运送产品的人的生产力，才是发达国家的生产力"。同样，也正如巴纳德（1997：27）所言，"为了间接目的的迂回行为全都属于协作的努力"，而之所以出现专门的协调活动，就在于市场的不确定性和信息的不完全性。事实上，经济学常识表明，在完全信息条件下，企业是没有超额利润的，这样就很难使管理者的工资合理化，因为没有管理者所要完成的管理职能；相应地，传统劳动价值理论就将价值的创造全部归功于进行生产的劳动者。但是，在不确定的市场中，"像劳动这种投入品的边际产量价值不再仅仅是劳动数量的函数，它还是决定生产什么产品、采用什么技术和如何控制投入品运用方面的管理质量的函数"（德姆塞茨，1999b：21），生产的专业化分工使得这些工作由专门人员进行，因而这些人的劳动也是创造价值的。

第三节　协作系统中价值创造的主要因素

意欲为市场生产的生产者结果生产出的是一堆滞销产品，他的产品是否真正具有价值，或者说价值量究竟有多大？其实，价值首先是满足人们的需要，对人没有用途的东西就必然没有价值，即使花费再大的时间和劳动也是如此。恩格斯（1970：185）就强调："我们某个人要是制造对于别人没有使用价值的物品，那末他的全部力量就不能造成丝毫价值。"马克思（1965：9）也指出："孤立的劳动虽能创造使用价值，但它既不能创造财富，也不能创造文化。"这就反映了协调的重要性，如果没有协调，或者说，协调程度不高，导致生产出的产品不适合他人的需要，就意味着价值的丧失。市场的关键功能就在于通过供求来协调各类产品的生产，企业则以另外一种形式来协调人们的劳动，协调的高低反映了价值创造的高低。在传统高度集中的计划经济体制中，劳动的协调是通过远离市场和人们需求的中央政府或官僚来进行的，在这种协调机制下，生产出的产品有时并不适合人们的真正需要，这就意味着协调失败，从而并不真正创造价值。因此，本节继续按照系统论的理念分析社会中影响价值创造的主要因素。

一　社会系统中的价值创造的全面衡量

在探讨影响协作系统中价值创造的主要因素之前，我们首先要对系统价值创造产生不同影响的劳动性质作一探讨，这就是古典经济学家热衷的生产性劳动和非生产性劳动的界定。

根据上述有效劳动价值理论，我们只要借助一定的基点标准确立有效劳动的度量单位，就可以加总全社会的有效劳动量，从而估算社会的总体价值量；而且，我们还可以比较不同时期的价值总量，从而衡量社会财富的增长和社会进步。但是，从社会系统的角度来看，我们不能孤立地把各个有效劳动加总而得出系统所创造的价值量。究其原因，从社会价值角度与从个人角度所理解的价值存在不同：（1）既然存在着有效劳动的说法，也必然同样有无效劳动，而无效劳动是不创造价值的；（2）存在着一种劳动，它非但不创造价值，而且还阻碍其他劳动创造价值。正因为有可能存在某些对社会其他财富造成破坏的劳动，因而社会财富并非是私人财富加总，有些私人财富甚至是相互冲突的，这就是劳德代尔悖论。为此，作为一个能够真正衡量协作系统发展和社会进步的尺度，它还必须考虑到被人类社会破坏的那些财富的损失。

实际上，马克思的劳动价值论已经有了这一含义，他认为商品包含了个别价值和社会价值的矛盾：如果商品不能顺利售出，个别价值不能被转化成社会价值，个别劳动也就不能被社会承认，如生产的废品、次品等。而且，即使那些原本满足社会需求的东西由于生产过剩，那也意味着社会劳动协调失调，这种劳动也就是无效劳动，即不创造价值的劳动。所以，罗宾斯（2000：43－44）认为，财富从本质上说是一个相对的概念，它是相对于人类的需求而言的；而那些不满足需求的东西也就不再是财富，而变成社会浪费的根源，尽管物体本身并没有发生变化。特别是，有的生产出来的产品非但是无用的，而且是有害的，如废气、废水、烟尘等；因此，我们可以把这些产品用一个名称"负产品"来概括，而把创造"负产品"的劳动称为"负劳动"，并把"负产品"上所凝结的一般人类劳动用"负价值"来表示。也就是说，我们传统的价值观仅是为社会所承认和接受的价值，即所谓的"正价值"；而社会上还有大量的不为社会所承认或排斥的人类劳动存在，这种劳动的凝结程度同样也可用价值来衡量，并且它与负的使用价值是相对的，因而"负价值"就是一个对应的提法。

显然，在引入"负价值"的概念后，一个劳动支出所创造的总体价值量就可以用一个简单的公式来表示：总价值 = 正价值 - 负价值。这样，我们就可以衡量一个社会真正的价值创造量。这种理论具有重大的实践意义：有了这种理论的指导，就要求我们在促进整个社会系统发展的同时，要努力避免负价值的创造。例如，一个企业创造的价值量就不应只看它的收益，而且要注意它所带来的外在成本（即创造的"负价值"），我们以往所指的社会成本实质上就是企业创造的负价值。只有真正考虑到了负价值的存在，才能真正有效衡量一个企业的绩效和价值。事实上，目前国外的会计行业已经开始提出了"社会责任会计"和"环境会计"（绿色会计）的新会计理念，其计算方法是要在现有统计基础上扣除经济活动产生的外部社会成本，扣除所计量资源的耗费，以计算国民经济增长的净正效应。

同样，整个社会的发展的同时，也要努力避免负价值的创造，只有这样，才能使资源得到真正合理有效的配置。为此，日本政府1973年就开始提出了净国民福利指标，主张列出水、空气、垃圾等环境污染的每项污染可允许标准，超过污染标准的，必须将其改善经费作为成本从中间扣除。然而，在人类的经济发展史上，正是长期以来忽视了负价值的存在，导致目前全世界范围内都陷入了发展的困境。例如，印度尼西亚从 1971 年到 1984 年 GDP 年均增长 7.1%，但如果将石油、木材大量开采出口以及伐木引起的土壤流失作为成本加以扣除，年均增长率只有 4%。回顾历史，社会主义国家的失误也正在于此。如苏联计划经济的产物之一是贝加尔湖周围的工业化，导致了环境的迅速恶化，据称"在一直保留了自然状态的乌克兰现在已经没有一条河流"（林德布洛姆，1995：112）。同样，中国目前的高速增长基本上也是用生态赤字换取的：据估计，中国每年因资源浪费、环境污染、生态破坏而造成的经济损失至少为 4000 亿元，如果扣除这部分损失，GDP 只剩下 78%。而日本在人均 GDP 1000 多美元时，扣除生态损失后的 GDP 为 86%。

可见，我们在衡量价值的创造时，不仅要看到对社会有益的劳动支出，还要看到对社会无益甚至有害的劳动支出，要将社会价值和个人价值严格区分开来。在很大程度上，正是由于长期以来我们没有从系统的角度看待价值的创造，从而忽视了负价值的存在，把自然赐予的资源以及业已存在的社会自愿当成了免费的投入品。事实上，由于有些资源的人类再生产需要投入的劳动和时间是巨大的，这意味着对这些自然资源破坏所造成的负价值也是巨大的；那么，从根本上说，如果没有考虑到我们那些对自然资源造成损耗的劳动，将在长远上制约人类的发展。所以，100 多年前恩格斯就曾经警告过人们说："我们不要过分陶醉于我们人类对自然界的胜利，对于每一次这样的胜利，自然界都对我们进行报复，每一次胜利，起初确实取得了我们预期的结果，但是往后和再往后却发生完全不同的、出乎预料的影响，常常把最初的结果又消除了。"[1]

二　基于社会系统的劳动性质判别原则

前面的分析指出，传统劳动价值理论在分析劳动的性质上存在一些基本缺陷，因为它分析的对象是静态的、孤立的和同质的直接生产物质产品的劳动，从而仅仅是一个研究特殊现象的理论，缺乏普遍性。相反，根据系统论的有效劳动价值说，系统中的劳动还存在其他的无效劳动和负劳动，对这些劳动性质的界定的基准在于对系统总价值的影响。正是由于有效劳动价值说的分析囊括了各种类型的社会劳动，因此，以有效劳动价值说为基础，我们就可以对是否创造价值的社会系统中的全体劳动给出这样

---

[1] 《马克思恩格斯选集》（第 4 卷），人民出版社，1995，第 383 页。

一个总原则：凡是直接生产性劳动的支出以及有助于提高直接生产性劳动之有效性的劳动就是创造价值的；反之，如果只是促使创造价值分配和转移的劳动就不是创造价值的劳动。

为了更好地阐述这一结论，我们可以建立一个对所有社会劳动都能进行分析的价值创造的基本模型：$V = f(L_1, L_2, \cdots, L_i, \cdots, L_n)$。其中：$V$代表价值量，$L_i$表示社会上包括市场上、企业组织内以及政府机构中的各种劳动，如生产劳动、管理协调劳动、企业监督劳动、政府调节活动（如计划、统计、经贸等）、政府监督保障活动（公检法、国防、审计监管等）、知识传授活动（如教育、培训、学徒等）、人身后勤（维护）活动（如理发、洗澡、医疗、卫生）、娱乐业活动、商业活动、投机活动等等。

一般认为，如果$\dfrac{\partial V}{\partial L_i} > 0$，则说明该劳动是创造价值的，如物质生产劳动、管理协调劳动、知识传授活动、人身维护活动等等。例如，医疗、按摩、理发等活动都是创造价值的活动，因为这些活动都有助于提高劳动的协调性。事实上，舒尔茨就认为对人力资本的投资包括四个方面：教育与培训、医疗与保健、鼓励劳动力流动、引进高素质移民等；医疗与保健一方面可以降低死亡率而增加劳动者数量，另一方面也可以提高劳动者素质而增强劳动能力。

相反，如果$\dfrac{\partial V}{\partial L_i} = 0$，则说明该劳动并不真正创造价值，如企业监督劳动、审计活动、公检法等。这类劳动的支出增加时，也往往表现为价值量的相应增加；但是，这种价值量的增加是由同时伴随的其他生产性劳动的支出增加下带来的。

特别地，如果$\dfrac{\partial V}{\partial L_i} < 0$，则表明这种劳动非但不创造价值，反而会破坏价值的创造，也就是前文所说的创造出"负价值"，如制造污染噪音的活动、破坏性的投机活动。当然，我们说良性的投机和投资活动是发现市场机会的一种活动，有利于信息的扩散，有利于提高社会分立劳动之间和资源配置的协调性，从而在一定程度上也是创造价值的劳动。但是，破坏性的投机活动反而干扰了市场、混淆了信息，导致协调性的下降，从而阻碍了价值的创造；正是在这种情况下，我们说，这种活动实际上就是前文所说的"负劳动"，目前中国股票市场中的投机行为就具有明显的"负劳动"的特征。

根据上述基本原则，我们就可以讨论更广泛的社会系统中的各类劳动的性质，而不是局限于直接的物质生产劳动。事实上，作为一个社会协作系统，它本身就是一个包含物的、生物的、人的和社会的构成要素的复合体，因而系统中的任何要素的作用都会对最终价值的创造产生影响，笔者（朱富强，2004）在《有效劳动价值论：以协调洞悉劳动配置》一书中已经作了更为深入的分析。当然，这里的分析是与古典经济学的主流观点相悖的，因为古典经济学将把单纯的体力劳动认为是唯一的生产力。其实，李斯特也早就对古典的观点提出了质疑，在他看来，生产者不仅指那些制造口琴的人、生产药丸的人，更主要是教师、音乐师、医生、法官等。究其原因，前者生产的是交换价值，而后者生产的是生产力。就后者来说，"有些人能够使下一代成为生产者，有些能促进这一代人的道德和宗教品质，有些能提高人类的精神力量，有些能使病人恢复他的生产力，有些能使人权和公道获得保障，有些能确立并保护公共治安，有些则由于它们的艺术给予人们精神上的愉快享受，能够有助于人们产生情绪的高涨"（李斯特，1961：127）。

可见，从社会协作系统的观点来看，创造价值的劳动外延要广泛得多。马克思强调，价值是由活劳动创造的，但这里需要问个为什么，否则，它就成为一种先验的东西，而不是对不断演化的社会现实所作的概括和总结。事实上，活劳动价值论意味着只有人类个体的劳动才能创造价值，问题是，不同个体以及同一个体在不同时空下的劳动所创造的价值为何是不同的？这里引申的问题是：活劳动是如何形成的？实际上，自然人体具有很大的同质性，只表现为体力和智力上的少许差异，就像我们看其他动物一样，看不出多少差异；但是，社会人体却具有很大的差异，不仅表现在体力和智力上，也表现在社会地位和社会权力上。在很大程度上，个体劳动之所以有差异，就在于他们凝结了不同质和量的人类所积累的物化劳动，否则就仅仅只有稍许的自然差异。正是这种凝结的物化劳动极大地影响了人们在创造价值时的劳动有效性。也就是说，正是不同的物化劳动通过凝结在人这一载体上，并进而在劳动过程中表现出不同的劳动能力。显然，这与不同的物化劳动通过凝结在物质资源载体上，进而使得劳动过程中表现出不同的生产能力，并没有根本的不同。正是借助于物化劳动，我们就可以很好地将资本和活劳动统一起来，现实世界中的物质资本和活劳动的差异根本上都在于所凝结的物化劳动的形态和量的差异，人类所积累物化劳动通过自然人体和自然物体在再生产过程中发挥作用而创造价值。因此，一个社会的发展速度和程度在很大程度上就取决于物化劳动的积累和运用。

三 协调增进是系统价值创造的本源

要进一步探讨社会协作系统中的价值创造问题，还必须考虑整个系统构成要素之间的互动机理，即进一步探讨各类劳动之间是如何协调以提高劳动有效性的。实际上，前文已经建立了两个简单的函数来表示价值的创造，这里用一个更基本的函数来表示协作系统中的价值创造：$V = \lambda L^\rho$；其中，V 表示创造的价值量；ρ 表示具体劳动的复杂程度，反映了劳动的"质"，主要由技术水平决定，并以劳动的熟练性来表示；L 表示具体劳动的强度，反映劳动支出的"量"；λ 表示劳动间的协调性，主要反映管理协调水平的高低。

早期社会，由于生产的社会化程度不高，价值的创造主要依赖于孤立的劳动；因此，要取得更多的财富或价值，就需要投入更多的劳动。当然，早先强调劳动支出主要是指劳动量和强度的提高。如公元前 5 世纪左右，中国的墨子就提出通过"强从事"来达到"生财密"的目的，所谓"强从事"就是他所说的"早出暮入，耕稼树艺""夙兴夜寐，纺绩织絍"以及"竭股肱之力"（《墨子·非乐上》）；东汉时期的王符则针对当时的现实提出了"爱日说"，强调对劳动时间的珍惜，他说"谷之所以丰殖者，以有人功也；功之所以能建者，以日力也"（《潜夫论·爱日》）。但是，随着社会的发展，劳动的性质发生了变化，在吸收了人类以往的物化劳动以后，劳动本身越来越异质化，因而价值的创造也越来越重视劳动复杂程度的改变。

特别是，当人类社会发展到一定阶段以后，通过孤立的劳动支出来增加价值的创造变得越来越困难。主要原因有二：（1）纯粹劳动支出量由于受人类生理和数量的限制而不能无限制增加，特别是在未来的自由王国要将人类从繁重的劳动奴役中解脱出来，人类的生活需要越来越多样化；因此，可以预见人类的纯劳动增量将有一个上限。（2）人类的孤立劳动越来越稀少，而越来越多的是人类的合作劳动；正如马克思（1972：368 - 369）所说的，"一切规模较大的直接社会劳动或共同劳动，都或多或少地需要指挥，以协调个人的活动，完成由各种生产总体运动——不同于这一总体的独立器官的劳动——所产生的各种一般职能。……提琴独奏演员可以独展所长，一个乐队就需要有乐队指挥"。因此，如果说在前现代社会（特别是在劳力社会、地力社会甚至是资力社会）中，价值的创造、社会的发展主要是靠纯劳动量投入的增加的话，那么，随着社会的进一步发展，这种靠劳动量的投入来推动社会发展的方式就越来越受到了限制，社会的发展越来越转移到以提高社会劳动间协调的途径上来。

其实，市场上的交换活动本身就表现为协调活动，它是一种隐性的协调活动；而组织中的命令和计划等也是协调活动，是一种显性的协调活动。企业生产之所以比个体的市场生产具有更高的效率，就在于它增进了分立劳动间的协调程度，从而提高了劳动的有效性，并在单位时间内创造出更大的价值量。然而，在目前的理论界，主要考虑的是孤立的劳动，而缺乏对协调应有的重视，正是"通过低估协调问题，新古典经济学使自己的分析偏重于生产和实际的分配"（柯武刚和史漫飞，2000：6）。譬如，在现实生活中，我们常看到，同样的工作、同样的劳动付出在不同的国家获得的报酬却是迥异的，如何解释这种现象呢？显然，根据有效劳动价值理论，工资并非单纯地取决于个人的生产率，而更重要的是取决于个人的劳动对社会的贡献。例如，瑟罗（1998）就指出，任何个体所拥有的知识的价值取决于它在整个系统中被运用的智力程度，这显然就涉及劳动间的协调性问题：在一个低协调的社会中，个人虽然付出了同样的劳动或知识，但由于这种付出被社会接受和运用的程度低，从而使社会价值的增量少，因而回报也必然较低。

而且，劳动之间的协调不仅表现在活劳动之间，也表现在活劳动和物化劳动之间以及物化劳动之间。关于这一点，马克思也有充分的认识，他在《政治经济学批判》中写道："随着大工业的发展，现实财富的创造对劳动时间和劳动数量的依赖越来越小，转而更多地依赖生产工具。这些生产工具以及使用它们所带来的巨大的效应和生产中所需要的直接劳动时间是不成比例的；它们的有效性严重仰仗于科技进步的程度。换句话说，科技被应用到生产中后，人类劳动在生产过程中就不再显得那么封闭了——人们很容易把自己看成生产过程中的监督者和管理者……他们不涉足生产过程，生产与财富的创造既不是由人的直接劳动也不是由其劳动时间决定的，而是取决于他自身可以发挥出多少一般生产能力，亦即社会生活为他提供的对自然的了解和支配——一句话，'社会个体的发展'。一旦人类劳动不再以直接的方式成为创造财富的源泉，劳动时间就会——而且也必须——终止其衡量财富价值的功能了"（转引自繁人都重，2004：4）。

就社会生产的方式演变而言，也体现了分工的深化和协调的增进。在第二次世界大战之前，欧美社会流行的市场体制是泰罗的科学管理体制，其基本特征是以工业革命时期机械技术与低薪劳动相结合，以生产线为基础进行的商品生产，注重的是劳动的投入。"二战"后则逐渐过渡到了"泰罗主义加机械化"的福特主义生产方式，其基本特点是将构想和实际操作相分离，从而剥夺工人的熟练技术：判断力和自律，生产的流水线化推进了强制的反复劳动。与西方社会的生产和管理模式不同，日本企业发展出了精益生产方式，这种生产模式的根本特点就在于：促进市场的不同岗位之间、生产商和供应商以及销售商之间的协调，从而减少不能增加价值的不必要的无效劳动或负劳动的支出。

总之，当今社会，劳动间的协调越来越成为影响劳动有效性乃至价值创造的关键因素，即使同样的劳动支出，由于社会协调程度不同，所创造出的价值量也存在很大差异。实际上，荀子已经认识到组织中的分工和协调的共生关系，如他说，"义以分则和，和则一，一则多力，多力则强，强则胜物"（《荀子·王制》）。显然，这里的"分"就有分工的含义，而"和"则包含了协调的意味。而且，主流经济学对经济增长的考察往往把因生产要素增长所做贡献之外的剩余归功于技术进步，这种技术进步导致了生产可能性曲线向外移动；但是，它却没有注意到，即使技术没有变化，由于协调而使得生产组合在生产可能性曲线边界上移动而改变了产品的市场供求，从而通过影响产品的市场价格而导致整个社会价值的提高。也就是说，通过社会劳动时间的更合理的配置，同样可以提高社会价值；而如何配置劳动时间就涉及协调问题，这同时体现在微观层面和宏观层面上。由于在市场经济中，经济活动的细胞是企业，而在作为协作系统的企业组织的生产活动中，这种协调作用就主要由经理人员所承担；正因如此，企业组织中的经理人员的管理活动本质上也就是协调作用。关于这一点，巴纳德已经作了先驱性地阐发，并已经越来越为主流经济学所接受。例如，法马（1998）就写道："管理是一种有特殊作用的劳动——协调投入劳动和贯彻投入要素间达成的契约，这一切都有'决策'的特性。"

第四节　对协作系统中监督活动功能的反思

上述分析指出，只有有效劳动的凝结才形成价值，其关键是商品的有用性。显然，有用体现了人的需要，从而必然带有主观特性，但劳动价值理论却强调价值的客观性。这如何理解呢？其实，人类社会根本就没有什么纯粹客观的东西，客观和主观之分仅仅依赖于人类设立的一个界定标准；同样，要理解价值的客观性和主观性，也需要依赖于这样一个标准。一般地，客观主要是对社会的发展而言的，体现为对社会有用；而主观则是从个体的体验而言的，体现为对个体有用。显然，对个体有用的东西并非就一定对社会有用，因此，如果从有用性来界定财富的话，社会财富和私人财富的含义是不同的，社会财富也并非是私人财富加总。事实上，有些私人财富是相互冲突的，乃至社会财富会因私人财富的增加而减少。譬如，如果从个人角度上理解，监督劳动也是可以为自己创造财富的，可以转移他人所创造的财富，因而也是有用的。同样，个人生产用于防止盗窃的栅栏、防盗门等也是有价值的，因为这些东西都有利于防止自己财富的流失，而财产的保障有助于提高人们工作的积极性；因此，从某种意义上讲，生产这类防护性物品是个人迂回生产的方式，有助于提高个人劳动的有效性。但是，就社会角度而言，这类产品的生产是没有价值的，因为如果大家都不生产这些东西又没有盗窃活动的话，这些产品并不会增进社会的使用价值；而且，每个家庭基于个体安全的考虑而努力增加保护设施，就会导致整个社会投放在这方面的成本不断增加，但每个家庭所面临的状况却没有改变，这就是囚徒困境问题。事实上，如果把这类产品的生产视为价值的创造的话，那么，军队、警察等监督活动都是创造价值的。这正如西尼尔之问：假设一千人经常被雇来从事锻铸铁条和门闩以防盗贼，而一百个看守就够了，难道由此而使生产的工人转变为非生产的工人就减少了财富吗？正因如此，本节就监督活动的性质作一探究。

一　协调和监督影响价值创造之机理

在协作系统中，迂回生产的社会间接劳动一般可以归为两个基本类型：监督劳动和协调劳动。马克思（1972：431）曾指出："凡是直接生产过程具有社会结合过程的形态，而不是表现为独立生产者的孤立劳动的地方，都必然会产生监督劳动和指挥（即组织协调）劳动。"显然，马克思敏锐地观察到经营者管理活动的两方面内容：监督劳动和协调劳动。一方面，马克思（1966：437）指出，"在一切以劳动者（作为直接生产者）和生产资料所有者间的对立作为基础建立起来的生产方式内，（又）都必然会有这种监督劳动发生。当中的对立愈是大，这种监督劳动所起的作用也就愈是大。所以，它的作用在奴隶制度下达到最高点。在资本主义生产方式下也是不可避免的"。而且，在资本主义社会，"随着作为别人财产而同雇佣工人相对立的生产资料规模的增大，对这些生产资料的合理使用进行监督的必要性也增加了"（马克思，1972：369）。另一方面，马克思（1966：437）又认为，"在一切由许多个人进行协作的劳动上，过程的联系和统一都必然需要由一个指挥的意志，需要有各种与部分劳动无关而与工场全部活动有关的职能，和一个乐队需要有一个指挥人一样"。至于两类劳动的性质，它们对系统价值创造的影响是不同的。

第一，就指挥协调劳动而言，它有助于系统价值创造。马克思（1966：437）认为，"它是一种生产的劳动，那在每一种实行结合的生产方式内，都是一种必须要做的劳动"。这也意味着，指挥劳动是创造价值的劳动，因为这种协调劳动是在单个生产者支出同等劳动量的情况下，创造更大的价值。而且，马克思（1972：369）曾有精辟的分析："政治经济学家（凯尔恩斯——笔者注）在拿独立的农民或独立的手工业者的生产方式同以奴隶制为基础的种植园经济作比较时，把这种监督工作算作非生产费用。相反地，他在考察资本主义生产时，却把从共同劳动过程的性质产生的管理职能，同从这一过程的资本主义性质因而从对抗性质产生的管理职能混为一谈。"从这句话明显可以看出，资本主义企业中的管理活动是不同于以往社会的：种植园主的管理是纯粹的监督劳动，只是迫使单个的农奴支出更多的劳动，从而创造更多的剩余价值，而本身并不创造价值；但在资本主义企业的经营者管理活动主要是协调生产的劳动，协调劳动不仅"提高个人的生产力，并且是创造一种生产力"（马克思，1963：344），因而是生产性劳动。

第二，就监督劳动而言，这仅是迫使生产者创造更大的剩余价值，而本身并不能创造剩余价值。究其原因，监督劳动不能在直接生产者支出劳动量不变的情况下，改变劳动创造价值的有效性，从而创造出超额的价值。马克思特意举例说明的，奴隶制中的监督就是非生产性的，也就不创造价值。他（马克思，1966：438）批判性地指出，"近代奴隶制度的辩护者也懂得怎样把监督劳动当作奴隶制度的一个辩护理由来利用，和别一些经济学者懂得怎样把这种监督劳动当作工资雇佣劳动制度的一个辩护理由来利用一样"。而且，马克思还引用了当时的经济学家凯尔恩斯对当时北美南北各州生产特点的比较时，认为，南方各州奴隶制导致对劳动的监督，而北方各州由于农民所有者得到他的土地的全部产品，所以用不着其他的劳动刺激，也用不着监督；正如因此，奴隶制中的监督是非生产性的，也就不创造价值。产权经济学家巴泽尔（1996）也认为，用于考核和监督的资源支出是一种浪费。

正因为两类劳动对社会的性质和意义不同，两者发展的命运也存在差异，马克思本人也认识到了这一点。马克思（1966：441）认为，随着社会的发展，充当监督者的"资本家作为生产上一种担负责任的人，已经成为多余"，就像资本家本人发展到最高阶段，认为大地主是多余的一样；而作为指挥协调者的"资本家的劳动不是由生产过程单纯当作资本主义生产过程引起，因此不会与资本一同消失"，只要这种劳动不只限于剥削别人劳动这个职能，而只要这种劳动"是由劳动过程的社会形式，由许多人为一个共同结果而形成的结合和协作引起的程度内，本来就和资本是完全独立的"。基于马克思的分析，宋涛（2003）等人认为，在存在对立利益的社会，监督劳动必然存在，在任何社会形态中，为增进协作的指挥劳动都是必要的；"仅仅为着协作劳动指挥劳动在社会主义高级阶段，甚至到了共产主义社会，也是必要的"。

当然，监督劳动本身不创造价值并不意味着它没有存在的理由。（1）监督劳动可以强制纯劳动量的支出，从而增进社会财富；（2）监督可以防止那些专门寻求转移价值的劳动的支出，这些劳动很大一部分是一种不创造价值的劳动或是"负劳动"，它们可能会阻碍其他生产性劳动的支出和劳动间协调的增进；（3）对某些人（如奴隶主、企业主等）来说，监督可以带来收入的转移效应，因而对他们而言也是有用的。对监督劳动存在性的分析最方便和直观的可以用企业的团队生产为例说明。在企业团队生产中，由于：（1）使用若干类资源；（2）其产品并不是每一类合作资源单独产出的加总；（3）团队生产中使用的所有资源并不属于同一人（Alchian & Demsetz, 1972）。那么，由于信息不对称的存在，团队生产中也就必然会出现机会主义的偷懒行为，如果不对之进行监督，就会导致实际劳动量支出的变化。阿尔钦和德姆塞茨的分析是对监督劳动存在的前两个理由的说明，至于第三个理由则是因为监督对所有者或经营者是有利的，所谓"存在即合理"。

尽管监督劳动有其存在的客观理由，但仍要强调的是，监督劳动本身不创造价值，而只是导致创造出的价值的转移。我们可以从两个方面加以解释：（1）在没有监督的情况下，如果生产者减少劳动量的支出，就会减少价值量的创造，但生产者可以从劳动量支出的减少或闲暇中获得收益（或效用）；（2）即使没有监督，如果劳动创造的价值全部归生产者所有，那么生产者照样有激励支出更多的劳动，而且这种劳动创造出的价值量与存在监督情况下创造的价值量一样多。可见，监督劳动并无益于全社会福利的改善，这也是为什么工头这样的职能必然会随着社会发展而衰落的内在原因（德鲁克，2002：19）。当然，监督劳动往往也会有利于全社会创造的价值总量提高，但这是通过迫使其他生产者支出更大量生产劳动的结果。

总之，上面的分析表明，协调劳动是生产中必不可少的，而监督劳动则应该是一个社会通过各种机制（如制度规章、道德伦理）要努力减少的。究其原因，监督劳动是通过改变其他生产性劳动支出量的情况下增减社会价值总量，而协调劳动则是在不改变其他生产性劳动支出量的情况下增加了价值的创造。推而广之，在日常生活中，我们可以将与直接进行物质生产活动密切相关的社会间接劳动分为两大类：协调劳动和纯粹监督劳动。其中，协调劳动是有助于价值创造的生产性劳动，而监督劳动则是有关收益分配的劳动，它实际上是不创造价值的。

由此，我们就可以对纯粹利润理论的合理性做出解释：一般认为，企业家获得的纯粹利润是其承担不确定和风险的回报，而对不确定和风险的承担本身就体现在管理、组织和创新等协调活动中，协调活动的基本职能就是使生产活动能够与不断变动的环境相适应，从而也就体现了企业家的生产性功能。这也意味着，对不确定和风险的承担并不仅仅关涉运气的随机分布，而是涉及企业家的独特能力。事实上，如果仅仅是运气问题，那么，整个社会的纯粹利润总和应该为零，但现实显然不是如此，因为奈特很早就指出，利润是一种剩余。

二　协作系统中监督活动的功能实质

现代企业理论对监督的重视源于阿尔钦和德姆塞茨提出的团队生产理

论，他们认为，在团队生产中，各生产要素的协作可以产生大于单个要素生产力之和的集体力，但是，也有可能发生某些个体的偷懒行为免费占有其他个体的劳动成果，而这种机会主义扩大化必然会导致集体力的丧失，因而就有必要对这种偷懒行为进行监督和约束。但是，正如上面分析的，监督并不是创造价值的活动，它的作用仅仅体现在再分配方面，将他人的收入转移到监督者一方或监督的委托人一方。当然，这种转移方向的说明主要在于收入权的界定。譬如，在无监督时，工人不需要支付相应的劳动而能得到相应收入（假设是较高固定工资），如果我们假定产权界定企业主拥有促使工人努力工作的权利，那么在这种情况下，实际收益发生了向工人的转移；相反，在有监督时，工人必须支付更大的劳动才能得到相应收入（假设是基本固定工资），如果我们假定产权界定工人拥有自己努力状况的权利（因为固定工资是很低的，如马克思所谓的再生产劳动力的生存工资），那么在这种情况下，实际收益发生了向监督方的转移。

不管如何，这种转移效应并没有带来相应价值的增长，前者中工人休闲的取得是来自企业主财富（价值）的丧失，后者企业主价值的增值则建立在工人劳动痛苦增加的基础之上。一方面，在监督情况下，尽管由于劳动投入的增加也会创造更多的价值，但这种价值增加不是源自企业主的监督劳动；另一方面，如果将工人的工资与劳动支出真正有效地挂钩，那么，即使没有监督劳动的付出，工人自发的相应劳动支出的增加可以增进同样的价值，因而激励要比监督有效。然而，长期以来企业组织的管理都强调监督，究其原因，企业组织源于军事组织，而军事组织是获取转移收入的典型。马克思当年漠视企业中的管理也是基于当时的管理还主要在于监督方面，如德鲁克（2000：240）所说，在马克思时代"惟一可见的大型的永久性组织形态就是军队。无怪乎命令—控制模式成为那些横跨美国大陆的铁路线、钢铁厂、现代银行和百货公司创始人的典范"。当然，即使到了泰罗，他提出的所谓的科学管理实质上还主要在监督方面：执行各不相同的特定管理职能的几个职能工头，根据各自的职能同时和不同时地向作业人员下达命令，进行指挥；这反映了当时各类劳动之间的对抗性。

正是基于协作系统的对抗性异化，企业管理一直偏重于监督一方，而"事实上，绝大多数经理并未意识到他们正在从事管理工作"（德鲁克，2000：导言）。正因如此，而巴纳德（1997：6）指出，"组织中的一些高级人员虽然也被称为经理人员并占据着重要的位置，却很少担任或者只是偶尔担任经理人员的职能，或只担任不重要的职能。至少这类经理人员的某些工作不属于我们所讲的经理人员的工作"。当然，随着社会的发展，社会劳动之间共同协作更为和谐，那么当机会主义的冲突逐渐缓和以后，这种工头的职能也必然的衰落了。这也正是德鲁克（2002：19）所观察到的现象，"过去 50 年中——尤其是近 15 年（德鲁克讲这话的时间是 1946 年——笔者注）——工头的社会地位、职责和工作的成就感都在迅速消失；他们正渐渐成为，甚至已经成为被美国工业社会'遗忘'的群体"。科斯（Coase，1937）在《企业的性质》一书的一个注释中引用多布的话说，"随着戴着镣铐的劳动力时代的逝去，工人们在监工的皮鞭下被组织在一起的工厂作为一个企业失去了存在的理由，直到 1846 年后，随着电力机器的引入，工厂才恢复了本来的形式。"

而且，从社会生产的主要要素的轮替角度，尽管人类社会的发展遵循劳力社会、地力社会、资力社会、智力社会以及协力社会（或称序力社会）这样的发展轨迹；但是，正如只有当教会对高利贷的指责被放宽以后资本才被视为一种生产资源一样，管理和协调也只到近年来才被作为一种资源看待的，才被承认为创造价值过程中的一个合理因素（朱富强，2004：143）。所以，雷恩（2000：560）指出，"管理作为活动也是一种资源，它是通过更为经济地指导各项工作从而负有创造价值的能力的"。也就是说，未来社会生产力的发展的动力可能是来自社会协同所产生的潜在能量，这是真正的要求人类社会可持续发展的阶段。其实，早期的制度主义者凡勃伦以及加尔布雷斯等就已经指出，在资力社会和智力社会，应该由在大工业中具有高度技术训练的技术结构阶层利用其社会稀缺的专业知识来服务社会，并认识到了社会演变所导致价值主要来源的变更。当然，他们基于历史的局限还只是看到知识性生产要素，而在未来的序力社会，社会的真正主导者是那些在社会、企业中起组织、协调工作的人。这意味着，那些工程师、科学家、经济学家对社会贡献的更主要方面不是个人的价值创造，而是对社会劳动的协调；而且，随着社会的越向前发展，协调职能就越重要。

总之，价值主要是从社会有用的角度上而言的，而这与从个人角度所理解的价值存在不同；而且，基于这一视角，我们就可以更好地理解社会中的监督和协调劳动的不同性质。实际上，监督不等于激励，特别是由于监督是一种转移效应（即使无劳动投入的监督机制也是如此），监督权的滥用会导致集体反抗；相反，协调活动是集体力的源泉，特别是治理社会和协力社会中价值创造的根本源泉所在。涂尔干（2000：48）指出，"惩罚会形成一种感情上的对抗作用，社会越不开化，这一特征就表现得越明显。"这意味着，以监督和惩罚维持的社会还是一种机械的聚合体，只有过渡到以分工协作的协调社会才是涂尔干意义上的真正的有机团结的社会。然而，长期以来，一些学者据此错误地认为，在资本主义生产方式下的指挥（即组织协调）劳动和监督劳动，本身都是生产劳动；但与此同时，又想当然地以为只有在剥削制度下，由于劳动者和所有者的对立而产生的监督劳动才是非生产劳动（汤在新，2003）。显然，这种观点最大的问题在于，它以人为界定的生产关系区分人类一致性社会劳动的性质，这实际上是对劳动做了人为的阉割，破坏了同一劳动在性质上的统一性；相反，根据上述判断标准，监督和协调是一组对立的劳动形式，对价值创造所起的作用有很大差异。

三　奴隶制高效率的协作系统观解释

为了能对监督劳动和协调劳动以及两者与价值创造的关系有一个更直观、明晰的认识，我们可以以奴隶制下的劳动为分析对象来加以说明。1993 年的诺贝尔经济学奖获得者、著名的计量经济史学家福格尔曾指出，美国奴隶的平均生产率大约要比自由农高 70%，在其他条件不变的情况下，前者的年生活水平归根结底要比后者高 30%（即休息时间更长，"自由时间"更多）；因此，美国历史上黑人奴隶制是非常有效率的，以致只有像南北战争这样的超经济力量才能够使之垮台。其实，钱穆（2001：15）也早就指出，在中国古代如汉代，奴隶的社会地位以及生活境况，往往要好于普通的自由民，有许多奴隶就是他们自己自卖为奴的。那么，奴隶制的高效率从何而来呢？为此，费诺阿尔泰亚提出"痛苦激励"的解释：施加痛苦刺激奴隶可以产生高于平常的生产率，因为在奴隶的身体完整性受到直接威胁之下，就必然引起奴隶的焦躁、粗野的劳动，从而产生比自由人还高的生产率；而作为一个自由人，由于没有受痛苦刺激激励，因而他的净产出比奴隶状态下低，尽管如此，一个奴隶还是无法付清他的赎金。而且，当一个奴隶希望转化为自由人时不得不把他所有超过生存需要的剩余都交给旧主人，从而只好在恶劣的条件下工作；因此，奴隶虽获得自由，但生活水平却没有提高，生存条件也没有改善。

当然，费诺阿尔泰亚又进一步引入了包括监督成本在内的正交易成本，强调交易成本往往会削弱奴隶制的相对优势：只有奴隶制以痛苦刺激为基础，且这种痛苦刺激提高了生产率却没有引起其他问题的时候，这种奴隶制作为一种劳动力组织形式才能存在下去。为此，他还分析了奴隶制条件下存在的四种成本项目：（1）为了使奴隶生产率最高而控制奴隶消费所付出的费用，原因在于奴隶只关心自身效用最大化而不会顾忌消费和生产率之间的关系；（2）装病自残的成本和防止这些现象发生的成本；（3）奴隶有意识地破坏成品、破坏协作投入品所引起的成本；（4）监督奴隶行为和实施奴隶制的成本，目的是防止起义和争斗。费诺阿尔泰亚认为，这些成本也许正好抵消了由于痛苦刺激而获取的高收益，而且，焦虑和痛苦也会产生粗野的奴隶：被折磨的奴隶处于笨拙、无想象力和病态心理状态之中，这同样会降低奴隶的工作质量；也正因如此，强迫型劳动力的比较优势只能体现在努力密集型的和土地密集型的生产活动中，而在属于资本密集型和维护密集型的古罗马的种植园中奴隶制则逐渐消失了。

可见，虽然费诺阿尔泰亚从福格尔的观点入手，但他最终又得出了与福格尔不同的结论：奴隶制最终是一种交易成本很高的制度，特别需要很高的监督劳动；由于这种监督劳动本质上是不创造价值的，只是形成创造的价值的分配，以及通过迫使奴隶支出更大量的劳动来创造更大的价值，这也是奴隶制高效率的根源。正是由于奴隶制的效率是建立在纯劳动量增加的基础上，而不是提高劳动的协调性从而增进劳动的有效性；因此，效率的增长必然是有限的，它的最终消亡也是社会经济发展的必然结果。这里新的问题是：建立在痛苦激励之上的高效率是真正的高效率吗？基于这样的思路，巴泽尔提出了对福格尔高效率奴隶制的反诘。巴泽尔认为，由于奴隶是劳动行为的信息偏在者，他们的劳动行为中同样存在着机会主义倾向，这就使得奴隶主为了监督奴隶的劳动要花费大量的监督费用，而这些监督费用不是生产性的。随着这笔开支越来越大，那么，奴隶主的所有资本在创造价值中的有效性就越来越低；这就迫使奴隶主尽量节约，从而给奴隶一些自主权。此时，奴隶主也就只能监督奴隶的产品，而不再监督奴隶的劳动过程；因此，为了节约各种支出，奴隶主就只好允许奴隶有权得到一部分产品或一部分自由支配的时间，这就使得一些奴隶最终有能力为自己赎身。

实际上，根据上述的分析，纯粹监督产生的仅仅是收益的转移效应，而不能增进总体的福利，但对奴隶主是有用的；因为奴隶们的劳动实际上也是一种团队生产，这类似于企业。一方面，在那些劳动密集型部门实际上存在一种粗糙的组织，因而奴隶的团队劳动相对于个体的自由民而言，他们的生产也是一种团队生产，这种依靠劳动和努力程度的生产方式在一定程度上增进了奴隶劳动之间的协调性。譬如，奴隶之间往往存在一定的分工；奴隶主为了更好地管理家政也对奴隶的生产进行一定的规划；实际上，当时的色诺芬、柏拉图、亚里士多德等已经从理论上认识到了多奴隶劳动的分工管理，这是解释奴隶的劳动效率为什么往往较自由民更高的基本理由。另一方面，在这种团队生产中，由于：（1）使用若干类资源，（2）其产品并不是每一类协作资源单独产出的加总，（3）团队生产中使用的所有资源并不属于同一人。那么，由于信息不对称的存在，团队生产中也就必然会出现机会主义的偷懒行为。因此，在使用奴隶劳动的庄园制中，如果不对奴隶劳动进行监督，就会导致实际劳动量支出的变化；同时，在支付的工资率一定（即养活奴隶的费用不变）的情况下，奴隶偷懒而减少实际的劳动量支出，就会降低奴隶主的利润；此外，在强力监督之下，通过迫使奴隶支出更大劳动可以创造更多的价值，而这些价值又归奴隶主所有或分享，就可以提高他们的利益，即所谓的收入转移效应。因此，奴隶主必然会对奴隶施加各种痛苦激励。

然而，奴隶制下的高效率主要源于劳动投入的增加以及奴隶主对奴隶分工的粗调，当庄园的规模及其控制的奴隶数量越来越大时，庄园的效率也会越来越受到制约；特别是，由于奴隶制下的一切生产都是为了奴隶主的利益，因而奴隶对生产就缺乏基本的兴趣，从而也就不可能主动去提高生产效率。也就是说，奴隶制根本上无法提高生产者的主动性。古罗马的普林尼（Pliny）就指出，"把土地交给从管教所出来的奴隶去耕种，这是所有的计划中最糟糕的计划，就像把所有的工作都托付给对生活不抱任何希望的那个人一样"（转引自米尔斯，2005：85）。在这种情况下，即使仅仅出于奴隶主自身利益的考虑，当监督带来的转移收益小于奴隶主为此而花费的监督成本的时候，奴隶制崩溃也就从必然性转化为现实性。恩格斯（1970：158）就指出，"美国的奴隶制对暴力的依赖，要比对英国的棉纺织工业的依赖少得多；在不种植棉花的地方，或者在不像边境各州那样为各植棉州蓄奴的地区，奴隶制不须使用暴力就自行消失，这仅仅是因为奴隶制不上算。"

显然，奴隶制的生产和组织方式也类似传统的企业组织：企业被界定为企业主所有，并为企业主的利益服务，而其他劳动者仅仅是企业主为生产而购买的生产要素。在这种情况下，企业主在购买了这些生产要素之后就会通过种种手段监督和控制劳动者的劳动，而劳动的成果（或剩余）全部归企业主所有。因此，劳动者也会对生产缺乏基本的兴趣，也不会主动改进生产效率，而生产过程往往需要建立在严密的监督之下。正如青木昌彦（2005：31-32）指出的，"我承认，在没有监督的团队中人们可能会偷懒，也承认将各种要素集中管理可以减少偷懒的现象或者可以减少监督的成本。但是，（阿尔钦和德姆塞茨等人的）这种观点把测度问题看成是企业出现的惟一或者最重要的原因，似乎走得太远了"；事实上，"如果监督者只能减少偷懒现象，而不能提高团队生产率，那么受监督的团队边际产品就会等于整个团队的产品，从而监督者将会一无所得"。正因如此，建立在转移效应之上的企业组织在其扩展过程中往往会出现 F-E 现象（见本书"企业组织的规模界限"部分的分析），随着企业组织的规模扩大，最终会导致效率越来越低下；这也正是奴隶制崩溃的根本内在原因，因为监督完全是无用的（马克思，1963：351-352）。其实，在当前的中国，我们看到的一些私人企业貌似效率很好，在很大程度上也是施加"痛苦约束"的结果；而且，关于私人企业的非人道待遇我们已经久闻不惊了，如一些地方的私营和外资小企业经常发生大火而将工人烧死的事件，这样的企业组织也是不可能长久持续发展的。

总之，协调是价值创造的源泉，而监督仅仅是导致价值转移的活动，组织的产生和壮大根本上是协调水平增进的结果。正因如此，现代管理之父法约尔（1998：5-6）就认为，管理的职能包括五个方面：计划、组织、指挥、协调和控制；而古利克则进一步把管理职能划分为计划、组织、人事、指挥、协调、报告和预算七个方面。显然，在这些管理大师看来，体现监督的控制都不是管理职能中的主要方面。张五常（1999）就认为："企业的出现在于监督合作和减少偷懒的论点是站不住脚的。"巴纳德（1997：169）则直接把经理人员的管理职能等同于组织的协调，他说，"并不是经理人员位置上的人的所有工作都同管理职能，即协调其他人的活动的职能有关的。……并不是组织的所有工作都是管理工作。置于维持组织运用的专门化的工作才是管理工作"。所以，谢林（2005：99）说，"尽管计划管理往往与控制联系在一起，协调通常才是关键因素"。

小结　协作系统的价值创造与企业组织的研究

本章探讨了协作系统中价值创造的源泉，它主要从社会系统的迂回生产出发，特别是强调了劳动间的协调水平对价值创造的意义；同时，又对协作系统中的不同类型的劳动的性质作了分析，区分了协作系统的管理中指挥协调和监督约束的性质差异以及探寻了它们在未来的不同走势，并揭示了协调对协作系统中价值创造的根本性意义。显然，尽管本章主要是从宏观系统角度探讨了价值创造问题，但是，它也为对组织生产中的财富（资源）创造提供了微观机理。正如诺思等从通过对工业组织的揭示来阐述整个西方社会经济的发展一样，本书也是通过有关协作系统的一般理论的揭示来分析具体的微观组织——企业。正因如此，本章从一般系统论的角度对协作系统中的价值创造理论进行反思和发展，也为后面讨论企业理论及其治理提供了理论基础，因为企业组织本身也是协作系统的一种形态，具有一般的共性。

根据新古典经济学的观点，在长期中市场是均衡的，单个企业都是市场价格的接受者而无法影响价格，但问题是，既然所有的企业都是价格接受者，那么长期中的价格又是如何形成的，为何会存在波动？实际上，统一的价格形成是建立在各个企业不断调整价格的基础之上，而这又暗示各个企业并不是价格接受者。也就是说，经济学中价格竞争的思想和价格调整之间的关系是自相矛盾的。这里的关键是谁来调整价格？为此，以哈耶克为代表的奥地利学派的学者认为，市场本身是不均衡的，市场本身就是一个信息发现的机制。问题是，价格是怎样实现的，又是谁最先发现这个价格信号？以科兹纳为代表的新奥地利学派就发现，市场价格的决定者为企业家，正是企业家追逐私利的竞争行为使得市场上的信息不断被挖掘出来，并不断糅合到价格信息体系之中，从而企业家成为经济协调的促进者。当然，企业家对分立劳动的协调以及资源流动的配置不仅体现在社会市场中，更主要体现在企业组织内部生产要素的配置，这包括对企业组织结构的变革、对企业发展战略的规划、对企业文化的培育、对企业规范的制定、对企业利润的分配以及对企业竞争力的判断等等。因此，本书从协调者的角度就可以更深入地认知企业家在经济活动中的作用。实际上，目前越来越多的学者已经认识到了企业家在经济中的领导者角色，但是却一直缺乏理论的阐释。

第一，就本书上卷而言，本卷的理论为对企业起源、性质及规模扩展的分析奠定了基础。由于流行的新制度主义企业理论一直将企业视为市场的替代物，是从市场中衍生而来，并且是与市场不同的资源配置机制；结果，目前对企业的分析大多是理性主义的，是均衡式的，这不但无法说明企业规模和市场规模正向发展的趋势，也根本上无法说明企业形态的演化。相反，从协调的角度，一方面，我们可以阐述人们为满足不断增长的需求而结合成各种协作组织以增进劳动的有效性的内在动力，从协作系统中各生产要素间协作生产的协调机制演进出发，也就可以梳理出与协调机制相适应的协作组织的嬗变，从而探寻出了企业组织的起源，这也就是本书"企业组织的历史起源"部分分析的主要内容。另一方面，从组织演化的分工收益的基础出发，我们不但可以反思主流经济学只着眼于交易费用的不足，而且还可以基于协调进一步把企业组织这一协作系统内部的分工与市场组织外部的分工在协调的基础上统一起来；这是本书"企业组织的存在性质"部分所要探究的内容，它以"生产为主、流通为辅"全面分析了作为协作系统的企业组织的存在性质，提出有关综合收益增进的新学说。特别是，从协作系统的本质出发，同时根据企业协作系统和市场协作系统的相互演化，还可以进一步探究合理的企业扩展规模；并且，结合现实生产要素的势力进一步分析协作系统本身的异化发展，从而进一步剖析现实规模和合理规模的差异，这是本书"企业组织的规模界限"部分分析的主要内容。

第二，就本书下卷而言，本卷的理论也为对企业归属、治理及其效率的分析奠定了基础。事实上，从组织的起源和演化立场来看，作为协作系统的组织本身就是为内部所有构成要素服务的，所有要素的所有者都是地位平等的主体，因而企业所有权理所当然应该归属于协作系统所有要素主体；但是，在现实生活中，企业所有权是法律界定的，而法律反映了强势者的意志，因而在企业组织内部资本所有者就成了企业组织的监督者、支配者。当然，从人力资本的异质化角度出发，那么我们以可以看到异质程度高人力资本具有越来越大的谈判（博弈）势力，从而其所有者取得企业控制权就是企业发展的基本趋势，这些都是本书"企业组织的产权归属"部分所分析的。同样，从协作系统内部构成要素的平等地位出发，主流经济学强调的委托—代理治理模式就有了内在问题，而更为可取的是社会共同治理；实际上，随着企业的发展和对企业本质认知的深化，代理人监督代理人机制越来越凸显，这实际上也构建了中国目前企业产权结构的理论基础，这是本书"企业组织的治理结构"部分所揭示的。而且，从协作系统价值创造的协调这一根本性缘由出发，企业组织的效率根本上源于生产要素间的协调，而强调劳动支出不足的传统 X 低效率其内涵则具有狭隘性，这是本书"企业组织的绩效表现"部分分析得出的。同时，企业组织的协调体现了显性协调和隐性协调两个方面，影响协作系统中隐性协调的根本因素是伦理，那么从伦理出发我们可以进一步剖析企业文化的作用，这是本书"家族企业的存在解析"部分所分析的内容。

总之，本章提供的理论实际上是整本著作行文的基础和纲要，也正是以协作系统为着眼点，基于探究协作系统内的协调为视角，本书重新阐释了企业组织的诸方面问题，得出了与流行的制度经济学的企业理论很不一致的结论，从而有助于从新的角度提高我们对企业组织的认识，这体现在本书的每一个章节中。

上　卷
企业组织的起源、性质和规模扩展

企业组织的历史起源：
作为协作系统的演化形态

  "理论准备"部分从协作系统角度揭示了价值量不断增大的源泉。从根本上说，价值增进是各分立社会劳动间的协调水平不断提高的产物，而协调水平的提高则与协调机制的深化和转换有关。事实上，人类社会的一切机制和组织之所以会出现并发生持续的演变，都源于人类有意识或无意识地增进劳动间的协调，也即，组织的嬗变是协调机制不断增进的结果。关于这一点，康芒斯较早地就认识到了。他指出，建立经济组织绝不是主流经济学所认为的那样单纯是为了解决各种技术上的问题，如规模经济、范围经济以及其他物理的或技术方面的问题；相反，建立经济组织的目的往往是为了协调交易双方的矛盾，以避免实际的或可能发生的冲突（转引自威廉姆森，2002：11）。显然，企业组织作为生产组织的一种基本形态，其本质就是一种协作系统。关于这一点，钱德勒（1987：578）也写道："毫无疑问，产品流量通过生产和分配的速度和均衡性以及组织这些流程的方式必然影响到产量和单位成本。除非经济学家能够对管理协调的功能加以分析，否则公司理论将仍然基本上是一种生产理论。组织结构（生产要素通过它才能得以结合）不仅调节着主要经济部门中当前产品流程，它还要为未来的经济活动分配资源，因而更值得经济学家注意。"

  问题是，既然"在现代公司出现之前，这种小规模的、由个人拥有和经营的企业的各项活动是市场和价格机制来协调和控制"的，那么，它又是如何演化到在现代工商企业中雇用的"各种层次的中、高层支薪经理来管理并协调在其控制下的各单位的工作"呢？要理解这一问题，就必须真正探究企业组织的运行机制及其本质。巴纳德在《经理人员的职能》一书的日文版序言中写道："在开始的时候，我意在叙述管理者必须要做什么，如何行为，为什么行为。但是，不久我就领悟到，为了达到这一目的，就必须阐述他们的活动的本质，也就是正式组织的本质"（转引自饭野春树，

2004：21）。事实上，本书也意在探讨企业的组织结构、产权安排、所有权归属、治理机制、效率根源、规模扩张等，因而要讨论这些问题首先必须明白企业组织的本质，而企业组织本质的认知又来源于企业组织的发展轨迹及其内在演化机制，这就是历史与逻辑相统一的分析思路。基于这一思路，我们必须回答这样两个问题：（1）企业组织为何产生？是基于交易成本的节约还是有其他力量的推动？是直接来自市场的创造还是脱胎于其他组织演化？（2）企业组织如何产生？企业组织和市场以及其他组织有何不同？推动企业组织产生、发展和演化的内在机理和动力又是如何？进一步地，我们可以追问：（1）按照新制度主义开创者科斯等提出的企业理论，企业组织是不同于市场的一种配置资源的形态，那么，家庭组织对资源的配置方式与市场相同吗？（2）按照新制度主义后进者们提出的主流企业理论，企业组织与市场一样都仅仅是一种契约形态，那么，企业组织与市场又有什么不同呢？

其实，就本质属性而言，企业组织不是出于替代市场的需要而产生的，而是相对于其他生产组织演化而来的。因此，主流理论把企业组织仅仅视为节约交易费用而对市场的替代，这既不符合历史事实，也有违理论逻辑。同时，根据新古典经济学的基本理论，"受市场看不见的手所调节的传统小企业乃是或至少应该是生产和分配过程的管理者……（而）现代多单位企业通过其协调和管理的行为，只会带来不完全竞争和资源的误置"（钱德勒，1987：4）。那么，历史上为何会出现等级化的大企业取代小企业的普遍现象呢？取代的内在机理和条件又是如何呢？事实上，既然组织本身就是人类社会协调机制不断增进的产物，那么，要考察生产组织的演变，就必须探究人类社会协调机制的演变轨迹；相应地，要理解企业和市场之间的相互演化，就必须对作为内部协作系统的企业组织与社会协作系统的市场的本质差别进行区别，同时也要对不同类型的内部协作系统的运作机制进行剖析。前一问题将在下一部分进行分析，而对于后一问题就涉及不同协作系统内部的协调机制问题；因此，本部分尝试通过考察协调机制的演变来探究协作系统的扩展特点，并探究企业组织产生的原因和逻辑。

第一节 分工深化、协调增进和组织嬗变

恩格斯（1970：144）曾指出，"政治经济学本质上是一门历史的科

学"，这个历史也就是人类社会的发展历史，是从历史演化中观察社会规律，而离开历史思维的抽象化分析根本无法真正揭示社会现象的本质。因此，考察企业组织的特性就必须采取演化主义思维对企业组织的起源过程加以翔实的剖析，而不能如同新制度主义那样将企业组织从其社会环境中独立出来而探究静态的均衡。那么，如何考察企业组织的起源呢？这就要跳出静态的分析思维，把企业组织视为人类生产组织的一个发展阶段，并把生产组织置于协作系统的框架下，通过考察协作系统的演变来探究企业组织的形成、发展和演变过程。我们知道，任何组织的基本功能都在于通过对资源的整合来实现其成员的共同目标，而整合的基础又在于存在一个与组织形态相适应的协调机制，因此，我们可以通过剖析协调机制的演变来探索组织演变的轨迹。进一步地，就生产组织而言，协调机制的根本作用在于协调协作系统或组织的分立劳动，"理论准备"部分也指出，劳动间的协调状况决定了分工的水平以及共同生产的效率。当然，协调机制和分工水平之间的互动是双向的：分工达到一定层次就产生了与之相适应的协调机制，而一个合适的协调机制又会进一步促使分工的深化和扩展。此外，人类社会的分工水平又与人类的需求变化和生产力的发展状况有关，因此，通过对人类不断扩展的欲求的考察，就可以探知交换的扩展和分工的演化；同时，根据分工的形态又可以考察相伴随的协调机制，并进而探究与协调机制相适应的组织形式。这样，我们就可以把劳动分工、协调机制和组织形态等合在一起进行研究，形成一个探究企业组织起源的基本路线：需求变化——分工深化——协调增进——组织嬗变，它们之间构成了一个紧密联系的内在逻辑系统。

一　反思新制度主义的企业形成理论

"理论准备"部分曾指出，同一时间内的劳动所创造价值的大小与劳动的性质有关，其中复杂劳动所创造的价值是简单劳动的倍数。那么，什么是复杂劳动呢？一般的看法是，复杂劳动是需要投入更高教育资本而体现为更高级脑力形态的劳动。从静态上看，这种界定是比较可行的，但从动态比较的观点看，它就有问题了。事实上，在分工已高度发达的当代社会中，IT产业中的每一个程序员的工作都已经变得非常简单，相反，即使最原始的计算器发明却是非常复杂的工作，而且，程序员所接受的教育也要比以前的发明家更多。那么，是什么使得简单劳动创造出来的价值远远超过以前的复杂劳动呢？这里就涉及分工问题，是分工将原来的复杂劳动化约为一个个简单劳动。斯密就曾指出，通过分工只需要较少学习时间的简单劳动就可以做以前复杂劳动所做的事。显然，现代社会正是在高度分工的基础上，一些个体在投入一定的学习时间后联合起来就可以完成前人数百代人所不能想象的事情。当然，如果这类简单劳动仅仅是机械的分立，那么就并不一定会产生与原先复杂劳动一样的效果，更不要说还要好得多，这就涉及分立劳动之间的协调问题。正是协调机制的存在使得联合中的每个简单劳动都变得更为有效，从而能够创造出更大的价值量。也就是说，分立劳动的效率有赖于协调机制的保障，而协调机制主要体现在两个方面：（1）基于市场信号的价格协调机制；（2）基于组织程序的管理协调机制。

一般来说，市场和组织这两种协调机制都是不断演化且相互促进的，共同增进了劳动的有效性；同时，两者也各成体系：随着社会的发展，不同类型的市场在不断演化，而不同类型的组织也在不断变迁。然而，流行的新制度主义企业理论在谈到企业组织的性质时却往往将企业和市场作比较，把企业视为是从市场中脱胎而来。但事实上，企业与市场本身是各自独成系统的，两者不是一个相互对立的概念，更不是相互替代的关系。（1）市场本质上就是交换的场所，这可以是实在的空间位置，也可以是虚拟的空间位置。譬如，如果将企业组织作进一步的分解，那么企业内部本身也存在市场，存在不同成员之间的交换关系。（2）企业则主要体现为生产场所，在生产过程中需要各类生产要素之间的联合，从而也体现为各行为主体之间的联合和协作。尽管这种生产组织可以是庞大的现代公司，也可以是早期的家庭作坊，甚至是一个人进行生产的自我组织。也即，基于行为主体的角度看，市场主要体现为一个交换场所，主要功能在于协调资源的配置；相反，组织则体现了协作系统的整体，主要功能是一些资源的创造。一般地，市场对劳动的协调需要依靠个体孤立的自主性行为来实现，主要是通过提供包含特定信息的价格信号，市场协调的增进就是将更多的信息纳入价格信号之中；相反，组织对劳动的协调往往要借助于组织内部成员之间的互动关系，主要通过提供成员必须遵守或为大多数成员认同的规则，组织协调的增进就是要使得这种规则合理化、有序化以及成员之间认同性获得深化和拓展。

正因为组织和市场的界定根本上是基于不同的功能，而且，组织和市场又各自呈现出不同的形态；因此，在分析企业组织时，就不能把它视为直接源于市场的演化，不能局限于与市场协调机制的特征作对比分析以说明企业组织的存在和发展；相反，应该把企业组织置于整个生产组织的演化路径中，比较不同形态生产组织的特性差异。事实上，生产本身就是组织的基本功能，而且，任何生产都是一个有组织的生产；因此，要揭示出企业组织的本质特性，就必须探究生产组织是如何形成、企业组织又是如何从其他生产组织演化而来以及企业组织本身是如何演化的。显然，这就是演化主义的思路，根据这个思路，在分析组织的演化时就必须挖掘推动演化的社会因素，分析引领组织变革的弄潮者特征。

然而，基于新古典经济学范式的主流企业理论对此却往往无能为力，即使近来开始引入了演化分析思维，在新古典经济学框架下还是难以提供有效的解释。究其原因，新古典经济学关心的是一个在给定偏好和目标约束条件下效用最大化，而忽略了人们对制度本身的选择问题；在这种分析框架下，有目的的行为和选择在其理论体系中是没有地位的，它无法容纳个人的创造性和变异行为。即使后来由新古典经济学派生出来的新制度经济学以及演化经济学等开始考虑了制度这个自变量，并运用演化的思路来分析制度的形成和确立；但是，基于个体主义的和同质抽象的研究思维，它依旧无法真正剖析制度的变异过程。

譬如，根据现代主流经济学的分析，任何利他主义都是不能长期存在的，因为它在与普遍存在的利己主义者的博弈中，利他主义必然会遭到侵害，从而不是一个占优策略。但显然，这是一种同质化的抽象分析，它把个体视为与其他人均等而随机地进行交往，不仅忽视了人类个体是有限理性的，而且忽视了人类个体具有从经验特别是从社会交往中学习的能力。其实，在现实生活中，人们往往只与那些相熟或同性别的人联系密切：某利他主义者一旦与另一利他主义者偶遇，他们之间在今后就可能形成稳定的联系，这种交往显然可以取得更大的收益，从而利他主义行为本身就可以称为一个实际的占优行为。同样，分析组织的变异也是如此，尽管任何一个企业组织都不能与所有的其他企业保持同等程度的交易，这是集群或外包形成的主要原因；但是，现代主流经济学却在这种同质化的抽象分析思路下，往往是运用"自然选择"的生物学理论来论证了经济演化过程可以产生新古典的结果：企业的存在必然有利于交易成本的节约。而且，包括新制度经济学在内的新古典经济学的分析本身就是自相矛盾的。究其原因，新制度经济学对经济主体的偏好进行同质化抽象分析已经从根本上排除了选择的范围，从而个人行为已经预先机械式地被决定了（贾根良：2002）；因此，新古典主义的个体不需要依据自己的特有知识进行判断，也不需要依据个人偏好采取行动，而只是遵循群体性的一般行为，以致森把新古典行为讽刺为"理性傻瓜"。

有别于新古典经济学的演化均衡分析，近年来开始突起了另一种演化的经济分析思路：人类社会的演化是根据一般的行为经验、习惯等日常惯例进行选择的，它们形成人类行为选择的价值体系。一般而言，演化主要由两种机制推动：（1）创新机制，通过系统的创新产生多样化；（2）选择机制，即在这些多样化中进行筛选。这两者是互补的，其核心思想就是因新奇而带来的变异，这种变异是人类有目的行为的结果。钱德勒（1987：8）对企业组织变异的分析就是从经济活动量着手的，并且认为经济活动量的增加是与新技术和市场的扩张同时来到的，因此，"现代工商企业首先在这样一些部门和工业出现、成长并继续繁荣，这些部门和工业具有新的先进技术，而且具有不断扩大的市场。反之，在那些技术并不能造成产出的急剧增加、市场依然是小而专的部门和工业中，管理的协调并不比市场协调更有利。因而在那些领域里，现代工商企业的出现就较晚，而且发展缓慢"。例如，从钱德勒对美国企业管理组织的演变的分析中我们就可以发现，现代大型工商企业就是从铁路以及电话等公司开始的，它们是在特定时代的一种创新，而这种组织结构蔓延开来经历了几十年的时间。

正是基于这种演化思维，西蒙（2011）就强调，人类的大多数知识都是顺从的产物，而带有顺从性的有限理性使得人们更愿意与他人合作，通过相互利他主义而获得更大的生存能力。纳尔逊和温特（1997）则借助"惯例"的概念来分析企业演化，把企业的重要性不仅归结为生产功能，更体现为评价和储存过去选择结果的一种重要组织，因而企业决策实际就是存在着若干"惯例"和"选择惯例"的行为。显然，这种演化主义分析方法开始把企业看作是一个动态变化的组织机制，并认为技术创新的实现与扩散过程是由其所发生的组织的经济制度形式所决定的，该组织的形式也是做出技术性选择的边界（盛昭瀚，2002）。

当然，目前的演化分析主要集中于考察企业组织自身的演变，而没有将企业组织视为人类社会发展过程中出现的生产组织的一种形态，从而无法考察企业组织是如何经孕育而成的。与此同时，新制度主义的演化分析更是着眼于组织的最优机制设计和博弈均衡分析。因此，尽管新制度经济学派被视为是对新古典经济学"黑箱"理论的突破，开始涉及了企业内部的具体运行过程；但是，由于科斯等人仅仅从交易费用出发，分析的是静态状态下企业和市场交易费用的比较和相互转化，从而没有揭示企业组织的实际演化过程，更没有考察企业组织异质性的发展过程。

而且，尽管新制度经济学提出市场和企业都是资源配置的两种方式，但这种分析框架显然太简单了：它没有分析两者之间的联系以及资源配置的中间状态，也没有分析不同类型的市场和不同类型的生产组织之间的对应关系。

一方面，就企业和市场的关系而言，早期的企业往往与市场存在更强的联系，甚至直接从市场中发展而来的，与市场协调方式具有很强的共性；但是，现代工商企业却与市场存在越来越大的分离，现代企业的协调方式体现了协调机制本身的进一步演化。钱德勒（1987：7）就写道："传统的单一单位的企业的活动是由市场机制所控制和协调的"，而"现代工商企业内市场和分配单位则由中层经理人员控制和协调。高层经理人员除了评价和协调中层经理人员的工作外，还取代市场而为未来的生产和分配调配资金"。

另一方面，就企业组织和生产组织的关系，越追溯早期，其他社会组织的生产功能就越强烈，从而也就越呈现出企业的行为特征和协调机制，尽管这些组织的生产功能在现代社会已经严重退化。例如，马克思主义经济人类学家梅拉索克斯所指出的，在资本主义条件下，家族制共同体具体化为家庭，虽然不再有物质生产手段，但仍带着生命再生产的功能（栗本慎一郎，1997：25）。即使是新制度经济学的代表人物贝克尔，他也把家庭当作多个人组成的生产单位，充分利用自己提出的方法对家庭生活的各个方面都做了分析。贝克尔认为，正像企业一样，夫妻双方通过订立一份把他们长期结合在一起的契约，避免了支付交易费用，降低了生产成本；同时，家庭成员之间彼此了解、相互信赖，这就大大减少了监督和管理费用，因而家庭是一个有效率的经济单位。事实上，费孝通就指出，在中国，家庭就是一个生产组织，企业组织与家庭组织具有相似的功能；而且，即使到了现代社会，家庭也承担了人类的一部分再生产功能。因此，不同组织之间如何相互演化，这才是我们要想真正揭示企业性质的重点思路所在。

总之，要考察组织之间的转变，就只有遵循演化的思路，分析异质化的社会主体为了提高生产效率是如何进行生产组织创新的，分析变异的组织是如何适应环境的。这里，我们又要归结到协调机制是如何演变的，因为社会上各分立劳动间的协调增进是效率提高的源泉，而组织的出现和演变就是协调机制不断增进的产物。事实上，适应、信息和环境一直都是经济学界关注经济组织的焦点，尽管不同人的分析切入点是不同的。例如，哈耶克（2003）认为，"社会的经济问题主要是迅速适应特定时间和地点环境的问题"，而分散决策更容易适应分散而专有的信息之变化，从而集中分析市场的运行机理。同样，巴纳德（1997：5）也关注经济中的适应性问题，认为"一个组织的持续取决于在不断变动的外界环境中，物的、生物的和社会的各种物质、要素和力量的复杂性之间维持平衡。这就要求调节组织内部的各种过程"；但是，巴纳德（1997：4）更感兴趣的不是自发的组织，而是那种"有意识的、有计划的、有目的的协作"性组织。

二　以分工—协调视角考察组织演变

要搞清推动组织变迁的内在动力和机理，从而挖掘出企业组织何以出现的因素，首先就要明白为什么需要组织，组织出现的基础是什么？一般来说，组织不是自然物，而是人类的互动产物。例如，按照巴纳德（1997：60）的定义，组织就是"有意识地协调两个以上人的活动或力量的一个体系"。相似地，A. 布朗认为，组织是"获得更有效而协调的努力的一种手段"（转引自雷恩，2000：354）。那么，为什么需要组织这种人造之物呢？这就要从人类的特性着手分析：（1）人类个体的生理能力存在明显不足，（2）人类的欲望却在不断增长。因此，为了调和这两者之间的矛盾，理性的人类就只能借助联合起来的集体力量。事实上，如果不同个体之间的能力是互补的，那么，两者或多人联合在一起就可以显示出更为强大的力量，而不同个体之间的结盟就形成了组织。

当然，人为组织的形成表现为一个渐进过程：开始是朦胧和非正式的，表现为早期生产上的类企业等的变异形态；后来，经过长期的历史演变就逐渐演化成较为正式的组织，如家庭、企业、协会、俱乐部、会社、慈善团体、教育机构、政府机关等。那么，为什么会出现这样的变迁呢？关键就在于，作为人为之物的组织之所以出现，就在于它能够满足人们不断变化和提升的需求；而要实现这种目标，组织本身又要不断调整以有效协调不断变动的成员之间的关系。从这个角度来说，正式组织必然是协调机制不断完善的结果。其实，正式组织在生产上的一个重要形态就是表现为增进协作的结合体，这些结合体通常被冠以具体的名称，其典型就是企业组织。为此，巴纳德（1997：4）强调，"人们在正式组织中进行的是有意识的、有计划的、有目的的协作"。这也意味着，企业作为人类互动而自发形成的正式组织，就是一个以满足社会需求为目的，把人们联合起来的社会机构（德鲁克，2002：新版前言）。

从迄今为止的人类历史来看，正式组织已经呈现出了多样的形态：既可以表现为家庭手工业、商人分包制和工业企业等生产性组织，也可广泛表现为军队、政府机构等形态的非生产组织；除此之外，还有更多类型的组织在历史发展过程中湮灭了，以致人类现在已经没有此方面的任何知识。巴纳德（1997：4）写道："在正式组织中，或由正式组织进行的成功的协作是非正常的，而不是正常的。日常所看到的，是在无数的失败者之后剩下来的成功者。那些短命的组织能引起持久注意的只是例外，而不是常例。"既然并不是所有的组织在演进中都能生存下来，而"绝大多数协作或者在试图进行协作时就失败了，或者在刚开始时就夭折了，或者昙花一现"（巴纳德，1997：5）。

那么，怎样的组织才能生存，或者说，存下来的组织具有什么特征呢？巴纳德（1997：8、14-15）认为，"在广泛地探讨组织的性质及其职能时，或者说明组织中管理过程的各项要素时，首先要采取的步骤是弄清楚关于人，即'个人''人们'及与其有关的立场、理解和假设"；而且，他指出，人们选择是否参加某一特定的协作关系主要有两点依据：（1）"当时的目标、愿望和动力"，（2）"个人认识到的在他之外的其他可供选择的机会"。显然，参与动机也就涉及人类的需求，这意味着，人为组织的基本目的就是为了更好地满足参与者的需要；至于如何满足这种需求，则涉及组织的运行机制，即对成员不同需求的综合及其不同行为的协调。因此，组织得以产生和发展的关键在于，它具有实现某一目的所展示出来的"能效"；如果从人类社会发展的角度来看，组织的产生就在于能够不断增进人类社会中分立劳动间的协调性，从而提高人类劳动创造价值的"能效"。

事实上，在古代社会，军事组织就是最为有效的协调方式，不仅中国古代的军垦屯田往往是非常有效的制度，而且古罗马以及成吉思汗时期的蒙古人能够获得成功也在于其拥有有效的组织系统。为此，古罗马时期的一位军事观察家就说，"罗马人不如高卢人富于创造力，比日尔曼人矮，比西班牙人弱，没有非洲人那么富裕或机敏，在技术领域和人类事物的理性应用方面更劣于希腊人。他们所拥有的是组织起来的能力和统治的才能"（转引自 L. 瑟罗，1998：12-13）。然而，尽管军事化组织以及政府组织都曾作为生产组织而存在，如中国土地革命时期的工农红军组织就具有生产的属性，秦国商鞅实行的农战政策也是将军事组织和生产组织合二为一，而列宁主导的社会主义政府也是一种生产组织形式；但是，现代经济学却认为，军队、政府机关等并不是良好的生产组织，他们往往因衍生出的收益转移效应而具有剥削性，从而不具有根本意义上的生产属性（朱富强，2004：132-144）。因此，尽管这些组织在历史上曾经表现出很高的效率，有助于强化人类劳动投入量的增加；但是，一旦社会环境发生变化，其内在机制就会进一步演化而逐渐让位于经济组织和技术组织等。这意味着，任何组织都与特定的历史背景相适应，当环境发生变化以后，与之相适应的组织往往也难以长期维系而发生形态上的变迁。巴纳德（1997：5）指出，正是持续变动的外界环境导致了"在人类的历史中，显著的事实是，协调的失败，协作的失败，组织的失败，组织的解体、崩坏和破坏"。

一般地，组织能否维持长期稳定存在决定于其内在各要素之间的协作性，而这种协作性则是建立在分工深化的基础上；同时，要形成有效的分工，关键是参与分工的个体之间存在差异，即组织中的成员是异质性的。事实上，城市中之所以可以形成丰富多彩的分工，就在于城市居民之间存在很强的异质性，相反，农村人口则因具有强烈同质性而无法实行有效的分工；同样，欧美学术界之所以引领学术风潮也在于他们存在个性化的研究者，相反，中国尽管有如此庞大的科研队伍，却由于大多盲从主流而无法产生真正的学术创新。同时，由于组织中的成员个体是异质的，因而就需要有一定的机制来加以整合，这就是协调机制；并且，随着组织成员的变动，分工的形式也会产生差异，此时协调机制也会有相应的演变。例如，家庭组织之所以能够形成并长期存在，就在于在自给自足的农业社会中，建立在家庭成员之间明确、细致的分工协作的基础上，其分工的基础首先在于存在男女之间生理上的差异：男主外女主内。不过，当这种基于外在的男女生理差异基础之上的分工所带来的效率不足以满足人类不断上升的需要之时，其他新型的分工就开始出现了，参与分工的成员也开始突破传统家庭乃至家族的界限而形成同业人员的交流和合作。同样，这一分析也适用于企业组织，因为企业也是与特定历史时期相适应的组织形态，是人类协调机制演化的结果。事实上，企业组织的出现也经历了一个长期的演化过程，同样也将随着社会的发展而发生组织形态的变化。这意味着，企业组织的产生、发展以及变化的规律是与协调机制的演进密切相关的。

那么，我们如何考察和梳理组织演变的轨迹呢？如何挖掘组织产生、发展以及变化的规律？这里遵循斯宾塞的思路做一分析。斯宾塞归纳了社会进化所呈现出的三个基本特征：（1）由薄弱的联系进到牢固的联系（集中）；（2）由同种的进化到异种的（分化）；（3）增加确定性，造成集中和分化间的调和或平衡（协调）（高觉敷，1982：175）。相应地，人类社会中协调机制的演化也具有这样的轨迹：缘协调（自给自足经济生产方式）→契约协调（分包制式协作方式）→管理协调（企业组织生产方式）→社会协调。与此相适应，也出现了组织的演化：缘协调组织→契约组织→企业组织→网络组织。

其中，缘协调是早期的隐性协调方式，由以家庭为核心的血缘协调演化而成，它是基于密切私人关系的最早、最深厚的协调方式；但是，由于受到地域和交易对象的限制，而使得协作范围有限。契约协调是早期基于多缘关系的隐性协调向基于普遍关系的显性协调转化的过渡形式，在一定程度上突破了共同体的限制；但是，由于共同体的断裂，却滋生了大量的机会主义倾向。企业的管理协调表现为两个方面：（1）通过专人负责的形式使机会主义行为得到一定程度的抑制，这是显性协调的典型表现；（2）在团队生产中又培养和壮大了隐性协调。然而，企业规模的过分扩大不但会导致协调效率的下降，而且，企业的显性协调本身是以科层制为基础的；因此，当知识在生产中的重要性日益凸显，促使组织结构日趋扁平化时，企业的管理协调就有向社会协调演变的趋势。社会协调适应了社会日益网络化的要求，重新凸显了个体之间的互动关系，从企业间和企业内的隐性协调两方面增进了协调水平，它是当前组织协调的新形式。显然，人类社会的协调机制实际上经历了一个否定之否定的过程，在更大规模上增进了社会协调水平。

　　总之，我们在探讨企业组织的本质时就要分析企业组织的产生，解释企业组织中各种职能的性质和意义也要考察它们起源的背景和目的；只有这样，我们才能正确评价各类劳动的意义，特别是经理人员协调工作的意义，并把握企业组织的走向。然而，长久以来基于静态的分析，我们常常混淆了一些基本理念，如钱德勒（1987：578 - 579）所说，"历史学家和经济学家都未能考虑现代工商企业兴起的影响。他们曾经研究过创立现代工商企业的企业家，但大多是以道德观点而不是以分析观点来研究问题。它们所关切的不外是：那些人是剥削者（强盗企业家）还是创业者（工业政治家）。历史学家也曾执迷于金融家，这些金融家曾于一短暂时期内给运输业、通讯企业和某些工业企业分配资金，因而看来好像控制了主要经济部门。然而他们却几乎完全不曾注意经理人员。由于经理人员是在执行一种新的基本经济功能，所以他们在美国经济的运转中所起的作用，要比那些强盗企业家、工业政治家或金融家所起的作用重要得多"。因此，以下各节将进一步探讨企业组织的起源以及分析促使企业组织中协调水平提升的经理人员的职能。

第二节　早期隐性式的缘协调以及缘组织的形成

　　马克思在《德意志意识形态》中曾指出，分工起初只是性行为方面的分工，后来由于天赋（如体力）、需要、偶然性等而自发地或"自然地"产生的分工；恩格斯则进一步指出，最初的分工是男女之间为了生育子女而发生的。显然，基于男女之间的分工而形成的组织就是家庭，这是最初的分工组织形态；并且，随着家庭组织形态的建立，分工就不仅限于男女之间，而是在家庭成员之间基于性别和年龄的分工，也不局限于生育这一个小的领域，而是发展到更为广泛的经济领域。究其原因，人类最原始也是最显著的差别就表现在生理性别上，这种关系是天然的，因而早期的分工也主要体现在男女之间，形成了较为稳定的家庭组织；后来，随着人类需求和交往的扩展，人类分工逐渐超出了家庭范围，而在社会上以契约形式形成新的分工。所以，梅因（1959：96）指出，随着社会互动的扩展，用以代替缘关系的就是"契约"关系；而在此以前，"人"的一切关系都被概括在"家族"关系中。也就是说，最早的协调形式是发生在小团体之间，它们基于私人密切关系而自发形成，笔者把这种协调方法称为"缘协调方式"。

至于这种协调方式的特点，正如滕尼斯（1999：72）曾指出的，在以缘关系为基础的共同体中，"相互之间的——共同的、有约束力的思想信念作为一个共同体自己的意志，就是这里应该被理解为默认一致的概念。它就是把人作为一个整体团结在一起的特殊的社会力量和同情。也就是说，默认一致是建立在相互间密切的认识之上的，只要这种认识是受到一个人直接参与另一个人的生活及同甘共苦的倾向所制约，并反过来又促进这种倾向。因此，结果和经验的相似性越大，或者本性、性格、思想越是具有相同的性质或相互协调，默认一致的可然率就越高"。正是由于这种缘协调方式根基于默认一致的基础，而通常并无专门的人员来操作、管理和控制，因此笔者把它归为隐性协调方式。相应地，基于缘协调之上的组织就称为"缘协调组织"。一般地，缘协调组织的最典型也是最早的形态就是家庭，不过，随着人类需求层次的提升以及交往范围的扩大，家庭组织也随着缘关系的扩展而不断发生变化，并从家庭组织的变体中衍生出了各种类缘协调共同体，这些共同体成为早期人类社会的基本生产组织。因此，本节就此作一梳理和分析。

一 以血缘协调为核心的家庭分工组织

要探究最早人类的协作以及组织的形成，首先要探究个体的生理特性及其需求特性。巴纳德（1997：9）认为，"人的有机体只有同其他人的有机体相联系才能行使其技能"，其中的原因有二：（1）人具有性别之分，（2）人在婴儿时期需要抚养。同样，马林诺夫斯基也指出：人类最基本的需要是营养、生殖和安全，而人们并不能直接地和个别地在自然环境中得到这些基本需要的满足，因而就自然产生了合作的需要；其中，生殖需要的满足只能发生在男女之间，从而就构成了家庭这一早期分工合作组织。正如库利（1999：109）指出的，"两性间的爱首先是一种需要，对一种只有异性才能提供的新生活的需要。"显然，正是男女之间和亲子之间的关系促使他们发生相互关系和相互影响，从而逐渐孕育了整个人类的社会关系；同时，个体为了满足自己不断扩大的需要从而开始寻求协作，产生了人类早期的协作组织——家庭。

一般来说，家庭首先是建立在男女婚姻的基础之上，而在涂尔干看来，性别分工是产生婚姻团结的根源。米德（1992：203）指出："在作为一切事物有机体的社会行为与社会组织之基础的那些根本的社会—生理冲动或需求中，就人类社会行为而言最重要并且最明确地表现在整个人类社会组织一般形式中的，是性欲或生殖的冲动……一切合作的社会行为或多或少取决于这种冲动或态度。因而家庭是生殖及维系人类延续的基本单位：它是履行或实现维持生命所必须的这些活动或职能的人类社会组织的单位。"当然，女人和男人在权益上不仅有一致的方面，也有冲突的方面，而这些都会在不同层面上影响家庭生活；为此，一个良好的家庭通常就会采取这样的决策形式：追求协作，在冲突方面努力达成某种——往往是隐含的——双方都同意的解决办法。事实上，"合作性冲突"是许多群体关系的一个普遍性特征，而人类对此的解决思维首先源于家庭中逐渐酝酿的隐含方法，这就是缘协调的方式。这意味着，缘协调最早体现在家庭内部，是家庭内分工的基本协调方式。

同时，由于家庭首先是建立在男女性别的差异上，同时，性欲又是人类最为基本、最为原始的生理需求；因此，在分析家庭组织的形成原因时，传统思维往往集中于性欲的满足方面。不过，婚姻的功能显然并不仅限于满足性欲。事实上，不仅人类性欲的满足在没有求偶、婚姻和家庭的情况下往往也可以获得，而且，实际生活中的婚姻对人类的性行为往往施加了限制。那么，为什么会出现婚姻制度呢？人类学家如马林诺夫斯基等认为，这是种族延续的需要。问题是，人类种族的延续一定要依靠婚姻这种形态吗？其实，如果跳出这种单一的生物种群延续观，我们就会发现，家庭除了生育以延续种族这一功能外，更重要的功能是人类出于生存和发展而进行协作的需要。据考察，在早期人类社会中，男人负责寻找稀少的、蛋白质含量丰富的那类食物，女人则从事采集满山遍野的低蛋白野果，分工协作使他们能够更好地利用大自然。所以，马林诺夫斯基（2000：英文版第三版前言）强调："在所有原始的——当然还有所有文明的——社会中，食物都是社会群体的中心，是价值系统的基础，是礼仪行为和宗教信仰的核心。"

显然，正如霭理士（1987：361）强调指出的："婚姻不止是一个性爱的结合。这是我们时常忘怀的一点。在一个真正'理想的'婚姻里，我们所能发见的，不止是一个性爱的和谐，而是一个多方面的而且与年俱进的感情调协，一个趣味与兴会的结合，一个共同生活的协力发展，一个生育子女的可能的合作场合，并且往往也是一个经济的单位集团。婚姻生活在其他方面越来越见融洽之后，性爱的成分反而见得越来越不显著。性爱的成分甚至于会退居背景以至于完全消散，而建筑在相互信赖与相互效忠的基础上的婚姻还是一样的坚定而震撼不得。"当然，作为经济单位，家庭组织可能不是最早出现的形态，更不是唯一的形态；但是，在相当长的时期内，家庭组织却有效地适应了当时的社会环境，从而有可能是人类在经历了长期的大量实践后找到的最适当的制度安排。

其实，这种基于性别的家庭分工的范围经历了一个不断扩展的过程，性别分工也可大可小，可以仅限于性器官，也可以扩展为第二性征。从某种意义上讲，婚姻团结的发展就贯穿于人类历史的整个进程，对历史的追溯越远，就越会发现两性分工的范围越小。事实上，在人类的进化初期，男女之间在生理上的差别是微小的，从而男人和女人具有很强的同质性；显然，在这种性别区别不太大的社会里，分工的作用也不很显著，主要限于性的需求和合作上。相应地，此时的婚姻只是极为有限的范围里的义务，甚至只能结成短时期的夫妻关系；在这种情况下，婚姻往往缺少凝聚力，家庭也是松散的，甚至出现了母系主导家庭的可能，如马林诺夫斯基在特罗布来恩岛所发现的。因此，正如涂尔干（2000：22）所说："在两性区别不太大的社会里，夫妻结合的纽带也是极其脆弱的。"

而且，如果缺乏其他方面的分工协作，男女之间的性关系就变得比较自由；而当性别分工低于一定的程度，婚姻关系就会消失，而只剩下非常短暂的性关系。事实上，按照涂尔干的观点，基于相似和同质的基础只能产生机械团结，而人的差别越大，分工越细，人对社会的依赖也越深，在这种情况下，就可能产生真正基于友爱和合作机制上的有机团结。基于历史考据就证实了这一点，如在人类早期的两合氏族组织，在两合氏族组织中，男女之间的关系不是婚姻，集团与集团之间的性关系才是婚姻；这时，两性之间的若干权利和义务只存在于整个集团，而不在单个人。群体婚的承担者是氏族，而个体婚的承担者才是家庭。因此，就不存在真正意义上的家庭，而只有群婚；或者由于分工只是在氏族、部落等层次上展开，那时也就不存在个体婚姻，而只有族婚等。

摩尔根（1977）的研究也指出，家庭是从杂乱性交关系的原始状态中发展出来的。家庭的形成经历了这样几个阶段：（1）乱婚状态；（2）血缘家庭（consanguine family），仅是排除了父母和子女之间的性交关系，而实现同辈份的兄弟姐妹间互为夫妻的群婚制；（3）普那路亚家庭（punaluan family），在血缘家庭基础上进一步禁止近亲兄弟姊妹之间的性关系，以及进一步发展到禁止旁系兄弟姊妹间的通婚；也称伙婚制家庭，是一群姊妹和一群不一定有亲属关系的男子，或一群兄弟和一群不一定有亲属关系的女子的婚姻组成的家庭；（4）偶婚制家庭（pairing family），开始摆脱了群婚状态，一个比较固定的男子和一个比较固定的女子共同社会，但还不是独占同居，双方随时可以离异；（5）父权制家庭，即一夫多妻制家庭；（6）一夫一妻家庭。因此，人类早期的区别不是体现在男女性别之间，而是在部落特征和生产能力上，因而这时部落之间的互补性最显著，部落之间的分工也最迫切。因此，可以说，正是分工将人类有机地结合了起来，形成了一种互助协作的关系。正如涂尔干（2000：26）指出的，"劳动分工即使不是社会团结的惟一根源，也至少是主要根源"，因为劳动分工能够增进双方的利益。

　　随着男女性别特征的分化，性别分工得到进一步的深化，因而基于性别分工基础上的婚姻关系也得到进一步的巩固。① 涂尔干（2000：27）指出："分工需要一种秩序、和谐以及社会团结。"显然，社会团结一旦得到加强，它就会使人们之间的吸引力增强，使人们接触的频率增加，使适合于人们结成相互关系的方式和机会增多。这样，在交换还不发达，但是社会已日益多样化的漫长人类社会中，男女性别分工也就逐渐以"家庭"这种"组织"形式固定了下来。并在以婚姻个体男女为主干的家庭通过繁殖等形式逐渐从"配偶家庭"发展为"核心家庭""直系家庭"（即主干家庭）"联合家庭"以及更为广泛的家族。当然，随着生产条件的进一步改变，家庭组织的形态有进一步反向演化的倾向，这些演变在于异质化的人及家庭组织的新奇行为。

　　总之，尽管早期人类社会曾经形成了各种不同的协作团体，但是，正是基于性别差异之上才得以形成一个长期稳定的组织，并且通过他们的子

---

① 事实上，随着社会的发展，尽管团体、社会甚至民族之间的差别日益淡化，而个体之间的区别却日渐凸显；世界近 200 年来发展的历史有力地证明了这一点：世界范围内的民族正日益融合，习俗、文化正越来越被不同民族和文化中的人所接受，但是，即使是同一文化背景下，甚至是在相同生活环境下生长和生活的个体差别却越来越大。循着这种思路，我们也可以预见我们将要阐述的协调机制演变趋势：团体的差别正日益缩小，这一特征同样也体现在企业组织上，即企业团体协调的差别也正在弱化；因此，如何协调日益差异化的个体就是社会未来关注的焦点，我们也可由此确定，不断推进企业间的网络协调和建立在日益增长的个体差别之上的社会协调就是社会发展的必然趋势。

女维持了这个组织的自然延续。因此，正如卢梭（1980：9）指出的："一切社会之中最古老的而又唯一自然的社会，就是家庭。"而且，正是在这个稳定的家庭组织中，成员之间形成较为稳定而有效的缘协调机制，这种缘协调后来经扩散而逐渐演变为社会的一个重要整合机制。正如哈贝马斯（2000：25）所说，"家庭结构决定了整个社会的交往，家庭结构同时也保障了社会整合和系统整合……组织原则仅仅和家庭道德和部落道德联系在一起：凡是逾越亲缘系统的社会关系，无论是纵向的，还是横向的，都不可能存在。"

二 缘协调的扩展及多缘分工组织的出现

正是由于男女之间通过婚姻的联结而在生活上所接触的方面太多了，生活上相互依赖的程度也在逐渐加深，因而家庭就逐渐成为与个体生活最为密切、最为天然的组织；同时，正因为家庭的兴衰以及其他家庭成员的利益变化都直接关系到个体的自身利益，因而家庭成员之间也就容易形成最为广泛的认同，形成互助协作的共同道德伦理，建立贝克尔（1998）意义上的相互利他主义。正如霭理士（1987：361）所说："在一个真正'理想的'婚姻里，我们所能发现的，不只是一个性爱的和谐，更是一个多方面的而且与年俱进的感情协调，一个趣味与兴会的结合，一个共同生活的协力发展，一个生育子女的可能的协作场合，并且往往也是一个经济的单位集团。"事实上，一个滕尼斯意义上的共同体最初也正是建立在以直接血缘为核心的基础之上，如父母兄妹等。

然而，随着人类需求的变化，人们的互助合作关系就不会仅仅限制在男女及其派生出来的血缘关系之间，而是随着社会的发展而逐步形成更大范围的协作关系。（1）不是因为有血缘关系才形成了协作性的组织，而是基于生命和利益的共同需要而形成的协作组织最终才衍生出了血缘关系；因此，随着基于其他需要而形成的其他组织同样可以衍生出新型的人际关系，如亲缘关系、业缘关系等。（2）随着个体交往活动范围的日益拓宽，社会越来越一体化，社会间的利益越来越密切；相应地，协作的领域也将越来越广、协作的对象也越来越多，从而形成新的组织。（3）在新的协作组织中，为了能增进各自的利益，原先盛行于家庭组织内部的利他主义也应该日渐扩散；与此同时，伴随着社会的发展，家庭内部的互动频率和协作强度也开始下降，家庭观念也就日渐淡化，此时家庭中的利他主义也逐渐淡薄了，这充分体现在现代西方社会的家庭关系中。（4）需要指出的是，"家"本身就是对一个共同体的定义，它可以是简单地指称男女组成的组织，也可以指称由更为广泛的人群所结成的共同体，如儒家社会就常常会出现"以国为家"或"视天下为家"的人物。所以，费孝通（1998：39）就认为，中国这个"家"的概念具有很大的伸缩性，"在中国乡土社会中，家并没有严格的团体界限，这社群里的分子可以依需要，沿亲属差序向外扩大"。

从历史来看，家庭协调的拓延一般会朝着这样几个方面发展：首先，随着家族的繁衍，血缘共同体趋向间接化，膨胀成基于宗族亲戚的广义血缘共同体，同时，经由婚姻的联结又逐渐形成了亲缘共同体；其次，由于空间地理上的关系，随着人类交往的扩大，就近原则使得同一地域的人员交往日益密切，从而原先的血缘共同体作为行为的统一体在空间地理上就逐渐发展和分离为基于邻里乡党的地缘（邻缘）共同体，地缘（邻缘）共同体直接表现为居住在邻近地域的人们之间的结合；再次，由于生产消费上的关系，随着人类交往的扩大，就近原则使得相近行业的人员交往日益密切，从而原先的血缘共同体作为行为的统一体在生产上就由于同行业之间的交流和竞争而形成业缘共同体，而在物质交往上形成的商品交换关系则构成了物缘共同体的基础；最后，由于精神交流上的关系，随着人类交往的扩大，就近原则使得具有相似兴趣的人员交往日益密切，从而原先的血缘共同体作为行为的统一体，由于精神上的交往以及共同信念的联系而发展出精神共同体，这就是以共同旨趣为导向的德缘（神缘）共同体。显然，血缘共同体、亲缘共同体、地缘（邻缘）共同体、业缘（物缘）共同体以及德缘（神缘）共同体实际上都是以血缘共同体为基础的人类社会的进一步扩展，这五者就是通常所谓的"五缘共同体"。

当然，人们在社会互动过程中的联系远不止以上五种，因而也造就了多彩多姿的种种"缘文化"，如因同学关系而形成的"学缘"，因出自同一学校而形成"校缘"，因师从同一导师而形成"师缘"等等。这些因具有共同背景而形成的密切关系也常被称为"同缘"。所有以这些多缘关系形成的共同体就是缘协调组织，这些缘协调组织加强了人们利益上的联系，促进生产上的分工也是其重要的功能，缘协调组织也就是早期的生产组织形态。

在近代上海、广州等通商大埠中，就存在着形形色色的以血缘联结起来的组织，在当时，"买办组织（也）主要是一种家族组织。实际上，许多买办将他们的职位视为世袭的，一个著名的买办同别的买办没有某种亲戚关系是很少见的"（赫延平，1988：212）。例如徐润家族、唐廷枢家族、容氏家族、席氏家族等。当然，随着贸易的扩大和洋行的增多，同一家族的成员越来越不足以出任所有的洋行职员，从而导致以家族为特征的买办组织逐渐演变成以同乡关系结成的"帮"。例如，由于地理上的原因，早期著名的买办及工商界人物唐廷枢、徐润、郑观应等是广东人，他们在19世纪70年代初就设立广肇公所"联乡里而御外侮"，形成了早期的广东帮，因而在19世纪80年代之前广东人也就构成了买办的绝大多数。后来，随着商业中心的北移至上海，宁波帮、苏州帮、无锡帮等也逐渐崛起，其中，浙江帮的势力后来更甚，如王槐山、王一亭、朱葆三、傅筱庵、虞洽卿、刘鸿生、李馥荪、宋汉章、王克敏、钱新之、叶澄衷、严信厚、朱志尧、李也亭、方介堂等。1897年成立的四明公所就是一个非常著名的"宁波帮"组织，这个组织成功地抵制了法租界当局对四明公所的强占。同乡之间相互提携，互相帮助，使得宁波帮长期在上海钱业中执牛耳，如在1902年成立的上海商业会议公所和1918年成立的上海银行公会中以宁波帮为主的浙江人占半数以上。另外，需要指出的是，相当部分的"缘"是交互重叠的。例如，早期的宁波企业家之间一般就同时存在着两种组织：一是同乡团体，二是管理保护和促进金融业务的行业性团体（曼，1987）。

　　滕尼斯把建立在自然基础上的人类群体看成是共同体，除了家庭外，也可能在小的、历史形成的村庄、城市等联合体以及在诸如友谊、师生关系等以精神为基础的联合体中实现，诸如血缘共同体、地缘共同体和宗教共同体等都是作为共同体的基本形式；因为这些共同体是建立在有关人员的本能的中意或者习惯制约的适应或者与思想有关的共同的记忆之上，因而是有机地浑然生长在一起的整体，"是一种持久的和真正的共同生活"。此外，滕尼斯（1999：65）认为，"凡是在人以有机方式由他们的一直相互结合和相互肯定的地方，总是有这种方式的或那种方式的共同体"；并且，"从前的方式包含着后来的方式，或者后者变成相对独立于前者"。例如，地缘共同体就可以被理解为动物的生活的相互关系，犹如精神共同体可以被理解为心灵的生活的相互关系。一般认为，血缘关系的拓延和发展也就是共同体的高级化过程，因此，基于这一意义可以说，精神共同体在同从前的各种共同体的结合中，是真正的人类最高形式的共同体，这也是当前所要加强的重点领域所在。

总之，正是随着社会的发展以及人类交往的扩大，血缘共同体得以发展和演化成其他类型；同时，血缘共同体内部的缘关系也逐渐扩展到其他共同体之中。所以，社会学家雷德菲尔德（1986）指出，在民俗社会中，各种关系不仅是个人的，而且也是家庭式的，这种家庭模式往往可以外向扩展，家族范围和家族行为可以从有辈分关系的个人群体扩展到完全没有辈分关系的人们，一直扩展到社会整体，以至于可以把一切人都包含到相互之间的社会契约之中；实际上，在民俗社会中，不是从血缘关系发生的群体非常少见，即使真有这种群体也往往带有各种家族的属性。正因如此，基于家庭成员之间的互动关系以及协调方式，我们也就可以进一步考察其他缘协调的内在本质，从人类自然关系的扩展可以考察其他的组织形态，并剖析这类组织形态中分工的特点和演化。

三　缘协调在共同体间作用中的窒息性

一般来说，由家庭演化而来的多缘协调组织是分工的基础和最早的组织形式，以后人类社会发展出的各种经济活动关系也主要是源于缘协调组织中这种互助协作关系的延伸。这也意味着，"缘协调"是其他各种协调方式的基石，它在人类生产史上扮演了重要的角色。事实上，正是因为存在着这样一个良好的家庭组织，以及建立在其上的"缘协调"，中国保持了几千年的薪火相传。所以，马克斯·韦伯（1995：289）指出，中国传统上是一个宗法性很强的国家，以血缘和地缘为基础的宗族是社会中最具活力和自主性的共同体，它的一切信任、一切事业关系的基石明显地建立在亲戚关系或亲戚式的纯粹个人关系上面，这有十分重要的经济意义。而且，缘组织及其相互协调机理的存在，即使对当今的经济改革也具有非常重大的意义。例如，科斯在比较中俄发展前景时，对中国的前途就相对表示乐观，其中首要的原因就是中国存在家庭的紧密联系。在科斯看来，正是由于有这样一种密切的家庭关系，社会活动就可以围绕家庭关系展开，当"人民公社"解体时，可以立即退回到以家庭为基础的农业结构上，从而诞生了家庭联产承包责任制；而俄国却无法围绕家庭做这样的转变（经济学消息报社，1998：42）。

然而，"成也萧何，败也萧何"，强大的缘协调在促进早期社会分工及其相应组织形成的同时，也可能造成分工的内缩和组织的僵化。究其原因，这种缘关系虽然可以提高成员对共同体的认同，却无法促进共同体之外的成员的认同，而社会的发展必然会使得共同体之间发生越来越多、越来越频繁的联系；正因如此，随着社会的发展，局限于狭隘的共同体内部的缘关系由于无法增进外部成员之间的信任，从而会导致交易成本随着交易范围的拓宽而急剧上升。正如施泰因曼和勒尔（2001：35）等指出的，"一个团队内部的紧密团结往往会明显削弱团队之间的组织联系。主要表现为缺乏协作和沟通，这产生于各劳动团队之间的口头争执、敌视或不相往来。这样，一方面强化了某一团队内的习惯性实践，并不受任何形式的道德异议的影响；另一方面，由于事先知道同其他团队对话有困难，因此不再对所看到的问题发表见解。"

因此，在浓厚的家庭伦理之下，普遍主义的信任关系往往很难建立起来，抽象的一般规则也很难建立；结果，这导致了整个社会的协作半径往往内缩在亲族的圈子里，无法减少共同体内外成员的机会主义倾向。

首先，由于缘共同体初始目的就是基于相互利益而进行协作，这要求每个成员为强化缘共同体的团结而作出努力和发挥义务；但其结果却往往是，在共同体内部人与人之间的关系得到重视的同时，共同体之外成员的利益却遭受了损害。福山（2002：20）就指出："在某些情况下，家庭内外的信任和互惠联系之间似乎呈现出某种相反的关系：一种变得十分强大之时，另一种就会变弱。"例如，黑手党和三 K 党都拥有丰富的社会资本，但这种社会资本对广大社会成员却是有害的，因为其他社会大众仅仅因不是三 K 党或黑手党成员就会被视为敌人。显然，这意味着，"缘协调"的过于强大往往也会窒息其他协调方式的运作，从而最终阻滞了经济的发展。马克斯·韦伯也同样强调了这一点，他认为正是中国这种强大的宗族组织的存在，成为资本主义兴起的一大障碍。马克斯·韦伯说："中国城市之所以难以获得西方城市所获得的那种自由，原因在于宗族的纽带从未断绝。由农村迁入城市的市民与其宗族、祖产、祠堂所在的故乡保持着千丝万缕的联系，也就是说，和他出生的村庄保持着所有礼仪和人际上的重要联系"（转引自王威海，1999：111）。

事实上，在一个弥漫着浓厚的传统宗族观念、缺乏理性的非人格化关系的社会环境里，要实行科学的理性计算，要形成自由与协作的社会劳动组织形式，无论如何都是很困难的。为此，马克斯·韦伯在探询近代资本主义为何仅仅甚至唯一地出现在西方社会这一现象时，就集中剖析了其独特的文化因素，在他看来，伦理宗教、特别是新教的伦理与禁欲教派的伟大业绩就是挣断了宗族纽带，建立了信仰和伦理的社会方式共同体对于血缘共同体的优势，使得西方社会生活具有全面趋向合理化的倾向，如近代官僚制度的组织化、资本主义文明的显现、世界观的世俗化、科学世界观的发展、民主主义的进步、家计与经营的分离，等等。一般地，西方文化对资本主义发展的作用表现在这样两个方面：（1）它发展了其他任何区域所没有的合理的并优于家庭组织的生产组织形态，这种劳动组织不但使所有的物质资源得到充分的利用，也使得劳动力能够充分流动配置；（2）这种生产组织以自由劳动之理性为基础，促使社会信任从共同体内部转向个体之间，从而不仅把事务与家庭分离开来，也促进了市场的扩大和人们消费方式的转变。

其次，在现代工业生产中，建立在"缘关系"上的宗法关系等不仅在范围上超越了法律关系，而且在一些诸如宗教习俗上可以代替甚至于对抗法律，从而限制了自发秩序的扩张。例如，由于传统儒家社会中僵化的宗法组织和宗族伦理的过于强大并长期横行，以"缘"为结合纽带的社会生活深深地影响和束缚着每一个中国人的思想和行为，从而造成中国人崇拜传统，注重人伦孝悌，以家族的好恶为是非标准，以及对内道德和对外道德的两元性。正是这种道德的两元性，对内道德的强大抑制了对外道德的发展，无法将基于私人关系的信任扩展到基于普遍关系的制度信任；结果就产生了中国人普遍对外不信任的低信任社会（福山，1998），而这种对外的不信任又造成了对外交易成本的居高不下。有的经济史学家（Jones，1994）就认为，中国不能将交易成本减少到足以使经济进入一个持续的强劲增长过程，是中国出现李约瑟之谜的关键。

事实上，宗法血缘组织所具有的强大凝聚力，阻碍了个人独立性和个体性的成长，也阻碍了现代大型企业所要求的劳动纪律与自由选择劳动力。显然，这与资本主义大生产的理性劳动组织的要求、以职业为人们之间联系纽带的普遍主义道德相违背，也与市场经济的基本要求不相符。正是由于儒家社会中具有圈层式结构的利他主义价值观具有深厚的自强性和封闭性，难以在整个市场中发散开来，难以形成一般性的社会规范；因此，这种对外道德的萎缩最终抑制了社会的发展，造成了社会的衰落。正如马克斯·韦伯等人认为的，儒家文化的种种内在因素很难自发发展出资本主义。在某种意义上讲，这也是笔者后面要讲到的有关协调自发性发展所蕴含的内卷化问题。

最后，没有强制约束的缘协调发挥有效作用的关键在于存在一个正和博弈的社会基础，即存在做大蛋糕的巨大潜力；而在这种潜力逐渐消逝，甚至零和的利益争夺越来越激烈的时候，如果没有其他类型的约束，这种协调机制往往就会陷入困境。例如：新中国成立前，上海四大百货公司都是广东人开办的，先施公司的马氏和永安公司的郭氏原来在业务上就存在良好关系，并结成姻亲；但是，一旦成为竞争对手后就开始相互拆台、互挖墙脚。新新公司的刘锡基原来是先施的创办人之一，因受马应彪的排挤而拆伙另设新新，并从先施和永安挖走不少业务骨干；结果，先施和永安又联合起来共同对付新新，使之损失颇巨。

事实上，以血缘为核心社会纽带关系主要是适应于市场交换不发达的农业社会，在这种社会中，由于经济活动主要在家庭、家族或者是上述各"缘"领域内进行，因而特别强调"缘"领域内的协调合作，这也是中国能长期保持繁荣和强大的重要原因。但是，它难以适应以机器化生产为主的工业社会，在工业社会中，由于交往领域的大大拓宽，交易从针对特定对象的重复多次交易为主转变为对不同对象的单次、少量交易为主，这种关系的转变使得原先的基于认同、利他基础上的协调难以有效发挥作用。工业化的生产也转变为不同于以往的家庭式的生产，而是一种原先交往极少的"陌生人"在一起的生产，这也是一种团队生产，但这种团队生产的协调主要依赖于非人格化的理性和有力的监督。[①]

总之，建立在"缘协调"基础上的治理机制本身是一把双刃剑：一方面，可以有效地限制机会主义行为和减少交易成本与信息不对称，因为一个群体中长期存在的社会关系意味着有关行为者能够无须支付附加的信息和监督成本而扩大共同活动量；另一方面，尽管群体内的交易成本比较低，但群体间的交易成本却一直很高，因为一方力量（"缘关系"内）的过强，必然削弱另一方（"缘关系"间）的力量。显然，群体间的高交易成本表明，群体间或各部门间的经济交换可以有程度各不相同的失效（E.奥斯特罗姆、施罗德和温，2000：76－77）。因此，随着人类需求的上升

---

① 当然，这种团队协调并不能是纯粹非人格化的，而是需要一种团队精神，这也就是隐性协调（即企业文化）；特别地，当社会进入到一个更高的层次——以社会协调为联系纽带的状态，靠原来的监督就已经无能为力了，而需要一种新的精神力量来维系，这就是社会的普遍认同。

和交往的扩大,那么缘协调的弱点将越来越凸显,从而面临着越来越强大的转换压力。

四　缘协调的开放性转换及缘组织变异

上面的分析指出,缘协调是人类社会早期生产组织的协调方式。贾甘纳坦(V. Jagannathan,1987:34－35)的研究说明了种族纽带如何在殖民非洲背景下保证生产,又使交易成本最小化的。而且,迄今为止的大量事实都表明,家族是人们进行许多重要交易的一种有效制度安排,并反映了亲属关系在所有文化和所有经济中的持续重要性;即使是在高度工业化的国家,人们在买旧车、选择生意伙伴或提供个人贷款时常常也更愿意依赖亲戚或其他熟人。当然,上面的分析也同样表明,由于缘协调所基于的是私人密切关系或者是宗法关系,因而必然缺乏有效的制度安排以使得个人可以与家族或种族之外的他人放心地签订契约,这严重地限制了人类社会经济的发展,纯粹的缘协调将窒息组织的效率和活力。可见,缘协调要在人类社会的发展中继续发挥积极的作用,关键就在于其实现开放性转换,将原先的私人关系进行拓展。正如 E. 奥斯特罗姆等(E. 奥斯特罗姆、施罗德和温,2000:75－76)指出的,在交易领域和对象大大扩大的现代社会中,增进某一政治经济体系的所有成员成为企业家的机会,极其依赖于创造出可以促进非亲属间交易的制度安排。

事实上,T. 帕森斯和 E. A. 希尔斯就将人际关系分为特殊主义和普遍主义两种模式,其中,特殊主义是指根据行为者与对象的特殊关系而认定对象及其行为的价值高低,而普遍主义则是独立于行为者和对象在身份上的特殊关系的。一般而言,在传统社会中,人们往往稳定地从属于一个共同体,因而特殊主义较为盛行;相反,在现代社会中,则个体的流动性日益频繁,因而普遍主义色彩越来越浓重。而且,在特殊主义和普遍主义两种不同的人际关系的基础上会衍生出两种不同的信任结构:建立在特殊主义人际关系基础之上的信任是全面而强烈的,各行为主体之间通常存在着牢固的依赖关系,因而可以减少群体的成员之间机会主义倾向,从而降低交易成本;但是,特殊主义关系总是局限于狭隘的圈子里,在特殊主义关系盛行的社会中,与"圈外人"的关系则往往极不信任,这样就增加了特殊主义组织间的交易成本。与此同时,社会的发展必然会导致交易范围和领域的不断扩大,这不是在一个狭小的"缘关系"内所能完成的;因此,过度依赖亲属关系网也必然会制约人们超越"缘关系"的交往，从而大大限制私人企业和整个经济的效率。

显然，要使协调的效率得到继续增进，就有必要产生一种新的有助于对"缘关系"之外交易的机制。正如哈贝马斯（2000：26）所说，人口增长、交换扩大等外在因素的变化就可能开始"打破按照亲缘关系组织起来的社会所具有的有效的控制能力，并摧毁家庭认同和部落认同"。事实上，当人类的交往突破了缘共同体后，基于"缘关系"基础上的协调就会产生越来越高的交易成本，而交易成本的提高正是"缘协调"越来越不能适应社会发展需要的表现，因为基于"缘关系"上的规则是一种"隐规则"，它没有一种明确的边界和制约措施。在这种情况下，"打擦边球"的机会主义行为就是难以控制，或者说是无法杜绝的，这就需要引入一种更明确的规则，即引入"显性协调"机制。马克斯·韦伯曾根据连接的纽带将组织分为：联合集团（associative group）——建立在理性的协议上的集团，和公共集团（communal group）——建立在私人感情或性关系上的集团。显然，从某种意义上讲，后者也就是建立在"缘协调"之上，而前者则是"契约式的协调"。

而且，除了上述共同体之间日益扩大的交往要求特殊主义的缘关系和缘伦理进行开放性发展外，缘组织内部结构的变化也产生了类似的要求和压力。究其原因，随着缘组织规模的扩大，组织内部成员的角色和地位本身也发生了巨大变化，组织内部成员的关系也不再是平等和等序的；在这种情况下，为了深化组织内部分工，缘组织内部就逐渐形成了等级制的结构。在这种扩大了的缘组织内部，又进一步形成了不同的特殊主义，从而进一步增加了共同体内部的交易成本；因此，在缘组织内部首先需要将特殊主义普遍化，建立共同体内部成员共同认可并遵行的抽象规则。也就是说，缘伦理的开放性发展以及缘协调机制的转化首先应该在缘组织内部，建立了较为完善的抽象规则组织也就过渡到了企业组织。事实上，建立在"缘协调"之上的家族制企业如果不能过渡到团队协调式的管理，企业的发展也就可能遇到重重问题。原因就在于前面所指出的，尽管"缘关系"——如家庭成员之间的感情纽带——有助于把他们凝聚在一起，但同时，处于不同地位的成员间也会就决策问题产生冲突，从而带来不利后果；特别是，感情纽带可能使得人们比外人更不愿惩罚家庭成员规避责任的行为（E. 奥斯特罗姆、施罗德和温，2000：78），这造成共同体成员之间以及上下级之间的隔阂和猜忌。

此外，在具有严格等级的共同体内部，成员之间的关系往往会被固定化、绝对化。譬如，在传统社会中，父权就被看成是绝对的东西，而且，随着社会的复杂化，又逐渐演变为和父权同一类型的诸侯、领主的权威，并进一步发展为王权的承认、中央集团和专制主义（长谷川启之，1997：90）。显然，这种绝对化的权威不利于企业的灵活性发展，也不适应于面对不确定的信息日益变化的市场和社会，甚至造成家族成员代际之间的冲突；同时，如果没有一个良好的抽象规则，即使处于相似地位的家族成员之间也会产生冲突。其实，基于特殊主义的治理机制日趋僵化，同时又没有一个新的适应时代变化的协调机制产生，是传统组织逐渐衰败的深层因素，企业的发展史已经充分地证实了这一点。例如，20世纪上半叶上海的大隆机器厂创办人严裕棠和严庆祥父子之间，恒丰纱厂的聂云台、聂潞生、聂简臣三兄弟之间，南洋烟草公司的简玉阶和简英甫两兄弟之间都存在着尖锐的矛盾，并因此而导致了企业发展的衰败（杜恂诚，1993：98 - 103）。当然，需要指出，作为团队生产的企业协调，并不是家庭协调的简单延伸；相反，几乎所有的资料都显示，那些走上了持续发展的道路的企业，都是经历了"缘协调"向其他协调转变的中间过程（钱德勒，1987），这就是"契约式协调"。

一般来说，契约式协调首先源于共同体之间，因而这个领域率先产生了不同首属群体的成员之间的交往，从而逐渐形成相互认同的规范。事实上，在人类社会的发展中，突破缘关系规则的也首先是在贸易领域，因为这个领域首先出现处于不同共同体的成员之间的交易。哈耶克（2000a：302）就曾写道："随着抽象的价格信号取代同伴的需要，成为人们努力获取的目标，便出现了利用各种资源的全新的可能性——然而为了鼓励人们利用这些可能性，也需要完全不同的道德态度。变化主要发生在港口或通商要道发展起来的贸易和手工业的城镇中心，那里的人们摆脱了部落道德的束缚，建立起了商业社会，并逐渐发展出了全新的交换游戏的规则。"一般地，远程贸易的发展引起了以下四个方面的变化：（1）贸易的发展促进了有关商品度量尺度的发展；（2）引起了专门从事交易的中介组织的发展；（3）引发了与支付有关的信用方面的问题；（4）出现了代理问题（李风圣，1999）。以上四个方面都要求规范交易的行为，从而促进了契约制度的发展，这种制度显然已经突破了以家庭为核心的缘规则。事实上，商法也就是在这种情况下出现的，这要比公司法早得多。斯宾塞就指出，交换的普通方式是契约，当个人的自由活动扩大以后，契约关系变成了很普通的关系。特别是，随着工业化的推进，这种关系最终获得了普遍性，并进入生产组织之中。

而且，需要指出的是，这里的"契约式"是狭义的，因为根据现代社会契约论，互动的人与人之间的一切关系都可视为契约关系；而这里所称的契约式协调是从狭义上来理解的，主要是指基于市场经济交往的目的型契约的一种协调机制。其实，马克斯·韦伯就区分了"身份型"契约（status constracts）和"目的型"契约（purposive constracts），其中，身份型契约是一个人同意与另一个人建立全面的关系，两人的职责并未清楚规范，而是以这种特殊身份关系的传统或一般特质作为基础；而目的型契约则是双方为达成某个特定的经济交换目标，才签订契约的，这类契约并不会影响契约者广泛的社会关系，而只是限于白纸黑字的特定交易。显然，从"身份型"契约朝"目的型"契约的转换也就"表现为从人们相互认识并致力于共同特定目标的原始小社会的具体秩序，向一个开放和抽象社会过渡的阶段；在后一种社会里，秩序的产生是由于个人在利用自己的知识追求各自的目标时，服从同样的抽象游戏规则"（哈耶克，2000a：302 - 303）。这种转换是人类交往扩大的结果，正如哈耶克（2000b：44）所说的："毫无疑问，这种与外邦人发生有利交往的机会的扩大，也会使已经发生的于原始小群体中那种休戚与共、目标一致和集体主义的决裂得到进一步的加强。"因此，从历史发展的逻辑来看，这里所讲的契约式协调是从"缘协调"到"企业协调"的过渡形式。

总之，早期的缘组织中以宗法关系为基础的这种生产具有简单性、同质性和重复性，与此相适应，社会上的交易范围和频率就非常有限。因此，随着人类需求和交往的增加，就要求产生一个相应的生产方式。与此同时，不同偏好的异质化个体就有可能产生其他互惠协作的积极需求，从而使得原先以家庭为主要形态的生产组织发生变异；特别是，随着基于缘关系交往界限的打破，一个新的社会伦理也日益形成，从而更进一步推动了新生产组织的日益壮大和成熟。当然，需要指出的是，生产组织的变革不是同时进行的，而是基于不同因素的不断促动，生产组织是在多种变异形态中进化选择，并最终导致较为稳定的新组织形态的出现。

第三节　弱显性式的契约协调及相应的契约组织

上面分析说明，尽管家庭组织曾是人类社会长期存在的主要生产组织形态，但是，由于缘协调受到地域和交易对象的限制，因而随着人类社会的创新和行为的变异，生产组织形态也就开始发生演化：由早期基于多缘关系的隐性协调组织向基于普遍关系的显性协调组织发展。这就是基于契约协调的契约组织的出现。显然，契约协调是为适应人类交往扩大的需要而产生的，它在一定程度上突破了共同体的限制，通过引入一定的外生规则而加强了超越缘关系的协调的力度，从而具有了早期显性协调的特征。与此同时，由于这种组织内部中还没有形成较为稳定和强大的权威关系，从而对契约的执行还缺乏强有力的控制，因而笔者将其称为弱显性的协调方式。

其实，正如滕尼斯（1999：74、95）指出的，"默认一致是对于一切真正的共同生活、共同居住和共同工作的内在本质和真实情况的最简单表示"。这意味着，早期缘组织是比较稳定的，也比较容易形成持久的协作关系。但是，在契约组织中，"人人为己，人人都处于同一切其他人的紧张状况之中。他们的活动和权力的领域相互之间有着严格的界限，任何人都抗拒着他人的触动和进入，触动和进入立即被视为敌意"。因此，契约组织往往是不稳定的，以致契约式协调也具有强烈的过渡性特征。特别是，从缘协调组织向契约组织过渡，在一定程度上弱化了原来基于默认一致基础上的隐性协调，从而造成了新的如机会主义等契约的执行问题，因而契约组织本身也处于不断演化的状态。因此，本节就此作一说明。

一 业缘的扩展和契约式分工的出现

既然缘组织会逐渐演化为契约组织，那么，我们现在要继续追问的是：缘组织最有可能从哪一点上发生变异？其实，前文提到的"五缘"就代表了基于不同角度的变异方向。显然，就生产领域而言，我们可以集中分析业缘的出现和变迁。一般来说，个体在生产上联系的扩展促使了血缘共同体发展到业缘共同体，这种业缘开始也主要是在关系比较密切的人们之间展开，甚至是具有亲缘关系的人之间，从这个意义上说，血缘、亲缘、地（邻）缘、业（物）缘以及德（神）缘在发展过程中往往是相互交叉的。因此，此时业缘共同体依然是建立在私人关系基础上并以"缘协调"为主，结果，尽管共同体的组成人员已经发生了变化，但生产协作中缘关系特征还是非常明显，甚至连生活和工作的场所都是合在一起的。例如，布罗代尔（1992：329）就描述了当时的情形："（在巴黎）工作和生活地点不分：主人在他的房屋里开店设厂；工人和学徒住在他家里。……一六一九年伦敦每个面包师傅都在自己家里安置子女、女仆和学徒。所有这些人组成一个'家庭'，面包师傅本人则是家长。"

但是，随着社会的进一步发展和分工的进一步深化，人们的物质交往逐渐转移到相同行业的人之间；此时，准家庭成员逐渐演变成名副其实的雇工，并且，生产规模的扩大导致工作场所和生活场所也逐渐分开了。在这种情况下，生产组织中的缘关系日益淡化；与此同时，同行业的特殊利益则逐渐加强，从而发展出了行会这样逐渐脱离缘关系的组织，如中国近代有名的广东十三行就是其一，从而为契约组织的发展铺平道路。当然，由于是建立在共同生活、共同利益的基础之上，在规模较小时，行会就比较容易协调。因此，早期的行会主要也是以"缘协调"为主：行业往往有一个领袖，它以"家长"的身份来协调行会内部的利益分配以及对外的关系。即使如此，这种行会也具有一定的规章，而这些规章的特性则介于传统的家规和现代企业的厂规之间，具有明显的非正式性，领袖的裁量权往往比较大。

也就是说，早期的行会与其他的社会"缘关系"之间存在着千丝万缕的联系，在某种程度上，这也正是早期行会凝聚力的源泉，而凝聚力的大小是人际关系是否协调或协调到何种程度的体现。厉以宁（1999：47）曾简单、粗略地将凝聚力分为两种：一是团体的凝聚力，二是社会的凝聚力；其中，团体的凝聚力以团体内部人际关系的协调为条件，社会凝聚力以社会中人际关系的协调为条件。并且，厉以宁（1999：11）指出，早期行会的规定是以成员所认同的传统为基础，这既不属于市场调节，也不属于政府调节，而是习惯与道德力量的调节。厉以宁将市场调节称为"第一次调节"，政府调节称为"第二次调节"，而将其他的主要以道德为基础的调节称为"第三次调节"，这反映其"缘协调"的性质。一般认为，这种道德调节可以有效地解决市场失灵和政府失灵问题，因而越来越引起人们的重视，道德调节也是小规模共同体内部的主要调节方式。

按照钱德勒的分析，在 19 世纪 40 年代以前，在美国的经济中，家族仍然是基本的经营单位，最常见的仍然是家族农场；而家庭外部的少数制造业，主要"是由小工场的手工业者来操作。在城镇里，手工业者通常有一两个学徒和雇工帮忙，他们通常被当作家人看待"（钱德勒，1987：17）；即使像奥利弗这样的大家族，其活动也和更早的"威尼斯商人的活动性质有'显著的'相似性",其"公司组织形式、人员管理、记账和投资方法，对十五世纪的威尼斯商人而言，都是一目了然的"（钱德勒，1987：16）。至于当时的殖民地商人，"在私交上对多数有关人员都甚为了解。他们尽可能从家族里物色伦敦、西印度群岛和北美殖民地的代理商。假如不能通过家族成员或者完全可靠的合伙人来寄售货品或安排货品的销售和采购，他们就依靠船长或船货的管理人（他们是海外货船上的授权代理人）从事远地的交易。即使如此，后者通常也是他们的儿子或者侄子等。这些商人及其城镇的其他坐商都相互认识，他们共同承担保险、拥有船只。他们也和造船厂、绳索厂以及当地的手工业者相往来，他们满足于人员和生意上的需要。不仅如此，他们也熟识种植园主、农场主、乡村店主和渔民、伐木者以及同自己有买卖往来的人"（钱德勒，1987：18）。

然而，随着同业人员的不断增加，行会规模的不断扩大，同业之间密切的私人关系也会越来越淡化。而且，交易的不断扩大，跨行业的交易也逐渐频繁，利益关系的日趋复杂，以至于最终可以发展到这样的程度：人们劳动的服务对象不再是自己所结识的身边亲近的人，而是远方可能永远也不会相识的人。此时，同业之间基于"缘关系"的协调方式也就不再适合了，于是，行会就开始制定比较一般性的正式行规，这种行规在很大程度上体现了早期的契约关系。正是这种较正式行规的引进，使得社会成员之间的协调机制逐渐具有了显性协调的特征；此时，处理关系的规则也就必然从基于密切相关者之间"缘关系"基础上的"隐规则"，发展为基于直接利益关系达成契约的"显规则"。也就是说，随着人类交往的进一步扩展，市场的不断扩大，个体之间的交易日益繁多，于是，个体之间的契约关系也蓬勃发展；此时，契约的执行不再依靠缘关系或者缘协调，而是越来越借助于一种抽象的规则。正如哈耶克（2000d：16）所说，"只有在小规模的'熟人社会'里，亦即在那种人人彼此相识的社会里，社会成员所共同知道和理解的东西才主要是特定的东西"，而"大社会成员所共同知道和理解的东西在某种意义上讲必定是一般且抽象的"；并且，"社会越大，其成员所拥有的共同知识也就越有可能是相关事物或相关行动所具有的抽象特征"。

特别是，随着市场半径的扩大和交易范围的延伸，原料日益成为制约生产过程的瓶颈，此时一些"掌握来自远方的原料"的商人"势必起着举足轻重的作用"（布罗代尔，1993a：338）。这些商人逐渐控制了市场的销售，并且为了获取更多的利润，这些商人也逐渐触及生产领域，从而促进了分包制的产生。例如，按照钱德勒（1987：20）的分析，在美国，"早在十八世纪九十年代之前，业主们已经将输往西印度群岛和其他远方市场的鞋子、靴子甚至家具外包给农民或城里的居民制造"；正是"随着家庭式外包加工制度的开始实行及其简单机器的首次采用，制造业也开始走向专业化"。与此同时，由于货币交易产生了积累和集聚效应，原先的行会开始分化，这些大行会也逐渐被大商人所掌握，行会制度成了控制劳动市场的一个手段（布罗代尔，1993a：332），这有利于分包制的产生和壮大。

总之，人类需求的上升和交往半径的扩大，不同缘组织之外成员互动日益频繁，这时，为了协调他们之间的行动，就逐渐出现了一种新的规范以及相应的组织结构；其中，在物质生产领域就出现了契约组织的萌芽，并衍生出了新的协调机理。哈耶克（2000a：303）写道："在一个个人目标因专业化知识而必然各不相同、各种努力是为了将来与素不相识的人交换产品的社会里，共同的行为规则逐渐代替了具体的共同目标，成为社会秩序与和平的基础。个人之间的相互作用变成了一种游戏，因为对每个人的要求就是服从规则，这些规则除了他为自己和自己的家庭获得生计所需之外，并不关心某个具体的结果。因为使游戏变得最有效率而逐渐形成的规则，基本上属于涉及财产和契约的法律规则。这些规则反过来又使劳动分工的进步以及有效的劳动分工所要求的各种独立的努力之间相互协调成为可能。"

二 契约分工的典型形态——分包制

希克斯（1987）在《经济史理论》中根据历史进程就将经济分为习俗经济和市场经济（即契约经济），早期市场经济的契约方式的重要表现形态就是分包制；分包制成为17世纪下半叶到19世纪上半叶的重要经济组织形态，在"十九世纪四十年代以前，即使是最大的收费道路和运河也是由小的承包商所修建，他们原来是地方上的农民、商人，甚至一般自由职业者。他们雇用当地的劳工修建整个工程项目的一两小段工程"（钱德勒，1987：50）。所谓分包制，按照布罗代尔（1993a：333）的理解，就是"一种生产组织形式，根据这种形式，商人在分发活计时，向工人提供原料，并预付工资，其余部分在交付成品时结清"。就分包制的表现形态而言，可以体现为两种形态，一方面体现在自由市场契约上的外分包制，另一方面也体现在企业组织内部的内分包制。

首先，就市场中基于自由契约的外分包制而言。分包制首先起源于外分包制，它是家庭手工业到手工工场之间的中间过渡形式。尽管这一制度是在 13 世纪经济扩张时勃兴的，但布罗代尔等人都认为，它实际上出现的时间要早得多。例如，林德布洛姆（1995：46）就指出，公元前 2000 年时，巴比伦的商人们无论在国内还是国外都为一个形成中的美索不达米亚都市社会奠立了基础；而 14～16 世纪西欧也主要是由一些城市商人尤其是北意大利的商人所锻造的组织而连为一个整体化的经济，实现了甚至连政府都望尘莫及的一个大陆协调。一般来说，外分包制是在货币基础上交换的产物，正因如此，掌握巨大货币的商人通过他的职业性地位和信息成为链接生产者和消费者的纽带。布罗代尔（1993a：335）就写道："家庭劳动于是在商人的主持、推动和组织下，导致了一系列家庭作坊和行会作坊的形成。一位历史学家说得好，'分散只是一种表面现象；种种事实表明，家庭劳动已陷入一张无形的蛛网之中，而蛛丝则掌握在几个包买商手里'。"而林德布洛姆则把商人称为"伟大的组织者"。

正是通过商人的协调，使得市场规模逐渐扩大、市场机制日趋成熟。正如钱德勒（1987：28－29）所说，"这个迅速完成的大陆商业网络（还）几乎完全受市场机制的协调。非为当地消费而生产的货物，通过一系列的市场交易和有形转运而流通于国内和国际的经济领域"，这种经济"为亚当·斯密所精辟论述的不受限制的市场经济的作用提供了一个可信的注释"。特别是，通过商人这种史无前例的作用，使得不同空间和时间的生产者和消费者之间开始取得了联系。如钱德勒（1987：60）指出的："当手工业者、造船业者和建筑业的承包商通过使用更多的学徒和工匠来扩大他们的生产以满足当地日益增长的需求时，供应远地市场的生产者，则利用在欧洲业已广泛使用的方法，将他们的工作外包给工人，让工人在家里进行加工。为了生产出所需的数量，手工业者或商人要购买原材料——纱、皮革、布料、木材或金属，再分发给在自己家里加工的工人，等成品完工后予以收回，然而安排它们的销售，或者是直接卖给最近的大港口或商业中心的商人，或者更常见的是以佣金方式委托后者代售。十八世纪九十年代，鞋子、草帽、花边、袜子及其他服装、织物、椅子、时钟柜和其他家具、梳毛刷、钉子等，都是通过外包到家的方式制造的。其中鞋子和椅子是供应远地市场最多的两种产品。"

钱德勒（1987：60 - 61）以制鞋工业来说明分包制是如何演变以适应满足日益增长的需求的：从 18 世纪晚期到 19 世纪 40 年代，当时美国供应西印度群岛市场、以后又供应南部和西部市场的鞋子都是在家庭里或者农场里制造的；但进入 19 世纪以后，越来越多的专业制鞋工人从商人或手艺高明的制造工人处接受皮革、鞋线和其他供应品，这些制鞋工人就在附属于其住宅的小工场——所谓的"亭子间工场"里完成他们的任务。而随着 19 世纪 20 年代需求的增加，外包商试图设立一种"中心工场"以便更有效地管理和协调生产：在中心工厂里，皮革被切成鞋底用皮和鞋面用皮，而后者被送出去给外包工人加工，做好的鞋面送回工场，再和鞋底一起送出去给另外的工人，由他们完成整只鞋子。同样，保罗·芒图（1983：40 - 43）也刻画了英国 18 世纪产业革命时期这种组织的一般演变：旧式的家庭工业制度典范形成是，老板兼工匠，只要织工的家庭相当大，一家就可以应付一切，在成员间分配次要的工作：妻子和女儿管纺车，儿子刷羊毛，丈夫则使用织梭去织；但是，由于羊毛往往赶不上织机的需要，因而经常需要到很远的地方去寻求羊毛，从而产生了最初的专业化：有些人家只管纺线，而另一些人家则备有几架织机。显然，当家庭工业的生产超过了当地消费的需要时，那些不能亲自将自己商品销售出去的制造者就必须与商人发生关系，商人买进这些商品并力图将其出卖于国内外市场；从此，工业的命运便掌握在商人的手中，并且，后来商人还逐渐深入到生产过程，关心制造上的某些次要的细节，从而在一定程度上协调各个生产家庭的活动。

上面的分析表明，正是由于市场需要和交往的扩大，当产品是为遥远的市场而生产的时候，生产者就不得不通过商人与消费者发生联系，此时就开始出现了不同于家庭手工业的分包制的契约生产形态。其基本特点是：中间商将一些产品的不同零件、工艺或工序分包给不同的家庭独立完成，按照基本不变的质量标准，采取按件计酬的办法，对生产者的工作进行衡量和支付；待加工产品以及生产工具，或者是中间商人提供的，或者是独立家庭自己准备的，或者是二者兼而有之（这也类似于下面分析的土地租赁），但对生产者加工过的产品的集中和销售，总是由中间商人完成的（伍山林，2001：80 - 85）。此时，商人成为控制生产过程的主导力量，并在一定程度上协调各个生产家庭的活动，从而形成了当时盛行的外分包制，这是早期多变而粗略的显性协调方式。

其次，就企业组织内部的内分包制而言。企业组织内部的内分包制是早期企业一体化的组织雏形，尽管这种内部分包形式已经不很普遍，或者绝大多数已经过渡到了大型的一体化组织形态；但是，我们还是可以看到这一痕迹的，如建筑业中分包现象就比较普遍，中国在国有企业改革之初就普遍推行内部承包的方式。而且，随着一体化组织逐渐暴露出了僵化的弊端，内分包体系又有了复兴的趋势。譬如，丰田汽车公司与其零部件供应商之间就存在一种长期共荣的关系，它强调母公司、子公司及其分包商之间的共同目标，其分包商也几乎是把自己所有的产品卖给丰田汽车公司。显然，这也相当于企业内部的分包形式。当然，这种长期稳定的分包关系取决于社会的文化伦理。例如，日本大型企业之所以通常不采取兼并中小企业的方式以扩大生产规模，而更倾向于建立一定的长期性契约关系以将其他中小企业纳入自己的协作生产体系中，同时，这些企业保留相对的独立性，但是又离不开整个生产协作体系；其关键就在于，日本的集体主义文化有助于形成一种社会共同治理结构，从而有助于缓和机会主义的弊端。

在工厂制发展的初期，尽管还没有形成一种稳定的合作关系，但是由于缺乏较为健全的监督体系，因而内部分包就成为当时企业壮大的一种常态。正如布劳和梅耶（2001：32）所描述的："许多研究者并没有注意到在一个世纪之前，内部合同制是一种常态，而不是例外。在合同制下，工厂管理人员和工头们为一些产品的生产讨价还价。一旦签订合同，工头们就领取原材料、使用场地，并用通行的工资标准雇佣工人。管理人员对雇佣工人和支付工资没有控制权，这些都完全由工头负责。同样，工头可以按自己的意志自由地安排工作，并通过合同价格和工资支出的差价获得利润。因此，合同制下工头的权力是实际的。"同样，巴特里克（Buttrick，1952：201-202）也对这种内部分包制的特征作了描述："在签订内部合同的制度下，企业经营者要提供场地和机器设备，供给原材料和工作中使用的资本，并负责把最终产品卖掉。但原材料与最终产品之间空缺的位置，并不是由领工资的工人按等级制自上而下填补的……而是由内部签约人作为生产工作的代表来统一填补。他们自己雇佣工人、监督工作过程，并按某种协议规定从公司领取回报。"

另外，内分包制还存在着其他的变型。例如，威廉姆森（2002：302）就提出了一种松散联合模式，这种模式是指在同一个工厂里，一个岗位挨着另一个岗位，每个岗位的工人可以自己确定自己的工作进度。兰德斯（Landes，1966：14）则指出，这种"给工厂里的每个手艺人留出了一块地方，给他们自主权，让他们每个人关怀自己的企业"的制度在19世纪的英格兰非常普遍。纳尔逊（D. Nelson，1975：36）也描述说："19世纪时，在新英格兰和中大西洋地区的机器工厂中，监督人员的权威也许是最大的……在这些工厂中，直到第一次世界大战，内部合同制是制造业组织的主要形式。在这个体系下，训练有素的工作人员或成为管理者或成为工人，工厂则提供原材料、工具、能源和工作场地，……合同者（雇用劳动者）为了每天的工钱干活，独立的生意人则为了预期的利润努力。"

总之，分包制是缘组织生产逐渐衰败之后兴起的较为典型的基于契约的生产组织形态，相对于家庭组织中的缘协调而言，无论是内分包还是外分包，两者都逐渐凸现了"规"治的色彩。与此同时，尽管分包制中引入了专门的协调者或管理者，但他们的协调主要体现在生产者和消费者之间的联系上，主要体现为市场交易上，而不是在生产过程中，从而管理协调还处于相对简单的阶段。事实上，当时的生产主要还是依靠熟练工人，熟练工人掌握了生产技术。正如钱德勒（1987：72）指出的，分包制的"工作（也）很少有分工，都是整件产品在家里从头到尾做完。即使是大量采用外分包制度的制鞋业，工人所做的也不过是两种不同的工作：鞋面的成形和把鞋面钉到鞋底上。（因此），实行这种生产方法时，是由拥有原料并负责出售产品的商人和手工业者负责记账。他按双方一定的价格把发给工人的材料和价值记入借方的工人账目下，而把收回的产品的价值记入贷方"；并且，由于这些"分包原料的业主只有很少固定资本需要记账，而且也没有需要加以训练和监督的固定劳力，所以他的经营活动更像同时期的商人，而不像工厂的老板"。可见，尽管当时以分包制为主要形态的契约组织是以分包业主为主要协调者的，但是，他们本身管理协调是简单的；并且，这些分包业主以简单契约的形式来组织完成生产过程，这些契约的执行在一定程度上也有赖于家庭手工业者的认同和配合，因而还保留了原来的隐性协调的特征，各个手工业家庭之间的隐性协调成为契约组织协调的主要特征。

最后，需要指出，分包制并不是在所有行业同时盛行起来的，此后也没有在所有行业里都得到同等程度的发展。例如，当时的"服装制造业只是在 1807 年实行禁运和采用动力织机之间的那段时期才使用了外分包制",事实上,"缝纫机的发明虽然使得外分包制在制鞋业里销声匿迹了,但是却在服装业里发展起来"(钱德勒,1987:61)。尽管商人为了追求利润而控制市场的销售,但正如布罗代尔(1993a:335)指出的,商人编织的"蛛网还远没有把一切都包括进来。还有广大的地区,生产仍然脱离商人的直接控制。英国许多地区的羊毛加工业无疑处于这种状态"。显然,这些都反映了组织演变的变异性,这种变异往往是从一个特殊行业或者一个特殊地域首先促发的,这也反映均衡的概念在考察事物的变异时是很难有所作为的。因此,我们对历史的考察往往必须注意事物最初出现的条件。钱德勒考察协调的组织形态变化的条件就是生产规模,这又与技术有关。钱德勒(1987:56)指出,"只要生产过程的动力仍然是人力、畜力、风力和水力,其产量就不至于大到需要在企业里设立低一级的小单位,或是需要一名支薪经理来协调和监督这些小单位"。事物的演化发展也是一个逐渐扩展的过程,这必然涉及一个很长的时期。正如诺思分析指出的,从(家庭)手工业到领料加工再到工厂制,经历了三个多世纪,生产制度的这种演变要用市场规模的扩大和质量控制的难易来解释,其发展伴随着工资劳动的发生、投入产出计量的改变以及生产技术的变革。

三 早期契约协调中的两大基本缺陷

任何事物都具有两面性,组织的演化进程中也是如此。一方面,尽管分包制促使了剥削和掠夺的强化,但这种从家庭制到分包制的演进是符合社会发展的需要的。汤因比在《历史研究》中就指出,习俗过渡到契约是原始社会和文明社会的标志。梅因(1959:97)则宣称,"所有进步社会的运动,到此处为止,是一个从'身份到契约'的运动"。另一方面,尽管契约式的协调机制是时代的产物,但它本身也具有时代的局限。例如,德姆塞茨(1999a:195)就指出,企业组织的生产率部分是由交易成本和监督成本造成的,但也依赖另外两个更为主要的条件:诱发企业兼并和促进知识使用。因此,这里也从知识的使用和组织的一体化这两方面来分析契约组织内在缺陷及其继续演变的原因。

(一)知识难以充分利用

从知识的使用角度来说,这涉及分工的深化和协调水平的增进问题。

社会的发展很大程度上取决于知识的积累和利用，同时社会协调机制的有效发挥也有赖于知识信息的传播。哈耶克（1999：44）曾强调指出，个人从超过现有知识范围的更多的知识中得到好处，这是社会生活中大多数利益赖以存在的基础；文明的生成就是始于个人能够利用自己知识范围以外的更多的知识来追求自己的目标，只有这样才能突破无知的藩篱。而且，哈耶克（1997：52）认为，整体越复杂，我们就越得凭借在个人之间的分散的知识。但在契约协调中，信息是极为分散的，并为单个主体所掌握，这种分散甚至隔离的信息决策和沟通往往阻滞经济的进一步发展。

首先，就知识的积累而言。一般认为，知识的积累和传播有 4 种基本路径：（1）从默会知识到默会知识，主要是通过师徒关系，一个人分享另一个人的默会知识。（2）从明示知识到明示知识，主要是个人把零散的明示知识结合为一个新的整体。（3）从默会知识到明示知识。（4）从明示知识到默会知识，即随着新的明示知识在整个组织内的分享，别人就开始将之内部化：利用明示知识来拓宽、扩充并重新组织自己掌握的默会知识（野中几次郎，1999）。这样 4 种模式交互作用，知识积累就呈现出螺旋状的发展。其中，从默会的知识转化为明示的知识就是知识创造的一个重要方面。野中几次郎（1999）认为，当默会知识与明示知识相互作用时，某些强有力的事情就会发生，日本公司就特别擅长开发这种默会知识与明示知识之间的交换。实际上，这也就是我们通常所谓常识的形成过程，这种知识的转化程度与组织乃至整个社会的效率存在非常密切的关系。

而且，在一个组织或社会中要形成一种稳定的合作关系，就需要夯实共同知识这一基础设施，把个人的知识转换为人们可以采取理性化策略的共同知识。这种共同知识需要满足：（1）大家都知道它；（2）相互都知道对方知道它；（3）相互都知道对方知道自己知道它……。也就是说，所谓共同知识就是一种关于知识的潜在无穷推理过程的极限，用一句话说，这就要使知识成为正常人的"常识"。显然，从个人知识到共同知识的转化很难依靠分散的个人而自发形成；相反，它需要将原先的默会知识明示化，将非正式的知识制度化，因为制度本身就是过去知识的凝结，这种制度性知识更容易为人所理解。但是，在早期的契约中，契约关系主要发生在个体之间，因而个体之间的契约性知识很难在社会中形成共同知识，从而在一定程度上也限制了生产要素的流动；同时，即使在契约的框架下，由于没有稳定的合作关系也会造成知识被刻意隐藏，而信息的不对称则又是造成知识的滥用。正因如此，在早期的契约组织中，知识往往无法获得充足的使用，因而需要更为紧密的联系来对分散个人进行更密切的协调。

其次，就知识的利用而言。一般来说，知识被利用的程度则主要受它的可传递性的影响，如果传递方便且不失真，则被利用的频率就高，使用的范围就广。但是，知识传播的有效性往往涉及三个层次的问题：（1）技术问题，即一个特定的信息如何准确地进行传播；（2）语义问题，即信息如何确切地传达意想的意思；（3）有效性问题，即接受到的含义如何以希望的方式有效地影响行动。关于第一个技术问题，主要是技术的发展问题，这要靠人类智慧的点滴改进以及可能的重大突破，它不是本书所关注的重点。第二个语义问题是知识传递的精确性，第三个有效性问题是知识接受的准确性，这两个问题都涉及对知识的认同，它要求交流的知识具有特定内涵。正如布瓦索（2000：129）所说的："恰当地利用传播信息的价值要求预先投资在这个区域建立共同的知识资产，这种资产能够为以后对信息的解释创造一种适合的环境。这样，就可以相对确定一种信息的预期价值，从而便于确定和它相关的任何交易关系的生产率。"

显然，在以契约协调为特征的社会中，管理者和工人们之间、不同工序的工人们之间都存在严重的隔离，在这种情况下，组织内外都无法形成有效的信息传播机制。因此，契约组织中必然会存在大量的信息扭曲和耗散的现象：不但生产过程中因信息扭曲而造成劳动者之间的协调失灵，而且由于管理者主要注重市场而造成生产与消费之间的协调失灵。与此同时，由于契约组织还很不稳定，那些对团队生产极其有效的"惯例性"知识也难以得到推广和流传，而那些适用于口头传授的知识更是要受到时间和空间的限制。也正因如此，那些特别重要的知识还主要在家族中进行传承，而其中很大一部分却销声匿迹了。特别是，由于缺乏获得广泛认同的抽象规则，一些行会就实际上私占了对其成员的审判权；这样，一切对其成员有意义的事都处于它们的控制之下，反而限制了知识的传播。例如，温州、宁波的金箔匠行会规定，这些行业不准在经营区域接受任何本地人入行，不准对本地人传授任何技艺。再如，在汉代许多职业操作仍然是严格的家庭秘密，如福州漆制造工艺就在"太平之乱"中失传了，因为掌握福州漆制造工艺秘密的宗族被灭绝了。

总之，在早期的契约协调中，一方面，信息的传播和积累受到很大的限制，另一方面，一些管理性知识也没有得到充分的利用，这两方面都阻碍了协调水平的进一步提高。特别是，任何组织中管理者的协调都是重要的，但与此同时，管理人才又是稀缺的。因此，如何最大化地使用这些稀缺性人才也是组织演化的一个主要动力。显然，根据威廉姆森（1999：48）等的看法，这些必不可少的管理知识本身具有外溢效应和规模经济的特点，因此，将不同契约内化到一个统一的企业组织中，就可以充分利用稀缺性的管理人才。同时，根据提斯（2000）的看法，企业组织中的管理才能等知识的一个重要特点就是可转移性，这意味着在契约性组织中会存在某些闲置的生产性服务，当市场扩大时，这些闲置的知识就可以被利用起来协调更多的市场活动。可见，将这些可以重复的管理知识以非常小的边际成本扩散到其他组织中，这也是契约组织得以合并以及企业组织横向一体化发展的原因。

（二）日益增多的机会主义

从组织一体化角度来说，就是要解决契约中的机会主义问题。尽管契约协调的兴起促进了缘关系之外以及个体间的交往，但是，它的发展同时也伴随着机会主义的激增。其原因在于，任何契约都必然是不完全的，更何况早期的契约关系尤其是粗线条的。事实上，正因为契约组织在其发展过程中往往排斥了传统的基于"缘关系"的价值伦理，而却没有新的相适应的伦理出现；所以，威廉姆森偏激地认为，侵吞、欺诈和质量控制问题，乃向外分包制所特有的。当然，在任何时期，机会主义都是难以避免的，如20世纪末期兴起的"新经济"之所以昙花一现，也正在于伦理认同没有跟上（朱富强，2001b）。究其原因，信息本身是分散和不对称的，因而也必然是不确定的，建立在不确定信息上的契约必然潜藏着机会主义的可能。正因如此，库普曼斯（Koopmans）就认为社会经济组织的核心问题是面对并处理不确定性问题。为此，他还将不确定性区分为初级不确定性和次级不确定性问题：初级不确定性具有一种随状态而定的性质，而次级不确定则产生于"缺乏沟通，即一个决策者无法知道其他决策者的现时决定与计划"。在库普曼斯看来，次级不确定性"至少从量上来说与产生于自然的随机行为和消费者偏好之不可预测的改变的初级不确定性同等重要"（威廉姆森，2001：52）。

不过，威廉姆森（2001：53）进一步指出，库普曼斯所说的次级不确定性仅是指一种相当纯洁的性质，而不涉及伪装和故意扭曲信息的情况；

如果考虑到交易各方处于双边依赖的状况，就凸显了第三种不确定性，即策略性不确定性。显然，威廉姆森所谓的策略性不确定性也就是机会主义，它起源于信息不对称，从而造成契约的不完全，这主要表现为如下几个方面：（1）一个契约有时因为语句是模棱两可或不清晰而可能造成契约的模棱两可或不清晰；（2）由于契约方的疏忽未就有关的事宜订立契约而造成不完全；（3）由于契约方订立一条款以解决一特定事宜的成本超出了其收益而造成不完全；（4）由于信息不对称而造成不完全；（5）当至少市场的一方是异质的，且存在足够数量的偏好协作类型也会造成契约的不完全（施瓦茨，1999；克莱因等，1996）。正是由于契约往往是不完全的，那么就可能产生这样两个问题：（1）各方可能会不能协议订立一个对各方都最大限度有利的合约；（2）人们也不能细致表明合约的各项条款（博特赖特，2002：11）。显然，上述两个问题为后来的利益冲突埋下了火种。事实上，现实中经常出现的"敲竹杠"现象正是来自交易的一方可能违背他们的协议以从另一方所进行的专用性投资中寻求准租。

特别是，在早期社会，如果没有一种良好的普遍认同的价值伦理以及有效的监督保障机制，机会主义行为也就在所难免，而机会主义正是造成契约协调失灵、社会不必要浪费严重的根源。为了说明契约中的机会主义造成的浪费，这里以曾被大量讨论的分成佃租为例来作分析。一般来说，地主可以有三种经营方式：（1）雇用工人耕种自己的土地，即固定工资制；（2）出租土地与佃农分享收成，即分成制；（3）出租土地，地主向佃农收取固定地租，即定租制。理论上认为，固定工资制和定租制都是有效率的，而分成制却是不集约的和无效的，因为佃农在土地上劳动与投资的积极性降低了（张五常，1994a、2000a；文贯中，1989）。然而，分成制却长期一直存在着，这一问题一直困扰着自亚当·斯密以来的许多西方主流经济学家。对分成制的缺乏效率的分析可以用图 1 简明表示：其中，r 是地主分成率，W 是市场工资，MP_L 是佃农经营土地的劳动边际收益。显然，如果不存在地租时，佃农愿付出的劳动量为 L_0，而由于分成的存在，佃农只愿意投入 L_1 的劳动量，可见分成制对劳动量的投入是不利的（见图1）。

关于分成制下的最佳劳动量也可以下列函数来表示（文贯中，1989）：$Y = (1-r) F(H_1, L_1) - wL + F(H, L) - RH - wL$；其中，$Y$ 为佃农的收益；r 为分成租率，其值在 0 至 1 之间；$F(\cdot)$ 为佃农的生产函数，$F_H > 0$，$F_L > 0$，$F_{HH} < 0$，$F_{LL} < 0$；H_1 为以分成租约租进的土地；L_1 为佃农

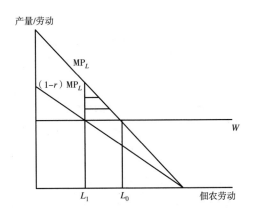

图 1　分成制投入一产出

投入的劳力；w 为市场一般的工资。H 是佃农以定租制租进的土地；L 是佃农投入定租制土地的劳动量；R 是定租制的固定地租。对上述函数求导可得，$F_L = w$，$F_{L1} = w/(1-r)$，$F_H = R$，$F_{H1}(1-r) = 0$，即 $F_{H1} = 0$。显然，有 $F_{L1} = F_L/(1-r)$，由于 $F_{LL} < 0$，即 $L_1 < L$，这说明佃农对分成制土地的劳动力的投入小于对定租制投入的劳动。由于 $F_{H1} = 0$，该结果还说明，分成地租会造成土地利用的浪费，因为佃农在不受限制的情况下，会以分成制的方式租入越来越多的土地，直到土地的边际产品为零。

　　问题是，既然分成制是一种缺乏效率的制度，那么为什么又会长期存在呢？其主要原因在于，其他租约形式的契约是不完全的，从而存在很高的监督成本：对于固定租约和工资租约，在市场价格给定的情况下，单独一方可以决定他要使用对方多少资源以及种植何种作物。例如，在工资合约中，要阻止被雇佣者的偷懒行为是有成本的；而在固定租约中，则要花成本防止土地资源以及其他财产被滥用。正因如此，固定工资合约、定租合约和分成合约实际上存在着一种对资源使用的相同边际等式的倾向（张五常，1994b、2000a）。

　　巴泽尔（1997：56）就详细比较了各种合同形式可能带来的损失（见表 1）：在固定工资合约、定租合约两种方式中，因信息不对称（即劳动和土地都不是均质的），土地所有者所需花费的监督成本等于上面分析的在分成租约中低效率所造成的损失，这种损失其实就是其他租佃契约的潜在机会主义倾向造成的社会资源的浪费。显然，如果有一种较好的信息机制的话，分成制就是多余的，也就可以有效地避免这种损失。事实上，大多数学者已承认分成制与定租制相比，是在不完全市场的条件下的一种不得已的满意办法（文贯中，1989），这相对于现代企业为了获得协调收益而必须支付因委托—代理关系而产生的"剩余损失"一样。

表1　各种合同形式的损失来源

	监督劳动	监督土地	监督产出	专业化程度低
高损失	FW	FR	SC	SO
中等损失	SC	SC	FW, FR	SC
低或无损失	FR, SO	FW, SO	SO	FW, FR

注：SO，土地和劳动的独占所有权；SC，分成合同；FW，固定工资合同；FR，固定地租合同

　　总之，由于早期强烈的机会主义倾向导致了很高的监督成本（或称交易成本）。要解决契约中的机会主义问题，一般就有三个办法：（1）依靠国家等权力机构的第三方约束；（2）依靠一体化将外部效应内部化；（3）形成一种自动实行的机制。显然，由于契约根本上是不完全的，甚至交易者会利用法庭只执行字面意义上的不完全契约条款而不能真正实现交易者事前的交易意图（克莱因，1999），因而在法律还很不完备的早期社会，这种方式的实际效果就很成问题。而后两种方式在某种程度上就是组织的演化，更为正式的企业组织不仅通过一体化将这种机会主义内部化，而且企业内部成员之间所形成的长期交往关系也有利于自动实施协议的建立。当然，需要指出的是，上面举的例子是农业中发生的，农业中固定工资制雇佣生产方式实质上也就相当于工业中企业组织现实的生产方式。不过，由于农业中的市场竞争相对不激烈（这包括农场的兼并和农业劳动力市场的竞争）以及农业生产监督上的更加困难，因而农业生产往往较难发展到有组织的企业团队生产方式。

四　契约组织进一步演变的内在要求

　　上面的分析表明，尽管以分包制为主要形态的契约式组织体现了人类交往扩大、市场拓展以及分工深化的要求；但是，这种早期的分包制也被很多问题所困扰：生产杂乱无章、原材料因倒手和盗窃而流失、制造速度缓慢、产品质量既不统一又无保证，特别是，那些中心商人（或企业主）并没有控制生产过程的能力（威廉姆森，2002：323）。因此，上面从协调水平和监督成本两方面说明了契约式生产组织的缺陷。当然，除了第三节

所指出的两个核心问题外，对处于分包地位的大商人而言，分包制还存在其他三个主要的直接性缺陷。

（1）造成生产的随意性，无法适应需求的随时变化。正如钱德勒（1987：61）指出的，在外分包制下，"鞋子的制造完全依靠手工，其制造时间和速度依各人而定"，他引用研究制鞋工业历史的权威布兰奇·哈泽德的话描述到，"这位家庭工人享有他所需要和希望的一切自主。当他准备好时他就到田里播种或割草，他高兴时也可以把自己的亭子间工厂锁起来而出去钓鱼，或者当天气冷得无法在自己的小工场工作时，他就坐在厨房里阅读"。同样，兰德斯（Landes，1969：59）也指出，在市场自由契约外分包制中，"（企业家）无法强制其工人从事一定小时数的劳动；家庭织布工或手工业者是其时间的主人，他按照自己的心愿开始和停止工作"。因此，在19世纪40年代，开始引进金属制成的机器取代旧式工具，而50年代又出现了以蒸汽为动力的制鞋机器后，工厂制生产形式就取代了分包制。

（2）造成生产质量的不稳定、效率不高和浪费惊人。例如，在外分包制下，一方面，如马克思（1963：349）指出的，"既然劳动者不聚集在一起，一般来说就不能进行直接的共同劳动，既然集合在一定场所，就是他们得以进行协作的条件"，"协作的范围，生产的规模，则取决于这种集中的程度"。因此，这些分散生产使得劳动间的协调程度不高，从而难以获得较高的分工效率。另一方面，在这种外分包制下，原料被成批地从一个岗位转到下一个岗位，也就是需要从一个家庭转到另一个家庭；那么，当这些制造过程被分成十多个阶段时，就必然伴随了生产过程中的浪费，以及衔接不和谐等现象。再如，在内分包制中，各个独立经营的不同工序之间也可能由于利益的冲突造成相互之间的扯皮，并且因各个阶段的小利益损害整个生产过程，并造成原材料和人力资源的闲置和浪费。因此，正如布劳和梅耶（2001：33）指出的，在分包制中，工头喜欢按自己的意志安排工作流程、生产没有标准的产品，这些产品既难以更换，也难以维修，从而生产往往缺乏技术性、准确性和效率。

（3）早期的契约关系是粗线条的，由于契约组织在形成和发展过程中往往排斥了传统基于"缘关系"之上的价值伦理，因而分包制中孕育了大量的机会主义行为。哈得森就对18世纪承包制下的棉纺企业的毛纺车间描述到，即使受到严密的监视，"缠线工人普遍偷雇主的羊毛，而纺线工人不是把线轴放错，就是把线放得太短。如果他们联手来干，往往更容易得手，而永远不会受到惩罚"（威廉姆森，2002：324）。钱德勒（1987：71）也认为，当时中心商人对工人的监督是不力的，他描述道，"在美国，业主并不太在意所发包出去的材料是否已被有效地加以利用。事实上，鞋匠们常常会有多余的皮革供他们自行制造和出售鞋子"。结果，在早期工业革命起飞阶段广泛盛行的分包制下，正如麦金德（麦金德，1965）所描述的，工业化开始以后，生活越来越单调，以前城市生活中的价值和利益就被吸走了，剩下的死气沉沉，单调乏味：一味以效率和廉价作为追求的偶像所给予人们的，是永远看不到生活，而只能看到社会的一面世界。正是这种价值伦理的丧失，导致了当时机会主义的泛滥。也正是基于这样的背景，威廉姆森认为，侵吞、欺诈和质量控制问题，乃向外分包制所特有的。

根据滕尼斯的看法，人类社会将从共同体向社会演化，其中，共同体是建立在自然的基础之上的群体（家庭、宗族）里实现的，因而是一种持久的和真正的共同生活；相反，社会产生于众多的个人的思想和行为的有计划的协调之上，是个人预计从共同实现某一种特定的目的会于己有利，因而聚合一起共同地行动，因而是机械的聚合和人工制品。其实，从某种程度上来讲，滕尼斯意义上的社会仅仅对应于早期缘伦理开始衰败时期的契约社会，由于还没有相应的伦理成长，因而它只是相应于涂尔干意义上的失范社会，而不是一种有机团结社会。涂尔干（2000：108）认为，随着社会的发展，"把我们同社会联系起来的纽带已不再主要依赖于（如同早期共同体中的）共同的信仰和感情，相反，它们越来越成了劳动分工的结果"。事实上，在越来越趋于和谐的有机团结社会中，人们相互间依靠的不是惩罚和监督而是互惠协作，此时，"压制法所占的地位要比协作法的地位低得多"；为此，涂尔干（2000：108）问道："当家庭法、契约法和商业法自成体系，蔚为大观的时候，压制法还算得了什么呢？"当然，完全的有机团结社会只是社会发展不断趋近的一种极限状态，它对应于成熟的协力社会或序力社会，人类社会只能如涂尔干所说的，从机械团结向有机团结不断演进。

因此，尽管早期契约组织的出现使人们摆脱了基于缘关系的共同体的束缚，但是，这种契约组织中的显性协调是粗糙的，具有过渡性，而隐性协调也有待进一步的提升。这正如滕尼斯（1999：95）所说，"在共同体里，尽管有种种的分离，仍然保持着结合；在（契约式的）社会里，尽管有种种的结合，仍然保持着分离"。一方面，正是由于早期契约协调的原始性、粗略性，导致了早期的外分包制存在致命不足——机会主义；因此，在基于契约协调的分包制生产中，如果任由不熟悉或不信任的人去承包产品和服务，那么中间商往往可能要付出沉重的代价。另一方面，正如尼布尔（1998：3）指出的，"所有超过最亲密的社会群体的更大范围的社会合作都需要一定程度的强制"；显然，基于契约协调的分包体制也常常由于强制性不高而常常陷入困境。因此，为了克服严重的机会主义，通过无数次的变异和创新，人类社会中终于又开始尝试了另外一种新的组织形态：一些承包商逐渐把外面的承包事务揽进自己的组织里，通过较为固定的组织对生产过程直接进行更为严密的监督。这样，原来仅仅充当市场中介人，起着沟通家庭手工业生产和市场销售之间桥梁和纽带作用的分包商的角色开始有了转变，逐渐演变成直接从事组织生产活动的手工业工场主。

当然，需要指出的是，这种组织创新和变异实际上在契约组织出现后不久就开始了。正是基于这一点，我们说，契约组织本身具有过渡性以及不断演变的动态性特征。其实，到了19世纪初，在美国就开始有人主张"棉纱的分配和布匹的收回都要在规定的日子进行，并且要采用在英国极为普遍的发出织布者执照的办法。（当时）英国人的做法是实行中心工场，以便一名监工监督工作"（钱德勒，1987：72）。特别是，当需求不断增长并变得更加不确定时，另一种增强协调和约束的机构——科层制组织——就应运而生了。纵观企业发展史，现代企业组织的出现以及新的由支薪经理进行协调的方式的产生正是需求急剧变化的产物：在1807~1815年，"因为禁运、贸易限制和战争，使通常从英国进口的棉纱和布匹都中断了，它造成了美国本土纺织业的繁荣"，"为了满足对布匹的需求，斯莱特和其他纺纱厂主，开始把棉纱外包到家庭，以手织机来生产布匹。但到了1809年，为了更有效地监督生产作业，制造者仍将工人集中到中心工场生产"；也正是"不断增长的对布匹的需求，促使织布走向机械化。作为结果而产生的织布和纺纱合并于一个单一的工厂，导致了美国第一批大型工厂的诞生"（钱德勒，1987：65-66），此时，"各地普遍建立了劳动等级制，最高一级是工长，代表商人；在他的手下有工头"（布罗代尔，1993a：343）。

最后，还需要指出的是，尽管作为科层制主要形态的企业组织的发起者往往是那些掌握庞大资源的大分包商，但是，这种正式生产组织的出现也是顺应了时代的需要，有助于克服不完全契约中的机会主义，也有助于增进各类劳动之间的协作。因此，我们说，企业组织的出现解决的不仅是单个雇佣者的生产效率，而且是组织方面如何最大限度地进行协作与控制，并由此提高组织的效率，也即，企业"为了系统协调许多人的工作以完成大规模行政任务而设计的组织类型"（布劳和梅耶，2001：1）。一般认为，环境的复杂性加强了企业组织协调的优势，因为尽管大部分个人能够进行简单决策和完成简单任务，但复杂决策和完成复杂任务往往为个人能力所不及，而组织可以把复杂决策或任务分解为次级决策或任务、次次级决策或任务等等，直到决策或任务落在有限理性范围内为止；这样，组织结构通过将工序的分解就能够降低有效理性的限制。马克思（1972：431）曾非常明确地指出："凡是直接生产过程具有社会结合过程的形态，而不是表现为独立生产者的孤立劳动的地方，都必然会产生监督劳动和指挥劳动。"这里的监督是为了抑制机会主义，而指挥劳动则强调了分立劳动间协调的意义。可见，企业的管理协调则通过引入专人负责的形式使机会主义行为得到一定程度的控制；从这个意义来说，显性协调在企业中得到了显著发展，企业协调是显性协调的典型表现。

其实，就生产者而言，随着自身需求的增长以及由于市场拓展所带来的不确定的加深，也逐渐产生了签署长期稳定契约的愿望，这些都强化了雇佣关系。一般认为，大商人比单个生产者承担风险的能力更强，因为他们通常比生产者更富有，而且在资金短缺的情况下，比大多数工人更容易借到钱。在这种情况下，生产者更愿意以劳动换取长期性的较为固定的工资：在社会经济不景气时，分包的大商人不会降低生产者的工资；而在社会经济景气时，作为回报，生产者也不要求增加工资。基于这种关系，原来基于委托价格的关系就转变成了雇佣关系，从而导致了企业组织的出现；企业组织内部的就业关系也不仅仅是劳动和工资之间一次性的现货交易关系，而是一种涉及较长期的合同保险关系。科斯（1937）就强调，长期合约的出现本就源于人们的风险态度。青木昌彦（2005：16）则进一步指出，"正是劳动者和雇主之间不同的风险态度导致他们决定不利用现货市场，而是利用长期的雇员合约"。基于这种思路，20世纪70年代中期，贝利（Bailey）、戈登（Gordon）、阿札里亚蒂斯（Azariadis）等分别发表了《在不确定需求下的工资和就业》《一个非充分就业的新古典理论》《作为一个理性预期均衡的名义工资黏性》等论文发展了有关企业的隐含合同理论。

总之，从组织发展史的角度，我们可以看出，正是在市场竞争中日益坐大的商人逐渐延伸到生产领域，从而成为新兴企业组织的建造者；在这个新兴组织中，这些商人的身份开始有了转换，并成为劳动支出的控制者和剩余的索取者。因此，波特等宣称，随着实行一体化生产的制造商的兴起，"商人的长期统治最终宣告结束了。"但显然，这里仅仅从社会阶层上讲具有社会标识的商人的消失，而不是指具体的人，现时的制造商实际上就是昔日的商人。正因如此，威廉姆森（2002：173－174）曾质疑说："开始是那种万能商人，后来又是专业商人，他们为什么居然允许别人以夺走自己控制权的方式来组织经济活动？"实际上，这一问题是不存在的，而新制度主义者之所以有此一问，正在于他们的静态分析思维。

第四节　强显性式的管理协调及企业组织的确立

一般地，随着人类交往范围的扩展，人类社会也由共同体逐渐过渡到了社会。哈耶克（2000b：44）就指出："与外邦人发生有利交往的机会的扩大，也会使已经发生的与原始小群体中那种休戚与共、目标一致和集体主义的决裂得到进一步强化。"显然，正是基于这种转变，传统以家庭为核心的缘组织逐渐被以分包制为特征的契约组织所取代，从而促使了分工半径的扩展。但是，随着维系传统共同体的缘伦理纽带日益松弛，早期的契约组织中也滋生出了大量的机会主义行为，从而影响了分工的效率，阻止了分工的进一步深化。在这种情况下，一种特殊的商人就改变了交换过程：他并不是简单地买卖东西，而是购买或租用投入，组织生产过程，然后再售出产品和劳务，从而成为生产过程的领导者、指挥者。显然，这就是企业家角色的出现，他们比一般商人更有力地把正式的组织引入市场。钱德勒（1987：50）发现，在美国"十九世纪三十年代中期，有些承包商已经朝专业化发展，只要哪里有工程进行，他们就走到哪里"。并且，这些承包商有的已经开始组成合伙公司。在这种新的组织中，那些大商人逐渐控制了生产和销售，控制了生产者的工作，并逐渐树立了权威；他们可以对生产的过程、产品、质量发出指令，并可以有计划地进行。

与此同时，那些从小群体的控制和应尽义务中解脱出来的人，由于长期定居于另一些群体中，从而与另一些群体的成员建立了关系网络，从而逐渐孕育出了一种新型的秩序。这种扩展秩序不是"因为他们互以邻居相待，而是因为他们在相互交往中采用了扩展的规则，譬如有关分立的财产和契约的规则，代替了那些休戚与共和利他主义的规则"（哈耶克，2000b：9）。随着这种普遍主义的抽象规则之建立，组织中协调的显性程度日益增强，直至形成等级制的基于上下级命令关系的运行机制，笔者将这种协调方式称为强显性方式。而且，由于一个新的较为稳定的企业共同体的出现，企业内部成员之间的交往也日渐频繁，并且成员之间形成的某种暗喻也可以以组织为载体而得到代际传承；结果，组织共同体内部也日益形成了某种被自觉遵循的规范，这种规范也就是一种新型的企业伦理，它基于一种超自然的新型认同关系，并有助于成员之间的协调一致。显然，这也就是隐性协调的深化和发展。

事实上，Kogut 和 Zander（1996）就指出，企业之所以不同于市场就在于，行为协调、信息交流和技能学习等不仅体现为地理上的接近，更在于精神上的认同，而认同则意味着道德秩序和排除规章的存在，从而增进了成员之间的显性协调和隐性协调。正是由于显性协调和隐性协调两方面都得到了增强，因而，企业逐渐成为适应竞争激烈的市场中的主要生产组织，以致现代主流经济学也开始将企业组织与生产组织等同起来。当然，尽管企业组织是当前人类社会中的生产组织之普遍形态，但从历史演化的轨迹来看，它是与集中的信息体制以及稀缺的物质资本这一社会背景相适应的；相应地，随着信息的不断扩散以及生产要素的转换，企业组织中的协调机制也开始出现了不适应性，从而推动生产组织的继续演变。因此，本节就此作一梳理。

一 显性协调在企业组织中的强化

企业组织是典型的科层制组织，企业协调相对于契约协调的最明显的特点，就是它引进了专门进行协调的管理人员，这个管理人员具体规定生产什么、生产多少以及如何生产，这就是显性协调的方式。正如巴纳德（1997：4、18）指出的，正式组织"是人们自觉的、有意的、有目的的一种协作"，而"经理人员的职能正在于通过具体的活动来促进对立的各种力量的综合，调节相互冲突的各种力量、本能、利益、条件、立场和理想"。

（一）协调的内部化和稳定化

在一种松散的早期契约协调中，由于契约形式一般都是连续雇用的"隐性契约"，它可以被暂时的雇用所终止，从而导致生产的雇佣关系很不稳定。显然，这种契约组中员工的机会主义倾向往往非常大，从而常常使得契约协调成为无效率的。正因如此，对契约制组织中所潜藏的机会主义行为进行限制就显得非常必要。那么，如何才能抑制这种机会主义行为呢？一个重要的途径就是为生产者提供比较稳定的工作机会，从而稳定生产者的收入，作为交换，员工就必须接受雇用者有关生产的指令。也即，雇佣关系的长期化和固定化，并以一种新型契约来把生产者纳入一个新的具有强制性约束关系的组织之中，从而使得协调活动日益内部化和稳定化，协调机制也更为稳健有序。事实上，根据麦克洛伊德（Macleod，1988）的理论，在设置退出障碍下的"以牙还牙"式惩罚性威胁能够构成"子博弈完美均衡"，它一般要比通过外部选择施加的惩罚更有效。究其原因，生产关系的无限重复使得社员运用报复性策略来惩罚机会主义者变得可信和可行，从而人们更愿意采取合作的策略。① 而且，在大范围的工业生产领域尤其如此，因为在大企业中以外部选择式的消极不协作方式实施惩罚往往会造成"大集体行动的困境"。例如，欧美企业在无限制的"华尔街用脚投票法则"的支配下，往往造成了行为的短期和近视化。因此，缓和契约组织中机会主义行为的一种直接而明确的思路就是限制契约各方的退出自由，这就是企业组织形式的发展。

---

① 麦克洛伊德的理论与林毅夫对中国合作社研究得出的看法却完全不同，林毅夫（1994）认为，由于农业生产上的监督极为困难，因此一个农业合作社的成功只能依靠社员之间达成一个可自我执行的默契来保障，这个默契就是，参与合作社的社员至少要付出与他单干时同样的努力，并获得不低于单干时的收益；只有存在外部选择时，这个默契才成为一个无限重复博弈，而当社会被剥夺退社权，也就是说没有外部选择的机会，生产过程就成了一次性博弈，从而使自我执行的默契难以维持。但实际上，这两种理论并不像表面看起来的那样完全对立，而其实外部选择和"以牙还牙"仅仅是惩罚的两种方式：一个是外部的消极惩罚，一个是内部的积极惩罚。它们是与特定文化传统、制度、技术条件以及特定的环境有关的。两者也各具优劣，如波特曼和斯克尔曼（Putterman & Skillman）也指出，"麦克洛伊德认识到，退出所引起的作用等于回到努力的纳什均衡水平……但他似乎没有考虑到这样的一个可能性，即退出的威胁可能对偷懒行为构成一个更大的威慑作用。与此相反，林似乎没有意识到麦克洛伊德所揭示的可能性，即在一个封闭的合作社里，内部的惩罚威胁在抑制非效率结果方面至少同样有效"（张军，1999：第6、7章）。

当然，根据奥尔森的集体行动理论，小集团比大集团更容易组织起集体行动，具有选择性激励的集团比没有这种激励机制的集团更容易组织起集体行动，选择性激励能够动员起大的"潜在集团"。前一个观点实际上反映了小集团更具有协调性，或者说，具有较低的协调成本，这是因为小集团的认同性更强（即"缘关系"更明显），以及相互之间的监督更加容易。后一种引入选择性机制，通过激励和惩罚来增加退出的成本，从而提高重复博弈的次数，并形成合作结果；同时，企业组织内部的成员之间的互动增加也有利于加强集团的认同感，从而降低协调成本，有利于集体的行动。因此，从某种意义上说，企业组织实质上就是协调集体行动的一种团队组织，它使得短期契约的机会主义行为受到了一定的制约，从而提高了集体行动的效率。需要指出，这种强制性的选择性激励是互动的人们之间自发形成的，因为正如上面所说，没有一个明确的制约，相互之间不断增强的机会主义最终对谁都没有好处。事实上，大多数人都是比较赞同强制性的积极的选择性激励措施。如在美国，超过90%的工人不出席会议或者不参加工会活动，但是超过90%的工人投票赞成强迫自己属于工会并承担相应的费用（奥尔森，1995：96）。因此，为了保障企业组织中团队生产的效率，除了监督外，更重要的是形成一套有效的激励机制，这也是企业协调的重要内容。

同时，在选择性激励中，经济激励并不是唯一的激励方式，而通常社会激励往往是常见和主要的；相反，大多数人都很看重社会地位、个人声望、自尊、友谊、性爱以及其他社会心理激励。为此，奥尔森强调，在由道德态度决定一个个体是否采取集团导向行动的情况下，关键的因素也是要把道德反应看作是一个"选择性激励"。如果为获得集团物品做了贡献的人和没有贡献的人，即使放弃了自己的道德准则，也不觉得内疚，不觉得丧失了尊严，那么，道德标准也不能帮助动员一个潜在集团。这就是说，只有当道德态度能够提供选择性激励时，它才能动员起一个潜在利益集团（奥尔森，1995：78、注释17）。也即，要把组织中的伦理内化为个人的偏好而不仅仅是一个约束条件。事实上，人是社会性的动物，每个参与社会互动的人都会受到他人行为、周围环境以及文化习俗的影响。因此，企业组织中的协调不仅在于显性协调方面，可能基于认同基础上的隐性协调是更基本的，这在下面将作较为详细的说明。

显然，将各种协调活动的内部化也就意味着将以前由几个经营单位分别展开的协调活动纳入同一个组织中，将成员之间的互动行为转化为组织内部的关系，这实际上也正是企业组织的规模日益增大以及一体化发展的重要原因。钱德勒（1987：7）指出："这种内部化给扩大了的企业带来了许多好处。由于单位间交易之例行化，交易成本即降低。由生产单位和采购及分配单位的管理联结在一起，获得市场和供应来源信息的成本亦降低。最重要的是，多单位的内部化使商品自一单位至他单位的流量得以在管理上进行协调。对商品流量的有效安排，可使生产和分配过程中使用的设备和人员得到更好的利用，从而得以提高生产率并降低成本。此外，管理上的协调可使现金的流动更为可靠稳定，付款更为迅速。此种协调所造成的节约，要比降低信息和交易的成本所造成的节约大得多。"相应地，钱德勒（1987：533）得出结论说："任何一种工业，只要管理的协调经证明比市场的协调效率更高，现代工业企业就会在该工业里繁荣成长。"譬如，铁路和电报公司是早期最具规模经济的行业，因而也是美国最早出现的现代工商企业；这些企业规模扩大的基本保障就是大量雇用专职经理人员来协调、管理和评估分散于各地的营业单位的工作。钱德勒（1987：97）详细描述了铁路大型组织的出现及其原因："铁路旋风般的胜利导源于组织上及技术上的革新。技术使得迅速且全天候的运输得以实现；但安全、准时并可靠的客、货运以及机车、车皮、铁轨、路基、车站、调车房和其他设备的长期保养与修理，则有赖于相当规模的管理组织。这意味着需要雇用一群经理来监督在地理上极为广阔的范围内的各种职能活动；以及任命中、上层管理执行人员来监督、评估和协调负责日常经验活动的经理的工作。这也意味着各种崭新的内部管理程序以及会计和统计监督的形成。从此以后，由于铁路经营的需要，产生了美国管理上最初的管理层级制。"

总之，由于契约组织中相互独立的协调活动之间本身存在冲突或者不一致，从而就需要将之纳入统一的组织结构之中，对不同的协调活动进行协调；因此，就产生了等级制的科层组织，这种科层制组织特别有利于大型任务的完成。当然，组织规模的扩大并不意味着效率的同步提高，组织效率根本上取决于组织内外的协调水平；为此，组织结构的设立必须便于组织内部以及外部的协调，这也就是厄威克和古利克强调的组织结构的协调原则。而且，正如古利克指出的，"组织作为一种协调的手段，它要求建立权威体系，通过将每一种专业化的作用联合起来，把共同目标转变为现实"（转引自朱国云，1997：86）。显然，这种协调机制不同于具有非正式形态的契约式协调，它把协调活动从整个市场活动中独立出来并交予专门人员来实施，这就是此企业组织内部的显性协调。

（二）显性协调的强化：企业协调的明显优势

一般来说，高度的专业化需要一个复杂的协作系统，而当组织由契约式演进到企业式以后，契约的主体不再是在孤立的个人之间展开，而是与同一个法人达成契约，从而也就便于交易成本的节约。西蒙（Simon，1951）指出，工人与老板之间的雇佣关系和市场之间的买卖关系是有区别的：因为雇主购进的是事后决定和改变生产任务的权利，而企业作为一个组织，其实质就在于依赖这种权利关系维系联合起来的合同；正因如此，发生在个体之间的市场交易就演变为企业组织内部的管理交易。一般来说，企业内部组织的交易要比通过市场调节的同样交易的费用更低，其主要的原因在于：（1）当存在企业组织时，某一生产要素的所有者就不必与企业内部同它协作的一些生产要素签订一系列的合约，因为企业组织成了众多合约的纽带，一系列的合约就被一个合约替代了；（2）由于不确定性而产生的一系列较短期的契约可以被（因企业组织的相对长期存在）一个较长期的合约替代，从而节约了大部分的短期合约成本。

与此同时，一旦组织由契约式形态演进到企业式形态，协调机制也发生了明显的变化。相对于分包制的显性协调而言，企业组织的显性协调更具有长期稳定性和强制约束性，这就是显性协调的凸显，从而便于协调水平的提升。例如，威廉姆森（1999：29-30）就指出，企业组织之所以代替基于市场的契约主要在于它的三种特性：激励、控制和可被广泛称为"内在的结构优势"的属性。其中，激励是指内部组织减弱作为双方均不受对方控制的正常谈判关系中的机会主义态度，控制则是指企业内部可用以强制实施的比企业之间活动种类更多且更灵敏的控制手段。威廉姆森（1996b）认为，后者是企业组织最显著的优势，因为企业组织比基于契约协调的分包商不仅有行政上的权威，并能以低成本来获得必不可少的资料，以便进行更精确的自我绩效评价（既有即时的，也有长期的）；而且，它的奖励和处罚办法（包括雇员有选择地使用、提升、酬劳和内部资源分配等程序）更精细。

当然，从契约组织到企业组织的过程演化是渐进的，企业组织内部的协调机制也经历了一个从粗放式到精细化的发展过程。例如，在马克思着手撰写《资本论》的 19 世纪 50 年代早期，"最大的制造业公司之一是位于英国曼彻斯特的一家棉花工厂，雇员不到 300 人，这家工厂归马克思的朋友和合作者恩格斯所有。而恩格斯的工厂里——当时最赚钱的企业之一——还没有聘请职业经理"，"只有现场监督或工头，后者也是工人，每个人负责对五六个人实现纪律监督"（德鲁克，2000：236）。事实上，在早期小规模的企业组织中，"生产的管理并不比商业的管理更复杂。以学徒和短工为劳力来源的手工业者、工匠、造船者、造屋者、酿酒者和炼油者，都觉得古老的会计方法已完全够用"（钱德勒，1987：71）。在这种情况下，那些因控制稀缺性资本而获取监督权的企业主本人往往就可以胜任整个生产活动的协调和指挥，为此，克拉克（J. B. Clark）赋予了企业主的协调职能。

但是，随着企业组织的规模扩张，企业主的个人能力却越来越不适应整个生产的协调需要，或者依赖于企业主自身的协调越来越缺乏效率了。譬如，钱德勒（1987：97 – 98）就写道：在铁路行业，"单独一个企业家、家族或合伙人的小集团几乎不可能拥有铁路；同时如此众多的股东或其代理人也不可能亲自去经营铁路。管理工作不仅繁多而且复杂，需要特别的技巧及训练才能胜任，只有专职的支薪经理才是适当人选"；而且，"由于铁路管理人员需要特殊的技能和训练，也由于管理层级制的存在，使得铁路经理们不同于种植园的监工或纺织厂代理人，他们把自己的工作视为终身事业"。事实上，按照布劳和梅耶（2001：6）的看法，经理的职责要通过权力等级体系来实施，这个体系提供高层经营者与每个雇员之间的联络渠道，目的在于获取运作的信息，传递动作指令。基于此种背景，奈特（Knight，1921）引入了负责协调的经理，他认为经理的重要职能是处理两方面的不确定因素：（1）估计未来的需求状况；（2）估计为满足需求的市场活动的未来结果。

显然，无论在何种情况下，企业组织的有效运转关键在于其内部一切工作之间存在有效的协调，各个部门之间能够相互了解和沟通，而这依赖于一个有才能的领导者。正因如此，钱德勒（1999：749）认为，企业组织是发展现代工业资本主义的根本原动力，"这一原动力的核心是企业整体的组织能力，而这些组织能力就是在企业内部组织起来的物质设备和人的技能的集体。它们包括了许多运作部门——工厂、办事处、实验室——各自的物质设备以及这些部门的工作人员的技能。"关于这一点，我们也可以对基于市场信号的社会分工和基于行政命令的组织分工作一比较。马克思（1963：379、378）早就写道："手工制造业的分工，假定资本家对于那些在他所有的总机构中不过作为一个部分来发生作用的人，拥有无限的权威；社会的分工，却使独立的商品生产者互相对立，只承认竞争的权威，只承认那种由相互利害关系的压迫而强加在人们身上的强制的权威，此外不再承认别的权威"；因此，"在手工制造业内，比例数或比例性的铁则，使一定数的工人归属于一定的职能；与此不同，商品生产者和他们的生产资料如何在不同各社会劳动部门之间进行分配，却是让偶然性和随意性去发挥他们的杂乱无章的作用"。

关于这一点，我们还可以把企业组织和家庭组织这两类较为正式形态的生产组织进行比较。一般认为，家族组织内部没有企业组织或其他正式组织中的那种权威关系。如蒲鲁东就认为，在地方社区范围内的邻里关系和家庭这个范围内用不着权威，也无须受各种高压政治的影响，而超出这个范围就要由政府和合作社来执行；因此，他信奉一种松散联系的在地方和地区的社会之间的"联邦主义"及一种"互助主义"制度，该制度要求的不是以法律的强制性而是以自由进入的契约性协议为基础的互为权利和义务。当然，也有越来越多的学者开始持相反的观点，他们认为，权威关系实质上是发源于家庭组织，父权是一切权威和专制的基础。但是，不管如何，尽管家庭组织中也存在权威，但这种权威不是建立在抽象规则的基础之上，并且往往因"父爱"而出现"权威软约束"；因此，家庭组织中的权威基本上还是属于一种价值范畴，存在一种追求"内圣"的整个家庭合一的动力。与此不同，企业组织中权威则主要建立在抽象规则的基础之上，权威与属下之间不存在保护和被保护的关系；因此，企业组织中的权威属于一种工具范畴，是为了追求企业主利益的一种工具，从而存在一种追求"外王"而产生的内在紧张和约束。也就是说，家庭组织中的权威关系和企业等正式组织中的权威关系的性质是不一样的，也正是从这个意义上说，企业组织中的显性协调特征更为明显。

总之，正是在显性协调的作用下，企业组织中进行团队合作生产的成员行为就比较容易得到控制，生产什么、生产多少以及如何生产等也就容易产生协作。根据巴纳德的说法，雇员同意加入一个企业或组织，就表明他在一个"可接受的范围"内服从权威，这是显性协调的基础。显性协调的基本特征就是存在专门的职能机构和管理者，法约尔（1998）就强调，组织要做到协调一致就必须有一个明智的、有经验的、积极的领导。钱德勒通过对美国企业发展史的研究也说明了这一点，他认为，导致美国现代工商业兴起的深层原因在于企业内部专业化的协调和决策工作导致的大规模生产和大量分配的效率提高，因为管理协调具有比市场机制更高的生产力。钱德勒（1987：7）写道："多单位的内部化使产品自一单位的流量得以在管理上进行协调，对商品流量的有效安排可使生产和分配过程中使用的设备和人员得到更好的利用，从而得以提高生产率和降低成本。此外，管理上的协调可使现金的流动更为可靠稳定，付款更为迅速。此种协调所造成的节约，要比降低信息和交易成本所造成的节约大得多……此种利益只有当一群经理人员被集合在一起，执行先前由价格和市场机制执行的功能时才能实现；传统的、单一的企业活动是由价格机制控制和协调的，而现代工商企业内生产和分配单位则由中层经理控制和协调；高层经理除了评价中层经理人员的工作外，还取代市场为未来的市场和分配调配资源。"

二 隐性协调在团队生产中的增进

正是契约协调中以及以计件工资进行激励管理中存在的机会主义倾向，泰罗就积极引入新的"科学管理"体制：通过等级制组织把非熟练工人限定在特定岗位上，生产计划由管理者根据科学的规律来制定。泰罗（1982：24）认为："在单一的'刺激积极性'的管理体制下，整个问题实际上都'推给了工人'；而在科学管理体制下，一般问题则'落到了管理人员的肩上'。"正是按照这种管理理论，欧美企业开始根据专业化和管理边际而形成了典型的等级制组织，它依靠边际的协调促进企业的发展。但显然，泰罗在强调管理体制的同时，却忽视了人的因素，强调正式组织的作用，却忽视了正式组织有效运转的非正式组织因素；因此，这种管理方式基本上把人当作一个"零件"来对待，而忽视成员之间信息交流的要求，以及忽视了员工曲解管理人员指令的可能。其实，正如阿吉利斯（Argyris）指出的，这种由专业化、命令系统、统一的指挥和管理边际规律构成的正式组织的成立条件，必然会与健康的、要实现自我的个人欲求发生对立；而且，在这种组织结构中，个人会采取保护自己人格的对应行为，这必然导致组织的非正式化（饭野春树，2004：10）。结果，一些以科学管理理论建立的企业组织后来都出现了严重的 X 低效率问题，相反，企业组织中员工的自发和自觉性行为越来越得到关注。因此，在探究企业组织中的显性协调的同时，我们也需要进一步剖析企业组织中隐性协调的变化。

（一）企业组织内部隐性协调的深化

最先提出组织动态管理学说的芙丽特（M. P. Follett）就强调，要解决组织的协调问题，首先就要将组织看成是"综合统一体"：在组织这个统一体中，每个人都应该最大限度地发挥自己的能力，都应根据自己对需要完成的工作的认识来接受命令，都应对自己应起的作用承担责任；作为组织的领导，也不应当将权力仅仅看成是控制性的，而应该看成是共有的。利克特（R. Likert）通过社会调查研究也发现，凡是低效率的部门往往被那些主张"工作中心论"的上层领导所把持，这种领导往往把自己的责任仅仅看成是利用包括人在内的资源去完成工作；相反，凡是高效率的领导则是那些"雇员中心论"者，他们将注意力集中在下级所产生的问题中有关人的因素上，集中在有效地建立远大目标的工作小组上。正因如此，巴纳德把正式组织定义为"有意识地协调两个以上人的活动或力量的一个体系"，并且特别强调，组织的中心问题就是对不断变化的环境的有效适应，而权威则是解决复杂组织协调/适应性的一个工具，并且产生于相互的同意。

一般认为，权威的建立包含两个方面：（1）主体方面，即个人对命令的接受性；（2）客体方面，即命令被接受的性质。根据这两个方面，巴纳德（1997：129）对权威下的定义就是，"一个命令之是否有权威决定于接受命令的人，而不决定于'权威者'或发命令的人"；如果一个命令下达给命令的接受者，而后者"不服从这个命令，就意味着他否认这个命令对他有权威"。显然，这意味着，权力并不是像传统以为的那样是来自上级，相反，一切组织权力均为自下而上的，上级的权威总是取决于下属的接受或者同意，要与其相应的责任一致，并受到雇员的监督；如果没有下级的认同，上级命令的执行职能建立在威权的基础之傻瓜，需要一系列的暴力工具为基础。而且，巴纳德（1997：131）还指出，权威是否被下属接受一般取决于四个条件：（1）下属能够而且的确理解命令；（2）下属认为这个命令同组织的目的是没有矛盾的；（3）下属认为这个命令同他的个人利益是一致的；（4）下属在精神上和肉体上能够执行这个命令。基于这种理解，企业组织的显性协调也就要受到另一种因素——隐性协调——的制约。

当然，企业组织内部的隐性协调水平也是随着社会的发展而逐渐增进的，在企业管理协调取代契约协调初期，由于内部成员间的互动还没有孕育出深厚的认同伦理，因而相互之间的合作就非常匮乏。这正如法约尔（1998：48）所观察到的："这半个世纪以来，团体的作用特别增大了。我们看到在 1860 年，大工厂的工人彼此毫无关系，缺乏共同的联系，真正是个体散沙。"其实，这也正是当时泰罗主张实行科学管理的社会背景。然而，尽管引入显性协调是企业协调的一大特色，但企业协调并不是对早期协调（缘协调以及契约协调）方式的完全抛弃，而是扬弃，它保留并发展了早期契约协调中的默契自发方面的内容。而且，对传统隐性协调的继承和发展也有其深厚的必要性，企业组织要增进协调，不但离不开隐性协调的深化，而且，显性协调的效率还必然要以隐性协调为基础。否则，显性协调也是难以真正具有优势的：一方面，经理人员的认知必然也是有限的，他的协调能力必然是有限的；另一方面，更重要的是，显性管理协调的边际效率是递减的。正因如此，与泰罗齐名的"古典管理理论之父"法约尔就强调，管理的基础是社会体，没有社会体，管理职能也就不会存在；因此，他既重视对组织的研究，也重视对人的考察，认为管理理论在很大程度是"指挥人的理论"。此后，法约尔的思想为厄威克、穆尼－莱利、戴维斯、布雷克等继承和发展，后又经过孔茨等人的汇集而成为一门完整的学说（朱国云，1997：63）。

实际上，在人类社会的生产活动中，只要是为市场而生产的劳动就必然存在着协调问题，而协调水平的高低则取决于劳动的人们互动的紧密程度。一般认为，共同的培训和经历以及在生产过程中发展起来的严密规则便于对一些复杂事情的沟通，而人际间多次的相互交往能进一步实现沟通经济；因为在一个熟悉的环境中，人们可以获得一种心领神会的感受，而在一个陌生的环境中，做到这一点则要花费极大的努力（威廉姆森，1996b）。波兰尼（M. Polanyi）在《个人知识》中也强调，重复交易不仅会而且确实产生了专用暗语，并且收到了经济效果（威廉姆森，1996a）。而大内的 Z 理论除了强调信任的重要性外，就是强调企业成员之间形成了某种微妙的关系。如大内（1984：5）所说："人与人之间的关系总是复杂而不断变化的。一个熟悉本组工人的领班可以精确了解每个工人的个性，不管解决谁与谁在一起干活较为恰当，因此可以组成效率最高的搭档。"

也就是说，作为协作系统，企业组织的作用正是大大加强了劳动着的人们之间的互动关系，以及共同背景和认同的培养。显然，这些都是增进隐性协调水平的基础。

此外，根据纳尔逊和温特（1997）的企业演进理论，个人只能得到企业组织记忆的一些碎片，记忆的完整化要靠企业来联结；在企业组织的知识体系中，更多的是彼此都知道但通常又难以用语言表达的知识，只有在组织内的相互作用中才能明白它的精确含义；组织中某些成员虽然被更换，但组织的知识和记忆仍然保存着，并具有持续性。事实上，马克斯·韦伯和奥尔森等也都有此见解。更一般地，较为健全的企业组织更像一个有机共同体，它还可以促进信息和知识的显性传递，从而有助于企业协作对隐性协调的增进。金迪斯和鲍尔斯（2006：73-74）就指出，"共同体之所以有时可以弥补政府和市场失灵，是因为共同体中的成员而非外部人拥有其他成员行为、能力和需求的关键信息。共同体成员可以利用这些信息维持共同体规范，同时还可以通过这些信息选择有效的制度安排以避免道德风险和逆向选择问题。信息分散在共同体内部，一个扬眉的动作、一句话、一个警告、一些闲话或者嘲笑，当它们在人们习惯称'我们'而不是'他们'的邻居或同事之间互相传递的时候，所有这些言行举止都可能含有特殊的意义。"

一般来说，企业隐性协调的延续和增进很大程度上在于企业组织的一个特征——企业文化，企业文化是影响企业隐性协调的关键因素，它起着凝聚成员以及增进他们认同的作用。如在一个有着良好企业文化的环境中，往往存在一种专门的机制，可以促进企业组织在连续演进中进行有效的代际间转换，即退休成员积极将有关企业的默会知识向新成员的转移，从而维持隐性协调的连续性。霍奇逊（1993：251）就曾指出，企业组织作为一种制度的重要性是与这一事实大有关系的，即企业组织的内部习惯和安排使企业组织并不特别重视得失的功利主义计算；企业组织是一种社会制度，它在一定程度上鼓励建立忠诚和信任关系，而这是在市场上难以做到的。另外，企业组织的协调还体现在企业间的互动上。S. Sunamura（1998）就将日本银行的管理能力分为六个方面，其中三个是显性的，三个是隐性的；它对企业组织的协调作用表现在：进一步咨询、对信誉的评估；或对目标企业进行审查，或以应有的审慎态度找出信息备忘录中的问题；从而能够为企业业务提供长期或短期资金融通或承诺，以使企业可以选择恰当的时机；等等。

显然，正是企业组织将原来分散的个体集中到一起，从而降低了信息不对称性，并且，由于共同体内部频繁的互动，企业内部逐渐培养了有效的信息传播和接受的语义等工具，这大大增进了个体间的隐性协调。因此，企业内部的组织协调又可细分为两种类型：（1）由专门人员来组织的，笔者称之为显性协调，它主要涉及管理者能力、信息技术、社会制度设施、企业组织结构等；（2）没有专门人员的活动而是基于相同背景认同基础上而达成的默契协调，笔者称之为隐性协调，它主要涉及企业文化、社会伦理、隐性信息沟通机制、企业间关系、隐性规则等。威廉姆森（1996b）曾说，"一体化的优势并不是非一体化企业无法得到的技术（流水线）经济，而是一体化能协调利益（常用命令解决分歧）和能运用有效的（适应性的和连续性的）决策程序"，这实际上已经暗示这两种类型的协调方式。

总之，企业组织是人类社会演进的产物，它在一定意义上是符合社会发展需要的。正如芒图（1983：51）指出的："一个共同而相当自然的错觉认为，家庭劳动比起工厂中在工头的监视之下按着蒸汽的节拍来进行劳动要较不辛苦、较为有益于健康，尤其较为自由。然而在今天，那些最残忍的剥削方法正是在某些家庭工业中继续存在的。"这也是为什么目前在我国沿海一些私营和外企工厂里遭受各种非人道的待遇以及在没有任何的社会福利保障的情况下，依然有大量的农民工离开乡土涌入工厂的原因；这就涉及"理论准备"部分提出的价值来源于劳动间的协调性问题，详细的论述可见笔者的《有效劳动价值论：以协调洞悉劳动配置》一书（朱富强，2004）。就其本质而言，企业组织不是新制度经济学所谓的节约交易成本的资源配置机制，也不仅是新古典经济学意义上的生产组织，而是一种增进协调的组织机制。正如钱德勒（1987：578）指出的："通过仔细协调流经生产和分配过程的流量而造成的节约，要比通过增加生产和分配单位规模（用资本设备或工人人数来表示）而造成的节约多得多；把企业仅仅定义为一个工厂或者即使是许多工厂，而不考虑管理协调的作用的任何公司理论，都是远远脱离实际的。"特别是，企业组织的管理协调发展了两种类型的协调：（1）通过专人负责的形式使机会主义行为得到一定程度的控制；（2）在团队生产中，又培养和壮大了隐性协调。两种类型协调的相辅相成是企业效率的基础。

（二）社会资本对隐性协调增进的解说

企业组织内部隐性协调的增进实际上也是社会资本积累的结果。社会资本概念最早是法国学者布尔迪厄（P. Bourdieu）在 20 世纪 70 年代提出的，后来科尔曼（J. Coleman）1988 年在《美国社会学学刊》发表《作为人力资本发展条件下的社会资本》一文明确使用社会资本这一概念。社会资本本质上也是人类的一种物化劳动，体现了能提高群体合作劳动效率的那些物化劳动（朱富强，2004：第 6 章第 2 节）。一般来说，社会资本在生产中的作用就表现为能够增进其他孤立物化劳动的有效性，或者提高各类物化劳动之间协调性，这也就是当前社会中所流行的文化力和社会力的作用。例如，斯蒂格利茨（2003）则强调，"社会资本是隐含的知识，它部分是产生凝聚力的社会胶水，但也是一系列认识能力和素质"。

从个体角度上看，社会资本可被定义为：个人通过社会联系摄取稀缺资源并由此获益的能力，这里的稀缺性资源包括权力、地位、财富、资金、学识、机会、信息等。显然，作为一种生产要素，它同人们之间多少具有稳定性的、相互认可和承认的、持久的关系相联系，它将参与其中的个人网络，这种网络会给其成员带来保障或好处。正因如此，人们可以借助于社会资本这一媒介接受其他人的行为以及传达的信息，同时也可以使自己的行为和观念为他人所认同，从而增进双方的沟通能力。而从社会角度上看，社会资本概念可如 W. 贝克（2003）定义的，"是关于互动模式的共享知识、理解、规范、规则和期望，个人组成的群体利用这种模式来完成经常性活动"。在社会网络中，个人的资源、信息、社会支持等都可借助这个网络获得和运动。因此，社会资本对企业隐性协调水平的增进具有非常重要的意义。（1）大量的资源和信息有可能通过社会网络进行交换或流动，这在一定情况下会有助于降低交易成本并保证资源获得，从而扩大劳动分工的范围；（2）各种正式制度安排（如法律）是社会交往行动得以维持的基础，但面对缺乏正式制度安排的环境时，人们维持或者建立经济活动乃至社会交往所必需的基本信任和预期可以有效替代这种正式制度安排。

一般地，社会资本又可分为两种类型。第一种社会联系是指个人作为社会团体和组织的正式成员而与这些团体和组织所建立起来的稳定联系，个人可以通过这种稳定的联系而从社会团体和组织摄取稀缺资源。例如，中国的计划经济时代通过单位获得住房，通过校友会获得工作机会，通过学会了解国际最新学术动态等。显然，社团成员可以凭借其成员身份获得更多的社会资本。第二种社会联系是人际社会网络，与社会成员关系不同，进入人际社会网络没有成员资格问题，无须任何正式的团体或组织仪式，而主要是通过人们之间的接触、交流、交往、交换等互动过程而产生、发展的。许多学者都认为，关系网是理解海外华人社会与经济生活的基本着眼点。譬如，爱德华·陈（E. Chen）和汉密尔顿（G. G. Hamilton）就将"根植于宗族关系和乡土观念等地域性组织的中国仅仅的关系网络特征"与"建立在强大的国家和法律基础上的西方经济自主性特征"相对照；列丁（S. G. Redding）则比较这两者类型的组织说，"在许多西方经济体中，协调的主要效率得自大规模的组织；而在海外华人中，相应的效率来自关系网络"（转引自高家龙，2002：5）。

而且，通过企业这种组织形式，人们也可以获得或增大社会资本。一般地，企业组织在经济领域的联系可以概括为三类：企业组织的纵向联系、横向联系和社会联系（边燕杰、丘海雄，2000）。纵向联系主要是指企业与上级领导机关、当地政府以及下属企业、部门之间的联系，从而能够在纵向关系中获取稀缺性资源；纵向联系广，企业组织就越具有可计划性，从而显性协调得到增进。企业组织的横向联系主要是指企业与其他企业的联系，包括业务联系、协作联系、借贷联系、控股联系等；横向联系广，企业组织的有效信息就多，就有助于隐性协调的增进。企业组织的社会联系主要是指企业经营者的社会交往，这些交往和联系增进了企业组织与外界的信息沟通以及相互信任的加强，也有助于增进社会协调。

上面分析的仅是企业组织作为一个生产组织整体对生产所需要的社会资本的增进，实际上，就微观个体而言，个人从原来分散的个体状态转到企业组织的团队之中，也就是增进了个人的社会资本。一方面，个人成为正式组织的一员，可以获取社会成员关系资本，譬如原来个人生产中往往缺材料、少工具，而在企业组织中就可以互通有无了；另一方面，个人通过企业组织加强了非正式的网络关系，包括对信息、知识、经验的增长和人际关系的扩展等。事实上，我们许多大学毕业生希望进一些大单位，即使收入少一点也在所不惜，也就在于他们看重企业组织所带来的社会资本；这种社会资本是他们今后改换单位甚至职业后与社会保持联系的资源。总之，通过众多成员在企业组织这一共同体的共同生活、工作以及交流，社会资本就会日益积累，从而自发地提高了内部劳动之间的协调性，促进企业隐性协调水平的发展。

三 管理协调缺陷及组织的新变化

上面的分析指出，企业组织形成了以显性协调为主、隐性协调为辅的协调机制，大大强化了人们之间的协调合作；正因如此，长期以来人们一直都非常关注企业组织的规模扩大问题，认为企业内部知识的共享和机会主义成本的减少将导致企业组织的规模不断壮大。问题是，现实生活中的企业规模为何不能持续壮大下去呢？新制度主义企业理论从监督成本方面来论述企业的规模界限，而本书更为强调企业内部协调机制的适应性。事实上，就像其他任何组织形态一样，作为一定阶段的生产组织形态，企业组织有其发生、发展的社会条件，也必然同时存在灭亡的趋势；其原因在于企业组织的协调也存在一些致命缺陷，如信息分散导致协调机制的变化以及由收入转移效应产生的内部机会主义导致的监督成本的膨胀。

一般地，如果说农业社会的突出特点是个性无序，与此相适应的是"缘协调"组织，工业社会的突出特点是强制有序，与此相适应的是企业组织为主（契约组织是中间过渡形态），那么信息社会的突出特点是协同有序，是要求重新重视隐性协调的作用（杨培芳，2000：100），此时的协调机制可以称为社会协调。随着信息的分散以及社会网络化的加速发展，社会的内部分工逐渐被外部分工所取代，那么，与此相适应的将不再是等级制的决策机制而是分散性决策机制，整个社会的生产重新凸显了个体之间的互动关系，社会生产组织形态也将发展变化，扁平式的网络化就是目前生产组织呈现出的一个特征。显然，这种网络化组织的发展的结果就很难再称为我们现在所认知的企业组织了。

（一）管理协调的弊端

一般地，企业组织的管理协调具有如下几个缺陷。

首先，从某种程度上讲，企业组织本身构成了一个共同体边界，这种边界导致了与其他共同体的割裂，从而使得企业内部的协调机制具有一定程度的封闭性：组织内的协作往往排斥了组织间的协作。正如家庭组织的内聚力过强会引起强烈的对外不信任，从而会抑制它的潜能的扩展一样，企业组织的内聚力过强也会导致对外缺乏信任。特别是，那些建立在坚实

"终身雇佣制"基础之上的企业组织会逐渐发展成一种封闭式的企业共同体，这也是欧美敌意吞并盛行以及日本目前的企业方式不能适应信息技术产业的原因，这也表明，内闭性的协调已经越来越不适应智力社会中社会分工协作的要求。此外，如果显性协调过于强大，必然会排斥隐性协调的潜力发挥，造成了人类行为的失调。贝尔（1989：83）就深有感触地说："我发现今天的社会结构（技术—经济体系）同文化之间有着明显的断裂。前者受制于一种由效益、功能理性和生产组织（它强调秩序，把人当作物件）之类术语表达的经济原则。后者则趋于靡费和混杂，深受反理性和反理智情绪影响。"

其次，企业组织的显性协调是以科层制为基础，其有效性在于科层组织是建立在上通下达的信息沟通机制的基础之上。然而，科层组织形式本质上却在于将工具理性制度化，并且，科层组织一旦确立，就会把工具理性转变成支配性的（波斯特，2000：51），这导致企业组织实际上成了一个小的统制经济。显然，这种建立在科层组织之上的统制经济的核心要求是知识或信息的完备性，并往往只能建立在可以获得的"档案材料库"基础上，以数据库来支配企业的行动。但是，随着生产方式和组织结构的改变，这种协调会产生两个严重的后果。一方面，由于科层决策所基于的数据往往是滞后的，甚至是根本无用的；因此，随着生产要素流动的加快和市场竞争的加剧，信息的完备性在智力社会中的可能性越来越小，从而基于科层集中决策的逻辑基础越来越薄弱。另一方面，科层制管理的另一基础就是生产的机械化，但是，正如科普尼斯（Kipnis）指出的，从手工生产到机械化生产再到自动化生产，每个阶段都给管理者提出不同的信任问题：在手工生产阶段，管理者必须充分信任雇员，这也是当时的生产大都是家庭作坊的原因；在机械化阶段不需要信任，雇员成为流水线上的一个零件；而到自动化生产阶段又必须对雇员的可靠性给予高度的信任（泰勒、克雷默，2003），这正是日本企业的优势所在。

再次，生产力本质上是动态发展的，而组织结构必须与生产力状况相适应。事实上，在智力社会中，其核心将从生产转变为服务，包括人的服务、职业和技术的服务等，因而大规模生产的组织结构将变得不适应。据分析，在现代经济生产和分配国民产品的总成本里，协调成本所占份额居高不下，而且不断上升，其中服务部门占了很大一部分。例如，在经合组织（OECD）国家中，这一部分在总产出中占了66%以上，这主要与推动交易活动和组织人际交往有关。因此，智力社会的首要目标是处理人际关系，其中的原则是协作和互惠，而不是协调和等级；而企业的协调方式仍主要集中并适应于物质生产的协调。[①] 另外，虽然现代经济中也存在某些"协调部门"，这些"协调部门"对促进劳动和知识分工来讲是必要的。但是它并不具有显著的作用，主要偏重于生产和实际的分配，更不要说对人与人关系的协调了。因此，发展另一种更具有效性和发展潜力的协调方式也是势在必行。

最后，本书后面将论证指出，企业组织的规模扩张会持续到超过社会的合理企业规模，为了维持这种过度规模的收益转移效应，企业组织就不得不投入大量的监督活动，同时真正的协调活动的量和质反而因此下降，这正如本节开头的引言所总结的。系统论的有效劳动价值理论认为，纯粹的监督活动是不创造价值的，这种投入对社会来说实际上是一种浪费。因此，这里将企业组织这种规模扩张到产生社会低效率的现象称为企业的扩展定律（Firm-Extending's law，简称 F-E 定律）。它与帕金森法则和彼得原理一样都反映了企业组织中所存在的内卷化的基本规律。[②] 要解决这一问题，一般有两个基本方向：（1）加强企业组织的内部协调，这要求注重企业组织的内部文化伦理的建设；（2）协调形式的转变，由企业协调转向社会协调，当然这仍然要以伦理的认同为基础。威廉姆森（1996b）指出，在其他情况相同之下，纵向一体化在信誉差的社会中比在信誉好的社会中将更可能实现；这是因为在伦理认同较强的社会中分包制更容易实行，这也解释了日、美企业的规模差异。显然，这意味着要建立一个开放性的协调机制，使之从企业协调向社会协调转变，就需要有一定的伦理认同为基础。

---

① 当然，根据贝尔（1989：199）的看法，后工业社会（即智力社会）仍然是一个群体社会，其中的社会单位是团体组织，而不是个人。但是即使如此，这种团体也一定不再是目前形态上的企业，而是基于个体间的平等协作。

② 帕金森法则（Parkinson's law）指出，在严密的等级制组织中，组织结构和组织原则本身可能导致组织产生如下弊端：（1）由于上级人员担心下级的水平超过自己，威胁自己的地位，因而愿意提拔水平较低的人，结果最终发展出一个平庸的组织；（2）工作的增加只是为了填满完成工作时可资利用的时间，因而为了消磨时间，行政人员彼此之间人为地制造工作。

彼得原理指出，在实行等级制的组织中，为了促使其成员取得更大的成就，往往要提拔在原来岗位上干得出色的人，结果，每个人都将晋升到自己不能胜任的岗位，反而使得组织的效率降低。

（二）企业组织形态的转变

在传统工业社会，劳动分工是生产中的关键问题；正是基于劳动分工的基础之上，形成了企业组织的职能分化以及等级制的劳动组织结构。但是，传统的分工结构适应的基础是基于流水线作业上的泰罗积累体制和福特主义积累体制，而在社会进入到后福特主义时代，特别是后后福特主义时代，就越来越难以适应了。正如科马里（2000：33）所说，专业化不应该如斯隆在他的装配线工厂里鼓吹和实践的那样达到顶点。现代关注的焦点在于需要和依赖有专业人员在小组（多功能小组）中协同工作的组织。20 世纪 80 年代以来，企业组织之间的战略联盟网络迅速崛起，这种联盟结构突破了传统的组织疆界，在一定意义上改变了传统"掠夺式"的竞争模式，企业组织的绩效也不再简单地依赖于内部资源状况及其管理，同时还依赖于联盟伙伴企业的资源状态、行为以及相互之间的协作沟通（李新春，2000a：9）。

从历史发展来看，直到 20 世纪 30 年代早期，美国公司大多实行的仍是"U"形结构。但是，这种集中的、按职能划分部门的"U"形结构存在一些严重的缺陷，而"不利于其经理人员执行现代工业企业的两个基本功能——流程的协调和资源的分配"。"首先，对流程的管理协调，只是根据对短期需求波动的粗略估算。需求的任何急剧变化，都会在通过企业的流程中的每个阶段上，造成存货的过剩或短缺"；"其次，在集中的、按职能划分部门的组织里，负责长远资源分配的高层经理们，继续把经理集中于日常经营工作。……这些高级主管们作为各种专家几乎总是从他们的专业和他们部门的立场来评价公司的政策。因此，在新的工业企业里，政策的制定和计划的编制，通常是有利害关系的各方协商的结果，而不是根据公司全盘需要而作出的反应。高层经理们通常缺少做出有效的高阶层管理决策所需的时间、兴趣或信息"。正因为如此，"高层经理们或者深深地陷入了对日常经营的管理和协调工作，以致对整个公司的经营状况了解很差；或者又走到另一极端，不抓日常的经营管理，一致对各经营单位的活动和绩效心中无数。无论哪一种情形，高级主管都无法有效地执行其高阶层管理的功能"（钱德勒，1987：533 – 534）。

当然，前面说过，这种"U"形组织在其工厂制实行之初是有效的，特别适用于那些针对一种产品或地区市场、生产单一的产品系列的公司，在目前大量的小型企业组织中也同样有效。但是，当随着市场的扩大和产品系列的延伸，当需要为不同的地区市场集中产品时，这种组织结构模式就显得不适应了。事实上，正如钱德勒所描述的，"在集权制的、职能部门化的公司中……只有当几个执行经理肩上的担子越来越重，以至他们顾不上有效地履行其企业家的职责时，这种组织结构的内在缺陷才会成为致命的问题。如果企业的运转过于复杂，即各种协调、评价和制定政策的问题太多，以至少数几个高层管理者既无力考虑长期创业问题，又无暇处理短期管理的问题，就会发生上述情况"（转引自威廉姆森，2002：390）。也就是说，当面对大量需要解决的复杂问题时，集中的少数几个管理者都会江郎才尽；而每个职能部门的管理者却不仅确定不了自己的全球性目标，更无法落实这些目标，因此，他们只好转向他们自己认为更低一级的、但毕竟能够办到的目标上去。按照威廉姆森的说法，这意味着不堪沟通重负的"U"形结构达到了其理性的尽头。也正因为如此，第一次世界大战后出现的从1920～1922年的经济衰退所造成的需求量突然而持续的下降对当时许多新的工业公司和销售公司造成了毁灭性的影响；经济衰退也强烈表明，"必须具备当需求改变时，迅速调整流程的能力"，而当时的"高层经理人员未能有效地对此做出计划。高层主观仍然忙于日常的经营事务，未能预见到或做出应付需求量下降的计划"（钱德勒，1987：538）。在这种情况下，杜邦公司的皮尔·杜邦和通用汽车公司的艾尔弗雷德·斯隆促使了企业组织的创新之路，这就是"M"形结构的出现。

"M"形结构大约在1930～1960年，随着企业组织的规模迅速扩大，产业复合多元化和跨地域扩张，组织结构开始从单一型的"U"形结构向多部门的"M"形结构转变。在"M"形的多分支公司结构中，"自主的分支公司继续将生产和分配结合起来，其手段是协调从供应者到明确规定了的、不同市场的消费者的流程。这些分支公司是由中层经理领导，分支公司按总公司的产品系列来建立，各分支公司通过下设职能部门而执行其功能活动。一个由高层经理所组成、并由许多财务和管理助理人员协助的总办事处，负责管理这些多功能的分支公司。总办事处监督各分支公司，要求后者的产品流量必须和需求量的变化相协调，并且也要求各分支公司在人事、研究、采购和其他功能活动方面要有相应的政策。高层经理还要评估各分支公司的财务和销售绩效。最重要的是，他们集中精力于资源的规划和分配上"（钱德勒，1987：540）。并且，为了协助短期的市场和分配的结合以及短期的材料分配，开始出现了专门从事各种协调工作的经理人员，如项目规划经理、市场规划经理、多部门事务协调经理以及流程规划经理等；正是企业组织经历了这一转变，企业组织才真正开始从一个企业家式的企业组织转变为一个经理式的企业组织。

尽管由"U"形向"M"形组织的转变体现了企业内部决策控制和管理职能分工的深入，并由此带来的管理协调的效率的提升是竞争力的主要来源；但是，"M"形组织并没有突破企业传统的疆界，没有涉及企业与市场、企业与企业之间的管理协调问题（李新春，2000a：3）。事实上，威廉姆森称之为"混合结构"或"混合治理"的合资企业、分包制企业等却往往更能兼顾企业科层组织和市场价格协调两者的优势。事实上，合资企业的大规模复兴始于20世纪70年代，随后迅速得到发展；有统计资料表明，80年代后期，在美国的通信设备、金融服务业、航天、制药以及软件等行业，合资经营已经成为企业强化竞争力的主要手段（李新春，2000a：11）。威廉·大内将层级制分解为：官僚层级制组织和家族或组织。官僚层级制企业组织的目标一致性低，但以权威来实现组织内部的分工协作；家族式组织则因目标一致性而使企业中的监督活动得以减少，从而在代理问题和激励机制上存在着优势。关于这一点，可参见"家族企业的存在解析"部分的分析。

总之，在企业组织的生产中，企业主或者作为其代理人的经理人员扮演着重要的作用。一般认为，企业家的角色主要有这样四类：（1）协调者，这可追溯到萨伊，他认为企业家在"不同生产者阶层之间"以及"生产者与消费者之间"充当了"沟通的纽带"；（2）套利者，这主要为奥地利学派的学者所阐发，企业家通过辨别套利机会而将市场推向均衡；（3）创新者，这一思想源于熊彼特，他认为是企业家创造了新产品、新工艺、新市场、新原料和新的组织形式；（4）不确定性的承担者，这最早源于坎铁隆，后来为奈特所发扬。显然，这四个方面的角色都属于广义的协调功能，这可以体现在马歇尔的折中理论中。当然，在不同时期，企业家以及经理人员所承担的角色的轻重也是不同的，特别是，随着知识作为生产要素的凸显、生产组织结构的改变，以及信息传递机制的变革，将会导致了企业家所承担的这种显性协调的范围和强度发生改变，显性协调的发展日趋缓慢乃至停滞。但是，企业组织的显性协调的日益萎缩从另一角度凸显了隐形协调的重要性，从而引导社会大众和学者重新关注隐性协调的神话问题。显然，智力社会中的隐性协调是在更大规模上展开的，这预示着社会协调的来临。关于这一点，本书在最后的"结语"部分将会作一系统的探讨。

第五节　生产组织渐进式演化的证明

新古典经济学倾向于通过与市场的比较来分析企业组织的性质、起源和功能，但问题是，企业和市场本质上是不同的：企业组织是产品的生产场所，而市场仅是商品的交换场所。事实上，即使没有交换，也会有生产的存在。因此，基于生产性的本质，企业组织不是直接从市场中来，而是从其他生产组织演化而来。那么，生产组织为何会不断演变，并且又是如何演变的？前文用了近6万字对企业组织的起源做了梳理，它主要是从解剖历史的角度详细地考察了社会组织的发展轨迹，强调了组织的发展是渐进有序的；同时，还特别指出，在家庭组织和企业组织之间存在一个半正式的组织形态，这就是体现为分包制的契约式组织。问题是，为什么企业组织难以直接从缘协调的家庭组织中直接演变而来？为何渐变组织更具稳定性和持续性？这里运用演化博弈的分析思路，对企业组织产生的渐变性作一数理上的简要证明。

一　企业、组织与市场三者之关系

为了对生产组织的演变和企业组织的产生之整体脉络有较为清晰的认识，这里首先对企业组织与市场以及其他生产组织之间的关系作一辨识。我们知道，现代主流的企业理论是以科斯为代表的新制度主义学说，它借助交易费用基于静态思维分析了企业和市场之间的转化。从某种意义上讲，它主要是基于社会达尔文主义为现实企业提供某种与新古典主义一致的先验解释：企业组织的存在必然有利于交易成本的节约。但显然，这种分析是抽象的，无法容纳个人的创造性和变异行为，从而无法动态地考察企业形成的历史过程，更无法考察企业组织的异质性的发展过程。相反，如果我们再次研读芒图的《十八世纪产业革命》或者钱德勒的《看得见的手——美国企业的管理革命》等著作的话，就可以深刻体验他们如何从历史角度追根溯源地对企业的形成以及企业的形态转化进行考察的。即使这些著作似乎还没有提供一种理论的分析框架，却为我们提供了一幅反映动态过程的鲜活图画；特别是，这些著作一般都着重生产和市场条件的分析来对企业演变进行解释，这更便于我们联系实际进行分析。这意味着，要真正了解企业组织的性质，是离不开对历史状态进行分析的，这种借助历史发展过程的动态分析就是演进的分析。我们要做的是，在前人已经对历史梳理的情况下整理出一个理论框架，从而将对企业组织分析从经济史上升到理论化的层次。这是理论工作者的任务，因为我们分析历史不仅是了解"是什么"，而是要进一步探究"为何如此"。

事实上，尽管现代主流经济学用"契约"和"交易"这两个概念把企业和市场纳入同一分析框架，以至于把两者的本质等同起来；但是，两者的本质是有区别的：作为生产组织，企业根本上与分工联系在一起，而市场则与交易联系在一起。当然，不可否认，分工与交易之间也存在密切联系，因为分工必然会促进交易的产生和扩大；相反，不带来交易的分工是不存在的，或者并不是真正的分工。尽管如此，还是要强调，交易本身不是分工，甚至最初的交易也不是由社会分工所促成的；因为，最初的交易物往往是自然物，这不是源于人类的生产分工，而是自然的地理分工。一般地，与社会分工发生本质联系的是生产，而与交易发生联系的是需求的多样性和互补性。而且，交易是在既定收益的情况下所展开的商品交换，这种交换就必然产生一个交易场所，这就是市场——无论是组织外部市场还是组织（家庭、企业）内部市场，也无论是有形市场还是无形市场。但是，分工却体现了生产要素之间的合作关系，无论是组织外部分工还是组织内部分工；同时，在分工协作过程中往往会促使收益的变化，因为两个分立的生产要素在不同的协调水平下产生的收益是可变的，这就涉及协调的意义。

此外，就历史起源而言，市场在人类社会中自古就存在，它可以一直追溯到主要消费自然物的劳力社会。哈耶克（2000b：39、40）说，"原始人追踪动物的迁徙路线，当他们遇到另一些人或群体，有可能出现一些微不足道的贸易"，"现代考古学证实，贸易要早于农业或其他正常的市场活动。在欧洲，至少存在着 3 万年以前的旧石器时代远距离贸易的证据"。例如，晚近发表的东非洞穴考古报告表明，以维护火源的栖居地为中心，很可能存在过火种与石材之间的交换（汪丁丁，2010）。不管如何，贸易要早于人类的生产活动，因而市场的出现也就早于生产组织，因而也必然早于企业组织。事实上，尽管早期社会就有市场，但企业组织则是人类社会晚近的产物。而且，即使把一个人的生产活动也看成是组织化的，但这种组织也晚于市场的出现；因为只要有贸易就演化出了市场，而贸易品可以是非人力生产品。当然，现代意义上的市场形成是以人力生产品为基础，并发源于人类出现有意识的生产分工之后。所以，德鲁克（2002：19）说，"生产的基础是社会组织"。显然，这种人为的生产分工首先在一个小共同体内部，也即，现代市场也是源于共同体内部，只有内部的交换达到一定的限度和饱和之后，才会进一步拓展共同体之外的分工和交换。因此，K. 波兰尼在研究现代市场的起源时就指出，"市场制度有两个不同的起源，一个是共同体外部，另一个是共同体的内部"（转引自栗本慎一郎，1997：40）。

　　一般地，只要人类从自然界中获取的自然物无法满足自身的需要，那么就开始出现了交换和市场；而当人们突破自给自足的生产方式，就开始出现有意识的劳动分工和交易，并由此产生了现代意义上的市场。并且，人类的分工随着作为协作系统的共同体边界的扩展而深化，市场规模日益扩大，市场机制也日益成熟；因此，市场尽管很早就存在了，但是它本身随着生产组织的演化而扩展。实际上，在早期人类社会中，家庭组织是基本的生产单位，以家庭为结合体开始了初期的男女之间的分工，从而在家庭内也就存在了男女之间的交易。也即，家庭内部出现了市场。当家庭内部的交换很难满足家庭成员的需要后，就出现了家庭与家庭之间的分工。此时也意味着，家庭之间出现了交换的市场，市场成为联系家庭生产的桥梁。马歇尔（1964：281）曾写道："在俄国，家族集团之扩大成为村落。往往是地方性工业的原因；在俄国有许许多多的村落，每一个村落只经营一个生产部门，甚至只经营一个生产部门的一个部分。"当然，在家庭组织之间进行生产和市场交易的过程中出现越来越严重的机会主义等困境后，一些人就将原先独立的家庭合并到一起进行联合生产活动，这就是企业组织的出现。此时，分工和交换在企业内部展开，因而也可以说企业内部存在市场。同时，在企业内部的协调出现问题或者无法满足其联合家庭的需要，就出现了企业与企业之间的分工和交换，从而出现了现代经济学家强调的那种市场形式。

　　显然，上述分析表明了这样两点。

　　（1）企业组织与市场在功能上存在着本质区别，体现了经济活动的两种不同领域。然而，新制度经济学家却没有能够有效区分企业和市场的本质差异，反而将买卖之间的契约性关系等同于企业组织中更加长期和复杂的雇佣关系。例如，阿尔钦和德姆塞茨（Alchian & Demsetz, 1972）写道：
"命令一个雇员打出这封信而不是整理那份文件就如同告诉售货员卖给我
这听金枪鱼罐头而不是那种面包一样。"特别是，随着网络化的发展，现
代主流经济学更是把企业组织与市场混淆了。实际上，正如霍奇逊
（2008：294）指出的："一个网络通常被理解为一个组织松散的、但却持
久的若干契约者和企业的集合，通过正在进行的关系型契约和法律契约连
接在一起，或者通过他们之间达成的一致规则联系起来。一个网络不仅仅
是一个企业。企业本身在法律上被认为是'法人'，可以签订契约，与他
人交换产品。通过这些标准，企业是一个历史特定性的实体。"

（2）生产组织不等于企业组织，企业组织仅仅是生产组织的一种，是
生产组织的现代主要形态。霍奇逊（2008：294）就指出："企业只是一个
特殊的组织形式，它生产、占有和售卖自己的商品和劳务。并不是所有的
组织都从事这些活动。而且，不是所有的组织都拥有单一的'法人'身
份，而企业总是拥有这一身份。"然而，新制度经济学却借助于契约纽带
这一概念而将企业组织与其他生产组织等同化了，它不仅将家庭组织视为
企业组织，甚至将教堂也视为提供精神产品的企业组织。显然，这就抹杀
了不同组织之间的区别，从而无法对不同形态组织的具体运行机制等展开
深入分析。为此，霍奇逊（2008：293）写道："对'作为企业的教堂'的
不合理描述，忽略了教堂组织和功能的一些重要的、特定的特性。而且，
它掠走了企业概念更多必要的精确性和制度特性。如果一些经济学家可以
在没有任何要求的情况下将'教堂描述为企业'，那么在他们对于企业的
定义中就暴露出了某些制度性的漏洞。如果'教堂是企业'和本质上相同
的'企业理论'可以被用于分析二者，那么，这就意味着，当'企业理
论'运用到商业世界的利润导向型的公司时，存在一些局限。"

一般地，企业组织与生产组织之间的关系可用图 2 表示。

可见，要真正了解企业组织的性质以及治理关系，就必须从起源学的
角度进行探究。（1）从生产功能角度将企业与市场区分开来，而不能像新
古典经济学或者新制度经济学那样撇开生产功能来探究企业的性质，要分
析企业自身的目的和发展，而不能将企业抽象为同质的契约符号；（2）要
从组织结构角度将企业组织与其他生产组织区分开来，而不能像新古典经
济学或者新制度经济学那样撇开把所有追求利润的组织或者由多人组成的
实体都视为企业组织，要分析企业组织相对于其他（生产）组织的独特

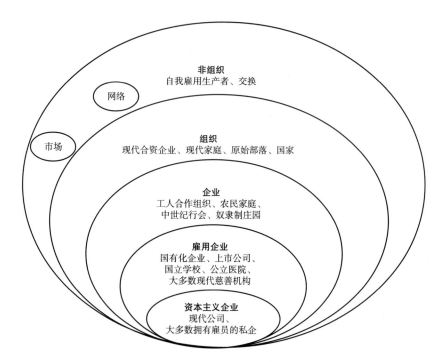

图 2　企业组织与一般生产组织之间的关系（霍奇逊，2008：364）

性。霍奇逊（2007：217 – 218）写道："大部分作者似乎都假定，'企业'实质上就是致力于商品和服务的生产的任何组织。用这样一个广泛而且一般化的定义，必然会把古代的奴隶制庄园，中世纪以后的行会、寺院、医院、工人合作社、政府、家庭式小作坊、国有企业和现代家庭，全部都看成'企业'。的确，所有这些过去和现在的组织中确实在进行生产。因此，企业在整个现代人的历史中无处不在的，而且功效卓著"；"原则上讲，这种宽泛的定义并没有什么错。但这一研究领域的大多数作者在没有给出一个更窄的企业定义的时候，就似乎将他们关于'企业的性质'的一般性看法主要地或专门地应用于现代资本主义企业了"。显然，这种特殊性和一般性的混淆，正是当前企业理论及其实践应用的困境所在。

二　生产组织演变轨迹的一般框图

一般地，组织演进是一种或一整套合约安排替代（或代替）另一种或另一整套合约安排的过程，所有的契约（组织）都是历史的，是从历史中走过来的，并且这种契约形态是不断演进的。然而，新古典经济学却把组织定义为一整套函数关系，其基本分析方法就是：把经济资源配置当作经济活动的唯一目的，并把组织等同于单个经济人，从而在其前提下"构筑"生产函数关系，以便于建立有关企业组织如何生产、如何最优化的数学模型。正是基于这种静态的分析，新古典经济学既不能解释企业组织的起源，也不能为企业组织的存在形态提供合乎事实的说明。其实，奈特通过引入不确定性经济分析及由不确定性造成的风险分布而发现并在理论上赋予企业以保险功能，通过风险分摊和利润分配比例来说明企业内部治理结构为什么以企业家为主导地位。即为什么是企业家的企业组织？同时，科斯又在奈特命题的基础上，提出企业组织存在的根本原因在于组织和市场的效率比较，特别引入了科层的权威体制。但是，由于后来的新制度经济学家越来越热衷于向新古典经济学靠拢，以至从科斯理论发展出来的组织理论、产权理论以及契约理论最终未能摆脱资源配置最优化的理论宿命，结果，现代主流经济学的组织理论本质上仍旧只是一种技术选择理论，而并非一种考虑了历史逻辑起点和个人权利禀赋的合约选择或者制度选择理论（邓宏图，2003）。

其实，要考察作为生产组织的企业如何产生和演化，就需要比较企业组织和其他生产组织之间有何特性差异，特别是分析组织效率是如何随着组织形态嬗变而变化的。正如费孝通指出的，在中国，家庭就是一个生产组织。恩斯明格（Ensminger，2003）也指出，"非洲的产权仅仅包裹在血缘关系和人们的权利之中"，"非洲大多数地区的农业生产过去和现在都是基于血缘的"。因此，波斯纳（1997：181）强调，婚姻关系本质上是一种契约关系，家庭不仅是社会中的一个消费单位，而且更主要的是一个生产单位；其中，家庭具有经济化效能的根本性因素在于家庭促进了分工。如在传统家庭中，丈夫专门从事某些市场职业以赚取能购买用于家庭最终生产投入的市场商品的收入，而妻子则将时间用于将市场商品（如食品）加工成家庭产出（如正餐）。这样，通过生产市场的专门化，丈夫将家庭的货币收入最大化并以此购买家庭所需要的市场商品；通过家庭市场的专门化，妻子使她的家庭产出的市场投入的时间价值最大化。当然，不同时代的家庭分工内容也是不同的，在古代社会，家庭的经济功能体现在家庭成员内部的生产分工，男耕女织便是一种普遍的形式；在目前普遍的家庭中，一般是丈夫在劳动市场从事专门工作而妻子专职于从事家务，从而以这种互补性专业化促进家庭全部实际收入的最大化。而在前卫的家庭中，尽管夫妻都从事劳动市场的工作，而将家务交给了专职保姆或家政人员，但是，他们之间也存在一种明显的分工。不过，此时的生产活动主要体现为社会组织的活动，从而也就是企业组织等形式的出现。

因此，仅仅从生产角度看，传统的家庭组织具有与现代企业组织相似的功能，现代企业组织只不过是承担了从早期家庭组织中剥离出来的生产职能。那么，这两者之间又是如何相互演化的呢？显然，对此的挖掘有助于我们揭示企业组织的性质，因而这里也重点分析生产组织是如何从家庭组织向企业组织进行演化的。一般地，从大历史的角度来看，任何组织的产生和发展都存在一个优胜劣汰的问题，而优胜劣汰的标准往往就是效率；因此，这里也着重比较集中生产组织的效率差异，并由此来分析生产组织的发展走向与轨迹。事实上，要考察不同生产组织之间的转变，就只有遵循演化的思路，分析异质化的社会主体为了提高生产效率是如何进行生产组织创新的。上面，笔者根据人类劳动的分工梳理了协调机制的演变轨迹：缘协调→契约协调→管理协调→社会协调；与此相适应，我们又考察和梳理了迄今为止人类出现的几种生产组织的演化：缘协调组织→契约组织→等级制企业组织→网络组织。一般地，生产组织的演化轨迹可以简单表示如图3：

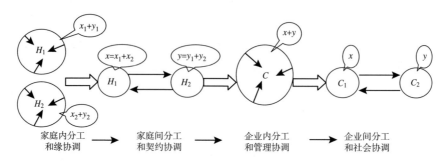

图3 协调机制和生产组织的演化框图

在图3中，我们简单地假设只有两个家庭生产两种产品的状况。最初，每个家庭组织是高度同构化的，这造成了分工仅仅在家庭内部，而外部社会则缺乏分工；在这种情况下，两个家庭 H_1 和 H_2 各自同时生产两种产品 x（鞋面）和 y（鞋底），从而实现自给自足的经济。显然，此时市场发生在家庭组织内部，体现为夫妻以及其他具有血缘关系的人之间。① 后来，由于需求的上升促进生产规模扩张，这时开始产生了家庭之间进行分工的需要，从而出现了契约式的组织生产方式；此时，异构化的家庭组织出现了，在这种情况下，两个家庭开始分别生产 x（鞋面）产品和 y（鞋底）产品。显然，此时的交换发生在家庭组织之间，因而外部市场的重要性开始凸显了。随着生产规模的继续扩大和分工间协调增进的需要，开始出现了将两个家庭纳入统一的企业组织中的管理协调方式；此时，企业组织在更大规模上生产更大量的鞋面和鞋底，而交换在企业内部进行。最后，由于技术的进步和智力分工专业化的加深，由专人负责的显性协调开始显得不足，因而原本企业组织内团队生产的产品开始分解，并在个性化需求的引导下出现了小团体的生产组织；此时，一些企业专门生产 x（鞋面）产品而另一些企业专门生产 y（鞋底）产品，显然，外部市场的交换功能重新得到加强。

进一步地，在图 3 中，企业组织 C 的规模是两个家庭组织规模之和，也是两个小企业 C_1 和 C_2 的规模之和；尽管似乎小家庭和小企业分工的类型和生产产品是一样的，但两者间却存在很大差异。（1）两者的成员构成是完全不一样的：家庭中是基于缘关系成员的组合，而企业则是基于比较优势的专业化成员的组合；（2）基于社会协调的企业间分工式组织与基于管理协调的企业内分工式组织也是不同的：后者强调一体化（横向和纵向）的组织扩展，而前者则逐步形成了介于（市场）水平和（企业）等级之间的网络形态（这是企业发展的新趋势，这将在本书的"结语"部分做进一步的阐述）。显然，从上面的演化图式中，我们可以发现一个基本的否定之否定现象：大企业组织如同大家庭一样也是一个相似等级制的生产组织，它们生产是大一统的；而小企业和实行分工的小家庭一样，依靠市场契约进行分工。

不过，两组状况又存在本质上的不同，这包括等级制的形态、组织规则以及两类市场契约协调的内涵。根据现有的知识，我们知道，小企业间的合作和协调日益形成了网络状的集群，集群企业相对于以前的等

---

① 这里的 H 可以指称任何早期的共同体，实际上在中世纪的西欧实行的是庄园制，以庄园为单位实行自给自足的经济，但庄园内部的成员之间存在着交换关系，这也是一种市场形态。显然，这种庄园制经济单位就远大于以家庭为单位的小农经济；但是，庄园之间的市场就远不如家庭之间的市场发达。

级制大企业而言，不仅组织形态上发生了变化，协作机制上更是存在了很大的不同；而且，由于集群在智力社会中的优势，将会使得现有的大企业生产方式逐渐演化为集群网络的生产方式，一个地区、国家乃至整个世界都将形成一个个的企业群落。由此我们可以大胆地预测，正如当年生产组织由家庭转向企业时，生产者出现了分化和组合：原本具有亲缘关系并在一起合作的生产者被分开而根据各自优势重新组合进不同的企业组织；同样，当信息和生产要素变化以后，生产者也将在地理上出现新的分化和组合：原来在一体化大企业的生产者将重新分拆而进入不同的企业集群。总之，从家庭组织到企业组织演变的过程体现了分工的深化和协调的增进。

三　生产组织的渐进式演化之证明

根据前面的文字分析，社会协调和网络化组织是对契约协调和分包组织的否定之否定，而管理协调和企业组织是对缘协调和家庭组织的否定之否定；但是，所有这些否定之否定的发展过程都是演化性质的，都不是对类似组织的直接否定。譬如，企业组织就不是对家庭组织的直接继承，也不是对家庭组织的直接反动，相反，在企业组织和家庭组织之间存在一个过渡状态的契约组织形态。实际上，所有生产组织的形态演化都是循序进行的，跳跃式的变革往往是行不通的。如果我们把直接从家庭组织变革到企业组织视为激进创新，而把以契约组织为过渡的变革视为渐进发展的话，那么，为什么激进的变革往往不是稳定的呢？为了说明这一问题，这里借用演化均衡理论加以简要证明如下。

（一）　激进创新的情况

我们假设在早期社会中，人类的生产组织主要以家庭组织存在，但由于人们需求的扩大产生了更大范围分工的需要，因而开始出现了家庭生产组织形态变异的可能。同时，我们假设，有少量生产组织产生激进的变异方式，直接采取企业方式组织生产。显然，生产的效率与分工水平有关，分工水平决定于分立劳动间的协调水平，这种协调水平与各类组织的协调机制的配套性有关。因此，一般可以合理认为，当家庭组织遇到家庭组织时，由于传统的家庭组织之间分工范围的狭小，分工效率不显著；而如果企业组织遇到企业组织，则由于发生更大规模的分工，从而带来更高的分工效率；但如果企业组织遇到的是家庭组织，由于双方分工的不协调，导致分工无法实现。这样，我们就可以把不同生产组织之间相遇的效率得益的博弈矩阵表示为图4。

	家庭组织	企业组织
家庭组织	0,0	2,2
企业组织	1,1	0,0

图4　组织的激进变革

根据标准的表述，假设绝大多数生产组织采取的是家庭组织形态，但其中有少量变异者采取企业组织形态，变异者种群所占的比例是 ε；由于 ε 是一个很小的数，因而我们可以近似地将变异者占剩余种群的比例视为它占整个种群的比例 ε；那么：

采取家庭组织的守旧者的期望收益为：$1 \times (1-\varepsilon) + 0 \times \varepsilon = 1-\varepsilon$

采取企业组织的创新者的期望收益为：$0 \times (1-\varepsilon) + 2 \times \varepsilon = 2\varepsilon$

显然，当 ε 非常小时，假设存在 $\varepsilon < 1/3$，有 $2\varepsilon < 1-\varepsilon$；此时，显然有采取家庭组织生产的守旧者的期望得益大于采取企业组织生产的激进创新者；在这种情况下，以企业组织进行生产的激进创新是不合时宜的，改革创新注定是要失败的。

同样，假设目前流行的是企业组织形态，而少量企业由于资金、人力等问题采取家庭形态的自给自足生产方式，变异者种群所占的比例是同样是 ε；那么：

采取家庭组织的落伍者的期望收益为：$1 \times \varepsilon + 0 \times (1-\varepsilon) = \varepsilon$

采取企业组织的现实者的期望收益为：$0 \times \varepsilon + 2 \times (1-\varepsilon) = 2-2\varepsilon$

此时，只要 $\varepsilon < 2/3$，就有 $\varepsilon < 2-2\varepsilon$；此时，显然有采取家庭组织生产的落伍者的期望得益小于主流的采取企业组织生产的方式；也就是说，在一个普遍采取企业组织生产的时代，家族企业往往是不合时宜的。

（二）渐进演化的情况

现在假设在主要以家庭形态为生产组织的社会中，存在一些循序渐进的创新者，他们不是直接采取企业组织生产，而是通过像分包制形态的契约组织，这样就保留了原来家庭内部的分工，并加强了家庭组织之间的协调。这时，一般可以合理认为，当家庭组织遇到家庭组织时，由于传统的家庭组织之间分工范围的狭小，分工效率不显著；而如果契约组织遇到契约组织，则由于发生家庭组织之间的分工，从而会带来更高的分工效率；但如果契约组织遇到的是家庭组织，由于并没有破坏家庭内部的分工，因而依旧存在一定的分工效率。这样，我们就可以把不同生产组织之间相遇的效率得益的博弈矩阵表示为图5：

	家庭组织	契约组织
家庭组织	1,1	1,1
契约组织	1,1	2,2

图 5　组织的渐进变革

根据标准的表述，假设绝大多数生产组织采取的是家庭组织形态，但其中有少量变异者采取契约组织形态，变异者种群所占的比例是 ε；那么：

采取家庭组织的守旧者的期望收益为：$1 \times (1-\varepsilon) + 1 \times \varepsilon = 1$

采取契约组织的创新者的期望收益为：$1 \times (1-\varepsilon) + 2 \times \varepsilon = 1+\varepsilon$

显然，无论 ε 为多大，总有 $1 < 1+\varepsilon$；即，采取契约组织的渐进创新者的期望得益总大于坚持家庭组织生产的守旧者；在这种情况下，契约组织就会慢慢侵蚀家庭组织种群，最后导致家庭组织的消失。

同样，假设目前流行的是契约组织形态，而少量生产组织变异采取家庭形态的自给自足生产方式，变异者种群所占的比例是同样是 ε；那么：

采取家庭组织的变异者的期望收益为：$1 \times \varepsilon + 1 \times (1-\varepsilon) = 1$

采取契约组织的现实者的期望收益为：$1 \times \varepsilon + 2 \times (1-\varepsilon) = 2-\varepsilon$

显然，由于 $\varepsilon < 1$，必然有 $1 < 2-\varepsilon$；因此，变异者的家庭组织必然被采取主导策略的契约形态击败，契约形态的主导策略是演化稳定的。

实际上，在上述生产组织的激进演化博弈中，博弈的两个纯策略纳什均衡（家庭组织、家庭组织）和（企业组织、企业组织）都是严格的；因而家庭组织和企业组织都是演化稳定的。而在生产组织的渐进变异中，只有（契约组织、契约组织）是严格纯策略的纳什均衡，而（家庭组织、家庭组织）不是；而且，也不满足演化稳定均衡的第二个条件（E2），因为（契约组织、契约组织）＞（家庭组织、家庭组织）。因此，在渐进变异过程中只有契约组织是演化稳定的，而家庭组织不是演化稳定的。

可见，上面从演化博弈的角度证明了企业组织的产生和演化的渐进过程，只有借助于契约组织这一中间组织的演化才是稳定的；同样，我们也可以论证其他生产组织形态的产生都是渐进的。当然，演化博弈的证明是简单的，但问题在于得益支付的取值是慎重的；关于上述取值的合理性，前文近 6 万字都是在力图为之提供解释。而且，还需要指出的是，上述的演化博弈归根结底还是一种原子主义的均衡分析，它把单一企业孤立起来并分析它与其他不同组织随机交往的均衡状态；但是，在现实生活中，任何企业组织之间的交往都不会是随机均匀的，一旦一些企业组织突破家庭共同体的束缚并相遇了，它们之间就可能形成持久的交往，从而可以带来稳定的协作收益，这也就是演化中的异质性。

总之，企业组织不同于市场，两者无论在功能还是形态上都存在明显差异；同样，企业组织也不等同于生产组织，它仅仅是生产组织的一种。相应地，与现代市场相对应的不是企业组织而是一般生产组织，从而我们需要对生产组织的特性和演变进行考察。一般地，随着人类需求的上升以及交往领域的扩大，产生了不同的分工关系以及新的协调机制，从而导致了相应的生产组织嬗变；而新型的生产组织带来了新的生产关系，反过来又促进生产力的提高，从而可以在更高层次上满足人们的需求。正如杨格（1996）指出的："在生产组织上的每一重要进步，不论它是基于狭义或技术意义上的一个新发明，还是涉及科学进步在产业上的新应用，都改变了产业活动的条件，并对产业结构的其他方面发生反应，而这些反应进一步发生的作用又永无止境。因此，变化是累积的，以累进的方式自我繁殖。"

基于生产组织的演化史，我们得出两点结论：（1）企业组织与其他生产组织具有本质上的一致性。事实上，从协作系统演化的角度来看，包括企业组织在内的所有生产组织本质上都是与特定社会环境相适应的协作系统，它是人类社会不断摸索的结果，并与特定时期有助于分工深化的协调机制相适应；而随着分工关系和协调机制的演变，协作系统的形态也会不断变化，从而导致了生产组织从家庭组织到契约组织再到企业组织的渐进演变。（2）企业组织与一般生产组织也有所区别，不能以企业组织来取代一般生产组织，以为生产组织就是现代企业形态；只有这样，才能更好地认知企业组织的产生以及未来的形态变化。事实上，霍奇逊（2008：294）就指出，"如果将'组织'和'企业'合二为一，那么其诱惑力就是忽略企业关键的法律和契约方面”；但遗憾的是，“在企业理论的文献中，建立一个关于企业本质和行为的普遍理论的愿望，阻碍了对于历史特性的讨论。将企业看作历史特定形式的观念并不够显著。如果我们放弃了建立普遍的、非历史的企业概念这个目的，那么我们就可以通过透视特定的制度现实来检验企业的本质”。

企业组织的存在性质：
企业替代市场的协调动力

"企业组织的历史起源"部分从协作系统演化角度探究了企业组织的起源，分析了企业组织与其他生产组织之间的差异；特别是，揭示了企业组织的根本性质：企业组织是一个与分工深化和协调机制演化相适应的协作系统。不过，"企业组织的历史起源"部分的分析是基于大历史角度对生产组织所作的分析，但就相对短期的发展而言，对企业组织内部治理机制的分析以及形态结构的考察往往是基于特定的市场环境变化，这就需要进一步比较企业与市场之间的关系。事实上，就协作系统而言，企业组织固然是一种类型的协作系统，但市场何尝不是另一种类型的协作系统呢？那么，为何在市场之汪洋中会形成一个个企业之岛屿呢？或者企业协调机制为何会取代市场协调机制呢？企业取代市场的边界又在哪里呢？而且，作为协作系统的企业组织之所以会产生，其基本动力在于适应协调机制的演化，从而更好地服务于企业组织的所有参与者。问题是，评价企业组织目标实现的基本指标又是什么呢？是交易费用的降低还是分工层次的深化？是特定的效率还是组织的有效性？是"蛋糕"的最大化还是分配的合理化？显然，所有这些都需要给出一个对企业存在和发展进行评估的更直观以及可操作性的现实目标。一般地，对这个目标的追求也可被视为企业组织的现实特性，以区别于作为协作系统的根本性质。

目前，学术界对企业理论的研究遵循着两条路径。（1）占主流地位的新制度主义的分析。自科斯1937年发表了《企业的性质》一文以来，特别是20世纪五六十年代以来，新制度主义开出了绚丽多彩的企业文献，并成为目前理论界的一个热点。但是，由于新制度主义者对企业的研究大都从交易维度入手，分析的是资源的配置问题，而这明显限制了研究思路的拓展；因此，随着交易费用理论缺陷的逐渐暴露，不少学者开始寻找另外的研究路径。（2）古典主义的重心在于探究资源的创造，并从分工维度考察企业组织中内生效率的根源，这给罗森、贝克尔、杨小凯、博兰等以积极的启迪和灵感，从而他们开始主张要重新回到古典去。当然，尽管杨小凯等宣称要复兴古典主义，但是，他们对古典主义的理解存在很大的片面性，因为他们基本上还是借用了新古典主义的分析框架和研究工具，而没有承袭和发展古典主义的演化分析路径，尤其没有分析与劳动分工相伴随的收益分配等问题；同时，古典主义者的分析工具以及得出的结论也存在着历史的局限，它主要与当时的历史背景相适应，而目前新兴古典主义者试图用现代分析工具来重新阐释或包装古典主义的一些观点就显得有点"邯郸学步"了。

就目前企业理论的现状而言，这两条研究路径基本是分离的，而本书就是尝试把这两种路线结合起来，共同构造一个更为完全的理论体系。事实上，任何协作系统（包括组织和市场）都存在交易和分工两个方面：市场既是交易的场所又是引导社会分工的重要机制，而企业组织则是内部成员的交易场所并引导内部分工的机制。但是，长期以来，正是由于从两条路径所演化出的理论之间存在严重的脱节，这导致迄今都没有一个理论能够将内部分工（组织分工）和外部分工（社会分工）统一起来。究其原因，两个路径基本上都把内部分工和外部分工视为是替代性的，而没有深入挖掘其互补性（曹正汉，1997）。因此，我们有必要对两种研究路径重新梳理，探讨它们各自的特点及内在缺陷。特别是，有必要结合古典主义和新制度主义两者的优点，恢复本来就是同一企业组织两个侧面的分工和交易的统一性，从而构建出一个对企业性质进行分析的良好框架。只有这样，才可以更全面地理解企业组织的本质，更好地判断企业组织的发展和演化。显然，"企业组织的历史起源"部分从协作系统演化的角度探究了企业组织的演化，同样，基于协调的角度也可以分析企业组织的存在性，并很好地把两类分工有机统一起来，这也正是本章研究的目的。

第一节 新制度主义从交易方面的分析

早期的古典经济学关注财富增长和劳动分工，并从分工角度考察企业组织中内生效率的根源，从而对企业组织的本质、发展和运行机理作了相当程度的探索。但是，新古典经济学却抛弃了企业的具体多样化特点，基于还原法而将之抽象成一个空洞的名词，从而留给后来者一串数字上的最大化假定。究其原因，新古典经济学抛弃了市场机制不完善的假设，认为市场机制这只"看不见的手"可以自动而完美地配置社会资源，从而使社会福利趋向最大化。正是基于资源配置的角度，新古典经济学简单地把从事经济活动的主体分成生产者和消费者，并把生产简单地视为一种物质转换过程中的纯粹技术性关系，作为生产者的企业也被视为一个只要投入一定量的生产要素就能产出一定量的产品的工程学意义上的技术体系。这样，在新古典经济学模型中，企业作为生产单位，只是一个壳而没有任何内容，仅仅是作为一个自动转化器。也即，在新古典经济学中，企业被视为一个完全有效而没有"摩擦"的"黑箱"。问题是，既然市场是有效的，市场交换能够自发引导分工，那么，企业组织又为什么存在？同时，如果企业仅仅是一种抽象的技术关系，那么，企业形态又为什么如此绚丽多彩？以科斯为代表的新制度主义经济学家重新唤起了人们对这个问题的思索，并发展了一系列的理论和假说。事实上，自科斯1937年发表了《企业的性质》一文以来，特别是20世纪五六十年代以来，由新制度主义开出了绚丽多彩的企业文献之花，并成为目前理论界的一个热点。然而，尽管新制度主义企业理论往往被视为是对新古典主义企业理论的革新，但由于思维上的继承性，新制度主义企业理论也只能涉及企业的表面，而无法探究企业的实在结构和内在本质。事实上，新制度主义者对企业的研究大都从交易方面入手，分析的是资源的配置问题，而没有深化企业内部的分工等问题，这明显限制了企业研究的思路。因此，本节首先就新制度主义的企业理论作一梳理。

一　侧重交易的企业理论谱系

科斯是新制度主义企业理论的开创者，他率先对企业组织和市场作了区分，同时也是契约理论的奠基者。科斯指出，传统经济学家倾向于把经济系统看作是一个由价格机制来协调的有机体，但如果以这种思维考察内部组织的行为就不合适了，否则就根本不需要企业组织。相反，科斯认为，市场上和企业内部的资源配置机制是不同的：市场是一种由一系列的交易及其规则所组成的协调机制，而在组织内部所实行的是行政协调机制，自愿的交换方式为企业家的指令的服从所取代。也就是说，市场经济中实际上存在两种基本的资源配置方式：市场和企业组织，两者是可以相互替代的。那么，为什么要用组织的行政协调代替市场的价格协调呢？科斯认为，根本的原因在于，市场价格机制的运行是有成本的，诸如获得信息的费用、谈判和签约的费用等；而企业的出现就是为了减少市场交易的费用，企业的本质特征就是对价格机制的取代。例如，科斯（Coase，1937）写道："建立企业有利可图的主要原因，似乎是利用价格机制有一定的成本。通过价格机制组织生产的最明显的成本就是所有发现相对价格的成本……市场上发生的每一笔交易的谈判和签约的费用也必须考虑在内。当企业存在时，虽然没有使契约消失却使契约大大减少了。某一生产要素（或它的所有者）不必与企业内部相协作的其他生产要素签订一系列契约。一系列契约被一个契约替代了。当然，如果这种协作是价格机制运行的直接结果，一系列契约就是必需的。"而且，科斯认为，契约的本质就是限定了企业家的权力范围，只有在限定的范围内，他的命令、指挥才会发生效力。然而，科斯对企业的性质界定是含糊的，对交易费用的成因也没有解释清楚。也正是这种模糊性，为后来的新制度主义追随者留下了不同的发展空间，从而也就形成了目前多姿多彩的企业理论。

威廉姆森沿袭并扩展了科斯交易成本的分析思路，在有限理性和机会主义等假设前提下把"交易"视为分析单位，不仅分析了交易维度（资产专用性程度、不确定性、交易频率）、交易费用以及规制结构和资源配置效率的关系，而且从"市场失败"中引出了企业组织的存在。威廉姆森（2002）分析说，市场作为一种交易的协调机制或规制结构，在有限理性、机会主义行为、不确定性和小数目条件等因素综合作用下就会失灵；在这种情况下，必须选择能够节约交易费用的非市场制度来替代市场机制，于是企业组织作为一种等级制度就应运而生了。这有如下几方面的原因：（1）企业组织通过决策的专业化和共同费用的节约会拓展理性的有限性，从而降低有限性的限度；（2）企业组织采用更具选择性的方式会提供附加的激励和控制技术，从而可用来应付小数目条件下的机会主义，并可通过内部行政命令来解决小数目者讨价还价的不确定性；（3）企业组织用一种协调的方式使相互依赖的单位之间具有可预测性，从而减少彼此之间交易的不确定性；（4）企业组织还可通过审计等手段促进内部信息的沟通，缩小自主单位之间获得信息的差异。也即，在威廉姆森看来，企业组织有助于克服资产专用性存在所导致的市场交易事后被"要挟"的问题，因而逐渐转向了纵向和横向一体化问题的研究。

当然，威廉姆森认识到企业组织的运行也是有成本的，他援用麦克内尔对契约关系所作的区分，分析了交易的三个基本维度对契约安排和规制结构的选择的影响；并指出，交易的协调机制或规制结构的选择应根据交易的不同性质以费用最小化为原则进行。如果是通用性资产，不论交易频率的大小如何，相应的规制结构都应是市场规制结构；如果交易频率较低，只发生数次，资产是混合性的或是专用性的，相应的规制结构应是当事人双方再加上第三方参与的三方规制结构；如果交易频率较高，交易经常重复发生，且如果资产是混合性的，相应的规制结构应是由当事人双方规制的结构即双边治理；而如果资产是专用性的，相应的规制结构应是由一方当事人统一规制的结构，即一体化治理。这也就是企业组织结构和规模形态绚丽多彩的原因。克莱因等（克莱因、克莱佛德和阿尔钦，2000）则沿着威廉姆森对专用性资产的分析，进一步考察了可剥削性专用准租金大小对公司治理结构的影响。当然，基于市场的有效性信条，克莱因（1999）等认为，通过法院强制解决契约并不是一种有效的办法，相反，契约双方可以通过规定一种自动履约的范围，通过契约双方的履约成本以促使契约的自动履行。显然，尽管新制度主义的代表人物威廉姆森等都已经认识到了企业内部的共同协调功能，但由于他们都承袭了新古典主义的基本思维，从而还是着眼于交易这一基本分析单位来考察企业的效率边界，在他们看来，企业组织根本上"具有节约交易费用的目的和作用"。

张五常起初继承了科斯的衣钵，强调了发现价格的成本，其中包括信息成本、度量成本和谈判成本，从而赞同并极力宣扬交易费用说。但是，张五常后来又对科斯中的契约思想做了进一步的发展，强调当这些成本发生变化时，就会出现不同的合约安排。张五常（1996）在《企业的契约性质》一文中指出，在一个自由放任的私产社会里，生产资料所有权的经济价值可以通过下述选择来实现：（1）自己生产与出售产品，（2）直接出售生产要素，（3）与中心代理人签订关于生产要素的使用权的契约并按此契约取得收入；而企业就是最后一种取得收入的形式。显然，在交易费用为零的情况下，采用任何一种契约形式来组织生产都是无差异的；而在交易费用不为零的情况下，人们的选择将取决于每一种契约安排的成本比较。譬如，在商品有很多附件或组成部分的情况下，若只存在产品市场——每个生产要素的所有者只生产这种商品的某一个附件或组成部分，人们只有借助中间产品市场购买这些附件或组成部分并进行最终组装；这样，不仅所要签订的契约的数量非常大，而且每一契约还需花费熟悉产品的每一部件的费用、发现每一部件的相对价格的费用、测度与考核费用以及谈判费用等，这样交易费用常常会高得惊人。相反，若以生产要素市场取代中间产品市场，由企业家或中心代理人签约购买所有生产要素，并在其组织管理下实现最终产品的生产；那么，人们只在最终产品市场进行购买，也许能够节约许多交易费用，从而使人们获得相对便宜的同质产品或者在同质产品价格不变的情况下使生产者得到更多好处。在这种情况下，以生产要素市场代替中间产品市场即以企业代替市场来组织生产将是经济合理的选择。

因此，张五常（1996）强调："科斯的中心思想是，组织的运行成本（交易费用）的差别致使企业取代市场。一方面，市场交易包括工业品和消费品；另一方面，'企业交易'包括生产要素。企业的发展可看作产品市场被要素市场所代替，结果是节约了交易费用。"也就是说，在张五常看来，交易费用在生产要素市场与产品市场上具有不一致性，从而产生了生产要素市场代替产品市场的可能性，而企业正是以生产要素市场代替产品市场的一种特殊的契约安排。企业的本质在于"用要素交易的契约代替产品交易的契约"。至于契约替代的范围，或者简单地说企业组织的规模，则决定于当产品市场中交易费用的节省与正在形成的"要素市场"中的代理费用的增加，在边际上相等时所形成的均衡点。

正是引入交易费用的分析，科斯等揭开了企业组织这一"黑箱"，并说明了市场和组织在配置资源方式的特质差异，其中的关键就在于组织对资源配置具有命令的特点。但是，阿尔钦和德姆塞茨发表的《生产、信息费用与经济组织》一文却反对科斯有关企业组织具有权威特征的论点，而是认为普通的市场交换与企业内部的组织和资源分配并没有本质上的不同。在阿尔钦和德姆塞茨看来，通过市场的交易与在企业内部的交易也无二致，如他们（Alchian & Demsetz，1972）写道："企业并不拥有自由所有的投入，它也不具有命令、强制及对行动的纪律约束的权利，这同任何两个人之间的普通市场契约没有丝毫不同。"实际上，在企业组织内部，雇主与雇员的关系实际上是对称的，它"只是'以物易物'契约"。即，雇员可以说是"命令"雇主支付他们所能接受的工资，就像雇主可以说是"命令"雇员执行一定的工作一样；雇主可以终止合同"解雇"雇员，雇员也可以"解雇"雇主，离开工作。因此，与其说雇主在管理、指导、指定工人做不同的工作，还不如说雇主用双方都可以接受的用语不断地重新商定契约，企业组织内的雇佣关系与市场上日常商品的交换关系没有什么本质的差异："命令一个雇员打出这封信而不是整理那份文件就如同告诉售货员卖给我这听金枪鱼罐头而不是那种面包一样。"

那么，企业与市场是否就没有差异呢？在这里，阿尔钦和德姆塞茨又发展了科斯有关契约的思想。科斯（1937）曾指出，企业的产生使得"一个契约代替一系列契约"，"一个长期契约代替若干个短期契约"，"企业也许是短期契约难以令人满意的情况下出现的"契约安排。而在阿尔钦和德姆塞茨看来，古典企业作为一系列契约的联结，其结构为：（1）联合投入品的生产；（2）多个投入品的所有者；（3）任一方与所有联合投入品订立合同；（4）他有与任何投入品所有者进行再谈判的权利而又不影响他与其他投入品所有者之间的合同；（5）他拥有剩余索取权；（6）他有出售他的中心合同剩余身份的权利。这里，一方面，阿尔钦和德姆塞茨发展了企业理论中的契约纽带说；另一方面，他们实际上又指出了企业组织所具有的两个突出的特征：（1）团队生产，（2）所有其他投入的契约安排中某一方居于中心的支配地位，从而开创了团队生产理论。

因此，阿尔钦和德姆塞茨认为，企业和市场契约的差异还是存在的，其根本的差异就在于，企业组织中是以团队方式进行生产的，成员根据个人利益采取行动，但又与其他成员的活动密切相关，这也是企业生产必须具有强有力监督制度的原因。不过，阿尔钦和伍德沃德等又指出，团队生产并不是企业组织的根本性质，而限制交易者行为的合同关系才是企业组织的根本性质（Alchian & Woodward，1998）。也就是说，这种团队理论实质上还是反映了一种契约关系，不过，仅仅强调企业作为一种契约安排并不包括强制性控制，其安排是一种能与集中的代理人进行再谈判的简单的契约结构。特别是，为了确定团队生产中的个体努力就不得不产生监督成本，为了使得这种监督成本最小，就必须赋予监督者剩余索取权。按照他们的逻辑，雇主是企业内的"市场"的恰当的协调者和监督者。当然，由于雇佣契约一开始是不完全的，需要不断进行重新商谈；这样，雇主与雇员之间不断地讨价还价就被理解为每时每刻都在进行签订隐契约的行为，从而也开启了企业分析中的委托—代理分析思路。

詹森和麦克林（Jensen & Meckling，1976）发表的《企业理论：经理行为、代理成本和所有权结构》一文进一步发展和深化了阿尔钦和德姆塞茨有关组织合同中没有权威或者命令的契约思想，并进一步发展了委托—

代理理论。詹森和麦克林强调，合同关系是企业的本质，大部分组织本身就是合同订立关系的连接；不仅企业和雇员间的合同是如此，企业和供货商、客户、债权人等的合同关系也是如此，因而企业内和市场上的行为是相似的。这样，从科斯、张五常、威廉姆森、阿尔钦、德姆塞茨到詹森和麦克林等对企业理论的发展就构成了企业契约说的一条长线，这成为新制度主义企业理论的主流。不过，由于詹森和麦克林（1976）更主要致力于探讨一个特定的所有权结构——企业所有权和经营权分离的公司，分析这种公司内部的治理方式以及成功的原因。他们认为，由于不同的对象有不同的个人利益，如何协调和制约不同对象各自利益的追求就是企业治理的关键。在资本所有者作为企业所有者的时代，企业所有权和经营权分离通常就会产生一个经营者如何代行所有者利益，这就是企业运行中的代理问题。

詹森和麦克林认为，如果委托、代理双方都追求效用最大化，那么就有充分的理由相信，代理人不会总以委托人的最大利益而行动；也就是说，委托代理双方的效用函数往往是不一致的，代理人并不一定为委托人的利益服务，甚而不惜以牺牲委托人的利益为代价来谋取私利。因此，委托人往往要对代理人进行适当的激励，或者需要承担用来约束代理人越轨活动的监督费用等。不过，尽管由于代理成本的存在而使得企业价值在公司中往往并没有最大化，但是，在竞争性的股权市场下，公司还是一种有效率的所有权结构。显然，根据委托—代理理论，一份合同就意味着一种代理关系，在这种契约下，一个人或更多的人（即委托人）授权另一些人（即代理人）代表他们而行事，并授予其某些决策权；而且，委托—代理关系存在于任何包含有两人或两人以上的组织和合作努力中，如公司股东与经理之间的关系显然就是一种纯粹的委托—代理关系。当然，推而广之，委托—代理关系也可运用于一般市场契约中，如委托加工、代理销售等都是如此；因此，委托—代理理论实际上就是契约理论的发展。

尽管委托—代理理论对企业内部最优契约的制定以及执行提供了认识，但由于它并没有真正将企业特有的契约关系与一般市场上的契约关系区分开来，因而阿尔钦和德姆塞茨反对企业的权威特性的看法并没有为大多数经济学家所接受（钱颖一，1989）。同样，以威廉姆森为代表的以"交易"为对象的契约分析也没有真正解释企业内部的权力、权威等关系，它实际上也抹杀了古典企业典型科层制的特征。哈特（1998：24）认为，委托—代理理论并没有考虑缔结契约本身所需要的成本，或者将签约成本都归结为观察可变量的成本；但是，如果一种变量可以被双方观察到，那么该理论就假定这种变量可以无代价的纳入契约。在这种背景下，沿着威廉姆森关于不完全性造成市场交易费用的观点（资产专用性和不确定性），哈特等人（Grossman & Hart，1986）在一系列文献中研究了契约的不完全性并从中探讨了交易成本的来源。当然，不完全契约本身就是对阿尔钦和德姆塞茨的契约思想的发展，因为阿尔钦和德姆塞茨在《生产、信息费用和经济组织》一文中就已经指出，雇佣合同往往只写明工人的劳动工资和劳动时间，没有具体规定劳动速度和强度，从本质上讲这种合同是不完全的。

哈特（1998：25 – 26）认为，标准的委托—代理理论遗漏了三种因素：（1）在未来不确定的世界里，人们不可能做出周密的计划；（2）即使能够做出单个计划，缔约各方也难以就这些计划达成协议；（3）即使能够对未来进行计划和协商，但也无法在出现纠纷时进行有效执行。事实上，如果契约是完全的，那么机制设计理论就可以设计出最优契约，使得在任何产权配置下都可以执行这个最优契约，此时产权就是无关紧要的；相反，如果契约是不完全的，那么当契约中没有规定情况发生时就存在一个控制权问题。特别是，当契约的部分内容第三者无法验证的时候，契约规定的有些内容是没有办法由法庭裁定的，契约只能是不完全的。这样，契约性权利就有两类：（1）特定性权利，（2）剩余权利。前者指的是那种能在事前通过契约加以明确界定的权利，后者指的是那种不能事前明确界定的权利。因此，哈特等人进一步分析了由契约的不完全性所引发的权利和控制的有效配置问题，从而发展了基于不完全契约的企业剩余控制说。

对于不完全契约，剩余权利的归属就是企业制度中的一个关键性问题，格罗斯曼和哈特（1996）等认为，企业所有权就是指控制这些剩余的权利。已往的交易费用经济学文献一般假定，一体化导致的结果与完全契约所导致的结果是一致的，而哈特（1998：35）等认为对这两者的结果的比较是没有意义的，有意义的是比较将剩余权利配置给一方当事人的契约与将剩余权利配置给另一方的契约。在企业这种复杂的契约结构中，存在这样一些控制权，若要对这些控制权加以明确的界定，必须花费在契约双方看来都不合算的交易费用，以致在事前的契约中不对它们进行明确规定。当然，哈特等认为，剩余控制权天然地属于物质资本所有者，因而这种剩余控制权由企业家掌握，便成为一种所有权。当一个企业被买下来以后，被买企业的原管理者原则上就失去了这种所有权而转到了买入者手中；因此，所谓一体化，只不过是通过购入一个企业的资产来获得这个企业的剩余控制权。哈特等还根据把剩余控制权配置给诸当事人的种种契约安排之间的比较优势得出：若收益或总剩余依赖于各自的生产决策，则宜采取非一体化即企业之间的市场契约形式；若一方的收益或总剩余依赖于另一方当事人的生产决策，则宜采取（由另一企业进行的）一体化契约形式。

显然，在不完全契约的情况下，当事人对资产所有权的配置非常敏感，其行动不仅取决于他是否拥有某专有资产，而且还取决于在他不拥有时谁拥有这些资产，企业所有权控制决定了企业交易的效率。因此，哈特（1998）等人进一步发展了产权理论，认为"一项资产的所有者可以拥有对该资产的剩余索取权：可以按任何不与先前的合同、惯例或法律相违背的方式决定资产所有用法的权力。事实上，剩余索取权实际已被作为所有权的定义"。而且，这种产权的观点又与科斯定理——产权界定是市场交易的必要条件——相呼应，因而很快就为学界所接受。另外，正是剩余索取权的引入，公司治理理论和融资理论就开始结合到了一起。例如，阿洪和博尔顿（Aghion & Boltin，1992）等利用契约的不完全性发展出了一个"最优证券设计理论"。根据剩余控制权与融资结构相结合还形成了不同形式的组织结构，如法马和詹森（2000）所说："不同的组织形式是由它们在净现金流量上的剩余索取权特征——如在剩余索取者身份与决策职能间的分离程度上的限制、在剩余索取权的可让渡上的限制等——区分的。"

事实上，早于不完全合同及其衍生的剩余索取权理论，德姆塞茨（1994b）在《关于产权的理论》一文中就提出了产权理论。德姆塞茨认为，新的产权的形成是相互作用的人们对新的收益—成本可能渴望的回应，当内部化收益变得比内部化的成本大时，产权就向外部因素的内部化方向发展。相应地，德姆塞茨强调，只有私有产权才能完成推进市场和提高经济效益这项不可或缺的任务，单个的财产所有者要优于多个财产所有者；因为所有制的数量增加就是财产共有性的增加，它会一般导致内在化的成本增加。也就是说，财产倾向于为成本最小化者拥有。拿德姆塞茨的话来说，如果个人占有土地，他将试图按未来的收益和成本流来选择使其土地现值最大化。实际上，土地的所有者是作为一个代理人行动的，他的财富依赖于他如何适当考虑现在和将来的竞争性要求；但是，在公有权的条件下没有代理人，而且在决定土地的使用强度时，目前的一代人要求是由一股巨大的非经济力量决定的。

上面介绍的是新制度主义中最主要的几种学说，除此之外，还存在其他一些理论。例如，从企业的控制权出发，米尔格罗姆和罗伯茨（Milgrom & Roberts，2000）认为，市场交易费用归根结底不是由契约的不完全性造成的，而是由签订短期契约的费用造成的，其中最主要的是"谈判成本"和"影响成本"。这里的谈判成本不仅包括支付给谈判者的工资或他们所花费时间的机会成本，而且还包括监督和实施合同的成本，以及由于没有以最有效率的方式达成最有效率的协议而产生的损失；影响费用则是指由于组织内部的个人试图影响组织决策以获取私人收益，以及由于组织为控制这种行为而作出的反应所引起的损失。因此，这种费用不仅在阿尔钦和德姆塞茨意义上的联合生产，在更广的范围上代理成本和监督问题都存在。再如，克雷普斯（Kreps）则用声誉模型来进一步发展企业理论。克雷普斯认为，声誉的建立并不需要双方保持持久的交易关系，只要在契约过程中一方是长期存在的，而其他人又能观察到它的商业行为，那么声誉就可以发挥作用：任何人与"长寿"一方签订契约，就表示接受"长寿"一方的权威指令；因为在这种情况下，"长寿"一方会考虑其今后的声誉——无形资产——而不会滥用权威；因此，企业的核心就是声誉。

二　基于交易的交易成本节约说

综上分析，我们可以将新制度主义有关企业性质的主要理论归纳为这样几种：契约关系说、（要素）契约替代（产品契约）说、团队生产的契约纽带说以及由此衍生的注重治理关系的委托—代理理论和不完全合同控制说。尽管存在如此众多的学说，并涉及各个不同的层面，但正如威廉姆森（2002：3）指出的，"很多问题都不过是这统一题目的变态而已"。实际上，无论是"企业替代市场说"，还是"要素市场替代产品市场说"，抑或"契约纽带说"和"委托—代理理论"，以及"不完全合同理论"和"产权理论"都是以交易成本为根本考察对象，着眼于比较企业内的交易成本（更通常的提法是企业的组织成本）和市场上的交易成本之间的大小，因而可以统称交易成本说。这里就此作一简要说明。

其一，契约关系说是科斯首创，它实际上是从交易成本出发把企业看成一种与市场相对的契约关系。在科斯看来，由于一次性的较长期的契约代替了一系列的、短期的契约，从而借助企业组织就可以节约交易成本。威廉姆森则认为，市场交易成本导致的市场内部化同样可以解释厂商的演进及战略，尤其是纵向一体化、M 形组织、企业集团和跨国公司等。事实上，新制度主义的基本观点就是，创建公司成为有利可图之事的主要原因就在于：存在着利用价格机制的交易成本，即发现价格的成本、谈判和签订合同的成本以及其他不确定因素带来的成本。其中，发现价格的成本包括获得和处理市场信息的费用，搜寻有关价格分布、产品质量和劳动投入以及寻找潜在买卖双方及其行为的费用；签订合同的费用包括讨价还价、订立合同、监督合同的签订者以了解他们是否遵守合同的有关条款以及签约者不承担他们的义务时所需要的强制执行合同的费用（林金忠，2004：20）。因此，按照契约关系说，企业的本质特征就是对价格机制的取代，而其原因就在于节约交易成本。

其二，契约替代说由张五常等发展，它也是着眼于交易费用的比较。契约替代说指出，企业并不能消除交易，在纯粹市场交易中，交易的对象是消费品和中间产品；而引入企业后，中间产品的市场交易减少了，但作为生产要素的原材料和劳动力等市场交易却大大增加了。因此，企业的发展可看作是产品市场被要素市场所代替，是以一种要素雇佣的契约关系替代产品交易的契约关系；而之所以要发生这种替代，其根源还是为了节约交易费用。显然，契约替代说的倡导者张五常等人将科斯的交易成本概念扩展到企业组织中，将企业组织内外都视为市场关系，从而进一步模糊了企业和市场的差异；正因如此，这种契约替代说更是集中交易费用的研究来分析企业和市场的转化。不过，这一点甚至遭到了科斯的反对。科斯（1999）认为："组织、企业、实体、大多数经济活动都是在它们内部发生的，而经济学家的主要任务是改进现有的、相当原始的企业理论。……企业的重要性在于，在一定的范围内，雇主有权控制雇员的行动。"

其三，契约纽带说的开拓者是阿尔钦和德姆塞茨，它进一步借助"纽带"而将企业组织原子化。阿尔钦和德姆塞茨并不反对科斯用比市场之间的交易有成本优势这一用语来解释企业的存在，而仅仅想进一步解释为何企业配置资源往往较市场配置资源效率更高。事实上，阿尔钦和德姆塞茨把企业视为一个团队生产的组织，并且这种生产更具有效率，这在一定程度上已经似乎要触及企业生产效率的源泉；但是，他们却撇开了对这一源泉的探讨，转而引入不完全信息来剖析团队生产中的代理成本问题。例如，德姆塞茨（1999：20）就认为，不完全信息也影响团队合作的生产率，而前面的文章却很少关注团队生产中所包含的生产率提高的源泉。同时，这一种观点为詹森和麦克林等（Jensen & Meckling，1976）进一步发展：所有的契约都存在代理费用和监督问题，而这与是否存在联合生产无关。事实上，根据麦克林和詹森的观点，在市场交易中，每两个发生交易的人之间实际上都存在契约关系，这样，社会中的契约数量是庞大的，而企业的形成，使得每一个人可以与新的主体——企业——发生契约关系，这样就大大减少了契约的数量和监督的困难，从而减少了交易成本；究其原因，"如果签订一个较长期的契约以替代若干个较短期的契约，那么签订每一个契约的部分费用就将被节省下来；或者，由于人们注重避免风险，他们可能宁愿签订长期契约而不是短期契约"。因此，在麦克林和詹森等看来，企业本身是一种契约关系，"大多数组织完全是一种法律假设，可作为一组个人间契约关系的一个联结"，因而分析企业这种契约存在的基本视角也就在于交易费用。

其四，委托—代理说的集大成者是威廉姆森，它以合约理论为基础探索公司的控制问题。威廉姆森（2001：207）认为，其对象与交易成本说关注的契约关系的治理和考核是一致的，两者"只不过是术语上的差异而已"。实际上，委托—代理理论的创始者阿尔钦和德姆塞茨就认为，由于生产是以团队方式进行的，因而一些成员就会偷懒，那么为了减少这种偷懒行为就必须进行监督，这也就是代理成本；而且，随着企业规模的扩大、等级链的伸长以及股权的分散，企业的所有者越来越难以了解和控制企业雇员的行为，这时他们就通过层层的委托—代理关系来进行监督、管理，控制企业内部的机会主义行为，从而降低交易费用。因此，企业的规模扩展界限就在于代理成本和交易成本的比较。例如，詹森和麦克林（Jensen & Meckling，1976）等就集中于分析企业运转中的代理成本，这种代理费用也就是"委托人和代理人将分别承担正的监督费用和保证费用"，从而实际上也是交易费用的一种。

其五，不完全合同理论的积极倡导者是哈特，它集中探究不确定情形下的交易成本控制问题。哈特（1998：28）指出，之所以在不完全的情况下还要签订契约就在于重新协商过程中会产生多种成本，这包括：（1）各方对修正契约的条款争论不休的事后成本，（2）对重新协商的预期而产生的事前成本。因此，不完全合同理论强调通过控制权的转让来内化这些成本，企业一体化的规模也就是基于这两种成本的比较。再如，米尔格罗姆和罗伯茨（2000）指出，评价市场交易的有效性的关键还是谈判足够详细的短期合同的成本，如果这些成本始终为零，那么通过市场交换来组织经济活动就具有充分效率；而当谈判成本足够高，那么通过把活动置于中央权力之下就可以实现潜在的、重要的节约。这样，通过对谈判成本和影响成本的比较就可以分析企业的产生和扩展的规模大小。至于不完全合同的自动执行理论，根据克莱因（1998）的观点，明确的合同条款可以节约交易者进行专业性投资必须的品牌资本，因而交易者选择的明确条款和交易者既有品牌资本的树立共同决定了交易关系的自我实施范围的大小和位置。至于哈特等人由此而发展的控制权理论和最优融资结构理论等，也是基于交易成本的考虑。当然，它们只是对企业最优所有权的分析，而不是真正意义上有关企业性质的理论。

其六，产权理论几乎为所有新制度主义者所重视，其基点就在于对团队生产的监督以降低交易成本。事实上，产权学派有这样几个基本观点：（1）要求作为原子式的财富最大化主体的个人起作用，即要求所有的资源在同一水平上是可分割的和可控制的，要求所有权的范围必须与有关的决策单位的范围相一致；（2）要求市场起作用，即要求所有的资源具有完全的可流动性和彻底的私有化促成的流动性；（3）产权分析寻求的是交易费用最小化，所以导向决策权威完全原子化的制度变迁就减少了所有者之间的合作和协商的必要。按照德姆塞茨（1994）的观点，产权的关键作用就是能够阻止其他人对他的行动的干扰，从而帮助一个人形成他与其他人进行交易时的合理预期，并通过资助谈判使得外部成本内在化，这样就可以降低内生的交易成本；相反，"在一个法制的社会，对自愿谈判的禁止会使得交易的成本无穷大"。张五常（1999）则说："'公共'的产权节省了界定和实施私人权利的成本，但是与公共产权相联系的租金耗费意味着另一种类型的交易成本是很高的。"因此，新制度主义的产权学派主要关心共同财产的交易费用的大小，认为规模经济、谈判成本和外部性的内在化要求将产权界定给私人，而财产安排的原子化将导致经济效率的提高；相应地，市场能有效运行的唯一条件是：追求财富最大化的个人主体是自由的，能对激励做出反应，并能以他们个人的自我利益管理有价值的财产。

可见，新制度主义的企业理论可以统称为"交易成本说"。尽管这种概括可能并不全面，因为一些新制度主义者也考虑到了企业组织在生产和分工等方面的内容。例如，张五常（1996）就指出，劳动分工、风险和生产的协作等也都促使了企业的形成。事实上，科斯也考虑到了这些因素，但他又将其他因素全部舍去了，因为在他看来，交易费用是根本的因素。威廉姆森则试图将生产费用与交易费用放在一起讨论，说明规制结构的选择要考虑交易费用与生产费用的综合作用，目标是使生产费用与交易费用之和最小化，交易费用最小只在假定生产费用不变的条件下才有意义。因此，威廉姆森认为，企业的目的并不是节约交易成本，而是节约交易成本和新古典生产成本。不过，威廉姆森总体上还是将生产费用假定为一个辅助因素，他（威廉姆森，2002：144）说："承认节省交易费用是导致（企业）一体化的主要因素，并不排除其他因素的作用，因为它们有时是同时产生作用的。但如果说真正的核心问题在于节省交易成本，那么其他因素就只限于起辅助作用了。这是一个基本观点。"他甚至声称，交易成本是因为有限理性、机会主义和资产专用性三者组合的产物，缺少这三个因素中的任何一个，就不存在交易成本，也就不需要公司了。

因此，基于新制度主义的主流现状而言，交易是其考察组织的主要方面，交易成本也是其比较分析的根本工具。例如，威廉姆森（2002：3）就引用哈耶克的话说："只要掌握了认识一个领域中某种抽象原则、并进而了解其相随属性的能力，即使全然不同的因素，只要具有这些抽象的属性，也能运用同一思维。"事实上，威廉姆森在把经济组织作为一个整体来考察时，就是"带着节省交易成本的'眼镜'来考察"的，因为在威廉姆森看来，在研究企业组织时，交易成本说占有广泛和支配性的影响，"有差别的交易成本就成为解决难题的利刃"（威廉姆森，2001：前言），而"构造经济组织是为了节省交易成本"（威廉姆森，2002：前言）。威廉姆森1975年在《市场与等级制》一书中就将市场和等级制组织都纳入微观经济组织的分析框架，认为等级制内部组织在克服市场失效方面——适应有限理性、机会主义、不确定性、小数目交易关系、信息阻塞等具有优势，但其本身也受到组织规模、交易限度、运用激励与控制工具的有效性等方面的限制。而在《资本主义的经济制度》一书中，威廉姆森（2002：29、30）进一步认为，"资本主义的各种经济制度的主要目标和作用都在于节省交易费用"，"在过去的150年中，作为资本主义经济制度发展标志的全方位的组织创新，为重新评价交易成本的作用提供了保证。"

总之，交易成本说是新制度主义企业理论的内核，交易成本也是新制度主义分析和解决制度问题的基本工具。菲吕博顿和瑞切特（1998）就写道："现在被广泛称为'新制度经济学'的文献把组织问题作为自己的研究对象，试图通过研究产权结构和交易成本对激励和经济行为的影响来拓展新古典理论的适用范围。"正是基于交易成本在新制度主义分析范式框架内的核心地位，威廉姆森甚至将新制度经济学定义为交易成本经济学。而且，正如威廉姆森（1998a）所说，基于交易费用分析框架，企业、市场和混合形式就被视为一个统一体来进行研究，而交易成本最小化是其核心。因此，为了比较研究上的方便，笔者这里也简要地将新制度主义的企业理论统称为"交易成本说"。

三 交易成本节约说的片面性

尽管新制度主义从交易成本理论维度解释了企业组织的形成和扩展，并且，不同学者还基于交易成本维度从不同视角细化了对企业性质及其治理的分析；但是，交易成本说本身是一种静态的抽象理论，是新古典经济学基于根深蒂固的自然主义思维所做的先验假设，而不是源于对企业组织真实演化的刻画。正因如此，局限于交易费用的企业理论必然会存在很大缺陷：不仅使得理论与现实发生脱节，而且也无法解释企业组织的历史演变，更无从预测企业形态的未来发展。其实，正是由于目前流行的企业理论仅仅是当代学者基于静态思维的抽象产物，这些理论割断了学术史的继承性而构设出基于不同先验性前提假设的一个个解释共同体。关于基于交易成本说来解释企业组织的理论缺陷，这里从几个方面加以说明。

其一，交易成本这一术语在概念定义上存在模糊性，从而在度量上存在难以操作性。

一方面，尽管新制度主义兴起之初，科斯等人是从狭义的市场交换方面定义"交易"的，但从后来的理论进展来看，新制度主义所使用的"交易"一词的含义却越来越泛化，逐渐演化为与处理"人与自然的关系"的"生产"概念相对应的而涉及人与人之间关系的范畴，甚至从更广泛的意义上任何人类活动都可称为交易。譬如，米塞斯（Mises，1949）很早就指出，"一种用更满意的事态替代不满意事态的企图"就是交易，"与别人无关的行为是自我交易"。因此，交易既包括社会中的人际交换，也包括孤独的猎人用子弹和休闲来获取食物的活动。显然，这种试图用"交易"解说人类一切行为的尝试，必然减弱概念本身的可操作性，从而使得交易成本成为一个空洞的名词。事实上，张五常（1999）把交易成本定义为那些不可能存在于一个鲁滨孙经济中的所有成本，这种成本显然是无法测量的。

另一方面，即使在一个狭义的意义上，精确地定义"交易"也存在很大的问题。譬如，张五常（1999）又把交易成本称为制度成本或者"看不见的手"的成本，因而在鲁滨孙的世界里没有交易费用；但显然，这忽视了企业的自组织交易以及内部要素之间的互动。事实上，只要存在分工，就必然存在交易；而且，早在企业组织出现之前市场就已长期存在了，与市场相对的是一般生产组织而不是作为其特殊形态的企业组织。例如，在契约式协调时期，市场和交易就广泛存在家庭组织之间；甚至在封闭式的家庭组织中，也存在包括男女之间的种种交易。我们知道，单个人对拥有资源的配置是新古典经济学研究的内容，如有一定的时间如何安排工作和休息，有一定的资金如何安排投资和消费。一般地，我们往往不把个人对资源的使用配置称为交易，而仅仅认为它只是技术的函数；但是，如果推广到企业组织中，即企业在一定的资源情况下，如何配置资源，这往往成了可观察到的交易问题。事实上，就个人而言，由于主体的不可分性，单个人的左手和右手无法交易；但是，企业内部却存在不同的主体，不同部门、不同层级、不同个人之间也往往存在交易。显然，这些活动并不完全是一个组织管理问题，根据合约理论，企业只是一个合同集，内部投入品的交易并不完全是组织的。例如，康芒斯提出的管理交易（Managerial Transaction），即长期合约规定的上下级之间的不平等交易，主要表现为企业内上下级之间的命令与服从关系。再如，合伙制企业中就存在合伙人之间的大量交易。因此，专注企业外部的交易往往会忽视内部同样的交易。

其二，交易成本说不能解释企业与市场、生产和交易之间出现的时间先后及其因果关系。

科斯的市场替代说认为，在公司外部，价格变动指导着生产，生产通过市场上一系列的交换交易而得到调节；在公司内部，则由企业家取代了由交换交易形成的复杂的市场结构，企业家指导着生产。这显然暗含着，市场一开始就已经存在的，而且它可以脱离生产而存在；同时也意味着，在对生产加以调节之前或者没有生产调节的情况下，生产就能够以某种方式存在。其实，尽管新制度主义学者大都强调，企业从市场中演化而来，即先有市场然后出现企业组织。例如，威廉姆森就暗示道，我们可以接受事先存在市场的观点。但是，交易成本说用市场中交易成本的存在来解释企业的存在，基于同样的逻辑，我们也可以反过来用企业内部组织成本的存在来说明市场的存在。所以，正如彼特利斯（2002）指出的："如果我们从最初的起点出发，那么（新制度经济学的）这一观点肯定是错误的。"

实际上，追本溯源可以明白，人类社会中的经济真正交易是在出现了有意识的生产之后，不可能存在没有生产的交易，尽管迄今为止人们还不清楚先于交易的生产单位究竟是什么。一般地，从人类起源来看，自从人类摆脱对自然物的依赖，人们就开始了自给自足的生产活动，但此时并没有形成持久的真正交换；后来，随着生产活动的扩大出现了部落等组织，在其内部实行了共同生产和共同消费，此时的交换活动也没有独立出来。只有当人类较为恒久的生产组织——家庭——出现后，才开始呈现出了两类交换关系：（1）家庭组织内部成员之间持久的交换关系；（2）家庭组织之间开始了互通有无的交换。但即使如此，对家庭整体而言，家庭成员之间主要也是体现了共同生产和共同消费；因此，这种交换也不是新制度经济学一般意义上的交易，而相当于企业中的组织和分配。不管如何，从这个意义上讲，生产先于交易是更合理的。彼特利斯（2002）强调："从自给自足经济出发，可能会要求修改交易成本经济学的分析方法……我们就必须解释为什么人类决定用存在正交易成本的世界来取代零交易成本的世界。"但是，新制度主义着眼于事物现象的功能分析忽视了本源问题的探讨，从而往往陷入"循环论证"的怪圈。

其三，交易费用说把生产组织等同于企业组织而没有也无法区分两者差异及其内在的演化机制。

科斯在探讨企业出现的原因时，把企业视为不同于市场的一种协调机制。科斯（1937）借用罗伯斯顿的话说，厂商是"在无意识合作的汪洋大海中的有意识的权力之岛，就像一桶乳酪中凝结着的一块块黄油"。也就是说，如果说我们用海洋来比喻市场通过价格来分配资源，那么岛屿就可以比作是厂商通过数量来指令性分配资源的制度。显然，新制度主义开创者科斯主要是强调了企业与市场在性质上的差异，强调了两种不同的协调方式：企业是由企业家来协调的指挥系统，而企业家在企业内部具有权威性和强制力量。但是，新制度经济学发展到张五常等人手中时，就开始用契约来重新统一市场和企业，结果就重新回到了新古典主义的分析范式，重新把已接近打开的企业组织之窗又盖上了。

实际上，即使像科斯那样认识到基于权威关系的协调机制乃组织不同于市场的特点，但体现这种权威关系的也不仅仅只存在于现代企业组织中，而更可能是一切生产组织的基本特点。一般地，任何超越一人以上的生产组织都具有某种等级和权威关系，不同生产组织的差别仅仅在于权威的强弱程度和实施方式上，而新制度经济学基于交易费用的分析没有能够说明这一点。例如，彼特利斯（2002）指出，权威可能存在于作为一个生产单元（企业）的家庭中，但这种企业不一定是科斯式的企业。其原因在于，科斯式的企业存在的前提是存在"雇佣契约"，一位代理人自愿地在另一位代理人的权威之下工作；而在家庭式的企业中，雇佣契约只可能是隐性的，并且，代理人（妻子、儿子）可能不是自愿服从委托人（父亲）的权威的。其实，生产组织最重要的功能是与特定生产力下的分工相适应，有利于分工的展开，并且有利于分立劳动之间的协调，从而与特定条件下的协调机制相适应。因此，企业组织与其他组织的区别主要不是在于交易费用上，而是对分立要素在生产中的协调机制的差异上，这就涉及两方面的协调水平问题。

其四，交易费用说片面地以组织成本与交易成本的比较而趋向于把生产视为等级制的组织。

科斯认为，不完备的市场内化为具有层级制组织的企业，从而有助于减少缔约成本，从而提高整体效率。因此，早期新制度主义将企业描述成为与市场的自由形成对照的管理等级制的关系（迪屈奇，1999：8）。然而，尽管相对于市场而言，企业组织内部确实存在一定程度的权威关系，但这种权威关系是不断变化的，随着个人知识在生产中重要性的增加，企业内部与等级制相连的权威关系具有不断弱化的倾向。而且，作为生产组织的企业未必都是由多人组成的层级制组织，因为也存在一个人的"个体户"企业。实际上，尽管是一个人的自给自足的生产，但由于它的生产实际上已经在被从事或组织了，因而也应该被看成是一个企业（迪屈奇，1999：22-23）。此外，目前的企业组织结构具有网络化、扁平化的趋势，其相关成员的关系更加难以说得清楚。例如，目前盛行的特许连锁店企业如何确定它的形态？仅仅把它视为是因所有者对员工行使权力而组成的结构呢？还是应把客户、商品、资本和特许经营权的长期供应商都包括在内？也正因为上述对企业组织界定的重重困难，后来的新制度经济学家就逐渐偏离了科斯的本意，转而将企业也视为一种契约关系。

实际上，企业所反映的不仅是与市场相对应的等级制资源配置方式，而更主要是内含了一种新的协调机制，这种协调机制与特定条件下的分工有关，从而有利于劳动的协作生产。所以，正如很多学者指出的，科斯理论强调交易成本的重要性时，却忽视了企业组织在发挥劳动的社会生产力方面的不可替代的作用，忽视了企业内人力资本分工协作、指挥和被指挥的协调关系（张雄、陈章亮，2000：261）。一般地，生产组织要与特定的协调机制相适应，而协调机制则与信息状况有关，因而，生产组织的结构实际上是信息的函数。显然，如果信息是集中的或者可以有效传递的，那么等级制组织是有效的；但是，如果信息是分散的，特别是当基于特定时间和地点的个人的默会知识无法快速有效传递时，分散的决策机制是有效的，此时生产组织的等级链将减少。就人类社会的发展而言，随着社会生产力的提高，企业组织的结构越来越具有扁平式的网络化趋势，如果不仅仅探究这种组织相对应的协调机制，那么就很有可能进一步混淆生产组织和市场。

其五，交易费用说仅仅从交易方面来探究企业和市场却混淆了两者的本质功能。

科斯之后，有关权威等级制的企业观点逐渐发生了蜕化，威廉姆森、张五常、阿尔钦、德姆塞茨、詹森、麦克林、克莱因等人逐渐将交易的含义扩大化，以至最终将企业组织也看成是一种交易的联结，仅仅是商业契约意义上的契约安排。正是由于这种企业理论基于"交易"分析而把组织和市场都视为契约关系，企业仅仅是价格理论或市场理论的附属物，从而混同了企业和市场的本质差异：它不仅将企业的生产功能抹杀了，更忽视企业组织内部专业化分工的机制，从而也就重新丧失了对企业内部治理关系的真正探究。事实上，尽管现实中企业往往是基于契约而产生的，但实际上，契约关系仅仅是企业组织的产生途径之一；况且，产生途径并不等于事物出现的根本目的，因而契约关系并不能揭示企业的性质或功能。但不幸的是，自张五常把企业也视为一种节约交易成本的社会契约开始，威廉姆森（2001）、格罗斯曼和哈特（1996）以及克莱因、克莱佛德和阿尔钦（2000）等就以机会主义和资产专用性等概念来分析一体化何以能够降低欺诈和违约等一系列问题；而且，尽管他们所讨论的并不是企业的存在性质和基本功能，但却硬生生地以这种"镜花水月"为基础来构建企业理论，以节约成本的表象来代替本质的探究。显然，正是契约论者将企业组织彻底还原为一组契约或契约关系，将企业组织又重新锁进了"黑箱"之中，从根本上抹杀了企业组织的本质。

实际上，任何企业组织都是生产和契约的统一，这体现为马克思经济学中资本循环的三个阶段上；并且，企业组织更为基本的职能在于生产方面，而市场却不具有生产功能，这是企业与市场的根本不同之处。究其原因，企业的生产功能与市场的交易功能根本上是两个不同性质的东西：交易是在既定收益的情况下的交换，企业交易则表现为组织和管理的成本最小化，这是对交易成本的节约。但是，市场交易为的是获得交换剩余，企业生产却是要创造出新的收益，分立生产要素在不同协调水平下所产生的收益是可变的。一个基本的事实是，交易需要存在着预先给定的在技术上可以分开的单位，这些单位可以随意组合并保持自身；相反，生产通常会促进各单位本身的改变，不同单位的组合可能形成完全不同的后果，就像不同的原子结合成不同的原子团一样。正因如此，企业组织之所以会存在，在于它能识别不同类型劳动及其所有者之间的关系，促使它们形成预期的协作共同体（"原子团"），从而可以产生不同的收益。为此，德姆塞茨特别强调企业与市场之间的专业化方面的区别，西蒙则强调了组织的协调和激励，而其他一些学者则将企业视为能力束，包含了默会知识、技巧等。可见，尽管交易费用说认为公司最重要的性质是建立在资源配置的基础之上，但实际上，公司不能简单地归结为资源配置，因为最重要的性质乃是生产—销售单位，是资源利用问题；同时，市场并不能产生生产和消费单位，而只能将它们联系起来。因此，想当然地认为市场能够在没有公司的情况下存在，是错误的；即使交易费用为零，也必然存在生产组织。也正是从这一角度上说，公司不能从交换关系中形成，也不能简单地归结为一种契约或个别协议的关系。

其六，交易成本说所发展出的单向度的委托—代理治理模式对理论和实践都具误导性。

为了对企业内部的运行提供一种分析，交易费用说以对契约的分析来取代对生产协作的分析，把契约视为整个企业组织的生产活动的全部；而且，交易费用说又首先假设企业的先验存在，从企业所有者（企业主）角度来探究契约关系，特别是集中于对契约制定和执行的分析。因此，交易成本说和新古典主义的企业理论都把企业视为物质资产所有者所有，企业主（或管理者）是唯一的剩余索取者，而员工仅仅是企业家购买的一种投入要素，与生产要素所有者达成的契约也是由外部市场条件决定的。从外部性市场契约的观点出发，层级制组织中契约关系就被解释成了委托—代理关系：资本所有者是委托人，而其他生产要素的所有者则都成了代理人；在这种契约下，委托人对代理人使用权威，而代理人只有服从或退出的选择。但显然，这种理论对合作性的生产组织并不成立，特别是，企业本身根本上并不是企业家所特有的，而是为所有利益相关者服务的协作系统；相应地，企业组织的治理模式本质上体现了代理人监督代理人的关系，或者是社会共同治理模式。

实际上，委托—代理关系是已经被异化了的企业组织所呈现出来的表象，它是企业公权力分配不平衡的结果，从而体现了现实中的权力意志而不是体现本质的合理性；正是由于企业组织在发展过程中逐渐被某些强势者所占有，从而企业组织也演变为私人所有。显然，这种私人所有制典型地表现为家族企业，而家族企业则采取了类似家庭组织的管理方式，从而广泛盛行委托—代理的治理模式；但是，家族企业中的这种治理模式却越来越暴露出严重的弊端，从而开始了向股份制现代企业组织形态的过渡。而且，随着社会权力的均衡化发展以及人们对企业本质认知的深化，这种注重特定个人的效率而不是组织的有效性的委托—代理治理模式就呈现出明显的缺陷：社会发展使得价值的创造——体现组织有效性这一基本方面——越来越依赖于各类劳动之间的协调，而不是建立在监督基础之上的劳动量的投入。显然，劳动间协调体现了人的主动性，从而需要一种新型的劳动关系与之相适应；正因如此，现代企业组织的治理模式也越来越朝代理人相互监督或社会共同治理的方向复归。

其七，交易成本说所设定的同质性假设前提与现实世界的异质性企业组织相背离。

新制度主义之所以以交易为分析对象，就在于它把资源视为具有完全流动性的和具有高度竞争性的，并存在着预先给定的在技术上可以分开的单位。这样，交易费用说的分析思路就是，通过契约关系的调整，从而通过对这些单位之间的交换，以使得组织和管理的成本最小化。但显然，这种分析与现实形成了明显的反差：根据交易费用理论，效率仅仅来源于达致契约的途径及其交易费用，而这种契约形式的模仿是没有成本的，这就无法解释企业的长期利润来源。其实，制度安排的演变并不仅仅是使交易成本最小，不同的组合还通常会促进各单位本身的改变；就如不同的原子或分子相结合可能形成不同的原子团或分子团一样，不同的组合方式在动态上可以促进各单位收益的变化。因此，尽管市场中的企业拥有几乎相近的生产要素，但由于组织结构上的不同，各个企业呈现出鲜明的异质特性。问题就在于，正统的交易成本说关于其余情况相同的假设之上，排除了效益改变的可能性。

实际上，正是与由于新制度主义企业理论把企业视为同质的，仅仅是在形成"原子团"的过程中存在交易成本上的区别；因此，它就没有进一步对生产要素之间的结合关系进行分析，从而也就难以对企业组织内部的微观运行进行剖析。同时，由于制度经济学缺乏对企业内部成员之间力量对比关系的考察，也没有分析社会习俗和法律规章对企业行为的影响，从而无法揭示不同企业组织的现状与其本质的偏离，因而也就没有形成真正的制度比较分析。相反，如果考虑上述因素，我们就会明白，世界上没有任何两个企业是相同的，包括企业管理人员的素质、生产技术、社会资本网络等；而且，这些要素构成了企业的特质性资源，它是难以被模仿的。显然，正是企业的这些特质性资源，使得对生产技术的认知产生差异，导致了在不同企业中形成了不同的要素组合，而这些要素组合的不同产生了截然不同的协调收益。因此，正如道（Dow，1987：18）指出的，倘若一项交易的特性并非保持不变，当一个管理机构被另一个管理机构所取代时，则有关的交易成本将毫无意义。相反，迪屈奇（1999：6-7）则指出，在一个动态的环境中企业组织就可从效益优势中获得根据，这也正是我们强调的基于演化视角的企业理论。

其八，交易费用说的静态分析思维无法从历史演化中剖析企业本质和理解异化形态的现实企业。

交易费用说在比较不同的契约关系和资源配置时，总是假设交易单位的成本和收益特征是不变的，它不仅把契约方的成本都视为外部市场给定的，而且把生产出来的产品的价格也视为既定的；因此，这是一种典型的静态分析思路，不仅没有考虑市场变动对边际产品价值的影响，甚至也没有考虑财富分配带来的收入效应。究其原因，交易费用的分析实质上还是沿袭了新古典经济学的传统分析思路，把市场价格视为既定的，不考虑需求的波动。例如，科斯就承认他的理论与马歇尔的边际理论是一致的，威廉姆森则承认新制度经济学家正在做的乃是对常规分析的补充，而不是对它的取代。正因如此，尽管新制度经济学看似将制度和组织等因素纳入了考虑范围，但由于它采取一种比较静态的分析方法，从而实际上并没有能够对制度安排进行分析。威廉姆森就多次承认，他所用的是比较静态方法，而没有完成从静态分析到动态分析的转变。威廉姆森（2002）说："在迅速创新的情况下，对经济组织的研究比这里提到的要困难得多……需要更多地研究组织与创新的关系。"

实际上，正是基于静态的抽象分析，交易费用说的典型做法是：比较均衡状态下两种或多种治理结构的交易成本，其中成本最低的结构被认为是最有效的（霍奇逊，2002）。相应地，在这种静态的框架中，公司组织的形式就被缩小为交易成本效率（迪屈奇，1999：作者的话）。因此，交易费用说往往难以考虑结构的持续变化，而只能从外部寻找原因；交易成本本身也不能解释组织做出的特定选择，正如马格努森和奥特森（2002）指出的："不断增长的交易成本本身无法解释由一种组织形式向另一种特定组织形式的转变。"其实，企业本身是一个不断变动和扩展的协作系统，在历史的发展过程中，它也在不断积累独特的知识、技能以及相应的惯例；因此，企业制度的选择就由其内在一系列因素所决定，这包括历史上接受到的信息、可供使用的制度、不确定性的水平等。可见，如同诺思指出的，为了理解对组织解决方案的特定选择，交易成本结构必须被置于一个特定的制度框架内，并与特殊的激励结构挂钩。

可见，新制度主义的交易成本说存在严重的缺陷。一般地，以交易成本对现实企业进行解释时就存在两个公认的缺点：（1）科斯的分析在某种意义上乃一种赘述，利用市场的相对成本而导出公司的存在，反过来同样可以说，由于管理的相对成本而导致市场的存在（Alchian & Demsetz, 1972）；（2）交易成本说几乎可以解释任何结果，即凡是解释不清的费用都可以称为交易费用，"恍兮忽兮，其中有物"，但却又没有实际意义（Fischer, 1977；米尔格罗姆和罗伯茨，2000）。事实上，新制度经济学者在使用"交易成本"一词时往往采用越来越泛化的概念，不仅用交易成本来解释市场的贸易成本，也用来解释企业的组织和管理成本。有人讥讽道："猴子为什么要上树？当然是交易费用嘛！"显然，经济组织的交易费用逻辑具有同义反复的来源，既是同义反复，当然也就无法被数据所证伪。所以，科斯称之为"显然正确的命题"（威廉姆森，1996），迪屈奇

（1999：作者的话）则认为交易成本的观点似乎具有某种神学色彩。进一步地，如果按照波普尔的"证伪主义"观点，这种理论就是难以被证伪，因而也必然是不科学的。

同时，基于交易成本说所形成的基本分析框架也存在了两个严重的问题：（1）它的分析前提是同质性的，依赖一种共同效率的推理；（2）它基于一种相对来说静态的方法论，这种静态的分析只是根据过去经济实绩进行分析，而不能说明在动态的背景下的公司的演化。结果，尽管"交易费用经济学一些学者抨击新古典学派将企业视为一个'黑匣子'而不研究其实质内容，但它本身没有完全脱离开新古典经济学的躯壳"（单伟建，1996）。例如，青木昌彦（2005：12）就指出，新制度经济学在一个专业化的交换经济中寻找企业出现的原因，结果不由自主地又要走进企业"黑箱"。事实上，尽管企业确实是通过契约而形成的，但是，也正如林金忠（2004：33）指出的："企业契约论却忽视了一个更为重要的事实，即：企业的本质特征并不在于这种集结以及实现这种集结的要素契约本身，而在于形成这种集结之后的企业活动以及在活动中形成的人与人之间的各种社会和经济关系。这种关系本质上是异质的，并不能简单地归结为所谓交易关系，而是有指挥与被指挥或支配与被支配的关系（权力关系），也有剥削与被剥削的关系（利益关系），还有其他各种社会和经济关系。"

总之，新制度主义的交易成本说是以交换关系作为公司形成的依据的，但这种试图用交易成本来统一企业和市场的做法却一直受到批评。为此，德姆塞茨也尝试将市场和企业的成本区分开来，使用"交易成本"概念来分析市场交换，而使用"组织成本"概念来分析管理和组织企业的成本。问题是，仅仅在这一点有所突破也是不足的，因为它不但无法区分不同类型市场的差异特性，也无法剖析不同属性组织的差异特性。事实上，市场本身就不是一个不变的自然之物，而是一个不断演化的人为"创设"之物，不同时空下存在的市场规则和市场伦理存在很大差异，从而导致了市场机制的不同运行特征。那么，这些市场机制是如何演化的呢？譬如，在各种现代通信手段出现之前的市场交易成本并不高，那么，如何说明现代市场优于传统市场呢？关键在于，市场本身也存在一个重要功能就是：协调分工，现代市场极大地促进了分工的扩展和深化。同样，人类社会中不同类型的组织的原初目的也存在很大差异，如果不搞清楚组织的目的，也就搞不清楚组织的运作，从而也就不能简单地基于组织成本对组织的优劣进行比较。譬如，宗教组织和企业组织就存在很大差异，宗教主要是提供精神上的指导而不是买卖行为，但新制度经济学家在讨论宗教经济学时却将教堂解释为"宗教市场"上竞争的"企业"。显然，正是基于同一的组织成本而缺乏对组织本身特性的分析，新制度主义经济学者普遍地将组织与企业相混淆了，至少将企业组织等同于一般性的组织；其实，企业组织仅仅是生产组织的一种，并且从其他类型的生产组织演化而来，因而与市场形成鲜明对比的是一般生产组织，而企业组织与其他生产组织的比较则可以细化对企业组织的认知。

第二节　古典主义对分工演化的阐释

第一节的分析表明，新制度主义仍然承袭新古典经济学的分析思路，以静态的思维考察经济主体的外部联系（即交易），把研究的重心放在稀缺资源的配置问题；正因如此，它很少注意到稀缺程度本身的不固定性，撇开了对资源创造的关注，而这正是古典经济学关注的重点（杨小凯和张永生，2000：3）。事实上，古典政治经济学承袭自古希腊以来就形成的研究组织问题的传统，同时适应英国工业革命的实际情形而探究当时社会所关注的国民财富增长这一基本问题，集中在社会组织中的生产领域；为此，古典经济学家特别关注如何深化社会分工来提高劳动生产率，并以此达到促进社会财富创造的目的。古典经济学认为，正是分工的深化可以促使生产效率的提高，而企业组织的出现则深化了劳动分工；因此，尽管基于企业组织的生产形式也可以节约交易费用，但相对于分工收益的增进而言，交易费用的节约是从属和次要的。正因如此，人们往往将重视企业生产功能和分工思想的观点都视为古典主义的特征。例如，杨小凯就将自己重视分工的思想称为新兴古典经济学，意思是要重新回到"古典"去。

一　关注生产的企业理论沿革

分工理论鼎盛于古典主义时期。例如，马克思就是古典经济学的重要代表，他对企业的内在结构作了大量而深入的分析，这些成果极大地弥补了新制度主义企业理论的不足。事实上，尽管马克思理论呈现出独特的结构体系，从而已经远离了古典经济学范畴，但他对企业的分析视角以及对分工的论述与古典经济学家却基本一致，是对前人的继承和发展。当然，分工思想可以追溯到更早时期，古希腊和古代中国的学者都提出了丰富的分工思想。究其原因，如何更有效地提高生产力以创造更多的财富一直是人类关注的核心课题，因而古代学者往往都非常注重对财富性质的研究，关注财富的创造和分配。因此，这里从思想史的角度对分工理论的演化作一梳理，并结合时代背景以及社会的演变来探究分工理论演化的内在逻辑。

（一）古代社会的外生绝对优势说

一般认为，分工理论可以追溯到斯密那个时期，分工理论构成了《国富论》的基础，并且是全书最精练的部分。但实际上，斯密并没有提出多少富有创见的东西，他的很多思想已经为他同时期的学者如配第、杜尔哥、卢梭以及弗格森等人所阐述了。例如，早在 17 世纪末，威廉·配第就认识到专业化对生产力进步的意义，他说，"当一个人梳毛，另一个人纺纱，再一个人织布时所生产出来的布料，一定比当以上所有的操作都由一个人笨拙地工作时所生产出来的布料要便宜"（转引自布鲁，2003：23）。同时，配第还指出，荷兰人之所以有较高的商业效率就在于他们用专用的商船运输不同的货物，熊彼特（1991：322）甚至说，"至于分工问题，亚当·斯密要说的，这里全都有了，其中包括分工对市场大小的依存关系问题"。再如，坎铁隆更是把经济设想为相互联系的市场的有机系统，而这些相互联系的市场以实现某种均衡的方式运作；杜尔哥则推测，分工和货币的出现、商业扩展以及资本积累之间一定存在一种内在联系，斯密还曾经与杜尔哥见过面，并对杜尔哥的著作很熟悉。

同时，分工思想还有更早的思想渊源，斯密及其同侪们所强调的比较优势早在古希腊时期就已经为色诺芬、柏拉图以及亚里士多德等人所阐述了。事实上，"经济学"一词源于色诺芬的《经济论》一书，它是 oikos（家庭）和 nomos（法或原则）的结合，意思就是家庭管理的原则。因此，从起源学来看，"经济学"研究的根本对象是组织，而管理组织的目的就是要提高组织运作的有效性和效率，而组织运作的有效性和效率则与合理的分工有关，体现为资源的有效配置。为此，"经济学"一词的最早提出者色诺芬就集中探究了私人和公共事务的适当组织和管理，集中于技能、秩序和分工原理的探究，分析了人口集中和专业技能以及产品开发之间的关系；柏拉图则将这种分析进一步拓展到城邦组织上，分析国家的政治、经济结构，探讨最优化的政治经济和公平的道德规则，进一步分析了互惠互利的专业化发展和交换理论。

事实上，色诺芬的《经济论》就是一本论述奴隶主如何管理好自己的财产，如何更好地使用奴隶劳动以获得更多使用价值的书。在色诺芬看来，管理需要技能、秩序和最基本的经济分工原理，并把产品数量的增加和质量的提高归功于分工的原理。一方面，色诺芬重视社会外部分工（即市场分工），如专门分析了人口集中和专业技能及产品开发之间的关系；并已经认识到社会分工的粗细依存于市场范围的大小。例如，色诺芬指出，由于在大城市中每一种职业都可以找到众多的购买者，因而大城市中的手艺就较小市镇更为完善，显然，这是斯密的专业化理论以及分工受市场程度限制观点的滥觞。另一方面，色诺芬又分析了手工作坊的内部分工和协作，如制鞋业内部的分工，他认为，分工既会扩大物品的效用（数量），也会制造出更精美的物品（质量）。例如，波斯国王的餐桌上享用的食物之所以比一般菜肴可口，就在于国王的厨房里有广泛的分工，每位厨师只做一两道菜。

如果说色诺芬开启了分工的探讨，那么，柏拉图就把分工深化了，分工思想在其《理想国》中占有重要地位。不过，柏拉图更为重视社会分工，不仅把分工与交换相联系，而且把"分工当作国家的组织原理来看待"（马克思，1963：391）。例如，遵循色诺芬开创的道路，柏拉图把城市的起源归因于专业化和分工，"由于这种对劳务的相互交换，大量的人便聚集在一起，并聚居在我们称之为城市和国家的地方"。同时，柏拉图指出，分工引起的交换可通过市场进行，并以货币为媒介，从而揭示了货币的起源。特别是，柏拉图考察了社会分工的起源：（1）在于人需求的多样性；（2）起源于人生来不平等的天性，各有所能。正是基于各人的优势不同，分工就会增进每个人的利益。为此，柏拉图还揭示了分工的互惠本质，认为专业化创造了互惠的相互依存，而互惠的相互依存又确立了互惠的交换，从而就产生了早期基于优势互补的分工理论。

当然，由于古希腊时期人类所积累的物化劳动还不丰富，个体之间的差异主要是天然的而不是源于所凝结的不同物化劳动所致。例如，柏拉图就强调，人类存在自然的不平等，一些人有高度发达的天赋和才能，而另一些人则才智平平，因而劳动分工、专业化和交换成为自然之事。在很大程度上，柏拉图和亚里士多德等古希腊思想家强调的不是分工本身所引起的效率提高，而是由于分工使每个人专做最适合他性格的工作而带来的效率提高；即由自然的不平等导致了专业化的需求，而 2000 多年以后的斯密则强调是专业化导致了效率的提高。在很大程度上，柏拉图所构设的理想国中等级制度也就根源于对这种基于天然绝对优势进行分工的认识：俊杰贤能、智能出众者应付以治国重任，勇气十足、强悍善战者应使之保家卫国，至于俗人应该让其从事农工生产。因此，我们说，早期古希腊学者所理解的分工效率主要是外生的，是对"天然劳动力"合理配置的比较收益。这种认识也是与当时的生产力状况相适应的。例如，马克思就指出，在原始公社时期，由于生产力低下，只能"由于天赋（体力）、需要、偶然性等而自发地（或自然地）分工"（程恩富等，2002：137－138）。同样，这种分工认知也体现在古代中国社会，这可以追溯到春秋时管仲所提倡的"四民分业"："处士……就闲燕，处工就官府，处商就市井，处农就田野"（《国语·齐语》），孟子则正式提出"通功易事"的理论。①

显然，正是由于历史条件所限，古希腊学者主要从人的天然差异来分析分工的好处，从而早期的分工理论可以被称为外生绝对优势说。尽管色诺芬、柏拉图、亚里士多德等人提出的分工理论是粗略和初步的，但他们对专业化的论述、有关分工与社会福利的意义等却成为以后以斯密、马克思为代表的古典经济学家有关分工思想的渊源。布罗代尔（1993：687）就认为，斯密只是把已被这些学者"隐约地意识到的一个旧概念上升到整体理论的高度"。不过，在古希腊城邦衰落之后的漫长时期，由于西方社会进入了一个热衷于对外征服、扩张和掠夺的历史阶段，从而导致对财富创造和分工的探究出现停滞。首先，在整个古罗马时期，由于崇尚扩张和殖民，农业生产和财富创造被相对忽视了；其次，进入中世纪之后，经济活动又开始附属于伦理活动，经济学从属于伦理学，从而也导致对经济活动和分工研究的淡却；再次，中世纪后期以降，随着民族国家的兴起以及相互竞争的需要，在可以从海外殖民地源源不断获取金银的情况下，重商主义把研究的重点投放在流通领域，也没有分析生产领域的分工问题；最后，只是随着众多商人逐渐变成了产业资本家，以前分离的生产过程和流通过程日渐统一，流通过程成为再生产的一个环节，经济学才再次转向了对分工的研究，从而开始了古典经济学阶段。

---

① 管子认为，同业成员聚居可以"相语以事""相示以巧""相陈以功"（《国语·齐语》），从而提高技术水平；这实际上已经认识到分工带来的内在效率，比古希腊哲学家的认知水平似乎更进一层了。

（二）斯密倡导的内生绝对优势说

分工演化在古典经济学中得到了充分的重视。事实上，古希腊学者关注的是家庭组织（它实际上是氏族组织），而当它拓展到城邦和国家组织之后就形成了政治经济学，因而分工就成为古典政治经济学关注的核心问题。其中，斯密是分工思想的集大成者和真正的先驱，正如熊彼特（1991：285）指出的，"无论在斯密以前还是在斯密以后，都没有人想到要如此重视分工。在斯密看来，分工是导致经济进步的唯一原因"。斯密将分工和专业化提高到了无比重要的地位，并以分工为核心构建了古典经济学的基本体系，从而深深地影响了古典经济学家乃至以后的一切经济学家。李斯特（1961：132）曾经写道："不管他著作的其余部分对科学做出了多大贡献，他似乎认为'分工'这个概念是他思想上最卓越的一点。他是打算靠了这一点使他的著作问世以后能轰动一时，使他能扬名后世。"例如，分工受制于市场容量的原理就只是在斯密提出后才为经济学界所重视，并被西方主流经济学视为"在全部经济学文献中是最有阐述力并富有成果的基本原理之一"（杨格，1996）。斯密之后，几乎所有的古典经济学大家都重视分工问题，都强调社会分工对经济发展的意义。一些经济学家甚至认为，由分工"概念得出的定律与牛顿的万有引力同样可靠"。因此，分析分工思想的演化往往会追溯到古典经济学，尤其是自斯密始。

斯密继承了古希腊学者的探究路线，既分析了工场内部分工，如扣针制造业，也描绘了社会各部门的分工，如小村落和大都市的比较。在斯密看来，劳动生产率与分工有关，分工是有助于生产力提高的最重要条件。斯密（1974：5、7）指出，"劳动生产力上最大的增进，以及运用劳动时所表现的更大的熟练、技巧和判断力，似乎都是分工的结果"，"凡能采用分工制的工艺，一经采用分工制，便相应地增进劳动的生产力"。并且，斯密还将分工对劳动生产率的提高归结为三个方面：（1）重复型劳动使得劳动者技巧和灵敏的增加；（2）避免工种之间频繁转换时间的节约；（3）工人固定从事一种工作有助于知识积累从而促进技术革新。也就是说，正是分工提高了人们的技能，促进了技术进步，从而产生了分工效率，即人们在分工中获得了绝对优势。显然，斯密的认知已经比柏拉图等古希腊学者更深了一步，因为柏拉图和亚里士多德等强调的不是分工本身所引起的内涵式效率提高，而是由于分工使每个人专做最适合他性格的工作而带来的外延式效率提高，即由自然的不平等而产生的专业化需求；相反，斯密不仅认为分工效益来源于取长补短、因地制宜的合理安排，而且认识到了分工内生的效率提高，他特别强调的是专业化导致的效率提高。

事实上，在斯密看来，后天教养而非天性是决定人类差异的主要因素，因为人们能力的差异通常并没有那么大，而劳动分工扩大了它们的差异。斯密（1972：15）写道："人们壮年时在不同职业上表现出来的极不相同的才能，在多数场合，与其说是分工的原因，倒不如说是分工的结果。例如，两个性格极不相同的人，一个是哲学家，一个是街上挑夫；他们间的差异，看来是起因于习惯、风俗和教育，而非起因于天性。"也就是说，尽管斯密和柏拉图等都强调分工所基于的是绝对优势，但两者绝对优势的内涵和成因是不同的，斯密的观点是对柏拉图等基于外生绝对优势更进一步的发展，把绝对优势的形成视为后天学习的结果。究其原因，西方社会发展到斯密时期，人类社会已经积累了日益丰富的物化劳动，而这些物化劳动凝结在不同的个体身上，从而使得几乎同质的天然个体逐渐异质化，表现为人类的劳动已经不再主要是依赖体力，而更多地体现为对机器和工具的使用。当然，在斯密时期，这种由于凝结了不同的物化劳动而形成的异质化个体主要是"干中学"的结果，因而斯密强调劳动分工造就绝对优势。

而且，在斯密时期，由于社会发展还处于需求引导阶段，他也主要从市场需求的角度考察分工对经济增长的影响，因而他的分工理论还有这样两大特点。（1）由于关注了市场对分工的制约，斯密发现，企业之间的专业化生产极大地促进了经济增长；因此，斯密更为强调的是企业之间的社会分工，从而相对忽视了企业内部的组织问题。在斯密看来，市场的需求规模限制了劳动分工，也即，新的劳动分工取决于交换范围（市场）的扩大，这后来被斯蒂格勒称为著名的"斯密定理"。例如，斯密（1972：16）写道："分工起因于交换能力，分工的程度总是要受交换能力大小的限制；换言之，要受市场广狭的限制。"事实上，大城市的一些业务（如搬运工人）之所以难以在小村落中存在，就在于小村落中的需求能力不足。这样，斯密就把分工和市场结合起来，并形成了凭借持续引进新的分工而自我维持的增长理论，这是分工理论的一个重大发展。（2）限于当时的工商业发展水平，斯密对市场范围的讨论只是从地理角度出发，认为运输的发展是决定因素，同时从人口密度程度（隐含地从人口规模）谈到市场规模对分工的影响。例如，当时的水运就比陆运能够开拓更广大的市场，这也是为什么当时各种产业的分工改良都开始于沿海沿河一带的原因。这意味着，斯密认识的市场规模还主要是局限于外延式市场规模的扩大，而忽略了对由购买力引起的内涵式市场规模的考虑。

最后，在分工效率的基础上，斯密提出了影响深远的比较优势理论，并由此构建了国际分工和国际贸易理论：每个国家发展它最擅长的生产部门，从事专门化生产，实行国际分工，可以提高它们各自的生产率，从而降低产品成本，增加社会总财富。斯密（1972：29、30）写道："只要甲国有此优势，乙国无此优势，乙国向甲国购买总是比自己制造有利"，而"至于一国比另一国优势的地位，是固有的，或是后来获得的，在这方面，无关紧要"。斯密基于比较优势的分工思想被李嘉图所继承和发展：一方面，李嘉图在继承斯密的分工理论而认为，对外贸易是国际劳动分工的结果，而这种分工又受着自然条件的支配，因而国际分工是"自然的使命"；另一方面，李嘉图又发展了斯密的绝对利益说，从而进一步解释和预测现实世界中国际贸易状况，并成为以后国际贸易理论的基石。按照斯密的绝对利益说，一种物品在购买时所费代价如比自己生产时为少，就应购买而不应自己生产，各国应该放弃自己不利商品的生产，而专事于有利商品的制造。问题是：如果一个国家任何产品的生产上都没有绝对优势，那么是否依然会存在分工和贸易呢？或者，如果一个国家在所有商品生产上都具有绝对利益，是否应该生产或出口所有商品？事实上，斯密的绝对优势说存在一个根本性的前提：每个国家都各有其绝对优势；但显然，这个前提并不总是满足的，从而往往难以解释现实世界的贸易状况。那么，斯密为什么会提出这种绝对优势理论呢？这就涉及斯密提出这一理论的社会背景，因为理论往往是对现实的总结和概括。在斯密时期，整个世界还处于工场手工业时期，英国和其他国家的技术差距并不是很大，与殖民地之间也各有优势；因此，没有一个国家能够在一切方面都优于其他国家，这就构成了斯密"绝对收益"说的基础。但是，到了李嘉图时期，机器大工业取代了工场手工业，先进的如英国与其他国家在技术上的差距全面拉大了，尤其是与殖民地的技术差距急速拉大；因此，此时就面临着新的理论问题：国际贸易是否还会继续存在，其贸易利益又来自何处？

（三）古典经济学者的分工理论发展

斯密提出的"内生绝对优势说"适应于个体技能差异源于经验性学习的家庭手工作坊时期，之后的古典经济学家在斯密理论的基础上对分工理论作了更进一步的发展，从而构成了分工理论的基本文献。其中的主要人物就是李嘉图。基于新的社会环境，李嘉图发现，一国即使在所有商品生产上都无绝对优势，仍然可以在某些商品生产上具有比较优势，通过生产和出口比较利益商品而获得利益，从而提出了"相对比较优势"理论。根据"相对比较优势说"，各国根据自己的自然利益来调节生产，国际分工就是公平和互惠的：（1）没有谁能够在交易中取得更多的价值；（2）彼此又节省了劳动力。因此，李嘉图的相对比较优势说更新了国际贸易中的狭隘观念，为自由贸易提供了强有力的理论根据，它标志着国际贸易理论的正式形成，并且成为在经济学中长期具支配性的分工和交易理论。显然，李嘉图把分工从以前认识到的基于绝对优势的分工扩大到了基于相对优势的分工，这是理论的一个重要发展。但是，李嘉图并没有说明得自贸易的利益如何在贸易伙伴之间进行分配，这要等到约翰·穆勒、马歇尔的研究才得以展开。例如，穆勒继承了李嘉图的国际贸易自由和比较优势规律，并着重从需求和交换比率方面做了进一步的发展，提出了"相互需求说"以说明国际间两种商品的贸易条件，即交换比例的确定。当然，穆勒的发展也是有局限的，因为它反映的是两个经济规模相当的国家之间的贸易情况以及反映的是物物交换的情况。

显然，李嘉图的外在相对优势说存在一个明显的特征：它往往把先天的自然资源方面的优势和后天获得的优势都看作是不变的；这似乎又强调了外生比较优势与分工的联系，而撇开了斯密业已挖掘的内生比较优势。在某种意义上，李嘉图的理论似乎是向古希腊柏拉图传统的回归，尽管其中也体现了否定之否定的发展轨迹。当然，在以相对固定的不变的土地、原材料和劳动等为主要生产要素的工业革命时期，每个国家的优势也主要在于它所拥有的这些外生资源；此时，李嘉图的外在相对优势说也是相适应的，从而得以为随后的绝大多数学者所继承。但是，随着技术等可人为创造的要素在生产中越来越重要，各国的生产越来越不取决于其天然资源而取决于技术创新，就出现了贸易条件和贸易模式的变化，而这种外在相对优势说显然并不能提供有效的解释；特别是到了 20 世纪后期，随着信息经济的发展，李嘉图注重外生相对优势的理论就越来越遭到斯密强调内生绝对优势的理论的挑战。这样，基于内生优势的绝对收益说又开始复兴了，如目前以波特为代表的技术进步和创新理论就是如此。

同时，斯密的内生绝对优势说和李嘉图的外生相对优势说都集中于单个要素的生产力，都适应于规模不大的组织生产；而随着机器的引入和生产规模的扩大，生产要素之间协作产生的集体生产力日益显露，从而也导致分工学说的另一转向。事实上，有别于李嘉图在贸易领域开创的相对优势说，同时期的另一些学者从斯密的内生优势说中发展出了协调收益的思想，如巴贝奇（C. Babbage，1977）就是一个典型。到巴贝奇时代，企业规模已经持续壮大，因而内部分工也日益深化；因此，他以劳动分工为基础进一步发展了企业内生成长的思想。正是从内生性出发，巴贝奇分析了生产效率提高的原因，特别强调了分工可以用减少重复学习来提高整个社会的学习能力，并且还提出了一个以层级分工为基础的管理原则。当然，巴贝奇的分析与斯密也存在某些不同：斯密强调分工的优势是由于更大程度上获得了新技能，而巴贝奇则集中于给定技能的条件下更好地使用分工的优势上；从这个意义上说，他的思想又继承了李嘉图的比较优势观点，不过更加强调组织生产中指挥、协调对比较优势的利用。另一个例子是沃克（A. Walker），他也指出了分工对新工具和新技术发明的作用，并且进一步关注了分工产生的协调费用对分工本身的限制；后来，杨小凯等在此基础上通过引进知识因素以解决分工与交易费用之间的矛盾。

此外，约翰·穆勒在发扬李嘉图相对比较优势说的同时，也分析了斯密意义上分工效率提高的根本性因素；因为斯密所指出的三方面分工收益实际上主要是指由于分工导致劳动者实际支出的劳动量增加从而增进价值创造的结果，而没有考虑到协作劳动间的协调性水平对收益的影响。穆勒（1991：147－151）系统地梳理了斯密提出的三种效率来源。就第一种而言，穆勒认为"每个工人灵巧性的提高是最明显和最普遍的。并非是因干熟了就干好了，而是取决于工人的才智，取决于专心的程度。……分工愈细，获得这种技能所需的时间愈短，但如果工人所要执行的操作种类很多，而每一操作重复的次数不够频繁，便达不到上述熟练水平。好处并不限于最终提高了效率，还包括减少了学习技艺过程中损失的时间和浪费的材料"。就第二种而言，穆勒认为斯密"和别人都强调得过分了"，"一个男人若是已养成了做多种工作的习惯，则他非但不会成为亚当·斯密所描述的那种懒散怠惰的人，反而常常是精力非常充沛的，充满活力的"。就第三种而言，穆勒认为，这"在某种程度上是实实在在的。一个人愈集中精力于某一项工作，干某一项工作的时间愈长，愈有可能在该项工作中搞出节省劳动的发明。……但这更多地取决于全面的智力和动脑筋的习惯，而不是工作的专门化。如果这种专门化达到不利于培养智力的程度，则将失大于得。还应加上一句，不论什么是搞出发明的原因，发明一旦搞出来，劳动效率的提高就应归因于发明本身，而不应归因于分工"。

尤其是，穆勒（1991：150）指出，一些重要的东西被斯密以及前人所忽略了。譬如穆勒写道："如果某种体力或脑力劳动同另一种劳动不一样，那么正是因为这一点，后一种劳动可以在某种程度上得到休息。如果说干第二种工作时不能一下子获得最大的活力，那么第一种工作也不能在略微放松一下的情况下无期限地干下去。根据一般经验，工作的变换常常能提供换一口气的机会，否则就得完全休息。一个人在不断更换工作时，要比在全部时间内只干一种工作可以不疲惫地多干很多小时。不同的工作使用不同的肌肉或不同的脑力，某些肌肉或脑力在其他肌肉或脑力工作时可以得到休息和恢复。干脑力劳动时体力可以得到休息，反之亦然。"这里，穆勒的看法已经明显表露出，他已经察觉到同一个体内在的不同类型的劳动支出之间的协调问题。

"协作收益说"的真正发扬和深化则体现在马克思的著作中。马克思不仅分析分工对经济产生的积极意义，也揭示了对社会产生的负面影响；即使在对经济影响方面，马克思的分析也比前人深刻得多。第一，马克思继承了斯密的市场规模限制分工水平的思想，特别分析劳动密度作为分工的物质前提的作用以及交通对分工的影响。例如，马克思一方面以人口密度作为市场规模的量度，关注市场容量对分工的制度；另一方面又指出，"人口比较稀薄但交通工具比较发达的国家，就比人口较多但交通更不发达的国家有更大的人口密度"（马克思，1963：375）。第二，马克思更全面、系统地发展了分工理论，他在《1844年经济学—哲学手稿》《德意志意识形态》和《资本论》等主要著作中，多次精辟地论述过有关分工的起源、分工的本质、分工的作用、分工的形式以及分工的发展趋势等，并提出分工"是政治经济学的一切范畴的范畴"（马克思，1979：304）。特别是，马克思在《资本论》等著作中花非常长的篇幅来探讨协作与分工问题，把协作视为资本主义生产的历史和逻辑的起点。马克思（1963：348）

认为，协作有这样两方面作用：（1）使得劳动的空间范围扩大；（2）使得生产的活动范围相比于生产的规模有在空间上缩小的可能，而这种劳动空间范围的缩小会在它的作用范围扩大的同时把大量杂费节约下来。

同时，基于组织的嬗变和生产方式的变迁所提供的经验素材，马克思特别关注企业组织的内部分工、考察分工演化的轨迹以及分析影响分工演化的因素。第一，马克思发现，要使得分立的劳动之间产生有效的协作，往往需要一个专门进行指挥协调的人员。例如，马克思（1966：437）写道："在一切由许多个人进行协作的劳动上，过程的联系和统一都必然需要由一个指挥的意志，需要有各种与部分劳动无关而与工场全部活动有关的职能，和一个乐队需要有一个指挥人一样。"在马克思（1963：344）看来，正是由于这种协调劳动的存在导致了社会生产率的提高，因为"劳动者一个一个发挥机械力的总和，也和多数劳动者同时在同一不可分的操作上共同劳动时发出的社会力能，是本质上不同的。……结合劳动的结果，在这里，完全不能由个别的劳动得到；即使能够，也必须花费更长得多时间，或只能在极小的规模内得到。这里的问题不仅是要由协作来提高个人的生产力，并且是创造了一种生产力"。为了考察不同环境下的协作状况及其对效率的影响，马克思还仔细区分了以分工为基础的协作和不分工的协作、商业中的分工和市场中的分工以及市场上的社会分工和企业组织的内部分工。第二，基于协作方式的考察，马克思梳理了生产分工体制的演变，从而考察了生产组织的演变过程；这里，马克思一方面区分了工场制阶段和工厂制阶段，另一方面又将工场制分成混成工场制和有机工场制。马克思认为，混成工场制的生产成果是各种局部产品的机械组成，协作者仍较多地保留传统手工业者的独立性，此时工场只是局部货品的组合部；尽管生产过程集中在工场内部完成，而不是像旧式家庭手工业那样分散进行，但只是为了缩短协作者之间的距离和产品组合过程，交叉使用劳动工具，节约仓储和运输费用。相反，有机工场制的生产成果是各种在技术上、工序上高度相关的作业过程的复合，协作者除了仍然以自己原有的手工艺为基础之外，基本上失去了劳动的独立性，此时劳动和资本更紧密地结合在一起。

可见，马克思深入到了分工效率产生的协作方面，将协作与分工联系了起来，这是他在分工理论方面的重要贡献。在马克思看来，分工之所以会演进，主要原因在于协作能创造出比个体生产更高的生产率。事实上，后来美国的泰罗以及法国的法约尔等充分利用分工原则对生产的工作流程和时限做了精确的设计，把操作变成了可以预测、便于检查和监督、绩效也易于评估的科学化分工协作过程，从而推动了科学管理革命。同时，正是通过对协作方式的梳理，马克思发现，企业制度出现的动机并不是为了降低交易费用，而是为了利用协作生产中客观具有的"社会生产力"。而且，基于协作深化的思路，马克思还梳理了生产组织的演化轨迹，这显然与新制度主义的基本思路具有很大的差异。当然，马克思之所以能够在斯密的基础上将分工理论向前推进一大步，主要还是源于社会环境的变化：斯密处于手工工场比较发达的时期，因而他的内生优势理论与这种生产方式相适应；但是，到了马克思时期，机器大生产已经开始取代手工作坊，企业内部分工已经越来越细化，此时分工效率主要不是来源于个人熟练程度和劳动强度的提高，而是来源于机器大生产过程中的协作。因此，协作收益说与机器化大生产的迅猛发展这一历史背景是相适应的。

（四）新古典主义的分工理论转向与复兴

尽管分工是以斯密、马克思为代表的古典经济学者所关注的核心课题，但分工思想似乎难以与自由竞争的主张相容。其基本逻辑是：分工产生的内生优势将导致报酬递增，在一定市场容量下，报酬递增引起的规模经济必然限制市场竞争，从而"导致实际的垄断趋势"（杨格，1996）。所以，斯蒂格勒（1996：23）指出，斯密提出市场容量限制劳动分工的定理实际上造成了一个两难困境：如果确是市场容量限制了劳动分工，那么，典型的产业结构就必定是垄断；而如果典型的产业结构是竞争的，那么这一定理就是错误的。在很大程度上，也正是基于规模经济的理解，古典主义后期以降，一些学者也开始认识到，完全市场竞争是无法达到社会和谐一致的，从而产生了大量的干预主义思潮：（1）以西斯蒙第为代表的改良主义者主张通过公共政策以解决市场失灵，从而转向了新自由主义；（2）以马克思为代表的社会主义者则主张彻底改变资本主义社会制度，从而转向了制度革命主义。

然而，西方社会的主流哲学倾向于把个人的私有财产视为神圣不可侵犯的，因而不愿意放弃市场的自由交换制度。在这种情况下，新兴的边际效用学派就扭转了经济学研究的领域，不再探讨财富增长和社会结构等问题，而专注于研究资源的最优配置问题，即讨论消费者如何取得最大效用、厂商如何取得最大利润。这样，就导致了分工思想的转向和式微，其中起重要作用的就是马歇尔。基于思想的连续性原则，马歇尔主张把边际效用学派的需求分析和古典主义的供给分析结合起来。同时，马歇尔充分认识到分工所导致的规模报酬递增与自由竞争的不相容性，认识到边际效用学派的边际分析根本上是一种静态分析，是与强调演化的分工理论不相容的。为此，马歇尔就面临着这样的困境抉择：一方面，高度的现实主义关怀使得他不愿放弃报酬递增；另一方面，对市场机制的推崇又使得他不愿放弃自由竞争。那么，马歇尔如何解决这一困境呢？

事实上，在探究报酬递增时，马歇尔同时考虑了内部经济（指有赖于从事这工业的个别企业的资源及其经营管理的效率，因而在市场扩大时企业规模也会扩展）和外部经济（厂商范围之外的经济，主要取决于产业、地区乃至整个经济世界的规模的一般发展）这两种分工的效率源，并且，他已正确地揭示了内部经济来自组织内的协调，外部经济来自组织间的协调。问题是，如果规模报酬主要是内部经济带来的，那么就无法解释小企业的持续存在，新古典经济学的完全竞争市场也成问题。基于对自由竞争和市场机制的维护，马歇尔在这里作了一个重大而致命的转换，通过参照系把一个企业的内部经济转化成了另一个企业的外部经济，并片面强调了外部经济对规模经济解释是主要方面，并把外部经济视为大量小企业集中于同一地区而产生的紧邻效应。马歇尔的理由是，几乎没有哪个企业能保证其继承人也具有非凡的管理才能，大企业家们不可避免的死亡维持了自由竞争的持续存在；这就如一棵树永远不能控制一片森林一样，也没有哪个企业能够无限扩展并最终在整个行业中占主导地位。

显然，马歇尔转换产生了两个积极的效果：（1）解释了为什么报酬递增发生作用的地方并不必然导致实际的垄断趋势，因为外生规模经济与完全竞争是相容的；（2）简化了对在报酬递增情况下所生产的商品的价格决定方式的分析（杨格，1996）。但问题是，马歇尔的这种转换思维并没有真正解决问题：通过对内部经济和外部经济的转换虽然可以解释产业进步过程的一些方面，但是却把某些更重要的方面忽视了。譬如，尽管从孤立的个体来看，一个企业的内部经济确实可以看成是其他企业的外部经济，但并"不能把所有独立的企业的内部经济加在一起，而把所有的经济称之为外部经济"（杨格，1996）。正因如此，斯蒂格勒（1996：24）认为，"外部经济是一个相当模糊的概念"；而且，如果一个产业的外部经济就是另一个产业的内部经济，那么"后一产业也会走向垄断，而前一产业作为后一产业的消费者，也就不一定能分享这种'经济'"。

特别是，正是由于马歇尔向外生规模经济的转向，古典主义的分工思想在新古典主义的冲击下湮没了，经济学从此转入给定组织结构下资源配置问题的研究（杨小凯，1993）。正是由于分工思想遭到了严重忽视，新古典经济学确立以后的漫长时期内生产都不再是经济学关注的核心问题。在这种情况下，企业本身开始被视为一个特殊的生产函数，一个只要投入一定量的生产要素就可以产出一定产品的工程学意义上的技术系数，一个内部没有摩擦的"使利润最大化"的"黑箱"。所以，霍撒克不无遗憾地指出，"大多数经济学家将分工视为一个外在的公共场所，但没有任一经济学分支不会因对专业化的深入研究而得益"（转引自杨小凯，1999）。另一位学者麦克·基色林也写道："很奇怪，生物学家和经济学家好像都极少关注社会的劳动分工，人们对它熟视无睹，似乎无须解释，只把它当作毫无疑问的事实加以接受；然而，实际上人们完全忽视了社会分工的功能意义；尽管实际生活中有些劳动分工时而存在时而不存在，但目前为止还没有人对其作出解释"（转引自里德雷，2004：40）。

事实上，在半个多世纪里，主流经济学界几乎完全忽视对企业组织的内部协调问题的真正分析，只是到了 20 世纪 20 年代末期，美国的杨格才再次强调回到斯密去，回到古典的分工中去。杨格 1928 年在《递增报酬与经济进步》一文提出了被后人称为"杨格定理"的三个命题：（1）递增报酬的实现依赖于劳动分工的演进；（2）不但市场的大小决定分工程度，而且市场大小又受分工程度的制约；（3）需求和供给是分工的两个侧面。其中，第二点是对亚当·斯密关于劳动分工依赖于市场范围思想的重大发展，这种发展也与特定的历史背景相适应。到了 20 世纪 20 年代，由需求引导的分工引进接近尾声；相反，垄断大公司已经开始通过供给有意识地引导需求。在这种情况下，杨格认识到，市场规模不仅取决于人口规模，而且取决于购买力，而购买力又取决于生产率，生产率又依赖于劳动分工的范围。显然，正是劳动分工与市场规模的相互作用下，二者才得以不断扩大，并且二者的相互加强作用的动态演化推动了经济的增长。这样，杨格的分析就把分工效率的挖掘推到新的范畴：分工效率与市场规模相互影响。

不过，杨格认为，递增报酬并不是由工厂的规模产生的，而是专业化和分工产生的。也就是说，分工带来的效益不仅源于斯密意义上的劳动支出强度和密度的提高，而更主要是劳动之间协调水平的增进。为此，杨格在强调报酬递增越来越被忽视的同时，又批评规模经济概念是误导经济学的概念，因为大规模生产的概念忽视了分工和专业化改进生产力的效果。进而，杨格专门区分了企业的大规模生产和市场的大生产，他认为，报酬递增主要不是企业规模扩张的结果，从而并不必然导致垄断；相反，它主要依赖于劳动分工的演进，是整个市场规模扩大的结果。显然，劳动分工的增进意味着生产迂回度的增加，而这有赖于整个社会市场规模的扩大，或者生产工具和技术的进步。为此，杨格将分工效率放在了生产的迂回度提高的基础之上，认为报酬递增的主要经济是生产的资本化会迂回方法的经济。

事实上，正是市场规模的扩张使得机器得以引入、技术得以进步，这又导致了生产迂回度的提高或分工链的加长，从而促进了分工的深化；相反，由于农业的市场规模有限，并且农业生产的迂回度也不高，因而农业中报酬递减往往占主导地位。当然，报酬递增也是人类社会的一般现象，因为自从人类区别于其他动物，人类的生产活动就开始具有了普遍的迂回性，而社会分工作为生产整体的一个环节也必然是基于迂回生产之上的，是从生产链上不同节点上分化出来的。同时，分工的深化又可以进一步促进市场的扩大：一方面，专业化的链式分工使生产的迂回度加大，导致知识的积累，并使生产具有报酬递增性；另一方面，在报酬递增的条件下，生产者必须同其他生产者交换，从而促使了市场规模的扩张。而市场不断扩大的前景，又促使产业更精细地分工，产业链加长。正因如此，杨格定理动态地发展了斯密定理，提出了由分工到分工的累积循环的机制，这实质上是内涵式的市场扩张。

不幸的是，尽管杨格在分工对市场、经济增长及对分工本身的影响方面都做了开拓性的研究，但他的这些先驱性洞见却因他的早逝而夭折了。直到1951年，斯蒂格勒发表了《市场容量限制劳动分工》一文才再次引发学者对分工的反思，文章强调，"劳动分工并不是18世纪制针工厂奇特的实践，而是经济组织的基本原则"（斯蒂格勒，1996：36）。但是，斯蒂格勒的研究却遵循了马歇尔的基本路径，只不过主张使用内生规模经济来取代马歇尔的外在规模经济。基于内部规模经济之上，斯蒂格勒认为，企业的发展必然会通过兼并或内部扩张的方式到达垄断和寡占之路，"垄断的主要障碍是谢尔曼法、兼并的资本需要量以及竞争对手数量的增加、规模扩大的趋向"（斯蒂格勒，1996：16）。其间，另一位对古典主义的分工思想比较重视的经济学家是霍撒克，他重新并详细阐述了斯密的"劳动分工受市场范围限制"的思想，任何个体在实施不同的行为时存在一个内部协调成本，而当他面临着产品或劳务的交换时还依赖着一种外部协调成本，因此，"专业化的最优数量依赖于内部与外部协调成本之间的平衡"（Houthakker，1956：188）。显然，专业化市场参与者的数目越大，他们不得不跨越的距离也越大，运输的成本就越高，从而外部协调成本也就越高。而且，霍撒克还把这种分析运用到企业间进行空间竞争的情形中，从而再次强调了运输成本的意义。可见，按照霍撒克的分析，分工的好处与交易费用之间的冲突可以用来解释何以交易效率决定市场的大小，而市场的大小决定分工水平。

20世纪70年代后，随着新贸易和新增长模型的风行，一些学者对分工的研究也开始重新回归到斯密、杨格传统中去，不过，他们的主要工作是试图利用数学模型、借鉴现代分析工具来重新复活古典经济学的分工思潮，而不是在思想上的梳理和认识上的推进。其中的代表人物主要有：罗森、贝克尔、杨小凯、博兰、黄有光等。其中，当代经济学家热衷于分工理论的典型人物是杨小凯，他主张经济学回归到对专业化和经济组织的研究中去而不是专注于给定组织结构下的资源配置问题，并试图在分工理论的基础上重新构建经济学的基本理论。当然，杨小凯的分工思想基本都是斯密分工理论的精微复制，强调运用源于古典主义的"专业化经济"一词来取代新古典以后兴起的"规模经济"一词。究其原因有二：（1）专业化经济与每个人的生产活动范围的大小有关，而规模经济强调整个厂商的规模。显然，在斯密时期强调的个人技能的提高，而当前信息化的发展使得人力资本的主要性再次凸显。（2）专业化经济学所关注的不是单个个体或企业的效益，而是强调整个社会的效益，所有人的专业化经济合起来就是分工经济。显然，新古典的抽象化分析把消费者与生产者分裂了，而古典时期则更为强调社会整体观，强调相互之间的依赖性。

当然，尽管杨小凯等试图用数学来反映迂回生产的网络效应，但是，他们发展出的超边际分析根本上是新古典的。究其原因：（1）它依旧承袭了新古典经济学的抽象还原主义思维，只不过是用角点解来替代切点解以反映分工的"二中选一"，却根本上没有重视异质性主体这一分工的基础；（2）它依旧是基于新古典经济学的静态均衡主义分析，只不过是借用分工的术语来改造交易费用理论，却根本没有剖析分工的演化路径。

也就是说，所谓新兴古典经济学的分工理论实质上并没有超出交易费用的范畴。正因如此，杨小凯等又自称自己的工作是将科斯和张五常的企业理论精细化。譬如，杨小凯在一系列的模型中仅仅是试图通过引进知识因素来解决分工与交易费用之间的矛盾，他指出，当知识积累不多时，由于生产率不高，分工的交易费用会大于分工经济；而当知识积累到一定程度时，后者会大于前者，因而使分工演进。而且，分工演进会加速知识的积累，特别促使交易部门的分工发展，使得交易效率上升，这反过来又促进生产的分工；即使没有外生的交易费用参数的变化，交易费用和专业化学习效果的交互作用也会产生自发劳动分工的演进。因此，分工不但不与竞争相冲突，而且只要立法对商业自由（自由进入与财产的自由处置）不限制，其加剧竞争的作用可能大于限制竞争的作用；因为自由价格制度不但起着传递信息和扼制损人利己的恶性作用，而且起着诱导人们试验各种可能的经济组织结构以发现最高效率的分工结构的作用。从根本上说，尽管分工思想在当前的企业理论中有复兴的趋势，有关分工的模型也不断涌现；但是，由于这些模型并没有完全脱离新古典的分析框架，强调的还是均衡也没有真正解决斯密定理面临的问题。

总之，分工理论具有长远的学术历史，曾长期处于经济学研究的中心地位。不过，随着边际革命后主流经济学朝个人效用和技术分析的转向以及对自由市场的推崇，分工思想就迅速式微，而新古典经济学的均衡思维以及最大化理论开始左右经济学的研究。即使20世纪80年代后期兴起的新兴古典经济学又开始关注分工问题，并建立了大量的分工模型；但这些分工模型大多都是在均衡框架下论证斯密、马克思以及杨格提出的某些思想，如人口密度对分工的影响、内生比较优势等等。在很大程度上，新兴古典经济学的分工模型只具有古典主义的"形"，而背离了它的"质"。究其原因，分工的产生和深化本质上都是市场行为主体不断互动的结果，这种互动并不是均衡的；因此，分工理论更重要的要揭示引起组织变异的力量，要对引起组织变迁的各种因素进行考察，而不是停留在均衡模型的构建方面。当然，均衡分析也是重要的，这可以使我们看到相互冲突的人们之间的交互作用如何产生一个大家都不得不接受的后果，并且，均衡也并不意味着静止（杨小凯，1999：27）。但是，我们更需要探究均衡被打破的因素，以及梳理出均衡状态本身演变的轨迹，这就需要站在大历史的高度。显然，古典主义从演进的思路出发在分析分工以及相应组织的动态变化时，其中包含了更深刻的思想，而主流经济学的均衡分析无法对古典学者业已提出的更为精微的思想进行模型复活，以致我们现在对分工效率的实质理解并没有取得很大的进展。

二　基于分工的协调收益增进说

与新制度经济学基于交易成本的视角而构设出一个个基于先验性前提假设的解释共同体不同，古典经济学从分工演化的角度抓住了企业的生产功能这一核心，从而试图挖掘企业的发生和演化。事实上，从分工理论的演化史来看，不同学者基于特定的时代背景所提出的分工基础和效率来源是不同的，这包括古希腊的先天绝对优势说、斯密的内生绝对优势说、李嘉图的外在相对优势说、马克思的协作收益说以及以马歇尔为代表的规模收益说。不过，迄今为止，分工理论并没有取得实质性的进展，因为还没有一个理论能够对上述不同视角和不同背景下的分析作出统一的解释。即使以杨小凯为代表的新兴古典经济学者试图运用建立分工理论的一般模型，并由此来解释人类社会发展的不同方面，但在分工思想上也几乎没有任何进展。斯蒂格勒（Stigler，1976）就写道："斯密最后一个令人可叹的失败在他著名的分工问题上。作为他那鸿篇巨制开篇的分工问题，以及书中不朽的制针工厂的例子，怎么竟被视为一种失败？他们不是经常被所有的经济学文献加以引用吗？的确，多少代以来情况都是如此。所谓失败是不相同的：无论是过去还是现在，几乎没有人运用分工理论，一个重要的原因是，缺少这样一种理论；……没有一个标准的、可操作的理论来解释斯密描述的经济进步之源泉。斯密不惜重墨对分工进行了令人信服的描述。——在我看来，斯密的例子同今天我们看到的关于专业化作用的例子具有同样强的说服力。据我所知，迄今为止还没有证据表明在他之后分工理论取得过显著的进步，从而专业化也就没有成为现代生产理论中不可分割的一个部分。"

那么，我们究竟如何理解分工的演化呢？是否存在一个奇怪吸引子来引导分工的演化呢？是否存在一个基本理论将所有的分工理论统一起来并以此解析和预测分工的演进趋势和方向呢？其实，分工的演化表明，分工深化有助于收益的增进和价值的增值，收益增进和价值增值根本上是由生产力的提高带来的，这种生产力包含了个体生产力和集体生产力；其中，个体生产力的提高主要源于劳动技能的改进和劳动密度的增加，集体生产力的提高则源于参与共同生产过程的生产要素及其所有者间协调性的增进。同时，不仅随着分工的深化，分工收益越来越由个体生产力的提高转向集体生产力的提高，而且劳动技能的改进以及劳动密度的增加也与各生产要素及其所有者之间的协调性有关。因此，笔者基于协调增进这一视角来考察分工的演进，把所有分析生产领域中分工收益提高的学说都统称为协调收益说，不仅将各个时期的分工形态与其特定的社会环境相结合，而且由此来阐释各个分工理论，从而提炼社会分工以及分工理论的演化逻辑。

（一）基于协调视角的分工演化及分工理论

"理论准备"部分指出，价值（或财富）的创造主要有两个来源：（1）投入劳动数量的增加，（2）投入劳动有效性的提高。同时，在社会化大生产中，社会劳动有效性的提高是获得价值（或财富）增进的根本性方面，社会劳动有效性的提高不仅是劳动者个人技能的提高，更重要的是各类劳动之间协调性的提高。当然，人类提升价值（或财富）创造的途径是渐进发展的，首先是劳动投入的增加，其次是个体劳动技能（即劳动有效性）的提高，最后是社会劳动之间协调水平的增进。相应地，分工效率的主要来源也是不断转换的，分工效率的水平也是不断增进的。在很大程度上，学术史上有关生产分工的各种学说都反映了特定历史时期的学者对特定分工状态下的效率来源所做的最直观的观察和总结，体现了不同历史时期价值创造的基本方式和主要途径；同时，这些学说往往又是时段性的，缺乏基于历史演化的角度对分工效率演进的系统考察，从而都难以揭示出分工效率的更深层次的社会基础。其实，只要存在社会分工和社会化生产，不同形态的分工以及分工效益就建立在一个共同的基础之上，这就是协调，分工效益的大小及其演进就依赖于协调水平的高低及其变化。推而广之，即使在一个人自组织的生产阶段，当个体在实施许多不同的行为时，他也面临着自身组织的协调问题，例如，如何分配稀缺的劳动时间，如何协调身体的共同行为，等等。因此，这里首先基于协调增进来对各个时期的分工形态以及相应的分工理论作一解说。

在古典主义早期，西方社会还处于手工工场的生产阶段，此时，由于生产规模的狭小，相应地，企业组织的内部分工也并不复杂。在这种情况下，社会劳动生产率的提高相当于个人劳动技能的提高，而劳动技能的提高主要根源于人们在实践中的"干中学"；同时，此时的劳动分工主要体现为组织之外的社会分工，而社会分工的协调方式则是根基于市场机制。正是基于这一社会背景，斯密特别注重市场上的外部分工，强调正是市场规模的扩大使得一系列的新工种独立出来，从而促进了整个社会的效率提高；同时，斯密倡导自由放任的政策，主张"无形的手"可以自动引向社会的和谐一致。到了李嘉图时期，英国的经济结构已经快速从农业向工业转移，新兴工厂在各地迅速建立起来；此时，英国面临着企业区位设置问题，而社会分工则主要体现在企业组织之间。基于这一社会环境，李嘉图发展了斯密的分工思想，认为分工又受着自然条件的支配，从而基于自然要素的丰度差异发展了比较优势理论。显然，李嘉图主要关注的还是社会分工，从而依旧主张自由放任政策；只不过，他关注的中心已从市场协调有助于个人技能的提高转到了有效提高自然资源的使用方面。到了马克思时期，西方社会的企业规模不断壮大，生产也已经从手工工场过渡到了大机器生产；在这种情况下，马克思进一步探究企业组织内部因大规模生产而出现的协作问题，从而提出了他的协作收益说。当然，由于当时的生产还主要以资源的投入为主，因而企业的管理主要在于如何加强监督来促使工人加大劳动投入方面，而管理者的协调活动则处于非常次要的地位。不过，由于马克思本人具有广阔的历史视野，能尽可能少地避免为短期现象所迷惑；为此，他能够梳理分工的演化轨迹，并进而探究企业组织内部分工所造成的异化问题。

　　总的来说，在整个古典主义时期，西方社会的生产状况主要受供给能力的制约，因而古典经济学家甚少关注市场需求对分工效率的影响；同时，由于生产规模的局限，古典经济学家也没有深入分析源于厂商和行业规模扩大而带来的规模经济之类的效率问题。然而，随着市场规模的扩大以及市场供给的日趋饱和，运输成本开始变得越来越重要，以致产品的外部协调成本也就越来越不容忽视；此时的分工水平和分工效率就不仅取决于内部协调，还取决于外部协调的程度，分工的社会效益不仅取决于生产要素之间的协调，还取决于消费产品之间的协调。当然，所有这些都只是在一个世纪以后才逐渐显现出来，此时，马歇尔开始认识到需求对分工的影响以及规模扩大而引发的成本下降，这是因为社会对生产要素的利用效率以及需求与供给之间的协调要求提高了。实际上，同一时期的阿尔弗雷德·韦伯就梳理了企业集聚演化的两个阶段：第一阶段仅是通过企业自身的扩大、发展而产生集聚优势；第二阶段则是各个企业通过相互联系组织而产生地区集中化集聚优势。这表明，尽管马歇尔相对地忽略了协作生产的内生优势，但他对规模经济的认识还是体现了分工效率的深化和协调收益的增进；此时，分工不再是在少数个体生产者之间展开，而是扩展到大规模的组织与组织之间。正因为意识到组织之间协调的重要性，马歇尔才成为集聚理论研究的先驱；同样，正因为组织之间的协调日益凸显，因而杨格也没有排除规模经济带来的利益。

当然，到了20世纪初，随着社会信息的变化、分工的深化以及西方社会的"买方市场"特征日益凸显，大规模社会生产的协调内容又开始发生了新的变化。一方面，就企业组织而言，共享运输、广告成本的外部经济已经不再是主要方面，而是进一步转向信息、技术、管理等方面的共享。也就是说，组织之间的协调获得了深化。另一方面，由于人力资源再次变得重要，而个体技能的提高已经不再停留在传统的"干中学"层次上，而是相互之间的交流与合作。也就是说，个体生产者之间的协调获得了深化。正是在这种背景下，个体之间和组织之间都产生了更紧密的联系，这就是集群的出现，这也正是杨格所关注的专业化效率。正因如此，杨格再次重视市场之间分工链条的伸长，关注生产迂回度的提高，强调通过分工来促进市场的扩大；为此，他特别区别了大规模生产和大生产的概念差异，分工可以促进生产的扩大和效益的提高，但并不一定促进生产规模的扩大。显然，这种基于迂回生产上的分工效益也就是协调经济，因为社会迂回的增加是建立在各种物化劳动更为协调的基础之上，关于这一点，"理论准备"部分已经做了说明。

正是基于对分工理论和实践的回溯，笔者将分工效益分成三个基本类型和三个演进阶段：（1）基于比较优势经济，（2）基于规模经济，（3）基于协调经济。同时，这三类分工经济体现了从低层次到高层次的逐次演进，从而又可看成是社会分工的三个阶段。首先，天然的绝对优势，基于对这种天然绝对优势的认识以及有效利用，人们开始重视相对比较优势的分工效率，再基于分工过程中产生的"干中学"效应而演化到了创造性的内生优势。其次，工业经济的发展导致了组织分工的强化和生产要素的稀缺是外部规模经济的基础，它直接体现为重视无效劳动的节约。如钱德勒（1999）指出的，从19世纪80年代开始，资本主义企业第一次获得了大量的规模经济和范围经济。最后，生产组织的演化和劳动分立的加深要求不仅体现为个体的内生优势以及组织内的资源节约，更主要是体现个体以及组织之间的协调，这导致当今企业集群的产生。当然，这里有两点值得说明：（1）绝大多数的分工同时兼有其中的两项或全部，而且，高层次的分工由于是从低层次的分工演进而来，其本身也就包含了低层次分工的利益；（2）尽管我们只是把最后阶段的分工效率称为协调效率，但实际上，其他两种效率的基础也都是协调，因而协调经济是分工收益的更深厚的基础。究其原因，比较优势体现了孤立的个体之间分立劳动的协调以期取长补短或创造优势；规模经济则体现了组织内外资源的协调，如共同对某市场的开发或交通的投资就体现了协调；而协调经济则更凸显了全方面分立知识间协调的意义。

（二）基于协调收益增进说的企业理论阐释

"理论准备"部分中指出，创造价值的劳动不是全部的投入劳动，而是能够转化成物化劳动的有效劳动，而劳动的有效性取决于技术条件以及分立劳动之间的协调性。一般地，在个人孤立的商品生产中，劳动的有效性主要与技术水平有关；而在团队的协作生产中，劳动的有效性主要在于分立劳动之间的协调程度。即，在劳动量支出相等的情况下，如果协调性高，那么创造出的价值量也就大。从这个意义上说，企业组织的团队生产之所以比市场个体的孤立生产具有更高的效率，就在于劳动间的协调性得到了增进，从而提高了生产劳动的有效性，并由此而创造出了更大的价值量。事实上，根据有效劳动价值说[①]，单位时间所创造价值量可表示为这样的函数：$V = \lambda L^\rho$。其中，V 表示单位时间内创造的价值量；ρ 表示具体劳动的复杂程度，反映了劳动的"质"，主要由技术水平决定，并以劳动的熟练性来表示；L 表示具体劳动的强度，反映单位时间内劳动支出的"量"，以劳动的密度和频率为指标；λ 表示劳动间的协调性，主要反映管理协调水平的高低。显然，在支出的劳动量相等的情况下，V 越大，就意味着团队协调生产率越高。

有效劳动价值说对企业组织中分工收益的研究提供了非常有价值的理论指导，它导向了一个有关企业的基本理论——协调收益增进说。钱德勒（1987：578）指出："管理协调也有助于说明一个经济学家解释为残差的重要问题，那就是产出的增长额往往大于投入的增长额。"也即，企业组织中团队生产所创造的协调收益，用数学术语讲，就是产出对投入要素的

---

① 有效劳动价值说之所以使用"价值"一词，主要是承袭了马克思主义理论体系的术语，实际上，它也可以转化为这里的"收益"一词。

交叉偏导不为零，即 $\partial^2 Q/\partial X \partial Y \neq 0$。当然，从另一方面来看，我们也可以将之看成是在收益不变的情况下追求成本的节约，[①] 反映在成本函数上就是严格累次可加的（strictly subadditive），即：$\sum_{i=1}^{n} C(q_i) > C\left(\sum_{i}^{n} q_i\right)$。一般地，生产规模的扩大导致了社会分工的深化，社会分工的深化则促进了效率的提高，而这种效率的提高主要是建立在劳动间协调性提高的基础上。从生产组织的演化史来看，人类历史上曾出现过各种各样的协调方式，而企业式组织协调在近现代社会中之所以能够存在和稳定，也是基于协调水平增进而演化的必然结果；而且，目前流行的企业式组织协调方式还会继续演化直至为新的方式所取代，其中，引起协调机制演化的最主要原因就是信息日趋复杂、不确定和不对称。

一般地，在一个具有完全确定性的世界中，公司的管理所包含的也将仅仅是例行的调节，一切活动都可以通过在场主体自发协调，而无须专门的管理人员。正因如此，德姆塞茨（1999：21）就指出，"价格和技术的完全信息否认了任何要求监督或专业化知识的管理。在这种企业模型中，很难使管理者的工资合理化。"事实上，这也反映了有效劳动价值说的一个观点，在完全信息的情况下，管理者的功能就蜕化为仅仅依靠其强力进行监督而获取转移收益；正因为它并不创造新的价值，因而完全基于监督劳动而获取的工资实质上是剥削性的。相反，在一个具有不确定性的世界中，"由于不确定性，目前正在干的事情在现实的意义上来说，成了生活的次要部分；首要的问题或职责是决定做什么以及如何去做"（Knight，1921：268）。这就需要在生产过程中以及生产和消费之间进行协调。事实上，"决定做什么以及如何去做"不能归纳为交易成本，因为它强调的是生产而不是交换（迪屈奇，1999：25）。当然，需要指出，即使信息是确定的，但由于它的复杂性，具体的个人在对同样信息进行理解时也会出现差异。正如 M. 波兰尼所强调的，许多知识都是独特的并且是只能意会而不能言传的。因此，要对这种只能意会而不能言传的知识进行分享，就需要建立在个体的共同经历的基础之上，这就是企业的协调优势所在。此外，专业知识的获得本身也具有规模经济效应：一个人已经拥有的关于某些事实和理论的知识越多，他增加知识的费用就越低；这样，企业管理者一人所具有的专

---

① 请注意，这里的成本节约具有非常广的外延，从而不要将之与交易成本的节约混淆。

业知识就可以为整个企业的其他成员所共享，显然，以企业形态存在的团队协作的持续性和团队任务的稳定性更加便于这种知识的运用。

这些分析都表明，组织正是因为信息的复杂性和不确定性而存在。事实上，在完全信息条件下，劳动之间就可以达到完全的自然协调，这时的劳动也就是完全有效的。正因如此，德姆塞茨（1999：23）强调，只有"引入不完全信息"，才能"引起生产者和管理者的生产性作用"。当然，按照奈特的观点，即使放弃了完全信息的假设，也不一定会产生利润，因为有些不确定性是可以大数定律而摊平的；在这种情况下，人们可以自发地将不确定的风险转嫁，从而也就不需要企业家的作用。为此，奈特专门区分了两类不确定性：第一种是风险，尽管它意味着事件的产生是随机的，却存在一个客观（或外在的）概率分布，从而可以基于大数定律而将风险转化成从事经营的成本；另一种是真正的不确定性，此种情况下的事件出现没有客观概率，相应的决策只能依靠决策者自身对结果出现可能性的主观判断。更为直观地说，风险是可保险的，而不确定性是无法保险的。这也意味着，只有在真正的不确定性条件下，才需要真正的协调；而在有风险的情况下，只要决策时考虑这种成本就行了。

当然，尽管这两类不确定性在实践中对人类行为的影响确实存在差异，但是，奈特却将这种差异夸大了。究其原因，奈特把风险视为共同知识，而将不确定视为个别知识。其实，即使客观知识也不是所有人都可以掌握的，那么掌握此知识的人就可以依靠它对社会活动进行协调从而获取收益。而且，正如赫什莱佛和赖利等指出的，能否进行客观分类也并不是风险和不确定区分的关键所在，以客观概率出现的结果往往是一种虚幻的感觉，而往往只能用主观概率的概念，概率只能简单地算作相信的程度。譬如，就投骰子而言，只有在骰子是均匀和公正时，骰子的任何一面出现的机会才为1/6；但骰子是否均匀和公正本身就取决于参与者的信念。一般地，人们通常将知识、信息、消息等术语理解为对世界的客观反映，而主观信念是知识之间的主观联系；客观知识的增加将导致理性的个人修改他们的主观信念，而主观信念是决策的依据。为此，赫什莱佛和赖利区分了"强的"和"弱的"概率估计，越是先验地怀疑（置信度越低），在进行最终行动之前获得额外的信息就越重要。用奈特的话说就是，一个人的行为在很大程度上依赖于"他对自己正确估计机会的估计"，这也是西蒙强调的人类行为中的有限理性。

在很大程度上，企业家的主要作用就是在具有差异性的个人有限理性的指导下对分立的劳动进行协调，促进生产劳动的有效性提高，从而创造出一种新的生产力，创造出更大的价值和财富。因此，德姆塞茨（1999b：23－25）强调，"团队生产率的这种源泉既不能归功于奈特的风险重新分摊，也不能归功于科斯的交易费用"，而是应归功于在不完全信息下对错综复杂的相关劳动的协调。事实上，管理活动的本质就是协调分工（汪丁丁，1995：13），因为管理活动中只有协调方面才是真正创造价值的；而企业的管理协调之所以较市场协调具有优势，也正在于经济活动的管理控制所衍生出的信息优势。例如，阿罗在《组织的界线》一书中就指出，企业内部的信息系统可以优于市场上的信息系统；波特在《竞争优势》一书中也强调了企业扩张而出现的联合操纵可以更快、更准确地获得市场信息。其实，奈特探究不确定的根本目的就是试图说明知识对生产的重要性，分析知识化的信息作为商品所具有的价值和效用。显然，随着社会发展带来的信息越来越分散化，如何协调和整合这些分散的信息将会越来越重要，由此一个专门从事管理协调的阶层也越来越明显。所以，张五常（2000：362）指出，当完全不存在交易成本时，可能不需要监督者或代理人的服务，却可能仍然需要协调者的服务。这也是为什么在竞渡中，每个船队都配有一个敲鼓或喊口号者的原因，显然，诸如交响乐指挥的服务或体育运动队教练的服务等都是与交易成本无关的。

当然，马克思所强调的组织内部的指挥协调主要是指管理者的协调劳动，笔者将之称为"显性协调"。与此同时，在企业中还有一种增进劳动间协调的优势，笔者称之为"隐性协调"，这种隐性协调是基于默会的知识之上。究其原因，在企业团队生产中，由于企业内的成员间比市场上的个体间具有更广的共同经历，因而更利于对这种只能意会而不能言传的默会知识进行分享，从而自然地提高了分立劳动间的协调性；显然，这也正是企业组织另一方面的协调优势，它也便于增进劳动的有效性，从而创造更大的收益。普拉哈拉德和哈默尔（1990）声称，公司的成功取决于公司的"核心能力"，即"组织内的学习，尤其是如何协调形形色色的生产技能以及如何结合技术的多种趋势……（同时）它还涉及工作的组织和价值的传送等问题"。其实，尽管我们强调，斯密的分工收益主要是劳动量支出增加的结果，但其中也包含了由隐性协调带来的一部分收益；究其原因，只要是为市场生产，这些社会性的活动之间就必然存在某种协调。事实上，只有为市场所接受的商品才具有正价值，而为市场生产就必须了解市场的供求，从而也就存在生产的协调性问题。一般来说，生产的空间越近，协调性也就越高。这意味着，即使没有任何其他的条件变化，仅将两个生产相关商品的生产者移到一起，他们劳动的协调性就增加了。例如，对生产同一商品的两个生产者来说，至少可以比原来更容易了解到对方的商品供应情况；而对上下关联产品的生产者而言，也可以从对方的供应状况了解到自己的成本等情况等等。显然，这些方面都与分立劳动之间的协调有关。

总之，从协调增进角度我们可以更好地理解分工收益的根源，更好地认识社会分工以及分工理论的演化，更好地分析企业组织的产生和发展。威廉姆森（1996）就指出："企业不仅是一种简单而有效的工具，而且还拥有有时超越市场的潜在协调能力。"正是基于这种更高层次的协调机制，联合的个体劳动之间产生了一种整合效应，从而提高了劳动的有效性，并创造出了更大的收益。显然，古典主义学者抓住了企业的生产功能这一核心，不仅基于特定社会环境分析了具体的分工形态并提出了相应的分工理论，而且从协调收益增进的角度深入剖析了企业何以蓬勃发展的根源。同时，主流经济学家中像奈特、哈耶克、西蒙等人也从知识的分散性和不完全性出发分析了企业家对不确定的处理，这也已经接近了协调主义的分析思路；只不过由于不确定分析的难度较大，后来的主流经济学家逐渐将所有类型的不确定性都用主观概率来表示并进而分析经济行为，从而又重新回到了新古典主义的分析框架。例如，斯蒂格勒就简单地把不确定性归结为决策中的信息问题，并明确把不确定性问题转化为特定信息成本约束下的最优化。

三　协调收益增进说的局限性

一般地，古典经济学的企业理论从分工演化角度强调，现实社会中层出不穷的新因素推动了人类需求、社会伦理、协调机制以及相应组织制度的不断变迁，从而基于技术、制度、偏好动态变化探究生产的非均衡过程。正因如此，协调收益增进说把资源创造而非资源配置视为生产组织研究的核心，企业管理者按照利益得失权衡而非效用最大化原则采取行动，并推动生产组织结构的变动。相反，新制度经济学尽管也在新古典主义思维基础上引入了制度的变量，但它实际上并没有真正考虑制度在经济活动中的作用以及制度的动态变迁，而仅仅是基于供求来探究制度均衡的形成以及在给定制度结构下分析其人的行为以及效率比较。因此，交易费用说基本上还是沿袭了新古典经济学的研究思路，在一种假定技术、制度、偏好和资源禀赋不变的均衡分析框架下，研究理性经济人如何按照效用最大化原则，从而考察资源的最优配置问题。当然，尽管协调收益增进说在分析分工效益和组织嬗变中具有重要意义和积极作用，但这一理论也仅仅基于一个角度来对分工和组织形态的分析，而现实生活中影响分工和组织形态的因素是多样的。因此，这里有必要对协调收益增进说的局限性作一剖析。

（一）传统内生优势说的现代解析及其问题

古典主义先驱性地从分工演化角度考察了企业组织的成因，并分析了生产中的分工收益，从而已经蕴含了协调收益的企业理论。特别是，基于分工的各个理论大都是基于对具体历史现实的考察，从而每个理论的提出都能够较好地适应当时的情形。然而，由于基于生产一脉的分工理论还缺乏系统的梳理和归纳，其内在的逻辑联系也很少得到挖掘；因此，这个流脉的分工理论往往给人一种孤立和割裂的印象，这也是分工思维在现代企业理论中无法占主导地位的原因。相应地，迄今为止，人们对分工效率的理解大多还停留在斯密的认识水平，强调的是基于劳动投入的增加（密度）或者是"干中学"获得的劳动复杂性的提高（强度）。事实上，当前学术界一谈论分工效率就"言必称斯密"，所谓的新兴古典经济学也大多以将斯密的思想模型化为能事，强调的依然是基于"干中学"所产生的内生优势。然而，尽管基于内生优势的分工效率比较适合于斯密时代，因为当时还处于手工作坊时期，生产的质量和效率往往依赖于个体性经验，老师傅对那些手工产品的生产是非常重要的。问题是，这种状况已经远远不能反映当前的社会现实。试想：在当前社会中，还有哪个行业、多少工厂的生产效率依赖于从"干中学"中提高技能的老师傅；相反，当前绝大多数企业里的工序已经分得非常细，以致每道工序都简单得可以在数天或数周内学会。而且，正是由于当前的生产工序已经简单到了使人非常厌烦的程度，以致工人一有机会就会另择职业。正因为如此，美国的企业往往存在高达50%的补缺率，社会上的劳动力流动性也非常之高。在这种情况下，又如何获取斯密所注重的因经验积累而产生的内生优势所带来的分工效率呢？

　　当然，我们说，现代企业的分工效率已经很少依赖于个体的内生优势，但是，这并不否认一个社会的整体效率依旧依赖于分工所产生的个体内生优势。究其原因，当今社会个人技能的提高以及内生优势的增加已经不再是通过"干中学"，而更主要是通过"教中学"，可以轻易地接受人类所积累的知识而迅速提高自身的技能，可以在数小时到数周之内就学会如何操作最先进的机器。事实上，个体获得技能的方式之所以会发生如此重大的转变，就在于人类的物化劳动已经日益丰富，而且物化劳动所凝结的形态已经从有形的物质资本转向了无形的知识、制度等形态，这在笔者的《有效劳动价值论——以协调洞悉劳动配置》中已经做了说明（朱富强，2004：第6、7章）。而且，需要指出的是，人类社会之所以能够积累如此丰富的以知识形态存在的物化劳动，这又是分工高度深化的结果：劳动分工发展到现在已经使得产品、工种乃至行业等变得如此细化，以至具体岗位的工作者已经不再需要"熟练"了，而仅仅只需要"知道"就行了。究其原因，机器已经代替了人的日常劳动，而"知道如何"的知识也由专人生产。显然，分工深化的必然结果就是生产的迂回链条不断延长，乃至劳动分工已经逐渐为知识分工所取代。事实上，当前的协调更主要体现在知识生产者之间，尽管同时还需要充分调动具体生产者的积极心，这种积极心的调动则关涉到伦理的认同问题。可见，我们在探究现代社会的企业效率或分工效率时，再也不能依旧停留在斯密意义上那种依靠技能提高并源于个人经验的内生优势方面，而是要上升到提高社会知识的积累方面，更重要的是知识的分工和协调问题。显然，尽管着眼于生产的分工理论具有动态发展的优点，但迄今为止，传统分工理论几乎都没有揭示分工效益的内在根源，从而没有能够真正把理论与现实结合起来，从而也就没有揭示社会协调对象、协调方式的变化。

　　而且，从某种意义上说，传统基于内生优势的分工收益更为适用于分析由市场引导的社会分工而不是由组织指挥的内部分工。究其原因，传统内生优势着重于探究产品的"质"和"量"如何提高的问题，而没有涉及生产出来的产品如何适应产品的需要，从而获得价值实现的问题，后者是组织内部分工所关注的核心课题。一般地，产品要能够卖出去，就必须对市场行情有充分的了解，而在已经远远超越了物物交换的时代，远方市场的需求行情信息显然不是个人所能掌握的。因此，随着交易半径的扩展，生产必然会逐渐从个体（或家庭作坊）生产过渡到有组织的大规模生产，其中，专门了解市场行情的工种就逐渐独立出来，这就是企业组织中的管理人员。在很大程度上，正是由于集中关注源于个人技能的内生优势理论，古典经济学家大多将市场视为促进分工的主要机制；相应地，古典经济学的分析大都也是集中在社会分工方面，强调自由贸易或自由放任政策。但是，到了古典主义后期，由于西方国家中企业规模逐渐增大，此时社会协调的重心就已经逐渐从提高个体的技能方面转换到了促进分立劳动之间的合作以提供满足需求的产品方面。正因如此，随着规模经济日益明显，西方社会的大规模生产就出现了逐渐垄断化趋势，相应地，新古典主义时期的许多学者也开始研究企业组织中的规模经济等问题。但不幸的是，基于西方社会对自由市场的偏好，新古典经济学者把对规模经济的关注转向了外部因素，反而将有关分工效率的探讨给抛弃了。

此外，传统基于内生优势的分工理论还存在这样一个问题：传统内生优势主要关注社会分工，并认为市场机制可以促进社会分工的扩展和深化。那么，为什么又需要且能够生成企业这种组织形态呢？不可否认，古典分工理论可用分工收益来解释企业取代市场的好处，但它确实无法说明企业内部分工产生的效益何以更高以及在何种情况下更高。在很大程度上，这种逻辑的错误与新制度经济学的契约理论是一样的：它用交易费用来说明企业取代市场的好处。要解释这一点，就不仅必须分析企业内部分工与市场外部分工的方式上的差异，而且要说明不同形态的分立劳动间协调方式和协调水平的差异。事实上，上面已经指出，基于协调收益增进可以更好地理解内生优势的内容转换，从而分析分工从社会外部分工到组织内部分工的演化。为此，笔者提出了协调收益增进的观点，从协调机制的演化中剖析分工的形态和组织的嬗变，从而可以剖析企业组织的产生和发展，这也体现了企业作为协作系统的本质。当然，需要指出，基于协调收益增进仅仅反映了企业组织的本质面目，却没有揭示现实社会中企业的实际存在和形态；究其原因，企业的现实存在往往有更多的影响因素，如该理论就没有揭示企业取代市场的不利方面——成本的变化。实际上，如果企业取代市场总是有利于收益递增的，那么，企业组织的规模又会扩展到哪儿才停止呢？是否最终形成一个利维坦式的巨型企业？目前企业发展所呈现出来的趋势正好与此相反，显然，这又涉及协调收益增进说本身的不足。

（二）协调收益增进说对监督的舍弃

基于分工演化的协调收益增进说抓住了企业的生产功能这一核心，并深入分析了企业何以蓬勃发展的协调收益增进这一原因。更为可贵的是，斯密、马克思等也都努力解释了监督的存在，并对此作了相当深入的探析。例如，早在《国富论》中，斯密就最早观察到股份公司中存在的委托—代理中的矛盾，注意到了经理阶层的"疏忽与浪费"，并描述了股东因对公司业务所知甚少而导致的监督困难，以及委托人和代理人之间在利益取向上的差异。斯密（1972：60）认为："劳动者的工资，到处都取决于劳资双方所订的契约。这两方的利害关系绝不一致。劳动者盼望多得，雇主盼望少给。"再如，马克思也指出，在资本主义生产过程中，劳动过程具有特殊的两个现象：工人在资本家的监督下劳动，他的劳动属于资本家；同时，劳动产品归资本家所有。特别是，马克思正确认识到协调和监督功能上的差异，指出监督实质上是浪费性的劳动支出。并且，马克思极力探讨减少监督的方案，他认为，根本途径就在于劳动的所有权和占有权的分离导致商品的所有权规律转化为资本主义占有规律。正因如此，马克思强调，要减少这种浪费性的监督支出，就必须改变企业的所有权关系。

不过，由于在早期的资本主义社会，社会公权力的分配极端不平等，导致了企业所有权被片面地界定为企业主（出资者）所有，以至企业主可以名正言顺地依靠高强度的监督来实现个人的利益。在这种情况下，企业内部的劳资关系是尖锐对抗的，因而马克思等否定了这种监督的合理性。事实上，在马克思看来，随着作为别人财产而同雇用个人相对立的生产资料规模的扩大，对生产资料的合理使用进行监督的必要性确实在增加；但是，资本主义的私有制使得这种监督的成果完全被资本家占有，而且，由于这种监督成本相对于资本家获得的收益而言是相对较小的，因而资本家为了尽可能的获得剩余价值而倾向于不断加大监督投入。正是基于对特殊的资本主义生产方式的考察，马克思认为，企业中的监督是暂时现象，是可以克服的。为此，他设计了一个国家代表全民的垄断方案，并认为在这个组织中劳动者能够真正实行按劳分配，从而一方面利用了协调生产力，另一方面又可避免监督费用。显然，在马克思主义者眼里，最终可以实现全社会生产的统一企业内的协作，这也正是国家计划经济产生的理论基础。这样，古典主义对监督的分析路线就被中断了，它不是着眼于团队生产这一存在探究如何建立更为有效的监督机制问题，而是试图改变所有制结构而几乎抛开了监督这一课题。

当然，随着分立劳动之间的协调增进而导致协调收益的不断提高，监督劳动的投入又导致转移收益的上升，所有这些因素都会促使企业组织的规模不断扩展；而规模的上升必然会产生越来越严重的机会主义问题，从而必然带来如何进行激励和监督的课题。实际上，正如阿尔钦和德姆塞茨（Alchian & Demsetz，1972）指出的，团队生产往往有这样的两个特点：（1）通过团队协作实现的专业化生产效率要高于市场分立劳动的生产效率，这是企业存在的必要条件；（2）企业团队生产的实际效率又取决于对团队成员劳动投入和产出的度量。因此，只要生产是团队式的，团队成员之间的利益就必然存在既冲突又相一致的关系。不幸的是，在古典经济学中对此的认识却往往呈现出两个极端的倾向：一方面，像斯密、萨伊、李嘉图、巴斯夏、凯里等强调其内在的一致性，从而忽视了内在的矛盾；另一方面，像弗格森、马克思、西斯蒙第等则更加强调其中的冲突一面，从而主张改变整个生产制度。正因如此，在古典经济学中，团队生产中出现的分工收益和监督成本这两个方面一直没有在理论上统一起来。而且，由于古典主义在分析分工演化和组织嬗变时往往撇开了交易（或者说企业内部的组织）这一基本要素；相应地，古典经济学主要集中于生产的协作分工方面，从而在强调协调收益的同时没有对监督的必然性引起足够的重视。

与此相反，以马歇尔为首的新古典主义者却逐渐放弃对分工协作的分析，新制度主义的企业理论则基本上继承了新古典主义的分析路线，不过却展开了对企业内部的监督和激励问题的进一步考察。在他们看来，企业组织中的共同生产具有如下特征：使用若干类资源，其产品并不是每一类合作资源单独产出的加总，团队生产中使用的所有资源并不属于同一人；那么，由于信息不对称的存在，团队生产中也就必然会出现机会主义行为，因而就需要增加监督活动的支出。事实上，监督对于团队生产而言是长期的，只要人的生活还受物质的制约，人的发展还受环境的限制，人性的协作也就必然会存在一定的扩散半径，这意味着监督也必然存在。不过，也正因为阿尔钦和德姆塞茨等偏重于对度量问题的研究，更加重视代理问题和代理成本并从中发展了委托—代理理论，却忽视了组织之间的协调问题的探究。同时，由于新制度主义依旧以西方社会的主权观来看待企业组织，从而继承了新古典经济学的股东利润最大化价值观，把企业视为企业主实现自身利益最大化的工具。因此，新制度主义的企业理论对激励机制的设立也是建立在单向监督思维的基础之上。例如，委托—代理理论就是如此，它体现了企业主对经理人员和雇员的监督，而没有考虑到企业主的机会主义行为对雇用利益的损害；显然，这也是以马克思为代表的古典经济学所批判的。

总之，基于生产分工的协调收益增进理论关注了组织内部的协调问题，却没有同样重视监督成本对分工的制约，没有考察生产之外的环节；同样，它更关注企业内部的显性协调方式，却没有充分重视隐性协调在企业内部的继承和深化。事实上，协调本身包含两大内容：（1）基于权威管理的显性协调；（2）基于相互认同的隐性协调。在很大程度上，古典经济学家虽然已经充分重视了这两个方面，但并没有将两者统一起来。例如：斯密、李嘉图等重视了市场的外部分工，也就是说，重视基于市场的隐性协调；马克思等则更加重视企业组织内部管理者的显性协调，把它视为是对隐性协调的替代，因为当时的劳资矛盾异常尖锐而导致员工对企业本身缺乏认同。同时，不仅企业组织内部同样存在两方面的协调层次，而且企业组织内部和外部的协调也是互补的。特别是，协调水平的高低与协作系统内的信息沟通机制存在密切联系，甚至可以说，分工形态本身就是信息的函数：一定的分工结构须与一定的信息结构相适应，只有分工形态与信息结构恰当配套，才能增进收益；显然，二者之间的互不配套，则是无效率的根源。[①] 因此，随着信息结构的演变，分工形态也必将逐渐演化；简单地，纵向传输的信息机制就与内部分工体系相联系，而分散的信息结构就与外部分工体系相联系。正因为古典主义的分工理论没有考虑信息的变化，没有考虑组织内外的协调互补和消长，从而把企业当成了等级链不断伸长的组织。尤其是，源于斯密的内生分工理论仅仅关注需求和市场规模对分工的限制，从而就没有考虑供给本身对分工的限制，而供给则涉及企业内部运行成本等的制约。

第三节 基于协作系统的动态演化分析

前面两节的梳理指出，有关企业性质的理论有两大基本流派：（1）古典主义的组织分工说，它从分工演化维度抓住了企业组织的生产功能这一

---

① 在很大程度上，信息约束正是中国目前企业内分工不健全的根源。

核心，从而试图挖掘企业的发生、壮大和演化的轨迹；（2）新制度主义的交易成本说，它从交易成本维度解释了企业组织的形成和扩展均衡，从而细化了对企业治理的分析。显然，古典主义和新制度主义对企业组织的分析各有其研究视角上的独特性，相应地也就各自内含了特定缺陷。同时，从根本特性来讲，新制度主义企业理论体现为一种静态分析，而古典主义对分工的考察则体现了演化思想，从而更接近于企业组织的本质。事实上，由于边际主义的分析方法与非此即彼的分工理论并不相容，更无法刻画分工的演化，因而新古典主义以降的主流经济学就舍弃了对分工的关注，并导致分工理论的式微。但是，新制度主义的分析却局限于新古典主义框架之内，因而它所提出的企业理论也必然会抛弃基于分工演化的分析路线。当然，由于任何社会化的生产过程都不是孤立的，生产首先需要把各种生产要素组合到一起，需要花费某些成本，因而企业组织的形成和演变也就离不开对交易成本的考察。这也意味着，新古典经济学对资源配置的关注也是不能忽视的，企业组织的存在必然要受到监督成本的限制。在某种意义上讲，企业组织的现实形态和发展取向本身就是监督成本和协调收益共同作用的结果，这是企业动态演进的观点。因此，把两者结合起来，就可以构建一个更为全面的动态企业观。正是在动态的变化中，企业结构呈现出多彩多姿的具体形态，企业规模也大相径庭。规模问题将在"企业组织的规模界限"部分再作进一步的分析，这里首先基于企业组织的现实存在角度来更全面地探究企业组织的性质。

一　企业运行涵盖生产和交易两大领域

上面的分析说明，古典主义和新制度主义对企业组织的分析思路是不同的：古典主义是从分工演化的角度探讨组织的嬗变，它梳理了生产组织从家庭手工业到手工作坊、工场制再到工厂制的发展历程；相反，新制度主义则基本上继承了新古典主义的思路，关心的是一个在给定偏好和目标约束条件下的效用最大化。事实上，即使新制度主义借鉴了"自然选择"的生物学理论，但它也只是以此来论证经济演化过程可以产生新古典主义的结果：企业的存在必然有利于交易成本的节约，因而它的出发点还是交易方式的选择问题。同时，两者对企业组织的内在本质及发展趋势的认知也是不同的：古典主义努力探索企业组织的效率来源及其协作性本质，并通过权力的引入来剖析企业组织的异化发展；相反，新制度主义则关心现实世界中既得利益集团的目标，并探讨企业组织内部的控制（委托—代理）关系以及由此形成的组织均衡问题。正因如此，古典主义把企业组织看成是一个生产性知识和能力的载体，是一种集各生产要素之公共属性而形成的特质性资源，这一点为纳尔逊和温特等人所继承和发扬；相反，新制度主义则简单地把企业组织看成是一种与市场相区别的治理形式，并把企业治理的核心界定为最优所有权安排问题。

在很大程度上，由于哲学思维上的先验差异以及前提假设的不可通约性，企业理论中这两条路线的发展一直处于相对独立和隔离的状态；结果，这不仅阻碍了企业理论的统一、发展和成熟，甚至还使得偏见日益演化成为无知。事实上，目前中国大量的"海归"经济学人以及"媚俗"经济学子几乎完全忽视甚至有意识地蔑视了古典主义的分析路线，而竭其所能地迎合流行的新制度主义思维，社会舆论也大肆宣扬其主要观点。例如，近年来每年评选的经济风云人物几乎都是那些在资本市场上呼风唤雨、在股市只作赢家、并在短时间内通过兼并而组建企业的"航空母舰"之人；相反，那些在技术创新、改进企业的管理体系以及视企业为社会服务的工具而推动社会发展的真正精英却往往无人问津。究其原因，目前中国的社会舆论主要受新制度主义的企业理论所引导，把资源配置（即要素的组合）视为企业组织的核心问题；与此同时，在当前这种市场机制极不成熟的情况下，更多的工商业人士是借优化资源配置之名而通过利用权力和信息来行操纵市场之实，从而大肆鼓吹整日算计甚至恶意搞坏企业正常运作的那些人的"功绩"，并把这些人吹嘘为真正的企业家。实际上，企业家的核心作用在于创新，从而带来生产函数的变化，这一点熊彼特已经做了明确的说明。熊彼特认可的创新主要有这样 5 个方面：（1）创造一种新产品，或提供一种产品的更高质量；（2）创造一种新的生产方法；（3）开辟一个新市场；（4）获得一种原料的新的供给来源；（5）建立一种新的产业组织。西方企业家如比尔·盖茨和乔布斯等人都是通过创新致富的，但当前中国那些迅速致富的"企业家"搞了什么创新？他们大多热衷官商网络的构建，热衷于资本市场的大肆圈钱；从根本上讲，他们的行为主要是破坏性的，至少是破坏有余而创造不足。

事实上，新制度主义企业观不仅置企业组织的生产功能于不顾，而且明显地混淆了分工和交易之间的本质区别。一般而言，分工与交易是既相联系又不等同的两个范畴。一方面，分工与交易存在密切联系，两者之间具有共生性而无法截然分开进行分析。究其原因：（1）有分工必然有交易，从而也就必然存在市场；（2）只是有了分工后才可能有交易，从而才会导致市场的形成。当然，分工导致了市场的形成，并不意味着有了企业组织后才出现市场；相反，在企业组织没有出现之前市场就早已存在。例如：在契约式协调时期，市场和交易就存在于家庭组织之间；同样，即使在封闭式的家庭组织中，也存在内部市场和交易，这包括男女之间的隐性交易等。另一方面，分工与交易又不能等同视之，不能以对交易的分析来取代对分工的分析。究其原因：（1）交易所发生的市场是流通领域，市场是相互交换的场所，交易是基于既有事物间对不同人的使用价值不同而产生的交换，体现为效用的重新配置问题。其实，无论是产品契约还是要素契约，不管这个交易场所是组织外部（市场）交换还是组织（家庭、企业）内部交换，交易本质上都是体现了既有"蛋糕"的分配问题，也即资源（或财富）的配置问题。（2）分工根本上体现在生产领域，是生产要素投入创造产品的过程，体现为"蛋糕"如何做大的问题，也即价值（或财富）的创造问题。因此，分工更主要地体现了生产要素及其所有者之间的协作关系，是为了提高价值创造的劳动有效性，从而必然涉及各生产要素之间协调的意义。正是基于分工和交易的这种差异，斯密才将工业和农业中生产率的差别归结为：工业中分工的好处大于交易费用，而农业中分工的协调费用高于好处。彼特利斯（2002）也指出，"厂商的存在无需以交易市场失灵为前提的另一原因在于：……可以仅仅通过权威更好地利用专业化和劳动分工来提高生产效率。"

首先，由于分工出现在生产领域，交易则出现在流通领域；那么，从经济活动的完整过程来看，交易和分工就都包含在企业组织的运行过程之中。也即，企业行为必然贯穿于生产和交易两大领域。其实，马克思在分析产业资本的循环时就强调，产业资本运行经历了三个阶段，而这三个阶段也就对应了企业运行的三个阶段，只有经历这三个阶段，企业才可以有效地创造出新的价值以及实现收益的增值。我们可以再次回顾一下马克思的三阶段分析。

第一个阶段是购买阶段，即虚拟的企业主体在市场上购入生产资料和雇用劳动力的阶段。用公式表示：

$$G（货币）——W（商品）\begin{cases} A \\ Pm \end{cases}$$

第二个阶段是生产阶段，即各生产要素相互协作进行生产和价值增值的过程。用公式表示：

$$W\,(商品)\begin{cases}A\\\cdots P\,(生产过程)\cdots W'\\Pm\end{cases}$$

（生产过程结束所获得的商品）

第三个阶段是售卖阶段，即将生产出来的产品投入市场的过程。用公式表示：

$$W'\!\longrightarrow\! G'$$

马克思认为，资本循环的上述三个阶段是紧密联系和相互依存的，资本只有不断地由一个阶段转入下一个阶段，循环才能顺利进行，产业资本依次经历三个阶段，变换三种职能形式，使价值得到增值，最后又恢复到原来出发点的运动，就是资本的循环。资本循环的总公式可表示为：

$$G\!\longrightarrow\! W\begin{cases}A\\\cdots P\cdots W'\,(W+w)\!\longrightarrow\! G'\,(G+g)\\Pm\end{cases}$$

而且，马克思强调，在整个资本循环，即企业组织的运行过程中，处于第二阶段的生产阶段是整个产业资本循环的关键，只有经过这个阶段，才可以实现收益的增值。但是，新制度主义所倡导的契约说却把企业组织视为用一种相应于市场契约的契约形态，主要体现为以要素契约取代中间产品契约，这种理论实际上舍弃了企业组织的根本。显然，着眼于企业组织的生产功能，挖掘企业取代市场的原因，就特别要剖析企业组织对劳动分工的影响。

其次，市场上也存在自发的劳动分工，因此，市场上和组织内实际上都同时存在交易和分工两个方面。但是，这两个层面的交易和分工又是不能混淆的。因为，市场上的分工机制主要体现为：分立生产要素根据市场发出的价格信号默会进行；相反，企业组织内部的分工机制则体现为：一个专门人员进行劳动的配置和协调活动。一般地，交易是一个竞争的过程，而生产分工则主要体现了生产要素之间的协作性质，因而分工只有和协调相联系才有意义。实际上，涂尔干（2000：233、234、235）就指出，"如果按照分工性质的要求，把一种职能划分成两个相互补足的部分，那么这两个专门部分就必须在整个分离过程中不断保持某种交往关系","在生理学的意义上，分工符合以下规律：只有多细胞生物群已经形成的某种凝聚力，分工才会存在"；因此，"所有社会根本上都是建立在协作基础上的，这是一条不言自明的真理"。

从某种意义上讲，离开协调就没有实质的分工，而只能是简单的劳动分立，同时，没有协调的劳动分立也就无法促进效率的提高。譬如，将原来生产鞋子的工作分由两人分别生产鞋底和鞋面就不一定会提高鞋子的生产效率，因为原来一天两人共生产 10 双鞋子的，现在分工后可能是生产了 16 双鞋面和 8 双鞋底；这并不是说作为整体鞋子的生产效率提高了，因为多余的 8 双鞋面因没有使用价值而根本是无价值的。也即，没有协调的分工往往只是带来某些具体产品数量的生产效率之提高，而并不一定带来整体使用价值或价值的增进。这里的关键是对生产劳动的配置，即协调。譬如，我们可以由安排 2 个人生产鞋底而 1 个人生产鞋面，这样，如果 3 个人之间进行分工，就可以生产出 16 双完整的鞋子，比 3 人单独生产的 15 双要多出 1 双。而且，需要进一步指出的是，这里仅仅考虑到产品的生产问题，而没有考虑到产品价值的实现，如果多生产出来的 1 双鞋子无法卖出去，那么，这种提高产品生产效率的分工也是不值得的，这又进一步涉及供给和需求间的协调问题。同时，还需要指出，协调可以是分工中的个体基于某种信号自发进行的，也可以由专职人员进行指挥、规划；前者是市场协调的社会分工，后者是管理者协调的组织分工。至于具体的协调方式究竟如何，则涉及显性协调或隐性协调之间的适应性；同时，究竟采取市场上的社会分工还是企业的组织分工，则主要决定于具体环境下市场协调和企业组织协调间的协调水平差异，而这正是企业取代市场的根本原因。

当然，尽管分工和生产形式关系到价值创造这一根本性问题，但由于生产往往是多种生产要素共同作用的结果，从而生产过程中对生产要素的配置必然会出现成本；这样，如何降低这个成本也就成为有效协作系统所要考虑的一个重要课题。例如，马克思就强调，资本循环是三个阶段的统一，这实际上就包含了生产和契约两个基本范畴。这里，购买的原材料往往不是没有凝结人类物化劳动的天然物，而是某种中间产品。从这个意义上说，新制度主义所提出的要素契约取代中间产品契约之企业说是不完全的。同时，尽管我们不能简单地将分工和交易混同，但由于分工和交易间存在千丝万缕的联系，市场与企业间的相互演化也同时与分工与交易密切相关。这意味着，新制度主义的交易成本节约说和古典主义的分工收益增进说各有其独特的分析优势，同时又存在各自的片面性。因此，作为协作系统的任何有效组织都需要综合考虑这两方面：在生产过程中努力使得收益（价值）增值最大化，而在物品生产出来后又要使得交换剩余（效用）最大化（也即交易成本最小化）。事实上，如果将经济的增长分为开源和节流两个方面，交易成本说的核心思想就在于节流。威廉姆森（2001：45）就认为，交易成本节约说"赞同并且发展了节约是经济组织的核心问题的观点"。而我们这里补充，分工收益增进说则强调了开源的首要意义。

总之，流通领域的交易和生产领域的分工是市场和组织引导人类活动的两个方面，因此，交易和生产这两个层面中任何一个都不能单独地完全解释企业组织的现实存在和发展；相应地，交易成本说和分工收益说都只是体现了从一个侧面对企业存在性的观察，从而都各有片面性。当然，尽管两者存在视角和方法论上的差异，但就其研究对象的共同性而言，两条理论路线更应该体现出强烈的互补性。事实上，如果说从交易方面，主要表现为在收益目标既定的条件下考虑既有单位要素的配置成本（如科斯等认为，企业是一系列契约的纽结，可以以一个长期契约取代一系列的短期契约，可以以多边契约取代双边契约，这些都是涉及交易方面）；那么，从分工协调角度，我们主要探讨不同的要素组合如何更好地促进收益增值的问题。因此，一个更为完善的企业理论应该同时考虑生产和交易这两个方面：基于生产协作来探究分工的演进，基于组织监督来分析交易的费用。这也是笔者在进行组织分析时长期坚持的基本思路：从协作系统演化的角度构建一个更为全面的企业理论。

二 交易成本说对分工收益说的矫枉过正

新制度主义交易成本说是基于对古典主义分工收益说之反动的基础上发展起来的，它着重从交换关系方面来分析企业组织的性质，认为通过组织形式的内部交换替代外部交换有利于成本的节约。问题是，组织方面的活动与财富生产是不可分的，科斯的原创性贡献却只是将制度分析与资源配置联系了起来，而没有进一步分析组织效率。例如，当一个公司的管理部门克服供应商的质量缺陷时，不仅会由于有关的监督活动而影响交易成本，而且还会因为价格或生产率的变动而直接影响生产，而这就是对效益的影响。事实上，尽管交易成本说在一定程度上分析了市场形势变化对企业组织产生的影响，但是，即使是市场条件、技术以及其他方面都相似的企业组织，在生产率方面也可能有很大的差异。如 1962 年罗斯塔斯（Rostas）对美国和英国的 13 家制造业工厂的相对劳动生产率的研究发现，在两国许多设备相同的行业或企业里，英国和美国的人均产量却相差120%。1956 年哈比森（Harbison）对埃及的 2 家近邻的炼油厂的分析研究，1962 年科尔比（Kilby）对尼日利亚 5 家橡胶厂的研究等，都得出了一个结论：组织这个要素是企业中经常观察到的劳动生产率差异的重要决定因素（刘小怡，1998：2）。显然，仅用交易成本说难以圆满解释市场条件相似企业的生产率差异等事实。

事实上，如果交易费用是企业组织存在的根本原因，交易费用是决定企业组织界限的唯一因素，那么，同一行业、同一市场上的企业规模应该是相同的（单伟建，1996）。但显然，这与事实不符。例如，斯蒂格勒（1996：41、42）就举例说，"假设对成本、报酬率、技术的研究都表明某一产业的厂商最佳规模是日产 500～600 单位，如果超出，单位成本将很高。在假设该产业大部分厂商的规模是这个'最佳规模'的 3 倍，而该'最佳规模'的厂商又迅速减少或成长为更大的规模，我们还能相信最佳规模是日产 500～600 单位吗？"因此，"我们还必须承认，只有当所有厂商拥有完全相同的资源时，一个产业才会只有一个厂商最佳规模"。但这是不可能的，因为每个厂商的劳动力资源必然是异质的，特别是，管理人员的协调能力本身相差巨大。显然，"既然各厂商使用种类不同、质量不同的资源，最佳厂商规模必有多个，呈现某种频率分布"（斯蒂格勒，1996：41、42）。其实，新制度主义企业理论的集大成者威廉姆森（2002：9）也承认，之所以"强调交易成本，并不意味着把节省交易成本当作惟一目的；而只想说明，这一概念的重要性一直被忽略或低估了"；之所以"首推交易成本而不论其他，无非是为了说明这一概念有助于深化我们的认识，并对这一概念独有的种种可证伪的含义作进一步的说明"。但是，威廉姆森（2002：76）又认为，"如果人们自觉地按照共同利益分享的原则，那么根本就不可能用其他经济组织形式代替市场。"在很大程度上，这里威廉姆森把企业组织内部的治理仅仅视为对机会主义的抑制，而没有强调企业组织对深化分工—协调的作用。

正因如此，在新制度主义帝国的扩张下，流行的企业理论已不是为了纠正古典主义只重视生产成本的那种片面状况，反而在强调交易费用的同时忽视了人们以前曾非常重视的分工收益，从而就大大地矫枉过正了。例如，阿罗（1969）等就把交易成本扩大为"运行经济系统的成本"；詹森和麦克林实际上也是把委托—代理成本定义为所有权和控制权相分离的组织的运行成本。这样，现代主流经济学逐渐地把节约交易成本视为社会发展的基本途径，成为各种组织和制度相比较并评估其优劣的基准。但显然，这种分析存在一些根本性的缺陷。（1）它把交易成本类比为物理中的摩擦力，但是，物理学中的摩擦力可以精确地计算出来，而经济学中最佳运行的经济系统是不存在的，或者说是无法估量的；因此，交易成本和委托—代理成本本身是难以计量的，从而也就无法计量交易成本的节约。（2）新制度主义只重视生产要素的配置并集中对交易费用的关注，似乎生产要素组合的收益是既定的或者最佳收益是可以预见的，而人们要做的仅仅是如何通过最小的交易成本达到这一目的。这显然是"捡了芝麻丢了西瓜"。荣兆梓（1995）等批判科斯等新制度主义理论时就说："科斯在强调交易成本的重要性时产生了另一种片面性，即忽视了组织变动对直接生产成本的影响。"

张五常曾提出一个引起广泛关注的问题：如果一个苹果园主与养蜂人订立一个让蜜蜂为其果树授粉的契约，那么，此时是一个企业还是两个企业？如果简单地根据交易费用理论，那么，养蜂人和苹果园主就会进行谈判，不管最终产权归属于谁，两家都会合并成一家企业。但在现实中，更通常的情形是，两家依然是分开的。而且，这种情况是普遍的，如电视台和电视机制造商、广播电台和收音机制造商、网络公司和电脑制造商、网络通信公司和手机制造商，乃至所有的一切相互联系的商品生产都具有这种特征，这个社会并没有形成一个大一统的工厂。究其原因，仅仅基于交易成本根本无法揭示出生产的过程，同一生产由不同的人来管理协调所带来的效益是截然不同的；而且，任何生产都是一种组织的过程，但这并非就是流行理解的"具有等级制"的典型企业组织。事实上，一旦养蜂人和苹果园主达成协议，他们之间就形成了新一层的协作系统，而原先他们各自经营的"企业"并没有消失，但成为处于新的"大协作系统"之下的"小协作系统"；这种新的"大协作系统"也可以看作是一种新的生产组织形式，但不是典型的企业形态，而是一种网络组织。而且，网络组织本身就是企业组织演进的未来方向，它将更多的市场纳入了共同体内部的生产之中。例如，迪屈奇（1999）就专门分析了介于传统企业和市场的一系列中间形态、如半结合公司、合资公司、多层次网络销售公司等。

作为第一个使用"交易成本"这一术语的学者，阿罗（1969：48）声称，交易成本通常妨碍——在特殊情况下阻止——了市场的形成。阿罗实际上假设了一个前提：生产成本将不会随着制度环境中的任何改变而变化。然而，生产成本和交易成本都是组织和市场内生的，而这根本上是由于信息不完全所带来的。事实上，如果信息是完全的话，不仅市场是有效的，而且，也必然会大大降低组织的监督成本，从而导致计划变得完全可行。正因如此，张五常（2000：526－527）等甚至认为，"从逻辑上来说，私有产权与交易成本为零是不能共存的。"也就是说，交易费用的降低并不是完全如传统交易成本说所表明的，必然会促使企业转向市场，相反，也可能导致市场的缩小。事实上，现实中的企业组织为了获取增强自身支配对手、潜在进入者、顾客和供应商之能力的建议，支付了成千上万美金的顾问费。试问，这难道可以说成是仅仅为了降低市场交易成本吗？彼特利斯（2002）认为这看起来简直就是受虐狂的行为，由此他强调指出，交易成本经济学是建立在不牢靠的理论基础上，没有证据支持与其理论相关的主要观点。

新制度主义的集大成者威廉姆森（1996）则写道："在交易费用可忽略不计的情况下，宁买勿造一般是获得某种物品而以最节省成本的办法。"问题是，如果大家都是这种想法，那么所买的物品又来自何处呢？同时，威廉姆森（1996）又指出，"不确定性降低会使交易向相反方向变动。常常会出现这种情况，即一种产业的成熟时，不确定性会降低，这时，一体化带来的收益也就很可能减少"，从而企业规模也会分解。问题是，在现实世界中那些传统性产业（也就是成熟产业）中的企业规模往往较大，如斯蒂格勒就认为在一个行业发展的初期和后期阶段更容易出现一体化。这又如何解释呢？显而易见的是，传统的成熟产业更依赖于规模经济的竞争，因为此时该行业的协调活动已成为例行的简单劳动。所以，德姆塞茨（1999a：192）指出，经济组织的问题各式各样，绝不只是交易成本和监督成本所造成的；相反，从交易或监督的角度研究企业理论的做法，可能已经大大限制了我们的视野。譬如，在既无交易成本也无监督成本的情况下，企业组织也会存在，即使其组织形式可能完全是另一个样子。

新制度主义交易费用说把企业组织的出现归咎于交易成本的存在和增

长，但实际上，交易费用的消除或减少并不会导致企业组织的消失，交易费用的增长也不一定会导致企业规模的增长。一个明显的事实是，现代社会的交易费用在急速增长，相伴随的却是企业规模的相应增长。同时，如果消除了交易成本这一摩擦力，不但不会有利于社会经济的发展，反而会导致其日渐萎缩；因此，单纯地从交易成本角度无法真正度量社会经济的动态运行，最大限度地降低交易成本也不是社会经济发展的方向。事实上，根据诺思（2003）的测算，从 1870～1970 年，交易成本的总和占美国 GDP 的比例已由 25%上升到了 45%。这意味着，越来越多的社会资源被投入交易活动中。但与此同时，不但企业规模获得了长足的壮大，社会经济也取得了持续的增长。显然，这反映出，交易成本和经济发展往往是同步进行的。究其原因，日益社会化的经济发展根本上是建立在分工日益深化和生产日益迂回化的基础之上，而分工的深化和生产的迂回化必然会促使交易成本不断攀升。相应地，社会的发展方向不是相关联企业之间的合并而是进一步分离，不但苹果园主和养蜂人会分离，他们之间还会独立出一系列新的中间环节。德姆塞茨（1999b：10-16）就指出，企业与市场不是替代品，而更像是一种互补关系：当交易费用下降时，每个企业倾向于集中生产某种产品系列的一小部分；此时并不是市场对企业的替代，而是在一个企业进行的各项活动之间"插入"了市场，从而导致企业数量的增加，反之，则企业的数量减少了。

总之，正如德姆塞茨（1999a：185）所说，过分重视交易成本的观点，实际上模糊了我们对企业理论框架更为全面而正确的认识。在很大程度上，基于交易成本的组织分析是静态的，它依旧把企业生产过程视为一个"黑箱"，似乎重要的仅仅是生产要素配置中的摩擦问题。显然，这里似乎存在一个假设：共同生产的生产要素之间总是可以达到最佳配置或者最佳组合，而为什么现实中没有达到这种状态似乎仅仅在于存在交易（或配置）的成本。基于分工收益增进的组织分析则是动态的，它考察生产组织的变化以及内部的协调活动，从而可以更好地认知企业组织的开放式发展。也即，基于组织均衡的交易理论分析下的企业组织是一个"封闭系统"，它难以解释企业形态的多样性和变动性；而基于协调演化的分工理论所考察下的企业组织是一个"开放系统"，处于不断的变动之中。因此，两种分析思路所基于的参照系是不同的：一个是以不存在的未来最佳状态为参照系，一个是以过去实际存在的状态为参照系。显然，两个路径所基于的参照系在现实性上存在着巨大差异,以基于分工路线的协调收益增进说为基础可以构建出更为合理的组织理论。

三 基于协调系统观的综合收益增进说

一般地,分工收益增进说侧重于从联合生产的有效性方面来探讨企业产生的根源,并基于社会环境的变迁而对组织形态之嬗变进行考察,从而具有明显的开放性,并符合企业组织发展的历史和现实。(1)由于生产组织是动态发展的,各种生产要素在生产中的地位也在不断变动;因此,分工收益说认为,生产的最佳状态是不可确知和度量的,而生产要素的不同组合可以带来不同的收益,关键在于如何组合。(2)从协调演进的角度来看,我们可以对不同的协调机制进行分析,并将协调演进前后的收益进行比较而分析收益的增进程度;但是,尽管通过协调机制的演进而能不断实现帕累托改进,却永远无法达致帕累托最佳状态。当然,尽管分工收益增进说强调之所以需要企业组织就在于,它能增进生产过程中分立劳动间的协调水平,但问题是,仅从生产效益方面显然也是不能解释生产条件相似的情况下,这涉及因市场交换方面的差异所带来的企业形态上的区别,以及规模上的差异等问题的。

其实,在任何一个实际的生产中,生产要素组合所产生的协调收益以及达到这种组合所需要的交易成本都是不可分割的,两者互为影响。因此,我们在研究企业组织时,就应该综合考虑交易成本节约、协调收益增进等诸因素。其中,协作收益的提高是分工深化、协调机制演进的根本诉求,而交易费用的降低则是协作系统演化的具体组织形态必须兼顾到的。相应地,考察企业组织的产生、演化的视角就应该是以协调收益增进为主、交易费用节约为辅,这也是构建一个更为合理而全面的企业理论的基本路线。为此,笔者提出,企业组织的存在性质实际上是在兼顾协调收益和交易成本的基础上有利于综合效益增进的协作系统,这是基于动态演化的协作系统观。正是由于每个企业在协调机制和组织结构上的差异,这在生产、销售、决策、文化等各个方面表现出来,导致了协调水平和运营成本的不同,从而带来不同的效率,并最终决定了企业组织的兴衰和成长状况;而且,基于协调机制和交易机制上的不同,导致了每个企业组织又有其独特的优势,在长期的演化过程中,企业组织的各方面的特性又形成了共生关系,它们相互影响、相互制约而又相互促进,共同规定了企业组织的性质、形态和规模，这体现了企业组织的异质性特征。

既考虑生产又考虑交易，既关注协调又兼顾监督，这种企业观并不是新鲜的，一直以来就不断有学者提出类似的观点。例如，诺思（1990、1994）就曾指出，将生产要素组织起来生产物品或劳务要受到技术和制度两方面的影响，从而形成两种费用：转化费用（transformation costs）和交易费用；这两种费用之和等于总的生产费用，企业组织的发展就是寻求总费用的最小化。诺思这里的转化费用主要是指影响投入产出的技术费用，而他的交易费用是与社会制度有关的。当然，诺思认为，技术和制度与技术费用和交易费用并不是一一对应的关系，它们之间存在着交叉影响。显然，如果我们把诺思决定产出的技术费用看成是创造协调收益的投入成本，并将之转化成收益来看待，那么，诺思的分析就与上面的分析相一致了。另一位极具创见性的学者——迪屈奇（1999：6）也指出，组织方面的活动和生产活动二者是不可分的。例如，一个公司的管理部门克服了供应商的质量缺陷，这不仅将是由于有关的监督活动而影响交易成本，而且还会因为价格和（或）生产率的变动而直接影响生产，而这一效果是管理机构的效益而非成本。

而且，这一综合思维也得到一些新制度主义代表人物的认可。例如，张五常（1996）就指出，强调交易成本并没有否定分工，即专业化的潜在利益，也没有否定得自较为有效地协调活动的潜在利益。同样，阿尔钦和德姆塞茨（1976）也很早就指出，"如果通过团队生产这种方式，即使扣除了为规范团队成员的行为所花费的成本，还能使生产率有较大的提高，人们就会采取团队这种生产组织形式。"只不过，他们并没有进一步分析合作收益的成因，或者简单地把它视为"符合专业化生产的比较利益分工的原则"。后来，德姆塞茨（1999a：190）进一步认识到，"把减少投机取巧所带来的成本作为理由，固然有助于揭示企业内部的组织结构问题，却不能为企业何以存在提供合理的证明。把这种分析扩展为更一般性的代理人问题的努力，也未能弥补这一缺陷。"为此，德姆塞茨（1999b：12－14）还进一步提出了专业化理论，他认为，企业组织之所以存在是因为，与自给自足相比，为其他人生产是有效率的，这种效率是由于有规模经济、专业化活动以及低而不高的交易费用的优势。

不幸的是，尽管德姆塞茨等人揭示了企业组织现实存在的必然性，认识到即使"交易费用为零，企业也不会从地球上消失"；但是，由于他们把企业组织泛化为一般的生产组织，并着眼于将企业组织与自给自足的生产组织相比较，从而没有揭示企业组织动态的演化特性，尤其没有能够揭示企业组织形态多样性的原因。正因如此，尽管有像威廉姆森这样一些新制度经济学家认识到了生产成本问题，但是，主流的新制度主义者却坚持，交易成本在影响组织方面是根本性的，从而导致对生产、对分工乃至对协调的分析在新制度经济学中被忽视。显然，目前流行的企业理论主要就是基于新制度主义的研究路线和分析框架，以致出现了诸多理论结论与现实明显不一致的情形。例如，工厂制是从分包制中演化而来的，但从交易成本的角度看，分包制运行中的交易费用在某种程度上并不比工厂制更高。究其原因，分包制在工作强度（指花费在工作上的生产性精力的数量）方面具有优势（威廉姆森，2002），从而使得监督方面所花的成本相对更少。因此，倘若其他情况相同，从分包制到工厂制，加在一起的交易和组织成本将会增加而不是减少（迪屈奇，1999：71）。这意味着，分包制的消失也必定主要不是成本方面的原因，而有其他更为重要的因素，而这就是劳动间的协调性问题。

相反，基于协作系统的整体演进视角，我们可以更全面地审视企业组织的存在：（1）企业组织的产生和发展主要源于内部各要素的利用效率之提高，以及各要素之间相互组合而产生的协同效应；（2）这些原本属于不同主体所有的要素组合在一起的贡献往往难以度量，导致团队生产中滋生了严重的机会主义倾向，从而产生了相应的监督问题以及组织成本问题，这也就是企业组织中命令和等级制度出现的内在原因。从这一点来讲，企业内部各生产要素的组织费用与市场中的交易费用并没有根本性的区别，而其差异主要在于企业组织中出现的一种新事物或新职能——专门管理人员或专门监督活动。显然，这是人类为了获得更高的协调收益所付出的代价，或者是新型的企业制度所派生出的相应的制度安排。其实，这也体现了经济中常见的两难困境：任何一项制度安排的出现都会衍生出其他的制度安排。在某种意义上讲，经济学的研究也就是要协调这样的困境，从而促使综合收益持续不断地得到提高。具体在企业这种生产组织中，相对持久稳定的团队生产方式在获得了比单干总和更大的整体收益的同时，也要为此付出单价——这就是监督成本。正如钱德勒（1987：6）指出的，"当管理的协调比市场机制的协调能带来更大的生产力、较低的成本和较高的利润时，现代多单位的工商企业就会取代传统小公司。"

　　而且，一个明显的事实是，在企业组织诞生的早期，它主要是由家庭成员组成的；即使企业组织发展到现代形态，其管理者主要还是家族成员，世界上大多数企业组织还是家族企业。究其原因，企业成长初期的内部协调机制还不完善，协调收益并不高，从而承担不起高昂的交易费用，而使用家庭成员及推行缘关系的协调机制有助于减少监督成本。当然，不同规模、类型乃至时空下的企业组织在协调水平和交易成本上是不同的，因而企业究竟采取何种治理结构取决于自身的特质，并主要取决于各自协调收益和监督成本的相对大小，这也是现实企业的形态往往千姿百态的原因。实际上，企业组织本身也没有一个确定的边界，对它的理解和分析往往基于不同基准而有明显差异：首先，就其本质功能而言，它是作为核心生产要素及其所有者进行协作生产的场所；其次，基于为生产功能的保障而衍生出了第二层次的功能——生产要素的组织，这是监督和激励生产要素所有者的形式；最后，为了获取这些生产要素以及产品的销售，又必须签订适当的生产要素和最终产品的契约。基于这种分析，完全的企业组织实际上至少涉及三个层次的关系，内部生产要素的协调、内部的组织成本以及外部的契约成本。这样，我们就可以得到图1所示的有关企业组织三大功能层次的简易示意图（迪屈奇，1999：43）。

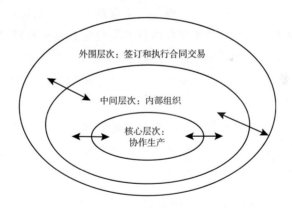

图1　企业组织的构成和功能

　　事实上，从本质上来说，企业组织是一个协作系统，因而对企业组织的存在和发展的考察也要根基于协作系统的根本特点。那么，如何理解协作系统的根本特点呢？巴纳德（1997：35－36）把组织视为两个人以上的多数人参加的"协作系统"，同时作为协作系统的组织有自身的目的，只有当这个目的实现时协作才是有效的，而如果缺乏这种目的，协作系统就不可能有效，从而也就不可能持续存在。进一步地，巴纳德把协作系统公认的目的之实现称为组织的有效性，而实现的程度就标志着有效性的高低。巴纳德（1997：200、201）说，"把组织的各种要素恰当地结合起来生产出效益，使协作体系持久存在的基础"，"在绝大多数情况下，协调的质量是组织存续的关键因素。"显然，作为本质上的一种协作系统，企业组织具有自我存在和发展的独立性，而其存在、发展及演变的基础就在于不断增进的综合收益。因此，从上面总结的企业组织的目的出发，我们就可以进一步探究企业组织的现实存在和未来发展等问题。与此不同，新制度主义对企业组织的理解是片面的：如果按照要素市场替代产品市场说，就会忽视企业内部的组织关系和协调关系；而按照科斯的组织配置取代价格配置说，就会忽视企业外部的要素契约关系和协调关系。

总之，作为本质上的协作系统，我们要关注整个企业组织的有效性分析，这种有效性根本上体现在分工和协调方面。事实上，古典主义就关注分工和协调以及衍生的生产效率问题。不过，正如新制度主义指出的，古典经济学过分注重了企业组织的生产成本和运输成本，而忽视了交易成本。因此，一个更全面的企业理论应该将两者结合起来，同时要兼顾交易成本和分工收益；由此，就可以得到更为合理的综合收益说：最大化地实现综合收益也就是企业组织的存在性目的。这也是基于协调演化的分析思路，它可以更全面地认识企业组织的存在和演变。不幸的是，迄今为止的学者并没有就这种综合性的企业观形成一套系统的分析框架，他们在分析过程中还是过于偏重于某一侧面，乃至另一个侧面往往得不到应有的重视和传承。尤其是，流行的新制度主义片面地发展了交易成本理论，它仅仅考虑资源配置，而没有包括生产的产品组合的预期收益的变化，从而得出的企业目的就具有非常强的片面性。

四　综合收益增进说与传统理论的分歧

一般地，作为协作系统，企业存在的首要目的是为参与协作的要素及其所有者提供服务，但是，由于这些参与协作者本身与企业组织之间的密切程度是不同的，从而在一个大协作系统内又形成了不同层次的子协作系统，而那些对协作系统中核心成员之目的的追求，往往会对那些处于相对外围协作层次的成员产生影响。正因如此，上述企业三层次功能理论似乎暗含着，生产要素（及其所有者）间的契约以及相应的组织形式和监督机制都是外在于生产功能的，是保障生产协作有序进行的手段。也即，根据企业的三层次功能理论，企业组织似乎仅仅是为某些特定的个人或群体提供服务，是为最大化这些个人或群体的特定利益。显然，这种理解与企业组织作为协作系统的本质之间构成了矛盾。那么，为何有这种问题呢？这主要在于流行的错误思维方式：常常将与企业组织关系密切程度不同的参与者以及形成的相应子协作系统隔离开来作静态分析。其实，各子协作系统之间本身不具有严格清晰的边界：尽管企业组织根本上是为所有利益相关者服务，但每个成员的利益权重却随着相关度的不同而有差异；而且，作为构成企业协作系统核心要素的人力资本和物质资本的所有者，其利益本身也与所有三个层次所涉及的收益和费用有关。正因如此，任何一个参与者决定是否参与以及如何行动时，都应该考虑整个协作系统的有效性，提高所有成员的综合收益。

就企业组织的发展目的而言，传统的企业理论基本上都强调：企业为特定个人或群体服务。同时，基于所服务的个体或群体对象差异，在企业理论上又形成了不同的流派。新古典经济学派一般把股东（企业家）视为企业组织的所有者，企业组织的剩余索取权归它唯一所有，企业组织的目的是利润最大化，其他参与者的收益则是以契约形式而给定的。管理学派则以现实中经营权与所有权分立为基础而提出，由于管理者控制了企业组织，因而开始以管理者效用最大化来取代股东利润最大化的假设，这就把企业组织视为管理者满足个人利益的工具。工人自治理论则把企业组织视为劳动者实现其个人利益的工具，而将资本所有者等的利益视为外生给定的。显然，这三种理论都将分析集中在主导性参与者的效用最大化上，从而将企业组织的治理机制也视为单方向的，这是利益冲突的根源。为了缓解这种冲突，魏茨曼等提出了分享制企业，不过，这还仅仅是基于治理的考虑，而没有涉及企业组织的本质问题。相反，近来日益盛行的利益相关者理论则开始触及企业的本质，但它并没有将企业组织为利益相关者服务的本质与偏离本质的现实结合起来。显然，这里提出的综合收益观继承了利益相关者社会观的基本思路，并借鉴权力维度来分析企业组织的现实状况。

就当前的学术思潮而言，新制度主义企业理论一直占据主流地位，而新制度主义企业观与新古典主义企业观本质上是一致的，都是把企业组织的发展视为根基于追求利润最大化这一目的。但是，根据上面的分析，综合收益理论显然是有别于传统所强调的利润最大化这一思路的，这里可以从如下三方面加以说明。（1）综合收益说是考虑整体生产要素的协调收益和交易费用，是以增进所有生产要素的收益为目标；而利润最大化说往往只是考虑生产成本（古典和新古典经济学）或只考虑交易费用（新制度经济学），并且是以企业组织的现实所有者（企业主或股东）的收益为观察基准的。（2）传统的利润最大化理论是基于均衡的分析思路，而这里的综合收益说则强调动态的非均衡性，因而即使强调企业组织的目标是综合收益的增进，也不是综合收益最大化。（3）如果结合新制度经济学基于交易的分析，那么在某种程度上讲，利润最大化可以视为是基于静态或比较静态的分析；而综合收益理论更关注如何处理不确定问题，这是协调的基本活动范畴，正是基于这种不确定体现了综合收益说的动态分析观。

事实上，根据奈特（2005：13）的看法，人类的活动实际上有两个世界：（1）风险世界，在这种情况下，各种事件是可以用某种概率值表示的随机状态，这也是可度量的风险问题；（2）不确定世界，在这种情况下，各种事件是不能够以某种实际概率值表示可能产生结果的随机状态，这也是不可度量的不确定问题。显然，人类社会所真正面临的就是不确定性问题。赫什莱佛和赖利（2000：11）等就指出，决策者不会处在奈特定义的风险世界，相反总是处在他所定义的不确定世界。基于这种不确定理论，考察企业组织的产生和发展时也必须遵循演化的思路。奈特就指出，在不确定的环境下，所有的生产决策都是在有限信息的情况下作出的，以至于对可能出现结果的概率计算成为不可能，对企业协调水平的改进也只能在"干中学"中进行。

正是基于这种观点，纳尔逊和温特的演化理论就认为，经济均衡只是暂时的，而实际的企业行为和市场状态随时都在变化，发展前景并不可能完全预测到；因此，企业组织往往是以日常的惯例为基础的，当然这种惯例也是演化或遗传的。事实上，纳尔逊和温特特别强调对经济演化过程中的"惯例""搜寻"和"选择环境"的分析，在分析中，他们把正规表述和发出适当信息的活动看作组织的有关成员完成的一种惯例；并且，这种"惯例"类似于生物的遗传基因，会不断地遗传下去，从而在经济变迁中起着基因在生物进化中的作用并具有有机体的持久不变的特点。当然，当以往的"惯例"遇到竞争时，这种"搜寻"就会模仿其他成功的"惯例"，并可能导致对原有"惯例"的修改或变化，甚至取代"惯例"进行创新活动；这里，"选择环境"就成为影响组织扩张与否以及结构改变与否的基本因素。显然，人们需求状况的改变、交往对象和领域的拓展、劳动分工的深化都是对以往惯例性协调机制和组织结构的冲击，这也是导致协作系统发生演化的基本因素。

最后，根据综合收益说，我们也可以对一种流行很广的说法提出反思：20世纪80年代中期，日本著名经济学家小宫隆太郎（1986）认为，"中国不存在企业，或者几乎不存在企业"。其理由是，中国所谓工厂实际上没有担负起企业的一些基本职能，因为其上级机关本质上是行政机关，而不是对其决策结果（即利润盈亏）承担责任的主体。显然，根据综合收益说，这种说法实际上是非常片面的，因为这种断言根基于企业追求利润最大化这一特性。事实上，主流企业理论强调，企业应该自主经营、自负盈亏，即企业应有自主性和营利性，而这种自主性和营利性是从企业所有者（在他们的眼里，所有者理所当然是私人业主）方面着眼的。相反，本章前几节指出，企业组织是社会个体在社会化生产中为增进社会综合收益而结合的生产组织形态，企业组织的发展根本上基于协调机制的增进而能够以更少的投入产生更多的收益；因此，无论这种组织是否以满足某个控制者的私利增长为目的或者还是由国家"制造"的兼有多种功能的"社区单位"（刘世锦，1995），只要它有助于协调个体间的生产和消费，并不断增进这种协调就是社会的合理发展，这就是符合一定社会时代需要的机制，它当然也就是企业组织。

当然，在现实生活中，由于企业组织的本质发生了异化，由协作系统简单地蜕变成了特定主体借以获利的工具，从而使得企业以自主经营、自负盈亏的利润最大化为目的。正因如此，现实世界中的企业组织就呈现出了二元特性。例如，按照巴纳德的看法，协作系统的目的表现为两方面：（1）有效性问题，这是就组织自身而言的，是从协作这一整体的立场来衡量完成协作目的的指标；（2）效率问题，它是个人一方的问题，用来作为衡量个人动机满足程度的标准。显然，小宫隆太郎混淆了企业的二元特性，把现实中的利润最大化视为企业组织的唯一目的，将股东个人追求利润的行为看成了组织系统的目的，从而抹杀了企业组织作为协作系统这一本质。

正是基于协作系统这一本质，我们认为，企业组织中任何成员的行为都必须受到其他各方的制约，甚至作为"法人"的企业之行为也必须受到投资者、供应商、顾客乃至地区的制约。但是，现代主流经济学的观点却把企业经营的终极目的视为获得特定个人或全体的收益，仅仅是为了实现这一目的，经营者才有动力去生产产品、提供服务并致力于买卖交易行为；而且，基于这一观念，企业组织及其从业人员都不直接关注伦理道德，认为在企业经营活动中进行伦理道德的考虑是不合时宜的，这就是流行的"企业非道德性"。显然，这在相当程度上偏离了企业组织的本质，并且，也与人类所追求的现实生活存在明显的不一致。事实上，正是由于市场行为的自由性没有得到充分的限制，使得某些人有机可乘，在牺牲他人利益的基础上追求个人目的的实现；结果，行贿受贿、代理失职、白领阶层犯罪、销售回扣、不安全产品、内部人控制以及各种商业丑闻、环境问题等充斥了目前社会。

在很大程度上，经济学界盛行的"企业非道德性"观与西方社会的两大价值理念——功利主义与效率至上主义——一脉相承。特别是，这种效率至上主义的内涵往往又是极端片面的：它仅仅把企业视为强势控制者个人的工具，并把效率理解为单纯的利润最大化。结果，这不仅造成了社会根深蒂固的冲突问题，并且也使得这种冲突日益尖锐化，从而导致生产和消费都偏离了其原本的目的。所以，"一些评论家将美国体系特别归结为功利主义与道德软化。他们认为美国的富足正在侵蚀其工业结构与繁荣状况。人们对伦理道德大肆排斥，取而代之的是放纵挥霍与享乐主义。效率至上与迅速发展也存在消极作用，它造成了奢侈浪费与人为商品废弃现象的蔓延。生产出的产品并不追求尽可能长的使用寿命，因为这样做可以创造持续的更新需求从而保证产品的长期销路。……整个美国社会弥漫着一种盲目乐观的情绪，人们相信事情会越来越好，物质产品的丰富将会永远延续，只要认真关注现状，未来自然错不了。我们将会为这种乐观付出代价，甚至是整个未来"（乔治，2002：15 - 16）。

堺屋太一曾将组织伦理的沦丧分为腐败和颓废，其中，腐败是指明知不好，仍然做出像贪渎、滥用权限、任用自家人等恶行；伦理颓废则是指是非善恶不分，例如一些被一般社会认为是不好的行为，却在某组织中被认为是正义的行为。而且，堺屋太一（2000：102、103）还指出，"一般组织中最容易发生的是，偏离了该组织原本的目的而沉溺在自我主观的伦理与价值观当中"，结果，对很多行为，"官僚组织根本就不知道这是'不好的'"，这就是伦理的颓废。显然，正是由于组织伦理的颓废，使得企业组织偏离了原先的目的，而成为某一个人或群体谋取个人私利的工具，这特别体现在利润最大化的股东价值观中。也正是由于组织伦理的颓废，导致对企业发展的评价尺度变得纷乱，从而导致企业组织发展中流弊不断，以及出现企业共同体生存危机的根源。当然，腐败是颓废的必然衍生物，正因为人们对企业组织的本质已经淡忘了，企业被理解为获利的工具，每个人都可以凭借他的特定优势获取自身的利益；结果，那些股份公司的管理者们极力扩张企业规模，国有企业的老总们则把企业当成了寻租的场所，而那些家族企业的老板们则把企业组织视为家族的金库。

总之，企业组织是作为增进所有构成成员的收益的协作系统，而不仅仅是某些人追求个体收益的工具；同时，由于个人利益和集体利益在一定程度上总会存在冲突，组织就必须对成员的个人利益以及衍生的行为加以协调，从而使组织不至于沦落成为某些人谋取私利的工具。所以，巴纳德（1997：33、35）指出，"协作迫使个人的动机发生原来不会有的变化。这些变化如果朝着有利于协作体系的方向发展，它们就成为协作体系的资源；如果它们朝着不有利于协作体系的方向发展，它们就成为协作体系的障碍或限制"；特别是，"正式的协作体系要求有一个目的，一个目标。这样一个目的本身就是协作的产物，并成为识别协作体系所采取行动的要素，是协作性的一种标志。……它成为集体努力的目的，其实现使集体成员得到满足。在绝大多数情况下，个人目的同协作的目的是不会混淆的——协作的目的显然不是个人目的。"显然，这在很大程度上为企业组织的利益相关者社会说及其所应承担的社会责任提供了理论基础。不幸的是，在现实生活中，某些强势者尤其是资本强势者取得了企业组织的监督权、决策权以及进一步的剩余索取权，从而将一个属于协作系统的企业组织转化成了个人或股东的牟利工具；相应地，深受自然伦理主义影响的现代主流经济学也就把这种现象当成了企业组织的本质，将现实存在视为合理，从而出现了企业组织的最大社会责任就在于为股东创造最大化的利润之类极其片面的学说。

第四节　系统内外分工互为演化的内在机理

前面几节以协调收益增进为主、交易费用节约为辅构建了一个更为合理而全面的企业理论，认为企业组织的存在实际上是有利于综合效益的增进。但是，前面几节在回顾古典主义企业理论时指出，是分工带来效率的提高的，而在综合收益增进说中强调的则是协调收益。那么，究竟协调收益与分工有何联系？为什么把分工产生的收益视为协调收益？当前流行的方法往往基于计量分析来说明分工所带来的效率，但问题是，运用某些局部的数据的实证分析并不能得出一般理论。例如，拉弗曲线、奥肯定律、恩格尔定律、工资铁律以及格莱欣法则等都仅仅是基于统计意义上的结论，都具有严格的适用条件，从而不成为上升到一般意义的理论。因此，要真正了解分工对收益的影响，就必须剖析其发生作用的内在机理。事实上，尽管几乎所有的流行理论都认为分工会促进生产率的提高，并似乎已经为众多的检验所证实；但从逻辑上说，分工并不一定会促进效率的提高，离开协调的只能是简单的劳动分立，它是不会带来效率的提高的。显然，尽管已经有很多文献对分工效率作了探索，但基本上都没有深化剖析分工促进效率提高的内在机理；要剖析这一点，又要着眼于分工形态和协调机制的演化过程，因而本节就此作一探索。

一 分工效率增进的协调机理

从"理论准备"部分有关劳动价值的创造分析中，我们已经了解到影响团队生产价值创造的重要因素是协调水平，这种协调的外在表现就是互惠协作。可以说，协作的拓展是人类社会持续发展的基础，而协作的社会基础就是分工的存在。里德雷（2004：43）认为，靠狩猎—采集为生的人们就已有了细微的劳动分工；而更一般地，动物界就已经广泛存在各样的自发性的分工形态了。一般认为，自从人类的需求与自身能力出现裂痕，从而通过交换以获得需求的更大满足之时，人类社会就开始有了分工。也就是说，交换和分工本身就是共生的，否则人类的需求必然是极端低层次的。巴斯夏（1995：105）曾指出，交换将引起两种现象：（1）将人们的力量联合起来，（2）促使人们进行分工。力量的联合可以实现期望的满足，而分工的扩展将进一步促进潜在需求的出现。因此，分工之所以必须，首先起源于人的欲望的多样性及各人的才能、需求的相异性和资源分布的不均性，这是早期学者一致强调的；同时，分工又不是人类理性设计的，而是组织形态不断演进的产物，分工的演进本身将产生出分工收益，从而将导致人类不可预见的生产率之提高。

一般地，分工体现了不同技能的劳动之间的协作，从而体现了人力资本（体力的和脑力的）的互补性。汪丁丁（2000：143）曾将知识的互补性概括为两个方面：（1）知识沿时间的互补性，即对同一个（个人或群体的）知识传统而言，尚未获得的知识与已经获得的知识之间存在着强烈的互补性；（2）知识沿空间的互补性，即对不同的知识传统（个人的或群体的）而言，各个传统内已经积累起来的知识，通过传统之间的交往而获得强烈的互补性。按照类似的思路，分工的深化实质上也表现为两方面的途径：空间上的分工深化和时间上的分工深化。其中，空间上的分工深化导致分工效率的现实产生，而时间上的分工深化促进分工效率的持续扩展。当然，这两种趋向的分工深化具有一致的基础，因为分工具有扩展的特点，沿空间的分工深化是逐步展开的，必然涉及时间向量；而沿时间的分工深化本身就意味着分工的演进性：当前的工种相对于以前的工种是一种细化，譬如迂回度的延长等。

（一）基于协调机制的分工效率分类

正是基于分工深化对社会发展的根本性意义，霍撒克（Houthakker，1956：188）抱怨说，社会分工的演进比物种的演进快得多，也重要得多，但对分工演进的研究却远远落后于对物种演进的研究。确实，迄今为止，我们还没有就分工与效率间的关系形成一个系统的观点，几乎所有涉及分工效率的研究和论述都是就特定社会背景而梳理特定分工效率产生的几个途径。例如，对分工效率产生深远影响的斯密就仅仅基于当时现实而指出分工促进效率提高的三大内容，而没有涉及根本性的内在机理。从分工演化史的角度来看，分工效益实际上经历了三个基本阶段：一是基于比较优势经济，二是基于规模经济，三是基于协调经济。这三种分工效率也是基于各个特定历史阶段的社会状况而提出来的，但每个历史时期的文献几乎都仅仅涉及特定阶段的具体分工效率，而没有提供一个系统的分析框架，从而无法对未来的分工演化趋势提供真正有价值的指导。

首先，就比较优势经济而言。最初的文献主要集中在天然的外在绝对优势，外在绝对优势的发掘者包括了色诺芬、柏拉图等古代学者。在很大程度上，这种认知与当时等级制的社会背景是相适应的，因为当时人类所能够积累的物化劳动还非常稀缺，个体之间的差异主要是天然的。但到了18世纪，由于西方社会生产力的急速发展，人类物化劳动也得到快速的积累；此时，人们可以通过在工厂中的持续劳动积累经验知识或者通过阅读那些编码在书本中的技术知识，这些物化劳动大大改变了人的特性，使得个体迅速异质化。正是基于这种背景，斯密提出了内生的绝对优势说，强调每个人的优势是后天形成的。当然，斯密的时代还处于手工作坊生产时期，此时英国的工业革命尽管已经开始起步，但工业革命所掀起的生产力进步还没有扩展到其他领域，因而斯密通过强调内生的绝对优势来为当时的国际分工体系提供理论基础。不过，到了李嘉图时期，迅速发展的英国与欧洲大陆之间的巨大生产力差距已经全方位扩散开来，与新型的分工体系相适应，李嘉图开始强调外在的相对优势。随后的 300 年，由于欧洲与世界其他地区的生产力在持续扩大，导致了以李嘉图为代表的相对外生比较优势说日益为经济学界所普遍接受，比较优势理论成为一些国家和地区制定产业政策的根本性依据，这也是斯密提出的内生绝对优势说被李嘉图的理论所取代的原因。① 然而，20 世纪 80 年代以后，随着其他新兴工业国家和地区的兴起，发达地区之间的贸易日益增加，以及技术优势越来越取代原先的自然禀赋优势，这时就有越来越多的学者开始强调要回归到斯密的理论中去。当然，无论是外在的绝对优势说还是相对优势，都强调沿着空间的分工展开，都是既定世界中具有不同优势的个体之间的合作；而斯密提出的被杨小凯称为内生的比较优势却强调，人与人之间的生产力差别与其说是分工的原因，不如说是分工的后果，分工的好处可在天生相同的人之间存在，从而更注重时间上的分工深化，关注未来的分工收益。但不管如何，上述三者都是分工效率的初级来源，都是强调基于市场的外部分工；显然，这与当时组织内部分工还停留在低层次的特定社会背景相适应。

其次，就规模经济而言。企业生产中规模经济的凸显大约可以追溯到古典主义末期，当时的市场出现了这样两个特点：（1）随着企业组织的规模日益增大，此时企业共同体内部成员可以共享各种资源（共享机器设备、信息、管理、集约储备乃至提高市场采购和产品定价的谈判力等）；（2）随着企业组织的数量日益增多，此时企业共同体之间可以共享各种资源（共享运输、信息、管理、相互提供中间产品乃至整体市场采购的增加而产生的外差效应等）。当然，如马歇尔指出的，规模经济包括外部经济和内部经济两个方面，但它们的实质都是内部成员或者外部成员共同使用

① 当然，李嘉图的相对优势被理论界所接受的另一重要原因是，它的逻辑比斯密的理论更严密，体现了现代主流经济学对静态理性思维的要求。

某种生产要素等形成的节约；正是从这个意义上，我们可以将规模经济看成是节约经济。不过，马歇尔特别强调，企业集聚在一起的地理因素而非人文因素所带来的节约，即，他更为强调规模经济的外部因素。例如，马歇尔（1964：281）写道：地区性工业产生的"主要原因是自然条件，如气候和土壤的性质，在附近地方的矿山和石坑，或是水陆交通的便利。因此，金属工业一般是在矿山附近或者是在燃料便宜的地方。英国的炼铁工业最初寻求木炭丰富的区域，以后又迁到煤矿的附近"。事实上，阿尔弗雷德·韦伯在其工业区位论中也一再强调，企业集聚中的成本指数就是节约指数。显然，这种理论的提出也与当时企业规模迅速扩展的社会背景相一致。例如，根据钱德勒的研究，在19世纪40年代到20世纪20年代这段时期正是欧美企业迅猛发展的时期。因此，无论是厂商本身规模还是产业、地区乃至整个经济世界规模的一般发展，都有助于厂商单位产品的相关成本的下降，这也正是马歇尔意义上的报酬递增的原因。

最后，就协调经济而言。随着市场规模和企业组织规模同步发展到一定程度，两个层次上的分工都得到了深化：（1）在企业组织内部，依靠节约所取得的收益已经达到饱和，企业希望继续取得利润就只有不断深化内部的分工，通过引进新的机器设备、生产工艺和管理手段等促进内部生产的迂回程度，从而提高协调收益；（2）在整个社会中，由于新机器的发明、新技术的开发，导致新产品的出现、新工种的设立乃至出现新的行业和部门，这样，整个社会迂回生产的链条逐渐伸长，社会分工也不断深化。因此，协调经济主要是指随着社会生产迂回度的不断提高，分立的人类劳动之间的联系需要不断加强；此时，分工效率已不再局限于个人的复杂程度，更重要的是分立的劳动之间的协调，这不仅体现在内部组织中也体现在外在市场上。显然，这不仅与粗放式企业规模扩展的步伐放慢这一历史背景相适应，而且也与"二战"后由于竞争的空前加剧而使得企业组织的治理结构更趋完善这一要求相适应，它体现了生产协调的增进。这些历史特征也为一些敏锐的学者所洞悉：（1）马歇尔（1964：328）在探讨内部经济时认为，企业规模的扩张同时伴随着"组织的改进，而组织的改进增大劳动和资本的使用效率"，这已经涉及组织的协调问题；（2）杨格（1996）强调"需求和供给是分工的两个侧面"，这实际上将生产组织的协调看成了一个网络。特别是，随着信息时代的来临以及大型企业的分解，基于分立劳动之间的协调经济将越来越为人们所重视，越来越成为社会经济发展的根源，也是集群经济的根本内容。当然，协调经济也是强调分工的深化，从分工深化中获得内生的绝对优势，不过，这种内生优势是对斯密理论的否定之否定，是在更高层次和更大规模上获得内生优势。究其原因，斯密强调的内生优势仅仅是从个人而言，是指个人技能的提高；而现代以集群为代表的网络经济更强调整个社会各种生产要素的创造，这不仅仅是个体技能的提高，而更主要是指广义人力资本、社会资本的培育以及制度资本的创新，等等。

事实上，自瑞典经济学家赫克歇尔和俄林提出"资源要素禀赋说"，并主张发展中国家集中生产和出口劳动密集型产品而发达国家则要集中生产和出口资本密集型产品以来，国际社会经济形势已经发生了极大的改变。特别是，随着以美国为首的内涵式积累体制在资源和环境问题上的碰壁，以工业革命时期机械技术与低薪劳动相结合的外延性积累体制（即泰罗主义积累方式）以及高新技术和以高薪劳动新结合的内涵性积累体制（即福特主义积累方式），就逐渐基于信息革命的后福特主义积累方式所取代了。此时，最重要的革新在于技术的转换，从现代科技革命向信息革命转换；在这种情况下，不仅将熟练技术分解的职务和结构分工得以在地理上分离，而且，构想、开发研究和管理等都逐渐自立化。正因如此，波特（2001：12 - 15、18）在《国家竞争优势》中强调，"生产要素的比较优势之所以能在 18、19 世纪间风行一时，与当时产业还很粗糙、生产形态是劳动力密集而非技术密集有关"；但是，"今天会把生产要素列为重要考虑的产业，除了依赖天然资源的产业外，只剩下那些依靠初级劳动成本，或是基础单纯、容易取得的产业"，特别是，技术进步使得"对材料、能源以及其他资源的需求依赖已大大递减，或是由合成物所取代"。也正是在这种新的形势下，基于技术创新的斯密内生比较优势理论开始重新抬头。不过，基于分工产生的内生优势的内涵已经有了根本性的变化：它不再是原先那种"干中学"中的技能提高，而是极度细化的社会分工产生了巨大的知识积累，每个人掌握其中两个细小方面就具有优势，而整个社会中协调经济的产生则源于这些分立知识的互补性应用。

可见，每一种分工理论之所以在某一阶段得到发展或者特别盛行都与特定的历史背景密切联系，而分工效益的来源也可以在相应的历史分工形态上得到体现。首先，是在手工作坊向工厂制演化的过程中出现了相对孤立的企业，这种工厂制生产组织相较于原先的手工作坊或者工场制的一个突出特点就在于、工厂制内部的分工更有条理，从而凸显了斯密所称的内生化的绝对优势。事实上，斯密所分析的组织内部分工主要以手工工场为对象，因而集中分析劳动者集中某一固定场所进行集体劳动所产生的分工；而且，由于此时的组织内部分工还是比较原始的，实践中也更注重基于权威关系的分工指令，因而对劳动间的协调问题关注不多。其次，当企业组织越来越多而出现了大量的企业集聚到一起时，就逐渐形成了工业的区域化，这时运输成本以及劳动力成本都可以得到节约，因而企业外部资源的整合成为当时的特点，这形成了所谓的集聚理论。例如，马歇尔就分析了集中在一起的厂商比单个孤立的厂商更有效率的三个主要原因：厂商集中能促进专业化供应商队伍的形成，厂商地理集中分布有利于劳动力市场共享，厂商地理集中有助于知识外溢。最后，当大量相关性的企业集中在一起，从而促进了企业之间的进一步分工，产生了企业内部资源的整合，因而所谓的"集群"理论也就出现了。实际上，"集聚"理论主要侧重于考察关联度不大的企业集中在一起所产生的外部性经济，而随着市场机制的逐渐完善以及市场半径的拓展，企业的效益更大程度上依赖于企业内部以及企业之间的分工水平。因此，以波特（1997a、1997b）为代表一些学者逐渐转向了对集群的研究。波特认为，集群中合作与竞争的相互联系的企业不但可以有效地产生巨大的外部经济，而且同行人员之间的信息交流也极大地促进了技术的创新，并有助于协调相关企业之间的人员行为。

（二）对杨小凯相关分工思想的反思

上面从演化角度对分工效益作了梳理和分类，这种分类与杨小凯等人提出的相关分类有所不同，实际上也隐含了不同的分析思路。杨小凯（1989）把分工收益分为：比较优势经济、规模经济和专业化经济（economics of specialization），其中，他的专业化经济是来源于杨格的一个概念——专业化水平。杨格认为，专业化水平随着每人的活动范围的缩小而提高，杨小凯却借用"专业化经济"一词来反映斯密意义上通过"干中学"获得的绝对优势，而将所谓的比较优势经济专指李嘉图的相对比较优势。显然，杨小凯低估了杨格的贡献，把他的见解仅仅当作是对斯密分工思想的复兴，而没有进一步揭示杨格另外两个概念所蕴含的意义。其实，杨格（1996）曾特别强调斯密主要忽视之点是："分工使一组复杂的过程转化为相继完成的简单过程"，从而强调分工的深化表现为间接生产的链条的延伸和每个生产环节上新产品种类数的增加。针对分工效率的根源，杨格强调了两点：（1）表现为报酬递增的主要经济是生产的资本化或迂回方法的经济，这是现代劳动分工的经济实质，而如果把单个企业的大规模生产和社会大市场对立起来或者片面强调单个企业或产业的报酬递增将会忽略这些经济；（2）迂回方法的经济比其他形式的劳动分工更多地取决于市场规模。基于上述分析，杨格指出，18 世纪的工业革命不是工业技术某种感悟所带来的突然变动，而是与产业组织的优先变化和市场扩大有关的一系列有序的变化。譬如，针对美国人比英国人具有更高的生产力的看法，有些学者强调的是美国的管理或者工业的组织效率以及美国劳工工作时使用更多的节约劳动的动力机械等方面；但杨格认为，这些可能都不是主要方面，更主要的方面是美国的市场规模，这种规模的存在促进了生产迂回链条的延伸。

一般地，生产迂回链条的长度和劳动分工的深度是相辅相成的，两者要得到和谐的发展显然就涉及了协调的意义。究其原因，分工只有和协调联系起来才有意义，离开协调谈论分工只是分立。事实上，马歇尔（1964：265）指出，"有效的工业组织的第一个条件，就是它应使每个被雇用的人担任他的能力和教育使他胜任的工作，并且应当为他备有最好的机械和他的工作上所需的其他工具。"这也就表明，马歇尔已经意识到了组织对生产要素配置的协调。同样，钱德勒也曾强调，速度对一个组织而言具有经济性。他（钱德勒，1987：324）说："基本的组织创新反映了协调和监督高额通过能力这一需要。生产率的提高和单位成本的降低（通常总是把它等同于规模的经济性）主要是来自通过能力在数量上和速度上的增加，而不是由于工厂或设备在规模上的扩大。这种经济性主要来自对工厂内材料流动的结合和协调的能力，而不是工厂内工作的更趋专业化和进一步分工。即使是在可能出现进一步分工的金属加工工业内，这种进一步分工对工厂组织的主要影响也是加强了协调和监督的需要。正如泰罗的职能工头的结局所深刻表明，没有协调的专业化是不足取的。"因此，要使得分立的劳动具有效率，根本上不在于个体技术的改进，而更在于分立劳动之间的协调。也就是说，分工带来的效益不仅源于斯密意义上的劳动支出强度和密度的提高（即内生的绝对优势），而更主要是劳动之间协调水平的增进所带来的劳动有效性的提高。显然，这也是为什么杨格强调"需求和供给是分工的两个侧面"的真正原因。

事实上，尽管人们常常将分工与竞争联系在一起，但实际上，分工意味着竞争和合作同时存在。正如马克思（1995：109）所言，"分工产生出密集、结合、协作、私人利益的对立、阶级利益的对立、竞争、资本积聚、垄断、股份公司"。一方面，因为人类社会活动是整体性的，这导致参与分工的人们之间需要协作，需要解决相互之间劳动的合理配置问题。正如霍撒克（Houthakker，1956：182）指出的，"实际上劳动分工是从不可分割性开始的，而基本的不可分割性是属于无论人类还是动物个体开始的……个体的不可分割性包含于以下事实之中，尽管它有许多不同行为的能力，但是它只能同时实施少数的行为，因为许多行为需使用同样的资源，并且更为特别的是，这些行为需要使用被称为大脑的协调性资源。"另一方面，因为存在分立的岗位并由此衍生出了不同的利益，因而人们也会为追逐这些岗位以及由此而得的利益展开竞争。也即，竞争和合作是相辅相成的，良性的分工应该能够同时促进两者的发展。例如，目前经济学界日益重视企业集群问题，探讨集群为何能够成为当今企业发展的一个亮点；但按照这里的理解，集群的重要特点就在于：它能够深化分工、并有效促进竞争和合作的统一，从而能够将组织内部分工和社会外部分工联系起来。本书在"企业组织的绩效表现"和"家族企业的存在解析"部分将更深入地分析组织内部分工和组织之间分工有效联结的意义。

而且，分工效率水平的高低是基于演进的，合作和竞争的和谐程度也是演进发展的，这一点也为古典经济学所充分认识。显然，尽管杨小凯把自己的理论称为新兴古典经济学，但他所理解的古典思想是表面的：（1）古典主义涉及的经济方面是多方位的，包括生产、分工、分配和制度等几乎所有的经济方面，而所谓的新兴古典经济学仅仅局限于古典主义的分工思想这一小点；（2）古典经济学分析分工的根本目的是探究资源的开发和财富的创造，而新兴古典经济学则继承了新古典主义的思维而集中分析资源的配置问题；（3）古典主义探究分工是基于演化的思路，要分析市场外部分工和组织内部分工的相互演化，而杨小凯的超边际分析仍然是静态的均衡分析，因而难以体现分工效率的递进性；（4）古典主义重在探究促使分工演化和组织嬗变的内在原因，并分析因素的改变所产生的不同分工状态以及特征，而新兴古典经济学常常是基于一种简单的假定着手，"专业化效益……是人与人之间的一种社会互补性，人与人之间的分工可以增加整个社会的学习能力"

（杨小凯，1999），并从这样的假定出发来充分展示数学上的推演技巧。

事实上，正是由于古典主义的分工思想是非常精微的，认识也是在不断深化的，因此，不但马歇尔由于当时的数学技术无法分析分工效率的演进而导致研究的转向（杨小凯，1999），杨小凯自己的系列模型也没有真正完成这种数学分析。杨小凯为杨格扼腕之处在于，他认为杨格没有时间将自己的思想用数学模型表达出来。问题在于，杨格思想中的内涵是如此丰富，诸如协调和网络思想等根本上无法用数学进行表达，因为数学分析往往要进行抽象和会撇开一些默会之处，根本无法刻画人的异质性和变异性。究其原因，尽管杨格位于当时主流经济学家行列，但他又充分了解历史主义与制度主义的传统，认识到经济理论研究存在历史特性问题。譬如，杨格就接受制度主义者的主张，认为人的动机是由历史遗存的制度所形成的，从而反对过于简化、无所不包和放之四海皆准的理论。显然，《报酬递增与经济进步》一文是杨格对经济理论中均衡传统进行攻击的延续（转引自霍奇逊，2008：235）。杨格（1996）就写道："我很怀疑是经济学家们创建的分析工具……阻碍了我们去清晰地认识报酬递增现象更一般或更基本的方面……"。而且，即使杨小凯自己也没有用模型对分工思想有所推进，这一点也为杨小凯自己所承认。杨小凯认为，自己的工作仅仅是将斯密等的部分思想加以模型化，而一些精深之处还无法实现。何宗武（2005）就指出，"用复杂的数学论证分工形式的经济意义，来告诉我们分工很重要，是知识上的荒谬；它完全无法告诉我们在实际经济活动，分工的原则是什么。亚当·斯密指出将'专业化分工'的结果组织起来，就成为一种合作型态。"显然，这些都反映了数学工具在精微思想推动方面的苍白无力，因为数学往往是将已有的思想简化表述。正如一位哲人曾指出的，语言一旦说出来，它的含义就消失了。相应地，尽管古典经济学的思想非常精微，但它一旦用数学模型来表达其威力也就大打折扣了。所以，舒尔茨（2001：32）说，"经济行为比我们关于经济行为的思想要复杂，而我们的思想要比我们的经济学语言更有理解力，我们的语言比标准理论更有理解力，而标准理论比数理经济学更有理解力。"

此外，杨小凯把基于内生绝对优势的专业化经济看成是比规模经济更高一层的效率，实际上并不符合社会发展的事实。理论往往是对社会现实的总结，杨小凯意义上的专业化经济并没有超出斯密的认识范畴。斯密早在18世纪就将由分工促进的劳动生产率的提高归结为三个方面：（1）每个工人熟练程度的提高；（2）避免工作频繁转换的时间节约；（3）工人固定从事一种工作所促进的技术革新。其实质在于分工的内生效率，如斯密（1972：15）所说："人们壮年时在不同职业上表现出来的极不相同的才能，在多数场合，与其说是分工的原因，倒不如说是分工的结果。例如，两个性格极不相同的人，一个是哲学家，一个是街上挑夫；他们间的差异，看来是起因于习惯、风俗和教育，而非起因于天性。"显然，斯密强调的这种内生比较优势主要还是适应于早期资本主义简单工业品生产时期，当时生产效率的取得往往是基于经验和重复实践。正如马歇尔（1964：271）所说，"到斯密的时代，分工的主要利益就是在于获得这种完全手工的技能。但是，机械化使工业规模扩大，并使工业更为复杂因而增加各种分工的机会之倾向，已抵消上述的影响而有余。"特别是，随着社会的发展，这种基于个人经验的效率提高越来越成为次要因素，因而内生绝对优势不可能是分工效率的深入演进。所以，哈佛大学的马克思主义经济学家马格林（S. Marglin，1974）指出，人们常常高估了专业化的技术效率，因为许多工人通过短期的培训就可以更换工作岗位。

事实上，人类社会的发展就在于分工的演进，而分工所包含的竞争和合作两方面内容都体现了协调性。因此，分工的深化促进了协调水平的提高，分工效益根本上也就是指协调经济的增进。杨格（1996）曾指出，投资不仅是购买先进的机器，而且是创造发达的分工组织结构；技术进步就是源自劳动分工的发展，这是个经济组织的自我繁殖过程。其他如斯密也认为农业从工业进口机器也是在创造分工，马歇尔则将组织列为生产的四大要素之一。至于协调效率的基础，我们可以回味马克思（1963：344）洞见，"劳动者一个一个发挥机械力的总和，也和多数劳动者同时在同一不可分的操作上共同劳动时发出的社会力能，是本质上不同的。……结合劳动的结果，在这里，完全不能由个别的劳动得到；即使能够，也必须花费更长得多时间，或只能在极小的规模内得到。这里的问题不仅是要由协作来提高个人的生产力，并且是创造了一种生产力。"即，协调是一种合力。所以，曹正汉（1997）指出，"企业的功能不仅体现在节约交易费用上，甚至有些情况下并不必然表现为节省交易费用；企业的另一项重要功能在于将市场不能专业化所带来的效率提高和单位产品成本的降低，是企业存在和发展的主要原因。"

可见，协调是分工效率的基础，也是社会发展的基础。如果说在前现代社会中，价值的创造、社会的发展主要是靠纯劳动量投入的增加的话，那么，随着社会的进一步发展，这种靠劳动量的投入来推动社会发展的方式就越来越受到了限制；相反，社会的发展越来越转移到以提高社会劳动间协调的途径上来（朱富强，2004）。在特定时期，联合的企业生产之所以比鼓励的个体生产具有更高的效率，就在于它增进了劳动间的协调程度，提高了劳动的有效性，从而创造出更大的价值量。芙丽特就指出，目前大多数企业低效率的主要原因就在于部门之间的联系，以致分工效率由于不合适的协调处理机制而被削弱了（转引自 P. 格雷汉姆，1998：181 – 182）。而在目前的理论界，更多的考虑系孤立的劳动，而没有对协调加以应有的重视，也正是"通过低估协调问题，新古典经济学使自己的分析偏重于生产和实际的分配"（柯武刚和史漫飞，2000：6）。因此，重新重视协调问题，不仅是实务界也是理论界面临的一个根本课题。

二　组织内外分工的协调统一

上面的分析表明，分工效率的核心是协调经济，因而分工效率的大小也就取决于协调水平的高低，即不同的分工水平产生了不同的总合生产力。同时，企业组织只是联合生产和分工合作的一种组织形式，它出现的原因在于，基于这种组织形式的劳动分工比直接基于产品市场的社会分工更有效率（杨小凯和张永生，2000：39、88）。将协调的观点运用到对企业组织的性质和效率进行考察，我们就可以发现，企业组织的形成乃促进综合收益增进的过程中生产组织不断演化的结果，它包括协调收益的增加和交易成本的节约两个方面。进一步地，协调收益和交易成本的大小都与分工水平有关。当然，分工不仅存在于企业组织内部，而是首先出现在组织外部的市场（社会）分工。事实上，从柏拉图到斯密等一大批学者都是既分析了工场内部分工，如扣针制造业，也描绘了社会各部门间的分工，如对小村落和大都市分工差异的比较。不过，由于早期的生产主要是资源投入型的，生产企业的规模也不是很大，因而早期学者都更着重于社会分工的阐述。但是，随着社会生产的主要组织形态逐渐过渡到企业组织之后，人们开始将越来越多的注意力投向了企业组织的内部分工。舒尔茨就指出了这一现象：以往的文献对劳动分工的理解过于狭窄，一讲分工就举斯密扣针制造的例子，实际上专门的企业家、专门的教育、特别是专门的科研是分工的更重要的方面。

（一）两类分工关系的传统认识

事实上，尽管从古典主义时期的学者就开始对分工收益表达了充分的关注，特别是明确将两种形态的分工区分开来，并探究了两类分工的转化过程。但是，基于历史发展的事实以及当时的社会背景，大多数学者都主要是挖掘市场外部分工向组织内部分工的演变过程；即使发展到了新制度主义时期，也主要集中于探讨将社会分工内化为组织内部分工的一体化机理。事实上，尽管市场外部分工和组织内部分工往往呈现出不同的结构形态和运行机制，但两者都体现了两种类型的协作系统中的协作；而且，由于两种协作系统本身是互动和相互演化的，那么，两类分工的演化也必然是双向的。一个明显的事实就是，越来越多的科层制大型企业组织正在分解成多个独立的企业组织，从而组织内部分工也开始向市场外部分工进行演化。但是，不管实践发生了何种变化，在理论界迄今依旧很少有学者真正探讨内部分工和外部分工之间的差异，也没有一个较为系统的理论来沟通两者的联系，更没有正确地揭示两者的演化趋势，以及解释在什么情况下实行内部分工，什么情况下实行社会分工。[①]

首先，大多数古典经济学家和新古典经济学家都模糊了两者的界限。

事实上，斯密已经着手通过分工来探讨效率的来源，但是由于特定的历史环境，他把分析对象主要转向了社会外部分工方面，并通过市场竞争来探讨分工的协调和深化，因而混淆了企业内部分工的形态和动力与社会外部分工的形态和动力。这正如生物学家基斯林（Ghiselin, 1974：235）所声称的，斯密没有能够区分两种劳动分工：（1）存在于独立企业间基于竞争的劳动分工；（2）存在企业组织内部成员间基于合作的劳动分工。后来的主流古典学者虽然也对分工展开了讨论，但大都继承了斯密的分析思

---

① 也有一些学者曾尝试探讨两类分工的内在关系，但迄今为止并没有给出两者的共同基础。斯蒂格勒（1996）则率先探讨了企业内部分工和社会分工的关系，并将分工与产业生命周期说联系起来，他认为：在一个产业的新生期，市场狭小，因此再生产过程的各个环节规模较小，不足以一一分化出来由独立的专业化企业承担，所以这个时期产业的企业大多是"全能型"企业，分工主要表现为企业内部的分工——一企业参与从材料市场到产品销售的全过程；随着产业的发展和市场的扩大，各再生产环节的规模大到足以独立进行时，企业内部分工便转化为社会分工，各专业化企业会出来承担各个再生产环节；在产业的衰落期，随市场和生产规模的缩小，各再生产环节只得重返"娘家"，社会分工又转化为企业内部分工。杨小凯（1996）也曾指出，如果把分工论和交易费用理论结合在一起，则会对企业制度的功能有更深刻的认识：企业制度的出现是经营管理中信息生产专业化的产物，企业内各专业之间的协作，专业与外部（市场）分工的关系等如果由专业的经理管理，肯定比个人各自处理效率高；专业经理、专业商人都是一种超级专业，其功能是协调其他基础专业之间的分工关系，其特点是用分工促进分工。

路，从而没有深入企业组织内部的探究。特别是，在他们看来，社会分工和手工制造业内部分工只具有主观上的区别：在手工制造业内部的分工是一目了然的，观察者可以看到在同一地点进行的多种工作；社会分工中各种部分劳动则分散在广大面积上，其中的联系较为模糊。正因如此，古典经济学家没有进一步区别两种类型分工中的协调机制，这后来被以科斯为代表的新制度主义者所阐发。

同时，新古典经济学集大成者马歇尔虽然引入了组织的研究，并把组织列入四大生产要素之一；但是，他仅仅宽泛地把组织视为一种活动，却没有剖析组织内在的运行机制。因此，即使马歇尔涉及了企业内部的协调活动，但他却将这种活动直接独立出来，而没有考虑企业组织的结构，也没有区分这种组织协调与市场协调在形式和运行机理上的差异。正因如此，马歇尔将组织协调与外部经济联系在一起以考察企业组织的规模经济，从而也就忽视了对分工的研究。当然，根据基斯林的观点，这两种分工是发生在不同层次的组织上运作的：竞争类型发生在市场层次或行业层次上，而合作类型则发生在企业较低的层次上。显然，这又过分夸大了两类分工的差异，因为竞争和合作本身都是分工所固有的：如果没有合作，市场就不可能健康运作，只不过这种合作是受"无形的手"所指导的；同样，组织内部如果没有竞争，同样无法取得高效率。

其次，大多数新制度主义经济学家更是混同了两者界限。

一方面，以科斯为代表的早期新制度经济学家区分了两类分工的发生机理：一个是受基于平等关系的无形之手指导，一个是基于等级关系而服从一定的命令。他们还从资源配置方面来考察企业组织和市场性质上的差异，这在一定程度上已经洞察到两类协调机制的差异，特别是似乎开始涉及企业组织内部的运行机制问题。然而，由于科斯并没有将两者的演化上升到协调机制增进的角度，而仅仅专注于交易成本的差异上；因此，后来新制度经济学家仅仅把它们视为对立的和相互替代的，从而没有认识到两者的内在一致性和共生互补性。另一方面，后来的新制度经济学家则继承和发展了科斯从交易角度对企业和市场的区分，把企业和市场都看成了契约关系，之所以出现不同的契约，仅仅是基于交易成本的节约；这样又混淆了企业组织和市场之间的性质差异，更是把企业组织视为一个抽象的符号单位。因此，吴宣恭说，新制度主义的"这种方法使交易费用企业理论又回到科斯以前的新古典世界，科斯为探索企业性质撬开的小门又被关闭了"（转引自林金忠，2004：代序）。

事实上，按照新制度经济学的看法，市场上主要以交易为主，交易成本成为市场交易范围的限度；而组织内部则主要是在管理者指令之下进行协作生产，组织成本成为组织内部生产分工的限度。例如，科斯等把基于社会分工的市场机制和基于内部分工的企业组织仅仅看成是两种不同的配置资源方式，两者的关系是互为替代的；而后来的詹森等人在继承交易费用节约的契约说的基础上强调，企业组织的演化也在于市场交易成本的变化，两者是此消彼长的关系。但实践却表明，这两种资源配置方式往往是共生互长的，并且，介于两者之间的网络化的资源配置方式越来越把两者沟通了起来；同时，正如前面对社会协作系统以及分工演进所作梳理已经揭示的，企业组织只是分工演化到一定阶段后出现的一种生产组织形态。事实上，企业组织出现的原因在于，不仅企业组织所产生的分工比以前各种组织形态所产生的分工更广、更深，而且一直以来组织内部的分工和市场分工就是相互演化的；随着组织内部分工不断深化的同时，无论是市场分工的半径还是内涵都得到不断的发展。

最后，即使是马克思也没有很好地分析两者之间的互补关系。

尽管马克思在《1861—1863年手稿》里提出了两类分工的相互促进、协同演进的思想，但更为人们所熟悉的是他在《资本论》里的观点，这里他主要强调的也是两者的对立关系。究其原因，在马克思所处的历史时期，企业组织的发展已经出现了一些变化，它不再是为所有参与者服务的协作系统，而成为资本家谋取私利的工具；在这种情况下，马克思看到的是异化了的分工形态以及此种分工进一步带来的人际关系的异化。正因如此，马克思从当时特定的社会制度中看到了组织内部分工的不平等性，观察到更多的是分工者之间的对立，而不是分工之间的有机协调；同时，马克思又认为，在早期基于市场的社会分工中，由于参与交易各方都是平等主体，因而市场上的社会分工更为和谐。正因为看到了组织内部分工和市场（社会）分工的这种差异性，所以，马克思（1963：377-378）认为，两者不仅有程度上的差别，还有本质上的差别：社会分工是以不同劳动部门的产品的买和卖作为媒介的，而手工制造业内部的劳动间的联系则是将不同劳动力出卖给同一个资本家，而这个资本家把他们当作结合劳动力来使用的事实作为媒介的。也就是说，社会独立劳动间通过把各人的产品当作商品进行联系，而手工制造业局部工人不生产任何商品，仅仅是在生产同一商品的劳动过程内部实行的分工和专业化。正是基于这种区别，尽管马克思认识到了两类分工之间相互联系和相互促进的一面，但他更倾向于企业内部的有组织分工与无政府状态的社会分工之间是对立的。例如，马克思（1963：378-379）指出，"手工制造业的分工，假定资本家对于那些在他所有的总机构中不过作为一个部分来发生作用的人，拥有无限的权威；社会的分工，却使独立的商品生产者互相对立，只承认竞争的权威，只承认那种由相互利害关系的压迫而强加在人们身上的强制的权威，此外不再承认别的权威"；因此，"在手工制造业内，比例数或比例性的铁则，使一定数的工人归属于一定的职能；与此不同，商品生产者和他们的生产资料如何在不同各社会劳动部门之间进行分配，却是让偶然性和随意性去发挥他们的杂乱无章的作用。"

其实，马克思之所以存有手工制造业局部工人不生产任何商品的观点，主要有这样几方面的原因。（1）它建立在马克思个人狭隘的商品概念以及狭隘的交换形式之基础上。然而，随着社会的发展，人们对商品属性的认知在不断扩大，以前不被视为商品的东西实际上是真正的商品，手工制造业局部工人生产的只要不是为自己所用的任何产品都是商品；因为根据现代经济学的看法，人们之间的一切互动过程都是交易，在企业内部也存在各劳动之间的交易。（2）马克思没有认识到分工的扩展性以及分工协调的演进性。然而，手工制造业内部的分工仅仅是关系更紧密的小团体之间的协调，而社会协调则扩延到更广的范围之中；而且，随着社会信息方式的转变，近现代流行的企业协调方式越来越脱离社会发展的要求，并存在向社会协调扩展的必然趋势。（3）马克思基于物质资本的力量而把企业组织视为科层制的，并预测了建构性的统一大企业之兴起；相应地，社会主义国家成立初期大都摧毁了成千上万的小企业，把家庭农场变成了官僚化的有组织的国营农场和集体农业生产单位，如列宁在《国家与革命》中所言"整个社会将变成一个办公室和一个工厂"。但显然，由中央计划来协调整个国民经济的运行的结果往往是适得其反。究其原因，企业组织的协调并非一定优于市场的协调，否则，企业组织的层级链就不会具有减少的趋势，企业组织也就不会不断优胜劣汰。（4）马克思这一看法还是如同对劳动性质的看法一样深受意识形态的影响，他（马克思，1963：382）认为，"社会全体内部的分工，为各式各样的经济社会形态所公有，而不论它是或不是以商品交换为媒介；手工制造业性质的分工，却完全是资本主义生产方式所特有的一种创造"。然而，正如"企业组织的历史起源"部分的分析说明，从协作系统的角度来看，手工业内部分工也不是人为的产物，而是生产力发展自发演进而成的。

可见，无论是斯密等古典经济学家还是科斯等新制度经济学家，都没有清楚地说明两种分工之间的内在联系，即使分工理论的集大成者杨小凯也没有揭示企业组织中存在的分工何以能够增进效率的内在原因。而且，既有理论往往将两者对立起来，而没有认识到其中的统一性，从而对两者之间的关系产生了误解。例如，由于马克思把"手工制造业性质的分工"视为"完全是资本主义生产方式所特有的一种创造"，因而就没有进一步探究两类协作的相同本质，相反倾向于把企业内部的有组织分工（笔者所称的显协调）与无政府状态的社会分工（类似于笔者所称的隐性协调）之间视为对立关系。同样，科斯等新制度主义者要么在契约这一层次上将两者等同起来，要么从协调类型的差异上将企业与市场之间视为一种替代关系。正是基于两者对立的假设，几乎所有的主流经济学家一般都预言，历史的发展将是其中一方取代另一方；尤其是，企业规模会不断壮大，而规模大的企业效率将更高，这也就是马克思设想大规模的国有企业的基础以及西方企业大规模并购的基础。

（二）两类分工相统一的协调基础

上述种种观点之所以将组织内外的分工对立起来，根本原因在于，它们没有认识到两类分工都是建立在共同的基础——协调——之上，没有认知到两种协调类型之间的互补和互动关系。事实上，人类社会"创造"出某种组织的目的就是增进这种协调效率：不协调的分工可能适得其反，而协调的深化往往产生更高的效率。一般地，分工本身就意味着竞争和合作的统一：在市场上往往呈现出竞争态势，竞争的结果就是产生出一种价格机制，价格机制协调市场中实行分工的个人或组织的行动；在组织中更主要凸显为合作态势，它产生一种基于数量和质量信号的内部治理机制或信息沟通机制，这些机制协调组织内部实行分工的个人或单位的行动。也就是说，无论是市场上的外部分工还是组织中的内部分工都存在相应的协调机制，这些协调机制是优势互补的，他们的结合进一步促进了内部分工和外部分工之间的互动，从而促进和深化这两类分工。而且，市场协调机制和组织协调机制之所以具有互补性，还在于两者拥有共同的要素基础：市场外部分工的拓展除了依赖良好的价格信号外，更为基础的是市场伦理，没有成熟的市场伦理，就不可能有真正顺畅的市场交易；组织内部分工的拓展除了管理者的指挥活动外，更为基础的是组织文化，没有多数认同的集体文化，任何企业组织都难以持续。显然，社会文化伦理是组织文化和市场伦理的共同基础，组织文化和市场伦理也是相辅相成的，它们相互作用共同推动了两类分工的深化。这样，基于协调这一视角，外部分工理论和内部分工理论就得以有效地统一起来；同时，由于协调本身是相互促进的，因而两类分工之间也主要呈现出互补关系。

事实上，企业组织作为综合收益增进的演化结果，包括协调收益的增进和交易成本的节约两个方面，而协调收益和交易成本的大小都与分工水平有关。（1）根据这个理论，如果市场分工不发达且企业内部分工发达，那么，就会形成具有自给自足特征的大而全的企业组织。这种巨型企业组织的运行将需要投入高额的组织成本，高度集中的决策也难以体现日益分散而复杂的信息的需要，从长远来看必然是没有效率的。一个典型例子就是传统社会主义国家的国有企业：其中市场分工和自由交易受到严重限制，企业组织内部则基于计划体制而形成了高度的垂直分工，大量的工作集中于企业组织内部。历史实践的结果就是国有企业越来越缺乏效率，生产出来的东西越来越不符合社会的需要，越来越难以适应世界市场的竞争。这意味着，只重视企业组织内部分工的深化并不必然会导致分工收益的增加，尤其是，在市场外部分工水平不高的情况下，企业组织内部分工往往无法实现真正的有效协调。（2）同样，如果一个社会的市场分工水平较高，但企业组织内部的协调机制却不健全，从而难以推动企业组织的内部分工深化；此时，企业组织的规模必然相对较小，无法实现规模经济，从而也无法实现高效的分工收益。事实上，缺乏企业组织内部有效分割的社会，往往只有前资本主义那种零星的和规模较小的市场，市场上从事经营的主要是一些日常生活用品；而且，由于产品品牌难以确立，从而导致市场中的假冒伪劣、坑蒙拐骗等机会主义行径就比较严重，从而也就会阻碍市场外部分工的真正深化和拓展。这意味着，只重视市场外部分工的演进也并不必然会导致社会分工的持续扩展，尤其是，在企业组织内部分工水平不高的情况下，基于市场的外部分工往往难以有效降低交易费用。

上面的分析揭示了两类分工的共同基础及其互补性，由此我们可以对一系列的流行观点进行反思。

首先，我们可以来审视斯密的著名论断：市场容量限制劳动分工。显然，这种论断仅仅是着眼于组织外部的市场分工，市场规模的狭小造成了低水平的市场分工。但是，对劳动分工构成限制的根本因素在于协调水平，它包含了市场上的协调机制和企业内部的协调机制。因此，市场容量限制市场分工，但并不意味着企业内部分工也受到限制。譬如，在奴隶社会，市场分工程度是很低的，但在种植园内部却存在精细的分工；而且，当前世界上一些小国的企业结构也大致反映这一点，这些国家往往存在少量大型企业组织。当然，尽管种植园内存在精细的分工，但由于社会外部的市场分工并不发达，这意味着组织内部分工和市场外部分工并没有形成互为强化的反馈效应。同样，当前一些小国的大型企业之所以存在和壮大，从根本上来讲是以世界发达的市场分割为基础。因此，如果只有发达的组织内部分工，那么，无论是规模还是效率上终究都会受到制约，其低效率本质在市场竞争中就更会显露无遗。从某种程度上讲，这种内部分工只不过是更大规模上的自给自足经济。

其次，我们可以再审视一下马歇尔困境：分工导致规模报酬递增，而规模报酬递增与完全竞争不相容。马歇尔当时用基础设施共享等外部经济来解释这一点，近来发展出的集群理论也主要集中在从知识的外溢效应和非正式信息的流动来进行解释。但是，正如萨克森宁（1999：7）指出的"集聚和外部经济的概念不能解释专门技术、供应商和信息的集聚何以在硅谷产生了工业不断发展的自我强化态势，而在128号公路地区却导致了停滞和下降"。事实上，如果引入协调的分析，我们就会发现，分工收益的内核并非是规模优势，而是越来越基于协调优势；这种协调体现在组织内部和外部市场两方面的相对性上，这种对比与市场完全竞争是相容的。而且，即使随着企业组织的规模扩展而由协调增进获得了分工效益，但与此同时也会带来交易成本的增加。这意味着，由协调而带来的分工效率并不必然意味着企业规模会无限扩张，相反，随着社会关键生产要素的转换以及信息的日益复杂和不对称，企业规模反而有缩小的趋势。

最后，基于协调的视角，我们还可以解释斯密、科斯等人的思而未果的问题：既然市场能协调劳动分工，为什么还需要企业组织呢？特别是，企业组织中由于监督的存在，反而要花费额外的费用；而在完全的个人生产中则完全不需要任何监督，人们存在高度的自我激励。那么，企业组织存在的理由究竟何在呢？例如，在很大程度上，中国20世纪50年代推行的合作社和队集体生产制度就是由于监督成本日益庞大而解体的。显然，尽管科斯等已经正确指出了市场的本质功能就是组织劳动分工，但是，由于新制度主义转而从交易方面进行分析，结果就无法深入挖掘两种分工的共性以及各自特点；相反，如果从协调机制演化的角度，我们可以更好地理解企业组织出现的原因。事实上，分工效益的演进是与分工形态的演化相对应的：在基于比较优势进行分工的社会中，个体劳动几乎是分立的，因而组织内部分工不发达，而首先生成的是社会分工；在基于规模优势进行分工的社会中，个体劳动开始了越来越紧密的联合，组织不断壮大，组织内分工不断发展，体现为企业规模的壮大。而基于协调优势进行分工的社会中，个体劳动既可以是分立的，也可以是联合的，不管如何，劳动间的协调越发重要；特别是，如果再考虑信息的因素，分立的智力劳动之间的协调越来越重要，此时，组织内部的分工开始向社会分工回归，表现为企业规模开始萎缩。这样，我们就可以解决马歇尔困境了：分工收益的内核并非是规模优势，而越来越立基于协调优势，这种协调体现在组织内部和外部市场两方面的相对性，这种对比与市场完全竞争是可容的。

总之，组织内外的两类分工是统一的，而协调则是内部分工和外部分工相互联系的桥梁。一方面，社会外部分工不足的情况下片面强化组织内部分工只会导致组织的同构化，而组织内部分工不足的情况下刻意发展纯粹的社会外部分工也必将限制了分工的深化。事实上，日常经验也表明，哪个地方的外部分工发达，企业内部分工必然也往往很发达，因而两者根本上是相互促进的。另一方面，正是从协调出发我们就比较容易理解如曹正汉（1997）等指出的，"市场分工和企业内分工不是替代关系而是互补关系"的真正含义；究其原因，协调本身是相互促进的，因而两种分工必然就是互补的。

三 夯实协调机理的伦理基石

上面的分析指出，组织外部的社会（市场）分工和组织内部分工是互为补充、互为促进的，并且是统一的，其统一的基础就是协调。事实上，当市场规则比较完善时，组织外部的协调机制就比较发达，从而就有利于增进组织外部的市场分工；而当企业组织内部的规章制度比较健全时，企业内部的协调水平就比较高，从而可以增进企业内部的分工水平。显然，当市场规范和组织内部规章都比较健全时，那么，两种的协调水平都达到一个较高的水平，从而组织的内外分工就可以相互促进、相互演化，从而使得分工产生一个良性发展的轨迹。而这种状态的基本要求就是组织内外的协调机制具有共同的基础：较为健全的显性规则和相互认同的社会伦理；其中，协调机制的关键基础就在于具有开放性的认同伦理。

首先，就市场上的社会分工而言。市场交易的基本主体是个人或企业，它们之间的分工水平很大程度上在于对对方行为的可预测性，其基础就是信任伦理。一方面，个人间或企业间的关系总体上是普遍主义的，维系它们之间分工的规则也是普遍主义的，市场交易的难易程度以及市场分工的深入程度往往取决于对这种基本的普遍主义规则的遵守。当然，正是这种规则是普遍主义的，因而自由主义学者往往认为这种规则已经撇开了人类的情感因素，而将这种市场中的规则称为抽象规则，或者直接视为人类理性设计的"法律"。但是，法律本质上不是人为设计的，而是基于社会发展的演化，它根本上是对人类所形成的社会认同伦理的显化，因此，对抽象规则的认同程度本身就反映了一个社会的伦理状况。另一方面，尽管基于市场的交易似乎是普遍主义的，但是社会上所有主体之间不可能发生强度相等的联系，他们之间的关系也不可能是同等的；相反，社会主体的行为是差序的，它基于"己"的扩展而不断变化。从这点来讲，市场分工半径的扩展反映了作为市场主体的"己"的扩展，而"己"的内涵则反映了人的认同程度，这就包含情感以及伦理的因素。事实上，就作为市场主体的个人而言，每个人都处于一系列的共同体之中，他与共同体内外成员的关系也就出现差异；即使都归属某同一共同体，他与不同属性的共同体成员之间的强弱联系也不一样。同样，就作为市场主体的企业组织而言，每个企业实际上也可以被视为不同共同体的成员。譬如，一些企业组织往往属于某一企业集团，或者与某些特定的供应商、销售商存在密切联系，或者属于某一协会，或者也与某一地区或某一市场有特别的联系。因此，企业组织在市场上的行为也就不可能总是一致的。显然，正是由于联系的差序性，使得市场之间分工的程度也不一样。一般来说，交易越频繁、信任感越强烈，就越容易展开分工，这也体现了伦理的认同水平和范围。因此，伦理认同是影响市场分工的根本性因素。

其次，就企业内部的组织分工而言。正如"企业组织的历史起源"部分前面所指出的，组织的协调往往体现为两个方面：一是显性协调，二是隐性协调。这两者实际上也都体现了企业内部的伦理认同。（1）就显性协调而言，不但企业管理者的直接指令的执行程度和效果有赖于下级员工的主观领会程度和贯彻意图；而且，企业组织的规章制度得以执行根本上也取决于员工对企业组织的认同程度，企业内部的抽象规则本质上体现了企业的文化。（2）就隐性协调而言，它主要是指对默会知识的传递和接受以及对社会行为的合理预期性，其基础就在于存在一个大家都比较接受的习惯或伦理；而且，除了企业规章规定的外，员工发挥潜在能力的程度根本上也取决于对企业组织的认同，这也是企业隐性协调的内容。当然，企业内部的伦理也面临着一个开放和扩展的过程，否则就会形成企业内部的宗派主义、分割主义，会影响整个企业的有效运行；市场上，在企业规章之前人人平等以及对企业规章的认同就体现了企业内部的普遍主义。

因此，社会的分工深化有待于伦理认同的扩展，但生产过程的高度分工往往却又会阻碍伦理的建立和扩展。

一方面，就市场上的社会分工而言。由于市场的扩大、地理的延伸，人员联系变得越来越薄弱，这为机会主义的产生创造了条件，从而不利于伦理的建立和扩展，这点我们可以从历史演化中看出来。事实上，资本主义早期，受新教伦理的影响，西方社会中特别强调对人的信任，强调对所有上帝子民的仁爱；但是随着市场的扩展和功利主义的盛行，却演变成了"诚实之所以有用是因为诚实能够带来信誉，从而能够带来金钱；守时、勤奋以及节俭等都是如此。如果推延下去，就是说，假如诚实的外表能达到相同的目的，那么有个诚实的外表也就足够了，而过多的这种美德只能是不必要的浪费"（马克斯·韦伯，1987：36）。结果，大家只关心个人的满足，而忘却了自己对他人和社会整体的责任。伯克就感叹道"骑士制度已经不复存在，现在是诡辩家、经济学家和计量学家的天下了"（转引自繁人都重，2004：81）。

另一方面，就企业内部的组织分工而言。由于有组织行为的劳动分工决定了各个员工只是承担高度专业化的局部工作，他们几乎不可能了解总体关系；因此，他们也就失去了对行为负责和进行伦理反思的重要前提。而且，由分工产生了职业责任思想，这种"不在其位不谋其政"的思想进一步限制社会伦理的影响力；因为在这种情况下，尽管知道有些行为是不道德的，但由于不属于自身的管辖或职责范围，也就不能加以指责（施泰因曼、勒尔，2001：29）。事实上，如果我们把整个国家视为一个内部高度分工的大的协作系统，我们可以发现某些官员即使存在巨大贪污受贿现象，那些非职能部门的同级官员也置若罔闻，这也正是这种机理在起作用。

然而，在迄今为止的社会中，大都把企业视为出资者所有，基于这种理念的社会分工体系进一步促进了的社会分化，并导致社会道德的日益解体。

第一，基于企业组织作为出资者实现利润最大化的工具的理解，这就使得企业组织作为协作体系这一本质的丧失。为了追求更多的利润，企业组织的生产体系不断地向着"高度理性"的方向发展，结果，企业组织内部就"逐步清除了工人在特性、人性和个人性格上的倾向。一方面，劳动的过程逐渐分化为抽象的、合理的、专门的操作过程，以至工人失去了同最终产品的接触，个人的工作被归为一个专门固定动作的机械重复。另一方面，由于生产过程的机械化和合理化被加强，工人完成一件工作的必要时间期限发生了转变……（而且）为了促使人们的心理特性结合到专门的合理性的系统中去，个人的心理特性被这种合理的机械化过程从他的总体人格中分离了出去，并使这种心理特性与其人格相对立"（卢卡奇，1989：98）。

第二，基于企业组织作为出资者实现利润最大化的工具的理解，这就导致了劳动者和劳动资料发生分离。卢卡奇（1989：96－97）指出，"在市场经济充分发展的地方，一个人的活动成了与他自己相疏远的东西，一个人的活动变成了附属于社会自然规律的人类以外的客观商品"，这导致商品作为产品统一体和作为使用价值统一体之间以及生产者与被生产物之间的分裂。同时，卢卡奇（1989：99）又指出，"生产客体的这种分裂，必然造成了生产主体的分裂……人既不是在客观上也不是在他同他的工作关系上表现为劳动过程的真正主人。相反，他是被结合到机械体系中的一个机械部分……由于劳动被逐渐地理性化和机械化，随着人在这个过程中活动力的减少，他丧失的热情也越来越多。他的意志的沦丧日益严重。"因此，此时工人的劳动只是为了获得工资，他是为了多挣工资而拼命劳动的，而不再是他对劳动有什么兴趣。正如马克思（1988：74）在《1844年经济学哲学手稿》一书中指出的，"只要对劳动的肉体强制或其他强制一消失，人们会像逃避瘟疫那样逃避劳动"，就是因为，"这种劳动不是他自己的，而是别人的；劳动不属于他；他在劳动中也不属于他自己，而是属于别人。"

正因为企业作为协作体系这一本质被异化了，因而生产者就没有自觉遵循一定的伦理以获得更高协调水平的动机。相反，由于管理者往往热衷于劳动所能为他创造更多的财富的能力，劳动成为创造财富的工具而尽可能地压榨劳动者，它们也没有真正建立社会合理性伦理的愿望和能力。在这种情况下，劳动者把这种劳动看作是"委曲求全"的生存手段，资本家把这种劳动看作是发财致富的"摇钱树"；这样，作为人的本质力量的感性表现形式的劳动，就成为对象世界——社会财富"自我运动"的运行机制。而且，在这种体系下，劳动者创造的商品越多，他就越是变成廉价的商品。因此，马克思强调，正是资本主义生产方式下不断加剧的那种可怕的极端分工导致了工人的异化和非人道化，并且资本主义制度下的现代工业以前所未有的"邪恶方式"，不断制造出现存的分工，把人变成机器的活的附属物；与此同时，资本家的财富却在不断增长，工人所受的痛苦也在不断积累。

总之，重新审视企业组织作为协作系统的本质，在各要素所有者平等互利的基础上建立广泛的伦理认同就是企业发展的基本要求。实际上，正如后文"家族企业的存在解析"部分及"结语"部分指出的，伦理认同的扩展和演化是协调机制演进和协调水平提高的基石；并且，正是在协调水平提高的基础上，分工得以扩展，分工效率得以深化。可见，正如哈耶克（2003：74）曾指出，如果斯密的劳动分工理论已经成为经济学的基石，那么由劳动分工所引起的知识分工实际上应作为社会科学的经济学的中心问题。因此，借助协调这把钥匙，我们就逐渐打开了了解分工性质的一扇天窗，有助于我们更好地洞窥分工的奥秘。

企业组织的规模界限：
游离于理论与现实之间

  在弄清了企业组织的内在本质和现实特性之后，我们就可以进一步对企业组织的存在和发展进行探究，这也就是企业组织的规模界限问题。斯蒂格勒（1996）曾指出，如果某一产业的诸厂商使用完全相同的资源，那么长期平均成本曲线就像教科书中所描述的那样，只有唯一最低点，也即只有一种产出规模是经济的。这是新古典经济学、进而也是新制度经济学得出的一般结论。事实上，基于新古典主义的同质抽象思维，市场的交易费用对任何企业组织都是相同的，从而会形成相同的有效规模。然而，与抽象理论形成鲜明对比的是，现实生活中的企业组织往往千姿百态、规模悬殊；其中，大企业具有规模经济的优势，而小企业同样具有灵活方便的优势。那么，企业组织为什么会呈现出如此不同的形态呢？企业规模究竟大好呢还是小一点更好？企业组织扩张的好处仅仅是在于获得规模经济吗？同时，很多企业组织为什么往往倾向于且能够将其多种产品进行捆绑销售？尽管新制度经济学打开尝试企业"黑箱"而对企业组织内部的运行进行剖析，但正如盛昭瀚和蒋德鹏（2002：28）指出的，"它仍受新古典理论思维所支配（如企业和市场的两分法），忽视了丰富的多样性现实，而技术至今基本上仍处于黑箱状态。"因此，为了对企业组织的现实状态有个更清晰的剖解，我们依旧需要承袭从本质到现象的研究思路，首先基于协作系统这一本质来探究企业组织的合理规模，再通过将现实中的各种因素纳入分析，从而探究现实世界中影响各类企业组织规模的因素。显然，这种分析有利于从更为宏观的角度动态地考察企业规模的变化历程，洞悉其未来的变化趋势。

  在现代主流经济学的分析中，常常会预设一个先验的理想状态，把它作为理论分析的基准或参照系，然后再将现实状况与之对照，从而剖析影响现实状况的种种因素。究其原因，理论就如同指导人们行走的地图，都是信息节约的工具，从而要舍掉一些无关紧要的条件，而仅保留最重要的条件，否则，理论就丝毫没有节约信息。例如，我们在分析市场价格时，首先是分析在完全信息状态下的均衡价格，再分析市场实际价格与理论价格的偏离程度，从而说明市场的发达状态。同样，我们在分析国际贸易中的价格变化时也以完全自由贸易为前提，不存在贸易摩擦和交易成本，在此基础上俄林等提出了要素价格趋同理论（即 H－O－S 定理），国际价格的离散程度也反映了国际间的贸易摩擦和交易成本大小。再如，我们分析产权安排与交易时，也是以科斯第一定理为基准，再通过现实中产权结构的特定存在从而解释了交易费用问题。科斯（1992）就告诫人们，零交易成本假设意在被当作"分析一个有着正交易成本的经济的垫脚石"使用。同样，我们分析企业组织的融资时，也是以公司金融理论中的莫迪利安尼－米勒定理（M－M 定理）为基准，然而从现实与理论之间的差异中来揭示融资的信号传递以及控制权争夺等的意义。

　　问题是，现代主流经济学所确立的基准往往是建立在抽象分析的基础之上，是一种先验的假设状态，不但与现实相脱节，并且也是根本无法实现的。例如，阿罗就曾经说过：一般均衡理论中有五个假定，每一个假定可能都有五种不同的原因与现实不符。再如，M－M 定理的基础是没有税收和破产风险且资本市场充分有效运行，显然这也是不现实的。正因为主流经济学的理论是建立在先验假设的基础之上的，并把基于假设所推理的结论视为参照标准，而不是通过对本体探究寻求社会的理想状态，从而就无法提供有效的政策指导。相应地，新制度主义企业理论是建立在科斯中性定理这一假设基础之上的，而零交易成本条件非但不现实，而且永远不可能达到；因此，主流的企业理论就没有为观察企业组织现状提供一个合理支点，也没有通过现实与本质的偏离来考察现实中的影响因素，从而无法对多样化的现实企业组织提供实质性认识，也就无法预测企业组织的未来走向。

　　同时，由于主流的企业理论并没有提供一个制度比较分析的框架，迄今为止，主流学者对企业组织的规模研究主要是基于经验数据的解释，这不但无法说明其适度性，更无法提供实践上的指导。不过，主流经济学往往借用达尔文主义把存在的都视为合理的，所有现实中的企业组织都有其存在的原因。例如，斯蒂格勒提出了"生存技术"来确定最佳规模。斯蒂格勒（1996：40）认为，"用生存技术测定最佳规模，可以避免资源估价问题和基础研究的臆测性质。它的基本假设是：不同规模厂商的竞争会筛选出效率较高的企业。"也就是说，凡是长期竞争中得以生存的规模都是最佳规模。显然，这就是因袭了社会达尔文主义的适者生存假说和新古典主义的功能实证主义态度，却并没有给出企业最佳规模的界限，从而不能为实践提供真正的指导。相反，如果基于从本质到现象的研究路线，从企业组织的实质以及企业规模扩展的控制权归属等方面着手，那么，我们就容易更清晰地了解企业组织为何扩展、如何扩展。显然，这些都涉及前面对企业组织作为协作系统的理解以及对企业组织异化发展的剖析。因此，本章试图从作为协作系统而独立存在的企业组织本身以及企业组织异化发展而为特定的法定所有者控制这两方面来探讨企业组织的规模问题。

第一节　理论上的企业规模界限

基于从本质到现象的研究路线，我们首先探究作为协作系统的企业组织在理论上的最优规模，这种最优规模也就是从社会角度讲的合理规模。所谓的社会合理，就是基于企业组织作为协调分立劳动这一功能的意义上进行考虑的，它有助于促进作为团体成员劳动效率的提高。事实上，按照协作系统论的观点，组织的产生本身就是为了增进协作系统所有成员的利益，这是组织自身存在的目的，这个目的的完成程度就是巴纳德所讲的协作系统的有效性原则。同时，根据"企业组织的存在性质"部分的分析，古典主义和新制度主义分别从分工协调和交易成本这两个角度分析了企业组织的存在和扩展，而现实企业组织则要兼顾两方面；因此，这里从交易费用和协调收益两个角度分别分析古典主义和新制度主义框架下的企业规模扩展，再把两个角度综合在一起探究理论上的企业最优规模问题。此外，需要指出，传统意义上的管理活动可分为纯粹的监督活动和协调劳动，但由于协调劳动是创造价值以及产生收益的劳动，因而它实际上可以归入生产劳动的投入，即列入生产成本的范畴。相应地，这里仅将管理成本视为监督成本，因为人们往往将管理成本视为生产之外的不必要支出。

一　交易成本说的企业规模界限

首先，就基于新制度主义的交易成本理论所揭示的企业规模而言。科斯认为，企业组织通过减少契约的数量等可以节约交易费用（事实上也减少了生产成本），但这并没有取消契约和企业内交易，没有消除交易费用；相反，企业组织是由行政命令来管理和指挥的，其本身也会产生一些组织费用，诸如行政管理费用、监督缔约者（工人）的费用、传输行政命令的费用等。同时，随着企业规模的扩大，"在企业内部组织追加交易的费用可能会上升"，而且"在组织的交易增加时，或许企业家不能成功地将生产要素用在它们价值最大的地方，不能导致生产要素的最佳使用"，因而在企业内部组织某些交易的费用可能大于在公开市场上完成交易的成本。这意味着，企业组织的规模不可能无限扩大，其规模决定于这样一点："在企业内部组织一笔额外交易的费用等于在公开市场上完成这笔交易的成本，或者等于由另一家企业来组织这笔交易的成本。"在这一边际点上，企业规模达到了均衡从而停止扩张。

（一）静态的考察

交易成本说用市场交易成本和企业管理成本的比较来分析企业规模的规范条件，即，企业内部组织资源所花费的管理成本和市场配置资源所花费的交易成本这二者的边际价值相等。相应地，企业组织的规模会持续扩张到这样一点而形成均衡：再在企业内部组织一项交易的成本等于通过公开市场上的交换方式进行同一交易的成本或在另一企业内组织它的成本。事实上，企业组织的规模扩张会导致市场交易成本和组织管理成本发生如下变化：一方面，随着企业组织的规模扩大，团队生产中成员的机会主义倾向增强，因而边际监督成本也不断上升；另一方面，与企业组织的规模扩大相对应的就是市场交易次数减少，根据边际递减的一般规律，边际交易成本是随企业规模的扩大而不断下降的（这句话不好理解，但我们可以反过来理解：生产"市场交易"这一产品的边际成本是随着生产的"市场交易"的数量的增加而递增的）。因此，当不断上升的边际企业监督成本上升到与不断下降的边际市场交易成本相等时，规模处于成本最节约的状态。

同时，需要指出，在任何实际生产活动中，管理成本和交易成本都是难以分开的，企业生产和市场采购都需要同时付出管理成本和交易成本。德姆塞茨（2008）写道："要区分从市场上购买商品与企业内部生产并不容易，因为内部生产也是用从市场上购买的投入要素，即用从市场上购买投入要素来代替市场上购买现成的产品。因此，内部生产并不等同于完全取消交易成本。同理，从其他企业组织购买产品，而不是自己生产这些产品，也包含了购买其他企业组织所提供的管理服务。因此，无法通过从市场上购买现成产品来消除管理成本。如果我们停留在科斯的框架内，要提的正确问题并不是管理成本大于还是小于交易成本，而是内部生产所产生的管理成本与交易成本之和，是否大于或小于从市场上购买所产生的管理成本与交易成本之和，因为每一个选择都必须有相应的成本支出。"也就是说，我们在探究企业组织的规模扩展时实际上就需要比较处于不同规模之时企业管理成本和市场交易成本这两种之和的大小，这样，交易成本理论就可以修正为考察净边际组织成本（即企业边际监督成本减市场边际交易成本）的变化。即，当净边际组织成本为负时，表明继续扩大企业规模是有利的，而变为正值时，则就已经不利了。因此，最佳的企业规模就是企业组织的净边际组织成本为零。

为了便于理解，上述分析可以用一个简单的函数来表示：$TEC(Q)=FC(Q)-MC(Q)$。其中，FC 是企业的总监督成本，MC 是市场的总交易成本；TEC 就是企业取代市场的总成本节约量，注意，这里是用负值来表示。它们都是企业规模（即产量）的函数，因而有：

$$MFC(Q) = \frac{\partial FC(Q)}{\partial Q}, MMC(Q) = \frac{\partial MC(Q)}{\partial Q}$$

$$\frac{\partial MFC(Q)}{\partial Q} = \frac{\partial^2 FC(Q)}{\partial Q^2} > 0, \frac{\partial MMC(Q)}{\partial Q} = \frac{\partial^2 MC(Q)}{\partial Q^2} < 0$$

显然，要使得成本的节约量达到最大，就要求：

$$\frac{\partial TEC(Q)}{\partial Q} = \frac{\partial FC(Q)}{\partial Q} - \frac{\partial MC(Q)}{\partial Q} = 0$$

即，$MEC = MFC - MMC = 0$，净边际组织成本为零，此时企业规模达到帕累托有效。

上述分析也可用图 1 得到形象化反映：图 1 中的 a 图表示企业组织的规模扩张过程中企业边际监督成本和市场边际交易成本互动决定的最优企业规模边界 E。这两方面的成本综合起来就构成一条图 1 中的 b 图所反映的企业净边际组织成本的曲线，显然，在企业净边际组织成本为零的 E 点体现了企业组织的最优规模。

（二）动态的分析

在对企业规模作了静态的均衡分析后，我们再进一步考察企业规模动

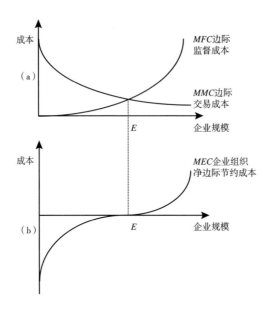

图 1   交易成本说的企业规模边界

态演进的情况。传统的交易成本说认为，交易费用的上升是产生企业的真正原因，而从历史进程来看，技术则是影响交易费用的根本因素。但是，阿尔钦和德姆塞茨（Alchian & Demsetz, 1972）指出，技术的发展有时既可降低市场交易成本，又有拓展企业规模的作用。例如，中央动力系统协议的问世一方面降低了交易成本，同时企业规模也随之扩大了，其中的原因就在于技术发明在促进企业创新发展的同时也降低了企业的组织成本。科斯（1937）也明确指出，大多数的发明都既改变组织成本，又改变使用价格机制的成本；这时，发明对企业规模的实际影响就要视它对两种成本的相对影响程度而定。因此，在企业规模的动态演进中，就要比较监督成本和交易成本相对变化。但从人类历史发展来看，市场规模和企业规模往往成正相关关系。正如德姆塞茨（1999b：17）指出的，"市场越大，交易费用越低，这提高了而不是减少了企业在经济中的重要性。"这样，从动态的角度来看，净组织成本实际上就等于企业组织的边际监督成本变动减边际交易成本的变动，即 $MEC = \Delta MFC - \Delta MMC$。

企业规模动态变化分析见图 2。在图 2 中，虚线表示由于制度、技术、文化、习惯等的改变，导致市场边际交易成本和企业边际监督成本同时上升的状况，由于企业边际监督成本的上升幅度小于市场边际交易成本的上升幅度，因而导致企业规模扩展的变迁。当然，制度、技术、文化等因素对管理和交易造成的相对影响还有其他诸多可能，这里不再赘述。

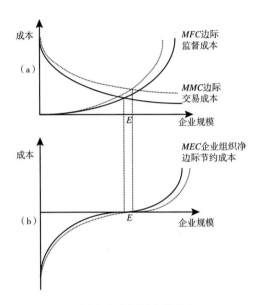

图 2　企业规模的变化

以上就是基于交易成本说对企业规模的分析，但是，这种分析存在很大的缺陷。

一方面，某一社会中市场交易费用以及监督费用的微小差异并不会导致企业组织的形态如此多彩以及规模大小的如此悬殊。正因如此，后来的新制度经济学家将企业组织视为一种契约，或者是契约的纽带，或者是要素市场契约取代中间产品市场契约，但这些分析与科斯的分析本质上是一致的，都无法真正解释现实社会中的企业规模。例如，张五常（1996）就写到，按照要素契约替代说，"当产品市场中交易（定价）费用的节省与正在形成的'要素市场'中代理费用（也是交易费用）的增加在边际上相等时，即达到了均衡。这等同于科斯所讲的条件，即一个企业将倾向于扩张直到在企业内部组织额外交易的费用与在公开市场上凭借交换进行同样的交易所发生的费用相同时为止。"但是，张五常（1996）又承认，"该条件并不真正决定企业的规模，更准确地说它决定着契约替代的范围"，"或许，这里提供的这种方法所具有的最富意义的地方是，我们对于企业的规模无法说得更多，因为我们无法确知企业究竟是什么。"

另一方面，交易费用增加，并不意味着企业组织的规模就会扩大；而即使交易费用为零，也不可能导致企业组织的消失。德姆塞茨（1999b：12）指出，"根据交易费用理论……在极端情况下，如果交易费用为零，企业就不再存在，而且所有活动都由市场来完成。"显然，这意味着，生产单位可以无限制细分，并把市场视为生产系统。相反，德姆塞茨认为，专业化理论可以更好地解释这一点，因为根据专业化理论，当交易费用下降时，每个企业倾向于集中生产某种产品系列的一小部分，此时企业规模减少但数量却增加了；因此，"不能认为如果减少了交易费用，就会减少对管理协调的依赖"。这也诚如上面分析指出的，企业组织的存在不仅仅关涉到交易这一方面的问题。斯蒂格勒（1996：42）认为，诸厂商拥有的资源质量的差异是造成规模变动的根本因素，这种资源质量实际上包括了成员的素质、沟通的机制等。

二　协调收益观的企业规模界限

尽管交易成本说从一个侧面刻画了企业组织的规模扩展，但企业组织的存在不仅仅涉及交换的成本问题，更主要是生产的收益问题。即使交易成本为零，也不能认为企业组织即将消亡。究其原因，即使所有的生产都由个人来进行，也必然涉及生产成本问题。在一般情况下，生产成本和交易成本都要被考虑到，因而有效率的组织并不仅仅是最小化交易成本（米尔格罗姆、罗伯茨，2000）。根据新古典的成本—收益最大化观点：在一定收益下，我们追求的是生产成本最小化；反过来，也就是在一定的生产成本下，追求收益最大化。事实上，在现实生活中，企业组织往往根据一定的预算约束以实现收益的最大化，即成本约束常常是刚性的。这里也考虑在给定生产成本下为实现效益最大化的企业最佳规模。

企业组织在规模扩大过程中增进效益的来源主要有二：（1）由于更多团队成员日益加强的共同生产背景而比较容易增进劳动间的隐性协调；（2）管理人员的管理活动也加强了劳动间的显性协调。正如彭若思（Penrose）指出的，由于不可分割性和企业经济活动中的学习效应，企业组织总存在着某些闲置的生产性服务，这些闲置的资源可以被利用起来开拓新的业务；即使管理力量不变，在不减少既有经营效率的前提下，仍有管理服务可用于企业组织的扩张，现有经理也可以教授新的经理（提斯，2000）。这种闲置资源实际上可被看成是企业原先投入的"沉淀成本"，它在企业组织的规模扩展中可充分进一步发挥其潜能，带来进一步的收益，这也就是"企业组织的存在性质"部分提出的基于分工演化的协调收益增进说。实际上，这种"沉淀成本"的存在也是范围经济的原因，可以用来解释横向合并或跨行业的合并的经济原因。

当然，需要指出的是，即使在没有企业组织的由纯粹市场来调节的生产中，各生产劳动之间也存在着一定程度的协调，否则就不可能有真正对社会其他人有用的商品生产。这是利用市场信号所实现的共同劳动间的隐性协调，这主要关系到各生产者之间的知识、社会工作背景、信息和技术传播以及共同的习惯、习俗、文化等。如16~18世纪盛行的分包制较以前孤立的自给自足的家庭手工业生产就更有利于社会性生产的协调，从而使得劳动分工得到了深化，并由此产生巨大的社会收益。当然，分包制生产方式还只是粗放式的协调，因为它也是以分散的家庭生产为主，而劳动的支付以及相应的产品质量都难以控制，从而就有待于进一步深化、发展；最终，分包制的契约协调就要过渡到团队生产方式的企业协调，这也就是市场和企业共同演进的内在原因。钱德勒（1987：6）在考察美国企业成长史而得出的首要观点是：当管理的协调比市场机制的协调能带来更大生产力、较低的成本和较高的利润时，现代多单位的工商企业就会取代传统的小公司。

因此，从协调收益增进角度分析企业组织的最佳规模度时，就要比较企业协调收益和市场协调收益的相对大小。一方面，随着企业组织的规模扩展，企业组织的边际协调收益也是逐渐递减的。其原因有二：（1）"沉淀成本"发挥潜能的收益在递减，劳动者的共同工作背景基础的有效作用也在衰退；（2）随着企业组织的规模扩展，管理人员增多，管理人员的机会主义也就越严重，这样，显性协调劳动的质量也会降低，因而产生的协调收益也必然下降。另一方面，随着企业组织的规模扩展，市场的协调收益却是在递增的，这也符合边际收益递减的一般规律（如同边际市场交易成本随企业规模的扩大而递减一样）。

显然，按照协调收益增进说，当企业组织的边际协调收益与市场的边际协调收益相等时，企业组织达到最佳规模水平。在企业组织的动态演进中，实质上也就是比较企业边际协调收益与市场边际协调收益的相对大小。因此，协调收益增进说也可修正为考察净协调收益的变化：当净边际协调收益为正时，表明企业组织继续扩大规模是有利的，而转变为负值时，则表明规模已过大了，因而最佳的企业规模就是企业组织的净边际协调收益为零的规模。图 3 中 a 图就反映了市场和企业协调收益随企业规模变化的一般状况。

按照协调收益增进说，当企业组织的边际协调收益与市场的边际协调收益相等时，企业组织就达到了最佳规模水平。在企业规模扩展的演进中，实质上也就是比较企业边际协调收益与市场边际协调收益的相对大小。因此，协调收益增进说也可修正为考察净协调收益的变化：当净边际协调收益为正时，表明继续扩大企业规模是有利的，而转变为负值时，则表明规模就已过大了，因而最佳的企业规模就是企业组织的净边际协调收益为零的规模。修正的分析可见图 3 中的 b 图。

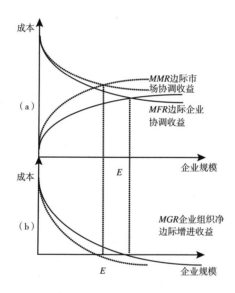

图 3　协调收益增进说的企业规模边界

同样，我们也可以用一个简单的函数来对上述图形进行分析，函数表示为：$TGR(Q) = FR(Q) - MR(Q)$。其中，FR 是企业的总协调收益，MR 是市场的总协调收益，TGR 就是企业取代市场所带来的总协调收益的净增量。它们都是企业规模（产量）的函数，有：

$$MFR(Q) = \frac{\partial FR(Q)}{\partial Q}, \ MMR(Q) = \frac{\partial MR(Q)}{\partial Q}$$

$$\frac{\partial MFR(Q)}{\partial Q} = \frac{\partial^2 FR(Q)}{\partial Q^2} < 0, \ \frac{\partial MR(Q)}{\partial Q} = \frac{\partial^2 MR(Q)}{\partial Q^2} > 0$$

要使得成本的节约量达到最大，要求：

$$\frac{\partial TGR(Q)}{\partial Q} = \frac{\partial FR(Q)}{\partial Q} - \frac{\partial MR(Q)}{\partial Q} = 0$$

即 $MGR = MFR - MMR = 0$，企业组织的净边际增进收益为零，此时，企业规模达到帕累托有效。

当然，当外在条件变化时，同样可能同时影响企业组织的协调收益和市场的协调收益，因此，在分析其对企业规模的影响时，就要综合考虑其对两者影响的相对幅度。如信息技术、道德伦理的规范等都可能同时会促进企业协调和市场协调的改善，我们用图 3 的虚线表示这种变化，具体的分析类似于交易成本说的分析，这里也不再赘述。

总之，以上就是协调收益增进说对企业规模界限的分析，它反映出仅仅考察企业组织的交易费用并不能真正揭示它的发展变化。事实上，杨小凯就试图通过模型来强调，即使没有外生的交易费用参数的变化，交易费用和专业化学习效果的交互作用也会产生自发的劳动分工的演进，试图把分工演进作动态化说明。当然，也正如上面分析指出的，企业组织的功能不仅限制在生产这一个方面，它也是交易的主体。因此，局限于协调收益的规模分析也有其局限性，这就需要作进一步的综合。

三 社会合理的企业的规模界限

上面分别基于交易成本说和协调收益增进说探讨了企业组织的规模扩展边界，它们分别刻画了企业组织的规模扩展过程中的一个侧面，但又不全面。实际上，如果全面考虑企业规模扩张过程中的交易成本和协调收益，就可得出两个一般结论：（1）即使没有交易成本而只有管理监督成本，或者说净边际组织成本是正的，企业组织也有兴趣由自己来生产产品，只要自己的生产具有足够高的协调收益；（2）即使没有管理监督成本，即净边际组织成本为负，企业组织也可能向其他企业购买而不自己进行生产，只要自己的协调收益足够高，或其他企业组织的协调收益足够高。为此，这里综合两者的分析优势，以期得出一种更加全面的分析框架。

根据综合收益增进说的观点，企业组织的最优规模就可重新表述为：企业组织的净边际协调收益与企业的净边际组织成本相等之点。由于企业组织的净边际协调收益是递减的，净边际组织成本是递增的，那么，当企业组织的净边际组织成本低于净边际协调收益时，企业组织的规模扩大可以使总收益增加，因而扩大规模是有利的。反之，当企业组织的净边际组织成本高于净边际协调收益时，表明企业组织已处于规模不经济状态。事实上，正如科斯指出的，交易成本是协调经济体系中不同人们之间活动的成本（张五常，2000b：467）。从这个意义上，交易成本也就是协调成本，是与协调收益相对应的。因此，组织的演化均衡也必然使得协调成本的边际变化与协调收益的边际变化相等。阿尔钦和德姆塞茨（Alchian & Demsetz，1972）也指出，如果通过团队生产这种方式，即使扣除了为了规范团队成员行为所花费的监督成本，还能使生产率有较大的提高，人们就会采取团队这种生产组织形式，而不再依靠分散的个人将其产品一对一的交换形式。我们用图 4 来分析综合考虑成本和收益的企业规模。

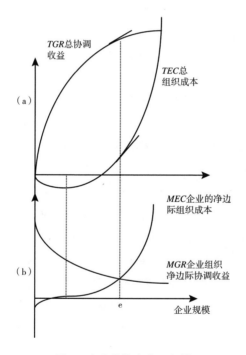

图 4　企业的社会合理规模

从图 4 中可以发现一个重要的现象：企业组织的最优规模 e 点往往处于企业组织的净组织成本为正的阶段。但根据交易成本说的观点，企业组织的管理成本和市场交易成本应该相等，即净组织成本为零。或者，如科斯（1937）所说："在边际上，在一个企业内部的组织成本将等于在另一个企业的组织成本，或等于让交易由价格机制来组织的成本。"显然，社会的合理规模是与主流的企业理论分析存在很大差距。否则，如德姆塞茨

（1999a：182）所指出的，"如果交易成本为零而管理成本大于零，交易成本理论就预示着企业的消亡。"但是，我们的理论却对这一结论提出了新的反思，其中的主要原因就如钱德勒指出的，凡是进行大批量生产和大批量分配相结合并在产品流程中可以协调的那些工业必然会出现现代大型联合工商企业，这是因为管理协调的"看得见的手"比斯密所谓的市场协调的"看不见的手"更能有效地促进经济的发展。一般而言，企业组织总是比市场更有利于劳动间的协调，从而可以带来更高的协调收益。从这个意义上说，企业组织的净边际协调收益通常都是正的，这就要求在最优规模处的企业组织的净边际组织成本也为正值。

显然，通常基于交易成本说得出的"企业的组织成本小于市场的交易成本，从而引起了企业对市场的替代"的论断，貌似有理但实质上是错误的，或至少是片面的。实际上，正如彼特利斯（2002）指出的，"厂商（组织）的存在是因为它们执行的是不同（于市场）的功能（如生产），或者，因为厂商作为（市场）系统的基本组成部分对市场进行了补充。"曹正汉（1997）通过对企业组织发展的考察发现，19世纪以来企业内组织成本的下降小于市场交易费用的下降，而企业组织规模却在不断扩大。这也为上述的分析提供了佐证。

下面，再从数学上对社会合理的企业组织最优规模进行推导。企业组织的综合收益为：$TR = TGR - TEC$。根据上面的分析公式可知：

$$\frac{\partial MEC(Q)}{\partial Q} = \frac{\partial MFC(Q)}{\partial Q} - \frac{\partial MMC(Q)}{\partial Q} = \frac{\partial^2 FC(Q)}{\partial Q^2} - \frac{\partial^2 MC(Q)}{\partial Q^2} > 0$$

$$\frac{\partial MFR(Q)}{\partial Q} = \frac{\partial FR(Q)}{\partial Q^2} - \frac{\partial MMR(Q)}{\partial Q} = \frac{\partial^2 FR(Q)}{\partial Q^2} - \frac{\partial^2 MR(Q)}{\partial Q^2} < 0$$

因此，综合收益的最大化就有：

$$\frac{\partial TR(Q)}{\partial Q} = \frac{\partial TGR(Q)}{\partial Q} - \frac{\partial TEC(Q)}{\partial Q} = 0$$

即，$MTR = MGR - MEC = 0$，企业组织的综合增进收益为零，此时，企业规模达到帕累托有效。

显然，当社会条件（如信息技术、道德伦理、法律规范）发生变化时，往往会同时影响到企业组织的净边际协调收益和净边际组织成本。因此，对企业组织的规模究竟产生何种实质性影响，就要看它对两者影响方向和影响的相对幅度。详细的分析这里也不再赘述。

总之，一个企业组织的存在不仅要考虑到交易费用的比较（与市场比较或者与其他生产组织比较），同时也要考虑到分工深化带来的协调收益，只有把两者结合起来才能更为全面地考察企业的规模界限。例如，贝克尔和杨小凯等人的模型的结论都是：当分工的边际效益等于边际协调费用时，分工达到最优水平。

第二节 现实中的企业规模解析

上面从理论上对企业组织的合理规模进行了探究，其分析基础是企业组织存在是为了协作系统（以及其每个成员）的整体利益。但真实世界中企业组织的规模究竟如何？要揭示现实规模的真谛，关键就要考虑现实社会中企业规模扩张中带来的综合收益究竟为谁所获得？企业规模扩张究竟影响谁的利益以及谁控制着企业组织规模的扩张？交易成本说坚持认为，经济组织的主要目的在于节约交易费用，因而对权力和公正的考虑让位于节约算计或者被归入节约的算计（威廉姆森，2001：7）。但是，从协调经济学的观点看来，经济组织的主要目的是增进协调收益，并且要考虑增进谁的收益，因而也就必然要涉及权力和公正问题。激进经济学家马格林（Marglin，1974）曾指出，"从分包制向工厂制的转移，乃建立在资本家榨取更多的剩余物的能力的基础之上的，而这种能力是从对生产活动知识的差别的控制中产生的。"这也就是说，对企业规模扩展的影响因素并不仅仅在于协调收益这一个方面，而是有着其他更为广泛的因素。事实上，尽管企业组织本质上是为所有成员服务的协作系统，但是，现实生活中的任何制度和组织都被异化了；特别是，随着团队生产规模的扩大导致了信息越来越不对称，其中资本所有者逐渐占据了信息优势，并通过法律界定而成为事实上的所有者，从而导致企业组织的现实目的也发生了巨大的变化。

正因如此，巴纳德认为，在现实生活中的企业组织往往存在三种特性：道德性、有效性和效率。其中，道德性是强调协作系统的各要素之间相互依赖的责任问题，因而也就是社会性问题；有效性是指完成协作系统原初目的的程度以及自身维持问题，也就是上面探讨了协作系统自身维持问题；效率则是指个人满足的充足程度。因此，现实中的企业目标实际上蕴含了寓意不同的双重特性：前两者反映了作为协作系统的基本要求，后者则是现实企业被当作私人牟利工具时的基本诉求；而且，在不同时期，随着企业组织的现实与本质相背离的程度不同，企业日常行为中所表现出来的追求目标也不同。特别是，一般来说，个体之所以参与协作，就是以满足个体动机为寄托的。因此，参与协作系统的个体首先关心的是效率问题，而不是整个协作系统是否有效的问题。这意味着，谁控制了企业规模扩展的决策权，那么，他就会根据个人的效率原则来决定企业组织的规模。

一　企业规模扩展及其转移效应

上面讨论的企业社会合理规模主要是基于协作系统自身存在的目的，从协作系统所有成员利益最大化的角度，根据企业协调增进为社会所创造的价值量大小进行分析的。但是，在现实世界中，企业组织的规模不是协作系统内的所有成员按照一致同意原则决定的，相反，往往是由控制信息的一小撮人决定。例如，早期资本主义社会中，企业组织的决策权往往属于创业者、股东或董事会；后来，随着所有权和经营权的分离，拥有内部控制权的经理阶层开始左右了企业的发展方向；近来，随着企业权力的分散，又开始兴起了工人自治说。显然，当这一小撮人决定企业的规模界限时，他们考虑的主要因素在于，企业规模的扩张是否会为他们自身带来某种转移收益；同时，当这种转移收益来自不同对象时，就会有不同的企业规模。

这里，首先考虑早期社会中企业组织的所有权和经营权没有分开的情形。此时，企业组织的所有者就是经营者，也往往称为企业主，他成为法定意义上的企业组织的所有者，并控制着企业规模扩张的决定权。显然，就企业主而言，他更关心自己从企业规模扩张中获得的收益而不是协作系统本身的有效性。正因如此，我们就可以发现一个重要现象：企业主从企业规模扩展过程中所获取的收益往往要大于因组织协调性提高而应得的收益。其中的主要原因是，企业组织的规模扩张一般会为企业主带来某种转移收益，笔者把这种现象称为企业组织扩展的收益转移效应，其实质也就是协调收益的重新分配。[①]

---

① 学术界一般把寻求因管制而产生的非生产性收益的活动称为寻租，而笔者则进一步扩大了寻租的外延，将所有寻求转移收入的活动都称为寻租。这里，企业主试图通过扩大企业规模而获得转移收入也可以被视为寻租活动的一个类型，详细的分析可以参见笔者（朱富强，2005a）在《有效劳动价值论的现实阐释》一书中对寻租类型的分析。实际上，克莱因等（Klein, Crawfor & Alchian, 1978）分析了寻求专用性资产中产生的可剥削性准租金也就是寻租的一个类型。

企业规模扩展中之所以会伴随着收益转移效应，根本原因在于，企业组织的规模扩大促使了信息的不对称转移。显然，随着企业组织的规模扩大，管理层级逐渐建立和延长，劳动分工不断细化，此时，在具体岗位上生产某单一部件的工人所拥有的信息就会不断减少，而管理者拥有的信息则不断增加。因此，企业组织的规模扩大一般会使得企业主在与生产者的互动中具有更强的优势信息，从而使得联合生产所创造收益在分配中朝有利于企业主的一方发展。相反，在通过市场交换的分包制下，生产者实际拥有产品质量和生产活动的信息优势，这种信息的偏在就赋予了工人在"分割蛋糕"中的优势。因此，在这种生产方式下，"当雇主出于鼓励勤劳的意图而提高计件单价时，他常常发现这样做实际上是降低了产量"（Landes，1969：59）；而"减少工资同样也不见效。这样做的结果，只是造成或者是工人的离去，或者是工人变本加厉地侵吞商人的原材料"（Salaman，1981：27）。

在组织内的分包制中，布劳和梅耶（2001：33）认为，"由于工头只是领取原材料、工具和能源，他们就倾向于浪费以节省人力，进而从合同价中与工价之间的差价获得更多的利润。由于管理人员不能控制由工头决定的工价，工头的利润常常会超出管理人员的薪水。"为此，威廉姆森声称，侵吞、欺诈和质量控制问题，乃分包制所特有的；而且，即使在不是实行分包制的早期企业组织中，也广泛地存在这种机会主义的倾向。泰罗就认为，只要工人拥有的信息比管理者多，管理者就不能诱使工人与之合作；并且，他还把在他之前的旧的企业体制称为一种"刺激积极"型的管理体制，在这种体制中，"为了尽可能地调动工人的主动性和积极性，管理人员必须给予他属下的工人某种超出本行业水平的额外刺激"（泰罗，1982：20）。但即使如此，工人也往往不会尽其所能地工作，因为如果工人的生产率过高，这一能力就会被雇主观察到并设定为新的工作标准，从而"将报酬率降低，使雇用劳动者虽然产出增加，报酬却大致不变"（Nelson，1975：45）。因此，雇员就会相互威胁，以致大家都没有尽力工作。可见，在"刺激积极"型的管理体制下，所有计划工作都是由工人的个人经验来决定，往往会存在很强的机会主义问题。

为此，泰罗基于资本家的角度来设计一个新的资本主义控制系统以克服工人限制产量的倾向。显然，其出发点就是从减少工人的信息方面入手：首先，要求管理者去了解工人所知道的东西，把工人所掌握的传统知识全部集中起来；其次，要求管理者接管所有他们比工人做得好的工作，并且为自己的每步行为事先做好准备；最后，管理者事先对每个工人的工作任务进行详细的规定，从而形成管理的等级制。在泰罗看来，工人并不知道一个合理的日工作究竟是由什么构成的，也不知道领导究竟需要他干多少，这就需要管理者进行科学调查，科学地规划每个人的工作量。因此，在泰罗推行的科学管理体制中，管理者对工人的操作进行了科学研究而放弃传统单凭经验的管理方式。结果，自泰罗的科学管理体制推行以后，企业组织内部的工作被尽可能地细分，直接劳动和间接劳动也日益分离，每项工作都要求尽可能少的技术，并尽可能地缩短培训时间，从而将大量的问题交予管理者所在的部门来处理。显然，正是企业组织制度这种转变，导致生产的决策权转移到了管理者手中，生产者的谈判力量遭到了削弱；因此，手工业工人"丧失了他自己的搞机会主义动作的机会，而雇主却未放弃其类似的机会。而工人的全部所得就是他本来要在与其雇主的双边垄断关系中冗长的谈判上花费的时间，现在可以转用于生产性工作上了"（Francis，1983）。

这里有两点值得注意。（1）侵吞和欺诈行为只是总收益的转移问题，当企业制生产取代分包制生产后或者科学管理取代以前的"刺激积极"型管理，工人侵吞和欺诈行为的减少，只是导致家庭收益的减少而企业主收益的增加，而并没有导致整个社会的总收益的增加（在劳动的支出总量不变的情况下）。而且，企业组织对分包制组织的替代并没有消除甚至没有弱化侵吞和欺诈行为，而只是由于信息偏在优势向企业主一方的转移，而导致企业主的机会主义行为增长，结果使得收益的分配朝有利于企业主的方向发展。这就是说，工人用生产性劳动支出的增加取代旧体制下的非生产性活动，创造出更多的收益以维持自己的总收入。（2）在科学管理体制下，工人的收益也会有所增加，但是，这种增加的收益是工人花费更多的劳动所创造的；在分包制下，如果工人也支出这种额外的劳动量，同样可以创造出并获得这种收益。因此，工人所得收益不是来自协调产生的收益。而且，工人在监督激励下凭借劳动的增加而创造的收益中，很大一部分都被转移给企业主；也就是说，工人收入增加的同时，企业主增加的利润则更高。例如，当时在英国被广泛采用的拜道克斯顾问公司所设计的酬劳体系就是，"如果一个人一周生产40件商品，能挣得3个英镑，那么如果他能生产80件商品，拜道克斯公司就会付给他4个英镑"（拉什，

2001：233）。

实际上，在科学管理体制下，为了保障工厂的生产计划能够得到有效执行，管理者还引入了大量的专门监督者来对工人的行为进行控制。Nelson（1975：44）写道："工头的主要任务是保证工人不降低机器的潜能……代理人驱使主管拼命干活，主管驱使监工拼命干活，监工驱使实际操作工人拼命干活"；而"不管工头多么独断专行，处事不公，生产工人也不会经常反对工头的决定"，因为工人若有怨言，就会被告知离开。而且，一些企业组织以更高的工资作激励工人支出更多的劳动：（1）速度更快的装配线已经设置了统一的装配线，不管工人愿不愿意都必须完成和标准产量接近的工作；（2）企业组织也通过工头对工人的劳动施加更大的强迫。Halberstam（1986：94）考察发现，在亨利·福特将福特公司里工人的日工资从市场现行的 2.2 美元水平提高到 5 美元以后，"选择工头的标准越来越重视身体的强壮与否；如果一个工人在游荡，工头二话不说把他踢倒，规则还严禁工人们互相说话。"实际上，随着泰罗制在 20 世纪初的不断推广，企业组织中的行政管理人数的比例也在快速增加，这可从表 1 以窥一斑。

表1　20世纪初美国制造业的管理和生产人员变化（拉什，2001：223）

年份	管理员＊（人）	生产人员（人）	管理员与生产人员的比例(％)
1899	348000	4496000	7.7
1909	750000	6256000	12.0
1923	1280000	8187000	15.6
1929	1496000	8361000	17.9

注：＊不包括业主和高层管理人员。

而且，正是在强有力的组织监督下，在依靠劳动投入创造价值的时代，企业管理者并不是致力于团队生产的组织协调，而是不断加强监督；在使得产业越来越依靠半技术或非技术劳动的同时，却把提高产品质量的负担全部推向了工人。正如马格林指出的，从分包制向工厂制的转移，乃建立在资本家榨取更多的剩余物的能力的基础之上的，而这种能力是从对生产活动知识的差别的控制中产生的。马格林（Marglin，1974：46）说："过去，工厂制度成功的关键及其雄心壮志就是把工人对生产过程的控制变成资本家的控制；只要制定了纪律并实行监督，无须什么先进技术，都可以，而且确实能降低成本。"

同时，除了从内部员工处可以获得转移收益，企业组织的规模扩大也可以从外部市场的关联者身上获得转移收益。正如 Francis（1983）指出的，公司的横向或纵向合并往往会引进独占供应或利用的可能性，从而形成垄断收益。此外，规模扩大还可从获得更为广泛的来自整个社会的转移收益，如纵向一体化常常就是逃避中间营业税的一种方式，或者是绕过配额限制和价格控制的一种方法。所以，威廉姆森（1999）指出，企业组织的规模扩大或纵向一体化的管理主要在于它能够获得战略上的反竞争的效果，也就是说，能增大信息优势，从而获得转移的收益。也正因如此，即使等级制的泰罗管理体系往往激起工人大军的反对和对抗，即使由于为减少工人侵吞和欺诈行为所必需的组织管理成本要远远大于原先的交易成本，甚至也会大于企业组织扩展所带来的净协调收益；但是，只要企业主自身获得转移的收益大于这种成本的增加，企业主仍愿意增加组织监督成本的投入，从而扩大企业组织的规模。

显然，科学管理体制所产生的收入转移体现了剥削的深化。例如，英国 1911 年出版的《工程师》杂志就对美国式的科学管理体制评价说，"在减少劳动力成本上有公平和不公平的方式……我们可以毫不犹豫地说泰罗制是不人道的"（拉什，2001：231）。再如，当时美国劳工联合会对拜道克斯公司体系的调查结论也说，"在它的伪科学的专业术语下面，其实质是一种不顾产品其他方面和有效管理的加快工作的方法，换句话说，它以牺牲工人利益为代价提高现存的管理权力，给那些经理们一种能够懂得并控制效率的幻觉。"

其实，马克思很早就已经指出了这一点。马克思认为，在家庭手工业阶段，市场外部分工是基于独立产权主体之间的协作，而到了基于大机器生产的工厂制阶段，生产过程开始出现了两个全新的特点：（1）工人在资本家的监督下进行生产，他的劳动属于资本家；（2）生产出的产品归资本家所有。在这种情况下，生产协调的功能也就成为资本家或企业主的专利，这时，企业主就可以通过加大监督活动的支出，强迫工人支出更大量的生产劳动，从而创造更多的价值。也就是说，企业主通过企业规模的扩展除了获得所有的协调收益，还要占有至少分享工人更多的生产劳动所创造的进一步的收益。

同样，穆勒（1991：159）也认为，资本家用大生产体制代替小生产体制是节省自己的劳动，因为"如果 100 个拥有小资本的生产者分别进行同一业务，则每个业主也许要花全部精力来管理企业，至少没有时间或心思去干别的事。而一个拥有相当于他们资本总和的制造商，雇用 10 个或 12 个办事员，就可以管理他们的全部业务，还有空干别的事"。而且，尽管学者往往比较重视这种劳动节省，但穆勒却持相反的看法，因为"小生产者通常感到自己是主人，而不是某个雇主的奴仆，由此而为付出的这种劳动获得了充分的补偿。可以说，如果他们看重这种独立性，他们就会甘愿为此付出代价，甘愿减价出售其产品来同大商人或大制造商竞争。但他们不能老这样干，同时又能维持生存。因此，他们逐渐从社会上销声匿迹。在延长无望的挣扎中耗尽了自己小小的资本以后，他们或是沦为雇佣劳动者，或者依靠别人生活"。

然而，尽管监督的引入和强化往往是组织出现异化后的所有权事实拥有者追逐转移收益的结果，但主流经济学家却把这种监督和剥削看成是工人主动要求的结果。例如，张五常就宣称，长江上逆水拉纤的纤夫在集体行动中都存在"搭便车"的动机，而在所有纤夫都不卖力拉纤的情况下将会导致船根本不能行进，因而他们都同意雇用一个监工来用鞭子抽打他们。这岂非说工人们有自虐症？当然，庆幸的是，经过否定之否定，在新古典经济学为这种管理提供了更为精密的委托—代理理论基础之后，目前已有越来越多的现代经济学家开始重新回到早期的视角，从权力结构的角度重新审查管理的真实效益和收益分配问题。例如，激进经济学家马格林（Marglin，1974）就指出，劳动的专业化和管理集中化的存在，使得老板们能够控制工人和榨取工人的剩余价值；当一个工人除了劳动力以外一无所有时，他除了把劳动力出卖给替代最终或中间商品消费者的老板外，别无选择。因此，等级制的企业就成为老板剥削个人的组织手段。而且，马格林还强调，人们常常高估了专业化的技术效率，因为许多工人通过短期的培训就可以更换工作岗位；而对老板来说，使工人对整个生产线一无所知是有利的。

根据新马克思主义者的观点，正是由于信息的不完全，雇主就会使实际资源流向监督努力，这导致了资本主义企业组织的低效率；相反，在工人自治的企业组织中，如果用激励工资来取代监督，那么企业组织将会有更高的效率（德姆塞茨，1999b：46）。事实上，当时泰罗开创的科学管理制度也正是为企业主这种剥削和收益转移服务的，这也是解释为什么这种制度实行之初曾遭到普遍的反对，甚至引起工人的骚乱。正因如此，马格林以及道（Dow，1993）等以权力分析对新制度经济学的契约主义进行了批评，强调企业组织并非一个单纯契约的结合体或解决效率的组织，而是一个以生产、剥削、控制为特点的社会体（刘元春，2001）。

而且，这种观点也越来越渗透到主流经济学的分析之中。例如，根据哈特和穆尔（1996）的理论，我们可以推出这样两点：（1）对物质资产的控制会间接地导致对人力资本的控制，从而使得工人按照资产所有者的利益行事；（2）拥有一个企业组织和拥有一个企业的契约关系从而获得某种服务，具有很大的不同，因为前者可对企业组织中某些构件如工人等进行选择性雇用或解雇，而后者却只能交易或者违约中断交易，即只能在全部接受和弃之不用之间选择。事实上，自 20 世纪七八十年代起就涌现了大量的相关文献。例如，在 1983 年，阿札里亚蒂斯（Azariadis）、查里（V. V. Chari）、格林（J. Green）和卡恩（C. Kahn）、格罗斯曼（S. Grossman）和哈特（O. Hart）就几乎同时发表了《不完全信息下的就业》《非自愿失业和隐含合同》《工资雇佣合同》和《对称信息下的隐含合同》四文。这四篇加入了信息不完全的假设，认为只有企业主对经济状态了解，而工人却一无所知；因此，在非对称信息下，企业就有了隐瞒真实情况的动机，从而导致实际的就业不再是有效的，企业组织的规模扩展也必然不是合理的。也正是基于这种转移效应，格罗斯曼和哈特（1996）等强调，企业组织的扩展就意味着对剩余索取权的扩展。而且，在这种情况下，由于企业主可以独占全部收益，因而企业组织也就不再是交换的产物，而是企业主单方面的决策，企业组织本身也就异化了。

总之，控制权的转移往往使得企业组织偏离其本质目的而成为某些个人或群体获取特定利益的工具，这导致了企业规模日益偏离其合理程度。显然，这个观点实际上已经为早期学者所涉及。例如，马歇尔就指出，"雇主的观点并不包括企业所有收益：因为有另一部分属于他的雇员。的确，在有些情况下，为了某些目的，几乎所有的企业收入都可以看作是准租，即在短期内由它的商品市场状态所决定的收入，与制造该商品所需要的各种东西的成本和从事该业者的费用无关。换句话说，它是一种混合准租，可通过谈判以及习惯和公平观念分配给该业中的各个人。而这种结果是由一定原因造成的，它类似于文明初期的收入分配，从土地中获得的生产者剩余几乎永久的存在于已开化的公司之手，而不归个人所有"（转引自青木昌彦，2005：7）。这里马歇尔将协调收益称为准租，青木昌彦则称之为组织租。朱富强（2005a：第3章第5节）则称之为协力租，以强调其是混合劳动的公共属性创造的，是作为集体力作用的结果。所以，在企业组织的所有权在被界定为私人的现实社会中，我们就无法从真实的社会效益来判断企业组织的合理规模。斯蒂格勒（1996：41）就指出，"所谓有效率的厂商规模，其含义是在这一规模上，企业家能对付他在实际经营中碰到的所有问题：如紧张的劳工关系、日新月异的创新、政府管制、不稳定的国外市场等等。毫无疑问，从企业的观点来看，这正是效率的决定性含义。当然，社会效率可能是一件很不相同的事：最有效的厂商规模或许源自垄断力量的占有、令人厌恶的劳工使用方法、歧视性的法规等等。生存技术并不直接适用于测定企业的最佳社会规模。"

二　企业现实规模大于合理规模

上面对企业组织的社会合理规模分析表明，就协作系统自身的有效性而言，企业规模的扩展边界主要由企业协调带来的收益与和为此支付的成本相比较而定。但是，这种分析仅是考虑企业规模扩张的社会效应，或者基于协作系统内所有成员的共同利益，这种共同收益主要是劳动间协调性提高所带来价值量的增进。事实上，如果考虑现实生活中的企业规模由其事实所有者决定以及这些事实所有者有其个人利益，那么就可以很容易明白，企业组织的社会合理规模并不是客观实际存在的，最多是指企业组织朝这一状态无穷逼近的过程。确实，在私有制企业中，企业主追求的往往只是个人收益，而不是社会收益。那么，在存在收益转移效应的情况下，企业规模扩展过程不仅是一个"蛋糕做大"的问题，还涉及"蛋糕分割"的问题。因此，从企业规模扩张的个人效应考虑，企业组织的社会合理规模往往就不一定是企业主追求的现实规模。那么，企业主如何决定企业组织的最佳规模呢？

其实，企业主扩展企业规模的界限也同样受收益—成本的决定，即由企业规模扩展给他带来的个人收益的增加额和他为企业规模扩大所需要的支付的个人成本增加额相比较而定。只要通过迫使工人追加劳动而为企业主创造的收益以及从工人中转移的收益之和大于他为此所需要支出的监督成本，企业主就会进一步扩大企业组织的规模。企业组织的现实规模的扩展状况我们可用图5表示：其中，*TR*是企业协调性提高所增进的收益，而 TR' 是存在收益转移效应情况下，企业主从企业规模扩大中所得到的收益。

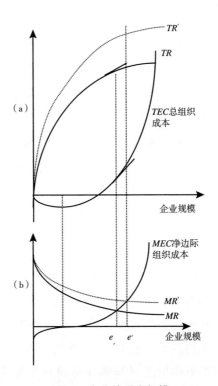

图 5　企业的现实规模

显然，图 5 反映出，由于企业组织为企业主带来的转移收益，企业主从企业规模扩展中获取的收益要大于协调性提高所创造的收益。因此，这里的分析又揭示了企业规模扩张中的另一个重要现象：一般而言，企业组织的现实规模（即 e' 点）往往会大于社会合理的规模（即 e 点）。这就解答了曹正汉（1997）的疑问：为什么 19 世纪以来单位市场交易费用在不断下降，同期企业的组织成本没有相应的下降幅度和速度，但企业组织的规模却在不断上升呢？事实上，根据马格林的看法，企业组织并非仅仅是效率演进的结果，其中也包含了众多的强制因素，"代理人"可能是在委托人的胁迫之下不得已在其威权下工作，如雇主和政府可能相互支持或者代理人没有其他选择，这些都导致了掠夺性的企业行为。正因如此，诺思也开始抛弃效率观点而转向掠夺观点，认为委托人的目标就是要产生制度及制度变革的驱动力；企业也不是因契约而形成，而是因掠夺而形成。所以，马格林强调，企业组织的产生即使在无效的情况下也会出现，只要企业组织可以加强资本家对工人的权力和控制，从而是前者能通过牺牲后者的利益来获利。

上面的分析表明，从协调增进方面来说，企业组织并不是规模越大越有效。事实上，即使规模做大对企业组织的占有者是有利的，但对作为协作系统的本质而言也不一定是有效的组织，因为它很有可能损害其他协作者的利益。而且，在现代企业组织中，由于所有权和经营权的分离，经营者也有做大企业规模的动机，而不管是否会有真的效率。多数的研究就显示，相对于企业的收益率而言，企业规模对经营者的收入有更大的影响（胥鹏，2000）。一般来说，那些追求转移收入或者其他"规模租"的企业的规模往往是过大的，而关注员工利益的企业的规模则往往比较小。例如，在传统社会主义企业中，经理人员就普遍存在做大企业规模的欲望。也正是基于经验的观察，英国经济学家舒马赫（Schumacher，1989）在《小的是美好的》中认为，企业组织不是越大越好，相反，小的也有小的好处。德鲁克认为，中等企业是最理想的企业，它具有小企业和大企业两者的优点，在企业组织中，人们相互了解并融洽相处，并且资源也已足够支持各种关键活动并取得成果（孙耀君，1998：372）。其实，从协调的角度，我们也可以解开马歇尔困境（报酬递增和完全竞争是不相容的）：报酬递增并不主要基于规模经济因素而是专业化效益，而专业化效益的基础就是对分立的劳动的协调，不仅是内部分工的协调也包括外部分工的协调。

当然，需要指出，这种建立在转移效应基础上的企业规模的扩大并不是稳定的。究其原因，企业主的收益增长是缘于监督而不是协调收益的增量，而监督本身不带来任何的"蛋糕膨胀"。也就是说，基于收入转移效用的企业扩张是为了满足系统内部特定成员（企业主）的利益，而舍弃了企业组织作为独立存在的协作系统自身的目的，这是组织发展中的异化表现。事实上，作为一个协作系统，大学的目的是研究和教育，医院的目的是治疗疾病，行政组织的目的是服务于公民。但是，正如堺屋太一（2000：103）指出的，"文部省、厚生省以及警察，几乎都认为没有重视消费者意见的必要，而且也用不着去听其意见。具体而言，文部省的消费者是学生，亦即孩子们，厚生省（医疗机构）的消费者是病人，但具有强烈领导意识的官员们并不听孩子们和病人们的意见。而警察的对象是犯人，所以不论对方是杀人犯还是交通违规者，只要是被经常逮到就被当成罪犯，至少也被当成嫌疑犯看待"，"结果，上述三个部门完全没有成本观念，尽管教育或医疗费用不断上扬，他们却认为这是理所当然。至于警察，往往为了保护某个要人，不惜造成交通阻塞"。同样，企业组织则有着生产和供给对社会有用资源乃至服务的目的。所以，巴纳德指出，与其他协作系统的目的相比，赋予企业组织追求利润的目的是不正常的（饭野春树，2004：104）。从长远来看，极端追求特定成员效率的目的与整个协作系统自身发展的有效性目的是相冲突的；而且，极端地追求某些成员的目的，那么也必然损害另外一些成员的目的实现。

进一步地，我们还可以分析企业组织的所有权和经营权相分离的情形。此时，企业组织的转移收益（也即利润）归企业主所有，但企业规模扩张的决定权在经营者手中；同时，经营者也有自己的利益和满足的欲望，因而会根据自己的个人效率来决定企业的规模扩张边界。实际上，由于企业组织的剩余索取权归企业主所有，因而经营者从企业规模扩张中获得的收益就主要体现为潜在的隐性收入，如对经济市场乃至政治市场的影响力、权力的扩展、社会资本的积累乃至办公环境和出差贴补等。而且，一般地，企业组织的规模越大，这种隐性收入就越大。例如，根据企业组织的管理理论，受聘的企业管理者被组织成一个"金字塔"式的层级制结构，上层职位的空缺往往由下层管理者来填补，那么，此时管理者个人职位升迁机会的大小也直接受企业成长的影响。同样，罗森（1999）的研究表明，经理人员的显性收入也是与企业规模呈强正相关的。因此，在这种情况下，经营者往往有动机进一步扩大企业的规模，甚至由此会导致社会综合协调收益乃至企业主所获收益下降也在所不惜，这也就是管理学派的增长最大化或销售最大化理论。关于这个分析，实际上与社会主义国家的企业状况非常相近，我们在后面将作继续的分析。

但是，不管企业发展的控制权为企业主还是管理者所有，只要企业组织的规模扩展不是基于企业内部各生产要素之间协调的需要，而仅仅是为了获取转移收益，那么这种企业组织的规模就是过大的，从而就缺乏持续扩展的基础。事实上，根据古典经济学的理论，生产往往具有规模经济，从这一点出发，绝大多数企业组织都倾向于壮大规模。但是，有的学者就收集了大量的经验数据来论证企业效率是与其规模大小无关的（张永生，

2003）。而且，在企业扩张过程中，由于广告、人员培训以及资本成本等支出的增加，这必然使得有限的资源更为紧张，从而降低企业组织的有效性。在现实生活中，我们也可以看到，很多大型经济帝国常常受到亏损的煎熬。否则，一个庞大的石油帝国安然公司（Enron）怎会在顷刻之间就破产了呢？据统计，20 世纪 50 年代《财富》杂志所列的世界 500 强名单中，有近一半在 90 年代的名单中已经消失了；而 70 年代所列的 500 强中，到 90 年代也有 1/3 消失了。

总之，正如巴纳德指出的，如果没有规定组织的适当目的，不能有效完成这一目的（有效性），以及没有分配足够使组织成员持续地拥有协作工作意志的满足（效率），那么组织就不可能持续存在（饭野春树，2004：80）。因此，我们有理由相信，建立在收入转移效应基础之上的企业规模扩张是难以持久的，因为系统本身的有效性必将会下降。从根本上说，企业一体化或者多元化长期存在的唯一理由就是获取协同效应，否则将不会长远。例如，波特（2000a）对财富 500 强中的公司研究表明：对于被收购的那些与它们的核心业务无关的企业，这些公司大多不能很好地进行整合，在收购 5 年之后，70% 的公司又将这些不相关企业重新剥离了出去。

三 企业一体化扩张的规模均衡

上面的分析表明，由于企业组织在规模扩张过程中一般存在对企业主有利的收入转移效应，因而现实生活中企业组织都有扩张的倾向，这也是企业组织不断兼并和一体化的原因。当然，上面分析的仅仅是来自企业内部的收益转移，而企业组织的扩张过程中还有很大一部分是来自企业外部的收益转移。关于企业外部的收入转移又可以区分为两部分：（1）在产品市场上通过提高自己产品的售价而获得的来自消费者的收益转移；（2）在要素市场或中间品市场上通过压低原材料的成本而获得的来自其他厂商的收益转移。在现实生活中，企业组织的目标并不仅仅在于提高效率，而更可能在于提高对竞争对手、市场、劳动力或支付的支配力。譬如，波特的竞争战略分析的核心就在于企业组织应该追求支配力的提高，这种支配力是获取价值链的关键。

（一）产品市场上存在收入转移效应的情况

就产品市场上来自消费者的收益转移而言，斯蒂格勒曾作了深入的剖析，这里也简单地介绍一下他的分析。斯蒂格勒（1996：4）指出，现代大公司（美国）没有一个不是通过某种程度、某种方式的兼并而成长起来的，几乎没有一家大公司主要是通过靠内部扩张成长起来的。那么，企业组织为什么需要又为什么能够兼并呢？按照传统的观点，实现规模经济是兼并的主要原因，规模不经济又是限制兼并的主要因素。但斯蒂格勒（1996：16）认为，对于旨在垄断的兼并来说，单个厂商大规模生产的不经济仅仅是偶然的、微不足道的障碍；只要不存在显著的规模不经济，即兼并形成的大公司和兼并前的小公司的成本相比，既不更低，也不更高，兼并仍会发生，因为兼并后形成的大公司具有市场力量，能获得垄断利润。

在图 6 中，AC 是小厂商的平均成本，MC 是小厂商的边际成本，完全竞争下的均衡点为 F，此时没有利润；而在所有这些相同企业联合起来形成一家厂商，此时独家垄断厂商的总需求曲线 AR，边际收益曲线为 MR，该厂商的均衡点为 G，可得利润 $OC \times DE$。当然，在这种情况下，新的厂商开始进入，垄断厂商的需求曲线左移，利润减少，甚至直到价格恢复到原来的 OB。此时，垄断厂商是亏损的。因此，这种兼并厂商净利润就为：前一阶段的垄断利润和后一阶段的垄断亏损之和。斯蒂格勒（1996：5）认为，如果新厂商的进入不是太快，兼并者可以在相当长一段时期内获得垄断利润；虽然新厂商进入以后兼并者将永远处于亏损状态，但亏损现值不一定大于以后获得的垄断利润。

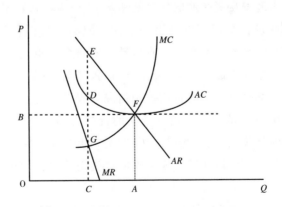

图 6 企业一体化扩张中的垄断收益

此外，还有几个因素导致厂商的兼并促使规模扩大的不断发生：（1）如果企业组织的沉淀成本较小，能够比较容易地退出，在这种情况下，往往就不需要过分担心新厂商进入导致的亏损；（2）产业需求的变化，如果产业的需求在增长，那么兼并者只要撤出较少的资源，而如果产业需求增长得足够快，那么就无须撤资，兼并者可以维持其绝对规模，尽管相对规模会下降；（3）如果新厂商的进入速度是价格和利润的函数，那么，兼并者可以通过低价格政策减缓进入，即以较低的垄断利润率换取较长时期的垄断地位。

（二）要素市场上存在收入转移效应的情况

我们再来分析要素市场上存在的收益转移效应对企业规模的影响。我们知道，随着企业组织的规模扩大，企业产品的市场占有率就会提高，市场占有率的提高意味着它在要素市场上的谈判地位有所增强，从而可以压低原材料等价格。如马克思（Marx，1988：43）就指出，"大资本家总是比小资本家买得便宜，因为他的进货数量大，所以，他贱卖也不会亏损。"

一般地，我们假设，（1）企业组织的平均成本是规模的函数，即 $c = c(s)$，并且由于规模经济和生产要素边际收益递减的相互作用，企业组织的平均成本曲线是一个 U 形曲线，即 $c''(s) > 0$；（2）企业产品的价格是平均成本的函数，并且平均成本越大产品的价格越高，即 $p = p(c)$，$p'(c) > 0$；（3）企业产品的市场占有率是价格的函数，并且价格越高占有率越低，即 $h = h(p)$，$h'(p) < 0$；（4）企业组织的规模是其产品市场占有率的函数，并且市场占有率越高企业的规模就越大，即 $s = s(h)$，$s'(h) > 0$。

根据上述假设，我们可以画出一个四象限的分析图，如图7。其中，我们用下标为 0 的符号表示在没有收益转移的完全竞争企业情况，用下标为 1 的符号表示存在内部收益转移的企业扩张情况，用下标为 2 的符号表示同时也存在外部收益转移的企业扩张情况。假设，初始状态是没有收入转移效应的完全竞争情况，显然，产品的价格为 D_0，产品市场占有率为 B_0，企业组织的规模为 C_0；此时，厂商生产的平均成本 E_0 处于最低点，因而这个规模是社会合理规模，这个成本也就是社会合理生产成本。分析如下：

现在假设，由于某种原因，某个企业内部由于存在信息不对称等因素，存在收益从工人流向企业主的转移效应，这意味着企业组织的实际平均成本下降了。譬如，从 A_0 降低到 A_1，这意味着该企业组织的价格—成本函数发生了变化，从 $P_0(c)$ 右移到 $P_1(c)$。因此，即使在企业名义平均成本没有变化的情况下，企业组织的产品定价也可以从 D_0 降低到 D_1；此时，市场占有率就从 B_0 上升到 B_1，从而促使规模的扩张，从 C_0 上升到 C_1。当然，随着企业规模的继续扩张，内部收入进一步发生转移，企业实际平均成本继续下降，企业组织的价格—成本曲线继续右移，直到最后在新的均衡点 E_1 进行生产。显然，此时企业组织的平均成本大于社会合理的平均成本，其中的原因在于企业主为获取转移收益而支出的监督组织成本以及规模过大而产生的生产劳动间协调性的下降。

进一步假设，企业组织通过兼并等手段实现了规模扩张，并且由于市场占有率的提高增强了与上游厂商的谈判能力，从而可以从其他企业组织转移一部分收益。这也意味着，企业组织实际平均成本在继续下降。譬如，从 A_1 继续下降到 A_2，因而该企业组织的价格—成本曲线从 P_1 (c) 右移到 P_2 (c)；此时，在企业名义平均成本不变的情况下，企业组织的产品定价可以从 D_1 降低到 D_2；进而，市场占有率就从 B_1 上升到 B_2，从而促使规模的进一步扩张，从 C_1 上升到 C_2，直到最后在新的均衡点 E_2 进行生产。

在现实生活中，正是由于存在的这几方面的转移效应，企业组织往往会努力扩大自身的规模，如目前流行的捆绑销售等就是如此。加尔布雷斯在《丰裕社会》《新工业国》以及《经济学与公共目标》等书中就认为，现代工业社会中包含了两种经济体系：（1）由技术结构阶层掌握的"计划"体系，即由 2000 家左右的大公司组成；（2）仍受市场机制支配的小工商业所体现的"市场体系"，由数百万个小企业、小商贩、农场主和个体经营者组成。显然，两种体系的权力是不平衡的，从而形成二元经济：前者计划生产和计划销售，采取的是控制价格，而后者无权控制价格和支配市场。正因如此，现代大企业成为市场的操纵力量，消费者主权也被生产者主权所代替：现代大生产者不仅能自行设计和生产商品并规定价格，而且也可运用广告和推销术以劝说消费者按照他们设定的销售计划和价格来购买商品。相反，小的竞争性工商业却缺乏这种力量，而只能受大工业的剥削和压迫；这不仅造成收入的不均等，而且还会使得两种体系的不平衡加剧，这表现为大企业对小企业的剥削以及发达国家对第三世界国家的剥削。因此，加尔布雷斯认为，市场体系和计划体系的对立，尤其是两种体系权利的不平衡将造成收入的更不平等，这是欧美现代社会的基本冲突和一切弊端的根源；而且，政府的态度也往往是向大公司倾斜的，政府只

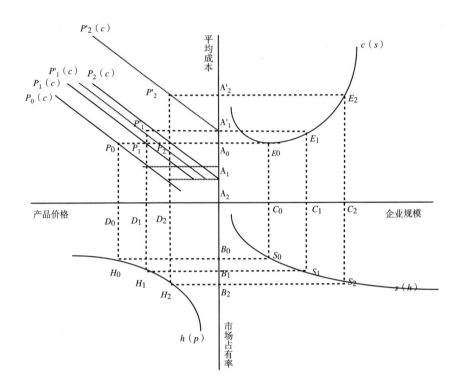

图7 存在转移收入效应下的企业规模均衡

注：上面的平均成本是指以社会平均工资按雇佣工人计算的社会平均成本，每个企业组织的平均成本并不一致。显然，如果企业组织中的转移收入效应越大，企业的实际平均成本越低。

关心大公司的利益，而不会为小企业服务。显然，要彻底纠正计划体系和市场体系之间的关系，就必须从两部分经济间的权力的均等开始。为此，他提倡"新社会主义"，要求公众和政府支持市场体系，抑制计划体系的权力。

当然，企业扩张的结果必然会导致实际规模越来越远离社会的合理规模，并且，这种规模扩张不但损害了社会企业个人和企业的利益，也导致社会整体利益的降低。正因如此，大多数国家都对这种扩张行为进行限制，这包括颁布各种反托拉斯以及反卡特尔的法律。不过，在最近的十年间，各国对企业组织的一体化兼并有了一定的放松；究其原因，企业组织的转移收入来源存在一个从国内方面向国外方面转向的趋势。原先西方各国的反托拉斯法之所以较严，是因为企业竞争主要是在国内进行，相应地，垄断利益为垄断企业所有，而损失则由本国人民承担；但在全球化的今天，企业竞争是在更广泛的国际市场上进行，垄断带来的利润归本国的垄断企业所有，而损失则主要由其他国家的消费者或竞争企业所承担。因此，西方国家逐渐放松了对本国跨国企业的垄断限制，但对业务主要在国内的那些大企业仍然有较严的垄断限制，而且，特别限制他国企业对本国企业的兼并。

例如，2001 年 7 月欧盟就否决了通用电气试图以 470 亿美元收购航电仪器企业的计划，理由是，通用成功合并 Honeywell 的航机租用部门后将会垄断航机引擎及航电仪器市场。同样，微软在美国国内也一直面临着反垄断调查。2000 年 4 月 3 日，哥伦比亚特区联邦地区法院宣布微软公司从事了"排他性的、反竞争的和掠夺性的行动以保持它的垄断权力"，企图垄断网络浏览器市场，违反了《谢尔曼反托拉斯法》。2000 年 6 月 7 日的正式判决，命令微软公司一分为二，其中一个负责生产和销售 Windows 操作系统软件，另一个生产和销售应用软件等其他产品；严禁微软公司因个人电脑制造商采用其他竞争公司的产品或与其他竞争公司交易而对其进行报复；对 Windows 操作系统实行统一定价；给电脑制造商以自由采用 Windows 操作系统的权利；禁止微软公司以销售 Windows 产品为条件来销售网络浏览器等其他产品；禁止微软与其潜在的竞争对手达成瓜分市场的协议等。

与此形成鲜明对比的是，美国却积极支持波音公司对麦道的兼并。1996 年 12 月 14 日，波音与麦道签署兼并合同，将麦道变成波音公司的全资子公司。这一合并计划立即遭到了欧盟委员会的强烈反对，其认为波音与麦道的合并将导致世界空中客机市场的竞争受到巨大的破坏，严重威胁到空中客车的市场生存空间。因此，欧盟委员会于 1997 年 3 月 7 日做出决定，禁止该计划的实施。麦道与波音公司不服欧盟委员会的决定并提起诉讼。此后，经过与美国联邦贸易委员会、美国司法部、国防部多次沟通与磋商的情况下，欧盟委员会于 1997 年 3 月 19 日依据合并控制条例第 6 条第 1 款启动程序，在对麦道与波音公司附加一定的义务条款后作出决议批准二者合并计划。

那么，为什么会出现这种明显的差异呢？究其原因就在于，在微软垄断和波音垄断中所造成的收益—成本分担是不同的：美国的软件产业在世界上处于绝对优势，这方面的垄断所构成威胁和损害的主要是美国本国的其他公司的利益，因而就产生了对之拆分的压力；相反，受波音－麦道兼并损害的是欧盟空中客车的利益，因而美国政府反而会积极促成他们的合并。可见，现在企业规模扩展或者捆绑销售等都是以损害他国或者全球利益为前提的，受益者是一国的公司或者公司所在的国家，因而各国都努力保护和扩张本国的公司。

总之，通过追求市场占有率的企业规模扩张具有这样两方面特性。（1）从其存在性来看，市场占有率的提高通过转移效应可以弥补一部分企业规模扩张的效率损失，从而维持单独企业组织的发展；甚至，由于经理阶层可以从中获得其他租金，从而推动了企业组织的发展。（2）从社会角度来看，规模扩张存在的维持主要靠转移效应取得，必然是牺牲其他人的利益，因而社会总福利是下降的。因此，通过市场占有率提高企业规模对单独的企业在短时期内是可行的，它可以掠夺其他企业的财富。但是，长期来看，必然是缺乏效率的，因为这种短期效率仅仅是建立在收益分割的基础上，而不是做大整块蛋糕。而且，从某些孤立国家的角度而言，这也可能是可行的，因为它可以转移其他国家和地区的收益。但是，对整个国家和人类社会而言，却可能存在不合理的一面。事实上，即使就单一企业而言，企业组织的扩张在一定程度上可以带来规模经济，但是同时也有可能带来规模不经济。波特（1997a：70）就指出了这样三点：（1）协调复杂性和成本的不断增加可能导致某项价值活动的规模不经济；（2）因挫伤雇员的积极性而增加工资等费用的规模不经济；（3）大量需求也可能迫使原材料价格上涨而导致采购中的规模不经济。

四 企业规模度量基准的再界定

上面讨论了企业组织的规模问题，并认为，现实社会中的企业规模大于合理的社会规模。不过，我们在比较和评估企业组织的现实规模、合理规模等时首先面临着如何对企业规模进行度量的问题，这就需要对度量基准作一界定。那么，究竟选择什么基准来界定企业规模呢？事实上，无论是在学术界还是在实务界，对企业规模的界定基准都存在很大的争论和混乱。有从资产量角度，有从股票市值角度，有从利润额角度，有从销售收入角度，也有人从雇佣人数角度。基于这种不统一的度量口径，我们有时把那些尽管亏损的但雇员众多的企业组织看成是大规模企业，如社会主义国家中的国营大企业；有时又把那些雇员人数不多但资产庞大的企业组织称为大企业，如微软、英特尔等高新技术企业；有时把那些资产量和雇员数都不多但盈利丰厚的企业组织看成大企业，如索罗斯的量子基金等国际投资基金公司；有时又把利润不高但销售收入额庞大的企业组织称为大企业，如中国银行和中国化工业出口公司在 1992 年就被美国《财富》杂志入选为世界 500 强。推而广之，在当前中国高校的综合排名中，人们似乎又将学校的固定资产、师生人数、科研成果以及占地面积等都视为重要的影响因素，结果，中国的大学排名比企业规模的排序更为复杂。那么，究竟如何对规模进行衡量呢？显然，对任何一个组织规模的度量首先依赖于度量的目的，并根据这一目的对规模的合意性进行界定和判断。同时，目的的确定则取决于我们对该组织之本质的认知。譬如，就企业组织而言，我们对其规模的度量主要是为了衡量其适宜性，而判断一个企业组织规模是否适宜则主要看它是否促进各生产要素在生产中协调合作。即考虑它的有效性，而有效性则又源于对企业组织作为协作系统这一本质的认知。显然，根据这一思维，不管是以资产的数量还是用盈利率来对企业规模进行界定，似乎都无法揭示出企业组织作为协作系统这一本质，相反，它简单地混同了企业规模和企业收益之间的关系。

从本质内涵上说，一个协作系统本身就包含了物的、生物的、人的以及社会的各种要素，因而这些要素的总和构成了企业组织的实际规模。问题是，从这个泛化的协作系统之内涵，企业组织的构成要素是模糊的，我们很难确定其确切的边界，从而也就无法对其规模进行度量。因此，我们只有退而求其次，对容易度量的构成企业核心层次的因素进行度量来反映企业组织的规模。显然，企业组织作为社会劳动协作创造价值的生产组织，协作主要包括物化劳动和活劳动这两个基本方面，而物化劳动和活劳动的量化分别用物质资本和人力资本表示，因而企业组织的规模可以用物质资本和人力资本之和进行度量。不过，这种度量依然存在困难：（1）我们无法确定不断变动的物质资本和人力资本的价值，特别是人力资本具有不断变动性；（2）根据这个范畴进行度量也无法反映企业规模的适宜程度，因为它不考虑两种资本的构成比例问题。正因如此，学界往往仅仅选择物质资本或者人力资本其中某单一维度进行度量，而迄今为止最流行的做法则是从资产量进行度量，譬如，对规模以上和以下的企业划分就是基于资产量标准。然而，这种界定也是有问题的，因为它没有抓住协作系统更深层次的实质，从而也就无法对企业规模的合理性进行评价。

　　管理学先驱巴纳德就指出，协作系统首先是由一群人及其有待决定的相互关系或相关作用组成的，也就是说，组织是全部活动或部分活动中进行协作的人们所组成的一个集团。显然，企业组织本身是人们出于对协作收益的追求，即，企业组织是各种社会劳动以为创造更高收益而进行协作的生产组织；人们之所以愿意参与团队的协作生产，就在于提高现世中个人的福利。因此，从企业本质以及社会合理的角度来看，企业组织的规模应该以参与协作系统的人数来度量，度量的是企业组织能够促进多少社会主体之间的协力合作而是有效的。当然，像股东等以物质资本形态的物化劳动参与生产协作，也对价值的创造做出了积极贡献并由此获得一定的报酬。但就企业组织的生产这一核心功能而言，这些生产活动首先是参与企业组织的那些进行具体活动的人所开展的，而且，社会的主体是人，企业组织可以看成是现世社会中的具体成员借助于物化劳动进行协作生产的形式。因此，只有企业在编人员才是最为核心的成员，相应地，企业规模的度量也就是依据企业组织中劳动者的数量。

　　显然，从劳动者数量的角度撇开了异质劳动者之间的差异。按照这一尺度，一个企业组织即使物质资本量很少，但雇用了大量的劳动力，那么它也应该被称为大规模企业；相反，尽管技术含量很高、资金雄厚、劳动者也具有异质性的高人力资本，但由于劳动者数量很少，那么也只能看成是小规模企业。正是根据这一标准，中国的四大国有银行相对于花旗银行等来说就是规模更大的企业，相应地，微软的资产尽管雄冠全球但也不能称为大规模企业。笔者有次在与王珺教授讨论时，他就提出一个问题：有些企业组织经过将不良资产剥离而集中发展核心业务，从而提高了盈利率，这种现象企业组织的规模是增大了还是缩小了？显然，按照这一观点，该企业组织的规模缩小了，因为企业规模与盈利状况并没有必然的一一对应关系，而主要是反映参与协作生产的成员数量。笔者有次与张建琦教授讨论时，他又提出来一个问题：既然企业组织是劳动协作的生产组织，那么企业规模是否应该由有效协作的劳动数量决定？其实，按照这里的观点，我们应该区分企业组织的实际规模和合理规模：企业组织的实际规模由协作系统的实际成员数量决定，而企业组织的合理规模则取决于达致最有效协作的劳动数量。显然，参与企业组织协作生产的成员并非就一定可以形成有效的合作，因而按照两者之间的差异可以判断企业规模的适宜性。实际上，由于人们参与企业组织协作生产的目的就是为了获得更高的生产力和收益，因而根据这一点也就可以对企业规模的合理性进行评价：如果参与协作的劳动者的收益增加了，就意味着企业组织是社会有效的；而如果参与协作的劳动者的收益开始下降了，就意味着企业扩张已经出现了社会无效。

正是从"企业是组织劳动者进行协作的组织"这一思路出发，笔者认为，企业本质上应该是提高劳动有效性的组织（当然，同时也是提高物化劳动有效性的组织，这涉及要素的有效比例问题）。雅罗斯拉夫·沃里克将之称为"参与经济"。一般地，"参与经济"具有这样的特征：（1）企业组织将按参与的方式由在企业组织工作的人们管理；（2）按照"同等强度和质量的劳动得到同等的报酬"的原则实行收入分享；（3）由于物化劳动也对价值的创造提供贡献，因而分享的价值应该扣除这些物化劳动的贡献；（4）为保障流动性来促进劳动的效率，就应有选择的自由。按照这个逻辑，一个有效进行协作的企业组织的目标应该是促进劳动者平均收益最大，这也就是企业组织的社会合理规模。在图 8 中，我们假设企业组织的可变投入成本为零，那么平均收益最大的 e 点就是企业组织的社会合理规模点。

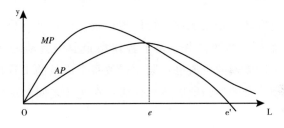

图 8　企业组织的规模界定

当然，尽管企业组织本质上是劳动协作的一种形态，但它一旦形成，就会像其他大多数社会组织一样发生异化，从而逐渐偏离了原先的本质内涵；此时，它不再是为了增进参与协作的所有劳动者的收益，而是增进某个人的特殊利益，从而也就可能导致企业最佳规模的变形，这也就是企业组织的现实规模。涂尔干认为，这是分工对它的自然发展方向的偏离，是失范的分工。涂尔干（2000：314 - 315）指出，"在中世纪，工人还通常与雇主相邻而居，在同一家店铺和同一条椅子上分担工作。他们共同组成了同一个企业，共同过着同一种生活，双方几乎是平等的……自 15 世纪以后，情况便开始发生了变化。同业公会已经不再是一个共同的避难所，它变成了雇主个人的财产，雇主本人可以决断任何事情……"。事实上，在资本强权的早期资本主义背景下，企业组织蜕变成了为物质资本所有者最大化其资本报酬而服务的工具。在这种情况下，企业主将继续扩张劳动的投入，直到其边际收益为零的 e' 点（假设可变成本为零）。正因如此，e' 点就是西方经济学理论普遍认可的企业规模。显然，这里从更一般意义上说明：企业组织的现实规模大于社会合理规模。

总之，企业规模更合理的度量基准是参与协作的人数，特别是实际参与企业组织运作的劳动者数量：（1）根据劳动者数量，我们可以更好地解释企业组织规模的适宜性；（2）劳动者数量也决定了组织的信息沟通、协调机制以及企业组织的结构等。例如，巴纳德就强调，协作系统的规模通常取决于有效领导所受的限制，他（巴纳德，1997：85）认为，"一个单位组织实际上的人数限度是少于 15 个人，在许多协作类型中的实际限度是 5 ~ 6 人。"当然，巴纳德这里所讲的是直接互动的协作系统的人数。即使如此，他也承认，在某些特殊情况下，这个限度被大大超过了。特别是，随着新的协调机制的建立，协作系统逐渐形成等级制的复合组织，参与协作的人数明显增加，并形成"惊人规模"。事实上，基于劳动者的数量角度，不仅可以更好地对企业规模进行优劣比较，而且可以更广泛地寻求优化企业规模的途径。例如，由于每个合作型企业中劳动之间的协调性不同，从而集体里所创造的价值也不同，以致每个成员的工资也就不同。因此，要提高劳动的有效性，就应该允许成员在企业之间和地区之间的自由流动。

第三节　企业规模的比较分析

基于从本质到现象的研究路线，我们可以更清楚地认识企业组织的规模：企业组织的社会合理规模与整个组织的有效性相对应，取决于企业的组织成本和协调收益；企业组织的现实规模则与特定个体的效率相对应，而效率不仅取决于协调收益，也与转移收益有关。一般地，企业组织的决策权为不同人所掌握，就会产生不同的收益转移效应，从而产生了多姿多彩的企业形态。（1）不同社会文化伦理中的收益转移效应差异会影响企业规模：一般地，社会信任度越高，企业规模就越合理；而信任度不高的那些社会中，企业规模则往往走向两个极端。（2）不同的分配制度中的收益转移效应差异也会影响企业规模：利润分享制企业的剩余索取权往往为所有员工所分享，从而其规模往往小于泰罗制企业。（3）在工人自治型企业中，由于工人主导了剩余索取权的分配，从而使得企业组织的规模相对较小。（4）中央计划体制下国有企业是极端化的经理管理型企业，经理们所追求的社会收益与企业规模联系在一起，因而这类企业组织的规模较大。特别是，通过对各种影响因素的比较分析，我们可以更清晰地认识企业发展过程中所出现的问题，从而有助于认清企业发展的合理走向，为我国企业改制服务。因此，本节就对当前世界范围内的一些企业形态进行具体比较分析，以寻求现实的检验。

一 不同社会信任度中企业规模差异

上述的分析表明，企业组织的现实规模大小主要与两个因素有关：企业扩展中的综合收益（净协调收益与净组织成本之差）和收益转移效应。企业扩展中的综合收益越大，收益转移效应越大，企业组织的现实规模也越大。一方面，在某种程度上，收益转移效应的大小反映了一个协作系统的异化程度，而它通过影响收益分配来改变企业规模；另一方面，信任状况也会影响一个协作系统内部成员之间的合作程度，它通过影响协调收益来改变企业规模。显然，无论是监督机制、协调机制还是收入转移机制，都体现了现实企业组织的异化程度，而这又都与社会制度和文化伦理有很大关系。一般地，如果一个社会对协作系统中每一个成员利益更为关怀，那么，它的企业规模往往比较合理；相反，如果过分崇尚竞争和掠夺，那么，企业规模则往往会走向两个极端。关于这一点，我们可以从两个角度加以分析。

第一，当协调收益和净组织成本之差较大时，企业组织的规模往往就较大。显然，企业组织的合作程度低往往会降低协调收益而提高组织成本，从而会抑制企业规模的扩张。同时，除了技术条件外，企业组织的协调收益和监督成本都与社会文化传统、价值伦理有关，其中，最重要的是认同感，即一个社会的信任程度。因此，一般地，在信任度不高的社会中，企业规模也往往比较难以壮大。这可从两个方面加以阐述：（1）信任度不足使得缺乏基本的认同背景而导致劳动之间的协调性不高，从而降低了协调收益；（2）信任度不足使得相互之间的机会主义盛行，从而提高了监督成本。例如，在福山（1998）所称的低信任度社会——华人社会、意大利、法国等群体中，企业组织往往是以家族企业为主，企业组织的规模也很小；相反，在被看成是高信任度社会典型的日本、德国、美国、荷兰等国家中，企业组织往往是以大型现代企业为主。事实上，美国的电话电报公司和通用汽车公司各拥有近 100 万雇员，比一些国家的工业劳动力还多；继美国之后，大公司数量最多的依次是：英国、日本、法国和加拿大。

第二，当企业扩展所带来的综合收益相似时，企业组织的最优规模主要与收益转移效应有关。显然，厂商竞争而非合作的社会中的收益转移效应往往更显著，从而刺激企业规模不断扩张。事实上，在一个过分强调"个体利益"的社会中，收益转移效应往往特别明显，因而企业主也就具有扩大企业规模的强烈冲动；相反，在一个比较重视"社会利益"的社会，企业管理者往往更加关注协调收益的增进，而不是努力扩张企业组织的规模。例如，日本企业在会社主义思想的影响下而具有典型的利润分享制特征，因而日本的企业规模往往比较小：有六成以上的员工在人数不超过十人的小企业里工作。事实上，有学者甚至宣称，所谓日本企业的精髓并非那些知名的巨型企业，而是活力旺盛的小企业。相反，美国等国在极端的个人主义支配下而具有明显转移和争夺特性，因而其企业组织的规模扩展程度就要比日本、德国等企业组织为高。事实上，最大的 100 家美国公司的 62 家是在六个及六个以上的国家进行生产，其雇员近 1/3 在海外工作。关于这一点，我们可以从表 2 中窥见一斑（福山，1998：186）。

表 2　企业规模比较（1985 年）

国家	大企业平均雇员人数（人）	
	前十大企业	前二十大企业
日本	107106	72240
美国	310554	219748
德国	177173	114542

一般来说，在一个市场机制不完善的落后社会中，社会信任不足对企业规模的抑制效应更明显；而在一个市场机制完善的发达社会中，社会信任不足对企业规模的刺激效应更明显。事实上，在一个关注"社会利益"的、低"掠夺性"的社会中，机会主义倾向也往往比较淡薄，并更有利于分包制的

施行，从而可以降低企业的规模。例如，威廉姆森（1999：43）就指出，若其他情况相同，纵向一体化在一种低信任度的文化中将比在一种高信任度的文化中更为完全彻底。显然，这种建立在相互信任、机会主义较少基础之上的分包制，不仅可以大大减少监督上的支出，而且，还可以增进团体生产的协调收益，从而企业效率也比较高。这一点，我们可以比较一下美、日汽车业的例子：20 世纪 80 年代末，日本的丰田公司年产量 450 万辆，员工 65000 人；美国的通用汽车公司年产量 800 万辆，而员工数为 750000 人（福山，1998：187）。显然，两者的产量相差不足两倍，而员工却相差十几倍。究其原因，主要在于，丰田实行的是分包式的网络关系，它有数百家独立的下游分包商，而本身却只从事设计和最终的装配工作，因而丰田生产一辆汽车的时间只相当于通用的一半；相反，通用则是一家垂直整合的公司，自己拥有多家汽车零件供应商。譬如，在 20 世纪 80 年代末，美国组装厂的零部件自给率达到 50%～60%，而日本只有 20%～30%。即使从零部件生产阶段到完成汽车生产所投入的劳动人数来看，日本人均汽车生产数量为 17 辆，而美国约为 13 辆（青木昌彦和奥野正宽，1999：148）。

显然，尽管美国大企业中零部件的自给率比日本要高，但是由于日本社会形成了一种良好的互惠协作关系，那些小型企业中有许多并非真正的独立而往往是与较大型公司联结成企业集团，成为大公司的供应商和分包商：不仅订单，连人员、技术、管理的建议都往往与大公司存在密切的联系。正是由于这些企业组织之间存在着高度的信任感，不用太担心对方对自己信息的掌握而产生要挟的行为；因此，日本企业往往采取以加工程度较高的零部件的形式向组装厂交货的，零部件企业也并不多。相反，美国的企业之间却缺乏这种应有的信任合作，而只能主要以加工程度较低的零部件和原材料的形式交货，以至零部件企业的数量反而大得多。如 1984 年，为丰田汽车公司提供零部件的企业只有 270 家，而同年美国通用汽车公司则从 12500 家企业接受零部件的供给（青木昌彦和奥野正宽，1999：149）。正因如此，尽管美国大企业零部件的外购率比较低，但是，就特定种类的零部件交易而言，美国大企业所交易的零部件企业数却比日本大得多；相反，就大企业指定零部件设计图进行生产供应的特定种类的零部件而言，日本往往集中于特定的一户企业（藤本隆宏，2000）。

总之，正是由于社会文化伦理不同，导致企业组织的形态和规模也存在较大差异。一般地，社会信任度越高，企业规模就越合理。信任度不高的那些社会中，企业规模则往往走向两个极端：要么形成巨无霸的大企业，要么停留在家庭式的作坊规模。事实上，这在现实世界中表现得非常明显：不仅当前中国如此，像被福山视为低信任度的法国也是大量的家族企业和巨大的现代企业同时存在。而且，长期以来，人们普遍误以为日本企业是以销售额最大化为目标的，因而具有较强的扩张倾向。但是，凯普兰（Kaplam）在 1992 年对日本企业和美国企业的管理人员收入及其任免的主要因素显示：美国企业更近于扩大型（胥鹏，2000）。事实上，当西方的学者们正深入探讨如费舍 - 通用之间的"敲竹杠"事件，从而扩大企业的纵向一体化发展之时，日本却正在大力拓展它的分包体系，以契约整合上下游企业之间的协作关系，以致从新产品的设计、开发到生产都是企业间协作的结果。正因为基于这种强大的共生关系，从而也派生出了高度的信任关系；所以，日本企业很少出现将零部件制造商当作缓冲器的情况，即使在不景气时期，组装厂也不会将零部件放在组装厂内自己生产而割断双方的委托与承包关系。

二 分享制与独占型的企业规模差异

魏茨曼（Weitzman，1980）提出了所有者和生产者之间建立一种利润分享机制来解决 X 低效率问题。他认为，利润分享可以提高成员的激励，降低监督成本的支出，从而导致更高的劳动生产率。但是，在西方利润分享制施行的现实结果却造成严重的"囚徒博弈"：如果每个人都更努力地工作，集体中所有成员的境况就会变得更好；但由于每个人都有偷懒的动机，当成员数量足够大时，一个人减少自己的努力，团队中任何一位成员的人均产出和报酬都不会受到很大影响。在没有有效的监督手段和机会主义盛行的情况下，其他工人一般就可能通过减少自己的努力"以牙还牙"惩罚偷懒的工人。这样，在长期的反复博弈中，最终出现一个非合作的"超博弈"，导致分享制的崩溃。例如，阿尔钦和德姆塞茨就考察了南斯拉夫的企业，认为，正是对剩余的广泛分享导致了监督人偷懒活动的增加，由此而生产的损失会超过分享剩余的雇员减少偷懒活动所实现的收益。为此，德姆塞茨（1994a）指出，"一个社会的规模越大，它所依赖的条件就越是有利于私有制。一个规模较大的社会试图在一个集中的国家控制的基础上运作的困难会越大。一旦一个社会突破了其最适度的限制，要获取其期望的协作行为的官僚化成本必然会急剧上升。……从个人向家庭、从家庭向部族、从部族向小国、从小国向大国的转变都要求在更大程度上依赖于私有制。"事实上，在西方，实行分享制的企业非常少，主要出现在小型的、专业—艺术团队生产环境中。同样，林毅夫（1994）对中国 20 世纪 50 年代农业合作社的研究也得到了相似的结果：当合作社规模较小时，效率较高，而当合作社不恰当地扩大化后就崩溃了。

正是由于分享制在西方的实践中并不成功，魏茨曼（Weitzman & Kruse，1990）在 1990 年又有了新的认识：随着利润分享规模的扩大，也会出现"搭便车"行为，反而降低了劳动生产率。那么，为什么西方人首先提出的分享制在西方社会却难以施行？或者，实行分享制的企业为什么主要是那些小企业而无法在规模上获得扩展呢？一般地，分享制获得广泛推行的基础在于，能够在更大程度上增进企业的协调收益和降低企业的监督成本。因此，要认识分享制在西方社会的困境，就要分析它的现实效果，探讨它对协调收益和监督成本的影响。显然，西方社会存在这样一些特点抑制了分享制的推行。首先，追求"个人利益"的思潮在西方社会占支配地位，此时，企业家扩大企业规模的一个动机就是为了从更多的信息优势中获得收益的转移；但在利润分享制下，收益转移效应下降的同时监督成本却在上升，因而企业家就缺少扩张企业规模的强大动力。其次，在利润分享制企业中，管理者的剩余索取权也会减少，那么，他们的机会主义倾向上升，从而使得协调劳动的投入下降，直接减少了协调带来的收益。最后，随着团队规模的扩大，具有机会主义倾向的生产者的激励效应不断下降，经营者的负协调激励日趋增强，从而使得整个团队的总收益恶化；同时，企业组织的规模越大，企业的所有权也就越分散，对管理者和生产者的监督成本也逐渐上升。正是由于上述种种原因，往往只有团队的规模较小、对生产投入实行专人管理的成本又大于团队生产所能提高的生产率的企业才应实行利润分享制度（Alchian & Demsetz，1972）。

正因为利润分享制的企业规模状况与它是否能够增进协调收益密切相关，因此，在一个更关注"社会利益"的社会，就可以在更大规模上实行分享制。同时，分享制的实行效果也与监督成本的变化有关：不同社会信任度的企业内部存在不同的监督成本，从而分享制实行的效果也存在很大差异。因此，分享制要在较大规模上实行，首先要解决成员之间的机会主义问题，而这依赖于某种具有高度认同性的社会伦理和价值观。一般认为，日本是大规模实行分享制的典型例子。例如，在日本雇员的退休金占其生涯收入的比率也比其他发达国家为高，工资收入与劳动生产率之间的短期性、直接性联系比较弱（青木昌彦和奥野正宽，1999：109）。究其原因，日本企业比较接近于协作系统的要求，更注重企业组织的长期稳定发展，更关注员工的利益，更强调企业组织的一体性。正是由于日本社会崇尚一种互惠合作的伦理关系，日本企业也带有浓厚的道德性要求，因此，日本社会中实行分享制的企业规模要比欧美国家大得多。实际上，在企业组织遇到经营困难而被迫对雇佣关系进行调整时，日本与美国的企业组织往往会采取很不同的措施：日本主要是对劳动时间而不是对雇员数量进行调整，而美国企业则会大规模地裁员。

显然，在信息日益分散以及组织形态也日趋扁平化的今天，企业组织的精益化生产日益得到重视和强调。在这种情况下，要充分调动员工的积极性，分享制无疑是一个重要的发展方向，而分享制的实行效果又与社会文化和价值伦理有关。事实上，在组织化生产的智力社会中，在伦理价值认同的基础上实行分享制，不但有助于降低监督成本，甚至可以减少监管者的数量，从而使得更多的员工从事实际的生产活动，从而优化劳动时间的配置。例如，德国也是注重团队合作的典型，因而它的白领和蓝领员工的比例远低于英国和法国：在 100 个蓝领员工中，法国搭配了 42 个白领员工，而德国只有 36 个。法国平均每个领班监督 16 名蓝领工人，而德国领班则需监督 25 名（福山，1998：256）。相反，美国则是个体资本主义的典型，以致在美国的前 500 家大公司中所设的经理阶层多达 14 个，经理秘书的比例为 2∶1，经理工人的比例为 1∶3.4（萧琛，1998：96 – 97）。而且，长期以来，美国社会所有组织中管理和行政人员的比例急速增加：1900 年，制造业中行政人员与生产人员的比例为 1∶10，到 1950 年达 2∶10，现在则已经超过了 4.5∶10（布劳和梅耶，2001：9）。

总之，与其他类型的企业相比较，利润分享制企业的规模往往比较小。究其原因，利润分享制企业的剩余索取权往往为所有员工所有，从而管理者缺乏为获得转移收益而扩展的激励。当然，利润分享制企业的规模在不同社会中也不一样，这取决于它对协调收益和监督成本的影响。一般地，在崇尚互惠合作之伦理价值的社会中，这种利润分享制可以在更大规模上展开。而且，尽管建立在收益转移效应基础上的企业规模能够在一定历史时期获得壮大，但这种规模壮大并没有收益增进的合理基础，因而无法推动企业组织持续的存在和发展。相反，尽管建立在相互协作的利润分享制下的企业规模在一定的历史条件下因机会主义的制约而无法迅速壮大，但由于它是建立在收益增进的基础上，因而随着人类协作半径的扩大、协调的圈层扩展，这种制度具有推动企业自发扩展的动力。实际上，穆勒就已经表达了这样的信念：经过一段时间，依附性劳动的组织连同其工资制度将让位于新的社会安排，比如利润分享、劳动者和资本家的合伙制以及特别的合作制等。而且，穆勒还认为，合作类型的组织有能力捍卫规模经济，并且有能力通过新的激励在规模经济中加入对生产力的促进，这种新激励来自协作的协调精神的影响。

三 工人自治型企业的规模往往偏小

由于现实企业的规模往往取决于决策者的利益导向，显然，随着工人对企业组织决策参与度的提高，工人的利益取向对企业的规模就会产生越来越大的影响。一般地，工人自治型企业组织的规模往往是偏小的，这有两方面的原因：（1）工人追求的是工资数量，从而会最大限度地将企业剩余用于分配而不是积累；（2）工人自治型企业往往忽视资本的贡献，从而会滥用资本或妨碍资本的投入。关于工人自治型企业的一个重要实践就是作为社会主义国家的南斯拉夫，因而这里也主要就此作一案例分析。南斯拉夫企业的基本特征是：（1）除了农业部门和雇员少于5名的企业外，企业组织都为生产者合作社，并实行工人自治的经营体制，由工人管理；（2）企业财产的最高管理机构是工人委员会，它类似于企业董事会，由工人采取无记名投票方式选举产生，在一些相当大的企业中，工人委员会选举一些较小的管理委员会来处理日常的经营活动；（3）企业经理由工人委员会选派，其职责是监督日常经营活动，特别是被授权管理生产，协调各个生产单位的工作，向工人委员会提交财务报表等。在这种制度下，自治企业工人的工资有两个含义：（1）最低年工资，如果企业的净收益无法支付固定工资，那么就需要动用企业的储备基金或者国家补助；（2）年工资以外的依企业经营成果而定的工资，显然，即使完成同样的任务，属于不同企业的两个工人的工资往往也是不一样的。一般而言，这种工人自治理论的出发点是，实行工人管理的企业有两个目标：（1）使企业的按工人平均的净收益最大；（2）由于存在相当高的失业率，企业的另一个目标是企业本身的发展。但是，这两个目标显然存在着很大的冲突，因为追求平均收益最大的结果往往限制了企业规模的扩张。

按照前面的分析，一个有效进行协作的企业组织的目标应该是促进劳动者平均收益最大，这也就是企业组织的社会合理规模。工人自治企业的目标一般可以假定为：在一定市场与技术条件的约束下使每一位工人的收入达到最大值。当然，在这种的企业中也需要物质资本的参与，不过，这里的物质资本被视为企业的外在要素，是为了工人利益服务而从市场雇用的，因而这里的单位物质资本获取的收益是固定的。根据这一思路，我们就可以建立自治型企业的目标函数，用数学表示为：$U(AP) = \dfrac{Y}{L} = \dfrac{PQ - T}{L}$；其中，$Y/L$ = 人均净收益，P = 产品价格，Q = 生产量，T = 物质资本创造的价值，L = 投入劳动量。显然，当企业雇员的劳动数量正好使最后新增的劳动的边际生产量的价值等于雇员平均人均净收益时，劳动的平均净收益达到最大。即有：$P \cdot MP_L = \dfrac{PQ - T}{L}$，$MP_L$ = 劳动的边际生产量（格雷戈里和斯图尔特，1988：150 - 152）。

当然，由于企业协作还涉及物化劳动的有效性问题，因而在资本量可以自由雇用的情况下，就必须选择适当的资本量 K。一般地，由于物质资本是同质的，因而在一个充分有效的协作组织中，它提供的价值贡献也是可以确定的（相对于异质化的活劳动而言）。为此，我们可以假设，单位物质资本对价值的贡献是 r，那么，企业合理的最佳规模就可表述为：$P \cdot MP_L = \dfrac{PQ - rK}{L}$。在图 9 中，就表现为社会合理的企业规模为 e 点。

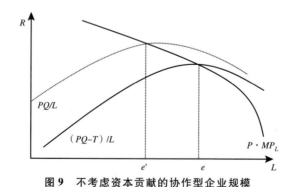

图 9　不考虑资本贡献的协作型企业规模

然而，尽管社会主义初期的个人自治型企业强调劳动者的作用，从而更加接近企业组织作为协作系统这一本质；但由于它没有认识到物化劳动的贡献以及其相应的报酬，从而造成企业资产的盲目扩大而导致物质资本使用效率的下降。实际上，在这种情况下，社会主义初期企业的实际规模就由 $P \cdot MP_L = \dfrac{PQ}{L}$ 决定，体现在图 9 中就是 e' 点。显然，这个企业实际规模小于社会合理规模。也就是说，它并没有充分利用物质资本的作用而造成了物质资本的浪费和劳动的闲置，这也许就是社会主义国家中农村人口往往较为庞大的一个重要因素。

而且，即使考虑到政府为其提供的物质资本征收一定的固定"资本租"，但在早期社会主义轻视货币的利息收入（认为这是剥削）而普遍采取低利率的情况下，每个企业也会尽量多利用物质资本，少雇用劳动力，从而限制了企业的规模。假设，国家征收物质资本租金率为 r，那么：

企业的目标函数为：$U(AP) = \dfrac{Y}{L} = \dfrac{PQ(L,K) - rK}{L}$

那么，企业达到最佳规模时有：$P \cdot MP_K = r$，$P \cdot MP_L = \dfrac{PQ - rK}{L}$

显然，一方面，由于国家采取低利率政策，意味着 r 小于其边际贡献，因此，MP_K 必然下降，即企业组织过多使用物质资本；另一方面，r 偏小，意味着 MP_L 上升，即企业组织使用的劳动力不足。

泰森等的研究就指出，在南斯拉夫存在着大量不适当的资本配置，其中最突出的就是把积累集中到已经属于资本密集型的部门；其中的主要原因是，企业组织不愿意把利润用于再投资或者不愿意把资金投向其他企业和地区，而资本密集型项目对提高长期留在本企业内工作的工人的收入有利。实际上，不仅是南斯拉夫，中国也曾存在这种情况。樊纲和张曙光等（1995：120）提出的收入幻觉消费理论就指出，在中国传统的公有制下，资本投入所带来的边际收益往往被忽视，而把资本提供的新增生产力错误地当成劳动生产力的提高；这样，体现在积累和消费的分配关系上，就表现为积累资金少而消费资金偏多；工人也往往把因政府资金投入带来效益的提高看成是自己劳动的成果，这样就会造成一种高效益的错觉。显然，正是由于剩余索取权集中在工人，那么它所设定的分配体制就会造成工人收入超过他实际应得的东西，最终的结果就是，传统社会主义国家的国有企业往往难以靠自身壮大规模。

而且，即使充分考虑到物质资本对价值的贡献，相对于为企业主服务的"转移型"企业而言，这种"协作型"企业组织的规模一般也是比较小的。在图 10 中，VMP_L = 边际产出价值，AP（$=PQ/L$）为劳动者的平均收入，AC（$=R/L$）为分摊劳动者身上的平均成本（人均资本租）；其中，W 是工人的工资，R 是"资本租金"总额。显然，在"利润转移型"企业组织中，企业最佳规模是：$VMP_L = W$，即图 10 中的 e 点；而对"协作型"企业组织来说，企业最佳规模是人均净收益最大：max $\{AP - AC\}$，即图 10 中的 e' 点。因此，"协作型"企业组织的规模往往难以扩大，否则，协调增进带来的收益还抵不上因成员的机会主义所造成的损失，或者抵不上为此所花费的监督成本。特别是，在传统社会主义国家中，由于资本本身是稀缺的而难以从市场上获得，这也意味着企业组织的物质资本量是固定的。在这种情况下，如果企业组织对工人的雇用是由在职工人雇用的，他们的目标就转变为：在特定条件下使参与联合工人的每单位资本收益达到最大，这也将限制企业组织的规模。

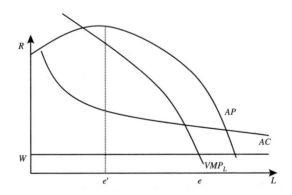

图 10　考虑资本贡献的协作型企业规模

　　总之，在工人自治型企业中，由于工人主导了剩余索取权的分配，从而更为注重工资份额，甚至转移了一部分资本所创造的价值，最终使得企业组织的规模相对较小。显然，这种状况在南斯拉夫企业中表现得非常明显，当然，除此之外，也存在一些其他机制限制了这类企业组织的规模扩张。（1）工人有权决定他们的劳动剩余部分中作为工资和投资的比例，因而注重眼前利益的工人往往就会要求提高消费的比率。（2）企业收益权分享机制也限制了企业组织的发展，因为即使"收入被重新投资，会增加未来的剩余和工资水平；但是，一旦个人跳槽到另一个工厂，将失去原先它节省当前消费而帮助创造的未来产出的所有权。工人们不能出售未来产出的拥有权以获取现金和投资于另一企业，哪怕认为投资另一企业可以在将来带来更多的回报。一些学者指责这种产权体系，认为在该体系下，如果拥有权不能出售，会导致更低的投资水平和更少的产量"（斯密德，1999：216；也可参见菲吕博顿和平乔维奇，1994）。(3) 僵硬的劳动力市场也限制了企业组织的扩张和企业效率的提高，这是由于那些高收益的企业职位往往只能是预先留给亲戚或朋友，地区的隔阂也限制了劳动力的流动。正因如此，盛行工人自治的南斯拉夫基本上属于劳动过剩的经济，企业规模一般也比较小。

四　经理管理型企业规模往往偏大

上面分析了以南斯拉夫为代表的工人自治型企业的规模，解释了这类企业组织的规模为何往往偏小的原因；但与此同时，我们也可以发现，南斯拉夫以外的另一些实行中央计划经济体制的国家中企业规模往往是巨大的。实际上，在社会主义制度初期许多国家的领导人都把工业现代化和大规模生产画为等号，以致这些国家的国有企业又具有"小而全""大而全"的特征。那么，同样是社会主义国家，这些企业组织的规模为什么会出现如此显著差异呢？显然，除了特殊时代的工业效率需要（当时还处于外部规模经济时代）和领导人的认知外，根本上在于两类社会主义国家的企业决策和治理机制是不同的：南斯拉夫的企业是工人自治型，而其他国家则主要是经理管理型。一般地，工人自治型企业和经理管理型企业所基于的效率原则是不同的：前者是平均工资最大化，后者是"管理租金"最大化。正是由于两者的追求目标和分配机制存在很大的不同，从而对企业规模产生了不同的导向。显然，传统上实行中央计划的社会主义国家中，企业组织的考虑和目标及分配机制与经理管理型资本主义企业都存在很大的相似性，从而都会导致企业规模偏大。这可以从如下两个方面加以阐述。

一方面，企业规模过大在于企业成员没有更好利用资源的激励，不仅经理人员如此，而且一般工人也是如此。在中央计划经济中，每个具体执行生产任务的工厂只相当于整个社会工厂的一个生产车间，它们没有收益分配的权力（或者至少受到限制）；而且，由于基本保障工资占了主要比重，因而工人的实际收益与本工厂的实际效益关系不大。特别是，由于缺乏有效的约束机制，机会主义的思想使得企业经理不会花很大的成本去关心项目的投资；相反，为了扩大自己的权力租，他更关心投资的规模问题。所谓权力租，就是指因拥有权力所带来的种种好处，如可以对更多的人发号施令，可以对更多人的工作拥有权力，拥有可以被提升的更多的机会，甚至可以被授予更高的行政级别和社会地位，在经济改制过程中则可以转移或贪污更多的国有资产等等。一般地，拥有的投资规模越大，所能获得的权力租也越大。在传统中央计划经济体制下，权力租是经理人员的根本性激励。

另一方面，企业规模的过大也在于经理人员的目标函数发生了变化，包括追求租金以及其他转移收入。在中央计划体制下，企业组织的委托—代理关系体现在上级和下级企业经理（具有行政隶属关系）之间，而不是南斯拉夫企业中的工人代表和经理之间；下级经理对上级主管负责，并完成上级交代的任务：中央计划决策者向企业管理者下达一系列计划指标，并根据这些指标的完成情况给予奖励。一般地，由于目标监督的困难以及目标之间的冲突，计划者往往把总产值作为最重要的指标：不但经理们的奖金取决于完成总产值指标的情况，其他诸如额外津贴和工作任期等也取决于此。在这种情况下，经理就把总产值而不是利润作为企业发展的目标，这种状况导致了企业规模的扩张。

分析如下：在图 11 中，我们作两个层次的分析。第一，我们假设企业组织的成本为零。显然，如果按照利益相关者理论，企业组织的最佳规模要求 $\max\{AP\}$，即 e_0^* 点处。但是，在中央计划以总产值为目标的条件下，却要求 $\max\{TP\}$，即 e_0' 点处。第二，我们假设企业组织的成本不为零，边际成本和平均成本如图 11。显然，如果按照利益相关者理论，企业组织的最佳规模要求 $\max\{AP-AC\}$，即 e_2^* 点处。但是，在中央计划以总产值为目标的条件下，却要求 $\max\{TP\}$，即仍是 e_0' 点处。而且，即使按照西方经济学为最大化企业主利润的企业边界，也要求 $\max\{TP-TC\}$，即 $MP=MC$，此时为 e_2' 点处。显然，中央计划体制下经理管理型企业的规模不仅大于企业组织的社会合理规模，也大于最大化企业主利润的企业规模。究其原因，中央计划体制下的利润不是归企业经理所有，因而经理的收益就主要从企业规模的扩张中获得。

实际上，在社会主义企业中，企业组织的行政级别和厂长、经理的各种待遇是与企业规模相联系的；这种联系决定了国有企业的经理不仅是为了追求剩余利润，更主要的可能是追求相应的规模（王珺，1996）。张维迎（2000）将企业组织的收益分为两种：货币收益和控制权收益。其中，前者是利润，与经理的经营能力和努力程度正相关；而后者包括指挥下属

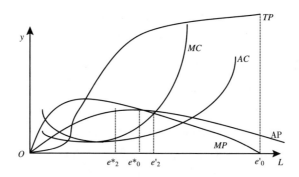

图 11 追求总产值的企业规模

带来的心理满足感，当经理的社会地位，在职消费，将企业资源转移到能给个人带来其他好处的地方等所有难以用货币度量的个人收益。尽管企业组织的货币收益是显示经理有能力的一个有效信号，但在国有企业中，经理们只能享受控制权收益，却没有合法的货币收益，因而争夺控制权成为他们追求的主要目标。格雷戈里和斯图尔特（1988：265）认为，在中央计划体制下，企业组织中充满了非正式的、经常性的机能失调的管理行为。正因如此，后来一些学者强调，私有化是解决政府官员利用国有企业的膨胀来追求自身利益的有效手段。

总之，中央计划体制下企业实际上是极端化的经理管理型企业，经理们不能合理地追求货币收益，于是就转而追求社会收益，如控制权、租金、声誉以及行政级别。显然，由于这些社会收益主要不是与企业利润或工人工资联系在一起，而是与企业规模联系在一起，因而企业经理就有片面扩大企业规模的动机。正因如此，在传统中央计划经济国家中，企业组织的数量往往较少但规模却相对较大。当然，需要指出，传统社会主义经济体制中，由于社会（企业间）分工的不发达，从而造成市场交易效率低下，这也是大规模企业组织能够存在原因；但随着市场交易的发展，社会分工的深化，那么原来庞大规模的企业形态就越来越不适合了，这也是为什么企业改革后出现的企业规模普遍变小的原因。

第四节 网络化企业的规模问题

现代主流经济学对企业边界的分析往往基于企业和市场二分的基本范

式，这种分析忽视了企业组织内部分工和社会分工之间的互补性，从而难以深入认识介于企业和市场之间的中间形态，也无法正确预测企业组织的规模变化趋势。正是由于这种分析往往把企业和市场视为相互替代的两种相对立的资源配置机制，从而往往忽视企业之间的合作特性，理查德森（G. B. Richardson，1972）就指出，这种分析思路很可能会扭曲经济体系的真实运行。事实上，从大社会系统的角度看，现实世界中的企业和市场常常是难以截然分开的，反而往往呈现出一种半结合的、网络式的形态。而且，20 世纪 80 年代以来，社会经济的网络化趋势日益明显，这种网络化超越了传统的关于市场与企业两分法而呈现出一种复杂的社会经济组织形态。从某种意义上讲，社会化本身就是社会互动网络化的结果，社会网络是一些由特定社会关系联系起来的个人或组织的联结点，网络构成了人类行动和人类社会的基本属性。特别是，随着社会从资力社会向智力社会的转变，知识要素的重要性日益凸显，从而将加速企业形态的网络化发展，网络化这也是目前学术界提出的后福特体制下的市场组织形式。显然，网络化使得企业组织的资源配置方式发生了重大变化，并对企业组织的合理规模产生了深远影响。因此，本节进一步探讨网络化企业组织的规模发展的问题。

一 企业组织网络化的基本趋势

在现实世界中，企业组织之间本身充满了各式各样的联系，并且，随着信息交流体制的转换，企业组织之间合作日益重要。正因如此，现代企业越来越呈现出网络化的状态：等级制和市场也日益让位于跨国公司、虚拟组织以及网络组织等；即使是跨国公司，也逐渐改变了传统的等级制结构，重新诉诸网络，将之作为在自己领域之外分散生产的高效手段，这体现为紧密的分包体系。事实上，到 1990 年，美国的数码设备公司和惠普公司都具有相似的发展起点：两者的资产都是 130 亿美元，分别是东西部最大最老的企业，都是纵向联合、能够独立生产专用电脑的制造商；但是，由于在面对同样的竞争和挑战时两者采取的战略不同，导致这两个公司在1990 年后走上了截然不同的发展道路。其中，惠普公司维持全球性经营的同时逐渐在当地实行开放，建立了当地联盟和网络，从而能够根据变化的环境不断进行调整；相反，数码设备公司尽管也采取了正式的分权措施，但在组织结构和企业构想上却要保守得多，它与当地其他公司或机构保持着明显的界限，从而导致企业组织运作效率日益低下、市场占有率不断下降（萨克森宁，1999：150－159）。

一般地，现代企业越来越凸显出这样几个特征：（1）结构平展化。这种结构尽可能地下放或分裂成各类更小的单元，从而能根据时势快速地移动并能迅速进行调整，从而变得更为高效和更有适应性；人员越少，组织结构越是平展，对变化就会更为适应。（2）组织网络化。为了战略性地活用信息，企业满足网络型分工需要而形成网络组织，其网络结点间的联系经常变动，网络组织的界限具有伸缩性和变动性，不能够截然划定。（3）网络流动化。由于通信技术的进步和网络效率的提高，企业的网络化组织越来越不稳定，而是一种灵活性很强的网络，这种临时化企业组织的工作由组成它的个人来协调，几乎没有或根本没有中央集权的指挥和控制；中间商、风险资本家和总承包商都扮演重要角色，他们发起项目、配置资源和协调工作。显然，种种迹象表明，企业的纵向层级正在减少，或者消失。事实上，连威廉姆森这样正统的新制度主义者也越来越相信，介于市场和公司之间的中间形态更为常见。凯森则指出，诸如特许经销、分包、合资企业和卡特尔等比正式的跨国公司更普遍（迪屈奇，1999：187）。

那么，为什么企业组织会越来越呈现出网络化的形态呢？网络化企业组织的规模边界又如何确定呢？迪屈奇结合企业的成本和收益两方面对这种网络化的半结合公司进行了卓有成效的分析，我们这里借鉴他的分析思路和工具。在图 12 中，B 表示收益，它是一个凹形曲线，表示边际收益递减，即 $B' < 0$；m（market）、f（firm）分别代表市场和企业的状况；C 表示成本，它是一个凸形曲线，表示边际成本递增，即 $C' > 0$。显然，从图 12 我们可以看到，在这种产品的生产和交易中，如果完全采取市场化的方式，那么由于交易成本高于产出收益，那么该产品就无法生产和交易。同样，如果通过企业完全内在化，产出收益仍然无法弥补企业监督组织成本，因此依旧无法生产。因此，社会中就通过某种安排，将市场进行一定的组织和规划，增进生产上的协调，从而获得企业内生产的协调收益，这样，Bm 就会上升到 Bf，而企业的交易仍然按照市场化进行，从而在一定程度上避免了监督成本。最后，这种生产—交易组织获得了 Bf 的收益，而只花费 Cm 的成本，从而实现了产品的供给。实际上，跨国公司的母公司和子公司往往就是采取一体化的生产组织，而又以市场方式进行交易。

而且，即使在市场机制和正式企业机制下都能进行生产和交易，采取

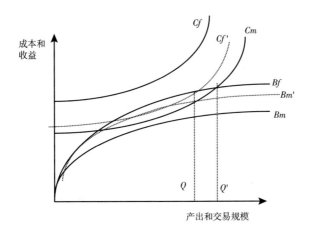

图12 网络化企业组织的规模决定

半结合的形态也常常是更佳的选择。如图12中，企业组织的监督成本从 Cf 下降到 Cf'，在企业范围内进行组织生产有利可图，但企业组织也可能采取半结合的网络化形态，从而充分利用市场交易的效率；显然，在这种情况下，生产和交易的规模可以从 Q 扩大到 Q'，从而带来更大的总收益。同样，即使市场生产的收益从 Bm 上升到 Bm'，也不会完全采取市场化生产和交易方式；相反，对市场和组织进行一定的组合，可以带来更高的收益。实际上，早期的契约式分包制生产，以后发展的马歇尔工业区以及当前正日益受到关注的企业集群等都是这种网络化现象的表现。

总之，尽管现代经济学往往基于企业—市场二分化的分析视角，但现实生活中两者却是不能截然分开的。特别是，随着网络化时代的来临，企业和市场之间的互补性将更为强烈。事实上，如果说在传统工业社会，基于劳动分工而形成了企业的职能分化以及等级制的劳动组织结构，它与基于流水线作业上的泰罗积累体制和福特主义积累体制相适应；那么，在现代服务社会中，基于知识分工而形成的组织结构则越来越扁平化、越来越松散化，这是向早先分包式契约组织的回归。所以，科马里（2000：33）就强调，专业化不应该如斯隆在他的装配线工厂里鼓吹和实践的那样达到顶点，现代社会关注的焦点在于需要和依赖有专业人员在小组（多功能小组）中协同工作的组织；因此，传统的垂直等级制的组织将让位于一种变化组织形式的形式——一个由杰出的专业人员构成的网络，垂直的劳动分工也开始被水平的劳动分工所取代。

二 产业集群中的企业规模特征

企业网络化的一个典型形式就是企业集群，企业群集也是企业网络化发展的一个重要结果。此时，大量经营同一行业的既独立自主又相互关联的企业、专业化供应商、服务供应商、相关产业的厂商以及相关的机构（如大学、制定标准化的机构、产业协会等）在特定地理空间上通过有效的分工协作而聚集在一起。同时，集群内企业相互之间存在千丝万缕的联系，因而企业集群又反过来促进企业网络化的发展。威廉姆森认为，它是一种介于纯市场组织与纯层级组织之间的"中间体组织"，它作为一种资源配置或布局的空间形式，不仅能为企业带来设施同享的外部规模经济，而且有利于专业化协作的开展，信息的交流与传播，降低交易费用等。

较早关注集群的是马歇尔，他以"劳动市场共享、专业性附属行业的创造和技术外溢（Technology spillover）"的外部经济来解释了企业组织在同一区位集中的现象。斯蒂格勒基本上继承了马歇尔的外部经济视角，并把运输成本当成是企业集聚的根本因素。斯蒂格勒（1996：33）认为，"运输成本的下降是提高市场容量的一条主要途径，区域化是提高产业经济规模、获得专业化利益的一种方式"；"在一个市场区域里，地理分散是一种'奢侈品'，只有那些大产业才能提供（所有甚至小的生产中心也能得到专业化之利益），一旦产业的规模开始收缩，地理分散必为地理集中所代替"。而最早提出聚集经济概念的阿尔弗雷德·韦伯（1997）则从工业区位理论（集聚效应）的角度阐述了企业集群式成长的商业模式，他认为，企业集群式发展之所以成功，主要取决于以下4个因素：（1）集群强化了技术设备专业化的整体功能；（2）集群强化了劳动力市场的优化配置和使用效率；（3）集群大大地提高了批量购买和出售的规模，得到更为低廉的信用，甚至消灭"中间人"，从而降低了交易费用；（4）集群发展可以做到基础设施共享，减少经常性开支成本。

但显然，上述种种分析与当今的集群现实之间存在明显的不相符。究其原因，它们对集群效率的关注主要是集中在成本的节约方面，从而无法对产业集群正效应做出充分的解释，同时，也没有解释为什么集群在促进产业快速发展的同时可能会面临的潜在隐患，以及集群是如何克服这种隐患而保持持续发展的。其实，根据前面所提出的基本理论，企业发展根本上在于来源于劳动间协调增进带来的收益增长，其实企业集群最大的优势也正在于集群内企业之间存在的深厚的隐性协调。关于这一点，杨格作了先驱性的分析，他认为，递增报酬来源于分工的深化，而由于分工使得复杂的程序拆分为一组连续的简单过程，因而分工的深化则主要意味着社会化生产迂回度的延长，从而导致中间产品或制造特殊产业的行业多样化。显然，这种新兴产业和中间产品更容易在具有传统工业基础的地方出现，这就产生了相关企业组织的集群现象。也正因如此，波特提出了集群的概念。当然，一般来说，企业集群首先并主要诞生于那些具有丰富社会资本与文化资本的地区，因为那里存在共同的文化传统、行为规则和价值观，这使得集群内部的经济关系具有很强的社会嵌入性（Social Embeddedness），从而促使集群内部形成一种相互信赖关系，大大减少了交易费用。同时，企业之间便于相互协调与沟通，企业的外部分工也容易展开，从而便于形成一种网络组织。关于这方面，"企业组织的绩效表现"部分将作进一步的分析。

实际上，在现代社会中，任何一种产业都不可能孤立存在，它必然与相关联的上游和下游产业有密切的联系，所以，在每个集群内都有相关联的上下游产业存在。而且，集群中存在相关的零部件、机器和服务等专业化投入的供应商和专业化基础设施的提供者，存在较为成熟的销售渠道、技术支持以及客户，存在提供专业化培训、教育、信息研究和技术支持的政府以及大学等其他机构。相反，如果凭空产生一个产业，其产品的价格必然高得惊人，因为它们不但必须自己制造新种类或新品质所需要的原材料，而且还必须自己解决产品生产和使用过程的任何技术问题，甚至它们所需要的工人等也必须自己培训。正因如此，新兴产业往往是在集群中率先出现，是原先集群产业的分化；同时，新兴产业的出现又进一步壮大了集群，从而又有助于产品的进一步创新，有助于分工的深化以及新行业的出现。而且，任何具有生命力的集群内都存在各种各样的差异化产品。譬如，被誉为"中国低压电器之都"的温州柳市就形成了起动器、熔断器、电阻器、断路器、调压器、互感器、配电箱等众多生产配件厂商。一般来说，集群内产品差异化包括两个方面：水平方向和垂直方向。其中，水平方向的产品差异化指品种、规格、款式、造型、色彩、所用原材料、等级、品牌等方面的不同，而垂直方向的差异化是指同种产品内在质量的不同。

正因为在企业集群内存在广泛的分工，因而集群内的企业组织一般规模比较小；并且，集群化程度越高，企业组织的规模也就越小。所以，斯蒂格勒（1996：33）指出，"产业的区域化程度越高（产业的规模在某种意义上不变），则单个工厂的专业化程度越高。在美国地理集中的产业中，工厂规模通常相当小。"例如，1937 年美国位于工业区的制鞋厂之厂规模（平均雇员为 137 人）就比其他地区（为 314 人）要小很多，而英国高度区域化产业中也以中等规模工厂为主（斯蒂格勒，1996：34）。同样，温州制鞋企业达 4500 家，柳市低压电器生产企业、海宁的皮衣皮件生产企业2000 余家。众所周知，日本中小企业的特色在于分包，为大企业提供服务；美国中小企业的特色是高新技术含量高，形成相互竞争和创新的格局；而被称为第三意大利现象的意大利中小企业的主要是地域同业中小企业集群，形成了中小企业的有序分布。因此，集群中企业的规模状况也可以从不同类型国家的进行比较得出，在表 3 中我们可以发现：意大利的平均工业企业从业人数仅强于日本的四分之一，不到德国的二分之一，不到美国的三分之一，平均每个企业组织所创造的产值也是位居工业化国家之末。

表 3　1994 年主要工业国家的企业规模

国别	企业数（万家）	企均规模（人/家）	企均产值（万美元/家）	中小企业从业人员比重
意大利	325.2	4.3	46.5	79.9
英　国	352.9	5.58	121.2	59.8
芬　兰	17.6	5.8	514.2	56.7
比利时	57.9	6.29	70.1	72.5
丹　麦	24.4	6.35	85.6	70.1
法　国	207.5	7.30	98.5	65.8
瑞　典	23.9	8.58	141.8	60.9
德　国	328.2	9.10	111.6	57.0
荷　兰	55.1	9.26	113.6	60.7
美　国	661.3	15.17	—	—
日　本	82.65	16.19	—	74.0

资料来源：A Statistical Eye on Europe 1986 – 1996，Office for Official Publications of European Communisties，1997。

当然，正如前面指出的，尽管集群内企业之间存在很强的水平分工，同样也存在较强的垂直分工，这优点类似于日本企业的下包制。实际上，正是由于存在广泛的垂直分工，因而日本也形成了一些巨型的大企业。一般认为，企业集群中往往可以分成两类起不同角色的群体：最终企业群和中间企业群。最终企业群是指向集群地以外的市场提供产品的经营者，而中间企业群是指向最终企业群提供中间制品和服务，并不直接向集群地以外的市场直接提供产品的经营者。一般地，最终企业群体通过产品加工工艺把中间企业组织起来，因此被称为集群地的生产组织者和企业之间的协调者；并且，它们往往穿梭在中间企业和市场之间，成为企业与市场的协调者。例如，温州柳市低压电器业就存在一个垂直型的分工体系，其中像正泰、德力西等核心企业集团成为产品的总装车间，并成为对外的窗口，而其他众多的生产配件厂商则为之供应原材料和零配件。

总之，企业集群使得企业之间的联系更为紧密，从而使得企业之间的社会分工得到加强。在这种情况下，界限模糊的社会网络成为企业的典型形态，企业数量多且规模往往较小。当然，最初的小企业往往也会壮大，如硅谷中的仙童、英特尔以及 AMD 等都从原来的小企业发展成为世界级的大公司，并采取了大规模的生产方式；但是，在规模壮大的过程中关键是要与其他企业之间保持持久而稳定的互惠联系，这就是组织网络化的要求。不幸的是，硅谷中很多公司在规模壮大过程中却逐渐放弃了曾经是企业早期活力源泉的当地文化和关系，疏远了顾客，甚至与供应商对抗，结果当规模经济发展到极限后这些公司的效率就开始不断下降了；正是在这种情况下，日本制造商抓住时机迅速打进了半导体市场。究其原因，日本公司始终保持与供应商和客户之间的密切联系，即维系了较强的企业之间的分工。事实上，正因为过分重视企业规模的壮大以及由此带来的转移收入，结果硅谷已经开始把民用存储器行业让给了效率更高的日本制造商，这也是在 20 世纪 80 年代末 128 号公路将它作为计算机革新根据地的地位拱手让给西海岸的硅谷的翻版（萨克森宁，1999：116）。

三 企业规模演化的一般趋势

上面的分析指出，网络化是企业发展的基本趋势，企业网络化的结果导致了企业集群的出现；而在企业集群中，企业规模往往是比较小的，因而未来企业规模具有缩小的趋势。事实上，根据现代管理学，一定的制度结构须与一定的信息结构相适应，只有信息结构与制度结构恰当配套，才能获得收益；而二者之间的互不配套，则是无效率的根源。一般地，决策—信息机制有两种类型：层级制决策—信息机制、分散型决策—信息机制，即计划决策机制和市场决策机制两种。其中，层级制决策—信息机制是与内部分工体系相联系，每个较低层级的决策者的决策权总是其上级的决策的分解，而不是独立于后者的，其特点是分散收集、纵向传输、分层集中整理；而分散型决策—信息机制是与外部分工体系相联系，其特点是分散收集、横向传输、分散整理。显然，信息的发展产生了对决策机制的新要求，从而也产生了组织结构革新的压力，最终都导致了企业组织的规模具有缩小化的趋势。关于这一趋势，我们可以从表4得到反映。

表4　英国制造业规模的变化趋势（拉什，2001：139）

年份	企业数目（家）	
	雇员超过 1000 人	雇员少于 100 人
1958	1128	78676
1968	1198	77793
1970	1233	75041
1975	1087	92795
1978	149	97223
1981	776	99303

企业组织的现实规模之所以有不断缩小的趋势，我们还可以从如下几方面加以阐述。

首先，在正在来临的智力社会，知识将成为一切有形资源的"最终替代"，因为知识生产要素本质上是分散的，因而知识的极端重要性必然会改变了原来基于资本生产要素之上的工业组织、公司结构等。事实上，作为工业社会中关键生产要素的物质资本是可以不断集中和集聚的，在此基础上形成了团簇或晶体式的组织结构；但是，服务社会中日益重要的知识生产要素则具有分散和互补的特点，从而改变了组织得以构成的粒子。正因如此，在智力社会中，原来原子团式的经济结构日益解构成了分子式结构乃至原子式结构，它可以根据不同的需要进行重组，经济活动的单元趋向微观化。事实上，尽管在当前的全球化浪潮中，大公司所控制的现金流量不断增大，但是它们对实际工商活动的直接控制力越来越小。这意味着，企业组织的空壳化倾向正在加剧。而且，许多大工业公司已经开始把自己分解成若干独立的单位，这些单位相互交易的方式几乎就像它们是分开的公司一样。例如，在 20 世纪 80 年代到 90 年代初的 10 年间，《财富》

500 家大公司雇用的员工人数已经减少了 30% ～ 40%（德鲁克，2000：266）。同样，未来学家托夫勒（1996：35）也早就预言，拥有 37 万雇员的 IBM 公司将不得不解雇大批工人，并把公司分为 13 个不同的较小的公司单元。

其次，信息革命所促发的愈来愈激烈的现代竞争也迫使大公司加速解体，因为多层级的大企业越来越难以应付市场多变性的挑战。事实上，内部分工正逐渐被外部分工所取代，尽可能多的决策权正从高层推向边缘，因为低层内的人们常常拥有更好、更即时的信息，因而能更快地对危机和机会做出反应。一个明显的事实是，绝大多数公司已经将其管理层级减少了 50%，即使偏爱等级制的日本企业也不例外，丰田公司的管理层级已经从 21 个下降到 11 个；而美国通用公司经过合理化改造，将管理层级由 28 个减少到 19 个，并且还在快速减少之中（德鲁克，2000：271）。而且，大公司纵向一体化的程度远不如从前，而是越来越多地依靠外部供应商生产零件和提供服务。为此，德鲁克（1993：168、170）就分析道："20 年后（德鲁克的写作时间是 1989 年——作者注），典型的大型组织减少半数以上的管理层次和三分之二以上的'管理人员'。这种组织的结构、管理上的问题和重点将与 1950 年的典型的制造业公司几乎没有相同之处，尽管现在的教科书仍把 1950 年的公司当作标准化的模式。相反，未来的大型组织可能更像今天的业务经理和经营管理专业学生忽视的机构，如医院、大学、交响乐团"；事实上，未来"大型的以信息为基础的大公司的组织因其平面式的结构而更像 150 年前的企业，而不太像今天的大公司和大的政府机构"。

最后，面临市场不确定性加剧和需求不断变化的挑战，越来越多的创新已经不是发生在已有的、技术力量和资金雄厚的大企业，而是产生在那些看上去既无技术力量又无资金的小企业。实际上，由于小企业本身难以获得规模经济，因而难以采取波特所讲的总成本领先的竞争战略；为此，这些小企业更倾向于标新立异的竞争战略，这种竞争战略的本质就是创新（波特，1997a：25）。例如，在个人电脑市场，新概念更多是来自苹果、太阳电脑以及其他新创立的公司，而不是 IBM；个人电脑操作系统最初是 IBM 向微软购买的。这样，一方面，大公司也被迫在商战中模仿小公司的体制以求创新。例如，宝洁公司也会模仿金佰利（Kimberly Clark）发明的可再贴尿布粘合带，以再度夺回市场的统治地位。另一方面，一些小公司也迅速崛起，从而摊平了产生集中的程度。例如，个人电脑苹果就是两个年轻人发明的。这些都促进了整体企业规模的缩小。为此，威廉姆森（1999：20 – 21）就总结说："作为一般规律，一种行业的四个最大企业的研究开发费用比例和生产力上来说均比不上紧随其后、小一些的对手们。"曼斯菲尔德（Mansfield）发现，在汽油和煤油行业中，创新对企业规模的比例在第六大企业中达到最大，而钢铁业中这一排位还要低许多。

　　总之，随着生产要素的转化和信息机制的变革，日益网络化的企业规模具有日益缩小的趋势。阿尔弗雷德·韦伯（2002）就指出，"知识革命将是民主的革命，是以权力分配及授权一线的知识工作者资助决策的经理人为特征的运动。"正是与此相适应，新的协调技术正在使我们能够回到工业时代前自顾自地小企业的组织模式。究其原因，企业组织的产生及演变与家庭组织的产生及演变一样，都是建立在分工深化的基础上，是为了增进生产协作中的协调水平；因此，它们将随着分工的需要而产生和扩张，又随着分工的深化而萎缩。显然，家庭组织的发展史已经表明了这一点，因为家庭的分工主要建立在以土地为主要生产要素的农业生产和家庭手工业基础上，随着社会主要生产要素从土地转到资本，家庭分工开始萎缩，家庭也逐步解体。相应地，企业的发展也必然会遵循这一趋势，这也是生产组织发展所遵循的否定之否定的道路；事实上，当前大型企业形态的出现是适应以物质资本为主要生产要素的社会分工的需要，因而必然会随着生产要素的转变而发生形态上的变化。事实上，一些研究都表明，无论是 OECD 国家、亚洲 NICS 国家（地区）还是中国，企业平均规模都呈现明显的倒"U"形，即企业平均规模越来越小。而且，这种趋势的演化正在不断加速。

下　卷
企业组织的归属、治理和绩效表现

企业组织的产权归属：协作系统的发展及其异化

　　企业组织的所有权归属与企业治理有效性密切相关，同时，只有从理论上真正理解企业组织的本质，才能准确地把握企业组织的所有权性质，从而才能理解当前中国企业问题的症结所在，并为深层次的改革厘清思路。也就是说，企业组织的所有权归属问题与企业组织的性质密切相关。一般地，如果企业组织仅仅是由一种生产要素所构成，那么，它就可以被归属为某个确定主体所有，进而仅仅表现为该确定所有者对其所雇用的其他生产要素进行组织和管理的一种工具。但是，如果企业组织不是由单一生产要素所构成，那么，它就应该属于所有生产要素的所有者，各生产要素及其所有者之间也就不存在雇用和被雇用的关系。当前，关于企业所有权问题有两种基本观点：股东价值观和利益相关者社会观。股东价值观源自新古典经济学的利润最大化假说，并从如下理念寻找合理化根据：公司企业是股东的财产，其他要素如人力资本和中间品的提供者可以从合同中获得法律保障的利益（青木昌彦，2001：282）。利益相关者社会观则基于协作系统的视角，它把企业组织视为人类在为提高劳动的有效性而进行合作的形式，从而为更有效地创造价值而演化成的一种协作系统；既然是协作，那么就是所有生产要素的共同行为，从而难以归属于某一特定主体。正是从这个意义上，企业组织之所以出现，仅仅是因为它所引导的分工能够比市场创造出更大的协力租（朱富强，2004）；同时，协力租的分配必须遵循一定的治理原则，从本质上讲应该体现出公正性，这也就是利益相关者社会观。巴纳德指出，如果把企业组织放在协作系统这一层面上看，就可以看到，企业组织并不只是一个经常追求利润的经济单位，也不只有企业家才是决策者（饭野春树，2004：前言）。因此，本章顺着上卷对企业性质和起源的分析，从协作系统的要素构成角度来探讨企业组织的所有权归属的实质。

当然，在特定的时代，不同生产要素对协作系统发展的控制权和协作剩余的占有权是不相称的，这就产生了事实上的所有者；事实所有者涉及不同生产要素在协作系统中所处地位的重要性，这也是产生股东价值观的根本原因。同时，在不同历史阶段，各生产要素的谈判力量会不断变动，从而导致对协作系统控制权和占有权的变化，进而带来实际所有者的不断更替。正如马克思（1995：68）所说，"分工发展的各个不同阶段，同时也就是所有制的各种不同形式"。相应地，现在流行的是股东价值观，未来可能流行的是管理者价值观，再或者是雇员价值观，而利润分享观也正在为越来越多的人所接受。事实上，由于分工效率的基础是协调机制，协调者将成为任何协作系统中的关键组成要素，这也意味着，协调者将成为协作系统事实上的所有者。柯武刚和史漫飞（2000：323）就指出，组建、协调和领导经济组织（企业）的人，往往是成为增长瓶颈的生产要素的所有者。在很大程度上，历史的发展已经露出了端倪。钱德勒（1987：1）分析道："现代工商企业在协调经济活动和分配资源方面已取代了斯密的所谓市场力量的无形的手。市场依旧是对商品和服务的需求的创造者，然而现代工商企业已接管了协调流经现有生产和分配过程的产品流量的功能，以及为未来的市场和分配分派资金和人员的功能。由于获得了原先为市场所执行的功能，现代工商企业已成为美国经济中最强大的机构，经理人员则已成为最有影响力的经济决策者集团。"

然而，根据新制度主义企业契约理论，所有契约的订立都是由当事人自主决定的，因而缔约也就是自由的；同时，契约体现了机会均等性，因而也就是正义的。但显然，这纯粹是一种抽象的分析，而没有考虑签约者本身权力的不对称性，从而也就无法揭示契约中所隐藏的不公正性和不合理性。事实上，在不同历史条件下，人力资本所有者和物质资本所有者的谈判权力是截然不同的。因此，通过对权力因素的引入，我们将可以更清楚地认识企业契约的现实和理想之间的差距，剖析现实世界中企业控制权和占有权的法律归属。这是基于现实权力的一种界定，S. R. 鲍曼在《现代公司与美国的政治思想》一书中作了详细的剖析。可见，为了更清晰地认识企业所有权的现实状况和未来演变，我们就必须从协作系统的实质出发，从协调者演化的角度探寻协作系统所有权归属的变迁；并且，依据对协作系统中构成要素特点的考察，比较各方的力量状况，从而揭示特定阶段出现单一要素所有者成为企业组织的事实所有者的原因。事实上，也只有通过企业组织作为协作系统这一本质的揭示，从而对其所有权本质及其异化呈现的认识，我们才可以真正体会马克思（1972：832）的用心，"在协作和对土地及靠劳动本身生产的生产资料的共同占有的基础上，重新建立个人所有制"。

第一节　产权的内涵及企业产权的归属

企业组织作为一种相对于契约组织增进价值创造的协作系统，其归属权首先在于各协作生产要素的所有权主体。因此，对企业组织所有权的界定，首先在于我们对构成物的所有权主体界定；其次，在于对生产要素这一物的主体的界定，而这又涉及对产权的理解。显然，如果对单一物的产权都无法界定，那么，由多种物合成的联合体的产权或者所有权必然也是难以确定的。自科斯创立产权学派以来，产权就成了探究资源配置和组织效率的焦点。事实上，绝大多数发展中国家以及原各社会主义国家也都从原来提高激励的治理结构改革转变为产权结构变革，并演变为"为产权明晰而进行产权改革"，如中国学界、政界、企业界，乃至普通民众往往动辄就宣言推行产权改革、鼓吹产权明晰。问题是，又有多少人能够明白"产权"的真正含义？在很大程度上，大多数人热衷"产权"一词的流行说教，把产权明晰视为包治百病的灵丹妙药；同时，在产权学派观点的支配下，又想当然地把产权明晰等同于产权私有。那么，产权明晰果真可以如此理解乎？显然，这涉及产权的本质含义，从而有必要进行深度解读。

其实，产权安排是对物之属性及其表现出的权利在人与人之间的界定，也即，本质上体现了权利在相关者之间的分配关系。相应地，产权安排有两个明显特点：（1）由于物之属性丰度往往无法完全测度，因此，根本没有完全清晰的产权，现实中的产权关系仅仅是针对某些已知或可以估测的属性之界定；（2）由于权利必然是相互的而不可能单维地归某一方所有，因此，根本没有不受制约而只享有权利的产权，产权安排上必须同时界定人与人之间互动时所承担的责任和权利。当然，责权的执行以及由此而来的激励和约束的有效性必须由一套相应的执行机制来保障，因此，产权安排也必然包含了两个方面内容：责权界定和相应的实施机制。（1）应该明确当事人之间的责权关系，没有责任和权利关系的界定来提供行为的边界，那么就根本不能建立一组有效的激励和约束机制；（2）应该存在一套健全的法律制度来实施和保障所界定的责权关系，没有一套实施机制来保障权利的行使和责任的承担，那么也就没有实际的清晰产权。显然，产权与制度联系在一起，产权界定是公共领域的核心范畴，因而如何更好地安排产权结构以适应各种不同的具体情形就是知识分子特别是经济学家的重要职责。但是，却很少有学人能够从产权的本质含义上透视法律对权利的界定问题，真正清楚"产权"一词意义所在的更是寥寥无几。正因为世人常常用一个本来就没有弄清楚的概念指导实践，反而就误导了改革，东欧、苏联的激进私有化的休克疗法就是极大的悲剧。为此，在探讨企业组织的所有权归属之前，本节首先就产权的性质、功效及其界定特点作一探索。

一 产权的本质内涵及其基本功能

我们知道，相对于所有权，产权是晚近出现特别是近来才受到重视的概念，因此，要了解产权的含义，就必须对这种概念之间的演变和传递逻辑做一分析。一般地，所有权是指所有人依法对自己的财产享有占有、使用、收益和处分的权利，是一定时期的所有制形式在法律上的表现。这里，所有权的主体是财产所有人，所有权的客体是财产，所有权的内容是财产所有人对其财产所享有的权利和非财产所有人负有的不得侵犯的义务。显然，早期往往把财产理解为对某种物的所有权，有这样几个特征：（1）体现为对物品无限制与规定的充分所有权，是一种最全面、最充分的物权，包括对物的占有、使用，直到最终处分的权利，因而拥有者对其财产有完全的支配权或"主权"；（2）在"天赋人权"观的支配下，把排他性的资产权利视为永恒的自然，因而财产权作为制度前提被作为假定存在条件而被排除在正统的微观经济学和标准的福利经济学分析之外。

但随着社会的发展，这种将所有权理解为完全物权的概念就越来越呈现出局限性。（1）越来越多的可拥有的东西不是有形的，而是抽象的。例如，证券、公司、品牌等就不是有形的，而是一系列复杂的法律关系和周详的经济存在。因此，所有权概念开始有了拓展：所有权的对象不再是有形体，而是一个人对一些东西所拥有的权利，一个人只拥有对物的权利，而不是物本身。（2）所有权体现的也越来越不局限于人与物之间的关系，而是涉及人与人之间的关系，因为法律本身就是调节人与人之间的关系。因此，所有权概念又有了进一步的拓展：它不再是简单的绝对主权关系，而是被理解为一个人与所有其他人关于某（有形或无形）物的关系。正因如此，脱胎于所有权概念就出现了"产权"一词。产权以财产所有权为基础，由法律界定和保护，反映不同利益主体对某一财产的占有、支配和收益的权利、义务和责任。这种产权包括资产的原始产权（资产的所有权）、法人产权（法人财产权）以及股权和债权等。

　　显然，尽管产权与物相关，产权束常常附着在一种有形或无形的物品与服务上；而且，正是物的效用、物产生效用的能力及由于物的稀缺而诱发的竞争性使用，才引起了对物的产权关系的安排。但是，一种产权不是一种物品，不是物质活动，而是抽象的社会关系。因此，产权和所有权，这二者虽然都是以财产关系为对象，且有着密切联系，但同时也存在着很大的差别：（1）所有权强调的主要是客体的归属关系，而产权则更多地强调在归属意义上产生的多方面的权利；（2）所有权强调的主要是稳定的、本质的主观与客观的辩证关系，而产权则强调变化的、动态的或有时效的主客观关系；（3）以现代市场经济为界，过去的"所有权"带有封闭的、凝固化的特点，而"产权"则反映了开放性的财产权利的分解和组合，反映了已发展了的财产关系。也就是说，所有制理论要揭示的是生产关系的本质，从而揭示社会发展的根本规律，阐明生产关系变革更替的革命意义；产权理论则不同，它具体研究各个具体的产权主体、产权关系、产权边界及其相应的权利和责任。正因如此，20世纪初的一批制度经济学家开始关注产权界定对交易和效率的影响，尤其是20世纪30年代的科斯提出了产权理论之后，人们开始日益关注产权问题。

　　产权经济学大师阿尔钦（1994）曾指出："产权是一个社会所强制实施的选择一种经济物品的使用的权利。"在这里，经济物品可以是有形的，如土地、计算机、衣服等；也可以是无形的，如思想、信息、时间等。重要的是，这些物品必须是稀缺的，非稀缺物品不会产生权利关系。所谓"强制实施"是指，这种权利关系既可以是法律法规和合约条款明确规定的，也可以是道德规范和约定俗成的。这里，阿尔钦主要不是就产权本身内容，而是更注重从产权的形成机制来定义产权，即从人对资产的权威的形成方式来定义产权。也就是说，产权是授予特别个人某种权威的方法，利用这种权威，个人可以从不被禁止的使用方式中选择任意一种对特定物品的使用方式。一般地，产权可以且往往是由法律明确规定的，但是，法律既不是产权存在的充分条件，也非必要条件（巴泽尔，1997）。事实上，在任何社会，由法律规定和明确解释的权利只是一部分，甚至是一小部分，产权还要由社会的文化、习俗、伦理道德等支撑和维持。究其原因，个人行为的多变性、偏好的多样性及交易的复杂性和丰富性使财产权的法律结构不能准确地反映和完全包容客观现实中的权利关系，也即，国家不能把人们的产权关系都用法律逐条地规定下来。事实上，如果国家硬性用法律来规定不符合社会存在的产权关系，那么，就不仅不是对产权的保护和尊重，相反是对产权的侵犯。

正因为环境的不确定性和个体效用函数的不同决定了社会不能代替个体做出最优选择，这使得法律只能对产权作一原则性的规定，这些规定与社会通行的行为规范和道德准则等一起构成一个社会的基本产权制度。正因如此，科斯（1960）强调，经济学所要研究的应是存在的合法权利，而不是所有者拥有的合法权利。事实上，产权的本质就在于，确定社会每个成员相对于稀缺资源使用时的经济地位和社会关系。例如，德姆塞茨（1994b）指出，"产权是一种社会工具，其重要性就在于事实上它们能帮助形成他与其他人进行交往时的合理预期，规范和制约着自利的个人的行为"。菲吕博顿和平乔维奇（1994）也认为，"产权不是指人与物之间的关系，而是指由于物的存在及关于它们的使用所引起的人们之间相互认可的行为关系；产权安排确定了每个人相应于物时的行为规范，每个人都必须遵守他与其他人之间的相互关系，或者承担不遵守这种关系的成本"。这意味着，产权界定的目的在于其作为一种协调人们关系的社会工具而存在，而作为协调的工具，产权主要体现为一种激励和监督的机制（胡乐明、张建伟和朱富强，2002：25）。一般地，产权安排确定了每个人相应于物时的行为规范，每个人在与其他人交往过程中必须遵守的行为准则，或者承担不遵守的成本。

当然，物品的产权对权利的界定不是单一的，而是一束权利，是关于物的各种权利的一种权利结构体系；单一资产的产权分割（partitioned）来源于物属性的多样性和人们在使用物时能力和目标的不同，两个或两个以上的人可以同时拥有同一资产的不同属性。阿尔钦曾这样形象地描述过土地的产权被分割的情况：在同一时间里，对于同一块土地，A 可能拥有在上面种植小麦的权利，B 可能具有步行穿越它的权利，C 也许被允许在上面倾倒垃圾，D 的权利是驾机飞越，而 E 则拥有是否允许邻里使用工具时发出震动的权利，等等。这意味着，产权内涵的一束权利全部归同一人所有并不一定是最有效率的，把同一物品的产权分解开，归不同人所有，可能效率会更高；而且，按各种用途分开的土地的私有产权归不同的人所有，每一种权利都是可以交换和让渡的。显然，正是产权的可分割和可分离性保证了社会分工及协作性生产组织的形成，从而有利于专业化比较优势及规模经济的产生，而这正是经济发展、社会进步的源泉。

然而，由于一件物品不能拆成几瓣，那么，在物品的产权发生分割之后，人们很容易互相"揩油"，染指归别人所有的属性，争夺那些没有适当规定的、价值未定的属性的权利归属。因此，当物品的各种属性的所有权分割之后，就需要专门做出排他性规定，以避免这些所有者相互之间发生侵权行为。而且，在某种程度上讲，正是由于属性无法完全被认知，即使产权作了明确的界定，也可以引起外部性。因此，产权的界定也必须考虑外部性问题，应该对一些行为作具体规定，以防人们的基本自由和权利受到损害。譬如，生产更好的产品会伤害竞争者，这是允许的；但是，不允许不正当的竞争，甚至也不允许以低于下限的价格出售产品。不过，那些崇尚自由主义的许多新制度经济学家（如张五常）通常都不赞成对产权施加约束，认为任何约束都会"弱化"（attenuation）产权。在他们看来，每个人利用财产获利的能力大小，取决于其产权的实现程度。譬如，对个人施加约束，一般都会限制个人的行动自由；相应地，对个人的产权施加约束，将会减小个人财产的价值。

因此，在主流的产权学派学者看来，任何的约束似乎都是有害的（胡乐明、张建伟和朱富强，2002：29）。但是，对于这种"盲目自由化"的倾向，巴泽尔却持批评的态度。巴泽尔（1997）认为，任何个人的任何一项权利的强度都要依赖于：（1）个人为保护该项权利所做的努力；（2）他人企图分享这项权利的努力；（3）任何"第三方"所做的保护这项权利的努力。由于这些"努力"是有成本的，因此，世界上不存在"绝对权利"。同样，产权不是也不可能是一项不受限制的权利，相反，它要受到社会的限制和约束。其实，权利常常相互依赖和制约，在产权交叉和重叠的地方，对某些权利的限制就成为其他权利正常行使的前提，否则，社会便会陷入混乱。正如科斯（1960）所指出的，"对个人权利无限制的制度实际上就是无权利的制度"。显然，某些对个人权利的限制，看似"削弱"了他的权利，其实恰恰是加强了他的权利，对产权的限制也正是为了对它进行保护。究其原因，产权本身就是对特定责权的界定，这已经对其权利范围作了规定。

总之，产权本身就是人与人之间的一种制度安排，它包括一个人或其他人受益或受损的权利，它决定个人能拥有什么和不能拥有什么，可以做什么和不可以做什么；同时，产权安排本身就界定了人与人之间互动时的责任和权利，因而必然没有不受限制的产权。按照新制度主义的观点，占有权、支配权、使用权、转让权、剩余索取权、继承权以及逃避灾难、要求赔偿、要求履行契约、阻止他人侵犯的权利等，都是产权束这一向量中的组成元素，完整的产权应包含以上各项权利。但是，产权安排正是将这些权利界定给不同的主体，从而形成了一种产权结构。显然，这些产权安排实际上也就构成了个人的选择集，个人就是根据社会安排给他的权利权衡成本和收益之后采取行动。因此，产权的安排结构会影响和激励主体的行为，这是产权的一个基本功能。

二 产权不可完全清晰界定和私有

尽管新制度经济学提出的产权是对传统所有权的革新，但是，很多中国经济学人却往往仍将产权与所有权混为一谈，认为产权清晰就是明确界定了所有权的归属。如果这样的话，就正如一些学人指出的，国有企业终极的所有权归属全体人民或社会大众，因而国有企业产权是十分明晰的（吴家骏，1996）。既然如此，国有产权有何改之由？例如，林毅夫等（1997）就认为，国有资产的流失并不在于产权不明确，而在于所有权与经营权分离的情况下监督企业经营的成本太高，这主要是外部环境的原因。当然，资产流失确实很大程度上在于外部治理结构的欠缺，但也与其产权的不明确有很大关系，因为治理本身就是包含产权安排的一个函数结构。例如，长期以来，社会主义国家往往把全民所有制企业视为全体人民共同所有，把企业职工和局外人所拥有企业所有权的权重都视为相等的。但实际上，企业组织首先是物质资本和人力资本这两个共同要素所有，其中，人力资本又占有相当大且越来越大的比重；因此，即使国有企业资产被全体人民均分，企业职工因其人力资本也应该拥有企业的绝大部分产权。显然，基于这样的理解，国有资产的流失就有两个基本原因：（1）外部治理机制的不健全，导致企业外部所有者缺乏对企业的有效监督；（2）产权关系界定不清导致内部治理机制的缺位，以致作为企业内部所有者的职工缺乏所有者意识而放弃了监督，或者成为管理层的合谋者。企业员工之所以会与管理层进行合谋而导致国有资产的流失，主要理由在于：一般地，企业组织作为一个整体，其资本价值要高于所有单个生产要素价值之和（这是一个常识，我们都知道企业作为整体出售的价格要比各个部分出售的价格要高，这是因为要素的合作产生一种社会力和集体力，它是一种价值创造源，可以转换成资本）；因此，企业组织中每个成员因拥有企业所有权而转化的资本量往往要大于他孤立地拥有其人力资本和物质资本的量。不幸的是，理性的局限性使得这些员工往往意识不到这一点，从而往往以为与管理者合谋而攫取企业组织的部分财产是有利的；在这里，他们并没有意识到由此也丧失了部分集体力所体现的资本价值，从而最终损害了自身所有权。

　　显然，即使要对传统的产权结构进行改革，也主要是因为这种产权安排在治理上产生了过高的委托—代理成本，而不是它的产权归属界定得不清晰。例如，一些主张改革的学人则认为，国有企业终极的产权非常明确，但在实际生活中与归全民所有、集体所有、个人所有的产权常常混淆，属于大众的产权常常被"篡夺"。也就是说，发生了"法权的和事实的产权不一致"（周其仁，2000），因而必须进行清查归类，这就是要产权明晰的原因所在。另一些主张产权私有化的学人则强调：全民产权属于每个人，实际上就是没有一个人会拥有；结果，"法律所规定的全民所有者形同虚设"（张凤林，1999），从而产生所谓的"所有者缺位"或"无主财产"，这也是无效率的根源。因此，这类学人主张，产权只有为私人拥有，实现了排他性，才能构建有效激励机制。但是，这种极端排他性的产权安排并非最有效。一个明显的例子是，依这种主张进行的私有化改革的结果却产生苏联、东欧的社会悲剧。同样，按照这种理论，家族企业的产权是最明晰的，也就是最有效率的，但社会的发展趋向却是家族企业在向社会化企业的演变。

　　其实，上述种种观点都没有摆脱传统所有权的思维定式。前面指出，传统的所有权主要是对物而言，表示法律赋予某物的归属标志。物的所有属性构成一个整体凝结其中而不可分割，并且为一个主体所独有，谁拥有所有权就拥有该物所赋有的所有权利。因此，传统的所有权也就是独占性的物权。现代产权理论的一个重要贡献则是区分了产权和物权的不同含义：产权关注经济活动中人的行为，它只有在不同的所有者之间发生利益关系时才有存在的意义，是物进入实际经济活动后所引发的人与人之间相互利益关系的权利界定。在鲁滨孙的世界里就没有产权这个概念。由于物所具有的不同属性在人们的交易中都会带来利益关系，这样，每种属性都会派生出一定的权利，对每种权利的界定都构成了一种产权。因此，产权本质上是多元的，可以分解为占有权、使用权、处置权、管理权、控制权、收益权，等等，每一项权利都成了产权的一个组成部分。在产权的意义上，所有权只是其权力集中的一个因子，而传统的所有权则是作为物附带不可分割权利整体而存在。因此，我们讲某人对某物拥有产权，并不是笼统抽象的，而总是指某些特定的权利。从本质上讲，产权是一个结构体系，一组权利束。

正是由于产权安排本质上呈现的是一种权利结构，产权界定也就是将各种权利对象化，明确各个主体的权责。然而，社会关系中的权责往往是难以充分界定的，从而导致产权也必然存在一定的模糊性。事实上，产权界定的对象——物的属性——本身就存在多方面的内容：有显性的，有隐性的，有容易分割的，有混合模糊不清的。那么，产权要获得完全界定，资产所有者和对它有潜在兴趣的人就必须对它有价值的各种特性有充分的认识。但是，人的认识是有限理性的，必然有一些属性不能被人所认识，或者其价值估计不准，因此，必然会存在属性的公共领域。

关于产权无法完全清晰界定这一属性也可以从真实世界中存在的交易成本得到印证，因为产权概念本身就与交易成本联系在一起。按照巴泽尔（1997：3）的看法，交易成本本来就是与转让、获取和保护产权相关的成本。德姆塞茨（1999a：79）对交易成本的定义是：所有权权利相交换的成本。① 如果物的属性可以不费代价地获得，交易成本也就为零，产权就可以充分界定。而这里的悖论是，根据科斯定理，如果交易成本为零，产权如何界定也就不重要了，即产权充分界定的结果是其变得无关紧要。但问题是，现实生活中交易成本是不可能为零的，正是由于存在交易成本，难以获悉产品的全面信息，导致每一次交换都存在获得意外之财的潜在机会，同时，另一些有吸引力的交换却往往不能实现。例如，A 要出卖一块土地，但 A 不可能将土地的资质调查完全，或者 A 不可能知道它是否能够用来生产市场上最赚钱的产品，也不知道将来某一天它是否可能成为政府的开发对象，更不知道地下是否埋有宝藏或储藏有丰富的自然资源。因此，A 在出卖其土地时，只是获得了一部分与 A 拥有的信息相对等的交换物，而另一些原本附属于土地的属性在交换中无端地让给了他人，A 对这种可能存在的属性不再拥有任何索取权。

---

① 笔者将这里的所有权理解为产权，德姆塞茨常常将所有权和产权混同使用。

事实上，近年来中国房价之所以高居不下，很大一部分原因在于开发商高估了房地产的价值属性，从而圈了大量的高价地皮；同样，经济萧条时闹着要退房或者断供的消费者也是误判了房产的价值属性，从而导致了投资失误。那么，在这些情况下，这些房地产商或消费者是否有权退还地皮或者房子呢？这就涉及产权的责权界定问题。同时，在某种意义上讲，房地产的价格经过一段时期下跌后总会上涨的，那么，他们是否可以以未来可能被开发出来的属性进行交易呢？显然是不能的。譬如"宋人之燕石"，明白人是不会与之交换的。正是这种心理也造成了当前大量房屋的空置以及烂尾楼的出现。因此，如果无端死抱着物的潜在属性，那么社会交易就往往难以达成，反而造成其他属性的闲置和浪费。这种情况在现实生活中也大量存在。前几年就有报道说，贵州等省的部分山区由于交通不便和资源匮乏，基本没有自生产能力，因此政府改原来的"输血"工程为"造血"计划，在平原地区盖好房屋让这些山民迁居。然而，意想不到的是，这些山民却无论如何也不愿从山洞里搬出来。原因竟然是，山民们认为政府如此好意让他们不住山洞，一定是山洞里埋有宝藏。

正因为物的属性是复杂多样的，而人的认知和界定是有限的，因此，人们在交换时往往只约定交换一部分权利。这样，物的初始所有者就只是转让物的一部分属性而保留其余部分，一个物实际上就为两个以上的主体所共有，每个主体都只是单独拥有或与其他人共有这些属性的一部分。例如，即使厂家出售电脑、电视机、汽车等，也并没有把所有权完全转让给消费者，而仍然是这些商品污染属性的所有者，有义务回收和处理卖出的产品。你装了一部家庭电话，却不能用于商业目的。一方面，现在所称的产权房，实际上也只是拥有房子的部分属性，因为房子并不能永久住下去并传之子孙万世，我们也许只能住 100 年、70 年，甚至 50 年，而且也不能随意改变它。在另一方面，我们却将商业成片开发 100 年、70 年或 50 年的土地称为"租"。事实上，这两者在现代并没有实质区别。试想，你尽管拥有自己的私人财物，却不能随意支配它，你的消费、转送乃至销毁都面临着社会的种种制约，你又如何宣称自己拥有完全产权呢？

总之，产权是对物之属性在人与人之间的界定，而人的有限理性使得物之属性丰度无法完全测度。因此，产权根本上是无法界定清晰的，产权也仅仅反映了某些已知或可估测属性的界定。张五常（1999）就指出，明晰界定产权和零交易成本是一个问题的两种表述，只要在现实社会中，交易成本就不可能为零，因而产权也必然难以明晰。而且，根据科斯第一定理，如果权利能被清晰地界定且交易成本为零，那么，帕累托最优在市场机制作用下能够自动实现。但显然，这是不现实的。事实上，科斯产权理论更为核心的部分是在科斯第二定理：交易费用大于零的世界里，不同的权利界定会带来不同效率的资源配置，因而产权制度的选择对资源配置的优化是必要的。当然，随着社会的发展，社会制度越来越发达，"物"中被开发的信息越来越丰富，人们在交换时就会对交换的物所附属的权利进行越来越深入的细分，合约也会越来越细化。因此，我们说，产权安排将朝着完全清晰这一理想方向不断逼近，但永远不可能达到。

三 共有性是企业产权的本质特性

由于任何物之属性都具有不可穷尽性，因而任何物之相关产权都不能被完全清晰地界定；相应地，作为物之联合体的企业组织，其产权就更难以被完全分割清楚。究其原因有二：（1）企业组织作为一系列生产要素相联系而形成的契约，本身就包含了众多属性不能完全界定的物；（2）由这些物在企业组织中结合为共同体又衍生出更多的公共属性，而这些属性已不属于任何物单独所有。事实上，一种有生命力的企业组织根本上在于它的有效性：所创造出的总收益在支付了所有组织成员的保留收入以后还有一个正的剩余（杨瑞龙和杨其静，2001）。一般地，这种剩余来源于各生产要素通过协作实现的集体力作用，它属于巴泽尔所讲的公共领域。试想，如果构成企业组织的各类生产要素本身就归属于不同的自然主体，我们又如何能够确定作为整体的企业组织的单一所有权归属呢？事实上，如果说当今世界对自然物的所有权之界定还存在某种程度的一致的话，那么，对非实体的企业之所有权界定就非常不一致了，这可以从不同国家的公司法之间所存在的巨大差异中看出。当然，尽管各国公司法对企业所有权的界定存在很大的不同，却存在一个基本的共识：任何个体都无法声称他拥有全部的产权，从而无法向支配个人财产那样支配企业组织。譬如，一个拥有 IBM 公司股份的股东并不能随意进入 IBM 公司的大厅，也不能否决公司的资产合并计划；相反，他却要履行一定的责任，如果没有履行责任很可能就会丧失其拥有的股票（J. 凯，2001）。

显然，当产权被分解以后，"所有者"便没有实际意义了。或者说，特定的物就不再只有一个所有者，而是为多个所有者所共有。特别是，企业组织本身就是各种对等主体相结合时形成的一个独立主体——法人，每个自然主体都要受要素结合所定契约的制约。因此，企业组织中构成实际财产所有权的正常权利也已经被分解到众多参与者身上，企业组织的所有权结构也应该体现系统中相结合的要素主体的对等关系。例如，周其仁（2000：注解 1）就指出，企业组织是一组市场合约的思想，使得"企业所有权"概念成为一个悖论，因为构成一个企业组织至少要两个以上资源所有权，因此企业合约与许多合约一样不可能单独属于缔约各方的任何一方。当然，在现实生活中，人们也越来越不关心相对于自然物的所有权问题，而是关注各利益相关者有怎样的责任和权利这一产权安排。例如，周其仁（1996）又指出，"市场企业是多个所有权之间为让渡各自产权而彼此做出的保证兑现的承诺，没有人会问，'这个契约属于谁'，因为契约既不属于任何单方的所有权，也不是由各参与方共同所有"。问题在于，如果市场上两个人答应把各自的物品合在一起使用，那么是否有第三者能够声称他拥有所有权呢？显然，这个共同之物虽不能具体分清双方各自的所有权份额，却可以声称是他们共同拥有的。由此我们可以得出结论，赋予企业组织特定所有者的传统观点是有问题的，这里可以作一简要梳理。

第一，现代主流经济学的"股东价值最大化"理论简单地将企业组织界定为出资者所有，这是对企业组织自身衍生出的公共属性的漠视，同时也是对非物质资本的应得权利的抹杀。实际上，传统强调独占性的充分所有权概念对应于作为完整物之属性是不可分割的这一观念，它是人类社会早期对物所内含的属性认知不全、不深的产物。但是，现代的产权概念却是源于对物之属性是可以分解的这一理解，与每个属性相联系的权利归属于不同的主体而形成了一种产权结构。特别是，企业组织作为契约性的存在，它与那些与企业组织有关联的投资者、管理者、员工、债权人、顾客和供应商等都存在明确的契约关系：离开任何相关主体，企业组织本身就不复存在，或者企业组织的因子已经发生了改变而不再是原先的企业组织。周其仁（1996）就指出，企业合约不同于一般市场交易的关键首先是在企业合约中包含了劳务的利用，企业组织是人力资本与非人力资本的一个特别合约。一般地，构成企业组织的契约当事人具有这样两个特点：（1）他们都是独立的平等的产权主体，从而都有从未来的收益中获取产权收益的权利；（2）他们共同承担着企业组织的经营风险，从而保障企业组织的持续、稳定发展。正是由于这些协作参与者不仅为企业组织提供生产要素，同时交互拥有对方物之属性所派生的权利，从而共同构筑了企业组织的所有者谱系。也即，企业组织的产权结构必然是多元的，这也是"利益相关者社会观"的基本观念。究其原因，所有利益相关者在企业事务中都拥有部分利益或道义上的利益，这种利益也就是某种产权。Donaldson 和 Preston（1995）认为，"现代产权多元化理论的这一规范原则也为相关利益者理论提供了基础"。

第二，现代主流经济学之所以将企业归为出资者所有还在于，它认为，股东承担了企业经营的风险，从而应该成为企业利润的剩余索取者。问题是，不只是股东承担了风险，而是企业组织的所有要素都同样承担了风险。例如，企业组织中的人力资本就同物质资本一样都具有专用性，而且，随着社会分工的广泛而充分的发展，人力资本的专用性还在不断增强。正因如此，人力资本所有者在进入和退出企业组织时，首先要考虑自己人力资本的特殊适应性，一旦进入一个适合自己专长的企业组织，他就会对该企业组织产生一定程度的依赖性。其次，人力资本还具有群体性的特征：随着社会分工日益细化而促进了社会协作的日益广泛，专用性的人力资本若不参加社会协作体系便毫无用武之地。显然，正是由于具有鲜明的专用性和群体性特征，这构成了人力资本所有者退出企业组织的障碍，增强了人力资本所有者对企业风险的承受度。而且，在现代公司中，股东是有限责任的，且经济危机时股票还可以降价出售，因而他所承担的风险并非一定最大；相反，经理、职员、债权人甚至客户、供应商都承担着风险，且经济危机时这些相关者因失业、倒闭而造成的损失更为严重。例如，R. C. Topel 在 20 世纪 80 年代中期的一项研究就表明，工人在他们重新就业的岗位中所得到的收入要比过去低 14%，而曾在原来职位中工作时间越长，收入损失就越多；其中，在原有岗位工作了 11～20 年者，在新的就业岗位上的收入要比原来低 28%，而拥有 21 年及以上工龄者，要低 44%（布莱尔，1999：231）。因此，布莱尔（1999：23）认为，这"无论如何都是与假设股东是唯一的剩余索取者和剩余风险承担者相矛盾的"。

其实，企业组织为所有利益相关者所有并为他们服务的观点并不新鲜。在理论上，管理学先驱巴纳德就认为，一个组织本身就应该包括投资者、供货者、顾客及其他不被看作公司本身的"成员"但对公司做出贡献的人。而且，如果从国际社会这一更高层面去探讨的话，社会责任和国际协调的企业行为乃至企业伦理都会被内在化为企业组织的根本性质之一。在实践中，一些国家和地区曾经掀起一股企业改革的巨大浪潮，一些大公司的实践过程中也已经包含了利益相关者思想。根据这种思想，最有效、最有把握地获得利润、提高公司股票价值的途径就是在于培养忠实的、有能力的劳动力，以最合适的最具竞争力的价格来为顾客提供最好的产品。其中，贯彻企业为相关利益者服务的典型体现者是日本企业：日本企业不仅往往被视为拥有社会责任和公共利益的社会组织，而且还通过相互交错的持股方式和终身雇佣制等机制保证企业的平稳发展。事实上，在日语中keizai（经济）和keiei（企业）等词都不是价值中立的，而是已经包含了一种规范伦理的成分，要求"和谐地支配世界"（kei）和"坚持不懈地去达到（这些）目的"（ei）（恩德勒，2002：39）。例如，日本著名的企业家、稻盛财团的董事长稻盛和夫就认为，追求利润应该是为了社会、为了家庭以及为了人，首先应该为了从业人员和股东，其次照顾顾客的利益，如果还有剩余就应该为文化、社会做贡献（稻盛和夫和梅原猛，1996：19）。究其原因，企业组织的所有权实质上体现了系统中所有结合要素主体的对等关系，这些对等主体的结合形成了一个独立主体——法人，每个自然主体都受要素结合所定契约的制约。这意味着，企业组织中构成实际财产所有权的正常权利已经被分解到系统的众多参与者身上，而通常所谓的"股东即所有者"的观点是错误的。

因此，企业组织理论的权威法马（1998）也强调，资本所有权不应与企业所有权混为一谈，应该消除企业组织是由证券持有者所拥有的这一根深蒂固的观念，同时，也不应该把企业组织归属为企业家所有。事实上，现代公司实际上没有所有者，有的只是生产要素的所有者，经理也应当被看作人力资本这一生产要素的所有者。根据这个思路，张维迎也在理论上把财产所有权和企业所有权区分开来：所有权既可指对某种财产的所有权，也可指对企业组织的所有权；但是，财产所有权是与产权等价的概念，指对给定财产的占有权、使用权、收益权和转让权，而企业所有权指的是对企业的剩余索取权和剩余控制权。张维迎（1996）说，"所有财产所有权制度可以形成不同的企业所有权安排，如个人是自己人力资本的所有者，但不一定是企业的所有者；私有产权制度上的企业所有权可以是合伙制——所有企业成员共同分享剩余收益权和控制权，也可以是资本所有者享有剩余收益权和控制权的'资本雇佣劳动制'，甚至是劳动者享有索取收益权和控制权的'劳动雇佣资本制'";因此,"企业所有权本身是一个相对的概念;严格地讲,对企业的所有权实际上是一种'状态依存所有权':什么状态下谁拥有剩余索取权和控制权"。

不幸的是,张维迎等人依然没有摆脱要为企业组织确定一个单一所有者的新古典传统,没有摆脱企业组织的目的是利润最大化的新古典传统。他问道,效率最大化要求企业组织的剩余索取权的安排与控制权的安排相一致,那么,谁应该是企业组织的剩余索取者呢?张维迎的答案是,企业组织的剩余索取者也就是企业组织的风险承担者,企业组织中资本所有者承担了几乎全部的风险,因而也必然应该成为企业组织的主要的甚至唯一的所有者,这也是张维迎主张资本雇佣劳动的原因。但不管如何,张维迎承认"严格地讲,企业作为一种契约,其本身是没有'所有者'的";而之所以需要所有者,就在于企业组织是一种不完备的契约。实际上,这里张维迎产生了混淆,契约不完善需要的是治理结构而不是所有权,我们不能以现有社会中比较适合的治理结构来作为事物内在本质的探讨,而所有权的归属实质上已是内在本质的范畴。似乎张维迎也意识到了这一点,他说,"所有权安排本身不是目的,而只是实现剩余索取权和控制权最好对应的一种手段"。但是,这里强调的是,如果过分强调了某一历史阶段的手段,并进而把它当作一种先验的永恒存在,那么就可能窒息我们更深层次的思维,窒息企业结构的灵活性。事实上,对所有权资本所有的鼓吹已经对企业结构的多样化发展造成了障碍,对国企的多样化改革途径也产生了极其不良的影响。

总之,正是由于产权是多重性的,它无法清晰界定为某一特定个人或群体所有,这使得企业所有权具有模糊的共有性,而不能简单地确定单个所有者。青木昌彦(2005:8)就强调,企业组织不能被视为任何特定集团所有,对企业本质的认识更不应该将分析的注意力集中在起主导角色的参与者集团的效用最大化上,并同时假定其他参与集团所实现的满意水平是给定的。特别是,随着企业内部各集团力量日趋平衡,人们对企业本质的认识也将日益清晰,这种认识并正在融入法律中。例如,在20世纪80年代,美国就有29个州修改了公司法,要求公司经理为公司的"利益相关者"服务(崔之元,1999:142)。更早,德鲁克(2002:18-19)就前瞻性地指出,虽然法律上曾推定公司只是股东的个人产权的汇总,把股东视为永恒的、实际存在的,但目前我们在法律和实践中已经抛弃了这一不成熟的假定。事实上，在当今社会中，股东只不过是与公司具有特殊关系的诸多群体之一，就社会和政治角度而言，公司是先验存在的，而股东只是它的衍生物，只在法律假定中存在。例如，银行破产法就采取了这一立场，它规定公司的延续性优先于股东权利。可见，讨论公司治理问题以"所有权"为起点，并假定从一定的权利和索取权出发是彻底错误的，公司的治理则是法律、文化和制度性安排的有机整合。

四 企业产权的现实归属源于法律

上面分析指出，企业组织是由土地、资金、劳动力和企业家才能等基本生产要素构成的，这些生产要素的所有者也都是企业的所有者，因而企业所有权本质上是多元化的。问题是，尽管本质上所有利益相关者都是企业的所有者，但不同相关者在企业组织中的地位往往是不同的，从而产生了所有权份额的差异。那么，如何确定不同利益相关者的所有权份额呢？根据决定所有权最优配置的总原则：对资产平均收入影响倾向更大的一方得到的剩余份额也应该更大（巴泽尔，1997：8），这也是杨瑞龙等人提出的"专有性"思想。显然，不同时期、不同生产要素在企业组织生产过程中的相对重要程度是不同的。在早期社会，物质资本对企业组织的运行起到关键作用，从而成为剩余索取权的最大享有者。但是，随着人力资本所起的作用越来越大，它所获得的剩余份额也将会相应增大。正因为在迄今为止的人类社会中，资本一直是生产的瓶颈，以致出资者逐渐控制了生产的控制权和剩余索取权。极端的形式就演变为：企业组织开始被视为出资者所有，企业发展的根本目的则在于利润最大化。

笔者（朱富强，2005a：第3章）在《有效劳动价值论的现实阐释》一书中曾经对所有权的占有和演变做了较为详细的剖析：尽管协作系统的原初目的是增进所有成员收益，但是，伴随着团队性合作生产出现和发展的是机会主义和"搭便车"现象，从而产生了监督的需要；在一般情况下，对协作系统起到更为关键作用的要素（也就是更为稀缺的要素）取得了这种监督权，并且为了更好地进行监督以及赋予这种监督的合理性，它通过法律界定的形式取得了对协作系统的所有权。因此，从本质属性和现实演化的分析视角，我们就更容易明白：究竟是什么决定了共有的东西为私人占有？资本所有者又凭借什么权利可以声称占有某种所有权？当然，这些问题已经超出了经济学的范畴，而涉及法律的界定问题，涉及了社会权力的结构性因素。不过，在某种程度上讲，效率也是立法的一个重要原则，从长期来看，任何组织制度的出现都在一定程度上体现了效率原则，尽管法律调整往往是滞后的。这里作一简要阐述。

一方面，资本所有者独占企业是特定时代因资本稀缺而产生"资本强权"的产物，它依靠夏皮罗权力指数而获得对企业组织的实际控制权和剩余索取权；同时，依靠其占优势的社会地位而通过法律程序将这种权利合法化，并借助于法律力量来保障这种权利不被侵犯。当然，随着资本积累的不断增加，资本在协作生产中的权力指数逐渐下降，导致现实中的所有权和控制权开始分离。这种分离发展到一定程度就开始为法律所承认，从而导致企业所有权在法律界定上也出现了变动，这一趋势在近30年来表现得尤其明显。崔之元（1996）就考察了20世纪80年代以来美国公司法的演变状况，发现已有29个州的新公司法要求公司经理不仅为公司的股东服务，而且要为所有的"利益相关者"服务。1989年，宾夕法尼亚州议会推出的新公司法规定：（1）任何股东不论持有多少股票，最多只能享有20%的投票权，从而突破了一股一票的原则；实际上，这里赋予人力资本所有权的地位；（2）作为被收购对象的公司，有权在恶意收购计划宣告18个月之后，占有股东出售股票给恶意收购者所获的利润；（3）成功了的恶意收购者必须保证26周的工人转业费用，并在收购计划处于谈判期间不得终止劳动合同；（4）赋予公司经理对"利益相关者"负责的权利，而不仅只对股东负责。关于这一点，只要看看政府官员和立法成员的组成就可以明白了。拉什（2001：32）就写道："随着组织化资本主义的来临，企业家自身当选为各种等级的市政和州（省）机构的成员。在自由资本主义时期，专业人员、知名人士、上层贵族占据着这些职位。……例如，1852～1913年，在鲁尔区主要的企业家中，24%的高层经理和16%的公司业主被选入市议会，13%的经理和12%的业主是类似的跨区域机构的成员。"

事实上，从效率原则的角度，将现实产权关系合法化也具有一定的合理性，它有利于那些最为稀缺或最为关键的要素得到更为合理的使用。显然，在资本短缺的时代，资本运营的效率对协作系统影响更为深远，而出资者天然地掌握了对所有资本进行自由处置的权利；相反，如果不考虑这一现实因素，那就很可能造成资源的浪费。例如，社会主义初期出于对人力资本的尊重，法律往往把企业组织界定为全民所有或者是职工集体所有。但是，由于毕竟还是处于物质资本短缺时期，因而这种忽视物质资本的法律界定往往导致资源使用效率的低下。正是由于原先的法律脱离了现实，大多数社会主义国家现在又开始返回到自由资本主义时期的法律关系，不仅承认物质资本对企业的控制权和剩余索取权，甚至还赋予其完全意义上的所有权。不幸的是，由于目前整个人类的关键生产要素已经发生了重要的变化，人力资本的重要性日益凸显，这种企业所有权另一个极端的界定则又不免矫枉过正了。特别是，在当前一些小型劳动密集型的中外合资企业以及民营企业中，一般员工乃至职业管理者都被出资者当作为获取利润而购买和投入的外来物来处理，企业主为了获得高额利润可以大肆滥用社会资源和劳动力，这在广东等沿海地区的小型外企中就很普遍。显然，这些企业的繁荣和发展是建立在赤裸裸的原始掠夺基础之上，反映了自 16 世纪以来资本社会中"资本强权"的滞留，却与当前世界范围的社会环境很不相称，从而必然缺乏长期稳定发展的基础。

　　另一方面，在特定背景下，作为协作系统的企业组织要取得高效率，也必须把其管理权界定给某类单一的所有者。究其原因，企业产权界定的有效性往往与产权主体界定的明确性以及可执行性有关，否则，在激励和监督体系很不健全的情况下，管理者就无法充分发挥其显性协调功能。事实上，尽管很多学者早已认识到企业产权内在的共有性质，但迄今为止，在如何充分界定企业构成要素的权限上却遇到了很大的困难。显然，如果连谁是企业的利益相关者都弄不清的话，那么利益相关者理论也就无从谈起了。正因如此，基于利益相关者社会观的企业所有权理论也存在一个"企业的利益相关者难以界定和分类"的问题，这也是为什么人类社会发展到今天，尽管经理人员已经获得了事实上的管理权或所有权，但世界上大多数国家和地区仍将出资者视为企业理所当然的唯一所有者的重要原因。当然，任何事物都有两面性，将企业所有权界定为单一主体所有，尽管便于监管的简单明了和单向治理机制的实施，但同时也造成了现代企业机能的失调和管理的失序。譬如，在传统计划经济中，我们往往直接将全民所有制企业视为出资的国家（全民的代理人）所有，而与企业职工和经理无关，这造成各式资源的闲置和浪费。同样，目前中国的一些民营企业也存在严重的治理缺陷，形成了职业经理人和企业主之间相互的机会主义行为。

　　事实上，在一些发达国家，由于物质资本已经相对丰富，各种监管体系也相对发达，它们也已经开始从法律上重视企业组织的每一个构成要素的基本权益。譬如，日本企业是贯彻企业组织为相关利益者服务的典型体现者，日本企业通过相互交错的持股方式和终身雇佣制等机制保证企业的平稳发展，这些都得到法律的支持。其实，日本企业家（甚至包括当代世界上最成功的企业家）几乎都对华尔街的季度性盈利报告不满。盛田昭夫就是其中的一个代表，他说，"如果明天我成为美国的独裁者，我烧的第一把火便是废除季度报告"（转引自诺诺，1997）。同样，随着利益相关者社会观的越来越盛行，欧美企业也开始逐渐从日本企业身上汲取养分，有越来越多的学者开始总结日本企业的治理经验。洛温斯坦（1999：111）认为，即使是每 12 个月一次的公告都会周期性地迫使管理层和它的审计人员对一些极不确定的长期项目和负债的最终结果作出一系列困难的估计。布莱尔（1999）的著作《所有权与控制：面向 21 世纪的公司治理探索》则是相关利益说的集大成。而且，在过去的 40 年里，西方经济学界对于企业利益相关者的界定和分类进行了广泛的探索，并完成了从概念思辨到实证研究的转变。目前，中国也有一些学者开展了诸如"我国企业的利益相关者分类"以及"我国企业利益相关者利益要求的内容、实现方式、实现程度"等基础性问题的实证研究（陈宏辉和贾生华，2004）。

可见，尽管企业产权在本质上不属于特定个人或群体所有，现实中却往往被界定给特定个人或群体。显然，产权的现实归属（即所有权）是法律界定的产物，而法律如何界定往往源自社会力量的对比以及特定时期的认识。一般地，随着社会的发展，社会力量越分散，人们对事物本质的认识也越清，因此，也就越有可能创设出符合事物本质的法律，即与自然法相符的法律，这是真正的法治（rule of law）。就这点而言，我们对企业本质的认识已经落后于对家庭以及更大范围的国家组织的本质认识，在实践上也远远落后了。其实，家庭、企业、国家都是人类为增进协调性而不断"创造"出来为其需求服务的协作型机构，都是与协调机制演进相适应的组织，从而在本质上具有一致性；但在现实生活中，人们往往人为地将它们视为一方控制另一方的机构，这实际上是机构的异化。堺屋太一（2000：103）就写道："像日本的各省厅本来是为日本全体国民的福祉而设立的机构，但现在却变成几乎是各部门追求各自目的的机构。例如大藏省主计局，不考虑全体国民基金的均衡，而只考虑自己本身的财政均衡；银行只想保护金融机构而未考虑到存款者的利益；农林水产省为了保护稻作农家，不惜让日本成为国际孤儿。"

因此，从其他类型的协作系统之所有权归属的演变历程中，我们可以更清楚地辨识企业所有权的实质，并通过考察它们所有权关系的演变轨迹来加强对企业所有权的现实归属方向的理解。从起源上看，企业组织源于家庭组织的演化，而家庭组织所有权的法律界定也存在一个从男性家长所有向夫妻共同所有演化的历程；而且，即使是家族企业，它的真正所有者也随着无限责任制转向有限责任制而发生了飞跃。类似地，陈颖源（1994）也指出，从历史发展看，投资者股东所有权和被投资者企业所有权的分离是以社会经济发展中的具体财产和财产所有权分离为前提的；因此，从产权主体发展历史来看，它之所以会从自然人主体扩展到企业法人主体，就是为了解决商品经济中非自然人性质的企业组织的产权问题。正是基于这种认识，我们认为，目前一些家族企业还将企业组织完全视为家族的祖业，这种认识实际上还只是停留在前现代社会，这是家族企业进一步发展的致命障碍。

除了可以用家庭组织的所有权演变来分析企业组织所有权实质外，我们还可以分析国家这一更大协作组织的所有权的法律界定的演变。这一点，许倬云作了卓有成效的分析。根据这种视角，许倬云（1994~2000）认为，企业组织的性质及企业家的作用可以与国家的性质及政府官僚的作用相类比，从这个方面同样可以看出企业并非一人之企业。事实上，企业组织和国家组织本质上都是协作系统，它不构成收益分配的自然主体，也即，企业和国家一样都不是收益的最终占有者；而且，它们的代理人（系统的管理者）在生产中也仅仅起着组织、协调的作用，是裁判员而不是运动员。试想，如果仅仅出于激励企业的代理人（企业主或经理人员）积极性的目的，就赋予他们全部剩余索取权或者企业所有权，那么，我们是否也应该赋予国家的代理者（包括政治家和各级政府官僚）全部剩余索取权或者国家所有权？显然，后种情况只有在靠暴力维持统治的古代社会才可以存在，而在现代社会中，主要通过各种监督机构来对官员行为进行规制，而不是"高薪养廉"式的激励。难以思议的是，在现代社会，家庭组织以及国家组织都不属于某单一主体所有已经成为社会的共识，并且已用法律的形式界定下来；但是，无论是学术界还是社会大众却仍把企业组织视为出资者所有，显然，这无论在认识上还是实践上都是滞后的。

事实上，对企业发展目标的调整、权利的重新界定以及治理机制的转变都是人们在实践中逐渐认识并赋予实施的，这些自发行动的结果逐渐被有意识地、有组织地开发，就会上升到制度变迁乃至法律变革的层面上，从而又以法律的形式进一步界定人们的实践。所以，亨塞尔（2002）指出，"一般来说，人们习惯于认为员工参与经济决策纯粹是企业的内部事务，从而与企业规程有关，而与总体的经济宪法无关；……这种孤立看待员工参与经济决策问题的思路往往认为，企业经营是依靠雇主和雇员双方努力而进行的，因此企业经营成果也应该归功于这两个团体的共同参与"，但"事实上企业规程是总体经济宪法的重要组成部分，企业规程的具体形态直接影响了对总体经济宪法的属性；在企业经营中形成意愿的方式发生变化的情况下，这就需要解释它对总体经济宪法带来的影响。企业经营中的意愿形成和意愿实现必须从总体秩序中由企业领导所造成的功能角度才能理解。如果只是把参与经济决策看作是企业内部比如财产所有人与雇员之间的关系问题，那就必然导致错误的判断和错误的解决办法"。其实，这也正如哈耶克（2000b：36）指出的，"财产最初是习俗的产物，司法与立法不过是数千年里对它作了发展而已，因此没有理由认为，它在当代世界采取的具体形式就是最后的形式"。显然，随着实践的发展和人们对企业性质认知的深化和普及，也将导致企业所有权形式的改变，并为法律所支持。

可见，企业组织本质上属于所有成员共同所有，把它归属为某一特定的出资者仅仅是特定时代法律界定的产物。正如1819年任职为首席法官的马歇尔（Marshall）定义的，"公司作为一种存在是人为的，看不见，摸不着，只存在于法律思考中。作为法律的创造物，它只具有法律条文所赋予它的那些特性，或者是明确的，或者是其存在的附属物"（乔治，2002：219）。当然，一方面，詹森和麦克林（1999）将企业组织定义为在个人之间凭靠各种复杂契约形式的合法虚构，这在一定程度上区别了企业组织与其他具体事物的区别；但另一方面，也忽视了企业一旦确立而所具有的不取决于任何单一构成要素的自身特定目的以及发展的独立性，只不过人们对这种自身目的的认知要经历一个较长的过程。譬如，早期在美国内战时期，成为铁路巨头的范德比尔在收购了纽约－哈莱姆铁路和哈得孙河铁路后，为了收购纽约市中心，不惜在1865年切断了他所拥有的铁路和纽约市场中心的联系，以致州议员和其他人不得不拖着行李在州首府的哈得孙河大桥上徒步行走。当公众为此抗议时，范德比尔竟然说，难道我不能对我自己的东西做我想做的事？根据现在的普遍认识，范德比尔显然不能任意妄为，因为他根本就不拥有他所属物品的所有权利。正因为企业所有权的现实归属往往是法律界定的结果，而这种界定的基础是时代的背景和人们对之的认识。唐纳森和邓菲（2001：294）就写道："以资本主义的名义所做的事，在国与国之间，甚至在富国之间，都存在许多差别……在美国和英国，一家公开招股公司历来只有一个压倒一切的目标：给股东最大的回报。相反，在日本和欧洲大陆许多国家，公司常常承担更广泛的责任，即平衡股东的利益与其他利益相关者的利益，值得注意的是雇员，也包括供货商、顾客以及范围更广大的共同体。"

总之，产权根本上是无法完全界定的，对一个非有形体的企业组织来说尤其如此。事实上，根据协作系统论的观点，企业组织仅仅是人类为提高劳动的有效性而逐渐确立的一种组织机制，它一经诞生便具有独立的发展规律，而不是受单个个体的控制。显然，这种协作系统观的企业理论，实际上构成了利益相关者社会观的基础，即企业组织应该属于所有参与者所有。当然，在企业组织的构成要素中，人力资本及其拥有者具有"不可分性"：人力资本天然地永远属于拥有者个人，且是"独一无二的所有权"。而且，随着生产技术的不断进步，生产对象、生产方式和最终产品发生相应的变化，知识及知识的载体——人力资本对企业的贡献越来越大。因此，人力资本的拥有者应该且会越来越成为企业组织更重要的所有者，这已经为企业组织的控制权演变所证实。事实上，就当前的现实而言，"白领工人重要性的增加以及体力工人的白领化趋势"已经对公司决策产生越来越深远的影响（青木昌彦，2005：59）。方竹兰（1997）由此断言，人力资本所有者拥有企业所有权将是一个趋势，这个判断大致是对的。

然而，现代主流经济学对企业的认知却是静态的，并且把现实形态视为企业组织的本质。例如，新制度经济学就从团队生产中滋生的机会主义出发，想当然地把监督者视为企业组织的剩余要求者；并根据剩余索取权的特征，认为出资者就是企业组织的所有者，因而是资本家而不是工人对企业行为拥有决策权。显然，这种基于监督的分析撇开了作为协作系统的企业的根本性质，因为监督仅仅是一种价值转移的活动。也就是说，长期以来人们所信奉的并在实践中得以施行的股东价值观及其治理机制并不反映企业组织这一协作系统的内在本质。问题是，这种观点又是如何形成并占据主流地位的呢？显然，这就涉及构成企业系统的各方在利益分配中的谈判力量。事实上，由于企业组织的构成要素在不同时期的势力不同，因而对自己在协作中的地位认识也不同。例如，在早期，资本处于绝对强势的地位，因而一般就想当然地把企业组织的资本所有者所有当成了企业组织的本质。相应地，企业产权的现实归属是法律关系的产物，它是对异化的社会现实的确认，而不是对企业本质的反映；相应地，随着社会力量的演变以及人们对企业本质认知的深化，企业产权的现实归属也必然会不断调整。

第二节　企业的产权演化及其社会责任

主流经济理论往往把经济领域视为不受伦理制约的，在这个领域中起作用的是利润最大化规律。显然，这种利润最大化的观点主要源于近代资本主义催生的股东价值观，但这种过分强调了股东价值和利润最大化的观点，无论是从理论上还是在实践中都是站不住脚的。（1）就理论而言，企业组织作为一系列生产要素相联系而形成的社会协作系统，它不属于任何单一生产要素的所有者所有；相应地，企业行为不仅是为了出资者的利益，而是要增进所有利益相关者的利益。而且，尽管企业组织是由不同生产要素所构成，但企业行为却不能被描述为各个生产要素所有者的行为之和；相反，它也有自己独特的目标、利益、行为方式乃至社会赋予的道德要求，必须为自己的长期生存承担责任。一些具有社会理念的企业家就宣称，追求利润应该是为了社会、为了家庭以及为了人，首先应该为了从业人员和股东，其次照顾顾客的利益，如果还有剩余就应该为文化、社会做贡献。（2）就实践而言，企业行为不仅影响股东的利益，也不仅影响生产者和管理者等内部人士的利益，而且还会影响债务人、债权人、顾客、上下游企业、行业、社区以及整个社会的利益。事实上，2008年发生的"毒奶粉"事件就不仅严重影响整个国产奶粉，而且使得人们对整个国货产生了信任危机，甚至也成为西方对中国货实行贸易壁垒的一个借口。例如，韩国的"乐天imall"公司就宣称，停止出售中国产士力架、Kit Kat巧克力威化、奥利奥、德芙等4个品牌的巧克力及饼干类产品。正因如此，企业组织绝不是如一些主流经济学家所宣称的那样，其基本和唯一的目标是利润最大化；相反，它本身是构成社会的一个细胞，从而应该承担一定的社会责任，企业组织本身应该是一个"道德行为者"。在很大程度上，正是忽视了企业组织本身所应承担的道德责任，结果，不仅出现了三聚氰胺这类恶性事件，而且也导致了金融海啸的爆发。因此，本节就此做一分析。

一 企业的所有权结构及其社会责任

从企业组织的起源来看，企业组织是随着人类分工范围的扩大而形成的协作系统，是一个以满足社会需求为目的而把各种市场要素联合起来的社会机构。正因为企业组织作为一个独立法人实体是由众多要素构成的，在多种形式的物的互动之下，形成了广泛的公共属性，从而就产生了"人人所有又非独有"的特征。例如，巴纳德就强调，协作系统的所有构成要素在对组织的贡献上都是对等的，企业组织的成员不仅包括出资者、管理者，还包括业务员、顾客（消费者）、原料供给者、债权人以及地域社会的居民等，没有他们之间的良好联系，作为协作系统的企业组织的持续存在是不可能的。显然，这种观点也越来越为学术界所接受。例如，新制度经济学家就把企业组织视为不同个人和群体之间一组复杂的显性契约和隐性契约交汇所构成的法律实体（Jensen & Meckling，1976），在这种法律实体中，交汇的契约既有经营者与所有者之间的契约、经营者与雇员之间的契约，还有企业组织作为债权人与债务人之间的契约、企业组织作为供应商（或消费者）与消费者（供应商）之间的契约、企业组织作为法人与政府之间的契约等。

正因为企业组织作为契约性的存在，与企业组织有关联的管理者、员工、债权人、顾客和供应商等都与企业组织存在明确的契约关系；而且，既然公司被视为私人之间契约的产物，那么，公司的主要管理者就有责任阻止权力被滥用，公司的管理者就有责任关注所有相关者的利益（J. 凯，2001）。例如，管理学先驱巴纳德（1997：56）就指出，组织是全部活动和部分活动中进行协作的人们所组成的一个集团，这个集团显然是由一群人及其有待决定的相互关系或相互作用组成的，而管理者的根本责任就在于协调、指挥企业的运作，而不是关注特定个体或群体的利益。当然，尽管我们说企业组织是所有利益相关者的企业，但是，不同的参与者与企业组织的相关程度还是有差距的，这体现在对企业组织的利益依存度的差异上。打个比方说，企业的组织结构就类似于传统的中国大家庭，这种大家庭组织本身包含了血缘或亲缘关系不同的成员，并且，传统中国家庭的外延是在不断扩展的。因此，根据不同要素相对于企业利益关系的紧密程度，不同构成要素围绕企业组织形成了圈层差序格局：一种由内向外的核心角色的扩展。

首先，企业组织是自由契约、组织和合作的结果，它直接由人力资本和物质资本所构成。组成企业组织的目的就是协调两者在生产中的活动，最大限度地发挥它们创造价值的力量，因而两者的所有者自然地成为企业组织的核心所有者。例如，青木昌彦（2005）就将企业组织视为由股东和雇员这两个基本集团所构成的一个系统，而它们之间的联合是通过一个一体化的利益调节机制来实现的，这一机制就是管理者。正因如此，企业组织的管理者不仅仅有自己的个人利益，利用控制权来为自己的利益服务，它更重要的职能是必须为股东和员工负责，要平衡社会各集团的利益。这也意味着，企业组织应该首先在股东的利润最大化和企业的长期稳定发展之间寻找平衡。实际上，企业组织的长期稳定发展也正是负责任的股东的长期利益所在。

这有两点值得注意：（1）企业经营者必须对股东以及董事会负责，向他们通报公司的经济状况以及未来计划；但是，股东无权单独要求管理者为其短期利润负责，经营者必须也同时考虑到公司的长远利益。（2）以人力资本投入的劳动者或员工也是企业的基本要素，经营者有义务为他们提供适合的工作环境、安全保障和工资收入，并遵循同样的标准来进行雇用、提升等，而不应该存在性别、种族、宗教以及其他于工作无关的特性方面的歧视；但是，员工没有权利要求独特的雇佣条件，特别是不能依靠局内人信息与管理者合谋以攫取更大份额的利益。在很大程度上，正是由于没有充分考虑到员工的利益，通用公司管理层和员工之间的相互信任关系就曾一度变得非常贫乏，这使得董事长兼首席执行官罗杰·史密斯的变革举步维艰，到他在1990年卸任时通用公司成为美国三大汽车公司中唯一的亏损企业。当然，由于任何商业活动自身都有风险，而公司在履行所有的法定义务之后也有剩余风险。一般来说，这种剩余风险往往由企业的股东和员工承担，这使得股东和员工有别于公司契约网中的其他所有者，而成为企业运行的核心监督者，从而构成了企业要素结构的内层。

其次，企业组织的正常运营也与其他一些机构和个人密切相关，它们也是企业组织广义上的所有者。事实上，企业组织的正常运转也必须有原材料的投入、产品的购买以及其他外来资金的支持，否则企业组织的运行必然会不时中断。（1）像银行等市场主体向企业组织注入了资金，这种资金也是共同生产所必不可少的。事实上，企业运营所需要的资本可以完全通过发行债券的形式筹措，以至合宜融资的公司可以没有股东而存在。此外，像银行等债权人也承担企业运营的风险，其利益也与企业组织的发展息息相关；同时，在适当的时机，银行也往往可以帮助企业组织渡过危机。（2）企业组织的生产和销售必然要与其他供应商以及其他关联企业打交道，这些机构或个人的利益也直接与该企业组织的发展（公司的成败、公司对中间品的需求、公司对中间品的供给、公司中间品的价格以及对不同联系企业的价格数量歧视等）有关。因此，这就要求企业必须诚实经营，其发展也必须建立在与相关者合作乃至利益共享的基础之上，特别是，不能抱有损人利己的机会主义心态。（3）公司的发展也与消费者或顾客的利益密切相关，一方面，企业产品的价格、数量、质量直接影响了消费者的利益；另一方面，消费者的偏好和认同也直接影响了企业组织的发展。

事实上，企业组织的发展往往建立在与供应商和消费者的合作关系之上，而这种合作关系需要信任的基础，而不仅仅是基于法律的强制性责任。因此，供应商和消费者良好的联系和合作正是企业外部协调的关键，根据我们前面的理论，不符合社会需求的产品本身是没有价值的。一方面，就像雇主不希望自己的雇员偷窃公司财物以及希望自己的合作伙伴都能够遵守协议一样，消费者把产品买回家打开包装的时候也希望看到商品与广告中所宣传的相一致。因此，当公司发现自己的产品存在问题时，就应该及时告知消费者，甚至必须回收所有可能有问题的产品。① 另一方面，

---

① 事实上，供应商和消费者良好的联系和协作正是企业外部协调的关键。根据笔者的观点，不符合社会需求的产品本身就是没有价值的，依靠欺骗的手段获取利润不符合笔者一直强调的"为己利他"的行为机理，也必然无法持续。相反，如果勇于承担责任、对自己的过错真诚道歉并努力弥补，长期来看就会获得基于持续信任的发展。例如，1992 年 6 月美国的零售业巨人西尔斯·诺布克公司的汽车中心被指控为误导顾客和销售给顾客不必要的汽车维修服务，受来自加利福尼亚、佛罗里达及新泽西州消费者事务官员指控的影响，西尔斯·诺布克公司的股票价值下跌了 9%，全国汽车中心收入下降了 15%。相反，1982 年 8 月，美国约翰逊公司制造的特兰诺尔（Tylenol）止痛胶囊导致了 3 人死于氰化物中毒。在政府还没有要求该公司采取任何针对性措施的情况下，其公司把公众安全放在首位，毅然采取了回收占公司利润比例为 17% ~18% 的所有特兰诺尔胶囊的措施，并对公众公开了所有有关信息。结果，在 18 个月内重新获得了危机前公司所占市场的 96% 的份额（乔治，2002：7 - 8）。

公司与其他供应商之间的合作可以促使信息的流动，减少特殊投资的风险，从而在零件设计、质量控制以及交货日期等方面都可以获得市场的及时反馈。可见，像债权人、供应商、客户等对企业组织发展也是至关重要的，也是企业组织的利益相关者，也就具有监督的权责。而且，在某些情况下，这些个人和机构也承担了某些公司经营上的剩余风险。因此，它们也就构成了企业要素结构的中间层。

最后，企业组织的发展和行为也与所在地的公众以及其他企业有很大关联，它们也是企业组织更广含义上的所有者。一方面，就企业组织与所在地的关系而言，不仅企业组织的发展直接关系到所在社区的利益，如企业成败对当地就业状况产生影响，企业产品的质量关系当地的安全，企业组织也成为当地的税收来源；而且，社区的状况也直接关系企业组织的发展，这包括基础设施、劳动力素质、集群效应等。实际上，一个工厂的设立就意味着要对社区做出多种承诺，如社区需要增加下水管线，增加消防及警察人数，开发商需要兴建新住宅，为工人子女需要建立学校等。显然，就当前发展中国家的现实而言，一些行业对本地环境乃至更大范围地区的环境可能造成严重的破坏，那么，当这些企业组织建立或者被迫关闭都会对当地造成伤害。另一方面，就企业组织与不直接关联的其他企业组织的关系而言，不仅企业组织的存在及行为对本行业乃至所有企业的劳动力工资、产品价格产生旁侧效应，从而制约其他企业组织的发展；而且，某个企业组织的行为也可能影响本行业的声誉乃至整个社会经济的发展，这方面已经有了很多教训。

刚进入 21 世纪，西方世界发达的市场体制中相继发生了信用危机，触发者安然事件不但创下美国历史上最大的公司破产纪录，也直接导致安达信会计师事务所的解体。随后，美国电信业巨头世界通信公司、办公设备制造业巨头施乐公司、药业巨头默克公司以及泰科国际、美林都相继被披露了做假账。与此相关的美国五大会计师事务所，除了安达信已被推上法庭，毕马威因施乐公司受到 SEC 的调查之外，德勤、普华永道和安永都不同程度地卷入假账丑闻。显然，这些丑闻不仅影响其自身，如世通的股票每股从最高时的 64.5 美元跌到每股仅有 83 美分，世通发行的 280 多亿美元的债券，面值 1 美元仅能兑到 15 美分左右，而且，还引发了整个社会商业诚信的危机和整个会计业声誉，如安然事件披露的很短时间内就造成了道琼斯指数下跌约为 35%。同样，中国社会近年来的诚信危机也有愈演愈烈之势，如出现了银广厦、东方电子、郑百文等一大批公司的造假案。特别是，2005 年后不断曝光的涉及从百年老店到跨国公司的"苏丹红""回炉奶""碘超标""地下蛋糕""甲醛啤酒"，在根本上摧毁了人们对这些行业乃至整个商业的信心，最终将导致人类社会分工半径的萎缩。显然，企业行为与整个社会大众的利益都密切相关，因而这些要素也理所当然构成了企业生产要素的外围结构。

事实上，世界各国的法律条款一般都明确规定，公司不能在损害他人利益的情况下实现自己的利益最大化。例如，精心设计的法律要求保证顾客不受到误导，保证雇员的健康与安全不受到侵害，保障自然环境不受到破坏，等等。而且，企业中的大量贿赂案件及其他丑闻：非法操纵市场和股票交易、随意处置有毒化学物品、严重污染环境、生产有毒或危险产品以及无视工人和顾客生命安全等，已开始促使欧美社会反思市场经济制度、企业组织技艺作为其理论基础和根据的经济理论和道德准则。正因如此，20 世纪 70 年代经济与伦理相结合的新学科"经济伦理学"开始在美国出现了，随后又扩展到了欧洲乃至开始走向世界。陆晓禾写道："这门学科首先在美国出现的根本原因是，第二次世界大战后由新科学技术加速的社会化生产激化了这种单纯以利润最大化为目标的经济活动与这种活动所进行于其中的社会之间的矛盾。这种矛盾激化到这种地步：除非顾及经济活动所赖以存在的社会的利益，否则这种活动本身就不能再合法地继续下去了"；而且，"美国经济伦理运动达到的一个重要结果是：否定了经济活动可以脱离伦理道德这一在美国经济伦理运动发生之前在美国、也在欧洲其他国家流行的'神话'"［鲍伊，2006：主编前言（一）］。在这种情况下，人们一方面对市场制度的作用进行重新认识，试图通过引入伦理价值、伦理关系以及伦理责任等因素来修改市场唯利是图的本性，努力消除市场失灵的因素，从而促使市场经济以有益于社会公众的方式来发展；另一方面则是对公司组织的性质进行重新认识：公司究竟为谁的利益服务？受谁的控制支配？如何控制？

显然，流行的观点将企业目标单一化为利润最大化，从而抹杀了企业组织应该承担的社会责任。事实上，从企业组织的构成要素及其本质特点上看，企业组织并非仅仅为股东所有并为股东的利益负责。相反，正如斯蒂格利茨等强调的，公司有多个利益相关者，公司的目标不是追求公司价值的最大化，而是满足多方利益相关者的不同需求，公司决策是多个利益相关者合力的结果。显然，流行的股东利润最大化理论则把问题想象得过于简单了，因为这些流行的"企业理论都忽视了企业中一个越来越重要的特征，即企业作为一个由股东、管理者和雇员等成员组成的一个联盟结构"（青木昌彦，2005：英文版序言）。而且，正因为企业组织本身负有经济、社会和环境责任，因而那种认为股东的利益高于其他相关者利益的观点也是不正确的。例如，保障员工安全、保护社会环境或者服务消费者的义务就比股东的利益更为优先。这意味着，公司不仅仅是赚钱的工具，更是一个道德行为者，这种观点在早期社会就已经被视为理所当然的。例如，威廉森（2001）写道，"过去，人们普遍认为，公司对全体员工、对地方社区乃至对整个国家都负有法律上的责任"。而且，这种观点也越来越为实务界人士所接受。据统计，20 世纪 70 年代以后，认为公司的职责不只是为股东们的投资赚取最大利润的公司经理的比例远远超过了 60% 以上（唐纳森和邓菲，2001：10）。

正是从企业组织的构成要素，我们可以认识企业组织作为协作系统的本质，并且，这种思路可以把流行的几种企业理论统一起来。首先，它强调股东和员工利益是企业组织的利益核心，这实际上与泛产权理论相一致；其次，它认为企业组织不单纯因为股东们的财产权和契约权而形成，而是主张考虑其他投资者及相关人员的利益，这是契约论的核心；最后，它强调企业组织也必须关注社会大众的利益，这是社会机构论的观点。有关企业性质的社会机构理论认为，公司是由地方政府所特许的并为公共福祉所服务的机构，譬如，早期的股份公司就是英王为了一些特定的目标赋予那些受宠臣属的一种特权。因此，按照这种观点，公司并非完全私有而是具有某种公共角色，当公司的行为影响到公共利益时，就需要各地方政府的监督和管理。今井贤一等则从巴纳德定义的协作机制的组织概念出发，认为没有必要事先认定谁是组织的成员，构成企业组织之一的成员并不仅是诸如从业人员这样的固定的东西。今井贤一（2004：57）写道："无论承包企业还是那些不断更换的股东，因为他们也以各种形式参与协作机制，所以也就可以把他们视为组织的成员。从这个意义上说，组织的疆界是不断变化着的。"显然，根据上面对企业相关者以及共同组成要素的分析，我们就可以更清楚企业组织的内涵和存在的条件。我们用图 1 表示企业构成要素的层次结构。

总之，按照巴纳德的观点，一个协作系统包含了物的、生物的、人的

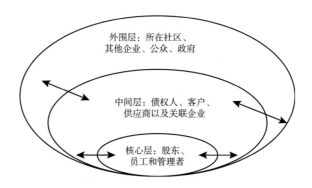

图 1　企业所有权的圈层性结构

和社会的等多种因素，同时，协作系统本身是开放的，一个协作系统往往是一个外部更大的系统的从属子系统。相应地，从协作系统的角度看，企业组织是由各种要素构成并为所有成员服务的协作系统，而且，由于构成要素是多方面、多层次的，企业组织的所有权结构也是多层次的。因此，企业组织本质上不是特定个人的赚钱工具，而是具有广泛的社会责任；同时，这些责任不仅是有层次的，并且也是相互补充的。首先，企业组织是为了增进核心层次的所有者之利益，因而直接表现为他们所有；其次，企业组织的存在和发展还必须程度不一地兼顾到其他层次的所有者之利益，不能以损害其他层次所有者之利益为代价来满足核心层次的所有者之利益。

因此，我们要对两种错误认识和实践进行反思。

第一，我们应该对现代主流经济学的企业理论进行反思。这种流行的观点主张，企业组织生存的首要的且是唯一的目的就是实现利润最大化以"不断增加股东的财富"。事实上，企业组织本身是构成整个人类社会的重要细胞，应该承担应有的社会责任，从而也是一个"道德行为者"。而且，尽管在当今世界各国名义上的法律条文都强调，企业是为了满足股东的利益而存在，但其实质上几乎都暗含了这种协作系统的企业观。因为法律条款一般都明确规定，公司不能在损害他人利益的情况下实现自己的利益最大化。例如，精心设计的法律要求保证顾客不受到误导，保证雇员的健康与安全不受到侵害，保障自然环境不受到破坏，等等。特别是，在构成企业组织的要素中，劳动者是最为独特的：（1）人是有尊严的，应受到人道的对待和尊重而不能被当作一般的机器来对待，企业的发展目的很大程度上体现在满足劳动者的程度上；（2）人是有自主性的，不能像对待土地、资本和机器那样根据所谓的边际生产率进行不断的重新配置，企业的效率很大程度上取决于是否能够充分发挥人力资本的潜力。因此，越来越多的法律条款对劳动者的利益提供了越来越周密的保护。

第二，我们应该对当前的政策思潮和企业实践进行反思。这种思潮把企业组织所承担的社会责任等同于从事公益和慈善事业，并以同一标准来对不同类型企业组织所承担的社会责任进行评估。事实上，除了追求利润外，企业组织首先关注员工和消费者的利益；但是，中国一些企业组织却往往置员工和消费者的利益于不顾而热衷各种慈善事业，这实际上是为了给企业主和管理者个人脸上贴金，而与企业组织所应承担的社会责任背道而驰。当然，如果企业组织是资源垄断的，如一些大型国有企业，其运营和发展显然与社会和全体人民利益的相关性较其他企业要大，因而要承担更多的有关社会公益的全局性社会责任。即使如此，如何更好地使用资源、降低垄断产品的价格、提高消费者的声誉、促进社会技术的创新等，仍然是这些垄断企业的首要社会责任。然而，目前的政策思潮却不仅忽视了社会责任的结构问题，更将不同类型企业的社会责任等同视之，《中国企业社会责任蓝皮书2009》就是一个典型例子。① 正是混同了不同类型企业组织所应承担的社会责任，该研究就得出了一些误导性结论：（1）社会责任最好的是中央企业，其次是国有金融企业，最后是民营企业；（2）所有的国有企业的平均分比民营企业好，也比外资企业好；（3）企业规模越大，社会责任指数越高，如处于领先阶段的两个行业就是电网、电力。尽管有关社会责任的研究有助于引起社会各界对企业行为的关注，但不当的排名却会扭曲企业组织所应承担的社会责任，从而误导企业和社会的发展。

二 股东价值观的成因及其实践批判

尽管作为协作系统的企业组织是由多种要素构成的，并且每种要素都与企业组织的发展密切相关，但迄今为止，企业组织往往被视为资本所有者的企业。其中的原因主要有二：（1）在早期的企业组织中，往往首先是

① 根据其所列出的企业社会责任100强排名为：中国远洋运输集团公司第一，国家电网公司、中国移动是第二、第三名，紧随其后的是中国大唐、华能、宝钢、联想控股、中国海洋石油、中国中铁以及平安保险。

股东承担了企业经营的剩余风险，因而股东们所处的位置最能确保公司有效经营并创造最大财富。事实上，公司有效性和财富的标准衡量也往往依据股东们的财富，因此，公司的目标也通常被表达为股东财富的最大化。（2）这也与欧美崇尚个人主义的伦理有关，在这种伦理观下形成的产权观认为，组建公司的权利是属于每个人的财产权和契约权的延伸，因此公司也就代表了属于每个人的财产权和契约权。因此，正如个人有权用自己的资产进行商业活动一样，他们也有权为了同样的目的与别人联合起来。这样，任意一个股份公司中的个人股东将自己的资产换成了公司的股份，但他们仍然是严格意义上的财产所有者；他们联合拥有这个共同的公司，并作为所有者有权接受全面的收益，就像一个由某个人所拥有的公司一样。而且，西方这种伦理观认为，如果每个股东考虑了自己的利益并以此来监督公司，公司的运作就会更有效。因此，追求私利也被认为是不可动摇的资本自由和人权，股东也被视为公司的所有者，他可以自由地转让公司或它的资产，或与其他公司合并，或关闭生产线等。

然而，这种过分强调了企业构成要素的单一方面——资本，并把资本所有者视为企业组织唯一所有者的观点显然是站不住脚的。（1）正如上一节指出的，物的产权本身就是不完全的，也是无法完全界定的，每个人在使用其所属物所赋予的产权的同时不可能不承担义务；（2）作为一系列生产要素相联系而形成的契约组织，企业组织的产权就更难以被完全分割清楚，因为其本身就包含了众多属性不能完全界定的物。事实上，正如博特赖特（2002：179）所说，"从严格意义上来讲，财产并不如一块土地那样看得见摸得着，而是规定拥有者处置某件事物的一系列权利，如处置一块土地。股东们向一个公司提供资本以期换回一些权利，如表决权和分红权。但是，全面的拥有权涉及对财产全面控制与责任，而股东们却放弃了这两种权利。这样，那些巨大的、由公众所持有的公司的股东们已经停止了那种全面意义的拥有者身份，已经成为公司所需资源的提供者的一员"。实际上，把企业组织视为出资者单独所有并非基于真正平等的天赋人权，而是在特定的环境下异化而成的天赋资本所有权的权利（朱富强，2005a）。即使是个人独资的家族企业，在当前社会中也已经不再完全属于个人所有了，这一点在"家族企业的存在解析"部分将作更为详细的说明。

而且，这种片面的天赋人权式的所有权观念在实践上是有害的，对企业组织的发展起到了极严重的误导作用。这种观点和股东随意的股票转换结合在一起，结果在西方不断地上演着兼并和反兼并的闹剧。海耶斯（R. Hayes）和阿伯纳西（W. Abernatuy）比较研究了 1948～1952 年和1973～1977 年美国最大的 100 家公司的总裁的背景，发现具有金融和法律背景的总裁增长了 33%，而具有技术专业背景的总裁则下降了同样的比例；在他们的支配下，这些美国公司在工业中的行为就像银行一样，唯一关心的就是投资回报，尽快把钱收回来，而且，他们对收购公司比向顾客出售产品更感兴趣（佩雷曼，2000：200）。在这种伦理的指导下，即使企业整体运营处于良好状态，但只要为股东留下的收益太少，他们也可能关闭为雇员和社会创造巨大财富的公司。因此，这种过分追逐资本所有者单一私利的行为必然会对企业的员工造成相当的损害，这一点在全球化的今天表现得尤其明显。正如布鲁斯·萧（2002：前言）所写的："由于股东的倡议和竞争的压力已经极大地提高了获得最基本成效的要求，这使得公司经常要削减成本和进行人员调整。大的组织重构都会使员工工作职责和员工之间的沟通关系发生大范围的变化。许多雇员认为新的工作环境需要他们付出更多的努力，而作为回报公司却只能提供很少的工作安全和稳定的保证。"

显然，这种股东利益"至上主义"无法照顾到所有相关者利益，把股东利益推定为公司利益也是得不到任何支持的，相反会对企业组织的发展造成明显的障碍和混乱。主要表现如下。

首先，这种随意性股票转换造成了信息的极大扭曲。尽管主流经济学理论把股票转换视为资源配置合理化的重要机制，但实际上，股票价格的变化与公司实际资产价值并无多大关系，股票市场也就难以起到促使资源配置的作用。例如，1987 年 10 月 14 日至 26 日，纽约股票交易所的股票价值突然下跌了 25%，但经济生活中并没有发生任何波动可以对此进行解释，而且，股票变化对整个经济社会也没有造成过多的影响。究其原因，市场是极度无常变动的，与其说它遵循有效市场模式，还不如说，遵循一种"团队心理学"模式（Shiller，1981）；因此，股票价格并不能有效地显示生产或经营的状况，利用股票价格的单一指标观察所得到的有关公司价值的所有真实信息在股票市场的"杂乱"信息中也往往显得微不足道。相反，在不受限制的股票交易中，正常运营的企业组织往往会遭到接管的威胁，从而对生产和销售造成严重影响。泰勒尔（1997：50）就指出了以下几个方面的影响：（1）降低经理进行长期投资的积极性，因为他们不会获得其利益；（2）破坏经理职位的稳定性并加强他们的职业忧虑，会导致与企业利益相反的管理决策；（3）缩短经理和工人之间相联系的时间，会妨碍他们之间建立信任。

其次，造成企业收益分割的不公平。霍姆斯特姆提出了一个不可能性定理，即在"预算平衡"的团队中，"纳什均衡"和"帕累托最优"是不可能同时实现的（这实际上是一个零和博弈问题）。显然，将之推广到企业购并的分析中，就意味着代表股东个人理性的"利润最大化"和代表所有利益相关者共同理性的"帕累托最优"是不能共存的。例如，通用动力公司总裁 W. A. Anders 在 1990～1992 年每年获得的年薪、奖金和长期回报高达 3760 万美元，而这三年里，通用动力公司削减了 73000 个工作岗位；在同一时期，UAL 公司总裁 S. M. 沃尔夫的年收入为 1700 万美元，而公司的股东们却在公司的股票价值上平均损失了 26%（布莱尔，1999：7）。当然，必须指出的，霍氏的不可能定理是针对短期而言的，而在长期中，股东收益与工人的收益也往往是互补的。但是，在股东价值观的支配下，这种利益的增长是极端不平衡的。例如，对 20 世纪 80 年代中期至 90 年代中期英国 1000 多个公司的研究表明，董事的薪水与奖金提高了 115%，年平均增长 10.5%，而一般雇员的报酬仅仅提高 34%，年平均 3.1%（威廉森，2001）。也就是说，企业组织持续发展的关键是要在不同参与者之间形成持久的协作，而不是赋予特定个体随意解约的权利。

再次，恶意收购造成的仅仅是财富的转移，而非创造。在企业组织的制度改造中，股东收益的增加往往是以工人工资的减少为代价的。例如，在美国"环球航空公司"（TWA）被恶意收购的案例中，TWA 工人总收益的减少量是股东利益增加量的 1.5 倍。也就是说，恶意收购往往只是代表财富的转移，甚至还会导致总体福利的丧失（崔之元，1999：145）。也即，这是一个负和博弈的过程。股东这种接受"恶意收购"的短期获利行为，往往是和企业的长期发展相悖的。所以，通用汽车公司前总裁 T. A. 墨菲说，"许多所谓的'投资者'只不过是掠夺者、机会主义者、投机者、商人、套利者、食腐动物，甚至是敲诈者，他们的中心目的只不过是试图投资于短期……利润，而不管造成了什么后果"，因此，根本不配称为"所有者"（转引自洛温斯坦，1999：265）。

最后，接管引起的企业发展动荡也降低了企业组织的协调性，浪费了资源。由于被收购公司的股东可以高价将股票卖给收购者，因而大都发了财，因为收购者提供的价格一般都在原股票价格的 50% 至 1 倍以上。而且，由于经理也仅仅且必须为股东的股票价值最大化服务，因而也有义务接受"恶意收购"（崔之元，1996）。在 20 世纪 80 年代美国掀起了一股公司之间"恶意收购"的浪潮：恶意收购者高价购买被收购对象公司的股票，却重组公司高层管理人员，改变公司经营方针，并解雇大量个人。而一个企业组织在发展中已经建立起一系列的人力资本、供销网络、债务关系等，显然，这些安排如果任意被股东的短期获利动机所打断，必将影响到企业组织的生产率。

事实上，按照罗默（1997：72 - 73）的看法，股票市场上股票的不断买卖实际上把企业组织置于不断拍卖的状态中，而连续拍卖系统对于监督企业经营可能是无效率的机制。例如，如果企业 A 的股东是有理性的，如果企业 B——准备投标接管企业 A——实际上会提高处于重组状态下的企业 A 的价值，那么，企业 A 的股东就不会卖掉他们的股份，这样，接管就不会发生。正因为理论上的误导导致实践中出现了严重的差错，因而已经有越来越多的学者开始全面审视构成企业组织的全部要素及其相关利益。实际上，企业管理者之所以更加关注股东的利益或者对股东更为忠诚，一个重要的因素就是现有的公司法还缺乏对股东的机会主义行为应有的限制和监督，这导致股东退出的随意性。但是，流行的经济学理论却想当然地认为，退出机制可以促使管理者为保住其职位而尽量使得股票价格最大化。其实，不仅在不确定条件下，价值最大化政策不能得到股东的一致支持；而且，股东的退出更是对公司较长远计划的贯彻造成极大的干扰，从而强制实行的"短期"价值最大化反而会导致企业内部的非效率。

可见，尽管主流经济学崇尚股东价值观，把企业组织视为股东所有并仅仅为股东利益服务；但是，这种学说不仅在理论上存在缺陷，在实践中也不是有效的。正因如此，已经有越来越多的学者主张对股东权利的限制和规范，甚至利益相关者社会观有取代它的趋势。一方面，对股票市场持悲观主义态度的人甚至提出通过征收"交易税"来提高交易成本，以及鼓励经理和其他投资者的长期投资（Tobin，1992：23）；另一方面，其他受恶意收购之害的债权人、被收购公司所在地的共同体居民，也有强烈控制恶意收购的愿望。例如，在日本，公司就必须也要为债权人的利益服务，如果公司的业绩出现持续下降，主银行就会对公司施加影响，在必要时甚至可以直接召集董事会，撤换经理。波特（Porter，1992）在一个专题研究报告中就指出，（1）由于股票价格对季度盈利的高估和对长期投资的低估，造成了美国公司的资本成本高于外国公司；（2）由于以"流动的资本"制度为特色的美国企业主要是由短暂的所有者——机构投资者构成的，更倾向于在每一笔交易中进行投资，而不愿意在维护一种利益关系中进行投资；（3）而相比之下，以"奉献资本"制度为特色的日本和德国更多的是追求长期投资的永久性投资者，因而在投资期内对与公司拥有的关系更感兴趣，而不是单个交易。究其原因，就在于美国企业具有强烈的股东价值观，经理人员看重的是股票价值，注重短期的最大化利润；而日本企业更看重公司产品的市场份额，因而注重长期的最大化增长。

总之，股东价值观企业理论把企业目标单一化为利润最大化，从而抹杀了企业组织应该承担的社会责任，从而正遭受越来越强烈的批判。这种批判主要基于两方面的理由：（1）尽管股东在法律上是所有者，但他们往往只是一些对企业组织的长期发展没有真正兴趣的投机者，而为追求最大限度的个人回报而进行不断的股票转移实际上会对企业组织的长期发展和生存造成很大伤害；而且，目前大量的股东是通过共同基金、投资计划或者保险政策等持有股票的，他们甚至不知道自己持有哪一家公司的股票。（2）除了股东以外，还有其他与公司关系更为密切、对于公司的持续生存与取得成功承担更大风险的人。例如，公司的员工就与企业关系更为密切，没有他们就没有企业组织，员工也从公司的发展中取得很大利益。博特赖特（2002：194）就指出，"股东从任何意义上来讲都不是公司的拥有者，而只是众多具有专用性资产的公司的组成之一……契约论中股东的重要角色并不是那种资本提供者，而是剩余风险承担者。虽然公司控制权是对风险承担者的最有效保障，但……大多数公司成功多样化的股东们所承担的风险相当少。另外，其他组成方有时也承担剩余风险，因而也会有权要求公司控制权"。而且，"从实践的角度考虑，股东财富最大化不是公司管理者们一个合宜行动指南。即使那些许诺股东财富最大化的管理者仍然会面对如何才能最好地为股东利益服务的问题"。实际上，"公司的终极目标不是股东财富最大化，而是社会整体财富最大化，股东财富最大化这个目标只是实现更大目标的一个手段。而且，股东财富最大化并不是惟一的手段，其他形式的公司管理也可以实现同一个目标"。

正是基于对股东价值观的批判，产生了企业组织的利益相关者社会观。利益相关者社会观认为，企业组织本质上是一个道德共同体，从而需要承担一定的社会责任：它不仅要为股东服务，而且要为所有的利益相关者服务。按照这种利益相关者社会观，企业独立经营的自由并不是无所约束的，更不是指某些个人的自由，而是要承担各种社会责任。事实上，尽管在传统的观念里，企业组织的职责相当简单，就是尽可能多地生产尽可能好而又尽可能便宜的商品，此时从事生产的经营者往往被赋予相当大的自由管理权力；但是，随着所有权和经营权的分离以及市场竞争衍生的一些问题相继出现，法律也开始为企业组织制定各种规则，这些法律涉及企业内部人行为、规范工作的条件、保护儿童、垄断以及维护环境等。不幸的是，随着相关法律也相应激增，反而给那些经营者创设了一种错觉，似乎觉得社会以及公司股东对他们的唯一要求就是依法办事，只要遵守了法律规范也就履行了社会责任。试问：当前中国一些企业组织的社会责任又体现在哪儿呢？显然，在这种背景下，就有必要重新审视企业组织的本质，挖掘自由企业本身所赋予的道德责任。

三　利益相关者社会观的认识及发展

作为一个协作系统，企业组织的目标理所当然就应该是为所有利益相关者服务，这个利益相关者也就是协作系统的成员。所以，弗里曼（Freeman）把利益相关者定义为"任何可能影响公司目标的实现或受这种实现影响的群体或个人"，其本质特征就体现为成员之间的互惠合作性。当然，尽管学术界基于协作系统观来关注企业相关者的利益只是最近才引起足够重视，但这种观点却并非新颖的。

实际上，"最有效的，最有把握的获得利润、提高公司股票价值的途径在于培养忠实的、有能力的劳动力，以最合适的最具有竞争力的价格为客户提供最好产品"的经理人员已经在实践这一理念了。而且，协作系统为利益相关者服务的理论基础就是合作互惠，这种思想也是更早就已经出现了，只是到了 19 世纪末期由于新古典经济学的偏盛才导致它的相对衰落。因此，我们现在仅仅是重新回到古典乃至更早的传统中。例如，在古典经济学和古代思想中都非常重视生产要素之间的协同，而这种协同显然是建立在要素所有者之间的协作之上。显然，这种协作的基础是互惠，典型的就是亚里士多德对友爱的互惠性之强调。同样，即使一直被认为严酷的、作为传统社会维系秩序手段的儒家三纲五常，它的贯彻也存在一个基本的原则：互惠。根据这种互惠原则，儒家的社会秩序规定每一方都有自己的权利和义务，如父亲应该有父亲的形象——慈祥仁爱，儿子才必须以一种最适合自我认同的方式去实现父亲的自我理想——孝；当一方违反了他的形象或没有尽自己的义务时，另一方也可以不履行己方的义务，即所谓的"君不君，臣不臣；父不父，子不子"。

不幸的是，古代思想家重视互惠的思想却在新古典经济学理论中被忽视和抹杀了。究其原因，在古典经济学时期，资力社会已经完全占据了支配地位，人们看到的是资本的巨大威力。因此，直到19世纪末20世纪初，随着资本主义企业管理出现了越来越大的困境，凡勃伦才又重新反思企业组织的生产本质及现实的发展状况。凡勃伦认为，从生产技术方面来说，现代经济发展是处于机器方法时代，就人类的物质福利而言，这种制度能够无限制地进行物品的生产，工业技术的运用完全以企业家的意旨为主；而就财产所有权而言，它表现为资本的所有权，导致企业的动机是金钱上的利益。因此，凡勃伦将"机械过程"（制造财货）和"企业经营热情"（营利动机）区分开来，认为这是近代社会经济组织中无上的和特征性的制度，资本主义社会的缺点也正在于机器利用和企业经营之间的对立。根据机器利用和企业经营的划分，凡勃伦区分了两大阶级：（1）物质生产者，包括工程师、技术员、科学家和工人；（2）老板、经理和商业推销员等，他们依靠所有权而控制工业以期获取优厚的利润。随着生产增长的速度大于市场扩大的速度，机器利用和企业经营间的矛盾加剧，到19世纪末，产生了限制生产以获取高额利润的托拉斯垄断组织。因此，凡勃伦把垄断组织称为既得利益集团，把近代公司组织形式称为"无主所有制"，两者形成近代社会的特征；这些既得利益集团所感兴趣的是保持尽可能高的利润，主要的途径是通过垄断限制产量。凡勃伦强调，制造物品才是经济活动的目的，把赚钱当作唯一动机将使得不能对企业进行有效管理，甚至为保持高额利润而阴谋破坏技术；相反，那些技术员、工程师以及与"机器过程密切联系"的工人却普遍拥有不同的想法，他们的目标是鼓励、设计生产手段和机器以使真实产量最大化。因此，凡勃伦希望经济工程师和其他工业专家来发动一场革命，从既得利益集团和不在所有者手中接管产业组织，由他们来承担重新安排生产体系的职能。

凡勃伦的追随者康芒斯发展出了合理的概念，认为公共效用与合理的价值有关，劳动法与合理的工资有关，工人的补偿与合理的安全有关。康芒斯非常强调"合理价值"和"集体行动"，认为交换是一项集体行动，不仅包括政府，还包括所有的工人、农民、工商业者以及其组织在内，只有通过此行动才能使未来的生产和消费实现"合理价值"。但是，康芒斯又认为，经济学家和律师关于价值的思想并非总是相同，经济学家的著作很少说明合理之本质，而法庭以实质性的内容填充了这个概念，不过，后来的发展却是法律向经济学靠拢。进一步地，后期的制度主义者加尔布雷斯则强调，现代工业组织也发生了极大变化，表现为：（1）权利的转移，专业的技术知识成为决定企业成功的决定性要素，支配权力也由资本家转移到专业技术人员手中；（2）经营动机的改变，技术阶层的经营动机不再是获取利润最大化，而是追求阶层成员满意的和安定的工作以及有升职加薪和提高声誉权利的机会；（3）企业组织的计划性，这包括以计划价格出售计划产品量，与其他厂商订立投入产出合约，获取政府补贴和有保证的市场等。显然，这些早期的先驱都开始重视企业中的人力资本特别是管理者对企业发展的作用，这些思想也直接激发贝利和米恩斯提出了内部人控制思想，从而对股东控制现代公司理论构成了挑战。

贝利和米恩斯（Berle & Means，1932：3）指出，"那些现代公司中投资的财产拥有者实际上就是将自己的财富交给了公司的控制者，这样他就将自己独立的拥有者身份换成了资本报酬的接受者身份"。此时，管理者们开始依照社会整体利益来经营公司。当然，尽管贝利和米恩斯等发现了所有权和经营权的事实，但是，他们是站在主流的股东价值观角度进行考察的，认为公司董事应该拥有包含挑选管理者在内的公司权力。这遭到了哈佛商学院多德（Dodd）的批驳，多德旗帜鲜明地强调了利益相关者社会观。多德（Dodd，1932）指出，现代公司已经成了一种公共的机构，而不是股东们的私人财产，因而也有一种社会责任，也应该为社会做爱心奉献；公司企业之所以出现，就是因为它和社会成员的互动能够创造纯粹的市场交易无法带来的收益。因此，多德主张，公司的董事们不仅仅是股东的代表，同时还应是公司其他成员的利益代表，他们包括公司雇员、消费者乃至整个社会；只有这样，所有利益相关者才可以同时得到保护。尽管开始贝利对可能出现的无限制的管理权力表示担忧，但后来也接受了多德的观点，承认现代公司的董事在名义上和事实上都是整个社会系统的管理者，不过他对这种趋势是否正确一直保持审慎的态度。

尽管贝利和米恩斯有关所有权与经营权分离的考察动摇了产权论的基础，但是后来全面发展起来的社会机构论却没能取代它，即使后来的一些法律判决也已经开始把公司权力托管给了社会（博特赖特，2002：182）。相反，如何更好地管理大公司成为当时的热点。一些学者就指出，即使管理者的职责是为股东的利益而行动，但这些利益也应该被解释为长期利益；而且，为了实现股东的长远利益，公司就需要发展与雇员、顾客、供货商以及其他人的积极关系。例如，只有员工能够在工资和工作条件方面得到公正的对待，并能够得到工作保障，员工才愿意在企业组织中投入人力资本；只有当雇员被视为企业组织的合作者而非必要的生产要素时，才会与新引进的技术和工作方法进行合作而不是对抗。因此，强调大公司的管理者有责任从整个公司的利益出发，应该协调公司各方面利益的契约论思想开始日益兴盛起来；而且，随着人们不断从理论上探讨大公司管理者所应该追求的管理模式，"利益相关者"一词也就开始出现了。

当然，尽管利益相关者社会观曾作为股东价值观的替代模式而引起广泛的关注，但它的早期提出并不是基于企业组织本质的探讨，也主要不是为了员工着想的，而是对变化了的社会环境之反应。正如巴尼特（2001）指出的，"利益相关模式不是社会主义者的论点，而是资本家的论点，它看到了，当整个财富的创造受制于自由市场这只看不见的手时，社会发展出现长期的不充分性和危险性"。不过，随着对相关者利益的重视，学术界也逐渐从治理关系逐渐转向了对其内在原因的探索，开始认识到，利益相关者不能被视为是公司利润的工具，而应被视为公司存在和发展的目的，从而逐渐发展了企业的契约思想。例如，高尔（Gower，1969：10-11）就注意到"工人是公司中不可或缺的一个组成部分"，并为英国公司不承认这一条件而扼腕叹息。高尔一针见血地指出，尽管"雇员作为其所在公司的一份子，他们为公司做的工作远比法律认定为公司所有者的股东所做的要多得多，而法理对这种确凿无疑的事实竟然视而不见"，英国的法理还抱着"主仆关系"那种神话不放。为此，梅森（Mason，1958）强调，要建立一种机制，以保证公司经营者能"根据劳工、供给商、客户以及所有者的要求正确行事，同时还能自觉考虑公共利益"。

后来，员工作为企业组织不可或缺的基本要素的思想越来越普及，并逐渐上升到了理论层面。例如，萨默斯（Summers，1982：170）说，"如果把公司看作……一个所有生产要素结合起来并持续经营的企业制度，那么，为公司提供劳动的雇员就与提供资本的股东一样，都是企业的成员。

的确，与很多股东相比，雇员可能为企业投入了更多的服务年头，可能更难撤出这种投资，与企业未来的利害关系也可能更大"。青木昌彦则把企业视为股东、员工、管理者、顾客乃至供货商等形成的联盟，发展出了企业的合作博弈理论；而且，他特别指出，雇员作为其所在公司的一份子，他们为公司所做的工作远比大多数股东要多得多。特别是，作为有非凡洞察力和未来学家色彩的贝尔和德鲁克等人则进一步洞悉了企业管理的未来走向，并探索了企业的实质。例如，在20世纪70年代，贝尔（1997：324）就把公司视为"是从事共同活动的团体进行自治管理的工具"，它不仅包括现代企业，也包括手工业行会、地方行政区以及教会团体等；而且，在贝尔看来，由于公司往往具有共同经济资产，其存在的时间也超越个体成员的寿命，因而公司的现成员往往是前成员的遗产继承人，是被选出来进行工作的人。正因如此，公司的所有权不应属于任何特定的人。贝尔（1997：324）写道："如果人们愈来愈多地以大学的模式来看待公司企业的话，则所有权的谬论就更加明显了。谁'拥有'哈佛大学或芝加哥大学呢？从法律上说就是由监督人或受托人所组成的'公司'。……大学是由其成员自行选择的、不断发展的企业单位，这些成员希望实现它的目标，适当照顾到组成该校特殊团体的利益——也要兼顾使这所大学得以运转的更大团体的利益。"

正因如此，贝尔强调了公司本质上应该为所有的利益相关者服务。贝尔（1997：324 - 325）说，"作为一个企业机构，'公司'就是管理部门和董事会，它们作为受托人为整个企业成员工作——不仅仅为股东，也为工人和顾客——并要适当考虑整个社会的利益……（因此）构成该公司的全体成员都应当在公司的权力机构中有代表性。……没有这种代表性，就会使管理权的'合法性'产生严重的问题"。管理学大师德鲁克（2002：1983年版前言）则进一步洞悉了现代企业得以运转的实质，他甚至把当前社会称为雇员的社会，强调在这个社会中，"企业，尤其是大型企业正日益为雇员的利益而运作，而非如法律或政治辞令所言，为股东的利益而运作。首先，'工资基金'——即分配给雇员的那部分国民收入——现已占到国民收入总额的85%（这一比例在欧洲更高，以最高的荷兰为例，达到了96.5%）。相比之下，100年前，当工会首次发表它们的宣言和计划时，工资基金所占的份额还不足40%"。因此，"也正是在这个雇员的社会中，雇员正迅速成为惟一的真正的'所有者'……以日本为例，它的机制是

'终身雇佣制'，这意味着除非破产，否则雇员对企业的全部收入拥有优先要求付款的权利"。为此，德鲁克（2002：11 - 12）认为，公司应该"满足以下基本要求：保证人人享有公平的机会，并按能力大小和努力程度获取相应的报酬；确保每一个社会成员，无论多么微不足道，都享有公民应有的社会地位和尊严，都能履行公民的职责，都有机会在社会生活中实现自身价值；最后，在合资企业中，每一个出资方无论大小、贫富、强弱，都是协作伙伴，而不是利益此消彼长的敌对方"。最后，德鲁克（2002：12）还强调，公司目标和社会功能的关系的"核心问题在于追求利润最大化和最大化生产廉价产品之间的矛盾，前者是公司作为一个独立主体的目标，后者是公司的社会目标"。

到了 20 世纪 90 年代后半期以后，"利益相关者"这个术语甚至开始引入政治争论中，利益相关者道路也成为英国工党政策的基本诉求（G. 凯利等，2001）。例如，英国首相布莱尔（当时是工党领袖）1996 年 1 月 7 日在新加坡发表的题为《利益相关者经济》的演说中指出，现在应该"改变公司伦理学的重点，从把公司仅仅看作资本市场的一个工具，到把公司看作一个合作共同体，使得每一个雇员都与它休戚相关，并且使公司的责任得到更明确的描述"（转引自唐纳森和邓菲，2001：306 - 307）。而唐纳森和邓菲（2001：26 - 27）则进一步强调，企业是一种人格化的组织，是其利益相关者之间综合性社会契约的汇集点，因而股东并不能以公司所有者的身份随意按照他们认为任何合适的方式处置他们的财产。实际上，这种观点已经开始成为法律条文，而目前学术界仍在流行的理论已经与法律拉开了距离。例如，新古典经济学的企业理论都把公司管理者视为股东的代理人，但是从法律角度看，管理者并不是股东的代理人，而是董事会的代理人；董事会也不是股东的代理人，而是一个独立的机构。事实上，代理人的权力一般可以随时被委托人终止，但只有在提出充分理由的情况下，董事才能被股东撤换；同样，代理人一般必须遵从委托人的指示，而股东并不具有法定的权力可以对董事会权限内的事务给予限制性指令（青木昌彦，2005：42）。

四　利益相关者社会观的公司治理及问题

股东价值最大观和利益相关者社会观所基于的观察视角是不同的，从而在公司治理上也存在根本性差异。这里继续进行分析。

（一）"企业非道德性神话"

按照股东价值最大观的积极倡导者和推动者弗里德曼的观点，股东是公司的真正所有者，经理是股东的代理人，经理们有责任使公司价值最大化，而没有义务参与不能提高公司收入的社会责任项目。因此，经理们应该努力从事获利性投资，只要这种投资符合所有法律制约，不论它是否与经理们个人的社会责任计划一致。弗里德曼（1986：128）在《资本主义与自由》一书中写道："认为公司和劳工领导人具有超过自己的股东和会员利益之上的'社会责任'已经得到广泛的接受。这种观点表明了对自由经济特性和性质的一个基本上的误解。在这种经济中，企业仅具有一种而且只有一种社会责任——在法律和规章制度许可范围之内，利用它的资源和从事旨在与增加它的利润的活动。……同样，劳工领导人的'社会责任'是为他们工会的利益服务。""公司领导人接受除了尽可能为自己的股东牟利以外的社会责任是一种风尚，而很少有风尚能比这一风尚更能如此彻底地损害我们自由社会的基础。这在基本上是一个颠覆性的说法。"

显然，根据这一观念，企业组织及其从业人员并不直接关注伦理道德，只要不违法，企业组织任何逐利的行为就是无可厚非的，而在企业经营活动中进行伦理道德的考虑则是不合时宜的。而且，基于这种最大化模式的分析视角，主流经济学家往往把企业组织的慈善行为都视为伪善的，根本目的是通过博取声誉来获取长期金钱，甚至认为为了长期利益承担社会责任的公司比单纯做生意的公司还要差。例如，弗里德曼在《企业的社会责任就是提高它的利润》一文中写道，"事实上，社会责任的教义常常是一种幌子，用来掩盖那些出于其他原因而不是所谓的理由所做的事情。举个例子，处于一个小社区里的大企业为了该社区提供福利设施，或者出钱改善社区的治理，这样也许是为了该公司的长期利益。因为这样做可能使它更容易吸引想要的员工，可能会减少工资开支，降低由于小偷小摸、蓄意破坏而招致的损失，或者获得其他有价值的效果……这是公司作为开支的副产品来营造好印象的一种办法，而这些开支是完全为了它自己的利益……与此同时，我也可以对那些鄙视这种做法的个体老板、私营公司的老板或股份公司的老板表示钦佩"（转引自鲍伊，2006：129）。正是受这种理论的熏陶，长期以来人们已经形成了这样一种根深蒂固的观点：自由企业经营的终极目的为获得收益，仅仅是为了实现这一目的，经营者才有动力去生产产品，提供服务并致力于买卖交易行为。

其实，股东价值最大观隐含了这样几个前提假设：（1）很多公司的所有者为获取利益愿意将其资财投到冒险的投机事业中；（2）所有产品的竞争性市场；（3）如果成本价格公式表明另一种资财组合获利更大，则以其代替原来的资财组合；（4）所有公司所有者都接受自身利益原则，认同该原则是所有经济活动的驱动力量（帕瓦，2003）。然而，这四个假设都无法通过严格的审查。事实上，这四个前提假设也体现了两个根本特征：最大化行为和理性行为，而这两个特征又是建立在新古典经济学的边际分析之上。正因如此，股东价值最大观为马克卢普、阿尔钦、詹森、麦克林以及其他主流经济学所接受。例如，詹森和麦克林就继承弗里德曼的观点而提出了纯粹理性主义的人类行为模式 REMM：资财丰富（Resourceful）、价值评判（Evaluative）、最大化模式（Maximizing Model）。问题是，现实生活中那些企业果真会按照边际原则进行投入—产出规划吗？一些经济学家很早就论证指出：（1）一般企业组织并不试图追求短期利润最大化或者遵循边际成本等于边际收益原则，事实上，他们对成本曲线缺乏足够的认知，从而也就不可能找到那个最佳点；（2）尽管企业主往往声称他们的目标是长期利润最大化，但他们并没有利用长期成本曲线的帮助来达到这个目标，而往往是按照平均成本原则进行定价：以总平均成本加上10%左右的正常利润为标准（霍奇逊，2007：159）。

在很大程度上，弗里德曼在一系列的演讲和论文中努力为新古典经济学的最大化学说进行辩护，但他的辩护本身却充满了逻辑缺陷。例如，弗里德曼在为"无社会责任的企业观"辩护时就说，企业组织仅仅是一个法律建构，就像钢铁结构等一样是一个物的存在；既然没有人宣称钢铁要承担社会责任，又为何要赋予企业组织以社会责任呢？要承担社会责任的话，也应该是由构成企业组织的那些人承担社会责任。但显然，弗里德曼的论述存在明显的逻辑问题：（1）既然企业组织本身是一个物而不需要承担社会责任，但为何弗里德曼又将利润最大化作为企业组织的唯一社会责任呢？（2）固然行为最终是由人来实施的，但只有限定了企业运行的目标和责任，才能对构成它的行为主体进行约束。就像我们规定钢铁在通常调控下不应该被用于杀人和破坏一样，企业组织也不能被其控制者用来恶意损害他人利益，尤其是利益相关者的利益。尤其是，企业组织作为法律建构与钢铁等自然结构本身存在根本性差异：任何法律建构本身就被赋予了一定的目的和任务，它制约了对象的行为方式，并界定了相关者的责权。同时，无论是企业组织的目的还是相关者的责权界定都体现了社会认知的要求，从而也就反映了社会对它的责任承担要求。

同时，弗里德曼等认为，只有实现了利润最大化的企业组织在现实中才可以生存下来，但这种新古典信仰却遭到其他一些经济学家的批评和挑战。例如，西蒙在 1957 年的《人类行为的模型》以及其他一些著作中就指出，完全理性假设忽视了现实中决策的复杂性和不确定性，从而提出了有限理性的概念。西蒙的追随者马奇和赛尔特等人在《企业的行为学理论》一书中开始提出，企业和消费者所追求的都不是利润最大化，而是"满意"，而这种"满意"则基于适当性逻辑：决策不仅关心直接提高个人利益，更要了解、理解和接受伦理原则和行为规则。同样，温特和纳尔逊在《经济变迁的演化理论》一书中则进一步发现了常规驱动而不是自利最大化驱动的重要意义，为此，他们将生物学中的进化类比引入经济学。但是，不像弗里德曼和阿尔钦等人利用自然选择来为最大化假设辩护，温特和纳尔逊小心地不给市场选择机制带上"自然"秩序或最高效率的光环，而是强调因存在频率依赖效应（frequency dependence）而往往不能选择最大化。

可见，尽管现代主流经济学接受弗里德曼的观点而将市场经济条件下企业组织的唯一社会责任视为在既定制度下提高企业利润，但这种流行的"企业非道德性神话"在相当程度上偏离了现实生活。事实上，社会性的存在使得人类社会中一开始就没有不负责任的自由，就像个人在社会中的行为除了受法律的制约外还必须承担起一定的道德责任一样，自由企业的行为本身也充满了社会责任和道德要求。在很大程度上，正是由于市场行为的自由性没有得到充分的认识，使得行贿受贿、诈骗虚假广告、内部人控制、代理渎职、白领阶层犯罪、销售回扣、不安全产品、做假账以及各种商业丑闻、环境问题等充斥了目前社会。施泰因曼和勒尔（2001：6）就写道："企业原则上同其他所有的潜在市场参与者（如消费者及其协会、雇员及公会，制定经济过程游戏规则的政治）一样，应该被视为市场经济竞争过程中的一个伦理行为中心。"同时，需要指出，正是由于企业承担了道德责任，并由此赢得了消费者、社会大众以及其他利益相关者的信任和合作，从而最终有利于利润的提高，这恰恰说明了企业道德行为在管理实践中的有效性和合理性，而非如弗里德曼的观点——仅仅体现了企业的社会责任在于利润的最大化。

（二）"考克斯圆桌商业原则"

长期以来，人们对企业行为之所以会产生如此片面的理解，根本上在于在主流经济学的理论中，利润最大化导向的商务原则与体现社会责任的伦理原则一直存在分离。而且，商务原则被认为是基本的，它可以有效涵盖几乎所有的经济交易；相反，伦理原则则被认为是非常复杂的，它对经济行为不会产生真正的影响。但是，森却对此持强烈的批判态度。在森（2003）看来，商务原则不可避免地会受"好的商业行为"观念的影响，因此，即使是追求利润最大化这一统一目标，商家也不得不服从于某些限制追求统一目标的自我强制选择的约束力，而这种约束力反映出人们在进行选择时应该遵循的规章制度和"适当的"行为习惯。一般地，约束利润最大化的克制力包括两个基本方面：（1）"可行性约束力"，反映一个人能够从事的事情的界限；（2）"自我强制的约束力"，反映一个人所遵守的道德或传统。显然，由于道德观念可以对人在目标和责任感的形成和事实过程中产生重要影响，因此，一个简单的利润最大化模型既不能公允地解释商务原则的内容，也不能恰当地勾画出道德情操的范围。

事实上，仅从利润最大化角度看待商务行为往往会忽略商业行为中的诸多细微之处，这不仅包括社会传统和社会习俗产生的影响力，还包括通过对话、让步和接受"施与受"所起的作用。同样，我们也不能简单地以道德原则来替代利润原则，因为这也会产生以"好的"观点为借口而对其他人造成伤害。为此，森强调，必须承认目标的多样性，这可以使我们脱离以自我为中心的经济学和缺乏自我的伦理学这些一直被沿袭的传统。而且，在森看来，现实生活中所遵循的原则和情感都是根据条件变化而变化的，这种可变性不仅有地域性的成分，而且还与历史文化相连，如现代经济学普遍以利润最大化为假设就是典型例子。森主张将基于习俗的伦理原则和基于理性的利润原则结合起来，共同组成复杂的商务原则。

迄今为止，能够将伦理原则和利润原则有效结合的一个重要成果和实践就是"考克斯圆桌商业原则"。当然，它不仅仅是一份文件，也是一个动态的演化过程。考克斯是坐落在阿尔卑斯山与山下日内瓦湖之间的一个瑞士小村庄，其出名源于20世纪30年代弗兰克·布克曼在此发起的道德重整运动，呼吁人们用道德代替武器来武装自己；"二战"后考克斯又成为德国和法国和解的具有重大历史意义的地方，并举办了"二战"后与日本的第一次会议。1986 年 8 月由来自日本、美国和欧洲的一群富有创见并企图创造一个更美好的世界的商界领袖如飞利浦公司的董事长飞利浦、加纳公司总裁加久、松下电器总裁山下等发起和参加的第一届"考克斯圆桌会议"在此举行，后形成了年会，并于 1994 年提出了"考克斯圆桌商业原则"。

"考克斯圆桌商业原则"的灵感源于日本的"共生"（Kyosei）概念，其中，Kyo 是一起工作之意，而 sei 则是指生活，对应于英语中的 Symbiosis，它是指为共同的利益以利于合作与共荣的方式共同生活、工作，彼此能够在健康、公平的竞争中共存。按照"共生"理念的倡导和实践者加久的观点，共生有三个基本含义：（1）社会性的目标和共同利益；（2）尊重和包容文化的差异性和多样性；（3）一起生活和工作。相应地，"考克斯圆桌商业原则"就由这样三个基本思想支撑：（1）繁荣观，要创造可以分配的财富；（2）公正观，要确保财产分配公平，每个人的权利都得到尊重；（3）社区观，要坚持整个大于各部分之和的观点。因此，"考克斯圆桌商业原则"要求，在进行商业管理时必须充分考虑利润与社会公正之间的和谐，要接受它方的存在并努力最好地利用彼此的优势，从而实现"共存"和"共荣"（贝提格尼斯等，2003）。

显然，"考克斯圆桌商业原则"为商界领袖确立的基本原则与利益相关者的治理原则是相通的。事实上，"考克斯圆桌商业原则"包括如下内容：（1）公司责任：从股东变为利益相关者，公司的作用在于创造财富和就业，并以合理价格及与价格相应的质量向消费者提供适合销售的产品和服务；（2）公司对经济和社会的影响：面向革新、公正与全球性社区，跨国公司应该通过创造就业机会、提高当地人民的购买力为所在国家的社会进步做出贡献，培训当地雇员，与世界分享它们的创新成就以加强全世界范围的创新能力，并关注所在国家的人权、教育、福利，激发社区生命力；（3）公司行为：从遵守法律条文发展为信任精神，真诚、公正、真实、守信与透明不仅有利于经济活动的信誉与稳定，而且有益于提高商业交易的效率和顺利性；（4）遵守规则：从贸易摩擦发展为贸易合作，促进更为自由的贸易，保证商业机会均衡，各方得到公平相同的待遇；（5）支持多边贸易：从孤立迈向世界；（6）关注环境：从保护环境到改善环境；（7）防治非法运作：从利润发展到和平。

关于对利益相关者所承担的责任，"考克斯圆桌商业原则"提出了这样几个方面：（1）顾客，要求公正地对待顾客并提供符合他们要求的产品和服务，这不仅是指那些直接购买产品或服务的人群，也包括从正当渠道获得产品与服务的人群；（2）雇员，提供给他们恰当的工作机会和薪水以改善他们的生活，工作条件应尊重他们的安全、健康和尊严，保持沟通和信息分享并以协商方式解决可能的冲突；（3）投资者和股东，保存并保护他们的资产并确保他们应得的且具有竞争力的回报；（4）供应商，与高价值、高质量、可靠性的供应商建立长期、稳定的关系，与供应商分享信息并促进公平竞争；（5）竞争商，与竞争商之间相互尊重，尊重物产所有权和知识产权，拒绝采用不诚实或不遵守职业道德的手段获取商业情报；（6）社区和共同体，维护地方社区的社会秩序稳定、保护自然环境和节约资源、尊重人权和社会制度以促进可持续发展。事实上，利益相关者是指在公司活动过程和结果中享有合法利益的人群和团体，制定公司为利益相关者服务的一些规定并非一定是出于提高公司财务收入的目标，而是因为这种做法本身就是"正确"的，是这些利益相关者的应得权利。

（三）现代企业观的转向及治理问题

目前，世界各国的大公司在实践过程中已经包含了利益相关者思想。它们认为，最有效、最有把握地获得利润、提高公司股票价值的途径就是在于培养忠实的、有能力的劳动力，以最合适的最具竞争力的价格来为顾客提供最好的产品。例如，强生公司就明确将以下人群纳入公司的利益相关者：股东、员工、供应商、客户、经理、地方和全球社区，并且以稳健的形式声明公司的责任：（1）生产"高质量"的产品；（2）保证供应商的"合法获利"；（3）创造能让雇员有"工作中的安全感"的环境；（4）保护环境；（5）赚取"合理利润"或"公平回报"。事实上，一次大型的调查向1500名以上的经理给出这样的问题：你认为你们国家其他大多数人会认为下列哪一项更好地代表了一家公司的目标？A. 一家公司的唯一真实目标是赚取利润；B. 一家公司除了赚取利润外还有一个让各种利益相关者获得安康的目标。调查结果表明：没有一个国家的大多数经理认为一家公司的唯一真实目标是赚取利润（Hampden-Turner & Trompenaars，1993：32）。

在很大程度上，以利益相关者为基础组建的企业的一个重要表现是利润分享制。显然，自20世纪七八十年代以来，企业利润分享制在某些发达国家得到快速发展。在法国，1975 年时参加企业利润分享的人数为 475 万人，占全国职工总数的 22.5%，但到 1990 年时参加企业利润分享的人数则达到了 1400 万人，约占职工总数的 60%。另外，据统计，从 1987 年到 1999 年间，在《财富》杂志评选的 1000 家企业中，采用利润分享制和其他以业绩为基础的激励性工资方案的企业，从 26% 上升到 50% 以上（转引自王振中和裴小革，2002）。尤其是，利益相关者价值观不仅为社会大众所接受，而且正在并已经转化为法律。例如，美国至少有 29 个州也已经采用了与利益相关者一致的法规，将董事会的关注范围扩展到了许多非股东的各方，其他一些公司也都在参考采用强生公司描述的公司目标（Orts，1992）。因此，按照利益相关者理论的要求，不仅描述了公司存在的现状，而且为各自提供了可能和应该的发展方向。

同时，与对企业产权的归属界定和对企业组织的目的认识相适应，不同认知观下往往产生了由法律界定的不同类型的企业治理机制。迄今为止流行的与股东利益最大化价值观相适应的是单向的委托—代理治理机制，但是，随着对企业本质认识观的改变，利益相关者社会观也带来了新的治理要求，这些都亟待法律的界定。显然，如果说企业治理本质上是有关各生产要素如何共同发挥作用而提高效率的问题，那么，治理的核心就集中在如何提高各要素之间的协调以及对各自机会主义倾向的监督。相应地，随着社会的发展以及社会监督体系的逐渐完善，对企业内部和外部协调的要求也日益提高，这反过来也必然要求重新审视企业组织的目标。因此，相应于利益相关者社会观，也就出现了利益相关者治理观。例如，泰勒尔（Tirole）就将公司治理结构定义为"诱使或迫使经理人员内在化利益相关者的福利的制度设计"（转引自青木昌彦，2001：282）。一般地，利益相关者治理观要求从利益相关者角度思考公司的经营方式，这种利益相关者除了是指构成企业组织的生产要素所有者，还指所有对企业组织负有道德义务的人；因此，公司治理不仅要对作为传统代理人的经理员工等进行规则约束和道德约束，也必须对作为传统委托人的股东等进行规则约束和道德约束。奎因和琼斯就强调委托人—代理人治理模式应坚持四个道德义务：避免伤害他人、尊重他人的自主权、避免撒谎和尊重协议。例如，在企业减产、停工乃至关闭过程中，我们就必须充分考虑到股东、员工、供应商、顾客、当地社区以及其他利益相关者的利益要求。

显然，要求企业组织为所有相关人员服务，就必须对原先较为放纵的股东行为进行限制。这首先体现为对资本的随意撤出权利进行限制，理论界提出并在实践中已广为运用的是"关联投资"方案。"关联投资"方案的倡导者认为，只有当投资机构不得不固守它们所投资了的公司时，长期利益才会产生。这要么是投资机构在该公司的份额决定了它们必须固守在公司里而不能轻易撤股，要么是交易规则限制它们转让股份。正如波特（Porter，1992）所说，"机构投资者在没有放弃目前它们在交易中所拥有的部分灵活性之前，不应该谋求获得对公司经营管理的更大影响"。显然，"关联投资"倡导者的主张与麦克洛伊德的理论具有很大的相似，它基于的理由是，企业组织内的相互制约所形成的协作要比退出的制约更有效。但是，这与林毅夫观察中国 20 世纪 50 年代的合作社实践并不一致。如何理解呢？实际上，这是由于生产要素在团队协作生产中的方式和形态不同所致，在企业组织的团队生产中限制退出的积极协作方式将更为有效，因为农业合作社的退出条件在工业生产中已不再有效了，具体理由如下：（1）在前现代农业社会，存在着单干的可能性，而在工业生产中，历史的发展已使得单干远低于团队生产的收益，这实际上排除了工业中单干的可能性；也就是说，一个人只有选择不同公司的自由，而没有进不进公司的自由。（2）农业合作社的收益由于生产过程的简单性以及其他一些信息的可观察性而可以较好地被预测，这样，如果合作社也发行股票的话，它的真实价值就容易被识别，合作社股票也容易转让；而在工业生产中，生产效益却难以被观察和预期。（3）合作社中难以通过欺诈等手段以抬高股票价格来谋利；而工业公司中则往往通过错误信息等误导他人，或损害公司的长远利益而为短期利益服务。

　　然而，尽管利益相关者社会观在理论上较原先的股东价值最大观更为合理，与企业组织的本质更为接近，但它在实践操作上却依然存在困难。这主要表现为两方面：（1）如何确定企业组织的利益相关者？如果没有一个合理和明确的界限，那么既然将所有可以列举的个人和机构都视为利益相关者，同样也可以将利益相关者内缩为股东而与股东价值最大观相一致。（2）如何确定利益相关者与特定企业组织的利益相关性？只有确定这一相关性，才可以去评判企业组织是否承担了它的责任。第二个问题实际上是建立在第一个问题的基础上，第二个问题解决了，第一个问题也自然就不成为问题了，因而第二个问题是核心。而且，这种利益相关性并非对所有企业普适，因为不同企业组织所使用的资源及其比例是有差异的，这产生了企业组织在其所承担的社会责任上的差异。例如，煤炭、石油之类的能耗性企业与 IT 企业就存在很大不同：前者的生产不仅与现世人有关，也涉及后世者的利益，因此更需要关注可持续发展问题；后者则使用了人类积累的大量知识型财富，因而涉及人类积累的知识生产力所创造的财富如何在现世人之间分配的问题。同样，上市公司和家族企业之间的社会责任也存在差异，因为上市公司的行为更容易对行业乃至整个宏观经济学产生影响，因而应该承担更大的社会责任，社会相关机构也应该对之作更严格的监督。尽管在定性上可以作如此分析，但在定量实践上却面临着很大困难，因此，如何界定各利益相关者与企业组织之间的利益相关性也就必然会成为当前理论和实践所要解决的核心课题。

总之，在"科学"思维的主导下，绝大多数新古典经济学人都基于自然主义思维而只关心现实中的组织究竟是什么，而不关心它应该是什么；因此，迄今为止的经济学教科书基本上都在宣扬新古典经济学的股东价值最大观企业理论，把企业组织假设为企业主获取最大化利润的工具。不过，这种思维无法理解企业组织的起源和现代企业组织的运作及其发展：它的构成要素不仅包括有形的资本、土地和劳动等资源，也包括无形的组织管理和社会关系等资源。相应地，与企业组织及其运作密切相关的不仅包括出资者、管理者、生产者等"内部人"，还包括业务员、顾客（消费者）、上下游企业、债权人、行业以及社区等"外部人"。而且，更与企业组织的本质相脱离：从作为协作系统的本质来看，企业组织应该成为人们实现其共有目标的共同体，具有"人人所有又非独有"的公共属性。事实上，正如鲍伊（2006：85）指出的，"代表这些共同行动和共享的最后目的的机构被叫作社会联合体，正义的社会应该是社会联合体的社会联合"，而企业组织就"应该被看作一个社会联合体，一个道德共同体，或者一个目的王国"。正因如此，企业组织并不仅仅满足特定成员的利益要求，不能仅仅追求特定长远的短期利益，必须为所有利益相关者而追求长期生存。

事实上，随着股东价值最大观在实践中弊端的日渐暴露以及人们对企业本质认知的深化，企业组织应该为所有利益相关者服务这一观点正在成为现代经济学和管理学界所达成的一个共识。究其原因，这些被称作"利益相关者"的个人和群体不仅会影响企业目标的达成，而且还会受到企业目标达成过程中所采取的各类行动的影响（Freeman，1984）。不过，尽管利益相关者社会观企业理论已经逐渐为社会大众所认知和接受，但与此相应的治理结构却还没有建立起来，因为人们还没有找到合理的原则或标准来界定企业组织的利益相关者以及它们与企业组织之间的相关性。（1）尽管"所有的利益相关者都可能是十分重要的，但没有人说过他们是同等重要的"（沃克和马尔，2003）。究其原因，企业组织作为一个独立的主体，它的所有者或者说所有权体系也有不同的含义，是一个圈层扩大的过程：内层上直接表现为人力资本和物质资本的所有者，外层上包括债权人、债务人等更多主体，推而广之则包括客户、供应商、地方居民、相关行业、企业以及环保组织等更为广泛的主体。（2）在某种程度上，企业组织的行为也不能简单地被描述为各构成要素所有者的行为之和，而是必须考虑非直接构成要素者的利益。这也意味着，企业组织有其独特的目标、利益、行为方式乃至社会赋予的道德要求，从而企业组织本身也是一个"道德行为者"（恩德勒，2002：9）。因此，如何有效地识别和应对这些利益相关者的利益要求就成为现代公司治理理论和实践的前沿课题。

第三节　作为企业特质性资源的人力资本

上面的分析指出，尽管利益相关者社会观更能够体现作为协作系统的企业所有权的本质，但长期以来，无论在理论上还是实践中却都是股东价值观占了主流地位，这实际上也是企业契约理论的基本结论。问题是，按照契约论的观点，股东也仅仅是公司所需的一种资源的提供者。那么，企业组织的股东价值观又是如何形成的呢？这就与构成企业组织这一协作系统的物质资本生产要素和其他生产要素的特点有关。前面指出，早先的产权理论直接将企业等同于（固定）资本，这个（固定）资本是指物质资本，而将人的劳动视为外在于企业的投入要素。不过，现代经济学家已经逐渐将人的劳动力也称为资本，即人力资本，因为劳动和物质资本一样也符合庞巴维克的迂回生产过程和费雪有关"能够带来预期未来收入"的观点。因此，企业这一协作系统就可以直接地被看成人力资本和物质资本相结合而有助于人们生产协调增进的组织（当然，从更大的范围讲，企业所有权体系还包括客户、地方居民等利益相关者）。例如，青木昌彦（2005：8）就将"企业视为一个联盟，由作为企业成员的股东集团和雇员集团联合而成"。

但是，青木昌彦却进一步将企业组织的生产行为和收益分配看作一个合作博弈解，认为企业内部的决策是企业成员明显或默认同意的结果，从而把对企业组织租的分配看成一种均衡状态。由于合作解往往被认为是公正合理的，因而这种分析实际上撇开了组织发展的异化及其带来的剥削现象，而这是社会发展的常态（朱富强，2005a）。正是企业组织发展出现了异化，从而产生了基于强制力的雇佣关系以及所有权归属的扭曲。上面说企业组织的所有权本质上属于所有构成要素所有，但实际上往往为特定个人或群体所控制。例如，英国公司法的一个权威研究机构报告说，"工人构成了公司不可分割的一部分这一事实却被法律忽视。在法学理论中，公司与雇员之间的关系只不过是主人与仆人的契约关系，而且仆人没有像贷款人一样成为企业的一部分……（这个）传统的法学观点通常忽视了这样一个不争的事实，即雇员作为公司成员的工作范围要比法律坚持认为的作为所有者的股东的工作范围广泛得多"（转引自青木昌彦，2005：10）。那么，这种现状是如何出现的，这就涉及不同要素所有者在企业组织中的谈判力量问题。显然，要探讨企业组织的现实所有权界定问题，根本上就要探究不同生产要素，尤其是物质和人力两类资本的特点。

根据以科斯、威廉姆森为代表的企业契约论的观点，尽管股东和债权人以及其他成员一起形成了企业契约，但是，不同要素的特点是不同的：股东投入的物质资本是高度专用性的，而债权人的投资则有固定的期限，其他诸如雇员、供应商、顾客以及其他各方通常都可以轻易离去；因此，把企业所有权赋予股东，就可以为企业经营的剩余风险承担提供保障。问题是，是否一定只有股东才可以承担这种剩余风险？人力资本的提供者可以承担这种剩余风险吗？物资资本的提供者和人力资本的提供者哪个承担剩余风险会更有保障？这些问题都涉及各生产要素的特点。由于现有的企业文献资料对物质资本已经分析得很多了，如威廉姆森专用性的分析等。因此，笔者这里将重点转为对人力资本的探究。实际上，我们对劳动力及其抽象形态的人力资本之性质、特点有个清楚的认识，就可以更深层地揭示资本和劳动之间雇佣关系的本质。

一　人力资本概念的内涵及其形成逻辑

人力资本概念是新近才出现并迅速广为使用的。事实上，在古典著作如马克思的理论中，我们在探讨人的生产能力时一般都是使用劳动力这个概念。直到 20 世纪 60 年代，学术界才开始关注人力资本问题，其中最早对人力资本作出定义的是舒尔茨。舒尔茨探究了经济增长中总产出增长比要素增长更快的原因，指出诸如健康、教育、培训和更有效的经济核算能力等要素是现代收入增长的源泉。当然，真正掀起对人力资本关注之风的则是到了后制度主义时期（重新回到早期的制度主义，注重对非正式制度的重视）。那么，为什么直到最近几十年我们才赋予劳动力以人力资本的含义呢？因此，这节来探究人力资本的起源和发展，以辨析人力资本的特点。

（一）劳动力和人力资本是具体和抽象关系

要分析人力资本概念的起源，我们首先探讨劳动力和人力资本的关系。我们知道，按照马克思的观点，人的劳动具有二重性：具体劳动和抽象劳动。其中，具体劳动是创造某种使用价值表现出来的具体形式的劳动，而抽象劳动是撇开具体特点的一般人类劳动。显然，由于具体劳动是非同质的，从而也就难以比较量的大小；相反，抽象劳动则是经过抽象一般化后，将原先异质的具体劳动同质化，从而可以进行量的比较。同样，体现个体劳动能力的人力资源也具有二重性：劳动力和人力资本，它们也具有上述的类似特点。其中，人的具体能干某种工作的能力，我们称为劳动力，它是具体的，因而两种劳动能力之间也是不能进行量的比较的。例如，我们无法说明，教授的劳动力大还是清洁工人的劳动能力大。但是，如果将劳动力抽象为一般的人力资本，就可以进行比较，这时我们可以判断教授的人力资本一般要比清洁工人大一些。

实际上，抽象劳动和具体劳动以及劳动力和人力资本的关系可以用不同的资本形态进行类比：劳动力相当于资本的物质形态，不同的物质资本具有不同的形态和使用价值，就从这点上讲，不同形态的物质资本是难以直接进行比较的；人力资本则可视为货币资本，货币是对不同物质形态的资本的抽象的一般形态，是同质的，可以比较大小。当物质资本抽象化为货币资本，也就是说物质资本不再以物质形态的数量来表示，而是转化为以货币来表示时，它的大小就可以比较了；同样，当劳动力抽象为人力资本以后也就可以进行比较、加总了。

这里就可以回答为什么对人力资本的关注如此晚近。其基本原因在于，在更早时期，劳动力还是相对简单的，这种简单的具体劳动具有同质性；因此，可以直接进行比较，而没有产生通过换算以间接方式比较的需要。迄今为止，学术界还没有对劳动力和人力资本的关联进行过分析，结果，我们在探讨人力资本时往往发生混淆。因此，我们这里提出的观点可以增进对人力资本的考察，特别有助于从起源角度分析人力资本的发生。

（二）人力资本概念是劳动力异质化发展的需要

上面的分析表明，人力资本和劳动力是劳动能力的两个方面，在人力资源中人力资本与劳动力两种属性同时存在。但为什么长期以来我们一直运用劳动力的概念呢？我们知道，物质资本多样化在很大程度上是由于凝结在物质上的物化劳动量的变化，如具有相同自然物质资源的斧头和锋利刀片凝结的物化劳动就不同，人力资本也在很大程度上是由于凝结在人体上的物化劳动量不同，如接受不同层次教育的人的人力资本就往往不一样。因此，人力资本的出现是劳动力多样化发展到一定程度的产物。实际上，在任何时候，人力资源的这两种属性都是不可分离的。如汪丁丁就指出，斯密在《国富论》中描述分工的三大好处，所谈到的"分工使得劳动者的手艺（dexterity）更臻纯熟"，这里的"手艺"，便是斯密时代的"人力资本"概念。只不过，当时劳动力还没有分化到一定程度，以致没有借助于人力资本概念的需要。

劳动力的分化首先源于劳动分工，劳动分工促进了劳动类型的多样化以及劳动者本身的分化，从而逐渐提升了人们对人力资本的认识和要求。实际上，人力资本概念本身主要是人类社会向智力社会快速迈进过程中才出现的。笔者（朱富强，2004：第7章）在《有效劳动价值论：以协调洞悉劳动配置》一书中曾经将人类社会划分为劳力社会、地力社会、资力社会和智力社会这样几个阶段；尽管劳力社会和智力社会的生产要素都是人的劳动，但劳动性质和层次却完全不同。在早期的劳力社会，劳动力是相对单一、同质的，主要在于体力上面，因此，人们很容易依据一些简单的特征判断劳动能力的大小（如健康状况、力气大小等）。相应地，此时也就没有必要将具体劳动力抽象化理解，从而也就没有提出人力资本这一概念的必要。但随着社会的发展，劳动力越来越异质化，人们越来越难以比较、使用和付酬给不同的劳动力；特别是，当劳动力的异质化越来越成为经济增长的主要因素的时候，人力资本这个概念也就应运而生了。

正如货币资本概念是物质资本发展到一定的多样化时所引入的一样，人力资本概念也是劳动力不断朝多样化发展的结果。当物质资本的种类较少时，人们很容易通过一些因素或者多次博弈形成的惯例比较物质资本的大小，这时也没有引入货币资本概念的需要；但当物质资本如此丰富而人的认知有限的情况下，货币资本概念就是节约人类判断比较精力的一个良好工具。实际上，我们很难直接判断房子和汽车价值的大小，而是首先要去了解房子和车子的特征，其市场价格如何，等等。

二　人力资本量之测度方法的重新反思

既然人力资本是对劳动力的抽象一般化，是为了简化比较的，因而人力资本应该有一个标准的量度。正如马克思的价值是借用社会必要劳动时间来量度一样，而货币资本则以一个法定的计量单位来确定。但问题正在于人力资本的度量存在不少的困难。

在1960年左右，舒尔茨、贝克尔和明塞尔等人就明确指出，人们对自身的投资是为了增加其人力资本存量，他们强调物质资本投资与人力资本投资之间的相似性：二者都包含着放弃现时消费以增加预期的未来生产和收入，从而增加未来消费的可能性。例如，人们可能为了增加将来的收入而选择接受高等教育，为此需要交付学费以及放弃现有的收入。因此，目前流行的对人力资本的衡量是用对人的投资支出进行的，这种投资包括教育、在职培训、保健和营养方面的开支等。例如，舒尔茨指出：人力资本是"体现于劳动者身上，通过投资形式并由劳动者的知识、技能和体力所构成的资本"。显然，从以上观点出发推出度量人力资本的基本思路是：用消耗现有的消费量为成本来度量将来所获得的劳动能力。但是，这种度量方法存在很大的问题。

其一，对支出并没有一个统一的标准。例如，张帆（2000）就将人力资本区分为狭义人力资本和广义人力资本：狭义人力资本主要包括教育基金、文艺支出、卫生支出等；而广义的人力资本还要假设把儿童抚养到15岁所花费的消费支出。

其二，对人力资本的"生产性投入"活动的有效性并不相同，从而凝结在劳动者身上的物化劳动也就不同，也就体现了不同的人力资本量。也就是说，产生出的人力资本并不一定等于为之投入的耗费劳动。这就如同劳动创造价值一样，同样的劳动支出所创造的价值量并不相同。就物质资本而言，以物化资本存在的社会创造的价值并不等于投入的劳动，经济实体的产出量取决于把投入要素转化成经济产品的知识水平，取决于把这些要素结合起来的效率。这里，存在生产投入的有效性问题。

其三，人力资本生产中的劳动投入的有效性除了投入活动本身外，还在于接受个体天赋能力上的差别。由于个人本身的天赋因素不同，相同的投资同样不会形成等量的人力资本。例如，熊彼特就特别强调，某些人具有非凡的企业家素质，他们更善于吸收人类劳动。

其四，对人力资本的投入往往会产生外差效应。例如，通过教育使人变得更有见识、更具修养、更具协作精神，这些东西都对经济效益产生重要影响，这些东西都是不能单纯以个体的劳动投入能够衡量的。

其五，人力资本的具体测定面临着一个更大的难题，因为人力资本所能体现的生产能力往往是不确定和可变的。虽然货币资本和价值也会由于通货变化和无形损耗等原因而发生改变，但相对于人力资本的变动而言，这些变动是轻微的。特别是，在知识突飞猛进的时代，人力资本时时在更新，这就进一步为人力资本的测度增加了困难。

可见，通过投入来衡量资本，忽视了人力以及非人力投入的质量差异。即使考虑了这些质量差异，也仍然无法找到一个广泛接受的衡量标准，特别是依靠统一的设计的度量标准。事实上，即使为获得同一种物化劳动，也可能由于存在不同态度而使劳动支出具有不同的性质。譬如，就为获得体现为健康资本的物化劳动而言，一个享受体育锻炼的人，在从事了消耗性的体育锻炼活动时不仅改善身体健康状况，而且获得了心情舒畅的满足，这种进行体育锻炼的投资是积极劳动支出；相反，如果对那些视早晨早起进行体育锻炼为一项厌恶的活动，那么尽管体育锻炼获得了健康资本，但它却是以痛苦的劳动支出换来的，这种进行体育锻炼的投资就是消极劳动支出。在现实生活中，为获得人力资本所支出的这两种劳动类型就大量存在。一般地，以积极活动而获得体现为人力资本的那些物化劳动的方式主要是一种体现为副产品的人力资本。如一个人因为享受美味而使得身体健康、营养均衡，一个人因为热衷收藏而成为艺术鉴定大师，一个人因为贪玩而作出了创造发明，等等。在这种情况下，我们显然很难将为获得体现人力资本的物化劳动而进行的"生产性活动"与仅仅是为了追求享乐而进行的"消费性"活动区别开来。这意味着，我们用投入来估算人力资本是很成问题的。既然生产性投入和消费性投入都无法区别开来，又如何计算为获得人力资本的投入呢？

正因如此，迄今为止人力资本的测量方式还没有一个明确统一的认识和可行的方法。为此，有的学者甚至考虑抛开投入而改用产出来对人力资本进行度量，这是抄袭费雪定义资本价值的思路。但这也是有问题的，它直接地与我们平常理解的资本的价值衡量相冲突。实际上，我们在衡量物质资本的量时是否会以它的产出为度量呢？尽管马克思用社会必要劳动时间来测度价值量，但是正如前面分析的，这种方法是存在很大问题的，起码决定马克思社会必要劳动时间的"社会现有的标准生产条件"无论是时点意义上还是时段意义上都无法给出一个明确的结果。因此，实际生活中，商品的价值或者物质资本的度量最终都是在市场互动中经过一系列的折算而成的。同样，由于相同单位资本用于不同的教育等人力支出带来的潜在收入流完全是不同的，因而真正有效的人力资本也应该考虑对人力进行投资的有效性，而它最终只能靠市场互动形成，这体现了哈耶克所谓的市场的能量。

三　人力资本的基本特性及其产生原因

人力资本呈现出不同于物质资本的一些特性，这些特性将影响它与物质资本交易中的地位或"权势"，从而影响对企业剩余索取权的分配。这里进一步考察人力资本的一般属性，主要考察与物质资本具有差别的一些特征。

（一）异质性和累积性

我们在学术讨论上谈人力资本这一概念，是对劳动力的抽象，从而是同质的。但我们具体地讲某人的人力资本时，往往指他特定的劳动能力，它的内容是异质的。也就是说，人力资本的主体是异质化的，这是因为每个人吸纳的人类物化劳动不同。而且，每一时段内的投入都会使人力资本从量上进行积累、从质上进行提高，人力资本的累积程度会随着质量的提高而加速，呈现递增的趋势。那么，由于人类积累的物化劳动越来越丰富，每个主体吸纳的物化劳动的差异就会扩大，从而呈现了异质化加速的趋势。这也是人力资本发展的一般特点，本书在后面将再作分析。

（二）私权性和垄断性

私权性主要表现为：（1）天赋劳动力就天然的属于劳动者本身，这是自然赋予的；（2）人力资本体现的人类社会物化劳动也是被凝结在天然的特定个体身上。尽管可能是社会其他主体对人力资本进行的投资，但是，人力资本一旦投入，就天然地与某个主体相联系，体力、经验、生产知识、技能和其他精神存量的所有权只能不可分地属于其载体——个人本身；在天赋人权的人类原则下，就无法对他的人力资本进行剥夺。即使对人力资本的使用存在某种限制，但是由于劳动力绝对上的异质化以及异质化的日益强化，人们不可能对人力资本的投资主体进行充分界定，其中必然有一部分由所有者自己支配。因此，这意味着，人力资本具有较高的私权性。同时，正因为人力资本具有私权性，其所有者就天然地对自己的人力资本具有垄断性。

（三）主动性和私利性

人是社会的行动主体，而人力资本天然属于人所有，因此，人力资本是主动产，非人力资本是被动产，是人力资本所有者将自身的劳动作用于非人力资本才能创造出社会财富。此外，由于作为社会的人，人力资本所有者本身具有私利的特征。事实上，自然人之所以在社会中需要依靠教育等投入提高自身的人力资本，就在于希望在创造社会财富的前提下获取个人利益。正是由于人力资本的主动性和私利性的特征，那么，我们就必须充分尊重个人利益，通过利益来促进人力资本的发挥；而如果否定个人利益，或者利益分配不公，实际就是否定了个人生存发展的权利，从而抑制个体的积极性、创造性，最终导致社会财富之源的堵塞。同时，由于人力资本的天然主体是人，因而它的占有、支配、转让等方面都要受到道德的制约，如奴役和人身买卖一般都是不被允许的；而且，在社会的交换中要求尽量公平，如人力资本的使用环境和报酬方面都有道德的最低限制。

（四）易变性和难估量性

人力资本具有可变的特征：（1）人力资本在不同环境下被使用时的有效性具有很大的差异，因为作为人所具有的人力资本，直接受到人的思想道德、情绪心态、性格兴趣、习惯风俗、制度环境的影响；（2）社会的发展导致人力资本的价值也在不断变动，一个人去年创造了很大的价值，但却难以保证今年也能同样创造如此的价值。例如，米卢连续带了5个国家的足球队进入世界杯的16强，但在中国却失败了。因为人力资本是可变的，因而它也具有不可估量的特点。事实上，尽管一般的人力资本的计量是用投入，但人力资本的真实价值应在于它的支出，如果不支出就没有价值的实现，而支出和投入显然是不一样的。而且，由于时间的不可逆性，加上计量人力资本的技术的不成熟，已经投入的人力资本很难得到完全的补偿，也不可能重新找回失去的时光。两者相结合，使得人力资本在生产中的贡献很难衡量。

（五）专用性和群体性

在企业中，人力资本同物质资本一样都具有专用性，而且，随着社会分工的广泛而充分的发展，人力资本的专用性不断增强。因此，人力资本所有者在进出企业时必须考虑自己人力资本的特殊适应性，一旦进入一个适合自己专长的企业，他就会对该企业产生一定程度的依赖性；而如果专用性的人力资本不参加社会协作体系，往往就没有任何价值。同时，一旦加入了社会协作体系，就会对企业集体产生归属感；因为他在为企业生产经营做出努力的同时，也以相对长期的时间投入和精力投入形成了个人和集体之间特有的信任、尊重、友情、团队精神、集体荣誉等无形的人力资本，以及个人进入集体后创造的、以集体财富形式体现的、个人长期受惠的公共财产。这些财产在单个人力资本所有者参加特定的集体后才得以分享，一旦离开便失去了分享的机会，这就是人力资本的群体性特征。青木昌彦（2005：29）就指出，"由于工作惯例是在团队中各个成员的互动中形成的，因此每一种惯例都是独一无二的"。显然，人力资本的专用性和群体性趋势越来越成为人力资本所有者退出企业的障碍，增强了人力资本所有者对企业风险的承受度。

（六）外差性和协作性

一般地，当人力资本被使用时，其具有的知识和创新能力往往产生溢出效应；因此，人力资本对社会而言具有正的外在性，这种外在性是知识产品和信息产品的特殊功效。由于人力资本具有很强的外差性，因而它的形态实际上又可分为两种：个体人力资本和群体人力资本。一般来说，群体人力资本不是个体人力资本的简单相加，从个体人力资本到群体人力资本的形成过程中产生的协作力，使群体人力资本产生倍增效应，创造的社会财富大大超过每一个体创造财富的极限。这部分群体剩余就是群体的协作力所为，属于系统中各要素共同所有。正是由于外差性的存在，人力资本就存在相互依存的特性并产生出相互协作的要求；这是因为，人力资本个体的专长往往具有片面性，而相互依存和协作是为了弥补片面性的不足。一方面，个体努力虽然是社会财富的创造之源，但只有个体将自己片面的人力资本在协作中形成相对全面的人力资本群体，增进社会利益，才能增进个体利益，群体利益是个体利益的依托；另一方面，只有人力资本个体进行协作，社会的财富才能最大限度地增进。个体是整体的基础，协作是促进个体和群体利益共同增进的有效方式。

总之，通过上述的梳理和归纳，我们就会发现，人力资本的特性本身就是多重复杂的，甚至具有相反的特性。例如，主流经济学认为"只要不存在奴隶制，这些工人的人力资本无论是在收购前还是收购后都是自己的"（哈特，1998：35），因而只有非人力资本的产权对企业来说才是重要的。但显然，这种观点缺乏对人力资本特点的基本了解。实际上，即使存在奴隶制，在收购前，人力资本也并非可以完全被企业占有，因为人力资本具有私有和垄断的特点。同样，即使不存在奴隶制，在收购后，人力资本也并非完全由自己支配，因为人力资本具有专用和群体的特性。

四 人力资本的发展趋势和企业家特质

分析了人力资本的一般特性后，我们再探讨人力资本特性的基本发展趋势。同时，由于企业家体现了高级的人力资本（异质性更强），它在企业组织的协调中具有举足轻重的地位，因而这里专门考察一下企业家的人力资本特性。

（一）私权性和异质性的增强

上面分析指出，产权是对物属性所附带权利的界定，由于物的属性是难以完全被认知的，因此，产权是难以完全界定清楚的。这个论断对一般物适用，对由人的劳动力属性而反映的人力资本产权同样适用。事实上，劳动力属性更加复杂，因而人力资本产权更加难以界定，这也就是为什么绝大多数学者都强调人力资本的私权性（Barzel，1977；Rosen，1985；张五常，1984；周其仁，1996）。如劳力、掌握和运用知识的技能，学习能力，以及努力、负责、创新、冒险和对潜在机会的敏感等一切具有生产价值的人力资源，不但总是附着在自然的个人身上，并且只归个人调用。当然，也有的学者认为，人力资本载体并不天然拥有其人力资本所有权，人力资本载体并非天然是人力资本产权主体；因为如同物质资本载体与物质资本所有权主体可以分离一样，人力资本载体也可以与人力资本所有权主体相分离。他们举的例子就是在前现代社会（主要是原始社会和奴隶社会），原始人和奴隶几乎没有占有自己劳动的权利。

确实，在人类社会的历史演进中，人类对自己劳动力（即人力资本）的占有强度是一个逐渐提高的过程。在原始社会，个人的劳动属于氏族共同体，共同体的人力资本才是共同的"财富"；在奴隶社会，奴隶隶属于奴隶主，奴隶主甚至可以任意处置他们，奴隶几乎不能占有自己劳动的成果；在封建社会，农奴的人力资本则部分地归农奴主所有；资本主义社会早期，工人获得的仅是最低工资并在资本家的监督下被迫进行各种劳动。但是，我们也从中看到个人对自己的人力资本的占有强度和范围正日益扩大，其中，最重要的原因就在于劳动的异质化程度在不断增强。

实际上，越追溯往古，劳动力越单一、同质化程度越高，从而产权的界定也就越完全。在与氏族共同体、奴隶主、封建主的"交易"中，人力资本被所有者之外的占有或掠夺的程度越高，留给原始人、奴隶或农奴发挥自己空间的人力资本的属性范围越小。所以，罗森（Rosen，1985）在说人力资本的"所有权限于体现它的人"这句话时用了"在自由社会里"的限制条件，意思是，只有在不允许将人为奴的法律条件下，人力资本才真实地属于个人。但即使如此，人力资本也不是完全被剥夺的，否则，原始人就不可能发展出私有制。巴泽尔（Barzel，1977）分析奴隶制时指出："奴隶从头到脚都是奴隶主的财产，因此其劳动成果就法定属于奴隶主。首先，奴隶主拿走奴隶的任何东西，只不过是自己拿了法律上说是属于自己的东西。他们有权利，也有力量做到这一点。"这反映出，以前奴隶主对奴隶占有程度极高的一面。

正是由于人力资本天然地属于某个自然个体，即使法律以较小成本可以界定它的归属，却也无法完全控制事实上的占有；相反，在个人产权得不到社会法权体系承认和保护的场合，个人往往凭借其事实上控制权"关闭"有效利用其人力资本的通道，从而增加别人利用其人力资源的成本，降低人力资本的价值（周其仁，2000）。所以，巴泽尔（Barzel，1977）又指出，奴隶是一种"主动的财产"（full-fledged property），且事实上控制着劳动努力的供给。张五常也指出，"粗看起来，那些被强制为奴的人被剥夺了一切权利。但实际上，奴隶主对他们并不享有绝对的所有权"，"奴隶也成了所有者"。同样，在资本主义社会早期，劳动者在形式上隶属于资本，特别是，随着资本积累加速和生产社会化程度的提高，劳动者所支配的人力资本（劳动技能和技巧）被纳入了资本运动并服从资本的需要。在这种情况下，那些企业主支配了资本也就相对于支配了人力资本，资本家（资本所有者）与劳动者（人力资本所有者）之间的关系表现为"资本雇佣劳动"的关系。但是，毕竟劳动者的一些基本权利已经得到了法律的保障，同时，他可以有比奴隶更大的自由退出那些束缚，并对其自己的劳动能力的使用拥有更大的处分权。

其实，即使在奴隶被视为会说话的工具年代，奴隶主对奴隶之人力资本的占有都是不完全的；尤其是，随着人们从等级隶属关系中解放出来，人力资本的私有权性质也就更为强烈了。而且，上述都只是反映了劳动力的异质化程度较低的状况，因而劳动力在与稀缺性资本的交易中就容易被剥夺；但是，随着社会的发展，人力资本越来越异质化，越来越多的因素难以界定，所有者在交易中能够保留下来的权利就越来越多。也就是说，人力资本的私权性越来越强。特别是，随着人力资本的异质化增强，那些具有高人力资本的群体逐渐成为社会价值的主要贡献者；但是，出于社会正义或者政治力量的考量，他们所创造的价值需要分配一些给那些低人力资本的群体，这与以前的人类社会恰恰相反。例如，德鲁克（1999a）就指出，和仆人一样，蓝领工人不会消失——正如生产者不会从大地上消失一样，不过，正如传统的小"农民"成为贴补领受者而不是"生产者"一样，传统的蓝领工人基本上也将成为一支辅助的力量，其位置正在被"技术人员"所取代。显然，取代传统劳工"阶级"的将是一个有凝聚力的、有识别特征的、明确的、有着自我意识的集团，而制造业中蓝领工人在新的社会中也许很快成为另一个"压力"集团而已，他们开始成为收益的转入对象。

（二）企业家的人力资本特性

巴纳德（1997：56）指出，组织是全部活动和部分活动中进行协作的人们所组成的一个集团，这个集团显然是由一群人及其有待决定的相互关系或相互作用组成的；他还特别强调，在企业组织中通常认为集团是由"高级职员和雇员"组成的。德鲁克（2000：245）则更明确指出，"在以往，世界经济中的亮点从来都是技术创新所取得的领导地位。大英帝国凭借蒸汽机、车床、纺织机、铁路、炼铁、保险和国际银行业的发明而成为

18 世纪晚期和 19 世纪早期的经济霸主。德国的经济成就是以 19 世纪后期的创新——化学、电子、电力、光学仪器、炼钢和现代银行的发明——为契机。美国在同一时期的崛起得益于钢铁、电子、电话、通信、电力、汽车、农艺学、办公设备、农业设备和航空器材等的技术创新。但是，20 世纪崛起的一个强大的经济力量——日本——在任何一个技术领域都不是先驱者。它的优势完全在于管理方面的领先地位。……特别是关于将人力视为资源而不是成本的观念"。因此，在上面揭示了人力资本的一般特点后，我们有必要进一步探讨企业家或管理人员的人力资本的特点。这也是现代企业理论关注的热点，因为正是企业家人力资本的特点直接影响到企业组织、机制的设计，也根本涉及长期争论的资本和劳动之间的雇佣问题。

企业家一般都是时代的商业精英，是一个社会中最具学识和洞察力的群体；因此，其劳动力中吸收人类的物化劳动的数量也较多，其人力资本也就最具有强异质性的特点。一般而言，企业家自身的这种人力资本具有以下的产权特征：（1）私有性。即企业家人力资本只属于企业家个人所有，是企业家长期投资的结果，其他任何人不能分享；因此，企业家人力资本产权"天然地属于个人"，其人力资本的开发与利用也完全决定于产权主体的主观愿望。（2）人身依附性。企业家异质型人力资本突出地表现为企业家特有的经营能力和创新能力，这种能力作为企业家的精神特质，不可分割地依附在所有者身上，企业家对其自身的人力资本具有不可分离的所有权和控制权。（3）企业家人力资本的使用过程即是企业家人力资本对企业的投资过程。企业家人力资本的使用过程就是企业家从事决策、经营、管理的过程，即企业家的决策劳动、管理劳动、创新劳动和科技劳动过程。这一过程既是企业家人力资本价值的追加和增值过程，又是企业家以自己的人力资本投资于企业而成为企业利益相关者的"抵押"的过程。（4）由于企业家人力资本的"专有通用性"和团队化趋势，企业家人力资本正在日益成为企业风险的真正承担者，这是企业家人力资本特殊的产权责任。

不仅具有私有产权性质的组织中，企业家的人力资本具有上述特性，即使在公有产权的组织中也是如此。周其仁（2000）曾指出，公有制企业否认了个人对其生产性人力资源的合法所有权，但并没有消灭"个人总是其人力资源天然的实际所有者和控制者"，从而造成了公有制企业面临一种内在的紧张：在法律上属于国家和集体的人力资源并不能直接听由公有制企业调动和指挥而得到发挥。表现为，各种卑微的私人利益和动机在公有制企业里不但依然存在，而且仍然在世界上决定着人力资产的实际供给水平。即公有制企业同样不能自动地动员已经"配置"在企业内的、在法律上"公有的"人力资源。事实上，这种现象并不是公有制企业所独有的，而是所有企业组织的一般现象。根据前面的分析，企业组织本身就是为其内部所有构成要素所有，而现在的企业往往由法律界定为出资者所有，但并不与事实上的产权相符。巴泽尔（1997：导论）强调指出，从法律上界定一项资产的所有权要比事实上界定它花费的成本更小，即使法律上把某些资源界定为某个体所有，也仍然存在一个"公共领域"。例如，法律赋予奴隶主拥有奴隶的任何合法权利，但实际上，奴隶却可在一定程度上获得他们劳动力产权，从而实现自赎。

此外，根据杨瑞龙等（杨瑞龙和杨其静，2001）的看法，企业家的人力资本具有"专有性"的特征。"专有性"资源指那些一旦从企业中退出，将导致企业团队生产力下降、组织租金减少甚至企业组织解体的资源；因此，这种专有性是企业生产必需的，又是难以替代。与此同时，这种专有性资产它的价值具有不确定性：如果人力资本不公开，就无法了解它的真正价值；而一旦公开了，它也就失去了原先的价值（布瓦索，2000：1）。这就是企业家人力资本价值的测不准原理。D. 米勒（2001：30）曾指出，"如果每个人具有不同的技能或者在团队中发挥了不同的作用，评估个人的贡献就会非常困难。如果技能简直是独一无二的，这种评估就几乎不可能的：假如 A 和 B 一起做出一个产品，而且既没有人能代替 A 的工作，也没有其他人能代替 B 的工作，那么我们就无法衡量 A 和 B 各自的应得"。当然，这种情况基本上是一个理性假设，在现实生活中，越是通用性的技能越可以通过劳动市场来评估，而那些高异质化的技能则获得剩余索取权。显然，正是由于企业家的人力资本具有默会性，它的价值往往难以确定的，从而交易成本很高，因而企业家人力资本往往只能通过剩余收入来进行间接评价。这也是为什么越是具有高异质化的人力资本往往越有可能被卷入企业内的分工的原因，因为这样可以通过间接定价的合伙契约来避免直接定价的市场交易（杨小凯，1994）。

第四节　劳资雇佣关系的实质及其发展

体现企业所有权关系的就是现实中的雇佣问题，集中表现资本和劳动之间的雇佣关系。显然，从协作系统的角度上看，企业组织作为一张"契约网"，客观上要求其内部的各生产要素产权主体平等、独立地参与企业所有权的分配。因此，从应然权利的角度看，各产权主体分享企业所有权是企业组织内生的特征。但是，在现实生活中，实然权利的配置涉及产权主体之间的谈判能力，因而这可能使企业所有权合约表现为不同的形式，如"资本雇佣劳动"或"劳动雇佣资本"式的单边治理合约以及利益相关者共享企业所有权的共同治理合约（杨瑞龙和周业安，1998a）。事实上，资本与劳动之间的雇佣问题既是一个重要的理论问题，更是一个紧迫的现实问题。弄清它，一方面便于我们对企业产权结构的理解，另一方面更便于对企业控制权政策的制定，因而这实际上涉及中国目前企业改革方向的大问题。关于这一问题，学术界也曾展开了广泛的争论，但遗憾的是，至今仍然没有出现很有说服力的分析。因此，有必要从企业所有权的本质内涵出发对雇佣关系的现状和发展趋势作一剖析。

一 "资本雇佣劳动"说的主要逻辑

就目前学界而言，大多数学者认可了"资本雇佣劳动"说。实际上，自马克思起这种看法就占了支配地位，但不同学者对这种现象的态度是迥然不同的。

在马克思时代，由于"资本雇佣劳动"确是一种普遍现象，因而马克思在研究中把它当作基本存在来研究。但是，马克思否认这种现象的合理性，认为只是由于自然因素所限，产生了资本强权。马克思（1965：7）说，"一个除自己的劳动力外没有任何其他财产的人，在任何社会和文化的状态中，都不得不为占有劳动的物质条件的他人做奴隶。他只有得到他人的允许才能劳动，因而只有得到他人的允许才能生存"。因而当时的"工人只有当他们找到工作的时候才能生存，而且只有当他们的劳动增殖资本的时候才能找到工作"（马克思和恩格斯，1964：30）。在某种程度上说，早期资本主义以及更早时期，资本和劳动之间往往不是雇佣关系，而是占有关系。在劳动力买卖以后，劳动的所有权和占有权就发生了分离，即劳动者属于劳动者个人所有，但劳动本身已被资本家所占有，劳动的产品也必然归资本家所有。于是，商品的所有权规律转化为资本主义占有规律，资本家可以任意处置劳动，总要迫使劳动创造的价值远高于劳动力价值。

现代西方学者基本上也持"资本雇佣劳动"说，但是，他们不是从批判角度进行分析的，而是运用各种手段来论证这种制度的合理性、永恒性。马克思（Marx，1988：69－70）写道，"我们是从国民经济学的各个前提出发的。我们采用了它的语言和它的规律。我们把私有财产，把劳动、资本、土地的互相分离，工资、资本利润、地租的互相分离以及分工、竞争、交换价值概念等等当作前提。我们从国民经济学本身出发，用它自己的话指出，工人降低为商品，而且降低为最贱的商品；工人的贫困同他的产品的力量和数量成反比；竞争的必然结果是资本在少数人手中积累起来，也就是垄断的更惊人的恢复；最后，资本家和地租所得者之间、农民和工人之间的区别消失了，而整个社会必然分化为两个阶级，即有产者阶级和没有财产的工人阶级"。究其原因，"国民经济学从私有财产的事实出发。它没有给我们说明这个事实。它把私有财产在现实中所经历的物质过程，放进一般的、抽象的公式，然后把这些公式当作规律。它不理解这些规律，就是说，它没有指明这些规律是怎样从私有财产的本质中产生出来的。国民经济学没有向我们说明劳动和资本分离以及资本和土地分离的原因。例如，当它确定工资和资本利润之间的关系时，它把资本家的利益当作最终原因；就是说，它把应当加以阐明的东西当作前提"。

首先，从资产专用性角度来为"资本雇佣劳动"进行辩护。威廉姆森（2000、2002）等新制度主义经济学家认为，如果交易中包含一种关系的专用性投资，则事后的竞争将被事后的垄断或买方独家垄断所取代，从而导致将专用性资产的准租金攫为己有的"机会主义"；由于资本比劳动更具有专用性，那么，为了满足专用性资产所有者参与约束，资本—管理型企业就是均衡的组织形式。显然，在西方主流经济学者，物质资产的专用性更强，因而企业应该属于物质资本所有者所有。例如，哈特（1998：35、71）就指出，"只要不存在奴隶制，这些个人的人力资本无论在收购前还是在收购后都属于他们自己"，相反，"不具备若干重要的非人力资产的企业，知识脆弱的和不稳定的实体，时刻有终止或解体的可能性"。哈特（1998：74）还用数学模型证明，"对非人力资产的控制是如何能导致对人力资产的权力的，这一权力意味着雇员将趋于完成符合他们老板利益的行为或投资"。当然，基于相同的理由，道（Dow，2003）的认知可能就更全面一些。道认为，为了满足专用性资产所有者参与约束，因而在资本比劳动更加专门化的产业里，资本—管理型企业就是均衡的组织形式；而在劳动比资本更专门化的产业里，劳动—管理型就是均衡的组织形式。但是，道认为，人力资本也具有较高的专用性，因而资本雇佣劳动并不是必然的。

其次，激励机制的效率为"资本雇佣劳动"进行辩护。哈特（1998：56）等认为，在其他情况不变的条件下，如果一方有重要投资决策，那么他就更可能拥有资产。新制度主义推而广之的观点则进一步变为稀缺性的所有权应该配置给物质资本所有者，有这样几方面的阐述。（1）阿尔钦等人（Alchian & Demsetz，1972；Alchian & Woodward，1987）将专用性与团队生产相结合，其认为，和那些其资源用途不受团队成败影响的人相比，更依赖团队产品价值的资源所有者更看重对团队指挥和管理的控制。显然，只要公司还具有偿付能力——不管它的业绩是好是坏，债券持有人、雇员、供应商和其他规定的固定权益都可以得到保障，而那些具有剩余索取权的股东则只有在公司经营良好的情况下才能得到报酬和补偿。因此，企业的控制权最适合为剩余风险承担者所有，他们有动力刺激工业更好地赢利。这也就是说，那些出资者就是企业所有者，也就是享有企业剩余索取权的人。阿尔钦和德姆塞茨甚至认为，如果剩余风险承担者不能得到由于减少偷懒行为所得的全部收益，剩余风险承担者就会偷懒，从而影响企业的效率。（2）霍姆特姆等认为，在团队生产中由于每个成员贡献的不可分性，每个人都不会主动披露自己真实的努力程度；这时，度量每个人的贡献时所遇到的困难将影响到谁作为监督者的问题，所有权应与最难度量的因素相联系。由于资本的贡献是最难度量的而容易被错估，因此资本雇佣劳动就是合理的。（3）哈里斯和雷维夫也强调，投票权应该与剩余索取权正相关，无风险的"廉价选票"不应该发行。由于劳动比资本更容易躲避风险，因而劳动雇佣资本不是一种最优的方式。

最后，凯尔索等则从效率的来源角度进行解释。凯尔索和阿德勒认为，机器越来越先进是生产力提高的根本原因，而人劳动的复杂性似乎没有变化，因此，资本雇佣劳动起因于资本具有更高效率的必然要求。当然，在《资本主义宣言》中，凯尔索和阿德勒过分强调了资本单方面因素对生产效率的作用，后来，凯尔萨等（1996）在《民主与经济力量》中有了缓和，他们继续坚持现在已经不是一个劳动创造价值的单因素经济，而是资本和劳动共同创造财富的双因素经济，但仍然坚持资本创造财富的作用越来越大。

在当前的中国学术界，由于对以前计划经济时代片面强调劳动对资本的支配权而造成效率低下心有余悸，结果在目前这种"资本至上"的时代就"矫枉过正"，特别是一些经济学者极力借鉴国外流行理论来对"资本雇佣劳动"命题进行确认，其代表人物如张维迎。张维迎在一些论文中以严格的数学假设前提论证了资本雇佣劳动的合理性，其基本理由是，由于物质资本与其所有者在自然形态上是分离的，结果物质资本投入企业变成了一种抵押品；根据麦克洛伊德的退出成本理论，物质资本的所有者从企业中退出的成本很大，从而成为企业风险的真正承担者，因而就有积极性去管理好企业；而人力资本与其所有者在自然形态上却不可分离，因而机会主义就比较严重，不可能真正承担企业风险。而且，张维迎（1995）还认为，在一个消费不可能为负的约束条件下，一个人当企业家的机会成本与其个人的财产正相关，因而资本雇佣劳动保证了只有合格的人才会被选做企业家；而对一个一无所有的、只能靠借入资本当企业家的人而言，成功的收益归己，而失败的损失却推给他人，因而即使没有能力的人也有兴趣碰碰当企业家的运气；此外，易于观察的股本可以作为一种信号手段标示出有关他们经营能力的信息，从而使这种安排节约交易成本。

二 "资本雇佣劳动"说合理性的质疑

尽管资本雇佣劳动是早期资本主义支配性现象，也是当前的主流现象；但在现实生活中也总可以看到大量的劳动雇佣资本现象，如大量靠人力资本计股入投的公司就是如此，靠剪息票生活者的资本实质也是被雇用的，目前越来越多的人力资本公司、基金公司、咨询公司等都是如此。其实，在前资本主义社会中流行的就不是资本雇佣劳动，如地主把土地租给农民（土地是那个时代的资本形态）之后，关心的只是按时收租，而一般不过问农民的经营；土地所有者把土地和矿山租给经营资本家后，也不再过问资本家的经营；进一步地，自从 20 世纪初以来就日益凸显的所有权与经营权相分离的现象实质上也是对资本雇佣劳动的革命。不幸的是，一些学者为了维护"资本雇佣劳动"说的合理性，竟连这样明显的事实也加以否认。例如，俞建国（1998：6）就认为，在实行实物地租、货币地租的条件下，两权分离是产权的基本形式，而企业却鲜有实行两权分离的。但显然，这个判断是缺乏依据的，因为两权分离随着社会的发展而明显加速了。究其原因，社会协调的增进往往需要将不同所有者的资本（产权）结合，这必然出现两权分离。事实上，劳动者的人力资本所有权，以前产出归本人所有，现在却几乎彻底分离了。同样，现代企业中已经几乎没有谁完全凭自有资本进行经营活动的，必然有债务债权关系，这也就是两权分离的体现，即使资本所有者对企业各种附属权利的分解也是不争的事实。

而且，为了支持这样明显与事实不符的观点，他们还提出了一些莫名其妙的理由。俞建国认为，只要一种财产不能使他的主人在出让经营权的同时可以逃避风险损失，就不可能实行两权分离。例如，在土地和房屋出租这类事务中，所有者就不但可以拿到稳定的租息，而且没有财产损失的危险；但是，企业如果也实行两权分离，那么业主不仅出让了剩余索取权，也承担了全部的经营风险。显然，这种分析是荒唐的，不知道俞建国是否知道分成租佃理论，也不知道俞建国是否知道有资本收息这一事实，难道真的熟视无睹了吗？俞建国继续说，企业租赁这种两权分离程度较高的方式，其实往往是为了避免拍卖企业可能带来的更大损失而采取的一种权宜之计（因为俞建国认为企业拍卖的价值只不过是相当于一堆废铜烂铁）；否则，就会出现专门为了出租企业而建企业的业务了。难道俞建国真的不知道确实有这种业务吗？实际上，在早期社会就已经非常盛行，正如布劳和梅耶（2001：32）所描述的；而且，在新经济时代，很多互联网公司都是从创始人那里"买"来或"租"来的；此外，现在的承包制也就相当于此，中国盛行的"三来一补"工业很大程度也是如此，因为许多企业连设备都是产品需求方投资的。而目前企业租赁业务之所以没有盛行，很大程度上，由于企业资产的专用性而导致资本沉淀，但同时又很难把握产业发展的前景，而对一些有较大利润可图的行业则希望自己投资并赚取其中的利润而不愿租赁他人。因此，我们有必要对资本雇佣劳动的合理性、永恒性进行反思。

（一）对西方主流理论的反思

首先，就专用性理论而言。

第一，它的假设并不是现实合理的。（1）物质资本专用性的假设是基于早期资本市场不发达、证券化程度不高的企业特征，但是随着证券化程度的提高，资本即使是物质资产的流动性也在不断增加。事实上，目前高度流动的股票市场可以使得股东们轻易地处置那些令人失望的股票，也很少有证据表明股东期待对公司进行实质的控制和管理。而且，股东也可以通过多样化渠道消除他们投资组合内某个公司的所有独特风险，而只面对体制（市场）风险；同时，股东们的有限责任也将风险从整个公司降到了他们投资的数额。因此，博特赖特（2002：188）认为，"股东承担的风险很小，那种以剩余风险推定为基础的股东控制权论证就在这个事实面前沉没了"。（2）劳动同样也具有专用性，甚至比资产更具专用性。例如，那些非常有技能的、培养公司专用性资产的雇员们也在承担大量的剩余风险。特别是，由于存在广大的劳动力市场以及庞大的产业后备军，资本的专用性往往并不能轻易和经常性地受到要挟。费茨罗和穆勒等论证了工人因加入和退出企业产生高昂的交易费用或因不可转换的人力资本的积累而难以流动（包括现有职业和新职业的收入差异以及变换职业的净交易费用）。菲吕博顿和魏金斯（1998）也发现由于"工人拥有企业或行业性专用技能（或其他的能生产租金的特征）和或工人们改换工作的交易成本很大"，结果工人在遇到管理层以倒闭相威胁时常常被迫作出降低工资的让步。[①]

第二，它基于资本比劳动更具有专用性的假设而认定资本雇佣劳动是一种更为公平的组织形式，实质上这是以规范的价值偏好来代替实证分析。杨瑞龙和杨其静（2001）认为，这很大程度上属于福利经济学的规范分析，其主要功能在于阐述某种合约和制度安排的合约性或有效性，因此带有浓重的经济伦理色彩。事实上，雇佣问题并不是社会对专用性资产表示同情，防止它们被讹诈而出于良好意愿设立的，而主要是社会竞争的结果，它取决于竞争双方的势力。从这个角度上讲，流动性强的一方在竞争中反而占据优势。因此，如果仅是因为资本更具专业性的话，那么它在与劳动的交易中就必然处于劣势，在交易过程中反而更加可能被雇用。例如，在早期，由于资本稀缺且流动性较强，因而它可以索取到平均水平的利润，并成为雇佣者；而劳动力却由于大量失业的存在而流动性极差，从而成为被雇佣方并接受具有差异性的极低工资（详见朱富强，2005a：第6章第3节）。而且，现实生活中往往并非如新制度主义所判断的，一些专用性

---

① 而且，菲吕博顿和魏金斯（1998）还指出，工人承受的损失不只是行业的专用性人力资本，还包括（1）寻找工作阶段失去的工资，（2）在一个价值下降的地区出售房屋可能发生的损失，（3）寻找新住处的成本，（4）实际迁移成本，（5）失去的养老金（当他们还没有得到时）和其他边缘收益。例如，米切尔1980年的研究表明，在工人们改换工作时，他们的养老金平均损失3600美元，其他边缘收益损失500美元。如果还要搬迁，再配置成本还应包括出售房屋的6%的标准佣金、家庭财产的运输成本（常达几千美元），以及被迫离开一个所熟悉的社区产生的负效应。

非常强的资产反而被出卖（被雇用）了。这正如青木昌彦（2005：5）所指出的，"近来，高技术产业中管理者、工程师和技术工人在企业之间流动的显著现象表明了雇佣结构'内在化'的重要性和相关性有所降低。然而，我认为，从这些现象中可以推导出，不是企业的物质资本而是人力资本的重要性日益显著。企业要获得竞争优势，人力资本内部配置模式和人力资本所有者的福利越来越明显地被认为是公司决策的要素，或者说，与公司决策有高度相关性"。事实上，目前中国一些学者也已经正确认识到这一问题。例如，杨瑞龙和杨其静（2001）就指出，"'专用性'不但不是当事人获得组织租金的谈判力基础，反而削弱了这一基础"。究其原因，专用性资产的价值依赖于团队其他成员，当事人的退出威胁难以令人相信，因而必然受制于人。①

其次，就激励理论而言。

第一，哈里斯和雷维夫以及阿尔钦等人的观点实质上与新制度主义有关专用性的观点具有一脉相传的逻辑，它同样强调了劳动退出的自由性，以及劳动对企业组织控制的机会主义倾向。问题是，正如上面已经指出的，劳动者是否比资本更容易躲避风险呢？在经济不景气时，股票可以抛售，即使有所损失；但劳动者非但不可能通过转换工作来提高收益，更严重的是失去工作，从而丧失基本的生活保障。而且，随着社会的发展，人力资本的专用性和群体性越来越强。青木昌彦（2005：28）就指出，20世纪60年代以来"发展起来的人力资本理论让我们更清楚地认识到，雇员的技能在很大程度上是在工作中形成的，为雇员提供训练的企业能够更好地提高它们的生产力。……尽管现货市场机制没有办法保证受训人员继续留在企业里工作，而且受训人员会为了自己将来的利益而假意许下承诺"；但显然，"人力资本理论采用的方法过于个人主义化了。它假设人力资本属于个人所有，……（但实际上），有一些技能只形成于特定的组织环境中，只能存在于雇员的团队之中"。因此，阿尔钦等（Alchian & Woodward, 1987）也承认，"事实上没有人拥有'企业'整体"。

第二，霍姆特姆和凯尔萨等人的论调实际上是非常荒诞的。霍姆特姆

---

① 博特赖特（2002：188）认为，那些需要专用性人力资本的公司只有通过提供分享准经济效益的方式才可以吸引那些具有此类必要训练的人员，或者鼓励他们进行此类训练。青木昌彦（Aoki, 1980, 1984）就以日本企业制度为背景，提出企业组织剩余来自工人的专用性人力资本和物质资本的联合生产，因而工人可以凭借专用性人力资本与资本家谈判，获取组织租金的一部分。

等认为资本的贡献更难估量。事实上，活劳动与物化劳动（资本）的一个显而易见的区别就在于：由于活劳动复杂程度、熟练程度千差万别，因而是异质的；而经过沉淀、凝结成物化劳动的资本，实质就是一个同质化的过程，复杂程度强、熟练程度高的劳动凝结成更多的物化劳动——资本，而那些无效、低质的劳动凝结成的资本量则较少。现实生活中劳动和资本贡献的特征也表现得越来越明显：一般而言，资本的所得——利润或利息——往往有个变动范围，资本的损失最多是它本身，而所得也有个限度；但是劳动的工资却千差万别（如通用汽车公司总裁的年薪达 2000 万美元以上），在网络时代，有的劳动可能一夜之间获得上亿元收入（如小超人李泽楷）；事实上，我们谁能评估一个科学家的发现对人类的价值？可见，劳动的复杂程度不同使得劳动的贡献更难度量。

最后，就效率的来源而言。

第一，凯尔萨的著作《资本家宣言》的出版本身就是对《共产党宣言》的反动，主要强调观点上的对立，而没有进行深入的理论分析。正如上面分析的，由于资本的同质性，因而资本对价值创造的贡献没有理由是大幅度变化的。事实上，机器的复杂化和先进性则只不过表示凝结在这些机器上的物化劳动越来越多，社会上的资本越来越大。因此，就整个社会的资本贡献来说，它的总量也不过与资本增长率相同的比率增长。如资本总数增加 1 倍，资本对社会的贡献也增加 1 倍。况且，我们这里假设同质的单位资本对价值创造的贡献是不变的，而没有考虑边际生产力递减的影响。同时，资本增多意味着未消耗的劳动节余的增加，而这种增长只能来自劳动的复杂化和更有效，因为资本是同质的。此外，由于以知识形态存在的资本的递增，促进了劳动有效性的提高，而知识的载体是劳动者，结果就体现为劳动者创造价值的增加，劳动异质性的提高。

第二，表面上，社会大多数人的劳动的复杂性没有很大的提高，甚至比以前更加轻松了；但实际上，这仅是考虑体力劳动，我们谁也不能否认今天人类的智力比以前大大改善了。一方面，尽管人们的劳动时间大大减少了，但从事学习和接受教育的时间却大大增加了；明显地，以前的人到12 岁接受基础教育后就普通从事劳动了，而现代人却大致要到 22 岁大学毕业后才进入社会工作。另一方面，人类的生产过程都是迂回曲折的过程，那些直接的物质生产者的劳动可能更轻松，但为这"轻松"所付出的其他"迂回"的社会劳动更多，更复杂；尤其是，随着社会的发展，生产过程的迂回度越来越高（如科学家、管理者、教师）。产业工人的空闲时间的增加，完全是以知识工作者的工作时间的增加为代价的。就如企业的管理者而言，管理者的工作时间正在变得越来越长。如德鲁克（1989：37）说，随着社会的发展，虽然直接生产者的工作时间大为减少了，但知识工作者以及管理者的劳动时间却大为延长，并越来越稀缺了。

总之，西方学者强调"资本雇佣劳动"合理性的理由本身是不合理的，也是经不住推敲的。实际上，他们的经济学结论都是其固有的意识形态下的产物，是支持既有的社会制度，并把它视为合理的。马克思说，一个社会的统治思想是其统治阶级的思想，被命令者也被诱惑着相信他们的位置是天经地义的。譬如，亚里士多德和奴隶都相信他们的位置是天经地义的：主人需要人来做工，奴隶需要有人发布命令。基于同样的逻辑，企业组织的成员也可以分为发布命令者和命令的执行者，命令的发布者就成为企业主或所有者，而命令的执行者就成为工人；在资本主义意识形态下，所有的理论逻辑本质上都是出于解释这一目的的需要，这也就是资本主义社会中操纵性权力的力量（霍尔瓦特，2001：70－71）。

（二）对国内流行观点的质疑

反思了西方学者的观点，我们回过头来重点对张维迎的观点进行剖析，因为他的观点在当前中国学术界具有广泛的直接影响。

其一，张维迎关于劳动更易退出的分析与新制度主义的观点如出一辙，主要适用于劳动力相对单一、同质和物质资本形态比较单一的早期资本主义。显然，随着社会的发展，人力资本越来越异质化，越来越具有专用性和群体性的特点，人力资本也不再是独立存在的，而是与团队、过去的经历呈越来越强的互补性；相应地，人力资本所有者的退出成本越来越高，这意味着人力资本越来越勇于承担企业运营的风险。与此相反，物质资本的形态越来越多样化，其所有者可以根据风险最小化原则组合和转换这些物质资本，从而规避风险；同时，日益兴起的物质资本证券化趋势也为规避风险提供了另一有效工具，这使得在劳动退出成本越来越高的同时资本的退出成本将越来越低。其实，就现实情形而言，根据华尔街规则，股东成了企业风险的主要规避者，甚至是企业动荡风险的主要制造者；相反，越来越多的案例却表明，企业职工往往是企业的最后退出者。上面揭示的人力资本的群体性特征也说明，人力资本与企业组织往往是难以分离的，这意味着人力资本具有抵押性，是个沉淀的专用性成本，因而容易被套牢。正因如此，周其仁（2000）就指出，如果将"名声"也理解为人力资本的组成部分，那么，就不能像张维迎那样断定人力资本"没有抵押性"（即专用性）。可见，张维迎（1996）仅仅从人力资本与其所有者不可分离的特征就断言人力资本不具有抵押功能，并认为非人力资本一旦进入企业组织就成为"天生的"风险承担者，显然是片面的。

其二，张维迎认为，在劳动雇佣资本的情况下，那些一无是处的穷光蛋也会来碰运气。显然，这种关于劳动雇佣资本会导致鱼目混珠和私财不能得到保障的论断既缺乏逻辑也不符合社会发展事实。不可否认，在市场不成熟、信息封闭的情况下，确实会如张维迎所说存在此类事件。如19世纪末，到中国发财和冒险的大多就是流浪汉（如渣打银行的创始人等），橡胶风潮使得整个中国经济陷入凋敝。① 但是，在一个市场不断发展成熟、信息机制日益发达的现代社会，人们可以通过很多渠道，利用很多特征信号来判别一个人的能力；而一个拥有大量资产的人是不会随便将资产交给一个没有经过市场评估的人，社会上人们一般是不会相信一个无迹可寻的陌生人的（当然，一些特别能包装的人也可能得逞，这也是目前社会上同样存在很多受骗上当的事件的写照）。一般来说，随着社会的发展，就会逐渐形成一种有利于识别劳动者经营能力以及信誉状况的机制；社会信息机制越完善，伦理道德越发达，那么可以相信，劳动雇佣资本就越将会成为可能。而且，当今社会越来越普遍的事实是，那些拥有少量资产的人往往会委托专门的信托公司进行管理，这是委托经营，并不是雇用；相反，从某种意义上讲，信托公司是雇用了资本。事实上，张维迎强调，只有拥有财产的人才有责任心，才可以被赋予监管之权，这与资本主义国家早期，只有具有一定财产的人才具有投票权同出一辙。所以，李新春（2000b）认为，张维迎的理论具有"身份说"的特征，这实际上讲到了关键。

其三，张维迎把企业家视为资本的化身，而混淆了企业家在不同历史时期的角色演变。其实，张维迎的分析仍然停留在企业的所有权和经营权相结合的时期，通篇都在论证具备更高经营能力的资本所有者将成为企业家。但是，正如周其仁（1996）指出的，只是在古典企业里由于存在非人

---

① 1908年，英国商人麦迪利用伦敦市场上生橡胶价格狂涨而招摇撞骗，其在中国编造了一套橡胶经营的发展状况，而大肆招股并哄抬股票价格。随后，橡树种植公司如雨后春笋般设立。等股价涨到无法再涨的程度，这些冒险家将股票抛出并潜逃回国。

力资本和人力资本的所有者合二为一的现象才造成了经济学上一个笼统的
"资本"概念，而资本家成为这种笼统的古典资本的人格化代表。在集所
有权和经营权于一身的古典企业中，企业家仅仅是如同拍卖者那样协调其
他生产要素的行为和利益，而在均衡状态下，单凭这种角色是没有任何收
入的。因此，古典企业家为了生活往往就必须拥有土地、劳动或资本等。
然而，张维迎强调的却是在经营能力信息是不对称的情况下，此时企业家
可以通过价值的制定获取一定的收益，从而导致单纯的企业家功能被独立
出来；不过，张维迎却强调，那些愿意充当企业家而又同时拥有足量个人
资产的人才能被信赖为合格的企业家，这显然没有注意到资产和能力分离
的情况。其实，张维迎的逻辑在于，资本所有者之所以成为委托者，就在
于资本是一种能提供信号，能表示有关企业家能力的信息，要获得这种信
息必须付出更大的成本；但是，银行选择贷款给富人而不是一无所有者，
往往并不是因为他更有经营能力，而仅仅是看到有资产作抵押品。同时，
也并没有足够的证据认为，拥有资本越多的，经营能力也越高；相反，由
于遗产制度的原因，资产和能力越来越分离已经成了越来越普遍的事实。
另外，张维迎强调，雇员的人力资本没有合适的显示信号，因而其实力无
法显示出来。但正如杨瑞龙和周业安（1997）指出的，虽然人力资本的显
示信号暂时是弱的，但动态地看，引入边干边学效应，显示信号会由弱转
强，从而提高雇员的谈判地位，争得一部分企业所有权。例如，比尔·盖
茨 1980 年肄业时还一无所有，但到 1993 年，作为微软公司的 CEO 已经拥
有资产 67 亿美元，其中大部分是在 7 年的时间内积累的。显然，如果只有
拥有了资产以后，才能成为合格的企业家，那么当年穷学生小比尔又如何
成为今日富可敌国的大盖茨呢？可见，张维迎的模型把经营能力和个人资
产看成是先天决定的，是静态的不变量，而没有看到"后天"个人能力的
改善及个人资产的获取和积累。

其四，张维迎还混淆了企业家和雇佣者的关系。雇佣者不一定是企业
家，企业家也不一定是雇佣者。一般来说，企业家是那些标新立异、富有
冒险精神的人，他们开创的往往是从前没有的事业；因此，企业家开始往
往并没有很多资金，甚至是穷光蛋，他们的资产积累是一个从无到有的过
程。例如，谁也不能否认爱迪生、瓦特等人是企业家，但他们开始确实没
有多少资金，也大都为他人所雇用；同样，现代社会中，创办思科公司
（Cisco）的夫妻开始的注册基金仅仅 25 美元，他们也不善经营，而最后成

为一些投资风险基金的雇员。企业家也往往并不是通常的雇佣者，如克拉克（R. Clark）在创办网景之前就创办了好几家公司，而且是办好了就卖掉；创办 Hotmail 的人 1 年内就将公司以上亿美元卖给微软了。

其五，张维迎的分析中的另一个错误就是将委托人与雇佣者这两个概念混同了。例如，张维迎（1995：7）对委托人的定义是"对他方的行为承担风险因而获得监督他方的权利的一方"，"代理人则是指不一定非为自己的行为负责的一方"。张维迎（1995：3）问道："最根本的问题在于，为什么从一开始，是资本家而不是管理者被授予委托人资格？……为什么不能通过将委托人资格指定给管理者从而让其为自己工作的方法加以解决？"这显然是有问题的，照这种理解，银行贷款给企业，岂不是在雇用企业？父母将小孩托付给某工匠作学徒，岂不也是在雇用他？同样，家长把孩子送到学校，也是在雇用学校？甚至父母将孩子送到企业工作，也是父母在雇用企业。实际上，委托常常是将一定的资产交付另一人掌管、使用等，并不一定构成雇佣关系；雇用则是一个比较严格的定义，它往往需要存在直接的命令关系。在企业组织中被雇用的劳动者当然也要对自己的行为承担责任，张维迎自己也承认这一点。张维迎（1995：8）说，"当我们假定工人的技术具有'企业特种性'，他们在企业里所拿的薪水又高于市场水准，则他们就不得不承担部分由企业家的行为造成的风险。在这个意义上，工人反而是委托人而企业家则是代理人"。实际上，要区分委托人与雇佣者的关系，一个显著的特征就是"用脚投票"还是"用手投票"。雇佣者的行为是主动，他按照自己订立的契约，要求被雇佣者接受条件，按照契约规定的去做，因而主要是"用手投票"以对代理人的行为进行直接干预、约束。而委托人却不完全这样，有一部分委托人实质上也就是被雇佣者，他们根据雇佣者们订立的契约进行选择，如果发生不利的行为则撤出，也就是所谓的"用脚投票"，他们的行为一般是消极的、被动的。

其六，张维迎的分析还存在大量的既非历史也非现实的先入之见。例如，张维迎（1995：3）以肯定的口吻提出这样的反问："为什么是企业家监督工人而不是工人监督企业家？为什么是资本家而非工人对企业的管理者加以挑选？"但实际上，一方面，就历史而言，企业家雇用工人仅仅是晚近的产物。拉什（2001：212）就指出，"在'科学管理'产生之前，各种形式的劳动者并不都是被资本置于这种现实前提之下的"。另一方面，就现实而言，也存在着工人监督企业家的大量事例，而且，这种趋势还越来越普遍；特别是，工人对管理者的挑选也具有相当的发言权，这种分量也越来越强。譬如，德国公司负责选择管理者的监事会的构成必须按照企业规模吸纳一定比例的雇员代表，日本企业则从雇员年功序列制中吸收新成员作为企业整体利益的守护人。博特赖特（2002：185）就指出，"雇员也曾成功地就董事会席位进行谈判，有时债券约定书也曾赋予债券持有者对特定风险活动进行表决的权利。当公司处于困境时，放贷者也曾从股东手里接受控制权，放贷者的利益也就成了公司的首要目标，这种情况一直要到公司从困境中摆脱出来"。试想，现代社会中，企业家还可以无视大多数工人的看法而任意选择管理者吗？如果这样的话，将导致员工信任的滑落、雇主权威的丧失、企业伦理纽带的松弛，也必然造成效率的低下；除非能够回到以前的那种依靠工头极端监督的时代。事实上，正如巴纳德指出的，管理者能否胜任关键在于其下属的拥护程度，从这个意义上说，管理者的选择实际上取决于两种授权机制：（1）正式（上级任命）的，（2）非正式（下级接受）的；并且后者是决定性的，它表明了被领导者的态度。显然，在实践中，无论是日本企业还是欧美企业，其最高管理经营者几乎都是从企业内部成长起来的员工中选拔、任命的，这也是为了增强下属的认同程度（孙耀君，1998：333）。大量的事实也表明，"如果工人们参与产品质量和数量改善的设计，那么车间层次的生产效率就会提高。而且，很多地方的雇员及其组织坚持要增强对生产过程人性方面的认识。……在条件许可的时候，雇员及其组织将毫无疑问地通过在渐进各个层面上发挥其谈判力量来寻求对企业决策的影响"（青木昌彦，2005：6）。正因如此，我们说，现代的公司治理中流行的将不再是委托人监督代理人，或者是雇主监督被雇佣者；相反，越来越普遍的是，代理人监督代理人，劳动者自我监督。

总之，从价值的创造来看，劳动投入者占有被认为是捍卫自然权利的财产产权，因而企业本身属于活劳动和物化劳动的所有主体共同对企业产权拥有权利；但是，由于劳动投入与价值产出之间存在的不确定，因而在洛克以后，财产理念逐渐向捍卫能产生社会收益的财产产权进行转变，这就是西方社会强调的最大效用者占有产权说。这种学说的基础就是效率说，它认为具有最大效用者占有财产可以最大限度地发挥出财产的使用效率。所以，有效产权应该归属于能够带来最大剩余和最小代理费用的那些主体：（1）给那些以社会收益的最大化方式使用它的人；（2）自己本身最善理财的人。但是，这种理论也存在明显的缺陷：（1）没有任何合理的依据能够说明最大效用的人就可以发挥出财产的最大效率；（2）社会效益和个人效益往往是冲突的，那些获取个人最大效用的人往往可能损害其他人的合理收益；（3）这种学说本身是与企业作为所有构成要素共同所有的本质相悖的。实际上，如果按照这种学说，整个国家也应该由那些最具效益的贵族或最具能力的精英所有，等级制的社会是最优的。但实践表明，等级制的社会并不适用于当前社会。然而，令人匪夷所思的是，西方社会在国家层面上极力主张民主和自由，主张国家为所有民众服务；但在企业层面，却主张其仅仅属于股东所有，只有那些具有财产的人才具有管理企业以及拥有企业的权利。试问，这不是明显的悖论吗？

三　劳动和资本之间雇佣关系的实质

前面的分析指出，企业组织本质上是一个所有生产要素及其所有主体进行联合生产的协作系统，从而也必然要求为所有参与者服务。其实，不仅长期以来一直存在着不同类型的合作型企业，如西班牙的蒙德拉贡就是一个典型，而且，当前也有越来越多企业朝合作型方向演化。例如，到了1977年，联邦德国、瑞典、挪威、丹麦、奥地利、荷兰、法国、卢森堡和西班牙等九个国家都相继通过法律，要求主要公司的监事会和董事会中必须有工人的代表参加；也正是在转变成工人管理型企业以后，许多破产的企业又焕发出了新的活力。正因为合作社的存在及其合理性，甚至导致了天主教会态度的改变。例如，1961年罗马教皇约翰二十三世在通谕中宣布："研究我们的先知们指引的方向前进，我们也感觉到，积极地参与作为其中的一个部分和在其中工作的企业的活动，对工人们是合理的……由工人对生产组织负责的锻炼，不仅反映了人性特有的合理要求，而且也是和经济、社会和政治领域的历史发展和谐一致的。"（转引自霍尔瓦特，2001：212）。那么，企业所有权的现实归属究竟是由什么决定的呢？

一般来说，任何产权关系和制度安排都是法律界定的产物，而法律的制定有四个基本要素：正义、效率、习俗和力量。其中，正义反映了社会关系的本质和社会发展的方向，效率则体现了主导者的利益以及社会的短视功利，习俗蕴含了反映长期效率的社会伦理，而力量则在短期内决定了每个实在法的制定。其实，尽管在理论上西方学者往往主张企业所有权天然地应该属于出资者，这是由效率原则决定的，但显然，这种效率仅仅反映了特定时代的效率，而不是一成不变的。相反，随着社会中各类生产因素的相对地位的变动，企业组织中利益相关者之间的互动行为也开始发生了变异；那么，原先被视为有效率的安排也逐渐变得没有效率了，如原先对那些奴隶主看来是有效率的东西现在就往往不再被视为有效的。究其原因，效率本身仅仅反映了达到特定目的的速度，这种目的可以是资本家的利润最大化，可以是管理者的才能租金最大化，可以是工人的工资最大化，也可以是更公正的协力租分配。显然，所设定的目的之内涵不一样，实现效率的手段和途径也不同。例如，如果是为了出资者的利润最大化，那么，法律就会将企业的所有权界定给出资者，赋予出资者雇用和监督工人的权力；相反，如果是为了劳动者的收入最大化，那么，法律就会将企业组织的所有权界定给劳动者，赋予劳动者管理企业的权力。至于现实中的企业组织究竟追求什么目标，这直接地是由法律界定的。显然，法律如何界定往往体现了社会各方力量之间的博弈，从而博弈的结果必然反映了强者的要求。正因为企业所有权的现实归属在于法律界定，并主要是出资者凭借其强权进行篡夺的结果，从而出现了产权归属的最强者占有说，这体现了现实法律的制定特征。

因此，企业所有权的界定仅仅体现了特定群体的利益，因而并非总是体现效率的要求，并且也不符合人类社会发展的基本方向。譬如，在前现代社会，一个拥有强壮体力的人可以迫使别人为他工作甚至成为他的奴隶，而无须给予补偿，这种占有式的"交易"在"野蛮丛林"时代也许是有效的，但在现代社会中却显然不是有效的方式。事实上，在很多情况下，这种基于强制的"交易"乃至由此而产生的法律往往会造成社会的失范。究其原因，正如涂尔干（2000：14）指出的，"那些最强的势力就会在与弱者的对抗中独占上风，使后者屈尊于它的意志。但是，这些被征服者虽然暂时屈从了强力统治，却没有认同这种统治，因此，这种状态肯定不会带来安宁祥和的气氛，由暴力达成的休战协议总归是临时性的，它不能安抚任何一方。人们的欲望只能靠他们所遵从的道德来抑制。如果所有的权威丧失殆尽，那么剩下的只会是强者统治的法律，而战争，不管它是潜在的还是凸显的，都将是人类永远无法避免的病症"。也就是说，只有体现实质伦理的法律界定才是长期有效的，而这种实质伦理就反映了社会的本质关系。显然，就企业所有权和归属以及雇佣关系的现实特征而言，强烈地体现了这种强者占有的观点。究其原因，尽管在不同环境中资本和劳动之间的不同供求状况会导致不同的雇佣形态，从而形成不同的企业组织结构和治理关系；但在迄今为止的商业社会中，由于对资本的需要比较旺盛，因而资本在与劳动的交易过程中往往居强者的地位，从而也就可以占有劳动或雇佣劳动。

事实上，尽管自然秩序要求社会的交换是公平正义的，但迄今为止的人类社会还远远没有能够达到这一要求。关于这一点，我们可以借助现代产权理论的观点加以说明。广义产权理论认为，交换实质上就是产权的交换，而产权不同于物权，它关注的是经济活动中人的行为，是物进入实际经济活动后所引发的人与人之间相互利益关系的权利界定；由于物所具有的不同属性在人们的交易中都会带来利益关系，这样，对每种属性的界定都会派生出一种产权，因而产权本质上是多元的。然而，由于物的属性有显性的、隐性的、易分割的或混合模糊不清的，产权要获得完全界定，资产所有者和对其有潜在兴趣的人就必须对其有价值的各种特性有充分的认识；但是，由于人的认识是有限理性的，从而必然有一些属性不能被人所认识，或者对其价值估计不准。也就是说，由于任何事物的属性都必然存在着一定的公共领域，这种具有公共性的属性很难得到充分的发掘和界定。而且，产权概念与交易成本联系在一起，产权要获得充分界定，必然意味着交易成本为零。显然，现实生活中交易成本是不可能为零的，因而产权必然不可能被完全界定清楚，人们在交换时往往只约定交换一部分权利。正因为产权无法界定清楚，那么，交换也就不可能是公正的。

而且，即使产权的界定是没有问题的，交换也是难以公正的。根据埃奇沃斯框图，两个消费者边际替代率相等的点的连线构成的契约线是交换的帕累托状态，但是，均衡是一条曲线而不是一个点，契约线的不同点对交换双方产生的福利相差很大，而交换的最终均衡点依赖于交换方的偏好、禀赋，以及积极的讨价还价的能力。这除了信息不完全之外，更主要是双方的势力（或地位）不同。泽尔腾（2000）指出，强势博弈方不会得到比弱势博弈方更少的支付，弱势伙伴得到比强势伙伴更高的支付份额是不合理的。实际上，在迄今为止的人类社会中，资本所有者在与劳动力所有者进行的交易中一般都处于强势地位；其中，影响双方供求的基本因素在于，"人口过多与相对较少的工作岗位，劳动力供给的种种失范反应，缺乏有关童工或工作时间的法律规定，雇员的无产状况，缺少失业、医疗和养老保障，禁止雇员的联合和落后的交通状况，等等"（亨塞尔，

2002）。这意味着，就目前资本与劳动相交换的情形而言，资方往往处于有利地位：（1）谈判失败对资方的损失是非常小的，因为资方可以凭借雄厚的资产而分担风险；（2）资方往往并不是与一个对手在谈判，因而具有相当的风险承担能力。相反，劳动方则处于非常不利的地位：谈判失败的劳方损失全部由一人承担，因而承担风险的能力较弱。正是基于这种截然不同的谈判地位，资方能够从长期出发，选择总的期望效用最大的方案，而劳方只能选择风险小收益更小的方案。特别是，在劳资谈判中，由于信息的明显不对称，就不能公平化双人谈判局势，结果只能是由谈判前的双方的期望水平和对谈判结局的预期来决定（泽尔腾，2000）。

关于劳资双方在当前的不同地位，我们也可以从两者的特性中更深入地挖掘资本与劳动的交换中的权力指数。一般地，人力资本具有异质性、垄断性、私权性、易变性、专用性、群体性、分散性和易逝性等特点。异质性意味着劳动的贡献是难以衡量的，而垄断性意味着人力资本天然地与某个主体相联系，所有者天然地对自己的人力资本具有垄断性；显然，垄断性和异质性一起强化了人力资本私权性，它不能像一般商品（或资本）一样被转移。易变性表明人力资本属性是难以界定的，因而我们无法确定人力资本的量及其贡献，从而也就无法像对待物质资本那样给予人力资本确定性的收入分配；相反，人力资本的具体投入往往和与之相联系的其他人力资本、社会资本以及制度资本相关，这就涉及管理学的课题。专用性和群体性则表明人力资本往往附属于一定的环境和团体，这也成为退出的障碍，增强了人力资本的风险承受。其实，现代经济学家已经开始承认企业家能力的重要性，不过，却基于古典经济学的思维将企业家能力视为一种具有"机会成本"的经济资源；但实际上，企业家能力往往只能体现在特定企业中，而无法轻易地从一家企业转移到另一家企业。分散性和易逝性则意味着个体拥有的相对人力资本量的比例是少量的，从而个体并不具有强大的谈判力量；相反，物质资本却是同质的，从而可以用同一种尺度来衡量，如一定的货币单位来标量它的大小（实物资本和虚拟资本都可以折算成一定的货币单位，尽管难易程度不一），从而大量资本集中在一起就会显示出强大的谈判力。

显然，从人力资本和物质资本的特性来看，单位资本在与单位劳动的交易中应处于劣势，但现实生活中，社会的交换并不是这么简单的体现为单位资本和单位劳动之间的交换。而且，（物质）资本和劳动的性质在不断演化，从而导致双方势力的不断消长，最终影响了雇佣关系。一般地，由于物质资本是同质的，具有积聚性、积累性、转移性等特点，因而物质资本容易集中到少数人的手中；与此同时，在迄今为止漫长的历史社会中，资本形态的物化劳动一直都是稀缺的。显然，当少数人集中拥有了本来就很稀缺的物质资本时，他在与劳动者的博弈中就必然处于明显的优势地位，从而可以获得更有利的分配结果。相反，早期社会中的劳动具有较强的同质性，这与其分散性和易逝性一起降低了它讨价还价的能力，从而在与物质资本的交易中处于劣势也就是必然的。当然，我们也不能否认，在人类历史上也出现过劳动雇佣资本（土地）的状况，如长期存在的固定制和分成制租赁就是如此。显然，那些有相对更强劳动能力或较高人力资本的劳动者可以通过"雇用"地主的资本（土地）来获利。但是，即使这种相对异质的活劳动，由于分散性和易逝性的缘故，也往往只有微弱的力量，从而只能雇用少量的资本。因此，劳动雇佣资本的组合在以前的社会中常常是规模不经济的，这种现象在整个社会中也必然是微不足道的。同样，早期社会由于物质资本的集中化程度不高，少量集中的物质资本也只能雇用少量的劳动，这同样是规模不经济。因此，物质资本要取得雇佣关系中的优势，集中和积累加速就是必要和必然的趋势，这就是股份公司出现的原因。但问题在于，物质资本是可以积累和积聚的，因而资本的规模可以不断扩大；而对劳动而言，大规模集中和积累的难度很大，因而资本主义社会中资本雇佣劳动就是常态。

当然，尽管资本雇佣劳动在资本主义社会长期存在，但这并不是一个一成不变的规律。究其根本，资本和劳动之间的雇佣状态取决于双方的力量对比是直接原因，如果力量对比发生变化也必然会导致雇佣关系发生改变。显然，如果资本本身不再稀缺了，资本对劳动的控制力也就会减弱，甚至会出现相反的现象。例如，马克思（1963：845）就提供了一个典型的例子："毕尔先生把价值五万镑的生活资料和生产资料从英国携往新荷兰的斯旺河地方。毕尔先生除此之外，还有先见地，带去了工人阶级的成年男女和儿童三千名。可是，一到目的地，'毕尔先生就再也找不到一个为他安置床铺，往河边打水的仆人'。不幸的毕尔先生什么都准备好了，就是没有把英国的生产关系输出到斯旺河去！"特别是，随着社会政治上权力的分散，现在的法律也逐渐赋予了劳工越来越大的保障，劳工可以通过工会等形式组织起来与资方进行谈判。在这种情况下，社会对劳动的需求以及由此产生的竞争将会越来越激烈，与此相应，社会中的雇佣关系或雇佣形态也就发生了明显的变化。

事实上，从物质资本和人力资本的特征以及各自的需求发展来看，显然，那些具有高收益的异质性劳动者往往面临着很大的需求，从而能够在一定程度上雇用资本。其实，根据谁拥有剩余索取权谁就是雇佣者的标准，企业家向银行贷款创业，以一定的利息为代价获取全部的剩余收益，这就是企业家以自己的劳动雇用资本。譬如，在如今西方社会的一些古老家族企业中，那些企业名义上的家族拥有者几乎都已经退出了企业日常的管理，而成为定期领取股息的食利者；显然，这种情形已经显示出是那些经理人员以自己的劳动雇用了资本，目前西方方兴未艾的"内部人控制"问题正反映了这一潮流。因此，从影响资本、劳动供求关系的角度，我们可以很好地解释资本与劳动间存在的各种形态，如为什么有人将资本投资实业，有人存入银行，有人借予他人。当然，在现代企业中，我们讲资本和劳动之间的雇佣关系不过是一种浅层次意义上的说法，究其实质，劳动不是被资本所雇用（或相反，资本被劳动所雇用），而是被独立的企业组织所雇用。事实上，企业组织一旦形成后，就具有独立于主要出资人和出力人之外的地位和特性，它的发展需要同时雇用劳动和资本。正因如此，萨缪尔森认为资本雇用劳动或劳动雇用资本并无实质区别，而德鲁克（2002：新版前言）则指出，人们习惯看成"劳资关系"的劳动关系实际上是个别工人和组织的关系，是工人与其工作的关系以及同事之间的关系。

总之，特定时期的雇佣关系是资本和劳动之间力量博弈的结果，雇佣状态体现了社会的权力结构；随着资本和劳动两者积累程度的变化，两者的相对谈判地位也将发生变化，最终将会促使雇佣关系发生改变。其实，正如布劳和梅耶（2001：116）指出的，权力是资源的函数：拥有其他组织所需资源的组织就是有权力的组织，而需要资源的组织则处于依附地位。正因如此，布坎南（1989：149-150）指出，所有的自愿交易都是在某个制度下完成的，资源的最有价值的使用方式依赖于制度环境。当然，主流的新制度主义企业理论往往以专用性来说明资本雇用劳动的合理性，但是，现实中的雇佣关系并非体现合理性，而主要是由力量结构所决定。一般地，要素的专用性越强，它在谈判过程中反而处于越不利地位，从而更容易成为被雇佣方。为此，杨瑞龙和杨其静（2001）用区别于"专用性"的"专有性"概念来分析雇佣问题，生产要素的专有性体现了其对合作组织的重要性，从而专有性越强的生产要素在谈判中也就处于越是有利的地位。因此，我们必须作这样两点区分：（1）尽管一些专用性资产具有专有性特征，但并不是全部都具有这种特征，没有专有性特征的专用性资产往往会面临其他资产所有者的机会主义威胁；（2）一些通用性资产也具有专有性特点，从而可能取得雇主的地位。这种通用性资产包括：（1）拥有发现并能组织实现某种市场获利机会的企业家；（2）掌握某种能带来巨大商业利益的技术的人，比如重要专利技术所有者；（3）在资本稀缺的环境中掌握大量货币资本的人；（4）掌握能带来大量商业机会的特殊社会关系的人，即拥有社会资本的人。

四　管理者将成为未来企业的雇佣者

上面的分析表明，资本和劳动之间的雇佣关系直接反映了两者的供求状况，而供求状况则反映了两类资本的特性和势力；因此，随着社会的发展，资本和劳动的特性不断发生演变，从而也将导致雇佣关系和雇佣状态作相应改变。显然，引起劳动和资本的相对地位变动的最根本因素是劳动的异质化程度。一般地，随着社会的发展，劳动的异质化程度越高，人力资本和贡献就越难以界定。（1）复杂的异质化劳动相当于更多的简单劳动，那么，那些高度异质化的劳动实际上在数量上也拥有越来越大的优势；（2）异质化使得劳动主体所拥有的信息优势以及专有性优势越来越明显，因而如同必然是黑暗中的人监督和雇用在灯光下的事物一样，劳动雇佣资本也将成为历史发展的基本趋势；（3）异质化程度加深也意味着劳动力属性越来越复杂多变，导致人力资本产权的界定也越来越困难，人力资本的私权性也越来越浓厚，从而更容易成为雇佣方。

一般地，在人类社会的历史演进中，人类对自己劳动力（即人力资本）的占有强度是一个逐渐扩大的过程：在原始社会，个人的劳动属于氏族共同体，共同体的人力资本才是共同的"财富"；在奴隶社会，奴隶隶属于奴隶主，奴隶主甚至可以任意处置他们，奴隶几乎不能占有自己劳动的成果；在封建社会，农奴的人力资本则部分地归农奴主所有；资本主义社会早期，工人仅获得最低工资并在资本家的监督下被迫进行各种劳动。显然，在这些早期社会中，就如物质资本载体与物质资本所有权主体可以分离一样，人力资本载体也与人力资本所有权主体存在很大的分离，如原始人和奴隶就几乎不占有自己劳动的权利。正是由于劳动的异质化程度较低，因而在与稀缺的资本的交易中就容易被剥夺，这产生了早期社会中的那种社会关系。但是，随着社会的发展，劳动异质化程度的不断加深，个体对其人力资本的占有强度和范围也在日益扩大。正是由于人力资本的私权性越来越强，因而所有者在交易中能够保留下来的权利就越来越多而且越来越难以被剥夺，这导致了人类社会关系的不断变化。

显然，越追溯往古，劳动力越单一，同质化程度也越高，从而劳动产权的界定也就越完全。其实，在与氏族共同体、奴隶主、封建主的"交易"中，人力资本被其天然所有者之外人所占有或掠夺的程度就非常严重，而留给原始人、奴隶或农奴发挥自己空间的人力资本的属性范围则非常的小。特别是，在这些早期人类社会中，劳动几乎都是同质的，因而强权甚至可以将人力资本和其所有者完全分开，把劳动者当作物来处理。例如，马克思（1964：13）就写道："奴隶并不曾把自己的劳动力出卖给奴隶主，正如耕牛不是向农民卖工一样。奴隶连同自己的劳动力一劳永逸地卖给自己的主人。……奴隶本身是商品，但劳动力却不是他的商品。"同样，巴泽尔也认为，奴隶从头到脚都是奴隶主的财产，其劳动成果也法定属于奴隶主，奴隶主拿走奴隶的任何东西，只不过是自己拿了法律上说是属于自己的东西，这反映了奴隶主对奴隶占有程度极高的一面。当然，即使在这些社会中，由于劳动主体之间毕竟存在一些天然的差异，从而劳动也不是绝对同质的。在这种情况下，奴隶主也无法完全挖掘出劳动者的属性，相反，劳动的私有性则或强或弱地存在着。所以，巴泽尔把奴隶视为一种"主动的财产"，并认为它事实上控制着劳动努力的供给。同样，张五常也指出，粗看起来似乎那些被强制为奴的人被剥夺了一切权利，但实际上，奴隶主对他们并不享有绝对的所有权。

而且，马克思的分析是建立在早期资本主义的历史背景和生产力发展水平基础上，他的分析刻画了当时资本家与雇佣工人以及资本与劳动之间赤裸裸的掠夺关系。即使如此，马克思（1965：7）也看到了当时资本对劳动的占有是"从劳动所受的制约性中才产生出来的"。随着社会的发展，固定的人身依附消失了，劳动者在一定程度上能通过对其人力资本的使用而实现自己的意志；因为尽管劳动力被出卖，但毕竟出卖的只是一定期限的劳动支出，而资本并不能任意处置和使用劳动。显然，在资本主义社会尽管出现了"资本雇佣劳动"的关系，但资本和劳动之间本质上反映的是一种实现权利界定的契约：在劳动支出之前，就会就劳动的范围、性质、强度、时间等众多因素签订某种协议。当然，在特定时期所达成的社会契约是不完善的：因资本强势、劳动弱势以及信息不对称的条件下往往滋生出强势方的机会主义，表现为资本主义早期资本可以任意处置劳动，并总是要让劳动创造的价值远高于其劳动力价值。事实上，我们从历史发展和世界各地的现实比较也可以看到，资本越稀缺的地方，资本的相对力量就越强大，对劳动的支配力就越强。

当然，上面分析的是劳动和资本之间的一般关系，即活劳动和物化劳动或人力资本和物质资本之间的关系。但实际上，物化劳动的凝结形式是多种多样的，如可以与自然界的生产资料结合形成通常意义上的物质资本，可以和天然土地相结合而形成土地资本，等等。例如，劳动与土地结合在一起就表现为土地质量的差异，这个意义上讲，土地的供给并不是不变的。同样，人类还可以逐步积累体现为知识形态的物化劳动，它与自然人相结合就形成了人力资本。一般来说，物化劳动的凝结形态存在一定的发展轨迹：土地资本—物质资本—知识资本—社会资本。显然，随着社会逐渐进入后工业或后资本主义社会，那些体现为知识形态的物化劳动积累得就越来越多。同时，这些知识资本往往又凝结在自然人这一载体，正是由于不同自然人吸收了不同数量和不同内容的以知识形态存在的物化劳动，形成了不同质的人力资本，从而使得劳动的异质化程度不断加深。而且，各种形态的资本都是社会发展必须的生产要素，它们相互结合就形成了企业组织；同时，这些生产要素所有者在生产互动中的地位就构成了雇佣问题，而雇佣形态则直接表现为供求力量的对比。一般地，各类生产要素在不同社会发展阶段的供求状况往往存在可以辨别的特征：需求旺的一方往往是生产中的瓶颈要素，也必然具有"雇佣"的力量。马克思就曾强调，生产要素制约是劳动被资本雇用的主要原因。例如，相对于工业，农业需要的资本密集度就较小，因而在农业中常常是农民自我雇佣的；正因如此，即使在土地兼并激烈的地力社会，定额交租和分成租佃都是社会的基本形态，甚至比工资雇佣式占有更大的比例，这实际上反映了雇佣关系的相对性。

显然，不同社会发展阶段中关键性生产要素是不同的，从而产生了不同的雇佣状态。（1）在早期社会，自然劳动力是主要的生产要素，因此原始社会后期的一个重要特征是，个人成为自身的雇佣者；（2）在奴隶社会早期，那些拥有大量奴隶劳力的奴隶主实际上是雇用土地等因素的；

（3）在土地资本为主要生产要素的封建社会，拥有土地的大地主成为雇佣者；（4）到了以物质资本为主要生产要素的资本主义社会，物质资本的所有者开始成为雇佣者。最后，随着社会的发展，物质资本的稀缺性已经得到了相当程度的缓解，相反，人力资本越来越重要，智力成为主要的生产要素；因此，那些拥有大量知识的主体就越来越成为组织中的专有性资产，从而就可能雇用一般性的物质资本，这是历史的发展趋势。柯武刚和史漫飞（2000：323）分析资本主义社会时就指出，"组建、协调和领导经济组织（企业）的人，往往是成为增长瓶颈的生产要素所有者"。显然，具有很高人力资本的管理者是目前社会发展的瓶颈，因此也将成为实际上的雇佣者，而且，随着社会的进一步发展，这种实际地位将得到法律的确认，从而成为法理上的雇佣者。

其实，劳动的异质化加深也意味着两种倾向：（1）那些吸收大量以知识形态存在的物化劳动的自然人，其劳动具有较强的复杂性，从而在各生产要素的互动中表现为越来越明显的强势；（2）那些只是吸收少量以知识形态存在的物化劳动的自然人，其劳动相对简单而在各生产要素的互动中处于弱势。德鲁克（1993：21）曾指出，"'知识工人'不符合任何利益组织的概念，知识工人既不是农民或工人，也不是企业家，他们是各种机构的雇员。他们不是'无产阶级'，没有那种受到阶级剥削的感觉。从整体上看，他们是领取退休金的唯一的'资本家'。他们中的许多人自身就是老板，并拥有自己的部下。可是，他们也有自己的上司"。显然，在所有权和经营权日益分离的今天，那些具有高人力资本的管理者的权利得到空前膨胀，他们可以通过雇佣资本以实现自己的理念和利益；相反，那些众多的具有较低人力资本的简单劳动者依然是被雇佣者，但已经往往不是被资本所雇用，而是被另一种复杂劳动（企业家或经营者）所雇用。就当前现实而言，随着新经济的发展，以企业经营者和技术创新者为代表的人力资本已经登上历史舞台。尤其是，在软件、生物医药、电子信息等高科技企业，人力资本的经济价值不断上升，人力资本所有者持股、技术控股、经营者股票期权等制度安排与创新，使人力资本治理结构得到强化并成为新经济条件下国际公司治理结构的新趋势。一句话，人力资本产权的自然主体正在成为企业事实上的控制者和所有者。

当然，具有高异质化人力资本的管理者在企业组织中的角色也不是完全代替原先的出资者或者企业主，因为毕竟原先的出资者通过法律界定的形式而已经成为法理上的企业主。因此，随着社会对企业组织本质的认知加深，尽管管理者被赋予管理企业日常经营乃至雇用其他生产要素的权力，并成为事实上的雇佣者；但是，他的地位不是终身的，也不是世袭的，相反，在法理上依然还是一个代理人。关于这一点，我们也可以通过企业组织与国家组织的类比来加以说明。例如，台湾地区的许倬云（1994：4）就曾将企业家和国家领袖进行了类比，认为企业家是随着社会发展国家领导人（帝王或将相）角色的历史演化，"因为世界政治、经济情势逐渐转变为私家方面。私家方面的力量要大于官方或公家的力量，所以过去原是帝王将相所做的事，现在慢慢变成为我们一般人成立的团体及其中带头的人所要做的事"。许倬云（2000）在另一本书《从历史看组织》里独到地以企业组织的眼光对国家形态的演变进行了细致的比较分析。

我们知道，在国家的早期形态中，帝国曾被视为一人或一家的财产，因此，在国家或者政府中谋职就是被帝王所雇用，所谓的"学成文武艺，货与帝王家"。但显然，这种认识只是对于早期个人的外在力量比较强大而涣散的百姓臣服于有组织力量保证的个人力量的形态之反映，既不反映国家的本质，也不反映今天的社会现实。究其本质，国家乃是所有国民的国家，国家只是其国民为了其共同利益而共同构建的一种组织，而在特定时期国家之所以被当成某个人或家族的私财，仅仅是国家被异化的结果，是某些具有超强力量的个人或团体对公共机构的掠夺。显然，随着社会权力的分散以及对国家本质的认知加深，人们已经认识到：雇主不是某个帝王将相，也不是某个领导人，而是国家这一组织；即使现在出现的总统或者内阁首长，他可以雇用一些公务员，但他们本身也是代理人，或者说是被雇佣者，是由国民选出来的。

同样，企业组织一旦形成后，就具有独立于主要出资人之外的地位和特性，它的发展需要同时雇用劳动和资本及其他生产要素。正是基于这种视角，笔者认为，劳动本质不是被资本所雇用，而是被独立的企业组织所雇用，同样，资本也是被企业组织所雇用的。即使管理者实际控制了企业组织的运行，并在权力范围内雇用员工，这些员工本质上也不是这些管理者的雇员，因为管理者雇佣的权力是他人（董事会等）制定的。这就如同在一个国家层次上，一般百姓或公务员与总统、将军和内阁大臣一样都是国家的雇员，而不能说公务员是某位总统或部长的雇员，因为总统和部长也受到其他权力的制约。而且，随着人们对企业本质认知的加深，那么对企业运行的控制以及企业组织的发展目标也必将有一个新的界定。青木昌彦（2005：17）就写道："由于教育水平的提高，社会中平等主义思想的影响，雇员越来越独立，他们不太可能在没有补偿的条件下同意管理者拥有自由支配他们劳动力的权力。"显然，此时的管理者仅仅是充当管理政策制定者和分配仲裁者的混合角色，这也如同目前国家政府部门的代理人一样。

可见，从人类社会的历史发展来看，股东雇佣劳动仅仅是特定阶段出现而不是一成不变的现象。事实上，随着劳动和资本特性以及相应供求关系的变化，资本雇佣劳动也将进入历史。一个明显的事实是，近年来，股东利润最大化这一目标已经被越来越多的企业组织所放弃，对此传统的学者解释是，股东分散加上管理者在代理权的斗争中的优势，使管理者的权力上升，并减低了他们对所有者的依赖（菲吕博顿和平乔维奇，1994）。但本书的分析却表明，其中的真正原因是：随着社会的发展以及信息的完善，企业正逐步回归其合理的轨道上，因为企业本身就是人类协作的一种机制。就目前正在经历的变革而言，作为传统企业主和工人之间的管理者将成为企业的名义雇佣者，这种现实与传统的二分观和矛盾对立运动观是不一致的。其实，传统社会理论总是将社会分成两极：统治者和被统治者，传统企业理论也往往把雇主和工人视为对立的两极，不是资本雇佣劳动，就是劳动雇佣资本，而且这种劳动的含义往往是指底层的蓝领劳动。但是，社会发展的历史却表明，没有一个社会可以如此简单地划分成两个阶级：奴隶制早期有奴隶、平民和奴隶主，后期又多了个地主阶级；封建社会的前期有农民（包括自耕农和佃农）、地主阶级和贵族，后期又多了资产阶级；资本主义社会前期有贵族、工人阶级和资产阶级，后期又多了演化成的中产阶级等。而且，社会的发展又主要是中间阶层推动的。波普尔（1999：161）就指出，"社会生活不仅仅是对立集团之间的优势的一种较量——一种在多少富有弹性或易受损的机制和传统的框架之中进行的行动——撇开一切自觉的反对行动不论，它在这个框架中创造了许多未曾预见的反作用，有些这类反作用甚至是预见不到的"。因此，在企业内部，我们不能简单地分为资本所有者和雇佣工人；相反，随着所有权和经营权的分离，出现新的阶层——专业管理者。由于这些人具有高异质化的人力资本，因而也将成为企业组织的真正雇佣者：即企业所有要素的代表董事会雇用经理人员，而经理人员再雇用其他人员。

总之，理论研究不仅要解释事件的外在规律，更重要的是要揭示产生我们所经历的现象的结构和趋势。也就是说，理论研究的实质是要揭示事物的本来面目，这要求我们分析事物之间作用的内在机理。正如劳森（Lawson）指出的，不管是自然科学的还是社会科学的现实，都不仅包括我们直接经历着的现象（事件、行动、事件状态），而且也包括隐藏于这些现象背后的结构、机制、力量和趋势。这也意味着，我们不能以历史的现实存在来决定未来状态和发展趋势，因为历史在演进、条件在变化，否则就可能陷入僵化和机械主义；相应地，我们不能以早期资本对劳动的占有的效果和雇佣关系而将之永恒化，不能以此去断定企业组织的未来形态。例如，我们不能因为南斯拉夫劳动管理型企业在特定时期不是很有效率，就否定未来社会中劳动雇佣资本的可能性和现实性。同样，也不能因为资本雇佣劳动曾经长时期存在，并且通过竞争挤垮那些合作性企业，就认为这种企业组织会永远存在。其实，学者的责任和作用就是要探讨经济的规律性、挖掘促使历史变化的因子，提供给人们启发和思维，而不能为短暂的一时现象所蒙蔽，这是学者和知识分子的使命。斯通在评价德鲁克的作品时就指出，"他的作品之所以表现出挑战性，却绝不是出于哗众取宠的动机。它们源自彼得独特的思维习惯，其中最重要的就是按照事物的本来面目——既不是它们的可能面目，也不是大家所认为的那种样子——来认识它们，由此得出富于启发性的结论"（德鲁克，2000：导言）。

企业组织的治理结构：体现协作系统的产权安排

　　"企业组织的产权归属"部分从产权的性质出发探讨了企业组织的所有权归属问题，梳理了股东价值观和利益相关者社会观两种理论内涵：一方面，作为各生产要素联合生产的共同体，企业组织一旦形成本身就具有独立的法人地位，它不再属于任何单一生产要素及其主体所有，而是应该属于全体利益相关者所有，这也就是近来出现的利益相关者社会观；另一方面，在很长一段时期内，企业组织往往被界定为资本所有者所有，从而流行的都是股东价值观，这实际上是企业组织异化了的现实形态。究其原因，企业产权的现实归属往往是特定时期法律界定的产物，而法律界定企业产权的基本依据是现实生活中的偏在控制权，这往往只是体现了强权的力量。显然，在资力社会时期，资本是强权一方，因而法律往往将企业所有权界定给了资本所有者。当然，从历史动态发展来看，由于各生产要素的力量是不断消长的，因而企业的实际归属也在不断变换。不过，由于法律对这种事实状态的变化的反映往往是滞后的，必然会出现法律的界定与事实上的控制权不相适应的时期，从而往往引起实务界和理论界的混乱。其实，我们已经知道，法律界定企业产权归属的一个重要目的就在于：使各生产要素主体之间形成一套明确的行为规则，增强对协作生产的预期。显然，这正是产权理论所关注的范畴，正是在特定的产权结构下形成了与之相适应的治理体制，因而产权界定的本质就是形成一套行之有效的激励—约束机制。

　　一般地，对股东价值观和利益相关者社会观两种视角的企业理解可以分两个层次。（1）从长期来看，股东价值观和利益相关者社会观事实上将导致相似的监管法律和合同措施。譬如，如果企业组织亏损伤害了股东的利益，使得企业组织难以生存，那么，利益相关者的利益也将受到损害。这也正如诺思等对国家组织的分析一样：尽管现实中的国家组织由于异化发展而为特定的统治者所拥有，但统治者基于长期利益的考虑也会设立一系列有利于社会福利最大化的制度，即"坏人也会做好事"。（2）就短期而言，从不同理念出发所导致的治理机制还是有区别的，这里存在短期利益和长期利益之间的冲突以及人类行为的短视问题；特别是，基于股东价值观的治理必然会关注短期的利益，而这往往与企业组织的长期发展是不一致的，在国家组织中就表现为诺思所称的"国家悖论"。显然，这里存在着这样的逻辑关系：对企业组织的性质认知——相应的企业治理体制——企业组织的不同绩效。也即，企业组织的发展状况和治理结构与对企业性质的认知密切相关。根据胥鹏（2000）的观点，治理结构就是指与企业利害攸关者间的权力与责任的分配方式相关的各种制度以及这些制度如何有效地发挥作用，也即，企业组织的治理结构与企业的所有权归属和产权结构有关。譬如，根据股东价值观，企业组织仅仅归属出资者所有，因而企业组织的发展状况也仅仅与出资者有关，与此相适应的是单向治理的委托—代理机制。相反，基于体现企业组织本质的是利益相关者社会观，企业组织的利益相关者不仅包括债权人、股东、经营者以及员工等，还包括零部件供应商、顾客甚至是当地政府等，因而与之相适应的治理结构应该包含对所有利益攸关者的责权界定。

事实上，按照协作系统论的理解，协作就是将相互对立对抗的各色事物统一起来的一个"场"。巴纳德说地更明白，"无论是协作还是组织，都是对立的各种事实的具体的统一体，是人类对立的思想感情的具体的统一体"。因此，巴纳德认为，"促进矛盾着的各种力量在具体的行为中统一，将对立着的各种力量、本能、利害、条件、立场、理想等加以调和，才是管理者的真正作用"（转引自饭野春树，2004：78）。也即，协作系统中管理者的意义就在于对系统内的构成要素进行协调，这也就是产权理论所关注的范畴，产权安排的基本作用也就是通过责权界定来增进构成要素之间的协调。菲吕博顿和平乔维奇（1994）曾指出，"不同的产权安排会导致不同的收益—报酬结构"。这意味着，产权问题是我们探讨企业理论的中心内容。其实，尽管西方社会还存在所有权的概念，但它已经被空洞化和稀释化了，人们更关心的企业组织的产权安排问题。那么，从长期绩效来讲，企业组织中的产权结构究竟该如何安排呢？目前，中国流行的做法是借鉴国外特别是美国的产权制度。问题是，任何社会的产权结构都有其特定的社会环境，并且也与一个社会的文化有关；目前普遍采用的产权结构并不一定适应过去，也不一定适应未来，适应于西方社会的产权结构也并非一定适应东方社会。因此，在"企业组织的产权归属"部分分析了企业组织的所有权归属之后，本章探讨有效产权安排问题；特别是，基于中国社会文化提出对目前企业产权构造的一些看法，并对相应的治理机制作进一步探索。

第一节　产权的基本结构与效率

我们知道，在新古典主义企业理论中，企业主隐含地被视为企业组织的人格化代表，企业主行为也就是企业行为。正因如此，后来新制度主义认为，新古典主义企业理论仅仅是一个关于产业、市场的理论，而无法剖析单个企业的行为。为此，以科斯为代表的一群新制度主义者开始分析企业内部的组织问题，强调企业内部的代理人并不受价格运动的引导而更像经济计划，而这种受企业家命令指引的协调类型比市场类型的协调有成本节约的优势。但是，也正如阿尔钦和德姆塞茨（Alchian & Demsetz, 1972）指出的，科斯并未说明是什么突出的特征使得企业组织比市场更有效率。在阿尔钦和德姆塞茨等看来，企业组织是一个团队生产，为了确保个体的努力就不得不发生监督成本，而为了使得这种监督成本降至最小就应赋予监督者以"剩余索取权"。正是从这个视角上，他们强调了产权的意义，认为不同的产权安排将导致不同的奖惩结构，从而可能会导致不同的结果。

显然，在新制度经济学家看来，产权的界定消除了外部性，从而可以使外部行为内部化；而且，单个产权的规定越完备，越有利于资源配置效率的提高。后来，这种理论经过主流经济学的宣扬而成为世界范围内的主流观点，不仅为中国的新一代年轻经济学人所接受，而且成为中国制度变迁的主要依据和方向。事实上，尽管西方流行的有关制度变迁理论主要有四种，但在中国目前影响最大的就是产权观的制度变迁理论。该理论的基本观点是：规模经济、谈判成本和外部性的内在化要求将产权界定给私人，市场能有效运行的唯一条件是：追求财富最大化的个人主体是自由的，能对激励做出反应，并能以他们个人的自我利益管理有价值的财产。也正是基于这一理论，中国经济学界的主流观点就认为：私有化是目前国有企业改革的唯一出路。果真如此吗？为此，在探讨具体的企业治理结构之前，这里首先对不同产权类型的效率问题作一探究，因为这将关系到目前中国国有企业改革的基本战略和方向。

一 资源配置的两种基本方式比较

按照现代企业一般理论，所有的资源配置方式都可以归结为两种基本类型：价格机制和组织机制。[①] 其中，价格机制是通过市场来运行的，而组织机制在微观上则主要体现为企业内部的命令系统。按照"企业组织的存在性质"部分提出的理论，市场协调主要是以契约协调的方式，企业组织中则主要是以显性管理协调方式为主；企业之所以会对市场进行替代，最根本的原因就在于有效地增进了协调水平，从而提高了所创造的价值量，而替代的规模边界在于边际净增加的协调收益等于为此付出的边际净组织成本。一般来说，基于企业组织的资源配置方式具有不同于基于市场的资源配置方式的特点：在企业组织中，发生资源配置的主体——人与人之间的关系——不再是平等的，而是有地位、等级之分，特别是引入了专门的协调人员；结果，企业内部产生了命令和服从关系，这也就产生了生产的计划，谈判型交易也成了"管理型交易"。正因如此，一般也可以把企业经济看成一个小的统制经济，或计划经济。

显然，非个人的计划起源于企业内部，计划机制往往也可以被视为企业机制，而国家计划配置方式只不过是企业配置方式在国民经济上的拓延。因此，如果说企业管理协调是在微观经济层次上对市场协调方式的替代，那么，政府的管理协调就可看成在宏观经济层次上取代市场协调的方式。这可从两方面加以理解：（1）正如企业组织的管理协调引入了企业管理人员一样，国家组织的宏观协调则引入了政府行政官员；（2）正如企业组织中也存在大量的隐性协调的活动，如企业文化建设、职工培训等一样，在一个国家组织中也存在大量的隐性协调需要政府来施行。正因如此，我们认为，国家计划实际上是属于两种基本资源配置方式之一的组织配置方式，政府显性协调本质上也是宏观的组织管理协调方式。既然都是基本的资源配置方式，从本质上讲，它们就不可能存在哪个绝对有效，哪

---

① 当然，一些学者认为，网络也是一种重要的协调机制。但不管如何，都不能否定市场和等级这两种资源配置机制，这里为了分析的方便，笔者没有将网络机制纳入讨论。另外，希克斯（1987：12）将经济分为习俗经济和契约经济，契约经济即为市场经济，而习俗经济的演变就成了指令（计划）经济。但事实上，市场和企业两种协调类型的划分是不科学的，因为企业组织中除了等级制的显性协调外，还存在横向的隐性协调，这种协调与市场协调在本质上是一致的。

个根本无效之说，而只有哪种方式与什么环境相适应的问题，其中最重要的是信息。

崇尚市场神话的学者坚持认为，管理的显性协调在国民经济上的拓延通常是无效的。其主要理由在于信息是分散的：（1）将信息集中起来并寻找最优方案将花费大量的时间和资源，成本极高；（2）信息传送过程中会发生信息耗散或失真，或者管理者由于自身显性协调能力有限而不能理解或使用这些信息。相反，如果将决策权交给拥有信息的人，那么，只需要最简单的信息——价格——就可以采取有效的行动；并且，通过市场这只"无形的手"就可以使得整个社会达到和谐，每个人可以充分利用社会上存在的而他本人没有的知识。譬如，哈耶克就将个人的分散决策强调到了极点，认为只有基于特定地点、特定时间的知识或信息才是最重要的；并且，由于这些知识或信息往往只能为特定个人所掌握，因而也只有这些特定个人才知道如何最佳地运用这些知识或信息，并随时做出相应的灵活变动。

不可否认，哈耶克等市场的倡导者注意到了信息特征中私有性的重要一面，但问题是，他们又忽视了信息的互补性的另一面：在经济互动中，信息往往不是人与自然间的关系，而更主要的是人与人之间的关系。并且，哈耶克用知识的分散性来解释知识的不完全性，而没有充分考虑到不确定的存在，这实质上还是承袭了新古典经济学的完全理性假设及其分析框架（刘刚，2005：41）。事实上，在人与人的互动中，信息往往是不完全的或者说是不对称的，以及由此产生行为和后果的不确定性。也就是说，即使是那些拥有特定知识的人，如果不能同时了解他人的行动和信息，那么他的这些知识也可能是无用的，这也就是"特定的知识"和"共同的知识"的区别。特别是，随着知识在决策中的作用越来越显著，人的决策也越来越成了共同知识的函数，牵涉了越来越强烈的联合理性的特征。显然，在这种情况下，优化决策权和可利用的知识之间的配置方式将会带来福利的改进。因此，如何将决策权和可利用的知识最优结合就是产权结构安排所关注的根本性问题。

就知识和决策权相结合的途径而言，一般有两条：（1）将知识转移给具有决策权的人；（2）将决策权转移给具有知识的人。那么，究竟如何转移呢？詹森和麦克林（1999）认为，这主要取决于两种转移方式的成本大小。一般地，当转移知识的成本高于转移决策权的成本时，向拥有知识的人转移决策权就是有效率的；反之，如果转移决策权的成本高于转移知识的成本时，向拥有决策权的人转移知识就是有效率的。显然，越往早期，知识相对越简单、同质，因而知识也就越容易向决策者转移（特别在小范围的领域内尤其如此）；但是，历史越向未来发展，知识越复杂多样，因而知识的转移成本也就越高，也就越需要决策权向拥有知识的人转移。这种情形也正是市场主义者所推崇的。正如哈耶克所说的，如果我们同意社会的经济问题主要是迅速适应特定时间和地点环境的问题的话，那么，最终的决策权必须要由那些熟悉这些具体情况，直接了解有关变化，并知道资源可迅速满足他们需要的人来做出；而不能指望这个问题通过事先把全部知识传输给一个全能的中央委员会并由它发出指令这种途径来解决，而必须通过分散化的方法来解决这个问题。詹森和麦克林（1999）甚至认为，在缺乏可转让的决策权的条件下，专门知识的浪费和控制无力，是导致传统社会主义国家低效率和贫困的主要原因。

然而，这种推论具有相当的片面性。因为同样对决策权来说也是如此，社会越发展，决策本身所需要的信息也越庞杂，因而决策权的转移成本也相应增大。事实上，哈耶克想当然地认为，市场能够自动地将决策权转移给具有知识的人，并认为这些知识拥有者能正确地行使决策权，而他却从未讨论过这是如何发生的（詹森和麦克林，1999）。因此，"决策权更容易转让"这种先验假定是非常片面的：在一个良好发达的信息机制下，转移知识的成本同样也可能低于转移决策权的成本；而且，一般来说，转移知识的复杂性和转移决策权的复杂性是共同演进和强化的，从这个意义上说，决策权与信息本身往往就是一体的。特别是，对那些影响利益分配的公共领域的决策而言，即使拥有了健全完全的个人知识也不一定能够做出正确的决策，因为它需要综合复杂多样并且分散的信息以从整体角度进行决策。显然，这就需要把适当的知识转移给特定的决策者或决策信息。

同时，同一时期的不同类型的知识在转移过程中展示出的复杂性也是不相同的。一般来说，转移知识的成本主要取决于知识的性质、组织环境和技术：越是专门的知识，知识转移的成本越高；越是通用性的知识，知识的转移成本越低。而且，即使专门知识也有不同的层次，不同的专门知识的转移成本也是不同的。

譬如，在专门知识中，有一种叫作专有知识，包括个人的特殊技能、偏好，特定机器的专用性知识，特定的未利用的特殊技能或存货的知识，以及套利机会的知识等。为了更好地使用这些知识，哈耶克认为决策权应向这类知识的拥有者倾斜。一方面，这些特定的专有知识常常带有不确定性，因此必然是难以加总和概括的，也就难以转移，即转移成本很高；另一方面，转移这种专有知识要事先知道它的重要性，如果没有这样的洞察力，反而会造成转移成本很大但却未必有高价值（转移更多的数据而不是特定事实的预期成本，是相应的转移成本）；同时，这种专门知识是"边干边学"中产生的，它的生产成本实际上是零。正是基于这种知识的考虑，新古典经济学尤其是奥地利学派特别强调决策权而非知识的转移。

然而，专门知识中还存在另外两类知识，这两类知识在决策中非常重要，但又往往不是那些具有现场个人知识的人所具备的。如果要求决策权向上述两类专有知识的拥有者转移，实际上也就是要求这两类专门知识向它转移，这种转移的成本实际更高。这两类专门知识是：（1）科学知识，它的转移成本同样很高，但显然又不同于专有知识，这类知识的获得要经过长期的学习和训练，而且往往只有少数上层具有决策权的管理人员才大量拥有；（2）可以通过集中和分析特定环境产生的专门知识，如教育与消费倾向关系，不同年龄的人口比例，社会整体偏好的变化等，这种知识也往往只有专业人士才具有。这些知识对决策同样非常重要，也只有经过基础训练的人才能真正利用这些知识。显然，这两类专门知识往往正是决策者本身所具有的，而具有第一类专有知识的人往往并不具有这种知识；这样，将决策权向这两类知识的所有者转移，将能够更好地使用这些知识，从而可以更好地进行决策。尤其是，国家的决策主要在对宏观经济的引导、对基础设施的建设、对社会关系的协调，而非对具体社会交易行为的操作；显然，在这些方面更为重要的是科学知识和专门知识而非个人专有知识，因而由国家或其他专门机构来决策往往更有效率。

而且，一个决策是否正确，所需要的知识不仅包含专门的知识，也是建立在大量的一般知识的基础之上的。事实上，基于特定时间、特定地点并为特定个人所掌握的专门知识固然重要，但如果缺乏更广泛的一般知识以及后两类专门知识训练，也是难以做出恰如其分的决策的。正是由于知识的传播必然是分散的，因而哈耶克、米塞斯等都指出了由中央集权控制引起的困难，并重视市场价格的力量来廉价地传送信息。然而，正如德姆塞茨（1999c）指出的，"也正因为他们坚信中央计划经济中精确定价的不可能性，并全力以赴捍卫价格机制，他们因而忽视了知识扩散引起的问题"。奥尔森曾指出，在经济学乃至整个社会科学中存在着两个"定律"。所谓的"第一定律"是指：在某种情况下，当个人仅仅考虑其自身利益时，集体的理性结果就会自动地产生。"第二定律"是指：在某种情况下，第一定律是会失效的，即不管个人如何精明地追逐自己的利益，社会的理性结果也不会自发地出现，此时，就要借助于"看得见的手"的引导（张宇燕，1995）。显然，正是人类个体理性的悖论层出不穷，这就需要发挥政府的积极作用。

事实上，哈耶克所强调的主要是微观方面的信息，在日益一体化的经济中起更重要作用的是宏观方面的信息，而在这些方面，国家决策机构中的那些知识精英往往具有更全面的信息。譬如，日本政府之所以能够有效地协调宏观经济，关键在于这样两方面：（1）日本的官僚们受到了良好的训练，并表现出具有奉献的精神且讲求效率，特别是在通产省的官僚们能够精确地调整经济以便对不断变化的国际市场迅速做出反应；（2）日本社会实行的是自由经济体制，因此，通产省不是通过指令来完成这一任务，而是通过掌握确保信息和信贷，通过依赖私人工业相互间的合作，使政府官僚能够把政府计划一定程度地纳入经济生活（贝拉，1998：平装版·前言）。特别是，根据青木昌彦（2005：27）的观点，在资源使用有规模经济特征或有公共品供给的情况下，组织决策依靠的数量机制的运行成本低于市场决策的价格机制，因为计划者只需要对每种公共品给出一个数量信号，而在价格机制中，则要对每一种公共品的每一个使用者都给出一个价格，这也是组织使用行政管理方法配置资源和进行协调的本质。

同时，尽管政府的干预常常暴露出失灵问题，但市场失灵同样存在，甚至更为严重。德姆塞茨（1999c）指出，"没有理由假定，在等级体系中，处于底层的人比处于高层的人，或多或少地具有与目标函数价值最大化相一致的目标"。即使极端保守的经济学家哈德利（Hadly）也承认这一点：自由放任是比社会主义更不切实际的思想，不加约束的竞争将会导致"不适者而不是适者"生存的结果（佩雷曼，2000：87）。既然如此，为什么西方的学者大多强烈反对政府的干预呢？阿罗等（Arrow & Scitovsky，1962：2）道出了原委，"经济理论是在人民反抗君主、封建制度以及面临新商人阶级要求贸易的压力下产生的。从那时起，许多经济学家就先入为主地信奉市场优于政府干预的教条"。实际上，在市场中存在很多构建机会集的途径，不同市场之间的绩效差异与市场和非市场之间的绩效差异或许一样大，而资本主义和社会主义的对立实际上也掩盖了各自社会内部的许多差异（斯密德，1999：275）。

总之，从理论上讲，计划和市场作为资源配置的两种机制本身没有优劣之分，从而组织管理协调与市场契约协调也没有好坏之分，区别只是在于各自与环境的相容程度（程恩富、李新和朱富强，2002：第十二章）。因此，社会主义经济改革就不应该受到意识形态的左右，乃至为"市场化而市场化"，而关键在于正确认识政府和国家的性质和作用。正如恩德勒（2002：186）指出的，"在西方，我们倾向于过分强调工具理性的重要性，而忽视了我们所希望达到的共同目标。用马克斯·韦伯的术语来讲，我们倾向于以牺牲'价值理性'为代价来扩大'目的'理性的适用性，结果，我们面临着独断的风险，而更为糟糕的是，把手段当成了目的。政府的好坏是由于自身的缘故，而不是由于它有助于达到共同目的；同样地，市场也由于它们本身而被加以颂扬或谴责，而不是朝向更高目标的有效或无效的工具。具有讽刺意味的是，西方对工具理性的过分强调破坏了它的工具性，反之，亚洲经济体中明确的目标定位却提高了它的工具性"。事实上，正如科勒德克（2000：302）指出的，国家放弃经济管理有两个标准：（1）必须有一个不受外界小的冲击影响并且可以保持长期发展的可依赖的机制；（2）如果不幸受到外界的冲击的影响并产生危机，必须有一个自我执行机制来纠正它。但显然，这两个标准是永远难以满足的，因此，国家的管理也就永远是不可放弃的。尤其是，随着智力社会的推进，政府的经济作用有不断增强的趋势，各国的实践也证实了这一规律。100多年前的瓦格纳定理就指出，进入工业社会以后，经济中的公共部门在数量上和比例上具有一种内在的扩大趋势。在智力社会中，政府作用变得更为重要，罗默的知识溢出模型、卢卡斯的人力资本模型都强调了单纯市场机制下知识产生的投入不足，从而要求政府发挥积极作用，巴罗的公共产品模型和壅塞模型甚至强调政府是推动经济增长的决定力量。为此，萨默斯（Summers，1998：5）指出，政策的影响从来没有像今天这样大，只是要政府出面处理的事情，已经变得越来越难以处理了。

二 产权安排与政府干预间的逻辑

上面指出，管理的显性协调和市场的契约协调本身没有优劣之分，但并不是说两者的作用强度、范围等是不可界定和固定不变的；相反，正是由于两种机制本身是客观存在的，也就必然与其他客观存在发生互动，随其他客观存在的变迁而变化。一般地，显性协调的有效性取决于管理者的协调能力以及为此要付出的监督成本。显然，在信息机制不畅通、交易频率又很低的情况下，监督成本必然很高，从而也就难以有效实施"以牙还牙"的惩罚措施，这时，以契约式的市场进行自我监督就是最好的监督。也就是说，在这种情况下，自愿参与、内部化的行为以及地位—身份的交易比一个外部监督者具有更高的生产率。例如，斯密德（1999：161）就强调，在监督困难的情况下，拥有外部股东的公司将比工人自治、协作制企业或者非营利性公司有更高的生产率，因为在后一类企业里，没有一个人会因管制别人而得到奖赏，偷懒将到处蔓生。可见，在监督困难的情况下，某些经济活动的私有产权安排比公有产权安排更有效率。问题是，在这种情况下是否就不存在政府的显性协调或政府对经济活动的干预了呢？

（一）政府干预是现代经济的常态

产权学派主张，产权界定可以解决一切无效率问题。当然，他们主张的产权界定实际上就是产权私有化，更明确地说，就是将物或组织的产权界定给某特定主体所有。强调这一观点的理由之一就是，国有企业天然具有预算软约束的性质，而私有化的经济优势之一就是在于，政府不对竞争作某种承诺和不进行贴补的承诺，这样，企业的好坏都是自己的事，政府也不用为之承担责任，从而改变产权结构就可以消除预算软约束现象。中国那些极力主张私有化的经济学人还认为，20 世纪 70 年代后西方社会之所以大规模地实行私有化，就是以自由市场的高效率为基础。事实果真如此吗？其实，一些学者已经指出，科尔奈在描述国有企业的预算软约束时并没有对这种现象的成因进行分析（Nagaoka & Atiyas，1990）。林毅夫等（1997）则认为，国有企业的软预算约束仅仅是特定时代的发展战略的产物，因而预算软约束并不是国有企业的必然性质。

尽管西方理论上把企业视为一个自主经营、自负盈亏的主体，但现代社会中，没有任何企业是完全独立自主的，相反总要受到政府政策的影响。而且，西方社会的私人企业也总是尽其一切可能寻找政府的帮助，为的就是减少竞争并获得直接的贴补。在某种意义上，许多私人企业在履行政府所赋予的政策性任务的情况下，也就形成了对国家财政的依附关系，即预算软约束。进一步地，西方政府会常常通过各种手段为企业特别是大型企业提供帮助（如美国政府）：有时会对孤立的公司进行帮助，像克莱斯勒公司和洛克希德公司；有时会对整个行业进行帮助，如美国铁路运输和存贷项目。特别是，当它们面临国外竞争压力时更是如此，如美国政府曾保护汽车制造业和计算机芯片业免受国外竞争的威胁。因此，私有化并不是万能药，它不能杜绝保护主义和补贴的发生。塔洛克（1999）的研究也表明，在以私有产权为主的社会中，寻租活动也大量存在，且不比以公有产权为主的社会少。

纵观资本主义发展史，政府几乎在所有重大的成功事件中都扮演着重要的角色。事实上，在西方工业革命之初兴起的特许股份本身就是半政府、半商业性的组织，是依靠国家的力量进行扩张的。正如阿瑞吉等（2003：108）指出的，"17 世纪的荷兰特许股份公司，19 世纪的英国制造厂，还有 20 世纪的美国跨国公司都同样是以国家的力量为后盾的，企图全球'垄断'"。而且，就一国的产业和经济发展而言，西方资本主义各国政府也起到了积极作用。例如，美国政府以赠予土地的方式在为铁路建设筹集资金方面起了重要的作用。对先行发达国家如此，对追随的现代化国家更是如此。事实上，日本政府的中心作用尤其是通产省的作用，以及中国台湾和韩国政府在那些成功事件中的作用都是有目共睹的。我们知道，"二战"后东亚经济取得快速的发展，很大程度上就在于这些国家的政府对经济的增长起了极大的扶持作用（李晓，1996；戴约，1997；刘天纯，1995；等等）。

譬如，就日本的经济增长经历而言，我们知道，"二战"后日本的经济困难重重，原材料枯竭，因此，日本政府就采纳了东京帝国大学教授泽广已提出的"重点生成方式"（也叫倾斜生产方式）：一切经济政策的重点都集中转向增产煤和钢铁，再通过煤炭和钢铁的增产来带动其他产业的增长。事实上，日本自明治政府建立之初就将"富国强兵""殖产兴业"作为"商工立国"的国策来贯彻，其目的就是要建立近代资本主义产业和经济结构。殖产兴业政策的中心目标就是把国家从农业为主的落后状态中调整为以商工业为主的近代化工业，为此，国家不惜动用了大量的财力、物力对资本主义工商业进行保护和扶植；并且政府积极建立"模范工厂"，带动私人企业学习和引进西方先进技术和设备。可见，日本的资本主义一开始就带有浓厚的国家资本主义的色彩，并且迄今政府仍然在经济生活中扮演重要角色。

可以说，尽管政府的活动不总是有效的，但没有政府帮助的私营部门也很少有完全靠自己成功的。那么，西方社会中周期性出现的私有化运动又意味着什么呢？事实上，西方的"国有化""私有化"的运动往往并不完全是出于企业效益的考虑。例如，1880 年日本政府宣布把原来官办的工厂（军事工厂除外）以低于原价 1/2 ~ 2/3 的价格出售给私人，此外，政府还通过优惠贷款、赠予、补助金等手段来扶植私人公司和大企业；结果，在 1884 ~ 1893 年的 10 年间，日本工业公司的资本增加了 14.5 倍，运输公司的资本增加了 12.1 倍，商业公司的资本增加了 3 倍（陈万里等，1995：191 - 192）。

目前，西方社会之所以大规模地私有化，在更大程度上是西方社会的人本主义传统要求政府只能为公众提供有益的帮助而不能与之竞争的缘故。例如，普林多（2002）就指出，20 世纪 80 年代后期英国的大规模私有化运动的动机就来自两个方面：（1）撒切尔主义者对自由企业体制和弱化政府职能的信仰；（2）通过大量出售垄断性公用设施可以获得大量的税收。因此，在大型企业特别是公用事业的"国营"和"私营"的关系上，常常是在企业经营亏损时，公众特别是那些希望甩掉包袱的利益集团就会强烈要求政府收回"国营"，不然的话就会被视为失职；而在企业"国有"后效益改善时，这些公众特别是这些利益集团就会极力呼吁"私有化"，否则又会被抨击为"与民争利"。而且，西方在将国有企业私有化时，往往是首先将最有盈利可能的国有企业的股票卖出去，以获得获利者的支持，而不是真的将效率低的企业首先私有化（陈平，2000：500）。

另外，现代经济的特点也要求落后国家由国家来主导建立大型国有企业集团来参与国际竞争，这有三方面的原因：（1）目前落后国家企业面临的不是一个平等竞争的环境，发达国家企业已经在市场的风浪中搏击了几十年，甚至上百年；（2）在企业竞争中，由于规模经济的因素和先入为主的原因，对落后国家的企业成长构成了很大的障碍；（3）全球化快速发展的今天，发达国家的政府干预非但没有减少，甚至是增加了。事实上，虽然由国家推动的"捆绑式"企业集团可能带来机制的僵化，但为了在全球化中，民族企业能有一席之地，国家必须发挥积极的作用。即使是居民人口只有 2000 万人的马来西亚也已拥有 6 个跨国公司，其中最大的西姆·达比公司在 21 个国家中设有 200 多家子公司，拥有 5 万名雇员（马丁和舒曼，1998：200）。这些国家之所以对企业扩张持积极的扶持态度，就在于通过规模扩张能够从国外获取转移收入。

总之，我们不能完全把政府孤立于社会经济生活之外，政府可以对经济发展起到积极的协调和引导作用。事实上，即使在发达国家，政府也一方面对私有企业进行大量的补贴，另一方面又进行频繁的干预；这显然不是像西方自由主义者一直吹嘘的，市场这只"无形的手"会自动处理好一切，政府只要充当守夜人的角色。为此，斯蒂格利茨曾风趣地说，美国经济顾问对社会主义国家的建议可以用一句话概括："按我们说的去做，但别按我们做的去做"（崔之元，1999：143）。而且，历史经验也表明，政府在经济发展中往往扮演着关键性的作用。正如赫尔曼（1999）所说，"没有一个国家，过去或现在，在没有政府对弱小工业的大规模的保护和津贴以及采取避免外部强大力量支配的方法的情况下，能实现经济持续腾飞和从经济落后向现代化转变"。格尔申克隆－金泳镐的经济发展的"替代模式"也表明，落后国家的经济起飞过程中国家和银行起着极其重要的作用（金泳镐，1993）。根据这一模式，我们可以发现，20世纪初中国的经济之所以没有能够很好地起飞，现代化之所以失败，很大原因就在于当时的中国政府没有承担自身的历史作用（朱荫贵，1994；罗兹曼，1995）。

（二）不同产权安排下的政府干预方式

上面的分析揭示出政府干预是现代经济的常态，但是，政府对经济活动的干预也是有一定限度的。一方面，转移收入无法为企业组织的长期扩张提供完全基础，因而政府无法通过促使企业组织的规模扩张方式来维持企业组织的长久效率；另一方面，国家施加的不合理干预往往也会扰乱经济秩序，引起整个经济的畸形化发展。因此，我们对政府在整个经济发展的不同阶段的作用要有个清晰的了解，并有必要合理界定政府行为的方式和范围。事实上，"二战"后美国强制性地对日本财阀进行分解，就起到了扭转政府参与经济活动角色的作用，从而进一步适应了企业运行方式的转换；相反，尽管韩国现代大企业的建立同样对韩国经济的起飞起到了关键性的作用，但是由于没有随后的转变，从而使得目前大企业的问题重重。可见，对待企业发展的真正问题不在于完全取消政府行为，而是在于让政府发挥它所能适应的角色；在企业规模做大后，政府不是继续干预其活动或者进一步的行政并购，而是考虑如何怎样使国家"捆绑式"企业集团由"机械团结"逐步一体化并最终成为"有机团结"，从而成为真正的协作系统。

　　而且，如同企业组织中经理人员的显性协调要与企业组织的产权安排和形态结构相适应一样，国家组织中政府官员的显性协调也是产权结构的函数；因此，考察政府参与经济的方式或者显性协调的效率，就是要考察相应的产权安排。为了更好地剖析不同产权下的政府作用及其方式，首先必须对产权概念有个清晰的认识和界定。根据德姆塞茨（1967：354）的观点，"公有权是指社会所有成员共同行使的权利……意味着社会否认国家或私人去干涉任何个人行使其权利。私有权则意味着社会承认所有者的权利，并拒绝其他人行使该权利。国有权则意味着国家可以在权利的使用中排除任何个人因素，而按政治程序来使用国有财产"。可见，在不同产权安排下，政府参与经济活动的方式是不同的。一般来说，政府直接参与经济活动、发挥显性协调功能的基础是共有产权。在共有产权的基础上，政府可以对经济活动实行有计划的发展，并通过政府所掌握的信息决定何时进行产业结构的调整以及如何调整。例如，在传统计划经济的社会主义国家中，就广泛实行以计划手段为主的协调功能，社会主义计划经济设计师兰格心目中的社会主义经济运行的基础就是建立在生产资料公有制之上的计划经济（程恩富、李新和朱富强，2002：4）。

　　当然，对共有产权控制和管理也不是政府显性协调的全部，政府还可以通过其他工业政策的形式介入其他产权下的经济活动；而且，基于共有产权的有计划的显性协调更不是政府参与经济的全部作用，因为政府很大一部分作用体现在对隐性协调的培育方面，如道德伦理建设、法制制定等。此外，在现代以市场竞争为主要生产动力的社会中，共有产权逐渐萎缩，而公有产权则体现了作为协作系统的企业组织的本质，因而公有产权却越来越普遍。因此，尽管对共有产权的管理突出展示了政府更为直接的显性协调，但这种作用的方式也有越来越弱化的趋势，而其他类型的作用形式则逐渐凸显。

　　例如，日本政府对企业组织的指导和劝告等就是显性协调方面的内容。都留重人（1995：117）在分析日本政府对企业组织的协调作用时说，"认为行政指导仅仅是挥舞胡萝卜和大棒两手，都是不正确的。倒不如说，个人接受政府领导的日本传统和普遍承认政府官员拥有优于一般企业所能得到的知识、经验和信息，再加上政府官员和企业领导人有着共同的价值观念、信念和政治偏好"；"一个负责任的政府机构或者官员在不具有明确的合法权利情况下，能够而且确实可以知道后诱使私营企业或个人采取或不采取某些行动，这就是日本行政指导的本质。在一定程度上，其他资本主义国家也可以进行这类实践"。都留重人（1995：118）认为，"战后日本行政指导方法行之有效的最重要方面是在主要工业投资计划中的协调作用"。他将政府的协调投资的作用分为两个阶段：（1）"踩麦田"阶段，即通过踩踏长得过高的麦根来加固幼嫩麦苗；（2）建立"山上小屋"阶段，即如果早知道有这种小屋，那就能诱导登山者更敢于去冒险。

实际上，也正如前面所指出的，即使在私有产权中政府的干预也越来越普遍。譬如，新重商主义学派就主张政府应该对经济的发展发挥更大的作用，包括通过高关税政策保护国内工业，透过低廉的信用融资或光明正大的补贴来限制外商的投资与促进出口，以授权方式让政府青睐的公司获得生意和组织卡特尔，主导分摊研究发展成本以及分派市场占有率等。当然，政府对经济活动不同形式的干预都可能对经济的正常发展产生一定的影响，并且，也可能衍生出腐败和裙带关系等问题。但是，这也并不是必然会发生的，并且政府对经济活动的参与也不是一定会比对其他活动的参与带来的问题更严重。一方面，政府为参与经济活动而设立的机关并不一定会产生更为严重的腐败现象。例如，尽管日本政客的贪污已经变成了全国性的丑闻，但是很少听到对通产省或大藏省官员提出任何类似的指控（福山，1998：23）。另一方面，政府参与经济活动并不一定就会扭曲经济活动的发展，反而可能会加速产业的转型以及技术的升级换代。亚洲各国在"二战"后的三四十年的经验就证明了这一点，如日本政府就在产业的转换中起到积极的作用，它的每次干预都是加速夕阳产业的死亡而不是替这些行业的失业员工保住饭碗。

可见，政府对经济干预的效果主要取决于社会上是否存在一套较为完善的经济体系和政府对经济发展的认识以及干预的目的：如果社会存在良好的监督体系，那么作为社会关注焦点的经济问题将更受到民众的监督，因而将难以有严重腐败行为；而如果政府能够清楚地看到经济发展的一般趋势以及其干预是为了整体经济的发展，那么就不会为了短暂利益而设立保护措施。事实上，在拉丁美洲和一些发展中国家，由于社会中本身缺乏相对完善的监督体系，因此，一旦政府参与经济活动就会滋生出大量的腐败问题。同样，在拉丁美洲甚至一些发达的欧洲国家，由于社会上既得利益集团林立，因而政府对经济的干预行为要受到这些利益集团的制约，甚至是出于保护利益集团的目的。

就产业发展而言，由于夕阳工业中通常有更多的雇员并从中产生了大量的政府官员和其他利益相关者，因而在政治上的势力更大且更容易受到关注和保护；相反，朝阳行业还未成型，因而很少能够得到有势力的利益集团的支持，从而得不到扶持。例如，欧洲国家的政府虽然嘴上宣称要把资源转移到具有发展前景的行业上去，但是他们真正做的却是经常性地将已经是苟延残喘的煤矿、钢铁、汽车等衰败工业收归国有，以期通过国家补贴使这些产业起死回生。所以，福山（1998：24）就预言说，为利益团体说话的国会必将宣称鞋类和纺织工业是"战略性"工业，值得政府出资补贴，他们不会为航天工业或半导体工业护航。实际上，当前美国和欧盟与中国有关纺织业和鞋业的纠纷也正是源于这些国家迫于国内利益集团的压力而实行的保护。不过，尽管几十年来这些行业都得到最大限度的政府保护，它们还是随着经济全球化步伐的不断前进而急剧衰落。可见，正如福山（1998：24）指出的，"在美国反对工业政府最有力的论点，完全不是以经济为出发点，而是以美国的民主特性作为诉求"。法罗斯在《瞄准大东亚》一书中也指出，由于英美对市场导向经济万分热衷，使得美国人对于政府所扮演的重要角色视而不见，也使美国忽略了其实在美国之外的绝大多数国家所采行的经济方针都和新古典经济的原则差异极大。

总之，政府的经济干预是现代经济活动的常态。诺思（2003c）指出，"事实上并不存在自由放任的经济，因此这构成了我们思考问题的出发点"。也就是说，我们不能想当然地认为国家干预就是坏的，而关键是要看政府作用的范畴和程度。事实上，正如布罗姆利（1996：219）指出的，"当在共同所有权和共同控制权下资源遭受破坏，人们立刻会认为是制度安排（共同承担责任）出了故障；但当在私人所有权和私人控制权下资源遭受破坏——实际上有许多这样的例子——制度安排（私有财产）却不会受到责难，而是归结为所有者的时间偏好率不断变高，或者是资本市场的不完全，或者是或有要求权市场的不完全，或者是大的经济系统中其他方面的不完全。这种分析方法的逻辑似乎是：作为一种观念，既然每个人都知道私人所有者非常关心其资产这是完全符合社会利益的，那么还不如说是其他方面必定出了毛病。很少有经济学家发现许多收益源于财产安排而不是私有财产"。不过，政府干预的方式和效果却因不同国家的文化特性而异。譬如，日本政府对企业的干预往往是借助其权威引导银行为企业提供信用，因而日本大企业网络的形成多少带有自发性质；而韩国的商业银行是国有的，因而韩国政府采用更为直接的手段来控制和引导大企业网络的形成。结果，两个国家虽然都借助于政府的干预形成了大企业集团，但发展的连续性却差异很大。

三　产权结构与运行效率间的关系

上面的分析表明，政府对经济活动的干预或者显性协调是经常发生的。但是，以新制度经济学中的产权学派却强调产权的清楚界定是效率提高的关键，并且，这种产权明晰的实质就是要求产权归属单一化。显然，根据这种观点，政府应该成为最小的守夜人政府，不能参与具体的经济活动而仅仅充当裁判员的角色。那么，如何理解产权安排、政府干预以及效率之间的关系呢？事实上，我们可以从人类发展史中发现大量公有产权和共有产权安排在经济发展中的历史性作用，并发现这种作用也往往随着社会其他条件的不同而演化。那么，产权结构与效率之间是否存在一一对应关系呢？私有产权就一定最有效率吗？因此，本节着重分析两大非私有产权类型——公有产权和共有产权——下的效率状况。

（一）公有产权与低效率没有必然联系

我们先来考察一下公有产权的效率状况。显然，西方的企业理论家大多从剩余索取权的激励方面来论证公有产权的低效率，但正如莱宾斯坦因所指出的，"问题不在管理者是否是剩余索取权的获得者，从而会进行高效率的监督，而在于管理者与其他雇员间（以及两个团体内部同等地位的成员之间）相互作用是否带来了最佳的工作态度"（转引自斯密德，1999：162）。事实上，尽管主流学者将产权结构与效率联系起来，简单地认为私有产权与高效率相联系，而公有产权必然意味着无效率，但实际的情况并非如此。也就是说，私有产权的效率就不一定优于公有产权（朱富强，2000a）。而且，正如"企业组织的产权归属"部分对企业所有权的分析所指出的，企业所有权是由一组所有者谱系构成的而没有单一的所有者，因而产权根本上是难以界定的。从这个角度出发，我们就很难梳理出具体的产权类型以对应相应的效率，这里分析如下。

其一，即使是自发演进的私有产权也并非总是高效率的。产权变迁的"路径依赖"理论表明：（1）一旦一种独特的发展轨迹建立以后，一系列的外在性、组织学习过程、主观模仿都会加强这一轨迹；（2）一旦在起始阶段带来报酬递增的制度，在市场不完全、组织无效的情况下，阻碍了生产活动的发展，并会产生一些与现有制度共存共荣的组织和利益集团，那么这些集团就不会进一步投资，而只会加强现有制度，由此产生维持现有制度的政治组织，从而使这种无效的制度变迁的轨迹持续下去。从企业的发展，我们可以发现，产权的自发演变往往会导致无效产权结构的出现，如垄断。这是因为，（1）沉淀成本的存在可以保证在某领域只领先一步的厂商不致受到激烈竞争的威胁；（2）"ε-抢先进入"则表明，即使没有明显地为进入设置障碍而使用掠夺性价格，新厂商的进入仍然是有壁垒的，而且潜在竞争只能提供有限的约束。因此说，即使是自发演进的私有产权，也未必就一定有效率；国家有必要对私有产权进行一定程度的干涉。

其二，不是自发的演进的私有制而是公有产权的私有化，结果又怎么样呢？历史的经验表明，英国铁路局私有化后绩效就明显下降，俄罗斯在私有化后也没有带来企业效率的提高。英国经济学家马钉和帕克（Martin & Parker, 1997）对英国各类企业私有化后的经营成效作了综合广泛地比较后发现：在竞争比较充分的市场上，企业私有化后的平均效益有显著提高；在垄断行业，企业私有化后的平均收益改善不明显。这说明产权结构与行业性质相关，而同样不存在私有化一定会提高效率的结论。琼斯和迈金德（Jones & Mygind, 1999）对爱沙尼亚私有化公司的实证分析显示，私有化并没有导致所有权结构优化。埃斯特林和罗斯维尔（Estrin & Rosevear, 1999）1997 年对乌克兰的 150 家私有化公司的实证研究也表明，私有化并没有产生绩效的改善和预想中的重组（杨哲英和关宇，2004：67）。

其三，中国企业改革迄今的历程也不能证实产权私有化是促进效率提高的主要因素。大家都知道中国的乡镇企业在改革开放的经济增长中发挥了极大的作用，这是为什么呢？是不是因为乡镇企业的产权是清晰的呢？学术界对中国乡镇企业进行了多方的研究，但大多认为，中国乡镇企业的产权是不清晰的：有人将其称为"杂交形式"（Nee, 1992），有人把乡镇企业视为产权界定不清的"合作社"（Weitzman & Xu, 1994），甚至有学者发展出"模糊产权"的理论来解释（李稻葵，1995）。有的学者称中国转型时期的这种不清晰的产权结构是与现实的"灰市场"相适应的安排，这种灰市场的典型特征就是交易的不确定性，一些具有社会经济意义的交易由于受到过多的政府干预而受阻。但是，正如樊纲（1988）指出的，在一定条件下，政府的官员或机构也可能排除交易中的障碍而使交易得以进行。因此，在灰市场条件下，政府成为企业的一个模糊所有者，企业就可以从政府那里获得帮助。李稻葵（1995）认为，这种制度安排反映着市场的不完善性，是灰市场条件下的合理选择。

其四，多方面的证据表明，公有产权在许多领域里往往都会表现出非常高的效率，甚至比私有产权更有效率。如蒂特马斯（Titmuss，1971）收集了有关血液供给的资料，由于检验血液质量的信息成本很高，最为可靠的方法是血液提供者病史的真实报告，因此，供血动机是影响受血者健康的决定性因素。日本是主要依靠市场交易提供血液的代表性国家，但也是世界上输血后血清肝炎发病率最高的国家之一。而在英国，血液是由资源者提供的，英国的血清肝炎发病率很低。美国处于一个中间位置的混合系统，它的血清肝炎发病率也处于中游（斯密德，1999：396-397）。而且，如果考虑到对整体社会福利增进的影响，公有产权可能更有效率，特别是在社会福利增进方面尤其如此。

事实上，现代主流经济学论证公有产权无效率的理由有这样三个：（1）公地悲剧理论。公有产权实际上也就不为任何人所有，因而就会导致滥用，企业管理者也不会最大化企业的利润；（2）"搭便车"理论。由于社会大众对国有企业的额外监督需要自己承担成本，而产生的利润却为全民所共享，因而就会存在大量的"搭便车"情形；（3）软约束理论。政府管理国有企业并为国有企业的经营状况负责，管理者往往通过政治游说而不是提高使用率来提高企业利润，因而就存在预算软约束现象。但实际上，这三点同样存在于大型私有企业中：（1）大部分大公司的股权非常分散，实际上也属于共同所有的公共机构，从而是由被雇用的管理者进行经营；（2）如果一个私有企业是由被雇用的管理者经营且众多股东只拥有企业的小部分，就必然会遇到与国有企业相同的委托—代理问题和"搭便车"问题：被雇用的管理者也没有动机去做超出次优水平的努力，个别股东也没有足够动机去监督被雇用的管理者；（3）如果企业在政治上很重要，私有企业也能得到补贴，甚至政府的援助，从而也存在软约束问题。

总之，正如上面分析所表明的，公有产权在相当范围内是有效率的；而且，从企业组织的本质来说，作为协作系统的企业组织本身的产权就是无法完全私有化的。无可置疑的事实是，改革的这些年来中国国有企业的效率有了很大的提高，但这是不是因为中国国有企业的产权私有化的缘故呢？答案显然是否定的。当然，这里并不是说目前中国国有企业是高效率的，但纵向比较看基本上还是比以前高了。究其原因，主要在于现在的国有企业已经不是那种政府可以任意干预的纯粹意义上的共有产权，而是基于同样市场竞争下运行和生存。而且，中国目前低水平的重复建设很严重，并导致大量的低档产品的过剩，原因又是什么呢？实际上，大量的低档产品大多是私有企业生产的（朱富强，2000b）。可见，仅凭抽象的产权概念很难说明效率问题。

（二）国有企业低效率不能全部归结为产权共有

上面的分析表明，公有产权并不一定是低效率的，而私有产权也并非就一定有效率。那么，由政府直接控制的共有产权的实际效率又如何呢？罗伯茨（Roberts，1975）曾比较私有和公有的公共用电业，他的研究发现，绩效并不能简单地由公有和私有的差异所决定，而是历史、燃料价格、外部压力、内部控制机制强度的差异以及每个组织中群体关系的一个复杂集合的函数。事实上，不同产权选择不仅适用于不同的公众群体，而且也适用于企业内的不同群体，这些权利并不必然反映为公有制或私有制。而且，社会主义早期的经济建设表明，共有产权往往更便于技术的传播，从而提高整个社会的福利。简单的原因是，垄断的私有企业为了维持自己个人的垄断利润更有可能储藏"发明"，至少是不愿无偿向社会提供的；而国有企业中由于垄断利益不为某个人所独占，反而更有可能进行技术交流和推广。事实上，在某种意义上讲，新中国成立后，中国工业技术之所以能在全国迅速普及，很大程度上是由于产权的公有性质所产生的兄弟之间"互帮互学"的结果。因此，在面对经济全球化导致日益加剧的国际市场竞争，我们同样需要积极发挥政府的作用，让更多的信息和技术在国内企业之间共享，从而加速中国企业国际竞争的能力。

尽管共有企业确实在一定的时期以及一定的范围内产生了高效率，但是，一个不可否认的事实是，传统的国有企业在现代竞争性市场中往往呈现出低效率的状态。那么，其根源是什么呢？斯蒂格利茨（1998a）认为，导致国有企业常常是非效率的主要原因是它不具备私营部门的一些显著特征：（1）公共部门内的竞争较弱；（2）组织解体的威胁——对私营企业而言是破产的威胁——较弱；（3）政府企业经常面临着一些并不会强加于私营企业的额外限制；（4）政府经常面临作出承诺的问题。张军（1997）也认为，造成国有企业常常低效率的原因在于：（1）兼有大量的社会目标；（2）缺乏退出和筛选机制。

事实上，企业组织的效率首先是一个目标问题，如果仅仅以占有的剩余额（即利润）为目标，那么这必然涉及协调收益和转移收入两个方面；相反，如果以全体员工甚至以整个社会的福利为目标，那么，单个企业组织的未分配利润率往往是低下的。因此，针对主流经济学认为社会选择的结果必然有效率的观点，道（Dow，1987）指出，单纯的存在本身并不能证明组织的效率，主流的功能主义分析缺乏一个因果基础。事实上，组织的选择过程中并不仅仅是总的交易费用问题，还有这些费用在代理人之间的分配。如果考虑了后一问题，那么就可以说明即使劳动者管理的企业（LMFs）更有效率，资本家管理的企业（CMFs）也可能更容易生存下来。这是因为，如果我们假设，无论是CMF还是LMF，任何一个结构的治理的好处都流向了那个结构中有管理权威的代理人，那么较少管理者的CMF将会战胜拥有很多管理者的LMF，甚至当后者有一个较高的总量数额来分配时仍然如此（弗罗门，2003：74）。

显然，这涉及短期有效性和长期有效性问题，短期内生存下来的仅仅是对即期环境的反应，而长期有效的并非就一直能够适应不断变动的现实环境。实际上，人类社会本身就是在曲折中前行的，组织也是如此。然而，正如弗洛姆（1995：4）指出的，"由于陶醉于新的物质繁荣和驾驭自然的成功，人们不再认为自身是生活和理论探索的中心。作为发现真理和现象的本质的理性被摒弃，智力活动纯粹成为处事驭人的工具。人们已不再相信有力量为人的行为建立有效的规范和理念"。因此，长期以来，我们往往想当然地认为曾经一度表现强大竞争力的西方企业制度就是最为有效而合理的，而不进一步去探索产权的实质和企业的本质。

正是由于在公共部门存在着经济的和非经济的多个目标，为管理者追逐自身利益提供了更大的自由度。由于私人企业不像国有企业那样承担大量的社会目标，私人企业运行的成本要大大低于国有企业的运行成本。而在公有企业中，由于经济目标和社会目标混合在一起，就很难分辨一家企业组织是否有效率。假如一家工厂受到指示为了避免失业必须维持开门，结果由此而导致亏损，那么就应把损失归结为强加于它的外部限制，而不是缺乏效率。可以说，目标的多元化带来了管理本身的畸化和混沌化，并最终导致低效率。相反，由于私人企业不像国有企业那样承担大量的社会目标，因此，在经营不善时就允许破产和关闭。这样，私有企业和国有企业面临着不同的"淘汰机制"：在国有部门，不成功的企业存活时间要比不成功的私有企业的存活时间长，结果随着时间的推移，私人企业中成功的企业数目的比例就会比国有企业高。

因此，有的学者（朱东平，1994）指出，只凭效率这一个指标的好坏，不能武断地决定国有企业的存在；即使国有企业的效率确实低于私有企业，也不意味着取消国有企业；因为国有企业将在很大程度上更关心整个社会的经济利益，从而起到为私有企业所不可能起到的"调节"作用。德鲁克（2002：97）也指出，自由企业制度和社会主义制度的优劣"不应该由经济效率来决定，它首先是自由社会的组织问题，其次才是充分就业问题，（尽管）经济效率是问题的一个主要方面"。当然，正如上面所说，目标的多元化带来了管理本身的畸化和混沌化，而且，目标多元化本身会导致缺乏可比较的实质竞争，这些都可能造成真实的低效率。事实上，由于面临的竞争压力不同，往往促使组织运行的效率也有很大差异。凯夫和克里斯坦森分析了两个加拿大铁路公司，其一是公用企业，其二是私营部门。发现在竞争条件下，公共企业像私营企业一样高效。他们的结论是，由于公共所有权的任何低效率的趋势都被竞争所抵消了（德尔和韦尔瑟芬，1999：168）。澳大利亚的泰腾郎（Tittenbrum，1996）的分析也表明，企业效益也是主要与市场的结构有关，即与市场的竞争程度有关。罗默（1997：33）则认为，"苏联型经济失败归因于其三个特征的结合：（1）大部分产品由行政机关配置，在这种情况下生产者没有互相竞争的压力，（2）政治部门直接控制企业，以及（3）无竞争、非民主的政治"。

但是，产权学派却先验地将产权结构与效率之间对应了起来，也正是由于产权观具有明显的片面性，超产权学派也应运而生了。超产权学派认为，影响资源配置效率的是治理机制，要使企业改善自身治理机制，其基本动力是引入竞争；而变动产权只是改变机制的一种手段，但不是唯一的手段；而且，私有产权也不一定就会带来高效率。超产权理论依据的逻辑主要是竞争理论，包括：竞争激励论、竞争发展论、竞争激发论和竞争信息完善论。竞争激励论的动力主要来自三个方面：（1）信息比较动力；（2）生存动力；（3）信誉动力。竞争发展论主要有两方面：（1）生存竞筛选论；（2）企业发展论。竞争激发论主要包括三个方面的内容：（1）对抗性是激发竞争的必要条件；（2）如果短期违约利益与长期协作利益比较，前者大于后者，则有利于竞争；（3）企业之间非对称性，则竞争力高的企业愿意竞争（刘芍佳，1998）。

显然，超产权论认为，"垄断"与低效率的关系要比"产权"与低效率的关系更紧密。目前，一些学者强调，国有企业因委托—代理关系层级多而导致初始委托人与最终代理人之间相距遥远，从而产生了监督低效率（张维迎，1995：附录）；相反，通过私有化可以消除这种多层次的代理链，建立委托人—代理人之间的直接联系（股东和企业经理），从而获得更高效率。但是，正如斯蒂格利茨指出的，国有企业的组织结构实际上与大型股份公司的结构几乎没有差别。实际上，就现代大型公司来说，无论采取何种产权安排形式，都难以回避委托—代理问题，这方面国有产权和私有产权只存在极少的差异，都将采取"股东—董事会—经理"的委托—代理形式。而且，对于大公司而言，不存在追求所期望的利润贴现值最大化，甚至不存在追求长期市场价值最大化的"单个所有者"。因此，斯蒂格利茨（1998b）发问到：所有者真的很重要吗？英国石油公司的效益比坦尼克石油公司低吗？加拿大国家铁路公司比加拿大太平洋公司的效益低吗？

总之，产权结构与效率之间并不存在一一对应的关系，在对效率进行实证和评价时，我们首先要对效率的内涵进行界定，这个内涵就是目的。显然，从协作系统的角度，企业组织的目的首先是服务于所有参与者的利益，同时，作为协作系统具有自身生存的目的；而企业组织的生存能力很大程度上取决于是否存在一个良好的外在竞争环境以及优越的内在协调机制，这两方面都能够增进企业组织这一协作系统有意或无意的协调，并能够抑制机会主义行为。而且，我们也不能片面鼓吹社会达尔文主义，以优胜劣汰来说明企业的有效性。巴纳德（1997：73-74）就指出，组织的有效性和生存之间存在不一致的关系，"一个组织如果不能实现目的，必然会垮台。但是，如果它实现了目的，也会解体。有很多成功的组织就是由于实现了目的而解体的"。

第二节　产权调整是优化治理之手段而非目的

上面比较分析了产权结构与经济绩效之间的关系，这可以为中国现阶段企业组织的产权改革提供一个基本的认识：我们不能想当然地将产权结构与经济绩效一一对应起来。实际上，产权结构的改革也与改革的目的密切相关。撇开政治因素，产权结构的改革是为了改进企业组织的运行机制。也即，提高巴纳德所谓的协作体系的有效性问题，这不仅仅是为协作系统中的某单一主体服务的。究其原因，从根本上说，人的自我发展才是社会演化的真正目的，它是自然的，而其他一切形态的协作系统都是人为创设的，是为"人"服务而生的。在为实现"人"的目的中，最主要的是能够满足人类不断增长的需求，这根本上又需要通过增进生产的效率或者提升价值的创造力来实现。根据"理论准备"部分的分析，提高生产效率的根本途径是协调水平的增进，而企业组织的产权安排实际上是对企业这一协作系统的所有参与者的权利边界的界定，它有助于企业组织内部协作要素共同生产的协调。也就是说，企业组织的产权安排主要是为增进协调而创设的，它最重要的功能体现在对企业组织所有相关者的激励和监督上。因此，产权改革不是目的，它也不是静态的，没有一成不变的产权结构，而是随着社会发展而动态演变。当然，要对企业组织的产权结构改革有个清晰和整体的把握，我们就必须清楚产权的含义及其作用，从而能够了解产权改革的实质。

一 基于优化治理机制的产权改革

现代经济学认为，企业组织实际上只是一组契约来连接各个生产要素的组合投入和分割产出，产权本身只是对企业组织衍生的各项权利的界定并且是可以分解的。因此，产权安排实质上体现了一种治理机制，是为更好地利用资源的一种关于权利和义务的安排。从这个角度上讲，尽管肖耿等（1997）强调由"控制权"和"收益权"分离所造成的"产权缺位"是国有企业低效率的根本原因，但实际上，这是对产权概念本身的误解，因为产权本身就可以将权利细分并将之归属不同的主体。其实，产权的结构安排根本上是为了提高组织的运行效率或者资源的使用效率，而实现这一目的的关键在于，要能够形成一套有效的激励和约束机制。显然，在不同的文化环境和社会认知下，企业组织的组织结构和追求目标是不同的，这就需要采取不同的治理方式，从而对应于不同的产权结构。这意味着，现实生活中根本不存在所谓固定有效的产权安排模式，否则，就会陷入为"产权而产权化"的形式主义陷阱。

一般地，产权安排包含了两个基本内容：责权界定和相应的实施机制。或者直接说，产权功能包含了激励和监督两个方面。显然，如果我们把实施机制视为有效的，那么，企业组织的产权安排实际上是对企业所有参与者的权利边界的界定，从核心层面上讲，主要是对组织中物质资本所有者和人力资本所有者的产权界定。究其原因，如哈耶克（1999：122）所说的，"责任必须是个人的责任。在一个自由社会里，不可能有某种一个组织成员的集体责任，除非他们通过协调行动已经使每人都各自负责，共同或分别承担责任都要求个人同他人相一致，因此也就会限制每个人的权力。如果让人们共同承担责任，而不在同时规定一个共同的义务和协调的行动，结果便经常是无人真正负责。每人都拥有的财产实际上是无主财产，那么每人都承担的责任就是无人责任"。正是根据这种思路，传统企业产权束中的权利集常常被划分为几个部分：物质资本所有者有权得到使用这些财产创造的部分收益、在公司的财产中享有部分剩余权利以及十分有限的控制权，而拥有、使用和控制这些财产的权利转移到公司的人力资本所有者如经理人员手中（Votaw，1965：96-97）。譬如，在一个由人力资本和物质资本构成的简单企业组织中，由于人力资本所有者对其权利的运用如何直接影响到物质资本所有者的权利，而企业产权束所附属的权利之划分实际上也涉及人力资本所有者权利的运用。

因此，除了责权的界定外，如何保障各成员的权利不受其他人的侵蚀也是产权安排的重要内容，它就需要存在一套较为健全的产权实施机制。就当前中国的国有企业乃至民营企业而言，尽管产权中的责任关系还有待进一步的调整和优化，但最为紧迫的首要问题是，既定产权下的责权关系如何获得切实的保障；没有一个良好的保障机制，产权再如何调整也无法帮助人们形成合理的预期，反而会陷入无序状态。当然，产权的实施效果也是与责权的界定分不开的：一般地，责权的界定要体现经济的本质，只有与经济本质相一致的产权才可能从根本上得到保障。譬如，传统理论从股东价值观出发将物质资本所有者视为企业的所有者，基于这种产权的责权界定，那么，与企业产权相应的实施机制就是单方面的，是作为所有者的委托人如何激励和监督作为雇佣者的代理人，这也是当前流行的公司治理结构中的委托—代理模式。但显然，纯粹的资本所有者监督企业的其他成员的治理方式往往是缺乏效率的，因为信息是不对称的。因此，主流经济学又认为，最好的激励是内在激励，最好的监督也就是自我监督。而要实现自我激励和监督，委托者的法宝就是赋予代理人一定的剩余索取权。事实上，正是由于基于剩余索取权的监督具有单向度性，因而它并不能真正解决复杂实际问题，否则，人们也不会傻到情愿舍弃主流经济学极力鼓吹的这个"锦囊"而甘受无效率之痛楚。

一般认为，基于剩余索取权的委托—代理治理模式存在这样两个明显的问题。（1）剩余索取权给予谁的问题还是没有真正解决。西方学者认为，剩余索取权应给予能够带来最大效率的人，也即最具有私人信息而对总产出的贡献最难测度的人。但是，谁能最大限度地影响效率呢？早期西方社会认为出资者对组织效率的影响最大，后来又开始把管理者视为剩余索取权的最佳拥有者。但是，随着智力社会的到来，社会日趋成为小规模的知识的协作群体，在这种情况下，拥有专业知识的生产者就逐渐拥有了比管理者更多的私人信息。（2）即使明确给予经营者以剩余索取权，那么给多少呢？西方理论要求剩余索取权授予最具有私人信息的人，这也恰恰是问题的症结。事实上，正如德姆塞茨（1999a：159）指出的，如果企业组织的总监督者得不到全部剩余索取权，就一定会存在机会主义倾向。在日本这样的国家，绝大部分上市公司的经营管理人员持股比例不足1%，企业的所有权与经营权基本上处于完全分立的状态。那么，在这种状态下，又如何确定以剩余索取权为核心建立有效的激励—约束机制呢？

同时，委托—代理治理模式主要是针对管理者潜在的机会主义行为，但在不完全产权的现实情形下，不仅管理人员可能会出现机会主义倾向，而且也存在其他方面的机会主义倾向。显然，这些都需要加以约束，具体说明如下。（1）其他如生产者、供应商乃至债权人等都拥有特定的私人信息或者特定的专有性资本，从而也会据此采取机会主义行为，因而这些相关人员的行为同样需要受到有效监督。（2）在等级链较长的情形下，企业各级管理者之间也会因剩余索取权的分配而发生冲突，从而使得机会主义行为增强，因而这中间也需要复杂的相互监督因素。（3）不仅人力资本的所有者存在机会主义倾向，物质资本所有者（即传统意义上的委托人）也存在机会主义倾向，因而物质资本所有者的行为也应该受到监督。譬如，20世纪40年代，美国的电影制片商开始将每部电影的利润按照一定的比例分配给该片的主角，以激励影星们在电影制作过程中少耍脾气而耽搁电影的拍摄时间，但结果，有些制片商就通过转移利润的方式隐瞒最卖座的电影的利润，以减少主角们的利润分成。正因如此，现在的影星们不再要求对利润分成，而是要求对电影的票房分成，因为票房比利润更加透明（王则柯等，2000：83）。

此外，在现实生活中，那些传统上的委托人往往更有条件实行机会主义行为，而且他们的行为对传统上的代理人造成的危害更为严重，从而传统上的委托人应该成为监督和约束的重点。（1）在资本市场完善的情况下，资本流动相对自由，因生产者和管理者的行为而使资本所有者所面临的风险大为降低；相反，人力资本所有者由于特定的专有性而存在越来越高的退出成本，资本所有者在资本市场的行为造成企业发展的动荡对这些人产生了更为严峻的风险。（2）在市场机制和法律规章不健全的情况下，那些财务信息为作为"企业所有者"的委托人所垄断，而一般的经理人员根本就不知道企业剩余收益是多少。在这种情况下，又如何让剩余索取权安排取得效果呢？譬如，目前中国一些民营企业中就普遍存在着这样的现象，财务总监往往是"老板"的亲信，以致不断出现"老板"和"职业经理"之间的对抗。（3）由于现代企业的股东数量庞大，股东也不可能直接监督企业内部的管理者，而是由全体股东大会来委托董事会代理监督经营者的职责，这样又形成了新一级的委托—代理关系。显然，按照米契尔的"寡头铁律"，作为代理人的董事会本身就可能成为一个利益集团追求自身利益而损害其他股东的利益，表现在中国资本市场上，机构坐庄就是明显的表证。

事实上，企业组织作为一个协作系统，其产权本身就归属于所有的参与成员，因而相应的责权包括了所有的利益相关者。与此相应，企业组织的有效治理就不仅是物质资本所有者激励和监督人力资本所有者的问题，更是如何在契约当事人之间配置企业产权的问题：通过这种产权安排，就可以形成对企业的所有相关者实施约束与激励兼容的契约制度，从而实现公司治理的制度效率。正是基于这种观点，公司治理不单是指基于股权结构基础上的股东治理，还包括外部市场对公司的治理，即消费者通过产品市场，股东通过股票市场，债权人通过破产，潜在的管理者通过经理市场，职工通过劳动力市场，等等。这些都会对现任经营者、董事们施加压力，使得他们不至于过分追求自身利益，或严重损害利益相关者的利益。另外，政府的法规和社区的影响也是参与公司治理的重要力量。因此，企业治理结构也就不仅是指由股东大会、董事会、经理人员、监事会所组成管理机构，更主要是指一套制度安排，用以保证股东、经理人员及职工在明晰权责、相互制衡的关系中经济利益均得以实现。

总之，企业组织的健康运行在于各成员能够较好地履行责权，而其责权本身又源于企业的产权安排。因此，企业组织的产权安排的根本要求是对治理机制进行优化，从而为企业组织的有效治理提供基础。一般地，产权安排的基本原则是公司剩余索取权与控制权相对应，即风险制造者和风险承担者要具有一致性。显然，这与利益相关者社会观的企业学说相适应，而与流行的委托—代理理论存在很大的不同。譬如，日本企业的股份有 70% 左右为法人持有，这就为企业之间的相互监督以及社会共同治理机制的形成夯实了基础；而且，允许银行等金融机构对企业持股，又促进了主办银行成为企业经营的积极关注者。进一步地，就企业组织的治理而言，激励与监督密不可分。正如莱宾斯坦因所指出的，"问题不在管理者是否是剩余索取权的获得者，从而会进行高效率的监督，而在于管理者与其他雇员间（以及两个团体内部同等地位的成员之间）相互作用是否带来了最佳的工作态度"（斯密德，1999：162）。正因如此，流行的委托—代理本身就存在问题，即使实行委托—代理治理机制，委托者除了利用剩余索取权对经营者实施一定程度的激励外，更重要的也必须对经营者实施强有力的监督。

二 产权结构调整的动态性之考察

正是基于治理机制的不断优化，企业的产权安排也不是静态的，而应该随着社会发展而动态演变。作为一种社会工具，它是帮助人们在交往过程中形成合理预期的一种机制，引导各种激励和约束从而使外部性在更大程度上得以内部化（德姆塞茨，1999a：129）。在某种程度上讲，产权的调整也正是为解决不断出现的新外部性而无意识或有意识进行着的：在发达的西方社会，这种调整往往是当时特定的社会习俗以及普通法逐步发生变化的结果；而在发展中国家，产权调整则基本上都是自觉开展的。正是从产权的责权界定和实施机制相配合的角度出发，我们认为，产权结构的调整根本上要形成一套更为完善的治理机制；而由于治理机制本身就是社会文化和特定环境的产物，因而在不同的地点、不同的时期也必然需要不同的产权结构与之相适应。实际上，在人类早期社会，由于自然资源相对于人们的需求而言是丰富的，或者人们经济活动的外部性还没有达到一定的程度，因而人们往往没有产权概念，或者产权具有强烈的公共性质。但是，随着人类经济活动的日益增加，产权界定以及相应的实施机制就显得越来越重要。

大凡资源越是稀缺，就越需要进行管制，越需要建立共同分享的规则。举个较为典型的例子，美国政府对用水就有两条截然相反的规定：在东部，普遍实行源于英国普通法的"沿岸所有"的办法，允许土地所有者合理使用流经其土地的河水；在西部，则通行"审批配水"的办法，各州都规定，获得用水权的所有者必须按申请的用途用水，不得挪作他用，也不得单独出卖用水所有权（巴泽尔，1997）。显然，西部已不存在纯粹意义上的私有产权了，他们的所有权被稀释了；为什么会有如此不同的规定呢？究其原因就在于，美国东部水资源比较宽松，因而有关权利界定得也就相当宽松；但是，西部河流水量在各季节、各年度变化很大，而且该地区较为干旱，从而对水的使用有更严格的规定。事实上，在南部加利福尼亚地区的供水设施中，营利性的私人企业所起的作用有限，供水大体上是由非营利性的协作型企业、公共企业和政府机构组成；在五千个这样的企业中，由"州公共设施委员会"管辖的营利性私人企业不足三百家。显然，正是这种"共有"体制保障了加州经济的长足发展，不但使之成为美国人口最多的一个州，而且经济发展水平相当高（V. 奥斯特罗姆，1992）。

然而，基于产权界定的历史演化，产权学派却强调，只有产权私有化才可能存在一个更有效率的机制，因为只有私有化的产权界定才可以形成一个自觉的保护和使用机制。因此，产权学派以剩余索取权归企业主所有为基本前提，把企业视作企业主实现自己利益的工具。其实，产权的实施并非自然人的个体保护，这种保护往往只会陷入霍布斯的"野蛮丛林"；相反，更重要的是存在一个社会共同的保护和实施机制，此时并非私有产权可以得到更好地执行。德姆塞茨（1999a：140）就指出，目前上市公司的所有权就没有归到个人。事实上，前面的分析也已经表明，企业组织的效率与产权结构之间并非存在——对应的关系。历史发展则表明，公有产权和私有产权往往同时并存，即使在高度竞争的市场经济体制的社会中也有着相当程度的公共结构以及公共企业。例如，在原来的西德约有2300万个集体经济单位，其中300万个从事生产，2000万个集体消费。其他发达国家的情况也大致如此，更不用说经济欠发达国家了。

而且，即使在私有产权为主的产权结构中，也不是产权私有化程度越高而效率就越高。例如，施莱弗（A. Shleifer, 1991）考察了1980年《财富》杂志列出的世界 500 家大企业中的 371 家，并根据经理拥有企业股份份额将这 371 家企业分为三类：经理拥有企业股份占股份总额 0%～5% 的为第一类，占股份总额 5%～20% 的为第二类，占股份总额 20% 以上的为第三类；通过比较发现，第二种类型的企业绩效是最高的（王珺，1998）。显然，此研究至少说明了两个基本问题：（1）企业组织并非私有化程度越高越有效率，相反，作为私有性质典型的家族制企业在发展后期往往都会遇到越来越严重的问题，尽管家族管理人员具有充分的激励动机；（2）经理的工作积极性并非与剩余索取权成正比，中国许多上市公司的老总尽管拥有巨额的期权，但仍然肆无忌惮地进行在职消费。实际上，这两个论点都涉及企业组织的激励—约束安排问题：在家族企业中，由于缺乏有效的其他方面（员工或其他管理人员）的约束而产生低效率（这将在下一章作进一步说明）；即使在股份制企业中，经理人员的股份比例很高，以至其他人也难以对他进行有效约束，同样会导致企业效率的低下。

实际上，根据协作系统的观点，企业是所有利益相关者的企业。那么，企业组织为什么会从私人企业（或个体企业）向社会企业演进？究其原因，这可以促进更大规模和更深层次的协作，从而有助于提高协作系统的效率。这也意味着，产权结构并非一个纯抽象的存在，而是与协作系统所处的环境有密切关系。正因如此，流行的产权观制度变迁理论就存在明显的缺陷：它将自由进入与私有财产对应了起来，但自由进入不是一种财产，而是一种对所有者来说的自由状态。正是存在这种混淆，导致了产权学派把私有财产提高到作为一种主要的制度状态的地步，从而为资源的破坏辩护；结果，产权学派不但歪曲了制度安排，并进而将一种特定的制度拔高为唯一有效的制度形式。事实上，产权形式是与特定的历史阶段以及特定社会环境相一致的，在某些环境中，共有组织也许比市场组织更有效率（罗马塞特，1996）。在对历史的重新考察过程中，许多新经济史学家就认为，直到中世纪为止，公共财产都是最有效的制度形式。例如，达尔曼对英国的敞田制度分析就表明，在放牧区中的集体权利较之私人权利更加节约交易费用。同样，加拿大国营的加拿大国家铁路公司也不比私营的加拿大太平洋铁路效率低，这也是一个明证（斯蒂格利茨，1998b）。

可见，产权并非决定效率高低的唯一因素，而目前关于公有产权和私有产权之间的差异被夸大了。正如西蒙所分析的，"许多生产者都是雇员，而不是公司所有者，从古典经济理论的角度看，他们没有理由追求公司的利润最大化，除非这些利润可以被所有者控制。而且，就这一点来说，在营利企业、非营利企业和官僚组织之间没有区别。所有机构都面临着同一问题：促使员工朝着组织目标方向工作。没有理由解释为什么那些以利润最大化为目标的组织会比追求其他目标的组织更容易（或更难）产生上述动机。受利润驱动的组织比其他组织更有效率的结论在源于新古典假设的组织经济中并不能成立"（斯蒂格利茨，1998b）。其实，产权学派的逻辑可以表示为：经济盈余 $=f$（产权）。即当产权朝着排他性私人权利方向演进时，从一块土地上获得的盈余将增加，这是把产权结构看成自变量。而事实上，产权结构更像是因变量，这样上述式子就可改成：产权 $=f$（经济盈余）。因此，与其说是私有财产带来了财富，倒不如说新的财富增加的可能性为进一步的制度安排提供了必要的经济剩余。这样，我们可以提出一个更完整的经济发展函数：F 发展 $=$（c 产权、t 土地、l 劳动、z 资本、j 技术、g 管理……n），这中间可能还包括文化、外部环境、社会发展阶段等各方面的因素（程恩富，1997）。

总之，产权结构与效率并非一一对应，因而不能简单地将产权改革与产权私有等同起来。事实上，无论是历史还是现实都表明：私有产权的效率也不一定高于公有产权，私有化并不是产权发展的唯一方向。一般地，产权结构的调整往往根据社会环境而异，并随着社会的发展而具有动态性的特点。因此，我们就不能想当然地以一种固定的产权模式去套用不同环境下的企业，更不能以一个先入之见的教条主义认定存在一种广泛有效的产权结构，而更重要的是考虑产权对不同环境的适应性，要建立多种产权结构，并特别留意环境的变化而促使产权结构的动态调整。基于这种思路，在目前的企业改革和产权安排问题上，重要的是改革企业的激励和约束机制，将企业真正推向市场，真正实行优胜劣汰。相反，如果单纯运用私产制去阐述多姿多彩的各国经济发展史，那就必定染上"简单化"和"呆板性"的嫌疑（程恩富，1997）。为此，斯蒂格利茨（1998b）甚至呼吁打破广泛存在的"产权神话"。

三 激励和监督：产权的基本功能

前面指出，产权安排实质就是对各个参与者的责权界定，并以此对参与者行为进行约束。也即，一套产权安排实际上就提供了一套约束机制。一般地，这种约束机制的功能又体现为两个方面：激励和监督；其中，激励机制是规定将来经营成果的利益分配，而监督机制是记录经营者的经营业绩和行为。显然，作为产权安排中责权关系的完善，激励和监督是共生统一的，它们相互作用共同构成了一个有效的约束机制，约束机制是根据监督机制的记录结果来进行奖惩实施激励机制。

在早期社会，由于把企业单纯地视为企业主获取个人利益的工具，因而比较强调监督一面。譬如，泰罗的科学管理体制就是典型，即使目前的委托—代理机制本质上强调的也是监督问题。但是，单纯依靠强制命令的管理方式也从来没有成功过，因为基于单纯监督的管理存在着这样的基本假设：每个人是同质的，具有相同或者近似的效率，从而管理者可以通过科学计量规定每个人的工作。显然，在异质性假设下，那些拥有较高能力的人就不会自愿、主动而充分地发挥自己的能力，而那些较低能力的人，再怎样努力也不可能达到设计者的要求。或者，企业主根据各类工人效率的概率分布支付平均工资，假设低效率工人的比例是 π，那么厂商支付的平均工资为：$\bar{w} = \pi\theta_1 + (1 - \pi)\theta_2$；显然，平均工资制度便宜了低效率工人，而损害了高效率工人。总之，无论如何，在异质性假设的情况下，如果市场上对劳动力的竞争是有效的，那么，另一些厂商就可以通过稍微提高工资的方式将那些高能力者吸引过去，最终导致留下来的是低能力者。因此，随着市场竞争的加剧和社会不确定的提高，着眼于获取中位数效率的管理体制必然越来越不能适应。

特别是，在当前，人力资本越来越成为企业贡献中的主要来源，而人力资本产权的"私权性"和隐秘性决定了其供给的不确定性，因而无法对其实行完全的统一规制以实行彻底的监督（张建琦，2001）。正因如此，激励越来越为企业管理所重视，这是当前理论界重视激励机制探究的根本原因。一般而言，激励机制设计主要体现在两个方面：（1）将经理的货币收入与公司的利润挂钩；（2）将经理的货币收入与公司的股价挂钩。一项有效的激励机制会促使企业经营者不单纯追求企业短期效益，目前比较常见的激励工具有增值赠予的股票期权、全值赠予的受限股票、绩效股票、岗位股份、风险股、分期购股、抵押贷款购股、股份期权、模拟股票、绩效单位、虚拟股票期权以及与年龄相关的薪酬，等等。其中，上市企业中最常见的方法就是采用购股权计划，它被视为激发经营者和员工积极性的有效制度安排。

正因如此，目前在西方产权学派的理论中讨论更多的是激励方面，如威廉姆森等人对交易费用理论的发展，莫里斯、霍姆斯特姆、格罗斯曼、哈特等人对信息经济学、契约理论或委托—代理理论的突破，以及克瑞普斯、法马、罗森等人运用动态博弈理论分析了竞争、声誉等隐性激励机制。激励理论也经历了由单一的金钱刺激到满足多种需要、由激励条件泛化到激励因素明晰、由激励基础研究到激励过程探索的历史演变过程。然而，相对于激励机制探讨的热火，对于监督机制的研究却似乎已被忘却，成为目前学术界很少涉及的荒原。事实上，即使有一个良好的激励机制，经营者行为仍然可能偏离所有者利益；因此，在实践中，监督机制的建设就是必不可少的，西方社会的发展史已经表明了这一点。根据"管理学之父"泰罗（1982：20）的看法，在他之前的企业管理体制是一种所谓的"刺激积极性"型的管理体制；在这种管理体制下，"为了尽可能地调动工人的主动性和积极性，管理人员必须给予他属下的个人某种超出行业平均水平的额外刺激。这类刺激因素可以几种不同的方式出现，例如，给予工人得到迅速晋级和提升的希望；以鼓励高产优质为目的，给予优厚的计件报酬或用奖金、红利的形式予以奖励以及缩短工作时间"。但是，在这种激励机制下，存在最大的问题就是偷懒的机会主义倾向。

其实，西方学术界之所以相对漠视监督机制的相关理论，就在于欧美国家在长期的市场演化过程中已经形成了一套相对完善的监督体系。例如，在美国，除了对公司信息披露有很高的要求外，资本市场成千上万的投资者，尤其是大投资者，以及证券公司的分析师为了猎取最新的公司信息，为投资者提供最佳服务，都在睁大眼睛注视着公司的一举一动；这些证券分析师对公司的过去与现在了如指掌，他们不仅分析公司披露的财务信息、重大行为，而且，通过定期参观企业、访问企业高级经理猎取第一手资料，这些都间接地对公司起到监督作用。此外，还存在一大批具有较高专业水平和职业道德的注册会计师以及具有强烈监督意愿的董事会；这些内外机构都是西方社会整个监督体系的重要组成部分（陈工孟，1997）。

总之，产权的基本功能在于激励和监督两个方面，而激励和约束是不可分的，特别是，约束是激励的前提和基础。例如，德姆塞茨（1999b：47）就曾发问道："如果没有监督努力，为什么工人要担心失去工作呢？"由于以股东价值观为基础，早期西方企业更注重监督机制的建设，从而逐渐形成了一套相对完善的监督体系；而随着对企业本质认知的加深和市场竞争的加剧，激励机制这一瓶颈则日益凸显出来。因此，当前的西方学术界更集中于激励机制的探讨，但是，西方目前的这种学术倾向误导了中国学界的大多数学者，使他们对企业治理关注的重点发生了偏误。事实上，社会上已经形成了一套较为健全发达的约束机制，这是西方社会重点放在激励研究上的基础；而中国企业却面临着完全不同的社会背景，因为中国的市场还很不发达，其基本的监督体制都没有，何来奢谈完善的激励机制。

第三节　中外背景比较与委托—代理 治理模式的适用性

不同产权的绩效是与具体环境密切相关的，产权结构也就与特定的社会背景具有共时性。同时，自企业组织诞生之初，基于对企业组织性质的认识不同，就形成了不同的企业治理观，并与不同的产权安排相适应。因此，我们在具体考虑中国企业的产权安排时，就不能简单地依据目前的有关理论，而是要充分剖析中国目前企业所面临的环境背景，找出与之相适应的、关联性较强的产权安排和治理结构；尤其是，要仔细梳理和区别中国与欧美国家传统文化以及现实环境上的差异，探究这种差异对企业组织的机构设置和治理机制造成的影响，而要切忌东施效颦。

一　股东价值观的委托—代理治理模式

按照股东价值观的观点，企业所有权属于单一的出资者所有，因而企业组织的管理方向就是促使其员工更好地为股东利润最大化这个单一目标而努力工作。当然，每个员工也有其私人目标，这要求管理者必须设计出合理的奖惩制度对其行为进行引导和规制。因此，股东价值观的治理理论要求，设计合理的合同来激励经理或员工为股东利益服务，并通过法律手段给予股东恰当的权利，赋予董事会监管经理的信托责任。显然，这正是委托—代理理论所论述的基本内容，它是处于对立两极的利益双方如何在信息不对称情况下进行合作的基本思维，特别是适用于协调科层制组织中上下级之间的利益关系。当然，由于西方社会存在的根深蒂固的"分"的传统，它关注每个个体的权利和利益；同时，社会个体又是理性的，他在与其他人的交易中会尽量利用其信息优势以获得更多的收益。因此，西方学术界进而把委托—代理关系理解为市场参加者之间因信息差别而产生的一种社会契约形式，是掌握较多信息的代理人通过合同和其他经济关系与掌握较少信息的委托人之间展开的一种对策行为。

正因为非对称信息条件反映了市场参加者的基本经济关系，因而委托—代理理论得到了普遍的推广和应用，成为目前学术界流行的用于处理更广生活领域中发生利益互动的人们在信息不对称条件下如何进行理性行为的基本理论，从而也成为目前微观经济学的核心内容之一。一般地，在委托—代理人之间存在三个基本属性：（1）两者的利益不一致性；（2）信息的不对称性；（3）对后果责任的不对等性。显然，如果委托—代理双方都是效用最大化者，且其效用函数不同，那么，一系列所谓的委托—代理问题便会产生。确实，在大多数新制度经济学家的眼中，委托—代理关系是无所不在的，例如，地主与佃农、股东与经理、经理与工人、病人与医生、保险公司与投保人、证券投资者和经纪人以及选民与政府之间等都构成了委托—代理关系。实际上，尽管委托—代理理论在学术界只是晚近才出现的，但是，从泰罗提倡的科学管理体制以来，没有理论的类似实践就已经普遍开展了，这类似于罗斯福的新政在凯恩斯主义理论诞生之前就已经在推行凯恩斯主义了。

委托—代理理论的实际应用甚至可追溯到斯密，因为在《国富论》一书中斯密就观察到股份公司中存在的委托—代理矛盾，注意到了经理阶层的"疏忽与浪费"，并描述了股东因对公司业务所知甚少而导致的监督困难，以及委托人和代理人之间在利益取向上的差异。斯密（1972：60、62）写道："劳动者的普通工资，到处都取决于劳资双方所订的契约。这两方的利害关系绝不一致。劳动者盼望多得，雇主盼望少给。"并且，他还指出了激励理论中的参与约束，"需要靠劳动过活的人，其工资至少须足够维持其生活"。正是基于委托—代理的分析思维，斯密专门探究了分成租佃中的内在问题，从佃农对土地的投入和农业工具的滥用中揭示了道德风险问题。斯密（1972：356-357）写道："在这种制度下，种子、牲畜、农具，总之，耕作所需的全部资本，都由地主供给。农民离去或被逐去时，这种资本就须归还地主。"因此，"在对分佃耕制下，土地仍不能得到大的改良。地主既不费任何分文，而享受土地生产物的一半，留归对分佃农享有的自属不多。在这不多的部分中，所能节省的更是有限。对分佃农决不愿用有限的节余来改良土地。……用地主供给的资本，从土地尽量取得大量的生产物，固然是对分佃农所愿意，但若以自由资本与地主资本混合，却决非对分佃农所愿的。在法兰西……地主常常指责农民，不用主人的耕畜耕田，而用来拖车。因为，拖车的利润，全部归于农民，耕田的利润，却须与地主平分"。

斯密之后，马克思等实际上都提到了委托—代理问题，但并没有形成专门的理论体系；到 20 世纪初随着所有权和控制权的逐渐分离，委托人和代理人之间的矛盾开始凸显出来，为此，贝利和米恩斯（Berle & Means，1932）等人开始集中于这一问题的考察。例如，在《现代公司与私有财产》一书中，贝利和米恩斯就指出了企业的直接经营者在激励与责任方面与企业所有者之间的矛盾，他们认为，在所有权分散和集体行动成本很高的情况下，从理论而非实证的角度看，职业型的公司经理多半是无法控制的代理人。此后，经曼内（H. Manne，1965）、罗斯（S. Ross，1973）及莫里斯（J. Mirrlees，1976）等众多经济学家的不断推进，将道德风险问题定义为代理问题，特别是，罗斯 1973 年的《代理的经济理论：委托人问题》第一次提出了委托人—代理人概念。最后，在詹森和麦克林（Jensen & Meckling，1976）的《企业理论：经理行为、代理成本和所有权结构》一文中委托—代理问题的研究正式定型，它吸取了代理理论、产权理论和融资理论的研究成果，开创了一种企业的所有权结构理论，多角度探讨了委托—代理问题的解决。

詹森和麦克林认为，委托—代理关系作为一种契约关系，在这种契约下，一个人或更多的人（即委托人）授权另一些人（即代理人）代表他们而行事，并授予其某些决策权。事实上，委托—代理关系存在于任何包含有两人或两人以上的组织和合作努力中，如公司股东与经理之间的关系就是一种纯粹的委托—代理关系。普拉特和泽克豪瑟（J. Pratt & R. Zeckhauser，1985）也认为，只要一个人依赖另一个人的行动，那么委托—代理关系便产生了；其中，采取行动的一方为代理人，受影响的另一方为委托人。当然，需要注意的是，在科层组织中，每一位个体（除了在最末水平上的之外）往往都既是委托人又是代理人，因为每位个体都会采取行动，同时又受他人行为的影响。而且，在詹森和麦克林（1976）看来，如果委托—代理双方都追求效用最大化，那么就有充分的理由相信，代理人不会总以委托人的最大利益而行动。换句话说，委托—代理双方的效用函数往往是不一致的，代理人并不一定为委托人的利益服务，甚而不惜以牺牲委托人的利益为代价来谋取私利。而且，即使委托人通过对代理人进行适当的激励，以及通过承担用来约束代理人越轨活动的监督费用等可以使其利益偏差有限，但是，要确保代理人始终作出按委托人的观点来看是最优的决策，一般也是不可能的。正因如此，委托—代理问题是相当普遍的，在所有组织和合作性工作中——在企业的每一管理层次上，在大学，在合伙公司，在联合体，在政府机关以及工会里，该问题都是存在的。

针对委托—代理中出现的道德风险与逆向选择问题，莫里斯指出，委托人可以通过设计一定的激励契约，诱使代理人在不同状况下采取不同行为；而且，一旦代理人采取行动，委托人便可据此识别代理人属于哪种类型，或哪种情况曾经发生，然后对其分类，对不同类型的代理人施用不同的激励方案。显然，这里的关键是一种有效的信息激励机制的设计，这种监督激励契约能够诱导每个代理人的行为，包括真实地透露其私人信息、选择更高的努力水平等，从而将代理人的行为限制在符合委托人利益的范围内，达到"激励相容"（incentive compatibility）。例如，企业最高管理层可以向员工提出与个人能力相对应、由职务和工资组合而成的多种工资计划，员工在考虑自身能力和努力成本的基础上决定接受哪种方案，管理者观察员工的选择便可鉴别员工的能力。同样，通过让代理人从多项计划中进行选择可以得到对方信息，利用有利益冲突的个人之间的竞争也可以获得有关信息。例如，罗森（Rosen，1986）等人指出，正像竞争性的推销商通常乐意将自己的产品的特性与其他竞争性产品的特性进行比较，从而为消费者廉价地提供了决策所需同时又不易直接获得的重要信息一样，企业也可以采取一种比较实绩进行评估的办法。即不是直接观察单个员工的实绩，而是比较从事相似活动的不同员工的相对实绩，依此作为决定各人的工资水准与升迁的参照。

然而，这种依靠代理人竞争来显示私人信息的方式常常难以奏效，因为正如泰勒尔所指出的，处于竞争关系的代理人意识到他们之间具有强大的共同利益，很可能会联合起来"合谋"对付他们的委托人。例如，泰勒尔（J. Tirole，1986）在他的研究模型中，证明了多个代理人的"合谋"（collusion），如工人合伙对付经理、工人和经理合伙对付股东，会给企业带来额外的费用。再如，伯恩海姆和惠因斯顿（D. Bernheim & M. Whinston，1986）研究了多个委托人之间的"协调"问题：如子公司的销售经理至少有子公司经理和总公司主管销售的副总裁两个直接上级，二者目标往往不同，甚至相互冲突，从而导致管理的效率降低。与主流经济学基于抽象的思维相反，更具实践经验的管理学先驱巴纳德从管理学角度系统地研究了激励理论，强调"组织的一个本质要素是团队中的个人具有将个人的努力贡献给一个合作的团队的意愿。而不恰当地激励意味着淡化或改变组织的目的，将导致合作的失败"。而且，巴纳德关于组织中权威的观点直接启发了西蒙（Simon，1951），由此建立了关于管理学的正式理论。

同时，沿着巴纳德和西蒙所开创的道路，威廉姆森等人发展出了交易成本理论，提出了资产专用性和不确定性等问题，从而进一步解释了道德风险问题。格罗斯曼和哈特等人则在此基础上建立了正式的不完全合约理论，他们认为，契约只能是不完全的，契约性权利有两类：（1）特定性权利，指的是那种能在事前通过契约加以明确界定的权利；（2）剩余权利，指的是那种不能事前明确界定的权利。显然，对于不完全契约，剩余权利的归属是一个关键性的重要问题。哈特等认为，在企业这种复杂的契约结构中，存在这样一些控制权，若要对这些控制权加以明确的界定，必需花费在契约双方看来都不合算的交易费用，以致在事前的契约中不对它们进行明确规定。根据这种理论，企业所有权控制决定了企业交易的效率，因而问题又变成了企业的控制权应该归谁所有。本来，控制权的归属问题本身就是值得探究的问题，特别是在不同环境下，它的实际归属往往存在差异；但是，西方社会在"资本至上"观的支配下想当然地把股东视为企业应然的控制者，在这种"大胆假设"下，西方社会的绝大多数模型都通过数字逻辑来"小心求证"这种资本所有者拥有企业所有权将更有效率这一"不言而喻"的结论。例如，中国经济学界流行的一种模型典型构建就体现在张维迎（1995）的《企业的企业家》一书中。

总之，尽管按照协作系统观，参与协作的企业成员在地位上都是平等的而没有等级之分，从而也就没有委托人和代理人的截然二分关系；但是，在迄今为止的历史发展各阶段，由于不同生产要素对协作系统发展的控制权和系统剩余的占有权是不相称的，从而出现了委托人和代理人的分离。特别是，受"资本至上主义"的支配，西方社会提倡的股东价值观把企业视为出资者所有，而企业的其他要素及其所有者都是股东购买或雇用的，都是为了股东的利润最大化服务的。而且，为了使得股东利润最大化，股东就承担起了委托人的角色，设立一系列的机理机制来促使那些代理人为他们的利益服务。因此，委托—代理的治理模式是与股东价值观相适应的，它的基本要求是，设计合理的合同激励经理或员工为股东利益服务，并以法律手段给予股东恰当的权利，赋予董事会监管经理的信托责任。而且，从科层制企业中行为关系出发，西方学者又将之推广到一般的社会生活领域，特别是，从保险市场的道德风险和逆向选择研究中发现了一般的委托—代理关系，并成为经济学界研究人们之间互动行为的基本视角。事实上，目前，委托—代理理论已经渗透到了企业理论、产权理论、交易费用理论、公共选择理论等各个方面，成为微观经济学的基本分析工具。

二　委托—代理理论应用于实践的问题

新制度经济学之所以要对新古典企业理论进行"革命"，其中一个重要原因是，它认为新古典经济学将企业组织看成一个单一的代理人。但问题是，在这点上，新制度经济学和新古典经济学并没有实质性的区别，因为新制度经济学家同样把企业组织的监督之权先验地赋予企业主或股东这一单一主体。所以，威廉姆森指出，两种理论是互补而不是彼此竞争的，它们提出的是不同的问题，强调企业组织的不同侧面：新古典企业理论关注的是价格和产出，研究的中心是企业组织的技术方面；而新制度主义企业理论感兴趣的是组织交易的不同方式，集中研究的是企业组织的契约方面（弗罗门，2003：53）。正是由于两者的思维是一致的，都崇尚股东价值观，因而两者对企业治理的理解也必然是一致的，都是强调单方面的治理，这也是委托—代理理论能够被西方主流经济学接受的原因。然而，尽管西方社会把委托—代理关系视为一种普遍的社会存在，现代主流经济学甚至把它视为社会经济关系的基本治理机制；但在实际应用中，这种治理模式遇到很大的局限，以致无法取得理论上的效果。这里可以从如下几个方面加以说明。

首先，在现实中纯粹的委托人和代理人往往是找不到的。事实上，根据委托—代理理论，委托人可以监督和激励代理人，从而处理代理人的道德风险和逆向选择行为，而不能相反；在较为健全的委托—代理机制下，委托人可以诱使代理人作出符合委托人利益的行为。问题是，这种委托—代理关系的有效性主要体现在单一委托人和单一代理人之间，此时委托人具有实实在在且具有直接的监督权利，而一旦委托—代理关系是多方时，就可能出现问题。（1）当一个委托人面对着多个代理人时，这往往涉及了代理人之间的"搭便车"、相互之间的串谋等问题，因而在缺乏一个有效的信息机制的情况下，就很难存在一个有效的激励机制来减少代理人的信息租金。（2）当多个委托人面对着一个代理人时，由于偏好不同的委托人很难综合成为一个委托人，因而公共选择的过程往往会使得委托人的监督权利消释或蜕化，从而出现委托人缺位的现象。(3) 在多层级委托—代理关系中，委托—代理关系不是确定和唯一的，如在一般的科层组织中每一位个体（除了在最末水平上的之外）一般既是委托人又是代理人，从而也会导致最终的委托人往往是缺位的。

事实上，麦克尼尔（2004：72）就认为，现代社会的代理人正越来越变得没有委托人，"AT&T 总裁是个代理人，但谁是他的委托人？大学教授是代理人，但他的委托人又是谁呢？行政部门的官员，直至包括美国总统在内，都是代理人，但谁是他们的委托人？""AT&T 的线务员有上司，该上司之上还有上司，这样一路上去直到总裁。甚至总裁也有上司，从董事会到联邦通讯委员会（FCC）。当然，这些人没有一个委托人；不管我们追溯得多远，我们永远找不到一个委托人，哪怕是一个小小的委托人集团。"即使"AT&T 制裁有大批选民，比如：股东，投资银行家以及其他财源的控制人，雇员以及组织，客户，以及各式各样的政客"，"问题在于，选民是不是委托人？……股东并不拥有实际的支配权，而仅仅是管理部门的众多选民之一。股东利益与管理部门的利益的相对一致只是使他们比起雇员来更容易操纵罢了。在西方世界中最有可能成为委托人的远不是他们"。

委托人的缺位在传统的社会主义国有企业中特别典型。根据一般的认知，全国人民是最终委托人，他们委托各级政府，然而再由各级政府委托下一级职能部门作为代理人管理企业，但最终的结果却是委托人消失了。一方面，作为初始委托人的"全民"由于无法直接行使其财产的使用、转让等权益，因而其财产主体地位实际上变成了虚的，成为所谓的"无财产委托"；另一方面，各级政府实际上拥有一切生产要素的使用权益而成为了"真正的委托人"（石磊，1995：导言），但却由于政府不是利益归属的自然主体，从而致使这种委托又缺乏坚实的社会基础。推而广之，一旦委托—代理关系超出两人之外的任何多方的公共领域，委托—代理关系就不再有效了，因为此时委托人的监督已经不是直接进行的，而是体现为一个民主决策的过程，而民主决策的悖论和循环往往导致委托人的偏好得不到体现，这是阿罗不可能定理说明的。

实际上，传统的社会主义国家的组织治理几乎都类似于委托—代理模式。罗默（1997：34）指出，共产主义社会遇到三种类型的委托—代理关系：(1) 管理者与工厂和集体农庄的工人之间，(2) 政府计划者与企业经理之间，（3）公众和计划者之间；管理者必须努力让工人执行其生产计划，计划者必须努力让管理者执行计划机关的计划，而计划者又须尽其所能为他们的集体委托人即公众效力。但显然，这种委托—代理关系并非真正有效：（1）在经理—工人的代理问题中，经理实际上不能解雇工人，而且更多的消费品是企业直接提供而不是通过市场，因而工人没有努力工作的动力；（2）在计划者—经理关系中，由于计划者依赖他们范围内企业获取收入，因而企业经理和计划者之间成了一种讨价还价的关系，从而形成了软预算约束；（3）在计划者与公众关系上，由于没有政治竞争，因而也不存在真正的委托人。即使在现代企业中也存在严重的委托人缺位：股东的权利与其股额很不成比例。根据夏皮罗权力指数，少数大股东控制了整个企业的权力，而大量的小股东则没有任何影响力。

其次，委托—代理单向治理的效果取决于监督权的完善程度和法理基础。事实上，根据委托—代理理论，契约各方能够把所有的契约订立行动都集中到事前的激励协议，而协议要解决的主要仅仅是激励强度和有效率的风险分担两者间的替代（威廉姆森，1998b）。问题是，事前的激励设计需要完全的契约，从而能够依靠完善的监督来保障，但这种要求往往是难以满足的，因为这忽视了契约本质的不确定性。一般地，这种单向度的委托—代理治理的有效性依赖于以下两个基本条件。

（1）依赖于其中一方在与他人的关系中所具有的强支配权力。如 M. 鲍曼（2003：139）指出的，"如果行为人具有明显优越的制裁潜力，他们就会试图贯彻单方面规范命令——就是说去圆经济人的愿望，且获胜希望极大"。但这就需要合理的法理基础，而如果没有这样的基础，即使存在委托人和代理人，代理人会对委托人的监督也会产生内在的不认同，从而使得基于委托—代理关系的治理结果往往并不是有效的。问题在于，赋予委托人单方面的监督权这种情况仅仅发生在以前的等级社会中，而在自由平等交往的现代社会中这种单方面要求则是不现实的，从而这种单向度的治理在现实中往往缺乏权力基础。

（2）依赖于较为充分的市场信号和完善的监督体系。事实上，理性效用最大化者在赞同和希望他人遵守规范的同时，往往希望自己的行为完全不受类似约束；因此，只有在一个完善的监督体系下，"每个人（才能）都希望他人对自己采取某一特定行为方式，这一点符合每个人的根本利益，对规范生效的愿望可以说是非常自然地也进入了一个（并且恰恰是）

理性效用最大化者的决策过程中：经济人（才）是天生的规范利益者"
（M. 鲍曼，2003：135）。

显然，这两个条件表明，尽管主流经济学极力鼓吹委托—代理理论及
其治理模式，但其在实践中的应用必须与特定的环境相结合才能发挥作
用。在很大程度上，正是由于治理环境的因素，委托—代理理论应用到当
前中国社会的实践时就发生了明显的变异，乃至在很多企业的治理中都已
经实际上蜕变成了雇主对员工赤裸裸的压榨。

再次，委托—代理机制隐含着"委托人会自动履行其承诺"的前提是
不现实的。事实上，根据委托—代理理论的推定，只有委托人才面对代理
人的机会主义风险，而委托人本身则没有机会主义倾向；因此，委托人有
权监督代理人的行为，而代理人却没有监督委托人的权利。问题是，如果
没有对委托人的监督和约束，凭什么相信委托人就会履行契约？事实上，
在现实生活中，那些欠薪而一夜间席卷而逃的雇主大量存在，承包商和农
民工之间的工资纠纷也是层出不穷。正是由于基于委托—代理的激励和监
督机制是单方向的，代理人往往会面临着贪婪委托人的机会主义行为；结
果，在这种机制下，尽管代理人的机会主义行为受到了一定程度的抑制，
但委托人却可以肆无忌惮地实行机会主义。

例如，在实行计件工资的泰罗体制下，当工人付出更多的劳动努力
以生产出更高的计件数量时，雇主就会凭借制定工资契约的权力而改变
工资的计件标准，最终使得工人不断提高努力和劳动效率而工资却没有
多大提高。尤其是，由于雇主或管理者掌握生产或销售的信息，因而他
们更有能力施行机会主义行为。皮罗（Perrow）就观察到，工人往往会承
担一些委托人（管理者）和代理人（工人）关系中所反映不出来的风险：
为了追求更多的利润，管理者可能为企业的营利性而对工人撒谎，也可
能伪造工人生产量记录，还可能把工人暴露于危险的工作条件中（博特
赖特，2002：55）。

这种情况在中国社会的实践中也已经得到了非常明显的反映：目前一
些中小企业的企业主往往垄断了企业发展的财务信息，结果作为代理人的
经理人员根本不了解企业剩余量的多少。那么，即使合约规定经理的剩余
权激励与业绩挂钩，但这些连剩余多少都不知情的经理又如何获得合约规
定的剩余索取权呢？特别是，合约中除了那些从法律角度应该且可以执行
的协议外，还包括了很多默契的东西。显然，这些隐含的契约则带来新的

问题：（1）对这些隐含的条款往往有不同的理解；（2）隐含的条款往往不能通过法律来执行。正因如此，如果不对委托人的行为进行监督和控制，委托人就有可能违犯隐含条款来获取收益，而这些都是纯粹的委托—代理理论不能解决的。

最后，委托—代理治理机制在实践中应用也不是像理论阐述的那样普遍。事实上，古典泰罗管理体制就是一个典型的委托—代理治理模式，在这种体制中，个人被看作新古典经济学意义上的经济人，而管理人员激励工人的办法只是简单的胡萝卜加大棒，如计件工资制就是当时重要的激励手段之一。问题是，正是在这种体制下，个人也就没有任何理由把公司的目标内在化，从而也就不会对企业的发展和目标产生多少认同感。结果，就正如福山（1998：246）指出的，"就长期来看，其伤害力相当强，遵循泰罗原则所组织起来的工厂，无异是对员工宣告公司不信任他们"。正因如此，如果对西方的社会实践进行更深入的观察和辨识，那么我们就可以发现，尽管西方社会在学术上极力宣扬委托—代理理论，但其管理实践却往往并非如此；即使被视为体现了这种委托—代理关系并已经相对成熟的科学管理体制，也很少得到真正的实施。关于这一点，我们可以从泰罗的科学管理制在实践中的应用获得具体的认识。

（1）当科学管理体制引入到英国时，就只引起了工程师和经理们的很少的兴趣或根本没引起他们的兴趣：绝大多数雇主也没有认真注意过泰罗的著作，而同时期的评论家如谢德维尔（Shadwell）、霍布森、韦伯（Webb）、凯德布里（Cadbury）、列文（Levine）等都对这种体制的不人道性、反科学性以及不现实性进行了批判；而且，尽管泰罗的科学管理计划到1917年时已经得到了世界性的宣传介绍，但汤普森对英国的201家工厂的调查却发现只有4家工厂实施该计划（拉什，2001：232）。

（2）即使由于本身因具有较深的官僚政治传统而对美国的管理革新仿效最快的德国，在1918年泰罗的《科学管理原理》被译成德文且美国的大规模生产理念引入德国之初，德国的一些工程师和学者也对这种理论作了深刻的反思。事实上，他们把泰罗制度和福特公司真正实行的制度进行了比较和区分后认为，福特公司真正实施的制度就比理论上的泰罗制度更加人性化。例如，在大萧条时期，福特公司尽管营业收入和利润都大为下降，但还是为员工提供了住屋和福利津贴，并试图培养劳工和管理阶层之间的共同体精神。

（3）在工程师具有至高无上地位的法国，尽管1918年克里孟梭建议有必要建立泰罗制计划部门，但是，法国社会还是普遍反感美国式的做法，因为这减少了工程师个人的自主权以及他与熟练劳动力的联系。相反，法约尔提出的有别于泰罗的管理理论对法国社会产生更大的革新主义影响。

（4）即使在美国，在1920年之前，泰罗式的科学管理制度也只在大约140个企业中采用过，并且，这些企业多数是位于东北部各州的集中于小规模精细生产的企业（拉什，2001：214）。后来随着这种制度的逐渐推广，首先引起了工人的反对乃至罢工，他们反对引入计件工作和奖金制度，反对雇主提出的增加产出效率而不增加工资的要求，反对时间和动作研究而造成的对熟练手艺的冲击，接着又引起工头、监督者以及管理层的不满，因为他们也成为雇主获得高额利润的工具。

总之，尽管委托—代理理论借助于现代主流经济学的最优化模型而广为流传，但这种理论在实际应用中会遇到种种的问题，从而并不会带来理想中的高效率，更不会促进社会公平的实现。事实上，委托—代理治理模式具有强烈的工具主义特点，它体现了委托人对代理者进行控制和利用的工具理性：委托人根据自身的利益最大化来涉及契约，同时又可能根据自身的利益最大化而随时改变契约。正因如此，这种治理方式就难以得到代理人的真正认同，从而既不可能促使代理人充分发挥其主观能动性，也无法促使代理人在组织困境时与委托人共渡难关，其结果往往是低效的。

这里可以举一例说明：为了解决父母去托儿所经常迟到问题，以色列的海法市作了一项实验，其中随机选择6家托儿所规定迟到者要被罚款，而另几家则什么都不改变以作参照组。结果发现，这6家托儿所在规定罚款后接孩子迟到的父母数量翻了一番，而且，提升的迟到率即使在罚款取消后也维持不变，而作为对照组的托儿所里父母迟到的情形却没有变化。一个解释就是，罚款规定促使了父母重新认识他们的迟到行为：在这项试验之前，迟到被看成是对道德义务（准时接孩子）的违反，而在规定了罚款之后，迟到则可以被视为在准时接孩子和付出迟到的代价（罚款）这两者之间的一个选择。也即，基于现代经济学理念的罚款措施提示这些父母他们与托儿所工作人员之间是一种拟市场关系，在这种关系中，他们可以用金钱购买迟到（鲍尔斯等，2010：28）。显然，这个例子表明，使用市场化的委托—代理机制并不能解决迟到问题，甚至不能实现保育员的效益最大化。当然，也有人认为，可以通体提高罚款力度来降低或杜绝迟到行为。问题是，这公平吗？家长应该为其由于某些紧急事务而迟到遭受巨额罚款吗？

三　委托—代理理论的研究思维缺陷

委托—代理理论在实践应用中的问题除了社会制度的不完善外，更重要的是它的研究思维本身就存在重大缺陷：它忽视了作为协作系统构成要素地位的平等性。事实上，委托—代理理论的一个根本性研究视角就是将两个行为主体割裂开来的，而没有考虑到双方的整体性，没有关注联盟本身的有效性问题。当然，从某种意义上讲，委托—代理理论也是对特定阶段实践的映像，只不过仅仅是对社会事物发展过程中的某一异化阶段上的反映。正是由于社会的异化发展，本质上体现合作性的协作系统开始为强势者所支配，并进而借助于社会力量攫取了组织的所有权，从而有权支配、命令和控制另一些成员的行动。

一般地，在物化劳动积累还不多的漫长人类社会中，资本所有者总是处于强势的一方。因此，人们也相应地将物质资本所有者视为企业的所有者，从而被赋予其委托人和监督主体的地位，这种地位并且为法律所确认甚至加强。而且，一旦被赋予这样的地位，原来平等的协作关系开始出现了地位上的等级（不是职位上）；此时，地位等级高的一方凭借法律赋予的合法地位获取了监督和控制其他方的权利，并受到种种支持和保护，所谓"私有财产神圣不可侵犯"就演变为"企业组织资本家所有神圣不可侵犯"了。

其实，从历史起源上看，企业组织源于家庭组织的演化，但显然，两者的治理模式存在很大的差异。在早期社会中，人们的生产以家庭组织为主，这是一个小规模的协作系统。因此，尽管在社会层面上，人们往往把家庭视为妇女依从男性的一种社会组织，但从基本的经济层面上看，夫妻之间所结成的家庭还是一个共同体。一个明显的事实是，家庭的生产是所有成员联合展开的，获得的收益也是在所有家庭成员中进行分配，同时，所有成员都应该对家庭做出其相应的贡献。正因如此，我们说，在早期家庭组织中体现的是社会共同治理模式，这种治理一方面通过家规，另一方面通过社会舆论来得以贯彻。

当然，当生产规模逐渐扩大，生产组织从家庭组织过渡到企业组织，企业组织之间的共同体联系就不再像过去那样紧密了；而且，此时企业组织本身也发生了异化，成为资本所有者获取利润的工具，从而基于单向监督的委托—代理治理模式也就应运而生了。不过，随着企业组织否定之否定的发展，人力资本的重要性重新获得凸显后，这种治理方式也应该作相应改变。但难以理解的是，尽管新制度经济学家已经认识到了企业所有权和财产（物）所有权之间的不一致性，但他们却坚持只有赋予某些代理人（特别地集中于资本所有者）以剩余索取权，企业才有效率。试想，基于同样的逻辑，作为同样性质的政府组织，为了使政府运作有效率，我们也必须赋予这些官员以充分的剩余索取权吗？如果实行这样的制度安排的话，国家就成为"家天下"。

我们知道，"家天下"仅仅是特定时期的历史现象，而社会的发展已经证明这种"家天下"式的治理是无效的，至少不符合现代社会的要求；而且，历史上独占剩余索取权的"家天下"国家往往是以强权和暴力维持的，一旦这种力量丧失，就必然过渡到"共天下"的阶段，此时人人都要受到监督和约束。一般地，任何社会组织都经历了一个从协作系统向牟利工具再向协作系统回归的过程，国家组织就是较早形成的大规模协作系统，从而早期国家组织的治理也不同于委托—代理的治理方式。

事实上，波里比阿在《罗马史》中对当时的罗马政体和罗马宪法的研究后发现，其治理有三个基本特点：（1）政体循环论；（2）混合政体论；（3）制衡原理。波里比阿认为，最优良的政体应该是三种政体要素的结合。譬如，斯巴达政体就是混合各种政体要素而组成的，在该政体中，每一种个别权力都受到另一种个别权力的制约，而不会受到另一种权力的侵犯。也即，斯巴达政体中存在着一种制衡：公民参政可以防止君主专制，君主可以牵制元老院，而元老院中的掌握贵族的保守性又可以防止公民大会的激进。而且，波里比阿认为，最能体现制衡原理的是罗马政体，它有三种要素：（1）执政官，具有君主政体的性质；（2）元老院，具有贵族政体的性质；（3）公民大会，具有民主政体的性质。正是这三种相互牵制的势力防止罗马的蜕化和衰败，并对后来整个西方的政治制度产生了深远的影响（苏一星，2002：21）。正因为作为协作系统的国家组织规模庞大，因而其在发展过程中也就很容易发生异化，从而蜕变成为某些人获取利益的工具：早期政府体现为一个掠夺性的利益主体。特别是，由于国家组织比（目前形态的）企业组织出现得更早，因而国家的异化特征暴露出来也比企业组织要早。

因此，尽管委托—代理机制只是晚近才在生产组织上出现，但它却很早就体现在国家组织的治理上了，从而委托—代理治理模式的最早实践也首先源于国家组织。事实上，尽管现代经济学往往把委托—代理理论的起源追溯到斯密对生产组织中的行为分析，但显然，更早的源泉可以追溯到马基雅弗利对政治组织中的行为分析。究其原因，早在中世纪后期西欧的主权民族国家兴起之时，马基雅弗利在其《君王论》一书中就把国家组织视为统治者获取利益之工具，并由此产生了委托—代理思想。

在马基雅弗利看来，君主和其臣下之间的关系实际上就是一种委托—代理关系，双方都有各自的利益目标。那么，一个君主如何才能治理国家，巩固地位，从而最大化自己利益呢？马基雅弗利认为，君主要最大化自己的利益就要对臣下实行强有力的监督，而且，为了使得自己的利益最大化，在一切可能的条件下，君主本身可以充分利用他人无可比拟的实力实行机会主义，无情地、玩世不恭地把他的国民都当作工具来使用。在马基雅弗利（2001：114－117）看来，世界上有两种斗争方法：一种方法是运用法律，属于人类特有的理性行为；另一种方法是运用武力，属于野兽的方式。但是，由于前者常常让人力不从心，因而必须诉诸后者以期求得它的帮助，相应地，君主就必须懂得怎样善于运用野兽和人类理性行为这两种斗争方法。而且，君主既然必须懂得善于运用野兽的方法，就应当同时效法狐狸和狮子，这是因为狮子不能防止自己落入陷阱，而狐狸不能抵御豺狼。因此，君主必须是一只狐狸以便防人陷阱，同时又必须是一头狮子以便使豺狼惊骇。

当然，统治者之所以能够不受约束地机会主义地使用这两种策略，就在于统治者作为国家的缔造者，国家本身就是统治者所有。因此，统治者不仅置身于法律之外，而且由于道德来源于法律，也就不受道德的约束。相应地，马基雅弗利强调，衡量统治者的政治标准只有一个：即他所从事的增强、扩张和保持国家的政治手段是否成功。马基雅弗利（2001：112）写道："一个人如果在一切事情上都想发誓以善良自恃，当他厕身于许多不良的人当中定会遭到毁灭；所以，一个君主如要保持自己的地位，就必须知道怎样做不良好的事情，并且必须知道视情况的需要与否使用这一手段和不使用这一手段；如果没有那些恶行，就难以挽救自己国家的话，那么他也不必要因为对这些恶行的责备而感到不安，因为如果好好考虑每件事情，就会觉察某些事情看起来像是好事，可是如果君主照着办就会自取灭亡，而另一些事情看起来是恶行，如果君主照着办就会给他带来安全和福祉。"

　　显然，马基雅弗利对君主及其臣下行为的分析已经揭示了目前流行的委托—代理理论的一般特征：（1）法律（契约）本身就是君主制定的，因而作为委托人的君主可以任意地对代理人监督和处罚；（2）由于作为代理人的臣下的任何机会主义行为都要受到委托人的监督，因而臣下的任何行为必然是战战兢兢。正因如此，作为契约的制定者，委托人在自己有利的任何情况下却可以实施机会主义。正如马基雅弗利特别指出的，因为君主与之打交道的经济代理人都是机会主义者，因而君主在被劝告去从事互惠的甚至有优先权的机会主义活动的任何时候，"当这么做将违背他的利益时，只要使君王约束自己的理由不存在"，就可以不受惩罚地撕毁合约。根据同样的道理，长期以来理论界一直把企业产生和发展视为资本所有者的功绩，因而他们也具有君主一样的权力来监督其他参与方，并且为追求自己的利益最大化而可以肆无忌惮地实行机会主义。同时，为了防止遭受委托人的侵害，代理人也会努力隐藏自己的信息并利用这些信息在与委托人的交易中获取利益；这样，委托人和代理人之间就会产生交互升级的机会主义倾向，从而产生不断膨胀的内生交易费用。

　　而且，委托—代理理论强调激励在治理中的重要性，主要是希望借以激发起代理人的自利心而达到委托人自己利益最大化的目的。但是，强调激励只是马基雅弗利所谓的狐狸方式，而之所以强调激励，根本上还是因为有强有力的监督存在。所以，马基雅弗利所提倡的这种机会主义式的委托—代理机制就仅仅适用于等级分明的特权社会，此时君主的利益是至高无上的，是具有充分的法理性和威权性的，特别是他对臣下拥有强大的监督力量。但显然，当这种等级制消失以后，强大监督开始不存在了，这种凭借自身制定契约权力而形成的委托—代理关系也就弱化了，委托—代理的治理功能也就大大弱化了。相应地，这种片面强调一方利益的委托—代理理论也就失去了生存的空间。而且，即使社会中一些人具有相对优势的权力，但"那些'强大'的个人也无法创造出一个自己原则上不受社会秩序核心规范约束的世界"，"如霍布斯已经发现的那样，即使是'最强者'在特定情况下也会受到伤害"（M. 鲍曼，2003：139）。正因如此，尽管这种不受约束的君主制（委托—代理制度）确实曾经存在过很长一段时间，但从历史发展的角度看，君主制度越来越难以生存而最终被君主立宪制或者共和制所取代。尤其是，在现代社会中，随着社会价值观越来越凸显，人们利益的平等性和公正性越来越得到强调，因此，马基雅弗利所倡导的统治者可以任意施行的那种单方面的监督之权越来越要受到法律的制约。

在很大程度上，基于委托—代理模式的社会治理实际上就是法制治理，是 rule by law，这种法律是委托人根据自己的利益所指定的并且随时可以根据自己的偏好而调整。与此不同，基于相互监督的社会共同治理实际上实行的是法治治理，是 rule of law，这种法是体现事物本质关系的社会秩序，体现了共同体成员的共同利益。显然，在社会政治领域，这种 rule by law 的法制治理正是西方社会所批判的，认为它往往体现了专制社会中的强权意志，而与之相悖；相反，这种 rule of law 的法治治理则是西方社会所欢呼的，认为它体现了开放社会中的扩展秩序要求。同时，结合目前的世界发展形势也可以发现，那些以委托—代理模式治理的政府组织往往是缺乏效率的，在这种社会中，名义上政府的立法者（机关）是全体选民的委托人，而其他政府机关又是立法者（机关）的代理人，但通过多次的迂回过程，委托人早就消失了或者淡化了，从而蜕化成了政府官僚的"内部人"控制。基于同样的认识，尽管在价值创造是依靠劳动投入从而凭借监督以获取转移价值的时代，在企业中确实曾经广泛实行单向的委托—代理治理；但是，在现代企业中也几乎没有纯粹实行单向的委托—代理治理机制，而是建立在广泛的内部和外部的监督体系之中的，否则，肯定是缺乏效率的。

总之，委托—代理体现的控制和利用关系本身是特定力量结构下的产物，从而委托人和代理人的角色也会随着力量对比关系的变化而演变。事实上，委托—代理机制也首先出现在国家组织中，无论是封建社会的君主制还是现代社会中的专制体制都实行类似的治理机制：它强调了掌握控制权的主权者的利益，而忽视了这些主权者的行为对被统治者的损害。布鲁斯·萧（2002：8）就指出，基于正式规则的官僚主义治理存在一个基本假设，就是如果委权于民，人们将会滥用权力，机会主义也从此滋生；因此，信任完全被正式的法规所代替，这些法规由那些身居要职的人制定，并强迫人们按照他们所认为的正确方式去行事。

当然，现代主流的委托—代理关系与股东价值观相一致，而股东价值观仅仅是在资本相对于劳动更处于谈判优势的特定时期的实践映像，体现了作为主权者的股东的利益。但是，这仅仅是对社会事物发展过程中的某一异化阶段上的反映，而不能揭示出事物的本质，不能体现正义的要求。为此，奎因和琼斯就批判了工具伦理学的内在缺陷，强调委托人—代理人模式本身应坚持的四个道德义务原则：避免伤害他人、尊重他人的自主权、避免撒谎和尊重协议（转引自恩德勒，2003：202－203）。特别是，随着社会信息的分散、利益的多样化以及利益之间的互补性增强，传统的自上而下的单方向的委托—代理式的治理就越来越行不通了，这种显然过于严肃呆板而反应缓慢的治理方式越来越不适应于新的竞争需求。

事实上，现代社会中有效的政府组织大多是实行代理人监督代理人的机制：所有的立法、内阁以及法院的权力都来自人民的委托，都具有相互的独立性，相互之间又是监督关系，这也就是三权分立的理论基础。这符合作为协作系统的社会组织的本质，正如孟德斯鸠早在1748年就指出的："为了阻止这种（权力的）滥用，权力应该是一种对权力的检查，从事物的每个性质来看都是必要的"（转引自阿尔斯通和埃格特森，2003：154）。宾默尔（2003：6）也曾指出："前苏联的变故向我们发出了可怕的警告。一个社会仅仅有了监督者是不够的，问题是谁来监督监督者。答案是我们彼此监督。也就是说，在一个健康的社会里每个人的行为都必须是均衡的，这包括警察、官员与非官员。"同样，根据对协作系统中权利本质认识的深入，我们相信企业组织的治理本质上也是一个所有代理人共同治理的问题，它直接表现为相互之间的监督。

四　西方国家注重激励理论的社会基础

上面的分析表明，委托—代理理论是建立在双方利益能够截然分开、并且具有较为完善的社会监督机制的基础之上的，其理论基础在于把产权界定为出资者所有的股东价值观。例如，威廉姆森（1998b）指出，"代理理论和交易成本经济学都把产权——不管它们可能是什么样的——看作是给定的，在这一背景下考察合同各方在游戏规则（制度环境）内订立合同"。但这种思维本身就存在缺陷：一方面，委托—代理所基于的这种产权观是协作系统发生异化的现实映像，也是人们对协作系统中权利构成认识不深的产物；另一方面，委托—代理理论之所以能够在西方社会兴起并得到广泛传播，也在于其传统上的原子个体主义的人文背景以及现实中相对健全的外部治理体系。其实，正是由于存在一个相对健全的监督体系，西方企业在治理上开始强调激励方面，这也是产权功能的重要内容。因此，本节进一步来剖析西方发达国家采用激励治理模式的社会基础。显然，由于对协作系统进行治理的根本目的是要提高其有效性和效率，因而治理问题的探讨也就是对两者的现实状况进行剖析。关于这方面，除了"企业组织的规模界限"部分提到的对因收入转移效应而影响特定个体的效率之外，无论是企业组织的有效性还是效率都主要取决于协调水平，这里就此作一简要说明。

我们知道，莱宾斯坦因曾将除资源配置效率之外影响效益的组织效率称为"X 低效率"。不过，我们进一步分析就可以发现，企业组织方面"X 低效率"其实包含了两方面的内容：（1）劳动量支出的低效率；（2）劳动间协调的低效率。劳动低效率主要是指由于信息不对称所引致的机会主义倾向所造成的实际劳动量支出的下降和不足，如表现在生产者的偷懒、在职闲暇以及代理管理者的在职消费、打埋伏倾向等，它涉及约束问题。协调低效率主要是指企业中分立劳动间的协调性差，如认同基础差、信息不沟通、组织不完善、管理者能力低等，它主要涉及激励问题。一般地，劳动支出的低效率又主要包括两个方面：生产者的生产劳动支出的不足以及经营者管理劳动支出的不足。理论和实践表明，在一个市场发达的社会中，由于社会上已经孕育出了存在一系列较为发达的监督约束体系，因此，劳动低效率相对是次要的。我们可以从两方面进行分析、说明。

首先，发达国家存在着对经营管理人员的强有力的监督约束机制。

除了上一节已经指出的证券公司的分析师、会计师、投资者等构成的利益相关者的监督体系外，更主要的是体现在整个社会形成的约束体制。实际上，一个社会强大的约束体制是重要的；没有约束将无法使经营者承担其行为的责任，而西方最基本的手段是将不好的经营者解雇，从而使之丧失事业前途；这种解雇的压力和解雇信号是整个社会培育起来的。这主要体现在以下几个方面。

（1）一般而言，在西方，努力水平的决定并不仅是个人的事，而更重要的因素是工作团队长期形成的规范。经营者的努力习惯由同类团队标准决定，企业新的经营者根据这一传统习惯来确定自己的努力程度。新的经营者会根据周围或社会业已存在的标准不断地调整自己的努力程度，图 1 反映了新的经营者调整自己努力的过程：R_0 是新经营者的初始努力水平，如果他观察到的习惯努力水平较高，他就会提高自己的努力水平，直到与习惯水平 R′一致；如果他观察到的习惯努力水平较低，他就会降低自己的努力水平，直到与习惯水平 R_1 一致。

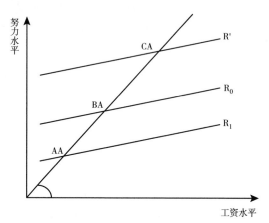

图1　经营者劳动努力程度的调整

注：经营者创造的价值是努力水平的函数，因此，过原点的射线的斜率就代表了剥削程度（本图假设剥削率不变），A、B、C 就代表了不同的可能均衡点。

实际上，20 世纪 30 年代梅奥（1964）领导的霍桑实验就证实了这一点。他们发现，工人中间存在着某种与公司按编制建立的正式组织不同的非正式组织，这种非正式组织支配着工人的努力程度：对工作不得太用力气，否则就被视为"工资率破坏者"；也不得过分降低工作效率，否则就会被视为"诈骗者"。

（2）影响经营者努力水平的另一个机制是市场竞争的压力。一方面，对经理偷懒行为的约束依赖于来自企业内部试图取代现任管理阶层的成员的竞争，同时，经营者之间还存在监督。在团队协作生产过程中，由于每个经营者的边际产品都是其他经营者边际产品的增函数，因而每个经营者都关心其上面和下面的经营者的业绩。也就是说，每个经营者也就受到其他经营者的一定程度的监督（法马，1998）。另一方面，还受到其他经理团体的市场竞争。由于市场是根据经营者过去的表现来对他未知的能力作出估计，当一个经理把企业搞得一塌糊涂时，在经理市场上他的个人资本就会贬值（法马，1998；罗森，1999）。这样，由于害怕市场对其作出不利的判断，为了长远利益考虑，经营者也会努力工作（Holmstrom，1999；洛，1999：9）。

霍姆斯特姆（Holmstrom，1999）甚至指出，即使经理的实际能力未知，并且假定时间是无限的，在没有任何监督的情况下，经理也有可能努力工作；这是由于市场会根据他过去的表现，对其未知的能力作出估计并计算其价值。虽然在长期均衡点上，市场会作出准确的评判，但是，由于经理人员担心市场会对他作出不利的判断，为了长远利益考虑，他会加倍努力工作。而且，一旦某经理得知市场已认可了其真实能力，他就不会再努力工作，因而经理人员努力工作完全是为了给市场留下"好印象"。

（3）还受到来自资本市场的竞争压力，受到企业被接收、吞并的威胁。在现代市场经济中，资本市场持续不断地评估着公开公司的绩效，一个公司股票价格的升降对于分散的股东来说，是一个能揭示公司管理质量与绩效的可靠且易获得的信号。如果经理经营不善，企业的股票价格就会下跌；这样，分散在众多投资者手中的股票就可能被集中起来，有能力的企业家或公司就能以低价买进足够的股票，从而接管该企业，并往往导致现管理阶层的撤换。这样，害怕失去附着在管理职务上的租金也会迫使经理减少偷懒行为（泰勒尔，1997：49；罗森，1999；洛，1999：10）。

沙尔夫斯坦（Scharfstein）1985年指出，假定企业的生产条件只为经理所知而不为企业股东所知，股东与经理签订某种契约来激励经理；但由于信息不完全，契约激励的效率往往不高。不过，若资本市场上有些"袭击者"（raiders），他们可以获得企业生产条件的准确信息。这样，由于企业有被接管的可能性，在任经理会比在没有"袭击者"的情况下更加努力工作。而在日本，企业的主银行则对经理行为起着强大的监督作用，并撤换效益不好的企业的管理人员，这包括总裁、董事会主席或高级董事（Sheard，1998）。

（4）西方企业报酬机制的设立也有助于促使人努力工作。在一个企业中，如果较高层的人员怠工，就会导致他下面所有人员都会怠工，这样企业损失就会比较大。因此，一般来说，即使每个人的努力状况都一样，职位越高的人也会得到越高的收入（德姆塞茨，1999b）。这是西方企业中锦标赛报酬机制的基础。当然，这种机制产生的另外一个原因在于：越往上，上升的机会越小，这样必须提高奖励，才有足够的刺激（Rosen，1985）。显然，这种报酬机制本身也会激励上层管理者加强对下层的监督，因为失去岗位的机会成本太大了。

（5）在市场经济中还存在所谓的"标尺竞争"（yardstick competition）。

维克（Vicker）等人认为，经理市场的竞争能产生一种非契约式的"隐含激励"。究其原因，经理人员的能力只有在竞争中才能体现出来，经理市场的竞争为经理人员的能力提供了信誉认可，没有经过竞争锻炼的经营者，其能力认可是极为有限的。显然，为了在竞争中体现自己的能力，竞争者的理性选择只能是高努力多投入；这样，经理市场的竞争可以使经理人员的能力与努力程度的信息更加充分公开，从而使企业经理得到有效的监督与激励。而且，在企业中，股东往往同时监督两个以上同类部门的经理，他们产生利润的高低也就反映了两者的努力程度；相应地，这种标尺竞争也经常用在市场上相似企业的经理工作程度的衡量（泰勒尔，1997：47）。此外，在日本，由于各种等级的职务大多是从员工晋升而来的，这种制度也就产生强烈的竞争激励。当然，为了防止竞赛制下产生的失败者激励消失等问题，日本用年功序列工资来加以弥补（青木昌彦、奥野正宽，1999：108）。

其次，生产者也同样面临着很大的约束。

只是由于经营者管理劳动支出的不足比生产者的生产劳动支出的不足将对企业的效率产生更直接和更大的影响，我们才重点分析经营者面临的约束，而对生产者仅作简要的说明。事实上，西方研究激励机制的对象也主要在经营管理者身上。之所以说生产者受到市场竞争压力并不比经营者低，就在于，与经营管理者等相比，生产者所拥有的偏在乃至垄断信息更少，从而在企业相关人员之间的博弈中也就处于劣势。

在西方，由于企业普遍实行效率工资制，因而对一般劳动者来说，高失业率的压力更加降低了他们偷懒的可能性。即使在日本，虽然实行"终身雇佣制"，但这并不是一个明确的制度，也无法保证真正"终身雇佣"。一般来说，日本的"终身雇佣制"仅是指只要员工没有什么问题，不会因为景气变动等企业一方的原因而临时解雇工人。但是，正如青木昌彦等（青木昌彦和奥野正宽，1999：108）等所指出的，与美国等相比，由于员工方面原因的解雇在日本更容易进行。特别是，一旦解雇，就很难再找到工作的日本，解雇的潜在威胁反而更严重。事实上，日本企业也常常采取各种巧妙手段变相解雇或迫使工人不得不"自愿退职"。此外，在日本，享受终身雇佣的工人一般来说只有35%左右，并且主要是在大企业和政府部门中。

可见，在一个较为发达的市场经济中，由于存在强有力的监督体系，使得"机会主义行为尽管在企业中肯定存在，但不像威廉姆森所说的那样严重"（霍奇逊，1993）。显然，这里也可以看出，西方社会所实行的监督也已经不再是早期社会面对面的直接的人际监督，而是依靠一套体系实行制度性监督；这不仅节约了直接的监督劳动的支出，扩大了监督的范围，而且也逐渐形成了相互监督的制度。事实上，正如普特曼（Putterman，1986）指出的，严格地讲，经理的行为并不是由委托人来监督的，而是由有效率的股权市场来监督的。法马（1998）则指出，"对管理者的约束基本来自企业内部和外部的管理者劳动市场，这一约束伴随着源于用以刺激公司运转效率的内部和外部监督手段的协助，以及提供最终约束的外部接管市场"。也正是有这样较为完善的社会监督基础，西方学术界和实业界转而关注那些靠外在约束不能解决的问题，这就是激励。就目前而言，有效激励制度安排的基础主要是以剩余索取权来激励企业监管者，或者以利润来回报企业家，这正是当前发达国家所研究的重点。也正因如此，激励理论也成为"新制度经济学的基石之一，如同新古典的价格理论本身"（德勒巴克，2003）。

五　监督缺位仍为中国企业的治理瓶颈

一般来说，公司治理结构包含两个方面：内部治理和外部治理。尽管内部治理结构是重要的，也是西方企业理论关注的重点，但与一个充分竞争的市场机制相比，它只是派生的制度安排（林毅夫等，1997）。其实，企业治理中最基本的方面就是通过竞争的市场实现间接控制和外部治理，而人们通常所关注的工资治理结构则是公司的直接控制和内部控制结构。譬如，西方发达国家的企业中内部治理的激励机制是与整个社会良好的外部治理机制相适应的，而中国社会之所以还没有形成较为健全的企业内部治理结构，关键在于中国社会的市场机制很不发达，因为中国社会的市场经济毕竟才发展不过二十多年的时间。市场机制对企业内部治理的影响简单地表现为这样几个方面：（1）由于迄今还没有形成一个较为成熟和认同的社会工作规范，因而缺乏衡量努力程度的参照系；同时，由于还没有形成成熟的经理人市场，因而经理人之间也就缺乏有效的竞争机制。（2）由于资本市场不发达，公众"用脚投票"对企业内层所有者构成的压力并不明显，从而缺乏基本的绩效压力。（3）社会外部监督组织也几乎没有，如行业监督、会计审核、金融监察等。（4）在市场不成熟、信息欠发达、惩罚无力度的社会中，充斥着短期行为。实际上，在中国社会基本没有强大的失业压力：（1）目前基本不存在有效的薪酬机制，工作转换成本并不很高；（2）信息传递机制不发达，机会主义者照样可以在其他地方谋得职位；（3）中国存在大量的并缺乏监督的非正式部门，这提供了被解雇的外部选择。

因此，与此相适应，中国社会目前最迫切的要求首先是加大监督力度而不是优先考虑激励。究其原因，对激励产生的效果的考察是个事后过程，只有事情发生后才能够衡量。而且，它的衡量还会受到其他因素的干扰，是偶然的运气呢还是真实的付出？对人力资本这样极不确定和难以度量的对象尤其如此。因此，在不发达的市场经济中，激励往往会产生更大的机会主义倾向。譬如，谁能有把握地断定，中国在 2002 年的足球世界杯上没有赢一场比赛、没有得一分、没有进一个球，究竟是对米卢的激励不够呢？还是遇到的球队太强等其他偶然因素？但是，监督却是一个过程指标，在事件的进行过程中就可以很好地被观察，接受监督，并且可以贯穿于事物发展的始终。如米卢以往带队的业绩如何？米卢平时的主要精力是花在球员训练和战术的研究上，还是在观光、走穴上？这些是相对容易判断的。因此，在绝大多数时候，只能根据经营者付出的努力程度反映的"信号"来采取行动，并对之进行约束。斯彭斯（Spence，1973）在论述教育作为传递工人素质的信号的论文里，就强调应该把职业选择上的注意力转到隐蔽特征的问题上。

事实上，即使在发达国家，除了利润考核等事后指标外，也有一整套的事前监督经营行为的内部管理机制，以防止经营者的机会主义行为，如经营者进行高风险的投资以及对资产进行掠夺性转移；而且，迄今也没有形成一套完善的激励体系，股票期权激励也并没有收到理想的期望效果，安然事件充分表明美国的认股权正在变为经理滥用权力和经理侵蚀公司财富的象征。一个重要原因在于，这种认股权的制度安排往往预示着公司经理可能在短短数年时间内成为百万富翁、千万富翁、亿万富翁，于是，公司经理为了达到这个目的，就会不择手段地抬高股价，甚至以非法手段如造假账等来操纵公司股价。例如，美国环球公司创办人在 1998 年和 1999 年行使认股权，赚 7 亿多美元，随之在洛杉矶购买了一幢 9000 万美元的豪宅，但不久环球公司却开始申请破产。再如，当发现哈顿（E. F. Hutton）卷入非法支票透支时，董事会的反应是把首席执行官的薪水提升 23%，而且给他 12000 股企业股票，这种状况连《商业周刊》的封面报道都不禁提出，"老板的报酬是不是太高了"（G. J. 米勒，2003：229）。

然而，自从西方的"买断年薪制"和股票期权方式在中国被炒热以后，大小企业纷纷效仿。到 1996 年底，许多城市试行经理年薪制的企业数量已经达到 50% 以上，少数城市达到 80%（《改革时报》1996 年 3 月 16 日）。特别是，2004 年国资委还正式推出《中央企业负责人经营业绩考核暂行办法》，189 家中央国有企业负责人将实行年薪制，这些国企老总的平均年薪将达 25 万元。随后，一些省、市也相继出台了一些国有企业经营者年薪制试行办法。结果，中国社会的收入差距急速拉大，一些国企管理层平均收入高于职工的平均收入 14.5 倍，多数国企管理层其年薪达到了十几万元、几十万元，大型国企管理层和上市公司的高管，年薪更是高达百万元以上（这还不算国企管理层的各种隐性收入等）。而且，国家和地方政府还通过一系列的政策允许大型国企管理层成员在企业"增资扩股"时持有企业股权，只是到了 2005 年在一些学者对企业管理层通过 MBO 方式大肆吞并国有资产进行揭露之后，国资委才发布严禁"管理层收购"的禁令，可是在实际操作层面上，大型国企管理层有限度持股一直在悄然进行。①

问题是，尽管中国公民的收入差距迅速被拉大了，而且比主要西方国家都大得多，那么，效益是否改善了呢？不幸的是，在缺乏有效约束的情况下，年薪制的效果却极其有限（王珺，1998；朱富强，2000a）。其中的主要原因在于，中国当前还没有形成有效激励的社会基础，即不存在一个有效的监督作保障。就国有企业而言，中国原来的国有企业几乎没有约束机制，国有企业的经营者由政府委派，而既没有面临社会经理人市场竞争的威胁，也没有因经营失败而被解雇构成个人前途重大挫折的压力，盲目实行激励机制的结果往往是"东施效颦""邯郸学步"，结果甚至成了上市公司高层主管攫取公司财富合法的手段了，造就的是惊人的暴发户而不是企业效率的提高。例如，1998 年公布的几百家上市公司老总的年薪收入几乎与企业的经营状况毫无关系，两家亏损企业老总的年薪收入高居排名榜

① 国资委除了让企业高管拿高薪外，还把企业的股权拿来作为补偿他们的报酬。有人曾对国有商业银行的地市级正副行长（处级）包括工资（只按年薪 5 万元计）、福利、职务消费、公车使用以及司机配备和电脑等办公设施（许多都是浪费的）的花费进行过估算，大概一年需要花费将近 50 万元才能养一个行长（《中国青年报》2004 年 8 月 18 日）。

首，其年薪收入分别高出业绩最好的五粮液的老总收入 12 倍和 61 倍。四川省上市公司年平均净利润为 9429 万元，老总的平均年薪只有 3 万多元；而深圳市的上市公司年平均净利润只有 2981 万元，老总的年薪却平均为 11 万元。可见，排除那些本有的差别和不应有的差别，在中国当前，利润与年薪水平严重倒挂！

王珺（1998）对国有企业中年薪制的失败原因作了较为详细的分析。他认为，在现有体制下，无论国有企业的董事长还是总经理都是政府任命的，这就产生了实行年薪制的对象选择问题：是董事长、总经理，还是兼有两者？或者还要包括副职？显然，由于企业董事长和总经理都是国有资产的代理人，就难以做到只有总经理实行年薪制；但是，如果对两者都实行年薪制又遇到年薪标准的确定问题。一方面，如果由企业董事会确定，那么由于缺乏一种利益制衡关系，实际上就是变相的经营者自己确定自己的报酬标准；另一方面，如果由各级政府主管部门确定，则由于对企业具体情况的不了解而只能有一个大致的统一规则，这种规则或者不符合具体企业实情而难以实行，或者又演变为实际上企业自己确定标准。本书稍微不同的看法是，年薪制的失败不仅体现在国有企业上，也反映在绝大多数的民营企业中。因此，薪金标准制定者的缺位不是唯一原因，甚至不是主要原因，更为重要的原因是对与年薪制相联系的工作量和绩效的考核。这里更为深层的原因在于我们还缺乏有效的内部监督和外部监督体系，这反映在所有类型的企业中。

就民营企业而言，因为尽管年薪制和股票期权是市场经济中一种有效的企业长期激励工具，但它需要有比较健全的经理和专业人才市场，比较健全的公司治理，比较健全的资本市场和透明程度高的公司信息披露，以及完整的公司法、证券法、税法、会计准则、外汇管理制度等基本的法规框架，即健全的监督体系。然而，由于这些条件目前在中国社会都不完全具备，因此，即使费尽心思来进行激励设计，企业产权不清现象仍然没有明显改善，物质资本所有者与人力资本所有者的责权界定仍是一片混乱。也正因如此，实行年薪制和购股权制等方案的效果就很不明显。一位民营企业家曾经困惑地说，真不明白这些职业经理人是怎么想的，上百万元的年薪还是走人。事实上，有资料研究表明，与职工的货币激励相对照，经理（厂长）的货币激励要淡化得多，原因就在于非货币激励的广泛存在（郭晋刚，1992）。

正是缺乏基本的外部约束机制，结果，在已经大力实施激励机制多年后的今天，企业界依旧没有产生自约束机制，相反，需要投入的监督成本变得越来越大。例如，一位老板就愤激地抱怨，员工们常常当面一套背后一套，什么事情都要老板亲自监督。亚信的李建波也曾说，如果把股票期权作为唯一的激励工具，就会忽略其他，比如员工的福利、培训和发展；当期权失去魔力时，问题就会暴露出来。目前这种困境也被重庆力帆老总尹明善一语道破了：如果不用职业经理，我的企业就会慢慢地去死，如果我急匆匆地去用职业经理，那我的企业就会快快地死去。究其原因，不争气的家族成员只是小偷小摸，而如果职业经理出了问题，往往是一大片、一大片的地区市场被挖走。例如，2001年，广东创维集团营销总经理陆强华与老板黄宏生翻脸，率营销队伍近百人哗变。其根源如何呢？其中根本的原因就在于对监督机制的忽视，缺乏有效的责权界定以及相应的实施机制。

当然，根据作为协作系统的要求，企业内部的监督机制就不应该是单向的，因为机会主义倾向并非经理人所独有。但是，迄今为止，中国大多数企业中的会计仅仅充当簿记员的角色，是为提供老板所需的数字服务，即使老板要他们"做假账"也得做。根据杜恂诚（1999）的说法，一些上市公司有"五本账"：对主管部门一本账，用以邀功；对税务部门一本账，用以逃税；对股民一本账，以吸引投资；对内一本小金库账，用以账外分配；对同行一本账，用以自我吹嘘。这样，账目成为企业主所控制的并用以谋取个人私利的工具，而不是利益相关者控制企业乃至制约企业主行为的工具；在这样的环境下，就难保不会出现企业主自身的机会主义问题。例如，2001年，广西喷施宝公司职业经理王惟尊因揭露企业主做假账，而他自己却被老板以职务侵占和商业受贿罪加以控告，并被拘留8个月之久才被取保候审。是是非非，如何说清。但不管如何，像张维迎（2001：190）那样坚持认为，中国企业能不能长大，中国的民营企业能不能发展，很大程度上取决于职业经理人的道德水平，强调"我们不需要担心缺少企业家，中国人充满了企业家冒险、创新意识，中国要担心的是没有具有足够的良好职业道德和职业行为的职业经理"，显然是片面的。事实上，理论一方面用来指导实践，另一方面，企业组织所表现出来的现实问题又要求对理论进行反思。在当前的中国，如果片面地强调产权的激励功能，并不加区别地搬用委托—代理治理机制，那么，结果往往可能适得其反。

最后，需要指出，按照委托—代理理论的观点，当存在不确定性时，按级别排列的锦标激励制度要比计件工资制下更有效。但是，布尔、肖特和威格尔特的实验却证伪了这一点，他们发现，在计件激励秩序下，实验对象相当迅速地收敛到均衡的努力水平，而在锦标实验下的经济模型却表现得相当糟糕，即使很长时间也没有发生收敛性（G. J. 米勒，2003：11）。实际上，社会主义经济建设初期在某种程度上也存在以官员职位体现的锦标赛激励方式，但是，兰格很早就注意到了社会主义集体劳动中所存在的激励问题，并且已经认识到了单方面的委托—代理治理模式的不足。

总之，完善的监督机制是实施有效激励机制的基础，缺乏监督下的激励仅仅是空中楼阁。正如乔治（2002：415）提出的，"最低工资与最高工资的最大的合理比率应该是多少？是否如同社会主义国家所主张和推行的那样，在某一公司内部，最高工资和最低工资的比率达到七比一就已经够高了？那么一千比一的比率是否就太高了。如果工资最低的工人每小时收入为4.35美元，那么总经理每小时的最高收入是否不能超过435美元？抑或不能超过4350美元呢？是否真的有这样一个合理的最大倍数存在呢？可是，表面看来似乎根本无法确定到底是五倍、七倍还是十倍、一百倍是合理的最大倍数"。就当前中国企业而言，经营者所存在的严重的机会主义倾向根本上不在于工资的不足，而是监督的不力。因此，如何提高监督乃至建立一个较为完善的社会和企业内部相互补充的监督体系乃是当前企业制度建设的重点。

第四节　社会共同治理模式与中国企业的产权安排

根据"企业组织的产权归属"部分的分析，我们知道资本所有权和企业所有权并不是一回事，企业所有权体系实际上反映了企业的治理结构，企业治理结构的本质是在既有的财产所有权格局下如何有效地在相关者当中分配企业所有权以提高整个组织的效率。而企业产权作为框定企业治理机制的一个核心内容，其主要功能是对那些影响企业组织运作及效率的相关人员产生一定的激励和约束条件。一般来说，西方社会在企业产权的安排结构上崇尚股东价值观，并基于这一理论而实行委托—代理的治理模式。但是，上一节已经指出，西方社会之所以有此理论和实践在于其独特的社会基础：存在着较为完善的监督体系。特别是，西方社会的理论本身就是逻辑推理的结果，它往往与社会经验存在很大的不一致。例如，西方企业理论强调单向的委托—代理治理，但在实践中却弥漫着相互监督的特征：不但内部治理结构五花八门，而且，产权结构也多种多样。然而，在自我堕落的中国经济学术界，一切盲从西方的主流理论，不但不去考察西方理论和实践相脱节处，更不考虑中国所面临的社会环境与西方社会的差异，一切都变本加厉地硬套西方主流的企业理论。其实，目前中国企业面临的状况是：既没有较为完善的社会监督体系，企业内部的监督也很不健全，同时，人们对企业的认知与西方社会也存在很大的差异。显然，考虑到这些具体特点的不同，中国的产权安排应该具有不同于西方、特别是不同于西方主流理论的特点。那么，中国现代企业的产权究竟如何安排？以及治理机制又有何特色呢？本节就此作一探索。

一 基于相互制约的代理人监督代理人理论

上面的分析揭示出，基于单向度监督的委托—代理机制是存在问题的，因为它无法确保委托人的承诺问题，从而也就不可能实现子博弈精炼纳什均衡或精炼贝叶斯纳什均衡。例如，米勒（2003：4）就指出，委托—代理理论本身具有内在逻辑的不一致性，这"使得人们不可能设计一种激励—控制体系来同时规约上级与下级的自利性行为。对于具有其他良好特征的各种激励制度而言，总有一些人有'卸责'的激励，从而导致在组织中每个人看来都觉得是无效率的那种均衡结果"。一般而言，与委托—代理治理模式较为适应的是科层制，在这种体制下，习惯上由上层的代理人来监督下层的代理人，从而来保障代理人采取有利于上级代理人利益的行动。而且，这些上层代理人往往通过攫取企业的所有权和控制权而承担其委托人的角色，他们通过激励机制的设计将剩余索取权指配给下层代理人，从而使得这些下层代理人能够更好地作出有利于他们的决策。但是，正如法马和詹森（1998）指出的，"将剩余要求权限于决策人，解决了剩余要求者与代理人之间的代理问题，但是，它牺牲了无限制风险的分担和决策功能专业化的好处"。它不仅无法保证收益分配的公正性，而且也会使得决策程序蒙受一定的效率损失。究其原因，委托—代理治理机制是以股东价值观为基础的，这显然并不能体现作为协作系统的企业的本质。福莱特就质疑道："怎能一方面指望人们只做到服从命令，而另一方面又希望他们承担应承担的一定的责任呢"（转引自 G. J. 米勒，2003：

116）。

事实上，利益相关者社会观要求的是责权对应，这体现了另一种完全不一样的治理思路。那么，基于利益相关者社会观的具体治理模式究竟有何特点呢？按照福莱特的看法，在给定情况下，当一个人把执行决策的责任下放而换取合作的、尽责的执行情况时，上级必须为此付出代价：他在一定程度上必须听从下属的愿望。这意味着，上下级之间的互动不是单方面的，而是可以讨价还价的，上级也必须接受下级的监督。显然，这正是利益相关者社会观进行企业治理的基本思维，它对这种纵向的互动治理关系提供了合理性基础。究其原因，利益相关者社会观强调，参与协作的成员都是平等的主体，因而没有等级之分；特别是，在一个以提高组织有效性而做大整体蛋糕为目的的企业组织中，各成员之间的利益是相互联系、相互依存的。同时，一方面，可资分配的蛋糕的大小取决于各方之间协作的程度，另一方面，由于本质上具有独占性的个体利益之间也会产生冲突。因此，利益相关者社会观的治理也要求明确各方的权利和义务，重视各方相互监督的职责，这就是代理人监督代理人理论。

显然，这里也反映出基于利益相关者社会观的治理机制与基于股东价值观的治理机制之间的差异：基于利益相关者社会观的代理人监督代理人治理模式是双向运动的，而基于股东价值观的委托—代理治理模式是委托人到代理人的单向运动。因此，基于利益相关者社会观的相互治理模式更为复杂，就要求建立一套互动式的治理机制，而要做到这一点又必须有健全的外在法律制度为保障。正因为这种复杂性，学术界对基于利益相关者社会观的代理人监督代理人机制的理论阐述要比委托—代理理论晚得多，这也是委托—代理理论迄今为止还在广为流传的原因。例如，泰勒尔就指出，从利益相关者社会观出发很难设计出一种激励经理的支付合同和统一的控制结构，虽然这并不表明股东价值观就是正确的。当然，另一些学者则担心，过分强调利益相关者社会观将事实上隐含着为经理不顾投资者的行为辩护（青木昌彦，2001：282），这也抑制了代理人相互监督理论的发展。

不管如何，代理人监督代理人治理机制毕竟在某种程度上更为接近作为协作系统的企业本质。因此，尽管还没有较为完善的理论来为之解释，但这种方式在很多场合都是更为可行的。并且，这种相互监督的治理关系也曾经广泛存在，并早已自觉或不自觉地为很多组织所采用。事实上，甚至在等级制森严的社会中，底层的一些社会管理实际上实行的也是代理人监督代理人的治理模式，如中国历史上就曾广泛实行过利益连带的相互监督体制。一般认为，西周就在国都的六乡开始实行所谓的"比伍法"（又称比闾法）就具有近似的特征，"比伍法"规定："令五家为比，使之相保；五比为闾，使之相受；四闾为族，使之相葬；五族为党，使之相救；五党为州，使之相赒；五州为乡，使之相宾"（《周礼·大司徒》），并规定：比有比长，闾有闾胥，族有族师，党有党正，州有州长，乡有乡大夫；同时，又在国都之外的鄙野六遂则实行邻里法："五家为邻，五邻为里，四里为酂，五酂为鄙，五鄙为县，五县为遂"（《周礼·遂人》），并规定：邻有邻长，里有里宰，酂有酂长，鄙有鄙师，县有县正，遂有遂大夫。后来，先秦商鞅开创共犯连坐的十家互保制，北魏李冲实行的"三长制"，北宋王安石重新"恢复"实施的"保甲制度"等体现了代理人相互监督的色彩。[①]

特别地，委托—代理的治理比较适用于组织相对简单的情况，此时，将决策权配置给某些代理人是有效率的。但是，一旦组织变得复杂，那么，"代理人之间不太讲究形式的相互监督"就会得到支持（法马和詹森，1998），因为此时同等级之间的信息交流对正确的决策更为重要。事实上，在信息不确定和复杂化的情况下，代理人相互监督比起委托—代理监督体制往往更有利于监督成本的节约。究其原因，尽管委托人和代理人之间的信息不对称性可能相当高，但代理人相互之间的信息成本却可能相对较低，因而代理人相互之间的监督成本将会大大降低。例如，孟加拉国的经济学家尤努斯成立了一家格莱珉银行，创造性地采用了申请人组成团队相互监督，共同承担着担保人的职能的做法，结果银行非常成功，不但降低了监督成本，平均贷款率和贷款额都得到很大提高（H. Varian，1998）。这个例子也表明，在代理人监督代理人的治理结构中并不一定会存在内部代理人相互勾结的问题，反而出于自身利益的考虑而使得相互之间的监督更加有力；相反，在那种极端的委托—代理治理模式中，不但委托人和代理人各自都潜藏着机会主义的动机，而且，由于代理人之间往往因共同利益而更可能通过合谋对付委托人，从而加大了组织的监督成本。

---

① 当然，需要指出，中国传统的代理人相互监督的关系主要体现在社会底层，而对上层则缺乏这样的监督，其中的原因在后面分析。

　　显然，正是由于单向度的委托—代理机制之间往往因信息不对称而造成监督的无效，以至委托人的实际地位往往也是缺失的。麦克尼尔等人就指出，现实世界是一个代理人的世界，而委托人在这个世界里已经被代理人给异化了，代理人的忠实信托义务已经被经济人的本性所吞噬。正因如此，随着信息日益复杂和不确定，用委托人（"选民"）来制约代理人也就越来越力不从心。基于这些变化，麦克尼尔（1994）等一些法学家和经济学家才开始主张以代理人制衡代理人，以内部人制衡内部人，对代理人之间的交易进行管制。当然，上面所阐述的仅仅是基于内部代理人之间平行的相互监督，在这种情况下往往还存在更高一级的委托人。既然撇开委托人的内部代理人之间相互监督的治理机制运行得相对有效，那么，我们有理由相信，在委托人往往缺位的现实世界中，这种相互监督的机制也必然更为适用。特别是，在代理人相互监督的体制下，每一方都会对协作系统更加认同，从而更愿意增加群体性和专用性的人力资本投资。例如，法马和詹森（1998）就指出，"相互监督从代理人利益中获得动力，旨在利用组织内部的代理人市场，代理人都希望增加人力资本的价值"。

　　我们知道，就国家组织而言，实行委托—代理治理机制的典型形态是君主制社会，在这种社会中，君主是一个典型的委托人，其他人都是为"皇上"办事。但是，历史经验却告诉我们，依靠这种治理机制的国家总体上是缺乏效率的，表现为下属的相互勾结或对抗、典型的贪污腐败以及欺下瞒上或凌弱畏强的世风盛行。相反，现代国家组织中行政上的监督约束大多是基于代理人监督代理人模式，正是这种模式的存在保障了整个社会的持续发展，即使中间乃至上层出现了动荡，整个社会依旧会有序运行。显然，正是由于这两种治理模式在对组织的长期发展存在这种差异，导致了国家组织从君主制逐步向共和制过渡。推而广之，我们也大可预料，在强调团队生产间协作的企业组织中，所谓的委托—代理治理模式也是相对无效率的，因为它关注的是特定个体或群体的短期利益，而不是为了维持组织的长期发展，这偏离了社会组织的本质。相反，从本质上讲，人类的绝大多数组织都是人类协作系统演化的形态，如企业组织和政府组织都是一种形式的协作系统，而且企业组织是相对于政府更小的协作系统。显然，按照协作系统论的观点，所有要素在组织中都是对等的，资本所有者不是企业组织的所有者，他没有权力单方面制定企业组织与其成员之间的契约；管理者也不是资本所有者的代理人，而是企业组织的代理人。因此，从协作系统的角度看，根本就没有委托人和代理人之分，传说中的委托人实际上是虚构的；而股东价值观强调的利润最大化仅仅是出资者的私人目的，而不是作为协作系统的企业组织的根本目的。

可见，代理人监督代理人是与协作系统发展相应的治理模式，这种模式适用于所有的协作系统中。相反，委托—代理治理模式是基于特定个人或群体的利益考虑的，它实际上是协作系统异化发展的结果。其实，异化是社会事物发展过程中呈现出来的一般特点（朱富强，2005a）。例如，家庭组织本身也是男女协作分工的协作系统，但男性后来却依靠自然的不平等逐渐取得了对家庭组织的支配权。并且，在国家机关的认可下，家庭组织最终被界定为男性所有，女人则处于依附者的地位，所谓"在家从父、出家从夫、夫死从子"。因此，在传统的家庭组织中，我们常常可以看到它具有一个拥有权威的男性家长，他被称为家庭的主人或所有者，可以惩罚（甚至可以杀死）他的子女或妻子们。显然，这个家长就成为事实上或法理上的委托人，家庭内部的治理关系也更加凸显出委托—代理的特征。当然，随着社会权力的分散以及个体自主权的凸显，人类社会的发展逐渐限制了家长的绝对权力，直到这种权力的最终消失和所有家庭成员被平等对待（霍尔瓦特，2001：368）。而且，传统建立在委托—代理关系上的父权制家庭中，家庭组织的效率也常常遇到问题，特别是随着家庭生产规模的扩大以后更是如此，这也是这种家庭组织结构发生变化的原因。究其原因，在父权制的家庭组织中，其治理机制往往呈现出极强的软约束色彩，这限制了家族事业的扩展，并导致了家族的兴衰起伏。譬如，我们可以发现，正是在家庭组织中以及在缘关系色彩浓厚的家族式企业中，软约束特征也最为明显。推而广之，在所有那些以父权制为特征的组织中，往往实行单向的委托—代理治理模式。并且，那些委托人也往往宣称代表了所有成员的利益，但由于存在治理过程中的扭曲以及潜在的软约束，这种协作组织往往缺乏效率。譬如，在传统中国，尽管"皇帝"宣称代表了全体苍生来治理国家，但在政体上却是实行委托—代理的治理模式；结果，这种体制并没有能够维持国家的持续发展，相反总是陷入"合久必分，分久必合"的循环怪圈。因此，正如以前等级制下实行委托—代理治理机制的家庭组织以及国家组织必定会衰落或解体一样，笔者认为，由于流行的家族企业在治理上也具有强烈的委托—代理色彩，因而也必然会逐渐走向衰败。当然，在一定的历史时期，家族企业也往往具有生存的强大生命力，这主要是源于企业的初创期对系统内的协调要求还不高的缘故，关于这一点笔者将在下一章作系统的分析。

总之，委托—代理治理机制是特定时代的产物，此时作为协作系统的组织已经被异化为特定个人或群体牟取私利的工具；并且，在这种背景下，具有明显分离界限的委托人和代理人之间的利益主要呈现出相互冲突性。但是，从本质上讲，人类社会的一切组织都是协作系统，协作系统中的利益贡献和归属与系统所有成员密切相关。显然，在这种情况下，不但没有一个纯粹的委托人，也没有一个纯粹的代理人，因此，与之相适应的组织治理应该是代理人监督代理人的模式。在这种机制下，产权安排所构造的约束和激励机制不应仅是针对人力资本拥有者而言，而是针对企业全部所有者。而且，因为利益相关者都是企业的所有者，因而要改变以往仅以物质资本拥有者为监督方的片面看法，就必须改变传统的单向度的委托人监督代理人的观点，而是要建立委托人—代理人交叉混同监督的机制，形成企业全部所有者责权明确、互为监督的产权体系。其对当前中国企业制度的改造而言，尤其需要注重责任的履行，这就需要一套完善的监督机制，不仅表现在组织内部，也体现为整个外部的市场机制。事实上，根据前面的分析，中国当前企业界普遍存在的"普力夺"现象的关键在于监督机制方面。

当然，这里强调监督并不是说激励是不重要的，但其中确实有个主次、轻重的考虑。就当前而言，中国企业的产权结构安排就应该更多地注重如何更好地增强监督效果，而不是偏重于激励方面。说到底，代理人监督代理人强调的是产权安排的监督功能，这又回应前面所分析的中国目前企业监督缺位的现状。这种强调监督的产权安排也就是理论界强调企业治理结构的治理学派的观点，也就是强调"超产权"的治理。超产权学派认为，影响资源配置效率的是治理机制，要使企业改善自身治理机制，其基本动力是引入竞争，而变动产权只是改变机制的一种手段（刘芍佳，1998）。例如，治理学派的主要代表之一法马（1998）就指出，经理市场的竞争会对经理施加有效的压力，如果一个经理业绩不佳，那么在经理市场上，其人力资本就会贬值，在未来谋职时就会遇上很多麻烦。正因如此，如果从动态而不是从静态的观点看问题，即使不考虑直接报酬的激励作用，代理费用也不会很大；因为经理市场无形中起到了监督和记录经理人员过去的业绩的作用，考虑到长久的声誉，经理人员不得不对自己的行为有所约束，努力工作。但问题在于，声誉市场是如何起到监督约束的作用呢？这就是社会共同治理理论要解决的问题。

二 利益相关者社会观的社会共同治理机理

前面指出，基于利益相关者社会观的治理模式比较复杂而难以上升到理论的高度，这限制了基于这种思路的理论发展。而且，尽管代理人监督代理人模式强调了双方的互动性，但这种模式的有效性存在一个基本要求，即互动双方之间要发生次数足够多的重复博弈，否则以牙还牙或者冷酷策略就无法在促进合作中得到应用。譬如，就市场中的声誉而言，如果交易的互动不是发生在固定的两个人之间，那么，声誉的自动执行功能是值得怀疑的。事实上，参与交易的 x 可能对 y 实行了机会主义，但他并不一定对 z 也实行机会主义。那么，在 z 与 x 进行明显有利可图的交易的情况下，为何要通过断绝交易而对 x 实行惩罚呢？因为对 x 的惩罚也往往意味着 z 自己收益的损失，显然是不符合经济人的行为逻辑的。

我们举个例子，西方社会的消费信贷很发达，大多数人都可以"今日用明日的钱"，但是，凭什么来保证透支者在"明日"会履行契约还钱呢？一般认为，正是声誉充当了自我实施机制，因为每位当事者都明白，如果他这次赖账了，那么就失去了信誉，下次也就难以再获得透支了。问题是，为什么那些没有被欠账的信贷者也不愿对之提供透支呢？我们考虑这样的情况，假设：a 依靠无抵押的信用向 A 银行获得了贷款却赖账不还，不过，此时他也不再向 A 银行申请透支，而是转而向 B 银行申请抵押贷款。显然，在这种情况下，由于有足够的抵押，B 银行实行交易就是有利可图的。那么，B 银行愿意放弃这笔交易而为了 A 银行对 a 实施惩罚吗？事实上，如果借款人 a 和银行 A 是多次博弈，那么银行 A 可以实行 carrot-and-stick（胡萝卜加大棒）式的 tit-for-tat（以牙还牙）或者 grim strategies（冷酷策略）策略达到合作均衡；但问题是，人类社会中同一 a 和 A 之间的交往往往是少数性的，这又如何通过多次互动达到合作均衡呢？显然，这就涉及社会的共同治理问题，社会共同治理模式是利益相关者社会观的基本治理理论。

为了说明这一问题，我们进行如下分析。假设：借款人 a 依靠无抵押的信用向 A 银行获得了贷款而没有归还，但是，他转而向 B 银行申请抵押贷款并获得同意。显然，B 银行为了自己的短小私利而损害了 A 银行的利益，因为更多的潜在贷款者会由于今后没有受到惩罚的威胁而对 A 实行机会主义。那么，A 银行是否就没有办法来促使 B 银行为了 A 银行的利益而对 a 采取惩罚措施呢？或者，是否存在某种机制可以激励 B 银行的行为呢？还是有的。事实上，如果 B 银行为了自己的短小私利而对那些损害了 A 银行利益的借款人 a 不采取惩罚措施，那么，如果 A 银行同样可以为了自己的短小私利而对那些损害了 B 银行利益的借款人 b 不采取惩罚措施；这样，结果便是 B 银行将积极惩罚对 A 银行违约的借款人 a，因为 B 银行由于借款人 b 违约所遭受的损害要大于从借款人 a 中所获得的利息收益。可见，通过间接惩罚可以促使 B 银行更好地考虑自己的行为；而且，考虑其他更多的银行都对 B 银行采取这样的间接惩罚措施，那么 B 银行的最佳方案就是采取有利于其他银行的措施。这就是共同机制，当然，它所需要的前提条件是：有充分的信息披露，B 银行知道借款人 a 的行为；同时，A 银行知道 B 银行的行为。

进一步地，上面仅仅考虑了 A 永远作为委托人，而 a 永远作为代理人。但实际上，在人类社会中，处在不同时点的人所扮演的角色是不同的，都可能同时兼有委托人和代理人的角色。譬如，a 相对于 A 而言是代理人，但是也许在另一场合，a 也借钱给 a′，从而也成为委托人。在这种情况下，如果 a 对于 A 违约，没有归还贷款，那么，同样也存在 a′对于 a 违约的可能性；此时，如果 a′再向 A 进行抵押贷款，那么 A 也可以通过不惩罚 a′而使得 a 遭受损害。这里，显然尽管 A 和 a 仅仅发生一次性交易，但通过 a′实际上也发生了另外的联系。推而广之，如果这种间接媒介足够多（现实中正是如此），a 和 A 实际上发生的就是多次重复博弈，这时 tit–for–tat 或者 grim strategies 策略就可以发挥效用了。上面的社会共同治理模式可以用图 2 来表示。

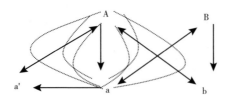

图 2　社会共同治理的互动示意图

在图 2 中箭头表示利益的流向，如从 A 指向 a 就表示由于 a 对 A 实行机会主义而导致利益从 A 流向 a。显然，这里 A 可看成传统意义上的委托人，a 看成传统意义上的代理人。并且，单向箭头表示利益的单向流动，而双向箭头表示互利行为。在传统意义上，交易考虑的仅仅是直接交易，因而 A 与 a 之间似乎只发生一次交易，其交易关系为：A↔a。但是，如果进一步考虑到 B 和 b 等的存在，显然还存在其他间接的联系：A↔b↔B↔a；进一步考虑到 a 作为委托人的角色，同样存在：A↔a′↔a 的联系。如果考虑社会任何一个主体所充当的角色是千千万万的话，那么就构成了社会中密密麻麻的社会联系，用图 2 中的虚线表示。

上面的分析表明，本来貌似偶然性联系的互动实质上暗含了社会普遍性的互动。这样，通过社会共同治理，就避免了双边治理中因博弈次数较少而惩罚机制失效的问题。事实上，艾克斯罗德（1996）所设计的计算机对策游戏并不在固定的两个博弈者之间开展，相反，每个人是以自己的策略参与到群体的互动中，这就构成了类似上述的社会网络。在社会网络中，每个人都与其他方发生无数的直接或间接的联系，从而更容易形成合作的结果。当然，这里的关键也在于信息的披露，这也是克莱因强调自动实施协议的基础。克莱因（1999）说，"市场上过去的行为提供了有关这类交易者性质的有价值的信息。交易者将接触与违约者的关系而完全拒绝与过去违约的人打交道，因为它们从这些违约交易者那里知道了很多东西，或者因为它们不解除这关系将会导致市场上另外的交易者从他那里得到这些不利的信息"。

基于社会网络关系而形成的社会共同治理模式也在实践中得到广泛的应用，这可以从中国古代社会的家族组织、行会组织乃至票号和钱庄的治理关系中看到这一点。当前世界中采用最类似这种社会共同治理模式的当属日本和德国的企业。在日本，一般企业都不会欢迎一个为了高薪而跳槽的员工，这样的员工最后很可能沦落到无处容身的下场；而如果某公司向其他企业挖墙脚，那么也必然会遭受同业的集体抵制。在德国，职业技能的培训有两个途径：（1）德国公司自己培训；（2）国家支持的技术学校培训。由于训练学员的公司不能要求这些学员保证将来终身为公司效命，事实上，德国员工的离职率也相当高；因此，公司训练学徒的成本是相当高的。那么，是否公司就会搭其他公司训练计划的便车呢？这种情况在德国就很不严重，这有如下几方面的原因：（1）训练计划是百分之百普及的，因而即使自己训练的学徒离职后也可以从市场上招来同样接受过同等训练的人才；（2）训练的内容通常是结合了一般性项目和公司自己的特有项目，因而对公司和学徒而言，留住对方是最有利的；（3）最为关键的是，如果某一雇主"搭便车"而没有给他的员工最好的训练和有谋职的一技之长，那么，公司将面对外界的排斥，员工和公司的信任关系也会降低；（4）此外，如果道德压力还不足以使公司致力于训练制度，那么国家劳动会议还可以动用法律权力去建立一些法规来限制雇主自由聘用和解聘员工的能力（福山，1998：258）。

可见，尽管西方理论上宣扬委托—代理理论，但在实践中却在实行一种社会共同治理的机制。例如，在德国，历来就非常重视共同体的团队合作精神，工人和管理阶层之间利益共享的理念也深入民心，其工人也可以广泛地参与企业经营的决策过程。一般来说，德国公司中工人共同参与公司治理和管理决策的历史可追溯到第二次世界大战后的联军统治时期，当时的煤炭和钢铁行业决策方案规定作为公司组织唯一机构的监事会必须由5名股东代表、5名雇员代表和1名独立主席组成。1976年通过的新法案也规定，在超过2000名雇员的德国公司中，雇员代表在监事会中必须占据一般席位。1977年英国布洛克委员会发表声明，要以股东和工人共同治理公司的合伙制新概念来超越将公司和股东视为同义词的旧思想（青木昌彦，2005：175）。根据它提出的草案，在雇员人数超过500的公司中，应该按照德国模式在监事会中为雇员至少安排少数席位。在日本，员工参与企业管理更为普遍，即使公司的目标也不再仅是为企业主获得利润，这甚至也不再成为主要目标。

最后，需要指出的是，社会共同治理在儒家社会中具有更为坚实的社会基础。因为儒家社会关注的是处于社会关系中的社会我，从而形成以社会为中心的价值取向，在这种社会关系中，财产往往无法界定到个体，而是与所有发生关系的人都有牵连。在这种情况下，基于财产共同所有的基本信条，儒家认为，组织是人们通过契约而成立的相对独立的共同体，它仅仅是个人权利的"裁判者"而不是"主权者"，因而作为共同体的组织就无法完全私有化，而往往以产权模糊的状态属于一个所有权体系。显然，在这种公有产权组织中，所有成员都是共同体内在的有机组成部分，都是组织大家庭中的一分子，也都是组织的所有者，不同岗位的成员之间只有分工的差别而没有地位的高低。因此，组织的运行和发展就不是为某一特定个体和群体的利益服务，而是为共同体所有成员的利益服务，这种模糊产权也是儒家社会中社会组织的基本特征。这样，基于财产的公有观以及相应的社会价值导向，儒家社会在组织中发展和壮大了价值理性，要求组织大家庭的成员相互帮助、相互照应，形成利益与共的有机体。而且，在这种有机体中，以及一定的规则形成了有序的责权安排，每个成员都必须承担一定的责任和义务，并由此获得相应的权利。因此，在组织社会化的前提下，这种普遍联系的动态演化分析衍生出了社会共同治理模式，它考虑了所有成员之间的利益互动，建立在普遍而对称的激励—约束关系之上。

总之，就目前西方国家企业的实际治理而言，与其说是委托—代理式的，不如说是互为监督的。在西方企业中存在广泛的相互监督，这就是代理人监督代理人，所有人都是代理人。所以，斯蒂格利茨劝告说，别按西方社会鼓吹的理论去做，而要按照他们实际所做的去做。事实上，基于协作系统的考虑，西方社会理论所宣扬的代理制实际上应该是托管制，因为"代理制期望管理者将当前股东的利益看得高于一切，托管制中的受托人却必须平衡当前股东之间的利益冲突，并要权衡当前股东与未来股东的利益"（J. 凯，2001）。而且，企业的受托人还必须考虑其他所有利益相关者的利益。特别是，从一个协作系统的本质上而言，公司的治理机制本质上应该是基于社会共同治理，它的正式治理规则也是一个相互监督体系。当然，基于正式规则的社会共同治理获得真正贯彻还有赖于一个良好社会规范，这也就是成员之间的信任问题。

三　单向治理和社会共同治理的绩效比较

上面我们分析了社会共同治理的基本机制，这种治理机制是历史演化的结果。当然，在现实世界中，单向治理和社会共同治理往往同时存在、相互演化，并且都是历史演化的产物。不过，两种模式也各有其适用性，这方面格雷夫（Greif，1989、1994）作了突破性的工作。

格雷夫比较了来自拉丁世界的热那亚商人和来自北非的马格里布商人解决同一代理问题的不同方式，他的分析首先是建立在重复性商人—代理商博弈模型之上。现考虑阶段博弈如下：商人按一定的工资水平雇用一个代理商开始，并在观察代理商的业绩之后决定是否继续雇用；并且，代理商有诚实和欺骗两种策略，而商人总希望开除不诚实的代理商。我们假设，雇佣关系的终止不仅由于代理人的欺骗，其他某些外生的原因也可能导致以 σ 的概率终止雇佣关系，而终止时代理商的效用为零；那么，商人应该选择什么样的工资政策使代理商在欺骗时就要被解雇的要挟下诚实行事。我们这里还假设，雇佣关系终止后，从未有过欺骗行为的失业的代理商被重新雇用的概率为 π_h，而有过欺骗行为的失业的代理商被重新雇用的概率为 π_c；而且，如果行骗一次对代理商不利的话，行骗的代理商在重新被雇用之后就不再行骗。

那么，当期被雇用而且受雇时一直恪守诚实策略的代理商的终生预期收入的现值为：

$V^\alpha = w + \delta[(1 - \sigma)V^\alpha + \sigma V_h^u]$，其中 δ 是贴现因子。

而正在失业的代理商的终生预期收入的现值为：

$V_i^u = \pi_i V^\alpha + \delta(1 - \pi_i)V_i^u$，其中 $i = h, c$，分别表示一直诚实和曾经行骗过的代理商的收入现值。

因此，行骗一次的终生预期收入是：$V^c = \alpha + \delta V_c^u$。

显然，如果 $V^c < V^\alpha$，代理商就不会选择行骗，此时有：

$$w \geq \alpha[1 - \delta(1 - \pi_h)(1 - \sigma)]\frac{[1 - \delta(1 - \pi_c)]}{[1 - \delta(1 - \pi_h)]}$$

可见，商人选择工资的最优策略与概率估计 π_i 有关，而且最优工资随 π_c 的增加而增加。

一般地，一方面我们假设，当 $\pi_c = \pi_h$ 时，那么设此时商人设定的最优工资为 $w = \alpha[1 - \delta(1 - \pi_h)(1 - \sigma)] = w_I$。而另一方面，假设当 $\pi_c = 0$ 时，商人设定的最优工资为 $w = \frac{1 - \delta}{[1 - \delta(1 - \pi_h)]}w_I = w_C$。显然有，$w_I > w_C$。

关于商人的雇用策略，我们可以区分为两种极端情形：（1）企业采取不雇用行为有污点的代理人，而给受雇用的代理人提供工资 W_C；（2）商人采取不加区分地雇用任何失业的代理人，并一律提供工资 W_I。显然，前一种策略只有在商人之间存在密切的信息网络，行骗者容易识别的情况下才是可行的；而后一种策略则可以不用与任何其他人配合，商人可以单方面决定。事实上，当商人中各成员互为代理人时，那么，如果某商人兼代理人在代理过程中有不诚实行为，这时其他的商人可以通过不惩罚骗过他的商人兼代理人而实施对他的集体惩罚。这样，该商人就必须支付给他的

代理人更高的工资 W_l 以控制代理人的欺骗行为，结果使得作为代理人的商人选择欺骗的成本太高了。相反，如果商人兼代理人的代理费却可以规定得比 W_c 低一些，但仍然足以控制不诚实行为。可见，在商人—代理人博弈中，当每个人同时扮演着商人和代理人的双重角色时，即使代理费很低，使得商人在做代理时禁不住想欺骗委托人，但是，他自身也会强有力的自律而不这样做；相反，如果这样做的话，那么，当他在雇用别的代理商时，就会招致惩罚（青木昌彦，2001：75）。

特别是，在一个协作系统中，以委托—代理理论为基础的单向治理机理往往存在某种"软约束"的问题，因为所有者和经营者之间可能存在合谋以剥削生产者。马尔科姆森（Malcomson，1984）就指出，在总经理报酬中，所反映的并不是生产率。例如，2000 年上半年，英国著名的巴克莱银行由于经验不善，被迫关闭了 172 家分行，但其总裁马修·巴雷特却仍将获得 3000 万英镑的奖金。《商业周刊》也指出，伊阿考卡（L. Iacocca）三年得到 4100 万美元的报酬与克莱斯勒的平凡业绩极不成比例（G. J. 米勒，2003：229）。

为此，迈克尔·詹森和凯文·墨菲（1998）建立了一个回归方程来检验了总经理的报酬—绩效关系：Δ（总经理薪水 + 奖金）$_t = a + b\Delta$（股东财富）$_t$。其中，b 是报酬—绩效敏感程度，股东财富变量的变动定义为 $r_t v_{t-1}$，r_t 是 t 年财务年度实现的经通货膨胀调整过的普通股收益率，v_{t-1} 是公司前一年的价值。统计数据表明，报酬—绩效敏感程度非常小，b 仅为 0.0000135，即股东的财富每增加 1000 美元，总经理的工资增加 1.35 美分。而包括薪水、奖金、受限制的股票的价值、储蓄和节俭计划以及其他收益在内的总报酬与绩效的敏感程度系数 b 也仅为 0.0000329。因此，他们认为总经理的报酬对企业的绩效并不敏感。

而且，一般来说，总经理因企业绩效而承担被董事会解雇的风险是很小的。例如，沃纳（Warner，1988）等人分析了 1963～1978 年 272 家企业，发现仅有 1 起明显的解雇和 10 起以业绩糟糕为理由之一的解雇。同样，韦斯巴特（Weisbach，1988）检验了 1974～1983 年 286 名管理人员的例子，发现仅有 9 起董事会把业绩作为变更总经理的理由。迈克尔·詹森和凯文·墨菲的样本资料也表明，样本中在 13 年间离开公司的总经理在离开前平均工龄为 10 年，大多数是在达到正常退休年龄后离开；范西尔估计离职的总经理（健在的）80% 留在董事会，其中 36% 以上以董事会主席身份出现。事实上，对经营管理人员的奖励，日本企业是由董事会决定后再交股东大会批准，而欧美企业则由董事会决定后不再需要股东大会批准；这两种不同的奖励决定体现了以单向治理为特征的美国企业和以社会共同治理为特征的日本企业之间有关企业成员责权界定的区别。显然，在欧美企业中，由于缺乏相互监督，因而对经理人员的责权往往是软约束的。事实上，只要作一简单比较就可以发现：管理者因经营不善和企业亏损而被迫退出的现象，日本就多于美国；而且，就高级经理拥有自己所在公司的股份而言，日本仅为美国的 1/4 ~ 1/2 （石磊，1995：57）。

当然，不同的产权安排与具体的社会背景也是密切相关的，这涉及了各个国家的习惯、对委托—代理关系的认知以及历史形成的监督体系等等。格雷夫将实行共同治理的称为集体主义策略，而将实行单边治理的称为个人主义策略。并且，格雷夫还将不同策略下结果的预期称为文化信念，认为文化信念构成了对经济参与人行为的制度性约束，因为社会的文化遗产连同参与人相互作用而形成的历史过程使得人们的预期趋向于诸多可能性的一种变成自然而然的"聚点"。可见，在不同的文化下，企业治理的方式也存在很大的不同。例如，荷兰蒂尔堡大学的莫兰德就将不同的公司体制区分为：市场导向型体制和网络导向型体制。市场导向型体制的特征是：非常发达的金融市场，股份所有权广泛分散的开放型公司的大量存在，活跃的公司控制权市场；网络导向型体制的特征则是：公司股权集中持有，集团成员起重要作用，全能性银行在融资和公司监控方面有实质性的参与。显然，这两种体制特征的不同导致的监督机制也有很大的差异：在市场导向型体制中，外部市场对公司起着重要的约束作用；而董事会的监督作用在网络型体制中比在市场导向型体制中要明显。

就这两种体制与文化的联系而言，实行前一种体制的典型国家是撒克逊国家，如美国、英国、加拿大，这些撒克逊国家的公司所有权结构比其他地方的公司分散；而后一种体制主要在日本、德国等欧洲大陆国家比较流行，如日本和德国是大的银行机构在融资和监督方面起主要作用，法国、意大利和西班牙等则是紧密的家族关系和国家所有权特征比较明显。按照统计数字来看，在美国，最大 400 家公司的 99% 都在股票交易所上市交易，而欧洲大陆国家的平均值只有 54% （郑红亮，1998）。据普劳斯（Prowse，1992）的统计，754 家日本大型非金融公司中，5 个最大股东 1984 年所拥有的股份的比例最小为 11%，最大为 85%，平均为 33%，而美国这一平均值为 25%。另外，弗兰克斯和迈耶（Franks & Mayer，1993）对 171 家德国大型非金融公司调查也显示，1990 年单个股东拥有 1/4 以上股份的企业数占 85%，拥有 1/2 以上股份的企业数占 57%，拥有 3/4 以上的企业数占 22%；而在英国，相应的企业比例数仅分别为：13%、6% 和 1%。当然，需要指出的是，协作系统的治理机制本身也在不断演化，现存的不同体制也相互吸收、渗透和趋同。例如，美国的金融机构作为重要股东的作用正在加强，而日本的主银行体制的中心作用正在消减。

事实上，格雷夫（2003）就认为，热那亚人的社会组织类似于今天发达的西方世界，而马格里布人的制度结构类似于当代发展中国家；而且，他认为，个人主义社会制度从长期来看可能是有益的，因为维系匿名交易的正式实施机制有利于经济的发展，而个人主义文化信仰孕育了这种制度的发展，从而使社会得以获取这些效率的增进。但显然，格雷夫的结论基本上对应于在西方社会最早出现资本主义和工业革命这一点，而不是对目前企业组织管理体制的比较分析，而现有的资料并不能证明这一点。譬如，根据威廉·大内（1984：12）等的研究，当日本企业把自己的管理风格移植到美国时，大多数日本企业都是成功的，"所有的美国雇员——从经理到工人和职员——都说，'这是我工作以来最好的地方。大家知道自己在这里是干什么的，都关心产品质量并使自己感到是这个大家庭的一个成员'"；相反，当"一些美国企业试图把它们独特的美国管理方式移植到日本去。无一例外，每一个这种尝试都遭到彻底失败"，即使像麦当劳快餐公司和国际商用机器公司等较为成功的公司实际上也已经日本化了，"是完全按照日本方式经营的"。

当然，基于原子主义的委托—代理治理模式确实在人类历史上扮演了极其重要的角色，因为它使人们摆脱了共同体的严重束缚，并且有助于建立起一般性的抽象规则。但是，毕竟规则不是完全脱离人类经验的，相反，规则的有效性却取决于它反映人们需要的程度。一般来说，基于个体主义的单向治理具有非常强的市场和社会条件：（1）委托—代理治理有效性的基本前提是存在一个原子个人主义的传统文化，而从历史看，中世纪时的拉丁文化就培育出了个人主义的种子；（2）委托—代理治理有效性也需要以相互制衡的社会机制为保障，其实，正是由于西方社会通过无数次的争斗在个人间逐渐形成一种均衡，再在力量均势的条件下将这种均衡用法律的形式规定下来，从而最终形成以后社会成员的行事规范。因此，这种基于个人主义的管理模式的一个基本前提就是，在社会生活的各个领域和各个层面存在高强度的竞争（D. 凯利，2001）。显然，这种高强度的竞争以及在斗争中形成相对合理的法律制度也需要经历漫长的时间，这正如西方社会的演化所显示的。

与委托—代理模式不同的是，社会共同治理建立在各方相互认同并具有较高集体责任的基础之上，因而这种治理不是个体主义的，甚至在外部市场并不健全的情况下也可以得到有效执行。特别是，这种治理机制体现了协作系统的本质要求，它没有地位截然不同的委托人—代理人之分，产权安排要求使得系统各成员具有相互的激励监督的力量。也就是说，社会共同治理反映了企业组织的本来面目和要求，它不是建立在相互斗争的基础之上，从而更容易为社会各方所认同。也正因如此，社会共同治理机制就像一个奇怪吸引子或隐或显地存在于所有的组织之中，它不仅普遍存在于早期的组织结构中，并且随着组织本质的凸显而逐渐成为主要的显性机制。显然，就发展中国家的一般状况而言，社会背景更近似于没有形成高度竞争的早期西方社会，社会上没有形成相对均衡的势力，从而也不可能形成良性的竞争关系。实际上，正如中国社会当前的状况所反映的，盲目地不加辨识地照搬西方社会的治理模式，只会产生掠夺性的治理关系，不受限制的产权也成为强势者进一步掠夺其他资产的工具。因此，在当前的中国，企业组织中恰当的社会治理方式就在于代理人的相互监督，并体现为社会共同治理结构；相应地，企业治理的关键是，要建立起一系列较为成熟的社会监督体系，而现代企业中要形成真正有效的监督约束体系，也必须建立一种企业的相关利益者相互监督的机制，这也是一些学者强调的相机治理的主体（杨瑞龙和周业安，1998b）。

总之，尽管主流经济学把经济学视为是纯技术性的、不关乎价值观的科学，它只关心方法手段而不关心目的，但显然，这种观点是将本来非常复杂的社会事实过于简化了。究其原因，技术仅仅是一种手段和工具，涉及价值判断的则反映了人类社会的目的问题，而工具的使用实际上是离不开目的的设定的。譬如，主流经济学正是基于股东价值观才在逻辑上提出了委托—代理的机理理论，也就是说，西方所崇尚的机制模式本身就以其基本信条为前提；而且，这个信条本身也构成了一个关于商业活动应该如何行事的规范性命题（博特赖特，2002：8）。特别是，正是技术性的工具仅仅是一种手段，因而基于不同的目的决定了采取工具的选择也往往有所不同。譬如，委托—代理的单向治理机制就与股东价值观的企业相适应，相反，社会共同治理模式体现了利益相关者社会观的要求。

四 中西文化比较与两种治理模式的适用性

上面的分析指出，这两种不同治理模式是与不同的社会文化相联系的，而社会文化上的差别典型地表现在东、西方社会中，所以这里继续剖析中西方文化的差异以及相应的治理模式问题。

首先，就西方社会而言。

西方社会主要关注个人的内在状态，从而形成以个体为中心的价值取向。在这种社会关系中，财产往往被界定到个体所有，并发展了市场自由交换的社会秩序。正是基于这种财产的个体自由观以及自由交换的平等思想，西方社会认为，社会组织也是个人权利转让或交换的结果，这种权利的转让使得组织本身成为"主权者"，并为特定的个体所有，这也是西方主张一切产权都需要私有化和明晰化的原因。显然，在产权私有的组织中，组织的其他成员仅仅处于要素投入者的地位，是外在于组织的。因此，组织的所有者就有权力和动力来行使对组织内的其他成员的指挥和控制，这是西方社会早期社会组织的基本特征。而且，由于财产的私有观以及相应的个体价值导向，具有扩张冲动和控制欲望的个体就发展和壮大了工具理性：一方面更好地使用自然物，另一方面也为了更好地控制组织的其他成员。与此同时，基于个人主义的分析思路，西方社会常常撇开千丝万缕的社会联系而仅仅考虑发生直接互动的双方关系，从而更注重于局部或短视的组织效率，这也是西方学术界更愿意采取局部均衡的分析思路的原因。因此，在私有化的组织中，这种局部均衡的理论分析就衍生出了基于契约的委托—代理的治理模式，它仅仅涉及签约双方之间的关系，并体现为作为委托人的组织所有者对作为代理人的其他成员之间发生的单向激励—约束关系。

实际上，委托—代理的基本思想一直是西方社会的主流思想，这种组织属性和治理机制本质也与基督教教义具有非常强的相通性。譬如，整部《圣经》都充斥了上帝对人的"约"，在上帝面前，人只能遵守上帝制定的盟约，这体现了不同的地位关系；正因如此，这种"约"也就成了"诫"。究其原因，在上帝看来，所有的宇宙万物都是上帝创造的，属于上帝所有；因此，上帝与人们立约，也就是要人们遵守它的规定，否则就要受到惩罚，这体现社会生活中主与属的关系，神永远是主动的。事实上，为了体现诚约发布者的利益，上帝通过摩西颁布的十诫中的前 4 条都是维护自身利益的：除上帝外不可崇拜他神、不可敬拜偶像、不可妄称上帝之名、当守安息日，而一旦背离这个诫条，那么就成了异教徒，也就不受神的庇护，因而上帝的子民就可以惩罚他。相应地，在企业组织中则体现了委托—代理的治理模式，一些要素所有者将企业组织视为自己独占的私产，与其他要素所有者立约，要求他们遵守其制定的规定。

而且，西方社会往往强调社会组织的主权性质，这种主权概念不仅体现在经济组织上，更首先体现在政治组织上。事实上，在西方政治史学者看来，西方社会的政治就存在一个以主权转换为路径的演化历程：由神权转进到王权，又从王权转进到民权。正因如此，在西方早期社会的君主主权时期，社会中权力分配是极不平衡的，这是委托—代理的治理模式得以实行的社会背景。但是，即使"那些'强大'的个人也无法创造出一个自己原则上不受社会秩序核心规范约束的世界"，事实上，"如霍布斯已经发现的那样，即使是'最强者'在特定情况下也会受到伤害"（M·鲍曼，2003：139）。所以，波普尔（2000：352）指出，"没有什么政治权力不受限制，而且只要人类依然是人类，就不可能存在绝对的和不受限制的政治权力。只要一个人的手里不能够积累足够多的统治所有其他人的物质力量，那么它就必须依赖于他的助手。……这意味着存在其他的政治力量，即除了他本人之外的其他权力，他只有利用或安抚他们，才能够实行自己的统治"。因此，随着其他阶层权力的壮大，基于权力制衡的结果，组织的主权者也难以像以前那样支配组织中其他成员的活动，从而使组织逐渐出现了"规治"化趋势；相应地，规治化发展的结果则是组织内部各成员对抽象规则的普遍遵守，这也与西方社会的普遍主义以及其孕育的普遍性伦理道德相适应。对抽象规则的遵守则是建立在契约的基础之上，也就是说，西方社会组织主要通过契约来实行治理；同时，这种契约治理的基础又是权力制衡，郑也夫（2001：59）说，经济学的"均衡从来不是源于自我约束，而是靠着其它力量对某一势力的无限扩张的抵抗"。

此外，权力制衡上升为法律制度的一个基本机制就是民主投票。因此，在西方社会的治理中最终由专制让位给民主制。并且，基于权力较量的结果，西方重视多数，民主政治都是依多数人的意见为是非标准，这也就进入了人民主权的阶段。正是在这种实践和思想背景下，西方社会孕育出了三权分立的政治制度，这种制度在一定程度上也体现了社会共同治理的特征。但是，必须指出的是，这种三权分立不是基于对事物本质关系和自组织性质的认识，而是基于长期的斗争而形成的均衡结果，并最终以法律的形式规定下来而形成后世的制度规范。究其原因，西方社会只崇拜唯一的神，认为只有神是全能而仁慈的，而人类社会的所有人性都是恶的，每个人都带有原罪；即使存在一些贤明善良的君主，他们同样也会犯错误，因而必须对他们的行为进行制约；这样，在力量势均力敌以及理性的支配下，西方社会最终通过社会契约创造出了三权分立体系。而且，需要指出的是，尽管民主制使得社会权力得以分散，但是，民主制本身也是有缺陷的：（1）它会产生多数人的暴政，并陷于保守，因为先知先识的人毕竟占据少数；（2）它还往往会由于"民主悖论"而导致集体行动的决策权被篡夺（朱富强，2005a：第1章第3节）。

其次，就儒家社会而言。

儒家社会关注的是处于社会关系中的社会我，从而形成以社会为中心的价值取向。在这种社会关系中，财产往往无法界定到个体，而是与所有发生关系的人都有牵连。正是基于财产共同所有的基本信条，儒家认为，组织是人们通过契约而成立的相对独立的共同体，它仅仅是个人权利的"裁判者"而不是"主权者"，因而作为共同体的组织就无法完全私有化，而往往以产权模糊的状态属于一个所有权体系。显然，在这种公有产权组织中，所有成员都是共同体内在的有机组成部分，都是组织大家庭中的一分子，也都是组织的所有者，不同岗位的成员之间只有分工的差别而没有地位的高低。因此，组织的运行和发展就不是为某一特定个体和群体的利益服务，而是为共同体所有成员的利益服务，这种模糊产权也是儒家社会中社会组织的基本特征。这样，基于财产的公有观以及相应的社会价值导向，儒家社会的组织中发展和壮大了价值理性，要求组织大家庭的成员相互帮助、相互照应，形成利益与共的有机体；而且，在这种有机体中，以及一定的秩序形成了有序的责权安排，每个成员都必须承担一定的责任和义务，并由此获得相应的权利。与此同时，基于集体主义的分析思路，儒家社会更倾向于考虑相互联系的所有成员的整体利益，并且，基于组织的扩展性，儒家社会还进一步考虑历时性的利益联系，因而更愿意采取普遍联系的动态演化的分析思路。因此，在组织社会化的前提下，这种普遍联系的动态演化分析衍生出了社会共同治理模式，它考虑了所有成员之间的利益互动，建立在普遍而对称的激励—约束关系之上。

显然，这种组织属性和治理机制也与儒家关于社会组织的基本思想相一致。在儒家社会中，社会是一个由权利和义务关系构成的一个大协作系统，因而社会中每个人都受到一定权利和义务的制约：君仁臣忠，父慈子孝，夫义妻听，兄良弟悌，朋谊友信；否则，君不君则臣不臣，父不父则子不子，夫不夫则妻不妻，兄不兄则弟不弟，朋不朋则友不友。因此，儒家学说强调，在共同体内部所有人的权利和义务都是对应的，就本质而言，共同体内部成员都是平等的，因而他们的关系没有主从之分；即使儒家强调的三纲五常，也是规定了所有方的义务，是对所有人的约束，所有人都需要遵守这种对等关系。特别是，在某种程度上讲，儒家社会更为强调从个体的社会责任中衍生的"互为义务"的名分观，所谓的"五伦十义"都是有关这一问题的。事实上，孔子说，"君使臣以礼，臣事君以忠"（《论语·八佾》），孟子说"父子有亲，君臣有义，夫妇有别，长幼有序，朋友有信"（《孟子·滕文公上》），都是强调义务的对等性。显然，儒家强调的义务的对等关系是可凭经验而获得体认的，而不像西方社会的上帝本身处于缥缈之中，在要求人尽其义务的同时却没有哪个能够搞清是否神也尽到了庇护子民的义务，以致在西方社会义务成为世人单方面对上帝的服从和贡献。

当然，除了家庭及其衍生组织外，裁判性质的组织概念也会进一步扩展到社会其他类型的组织上。因此，在儒家看来，社会组织的发展需要尽量照顾到全体成员的利益，这表现在权利和义务的分配上也显得更为合理：上级管理者更强调利用成员之间的缘关系来协调各成员的活动，他需要以"德（或贤）服人"而不是以"权（或势）压人"；同样，下级从属者则需要尊重管理者的权威和恩情，要知恩图报，从而克勤克俭地努力工作。其中的关键是形成一种高度信任的共同体，在这个共同体中存在浓郁的相互认同的文化伦理，这是儒家社会中企业组织的基本特质。正如孟子所说，"居下位而不获于上，民不可得而治也。获于上有道，不信于友，弗获于上矣；信于友有道，事亲弗悦，弗信于友矣；悦亲有道，反身不减，弗悦于亲矣"（《孟子·离娄上》）。事实上，由于每个人往往有其特定的首属共同体，在此共同体内他和其他成员的关系更密切。基于这一点，儒家社会的伦理道德也是特殊的，并在此基础上形成了对道德共同体的遵守，这是儒家社会中组织治理的基本特点。而且，由于儒家社会更强调，每个人基于"仁"之天性而会关爱社会，又用"义"来防止"仁"的扩展可能出现的偏差。因此，中国社会一般也主张给人以充分的自由，让他充分发挥其善性，从而更能更好地展示人的天然能力。当然，由于中国社会强调人之善性，重视人文教化，从而缺乏强制遵守的抽象规则以及相互制衡的力量；正因如此，儒家社会的组织往往存在明显的软约束现象，内部的治理也呈现出"人治"的特征。特别是，由于每个成员在某个特定共同体中所处的自然地位是不同的，不同成员之间的关系的紧密程度也存在一定的差异；因此，"人治"与儒家所追求的幸福观相结合，就形成了组织内部的裙带关系以及贪污腐败。

而且，中国社会历来强调组织是一个共同体，是一个协作系统，从而强调组织者仅仅是代理人，是一个裁判者，这种裁判概念不仅体现在经济组织上，更首先体现在政治组织上。钱穆（2001a：53、80）就写道："秦汉以下，全国大一统之中央政府，非神权，亦非民权，但亦不得目之为君权"，因而中国社会的政治理论历来"不以主权为重点，因此根本上没有主权在上帝抑或在君主那样的争辩"。事实上，钱穆就把中国社会自春秋战国以下称为"四民社会"，而战国以下又递有演进，可以分别称为"游士社会"（战国）、"郎吏社会"（汉代）、"门第社会"（魏晋南北朝隋唐）、"白衣社会"（宋代至清末）。钱穆认为，"中国自秦以下，传统政治，论位则君高，论职则百官分治，论权则各有所掌握，各自斟酌。如汉之选举，唐代以下之考试，皆有职司，其权不操于君。朝廷用人，则一依选举考试之所得。故中国自秦以下之传统政治，仅可称之曰：'士人政府'，或可称为'官僚政府'，官僚即由士人为之，而绝非贵族军人或商人政府"（钱穆，2001a：53）。而且，"中国皇帝向来没有讲过'朕即国家'这句话，即使明清两代的皇帝也都不敢讲"（钱穆，2001c：145）。相反，中国社会强调人道、人心是社会的根本，道在下则社会由"士"推进，而道在上则圣君贤相领导社会。一般来说，除了韩非力主以上御下、以君制民外，中国社会仍承袭孔孟之道，主张道在下而不在上。因此，上位者必须倾听人民的呼声，所谓"天视自我民视，天听自我民听"（《尚书·泰誓中》），其中特别要听从"士"的言传身教。为此，中国历代帝王不但需要"士"作为老师，同时，孔子也被称为至圣先师，其社会地位远高于历代君主，而且中国常常讲君道、君德而非君权、君力。

当然，在儒家眼里，心属性，人人所同，而德属人，可以人人有异。

譬如，饮食男女是人之性，但如专在此上用心，就是专养小体的小人，而那些不专顾一己之私而兼顾群体之公的人就是有德行的君子。因此，儒家强调，尽管每个人都会存在一定的私心，但是，对私心的克制程度不同就造成了每个人在德行上的差异。就社会的治理而言，它就需要靠那些具有高度社会责任的圣贤进行指引，这也是中国社会主张贤人政治的缘由。也正因如此，尽管传统儒家教义对上位者的权力起到积极的制约作用，但是，上位者也对儒家以充分的礼遇，儒家学说得到无论是处上位者还是下位者的全社会成员的认同。事实上，正是由于中国的社会治理是建立在贤人政治和士之"仁义"相结合的基础之上，中国社会得以保持几千年的稳定和繁荣。显然，基于组织的裁判性质而衍生出的社会共同治理机制不仅在中国民间社会的经济、社会组织中广泛流行，这还可以从中国古代社会的家族组织、行会组织乃至票号和钱庄的治理关系中看到这一点。而且，在一般的政治组织中也存在着这种相互监督的社会共同治理机制。譬如，在汉代，御史大夫仅仅是宰相的副手，而他又有两个副官：（1）御史丞，专门监察宰相领导的政府工作；（2）御史中丞，专门监察皇室的行为。事实上，尽管御史丞或御史中丞比皇帝或宰相的地位要低几级，却有权监督他们。同样，在汉代，六百石俸的州刺史可以监督二千石俸的郡太守。上述制度演变到唐代则有台谏分职，御史台专负纠察百官之责，而谏官责专对天子谏诤过失而设。可见，中国历来存在着位轻职小者监督位重职大者。所以，钱穆（2001a：94）指出，"中国传统政治职权分配特别的细密，各部门各单位都寓有一种独立性与衡平性，一面互相牵制，一面互相补救"。

最后，需要指出的是，由于中国一直采用不成文的习惯法，随着中国社会的演进，政治制度中对最高位者皇帝的制约却越来越松弛。自宋开始谏官台官不再由宰相推荐，也不再从属于宰相，从而谏官的职能从监督皇帝变成了与政府对立，明代以后索性把谏官废了，而只留下审核皇帝诏旨的给事中，到了清代，甚至连给事中的职权也废止了。结果，到了明清以后中国逐渐走上了真正的君主专制之路，以致直到现代也无法在政体上形成类似三权分立的社会共同治理机制。究其原因，主要在于这样三个方面：（1）在中国，没有特定的神。儒家认为，每个人通过修养都可以成圣为神；其中，君主往往被视为圣贤的代表，本身修养最高，也最为仁慈和贤明，他的行动的整个倾向是为公众谋福利。因此，中国社会除了重视人文教化天下外还特别重视统治者个人道德品行与人格风范在治理天下时的作用，认为居上位者应该注重自己的道德修养和个人的人格风范以熏陶天下，而不是以赤裸裸的法律力量强行管制天下。（2）在中国，没有世袭的贵族阶级，而只有皇帝和皇室是终身和世袭的，这就显得皇帝和皇室高高在上、尊贵无比。而且，源于"士"的一切官员在其岗位往往不过一二十年，因而也无法逐渐形成制衡皇帝的力量，相反，一些权臣和奸相为了获取自己的利益，往往极尽逢迎皇帝之能事，结果使得原先还算好的制度却逐渐被败坏了。（3）在中国，皇室变动一般有两种：一是禅让，二是起义。但是，无论通过哪种方式实现王朝更替，那些成功的反抗者往往是首先借助自己或者其先辈在长期的武力抗争中逐渐树立起强有力的威权，并且，凭借这种威权，他们又往往把自己装扮成是因应天命的新圣王以树立卡里斯马式的权威。这样，结合威权和权威的帝王当然也就不会努力从制度上寻找限制王权滥用的根源。也就是说，中国的改朝换代往往都是在人事上进行调整，而没有制度上的变革。

总之，与西方重主权的传统相反，中国传统不在意主权的归属，而注重政府的责任何在，职权如何分配以及选拔何人来担当此重任。而且，任何人只要符合法制上的规定条件与标准，都可进入政府。因此，罗思文（2001）认为，古典儒家的传统要比西方基于民主的自由主义传统更为高明。当然，如果民主不是专指基于权力制衡的规则的话，而是强调社会成员之间的权利和义务关系，并就它构成社会共同治理的基础而言；那么，儒家社会同样可以发展出民主制度，并且可以有效防止西方社会中所呈现出的民主悖论。可见，组织的治理机制是与特定的文化联系在一起的，我们在思考中国企业组织的治理机制的同时也必须考察它与中国文化的相容性，这就是企业组织内在治理机制与文化之间的根植性（embeddedness）问题。根植性是指不同层次的制度或机制共生共融地结合在一起，因为社会中的任何经济行为都不是孤立的，而是受千丝万缕的社会关系的影响。也就是说，经济行为深深地嵌入在社会关系网络之中。例如，格兰诺威特就指出，即使在完全相同的经济和技术条件下，如果社会结构不同，那么同一制度所产生的成效也会存在极大的差异。显然，社会关系网络以及根植性的引入弥补了主流经济学单一的成本—收益的分析思路，而把经济行为置于特定的社会背景之中，从更多方面来考察经济主体的行为及其带来的结果。

五　基于社会共同治理观的企业产权安排

上面说过，产权安排的目的在于提供一种激励—约束机制，以确保组织更加有效率。其中，在非协作的机械组织中，产权安排的基本要求是委托人能够有效地激励和监督代理人；协作系统论则注重社会共同治理，要求产权结构的安排必须与社会共同治理模式相适应，要求产权归属不能集中化和绝对化。这意味着，当前中国企业要真正形成有效的委托人和代理人交互监督和激励的机制，就必须使企业利益相关者成为真正的所有者，实行企业产权多元化。事实上，从中国企业改革的实践来看，国有企业在现代企业改制中广泛开展国有资产资本化和公司化，这也就是一种以代理人控制代理人的表现形式，其目的是让代理人受到不同压力集团的制约。

然而，就中国企业迄今的改革发展而言，由于受西方主流理论的影响，产权的单一化倾向比较明显，并已经呈现出了不少问题。例如，在1997年，有关部门整理了十大典型案例发现，这十家企业的共同性问题都是产权单一。周冰和郑志（2001）对河南注油器厂产权制度改革案例的研究也表明，企业改革最重要的并不是实行公司制的形式，而是通过财产组织形式的变化使产权主体多元化。甚至有人说，只要产权结构一元化，不管什么性质的企业，迟早都会出问题；只有所有权主体多元化，才能导致出资者与企业实体之间的分离。现在的问题是，采取怎样的产权安排才能符合代理人监督代理人的共同治理模式呢？基本的做法就是，赋予各方以股权，使人力资本和物质资本同质化，从而更加便于责权界定。就上述所提到的两类基本的治理模式而言，中国的文化显然更适合于网络导向型体制。因此，根据这种思路，本书提出，当前中国企业可以尝试以下几方面的产权结构调整。

（一）以银行为主的社会机构持股

如果将董事会成员、管理人员和职员视为企业所有者的内层，那么利益相关的银行等社会机构就是企业外层所有者。它们相对独立于企业的日常运作，从而便于对企业进行全面监督。斯密德（1999：161）认为，在监督困难的情况下，拥有外部股东的公司将比工人自治、协作制企业或者非营利性公司有更高的生产率，因为在后一类企业里，没有一个人会因管制别人而得到奖赏，偷懒将到处蔓生。事实上，霍姆斯特姆在对团队生产进行研究时，曾得出一个有名的论断：如果预算是均衡的，即团队的产出为团队的所有成员所分享，那么必然会出现"搭便车"的行为。而与企业关系密切的银行等社会机构可以通过贷款、信托、咨询等方式以第三者身份对企业团队生产产生约束和激励作用。例如，日本的主银行制长期以来就对企业的发展起到至关重要的作用。日本的银行虽然只可以集中持有一家公司股票的5%或以上，但它的影响远远超出了这5%股票投票权所包含的范围。

社会机构持股能够对"内部人控制"行为起到强有力的监督。尽管董事会是公司治理的一个十分重要的机制，经理们必须对董事会负责；但在实际生活中，董事们并不具备相应的监督手段，因而常常被批评为"橡皮图章"。特别是，在众多的公司中，总经理也常常兼任董事会主席，董事会成员也一般由经理人员担任。这样，他们事实上是在向总经理汇报，从而不可能是强有力的监督者。在西方发达国家如此，如在标准普尔500家公司中，只有20%的总经理和董事会主席是分离的（布莱尔，1999：62）。在中国目前更是普遍。实际上，尽管目前流行的聘请外部董事，但那些外部董事的当选也常常是总经理所"钦定"的。同时，不相关的"独立的"外部董事常常供职于多个董事会，从而没有足够的时间来完全了解他所供职的公司的情况；更不要说，由于利益的无涉性，外部董事往往缺乏足够的积极性。结果，企业中普遍存在着对管理人员的"监督缺位"现象。银行等社会机构持股可以适当缓解目前的监督危机。

另外，银行、保险公司等社会机构持股也有助于对社会其他大宗持股人的行为形成监督，减少恶意操纵股市和收购现象。在纯粹的市场交易中，股票交易是频繁而多变的，由于对不恰当的"追求利润最大化"的鼓吹，常常引起众多的恶意收购，造成股市的翻腾。这样，一般的投资者就更愿意在每一笔交易中进行投资，而不愿进行长期维护一种利益关系进行投资。事实上，在以银行为主的机构持股的情况下，对企业发展往往有这样的好处。（1）持有股票更加固定和长期，从而在银行和企业之间建立了一种长期的密切关系，在企业遭遇危机的时候，银行就可能"雪中送炭"以帮它渡过难关。譬如，我们知道，日本的主银行就往往在企业陷入困境时经常组织融资团体对企业进行援助以及对企业行为进行控制。（2）鉴于对银行进行援助的预期，也可以间接吓阻那些操纵股市和敌意收购的行为。（3）这些持股机构由于本身的利益关系，也会对那些恶意行为进行直接的监督和抵制，例如，银行会拒绝那些因敌意收购而需要的贷款者。

尽管主银行制是日本公司的一大特色，但这并不局限于日本而是具有普遍性的。例如，1976 年美国参议院对占美国股市总值 2/5 的 122 家主要公司调查时就发现，纽约摩根信托投资公司是其中 56 家公司的五大董事之一；而其他十大主要银行的投资部也在各公司五大股东的统计中出现了127 次（青木昌彦，2005：53）。同时，尽管在以日本为主的主银行制度主要是针对民营企业的，但中国目前的国有企业改革也可以借鉴类似的持股制度。例如，在国有企业改制中，对于因贷款投资而负债过高的企业，就可以将部分企业股权以"贷改投"方式转归银行持有。事实上，"二战"后日本之所以形成金融系企业集团，正是由于当时资本市场不发达而企业不得不将外部资金的筹集依赖于银行借入的形式。[①]

（二）企业间的交叉持股

企业间相互持股形成"关联投资"，可以迫使投资者更加负责地对公司的经营管理进行以手投票，并将投资"长期"地交由公司经营，从而真正实现所有权的功能。事实上，在日本，"泛家族关系"将众多的企业都纳入了这种关系网络之中，从而形成了相互持股、互为董事的法人结构。一般地，这种持股企业法人主要有两类，一类是包括银行、保险公司等金融机构法人，另一类是以大企业为核心的所谓事业法人。而且，法人相互持股也有两种类型，一种是锥型相互持股，这形成了独立大企业；另一种是环型相互持股，这构成了企业集团。表 1 显示，日本企业集团（企业法人）之间的相互持股比例很高，六大集团内企业相互平均持股在 21.64% ~ 25.48%。

---

① 资本示意理论认为，在信息不对称的情况下，发行股票实际上显示了企业运行不佳的信号，因此，股票市场并不是筹资的最佳途径，或者是在完善市场下才可以发挥效用。戴蒙德（Diamond）1991 年在《监督与信誉：银行贷款与直接举债之间的选择》一文中就指出，当投资者对企业及其经营具有不完全信息时，银行监督制度可能比股票市场更有效。如果一个企业没有声誉或声誉不好，那么银行监督将会给投资者和债券持有人发出该企业将会经营好的信号。

表1 日本六大企业集团相互持股比率

单位：%

年度\企业集团	三井	三菱	住友	芙蓉	三和	一劝	六大企业集团平均
1977	22.22	30.35	34.00	19.11	20.98	16.47	23.86
1981	23.13	36.93	36.57	18.80	19.95	17.50	25.48
1985	21.61	39.94	29.68	17.36	18.03	16.78	23.40
1987	21.35	36.04	29.40	17.11	17.05	14.92	22.65
1989	19.46	35.45	27.46	16.39	16.46	14.60	21.64
1991	19.28	38.12	28.02	17.06	16.77	14.59	22.31
1992	19.29	38.21	27.95	16.88	16.88	14.24	22.21

资料来源：日本公正交易委员会编《最新日本六大企业集团的实态》，东洋经济新报社，1994，第122页；转引自王健《日本企业集团的形成与发展》，中国社会科学出版社，2001，第123页。

一般认为，相互持股具有这样几个好处：（1）通过对敌对性冲动的控制而削减交易成本；（2）营业方面的风险分担；（3）信息的共享；（4）资本筹集，等等（植村利男，2000）。对当前中国的企业而言，其好处更主要来自增强企业的监督功能方面。

首先，相互持股有助于对经理人员的行为形成更强大的监督力量。理论和实践表明，在大多数是小股东的情况下，"搭便车"便成了常态；但大的企业持股者却具有对公司监督的能力和愿望，因为持有巨额股份的大型机构投资者将更可能愿意承担公司监督的既定成本。一般公认，30家或40家大的机构投资者协调行动和它们之间的协作所增加的能量要远远大于成千上万个单个股东。这是企业交叉持股对经理人员的行为形成的直接约束。同时，企业交叉持股也能对经理人员形成间接约束，防止企业经理人员的道德风险，这也正是中国当前民营企业特别困惑的职业经理人的信用问题。在交叉持股后，经理人因道德问题而离职时就难以找到新的职位，而那些接纳带着其他企业商业秘密而来的经理人的企业也会受到其他相关企业的联合抵制。

其次，交叉持股也会有助于对董事会成员和职工的监督。对董事会的监督，是为了防止董事会的决策损害其他股东的利益。分散的股东是难以对董事会实施有效监督的，而交叉持股的相关企业有能力和愿望对董事会成员行为进行监督。至于对职工的监督，是因为相关的交叉持股企业对相近行业的职工的工作态度、方式和效率有比较的认识，从而便于在整个行业甚至在全社会形成较为认同和一致的行为规范。

再次，企业交叉持股也有助于对其他大股东的行为形成监督。一般来说，法人持股如果比较稳定，对企业的长期发展就比较有利，但一旦被用于股市操纵也会引起经济更大程度的动荡。因此，一般要求法人股票的流动性具有一定的限制性，而不应该轻易拆股。在一个比较良好的交叉持股的形势下，一般能够较好地实现这一点，就在于交叉持股在企业间形成了相互约束机制，哪个损害其他企业的利益的话就可能在其他方面如供货等遭到其他所有企业的抵制。例如，在日本，企业之间相互持股而形成了稳定的股东，并购发生的概率非常小，敌意收购事件更是罕见。即使存在敌意收购的苗头，大多也会在股东的协作和员工的反对之下以失败告终（胥鹏，2000）。

最后，企业交叉持股也可以对企业的外层所有者如供应商和客户等形成强力监督。一方面，在企业相互持股的情况下，企业间的长期建议就可能内部化，这样，原材料、零部件、半成品等的供应就比较稳定；同时，也便于价格、质量、服务等交易条件展开谈判和协作。另一方面，通过交叉持股，形成一个利益共同体，关联企业就可能在技术、资金、产生等各方面展开协作，对市场信息实行共享，对那些存在机会主义的供应商和客户进行集体惩罚。

现在的大企业之间、大企业与中小企业之间以及小企业之间的协作往往非常密切，如存在的大量的直接承包和间接承包的形式。譬如，波音公司 B－747 巨型客机的研制和生产就是在 1100 家大企业和 1500 家中小企业之间分工协作的基础上完成的。这种相互协作关系使得生产和管理超出了企业自身范围，社会化程度大大加深。因此，企业间的交叉持股有助于企业间更密切的联系。至于企业间交叉持股的途径，一方面可以在具有这些承包关系的密切企业间展开，如日本企业集团往往就是通过复杂的连锁关系形成的交叉持股；另一方面，独立系列的企业间也可以通过相互持股形式使得企业发展更为稳定。

（三）基金组织持股

基金组织持股实际上是上面所言的社会机构的一种形式，这里主要是强调指各种社会基金和共同基金组织通过投资持有企业股份。这在国外也相当流行，许多国家如美国基金持股在公司股权结构中占有相当的比重。例如，在 1980 年末，由机构投资者所持有的股权，其价值约占整个股票市场总值的 1/3，而在机构投资者中，最大也是成长最快的是养老基金，约占股票总市值的 11.2%，其次是个人信托基金，约占 8.4%。特别是，近年来，以各种退休、保险基金和投资基金为主的机构投资者已经成为美国企业最重要的股东。例如，到 1996 年，美国最大的 25 家机构投资者拥有全美股票市场份额的 16.7%，当前美国大企业的大股东 72% 是机构投资者，它们持有 50% 以上的股份。正因如此，德鲁克甚至认为，只有美国的雇员阶层才是生产成果的真正所有者，通过养老基金，它们才是唯一真正拥有、控制和指挥全国资本的资本家（青木昌彦，2005：52）。

　　一般认为，基金持股的主要优点是，基金运作的透明度比较高，受到多种法规的约束和多层机构的监管；而且大型基金往往比较注重长期的投资和发展，能够促进投资周期长和资本要求大的重大项目建设。当然，由于基金越追求自己的盈利，就越有动力对企业的违规行为进行监督和披露。一些学者将具有不同财产权的企业所有权区分为积极的所有权和消极的所有权，其主要依据是行为主体在企业经济活动中实际发挥的作用而不是财产权利的法律归属。一般而言，大股东能够对企业进行积极的监督，因而是积极的所有者；而小股东则往往是消极的所有者。通过基金的角色，那些小股东就能够合并起来形成较大的作用，从而完成从消极所有者向积极所有者的转变。因此，在国有企业改制过程中，可以通过这样一些方式向基金持股方向发展：以合理价格及福利标准出售国有住房，将相当部分公有房产转变为股权形式的社会保障基金；通过集资和捐赠的方式形成一定规模的基金；通过拍卖一定的企业股权获得一定规模的基金，将长期政策性盈利的企业的部分股权划归为社会基金（郭克莎，1995）。

　　上述三种类型都是具有一定规模的法人持股结构，这种结构也越来越成为社会典型结构。孙永祥和黄祖辉（1999）研究了股东所有权结构对公司治理机制中经营激励、收购兼并、代理权争夺和监督机制的影响，发现具有一定集中度，有相对控股股东，并且有其他大股东存在的股权结构的公司，最有效率。许小年（1997）对中国上市公司的股本结构和公司效益的统计分析认为：国有股比重越高的公司，效益越差；法人股比重越高的公司，效益越好；个人股比重和企业效益基本无关。究其原因，小股东由于投票收益小而监控成本大，就可能由于"理性的无知"而不参加投票。

据《中国证券报》的一项调查结果显示，中国个人股东中82%都不曾参加过股东大会（陈晓和江东，2000）。夏冬林（2000）对1997年和1998年中国上市公司股东大会的状况的调查表明：在被调查的475家公司中，出席股东大会的股东所代表的股份高于非流通股比例的公司不到30%。这意味着，对小股东而言，股东大会形同虚设。因此，小股东更在意追求短期的利益，从而引发股市的（不正常）波动。

相反，对法人股而言，上市公司的分派红利是其获得投资收益的主要途径，因而更倾向于长期投资而不是投机。吴家骏（1992）认为，法人股东相互持股，如果抬高分红则是彼此支付、相互抵消，而得利者则是个人股东；因此，法人股具有压低分红的倾向。这意味着，法人股的大量存在使得追求短期收益的"利润型证券"向追求长期发展稳定的"控制型证券"转化。可见，以交叉持股为代表的多元化的法人持股是一个具备有效监督功能的产权安排体系。实际上，中国20世纪初民营企业的发展已经为我们提供了历史佐证，当时企业间交叉持股、相互扶持，在残酷的环境下得以生存和发展。德姆塞茨（1999a：280）等的研究也表明，所有权集中与企业特定风险之间存在正相关关系，企业竞争的外部环境越不稳定，就越需要进行监督，也就越需要控股股东。中国目前的国情正是如此。当然，在不同文化中，持股法人的性质是不同的。例如，日本的持股法人主要是金融机构和企业组织，典型的大企业往往有10个或20个重要的机构股东，这些股东之间都是交叉持股的；相反，美国的持股法人往往是投资基金等。

（四）职工及内部人持股

职工持股也是职工作为企业所有者的反映，它是企业从"内部人控制"转向"内部人监督"的重要机制。调查资料显示，对国有企业的经营者能否继任，本企业的职工的影响只有6.2%，而行政干预的影响占67.4%（杨瑞龙和周业安，1998）。而且，研究表明，国有企业职工对企业收入分配的影响力很小（杜海燕，1994）。其实，上面已经指出，职工不可避免地要承担与特定投资，特别是与"人力资本"投资相关的风险；尤其在高度专用化人力资本方面的投资对于公司财富创造方式极为重要的情况下，职工也是股东，他们也应成为剩余索取者。只有具有股份，职工才更可能像真正的所有者那样拥有强烈的动机来监督公司资源的有效使用。例如，英特尔公司的创业者罗伯特·诺伊斯等人坚信，所有的英特尔工程师和办公室工作人员都必须拥有公司股票，才可以使员工与公司利益相统一，并激励员工参与公司决策。同样，惠普公司也让所有职员享有同等利润分成和股票期权。这两个公司被视为管理有方的典范，并被大量的其他公司所模仿。实际上，到 20 世纪六七十年代，许多硅谷的公司都向其雇员——从普通工作人员到高层管理人员——提供了股票。

一般而言，职工持股的具体操作可以从两个方面着手。（1）以自己的人力资本入股，除了有一定的固定工资外，还享有一定的利润分成。实际上，利润分享制与股票期权实际上具有同等的意义。实行利润分享，将公司的部分净利润分配给持股的员工，有利于促进员工提高工作效率，降低经营成本，为公司和自己创造更多的财富。至于企业对高级技术和管理人员实行被称为"金手铐"的期权期股，有利于公司留住人才，促使雇员长期为公司服务。这种方式实际上也是与激励机制相一致的，它有助于企业内部人的自我监督。（2）职工以自己的收入或积蓄购买企业一定的股份。在这种机制下，就便于企业内部人之间的相互监督，特别是便于对董事会成员和管理人员的行为监督。在西方，大公司的股权极为分散，一般股东没有充分的信息来对经理人员的行为进程监督，于是只好委托董事会来代理监督。但是，董事会本身作为代理人就可能产生机会主义倾向，并可能与经理人员相勾结，损害大多数股东的利益。因此，绝大多数股东只能采取消极的用脚投票的方式行使所有权。而职工作为"内部人"比外部股东具有更充分的信息和监督手段，因此，真正赋予他们所有者的地位，将促使他们利用这种生产经营中内部经验和信息以更多地实行以手投票，对经理们产生的监督要比那些遥远和匿名的"外部人"股东的以脚投票更为有效，更能降低监督成本。

事实上，菲吕博顿和魏金斯（1998）的模型也表明，在信息不对称的情况下，企业主和员工之间的谈判是不完善的，这会导致资源的错误配置；因此，"允许工人代表参加企业董事会的机制能导致帕累托改善"，而显然职工持股赋予了职工参与董事会的法理基础。几十年来，职工持股在发达国家的实践中曾经取得很大的成功，员工持股已经成为一种国际趋势。西班牙蒙德拉贡的"协作主义"促进了工人与企业的融合，增进了工人和管理者之间高度的信任关系，改善了企业的"横向"管理，增强了自我约束。据美国的一项专题调查证明，实行员工持股的企业与未实行员工持股的同类企业相

比，劳动生产率高出 30% 左右，利润大约高出 50%，员工收入高出 25% ~
60%。譬如，到 1998 年，全美实施员工持股的企业有 14000 多家，包括 90%
以上的上市公司和排名世界 500 强的大企业，有 3000 多万员工持股，资产总
值超过 4000 亿美元。20 世纪 90 年代末，英国约有 1750 家公司、200 万员工
参加了政府批准的员工持股计划。法国工业部门的企业员工持股率超过
50%；金融业中有的企业已达 90% 以上。德国把实施员工持股作为吸引员工
参与管理，保留人才，促进企业发展的一项基本制度。日本绝大多数的上市
公司实行了员工持股，即使在新加坡、泰国、西班牙等国家，员工持股也十
分流行。就中国社会的现状而言，周冰和郑志（2001）对河南注油器厂的研
究证实了员工持股对公司治理以及提高效率的好处。

（五）其他产权安排中的制度性约束

产权安排作为企业治理的一个重要机制，其有效性的关键在于明确责
权。企业的相关利益者构成了企业的所有者谱系，这是产权安排的基础；
但是，这些所有者共同构成企业组织时，他们的权利就必须受到一定的限
制，这是产权安排的重要内容。

如在法人持股中，法人股权就必须受到一定的限制，因为法人的稳定
股份是企业长期经营的基础。特别是，法人股对企业的发展具有极大的影
响，如果不进行适当的限制，法人持股反而可能导致更大规模地攫取私人
利益。因此，有的学者（Porter, 1992）指出，"机构投资者在没有放弃目
前它们在交易中所拥有的部分灵活性之前，不应该谋求获得对公司经营管
理的更大影响"。其实，这种主张与麦克洛伊德的团队生产理论相似，它
的基本出发点是，团队内部的"以牙还牙"的惩罚比外部选择更有效。此
外，为防止企业变成银行等社会机构的附属单位，可以法律形式规定银行
等持股不能超过一定比例。

职工持股也必须受到一定的限制，这是因为职工作为"内部人"拥有
其他外部股东所没有的信息。另外，也只有对职工股权进行适当的限制，
才能增强职工对经理人员和董事会成员的监督。很多国家都规定，从购买
之日起在几年（一般为 3 ~ 5 年）内不得转让或兑现，除非当员工在结婚、
死亡、被解雇、退休或配偶死亡及残疾等特殊情况。如员工将持有的股票
变现，公司拥有用当前市场价回购股票的优先承购权。

即使是外部普通股也应受到一定的限制，因为既然作为企业的所有

者，股东也应对企业的发展承担责任，而不仅仅只有追求利润的权利。在西方，由于受"追求私利是不可动摇的资本自由和人权"的影响，股东作为公司的所有者可以自由地转让公司或它的资产，或与其他公司合并，或关闭生产线等。如据一项民意调查显示，大多数调查者都认为，华尔街的人们"如果相信他们自己能挣得很多钱并能逃脱，他们会主观地愿意违犯法律"；而且，华尔街的这些人只关心"挣钱，对其他的事一律不管"（博特赖特，2002：3）。正因为如此，金融领域的丑闻总是接连不断。同时，在以脚投票的华尔街法则的支配下，这种短视的自利动机进一步膨胀，滋生了恶意收购的基础，严重干扰了经营者的正常活动，促使经营行为短期化。这种人为的经济波动在中国社会更为严重。事实上，目前中国股票持有的平均期限只有 1~2 个月，而在美国是 18 个月，这足以说明中国的小股东只具有投机性，根本上丧失了所有者的责任。

另外，企业良好的监督和激励体系是建立在广大的社会背景基础之上的，它要求内部监督与外部监督相融合。这就需要大量的社会中介组织。魏杰认为，市场经济需要公司章程约束、合同约束、偏好约束、机构约束、法律约束、市场约束和社会团体约束等多方面。在交叉持股的基础上，培育中介组织对企业外层所有者如客户、供应商等的监督非常必要，如会计师、审计师和律师事务所，公证和仲裁机构，计量和质量检验认证机构，信息咨询机构，资产和资信评估机构以及各种行业协会和商会等；这些机构能够对企业经营进行一定程度的事前监督。目前，中国民营企业小而散，在国内外普遍存在着恶性竞争现象和欺骗行为，其重要原因就是缺乏行业的自律与协作这些事前监督机制。因此，这方面也是产权安排的一个重要基础。

总之，就目前中国实情而言，通过相互持股，不但可以降低敌对性行动而减少交易成本，同时也可以加强关联企业之间的信息共享、资金融通；特别是，在当前缺乏有效治理体系的情况下，它更积极的功效在于为相互监督的社会共同治理的实施提供社会基础。事实上，正如"企业组织的产权归属"和"企业组织的治理结构"部分的分析表明，企业产权本身是无法完全清晰界定的，它本质上属于所有构成要素共同所有；从这个意义上讲，企业的所有权往往是"缺位"的，也正是由于这种"缺位"导致了某些生产要素对企业所有权的"篡夺"。基于这种认识，我们就不能简单地要求产权"绝对私有化"，认可甚至怂恿这种"篡夺"。正如陈永正

（2003：9）所言，"从本质上说，如果某财产的所有者因某种原因而缺位，只要所有者是合法的，那么，合乎逻辑的结论必然是该所有者应当归其位，而不能改变所有者的财产为他人所有"。为了更好地实现所有者权益，就必须对公共属性或公共产权的使用设立良好的激励—监督体制，这也有赖于企业的产权结构安排。

而且，上述基于社会共同治理机理对企业产权提出的构想不仅适用于民营企业，也适用于国有企业，实际上更为有效的应该是国有和民营企业相互参股。显然，日本就提供了一个极具价值的参考，在日本已经很难分清哪些是国有企业以及哪些是民营公司（福山，1998：67）。陈晓和江东（2000）对中国电子电器、商业和公用事业三个行业上市公司的研究也发现，法人股和流通股对企业有正面影响，国有股在竞争性较强的电子电器行业有负面影响，而在另两个竞争性较弱的行业则不明显；因此，他们认为，要使国有企业的股权多元化的政策发挥所期望的作用，首先应尽量提高行业的竞争性。可见，产权安排的多元化是增进社会共同治理、强化约束的一个重要手段。实际上，兰格在20世纪50年代就主张，独立自主管理生产体系运行的公共机构或其中的某些部门应该处于直接的民主控制之下，这种民主控制可以采取不同层次的人组成：一部分是该公共机构的雇员，另一部分是消费者，再一部分是代表其他方面利益的人士；只有这样，才能避免根据一时的和变化不定的政治影响来管理生产体系。显然，兰格这里所提出的实际上就是共同治理模式。

最后，需要指出的是，上述几点只是对当前中国民营企业产权安排的粗略构想，但不同的环境产权安排不会相同，同时，同一企业的产权结构也会不断调整。这正如钱颖一（1989）所指出的，"企业的基础是多方的契约，而决定契约形式的核心是信息的分配"。戴维等（L. David，kang & Sorenen，1999）从财产权、代理理论和阶层分析三个视角对有关组织结构和公司业绩进行了分析，提出了所谓的"公司治理的权变理论"。该理论认为：（1）不存在一个最好的公司股权结构；（2）不是所有的股权结构都具有同等的效力；（3）构造股权结构的最好方法取决于行业的特点。但是，就当前而言，如何挖掘产权安排中的约束功能才是重要的。

企业组织的绩效表现：协作系统中的低效率问题

威廉姆森（2003）认为，效率分析具有两个层面：（1）新古典经济学考察的以不断进行边际调整为内容的效率分析；（2）新制度经济学考察的以非连续结构方式存在的不同治理结构（市场、企业、官僚体制）之间不断做出选择的效率分析。威廉姆森称后者为第一层面的分析，即探究不同体制对资源配置的影响以及通过体制的变革来促进配置的效率；而称前者为第二层面的分析，即在特定的体制下考虑资源组织组合的方式对效率的影响。然而，尽管这两个层面分别涉及了体制变动和不变的两种情况，但两者所基于的立场是一致的，所追求的效率的内涵也是相同的，都是基于出资者角度追求利润的最大化。问题是，所谓的利润本身仅仅体现了一种特定的效率指标，而对不同的目标而言，效率的内涵是完全不同的。相应地，就同一企业组织的发展现状而言，基于不同维度的观察完全可以得出不同的效率认知。诺思（1998）就指出，"虽然团队生产使规模经济得以实现，但付出的代价是偷懒行为增加。工厂的纪律体系不过是对团队生产中控制偷懒问题的一个反应。从雇主角度看，纪律约束包括规则和管制、激励和惩罚。像泰罗的创新发生在测度个人业绩的方法上。从工人角度看，纪律是无人性的机制，它们的目的是提高生产速度和强化对工人的剥削。由于没有公认的构成合同绩效的产出指标，因此他们双方的看法皆是正确的。"因此，在对企业性质、规模以及产权安排与效率的关系进行了系统分析后，我们就应该且可以进一步揭示企业效率的含义和渊源。

显然，从企业组织的本质上讲，其目的是要追求整个企业共同绩效的最大化，这种效率评估完全不等同于利润最大化。事实上，利润最大化仅仅是从股东的角度而言的，在企业蛋糕同等大小的情况下，由于不同的分配关系会产生完全不同的利润水平。那么，作为一个协作系统，企业组织的效率究竟该如何衡量呢？一般地，这就体现为企业组织的全要素生产力，而影响全要素生产力的除了由特定技术水平决定的单要素生产力外，更主要是体现为各要素之间的协调水平。根据"企业组织的存在性质"和"企业组织的规模界限"部分的理论，协作系统演化的基础就是由协调机制变更带来的协调水平的增进，这意味着，任何企业组织存在的合适性都主要取决于其内在的协调水平，协调水平也是决定企业效率的根源。事实上，巴纳德一直强调组织的有效性问题，这也涉及组织的协调问题。因此，钱德勒（1987：578）通过对企业发展史的考察，曾一针见血地指出，"通过仔细协调流经生产和分配过程的流量而造成的节约，要比通过增加生产和分配单位规模而造成的节约多得多；把企业仅仅定义为一个工厂或者即使是许多工厂，而不考虑管理协调的作用的任何公司理论，都是远远脱离实际的（……虽然管理的协调是美国经济现代化过程中的一项基本功能，却很少受到经济学家的注意。……而经济学家也经常不能把管理的协调和企业理论联系起来。）……除非经济学家能够对管理协调的功能加以分析，否则公司理论将仍然基本上是一种生产理论"。

然而，流行的新制度主义企业理论却站在股东的立场，把企业组织视为股东最大化其利润的工具，其他生产要素仅仅是出资者为个人效率而任意购买或配置的投入物，因而就形成了基于交易成本来探讨企业配置效率的思路。前面已经指出，交易理论存在一个基本的假设：即收益是可见和既定的，经营者所考虑的仅仅是如何实现这种资源配置时的成本（或耗损）最小。或者说，在价值既定的基础下，如何根据效用的相对差异以达到双方效用的帕累托改进。相反，基于协作系统的协调理论具有完全不同的假设：收益本身就是变动和可创造的，生产要素的不同组合和协调可以创造出完全不同的受益（价值）；而且，企业组织最根本的属性就是作为生产的场所，其功能就在于通过生产要素之间的协作而实现收益的不断增进。与此同时，既然新制度主义承袭了利润最大化假设，把企业组织的效率定位为股东的效率，那么，为了获取某些转移收益，就必然会片面强调监督和约束对企业效率的影响。相反，作为协作系统，企业组织的效率体现为所有要素所有者的收益都获得提高，这不仅体现为低层次的帕累托改进，而且要充分使得各生产要素所有者的应当权利与企业组织的整体收益同比例增长；因此，它特别强调要激发各生产要素主体的积极性，促使各生产要素之间的协调性以及相应的集体生产力的提高，因为各方收益增进的程度归根到底取决于共同生产中的协调程度。可见，要探讨作为协作系统的企业效率，就要考察影响协调水平的各种因素。本章将循着这种分析思路，对影响企业协调的因素进行全方位的剖析，并以协调为视角对各类企业组织的效率作深层次的比较研究。

第一节　传统 X 低效率理论所考察因素的残缺性

新古典主义的利润最大化假设排除了非配置低效率存在的可能性，从而将经济学变成了一门专门研究配置效率的科学。根据这种配置效率概念，当一种生产要素的边际产出等于它的边际成本时，这种生产要素的配置就是有效率的。但是，这种配置效率只有当生产要素仅仅是没有能动性的投入物时才有意义。而当主要生产要素由物转向人时，此时简单的配置效率就根本不能说明企业组织的效率根源，相反，效率主要源于人力资本的发挥程度。究其原因，人的边际产出本身会因人的主动性而变化，而人的主动性又与企业文化、组织结构、制度规范以及收入分配等有关。正因如此，生产要素（人）的自主性就产生了管理的动力问题，而动力不足则产生了非配置效率，越来越多的现实资料表明了非配置效率的存在。

其实，如果企业内部运行都存在同样的效率，那么，在既定的市场条件下（由于市场的竞争导致市场交易效率也是一致的），企业就会呈现出同等的生产效率；再考虑到竞争和规模经济的相似性，那么生存下来的每个企业的规模也应该是一致的。但事实显然并非如此，以致弗朗茨（1993：5）强调，"有必要对各种可供选择的厂商理论进行一次考察，以便能弥补只依靠市场配置效率这个概念的经济理论出现的空白"。也正因如此，经济学界又多了一个新的流派：X 效率流派。X 效率理论的集大成者是莱宾斯坦因，他不仅提出了 X 低效率这一概念，而且也对之作了深入而系统的阐述。但是，莱宾斯坦因所揭示的影响企业 X 低效率的因素明显具有片面性，不过后来的学者在莱宾斯坦因的基础上对 X 效率做了进一步的发展。为了说明这一点，我们有必要首先对 X 效率的传统研究思路以及新近的发展进行梳理。

一　传统企业理论中 X 低效率的分析深化

早在 1957 年，澳大利亚的统计学家法雷尔（M. Farrel）就在《市场效率的测量》一文中首次阐述了企业组织可能存在的两种无效率状态：

（1）技术性低效率；（2）配置性低效率。这个观点是对当时调查资料的直接反映和总结，后来，以西蒙、塞尔特以及马奇为代表的卡内基学派开始关注企业组织的内部运行问题。当然，能够对 X 效率理论进行更直接理论阐释的是一些新制度主义学者。如现代主流企业理论认为，随着所有权与经营权的分离，在企业组织中生成了委托—代理关系，而在这种委托—代理关系中往往滋生了大量的机会主义倾向。因此，代理人并不一定总会以委托人的最大利益行动，这就是麦迪逊困境，从而就需要建立起一系列的对代理人的激励—约束机制。

根据詹森和麦克林（Jensen & Meckling，1976）的分析，这种委托—代理制中可能产生三种额外费用：（1）委托人的监督费用支出；（2）代理人保证费用支出；（3）"剩余损失"。其中，这种"剩余损失"是指由于代理人的决策和委托人的最大化决策之间存在的某些偏差而致使委托人的利益受到的一定损害，这种损害也是代理关系的一种费用。正是由于代理成本的存在，使得不同的企业组织产生明显的效益差异。一般地，人们往往将除由市场决定的资源配置效率之外的影响企业效益的方面称为组织效率，也即"来源不明的非配置效率"（弗朗茨，1993：2）。

显然，这也是莱宾斯坦因 1966 年在其奠基作《配置效率与"X 效率"》一文中首先提出的所谓的"X 低效率"的内涵，它反映的是企业内部的效率。在以后的一系列著作中——《配置效率、X 效率和福利损失的衡量》（1969）、《组织的或摩擦的均衡、X 效率和更新率》（1969）、《竞争与效率：答复》（1973）、《效率工资、X 效率和城市就业》（1974）、《企业的 X 效率理论方面》（1975）、《不只是经济人：微观经济学的新基础》（1976）、《X 效率理论、常规企业家和欠发达国家剩余生产能力的产生》（1977）、《广义 X 效率理论与经济发展》（1978）、《经济学的一个分支正在消失：微微理论》（1979）、《通货膨胀、收入分配和 X 效率理论》（1980）以及《厂商内部：等级制之低效率》（1987），莱宾斯坦因把该思想扩展为一种更全面的理论体系，建立起了 X 效率理论的基本分析框架。

莱宾斯坦因的 X 效率是与配置效率相对应的一个概念，但与技术效率存在区别。实际上，技术效率还是新古典经济学的一个概念，仅仅反映了管理者和工人技能上的差别或者技术扩展的时滞因素，而 X 效率则反映了对技能的使用或者工作努力程度上的差别。一般地，莱宾斯坦因所考虑的那些引起 X 低效率主要因素在于生产者由于机会主义而产生的偷懒行为，或在职闲暇引起的实际劳动效率下降，其根源是信息的不完全（布劳格，2003：198）。事实上，莱宾斯坦因在揭示 X 效率时的出发点就是人的选择理性问题，这种理性与外在压力水平有关。例如，莱宾斯坦因指出，在免受高竞争压力的企业中，存在引起 X 低效率的三个原因：（1）不完全的劳动合约；（2）不能完全确定和确知的生产函数；（3）不通过市场交换的投入要素，或者即使通过市场交换，交换的条件不一视同仁，因此，企业和经济不可能在与资源相一致的生产可能边界上运行，而只能在生产边界以内运行。

也就是说，在莱宾斯坦因的眼里，X 低效率的主要原因在于实际劳动的支出，其原因在于缺乏竞争的压力。正如莱宾斯坦因（1966）所说的，"在低竞争压力条件下，许多人将用更勤奋的工作、研究和控制他人活动带来的负效用来换取压力低、人际关系好的正效用……资料表明，在许多时候，由提高配置效益增加的收益相当低，而由 X 提高效率增加的收益却非常大"。其实，莱宾斯坦因也曾提出用"劳动力利用不足"一词取代发展经济学的"隐蔽失业"一词，这种观点实际上反映了市场不发达下的一般现象，如传统社会主义计划经济中就存在大量的人浮于事的现象。

当然，把企业低效率限制为劳动偷懒方面也是西方经济学和管理学界的一个传统。一方面，这与主流经济学把人视为追求个人物质利益的人存在逻辑上的一致，而且，西方学术界自从功利主义导出了经济人假设以后，就将机会主义倾向视为人之本能。例如，正是由于把效率仅仅归因于劳动投入，德姆塞茨（1999b）得出了包括雇用的管理者在内的雇员在工作中消费是有效率的这一结论。究其原因，雇员们的在职消费只不过是以同量的工资降低为代价，一个追求较好工作条件的工资收入者接受了低工资，实际上就是在企业中而不是在家中进行了消费。另一方面，管理学长期以来也仅仅从监督劳动的投入角度来探究企业组织的效率。例如，泰罗就为当时工厂中因两种"磨洋工"而导致的低效率现象所困惑：（1）由于人厌恶工作的天性造成的本能性"磨洋工"行为；（2）由于缺乏有关管理的不科学的人事体制和人事关系造成的体制性"磨洋工"行为。并且，泰罗认为，厌恶工作是人之本能，是无法克服的。因此，要解决企业的效率，与其说寻找超人，还不如加强系统的管理。也正是基于人性恶的假设，泰罗推出了科学管理体制，这种体制就是要对消极而被动的人加以严密的控制、惩罚和威胁，再在一定程度上施以金钱的诱惑。因此，自泰罗、法约尔以后的很长一段时间内,企业被看成了依据专业化和管理边际形成合理有效的组织结构,它的立足点是加强系统的管理和控制。

然而,需要指出的是,仅仅从劳动投入方面来考察效率存在很大的不足。譬如,就德姆塞茨的观点而言,X 低效率的损失并不仅是在职消费对家庭消费的替代量。究其原因,由于企业生产是团队生产,因而 X 低效率也必将因消费所引发的生产失调(即团队的耗散)而成级数递增。也就是说,由于在职消费引起的效率损失总和远大于单个人从在职消费中得到的效用总和,这也是为什么追求在职消费的企业不可避免地会走向衰败的原因。同样,就科学管理体制而言,它并不能保障企业组织的长期效率。正如德鲁克(2000:224-225、228-229)指出,"尽管泰罗的科学管理法拥有极大的影响力,但它给人留下的印象却是负面的,尤其是在学术界。……泰罗所犯的不可饶恕的罪过是他宣称在制造和移动物件的行业是没有'技术'的。泰罗宣称,所有这类工作都是一样的,都可以逐步进行分解,解析成一系列无需技术的操作,然后再合起来组成一项工作程序"。"泰罗常常受人批评的缺点,就是他从未向他所研究的工人问起怎样提高和改善其工作的建议。他只是告诉他们应当怎样做。……在泰罗眼里,工人和经理都是'笨蛋'。"

其实,社会中的人具有这样的特点:(1)他不仅具有追求个人物质利益的动物性本能,更具有更高追求的社会性;(2)人为了实现自己的目的往往表现出与他人合作的倾向,从而表现出某种利他主义的行为。因此,人往往具有一种如凡勃伦所说的"做工本能",根据人类自由发展的需求,人恰恰是厌恶管制的;而且,管制越严,人就越容易产生对立的心理和行为。这一点也为后来的管理实验和调查所证实,如梅奥领导的霍桑实验和赫茨伯格主持的匹茨堡调查。并且,对人性的反思也逐渐开创出了组织管理的人本主义传统。也正因如此,自霍桑实验以后,西方管理学界对人性的看法逐渐有了转变,认为组织效率与工资、工作时间等并没有多少直接关系,相反却与人的态度和情绪等有关。事实上,后来麦格雷戈(D. McGrogor)就把科学管理时期以指挥、控制为主要特征的组织理论称为 X 理论;并强调,在组织之中,对人们之间协作的限制不是对人性的限制,而是对管理部门如何认识其人力资源潜力的独创性限制。为此,麦格雷戈提出了相应的 Y 理论。

根据麦格雷戈的看法,传统的 X 理论简单地将组织效率低的原因简单地归结为人的天性不好。这种理论有三个基本假设：（1）人天性是厌恶工作的，一有可能就逃避工作；（2）基于人性厌恶工作的假设，因此对绝大多数人必须施行强制、监控、指挥和惩罚；（3）人因为一心想逃避工作和责任，因而宁愿接受指挥。显然，传统理论基于经济人的假设，把人的行为看成使自己的报酬"合理地"最大化的边际行为。但是，麦格雷戈认为这种观点是值得怀疑的，因为人的需求是不断上升的，为了追求这种不断上升的需求，人会在工作中产生自我激励和内在满足。这种看法也越来越得到后来管理学家的认同。例如，巴纳德就认为，人是具备"物性、生物性以及社会性等过去与现在的诸多要素的整体，同时，人还具备行为能力、行为背后的动机、选择能力和自由意志以及设定目的等一定的人格特征"（转引自饭野春树，2004：59）。实际上，莱宾斯坦因也指出，人的理性具有惰性区域，而高度反应的行为是无理性的，最终将会带来比非反应行为更大的压力。为了说明这一问题，莱宾斯坦因还发展出了边际理性和棘轮理性等概念。

与此同时，对 X 低效率的探讨也展开了更广的视角。如日本学者植村利男（2000）将影响企业 X 低效率的因素归为四个方面：（1）个人动机方面的效率因素，是指对企业效率影响较大的价值指向、国民心理特性等社会制度因素；（2）企业内部动机方面的因素，是指影响企业内部成员的劳动意识、劳务管理等因素；（3）外部动机方面的因素，是指企业所处的各种各样的市场组织、竞争环境以及政府管制所产生的影响等；（4）非市场投入的效率因素，是指市场上较难寻得的优秀经验管理人员、非市场的信息网络等因素，它也暗示了由人所构成的网络组织的重要性。这里，植村利男除了指出由个人动机、企业内部动机和外部动机等引起的劳动投入问题之外，也在一定程度上已经指出由于非市场投入因素引起的劳动效率问题。其实，也正如巴纳德指出的，"经理人员的职能在于维持一个协作努力的系统"，这里强调了企业内部的协作性质。[①] 随着对企业内在特性的不断揭示，更多的学者日益认识到影响企业效率的多种综合因素。例如，王开国和宗兆昌（1999）指出的，"要素市场（特别是经营者市场）不完备

[①] 实际上，经理人员（manager）与企业家（entrepreneur）的性质存在很大的不同：企业家主要是具有冒险精神，进行不断的创新；而经理则主要是管好一个企业，做好各方面的协调，不愿也不应冒太大的风险。一个很好的企业家可能是非常糟糕的管理者，如思科（Cisco）的创业者是一对夫妻，管理能力就很差，结果被股东炒鱿鱼。

使企业不能完全使用既得资源，劳动契约不完美使劳动者努力程度可变，企业员工协作精神和协作需要的信息不完备使企业缺少合作的协作努力，这些原因造成企业对既得资源的使用低效率"。

可见，尽管莱宾斯坦因提出 X 低效率的最初含义是指"在投入规模既定的条件下，由于激励因素，诸如管理知识之类的非市场化投入等引起的产出变动"（青木昌彦，2005：134）。但是，近年来已有一些学者开始更为全面地探讨产生 X 低效率的因素。例如，青木昌彦提出了制度非效率以对应于配置非效率，认为制度非效率是在特定制度框架下企业决策变量错误安排的结果。即使莱宾斯坦因本身也开始将 X 低效率归结为管理者和雇员之间的博弈结果，他指出，互不信任和自利的自我追求使得当事人会陷入囚徒困境，而企业决策变量组合方式是可能的内在非效率源泉之一（青木昌彦，2005：134）。然而，尽管如此，迄今为止学术界对 X 低效率更为全面的分析还是零星的，理论界对 X 低效率的认知主要还是停留在莱宾斯坦因所揭示的机会主义方面，以致主流经济学家在为企业组织提供处方时往往不恰当地着眼于对机会主义的抑制方面，从而无法真正解决企业效率问题。正因如此，笔者认为，为了更好地分析和改进企业组织的效率，有必要更全面和系统地对影响 X 低效率的因素进行挖掘。

二　劳动协调和支出：X 低效率的双因素

要揭示企业 X 低效率的成因，首先就要真正认识企业组织的性质。目前，流行的说法是新制度主义所谓的交易费用观点，它从交换关系出发，认为企业存在的主要原因在于交易成本的节约。相反，马克思主义为代表的古典经济学则从企业最核心的功能——生产功能——出发，认为企业组织存在的关键是劳动协调性的提高而创造出更大的价值。尽管两种观点都抓住了企业的一个方面，具有一定的解释性，但同时又都存在某种片面性和不足。其实，如果将经济的增长分为开源和节流两个方面，交易成本说的核心思想就在于节流。正如威廉姆森（2001：45）指出的，交易成本说"赞同并且发展了节约是经济组织的核心问题的观点"，而价值增进说则强调了开源的首要意义。因此，本书"企业组织的存在性质"和"企业组织的规模界限"部分的分析指出，企业组织的存在实际上在于综合效益的增进，它考虑了价值增进和成本支出两方面因素。显然，企业组织的综合效益的差异主要源于组织成本和协调收益上的不同，其中，组织成本主要是企业的监督成本，是对引起劳动不足的机会主义的抑制，而协调水平则是影响劳动有效性——从而劳动的生产效率——的根本因素。

一般地，随着企业规模的扩大，企业主对企业团队生产的协调活动所创造的边际价值是递减的，而同时，对企业团队生产所引起的边际监督成本却是递增的。因此，随着企业规模的不断扩展，原来所有权和经营权合一的企业主就可能将一些协调劳动和监督活动交予职业管理人员，这就是委托—代理关系的出现。当然，随着企业组织的规模扩大，企业组织就可能不仅是一个人或几个合伙人所拥有，这时企业主也就不再是一个适宜的称谓，笔者将代之以所有者或股东等更一般的说法。在这种情况下，又存在着对多个代理人行为的监督和协调问题，因为代理人也可能存在机会主义行为，以及由于每个代理人往往只是协调某一方面的事务而需要另外的代理人对总体事务进行协调。这样，在企业组织内必然就形成了多层次的监督和协调关系，这也就是企业等级制组织的出现；并且，在多层级的组织中，同样存在各个层次的协调收益和组织监督成本问题，等级层次建立的经济分析方法也如上述对两层级的企业规模分析，这里也不再赘述。

但是，正如上面分析指出的，影响企业组织方面效率的不仅仅是劳动的不足，也在于劳动效率的低下。因此，"X效率"实际上包含了两方面的内容：（1）劳动量支出的效率；（2）劳动间协调的效率。简单地，笔者把"X低效率"分为：劳动低效率和协调低效率。其中，劳动低效率主要是指由于信息不对称所引致的机会主义倾向造成的实际劳动量支出的下降和不足，如表现在生产者的偷懒、在职闲暇以及代理管理者的在职消费、打埋伏倾向等。为了减少劳动低效率的程度，就必须加大监督成本的支出。协调低效率主要是指企业中分立劳动间的协调性差，如认同基础差、信息不沟通等导致的隐性协调水平低，以及组织不完善、管理者能力低等所造成的显性协调差，从而团队生产带来的协调收益小。在这种情况下，就不只是凭监督成本的投入就可以解决的。根据威廉·大内的Z理论，生产率和信任是联系在一起的。大内（1984：4）写道："Z理论的第一课是信任……要解释这种说法，我们可以考察一下英国经济在这个（20）世纪中的发展。这是一段工会、政府和资方三者之间互不信任的历史。这种互不信任使英国经济瘫痪并把英国的生活水平降至可悲的水平。根据马克思的观点，这也是资本主义最终失败的一股力量。"

本书"企业组织的历史起源"部分的分析也指出，在企业组织中的协调典型表现为经理的管理协调。然而，长期以来，出于企业效率进而对企业管理的误解，把组织效率仅仅视为劳动的投入问题，并进而把企业管理当成了纯粹的监督。后来，随着工头的衰落，以致把整个管理活动也当成不重要的；而只有随着社会的发展，当组织中的管理活动成为企业竞争力的重要因素的时候，才重新引起人们的重视，并开始重新审视管理活动的实质。正如德鲁克（2000：237－238）写道，"第一次世界大战爆发之前，只有为数很少的人意识到管理活动的存在。当时，在发达国家里，大多数人（约4/5）靠三种工作谋生。第一类是家仆（英国约占1/3）；第二是农民（除英国、比利时外，其他国家约占1/2）；最后一类是蓝领工人——人数增长最快的一类，到1925年已占美国的近40%。而现在，家仆这一行业已近绝迹；尽管农业产出已经比当时高出4~5倍，但全职的农民却只占发达国家劳动力人口的3%~5%；蓝领工人也正在快速地追随农民的变化轨迹。美国制造业中雇佣的体力劳动者目前只占劳动力人口的18%。到20世纪末，在美国或其他国家，这一数字很可能会继续下降到10%左右。但最大的单一就业集团，占美国就业人口总数的1/3，是被美国统计署称为'管理和专业人员'的群体。管理活动已经成为推动这一史无前例的变化的主要动力"。

事实上，理论和实践都表明，在一个发达的市场下，劳动支出的低效率并不严重。布劳格（2003：199）就指出，莱宾斯坦因提供的能说明企业存在"闲置"现象的证据确实是偶发的。相反，协调低效率才是 X 低效率的主要原因和主要方面：（1）在相对发达的市场经济中，人们的工作努力程度往往要受一个国家或社会的习惯影响，因而不同企业组织在监督方面支出的差异是微小的；（2）由于社会上各人的经历、学识以及所获得的特定信息是有差距，特别是对经理人员的协调能力的甄别是困难的，因而各企业在协调程度上存在巨大差异。但是，新制度主义的企业理论却强调，由于在团队生产中将某一投入品的边际产量分离出来的困难引起了逃避责任的机会主义行为，而管理者的主要责任就是对这种机会主义行为进行监督，这也是它取得剩余索取权的理论基础。而且，为了回避机会主义问题，威廉姆森（1975、1999）以及克莱因等人（克莱因、克莱佛德和阿尔钦，1999）提出了纵向一体化的解释，并认为纵向一体化的生产效率在于它减少使各方避免机会主义行为所需要的资源的能力。但是，正如德姆塞茨（1999b：25）指出的，"机会主义不能解释所有的，甚至大部分的纵向一体化"，譬如，如果存在"经验连续性的经济效益和经济活动的管理控制所引起的信息优势"，那么即使根本不存在机会主义，也会实行纵向一体化。

总之，影响组织效率包含了两方面的原因：劳动投入和劳动间的协调。如果说以前的经济增长主要是依靠劳动投入的话，那么，随着社会的发展，协调成为影响组织效率才是越来越重要的因素。然而迄今为止，学术界依然在强调的机会主义这一低效率的祸根，显然是搞错了时代，弄偏了方向。实际上，莱宾斯坦因本人也已经注意到了这一点，只不过在其著作中没有将它提高到应有的高度。例如，莱宾斯坦因（Leibenstein，1983）说："问题不在于管理者是否是剩余索取权的获得者，从而会进行高效率的监督，而在于管理者与其他雇员（以及两个团体内部同等地位的成员之间）的相互作用是否带来的最佳的工作态度"（转引自斯密德，1999：162）。为了更清晰地论证这一论断，下面对发达市场下的企业效率进行分析。

三　成熟市场中劳动支出差异的微小性

在现代企业中，作为生产者的工人和作为管理者的经理都是代理人，因而企业组织中劳动支出的低效率可以从两个方面进行分析：生产者的生产劳动支出的不足以及经营者管理劳动（包括监督劳动和协调劳动）支出的不足。当然，由于经营者管理劳动支出的不足比生产者的生产劳动支出的不足将对企业组织的效率产生更直接和更大的影响，因而这里重点分析作为代理人的经营者有关管理劳动的支出状况。为了说明笔者的这一论断，这里借一个简单的两层级的企业进行分析。

首先，我们分析代理经营者管理劳动的支出状况。为了更清晰地说明管理劳动的支出问题，我们借助于博弈论来分析，因为劳动支出的均衡水平在某种程度上就是所有者和经营者之间博弈的结果。我们设想，所有者在观察经营者的行动之后再付酬，并假设，所有者可以了解经营者的能力，但由于受其他因素的干扰，他很难识别经营者是在高努力程度创造高价值，还是以低努力程度创造低价值。这样，一次性博弈可以用图1博弈树描述。

这可以表示为策略型静态博弈，考虑到经营者高努力时的付出应高于低努力时的付出，不妨将它们之间的差异记作 $g > 0$。现在，我们记作 W_l、W_h 分别为低、高工资，而以 V_l、V_h 为低、高创造价值。博弈的策略型可用图2表示。

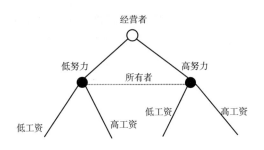

图1　经营者和所有者博弈的扩展型

	所有者	
经营者	低工资	高工资
低努力	$W_l, V_l - W_l$	$W_h, V_l - W_h$
高努力	$W_l - g, V_h$	$W_h - g, V_h - W_h$

图2　经营者和所有者博弈的正则型

　　显然，如果是一次静态博弈，由于低努力是经营者的占优策略，因此该博弈的纳什均衡解为（低努力，低工资）。可以合理地假设 $W_h - g > W_l$，表示尽管有所花费，高工资毕竟比低收入多；再假定 $V_h - W_h > V_l - W_l$，表示所有者宁可付出高工资，以换取较高盈利。于是，（高努力，高工资）其实是策略型博弈的帕累托最优。但是在一次性博弈中很可惜地不能达到。由后退归纳法可知，即使在有限次博弈中，其纳什均衡解也应该是一连串｜（低努力，低工资）｜。不过，倘若考虑到所有者与经营者之间的关系是长期的重复博弈，那么除了｛（低努力，低工资），（低努力，低工资），……｝这个纳什解外，还存在着另一个均衡，就是所谓的触发策略：在第一个周期，所有者采取行动"高工资"，经营者选择行动"高努力"；在以后任何一个周期，只要不发生任何一个局中人偏离"高努力，高工资"策略，那么就一直取该策略。否则，若在某一周期发生局中人单方面偏离的话，则转向（低努力，低工资），并一直延续下去。触发策略告诉我们一系列的｛（高努力，高工资），（高努力，高工资），……｝的可能性。其实，由于市场竞争所带来的压力，或者由于习惯、习俗等方面的原因，预测出现对双方有利的均衡的可能性极大。

　　事实上，莱宾斯坦因强调 X 低效率起源于团队生产中的偷懒行为，其背景在于市场是不发达的，缺乏强有力的竞争压力。但是，在现代西方社会中，市场已经高度发达，市场竞争激烈而又残酷；在这种情况下，就必然存在着对经营管理人员的强有力的监督约束机制。例如，针对经理人员之间可能的合谋情况，法马（1998）就指出，外部董事的介入可以大大降低这种合谋的可能性，外部董事的任务就是刺激和监督企业高层管理者之间的竞争；而外部董事本身也受到他们的劳务市场的约束，在这种市场上，他们的价格依照调停者的绩效而被确定。因此，曼内认为，约束管理者是"企业家的工作"，这一工作首先由企业的组织者承担，而后由从事外部接管工作的专家承担（法马，1998）。其实，除了"企业组织的治理结构"部分已经指出的证券公司的分析师、会计师、投资者等构成的利益相关者的监督体系外，更主要的是体现为整个社会已经形成的约束体制。霍姆斯特姆（Holmstrom，1999）甚至指出，即使经理的实际能力未知，并且假定时间是无限的，在没有任何监督的情况下，经理也有可能努力工作；这是由于市场会根据他过去的表现，对其未知的能力作出估计并计算其价值。

其次，生产者的劳动支出也是如此。这是因为生产者受到市场竞争压力比经营者更大，因为生产者所拥有的信息比经营者更少，更缺乏信息上的偏在性，从而在与企业主的互动中更加处于劣势。实际上，影响人们策略权衡的现实因素非常复杂，其中，关键因素是博弈者所拥有的权力和所掌握的信息。当然，权力是信息的函数，信息是权力的重要基础，谁掌握了信息也就拥有了权力。例如，泽尔腾（2000）就宣称，强势博弈方不会得到比弱势博弈方更少的支付，弱势伙伴得到比强势伙伴更高的支付份额是不合理的。同样，本书"企业组织的治理结构"部分也曾对发达市场下的劳动支出作过详细的分析，这里也不再赘述。

最后，是否存在经营者和生产者合谋的机会主义而造成企业劳动的不足呢？笔者的分析认为，这种行为即使存在，也只是个别的和短期内的。我们以图3来表示生产者和经营者合谋下的劳动状况：a点是经营者和生产者不存在合谋的情况下，经营者的工资水平（即效用）和努力程度的状况；b点是经营者和生产者存在合谋的情况下，经营者的工资水平（即效用）和努力程度的状况。一般来说，经营者与生产者之间的合谋是难以长期存在的，这主要有如下几点理由：（1）在合谋的情况下，工资的变动较小，但经营者的努力水平下降却很大，因此，创造的价值也必然降低；（2）由于生产者的数目庞大，在大规模的协作中就必然会存在进一步的机会主义倾向，在长期的博弈中，生产者创造的剩余价值也会大大降低；

（3）特别是，在市场经济中，根据锦标赛报酬机制，工资的等级差距是非常大的，这种合谋的结果反而会损坏经营者自身的利益。

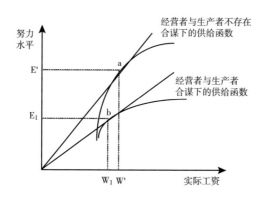

图3　经营者和生产者行为对管理活动的影响

　　事实上，在某种程度上讲，监督是一种简单劳动，这种劳动是容易被模仿的，那么，基于不同企业组织的监督差异而形成的不同绩效是难以长期维持的。相反，产生企业高效率根源的核心竞争优势往往是可以长期维持的，它往往难以被其他企业组织所模仿。正因如此，构成企业核心竞争力的必然不是监督活动或监督机制，这从侧面说明了企业组织的效率差异主要不是因为劳动的支出状况。野中几次郎（1999）指出，"在一个只有不确定性是可以确定的世界上，持续竞争优势的一个可靠来源就是知识"；日本企业的管理特别"依赖于对默示的、通常非常主观性的每个雇员的洞察力、直觉和预感的处理，并使得这些洞察力能够经受检验并被整个公司所利用"。显然，这就涉及企业内部的协调问题。

　　总之，我们有理由相信，处于市场经济下的企业中人的机会主义偷懒行为并不是非常严重的，而一般人都希望通过努力工作以获得稳定的高报酬，因而各企业组织监督上的差异就不像传统认为的那样大。也就是说，在一个较为发达的市场经济中，劳动低效率并不是主要的。正如霍奇逊（1993）所说的，"机会主义行为尽管在企业中肯定存在，但不像威廉姆森所说的那样严重"。当然，在发达的市场经济中，人们的偷懒行为之所以不很严重的关键在于，发达市场存在严密有效的外部监督机制和内部竞争机制；同时，企业组织内部逐渐培养起来的认同感也有助于弱化这种机会主义倾向。

四 造成 X 低效率的主因是劳动协调水平

尽管在企业组织的团队生产中劳动支出方面的差异是不很严重的，但是，不同企业组织中由于存在的劳动间协调差异却往往会导致迥然不同的绩效表现。事实上，在为交换而生产的社会中，劳动间的协调成为价值创造的根本动力和源泉：社会越发展，协调在价值创造中所起的作用也就越大；在特定时期，企业内的联合生产之所以比市场上的个体生产具有更高的效率，就在于它增进了劳动间的协调程度，从而提高了劳动的有效性，并创造出了更大的价值量。当然，企业组织中团队生产所涉及的协调包括显性协调和隐性协调两个方面，这里限于篇幅以及为了解释上的方便，只从显性协调的差异来分析对企业效率的影响。

笔者（朱富强，2004）提出的有效劳动价值理论指出，价值（或收益）的产生有赖于劳动的有效性，而劳动的有效程度又取决于分立劳动之间的协调性。但是，按照奥地利学派的看法，知识是分散的，市场也是不确定并且非均衡的，而市场之所以在任一特定时点上有效配置资源的能力，就在于市场是一种发现和利用知识的机制。实际上，市场上活跃着大量的企业家，他们敏锐地捕捉市场显露出来的信息，通过对分立劳动的生产协调、资源流动的合理配置以及对生产出来的商品进行时空上的配置以获取利润。米塞斯将那些特别急于通过调整市场以适应预期条件变化来获取利润的企业家称为"促进者"，认为他们是发动和推进经济进步的开拓者；熊彼特则把企业家称为创新者，认为正是基于企业家的动态创新活动摧毁了旧的行为模式而获取了创新利润。新奥地利学派的领袖科兹纳（I. Kirzner）则把企业家视为新知识和机会的发现者，把企业家视为经济协调的保护者。正是通过企业家对资源流动的引导以及对生产要素的协调，才促进了资源配置的日益合理化以及生产和市场的不断扩大，从而使得经济体系运转得更为协调，并满足人们的需要。当然，一般而言，在市场并不成熟和稳定的社会中，具有高度主动性和冒险性的企业家通过对那些尚未被发现的市场信息的把握和利用可以获取创新利润；而在较为成熟的市场和组织中，那些经过严格专业训练的专业经理则可以保证组织协调有序地运作，这些都是企业组织的效率所在。

事实上，如前面所述，泰罗在 20 世纪初发明了"泰罗制"劳动组织就是把效率建立在强化劳动的基础之上，他把工厂生产劳动过程划分成不同的生产阶段，在每个阶段雇用非技术工人和半熟练技术工人从事同样的手工操作；同时，一批受过良好教育的经营管理人员被安置在工厂的计划管理中心，对生产过程的分解进行规划和监督控制。确实，在人口流动频繁、监督体系很不完善的情况下，劳动投入的变化可以影响甚至决定了生产的效率，这也是当时泰罗制劳动组织的实行确实使劳动生产率成倍增长的原因。而且，这种依靠监督来促使劳动投入的做法是把人当成了一个可以理性摆布的棋子，而这种摆布对那些同质化的劳动对象而言是相对可行的。但是，随着劳动越来越异质化，劳动能力的发挥程度就不是局外的理性所能支配的，因而仅通过以监督来增加劳动支出的方式来提高劳动效率就越来越无法满足生产率进一步提高的要求。也正因如此，到 20 世纪 70 年代以后，资本主义就日益陷入了增长的危机，就在于，原先的体制无法提高劳动之间的协调性水平。而且，随着泰罗制劳动组织中蕴藏的提高劳动生产变幻无常的潜力和继续提高相对剩余价值的潜力逐渐被挖掘殆尽，结果，泰罗制就出现了一系列的显著后果——劳动高度紧张却又单调无聊，工人熟练技术贬值等都促使一种无组织、自发隐蔽的反抗形式的出现，等等。与此同时，法律上有关固定劳动时间和各种雇员社会福利保护规定阻碍了新的机器设备所要求的、对劳动力的全面灵活安排，阻碍了对新设备效益潜力的充分挖掘，以致福特主义生产与再生产模式也逐步陷入了危机。

为了说明协调对生产效率的影响，我们来看一个劳动支出的博弈。一般地，经营者所创造的价值不仅与他的努力程度有关，而且与他自身的协调能力有密切关系。不妨假设经营者可划分为两种类型：高能力型和低能力型。有时候，尤其是刚聘用经营者时，所有者常常不清楚经营者属于何种类型。这说明所有者对经营者的有关信息是不完全的。在博弈理论中，我们通常认为经营者的类型是由"自然"指定的，同时我们也可合理地假设，所有者可以观察到经营者的努力程度。于是，目前的情况可以用图 4 所示博弈树描述，其中，自然的以 N 表示，局中人 1 表示经营者，局中人 2 表示所有者，以 [P] 表示高能力，其中的 P 为经营者具有高能力的概率；[1-P] 表示低能力，也即存在 [1-P] 的概率所聘用的经营者属于低能力。"低""高"分别表示"低努力程度"与"高努力程度"。

在这个模型中，我们可以合理地假设低能力经营者所创造的价值一般应小于高能力者创造的价值。但是低能力经营者如果采取高努力程度的

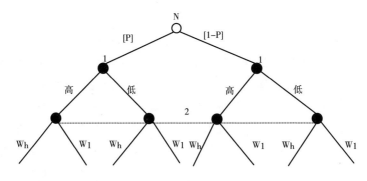

图4 协调能力博弈

话，其创造价值可以高于低努力程度的高才能经营者所创造的价值。正是这种情况的存在，使得所有者对经营者具有不完全信息的假设更趋合理。

更重要的是，由于经营能力问题只有在事后指标，只有事情发生后才能有衡量，也就缺乏惩罚的有效手段。而且，它的衡量还会受到其他因素的干扰。因此，这种低能力经营者的逆向选择风险更大。在绝大多数时候，所有者只能根据经营者付出的努力程度反映的"信号"来采取行动。这样，低能力经营者就有可能获取高工资。况且，所有者为了激励经营者的努力以提高生产效率，往往采取效率工资，该行动使高努力低才能经营者有可能获取根据高才能经营者创造价值来确定的高工资。

实际上，把企业的低效率归结为劳动低效率是与委托—代理的治理理论一脉相承的，委托—代理治理的一个基本机制就是企业主能够预测代理者的理性反应，从而通过设计一种机制来使得代理人自觉地努力工作。根据这种理念，那么管理者的目标本质上就同操作一台机器没有什么两样了，这样也就没有"管理者"作为人的存在了。正如 G. J. 米勒（2003：2）所说，"领导能力的作用从而被忽略了。按照这一思路，如果管理者有恰当的激励制度，则他不必'领导'或'激发'下属们去做正确的事，因为下属们自己会发现正确地形式恰好符合自身的利益。管理人才市场与资本市场中的竞争力会自动规约当事人的自利行动，其良性结果就是'代理成本'被限定在一个最低的效率水平上"。而且，正如"企业组织的治理结构"部分指出的，不仅委托—代理激励无法激发人的全部潜能，也无法对委托人的机会主义行为进行约束。G. J. 米勒（2003：3）就指出，"尽管市场竞争压力可能会奖赏上那些高效率的领导者，但其他的领导者也可能运用'权谋'来逃脱市场惩戒的压力，如让政府出面对进入资本市场施加壁垒或限制。结果，这可能导致科层持续存在低效率"。

因此，另一些学者强调，企业组织是一个有机体，其内部的资源配置有赖于领导者的个人决策，管理者的主要工作就是激发大家合作、去冒险、去创新的愿望，让大家去超越那种狭隘的、利己主义的激励分析所引致的努力水平。事实上，人力资本本身具有"私人隐秘性"，它的开发与利用完全决定于产权主体的主观愿望。社会外部和内部的监督体系虽然能够促使它完成所规定的工作和职责，却不能强迫它提供超过其责任范围之外的努力，承担它分外的风险，而人力资本的充分发挥已越来越成为企业效率的主要来源。据考证，在缺乏激励的环境中，员工的潜力只发挥出20%～30%；但在良好的激励环境中，同样的员工却发挥其潜力的80%～90%。因此，使每位员工始终处于一种良好的激励机制中，是人力资源开发所追求的理想状态；只有通过激励，人们也才会主动提高自身人力资本，这也正是为什么当前发达国家研究的重点在于激励方面的根本原因。事实上，按照契约论的观点，公司内的投资者、雇员、供应商以及顾客等每一方都与公司形成了向公司提供需要的资源以换取某些利益的契约关系，因此，企业经营者的角色就是在公司的这个契约网中协调各方的行为（博特赖特，2002：175－176）。而根据本书的观点，企业组织本身就是一个协作系统，它的发展和获取收益都是为全部员工服务的，企业组织中每个人都有相应的权利和职责，与此相适应，更有效的企业组织是实行共同治理的机制。当然，至于协作系统的效率就在于企业组织中的协调水平。

总之，管理者作为企业组织的信息交流系统中相互联系的中心，最重要的作用就是协调各方面的协作关系。正如芙丽特指出的，企业管理者要把个人的目的和企业的目的结合起来，所依靠的不是命令和服从，而主要靠管理者的协调、确定目的和鼓励人们对情景规律作出反应的技能（雷恩，2000：344）。事实上，巴纳德（1997：29）也强调指出，正式组织就是由两个以上的人所组成的，有意识地协调各种的活动或力量的一个系统，"如果协作体系不能进行调节并克服环境中新的限制，它就必然会失败。这种调节过程就是管理过程，专职机构则是经理人员和经理人员组织"。同样，普拉哈拉德和哈默尔（Prahalad & Hamel, 1990）也正是从协调的角度来认识企业的核心竞争力，他们说，核心能力就是"组织中的累积知识，特别是关于如何协调不同的生产技能和有机结合多种技术源流的知识"。然而，正如罗森（1999）指出的，"最有能力的经理能力是稀缺的，……高层经理的能力增加或降低一点，就会对总产量有巨大的影响"。当然，对一个企业组织的效率来说，不仅是经理人员的显性协调能力问题，而且也包括企业组织内部的隐性协调。但不管如何，我们认为，正是组织内外协调水平的高低造成了企业效率的差异。

第二节　影响企业协调的十大因素分析

上面的分析认为，企业组织的协调主要包括显性协调和隐性协调两方面的内容，因此，要考察企业组织的总体协调效率，就要分别考虑影响显性协调和隐性协调的因素。实际上，正如威廉姆森（2002：11）指出的，交易成本这个概念之所以长期缺乏可操作性，就在于这个词汇大而无当；交易成本理论想要继续前进，就不可避免地要等到解决了可操作性问题之后，而"除非能把影响交易成本的各种因素一一确定下来，否则还是说明不了为什么某一交易得以这种方式来组织，而另一交易却必须由那种方式来组织的问题"。同样，如果仅仅讨论协调，这个概念本身同样是大而无当的，要使得这个概念具有可操作性，我们也必须探讨影响协调的各种因素。当然，由于影响企业协调水平的因素实在太多，必然无法逐一展开分析，因而这里也只能择其要者而将之粗略地归纳成十类：（1）就影响显性协调的因素而言，主要包括：技术水平、产权安排、管理者能力、企业规模和组织结构以及社会的制度设施等；（2）就影响隐性协调的因素而言，主要包括：信息的沟通机制、企业的目标、企业内文化、企业间关系以及社会伦理传统等。因此，本节就这十大因素逐一加以说明。

一　影响显性协调的基本因素

首先来分析影响企业显性协调的因素，这主要从影响经理人员所发出命令的正确性及其产生效果的有效性两方面进行考察。其实，尽管现代主流那些经济学因其抽象主义思维而将重点放在交易和资源配置上，但影响显性协调的因素却一直是西方管理学界所关注的核心课题：从泰罗的《科学管理原理》、法约尔的《工业管理与一般管理》到巴纳德的《经理人员的职能》和《组织与管理》，直到目前西方学术界铺天盖地的冠以"领导权"（Leadership）之名的各种管理经典和畅销书都是把重点放在这方面。

(一) 技术水平的高低

企业显性协调水平的大小首先与技术的发展状况有关。根据企业组织的发展演变史，我们可以知道，技术的变革直接导致了企业组织结构的变化以及信息的传播。例如，在 19 世纪中期之前，中、西方的贸易主要是通过飞剪船的快速往来进行的，但到了 19 世纪 60 年代之后，由于效率更高的轮船的出现和 1869 年苏伊士运河的开通，使得太平洋两岸原本需要一月才能得到的信息缩短为一周，这就极大地影响了中国的丝绸、茶叶等商品的供求。特别是，随着电报通讯的扩展，对代理业务产生了更为深刻的影响，此时"同中国的便捷的通讯已使任何初期的供应不足几乎是不可能发生的"（赫延平，1988：21）；这样，原先靠垄断优势而组织起来的老牌洋行就越来越受到小洋行的强有力的竞争，这甚至最终导致了中国的商业中心从广州转移到了上海。正如钱德勒（1999：30）指出的，"直到 19 世纪 70 年代，由于现代交通和通信网——铁路、电报、轮船和海底电报——和为了把这些作为统一系统运转起来而绝对必要的组织和技术革新的完成，才使原材料能够以一定的速率和数量并在能够取得生产能力上的重大经济成果所要求的精确的时间安排下向工厂（或加工厂）流入并转变为制成品流出"。相应地，目前的计算机、互联网的兴起和发展则使得生产进一步网络化、市场进一步国际化。特别是，在新技术条件下，由于信息传播在瞬间就能完成，那些依靠囤积资源以期获取垄断暴利的组织更加难以存在。一般来说，信息技术的发展，对企业协调水平的提高至少具有如下三方面的好处。

（1）技术的发展可以改变生产工艺，从而使得生产过程的协调能力大大提高。显然，正是生产技术的发展导致生产工艺的革新，使得依靠管理者进行生产规划的科学管理体制得以应用。钱德勒（1999：23）就指出，"19 世纪最后的 25 年中，生产工艺的重大革新产生了许多新工业并改造了许多老工业。这些工艺，在其利用规模经济和范围经济的空前未有的成本优势的潜力方面，是不同于早先的工艺的"。就中国当前的制造业发展而言，主要就是由于技术进步的结果。例如，根据一些学者的研究，当中国工业生产率的增长被分解为由技术进步和规模经济所引致的两个分量时，技术进步对生产率增长的贡献远大于规模经济的贡献，在 1980～1988 年前者相当于后者的 5.7 倍（郑玉歆和罗斯基，1993）。村上等（1994）对北京、上海和广州三大城市的 150 个服装加工企业的抽样调查数据表明：合资企业的技术性效率最高，乡镇企业其次，再次是国有企业，最后是城市集体企业。

（2）技术的发展可以改变销售网络，从而使得销售与生产之间得以形成更紧密的协调。譬如，当前网络技术的出现减少了企业和消费者以及供应商之间的环节，使得消费者和供应商更容易了解产品的信息，从而降低生产前后原材料购买以及产品销售的交易成本。据统计，使用电子数据交换（EDI）的公司一般可以节省 5% ~ 10% 的采购成本；美国商务报告也显示，通过网络销售保险单的成本比传统的代理人方式可以节约销售成本的50% ~ 100%。表 1 给出了美国航空客运机票的不同订购方式之间的成本比较（谢康等，1999）。

表 1　美国航空客运机票不同订购方式的交易成本

单位：美元

预定方式	旅行社通过计算机预定系统订票	旅行社直接从航空公司订票	乘客直接从航空公司订电子机票
交易成本	8	6	1

（3）信息技术还可以改变企业的组织结构和管理方式，从而使得企业系统融资、研发、采购、生产和销售之间更为协调。一方面，信息技术的发展可以提高生产的灵活性，并促进工业区的柔性专业化；此时，熟练工人用多目标的技术和柔性的市场方法来根据市场变化或各种新兴需要而组织灵活生产，从而强化了产品和市场之间的协调。另一方面，信息网络技术也可以极大地降低管理的层级，减少信息的失真度，从而使得企业的管理成本相对收缩。传统的管理理论认为，企业内每个管理层次的最佳管理幅度是 7 ~ 13 人，这种管理理论隐含的假设条件是在非计算机信息技术条件下的常规信息处理效率。然而，计算机网络使得管理收集、分配和处理各类信息的效率大为提高，现在的管理人数已经上升到了 100 ~ 150 人（谢康等，1999）。事实上，目前电子商务就极大地改变了经济的形态，譬如，美国亚马逊网络图书公司，提供 250 万册图书在线购买，而只要两个人管理就够了。此外，需要指出的是，信息技术的改进还有助于对机会主义行为的发现，从而降低监督成本，这也便于管理方式的改变。

总之，正如钱德勒（1999：20）指出的，"正是新技术的发展和新市场的开放，导致规模经济和范围经济并使交易成本减少，从而使大的多种单位工业企业在那个时候、那个地方以那种方式产生。这些技术和市场的变化说明了为什么这种企业制度在某些工业里而不是在其他工业里出现，并且不断地集中出现"。事实上，这些系统不仅使得经理人员更容易处理相关业务之间的协调问题，降低业务单元之间的协同费用，甚至可以使银行、保险等行业进入企业的销售渠道之中。而且，新信息技术允许管理信息系统建立在诸如后勤、存货管理、生产作业计划和销售力量作业计划等领域。所以，波特（1997a：327）指出，"随着梳理复杂的在线数据能力的不断提高，信息技术正使自动订单处理系统、自动材料处理系统、自动仓储以及制造以外的其他价值活动自动化的系统得以发展"。

（二）管理者的协调能力

管理者能力本身也就是企业显性协调水平的关键。因为管理者是企业决策的中心，也是沟通的中心，其能力直接涉及企业组织的战略目标及转化、生产和销售的衔接以及在既定企业资本下对人力资本和物质资本的运用等。事实上，管理者是企业战略的制定者，而这些战略显然涉及对市场目标的认知，对市场营销、销售、分销的认知，对产品制造、原材料采购和劳动力雇用的认知，更涉及有关财务控制和研究开发等费用的安排和投入等。正如钱德勒（1999：27）指出的，"在资本密集的工业里，为了维持最低效率的规模而需要的生产率，不仅要求认真协调通过生产工序的流量，而且要求认真协调供应厂商的投入流量以及到中间商和最终用户的流出量"；"这种协调未曾，事实上也不可能自发产生。这种协调要求管理人员班子或等级制管理班子保持经常注意。……这种经济取决于知识、技能、经验和集体工作——取决于为了利用技术工艺的潜力所必须的、组织化了的人的能力"。可见，管理者的能力水平对企业组织的长远发展是至关重要的。

首先，就高层经理人员而言，他的主要工作在于企业整体发展的战略。钱德勒（1999：749）认为，"高级管理人员的能力对工业企业长时期的健康发展最为关键。他们是负责经营的最高层管理人员和在总办事处工作的管理人员，负责招聘中级管理人员，并督促他们的工作；划定并分配他们的任务；对他们的工作进行监督和协调；此外，还负责计划、安排和分配企业的全部物力财力"。一般来说，在企业等级链中处于越高地位的管理层，其工作就越是战略性的，越需要对整个企业在市场的地位、竞争力的优劣乃至产业结构的变化有基本的了解，这就是高级管理者的协调能力。否则，就会如明茨伯格在《经理工作的性质》以及怀特在《经理的工作有多么艰辛》一书中所描绘的，每天有大量的邮件、电话和会晤占据总经理的全部工作时间，以致他根本无暇阅读书刊，连与家庭和朋友在一块的时间也不断减少，这使得总经理不但无法更好地处理人际关系，也无法紧随社会发展的新信息；而且，正因为总经理过多地把注意和精力放在了现场的、具体的、非常规的活动上，对企业的长期发展规划的深思熟虑就会有所欠缺（孙耀君，1998：508）。

其次，就中层经理人员而言，主要负责具体目标的制定和执行。钱德勒（1999：749）认为，"在维护市场份额方面，对低级行政人员的工作负责的中级管理人员的能力，要比管理经营单位的低级管理人员的能力更为重要。这些中级管理人员不仅必须发挥并运用在具体职能和具体产品方面的管理能力，他们还必须培养低级管理人员，提高他们的积极性，对他们的工作进行协调、联系和评估"。根据明茨伯格的看法，中层经理在企业组织中应该随时保持三方面的信息通达：（1）与上级的沟通；（2）与外界（其所管理单位以外的人们）的沟通；（3）与下属保持经常性沟通。本尼斯则进一步强调，即使外部环境一项，经理人员也必须与8个方面进行协调：政府、分销商和顾客、股东、竞争对手、原材料和能源供应商、人力和人才市场、工会组织和企业内的各种社会群体；而且，上述8种因素相互作用、相互影响和相互依存，并与法律、公共关系等方面也存在千丝万缕的联系，这都增大了对经理人员协调能力的要求。

总之，企业组织的显性协调不仅体现为高层管理者的活动，同时也体现为其他各层经理人员的活动。因此，对一个企业组织而言，经理人员的管理能力是多层次和综合的。例如，波特（1997b：66）就认为，企业组织的综合管理能力主要体现为这样几个方面：首席执行官的领导素质和激励能力，协调具体职能部门或职能集团间的关系的能力，管理阶层的年龄、所受培训及职能分享，管理深度以及管理的灵活性和适应性。实践也表明，管理者能力是与企业组织中显性协调水平最直接相关的因素，事实上，家族企业低效率的最主要方面也就出在管理者的协调能力方面。所以，钱德勒（1999：42）指出，"高中层经理加在一起的能力可以认为是组织本身的技能。这些技能在组成新的现代工业企业的组织能力的所有能力中是最宝贵的"。譬如，谢千里（G. Jefferson, 1993）对中国的钢铁企业的全要素生产率进行分析认为，企业的低效率有 31.8% 是企业产品结构和管理水平的原因，而其他如企业资金构成的影响占 45.8%，企业规模的影响占 16.5%，企业资产年限的影响占 18.6%。可见，正如巴纳德指出的，经理人员的作用就是在一个正式组织中充任系统运转的中心，并对组织成员的活动进行协调，指导组织的运转和实现组织的目标。

当然，也正如钱德勒（1999: 42）指出的，"组织能力，除高层管理者的技能之外，还包括底层管理者和劳动力的技能"。也就是说，生产者的能力也是影响企业显性协调的重要因素（也是影响隐性协调的重要因素）。例如，日、美两国企业对员工的技能要求不同，两者的协调能力也相差比较大。其实，影响企业效率的关键因素就是企业的人力资本存量和结构安排；但是，基于目前生产者处于被雇佣者地位这一事实，生产者能力的考核和选择也就成为管理者的能力之一。而且，就人力资本的存量而言，它一般与一个国家的总体人力资本水平有关，主要由一国的社会发展水平、教育状况所决定；而由于这里主要探讨一定历史时期中企业的效率问题，而一国的总体人力资本水平不是一个企业所能左右的，因而笔者这里不对此进行讨论。实际上，在一国既定的人力资本水平下，单个企业中的人力资本水平的差异与该企业的发展历史，特别是该企业的历届管理者的协调能力（选拔人才水平）有关；而在企业既定的人力资本水平下，企业内部对人力资本的结构安排状况实际上在相当程度上又反映了企业管理者的协调能力的水平。

（三）组织规模和结构配套性

经理人员对企业组织内部活动的协调功能除了对具体的生产和销售发出指令外，更主要的功能在于通过企业制度的建设以维护企业运作的长期稳定。这主要表现在两个方面：一是企业组织结构的设计，二是组织规章制度的制定。当然，由于组织结构和规章制度等具有继承性，而不可能是由经理人员在短期内建构而成；因此，在某种意义上讲，经理人员的日常行为又受这两方面的制约，也即，组织结构会对经理人员的显性协调效果产生重大的影响。正因如此，我们把它们视为影响企业显性协调水平的重要因素。

关于企业组织的规模对协调的影响，前面在探讨企业的规模问题时也已经作了分析：（1）随着企业组织的规模扩大，边际协调收益一般是递减的；（2）企业组织的规模也显然与行业性质以及产权属性密切相关，不同行业以及不同的产权结构所对应的协调机制也是不同的。例如，刘小玄（2001）就假设了一个基本的函数关系：效率 = F（规模，制度），并以此来探讨规模对企业效率的影响，特别分析了国有企业由分工所带来的效益增进。显然，这种分析与笔者前面揭示的国有企业规模过大具有一致性，这里不再赘述。而且，企业组织的规模实际上往往与组织结构联系在一起，因而这里主要阐述组织结构对显性协调的影响。

巴纳德在分析经理人员的职能时，把提供信息交流体系视为第一个功能，而信息交流职能的第一方面就是组织职位的确定，即组织构造。巴纳德（1997：172）说，"组织的这个方面过度地受到正式的注意，因为它能够表现为组织图、职务说明书、分工规定等。……当我们单独研究组织构造时，始终假定它是战略因素"。因此，这里把企业组织结构视为影响企业显性协调效率的基本因素，有学者甚至将其称为组织资本。然而，正如威廉姆森（2002：391）指出的，"近来，大部分研究公司的理论都不太注意研究公司的构架，而把注意力集中到激励机制上面。但事实上，即使在那些不必为解决投机问题而考虑实行激励机制的企业中，组织形式也是至关重要的"。

组织的重要性早在马歇尔的观点中就予以强调了，他将组织视为四大生产要素之一。而组织结构之所以重要，就在于它根本上规定了企业组织内的协调机制。当然，反过来，协调机制的演化也必然会推动组织结构的变革，前面"企业组织的历史起源"部分就此已经作了分析。当然，企业组织的结构设置也是与其他因素密切相关的：（1）它与产权安排是紧密相连的，产权安排状况在很大程度上制约了企业组织的形态，如在传统国有的计划体制下，往往采取层级制的组织结构；（2）在更微观的方面，企业的组织结构还与社会文化、伦理道德等密切相关，如日本和美国，德国和法国就存在显著的差异。

事实上，作为增进协调的协作系统，组织结构的设计归根到底要有利于企业决策的效率，这显然又直接与信息的分布有关。一般地，层级制决策—信息机制是与内部分工体系相联系，每个较低层级的决策者的决策权总是其上级决策的分解，而不是独立于后者的，因而其具有分散收集、纵向传输、分层集中整理的特点。相反，分散型决策—信息机制则与外部分工体系相联系，其特点是分散收集、横向传输、分散整理。显然，如果信息比较集中，则相对比较容易采取集中决策的方式，从而单一制的 U 形企业就比较有效；相反，如果信息是分散的，则就应该采取分散的决策机制，这时多部门的 M 形就更适合。正因如此，我们可以看到，在那些小规模企业或者中间产品链不长的企业组织中，往往实行单一的 U 形组织，并实行集中决策；相反，在中间产品链较长的庞杂的企业组织中，往往比较流行矩阵式的 H 形结构，并有将决策分散的基本趋势。

最后，需要指出的是，企业组织是不断演化的，其演化的基本途径就是环境的适应性：组织如果不能适应环境的变化，那么这种组织必将会越来越缺乏效率，并最终走向衰败。譬如，随着社会的发展，知识和信息越来越成为生产的关键要素，那么，组织结构也必须与这种关键生产要素的特点相适应，这是企业网络化发展的基本动力。

（四）规章制度设施

上面提到企业规章制度与管理者协调能力的发挥是相互影响、相互促进的，其中，最为关键的是企业组织内部的激励和监督机制。如果没有建立较为完善的监督体系，那么，机会主义行为就会盛行；这样，企业组织就无法把主要的资源投入生产方面，而是不得不应付日益增长的内生交易成本。同样，如果没有形成良好的激励机制，那么，企业组织本身就得不到员工的认同，员工的生产潜能也就无法得到充分的施展，因而企业组织必然缺乏长期发展的基础。

一般来说，这里所讲的规章制度设施也就是指有形的、具有正式约束机制和实施机制的制度安排，这种规章制度可以从两个层次上理解。（1）从广义层次上而言，这种正式规章制度是指建立在显性规则基础之上的、正式的国家范围内的制度安排，如法律设施、政府条例等；（2）从狭义层次上而言，它也可以是建立在隐性规则之上的、仅限于特定地区、行业和团体的制度安排，如行规、协会规章等。一般来说，两种规章制度应该是相容的，如果不相容就会导致制度间的不协调，就会出现"厂规"和"法规"的冲突，厂规执行起来必然会遇到困难，因而也必然会导致企业内部规章制度的失效。

显然，这两类制度设施应该具有相容性，企业组织内部的规章制度只有和社会制度设施相适应，才能取得真正有效的协调水平。譬如，在日本，整个社会制度追求长期的合作，因此，企业组织就敢于并偏好从刚毕业的初中、高中和大学毕业生中招聘新雇员，即使不能立刻给全部新雇员分配工作，仍然一下子招聘许多雇员，并在企业组织内部进行培训和职务提升；相反，如果一个人在某企业里已经工作了一年、五年乃至二十年，那么就难以被别的企业再雇用，甚至连考虑也谈不上，被解雇的人更难以在一个规模类似的企业里找到工作。正因如此，日本企业可以作长期的发展规划和协调工作，并对企业组织内部成员进行特殊的人力资本投资。但是，在中国当前，由于社会合作和信任处于失范状态，社会上没有一个较为完善的制度，企业组织也就不愿培训职员，而更倾向于从市场或者其他企业中挖一个所需要的人。正因如此，不但造成了毕业生的就业困难，也使得企业组织无法形成长期的规划，企业内部的协调当然也就是粗放式或短视的。

而且，企业组织的结构设置也要与这两种有形的、正式的制度安排相适应，并形成相容和共生性的企业内部制度安排，才能发挥出应有的效率。奥地利学派强调，企业家精神在发现有用的知识，调配资本、劳动、技术和原材料，以及创造不断增长的产出这些活动上的重要性；因此，在当今知识日渐凸显并日趋复杂多变以及信息偏在性日益增强的智力社会，就必须有配套的制度实施来保障知识企业家的创新动机。一方面，建立在显性规则基础之上的、正式的国家范围内的制度安排，直接对企业中员工的行为起到约束、协调作用；另一方面，建立在隐性规则之上的制度安排也有利于管理的协调，如日本企业发展出的终身雇佣制、年功序列制等就是如此。

当然，一般而言，建立在隐性规则之上的制度安排与其他的非正式制度安排，如社会习俗、伦理道德等具有更直接的联系，如企业制度内蕴含的凝聚力就与其特定的社会文化密切相关。在日本企业中，它们的这种高度道德义务感既非以血缘关系为基础，也不是出自法律契约的约束，而是组织成员之间兴起的类似教友情谊般的道德义务感，个体可以自由选择是否加入，但要退出却受到限制。一个为了高薪而跳槽的员工可能沦落到无处容身的下场，同时，向其他公司挖墙脚的企业也会遭到同行的抵制；这些惩罚也不是来自法律规定，而是出于企业间自发的约束力量或社会道德的压力（福山，1998：208－209），这些都是社会的协调方式，这种社会协调无疑有利于企业内的协调。

（五）产权的安排结构

要在企业组织内部形成一个有效激励—监督机制，首先在于对每一个成员的责权界定，这个责权界定也就是产权的内涵。可以这么说，产权结构是一定激励—监督体制得以形成的基石，其基本功能就是使得各参与方对未来的预期更为明确。事实上，"企业组织的治理结构"部分已经指出，产权安排本质上体现为一种治理结构，其基本功能体现在两个方面：激励和约束；其中，约束是监督层面，激励则是协调的动力。显然，在一定的条件下，不同的产权安排带来的企业协调和效率也是迥异的，因为产权结构直接影响到经营者能力的发挥。譬如，在企业产权归属某单一主体所有的情况下，必然会形成单向的治理结构；在这种情况下，人力的监督成本就往往过大，从而影响了协调劳动的投入和协调水平的提高。相反，在体现协作系统的多元产权体系下，更容易形成社会共同治理模式，从而更容易发挥制度监督的作用，从而节约监督劳动的支出，而提高协调劳动的支出。

当然，产权对责权的界定必须有一个有效的实施机制来保障，如果缺乏有效的实施机制，那么，产权本质上就是缺失的，责权无法真正落实，预期也就成为空中楼阁。譬如，在传统的国有企业中，宪法也明确规定了企业组织的产权归属，但是，并没有一个完善的法律来保障产权所有者使用权利，结果产权界定也就成了空话。也正因如此，企业的剩余索取权并没有真正归属于法律上的所有者，并在此过程中形成高昂的谈判成本和法律界定、实施成本。刘小玄（1995）的研究就指出，在旧体制下的国有企业决策中的协商成本过高以及剩余索取权的差异是国企效率不如乡镇企业等其他非国有企业的主要原因。

最后，需要指出的是，既然产权仅仅是为提高经济效益的一个治理手段，因而就不应该把产权改革当成目的本身，特别是，不能把特定的产权结构当成改革的唯一方向。相反，要明白，产权结构不是单一的，不同条件下的有效产权具有不同的形式。一般来说，产权的改革，产权结构的变动都是为了注入产权对激励和约束的有效作用，并通过提供某种动力以解决企业内部的两方面问题：（1）通过激励来解决协调问题；（2）通过监督来解决偷懒问题。而且，影响产权安排的一个主要因素就是它所面临的信息特征。其实，如果人们之间达成的合约是完全的，那么只要制定最佳的激励合约就可解决经济效率问题，此时产权安排也就无关紧要了（费方域，1998：7）。然而，正是由于合约的不完全性是真实的、普存的，从而就有了产权安排的必要。因此，我们说，最优的产权结构是信息效率的函数：一般来说，效率的高低是信息不对称程度的函数，因而产权的结构也就与信息的分布状态有关。

二 影响隐性协调的基本因素

如果说显性协调是从命令的发出方而言的，那么，隐性协调就主要是从命令的接受方而言，其关键在于行为的自律和对组织的认同。因而，这里从认同这一视角对隐性协调加以考察。事实上，尽管企业组织的显性协调一直是管理学研究的重点，只是自霍桑实验以后才开始强调非正式组织的重要性，但霍桑实验却使得人际关系逐渐成为产业界关注的重点。据说，"二战"后视察美国的欧洲管理者的报告书的95%都认为"美国成功的真正秘密是人际关系"（转引自饭野春树，2004：6）。当然，日本等东亚国家"二战"后企业的发展更加凸显了人际关系的重要地位。不过，与管理学重视非正式组织形成鲜明对照的是，迄今为止，经济学的企业理论中似乎依然没有将企业伦理纳入系统理论研究的范围，这正是目前的流行企业理论与现实脱节的一个显著方面。因此，这里将伦理问题纳入隐性协调的角度进行考虑，并通过对影响隐性协调之因素的全面分析，从而揭示体现伦理关系的隐性协调对企业效率的影响。一般地，影响隐性协调的因素可以大致归纳为如下几个主要方面。

（一）信息的沟通模式

巴纳德认为，经理人员的第一项职能就是建立和维持一个信息交流体系。尽管巴纳德主要集中于组织构造和经理人员的选任、激励等方面，但他还是指出了增进信息交流的非正式途径的必要性，并强调促进人们同组织建立协作关系的必要性。这就涉及了隐性协调机制的建设。一般来说，在协作系统的隐性协调方面，信息沟通是一个非常重要的因素，因为即使组织有为成员共同服务的目的和动机，但如果不为成员所理解和接受，也很难转化为集体的高效行动。因此，企业组织要有效运作以及协调发展，首先需要重视组织内外的信息沟通问题。在某种意义上讲，组织内外的信息传递也就是管理职能的一个重要方面。前面也指出，决策是应该与信息状态是相应的，一个好的决策更应该依赖于信息的沟通。特别是，协作系统观的企业理论则更为强调组织内的人际关系的作用，这就涉及双向沟通以及非正式沟通的必要性。因为协作系统特别是强调个体的主动性，主动性发挥的有效性则依赖于他们之间的协调性，而协调性则又需要把个人知识转换为共同知识。显然，如果没有一个良好的内部信息沟通渠道，就会产生信息沟通的扭曲，导致囚徒困境的出现。因此，这里把信息沟通主要集中在作为协作系统的企业组织内部的信息传递和共享方面，信息沟通对企业效率的影响主要是通过增进隐性协调来达致的。当然，按照巴纳德的系统说，组织本身就是具有相互传递意向能力的人群，他们为了达到共同的目的而想要主动做出贡献。

一方面，企业内部的信息沟通体现为企业人员的横向信息的默会沟通。事实上，隐性协调的最直接的因素就是默契的自动信息传导机制。马尔萨克和拉纳德（Marschak & Radner，1972）曾经建立了一个团队生产模型，来阐述默契的信息沟通机制对提高效率的影响。设一个团队 A 有 n 个成员，每个成员控制一个行动，记为 A_i；团队产生的效益就取决于团队行动 $A = (A_1, \cdots\cdots, A_n)$ 和协调状态 S，记为 U (A, S)；如果在行动之前，每个成员 i 都接受到一个信号 Y_i，而该信号是协调状态 S 的函数，即有 $Y_i = \xi_i (S)$，其中，$\xi = (\xi_1, \xi_2, \cdots\cdots, \xi_n)$ 是团队的信息结构。那么，团队成员的决策函数就可以表示为：$A_i = A_i (Y_i) = A_i [\xi_i (S)]$；因此，团队的收益就可表示为：$U (A, S) = U \{A [\xi (S)], S\}$。

另一方面，企业内部的信息沟通还表现在上下级之间的纵向传递，因为上级作出的决定必须传达给下属才能执行。这一方面体现了有效的组织结构，另一方面也体现了企业中的权威关系。然而，尽管权威是具有沟通性质的东西，但它要依赖于下级的接纳，而管理者要维持这种权威所能够作用的范围是有限的。因此，上下级之间的信息沟通更重要的可能是体现为下级对上级指令的理解以及接受的意愿，这就涉及下级对上级的认同问题。这也是信息沟通有效性的一个重要方面。巴纳德（1997：138、145）就指出，"权威一方面取决于个人的协作态度，另一方面取决于组织的信息交流体系"，"信息交流、权威、专门化和目的都是协调所包含的各个方面。所有的信息交流都同制定目的和传达协调行动的命令有关，因而依存于向愿意协作的人传达信息的能力"。显然，这里就涉及企业组织的目标和管理者的能力问题。根据巴纳德的看法，好的领导能力就是"从下属的立场看来"能保证使利益和负担间平衡最为有利的那个人；为此，他还特别强调，企业有必要创造条件提高工人对权威的接受，这表现为支付足够的薪水、改善福利设施、加强员工培训等（饭野春树，2004：33）。进一步地，信息沟通也可以从企业组织结构、产权安排和人员素质上得到充分反映。

然而，在古典泰罗体系中，组织的信息在白领管理阶层中按等级分立开来，而不是在整个组织内广为传播。因此，在这样的体系中，每个个人都知道自己的岗位在哪儿，怎样工作，什么时候休息，这不需要他们之间相互沟通，也不需要他们表现出丝毫的创造力和判断力。显然，这种体系在等级制的组织中也许是可行的，并且也有助于协调低技能的劳动力。事实上，最早采用泰罗制的福特公司在 20 世纪 20 年代里，其蓝领工人半数都是不会讲英语的第一代移民，即使到了 20 世纪 50 年代，80% 的个人还没有接受过中学教育。但是，随着组织从等级制发展到平展式或网络式组织，这种管理体系决策缓慢、制度不灵活的缺点就暴露出来，并无法适应新的环境；那么，一种有助于信息流通和交流的新机制也就应运而生了，这种体制要求基层劳动力来负责每天的日常安排、机器安装、工作纪律以及质量控制（福山，2002：262）。

例如，硅谷的开拓者们奠定了权力分散性工业系统的基础，这一系统模糊了社会生活和工作的界限以及公司之间、公司与当地社会机构之间、管理者与工作者之间的界限，因而传统公司中的等级制度就几乎不存在。事实上，在硅谷，工程师和专家们往往组建一个团体，高层管理集中的权力通常被分散到各个自治的工作团体之中；而团体之间和高层管理之间都是同等关系，这就消除了雇主和雇员之间的界限。特别是，在共同参与的技术项目中，工作者和管理者的区别变得非常微小。例如，惠普公司就抛弃了被视为传统的美国公司特性的集中管理制度，取而代之的是职员共同参加策划工作，共同参与行政管理。被誉为"惠普模式"的基本特点就是，对个人能力的充分信任、极高程度的专业化自主性以及优厚的雇员福利（萨克森宁，1999：57）。这种重视企业内部信息沟通，特别强调发挥下层员工积极性的模式在日本更为典型。也正是在这种互动信息的基础上，丰田公司发展出了即时管理体系和精益生产体系。

总之，由于经理人员处于协作系统内部相互联系的信息交流体系的中心，因而"经理人员的职能就是作为信息交流的渠道"，而"信息交流的目的（则）是协调组织的所有各个方面"（巴纳德，1997：169）。同时，经理人员的命令传递必须为下属接受才会发生效用，而成员之间的横向信息交流是当前技术革新的基本来源。因此，巴纳德（1997：73）强调，"组织理论说到底，信息交流占着中心的地位。因为组织的结构、广度和范围几乎全由信息交流技术决定的"。

（二）企业发展目标

像信息沟通模式一样，企业组织的发展目标也与显性协调水平密切相关。巴纳德（1997：181）就认为，经理人员的另一主要职能是制定组织的目的和目标，从而使职务明细化。事实上，不同的企业发展目标也确实是影响经营者之显性协调水平的重要因素，而且，它直接或间接地与其他因素有关，甚至决定了其他因素。譬如，目标会直接影响到企业的组织结构，因为只有建立与其目标相符的组织结构，企业才会有效率；同样，目标也影响到企业的产权安排，这一点在上一章已经作了分析。但是，这里更为强调的是企业目标的确立对企业员工自觉行为的影响，因而主要涉及它对隐性协调的影响作用。

一般地，如果企业组织的目标仅仅是利润最大化，那么，经营者的协调活动常常就会受到所有者的制约。因为经营者的利益与利润最大化的目标往往并不一致，因此，所有者就会担心经营者会偏离他们利益的目标，从而会增加对经营者行为和决策的干预。同样，如果企业组织的目标仅仅是增长最大化，是为了追求市场份额，那么，经理人员就会有更大的扩张动力；如果企业组织的目标仅仅是工人的收益最大化，那么内部职能很可能排斥局外人对企业发展利益的分享，此时企业组织反而不愿扩大规模。可见，不同的企业目标对员工产生的激励是不同的，这也影响了经理人员的决策以及决策的执行；相反，如果企业组织的目标是为所有相关人的利益，那么就较容易得到其他方面的协作，从而协调活动也就容易展开。正因如此，巴纳德才强调，作为一个协作系统的组织，其基本构成要素就是存在共同的目标。

事实上，根据前面的分析，西方社会流行的企业利润最大化并非企业所有构成要素的共同目标，而仅是特定个体的目标；在这种目标的指引下，往往会促进那些投资者产生越来越膨胀的利益追求动机。特别是，在以脚投票的华尔街法则的支配下，这种短视的自利动机进一步膨胀，严重干扰了经营者的正常活动；因为即使是暂时、短期的利润下降，都会促使股票的抛售；而且，股票抛售的潜在可能所造成的接管威胁将会产生极其恶劣的负面作用，从而促使经营者协调活动的短期化。因此，德鲁克（2000：181）认为，诺贝尔奖获得者弗里德曼等所坚持的企业只有一种责任——经济业绩——的观点是"荒谬的，经济业绩是企业的首要责任。事实上，如果企业组织不能取得相等于资本成本的利润，那么它就是不负责任的，因为它浪费了社会资源。经济业绩是承担所有其他责任的基础，没有经济业绩就不能成为好的雇主、好的公民、好的邻居。但经济业绩却不可能是企业的惟一责任，正如教育成绩不是学校的惟一责任，治疗成果不是医院的惟一责任一样"。同样，J. 凯（2001）也指出，"一个将注意力放在增加收入上的医生是不应该被看成是好医生的，他甚至不可能成功地实现自己收入的最大化"。

所以，巴纳德（1997：36、47、70）特别强调，协作是为了满足个人的动机而组成的，组织的目标只有与协作参与者的目标相一致，组织才能生存和发展。相反，如果协作体系中必不可少的个人的行为是无"能率"（即协作成功给个体带来的利益）的，那么个人的无能率就会成为协作体系的无能率，协作体系就不能再存续下去，从而对全体成员都成为无能率的。随着社会的发展，对企业内部和外部协调的要求的日益提高，就必然要求重新审视企业的目标。其中，一个替代的方案就是要求企业为所有相关人员服务，并要求对资本的撤出进行限制，这就是"关联投资"方案。事实上，近二十年来，"华尔街法则"也正日渐衰落（何自力，1997：227）。

当然，上面的分析仅仅阐释企业长期性的根本目标对隐性协调水平的影响，一个企业组织的目标是否真正会伴随着较高的效率，这还与市场内外的竞争环境有关，因而企业组织在长期目标的基础之上还必须确定一系列的连续性的短期目标。波特（1997b：6）认为，企业目标和方针的确立是否恰当需要进行一致性检验，这种一致性检验包括如下几个方面：（1）内部一致性，即这些目标可以共同达到吗？方针和目标相一致吗？（2）环境适应性，即目标和方针是否适应环境的变化，是否能够处理面临的危机或者抓住发展机遇？（3）资源适用性，即目标和方针是否与公司可获得的资源相匹配，是否反映组织的应变能力？（4）沟通与实施，即目标能否为员工所充分理解以保证任务的执行？

（三）企业文化的凝聚力

企业组织的发展目标确定以后，就涉及如何实现这一目标。显然，目标的实现往往有赖于全体成员的共同努力，而努力程度又涉及成员之间的关系。其实，企业发展目标本身就是企业文化的一个主要组成部分，因此，企业文化以及它对成员的内聚力将成为影响企业内部隐性协调水平的关键。同时，企业内部信息沟通的有效程度也与企业内文化存在密切联系，因为它涉及企业成员的生活背景、技能的互补性、伦理的认同以及对特定信号的领会等。实际上，这种共同的生活和文化是成员信任和团结的基础，体现在"在一个企业中，全体人员的和谐与团结是这个企业的巨大的力量"（法约尔，1998：47）。在某种意义上，企业文化的核心就是企业员工共享的价值观，这种价值观告诉员工在组织中什么是最重要的以及应该关心什么。巴纳德就把正式组织视为具有道德制度性的东西，他清楚地认识到，"人与人之间的协作，是通过由人们的活动组成的正式组织，创造道德性这一事实"（转引自饭野春树，2004：82）。一般地，企业文化往往有两种基本的渊源：（1）它是长期社会学习的产物，并反映了过去工作表现，并在企业员工的代际间进行传承，如许多著名的企业文化都深深地根植于企业的历史中；（2）它也是由企业管理者不断培育的，并将共享价值观上升到指导企业员工行为的规范，从而企业的文化和价值观也就成为组织决策的基础。

显然，如果一个企业的管理者不被下属信任，那么下属就很可能积极地或消极地抵制他所要达到的目标；同样，如果下属的自信心被逐渐磨损，那么，管理者就需要花费大量的精力才能确信下属会遵守规章和命令。正因如此，近年来越来越多的学者认识到作为组织中正在变化着的文化价值体系的重要性，有关企业文化的理论探讨和案例研究不断涌现。例如，弗里曼等在其《公司战略与追求伦理》一书中就指出"追求卓越就是追求伦理"，"优秀企业的秘诀在于懂得人的价值观和伦理，懂得如何把它们融合到公司战略中"（转引自戴木禾，2001：8）。卡明斯和沃里（2003：553）则指出，"在今天需求型的环境中失败和成功的差别也就在于组织文化的差别"。事实上，到20世纪90年代中期，《幸福》杂志排名前500家企业中的90%以上都有成文的伦理守则来规范员工的行为，而且欧美一半以上的电器业都设有专门的企业伦理机构来负责企业有关伦理工作（戴木禾，2001：12）。一般认为，一个良好的组织文化具有两方面的特征。（1）能够给其员工以稳定感和归属感。如佩因（1999：5）强调，"经理人员如果希望培育一个充满信任、责任和抱负的组织环境，就必须建立一套基于合理伦理原则的组织价值系统"。（2）能够对违抗组织准则的人加以制裁，使其遵守规范。如阿尔钦和德姆塞茨甚至指出，通过言传身教，形成一种与基督教十诫完全相同的、浓厚的道德氛围，通过修身养性，以对一切后果负责的态度来端正我们的行为举止。

  首先，就降低企业组织的监督成本而言。一方面，良好的企业文化有助于弥补企业组织的正式制度之不足，在这种环境下，人们具有更高的自律性，从而减少企业的监督成本；另一方面，良好的企业文化有助于增强成员对企业组织的归属感，认同企业发展的共同目标，从而降低企业运行中的谈判成本和机会主义成本。事实上，根据 Yerkes-Dodson 的心理法则，个人选择理性的程度是与其所面临的压力有关的（刘小怡，1998：20）。因此，人的努力程度不是既定的常量，而是一个任意的变量。莱宾斯坦因也指的，人有本我和超我双重性格，这两种个性的相互并存和妥协，决定了个人既不是完全理性的，也不是完全无理性的，而是具有选择理性。也就是说，在生产过程中实际提供的努力程度，一方面取决于人的个性，另一方面又取决于个人所处的工作环境。正因如此，良好的文化对监督成本的降低，从而对企业效率的提高有重要的影响。

  其次，就增进企业组织的显性协调而言。企业中经理人员的管理权威很大程度建立在被认同的基础之上，如果员工相信管理者是为他们的利益着想的，就会更愿意自觉贯彻管理者的指令，这就涉及企业文化问题。因此，巴纳德强调，组织要想达到有效性和效率并使组织长期发展下去，就需要"给予共通目的以共通的定义，创造使其他各种诱因产生效果的诱因，在变化的环境中，给予无数的决策主观侧面以一贯性，灌输以协作所需要的产生强大凝聚力的个人的信心"这样的领导能力（转引自饭野春树，2004：66）。否则，领导的指令就会被扭曲，甚至被搁置。戈尔巴乔夫感慨地说，"实在难以想象，连我的命令都要检讨该不该执行"（转引自堺屋太一，2000：135）。在这种情况下，苏联的解体也就不可避免了。而且，经理人员与企业相处时间越长，或者经理人员来自本企业下层，就越容易认同企业文化，也就越容易为员工所接受。正如法约尔（1998：46）指出的，"一个只有中等能力但长期留下来的领导比那些能力虽强但停留不长的领导更为大受欢迎"。实际上，这可以通过对日、美企业的比较得到证实。

最后，就增进企业组织的隐性协调而言。巴纳德（1997：67）指出，"构成组织的应该是人的服务、行动、行为或影响，而不是人。那就很明显，人们贡献努力的意愿是协作体系所不可缺少的"。这种协作意愿也就与企业文化有关。一般而言，企业文化的重要性凸显了企业协调水平的深化，这特别体现在隐性协调对企业效率的影响上：（1）由于企业文化是企业组织成员共同拥有的价值观、信念和行为准则等，从而有助于企业内部横向和纵向的信息交流或传递；（2）企业文化实际上体现为属于企业组织长期积累的默会性知识，这种知识可以减少企业成员之间的讨价还价行为，并减少对他人行为、企业未来的预期的不确定性。1924～1932年梅奥根据霍桑实验提出的人群关系理论就指出，工作中的人际关系和心理因素比物质条件更为重要，它对于生产效率起主要的决定作用，而物理环境和物质刺激只有次要的作用。

事实上，在早期社会中，企业组织的协调是粗放性的，效率主要靠管理者的显性协调和监督，因而文化也得不到像如今如此程度的关注。例如，在古典泰罗管理体制中，把个人看作新古典经济学意义上的经济人，是消极、理性而孤立的个体，其行为反应也是基于个体的私利；因此，科学规则的制定就是把工作场所架构得井井有条，要求等级制度中处于下层的个人遵守正式规则。而且，此时个人不需要有自己的主动心、判断力，甚至也不需要个人的特殊技艺，除了机械操作以外的一切都由工程师来进行，因而也不需要所谓的信息沟通和协调；同时，管理人员激励工人的办法只是简单的胡萝卜加大棒，这也是当时计件工资制能够迅速盛行的原因。当然，正是在这种体制下，个人也就没有任何理由把企业的目标内在化，或是把企业主看成大家庭的一部分。因此，这种体制也不要求劳资双方之间有任何信任，企业组织的社会资本和非正式社会规范也就比较缺乏（福山，2002：283）。

但是，正因如此，导致西方资本主义社会发展后劲缺乏，直至陷入当前的困境之中。特别是，当后福特体制呈现的网络式组织以一种允许职工自我组织和自我管理的方式内在化后，高程度的信任和社会资本也就成为组织有效运转的必需品；此时，作为隐性协调水平之核心的企业文化就日益显得重要了，这已为当前的发展实践所证实。事实上，欧美企业不能做成的交易在日本的大商社之间却可以展开，究其原因就在于"这些商社的广泛的管理制度能使雇员之间保持相互支持"；相反，日本"商社获得成功的关键取决于各个办事处是否心甘情愿地做出这些牺牲——心甘情愿是能够做到的，因为日本综合商社使用的管理办法使职工了解，这种牺牲将来总是能够得到报偿的——从而培养了他们的信任感。最终，一切事情都会做得公正"（大内，1984：5）。

总之，通过企业文化的熏陶和优秀伦理的训导，企业内部往往能够创造出一种团队生产的精神和忠诚感，从而一方面降低监督成本，另一方面又能够增进协调收益。同时，优秀企业伦理又从两方面增进了企业协调收益：（1）有助于增进企业组织的隐性协调；（2）有助于增进企业组织的显性协调。所以，野中几次郎（2001）指出，"日本最成功的公司管理者认识到创造知识不单是对客观信息进行加工的事情。相反，它依赖于对雇员的默示的，提倡非常主观的洞察力、直觉和信念的处理"。正因如此，越来越多的企业组织开始把企业内的文化建设和伦理培育视为形成企业内部社会资本的关键，这种社会成本对协调企业内部成员的关系以及对信息的沟通都是至关重要的。

（四）企业间的合作度

前面指出，协作系统是多层次的，企业组织是圈层扩展的协作系统的其中一个层次，将之稍作扩展就涉及企业之间的联系；考虑到与其他企业在人员雇用、业务来往、信息共享以及资金融通等方面的千丝万缕的联系，企业之间也就构成了一个协作系统。从这个角度上讲，协作系统要能够不断扩展和有效运转，就必须把对内适应和对外适应沟通起来，把作为单元的组织与更大系统的社会结合起来。美国著名的组织理论家 W. 本尼斯就强调，组织只是社会这个大的组织系统中的一个构成部分，因此，它既是一个独立的单元，又与社会结合为一体。在这种情况下，组织要生存和发展就必须完成两项互相关联的任务：（1）协调成员之间的活动和维持内部系统的正常运转，这就要求组织经由某种复杂的社会过程让其成员适应于组织的目标，而组织也适应成员的个人目标，这称为"内适应"或者"内协调"；（2）协调组织与外部环境的交流和交换，把组织作为一个整体在组织外部协调双方的关系，这是"外适应"或者"外协调"（孙耀君，1998：271）。

显然，从隐性协调角度，这就要求将企业组织内部的一些文化扩展到更大的协作系统之中。而企业文化建设的一个重要方面就是良好的伦理价值，伦理观念不仅有利于组织自身的运作和控制；同时，也是提供市场上的其他企业识别自己特性的关键信号，它有助于公司与主要利益相关者建立牢固的关系。如《幸福》杂志每期都列出美国最受尊重的公司的名字，这些都是这些企业组织的无形资产，都大大地拓展了它们的业务联系以及其他企业与之协作的意向。其实，日本的主办银行体制实质上也起到了类似的作用：今天的财务亏损可以通过明天的盈利来弥补。当然，如同企业组织内部的文化建设一样，企业间形成良好的协作关系的过程也是缓慢的；而且，一旦失去信任的话，则可能是"一朝失足千古恨"，要想弥补就必须付出更大的代价以及长期不懈的努力（佩因，1999：5）。因此，弗里曼强调，"卓越革命的基本伦理是对人尊重。这是企业关心顾客、关心质量背后的根本原因，也是理解优秀企业难以置信的责任感和业绩的关键"（转引自戴木禾，2001：8-9）。事实上，在日本，企业组织情愿以较高的价钱向同一家企业集团下的成员公司采购，也不愿接受外国公司所能提供的较低价格或较高品质的产品。这也正是长期协作关系的基础，这些关系的存在无疑可以大大提高企业间运营的协调性以及企业生存的可能性。

企业间良好的关系之所以促进隐性协调水平的提高，在很大程度上在于它使得在一个地区形成某种社会网络，使得各种资源可以相互补充和利用，这也是当前集群企业具有相对高效率的根源。萨克森宁（1999：4、5）就剖析道，"硅谷有一个以地区网络为基础的工业体系，能促进各个专业制造商集体地学习和灵活地调整一系列相关的技术。该地区密集的社会网络和开放的劳工市场弘扬了不断实验探索和开拓进取的创业精神。各公司之间开展激烈的竞争，与此同时又通过非正式交流和合作，相互学习技术和变化中的市场营销方法；松散联系的班组结构鼓励了公司各部门之间以及各部门与公司外的供应商之间进行横向的交流。在网络系统中，公司和部门职能界限相互融合，各公司之间的界限和公司与贸易协会和大学等当地机构之间的界限也已打破"；"同样，日本工业的成就至少部分的归功于网络组织形式。日本公司比传统的美国大公司更加注意在内部分权和对周围经济环境持开放态度。例如电子、汽车和机床的制造商依赖中小型供应商的广泛网络，前者通过信任和部分持股与后者保持联系。尽管历史上日本大公司剥削供应商，但现在许多大公司越来越注意与供应商合作，鼓励他们扩大技术能力和组织自治。像硅谷的同行一样，这些制造商在地理上往往集聚在一起，极度依赖非正式的信息交流和正式的合作。"

可见，正如范德厄夫（2003：68）指出的，"在追求持续发展的过程中，企业的最终目的是为了追求组织内部和外部诸多要素的整合，通过整合使组织的信息和商品流动更加富有效率。特别是当联结组织的内部和外部的客户、供应商和合作伙伴的驱动力出现时，组织就必须面对文化协调的需要"。实际上，从威廉姆森的 M 形企业组织结构中，大内引申出了 M 形社会这一概念，就是为了表示组织内和组织之间的一种协调合作关系。大内认为，在 M 形社会中，关键在于个人的创造性与组织协调分配资源之间的适度平衡。与此观点相呼应，他又提出了"社会资产"和"社会记忆体"两个概念，社会资产有助于企业的协调收益，如在日本，企业、劳工和民间集团以及企业与政府之间的"团体协作意识"就是日本丰富的社会资产；社会记忆体是一个信息关系网络，储存各集团的协作行为，它的存在是维系长期协作的奖惩机制的基础（李新春，2000a：14）。所以，福山（2002：15）强调指出，"道德价值观念和社会准则并非只是对个人选择的专横约束，而是任何一种合作式企业的先决条件"。

（五）社会价值伦理

将企业间协作系统进一步扩展，我们就可看到企业组织与整个社会也存在千丝万缕的联系，企业组织这一小范围的协作系统实际上也就是整个社会这一大协作系统的一个子系统。"企业组织的产权归属"部分讲过，企业组织的构成要素本身就是有层次的，其构成也是个具有圈层扩展的差序性结构。我们在研究企业组织时，触及哪一个层次就以该层次为观察参照系，分析该层次之内各构成要素形成的协作系统。基于产业发展的角度特别是企业簇群的角度，企业组织之间也形成更大一层的协作系统中。就如企业文化成为企业组织这一协作系统的黏合剂一样，社会文化和伦理价值也成为有企业组成的这一更大协作系统的黏合剂。一方面，如果一个在某企业内部实行机会主义的成员在退出后将受到社会的制裁，那么就可增进企业内部的协作性；另一方面，如果不同公司的员工之间进行交流能够受到社会的鼓励，那么也将促进企业之间的协作以及整个社会创新。特别是，在日益盛行的企业簇群中，由于企业组织也日益网络化和平展化，企业之间和不同企业的成员之间联系日益紧密，社会文化和价值伦理对企业的治理就变得至关重要，这种价值伦理也就是社会资本。

显然，正是基于不同的文化伦理，使得不同社会的经济发展呈现出不同的特征。一方面，在当前欧美等国家，人们往往只有在家庭、俱乐部、邻里或者教堂中才可以找到某种亲密性。譬如，大内（1984：7）对美国电子工业的总经理们进行了一次调查，就发现一半人是没有任何知心朋友的，即使那些有知心朋友的人也几乎都说只有一个这样的朋友，即使询问与邻居是否保持密切关系，半数人也说与邻居并无深交。另一方面，在日本，贯穿人民生活中的一根共同的"线"是彼此之间的密切关系。正因如此，日本人之间的合作精神更高，企业的效率也相应较高。特别是，社会伦理直接影响社会成员的责任感，并对青年或下一代的人产生影响。显然，"一个社会，如果在一代人中丧失了培养亲密性的能力，就可以培养出这样的孩子：他们的社会感将永远是薄弱的。最终，我们将成为一团散沙，彼此之间毫无联系"。在某种意义上讲，人际关系的淡却以及交往理性的不合理，也正是当前中国企业发展的困境所在。

同时，不仅不同国家在文化伦理上存在差异，而且，在一个国家之内的不同地区之间也存在社会伦理上的差异，从而造成了经济发展的差异地区。例如，萨克森宁在《地区优势》一书中就指出，造成美国两个主要高新技术产业基地发展差异的根本原因就在于他们存在不同的制度环境和文化背景。在硅谷，存在与众不同的文化有关，正是通过不受约束的个人竞争，形成了一系列的社会网络，这又把半导体和计算机众多不同公司的个人联系在一起。相反，128号公路上的公司由于缺乏与对手之间的非正式的联系和信任，因而也就难以分享技术，从而创新乏力。布朗也写道："硅谷、伦敦的戏院区，或者是纽约的金融区，所有这些地方在它们各自的领域中都处于统治的地位，是这些领域的社区中心在共同的目标感、了解对方的需求的作用下，这些社区的成员经常汇集在一起。他们互相交流，并通过覆盖在个人网络上的网进行交流。这些地方受益于在许多社区之间形成的多种联系，在复杂的多种联系和社会互利关系的环境中，无论是伙伴还是竞争者，都可以通过人员和思想的交流而受益"（拉各斯等编，2002：前言）。

实际上，社会资本体现了一个社会的信任关系，而信任一方面可以对一些行为产生激励，另一方面也对一些行为形成约束，这就是权利和义务的对等。所以，巴纳德认为，道德不仅是法律和通常意义上的道德和组织规定，还包括了"实际对人起作用的累积起来的各种影响的合成物"。这种伦理道德与责任相联系，并且良好的社会价值伦理有助于培养协作系统内成员的责任，这里所谓的责任是指"即使有着强烈的想做反对行为的欲望和冲动，也能对该个人的行为进行控制的、特定的自我道德准则的力量"（饭野春树，2004：65-66）。为此，巴纳德还提出了协作系统的责任优先说，认为与组织论中的权威相比更应该优先考虑责任，他的理由是：（1）在现代高度专业化的社会里，系统各部分之间的相互依赖性被强化，如果没有对行为负责任的信任感，那么整体的作用就不会很有效；（2）正因为政治组织是社会的系统，所以就具有作为自律的道德制度的性质；（3）无视组织的道德要因，而在以法律的、正式的要因时，就不得不变成以权威为中心的局面，而责任主体的考察不只被忽视，甚至被有意地排除掉（饭野春树，2004：69-70）。

当然，如果把责任看成遵守社会价值伦理的个人的资质，那么，我们还是首先需要良好的社会价值伦理的存在，而责任问题与组织系统内部的文化熏陶有关。在探讨显性协调的影响因素时，笔者提到了社会制度设施，而事实上，社会价值伦理是社会制度设施的非正式方面，也就是最广泛的非正式制度安排，是最基本的隐性规则，也是其他正式的显性规则和正式的隐性规则的基础。不仅上述影响显性协调的诸因素，如产权安排、企业组织结构、企业目标等都与整体社会的价值伦理紧密相关，而且隐性协调中的企业信息机制、企业文化以及企业间的网络关系等更是直接建立在一定的社会价值伦理传统基础之上的。例如，日本的企业文化就是一种扩大了的家族式的"缘关系"，正是由于这种深厚的社会伦理基础，使得日本企业的隐性协调水平比欧美企业更高，这也是日本企业呈现出较高效率的根源。因此，我们说，不同的社会价值伦理也与协调系统的隐性协调机制及其水平密切相关，并必将影响到企业组织的效率。这点也早已被阿罗（1969）发现：同样是签订合同，但在不同的文化背景下，其效率却会大不一样，其中的原因就在于信任程度不同。但遗憾的是，现代主流经济学理论却基本上把伦理问题忽略了或存而不论了。正如 V. 艾莉（1998：33-35）指出的，"我们工作中比较软和比较模糊的方面正对成长于西方商业传统社会的人形成挑战；我们通常注重做，而不习惯以任何严格的方式反思我们的行为；而价值观伦理和原则是我们组织企业的真正思想精髓，只有人与人之间、人与环境之间自由地交换信息，我们才能适应环境，响应环境，与环境一道，起到协同创造的作用"。

总之，企业组织不是孤立的，它的组织形态、治理方式以及发展目标等都受到社会环境的影响。正如萨克森宁（1999：7）指出的，"公司远远不是游离于环境之外，而是置身于形成它们的战略和结构、也受到它们的战略和结构影响的社会和体制的背景中"。在某种意义上讲，地区工业体系的三个层面——地区机构和文化、工业结构和公司组织——"是相互密切联系的。任何单一层面都不足以说明地区经济的适应能力，任何单一的变量或因果关系也无法解释地区经济的适应能力"（萨克森宁，1999：8）。为此，美国的《金融时报》也评论说，广义的判断一体化与专门化，企业联合体与集权企业似乎没有多大价值；相互作用意味着各个企业的规则各有不同，一切都依影响个别行业的压力及行业内企业的不同环境而论（范德厄夫，2003：13）。其中，影响企业组织之长期发展的重要因素在于一个国家或社会的价值伦理观，因为不同的价值伦理观最终决定了人们对企业组织的认知，从而也就框定了基本的治理机制。一般地，如果存在强调互助协作的价值观，那么，人们更容易自发地承担起个人对社会或组织的责任，从而有助于企业组织内外的协调发展；相反，如果没有这种伦理观，即使依靠某种强制而取得了暂时的联合或合作，这种联合也是机械的。涂尔干（2000：第二版序言）早在几乎一个世纪之前就再三强调："现代经济生活存在着的法律和道德的失范，……（认为）在一味强调私利的竞争社会中，那些最强的势力就会在与弱者的对抗中独占上风，夺取更大的利益；弱者虽然暂时屈从于强者的意志，但是却没有认同这种统治，因此，这种状态肯定不会带来安宁祥和的气氛。"

三 企业协调水平的认知溯源

以上分析的十个方面都是影响企业协调的重要因素，见图5。当然，这里对这些因素的划分是粗略的，许多因素往往同时对显性协调和隐性协调产生影响。例如，社会制度设施显然也是隐性协调的重要因素，而信息毫无疑问对显性协调的意义非常重大，甚至在某些情况下，列在影响显性协调的因素集中的因素对隐性协调的影响可能更大，反之也是如此。由于我们这里主要对影响总体协调的因素有个了解、认识，而不是专门探究各种因素对某种协调的影响大小问题，因此并不作过细的计较。

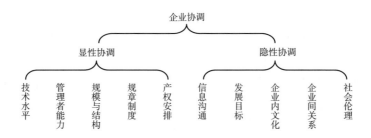

图5　企业协调影响因素

　　尽管这些因素已经引起社会实务界的高度重视，但对这些影响协调因素的正确认识却经历了很长的一段时间。早先，以泰罗为代表的科学管理者注重正式组织中的监督活动，而对指挥协调方面却重视不够，因而也就缺乏对企业中正确的人事配置。正如皮戈斯和梅奥指出的，"从认为人事管理是企业经营中很不重要的服务作用的日子开始，一直到生产线上管理者对基于人事管理的认识的行为开始自觉负责的今天，经历了一个漫长的岁月"（转引自饭野春树，2004：7）。后来，法约尔等开始重视人事管理，但是更多地强调了职能的划分，而忽视了企业内部管理人员之间的沟通。直到20世纪20年代以后，芙丽特在研究组织的运行时逐渐认识到了协调的重要性，她认为，在组织中权威与权力更为重要，而权威更多的是与个人知识有关，而不是与等级制组织结构中正式委托的权力相关。为此，芙丽特还提出了组织中存在的一些协调原则：（1）直接接触协调原则，即由命令构成"纵向"链条和层级之间的"横向"链条对组织内部的协调是同等重要的，无论哪一层次的管理人员都必须相互之间以及同下属之间保持直接的交往；（2）事先协调原则，即在组织决策的制定过程中就应该让组织成员参与其中，从而提高员工的主动性和积极性；（3）多因素协调原则，即组织的协调往往涉及多方面的因素，必须考虑协调时的具体情境及其变化；（4）连续协调原则，即组织协调是一个连续过程，协调工作强调共同的责任，是一个过程的责任。

　　芙丽特的研究成为传统基于科学管理的组织理论研究和行为科学组织理论研究的过渡性环节，在此之前，主要的管理学家都把组织成员看作只有一种需要——物质经济利益需要——的纯理性的存在物，而此后，管理学家已经逐渐认识到人不仅是经济的存在物，还是社会的存在物，不仅是理性的存在物，还是感性的存在物，从而发展了从人群关系入手研究个人和群体行为的行为主义管理学。掀起行为主义热潮的一个重要代表人物是梅奥，梅奥领导的霍桑实验充分注重了人的情感、态度因素，从而得出不同于以往的结论：组织中的人是复杂社会系统中的成员，组织的领导应该通过增进组织成员的满足程度来激励人的工作；而且，除了正式组织外，还存在大量的非正式组织。自霍桑实验以后，管理学界才开始重视非正式组织，此时人际关系得到了越来越多的重视。例如 R. 利克特就研究了组织中的"相互支持关系"，认为完整的组织必须包括一个复合的巧妙搭配的群体结构，并且小组成员之间彼此都能结成相互支持的关系。

正是由于对"人"的关注，后来麦格雷戈主张用 Y 理论来取代 X 理论作为现代组织管理的基础。而且，后来，西方社会对人际关系的关注又进一步从企业组织内部扩展到企业之间乃至整个社会，从而将企业组织这类协作系统本身置于更大的社会协作系统之下进行分析，此时，人们也越来越强调企业组织的社会性基础。如美国的历史学家哈斯特（J. W. Hust）就指出，在美国，企业组织的合法性取决于相辅相成的基础：社会效用和社会责任。甚至还出现了"过犹不及"的弊端，西方管理学界在对人际关系重视的同时，却逐渐也产生了对正式组织的忽视，甚至出现了这种等同的误解：管理中人力资源问题 = 人际关系 = 非正式组织。受这种思潮的影响，在 20 世纪 80 年代后期就有一股片面强调儒家伦理而忽视企业正式规则治理的风气。

实际上，通过上面的分析，我们就可以较全面地理解企业的协调问题。这里，我们建立一个基本的函数来表示企业协调与各因素的关系：$THR = f(T, C_a, P_r, S, Q, R_u, G, I, C_u, R_e, E, \varepsilon)$。其中，THR 代表企业协调的总收益，反映了企业协调水平的高低；T 代表技术水平的高低；C_a 代表经营者的协调能力；P_r 是产权的安排结构；S 是组织结构的适应性；Q 是组织规模的适度性；R_u 是指社会制度设施；G 是企业追求的目标；I 是指信息的沟通机制；C_u 反映企业文化的凝聚力；R_e 反映企业间的合作度；E 是指社会的伦理价值；ε 反映除上述因素外的其他因素。显然，为了增进企业组织的协调水平，从而提高企业效率，对一个社会或企业的投入而言，在资源投入时就要看投入的边际收益而定：哪个因素投入的边际收益大，就反映了哪个因素是协调的瓶颈，就需要对那方面进行投资。

一般地，对发展中国家而言，经营者的协调能力和技术水平可能是比较重要的，因而需要加强投入。对当前中国这样的转型社会，企业的组织结构、产权安排以及社会制度设施可能是缺位的，因而就需要加强这方面的建设；而对西方发达国家而言，企业的发展目标、企业文化以及企业间网络关系可能已经越来越成为企业长期发展的瓶颈，因而这方面的探索可能势在必行。当然，一国技术水平以及经理者的协调能力等的改善和提高是一个长期的发展问题，我们无法在短期内消除不同发展水平的国家之间的差距；而且，技术水平以及经理者的协调能力对企业总体协调水平的影响也是显而易见的，这里也没有必要花很大笔墨来进行比较说明。上述对企业协调水平的影响因素的分析也就是希望能够在实践中对企业协调水平的建设提供指导，希望提供能在短时期内改进企业协调水平的建议和方案，因此笔者更多地重视其他方面的建设。

上面所列举的影响企业协调水平的十大因素在不同的侧面和场合也得到不少管理学者的阐述。例如，1981 年美国斯坦福大学企业管理研究所教授巴斯卡尔与哈佛大学企业管理研究所教授艾斯合著的《日本的管理艺术》一书就提出与上述影响协调因素大致相似的"7S"管理模式。这"7S"是指：（1）企业的根本目标（superordinate），这是指组织灌输给其成员的具有重要意义的指导性观念或组织存在与发展的根本宗旨；（2）管理技巧（skill），是指组织中的主要成员或整个公司的某种独特的经营与管理能力；（3）经营作风（style），是指组织中主要管理人员为实现组织目标所采用的方法；（4）企业人员（staff），是指企业内部重要的人事分类的详细内容，诸如工程师、企业家、企管硕士等；（5）制度（system）规定的报告和理性的程序，如举行会议的方式等；（6）结构（structure），即企业的职能部门的结构；（7）策略（strategy），组织分配公司资源的计划和措施。在上述因素中，他们还进一步把目标、人员、技巧和作风等因素视为软 S，而将其余的因素视为硬 S；他们通过对日本松下电器公司和美国国际电话电报公司的比较发现，美、日企业管理根本差别就在于日本比美国更注重软 S。

在上述因素中，巴斯卡尔与艾斯还特别强调企业的根本目标对企业发展具有根本性意义，因为它是连接其他各项的纽带。关于企业目标的重要性还得到其他组织设计理论家的强调。例如，芙丽特就把组织运行的关键看成个人与组织之间的协调，而在这一协调过程中，组织必须让个人了解其总体目标，从而使组织的总目标成为所有成员的共同目标。当然，要使组织成员认同组织的目标，就必须使组织的利益与个人的利益一致起来。

也就是说，组织要为成员的利益服务。显然，如果企业组织是协调成员和增进成员利益的协作系统，那么这种利益和目标的统一也就有了深厚的基础。事实上，巴纳德就强调，组织的目标不仅要得到成员的理解，而且还要为他们所接受，只有这样，才能形成有效的协作。可见，作为协作系统的企业组织，其效率根本上来源于其成员的认同，这包括对上级权威的认同、对其他成员工作的认同以及对企业利益的认同等。因此，一个管理者如果能够把企业建设成一个真正默契认同的组织，那么企业组织也就成了真正有机团结的共同体。

当然，管理者要真正能够使得企业组织成为一个受认同的共同体，就必须对企业作为协作系统的本质有充分的认知。为此，德鲁克（2000：256-259）提出了管理工作应该具备的几条原则："管理事关人类自身。它的任务在于让人们在协同工作中取得成就，令他们的力量得到有效发挥，而他们的弱点是相互分散。……事实上，我们为社会做贡献的全部能力通常不仅取决于我们自己的技术、献身精神和努力，同样还要取决于企业的管理水平"；"管理意味着将同一个企业中的员工结合为一个整体，因此它也深深植根于文化之中。……对发展中国家来说，经理面临的一个基本的挑战就是发现和确认可以用作基础的本民族的传统、历史和文化因素"；"企业文化的真正含义就是对企业的共同目标和共同价值的承诺。经理的工作就是深思熟虑，设立和证明这些目标和任务"；"每家企业都是由具备不同工作技巧和认识，从事各种不同种类工作的员工所构成的。为此，它必须建立在内部沟通和个人责任的基础之上"；"企业就像人体，单一的产量和利润数字本身并不足以成为衡量管理和企业业绩的尺度"；"企业的成就只能在企业之外取得，企业的成绩是一位位满意的顾客"。

总之，正如威廉·大内（1984：4）所说，"生产率是一个社会组织的问题，或者，用商业术语来说，是个管理组织的问题。生产率是一个可以解决的问题，它需要以有效的方式把个人的努力协调起来，并要采取合作的以及具有远见的作法，给雇员以各种方式的鼓励"。为了更好地说明上面所揭示的因素对企业协调水平的不同影响，特别是分别考察隐性协调与显性协调对企业发展的影响，我们这里可以通过比较日本和美国企业组织中各因素的差异及其企业绩效来深化认识。当然，之所以选择日本和美国这两个国家的企业组织进行比较分析，主要基于这样的考虑以及一些基本的共识：（1）日、美处于同一经济发展阶段，因而可以认为两国企业的技术水平和经营者的协调能力没有太大差异，从而撇开了长期发展问题；
（2）在其他众多方面两者都存在或多或少的差异，从而能够提供比较上的
可行性和有效性；（3）更为直接的原因是，等级制的泰罗管理体系本身就
诞生于美国，并且迄今还残留深深的痕迹，相反，放权的水平管理主要实
践在日本，并且曾经取得辉煌的成就。

四　日、美企业的协调因素剖析

现代管理学非常注重企业的战略管理，而所谓的竞争战略就"是公司
为之奋斗的一些终点（目标）与公司为达到它们而寻求的途径（政策）的
结合物"（波特，1997b：4）。事实上，正是对企业目标的认知上的差异，
导致了企业政策的不同选择，并体现在不同的发展战略上。一般地，如果
把企业组织的目标定位于为所有参与者提供最大服务方面，那么，着眼协
调水平提高的协调机制选择以及相关因素的考虑就是企业发展的基本动力
问题，这也是企业组织得以长期健康发展的基础。相反，如果企业组织的
发展目标仅仅是为了当权者的利益，那么，往往就会采取竭泽而渔的政
策，并在企业内部出现极为不公正的分配。显然，正是由于战略目标上的
差异，导致了不同企业组织中的结构设置、成员关系、治理机制以及绩效
上都存在显著的不同，特别是显著地体现在上述影响协调的因素的差异
上。有关这一点，我们可以日、美企业为例进行比较分析。

一般地，就影响协调的主要因素而言，日、美企业的差异主要表现在：
（1）在产权安排上，美国的个人产权更加明确，而日本则具有浓郁的法人产
权色彩；（2）产权结构安排的不同直接影响到企业的目标，因而可以将这两
者联系起来一同分析，而企业目标等又与社会价值伦理观有关；（3）企业的
组织结构和规模则主要取决于企业文化、企业间关系和社会的价值伦理，因
而也可将这些因素合并分析；（4）社会制度设施则可分为非正式的和正式
的，正式的制度在美国稍微发达些，但并不很显著（这与产权结构相联系），
而非正式制度基本上也就是指社会的价值伦理方面；（5）企业内的信息沟通
方面则主要受企业文化的影响，而企业文化又与一个社会的价值伦理体系分
不开。可见，我们可以将日、美企业的差异简要地归结为各自社会价值伦理
培育下的企业文化的不同，以及由此而派生的企业组织结构、企业间关系以
及信息沟通等诸方面的差异。因此，这里通过集中讨论社会价值伦理及其孕
育的企业文化和结构上的差异来对比两国企业的绩效和发展趋势。

（一）日本企业的优势和美国企业的不足

1. 社会价值伦理决定了企业发展目标的基本定位

在日本，企业组织可以近似地被视为一个协作系统，它不是为某个人或集团的利益服务；相应地，利润最大化就不是企业的唯一目标，甚至也不是主要目标。例如，盛田昭夫就说："在向日本的经营者询问企业的社会责任是什么时，恐怕大多数的回答是追求企业的长期发展，从而使雇佣稳定，从业人员的生活得到改善，只有为这个目的才不得不提高企业的利润。但是提高利润并非是第一目的"，利润只是达到"使雇佣稳定，从业人员生活得到改善"的手段（转引自桥本寿郎，1997：193）。基于协作系统观的角度，在日本得到广泛认可的观点是：企业组织的发展目标是多方面的。相应地，为"利益相关者"服务就成为日本企业理论的一个替代学说。例如，日本著名的企业家、稻盛财团的董事长稻盛和夫认为，追求利润并不就是坏事，但其中的关键问题是这些利润如何利用；他认为，这应该是为了社会、为了家庭以及为了人，首先是应该为了从业人员和股东，其次照顾顾客的利益，如果还有剩余就应该为文化、社会做贡献。

其实，由于企业组织本质上就是基于分工深化而形成的一种协作系统，因而"企业目标并非是利润最大化"这种理论也就并不是什么新东西。即使在欧美，尽管新教伦理强调通过世俗的成功来证明自己的获救，但获取利润也不是目的而仅仅是手段，资本主义也就是靠这种服务于大众或上帝的精神才得以兴起的。问题就在于，在资本主义开发完成以后，贪婪攫取的经济冲动力则将禁欲苦行的宗教冲动力排挤出了经济活动领域乃至整个西方社会，从而造成了资本主义的严重精神危机；结果，在个人主义观念的支配下，追逐个体利益被认为是天经地义的，以致企业的发展目标也被内缩为唯一的利润最大化。正因如此，在目前盎格鲁－美利坚社会中，雇员已不再被视为企业组织不可缺少的组成部分，而是企业基于发展需要从外部购买的一种外在的投入要素，对这种要素的处理完全基于利润最大化的考虑。例如，一个典型的美国公司往往会宣称：公司的整体目标是，提高公司所有者——股东——的长远利益。显然，这在很大程度上是对异化了的企业组织之反映，尤其是个人强力和个人主义文化熏陶下的结果。而且，由于路径锁定效应，即使在集体谈判已经被视为提高产业民主的最有效之渠道的当今西方社会，在利益第一的价值观支配下，管理者或企业主依然可以不顾集体谈判达成的协议而追求利润或者股东价值最大化。

当然，尽管企业组织在现实发展过程中已经被大大地异化了，但不同社会中企业组织被异化的程度往往存在差异。例如，尽管中国、日本以及东亚四小龙等东方社会近百年来经受了西方浮士德文明的强烈冲击，但由于传统儒家非常强调社会的有序和协调，而且，基于合作和协调的价值理性迄今依旧根深蒂固，因此，"经民济世"的观念依旧残留在企业经营中；这种情形不仅体现在中国早期企业（杜恂诚，1993），而且目前日本企业也具有此类浓厚的色彩。正是社会价值伦理观的不同，企业发展目标的定位也就存在很大差异。青木昌彦（2005：206）指出，"在西方，投资主要是为了获得红利及资本利得，而在日本，机构股东倾向于成为商业伙伴及合作者"。例如，一个对国际经理的调查就显示了东、西方社会中企业目标的差异：在问到对"一个公司惟一真正的目标是赚取利润"的观点是否持肯定的看法时，40%的美国经理、33%的英国经理和35%的奥地利经理作了肯定的回答，而只有11%的新加坡经理和8%的日本经理作这样的选择（唐纳森和邓菲，2001：271）。

可见，社会价值伦理的差异导致不同文化下的人们对企业目标的认知存在很大的不同。一般地，根据企业文化的差异以及企业与员工的关系，人们往往将日本的企业组织称为"会社"型企业，而将美国的企业组织称为"大公司"型企业。在会社模型中，工人在被雇用之前已经被仔细地筛选，并被担保将受到终身雇佣以鼓励他们在公司专用化技能上的投资，而对公司经理的强烈文化压力促使他们为工人的利益而努力经营公司；这就像家庭在挑选继子或女婿一样，在未选定之前比较严格，而一旦确定后，就视其为家庭成员，而与其同甘共苦。正因如此，日本企业中，管理人员往往把他们的上级、同僚和下级都看成是同一个俱乐部里的成员，他们必须在整个事业生涯中尽最大努力共同合作。显然，这是企业巨大凝聚力的根源，也是日本企业内部管理成本比较低的重要原因。相反，在美国"大公司"型企业中，如一些主流经济学家所总结的，企业被视为一系列契约的联结，工人的利益在公司的短期波动中凭借契约而得到保护，但他却随时存在失业的可能，从而将承担长期风险。也就是说，人们在美国企业中的行为并不像在与一个可依赖的共同体打交道，而是更类似于市场中的交易行为，成员可以随时变换。事实上，契约可能的保障都包括在事先订立契约时的内容规定上，但是，这显然无法考虑今后可能的环境等变动，从而根本上是不确定的。正因如此，基于显性契约的双方是一个典型的"利则相合，穷则两分"的关系，这体现为西方社会层出不穷的契约诉讼上。

2. 社会价值伦理孕育了企业的文化及其成员行为

上面指出，社会价值伦理的差异及其引导的企业发展目标的定位不同，使得不同社会文化下的个体在行为方式上也呈现出明显的差异。在企业组织中，首先体现在管理者对一些经济变量或指标的选择性关注上。在美国，由于追求私利是不可动摇的资本自由和人权，因而股东作为公司的所有者，可以自由地转让公司或它的资产，或与其他公司合并，或关闭生产线等；同时，存在着大量的虎视眈眈地伺机吞并的"猎狼"，它与股东随意的股票转换结合在一起，在西方社会就不断地上演着兼并和反兼并闹剧。相应地，美国的经理人员必须随时关注股票信息和季度性盈亏，但这种短视行为不仅造成了一些资源的浪费，也无法为企业组织的稳定协调夯实长期基础。相反，在日本，企业组织的治理方式实际上是所谓的"关联投资"治理方式，在这种方式下，投资者比保持超脱和被动状态更负责任地从事对公司经营的监督，并将投资"长期"地交给公司经营，因而也较少存在股市上的扭曲信息和干扰经理人员的敌意接管现象。相应地，企业的经营者就不用过于担心季度性的盈亏而采取更为超脱的态度，专心关注于开辟市场并着眼于保持公司的稳定性，从而为未来的成长打好基础，为可能十年以后，甚至在他们退休以后都不一定减小的长远计划着想（赖肖尔和詹森，1998：328）。

正是由于对企业性质的认知上及其发展目标的定位上存在这种差异，从而导致在管理人员的遴选上也存在不同原则。一般来说，日本企业中管理人员的遴选原则是：他们往往是从共同体中最有成就的人员里挑选出来，从而往往都是那些非常熟悉该公司的整个生产过程的工程技术人员或者科学家而不是销售经理或财会人员。因此，日本企业的管理者就有这样的特点：（1）他们比欧美企业中那些出身财会的管理者更关注企业的长期发展，热衷企业的技术改造，而那些财会人员虽然有办法获得眼前的一些利润却无力为公司夯实长远实力发挥作用；（2）他们的工资相对欧美企业来说往往比较低，拥有本公司的股票也更少，他们成功的标志也不完全取决于金钱，而是一些社会声望；（3）他们在面临危机或困境时所采取的处理方式也不同于欧美企业：更关心工人的利益，因而一般都很少解雇工人，而是尽可能地保持高的就业率，即使是在经济不景气时也是如此。事实上，当出现真正的"雇佣过剩"时，日本企业往往采取这样先后顺序的三个步骤：（1）"时间调整"，即限制加班、临时停工、增加休息日等劳动时间的调整；（2）"人员调整"，一是与外部劳动市场接触上，实行不补充欠员、削减录用专职人员的办法，二是终止或削减企业内非正式从业人员即临时工、计时工的续约；（3）"内部劳动市场的调整"，即将人员从过剩部门向人员不足或过剩程度不十分明显的部门派遣、借调、永久性的转职（桥本寿郎，1997：203）。

相反，美国企业中管理层却越来越多地来自金融、法律界而不是生产领域的技术人员，从而具有这样不同于日本的明显特点：（1）管理者追求的是个人成就，哪家公司工资高就替哪家干，并以目前利润的多少作为个人成功的标志；[①]（2）管理者一旦接手企业，关心的是如何通过资产重新组合以迅速提高公司股票的价值而不是企业的长期发展；（3）管理者在公司面临的危机时往往采取与日本管理者截然相反的事：管理人员一边大量裁员的同时却坐享高额年终红利。正因如此，美国企业刻意地将管理者和生产者划分成了两个边界明显的阶层，从而无法产生共同的利益目标，美国企业中管理者与生产者之间的工资比要远高于日本企业。一方面，美国高层管理人员与下层员工的工资差异的倍数高于世界上的其他任何地方。据《商业周刊》的调查，美国公司总经理的中等年收入水平的价值从1983年的106万美元已上升到1993年的182万美元。佩雷曼（2000：200）的资料显示，在20世纪60年代，企业主要执行官的工资是美国工人平均工资的43倍，但进入90年代后，这一数字则已经超过了100倍以上。另一方面，即使在公司利润下降或损失金钱的时候，高层管理者的工资仍然在增长；特别是，在公司大量裁减员工以节省资金的同时，高层管理者的工资仍有可观的增长。因此，一些大公司的高层管理人员的个人年薪超过1000万美元的已成为非常普遍的现象。例如，通用动力公司总裁威廉·安德斯在1990~1992年每年获得的平均收入达3760万美元，而这三年里，该公司削减了73000个工作岗位（布莱尔，1999：7）。与此同时，一些最大公司的就业却在不断下降，而且几乎所有种类的工人和技术人员的中等

---

① 当然，早期硅谷的企业家一般都是地地道道的工程师，这也是硅谷的技术进步和经济发展的根源；但是，随着硅谷企业规模的壮大，风险资本家逐渐控制了企业，工程师的新点子也不再能迅速被试验，这导致了硅谷的衰落。

收入却几乎没有增长。[①]

可见，正因为社会价值和企业文化的不同，使得日、美企业的管理层的遴选原则以及行为方式都存在很大差异。相应地，员工对企业组织的认同感存在明显不同，以致员工行为也存在显著性差异，这种行为差异也明显体现在企业发展中的困难时期。事实上，在个人主义盛行的欧美文化中，那些管理者往往为了追求利润最大化这一单一目标而在困难时期往往只是诉诸裁员一途；在这种不确定下，企业员工也就会强烈地感觉到自身和公司的利益是不一致的，公司的产出状况与自己不相关，从而也就不会主动地通过减薪等帮助企业渡过难关。相反，在具有集体主义的文化价值观下，企业组织的发展不仅是为了某些特定个体的需要，管理者的主要工作就是要保证员工的稳定生活，在困难时期往往能够团结起来照顾员工利益，从而形成了彼此依赖的稳定共同体；相应地，"患难才见真情"，在危机过后，员工对企业往往更为认同，更加团结一致，从而公司也比以前更有活力。

3. 社会价值伦理影响了企业间关系及其协作关系

在日本，企业组织的"泛家族关系"获得了充足的扩展，以至整个社会几乎都被纳入这种关系网络之中：企业间相互持股，互为董事，这样就增强了相关企业的"同甘共苦"精神。特别是，在主办银行制下，大多数公司50%以上的股票是由它们自己系列内的其他商业或金融机构所拥有（布莱尔，1999：132），这种企业间的相互持股就形成了所谓的"关联投资"。一般认为，投资的份额越小就越难以成为"关联投资者"，而30家或40家大的机构投资者协调行动和它们之间的协作所增加的能量要远远超过成千上万个单个股东（布莱尔，1999：149）。例如，布莱克（B. Black：1992）曾举例说，一家单个石油公司不可能用它的财产去投资防止石油的溢流，但一家拥有多家单个石油公司的多样化投资基金则完全可以承担这一工业流程中必不可少的成本支出，因为它可以动员由基金投资的所有单

---

① 当然上面的日、美企业比较仅仅反映一般的状况，实际上两国各自也存在不少反例。例如，20世纪80年代初美国经济的不景气使得刚进入钢铁工业的纽郭尔（Nucor）公司遭到严重打击，纽郭尔公司为了渡过难关，便将所有的员工（上自总裁，下自维修工）的工时降到一周两天至三天，工资也随之下降，但却没有裁减一个员工；正因如此，该公司在度过危机后得到迅速发展，成为美国主要的钢铁公司之一（福山，1998：13）。再如，布鲁斯·萧（2002：4-5）指出，惠普公司内部的成员之间存在非常高的信任关系，员工都相信自己不会成为变革的牺牲品，因而公司能够随着环境的变化而不断变革。

个公司来支持防止石油溢流的投资。正是这种共同的价值理念和共同的利益关系，造就了日本企业在困难期间的"相濡以沫""雪中送炭"的互助协作关系（德国企业也具有这种优良的传统）。特别是，主银行强有力的支撑作用，常常可以帮助处于困境中的企业渡过难关。

相反，崇尚权力和征服、扩张的美国社会价值观则鼓励人们利用一切合法（尽管不一定合理、合情）手段谋取个人的成功，以致美国企业中也充满了个人主义行为和态度。在很大程度上，正是这种个人主义理念引导人们采取"利则趋之"的短视态度，这种取向和行为也明显体现在企业之间。事实上，在这种理念的支配下，美国的破产法实质上往往鼓励银行抛弃困境中的企业，甚至美国的法官也一直以怀疑的态度看待债权人对债务人事务的干预。究其原因，在他们看来，债权人之所以干预债务人事务，主要的原因可能在于他们试图根据自己的利益重组债务。正因如此，当一家银行这么做时，美国法官往往会轻视其债权，持干预态度的债权人将被要求用其自己的钱去支付债务人的各种负债（J. M. Ramseyer，1998）。例如，20 世纪 70 年代初的石油危机使得两个顶级的世界汽车制造公司——马自达（Mazda）和奔驰（Daimler-Benz）陷入破产境地，此时与他们生意往来密切的公司（如住友信托和德意志银行）没有为了赚取尽可能高的利润而抛售他们赔钱的行业，反而积极联合起来为他们背书，从而拯救了这两家危在旦夕的公司。与此不同的是，几年以后美国的克莱斯勒汽车公司也遇到严重问题时，却无法仰仗金融机构或供应商雪中送炭，而只好转向美国政府求援。正是基于这种企业间关系的差异，日本企业往往可以最大限度地利用外援资金以扩大经营，表现为日本企业的资产负债率往往非常高，却又较为安全；相反，欧美企业却要时刻提防债权人的恶意干预，宁可发放股票也不敢过多地持有债务（当然，发行股票也存在问题），如果它们的资产负债率达到日本企业的水平往往就会变得非常不安全。

而且，正是由于在倡导协作的社会价值伦理观之引导下，日、美两国的企业对待相互之间的态度也存在很大的差异。一般来说，日本企业由于较为信任其他企业，从而容易在企业之间形成长期的协作关系，正因如此，日本企业更倾向于以契约而不是一体化来整合上下游厂商。事实上，正是基于信任和独立实体的基础，日本零部件企业主要根据大企业所提供的样式、基本设计再进行详细的设计、试验和实验，这意味着它的自我设计和创新能力就比较强。相反，美国企业更加强调自主和竞争，其信任主要以制度信任为主，从而往往难以通过那些隐性的默契信任建立较为长期的协作关系，主要倾向于采取一体化而不是网络化的方式来进行产业整合。事实上，正是缺乏相互间的信任关系，那些零部件企业自从被大企业垄断化和垂直一体化以后，大企业往往是自身承担全部详细的设计，而零部件企业则仅仅成为加工的主体（藤本隆宏，2000）。而且，正是由于企业之间存在着良好的相互信任和合作关系，日本大企业之间的兼并要比美国少得多；同时，这些兼并主要是集中在小企业之间，企业收益也主要建立在协调收益基础上，而转移效应并不显著。一个明显的事实是，与美国的企业组织相比，日本企业的规模程度较小，更专业化于特定产业，垂直集中化程度较低；同时，在成长方式上则比美国更少地使用兼并与收购战略，而更多的是建立在以信用和长期"关系合约"为基础的非正式的网络结构（李新春，2000a：82）。

可见，正是社会价值伦理观和企业文化的不同，导致不同社会中企业之间的协作性也存在明显的差异。（1）在崇尚个人主义的欧美文化中，企业组织之间主要以竞争为主，甚至往往出现过度竞争，这表现为恶性收购、恶性破产等。因此，在这种文化下，企业之间很难形成较为稳定而开放的网络关系，无法充分实现企业之间的资源互补。（2）在崇尚协作主义的东方文化中，企业之间主要以寻求合作为主，从而可以更好地整合和利用企业之间的资源。而且，即使发生的兼并也往往是善意的，是做大蛋糕式的，这种兼并主要是为了更好地利用彼此之间的关系，从而提高企业内部和外部的协调性（何自力，1997：209）。譬如，日本社会基于信任协作关系就比较容易建立起以大企业为核心的层级式的企业间长期关系网络以及大企业之间的联盟网络，不但使得中小企业能够迅速地获取和吸收大企业的技术和管理创新及技能，而且使得大企业也能从专业的供应商处分享创新的收益（李新春，2000a：82-83）。相反，美国企业则往往对其他企业不太信任，从而会尽可能地通过兼并等来扩大企业的规模以获取更高的转移收益，因而美国企业之间的兼并和反兼并的争斗就比较激烈。事实上，1967年，日本制造业所雇用的员工66%受雇于员工人数少于10人的小企业，而同样的数字在美国只有3%。不过，日本小型企业的数量虽多，但很多都与较大型的公司联结而组成企业集团，并维持着恒久而亲密的关系，并且，供应商和下游承包商对大公司非常依赖，而大公司也不会像美国公司那样非要对这些小企业进行垂直整合。

4. 协调水平的差异最终造成了不同的企业效率

正是由于社会价值伦理观上的差异造成企业发展的目标设定、企业内部的成员行为以及企业之间的相互关系上都存在明显不同，这最终也影响了企业组织的协调水平，并带来了不同的绩效表现。譬如，美国企业中基本上都是营销专家或财务专家主导企业的运营，而"在日本，被认为最适合担当高层管理职位的管理者是这样一些人，他们除了拥有少许专业技能外，还通晓企业各方面事务，且擅长于协调各方利益。……在任一部门中，不能对人事活动进行有效管理的人都不具备得到进一步提升的资质"。显然，正如凡勃伦早在《工程师与价格制度》一书中指出的，银行家的文化导致了为谋取利润的勾结和产量限制，而工程师的文化导致了更多的产量和更高的效率。正因如此，美国企业注重向外的扩张，而日本企业更注重内部的整合；美国企业注重从外获取转移收益，而日本企业注重内部产生协调收益。波特也曾指出，与德国和日本相比，美国的企业经营的投资政策是受保持高股票价格的需要所推动的，因为许多股票市场的投资者，尤其是公共机构的股票市场的投资者，是受追求短期资本收入所驱动，投资行为变得缺乏远见；而在德国和日本，公共机构的企业主要所有者把自己看作永久的所有者而不出售股票，股票价格像美国一样是由短视的投资者决定的，但股票价格并不决定企业的投资政策。一般地，在日本企业中，如果企业推行导致可能会在短期内使股票价格下跌的长期投资政策，企业所有者是不会更换企业管理者的。因此，日本和德国由委员会管理的制度导致投资政策的长期取向，这种投资政策比起美国市场引导的投资政策更接近于社会最优（罗默，1997：74）。

显然，美国企业注重的是扩张，这是粗放式的发展途径；日本企业则更注重整合，从而使得组织内外的协调水平都相对较高。其实，正如笔者（朱富强，2008）指出的，专注于转移效应的扩张方式尽管可以获得暂时的高额利润，但这种方式并不能维持企业收益的持续增长，这已经为历史的实践所证实。例如，"二战"后无疑美国的整体经济规模和企业能力都要比日本高出很多，但是，由于日本建立了一种互助双赢的协作关系，充分发挥和提高了企业的协调能力，从而使得日本企业得以迅速崛起。实际上，日本企业的突出优点就在于：在强烈的企业文化认同以及企业间的价值伦理认同的基础上，努力通过做大蛋糕而从中获利，从而维持一个帕累托长期改善。例如，对日本和美国的管理方式的一些对比研究就表明，20

世纪 80 年代日本公司的相对成功可以部分地归因于它们浓郁的公司文化，强调员工的参与、开放式沟通、安全以及平等（卡明斯和沃里，2003：555）。事实上，在企业内部，日本往往要求所有成员与企业"同舟共济"，即使是在不景气的危机时期，通常的做法也是抑制工资上涨的幅度以保持高就业率。从这个意义上说，日本企业比较多地实行利润分享制。同样，在企业之间也可以充分信任，从而便于建立长期协作关系，这使得日本企业比较有弹性地缓和了经济危机。日本与其他国家工资变化和劳动生产率情况见表 2（桥本寿郎，1997：210）。

表 2　各国工资和生产率比较（1977～1986 年）

单位：%

	工资	劳动生产率	工资成本
日　　本	4.8	3.8	1.0
美　　国	6.4	3.2	3.1
英　　国	10.0	2.7	7.1
联邦德国	*5.1	*2.9	*2.2
法　　国	*11.8	*3.8	**8.4
加 拿 大	7.6	*3.2	*4.8

注：*表示 1977～1985 年的平均值；**表示 1977～1984 年的平均值。

与日本企业的发展情形恰恰相反，美国公司虽然自 20 世纪后期就开始向网络化组织方向急速转变，并尝试实行横向信息沟通的水平管理体制。但是，由于缺乏整合整个社会充足的社会资本，企业也没有充分认识到信任的价值，因而组织的协调并不如意。例如，通用汽车公司虽然也建立了实时供应运作模式，但在争取汽车个人联合会的信任方面却明显重视不够；结果，在 1996 年和 1998 年通用汽车公司经历了两次罢工，这对需要有严格交货计划的实时生产产生了严重的影响，仅 1998 年的罢工就造成了16 亿美元的损失。正是由于美国企业长期存在这种争斗现象，使得企业发展由于这类严重的内耗因素而受到了制约，并导致了内生交易成本的上升。显然，这也正如迪屈奇（1999：110）所说的"从典型的意义上说，西方公司被认为是一些独立自主的经营项目的投资组合，它无法利用潜在的'核心能力'。因此，在日本的竞争面前，不可能保持长远的优势"。

可见，正是由于社会伦理、企业文化上的差异，使得对企业发展的目标认知、企业管理者的选择原则、企业成员的行为方式以及企业之间的信任关系等都存在明显差异，这最终产生了不同的企业效率和发展趋势。其中，日本企业似乎拥有长期发展的优势，在很大程度上，正是由于深受日本企业发展带来的冲击，生存危机成为欧美企业所面临的重要挑战。例如，据美国商务部统计，美国企业在 20 世纪 70 年代的倒闭率为 2.3% ~ 4.3%，而到 80 年代就猛增到 6% ~ 12%（刘刚，2005：2）。其实，在整个 20 世纪 80 年代，在汽车、家用电器、机器人、半成品、计算机、复印机、钢铁和纺织品等市场上，美国的公司显然难以用他们自身的力量来抵御外来竞争者，目前日本汽车在美国本土的占有率已经上升到 30% 以上而快到 40%。究其原因，欧美企业的管理过多地注重于监督方面，西方企业理论强调的也是控制和领导权，而对企业的协作本质却知之不深，从而对协调机制的建设也相对不足，这样反而提高了企业的经营成本。事实上，这也正如布莱尔（1999：5）的研究所表明的，20 世纪 80 年代中期，许多美国公司投资于新的工厂和设备、引进新的产品或追求新的市场，但在费用上却倒在了他们的对手日本人和德国人的脚下。

总之，企业理论和实践本身是一定时空下的社会产物，它深受特定的社会价值伦理观之影响。企业理论和实践本身是一定时空下的社会产物，它深受特定的社会文化和价值伦理观之影响。一般地，基于个体主义的文化价值观，西方企业被视为股东所有，管理人员的选择和行为都是以股东的价值最大化为目标。因此，不仅企业内部存在生产者、管理者和所有者的利益冲突，而且企业之间也主要是竞争关系而非合作关系，这严重影响了企业的长期发展和效率。相反，基于社团主义的文化价值观，日本企业被视为利益相关者所有，管理人员的选择和行为都是以利益相关者的价值最大化为目标。因此，不仅企业内部生产者、管理者和所有者的利益之间是共生的，而且企业之间也存在强烈的合作关系，这显然有利于企业的长期发展和效率。事实上，正是由于社会价值伦理观上的原因，西方企业无论在实践上还是理论上都特别注重相互（个体或企业）之间的竞争性而非合作性。譬如，波特就指出，西方社会中一个企业面临的五个主要方面的竞争：进入威胁、替代威胁、买方议价能力、供方议价能力以及现有竞争对手的竞争，他（1997b：5）认为，"顾客、供应商、替代品、潜在的进入者均为该产业的'竞争对手'"。与其不同，日本企业往往更加关注合作而非恶性竞争，它们把波特所列举的这几个方面都视为协作对象，从而获取了更多的协作收益。

在很大程度，欧美企业之所以无法形成强大的认同关系，直接的原因就在于西方社会往往短视地追逐私利，这种动机从根本上讲又取决于西方很不成熟的浮士德文化。正因如此，亨廷顿甚至说，"美国人决策时，没有历史，没有未来，只追逐眼下的利益，所以敌不过东亚的竞争者"（陈平，2000：578）。而且，正因为日本企业大有后来居上的趋势，因而越来越引发了美国企业和学界的危机感。例如，威廉·大内通过他的比较研究结果就指出，日本的经营管理方式一般较美国的效率为高，因而强烈主张向日本的管理方式学习。与此同时，在美国就掀起了一股学习日本模式的浪潮。譬如，根据大内的看法，美国的通用汽车公司、福特汽车公司、克莱斯勒汽车公司、通用电器公司、国际商用机器公司等都在从 A 型组织向 Z 型组织转变。事实上，不仅日本企业的终生雇佣制等具体制度开始蔓延到全世界，而且其具体的管理体制也得到越来越广泛的模仿。譬如，日本的精益生产模式在美国就广受重视，这种把公司当作大家庭的想法也带动了美国员工的普遍热忱。此外，企业合作的管理哲学等也受到越来越广泛的重视。事实上，当前公司治理结构已经成为美国社会讨论的热门话题，其基本思路就是如何关注公众利益和短视的股东价值最大化所导致的生产力下降问题。近来也有越来越多的美国学者提出，为了防止企业给予经营者的报酬过多，应该由股东大会来决定经营管理人员的报酬以及股票期权（胥鹏，2000）。

（二）美国企业的优势和日本企业的劣势

1. 隐性协调的偏盛会滋生出各种软约束现象

一般来说，如果一个市场活动主体的预算约束是硬的，那么，它就限制了该主体的行动和选择的自由。也即，硬的预算约束是一种事先的行动规则，它和市场主体的决策和预期密切相关。但如果预算约束是软的，那么具有法人地位的市场主体自身的财务状况就难以限制行动，资金只起消极的作用，因为此时市场密切联系的主体之间可以互通有无而提高预算的灵活性。譬如，一个大的企业集团很可能会挪用库存的或其他子公司的资金救济属下某一短期有问题的子公司，这就是软约束现象。再如，在一个国家中，如果政府控制并经营了一些企业，那么这些企业之间也就存在一定的联系，而如果各个企业的财务不是完全独立的，也就必然存在软约束的现象。显然，由于日本企业内部和企业之间存在相互支持、相互救助的传统，这在一定程度上造成了企业的预算软约束，从而可能引发整体经济结构的僵化。

当然，并不是所有的软约束对经济发展都是有害的，因为在适当的时候，相互密切联系的市场主体通过相互扶持可以抵御一些意外冲击以及某些机会主义倾向，这也是制度经济学所阐述的"为何要将各个中间产品纳入同一企业组织进行协作生产的原因"。事实上，日本企业就往往情愿以较高的价钱向同一家企业集团下的成员公司采购，也不愿意接受外国公司所提供的较低价格或较高品质的产品；正是由于这个原因，形成了日本企业强大而持续的竞争优势。但是，如果进行这样协作的组织规模过大，那么内部成员的机会主义倾向就会增加，也就无法真正弄清楚某个部门或公司低效率是短期成绩造成的还是根本上不适应形势的发展，因此，这种软约束就会造成某些部门的发展越来越脱离实际的需要，这也是日本企业近十几年来爆发整体性结构问题的一个重要原因。事实上，我们也知道，由于政府所控制的经济活动的规模要大得多，其资金总来源比一个集团更不受约束。因此，在国家直接参与的经济活动中软约束现象就更为严重，更容易造成经济的畸形发展。关于这一点，科尔奈作了先驱性的分析。

2. 过强的集体行为往往对市场变化缺乏灵敏

一般来说，由于日本企业的法人持股等造成了产权的非个人化以及信息的团队沟通体制，也可能使得基于相同行业中个人间的信息交流不足，对市场变化的反应也变得迟钝。事实上，具有相互融合产权的日本企业制度的优势体现在这样几个方面：它鼓励公司的所有参与者（投资者、工人、经理、供应商和客户）做出承诺、进行公司专用化投资、分担风险和分享租金以及调整他们之间的关系的组合，来适应经营环境的大幅度变化。但同时，这一制度也可能存在某些内在缺陷，例如，缺乏灵活性，难以迅速将资源从夕阳行业中转移到朝阳行业，等等。相反，美国的企业制度尽管存在种种不利长期有序发展的缺陷，但它却更能适应环境的变化。一方面，美国现有的企业制度不利于特殊技能、文化和信誉的培育，特别是在经济不景气时，尽管企业仍能为部分企业的参与者创造租金的情况，但股东却具有强烈的激励去迫使经理停止企业的运作并解雇工人。显然，这种"紧缩规模"的行为就往往显得过早了，它并没有充分利用企业的沉淀成本。另一方面，在美国的这种企业制度下，由于私有产权非常明晰，企业组织的变动或者对特定行业的退出或进入就比较容易，从而具有极强的灵活性，它可以迅速将企业的资源从夕阳行业转移到朝阳行业中。

正因如此，从某种意义上讲，日本的信息共享体制虽然比较适应规模经济的工业生产，但就信息时代的高新技术行业，却远不如基于个人信息互动基础之上的美国企业来得适应（见后文分析）。究其原因在于，在软件业，由于从制造商或者用户方面来的委托是营业活动的中心，这样，被雇用的企业和劳动现场在空间上发生了分离。因此，企业的成员就难以形成"基于协作的分工"的意识而与"拥有共同意识的伙伴一起工作"。事实上，软件生产的从事者，尤其是系统工程师，其技能在企业之间具有共通性。也就是说，软件企业并非特殊，而是普遍的，它的发展需要更为广泛的信息交流，而日本式的"会社主义"企业结构却与之难以适应。最后，还需要指出的是，由于日本企业中一般抽象规则往往比较"软"。显然，这些制度的非"刚性"在增大其成员的行为弹性区间的同时，也为一些不规范的行为种下了隐忧，这也是为什么日本社会的经济丑闻不断的根源，有时甚至会导致整个社会的僵化。

3. 广泛的共享价值观可能对环境的反应迟钝

一般认为，一个组织的存活期限体现在它对变化的环境的适应程度：当组织面临变化的环境时，就不能拘泥于原先的一套规范。例如，堺屋太一（2000：110）就指出，"一个平和环境出现的生物，若过于适应该环境，则一旦环境变化，就无法适应"，"组织亦同。一个对某一环境完全适应了的组织，一旦环境变化了不但无法跟着变革，甚至还和环境变化反向逆行"。并且，堺屋太一（2000：101 - 102）还通过大量的例子来说明组织不能适应新环境的"绝症"："组织具有成长企图及强化内部的本能需求。换句话说，组织有时会忘了成立的目的，而只追求本身的目的；甚至组织的成员会透过追求组织目的，而追求个人幸福。因此，组织一旦确立，成员一旦固定，追求提高地位或扩大权限就往往成为组织全体的目的。如果此一观念增强或转化为习惯，则成为成员间就容易产生共同体意识，而成为专门追求成员幸福的'成员共同体'"，"此现象可怕之处在于，一旦形成共同体，此一共同体的人事与资源分配必然会逐渐增强，且被肯定为'正义'的行动"，"当然，在此所谓'追求成员的幸福'并非指追求大众的幸福，而是组织体中个人的幸福，亦即追求组织内的公平与安定感，扩大权力及对外拥有好名声"，"事实上，这完全是利己主义的做法"，最终将"导致组织陷入共同体化的恶性循环中"。

显然，堺屋太一的分析表明，功能体的共同体化对组织发展有着致命影响。事实上，在历史发展的长河中，那些曾经有过辉煌的企业正是由于陶醉于过去的成功并忽视了环境的变化而成为了历史。对一个企业而言，如何建立一个对外部环境变化的快速有效反应机制，往往是其能否持续发展的关键。究其原因，尽管大部分管理工作和生产工作都具有团队性质，并且，正是依靠这种团队性质相应地提高了管理和生产的能力，从而促使了组织中的协调水平。但是，基于团队性质而产生的这种能力往往依赖于团队成员之间的互动关系，一旦离开就往往会导致这种能力的丧失。特别是，社会技术的进步和社会环境的改变往往使得这种基于共同体价值观的惯例行为变得低效率，甚至这种特殊价值观成为企业发展的障碍。例如，我们知道，中国儒家文化非常强调社会价值，长期依赖也与社会制度形成共生关系。但也正因如此，在面临西方物质文明和工具理性的冲击时，就比日本文化难以改变，也更难适应变化了的国际新世界（长谷川启之，1997）。因此，尽管广泛地共享和战略性地适当的价值观在很大程度上有助于提高组织的绩效，但一旦环境发生变化，这种文化可能反而成为负担。一个明显的事实是，日本企业文化的集体意识在传统制造业中具有优势，但面临新经济所要求的基于个体交错互动的信息交流模式时就显得不太适应。

4. 组织内的忠诚往往会转化为组织间的争夺

一般地，组织内外的协调是互补和相互促进的，任何一方的缺失或过强都会导致组织发展的不平衡，从而制约组织协调水平的真正提高。特别是，随着智力社会的到来和技术的进步，基于个体的信息互动的增强以及特制生产模式的盛行，组织间的协调越来越重要。在这种背景下，那种局限于共同体忠诚的信息交流和协调体制将会遇到越来越严重的困境。事实上，萨克森宁在分析硅谷的成功时曾指出，硅谷存在非常丰富的非正式的社会关系网和信息交流网，而这些关系很少能在某一家公司的办公室里找到。萨克森宁（1999：41、42）写道："结果，硅谷的工程师相互间的信任感加强，他们更多地以发展科技为事业目标，而不是为了某个公司或行业"，也就是说，"在硅谷，对行业的忠诚度远远高于对公司的忠诚度。公司只是让你能工作的媒介物"；因此，硅谷的"社会和职业网络就像某种异化了的组织，通过网络，工程师们在变换组合中促成了科技进步。个人在公司和项目上的变动并未出现预料中的彼此疏远，因为尽管流动性很高，但人们的相互关系始终不受影响。在硅谷，是地区即网络成了经济活动的依托，而不是某单个的公司"。

然而，尽管日本企业内的软性制度对本企业具有明确的协调意义，但对其他团体的协调作用则会显著降低。事实上，由于日本社会是由各个相对独立的共同体组成的，在每个层次上，所有的共同体内部人对所有的共同体外部人往往都拥有优先权，这造成了日本社会的价值系统中特殊主义优先于普遍主义的现象。正如贝拉（1998：平装版前言）指出的，由于大多数日本人几乎总是与他们所属的集团紧密联系在一起，这些集团要求他们对本集团的忠诚，并且切断了他们对集团以外人的同情。结果，尽管日本的企业伦理能够激发自我牺牲和献身精神，但这种伦理行为的结果几乎很少有超越本集团利益的，以致长期以来派阀主义在日本都很盛行，即使到了现代社会也是如此。而且，由于圈内人和圈外人之间存在不公平的关系，结果，在大公司与众多小型承包企业之间也就存在不平等的操作。加藤周一就将这种现象称为"竞争性的集团主义"，而岛园则称其为"集团功利主义"。即使内部共享的伦理扩展到整个国家，并使得这种软性的社会制度得到本国人民的广泛认同；但是，对国外人来说，却往往难以理解而一筹莫展，从而增加了对外交往的摩擦，从而妨碍了日本企业的跨国经营。实际上，在20世纪80年代后期，日本企业大肆收购美国资产和企业，以致在美国出现的"黑色的警示，警告美国未来的决策将会在东京做出，而不是在纽约或华盛顿"。但是，到了90年代中期，日本在美国的大多数投资都遭受了巨大的损失（阿瑞吉，2003：6）。

5. 集体主义文化容易产生社会秩序的等级化

在日本，企业之间形成了紧密的合作关系，特别是在每个大企业之间围绕着许多卫星小企业。这些小企业尽管不属于财团大企业的成员，也不享受那种给予大企业的在财务上以及其他方面的保护；但是，由于两者之间长期的密切合作关系，当大企业的员工到了退休年龄时，大企业往往安排他到自己的卫星企业里继续工作，从而有更好的福利保障。与此不同，那些一开始就在卫星小企业里工作的人则面临着一个较差的前程，因为该企业的一些较高的位置往往为大企业的退休人员作为"不速之客"占据，而自己到了退休年龄时则无处可去。因此，这种制度使日本的企业被明显地划成等级，大多数人都把某一财团或者某一财团内的某一大企业视为自己最为向往的地方，从而又会造成一些企业过于庞大。正因如此，尽管日本企业体现出明显的分享制特征，但日本仍然存在大量的巨型企业。而正如"企业组织的规模界限"部分的分析指出的，企业规模过度扩张并非总是有利于协调的增进和效率的提高，这将最终阻碍日本企业的发展。

而且，与大企业的等级相适应，日本的学校也越来越等级化。究其原因，大企业往往从那些一流的大学招人。譬如，东京大学被视为日本高等学校里的第一块牌子，一些大银行都只从东京大学毕业班招聘企业管理受训人。因此，只要能够考取像东京大学这样的帝国大学，实质上就保证了一个青年将来能进入一个大企业或政府部门。相应地，日本学生就热衷报考这些一流的帝国大学，而显然，不同的中学考取这些大学的概率是不一样的，因而日本一流中学的竞争又变得极为激烈。相应地，这又促使了小学乃至幼儿园的激烈竞争。这种状况有点类似当今的中国。相反，在不同规模的企业里工作对美国人而言就几乎没有什么不同，因而美国的中学、小学也就不那么激烈，从而也就降低了为"考分"而死读书的社会氛围。

可见，尽管日本企业中由于强调协作而具有的优势，但也存在着一定的缺陷，这突出表现在由于正式制度设施的相对欠缺以及产权的相对模糊所带来的问题。事实上，以上几个方面是具有较强会社（共同体）属性的日本企业内在的主要缺陷，它在注重共同体及其成员的利益的同时忽视共同体本身的开放性，从而使得共同体之间的冲突很难消弭，甚至成为一种维护既得利益的保守而自私的力量。例如，稻盛和夫就写道："日本的社会只是根据利益得失的价值观在运转。应该说这是阻碍行政改革、缓和规章限制以及地方分区的最大的原因。习惯于既得权益的人对于改革总是绝对反对的。出租汽车行业仅在本行业内团结一致，不准新人加入，不断地提高车费。私营铁路仅由他们自己去同运输省打交道，在打交道的过程中不断地提高运费。政治家则企图根据本党的利益和策略来指导政治"（稻盛和夫和梅原猛，1996：3）。显然，日本的社会制度中还存在大量的不利于经济长期发展的瑕疵，其根本原因在于，日本社会的正式制度相对上还不完善的。也正因如此，日本还必须继续借鉴欧美制度中积极因素，要通过编码化的努力来抵补传统隐性制度中的不足。

当然，一般来说，正式显性的制度的创造和移植要比非正式隐性的制度的改变和借鉴要容易得多，因为，非正式隐性制度所基于的默会知识是高度个人化的，非常难以表述和传播。正因如此，就文化和制度的改革而言，合理的取向是在通过改造其他社会的制度来适应本民族或地区的文化。即需要在本土文化的基础上进行制度的创新，而不是通过改造自身的文化来适应外来的社会制度。究其原因，文化是上千年的沉积，是很难在短期内改变的。显然，我们从日本和其他国家的竞争中也可以看到这一点，日本的一些默会性知识是很难被其他国家所使用的，这是为什么美国企业到了日本以后往往水土不服的原因。正如野中几次郎（1999）指出的，"尽管世界上很多制造商已经学会了日本的制造技术，任何公司想要进行知识竞争还必须学习日本公司创造知识的技术"。因此，我们有理由相信，日本一旦建立了适应信息经济的基本制度，那么在它传统的高隐性协调的保障和支持之下，也将获得比西方更高的效率。而且，需要指出的是，尽管美国的高技术领域充满了活力，但由于其内在个人主义价值观，使得这种经济积极的发展趋势非但没有起到整合社会的作用，反而造成了社会的进一步分裂；不但生产力的增长超过了工人工资的增长，而且日益增大的失业压力进一步扩大了社会收入的差距。

第三节　企业组织内的信息—协调机制

上面剖析了影响协调水平的因素，实际上也就揭示了协调机制演进的基本动力。当然，在既定的社会文化以及企业目标下，企业组织要通过成员之间的协作实现既定目标，根本上取决于企业组织内外的信息沟通和决策贯彻的状况。而且，信息的沟通本身就是决策机制形成的基础，因而信息沟通对企业目标的实现是根本性的。在某种意义上讲，信息沟通机制的差异在相当程度上决定了企业协调水平，从而影响企业的生产效率。也即，信息沟通也就成为影响企业内部协调水平和协调机制建设的根本性内容。当然，不同的组织结构、产业特性、文化背景下的有效的信息沟通机制是不同的，而上面比较日、美企业的优劣时已经涉及这一点。为更好地阐释这一点，本节借鉴青木昌彦等的分析来对日、美企业的信息—协调机制作进一步的比较分析。

一　信息—协调机制的诸类型考察

随着分工的深化，资源配置优化所需要的信息越来越分散于社会各个方面，孤立的个人越来越难以依据自己独有的信息进行决策，此时关于如何共享信息的协调机制对效率的影响也就越来越显著。因此，打开新古典学派的"黑箱"，考察企业内的资源配置机制也就成了理论发展的必然趋势。作为先驱者之一的莱宾斯坦因就指出，以费用最小化为前提测定的市场层面的效率性分析只把握住了经济效率性的极小一部分，而更为重要的效率性在于企业内部协调的形态，由经营者、生产者的激励问题所产生的 X 效率程度。例如，富斯和韦弗门（Fuss & Waverman，1990）对日、美汽车产业费用与效率性的计量经济学比较研究就发现，日、美同一产业的单位成本在 1980 年相差 34.4%。为此，他们提出的解释理由是，当今日本汽车产业成功的背后是由于企业内部生产体制的独自发展。特别是，随着消费者偏好多样化和技术的发展，汽车产品也需要即时推出相应的供给多样化，这就需要推动与顾客直接发生关系的经销商与制造商之间、制造商内部各部门之间、制造商与承包企业之间建立更紧密的协调。正是为了实现如此紧密的协调，丰田实行了所谓即时管理体制，以致汽车自订货日 4 天内就可以生产出来。

当然，在丰田生产体制中之所以能够有效地贯彻即时管理体制，关键就在于其管理者和生产者都尽可能地具备关于整个体制的知识。一方面，企业管理者主要从企业内部的员工中产生，而这些员工本身经历长期的职业生涯以及岗位轮换已经花了较长时间来学习和掌握企业的各个职位的技术和技巧，对整个企业的运作非常熟悉，从而便于对整个生产流程的协调；另一方面，通过换岗使每个员工获得了广泛的职位经验，以此深化他们对每个工作岗位知识的共有程度，从而能够形成较高的隐性协调水平。显然，这种情形与美国企业不太一样。（1）日本企业中员工对企业的认同性较强，因而员工不仅被赋予中止生产线运转的权限，而且还要求对诸如机械故障之类的非常事态尽可能地在现场共同解决，从而使得员工的现场知识得到充分利用；相反，在美国的汽车工厂中，职位区分严格，生产线实行中央集权管理，这样反而不利于企业的灵活处理（青木昌彦和奥野正宽，1999：43）。（2）日本企业还建立了良好的企业间协作网络，知识的共享和横向协调是企业组织的主要特点，而美国则是以依靠个人专业知识为主的企业组织占压倒地位；因此，尽管美国学者往往认为日本汽车制造商的零部件供应方式是封闭式的，但青木昌彦等人认为，长期关系基础上的灵活的零部件供应体制正是日本汽车产业竞争力的源泉所在。

为了对不同企业协调模式能够有一个更深入的分析，青木昌彦

（1986、1995）与克莱默（1990）建立了一个企业内协调的模型。该模型设定：各业务部门的活动水准为 X_i（$i=1$，2）时，该企业的费用构成有如下函数关系：$c = \bar{c} - (\alpha + \gamma_1)x_1 - (\alpha + \gamma_2)x_2 + \frac{1}{2}B(x_1 + x_2)^2 + \frac{1}{2}D(x_1 + x_2)^2$。其中，$\alpha$ 和 γ_i（$i=1$，2）是平均值为 0、方差呈正态分布的随机变量，并且，α 代表系统振荡，即对所有业务部门的业务带来外部性不确定因素；γ_i（$i=1$，2）代表个别振荡，即各业务部门发生的只对该业务层面产生影响的振荡。一般地，影响系统振荡的因素如企业内生产线停止等事态的发生会影响与生产线相关的所有部门，而影响个别振荡的因素如只涉及某业务部门内的机械或工具的故障。B 表示随着两部门业务水平的上升，因使用企业内资产而产生的竞争现象的参数；D 则表示两部门协调的参数。显然，如果两部分的业务水准相同，则部门间的协调呈完全达成状态。进一步地，我们说，如果 $B > D$ 则表示部门处于相互竞争状态，而如果 $B < D$ 则表示部门处于互补状态。

青木昌彦等对与振荡相关的信息结构作了一些假定：（1）经营部门根据经验了解振荡的随机变量及其分布，但不能观测实现值；（2）各业务部门能够观测 α 或 γ 的实现值，但观测不完全，即实现值并非各业务部门所观测的值，两者必有误差；（3）业务部门观测大量信息时必定分散注意力，信息处理精度必然降低；（4）经营部门不能把个别部门的分散信息集中化后使用。

根据上述模型，我们就可以将企业信息体制形态分为如下几种类型。

（1）古典体制，即各部门即使对观察到的信息也不能利用，只是完成经营部门指定的业务层次。这种状态下，经营部门只根据有关系统振荡与个别振荡分布的事前知识决定最适当的业务水准，并由各业务部门执行。显然，当 $X_1 = X_2 = 0$ 时，为古典体制下的最佳决策。在资本主义初期，具有信息处理能力的工人较少，无法采用各业务部门以独自的方法处理个别信息的组织形态。在这种体制下，所有者也就是企业家和管理者通常直接对工人的劳动发出指令。但由于所有者（企业家）个人的信息和能力有限，因而他会尽可能采用简单的机械技术使工人的作业程序化。

（2）信息分散型体制，即侧重于各现场专门的信息处理能力的协调机制，具体有分权体制、分散化信息体制和异化信息体制等形态。

A. 分权体制，随着社会的发展和教育的普及，工人受教育程度达到一定水准，因而他们的信息处理能力也随之增强，依靠个人的信息能力的协调就较所有者一人协调更加有利。因此，这时就出现了较复杂的机械导入和利用现场工人的知识能力组织有效的生产运营方式，各部门主要以 $\gamma_i + \varepsilon_i$ 为行动基准（ε_i 是观测误差）。这种信息体制是第二次世界大战前在美国推行的"泰罗科学管理"的产物。事实上，战后美国的经济霸权也主要是这种生产体制所支撑的。但是，在这种生产体制中，工人的信息处理活动只限于对个别环境中产生的信息的处理。因此，它要求尽可能减少系统振荡的影响，尽量采用对工人间紧密程度要求小的技术。而导致业务部门间外部性的系统振荡影响则由专业部门的库存管理来吸收。

B. 信息分散化体制，随着技术的不断革新，对系统振荡信息保持正常的通道变得不可缺少，因此分权体制的决策标准中也逐渐加入了一定程度的系统震荡因素；同时，根据添加有个别震荡内容的信息采取行动的体制。特别是随着信息技术的发展，在最大限度地利用个别信息进行决策的基础上，使各部门从各个方向观察系统振荡成为可能。这时的行动基准就是 $\alpha + \gamma_i + \varepsilon_i$。

C. 信息异化体制，作为信息同化体制的相对物，各部门虽然观察同一个系统振荡，但是各部门产生不同的误差，结果各部门的观察值也不一样，这时的行动基准就是 $\alpha + \varepsilon_i$。

（3）共享型体制，即侧重于部门间的共同信息的协调体制，主要包括同化信息体制和水平体制等形态。

A. 同化信息体制，是第二次世界大战期间首先在日本出现的，战后得到了进一步的发展。产生的原因是劳动力的不足，它相应增加了现场工作的再分配或轮岗作业等，从而对共同处理问题的程度又模糊了蓝领和白领间的工作界线。它主要的特点是，工人现场共同处理事态、共同承担责任。这时，两部门都无视个别振荡的信息，只以系统振荡 $\alpha + \varepsilon_0$ 为行动基准（ε_0 是体制振荡中的观察误差）。这种方式主要是在特殊的企业环境下才能发挥有效的作用。

B. 水平体制，就体制振荡而言，在个别振荡影响小且部门间的互补性大的场合，信息同化体制比分权体制更为有效。但是，多数现代产业都有不少个别振荡。因此，仅靠企业内的信息共有化是不够的，在日本的企业中就出现了一个水平体制。它既保存了集体决策时所能见到的系统振荡信息共有化特征，又兼顾分权化的特征。各业务部门就以 $\alpha + \varepsilon_0 + \gamma_i + \varepsilon_i$ 为基准。

二　日、美企业信息—协调机制的效率比较

一般地，不同信息机制下的产出效率往往也是不同的，因而这里赋予它一个名词——信息效率，即以更低的预期费用实现每单位产出的信息机制就具有高信息效率。例如，赫维茨在 1960 年就应用了信息效率性这一概念，在企业的分析中就是指企业的经营部门以预期费用最小化为原则选择的最有信息效率的机制。一般来说，信息效率因系统振荡与个别振荡两者之间的比值的不同而变动，同时，还受业务部门间的互补性或竞争性的影响。

首先，在个别振荡比重极大的情形下，不论部门间互补性的程度如何，分权体制是最有信息效率的。其次，在系统振荡比重极大的情形下，何种体制更具信息效率则要视部门之间的技术关系而定。一般地，如果部门间互补性较高，表示协调更重要，则共享型的信息同化体制和水平体制具有信息效率。而且，如果进一步考虑到处理大量信息所耗费的成本，系统振荡比重越大，则信息同化体制越具效率。反之，如果竞争性超过互补性，则分散型的信息异化体制和信息分散化体制是有效率的；而且，如果进一步考虑到处理大量信息所耗费的成本，系统振荡比重越大，则信息异化体制越具效率。

例如 20 世纪 70 年代以来，由于汽车和家电等产业的产品急剧多样化，为适应顾客的多样化需要，同时降低生产的风险，各业务部门间的紧密协调关系就显得非常重要。也就是说，在这种情况下，业务部门间的互补性增大，系统振荡的比重加大。显然，在这种情况下，日本的以信息共有为基础的协调机制就比较能适应这种形势需要，因而日本的这些产业也就具有比较优势。例如，在汽车、录像机等能发挥横向协调长处的产业上，日本企业往往占有优势。相反，在石油化工等行业，工艺与工艺技术的结合相对固定，部门间的协调性要求就相对不高；欧美采用了分权化体制就相对比较适应，从而具有相对优势。同样，在多媒体、软件等新兴产业，随着产品的标准化程度日益提高，企业内作业之间的互补性下降，而企业间的系统振荡日趋增强，基于信息分散的协调体制就具有更高的信息效率，因而美国企业也具有优势。

事实上，池田就认为，以企业内知识共享的深化和逐步改善为基础的日本企业的协调机制就未必能适应当今信息产业中出现的急剧的环境变

化。（1）信息产业中的不连续革新思想比物质产品中的连续技术改进更为
重要，信息产业的技术革新往往是少数有能力的技术人员完成的，而不是
众多的工人间知识的共享的结果。（2）技术的互补性日趋减弱，而依靠企
业间网络的信息收集能力变得愈加重要。显然，适合企业内部技术的互补
性而形成的日本型企业的协调机制与上述要求并不相适应，这也是为什么
日本企业在新兴行业中落败或者说开拓创新方面不如美国企业的原因。不
过，如果日本的伦理认同能够得到进一步扩展，不仅在企业内部实现信息
共享，而且更大规模地在企业间实现信息共享，将原来就已存在的良好的
分包关系和关联投资关系得到进一步发展和完善，那么日本企业中的共享
型信息体制恰恰将转变为日本企业在新经济条件下的长处。相反，美国企
业曾经为了最大程度地利用机械性技能而极端地推进分工，反而暴露了不
利于在工作岗位之间共享信息方面的缺陷（青木昌彦和奥野正宽，
1999：12）。

在信息共享型体制下，企业内的知识共享极其重要，不论企业出现什
么样的局面都需要劳动者之间的相互交流、共同努力来解决问题。而在信
息分散型体制下，每个人都需要运用自己的专门知识来处理个别性发生的
问题，因而专门性的技能就很重要。青木昌彦等（青木昌彦和奥野正宽，
1999：64）将属于企业组织范围内的有用技能称为企业环境技能
（contextual skills），而将超越特定工作岗位的专门化了的技能称为功能性
技能（functional skills）。所谓企业环境技能形成，就是在企业内部特有的
环境下能够有效地达到信息共享的技能形成，通过 OJT（on-job training）
以及正规训练来形成；而所谓功能性技能形成，就是对于某些特定的信息
处理，形成企业之间可以通用的技能，且通过正规训练形成的。显然，在
员工的技能表现上，日、美企业之间体现了的巨大差异。

在日本，企业注重不是深而窄的专业知识水平，而是在今后的工作岗
位上培训对该企业有用的技能，是一般的信息处理能力；而且，员工还通
常会轮换工作岗位，遍历各个部门，以扩大对公司各类业务的知识，从而
成为企业的"通才"，那些最有前途的可能会被分配到最具挑战性的岗位
上去锻炼。如在银行中，职员要在全职工作的同时花 2～3 年的时间学会这
些可能包括一所美国大学的一项 MBA 课程里的基本技巧，即使他们并不
知 5 年后将分派到何种岗位。一般地，在开始的 10 年内，他们将在不同的
部门进行轮流任职，而 10 年后，年轻有发展前途的职员将升任为部门经

理，但这时他们的工作往往依然是多样化的，包括预算控制、人事安排及其他一般事物。总之，一般来说，所有人员在他们30岁早期就应培训成为通才，到他们45岁左右时至少在两个或三个领域成为专家，这时他们可以选择继续待在银行里还是去相关的客户企业任职（Satoshi Sunamura，1998），如为总公司制造零部件的分公司里担任管理职务。即使日本的大学教育，也是更加重视一般信息处理能力的培养，以适应将来企业特殊技能的培养。

同样，与日本企业较为类似的德国企业的工人也往往要接受几种不同任务的训练，然后视工作当天生产线的特殊要求而调动到任何适当的工作站，并且生产责任也尽量下放到生产线的底层。因此，在德国企业内部经常轮调员工，如果某一机械师生病请假，那么领班就可以调动轮班员工来填补生产人力的空缺。而且，由于德国的领班往往是从基层技术员一步步升上来的，因此对自己所监督的工作非常了解。这样，以领班为核心往往可以形成具有高度团队精神的被称为"领班小组"的工作小组：领班对自己的组员非常了解，并为每个组员考核从而决定他们的升迁。当然，德国工人获取技能的途径不同于日本，它主要是通过学徒制获得技能的。据报道，将近70%的德国年轻人的职业经验是从当学徒开始的，而只有10%的德国人既没有学徒经验也没有接受高等教育（福山，1998：257）。正因如此，工人不但发展出了良好的技能，学成后仍然能持续充实，从而保证了德国工人的技术水平，这也导致管理者更敢于信任蓝领工人，并授予他们更大的权责。

相反，由于市场上高度的流动性，美国企业很少自己对员工作全面的培训，而是热衷从市场中寻找需要的人才，特别是很注重专门知识，并以此安排职务。相应地，美国大学也是彻底的专门知识教育，每个人都以发展本专业为目标：有人一生从事于生产工作，有人总是搞工程，有人永远是会计，等等。事实上，美国企业的高层领导，在其职业生涯中作过的职业往往不超过两种，许多人只作过一种专业工作；特别是，这是管理者越来越为获得MBA学位的人员所占据。正因这种专业化发展使得每个人对其他专业人员及其存在的问题既不认识又无了解，从而也无法有效地帮助本企业中其他专业的工作人员，他们的发展往往不是以面向整个企业为目标。同时，专业化发展道路使每个人都希望尽快地获得提升和实现自己的专业梦想，这加剧了劳动力的流动性，并使得企业的长期发展更处于不稳定状态。大内（1984：49）写到：美国企业中的"这种迅速评价和升级的过程在经理中经常产生歇斯底里的态度：他们觉得，如果三年内没有得到重大升迁就意味着失败。近年来，从研究院毕业的大批企业管理硕士涌进工业界加剧了这种歇斯底里，因为研究院认为，经他们培养和训练的每一位商业硕士都具有优越的能力，会很快地升到美国工业界的上层。这些硕士如果不能得到迅速升迁，就感到非常不耐烦而想换到别的公司去。美国一些著名的大学商学院所做的调查表明，在他们学校毕业的企业管理硕士，在毕业后头十年内平均换过三个公司"。

正因为美国员工走专业化道路，每个人都希望尽早地获得提升，而企业对个人能力的了解又需要一定的时间；结果，往往在企业对其员工的技能和能力彻底了解之前，员工由于还没有获得迅速评价和升迁而开始跳槽。但是，正如谢林（2005）在《微观动机与宏观行为》中剖析的，个体的行为往往与他的目的发生背离。事实上，尽管这些年轻人每年都可以得到一次升迁的机会，但别人也是如此，结果从总体上看，他的位置并没有提高。而且，在一家人员迅速升迁和流动的公司里，人们都学会了不依靠或不与别人协商地进行工作；因此，即使你已经爬到了公司较高职位并指望对大事和决策施加影响时，你也无能为力。特别是，在这些公司中，每个人都指望着升迁，因而没有人会知道或关心别人的问题，也没有人会在一家公司任职较久，从而得以和其他人对某事负起连续性的合作责任。在这种情况下，企业的隐性协调固然得不到增进，即使显性协调也无法施展，从而最终必然引致效率的低下。

当然，不同的信息体制也各有其优劣。例如，日本和德国的信息沟通机制有利于企业的弹性发展，并容易产生集体精神和企业共同体文化；但是，这种岗位权限模糊的协调做法往往比较能适应于对专门知识要求不是太高的情形。因此，日、德的信息共享体制在以资本为主要生产要素的工业时代还是比较适应的，但是，随着以知识为主要生产要素的智力社会的来临，特别是当知识分工日益凸显时，这种体制反过来又可能会降低分工所能带来的潜在好处，从而使社会整体的知识得不到充分、快速的发展。同样，美国这种信息—协调体制有助于组织专业化人员在任何环境下发挥其专长，并可能轻易地从一个城市转移到另一个城市，这也使得产业便于在国际上进行转移；而且，每个部门乃至每个人各司其职，也避免了相互之间"踢皮球"现象。但是，它却往往无法使工人结成相互紧密的团体，从而无法达到尽可能的高效率。因此，既要注重协调的增进，又要防止对社会中知识发展的阻碍，从长远来看就还得强调一定社会价值观的认同，建立在认同基础上的协调可以尽可能地减少对知识创造的阻滞，甚至起到促进作用。

总之，正如大内（1984：51）指出的，"由市场部门升上来的经理不懂得人事或会计工作的席位、巧妙之处，所以，除了一个外行的身份之外，既不能指挥也不能评价人事或会计人员。仓库经理不懂得计算机程序编制员的工作性质，因此只能与他们进行疏远和形式上的协调。任何事情都不能听凭默契和想象力去决定，因为涉及的双方很可能持有不同见解"。因此，作为体现协作系统的本质，就要求能够进行全方位的协作，协作系统本身就需要在长期互动的过程中才可以获得真正的协调效率。

三　信息共享协调体制的伦理要求

实行信息共享协调体制的企业组织中的一个重要特征就是相互信任，这是这种体制有效运作的伦理要求。这种相互信任的伦理关系不仅体现在企业内部的成员之间以及上下级之间，也体现在关联企业之间，甚至与整个社会的文化伦理密切相关。这里简要说明如下。

首先，信息共享协调体制要求内部成员之间存在相互信任的关系。一般来说，大规模生产工厂的装配线组织的基本逻辑就是要不计代价地防止整个生产线停顿下来，为了保证这一点就必须有足够的库存。但是，发源于日本丰田公司的精益生产法就使得库存为零，而任何员工都可以使整条生产线停顿下来。显然，如果没有高度的负责精神，这种体制的运作效率是不可想象的，而且，任何一个员工如果与管理人员关系恶劣都可以任意中断生产线。但是，以丰田为代表的日本公司却敢于给予其工厂员工这么大的权限，赋予他们使整条生产线停摆的力量。其原因就在于，企业本身存在一个相互信任的伦理：管理阶层信任员工不会滥用权力，而员工报答这种信任的方式，则是善用慎用他们的权责，改善生产线的整个生产力。正如福山（1998：13）所描写的："丰田汽车公司在高冈的装配厂里有好几千个装配线工人，其中每一个都可以拉动工作岗位上的一条绳子，使整座工厂停顿下来，但是他们决少这么做；反观福特汽车公司在高地公园或红河谷这些三代以来一直象征现代化工业生产的工厂，却从来不信任他们的员工，不让他们享有这种权力。"

　　同样，"在德国，典型的工厂领班都会做手下工人的工作，如果情况需要，他们经常会挽起袖子来接替部属的工作；工厂领班可以调动他们的部属，并且根据面对面的互动，来考核员工的表现。在职位晋升方面，德国工厂的弹性很大：蓝领工人可以参加密集的公司内部职训计划，获得工程师执照，而不需要进大学去修相关的学分"（福山，1998：13）。相反，法国人普遍不相信他们的主管会诚实评估部属的工作表现，法国领班和部属之间的关系往往是建筑在巴黎劳工部所制定的烦琐规章上；因此，法国工厂的领班无法任意调动部属，从而限制了工作场所团结意识的发展（福山，1998：15）。可见，正是由于德国的工人信任他们主管和同事的程度比其他欧洲国家更高，德国的领班也往往被授予更大的职责，可以自行判断如何调整特定员工的职务，德国工厂的弹性和平权在欧洲国家中也是首屈一指的。

　　因此，要维护企业内部的信息共享体制，相互之间的信任关系是至关重要的。麦格雷戈的 Y 理论就指出，只有当监督者相信工人在与本组织目标一致的前提下可以自行斟酌决定时，监督才能够起支持作用。当然，目标一致的形成需要员工在企业内部建立长期的互动关系，否则，如果在一个高度流动的社会和企业中，员工不能期望企业提供相对长时期的就业保障甚至是终身就业，他就必须保持高水平的专业技能，以便适应任何公司的需要，而不会冒着可能被解雇的风险而花费大量时间和精力来培育某企业专用的群体性人力资本。显然，在一个群体性人力资本缺乏的企业中，尽管存在一组具有广泛才干、技能和目标的人，但这些人在同一个企业中却彼此是"陌生人"。那么，企业内部的信息交流必然会受到阻碍，企业内部的协调水平也必然不高。

　　事实上，正因为在美国企业中每个人都使用专门知识，甚至蓝领工人还不需要拥有技能；因此，相互之间也就不需要太多的沟通，这种沟通大多由管理人员进行，从而员工之间的彼此信任的需求也被剥夺了。相反，在日本和德国的企业中，由于每个员工都具有广泛丰富的技能，这是精益生产模式得以施行的基础，因为只有如此每个员工才可以站在宏观角度去思考整个生产过程；同时，由于每个员工被赋予了更多的职责，他们相互之间的紧密沟通就显得更为重要，从而更有利于培养团队信任的氛围。当然，在日本和德国要获取岗位要经过更长时间的培训，如德国百货公司的售货员大概要接受三年的职业训练，而美国大百货公司只愿给予三天的在职训练。但是，正是经过这种长时间的培训，成为年轻人社会化的一部分，因而更倾向于与人合作。正因如此，克林顿政府甚至试图在美国建立德国式的职业训练制度。

其次，这种信息共享协调体制不仅要求在企业内部形成相互信任的伦理，而且也将这种信任关系扩展到上、下游的供应商与承包商。事实上，精益生产要求把上、下游的供应商与承包商都纳入生产网络中，要求供应商配合紧迫的进度，尽快因应最终装配线员工所做的任何改变。在这种体制下，如果在最终装配过程中发现品质有问题，那么不是装配线的工程师而是负责装配的工作小组直接去找供应商，从而要求他们的上游厂商进行改善。这样，就要求生产公司和供应商之间交换大量的信息，甚至包括人员的交换。譬如，日本汽车厂商和零部件企业之间就存在紧密的日常交流，其一般方式是：在开发阶段，零部件企业的经营管理人员与设计人员密切协作，并与汽车厂家负责设计和开发的人员频繁接触；开始生产后，两企业负责生产与开发的人员也频繁往来（藤本隆宏，2000）。事实上，在日本，当员工到了必须退休年龄之时，日本企业也不是简单地给他一笔退休金了事，相反，往往把他安排到与之合作的卫星小企业中从事一些非全日制的工作。这有两方面的好处：（1）增加了员工退休后的生活保障，从而赢得员工对企业的认同；（2）退休人员的转移进一步加固了大企业和卫星企业之间的关系，从而促进了两者之间的工作关系，使得小企业对大企业更为认同。

显然，要维护这样的供应商网络，相互之间的信任关系是至关重要的。因为只有这样，相关企业之间才能够专注于联合研究、共同开发，从而全面提高产品和服务的质量。相反，在一个缺乏信任的纯粹市场导向的装配—供应关系上，买方公司总是乐于见到各个供应商之间的削价竞争，但这种做法往往又会在装配厂和供应商之间造成猜忌和隔阂。供应商也不肯把价格和制成的资料透露给装配厂，以免对方今后利用这些情报做出对自己不利的事。事实上，在日本的大企业和卫星小企业之间往往形成一种双边垄断的关系：小企业的产品只有一个买主，而大企业的每个零部件也只有一个供应者。在这种情况下，如果没有相互的信任和合作，那么，很有可能造成经常性的诉讼，以致这种供应关系最终解体。但是，在日本企业之间却可以建立相当密切的关系，供应商把零部件一直送到装配车间，而且供应商还乐于零星供货，从而便于零库存的精益生产方式。

与此相反，美国企业之间就由于缺乏信任而无法建立长期的合作关系，以致类似通用和费舍之间反复"敲竹杠"的摩擦事件就层出不穷。在这种情况下，大企业往往存在多个供应商，这不但造成过分膨胀而无效的网络结构，也无法使得精益生产模式得到真正的施行。譬如，在美国的汽车业，一家主要的美国汽车公司将保持几家可供选择的供应来源，而供应美国汽车公司的数百家企业每家也都设法把它们的产品卖给几个买主；买主和卖主之间互不信任，并有意识地不依赖于一个供应来源或一个买主。鲍伊（2006：23－24）就举了一个典型例子：20世纪90年代初通用汽车负责公司与供货商关系的洛佩茨通过不断地与供货商重开谈判，甚至在中断与供货商的合同并把它的专利信息透露给另外竞争的供货商，从而成功地压低了供货商的产品价格。而且，尽管这种行为是非道德的，但通用汽车却提拔了他，结果在美国三大汽车制造商中，通用汽车被供应商排在了最后一位。后来，洛佩茨离开了通用汽车而去了德国的大众汽车公司，带走了好几个助手和好几盒通用汽车的财务采购数据，并继续其机会主义行径，从而也为大众汽车带来了同样的问题；同时，通用汽车还对大众汽车的首席执行官和其他董事提起高达40亿美元的损失诉讼，最后以大众被判付给通用汽车约1亿美元的赔偿以及洛佩茨的"辞职"了事。

最后，推而广之，这种认同的伦理不仅体现在一个企业内部以及相关企业之间，甚至还需要充盈到整个社会当中。否则，即使你在某一工厂获得了厂里认可的工程师执照，但到其他工厂就可能不被认可，那么个人的人力资本投资实际上也就成了专用性资本，从而会受到要挟。一些经济学家就发现，不管国际货币基金组织所制定的援助计划在理论上是多么无懈可击，如果实施该计划的社会缺乏心理上的"现代化"习惯，那么这项计划的效果也必定很有限（福山，1998：58）。同样，学者为企业发展所制定的政策建议再怎样周全，如果企业内外没有良好的伦理环境，那么也难以达到应有的效果。究其原因，在没有信任的地区，你无法指望商人准时赴约，企业有了盈余也难以保证老板不会将公司的钱挪为私有。

显然，正是由于目前中国社会缺乏这样的伦理基础，因而会出现屡见不鲜的经理人员带领手下改换门庭以及大批员工与雇主对抗的事件。其中的关键在于，中国社会缺乏基本的伦理认同和有效的治理机制，更在于中国目前的一些企业主没有关怀员工的基本精神。当然，这两种主要信息—协调体制的形成都有其独特的历史和社会渊源，日本的共享性体制就是建立在以家庭为核心的"缘协调"的扩散基础上的。正因为这种体制具有内在的扩展性，这也就是它效率不断改进的源泉。因此，我们说，日本式的信息共享体制可以不局限于企业内，而是可以扩展到企业之间，甚至是整个社会，这就要依赖于一定社会的价值观。事实上，日本企业间的信息共享程度以及协调性都高于美国的企业。这也保证了日本的信息共享体制对未来信息经济的适应（尽管这需要进行一定的转换）。同样，美国之所以形成信息分散体制也是有其历史和社会背景的。美国是个移民国家，涌入的移民大多拥有丰富的专业知识，但相互之间却难以交流；正是这种独特的背景，促使了美国确立泰罗制式的信息分散体制（青木昌彦和奥野正宽，1999：84）。

总之，实行信息共享协调体制的企业组织需要关注和尊重人，并且在某种意义上实行利润分享制，这种分享制可以体现在提供长期雇用和安全而舒适的工作环境上。正因如此，基于泰罗主义而极端强调专业化分工和边际产出的西方企业组织就很难适应这一点：（1）泰罗主义抹杀了人的自主性和创造性，而仅仅把人当作流水线上的一个零件，并且这种流水线也完全是由工程师设计和控制的；（2）泰罗主义所创造的工作场所也并不为工人提供有意义的工作，相反，这种工作只会抹杀人的天性。这一点马克思、斯密等都作了剖析。相反，日本的企业管理方式却迥异于西方，它强调成员之间的相互尊重，顾客和员工、上级与下级之间都采取理解和信任的态度；而且，日本企业让所有成员都有平等参与的权利，以至每一个受到决策影响的人都会在决策中起作用。所以，日本三菱电子公司创始人松下幸之助就指出："我们会赢而你会输，你无法改变这个结果，因为你的失败是内部的毛病。你的公司以泰罗的原则为依据。更糟的是，你的领导是泰罗化的人。你们坚定地相信，良好的管理意味着经理在一边，工人在另一边，经理这一边的人进行思考，另一边的人则只能干活。对你们而言，管理就是把经理的思想顺利地转达到工人手中……对我们而言，管理就使所有劳动者的精神全部集中到公司的服务上面"（转引自鲍伊，2006：114）。

第四节　企业一体化和集群的效率探析

根据钱德勒（1999）对企业发展史的梳理，从 19 世纪 80 年代开始，西方国家的企业规模就获得了急速扩展，从而第一次获得了大量的规模经济和范围经济。为此，当时的企业家对企业进行了三方面相互关联的投资：（1）对大得足以利用技术的规模或范围的潜在经济的生产设施进行投资；（2）对本国和国际的销售和批发网络进行投资，从而使得销售量与新的生产量相适应；（3）对管理进行投资，聘请大量的管理人员，从而不仅可以在生产和经销上管理扩大的设施，而且可以监督和协调这两种基本职能活动，为将来的生产和经销进行计划和配置资源。而到了 20 世纪 30 年代以后，欧美企业开始积极实施多元化的战略，从而出现了一大批的巨型企业，这种多样化趋势一直持续到 20 世纪 70 年代。但是，进入 80 年代以后，这种大规模分散化经营的企业纷纷跌入了陷阱，从而剥离一些与主导业务相关性不大的业务，开始出现了向核心业务为主的专业化经营复归的趋势。其中的内在因素是什么呢？事实上，考虑到网络技术对交易费用的降低，当前世界各国的企业一般也存在两种相反的发展动向：一方面，一些企业的一体化倾向加强，世界各大企业间的兼并趋势越来越激烈，特大型的企业航母也越来越多；另一方面，一些研究也表明，无论是 OECD 国家、亚洲 NICS 国家（地区）还是中国，企业平均规模都呈现明显的倒 U 形，即企业平均规模越来越小。如何解释这样两种截然相反的趋向呢？

传统的企业理论强调管理知识的外溢性以及产品的不可分性，从而从规模经济和范围经济来解释一体化的成因。显然，这种分析更为适用于横向一体化。新制度主义的企业理论则强调与资产专用性相联系的机会主义，从而从交易费用角度探讨一体化的扩展。显然，这种分析更为适用于纵向一体化。例如，威廉姆森（2002：121、126）为代表的交易费用学派学者认为，"决定实行纵向一体化的主要因素是资产专用性的条件"，"一旦资产专用性提高了，天平就偏向内部组织了"。可见，迄今为止，对一体化分析的理论框架是断裂的。当然，随着交易费用分析的拓展，主流经济学也开始将交易费用的分析与规模经济等联系在一起，从而试图构建一个解释横向一体化和纵向一体化的统一框架。尽管如此，这种以资产专用性一体化为基础的规模经济和范围经济实际上还仅仅是马歇尔意义上的外部经济，是属于分工效率演化的一个早期阶段，而根本上无法解释日益盛行的组织归核化的发展趋势。相反，根据本书所强调的协调经济学的思路，协调增进才是组织扩张的根本性基础。从某种意义上讲，企业组织的一体化在短期内是为了获得转移收入，但在长期中更重要的是获得协调效益，如果无法做到这一点，就只有重新分解。基于这种思路，本节进一步以此为理论基础探究企业一体化和联合生产的内在机理，并对现状作一解释。

一 联合大企业的低效率分析

根据上面的分析，企业组织的形成和规模的壮大都与团队的协调水平紧密相关，协调机制的直接功效就是深化劳动分工的。当然，分工包括两个方面：外部分工（社会分工）和企业内部分工；这两种分工都受市场规模的制约，并反过来又影响了市场规模的扩展。一般来说，社会分工（外部分工）的深化会导致企业规模的缩小，因为原来由一家企业生产的两种产品现在由两家企业分别生产了；内部分工的深化则往往有利于规模的增大，因为内部分工使得效率提升而提高了购买力，从而扩大了内涵式的市场规模。当然，这两者也是相互补充、相互促进的：社会外部分工的深化同样可以导致市场规模的扩大，这反过来也是促进企业规模扩大的积极因素。总之，不管如何，正如本书上卷指出的，企业规模的变化根本上取决于协调机制的形式以及由此产生的协调收益，因而理性的联合生产的出现主要有这样两方面的原因：（1）可能是由于社会分工和社会协调的不足，从而需要更密切相连的协调方式；（2）也可能在于特定企业的经理人员具有强有力的显性协调能力，或者因其具有健康的企业文化等而产生的较高的隐性协调水平。

当然，现实中企业多元化经营也有其历史背景和非经济因素。例如，早期企业的多元化发展也许是出于规避纵向和横向兼并的反托拉斯法对企业规模扩张的限制，而企业规模的扩张本身就是经理人员的基本动机。因此，从决策者角度而言，多元化经营本身就是短期行为，一旦条件发生变化，也就会再次归核化发展。正因为受短期因素和个人私利的影响，现实世界中企业的一体化发展战略往往不是平稳不变的，相反，多元化和归核化经营本身往往在不断更替。相应地，企业的绩效也在反复波动。据统计，1980～1990 年，《财富》500 强的平均多元化指数从 1.00 下降到了0.67。马其茨（C. C. Markides）1995 年出版的《多样化、归核化和经济绩效》一书中指出，20 世纪 80 年代是美国企业"业务重组时代"，在美国500 家大企业中，有大约 20% 的企业在实施归核化的业务重组，而只有8% 的企业在实施多样化的业务变更，而且，一些多样化经营的公司本身也成为杠杆收购的对象。那么，不断造成这种一体化式的兼并和剥离的原因是什么呢？那些后来被迫重新剥离的兼并为什么又会发生呢？"企业组织的规模界限"部分的分析指出，企业规模扩展的原因主要有两个：（1）基于协调增进的综合收益的提高；（2）基于转移收入的增进。其实，即使没有带来相应的协调增进，企业也可能由于收入转移效应而实行多样化经营；但是，由于没有真实的收益增进为基础，就可能仅仅引起暂时的企业扩张，而最终可能不得不再次分离。

就"二战"后兴起的多样化经营而言，当时由于各国战后重建面临着很大的需求，因而企业的发展主要是粗放式的，其效率也主要来自规模经济和范围经济，而没有演进到协调经济阶段；同时，由于规模扩大带来的收入转移效应又进一步支撑企业的多样化发展，从而导致企业规模不断壮大。而且，从分工效率的演进和企业的成长轨迹看，多样化经营也是企业发展的一个阶段。正因如此，中国的许多企业往往非常偏好于做大规模，甚至比那些发达市场中的企业更偏好多样化经营。据分析，1997年，全球100家最大的企业中有75%是实施多样化经营，而中国上市公司中的105家企业的抽样分析也发现有79%的企业实行多样化战略。究其原因，（1）相对于西方发达国家，中国还处于短缺经济时代，市场空间很大，这为新企业或新产品的进入提供了契机；（2）由于中国不断掀起经济建设高潮，此时企业的融资成本相对较低，这种经济过热情况也为企业的多样化经营营造了生存环境和空间。当然，随着中国市场的饱和以及市场机制的完善，企业效率也逐渐转到以协调增进为基础提高综合收益的途径中来。正因如此，20世纪90年代中期之后，中国企业也开始出现了以核心业务为基础的重组潮流。

当然，如上面所说，20世纪90年代后，国际上企业也呈现出两种发展趋势：一方面，大者更大，企业规模在不断做大；另一方面，更多企业的归核化趋势在不断加强，企业规模有不断缩小的趋势。那么，这种貌似背反的现象又如何解释呢？事实上，两类企业面临的市场是不同的，大企业主要面临的是国际市场，而一般企业主要面对国内市场。显然，对一般企业而言，由于国内需求不旺，企业的效率主要来自本身综合收益的提高，竞争使得它们进一步加强业务间的协同效应；对大企业而言，由于全球化的推进使得国际市场规模的迅速扩大，这造成了各国、各企业间对新兴市场中的转移收入的争夺，从而推动了企业急剧兼并的浪潮。因此，我们对国际间的企业兼并现象应该有这样两点清晰认识。（1）自20世纪90

年代中期以来掀起的这种跨国购并风潮实际上是对日益凸显的全球化浪潮的反应，是各国、各企业为适应迅速扩展的全球市场而进行的全球性资源的重新组合。这种新组合有利于生产和资源间的协调，是市场扩大的必然结果，并适应于全球竞争的需要。（2）这种兼并浪潮也是各国、各企业争夺全球性转移收入的结果，因为全球市场规模并不是突然膨胀的，因而目前这种企业反应在某种程度上讲是过度的，它不是基于厚实的协调收益基础。

同时，需要指出的是，世界范围内的兼并浪潮也与国际政治情势密切相关：由于世界政治格局的突然变化，主要发达国家凭借政治强力打开了发展中国家的市场；同时，为了更好地争夺这些新兴市场，各主要国家相继放松对企业垄断的管制，这与西欧中世纪解体和民族国家兴起之初的情形也完全类似。其实，原先反托拉斯法之所以较严，是因为竞争主要是在国内进行的，这样收入仅仅是在国内转移而没有增大一国整体利益：转移收入为本国垄断企业所有，而损失也由本国人民承担。但在全球化的今天，竞争是在更广泛的国际市场上进行，垄断带来的利润归本国的垄断企业所有，而损失则主要由他国的消费者负担。因此，在全球化浪潮下，转移收入的争夺已不再限于企业的层次上，而是扩展到国家层次上。其典型表现就是：西方国家在日益放宽对本国跨国企业的垄断限制的同时，对那些业务主要面向国内的大企业的垄断限制仍然较严；而且，特别限制他国对本国企业的兼并，如目前欧盟对通用兼并欧盟一企业的否决就是如此。事实上，美国在对微软倾销案和波音－麦道兼并案的不同处理方式就充分反映了这一点：由于美国的软件产业在世界上处于绝对优势，也就是说，软件业的全球竞争实际上也就是美国大企业之间的竞争，受微软垄断威胁和损害的主要是美国其他公司的利益，因而就产生了对之拆分的压力；相反，受波音－麦道兼并损害的是欧盟空中客车的利益，因而美国政府反而会积极促成他们的合并。

而且，综览世界各国，那些极力创办大企业或者允许甚至鼓励工业卡特尔组织存在的国家，大多数要么是大企业集团的势力非常强大，乃至国家政策都听由它们主导；或者就是国家极力鼓励通过结成卡特尔组织以与外国企业竞争，从而赢得人们的认同。例如，当美国最高法院支持在宪法中加入反托拉斯条款的同时，德国的高等法院却赋予企业多项法律权利，让企业之间可以通过契约方式进行联合定价、控制生产、分配市场占有率等，结果，德国的卡特尔组织持续增长。究其原因就在于，德国希望通过扩大规模来应对它们所投入的全球市场，德国大企业的对手是其他国家的大企业，而不是国内的同行。事实上，美国企业的竞争范畴自始至终都在美国境内。例如，引发美国谢尔曼法通过的标准石油托拉斯就是一个典型，它当时控制了美国大部分的石油市场。相反，德国公司的发展大都以国际竞争为要务，其偏重的出口导向使得国内市场因垄断而造成的低效率降到了最低程度，从而拥有较为强烈的民族认同感。可见，正是垄断组织获取转移收益的来源不同，国内人民的认同感也不同，法律的规定也因而不同；美国人们对大企业存在强烈的不信任态度，而德国的人民却从来没有类似的反大型托拉斯的情绪（钱德勒，1999：538）。

事实上，正如"企业组织的规模界限"部分分析指出的，企业规模的扩张往往是存在收入转移效应为基础的，但这可能导致其他员工乃至整个国家的福利损失。一些实证研究也表明，横向合并使得消费者剩余减少而增加了企业利润，纵向合并使得消费者剩余增大而减少了企业利润；并且，所有类型的合并均会发生社会福利损失，这种损失估计相对于销售额的 0.25%（胥鹏，2000）。当然，那些由不相关企业合并成的联合大企业，并不是没有促进任何协调的增进，合并初始也往往能够带来一定的收益；但是，这种收益往往并不是建立在协调增进的基础之上，而更主要的是在于由于市场重新规划而产生的一定程度的收益。这如同半结合公司类型，这些联合的不同企业之间由于实际上建立了长期的交易关系，形成了购买彼此各自产品的互惠交易。因此，这些由不相关企业合并成的联合大企业形成的最重要的因素在于转移收入方面，这有点类似于捆绑销售，通过牺牲其竞争对手的利益来获得自己的利润。这两种利益流都不是长期的：（1）由企业联合形成的互惠关系并不固定，将随着环境的改变而发生变化；（2）收入转移效应也是有一定限度的，因为竞争是绝对的。

因此，这种性质不相关的联合大企业往往具有一定的局限性，在激烈的竞争和企业协调的进一步演进中可能呈现出越来越严重的弱点。尽管不相关的多样化经营可被用来使公司内部的联系减少到最低限度，以便将经济冲击隔离在公司中那些受到直接影响的部分，从而控制环境变化的系统的影响；但是，联合大企业的合并与改进的业绩之间缺乏任何明显的联系（迪屈奇，1999：120）。阿米休德和勒弗 1981 年调查研究了 1961～1970 年美国工业中成立的 309 家联合大企业的情况，发现利用从合并直至业主监控等一切方式成立联合大企业的作法，出现了在统计学意义上显著的下降倾向。米克（Meek）1977 年对 233 家英国大公司的研究也表明，平均而言，合并导致利润率的适度下降（迪屈奇，1999：122）。战略专家波特对《财富》"500 强"中的公司进行研究的结果表明，对于被收购的那些与它们的核心业务无关的企业，这些公司大多不能很好地进行整合，在收购 5 年之后，70% 以上的公司又把这些业务不相关的企业重新剥离了出去（R. M. 坎特，2000）。同样，一些学者对中国大陆上市公司和中国台湾上市公司的研究也表明：产品的多元化程度越高，公司的绩效显著越差。

可见，企业的一体化或联合化的发展路径是值得慎重思考的，正是由于多样化业务之间的协调问题造成了企业兼并和剥离的反复。这意味着，企业不是越大越好，也不是利用资本市场将资本组合在一起越多的人就越有水平，对社会经济的发展也就越有利；相反，关键在于，要正确处理好企业一体化或多元化发展中的协同问题，只有这样，企业才具有长足的发展基础。事实上，企业追求规模扩展所带来的规模经济和范围经济，主要是分工还没有细化以及市场还不成熟下的产物，这是钱德勒（1999）在《企业规模经济和范围经济》中考察的，这与 19 世纪下半叶到 20 世纪初叶的历史背景相适应。而 20 世纪 30 年代后，企业的多元化实际上只是当时企业规模扩张的余波，已经形成了过度扩张的趋势，这种过度扩张一直延续到 20 世纪 70 年代达到顶点，而后就开始反方向运动了。显然，到后工业化日益深入的今天，企业的竞争也已不再是依靠这种外部规模经济和范围经济，而是生产要素之间的协同性以及劳动之间的协调性，这是当前国际竞争日益激烈的需要。

然而，中国目前社会中充满了利用非正当途径获取的资金不断玩转资本市场的经济风云人物，他们不是脚踏实地搞技术创新、办实业，也不是真正地探索企业合理的组织结构以及提升企业文化以真正夯实作为协作系统的企业，而是凭借其独特的社会背景玩弄空手道，在几年之内就拼凑出一个行业巨头，然后以此攫取个人资产并再过不久以后就轰然倾塌。事实上，奥尔森（2005：1）曾指出，"当我们从什么是对繁荣最有利的因素转到什么是对繁荣最不利的因素时，人们比较一致的看法就是：当存在激励因素促使人们去攫取而不是创造，也就是从掠夺而不是从生产或者互为有利的行为中获得更多收益的时候，那么社会就会陷入低谷"。显然，尽管并购行为在一定程度上促使信息的发现，并有利于资源的整合和配置，但在中国这种市场机制还极不健全的时代，并购往往是掠夺性的，甚至是权力和金钱相结合的产物，是在可以破坏他人或社会利益的基础上增进自身利益，这种行为对社会的发展显然是弊大于利的。正因为中国的并购往往伴随着违法乱纪和权力腐败，因而往往在这些人欢呼之声还没止息时就开始发现了问题。例如，有"上海首富"之称的周正毅、被视为大陆私营企业的优秀代表并受到追捧的杨斌、曾当选为中国 IT 界"十大风云人物"的托普公司董事长宋如华、大名鼎鼎的原爱多总经理胡志标、格林柯尔董事长顾雏军、创维数码董事局主席黄宏生、德隆集团董事局主席唐万里、福禧投资控股有限公司的董事长张荣坤、金冠涂料集团董事局主席周伟彬、被誉为"民营油企第一人"的天发集团董事长龚家龙等。试问：这些瞬间暴富的人物有哪个为社会创造了相应的财富？然而，就是这样的人物，目前社会却不断给予荣誉，不断吹嘘，似乎他们成了经济发展的真正领导者和救世主，甚至成为政治地位以及特权的占有者，难道不荒唐吗？

总之，从协作系统观的角度，我们认为企业组织中多层次的协同联系是企业效率的关键。正因如此，不是说企业的一体化或联合化必然会影响效率，或者必然是有利的或者有害的，而是要看联合企业或产品之间的联系以及内部单元之间的联系。例如，韩国依靠政府力量建立起来的财阀所投资的公司往往产业众多，除了垂直一体化外，从重工业到电子工业，从纺织业到保险业，甚至零售业都在他们的经营范围；相反，日本财阀主要就那些经常往来的供应商和组装业者之间构成契约联盟。显然，就目前的观察，两者的发展前景存在着明显的不同，因此，在追求企业组织的发展时，更重要是看"质"而不是"量"（规模）。当然，需求指出的是，影响企业发展"质"的并非仅仅是协调收益，也要考虑到现实生活中的成本问题。譬如，由于近年来由科技引发的生产管理结构的"横向革命"，生产组织不再需要大量中间层次的管理人员，这也引发了同类大公司之间的合并，因为这样可以直接节约中间管理费用（汪丁丁，2000：1－2）。

二　企业一体化中的协同效应

上面指出，那些由不相关企业合并成的联合大企业具有的内在发展缺陷。实际上，这种企业合并得以进行的基础在于存在来自企业之外的收益转移效应，而基于转移收入效应的企业扩张是难以持续的。究其原因，在这种组织中每个人的斗志往往都是建立在获得晋升以及薪水不断增加的基础之上，因而当组织规模濒临饱和时就会出现"人事压力综合征"：此时，员工就会"突然发现从今以后自己不可能升迁、薪水也不会增加，则原先做好的生涯规划必定会陷入瘫痪状态"（堺屋太一，2000：11），从而导致企业发展的长期疲软。显然，要解决企业的持续发展这一问题，企业不仅需要进一步开发多元化市场，更主要的是要放弃扩张性增长思路，而转到内涵式提高的路径上来，这就是提高内部要素的协调水平。

事实上，并不是所有的多元化都会导致企业长期绩效的下降。1980 年鲍曼（Bowman）提出的"鲍曼之谜"就发现，有些企业通过实施适当的战略能够实现高回报和低风险的结合。贝蒂斯（Bettis）等对多元化的战略研究显示，相关多元化可以导致负的风险—回报关系。鲁迈特（Rumelt）更早于 1972 年的研究表明，那些实施多元化，且能将其活动严格限制在企业"核心能力和技能"范围内的企业，有比其他企业更好的绩效。可见，企业购并也往往具有内在的一些优势，特别是那些相关企业合并在一起而具有协同效应。哈佛大学教授、公司创新与变革专家 R. M. 坎特认为，公司多元化存在的唯一理由就是获取协同效应。著名的战略问题权威迈克·波特指出，对公司各下属企业之间的相互关系进行管理是公司战略的本质内容。钱德勒（1987：7）认为，联合大企业的关键是进行协调活动的经理人员的存在，否则"只不过是一些自主营业单位的联合体而已"，"此种联合体（虽然）通常可以稍微降低信息和交易成本，但不能经由生产率的提高来降低成本。它们无法提高管理协调的功能"。

所谓协同（synergy），就是使公司的整体利益大于各独立组成部分总和的效应，这实际上也意味着存在规模收益。一般来说，存在这样几种协同效应：（1）销售协同，当使用相同的销售渠道、营销队伍或仓储方式时就可能发生销售协同，如共同的广告宣传等；（2）运营协同，这主要是指对人员和设备更充分的使用，对日常管理费用的分摊，学习发展周期的同步性和大批量采购等；（3）投资协同，主要源于对厂房、机器设备、安装维修、原材料以及研究开发成果等资源共享的机会；（4）管理协同，这主要是因为有实力的高层管理人员是一种稀缺资源，如果他们对新老企业的管理参与确实可以使企业的经营状况得到改善，那么新老企业结合在一起就会产生管理协同（安索夫，2000）。公司利用协同的最一般目的并不是降低原有销售成本，而是在不增加额外的固定投入的条件下以一种快捷的方式加速企业发展，这也就是基于协调的价值创造问题。

　　显然，要产生协同，首先在合并的企业和业务单元之间要存在一定的关联性，波特（M. Porter，2000a）将这种关联关系分为三种类型：（1）有形关联，主要是指对共同的客户、渠道、技术和其他因素的存在使相关业务单元有机会对价值链上的活动进行共享；（2）无形关联，主要是指涉及不同价值链之间的管理技巧的传播，如菲利普·莫里斯公司将从香烟业中学到的产品管理、品牌定位和广告概念运用于啤酒业；（3）竞争性关联，这是由于在某一个行业中针对公司所采取的竞争行动往往会波及公司在其他行业中的业务，所以这些"多领域竞争者"就必须将自己在各个行业中的业务连接为一个整体。当然，尽管协同或下属企业间的横向联系是一种创造公司组合价值的方式，但并不是唯一方式，众多的公司战略的成功主要在于公司核心与各下属企业之间的纵向联系（坎贝尔和卢克斯，2000：6）。

　　一般地，企业的协同效应有赖于以下几方面的整合。

　　首先，有赖于企业组织的不同职能之间或下属企业之间的整合及协调，企业的组织结构、协调机制和企业制度等问题都与之密切相关。对于具有协同潜力的公司而言，只有通过协调和计划管理才能使资源共享成为现实，因此，一个恰当的组织机构必须要能够满足公司的这种需要（C. 克拉克和K. 布伦南，2000）。例如，安索夫（H. I. Ansoff）提出了"经理的协同"这一概念，意指经理们可能将自己在一个企业中积累的知识和经验应用于其他新的企业。当然，如果某个经理对一家公司的业务根本不懂，或总是强行实施不恰当的方案，那么公司的管理就会恶化，这时协同的效果就是负面的。显然，这也暗示了经理人员职能的转换：他们不再是"头顶上的人"，而是公司价值的潜在来源；他们既不是监视者也不是干涉者，而是为客户提供服务的支撑者。正如威廉姆森指出的，众多的公司现在正在撤除那些等级观念的管理层次和人员，并逐渐用市场化的关系来取代原有的等级关系。许多职员或者被"外部"承包商所顶替，或者他们自己变成了承包商（R. M. 坎特，2000）。例如，意大利的服装制造商贝纳通公司自己只拥有极少数的经营性资产，它把服装制造工作承包给无数小型服装工厂来完成，而零售网络则由特许销售商来组成。事实上，贝纳通公司是在一个由小型公司相互联盟而形成的生产网络的基础上发展起来的，它是意大利北部企业家精神崛起的产物。伯克利商学院院长迈尔斯把这种经营模式称作"交换机型的公司"，公司实际上在一个由其他机构组成的网络中充当着中央信息中心和指挥中心的角色（R. M. 坎特，2000）。

其次，协同也意味着企业的不同组成部分之间相互配合、相互学习，组织的学习能力、管理程序和企业文化等也同样与协同问题息息相关。伊丹广之（Hiroyuki Itami，2000）特别强调隐形资产的重要性，在他看来，隐形资产是一种无形资源，它既可能是商标、顾客认知度或是技术专长，也可能是一种可以激发员工强烈认同感的企业文化。实际上，隐形资产本质上是一种信息，正是隐形资产这种其他资源所不具备的特性为"搭便车"提供了可能，而且也只有以信息为基础的资产才可以被同时用于多种用途。信息之所以可以使协同成为可能，主要在于其三方面的特性：使用的同时性，多重使用时的无磨损性以及合成性，即把若干信息合成起来可以产生更多新信息的特性。巴泽尔和盖尔（R. Buzzell & B. Gale，2000）认为，如果一个企业群在市场营销和研究开发方面的成本在价值链中所占的比重较大，那么这个企业群通常可以取得高于一般水平的协同效应，并因此具有比各企业独立运作时更好的营利能力；这是因为研究开发和市场营销成本是最容易在企业间产生规模效益的。哈默和普拉哈拉德在《企业的核心竞争力》中指出，发展不同下属企业可以共享的技术或其他方面的竞争力是成功企业的主要战略目标。Rumelt 的研究表明，在具体业务行为或技能方面存在共享的多元化公司的业绩，明显好于下属企业之间不具有相关性的公司的业绩（坎贝尔和卢克斯，2000：4-5）。

最后，需要指出，组织文化是一个组织管理成本的决定因素，在共同的文化背景下，联合大企业也常常赋予原来分散的企业以新的意义，使之更加有序化从而提高协调收益。正如鲍尔和科汉（Bauer & Cohen，1983：85-86）指出的，"多部门组织结构的成功，并非像威廉姆森所声称的那样，来自其在控制论的子系统上所实现的分化，而是来自下述事实，即多部门组织使得在公司内部得以建立一种相同的文化特征"（转引自迪屈奇，1999：194）。

可见，企业一体化并非都是有效率的。哈特（1998：8）认为，只有资产高度互补的企业之间的兼并才是可以增值的，而资产互为独立的企业之间的兼并却只能降低价值，这就涉及企业一体化组织中的协调问题。波特（1997a：323）曾说，"把不同而又相关的业务组合起来产生协同效应能够创造价值的想法曾被广泛接受，不能够用来作为发生于美国（20世纪）60年代和70年代初的大规模多角化经营的正当理由。表明有可能产生协同效应领域的报表和许多企业合并的宣布相伴随，这在年度报告中普遍存在。然而到（20世纪）70年代末，追寻协同效应的热潮已经消退。看来协同效应只是一种美好的设想，在实践中几乎没有发生过。取代协同效应的答案似乎是放权，即将权力和责任下放给业务单元的经理们，并按绩效进行奖惩"。实际上，波特的分析可能涵盖了两点：（1）市场上的经理们没有正确认识企业各单元之间的协同效应，误以为把两个相对独立的单元合在一起就可以产生协同效应，这是早期多元化经营失败的缘由。这正如波特（1997a：324）指出的，"寻求协同效应的失败，并非因为其概念的某些本质缺陷，而是由于公司没有理解和执行协同效应的能力"。（2）随着智力社会的来临，协同本身也发生了变化，不再是传统单元之间，而是体现在更为缩小的单元之间，这些更小单元之间的协同更注重个体成员之间的互动。

总之，企业并购和一体化能够长期发展的基础就是要能够产生协同效应，而这种协同又是多层次的；只有使得企业内部的人员、资源等关系更为协调的一体化才具有长期发展的基础，而不仅仅是新制度主义鼓吹的机会主义和交易成本的降低。事实上，正如波特（1997b：292）指出的，"如果企业是一个整合型企业，那么计划、协调作业操作以及处理紧急事件的成本就可能降低。整合单位相邻的位置便于协调和控制。另外，对于同一个企业内部的单位也可以更加信任，它们会时时记住兄弟单位的需要，并且使企业用来应付不测事件的闲置能力可以更少。较稳定的原材料供应和交付产品的能力可以导致更好的生产计划、交货计划和维护等控制"。

三 集群内的分工和集聚效应

自波特提出产业集群（industrial clusters）的概念后，集群的研究在经济发展和企业增长领域的地位就如日中天，成为当前经济学界研究区域经济和企业经济乃至发展经济领域中的热点。因此，本书在"企业组织的规模界限"部分简要介绍了集群的特点并探索了集群内企业的规模特征，这里进一步探索集群的效率来源。

其实，尽管理论界一直有学者对产业集聚和集群的现象表达了关注，但是迄今为止，并没有很好的理论对产业集群正效应作出充分的解释，特别是没有解释为什么集群在促进产业快速发展的同时也会面临着潜在隐患。例如，按照传统的区域经济理论，产业应集聚在资源禀赋丰富、交通便利和劳动力成本低的地方，但现实却表明，许多产业集群并不是以区域的资源禀赋为基础的。显然，根据生产要素移动和等价定理，资源禀赋优势会随着集群的企业数量增加而削弱，边际效用递减规律会制约区域的集群程度。因此，区域的资源禀赋无论如何丰富，始终是有限的，随着集群企业增加，资源会越来越稀缺，从而导致要素价格上扬，投入成本增加，集群地的吸引力降低。这样，在经过一段时间的发展以后，某种产业集聚的涤荡就会开始面临资源枯竭的问题。显然，如果没有及时进行产业结构调整，就不可避免地面临衰退的困境。然而，现实状况似乎并非如此，因为集群往往呈现出一种持续的生命力。特别是，很多产业集群并不依赖于当地的自然资源，但依然表现出强大的竞争力。

而且，集群内的企业规模一般来说都是较小的，从而无法享受内部规模经济的好处。那么，它的效率或竞争力又来自何处呢？究其实质，集群的根本特征就是促进了企业之间的分工和合作，因此，我们可以从两个方面探索集群的效率。一方面，由于大量小企业的合作，它们共享生产、销售以及技术等资源，从而产生了实质上的外部规模经济，这也正是马歇尔充分认识到的。实际上，企业集群产生的一个基本条件就是集群内部企业之间的劳动分工高度深化，存在大量工序型企业和中间产品交易市场，同时最终产品又有较低的运输成本。另一方面，由于相互之间的分工和竞争促进了生产要素协调性的增进，从而提高分工收益，这体现为企业集群内的最终产品出现产品差异化的潜力比较大。实际上，产品的差异化也是企业集群得以产生的另一个基本条件。

首先，就集群的规模节约经济而言，主要是指集群内的中小企业形成了网络型关系，从而能利用这种网络关系在竞争、合作、协作中产生一种结构竞争力，这种结构竞争力使一个小企业不仅可以直接利用自身直接占有的资源，而且可以间接地利用更多的非自有资源，这在一定意义上扩展了企业可以利用的资源边界，扩大了企业的规模。具体表现为以下几点。

（1）产生资源集聚效应。中小企业集群可以通过统一对外促销、规范品质标准、认同专项技术、推广共同商标、共享集群信誉等"集群效应"谋取单个中小企业很难具有的差异化优势。例如，推行品牌战略时，单个小企业往往因为资金不足和有限的产品设计能力，不能够独立完成，而共同使用品牌，拥有统一的销售机构的小企业群就可以弥补这方面的缺陷。

（2）造成厚市场效应。表现为企业集群吸引了专业化供应商聚集了专业化信息，形成了专业化市场。事实上，在很多行业中，产品和服务生产以及新产品的开发都需要专门的设备和配套服务，而单个企业不可能提供足够大的服务需求市场来维持众多的供应商的生存，也无法解决复杂的技术和管理问题；而在企业集群内，众多小企业集中在一起，就完全可以联合起来提供一个足够大的市场，使各种各样的专业化供应商得以生存。显然，企业集群所形成的这种资源集聚效应为集群内企业的生产和销售提供了有效的支撑。另外，集群内的小企业在地理空间上相互靠近，容易形成信息反馈回路，也降低了运输成本和以信息搜索成本为主的交易成本。

（3）形成人才集聚效应。这包括两方面：一方面，企业集群内储备了许多有经验的雇员，降低了小企业招聘的搜索成本和交易成本；另一方面，小企业集群能为高度专业化的技术人员创造一个良好的劳动力市场，它不仅使厂商较少面临劳动力短缺的问题，而且降低了雇员进行工作迁移的风险。

（4）促进技术创新效应。这主要体现为：集群内的专业化分工与协作关系能够增进中小企业间有序竞争来激活企业创新能力；企业间的相互信任可以强化技术创新的合作，这有助于降低为弥合企业间知识和经验技能的差距所付出的成本；企业集群内部的竞争自强化机制将在集群内形成"优胜劣汰"的自然选择机制，从而刺激企业创新和企业衍生；另外，集群内部的企业在地理上的接近也使企业学习新技术变得容易和低成本。

（5）提高外部市场的转移效应。小企业集群的集体谈判能力也较单个小企业强，通过统一对外谈判，一方面，可以降低原材料的成本，获得更多订单；另一方面，也更容易得到政府产业政策的优惠以及吸引其他生产要素的进入。实际上，也正是依靠优惠政策的扶持，依托清华、北大、中科院等高校和科研院所的高科技人才和科研成果，中关村科技园区造就了一大批新兴企业。

总之，集群内部的企业通过网络化联系产生了集聚效应，并且，传统上独立的中小企业实际上形成了更大规模的新型的组织形态。显然，这种组织将相对于中小企业的外部性内部化了，从而实际上扩大了企业边界。事实上，在大多数的集群内部，我们都可以发现不少地区的单个企业规模并不大，有很多甚至是家庭作坊式企业。但是，由于大量小企业在空间上集聚，该地区形成的行业规模却很大。例如，生产基地型的绍兴轻纺工业聚集区的化纤和轻纺工业品每年的销售收入超过 200 亿元，总产量占全国的 1/10；又如，产销联结型的海宁皮制品年销售额达 200 多亿元，嵊州的领带年产 2.5 亿条。再如，商品集散型的义乌小商品市场聚集了上万种各类小商品，年成交额达数百亿元，产品覆盖全国。

当然，有了上述集聚效应并不一定就是现代意义的集群，而是马歇尔以及阿尔弗雷德·韦伯所观察到的企业集聚现象，这种集聚区的企业并不一定是相互关联的，而这些企业之所以集聚在一起直接目的就是获取这种集聚效用。"集聚"概念的提出者阿尔弗雷德·韦伯就强调"集聚理论研究工业的集中化，工业在集中化的生产综合体中，因单位产品的生产更加经济并以一定数量节约而进行生产"；"这种生产的集中化是独立地存在着，而集聚不论是否具有某些优势或没有任何优势。这是一种常见现象，如果运输设备使工业集中在接近原料、煤产地或接近大的消费市场，这种情况就不属于集聚理论的范畴。"事实上，在经济发展之初，在地理接近的公司和其他的经济单位之间所发生的联系不仅产生产业规模经济和范围经济，即低成本的优势；而且，还可以获得差异化的优势，如差异化地供应优质劳动力等。

其次，就集群内分工效益而言，体现为簇群内分工的深化。在现代社会，仅仅凭借外部性规模经济已经无法取得充足的竞争优势了，因为各类信息、资源、劳动力已经具有较为充分的流动性。因此，企业的效率更多地来自市场的协调收益，这就使企业从集聚发展为集群。事实上，产生的根本条件就是产品链可以分解，也就是说，集群产品存在技术的可分性。具体体现为以下几点。

（1）集群内的产品往往存在产品差异化。这表现为两方面：一方面，存在水平方向的产品差异化，这主要指品种、规格、款式、造型、色彩、所用原材料、等级、品牌等方面的不同；另一方面，存在垂直方向的差异化，这主要是指同种产品内在质量的不同。正是集群内部产品差异化的存在，企业内部才有较为深入的分工，才能促进市场的扩大；否则，将导致各个小企业都是封闭的大而全的生产系统，生产和交易成本很高，产品市场竞争优势不强，企业发展受到抑制，也没有精力去创新。事实上，无论从产品链还是从创新链的角度看，企业自身的核心能力决定其在产业群的地位，而企业如果没有核心能力会被产业群淘汰。因此，产业群从某种意义上讲是企业基于比较优势的专业化分工和协作在地理位置上的集中，企业自身核心能力的异质性使企业间的合作成为困难，从而形成完整的价值链。当然，如果拉郎配式地不加区别地将不相关企业集中到一起，就难以产生集聚化效应，也就缺少高水平的专业分工与协作，这时，进入的新企业就往往可能衍生出较高的风险和成本。因此，蔡宁等（蔡宁和杨闩柱，2003）认为，忽视产业关联性、忽视企业间分工与协作以及缺乏由此产生的外部经济和集体效率是其衰落的最重要的原因。

（2）同业中小企业集群内一般也存在两个起主导作用的企业群体，即最终企业群和中间企业群。其中，最终企业群是指向集群以外的市场提供产品的经营者，而中间企业群是指为最终企业群提供中间制品和服务，并不直接向集群地以外的市场直接提供产品的经营者。正是集群内相关企业目标市场的不同，才形成了集群内部有效的分工；否则，如果内部各企业间缺少产业关联性，不能形成良好的分工与协作。事实上，最终企业往往拥有设计产品、制订生产计划、安排生产工艺、检验产品质量的能力，可根据产品的加工工艺选择和组织中小企业，它们把大部分加工分包给中小企业，自己负责监督和检验分包企业的加工质量。而中间企业往往是专业化生产者，作为产品生产过程中的一个小规模经营者，是产品生产过程中的一个专业化工序的承担者，在自己的工艺范围内不断革新技术，开发新技术，以适应市场要求。每一个产品加工工艺存在大量的中间企业，它们作为独立的经济实体各自有一定的差别性，具有各自的技术特征。大量的中间企业集合构成了中间企业群体，使得整个集群地可以提供多样的技术、技能，适应高度变化的市场需要。

总之，在集群内部存在的产品差异化和主要功能的不同，形成了集群企业有序的协作与竞争的关系，这也正是集群分工收益的来源。例如，被誉为"中国低压电器之都"的温州柳市 2000 年全镇工农业总产值 87 亿元，其低压电器占领了全国 40% 的低压电器市场，是中国最大的低压电器生产和出口基地；但在柳市低压电器业的集群中，有大型企业十余家，中型企业近百家，小型企业上千家，此外还有数以千计的家庭作坊式的小工厂。其分工体系为大型企业集团往往由下属众多的协作企业供应原材料和零配件，然后完成总装，其中分工明确，形成了起动器、熔断器、电阻器、断路器、调压器、互感器、配电箱等众多生产配件厂商，以及像正泰、德力西等核心企业集团。

四　集群内的协调和治理机制

上面分析了集群的规模经济和分工效益，规模经济来源于资源的共享和成本的共担。而就集群分工效益的来源而言，它主要源自协调机制的增进。一般而言，企业集群的核心能力就由外部协调能力、内部协调能力和企业自身核心能力构成。我们这里具体说明集群的如下内外协调机制。

（1）社会学中的嵌入性理论认为，任何经济组织的活动离不开社会系统并受其制约。集群作为新的经济组织，同样面对如何与政府、社区和其他产业群的关系问题。事实上，集群的外部协调能力是产业群营造适合自身生存和发展的外部条件的重要手段，外部协调能力强，产业群就能获得更有利于自身的外部环境并使之强化。正如上面指出的，一般地，集群内各企业的联合显然要比单个企业的外部协调能力更强，这包括对外市场的开拓能力、对产品的营销能力、对原材料市场的谈判能力以及对政府的影响能力等。实际上，集群能够提高群内企业的生产效率和国际市场中的应变能力，对于多品种、小批量、临时急需的订货，集群内可以用最快的方式通知各协作生产企业备料上线；这是因为集群内长期的交往已经建立一定的关系基础，不必详细讨价和签订加工协议。因此，面对瞬息万变的国际市场，这一快捷反应能力，具有竞争上的独特优势。而且，在集群内，众多小企业与服务单位和政府机构群聚在一起，共同构成一个机构完善，功能齐全的生产—销售—服务—信息网络；由于地理邻近与相互信任，有关产品、技术、竞争等市场信息就可以在集群内企业间迅速集中和传播，且成本很低。

（2）内部协调能力，这主要用来解决集群内企业的目标和行为与集群的目标和行为的一致性问题。社会经济学家认为，社会环境能通过它所具有的搜寻、转移、选择、转换和对信息的控制等功能，降低不确定性，从这一点看，社会环境也可以看作一个取代市场和科层的有效的管理制度。实际上，集群内正是在长期互动的基础上产生了一套大家共同遵守的行为规范，在成文或不成文规范的指导下，企业相互信任和交流，从而节省集群的交易成本。特别地，集群内部的分工体系极大地增进了这种协调。一般来说，目标朝集群外的最终企业虽然不一定提供生产设备，但它们通过产品加工工艺把中间企业组织起来，因此被称为集群地的生产组织者；同时，它们又穿梭在中间企业和市场之间，所以又被称为协调者。而那些生产中间产品的中小企业不直接与市场接触，但由于最终企业的中介作用，其技术进步能跟上市场需求变化；同时，由于中间企业不用采购原材料，所以风险降低到了最低限度。

（3）在集群内部还存在一系列服务中介，这些中介的存在也有助于提高集群的内外协调能力。事实上，在一个较为成熟的集群中，不仅有各种技术性中介机构，如在纺织集群中就有大量多种多样的纺织和服装设计所和设计咨询组织、专门销售图案的设计所和为生产企业提供图案设计咨询服务的机构等；而且，还有会计、法律、经营管理、市场调查、国际贸易、职工培训等服务机构。例如，在意大利的普拉特模式中，分散的小规模家庭企业之所以能够有机地集聚形成一种网络并实现有序的生产，关键就在于被当地称为茵巴瑙托（Impanotore）的商业中介发挥了重要的作用：茵巴瑙托的工作包括销售、市场策划、产品设计、制订生产计划、采购原材料和组织中小企业生产，他们向家庭企业提供原材料和式样订货，因而比一般批发商多承担了一部分生产的风险，但不用负担设备投资风险；由于普拉特是一个较小的城市，茵巴瑙托对本地域的中小企业者很熟悉，再加上了解市场，从而有能力调动和组织合适的中小企业进行生产；而且，为中小企业起协调作用的不仅有茵巴瑙托，时装设计商、咨询机构也充当着中小企业的组织者。因此，意大利中小企业集群是由一群承担专业分工的，起协调和组织作用的中介和中小企业相结合而构成的有机体，中介商和中小企业相互依存，互为条件、共同组成了地域生产网络。

当然，需要说明的是，我们需要考察的是集群的综合收益而不仅是协调收益，因此，我们同时也要考察集群内的治理监督成本问题。前面曾经指出的，集群主要体现了企业之间的分工与合作的关系，这种合作需要一定的伦理认同的基础，关于伦理认同问题将在下一章再作进一步展开。显然，正是丰富的社会资本与文化资本使集群内部的经济关系具有很强的社会嵌入性（social embeddedness），集群参与主体的"诚信"和他们所信奉的商业文化与竞争理念也是集群得以有序成长的基础，石亿邵（2001）甚至认为，以"业主之间的信任和承诺为主要内容的协作精神"是企业集群得以运作的前提条件。事实上，在企业集群中，人们的经济行为总是与行为人在这个群体中所处地位有密不可分的联系，只有在适当的人文环境下，才能在集群内激发"价值链与技术传递链"的整合机制，造成企业间关系的高度合作与协同，实现企业集群内的资源禀赋提升、企业—产业组织提升和技术水平提升。在一些行业中尤其需要在相互尊重、相互信任的基础上与别人分享技术。福山（2002：265）就指出，正是由于非正式的社会网络产生的社会资本，使得硅谷在科技研发方面能够实现规模经济效益，而这是那些纵向结合的大公司无法做到的。因此，集群内部企业之间分工有序展开、集群对地区的根植性等都有赖于所有地区的伦理化。

一方面，就自发内源型的集群而言，其所在地往往具有共同的历史习惯，或拥有某种共享文化传统，特别是伦理认同的传统。显然，这种特征在浙江地区的集群中就表现得特别明显，因而浙江的集群往往都是自发内生的。例如，温州一面临海，三面临江，金温铁路于 1997 年才全线开通，地理环境和交通条件的不便造成了改革开放前温州经济基础十分薄弱，1978 年温州全社会固定资产投资额仅 3762 万元；与此同时，土地稀缺和人口负担又给温州经济带来沉重的生存压力。但是，永嘉学派的功利主义哲学观的历史沉淀对温州人的商品经济意识的崛起有着潜移默化的作用，特别是自 1876 年温州被辟为商埠后，西方商品经济的意识形态与永嘉学派功利主义哲学观的碰撞与融合，造就了温州人的以冒险、务实和创新为主要特征的"温州精神"。同时，传统中国的集体主义文化造就了他们集体主义的精神。事实上，集群中的文化往往源于家庭伦理及其扩展。例如，第三意大利地区就是凭借延伸的家庭纽带创造了以合作为基础的经济联系，并有助于通过家庭网和朋友网寻找新雇员。

另一方面，就移植外源型集群而言，集群要具有持续的发展潜力，就必须形成一套合作的文化，并与当地的其他制度规范相容，这也就是目前一些学者主要探讨的集群的根植性问题。就目前的移植型集群的形成而言，一般有两种类型：（1）依靠政府创办的集群，这主要是指各地政府创办的各种开发区、高新产业区、工业园区、科技园区等；（2）由于政策指引而形成外资投资集中的地区，并且这些投资的产业是高度关联的。在这些类型的集群所在地往往没有传统的文化，它的形成往往是政策或者地理位置的因素。因此，集群就面临着根植性问题。事实上，广东地区的集群大多是这种类型的集群，因而随着政策优惠不再以及地理位置优势的减弱，集群就面临着严重的根植性危机。

总而言之，运行良好的集群往往存在共同的文化传统、行为规则和价值观，正是这种社会文化环境氛围促使集群内部形成一种相互信赖关系，大大减少了交易费用，使企业家之间的协调与沟通容易进行，企业之间的深度劳动分工得以执行。显然，伦理的认同实际上也体现了某种集体主义的文化观念；而根据上一章的分析，集体主义文化能够孕育并适应社会共同治理模式。可见，社会共同治理模式与集群更为切合，而且，在集群内部信息的沟通、流畅以及交易频率的较高，都促进了社会共同治理机制的发展。显然，就这个意义上而言，日本大企业和小企业之间形成的较为密切的分包关系，本质上是集群的另一种表现，其治理机制也是社会共同治理机制模式的一种展现。然而，撒克逊－美利坚传统确实崇尚个人主义，崇尚委托—代理的治理模式，因而往往难以兴起这种网络化的产业集群。为此，有学者认为，"小机械和电子制造企业被盛赞为日本国际竞争力优势的'真正'源泉；相反，英国国际竞争的优势是由于缺乏类似的小企业网络"（阿瑞吉等，2003：155）。也正因如此，被美国主导的学术界对集群的研究相对就比较少，这是理论滞后的重要原因。

五　分包整合与汽车业集群化

企业组织之间的合作有多种形式，而最简单和最基本的就是企业之间的贸易关系，这种长期稳定的贸易关系使得企业组织有计划的长期发展成为可能。显然，贸易上更进一步的紧密联系就是分包制，它以某种契约形成将上、下游厂商整合在一起，形成了非正式的网络状组织。实际上，对关联企业的整合有两种基本途径：（1）基于一体化的兼并，根据产品的性质又可分为垂直一体化和水平一体化；（2）基于分包制的整合，这主要体现在纵向关联的企业之间。尽管新古典思维的经济理论基于专用性理论、可剥削准租理论以及不完全合约的控制理论等强调一体化对降低事前和事后不确定，从而降低交易费用的重要性；但是，在现实世界中基于分包制的整合更为常见。理查德森（G. B. Richardson，1972）就指出，"瑞典的工程业约四分之一的产出由分包的零部件构成；在日本，这一数字约为三分之一；并且，在日本的汽车业中，这一数字达到了大约二分之一。……而且，据说国际范围的分包业越来越普遍，现在一个严密的分包安排网络把各国的产业联系在了一起"。

实际上，这种分包制网络也是一种常见的集群类型，体现为纵向分工的集群特征。有学者就根据集群内企业分工的方向将集群分成两种：（1）基于水平（横向）分工的阿米巴式集群；（2）基于垂直（纵向）分工的依托式集群。阿米巴式集群内的企业都是小规模的，是众多小企业基于特定的地理、资源与文化历史条件而在某地域集中而形成的，上面分析的大致是以这种集群为对象。而依托式集群内则形成了大小企业分层，大量的中小企业围绕着一家或几家大的企业配套协作，而大企业则通过与区域内的供应商建立长期稳定的合作关系，从而迅速地组织研究、开发及决策。

当然，不同类型的集群是与特定性质的行业相适应的。一般来说，如果行业具有明显规模经济或内部经济的特征，相关企业往往形成依托式集群。例如，汽车行业就是如此。一方面，汽车业具有明显的规模效益特征。一般认为，其最小有效规模在年产30万辆以上；因此，一般小企业由于资本局限导致的生产能力有限，无法进入汽车业。另一方面，从产业结构来看，汽车工业是一个由整车制造业、零部件制造业和汽车改装业构成的有机生产系统，一辆汽车的零件约2万件，因而产品的分解为协作提供了空间。例如，福特与4万家中小企业结成某种稳定的协作关系，而给丰田做汽配的企业更是多达10万个。可见，对于汽车这样产业链长的产业来说，如果走大而全的大企业的完全内部分工发展模式，则等级链长、对外界的反应速度慢，反应不灵敏、监督成本高等缺陷必然显露无遗，并会导致众多的机会主义，而使得组织成本大大增加。因此，如何权衡汽车这样行业的内外分工就值得再思考。

实际上，当前世界上也基本上已经形成了几大汽车生产中心，这种中心在某种程度上也可看作产业集群。例如，美国的底特律汽车产业集群是通用、福特与克莱斯勒汽车公司总部所在地；日本的东京汽车产业集群是日产、三菱和五十铃汽车公司所在地；丰田汽车城为丰田汽车公司所在地；德国的斯图加特汽车产业集群为戴姆、采勒－克莱斯勒汽车公司所在地；沃尔夫斯堡汽车产业集群是大众汽车公司所在地；吕塞尔海姆汽车产业集群则为欧宝汽车公司所在地；意大利的都灵汽车产业是菲亚特公司总部所在地；法国的巴黎汽车产业集群为标致和雪铁龙汽车公司所在地；比扬古汽车产业集群则是雷诺汽车公司所在地；英国的伯明翰汽车产业集群为莱兰汽车（Leyland）公司所在地。同样，就中国新兴的汽车行业而言，也已经形成了几大汽车产业集群的雏形。目前以上海为中心的长三角地区、以广州为中心的珠三角地区、以北京和天津为中心的环渤海经济圈、东北三省及武汉和重庆为中心的中西部地区的汽车产量已超过全国总量的八成。

为了考察和比较相关企业之间纵向一体化和垂直分包式整合两种方式对效率的影响，我们可以比较日、美两国汽车业组织上的差异。我们知道，新古典经济学强调人的机会主义倾向，因而欧美企业更倾向于实施垂直一体化的战略，这种特征也体现在汽车产业中。实际上，泰罗的科学管理就典型地在汽车城底特律地区得到最充分的实施，并形成了所谓的福特主义生产体制，这种体制的关键性基础就是从一种粗放型的资本积累战略向一种以泰罗制劳动组织和大规模生产消费性商品为特征的密集型资本积累战略过渡。尽管泰罗的科学管理体制在实行后一段时期确实使劳动生产率成倍提高，但20世纪70年代以来，福特主义生产与再生产模式就逐步陷入危机。与此同时，日本、西欧物美价廉的汽车却潮水般涌入美国，每年达230万辆之多，抢占了美国1/4的汽车市场；1979年，汽车城底特律的车库积压新车210多万辆，许多汽车生产线相继关闭；到1982年，全城解雇汽车工人27万，失业率升至21%，使闻名世界的汽车城成了一座毫无生气的"鬼城"。

为什么美国企业会竞争不过后起之秀的那些规模较小的日本或者欧洲汽车呢？曾经风靡全球的福特主义体制究竟有什么缺陷呢？这就跟它们的组织结构以及企业之间的关系有关。目前世界上各汽车整车厂主要应用两种模式进行汽车零部件的采购开发管理。（1）以美国通用汽车为代表的竞争主导型模式。即零部件厂商只是在产品批量开发的后期阶段进入，整车厂经常向最好的潜在零部件供应商询价，通过更换零部件供应商来降低采购价格始终保持采购成本的最优化。（2）以日本丰田汽车为代表的固定伙伴模式。即零部件厂商一开始就参与汽车厂商的产品开发和设计，整车厂和零部件供应商之间存在长期稳定的合作关系。显然，美国企业主要采取前一种方式，这种方式有助于采购最优价格的产品，从而在解决成本压力方面相对有效。但是，由于双方缺乏沟通，因而不利于技术创新，而且，由于双方缺乏信任，一旦信任关系降到一定的程度就会采取垂直一体化方式进行整合，这是通用—费舍案例所表明的。相反，日本企业大多采取后一种方式，在这种方式中，零部件供应商积极参与汽车的设计与生产过程，从而提高了创新能力；同时，由于相互之间有稳定合作的信任关系，供应商甚至可以参与整车厂经营活动的各个方面，从而为"零库存"的精益生产方式奠定了基础，从而也间接降低了成本。

正因为日、美企业上下游企业之间的整合方式不同，也就形成了不同特征的集群网络。在美国，汽车产业集群企业间的关系竞争大于合作，上下游企业间没有显著的长期稳定的合作关系，其零配件企业虽多，但各家所得业务量小。相反，日本的精益生产方式虽没有对汽车生产过程中零部件企业与整车企业之间的地域集中进行明确的规定，但是长期的合作关系容许它采用了基于模块的生产方式，即将以往很多独立的零件集成为半独立的模块，并且将大量生产中的"提供图纸式"零部件供应改为"认可图纸式"零部件供应，从而减少了直接供应商数量，并形成了多等级的交叉分包网络。例如，1988 年丰田国内生产汽车总量为 3968687 辆，直接供应商只有 340 家；而福特通过 1800 家直接供应商生产了 3982209 辆汽车。正是建立在这种信任的基础之上，丰田公司可以充分依赖它的分包供应商，实际上，丰田自己生产约 35% 的汽车零件，而通用公司的这一比例却为 65%。

总之，只有建立在信任的互动之上，企业之间才可以形成有效的分工合作，从而可以提高整个地区的集体效率，这就是集群的竞争优势所在；这种优势不仅体现在一般的水平型小企业组织之间的合作，也有利于小企业与大企业之间的合作，从而形成有效的垂直型分工而提高规模经济，这也是上述论述的汽车集群的意义。关于一体化与集群效率的比较我们还可以比较美国 128 号公路和硅谷集群发展，正是不同的地区文化以及相应的信息机制和发展模式导致了两者不同的绩效和发展前景：128 号公路地区日趋衰落，而硅谷则日趋繁荣。首先，就地区文化而言，128 号公路地区一直以大企业为主，这些公司已把各种生产活动内部化了，企业独立性非常强，技术高度保密，大部分企业采取自给自足、规避风险的文化和做法，这只是相同和相关产业的地理集中，即产业集聚；相反，硅谷形成了以网络为基础的产业集群结构，集群内的企业共生共存，既合作又竞争。其次，正是由于这两种文化衍生出了两种不同的信息交流机制：在硅谷，网络化组织使得信息得以不断更新，而 128 号公路相对封闭的信息体制则窒息了新技术的传播和应用。最后，不同的信息交流机制对创新的营销不同，例如，由于硅谷存在非常良性而开放的信息交流，这极大地促进了技术和制度的创新。青木昌彦（2003）认为，"硅谷现象的创新本质上其实就是一种由风险资本家协调的 R&D 组织的新的联动类型"的创新。

然而，一些经济学者却习惯于基于均衡观来看待集群现象，他们虽然看到了集群具有高效率这一事实，却往往把这种效率看成小企业通过联合而实现规模经济的结果，甚至认为"规模经济越大，对集聚的支撑力越强"（梁琦，2004：45）。而且，他们在解释集群之所以在特定区域的出现原因时，也往往简单地把它看成由历史或偶然因素对多重均衡进行选择的结果，"历史的一次偶然事件导致了某个地区建立了一个行业，在此之后，累积过程便开始发挥作用"（梁琦，2004：48）。但显然，这种规模经济说根本无法说明大量的集群企业并非是规模经济企业，而主要是小企业之间的联合；而且，这种基于累积循环的均衡观也根本上无法说明集群的盛衰，即使引进所谓的自我预期也不行，因为马太效应本身是强化本地预期的。当然，我们现在追溯集群的起源时，总会发现最初的某个或某几个先驱性企业，正是由这些企业为引导才形成了后来的集群，因为集群本身就是逐渐壮大的，企业数量也是逐渐增多的。但是，我们要记住巴斯夏的告诫，不能仅仅看到那些能看见的一面，而没有考虑到看不见的另一面。马歇尔（1965：421）也强调，"'看不见的东西'比'看得见的东西'往往更加值得研究"。事实上，我们同样可以想象，类似的企业也可能存在于其他地区，但是由于没有产生累积循环效应而萎缩了，从而也就没有在那些地区出现集群，因而我们也就没有注意或者根本无法考察了；而且，从企业发展史的角度看，我们知道几乎所有地区都曾经出现先驱性的企业，但绝大多数都没有形成后来所谓的集群。巴斯夏强调，一个好的经济学家，只能是那些不仅看到直接结果，而且也能看到经济政治行为的后续结果的人。就集群而言，我们不是要基于所谓的累积循环效应来解释现在的存在，而是要从演化的角度，探究那些促使集群壮大和萎缩的特殊因素。在笔者看来，影响集群盛衰的核心因素就是文化，它是隐性协调的基础，下一章将作进一步探讨。

家族企业的存在解析：考察协作系统的伦理基础

　　"企业组织的绩效表现"部分详细分析了影响企业协调水平的诸类因素，并根据这些因素对日、美企业作了简要的比较分析，本章将更深入地探讨和比较影响企业隐性协调的伦理内容。实际上，在当前学术界有关企业产权结构的讨论中，一大热点就集中在以隐性协调为主的家族制企业和以显性协调为主的所谓现代制企业之间的绩效比较。主流经济学的企业理论往往强调，只有在产权明晰的基础上建立现代企业制度，才能保持企业的持续发展，才能在当今国际竞争中具有优势。但是，中国当前的企业实践似乎并不符合这种有关责权明确的要求，也似乎与现代企业制度发展的大趋势相违背。事实上，大部分研究和调查报告表明，中国的私营企业普遍采用的是家族制的所有和管理形式，目前家族企业占民营企业的90%左右。而且，许多学者也预言，中国的家族企业只会越来越多而不是日益消失，现在的乡镇企业、集体企业、合伙企业、股份合作制企业、承包企业等也都将越来越采用家族制或泛家族制（储小平，2000）。那么，中国目前这些企业有能力参与国际竞争吗？目前这种发展趋势是否有其合理性呢？这也正是本章试图说明的。

　　事实上，家族主义不是华人社会企业组织的独有特征，相反，家族式企业历来就是古今中外企业的普遍形态。杜恂诚（1993：124－125）就列举了鸦片战争后众多在中国经营的洋人家族企业，如当时有名的琼记洋行、沙逊洋行、太古洋行都是。究其原因，企业组织本身就是逐渐从家庭组织演化而来的，几乎所有经济体一开始都是源自家族企业。例如，当今美国著名的公司如杜邦、伊士曼柯达、西尔斯、家乐氏等都是发源自19世纪的小型家族企业，甚至直到美国的商业法已经很完备而股票市场也已经开始萌芽的19世纪30年代，几乎所有的美国企业都仍然是家族企业。即使在当前世界上，大多数企业也依然是由家族经营。例如，迄今为止，即使在欧洲，43% 的企业也都是家族企业，而在 68% 的欧洲企业中，主要行政人员来源于控股家族的委派。同样，家族企业约占北美企业总数的 80% ~90%，美国 60% 的上市公司为家族所控制。而且，在现在的西方发达国家，即使一些企业组织已经发展到极为庞大的规模，并雇用着上万的员工和采用最现代的技术，但家族式企业也占有相当大的比重。据统计，美国最大的 500 家公司有大约 30% 是家族企业，法国最大的 200 家公司有 50% 是家族企业，整个世界 500 强企业有 40% 是由家族式所有或经营。而中小企业实行家族式管理的则更为普遍，全球 65% ~80% 的私人企业是家族企业（盖尔克西，1998：2 - 3）。日本的中小企业几乎都是家族企业，欧洲的家族企业支配着中小企业的公司，而拉美的家族企业在绝大多数部门都占主导地位。

既然如此，就如德鲁克（1999b：29）质疑的：为什么有关管理的书籍和课程几乎完全是针对公共的和专业管理的企业，而很少提到家族经营的企业组织？显然，家族企业广泛存在的现象正暴露出流行理论的缺陷。究其原因，流行理论往往是一种静态的分析，反映的主要是 20 世纪下半叶以来现代组织所呈现的特征，而不是从演化角度分析不同阶段的组织形态。因此，流行的理论只知道现代企业是从家族企业转变而来的，并把它当成既定事实来接受，从而从时间顺序上确定两者的优劣；但是，它没有分析转化的条件以及与不同环境的适应度差异，从而也就没有解释两者长期共存的事实。特别是，中国当前的社会环境与西方 20 世纪以前具有很大的相似性，因而家族企业也正处于壮大和上升时期。这样，如果机械地照搬西方社会的企业理论，按照西方企业的治理模式来改造当前中国的企业制度，往往就有削足适履的味道，并导致邯郸学步的后果。既然如此，我们又如何来分析当前家族企业组织存在的利和弊呢？显然，这还是要基于协作系统演化的角度，考察与当前国际社会环境以及中国传统文化相适应的协调机制，通过对协作系统中诸协调因素的考察来揭示家族企业的存在原因和发展方向。当然，尽管协调水平是影响协作系统生存能力的主要方面，但监督机制也是协作系统中不可或缺的方面。因此，在考察现实生活中企业形态和演变时，也需要考虑到监督方面的因素。

第一节　家庭伦理是协调力之核

现代主流经济学倾向于把伦理因素从经济活动中排除出去，把企业竞争视为纯经济性的。但显然，这是站不住脚的。因为企业等组织本身就是一个个个体所构成的，组织行为只不过是人之行为的符号，而人类行为本身就受文化伦理的影响并承担着具体的社会责任。涂尔干（2000：185）就曾指出，"有人总是喜欢把以共同信仰为基础的社会与以合作为基础的社会对立起来看，认为前者具有一种道德特征，而后者只是一种经济群体，这是大错特错的。实际上，任何合作都有其固有的道德"。"每个社会都是道德社会"，只不过"在现代社会里，这种道德还没有发展到我们需要的程度"。也就是说，人类所有形态的社会或市场都有其相应的道德伦理基础，离开道德就形成不了协作。而且，这种道德伦理是扩展的，其扩展所基于的基础是伴随着相应协调机制的转换。前面指出，企业组织的出现是与协调机制演化相伴随的结果，而早期的协调形式就是以家庭协调为核心的缘协调，其协调机制的基础是私人关系，即紧密联系的个人之间的伦理认同；而且，缘伦理的发展和演化构成了以后各类协调机制的基础，因此，家庭伦理可以被视为各类协调机制发挥有效作用和演化的原生动力。

一 协调机制所基于的伦理因子

孔德曾经指出，社会的发展是由家庭变成部落，部落变成国家，以至整个人类社会都可被视为单个家庭逐步发展而成的，因而社会机体的各种特质也都可在家庭中找到其萌芽。正是通过家庭，人才摆脱单纯个人的人格，并学会用另一种人格去生活，从而出现了与他相联系的社会我。所以，米德（1992：204）就指出，"一切有组织的人类社会，即使是十分复杂、高度发展的社会，在某种意义上也不过是其个体成员之间的那些简单而基本的社会—生理关系（由生理差异而产生的不同性别之间的关系，以及父母和子女之间的关系）的延伸，是从这些关系衍生出来的，它建立在这些关系之上，从这些关系中产生"。其实，尽管在企业组织中显性协调显示了强大的功能，但人类历史长河却表明，以伦理认同为基础的隐性协调是组织演变的更基本的力量。其中，以家庭协调为核心的缘协调是各种协调机制的基础，而家庭伦理则是其他各种伦理之本源。

（一）诸协调机制都包含家庭伦理因子

"企业组织的历史起源"部分的分析表明，缘协调是最早的协调方式，其他协调方式是由缘协调扩展而成的，而缘协调的渊薮就在于家庭。因此，缘协调以及由此扩展而成的其他协调方式都包含了缘协调的内在因子——家庭伦理。究其原因，家庭这个血缘共同体中包含了所有共同体的本源特征：（1）相亲相爱或者容易相互习惯；（2）相爱的人之间存在着默示一致；（3）相爱的人和相互理解的人长久待在一起，共同生活（滕尼斯，1999：73）。显然，尽管缘协调、契约协调、企业管理协调等在协调方式以及侧重点方面具有明显的特色和差异，但是，任何一个真正有效的协调方式都是建立在相应的伦理基础之上。而且，这些伦理的根本特征就是合作，它们都是家庭中利他主义精神扩展的结果，否则，就不可能成为一个有机的共同体，而只能是机械的杂合，一个失范的社会。

首先，就契约协调而言。尽管马克斯·韦伯等人把它看成与建立在私人感情基础上的人格协调相对立的方式，但正如"企业组织的历史起源"部分指出的，契约协调的基础是业缘，而业缘则是家庭伦理的扩展，因而一个有效的契约也必然包含家庭伦理的因子。即使坚持习俗经济和市场契约经济两分法的希克斯（1987：15）也指出，"现代经济社会没有从习俗变化到契约——它已从原始的习俗变化到商业的习俗"。西方的社群主义者则宣称，一个社会不只是经由契约联系在一起的个人间的结合，它毋宁是一个人们因共享一些相同的习俗和信念而结合在一起的社群。也就是说，契约不是机械的杂合，而是内含了人情和伦理。也正如涂尔干（2000：184）指出的，"每一种法规体系都还伴随着一种纯粹的道德规范体系。在刑法名目繁多的地方，公共道德所支配的范围就越广。……在合同法日臻完备的地方，每一种职业都具有自己的职业道德。在同一群体中公益总是在这一特定范围内广泛传播，尽管不存在任何与之相应的法律惩罚，但它还是得到了人们的遵从。在同一职员群体中，存在着共同的风俗习惯，谁要是违反了这些风俗习惯，就遭到整个法人团体的一致指责"。显然，缘关系在契约中的重要性在日本企业中得到最为充分的展示。日本著名的合同法专家北川善太郎在谈到日本企业之间的谈判时就说，"日本企业家更注重的是先搞好个人之间的关系，而不是起草一份具体的合同；一切决策都由集体做出，不是个人说了算；谈判期间一般是不请律师的"。

其次，就企业协调而言。企业组织本身就是从家庭组织中演化而来的，尽管在这种共同体中成员关系有了一定的变化，但是它还是继承和拓展了源于家庭的缘关系。其实，我们也往往将"资本主义"之前的主要生产组织视为"家庭公司",这种"企业"的实际工作主要由家庭成员承担。随着家族的扩展,在家族中逐渐雇用了血缘以外的人,如管家,而管家与主人之间的关系往往也存在着强烈的缘特征,如早期日本家族中就表现得特别明显(福山,1998)。进一步地,经济交往的进一步拓展导致了行会制度的萌芽,此时在家庭作坊中开始出现了一两个学徒或帮工来帮忙;这样,通过长期的互动和演化,有时只有在激烈的冲突之后,家庭作坊的规模不断扩大,并有可能不断增加对家庭以外成员的雇用。即使如此,雇佣家庭和雇员之间的关系仍具有"家长式"的倾向(帕森斯,1988:89)。进一步地,现代企业组织只不过是相应于家族经济以及行会经济的另一种经济形态,因而也必然具有前经济形态的特征,家庭伦理同样渗透在其中。例如,日本的劳资关系或经理与一般雇员的关系表现出明显的"亲子关系"。日本学者中村元就指出,"日本的公司基本上类似一个家庭,把公司的总经理尊为'亲父'"(张雄和陈章亮,2000:413)。这意味着,雇员并不是现代主流企业理论所宣称的那样仅仅是企业或者企业主的"佣人"(即雇主的仆人),相反,他们是企业的构成者,是企业主的合作者。正因为雇员是企业这个"大家"中的一员,因而他的"小家"(庭)也自然地成了企业"大家庭"的组成部分,员工家属都成了企业的利益相关者。正因如此,在日本,一个合格的企业领导者首先要理解和关心下属并具有吸引下属的能力,甚至在同级别的员工中,那些有家庭的员工一般可以获得比那些单身的员工更高的工资。

最后,就网络组织中的个体协调而言。它实际上通过否定之否定向契约式协调复归,不过,它克服了早期契约协调中伦理纽带的断裂状态,而合作性社会伦理更为雄厚,是缘伦理在整个社会的深化和扩展。例如,一位富有经验的硅谷经理就说,"本地的工程师发现、反馈和你从人际网中所得到信息的质量取决于提供信息之人的可信度和可依赖的程度。因此,这一质量只能由和你有共同背景和工作经历的人来保证";结果,在硅谷,"你雇佣的人都是你认识的,或者你认识的人认识的人"(转引自萨克森宁,1999:37、38)。事实上,网络技术使大企业和中小企业之间得以以更为低廉的成本进行合作,如各种形式的共享技术成本、管理成本和市场交易成本等,甚至以共同利益驱动分享成本为基础形成了松散的企业"家族"。显然,正如福山(1998:9)指出的,现代公民社会是各种中层组织的复杂大拼盘,里面包含了企业、志愿团体、教育机构、俱乐部、工会、媒体、慈善机构、教堂等，而这一切的基础是家庭。相反，如果没有这种缘伦理的扩展，没有个体间认同关系的建立，就形成不了网络化组织；而只能像128号公路的公司那样形成独立的等级制组织，并且由于企业之间拒绝信息共享和交流，结果最终导致公司乃至整个地区经济的衰落。事实上，涂尔干很早就强调，利己主义的活动和专业化的任意发展并不能导致社会和谐的结果，没有任何征兆表明有机团结的出现可令共同体的普遍规范自动取消；相反，如果没有普遍化的道德规范，科学和工业的进步将会导致社会失范。

可见，从某种意义上讲，一个信任度较高的社会实质上也是家庭伦理已扩展到一定程度所形成的一种状态。正如福山（2002：19）指出的，"一切社会都拥有一些社会资本；它们之间的真正区别跟所谓的'信任半径'有关。也就是说，像诚实和互惠这样的合作准则可以在有限的群体中共享，但不能跟同一个社会中的其他人分享。普天之下，家庭显然是重要的社会资本之源。无论美国的父母对他们的子女评价多么低，但同一个家庭的成员跟素不相识的陌生人比较起来，家庭成员之间更可能会相互信任并一道工作。实际上所有的工商企业都是以个体经营开始的，其原因即在于此"。正因如此，雷德菲尔德（1986）强调，在民俗社会，家庭群体是行动的基本单位，社会成员都生活在长期密切的相互联系之中。布罗诺夫斯基也指出，"我们通过家庭联系在一起，家庭通过亲属组织联系在一起，亲属组织通过氏族联系在一起，氏族通过部落联系在一起，而部落则通过民族联系在一起。这是组织等级体系的最原始的关系，它层层相叠，将人类今天的存在与其过去的存在连接起来"（转引自雷恩，2000：10-11）。事实上，如果说早期的缘协调以及契约协调方式具有家庭伦理因素的话，那么，正在来临的智力社会以及未来的协力社会中，随着默示的知识越来越重要，这就要求我们的社会真正发展成为一个共同体的社会。而且，由于家庭是社会最持久的因素，因此，也必然是社会重建的最好工具。

（二）家庭伦理的扩展是协调机制演化的基础

上面的分析表明，家族共同体内部所形成的伦理认同是其他类型的共同体中伦理培育和发展的基础，离开家庭伦理，其他共同体就成了空中楼阁。正如许倬云（1994：18-19）强调指出的，"一般学管理的人，往往着眼于制度；而'部落'的概念则是以一个人群当作文化的共同体；从文化共同体的层面上看，人就不是制度中的一个小螺丝钉，而是一个活生生、有血有肉、有爱憎有喜怒的人。……部落之成员对部落有强烈的归属感，此归属感并非信仰，亦非法律之保障，而是参与而产生的亲密感觉，它不同于企业式的合约，而是一种义结金兰式的情感，其中'情'的部分多于'法理'的成分，也多于法律和交易的性质，在整个人类活动的历史中，我们可以发现，一些主要的文明都必定经历过部落阶段。目前存在于世界上的一些落后地区，任何制度都无法在当地立足，而部落是唯一能将人群结合，使其过着合作的生活，也使之能与其他人群交通或者斗争。可见部落之组织，不是近代其他组织所能代替的"。实际上，即使在被认为不同于民俗"共同体"的现代"社会"中，家庭仍然是人们最为关切、最为紧密的社会单位。而且，在可预见的未来社会，尽管家庭形态会继续发生变化，但家庭组织依然存在，并仍将是社会行动的基本单位。

当然，为了适应共同体不断扩大和转换的需要，家庭伦理本身不能简单地移植到新型的共同体中，而是需要不断进行开放式扩展和转换。这种转换的根本基础是"为己利他"行为机理得以践行并且其践行半径不断扩大，由此进一步形成认同一致的伦理基础。在某种意义上，家庭正是"为己利他"行为机理得以孕育和实施的最自然的舞台，家庭伦理也成为"为己利他"行为机理的直接反映。正是以家庭为基础，人类形成了自然的亲密关系，开始了有效的分工协作。因此，贝克尔指出，思想感情的一致是有效的劳动分工的原因而不是结果，家庭内部能够实行有效分工的基础是家庭里的利他主义。陈凌（1998）等也认为，无论家族作为一种有效的治理结构是以参加者的利益一致为条件，或者是否存在一种利他主义情结，家族内部有机的团结都可以看成成员之间的一种长期契约，人们的意欲是利己的，但行为却是协作的。

不过，由于孕育家庭伦理的利他主义行为根植于缘关系领域，它具有某种先天的封闭性，因而将这种伦理推延到较大规模的生产组织中时就会产生诸多不利影响。例如，从非生产活动转入生产活动往往会造成冲突外溢，"仁爱主义"也会治理出现软约束，过分强调相互扶持也会产生松懈行为，企业内的协调水平也受家庭成员天赋的约束，等等。正因如此，随着人类交往范围的扩大，个体之间的合作半径也应作相应的延伸，利他主义的发生领域也应作相应的拓展。这也意味着，人类社会的伦理认同应该超越早先的缘伦理范畴。当然，由于家庭内孕育的是人类最天然的伦理关系，因此，其他新型协调机制的出现也必然离不开家庭伦理的基础。例如，在企业组织中，虽然显性的管理协调逐渐成为协调的主要方面，但是，一个持续发展的企业组织还是需要以其内部成员的默示一致为基础。其实，这也反映在家族企业具有独特的优势上：激励因素、监管、利他主义及忠诚。特别是，对那些处于信任度较低的社会环境中以及处于只采用相当简单的技术的部门等，家族企业的治理效果更为明显（威廉姆森，2001：76）。例如，张宇燕（1997：116）就举了一个例子，他的一个开公司的朋友作为董事长在两年内就被其总经理"炒了两次鱿鱼"，原因是这些总经理不满足于当"高级打工仔"，而最后只好请自己在大学作教授的兄弟半"下海"出任总经理。这样才克服了委托—代理的摩擦。

正是从认同的渐进发展以及家庭伦理具有天然的默示一致性出发，我们认为，家族式的组织并不一定是低效率的，在特定的情况下甚至比市场或科层制更有效率和竞争力（陈凌，1998）。实际上，在许倬云（1994：19）看来，企业"用日本语解说，就是所谓的'会社共同体'，这个名词具有丰富的内涵。英文的用法将企业称为'corporation'，'corporate'；'corporate'前面四个字母'corp'意指身体，而'corporate'意即以非身体者作身体义"。用现代经济学的术语来说，特别是在威廉姆森所说的环境的不确定、资产专用性和小数谈判严重并引起信息阻塞的情况下，基于家族共同体内在默示一致性的协调往往能够取得更好的效果。更一般地，即使在制度健全、信息畅通的社会，如果再辅以具有家庭伦理精神的"协作人"的话，效率无疑将更高。一般认为，创造日本"二战"后"经济奇迹"的主要因素有：（1）在生产中独特的决策结构，使竞相匹敌的厂商之间的竞争和协作产生了一种很成功的平衡；（2）政府在决策结构中所起的独特作用，使政府依靠对它的传统忠诚和它对信息的支配，能够在决策结构中起一种独特的作用；（3）一种根深蒂固的组织统一观念和目的观念，使动力结构中的利己主义倾向有所减弱。概言之，一种源于传统因素的东西使得日本政府、企业和员工之间存在一种"忠诚"和协作的精神起了很大的作用（张军，1999：158）。

总之，任何社会和组织的整合和发展都依赖于一定的伦理基础，而伦理的产生则源自个体之间频繁的互动。诚如藤尼斯所说，默认一致是对于一切真正的共同生活、共同居住和共同工作的内在本质和真实情况的最简单的表示。显然，家庭组织是人类互动最为频繁的场所，因而伦理也首先在家庭中孕育，并且随着人类的交往而得以扩展。所以，梁漱溟（1994：171）指出，"是关系皆伦理，伦理始于家庭，而不止于家庭"。正是基于这一渊源，杨国枢提出了泛家族化历程的概念，认为家族中的伦理或角色关系会类化到家族以外的团体或组织。郑伯埙（2003）则指出，台湾的许多私营企业会以家庭作为企业的隐喻而展示出类似家庭内的人际关系。可见，尽管现代社会的伦理已经远远超越了家庭这一狭隘的领域和层次，但无论如何，家庭伦理对任何社会来说都是最基础的。这也正如福山（2002：19）指出的，"普天之下，家庭显然是最重要的社会资本之源。无论美国的父母对他们的子女评价多么低，但同一个家庭的成员跟素不相识的陌生人比较起来，家庭成员之间更可能会相互信任并一道工作。实际上所有的工商企业都是以个体经营开始的，其原因即在于此"。事实上，如果说这种协作和和睦的关系在传统的以家庭协调为主的共同体中起到了积极稳定的作用，在以团队协调为主的工业社会（资力社会）也促使了经济的快速发展；那么，我们也可以相信，在以社会协调为主的智力社会和协力社会也必能发挥积极有效的作用，甚至是更重要的作用。

二　家庭伦理的开放性转换取向

家庭伦理是一切社会伦理的内核，也是一切协调机制发挥作用的基础。贝克尔的理论也表明，建立在相互利他主义基础上，家庭成员之间最容易形成互助协作的共同道德伦理，从而家庭伦理成为所有社会和组织中协调发展的内在基础。然而，随着交往的扩大和信息的转换，人类社会仅局限于家庭伦理的维系、联结作用显然已经不够了，这就要求源于家庭组织的伦理进行不断发展和转换。事实上，正如涂尔干（2000：第二版序言）指出的，尽管血缘关系是与他人的道德认同方面的一个极为重要的因素，但血缘亲属关系并不是唯一的因素，也不是在所有情况下都特别有效的；相反，除了血缘以外，还有联系更为薄弱的远缘性的血缘或亲缘，它们在社会和组织的整合和协调发展中也往往起到非常重要的作用。有证据表明，绝大多数并不以血缘为纽带的社会关系也能很快地进入社会，并发挥自然亲属关系所能发挥的所有作用。例如，罗马家族中的血族（Cognates）就是单单由于源自共同祖先的事实而结合起来的家族，这不同于共同服从于统一父权的家族。再如，古代的氏族或部落也具有与基于血缘关系形成的集团相似的性质和作用。我们从日本社会中也可以看到非血缘关系的作用。日本人也很早就发展出了不以亲属关系为基础的社会联属习惯，虽然到了封建时代也存在广泛的氏族，但这些氏族集团甚至从来没有宣称他们拥有共同的祖先，而之所以联合在一起是出于对某个"大名"的效忠。

人类社会早期之所以会形成比血缘关系更大的集团，一个重要原因就在于，古代的人们为了生存而进行狩猎捕鱼等活动时必须借助更大集体成员强有力的协作行动；而只是当生产力的发展已经可以使小规模的协作成为可能时，人们才开始以家庭为纽带形成基于血缘的协作互助关系。事实上，家庭之所以产生，主要是基于性别分工的持久性以及家庭成员利益的相关性，而随着家庭组织的逐渐成熟和稳固，在血缘的基础上开始孕育出了一系列的等级规范。显然，这种规范根据父子、夫妇到男女老少的各种组合而把所有相关人员整合到一个有序的组织中，从而使血缘共同体的协作关系得到稳定发展。随着人类社会生产方式的改变，缘共同体的边界也逐渐获得突破和扩展，此时尽管人际关系已经发生了变动；但是，源于家庭组织中的这种等级制规范却被继承了下来，甚至还得到进一步的发展，这些规范以及新增添了一些要素共同吸纳进新的社会组织中。

事实上，除了血缘关系外，将人联系起来的因素还有共同的利益、相似的追求、面临共同的困境等，而这些因素不只是家庭这一组织所特有的，在其他社会团体中同样大量存在。只不过，两者存在一些次要的差别而已：家庭成员所分享的是共同生活，而法人团体成员分享的只是职业生活；家庭组织作为一个整体的影响可以伸展到经济、宗教、政治等各个领域，而法人团体的影响比较有限。当然，尽管存在着这样的差别，早期的法人团体只不过是按照家族模式塑造出来的，典型的如罗马时期的法人团体。因此，后来形成的许多法人团体不过是家族模式的一种新的、扩大了的形式而已，从这个意义上说，法人团体正是家族组织的承继和延伸。而且，这种职业伦理的形成也有其自身的优势，因为一般来说，法人团体的性质是由不同环境中能发挥作用的一般特性决定的。一般地，一部分人一旦发现他们具备了其他人所不具备的共同的观念、利益、情感和职业，那么在相似性的影响下，他们就不可避免地会相互吸引、相互寻觅、相互交往、相互结合。相反，如果人们在相互结合组建群体的过程中没有产生一定的感情，如果人们不关心这种感情、不顾及自身的利益，不考虑自己行为的话，那么，他们彼此的共同生活、彼此固定的交往就难以形成。

显然，当经济还处于地力社会时期，交换还不发达，人们的生活一般主要局限在家族和地域的小圈子里，以血缘和地缘形成的组织占据社会的支配地位。这时，单靠家族和地域之内的互利互惠式的交往就足够维持生计了，这样家族和地域实际上扮演了一个职业群体的角色。然而，随着人们需求的进一步上升，生活的维续需要基于更大范围的分工。因此，此时人们的日常生活不再局限于家族和地域，而与更广泛的群体进行交往和竞争，这样就推动社会逐渐迈入了资力社会。实际上，一旦新的行为方式确立起来，人们也就超出了家族组织的原来范围，而去创造一种全新的结构。而在大多数社会中，首先出现了以同行为纽带的组织，这就是业缘组织的出现。与此同时，就需要一种新的协调机制与新的组织相适应，即以家庭为核心的缘协调机制需要向其他协调方式转换和发展。而且，与此相适应，协调的基础——伦理也必须进行开放式转换，从家族伦理向职业伦理转换。

当然，尽管家庭伦理具有向职业伦理转换和发展的趋势和轨迹，但这并不意味着，家庭伦理已经日落西山而退出了人类的历史舞台。事实上，从历史发展来看，在前工业期的农业社会里家族事业普遍承袭农家的形态，只是到了20世纪初英美企业才开始从家族型向现代企业组织型转变。而且，即使是当代，家庭伦理依然是各种伦理的核心，它依然发挥强有力的协调功能。福山（1998：76）指出，如果与其他文化价值观配合良好，家族主义本身不论对工业化或经济成长都不至于构成障碍。不过，这里仍要强调，家族企业只是经济组织的起点，开放的社会发展要求建立超越家庭的社会形态，如合伙制企业、联合财产制以及股份制等。当然，在这些组织中，由于相互联系的成员之间超越了血缘的联系，因而先天的信任感就比较低。正是为了填补家庭伦理的空缺，英美等国就建立各种规章制度来落实契约，并约定彼此的权利义务，这样就在一定程度上弥补了信任度下降带来的监督的困难和协调性的衰减。所以，诺思（1999）等强调，有效制度的设立是西方世界兴起的关键。在很大程度上，中国社会由于一直缺乏有效的制度保障，并且家族的协调方式也没有能够转变为企业的团队式协调，从而制约了生产组织由家庭组织向现代企业组织的转变。

而且，即使西方社会发展出了一系列与契约组织相适应的组织规范，如像复式簿记等技术创新对规范人的行为都起了重要作用。但是，如果没有相应的伦理为基础，技术发展的本身对资本主义革命而言还是远远不够的，而依靠强力实施的制度也造成了社会的许多浪费和成本的高涨。福山（1998：176）就指出，"新兴的商业世界需要整套道德制度，新世界所需要的道德必须能够让人们信赖复杂的代表和承诺机制：包括信用、品质、送货、预约购买、分摊运货成本的协议等等。此外，这套道德制度也需要促发私人对企业的忠诚，因为当企业超越家族血缘的基础时，就必须仰赖组织成员的忠诚；这样的道德制度还要能确保代理人的自由定夺权，从货船的船长到远方贸易港埠的管理者，到贸易商自己的合伙人，商人都必须对他们抱有信任感，如此生意才能做得下去"。因此，与新的组织结构相适应，就要求家庭伦理的转换以及新兴伦理的培育，而基于家庭伦理的演化的一个基本方向就是职业伦理和团队伦理的发展。相反，如果过分强调维持家族的紧密关系，将会窒息其他更高级的社会关系的发展，马克斯·韦伯就认为中国没有自发产生资本主义就在于家族力量太强大。

总之，在传统基于缘关系的共同体中，由于共同体的规模较小，从而便于产生合作的伦理。这可以从两方面加以解释：（1）共同体成员之间的互动频繁，从而相互之间的利益状况更紧密相关；（2）个体的机会主义倾向也容易被发现，而个体离开共同体将难以存活。但是，随着社会分工的深化和生产组织规模的扩大，单个成员的行为对他人利益的影响相对减弱，同时机会主义行为又不容易被发觉。在这种时候，就必须有一种新的伦理来代替原先的缘伦理，以一个对抽象规则的信任来取代原先基于私人关系的信任，并通过这种规则来制约个体的行为。也就是说，要维持社会的不断扩展，以传统道德互惠关系为基础的家族企业就应该沿着一条持续的扩展途径，演变为以契约和财产权为基础的专业化管理的公司。

三 日、德两国的企业伦理转换

伦理转换最成功和典型的例子是日本和德国。马克斯·韦伯曾区分了两种信任方式：特殊信任和普遍信任。前者以血缘性社区为主，建立在私人关系和家族或准家族关系之上；后者则以信仰共同体为主，比较适合非人格化的现代社会。在马克斯·韦伯看来，中国人的信任行为属于特殊信任，它只信任和自己有私人关系的他人，而整个社会则缺乏诚信，这是儒家社会中有效制度难以建立起来的根源。循着这一观点，福山进一步提出，中国属于低信任度的社会。显然，正是将这种观点应用到企业组织的分析之中，人们往往会得出"儒家社会不能有效地推行现代企业制度"以及"具有强烈缘关系的企业往往是低效的，或是难以持续扩展的"等结论。果真如此吗？其实，这是对家庭伦理的僵化理解，而没有开放性地理解和发展家庭伦理；相反，任何类型的现代伦理都是起源于家庭伦理，而且，即使在儒家伦理中也存在大量抑制特殊主义过分膨胀的因素。譬如，近代以来，由于中西文化的碰撞和交融，在很多华人社区（如新加坡、中国香港、中国台湾）或者受儒家文化影响的地区（韩国、日本）等都逐渐建立了普遍信任关系。特别是，在特殊主义盛行的文化环境中，一旦出现了较大规模的经济组织，从而将这种特殊主义关系网络应用到这种新的组织形式上，也可以大大提高这种新组织的效率（福山，1998：265）。

当然，不可否认，如果传统的特殊主义关系过于盛行，并将这种信任关系局限于共同体内部，或者最多只是从家庭共同体扩展到企业共同体内部；那么，这种高强度的特殊信任机制在促进共同体组织内部整合的同时，就会增加共同体间和市场中个体间的交易成本，从而不利于共同体组织内外的全面联系，不利于对共同体外部资源的有效使用，最终会窒息整个市场和社会的发展。在这种情况下，要减少特殊主义可能带来的诸类弊端，就应该促使信任半径的扩展，通过共同体之间以及个体之间的长期交易和协作，发展出类似于基于缘关系的信任机制；只有这样，才可以降低共同体之间以及市场上个体之间的机会主义倾向，从而促进交易活动的顺利扩展，促进资源的有效配置（王询，1994）。其实，从大历史角度来看人类社会的发展，现代企业组织都是脱胎于家庭组织，普遍主义伦理的滥觞于特殊主义关系，人类的信任关系本身就是特殊信任不断扩展的结果。究其原因，信任往往是信息的函数，正因为缘关系的人之间比较了解才建立了这种高度的信任机制，而因为对外人了解不多，从而也就相对比较疏远。但是，随着交往数量和频率的增加，相互之间的信息越来越充分，从而也就便于建立更为普遍的信任关系。正因如此，人类社会的发展过程也就是信任半径扩展的过程，体现为人类合作范围的扩展。而且，从历史上看，每个国家和社会的信任关系都或多或少地经历了从特殊到普遍的转换过程。

就近代社会而言，日本、德国则是经历了这种转变的典型例子：这两个国家虽然发展出了较为成熟的普遍主义规则，则仍然保留了一定的特殊主义结构，从而使得普遍主义和特殊主义得到很好的互补、共融。就德国而言，它直到1871年才出现统一的中央政府，因而长期政治势力的分散使得许多封建时期的社群制度如行会等比欧洲的其他国家维系得更加持久。而且，由于没有像法国等国那样被革命所摧毁殆尽，这些社群制度不但存活下来，还进一步转换成了现代版本，成了现代企业集团的人际关系的基础。正因为如此，德国人对特定文化团体的归属感就特别强烈，并养成了认真勤奋工作和追求完美的悠久传统，这也与德国在精密工业方面具有强大竞争力有紧密关系。当然，由于"二战"后占领军对德国人所表现出来的某种狂热集体主义倾向心有余悸，因而施加了强有力的干预，这使得德国逐渐成为一个开放的、倾向个人主义的社会。因此，德国的现代特殊主义就不再是仅仅限制在小范围内，而是扩散到整个社会，成为整个社会交往的基础；同时，也不再是限于企业内部而是充斥于企业之间，这也正是德国企业活力、效率和竞争力的源泉。

日本的例子更加明显，从长远的历史角度来看，儒家价值观念决定了日本资本主义制度中集体主义伦理道德体系的确立。[①] 赖肖尔和詹森（1998：204）认为，即使"今天，几乎没有一个日本人认为自己是儒学门徒了，但在某种意义上来说，几乎所有的日本人都是儒学门徒"。儒学重视社会和谐与社会道德，强调社会成员之间秩序关系的形成，重视集体作用。显然，这些伦理成了日本企业的基础，如日本人特别珍视和谐一致，认为决定就应该通过协商由集体共同作出。事实上，日本企业家横山亮次就指出，终身聘用制和年功序列制是"礼"的体现，企业内工会是"和为贵"思想的体现；他自己在同职工的关系上，也贯彻了"爱人者人恒爱之，敬人者人恒敬之"等儒家思想。同样，立石电机公司的创始人立石一真则主张建立"相爱和相互信任"的夫妻式劳资关系（杜恂诚，1993：57）。另外，在日本的企业里广泛盛行选婿继承制（陈平，2000：21），即那些没有儿子或儿子能力不强的公司大股东或老板将有才干的员

---

① 公元285年，百济博士王仁把《论语》等儒学书籍传入日本，日本开始有了自觉的文化教育。604年，日本圣德太子依据中国的《论语》《孟子》等儒学经典，颁布《宪法十七条》，为大化改新奠定了理论基础，在随后与隋唐的交流中，建立了以隋唐为模式的中央集权制的封建国家。江户时代，德川幕府实行锁国政策，举儒学为圣教，人们在吟诗品茶的消遣中，习惯尊孔读经，中国文化逐渐普及；从皇室成员、藩主武士，到而今政府官员、企业家乃至平民，都把中国历史、哲学作为必修内容，以寻找安邦治国、修身养性的智慧。17世纪的伊藤仁斋推崇东方的《论语》为"最上至极宇宙第一书"。明治以后，日本以近代西方学术方法研究《论语》，提出"和魂汉才""神儒一致"和"东洋盟主"等理念。

工招为上门女婿，而女儿继承其财产，女婿主持管理；因为这样的女婿既能干又忠诚，从而较好地解决了委托—代理关系产生的困境。显然，这实际上也是家族主义的典型表现。

因此，尽管日裔美籍学者福山（1998：183）沾沾自喜地宣称，日本社会是一个高信任度的社会，并且是目前世界上自发社交性最高的国家，而中国等其他亚洲国家则是低信任度社会；但实际上，这不过是他对本民族的过誉之词，日本在本质上仍旧是一个特殊主义非常盛行的国家。例如，中村就认为，日本人的思维中非常重视特殊的社会关系，这包括：人际关系优先于个人，绝对重视有限的社会组织，尊重家庭道德，绝对依附特定的个人、宗派和派阀的封闭性等（长谷川启之，1997：149）。再如，赖肖尔等（赖肖尔和詹森，1998：145）也指出，日本人不太容易结交朋友，双方作为陌生人比结交成朋友感到更轻松自在；但是，日本人还有一个特点就是：尽管他不随便结交朋友，但是一旦交上朋友，友谊往往就很牢固。显然，这都是典型的集体主义特征，与儒家社会的行为并没有区别（张其仔，2002：60）。正因如此，我们也可以发现，在日本的企业组织中，源于家庭的缘伦理非常浓厚。实际上，在日本至少有10%～20%的上市公司是家族成立的，或者是家族有关人员作为企业组织的高层经理和最大股东（青木昌彦、帕特里克和Sheard，1998）。

当然，日本在引进儒家思想的同时，也作了一定的改造，在儒家强调的仁、义、礼、智、信之外又加了一个忠，并把忠提到了最高层次。因此，在儒家伦理的"五伦"中，中国的基点在父子，因而强调家庭观念和孝道；日本则在君臣，强调臣下对君主和组织的效忠（秦家懿和孔汉思，1997：70）。也就是说，日本将特殊主义从家庭组织扩展到社会组织之中，从而在共同生产的团队中也就比较容易产生认同。事实上，在日本社会，这种特殊主义关系已经从具有亲缘的家族层面扩展到了企业集团这样庞大的组织上，甚至扩展到整个民族范围内，从而在企业组织或者国家组织中形成不同于西方个人主义的伙伴主义价值观。显然，这种伙伴主义体现了明显的集体主义倾向，包括：相互依存主义、相互信赖主义和注重人与人之间的关系本质等。也正因为这种家族主义和集体主义的伦理色彩，形成了目前日本企业中一系列共生制度。可见，日本社会不是消除了特殊主义倾向，而是如长谷川启之（1997：20）指出的，此时日本的特殊主义发生了变异，"忠的结构方面意味着对协同体的代表者——首长的忠诚，而不是对首长人格的忠诚。因此，个别主义优先也就反而发挥了类似普遍主义的功能"。赖肖尔和詹森（1998：300）就指出，"事实上，（日本）整个公司企业就是一种扩大了的家族，在雇主和雇员之间有种相互忠诚的强烈意识"。

西方的反例则从另一个方面说明了这一道理。在西方社会，由于传统上缺乏有力的家庭伦理，即使曾被福山大为称赞属于高信任社会的美国，伦理和社会协调也在急速衰落。例如，西方实行"两权分离"以提高企业组织的效率，然而转眼间又被"委托—代理"问题所困扰，结果导致股权分散而找不到核心股东，助长了股东和经理人员的短期行为。因此，在美国等国不得不再次掀起了一场重返家族企业的浪潮：通过运用"杠杆兼并"的手段，鼓励有能力的经理借钱买回公司的公共股份，从而转变为大股东。

中国社会则是另外一种情况，日本文化虽然渊源于中国，但在这方面却与中国大相径庭。国际知名的华人心理人类学家许烺光曾对中国、印度、美国和日本的价值取向作了比较研究，他认为，中国的社会组织，在家族中是以父—子关系及其所属性为优先，在仅据血缘关系扩大的族系中也充满了社会性的欲求，成员间的交互依存性较强，培育了中国文化的状况中心指向（如集团内部的相互依存、感恩图报等），构成了具有统一于亲族原理的亲族连带社会。印度的社会组织则以家族中的母—子关系及其所属性为优先，显示了一方对另一方的依赖，培育了印度社会的超自然中心倾向。美国则显示了家族内夫—妻关系的优越性，培育了基于自我依赖的美国文化的自我中心指向，构成了具有契约性质的联合特征社会。而日本虽然也是以父—子关系为优先，但在单子继承、后嗣与其兄弟间存在的显著层级关系方面与中国不同，日本也承认并非血缘关系的入赘女婿，但子嗣以外的人必须将满足其社会性欲求的诸集体排除于亲属范围；这是日本所特有的第二集体——宗家，它浸透于其包含其在内的全部社会组织中的本质原理，即"缘约"（kin-tract）原理。也就是说，日本的社会组织有机地将中国的亲属原理与美国的契约原理统一了起来，以某种程度结合而形成了日本社会的"缘约"原理。显然，日本在"缘约"关系的基础上，将超血缘关系和地缘关系结合起来，形成了超血缘集体（植村利男，2000）。

中国的儒家文化往往把家庭奉为圭臬，家庭优先于国家，甚至优先于任何社会关系。究其原因，基于血缘的家庭关系是源于自然的，其他的社会关系是在此基础上发展而成的，因而家庭关系必然也比其他社会关系更持久、更重要，这也是中、日两国的相通之处。显然，只要这种家庭伦理能够得到扩展，对经济就可以发挥有效作用。其实，中国早期成功的大商人或大企业家大多是饱受儒家思想熏陶的，如郑观应、唐廷枢、周学熙、荣德生、刘国钧、陈光甫等（杜恂诚，1993：93－98）；同样，海外华人企业也大多如此，如中国台湾的颜云年、吴尊贤，中国香港的包玉刚、丁熊照，新加坡的陈嘉庚等（杜恂诚，1993：54－60）。但是，由于种种原因，中国的家庭伦理没有能够顺利地进行开放性转换，以致至今还处于一种"关系本位"的社会状态：人情和私人关系在日常生活中受到强化，人们在关系网内已获得各种援助和机会，这种"重人情轻事理"的倾向在市场化发展的过程中就会对效率形成越来越窒息的作用。相反，尽管日本也很重视关系，但工业文明和社会发展的竞争压力使得日本社会成功地促使了家庭伦理的持续扩展。因此，我们可以说，日本社会不是把家庭关系看得比其他社会关系低，而是在其他社会关系上有机融合了家庭关系，而在中国则窒息了家庭关系的发展。这也正如班菲尔德（Banfield，1958）针对意大利南部麦山村所描写的："他们没有'自我'，而只有'家长'的身份。在麦山村民的心目中，施任何恩惠给外人，就等于是牺牲了自己家人的利益，因此他们负担不起'奢侈'的慈善举动。"

当然，这种集体主义的伦理也可能造成认同的封闭性。事实上，日本人往往倾向于在已经形成了的小圈圈内交往，而把所有其他人都划为"外人"。因此，日本企业的员工更愿意与本企业内的同人打交道，各财团所属的公司彼此间的关系也要比与财团外的公司紧密得多（赖肖尔和詹森，1998：334）。正因如此，如堺屋太一（2000：28）所说的，"组织一旦变成共同体，其成员的眼光往往只朝内部看，只在意内部多数意见，将之视为'正义'。组织的志向朝内在发展，成为内向型志向，之后，组织内便无人敢发展自己的创造性，不小心展露创造力，将被视为异端，受组织核心阶层排斥。因此，导致成员的思想渐渐无法逾越过去的经验或习惯"。从而最终扼杀企业的创造力。同时，日本人一旦置身于陌生的环境就比那些普遍主义文化的人更难以适应，不但在上下火车时温文尔雅的日本人往往会变成你推我挤的粗暴人，日本军队在"二战"时期的野蛮残暴行为与在国内时的温文尔雅也存在难以理解的反差。即使在当前的经济活动中，日本民族对其他民族存在的高度不信任感。同样，被福山认为是高信任社会的德国在战前也存在排斥异族的强烈倾向，这种倾向只是由于战后依靠托管当局的力量注入了更多的个人主义因素之后才得以缓和。

总之，要使得特殊主义的缘伦理在新兴的企业组织或其他机构中继续发挥积极有效的作用，这种伦理就必须进行开放性转换，需要增添一些普遍主义的因子。只有这样，以传统道德互惠关系为基础的家族企业才能沿着一条持续的扩展途径，逐步演变为以契约和财产权为基础的专业化管理的公司；相反，如果过分强调维持家族的紧密关系，而将窒息其他更高级的社会关系的发展。从古今中外的历史经验看，那些能够保持长期稳定而持续发展的组织本身都有其深厚的伦理基础，而这些伦理基本上都是发源于家庭伦理的演化和转换。事实上，重视缘伦理的儒家文化本身特点也提供了这种可能，因为中国人"己"的边界是相当模糊而有弹性的，"外人"通过交往都可以成为"大己"的一部分，从而促使合作性伦理的扩展。

第二节　成熟市场下的企业效率比较

上面阐述了家庭伦理对社会协调的基础性作用，接下来就可以对不同文化伦理下的企业组织效率展开比较分析，从而真正揭示出缘协调本身的优劣及其对企业组织效率的影响。事实上，诚如"企业组织的历史起源"部分的分析，人类社会的发展以及组织机构的演化都是以提高劳动的有效性、从而提高价值的创造力为目的的。而且，迄今为止，在人类经济交往史上，人类社会的协调机制发生着这样的演变轨迹：缘协调→契约协调→管理协调→社会协调。当然，现实生活中影响企业组织效率的因素是多方面的，基本层面上可表现在交易（组织）成本和协调收益两个方面；因此，比较分析协调对绩效的影响时就必须在交易成本相似的情况下展开。同时，由于本书关注的是企业组织的长期发展问题，比较研究的对象就集中在组织规范相对成熟的市场经济下不同类型的企业组织；因此，这里主要以存在发达的市场为背景，来比较不同协调机制的效率影响。

为此，这里对比较对象作了两方面的选择：（1）比较特定社会中的家族企业和现代企业的治理机制和绩效关系，因为在特定社会中，交易和组织方面对不同类型的企业组织都可以视为大体相似的；（2）不同社会文化背景下的发达国家中的现代企业组织的治理和绩效，因为在一个发达市场中，由于存在良好的外部和内部监督机制，协调低效率就构成了企业低效率的主要方面。事实上，理论和实践都表明，在市场经济较为发达的社会中，协调才是影响 X 低效率的关键因素。然而，目前理论界的研究却存在很大的不足：没有很好地分析不同企业协调水平上的差异是如何产生的这一课题。

一 家族企业和现代企业的比较

一般地，探究协调对企业组织效率的影响，就是要分别考虑不同组织中显性协调和隐性协调的状况。显然，就同一社会文化背景下的企业组织而言，这种差异典型地体现在家族企业与现代企业上。传统的观点认为，由于现代企业是从家族企业中蜕变而来，它是家族企业长期发展的基本方向；因此，相对于现代企业而言，家族企业在治理和绩效上都具有劣势。问题是，家族企业相对于现代企业的劣势主要体现在什么地方呢？以前的研究大多是从监督方面着手，认为家族企业由于缺乏相对完善的抽象规则而产生的严重"软约束"问题是制约企业发展的根源。但是，就一个市场机制相对健全的社会中，企业组织内部的监督效率主要受社会外部监督体系的影响，而在社会已经存在相对完善的监督体系下，由监督缺失而导致的劳动投入不足并非影响企业效率的主要方面。特别是，我们研究的对象是处于相同社会文化背景之下的企业组织，这就排除了企业组织外部的监督和协调机制对效率的影响。因此，造成家族企业和现代企业之效率差异的关键因素就在于企业内部显性协调机制及其水平的差异上。这里逐层分析如下。

首先，就两类企业内部的监督活动对效率的影响而言，这并不是重要的影响因素。事实上，尽管随着经济规模的扩大，任何类型的企业组织都必然面临着两方面的困难：一是监督方面，二是协调方面，家族企业也不例外。但是，在一个较发达的市场经济中，相对于协调而言，监督是相对不重要的，更不要说，家族企业往往能更好地解决监督问题。有这样几方面的原因：（1）就管理者的管理劳动支出而言。在家族企业中，由于管理人员大多是建立在"缘关系"之上，而这种"缘关系"使得管理人员具有一种自律性，从而弱化了管理劳动的低效率。（2）就生产者的劳动支出而言。由于管理人员与企业组织有密切的联系，这促使他们加强对生产者的监督，因而生产者滋生机会主义行为的空间更为窄小。企业发展史以及当前中国企业的实践都表明，在家族企业中偷懒是难以行得通的。事实上，现在有一些中国学者激烈抨击家族企业的弊端，但显然，家族企业也是现代社会中的一个重要甚至是主要的组织形态，如当前世界范围内 80% 以上的企业组织都归属于家族企业（盖尔西克，1998），其中的主要原因就在于家族企业往往具有较强的监督能力。（3）更重要的是，相对协调（它可被看作复杂劳动）而言，监督是一种简单劳动，这种简单劳动对家族成员来说一般是比较胜任的，而通常的监督缺失往往是由于产权不清所引致的"理性的忽视"而已。

当然，也需要指出，在家族企业中也存在对监督的不利之处：（1）随着规模的扩大，由于家族企业中与"缘关系"相关的管理人员有限，企业的边际监督成本必然较其他企业上升更快，这必然会制约企业规模的扩展；（2）由于对"缘关系"之外的成员的不信任，就会导致"缘关系"之外的成员机会主义倾向增强，结果可能迫使监督支出的增加；（3）由于实际上企业组织为管理人员所有，也就必然弱化对家族管理人员可行的惩罚机制，因为这种在自己企业内的在职消费实际上是个人的事，而与他人的利益无关；（4）在家族企业中，"大家庭为所有成员提供温饱，而不计较个别成员对家庭的贡献多寡，因此只要是自家人，不论是贫穷困顿或饱食终日者，都能获得同样的照料"（福山，1998：81）。显然，这些都会降低家族企业中的监督投入及其有效性，从而也必然影响企业组织的整体效益。但是，从总体上看，这些监督上的问题相对协调而言都是次要的，大量的数据资料可以证明这一点。

其次，就两类企业内部的隐性协调对效率的影响而言，它也不构成影响企业效率的主要因素。这也有如下两方面的原因：（1）从大的方面讲，隐性协调与一个社会的整体文化传统有关，家族企业的企业文化也受这个大背景的影响；因此，在一个相同的社会传统之下，家族企业的企业文化与其他企业的文化并没有实质上的差别。（2）在家族企业中，由于受家族本身的"缘关系"的影响，这种"缘关系"可能并更容易扩展到其他成员之中，从而更有利于企业组织的隐性协调。事实上，早期的许多家族企业的创始人都以"缘关系"的家族理念来治理企业，将员工视为自己大家庭的一分子。而且，日本企业的隐性协调实际上也是基于这种"缘关系"而扩展开来的。当然，建立在"缘关系"之上的家族企业在隐性协调方面也具有自身的缺陷。譬如，这种隐性协调往往因其强烈的特殊主义而等级化和割裂化，而现代企业中的隐性协调已经在企业组织内部普遍化。但是，相对于其他企业中所存在的严重个人主义倾向所造成的问题，家族企业中隐性协调的问题并非更加严重。

再次，就两类企业内部的显性协调对效率的影响而言，它是影响企业效率的主要因素。一方面，相对于监督这一简单劳动而言，协调是复杂的；另一方面，随着社会的发展，协调劳动也就越来越复杂。因此，显性协调对企业组织效率的影响将会越来越大，与此同时，家族企业由于管理者的来源有限等原因而越来越难以适应这种越来越复杂的协调劳动的需要。显然，这也正是家族制企业低效率的主要原因。具体说来，主要体现在如下两个方面。

（1）就家族管理人员而言。由于从家族成员中选拔的管理人员的圈子毕竟狭窄，因而这些家族管理人员的协调能力往往有限，从而将会越来越难以胜任家族企业中协调管理方面的工作。钱德勒（1987：580）就曾指出，"除非企业家家族的成员本身受过职业经理的训练，他们就很难在高阶层管理中发挥重要作用。由于这个家族式企业的利润通常总能保证他们能有一笔很大的个人收入，这些家族也就缺乏经济刺激，懒得在经理职位晋升的阶梯上多花时间了。因此，在美国大型生意企业中，曾有两代以上的家族参与其公司的管理决策者只有少数企业"。而且，随着企业组织的规模扩大，这些有限的家族管理人员的显性协调活动所产生的边际效益也是不断递减的。例如，著名的中国问题专家易劳逸（Lloyd Eastman）考察中国的企业史后就指出，华人企业之所以缺乏行政管理效率，就是因为华人企业家并非从自由职业市场依据教育水准、工作经验和专门学识来专门招聘经营管理人员，而是将选择的范围局限于家族成员、同乡或其他人际关系网上的人物（高家龙，1994）。

（2）就外聘管理人员而言。由于缺乏信任，家族外的管理人员与家族成员之间的关系总会或多或少地显得疏远，家族成员的看法也往往制约了外聘管理人员协调能力的发挥。而且，由于家族成员的利益可能与外聘人员的利益不一致，从而往往会在决策上发生冲突。此外，在家族企业中，员工的权利、职权及责任往往都没有划分清楚而显得模棱两可，员工的考核大多是由作为家族成员的主管主观地评定，而缺乏一种更为客观的标准。在这种情况下，每个人都必须遵从老板的指示，而不能有太多的意见，甚至形成了极力巴结家族成员的恶劣风气。特别是，这些外聘的管理人员几乎没有成为最高管理者的可能性，他们的工作流动性较大，从而也就缺乏最大程度的协调的主动性。正因如此，在华人社会里，不属于企业雇主家族的员工就往往不喜欢替人打工，更不愿终生在同一家公司工作；相反，只要有可能，就会伺机跳槽，或者到外面去独自创业。也正因如此，低信任度社会的家族企业的规模往往较小，这已经为很多数据所证实（福山，1998：86－89）。同时，再加上继承制度中的缺陷等因素，"布登勃洛克"现象就不时在家族企业中重现，[①] "一代创业、二代守成、三代衰亡"也是家族企业发展的大数定律。事实上，现有的统计数据就表明，70％的家族企业的生命周期只能存续一代，30％的家族企业可延续到第二代，15％的家族企业可能延续到第三代。[②] 例如，王安电脑公司的发展过程就是一个典型的例子。

最后，需要指出的是，家族企业主要是以"缘关系"为基础的"缘协调"，这种"缘协调"虽然对"缘关系"之内的成员具有高协调性，但是，却对"缘关系"之外的成员产生强烈的排斥作用，从而进一步降低对外的协调力。实际上，正是基于这种强烈的缘关系，当中国人认为自己和陌生人的社会交易关系中发生不公平的现象时，便很可能会与对方发生冲突，尤其是这种冲突是出于捍卫自己所属群体的利益时更是如此；有研究报告指出，中国人常常为了维护团体内的人际和谐而压制或禁止攻击行为，却常常为了维护团体的利益而对其他的敌对团体采取非常激烈而且过度的集体攻击行为（黄光国，2006：9）。正是这种缺乏家庭之外信任的伦理使得华人社会很难与陌生人组成各种团体，这表现在中国社会中介结构的缺乏以及海外华人的集体自卫能力上。相反，日本人把信任从家庭拓广到非血缘的集体中，从而表现出了强烈的集体主义取向。有评论家把日本人比作一群小鱼，秩序井然地朝着一个方向游动，直到一块石子投入水中，打乱了这个队列，它们就转变方向朝相反的方向游去，但仍然队列整齐，成群游动（赖肖尔和詹森，1998：133）。林语堂则打个比喻说，日本社会好像

① 畅销小说《布登勃洛克一家》描写了一个家族由盛转衰的过程。老布登勃洛克早年做粮食生意，追求的目标是金钱，后来终于成为富甲一方的豪门；死后，其财产为儿子大布登勃洛克继承，由于过惯了舒适生活，他对金钱兴趣不大，而对社会地位情有独钟，最后当上了参议员。他去世后，其儿子小布登勃洛克由于出生在有钱有势的家庭，而既无经商兴趣，也无心官场，而整天沉迷于音乐及闲散的生活，最后家族终于转衰。

② "中国家族企业迭代的密码"，http：//www.eeo.com.cn/2014/0715/263444.shtml，2016－02－17。

一块坚硬的花岗岩，而传统的中国人社会则像是一盘散沙，每一粒沙子代表一个家庭。可见，从这个意义上讲，中国人的行为更体现为一种个人主义的作风。[①]

其实，社会的现实状况也可佐证上面的分析。一般来说，正是由于家族人员在协调能力上的局限，成功的家族企业往往都集中在协调能力要求相对较低，而监督因素起重要作用的产业上。福山（1998：98）就观察到：成功的家族企业主要在劳动密集型的以及加工类型的产业上，如纺织、木材加工、橡胶制品、玩具、食品、皮革制品等方面；而在高度的资本密集型和技术密集型等基于复杂制造过程的产业，如半导体、航天、汽车、飞机、电脑等就很难成功。从这个意义上讲，如何提高显性协调能力就是家族企业生存和发展的关键，这也是为什么家族企业最终必然向经理管理的社会化现代企业转变的深层原因。

总之，正是因为家族企业中显性协调机制的缺陷以及显性协调水平的不足，导致了企业组织的发展过程中常常遭遇困境。事实上，根据贝克哈德（Beckhard，1993）的实证研究，只有30%的家族企业成功地过继给第二代，10%的家族企业能成功地过继给第三代；阿斯特拉（Astrachan，2000）则估计，美国有30%的家族企业能成功地过继给第二代；12%的家族企业能成功地过继给第三代；只有3%的家族企业能成功地过继给第四代（苏启林和欧晓明，2002）。可见，如何建立基于普遍认同上的抽象规则以增进企业的显性协调水平就是家族企业所面临的一个重要课题。

二　不同文化背景下的企业比较

上面比较分析了同一社会文化背景下的家族企业与现代企业的效率问题，并将之主要归咎为显性协调上的差异。我们现在进一步比较分析组织结构相似但生长在不同社会文化背景下的企业组织的效率问题。同样，我们关心的是两类企业组织的长期发展状况，因而也是选择成熟市场下的两类现代企业制度进行比较，这同样排除了社会监督机制方面的影响。

[①] 当然，这种个人主义主要体现在一定的地域之内，因为在这个地域之内，家庭之间可以看成零和博弈，因而充满了斗争性。但是，一旦出了地域之外，中国就有了地缘和族缘情结，从而也不再是个人主义的。譬如，浙江温州和宁波的商人一旦离开本地，就会相互帮助，形成同乡关系，广东潮汕地域的人员在其他地区也往往形成帮派。再如，海外的华人往往凭借社会关系网络而取得了成功。

首先，就显性协调而言，这应该不构成不同社会中现代企业制度中的主要区别。究其原因，（1）在任何非封闭式家族企业的现代企业中的管理者都可以从市场上自由、公开挑选，因而就两个社会文化背景下的企业整体而言，应该说不存在协调能力上的显著差异；（2）在一个自由竞争的社会中，明显不胜任的管理人员都可能很快被"炒鱿鱼"，或者经过较长时间的筛选，最终能够留在经营管理岗位上的大多数是该社会中的管理精英。因此，我们说，在一个经济发展阶段相同、社会知识文化水平相似的社会中，企业管理者的显性协调能力没有明显的差异。当然，即使在同一社会，不同企业管理人员的显性协调能力也有较大的差异，这是不断演绎着企业兴衰轮回的原因。但是，由于这里是进行两个社会中企业的宏观、整体协调水平的比较，因而单个企业中的显性协调水平差异可以忽略。

其次，就隐性协调而言，这构成了不同社会中现代企业制度的主要区别。事实上，既然整体上同一经济发展阶段、组织结构相似但社会文化背景不同下的企业组织在显性协调上没有明显的差距，但在现实生活中，两种社会下的企业效率确实存在很大的差异；那么，我们可以预测，协调水平的不同很可能是在于难以被发现的以及难以短时期内改变的隐性协调水平上。一般来说，在发达社会中，那些隐性协调水平较高的社会中的企业组织往往具有较高的效率，分析如下。

一般地，如果显性协调和隐性协调能够相互补充、相互融合，共同促进企业组织内外协调机制的演化，那么，这种企业组织必然是高效率的。但遗憾的是，相互共融的显规则和隐规则往往难以建立起来，相反，两者在具体环境中往往会产生一定的排斥现象。例如，人类社会学家霍尔（E. Hall）就曾将文化分为高环境文化和低环境文化。其中，所谓高环境文化主要是指像美国社会那样信息是清晰的和非人格化的，人们通过各种契约来规范各自的行为；在低环境文化中，人们则倾向于依靠事前人们在共同文化背景下的共识来体会默会的知识，通过各种人际关系来规范人的行为。一般地，在高环境文化的环境中，人们劳动之间的协调往往以制定的显规则（即正式规则）为准绳，但这种显规则作用的过分膨胀往往会排斥人们之间的隐规则，发展为形式规则主义，从而窒息了隐规则的发展。这反映到企业组织的协调中，在这种文化背景下，显性协调就特别发达，而隐性协调则相对薄弱。相反，在低环境文化的环境中，人们则比较重视在长期交往过程中形成的默契，因而隐规则发达，而显规则却相对不成熟。这反映在企业组织的协调中，则比较重视隐性协调的效率，也就是说注重企业内在文化的建设。

而且，高环境文化和低环境文化都有其历史渊源，并随着历史的发展而会有所改变。然而，尽管传统的显规则和隐规则由于它们之间的互动而会发生改变，但一个社会对两者进行培育、发展和改造的难易程度是不同的。一般地，在一个充满激烈竞争的国际环境中，显规则比较容易创造、设计或移植，因而原来显性协调机制不发达的社会能够在短期内通过引进显规则而弥补自身的不足。但是，隐规则却往往是难以被移植的，因为隐规则的效力取决于社会的相互作用，它能否被移植不仅取决于所移植国家的技术变迁状况，而且更重要的取决于后者的文化遗产对移植对象的相容程度（朱富强，2001c）。因此，总的来说，隐规则要比显规则更加难以变迁，即使有政府的积极行动，像价值观、伦理规范、道德、习惯、意识形态等也是不易改变的。甚至可以这么说，显规则可以在一夜之间发生变化，而隐规则的改变却是长期的。也正因如此，一些适用他国的显规则虽然可以从一国移植到另一国，但隐规则却由于根植于传统及其历史积淀而难以被移植。结果，在处于同一经济阶段的国家和地区，经过市场的发育，显性协调水平可以逐渐相近，但原来隐性协调水平欠发达的社会却不容易在短期内得以根本改观。例如，经过明治维新和"二战"后的改造，日本社会很快就有了一部与欧美发达国家几乎一样完善的民主宪法和诸多法律。与此相反，欧美国家虽然与东方社会接触了同样的时间，却依然无法培育出东方社会中的那种和谐合作关系。

其实，人们也往往把一个社会的协调状况与它的信息特征联系起来：信息越规范、越集中，则它的显性协调程度越高，而隐性协调水平相对则可能较低；相反，如果信息越不集中，越不规范，则隐性协调水平越高，而显性协调可能较低。但是，信息特征和协调状况却并不存在必然的联系，这主要涉及整个社会的法制建设状况，即显规则的移植问题。例如，日本社会的信息很不规范，按理显性协调应该是不发达的，但是由于受强烈的市场竞争作用以及日本"接受创造性"的文化传统，日本积极着手"显规则"的建设，使得它的显性协调在短期内赶上了西方国家的水平。因此，与其说在日本这样一个信息分散而又不太规范的社会中显性协调不发达，不如说，相对于其他西方国家而言，日本的隐性协调的充分发达使得它的显性协调显得相对黯淡。实际上，日本社会的显性协调也是很发达的，而且已经能够与较高的隐性协调在一个较高层次的水平上有机结合起来。也就是说，如果有深厚的缘伦理基础，就更容易做到隐性协调和显性协调之间的互补共融。当然，由于传统的因素以及信息不规范而分散的滞存，从总体上看，日本企业中的显性协调发育程度确实与欧美企业有差距，这反映在日本社会经常暴露出来的违纪事件和金融危机上。

日本企业之所以能够有效地培育出高水平的隐性协调，就在于它有效地从家族或家族企业汲取了"缘协调"的养分，成功地进行了从"家庭共同体"（或"缘共同体"）向"企业共同体"的转换和变迁。日本的这种"企业共同体"意味着，日本企业具有超出劳动力买卖契约关系的共同性。例如，从家庭和大学进入共同体时都要进行宣誓，入社仪式就是非常具有代表性的（桥本寿郎，1997：193）。实际上，日本早期资本主义的兴起是以"财阀企业"的形态出现的。所谓财阀，按照森川英正的说法，就"是在家族或同族的封闭性的所有和支配下组成的多角的企业经营体"（陈凌，1998），它的明显特征就是强烈的家族式"缘关系"色彩。正因为日本的现代企业脱胎于早期的财阀，因而不可避免地打有"缘关系"的烙印。因此，尽管福山等人认为，日本的企业集团早已超越了家族财阀的阶段，而与欧美企业相仿；但实际上，与欧美企业相比较，日本企业仍具有明显的独特性，这种独特性正是在于其继承了家族制的一般特点，如终身雇佣、年功序列、岗位轮换、企业文化、交叉持股等。可见，正如有的学者指出的，日本企业已经超越了家族财阀阶段，但它们仍属于家族式组织（陈凌，1998）。当然，这不再是原来规模狭小的家族企业，而是更大规模上的松散的"泛缘式企业"。

然而，尽管现代企业中的隐性协调时早期缘关系的转化和发展，但是，任何基于缘关系协调的组织在发展过程中都常常会出现断层的可能，只不过缘关系适用的领域有所不同。例如，中国人比较重视家庭、宗亲和地域的联系，缘关系的发生领域也主要在缘共同体内，而要想在缘共同体之间建立相互认同关系往往存在难以跨越的障碍，这是中国现代企业制度往往难以建立起来的原因。但是，中国人对家庭等缘共同体之外的其他人却往往是一视同仁的，结果，欧美企业在中国社会反而比较容易适应，中国人在其他不同国家中也基本上都具有相似的适应性。相反，日本社会的缘伦理虽然突破了家族这一层面，并把这种缘关系拓展到了企业共同体这一层面，它又没有能够形成普遍主义的伦理认同。显然，只要缘伦理还是限于某一特定领域而没能够继续持续扩展下去，就会呈现出狭隘主义的特征，它的继续扩展也就会出现问题。例如，当日本社会的缘伦理关系扩展到企业共同体时，就会出现企业内部成员信任度高，而企业之间则出现问题，这表现为同行业而不同企业之间的人员进行交流就比较少，这是日本社会为什么在高科技行业缺乏创新的重要因素。

同样，当日本社会的缘伦理关系扩展到国家共同体的范围时，对外国人的交往则往往会陷入某种不信任之中。事实上，旅居日本的外国人都会面临着被排斥的问题。例如，人数相当多的韩国侨社在日本就处境艰难。而且，日本企业在国外建立工厂也常常因不信任外国人而面临着一些困境。例如，在中国的日资企业相对于欧美企业而言对中国的员工就更为苛刻，它们更信任日籍员工而中国员工往往很难取得较高职位。根据福山（1998：202－203）的观察，尽管日本的精益生产方式引进美国后曾获得很大成功，但是它在整合美国当地供应商网络方面就比较艰难了，结果，当日本汽车公司在美国设立装配工厂时也从日本带去了整批供应商网络组织。据报告，在美国装配的日本汽车上大约有90％的零件来自日本或位于美国的日本公司。显然，通过日本社会中在一定程度上已经扩展了的但还未完全扩展的缘伦理特征的分析，我们就可以解释为什么日本企业在20世纪90年代以后会遇到严重的发展困境。也正是基于日本90年代的长期衰退以及其他东亚国家出现的金融风暴，使不少学者对日本及其他亚洲社会协调方式产生了怀疑和否定，甚至极端地把原先视为亚洲国家成功之源的亚洲价值观看成正是亚洲问题的根源。然而，我们分析问题的时候，不能把小孩和洗澡水一起抛弃。尽管日本企业近年来遇到了发展的瓶颈问题，但平心而论，正是由于这种特殊的泛家族主义对企业组织的整合和协调，使得日本经济保持了几十年的高速发展。

上面的分析表明，我们在正视缘关系扩展中断而引起问题的同时，不应该否定隐性协调对经济发展的长期作用；相反，我们应该看到，正是隐性协调机制的缺失，导致了欧美企业的 X 低效率。其实，莱宾斯坦因之所以会提出 X 低效率这一概念，就是针对欧美企业组织中由于泛滥的机会主义行为而导致的劳动支出不足现象。因此，这种理论实际上是建立在纯粹的监督和显性协调的基础上，而没有看到隐性协调的一面，这也正是隐性协调匮乏的西方企业的现实反映。显然，尽管在西方确实大量存在着潜在的劳动支出的 X 低效率的可能性，但是，如果放眼世界、历史以及对人本性的真正内在考察，这种理论就显得相当片面了。正如麦格雷戈指出的，X 理论对人所作的本性懒惰、逃避责任的消极假定并不符合人的本性。而且，正是以机会主义人性为依据，西方社会逐渐采用了强硬的"科学"管理，强调的是抽象规则的建立和严酷的奖惩制度；结果，却进一步促使了机会主义现象的泛滥，这也正是俄狄浦斯效应的结果。为此，麦格雷戈提出了与 X 理论截然相反的 Y 理论，而深受日本社会的高水平隐性协调熏陶的日裔美籍经济学家威廉·大内（1984）则进一步地发展了厄威克提出的"Z 理论"。

大内发现，日本社会提高生产率主要是依靠人与人之间的信任和亲密关系以及一些微妙的东西。并且，借鉴日本社会的 J 型组织来改造美国的 A 型组织，从而大内提出了相应于 Z 理论的 Z 型组织。根据大内（1984：60－61）的观点，Z 型组织具有这样的特点：（1）企业内部倾向于实施长期雇佣制，从而使得企业更愿意花费财力来对员工的技能进行投资；同时，由于这种技能具有专用性，从而更愿意在原单位工作。（2）企业内部的评价和升级有一定的程序，企业通过经常与那些具有明显工作成绩的人谈话来确定升迁速度。（3）员工经常性地改换岗位和部门，产生更多的有关该企业所特有的技能，从而便于在设计、市场和分配过程中走向更密切的协调。特别是（4）具有长足的、现代化的情报和会计制度装备、正式计划、目标管理法以及一切其他正式的明确控制方法；但是，这些方法知识为了获得确保而受到重视，却很少在重要决策中起决定作用。与之不同，西方社会的主流管理观念却存在这样的一种误见：理智比非理智好，客观比主观更接近于理智，定量比非定量更为客观；因此，定量分析比基于智慧、经验和敏锐性所作出的判断更受到重视。但在实践中，这种管理的效果显然不是很好，一些大公司的管理人员就经常抱怨：他们面对定量分析、计算机模式和没完没了的数字时感到无法行使自己的判断。斯坦福的莱维特教授指出，人们对于显然易见的事物以及数据癖好已经远远超越合理限度，因而在判断过程中恢复敏锐性以及主观性是必须的。

显然，Z 型组织的一个典型特征就是所有成员是平等而相互信任的，这体现了协作系统的本质要求。正如大内指出的，"Z 型公司一般把对于下级和同事的广泛关切看作是工作关系的自然组成部分。人与人之间的关系趋向于无拘无束，并且着重于全体人员在工作中相互打交道，而不是那种经理只和工人，办事员只和机械师打交道的关系"（大内，1984：67）。事实上，"我们之中极少有人能在各个方面都比和自己一起工作的人高明。我们只要抱住自己在组织中的地位不放，就可以维护我们在一切方面都比别人优越的'神话'。但是如果我们使这些人在社会环境中与他人接触，这种'神话'就可以被排除。组织中等级制度的自然力量促使人与人之间的关系成为片面的，同时也造成等级观念的态度。整体关系提供了一种平衡力，有助于形成彼此平等的关系"（大内，1984：68）。也正是在平等主义的观念之下，每个人可以在不受监督的情况下自主地酌情处理问题，而相互之间的信任则进一步促使了各自行为和目标之间的协调。因此，大内强调，在Z型组织内部的文化已经达到了高度的一致。实际上，日本企业的优势之一就是对内部的高度信任，甚至主要的管理人员也是从内部选拔的，从而保证了管理人员对企业内各事务、人际关系的熟悉，从而有利于隐性协调和显性协调的结合，发挥出更高的整体效率。在日本企业中，从内部选拔经营者是一个基本原则，大约有70%左右的董事是公司内出身，但这种"土生土长"的经营者并非资本的所有者，因为全部的公司要员合计持股比率也仅为6%～7%；但这种"土生土长"的属性便于对企业共同环境的熟悉和对"基于协作的分工"的协调（桥本寿郎，1997：196－198）。

最后，就整个社会而言，在个人主义氛围比较浓厚的社会中，社会的道德领域也往往存在"劣币驱逐良币"的现象，即竞争促使市场主体通过放弃伦理原则来确立优势。这种理论为西方主流学术界所信奉，并导致了布里夫斯（G. Briefs）所说的"否定性的边缘道德"：即如果所有其他竞争者都严格遵守一定的道德标准，那么一些行事相对不道德，而又没有受到制裁的人就会在竞争中建立优势。由此，竞争造成了一种压力，使人因竞争之故而逐步地适应较低的道德标准（施泰因曼和勒尔，2001：25－26）。正因如此，在西方主流学术界强调，必须建立一套具有强制力的制裁标准，以避免道德的衰落；但是，仅仅依靠强硬的法制来维持社会的道德显然是不足的，特别是在信息爆炸的时代，法律失败更为常见。相反，如果整个社会具有高度的伦理认同，不但那些偏离社会道德的人可以免于因落入孤立的境地而承受巨大的社会和心理的成本；同时，广泛的社会伦理认同也有助于社会共同治理机制的建立，这可以有效地抑制那些偏离社会道德的行为。这一点可以从德、日社会的现状中反映出来。

总之，上面的两类比较分析表明，家族企业内部的显性协调水平相对较差，却具有较强的隐性协调水平；同时，由于基于抽象规则的显性协调机制相对容易模仿和建设，因而从总体上看，具有强缘协调的家族企业在现代竞争中并非处于劣势。特别是，随着信息的分散以及组织网络化的增强，个体之间信息的互动变得日益重要，在这种背景下，家族关系的治理反而将日益凸显其适应性。事实上，一些学者就发现，在硅谷，"由准家族关系中诞生出的非正式社会关系维护着当地生产商之间无处不在的广泛合作与信息共享"，以致"那里的公司之间有一种让人惊讶的合作，其紧密程度不亚于日本，这种合作源于个人间的交流程度"（萨克森宁，1999：36）。可见，隐性协调水平的差异是导致处在同一经济发展阶段、组织结构相似但社会文化背景不同下企业间效率不同的重要原因。

第三节　家族企业的内涵、性质演变及其治理

上面基于两分法的角度探讨了家族企业和现代企业的效率问题，但随着社会的发展，这两类企业组织在形态和结构上却越来越具有趋同的趋势。实际上，现代家族企业与现代企业之间的相似性甚至远远大于与早期家族企业之间的相似性：（1）现代企业往往是从家族企业演化而来的，注重隐协调的伦理认同越来越为现代企业所继承和发展；（2）家族企业的性质在长期演化过程中也发生了突变，以致现代家族企业所有权的法律归属与原始家族企业存在根本性不同，而更类似于公众企业。为此，本节再次对家族企业内涵和性质演变进行一番探讨，并对家族企业何以存在这种演变的内在治理缺陷作一剖析。

一　家族企业界定的两个标准

一般地，家族企业往往是由个人或家族创办的，但是，由个人或家族创办的企业却不一定是家族企业。事实上，家族企业最终都将走上社会化的道路，从而不能以创办者或公司的家族姓氏作为家族企业的界定标准。例如，杜邦化学、福特汽车、松下电器、丰田汽车、本田摩托等企业都是以家族姓氏作为企业名称，但显然，人们已经不将这些企业组织视为家族企业，至少不是传统意义上的家族企业。一个明显的事实是，这些公司已经通过吸纳大量的其他资本而社会化了，以致特定家族所占的股份已经越来越低。为此，一些学者又主张，上市公司是否具有家族性质应以其家族

所占的股权份额来界定。问题是，究竟占多大份额的公司才可以称为家族企业呢？早先的一个先验标准是50%，因为50%可以体现这个家族的绝对控制权。但这也存在明显的问题：（1）随着企业组织的规模增大，特定家族所占的份额必然会不断下降，因而按照份额的标准，就可以简单地把大企业划出家族企业之外；（2）随着企业组织的规模增大，特定家族控制企业所需要的份额也在不断下降，因而按照控制权的标准，规模越大的企业越可能是家族企业。为此，按照这种标准，所要求的股权份额也是在不断变化、特别是在不断下降的。例如，美国福特汽车公司家族所占股份为40%，那么，福特公司是代表性的家族企业吗？显然，这个问题还是没有得到有效解决。

事实上，尽管早期的家族企业无论是控制权还是剩余索取权确实都集中在特定家族之手，但是，随着企业规模的扩大，这些情形却逐渐发生了变化，并最终带来了质变。钱德勒（1999，57）就写道："在美国，家族控制这些大工业企业在第一次世界大战期间仍然是普遍的。然而到那时，很少有家族试图自己管理企业所有的日常业务了。"相应地，随着企业所有权和经营权的分离，学术界又转而主要从企业资产所有权和经营控制权方面着手来对家族企业进行界定。究其原因，根据哈特等的所有权理论，企业组织的所有权之所以重要，就在于它拥有具有不完全合同属性的企业的控制权。一般来说，早期企业组织的所有权和控制权往往也是合二为一的。正如钱德勒（1987：9）所描写的，19世纪40年代的商业资本主义的特点是："老板管理公司，管理者即为老板。即使是合伙关系，其资本股权还是为少数个人或家族所掌握。这些公司依然是单一单位的企业，极少雇佣两三个以上的经理。因此，传统资本主义公司可以恰当地称为个人企业。"显然，这种个人企业是与现代社会的以股份制为特征的公众企业相对应的，因而这种个人企业所展示的特征也往往被界定为传统家族企业的基本含义。

问题是，如果以经营权来界定，又如何对企业组织进行划分呢？事实上，这种以所有权和经营权相结合的程度来界定家族企业和现代企业的标准也是有缺陷的：（1）不同企业组织中的所有权和控制权结构所反映的内容显然是有所差异的；（2）企业组织的所有权和控制权随着社会的发展而在日益分离。例如，到"二战"之后日本由家族拥有的财阀被强制解散之时，三井家族的十一支脉拥有90%的家族财富，却有一个正式的非家族的管理团队为家族经营事业；与此不同，三菱财阀由岩崎家族的两个支脉控制并轮流管理事业，而住友财阀则由一个家族掌控一切经营事务。那么，我们可以简单地把三井称为现代企业而将三菱尤其是住友称为家族企业吗？显然，即使从经营权的标准，家族企业的定义也开始变得模糊起来，我们越来越难以通过所有权和经营权之间的结合关系来区分一个企业是否是家族企业。正是基于这种企业变体，钱德勒提出了第二形态的现代企业制度：家族仍然相对（或绝对）地控股，业主及部分家族成员仍参与企业的高层管理，在相当程度上，家族仍掌握了企业的经营控制权；但是，企业组织中很大部分中高层经理人员甚至总经理都是非家族成员，基本实现了社会化，企业组织成为家族成员和职业经理人共同管理的现代企业。

正是基于家族对企业所有权和控制权控制程度的不同，一些学者又进一步将家族企业分为三种类型：（1）所有权与经营权全为一个家族所掌握；（2）掌握不完全的所有权，但掌握主要控制权；（3）掌握部分所有权，并基本不掌握经营权（潘必胜，1998）。而且，辜胜阻等（2006）依据企业控制权的不同状况将家族企业的治理模式划分为三类：家族化治理模式、互信共治模式和职业化治理模式。其中，家族化治理模式是指家族成员掌握绝大部分甚至是全部的企业控制权的治理形态；职业化治理模式是指职业经理人拥有高度控制权的治理形态；互信共治模式是指职业经理人和家族股东之间互相信任，共同控制企业组织，分享管理权的治理形态。这意味着，家族企业并没有一定的模式，也没有相似的控制权和所有权比例，家族企业本身也存在层次上的区分。但显然，这种定义也存在两个明显的缺陷：（1）依据上述标准所界定的家族企业外延太宽泛了，它可以包含现实生活中的广泛企业类型，甚至模糊了与公共企业之间的界限；（2）它缺少一个明显的界定标准，从而不好对企业组织的性质进行把握。

表1　家族企业不同治理模式的比较

	家族化治理模式	互信共治模式	职业化治理模式
信任基础	家族内部信任为主	"家人"与"外人"互信	外部信任为主
经营主体	所有者与经营者合一	控制权分享	所有者与经营者分离
领导权威	家长单边权威	权威二元化	管理者权威
管理决策	家长集权决策	决策权共享	经理人专业化决策
股权结构	家族"一股独大"	股权多元化	股权多元化

　　既然如此，现实世界中企业组织的性质究竟如何界定呢？为此，另一些学者试图以临界控制持股比率来更为清晰地界定家族企业，并以此为基础提出界定家族企业的综合性标准。在他们看来，家族企业一般必须具有以下三个条件之一：（1）家族的持股比率大于临界持股比率；（2）家族成员或具有二等亲以内的亲属担任董事长和总经理；（3）家族成员或具有三等亲以内之亲属担任公司董事席位超过全部董事席位一半以上（叶银华，1999）。但显然，这种定义也过于广泛，把只要是某家族具有临界控制权的企业都称为家族企业。而且，上述几个标准也并不一定与控制权相联系。譬如，家族的持股比率大于临界持股比率并不一定对企业的运作实行实际的管理，家族成员担任董事长也与是否能够实际控制企业的经营管理没有必然的联系，而最后一条似乎与早期家族企业的特征更为相关。正因如此，这种从股份比例和控制权方面理解已经很难真正区别一个企业的家族性质。例如，虽然杜邦家族仍然拥有杜邦集团的很大一部分股份，但社邦集团的经营管理方式都是现代的，因而我们已很难把杜邦集团称为家族企业了，福特集团、丰田集团等也都是如此。

　　其实，自从家族企业从无限责任公司转化为有限责任公司以后，原先企业家族就已不再为整个企业的行为担当全部责任，此时所有权和经营权也就日益分裂了。显然，在这种情况下，我们就很难再把企业组织当作个人和家族的企业。事实上，几乎所有的现代企业都是由家族企业发展而来，但当它们摆脱了传统的管理上的家族传承和风险上的无限责任以后，这些企业组织就与现代企业没有什么两样的：它们一样都成为现代意义上的社会企业和公众企业，其所有权也不再属于单个人或家族所有，而是存在一组所有权体系。那么，是否现代社会中就已经没有家族企业了呢？还是有的。问题在于，我们应该抛开传统的分析视角，而是要开辟出一条新的分析视角，这种分析视角要抓住家族企业不同于社会或公共企业的根本特点，这种特点集中在"家"的含义上，并体现出了基于私人密切关系的缘协调以及治理特征。

　　日本著名的经营学家三户公，通过对农户、商家、手工业者的家与现代企业进行了比较，将共同的存在方式、行为方式归纳为"家"理论。三户公认为"家"表现出如下特征：（1）家是共同体、经营体；（2）家是期望永续性的经营体，只有维持繁荣才是其基本目标；（3）家的成员由以家之兴衰为我之兴衰的家族和被承认为家族的非家族构成；（4）为了家，家族成员会灭私奉公；（5）家有家业，家业由家长和家产统督来经营；（6）家长和家族的关系是"亲子"关系的性质，是父系家长庇护家族，家族成员绝对服从家长命令；（7）家的组织原则是"阶统制"和能力主义，根据血统、资格不同，待遇有所差别，并因单靠阶统制难以维持家的繁荣，而以能力主义原则来辅助；（8）家对家族成员的教养、训育负责；（9）家定家宪、家训，形成家风等。事实上，从起源特征来看，家族企业就是以婚姻和血缘关系为基础并体现成员共同利益的经济组织，而上面的分析揭示出了家族企业的两大基本特征：（1）具有家长制的人治关系；（2）体现共同体利益的企业文化、特殊关系的接班机制。当然，随着企业组织扩张的要求，家庭伦理（家风）有了转换，非血缘关系成员也逐渐被纳入了这种企业共同体；但是，企业共同体内部成员的关系和文化特征却保留了下来，这就是家族企业的基本特征。因此，是公司治理机制以及管理者选拔制度而不是企业名义所有权或股份结构，成为划分家族企业的标志。

事实上，前面的分析指出，企业组织的效率主要源自协调的增进，而协调表现在两个方面：（1）显性协调，这与管理阶层的能力有关；（2）隐性协调，这与企业组织的信息沟通机制有关。首先，在显性协调方面，如果管理阶层是通过市场进行选拔并择贤而任的，那么，企业内的显性协调水平就不会因为一个人的去留而产生重大的波折起伏，企业组织的长期效率也就可以维续不衰。相反，如果管理人员必须具有强烈的家族成分，是继承或者接班式的，那么，即使可能会出现较高协调能力的领导者，这种人才也往往是偶然的，因而企业组织也往往难以长久维续发展。从这个意义上讲，领导人员的任命方式是区分家族企业和现代企业的一个重要内容。其次，在隐性协调方面，如果企业组织存在一个明确责任的规则和一个有效的信息沟通机制，那么企业成员就能够自发形成有限协作分工；即使人员发生更迭，但企业组织自生成的这种特质也可以保障企业内部的行事规范。相反，如果企业成员之间的沟通具有强烈的缘协调关系，那么，随着人员的变化可能导致沟通受阻；因为新进人员不得不花费较长时间才可以了解企业组织的潜规则，才可以与其他成员形成默契。从这个意义上讲，企业成员是否认同一个有效的抽象规则是区分家族企业和现代企业的另一个重要内容。

因此，我们可以用两个基本维度来界定企业的家族或现代性质：（1）在治理关系上，是特殊主义的"人治"还是普遍主义的"规治"；

（2）在管理岗位选定上，是基于特殊主义的"传承指任"还是基于普遍主义的"择贤选任"。事实上，这两个方面也是相互关联的，如果企业领导是家族成员世袭或者是指定接班，那么，这个企业组织往往实行的是"人治"而不是"规治"，这也意味着企业组织内部充满了私人关系的色彩，从而很难保证一个抽象规则得到普遍遵守。因此，综合上述两个方面，那么，我们就可以大致判断，如果一个企业组织的管理人员是"世袭"的，并且，治理是充满浓厚的缘关系的；那么，这个企业组织就具有浓厚的家族色彩，就是所谓的家族企业。关于这一点，以前一些学者也有了初步的涉及和认识。例如，刘兆民等学者认为家族企业具有如下的文化特征：（1）组织领导者有意无意都会形成家长式的权威，且将此种权威建立在道德伦理基础之上；（2）组织内强调家庭气氛，特别重视和谐，鼓励团队精神，形成的组织是个大家庭或大家都是一家人的一体感；（3）组织内形成类似家庭伦理中的长幼有序与辈分；（4）依关系亲疏而形成组织内的差序格局，进而导致以组织领导为中心的内团体，使组织内的层级化更为明显（转引自储小平，2000）。

　　显然，根据上述标准，我们可以对复杂多样的企业组织进行辨识和归纳。（1）中国目前绝大多数民营企业不但没有形成有效的企业规范，甚至管理人员也往往是指定传承的，因而具有强烈的家族色彩；即使是很多国有企业，其内部也存在着浓厚的"人治"色彩，因而也是家族式的。当然，这些"国家家族企业"中非但没有形成很好的择贤而任的机制，而且，内部连家族的那点小范围内的真实性的缘认同也丧失掉了，从而无论是显协调水平还是隐协调水平都很低，以致这些企业组织的效率往往比典型的家族企业更差。（2）尽管杜邦、福特、微软、柯达、迪士尼等欧美大型公司的很多股份还仍为一些家族所拥有，但是，它们却更凸显出现代企业制度的特征。譬如，在亨利·福特二世掌管时，公司起用了数百名专业人士，公司的管理从此走上了专业化、制度化、社会化的轨道，目前福特董事会除了3名家族成员和聘任一位CEO外，其余10名成员是从社会各界聘请的著名企业家、金融家、科学家等专家学者担任独立董事。事实上，正如钱德勒（1987：580）指出的，"这些工业企业的创建者和早期投资者的后裔继续获取成功的管理协调所带来的利润。事实上，大部分美国的财富就是从现代工商企业的建立和经营中得来的。这些家族仍然是经理式资本主义的主要受惠者，但是，他们本身却不再介入总部机构的经营活动。到 20 世纪中叶，几乎已经没有一个家族还能再对美国经济的发展具有极端重要意义的、有关协调当前产品流量和分配未来资源的决策上，具有直接的发言权"。

而且，我们还可以以此标准对日本企业的性质作一判断。我们知道，日本社会很早就形成了一个传统：不是把事业传给自己的子女而是企业的忠实员工，因而日本的财阀企业很早就走上了专业管理之路，那些被称为"总管"的总经理往往与家族没有亲属关系。例如，本田汽车的创办人本田宗一就执意不让自己的儿子们进入公司以防止本田公司成为一个世袭王朝。因此，从这个角度上讲，日本企业很早就具有了现代企业色彩。但是，日本企业与典型的现代企业又有所不同：（1）日本企业领导人的选拔并不是基于市场竞争的选拔和考核，而是在很大程度上由上届领导人所选任，且领导人也通常都是出自公司内部；（2）日本企业不仅不愿意放弃所有权和正式控制公司的权力，在治理上也充满了缘关系色彩，不过是与抽象的显性规则有机结合了起来。因此，从这个角度上讲，日本企业实际上也就是由家族关系或类家族关系所控制的，它具有明显的家族色彩。福山（1998：208）就指出，日本企业内部的员工之间存在高度的凝聚力，这种凝聚力不是以血缘关系为基础，而是组织成员之间兴起的类似教友般的道德义务感，它也不是出自法律道德的约束，而是基于高度的互惠道德义务感而自动发展出的。因此，综合两者，我们大致认为，日本企业实际上介于家族企业和现代企业之间，也可称为泛家族企业。当然，在"二战"后由于美国占领军强行推行的行政，日本企业的家族色彩有所淡化，并且，日本企业几乎更多地是汲取了两种企业类型的优点，并通过交叉持股形式将股权多元化以及形成了网络式的治理结构。

正是由于日本企业兼有家族企业与现代企业的双重特点，特别是基于日本文化中深厚的家族伦理，有人把日本中小企业都称为家族企业，并将之分为四种类型。（1）现代企业型。这类企业组织的领导人是由家庭成员所构成，从业人员和管理人员主要是由家庭人员以外的人员所构成，技术力量、设备水平都达到了一个相当的高度，企业管理体系和运行机制都比较完善，并有相当程度的积累。（2）标准企业型。这类企业组织大多是按照现代公司制来建立的企业，家族成员是企业经营主体。企业经营核算比较清晰，企业财务和家庭财务、利润和工资等都处于分离状态，财务账目清晰，积蓄一定的经营资源，并雇用一定量的从业人员。（3）维持生计型。这类企业组织是以维系家庭生存发展为目的，家庭成员既是企业管理者，也是企业劳动者，而且，管理水平处于比较低的阶段，往往企业财务和家庭财务混为一体，利润和工资等也不分离。（4）副业型。这类企业组织主要以补充家庭收入为目的所创办的家族企业，它往往并不强调企业的经营组织形态，也不要求具有更多的经营资源，在不影响家族成员主业的情况下，利用业余时间及闲置人员创办的家族企业。其中，第一类企业占21.4%；第二类企业占34.1%；第三类企业占12.0%；第四类企业占32.5%。显然，第一种类型的企业组织尽管往往被冠以家族之名，但已经不是家族企业，而第二类型则介于家族企业和现代企业之间，只有后两种企业组织才是真正的家族企业。

总之，尽管我们在分析企业组织时往往简单地对家族企业和现代企业加以区分，但迄今为止并没有一个明确而有效的标准，无论是基于所有权份额还是控制权程度都存在缺陷。相反，如果从"家"共同体中私人性的缘关系这一根本特征着手，我们就可以更好地对家族企业和现代企业进行区分。这包括两个基本维度：（1）在领导人产生机制上，家族企业往往是基于特殊关系的亲亲原则，而现代企业则是基于普遍关系的贤能原则；（2）在企业治理机制上，家族企业往往基于唯亲观的人治原则，而现代企业则是基于"唯位观"的规治原则。也就是说，我们可以从两个维度来对家族企业进行界定：管理者的产生机制和组织运行的治理机制。一般地，只要管理者是择贤选任的，且企业内部又形成了一套较为有效而规范的治理机制，从而在显性协调和隐性协调两方面都大大降低了缘关系特征，那么，它就属于现代企业，即使是那些某家族持有相当的股份或者恰恰是家族成员担任领导的企业也是如此。当然，这种界定标准主要为了方便对企业组织运行了解，而并不意味着家族企业就是缺乏效率的，因为无论是管理者的选拔机制还是企业的运行机制，并不存在最好的制度，而仅仅存在最适制度，这又与社会环境密切相关。事实上，日本社会的准家族企业将现代企业的显性协调和传统家族企业的隐性协调两者结合起来，形成了自己独特的协调优势，正是它的竞争力所在。笔者认为，从整个国家、社会或地区的角度来说，日本企业的这种协调优势也正是它的核心竞争力。

二 家族企业的性质演化剖析

根据上面的分析，家族企业的界定有两个基本标准：（1）领导人是否是世袭的或者是指定接班的；（2）企业内部的治理机制是否是人治的。事实上，这两者具有共生性，并且在很大程度上也与企业资本的集中度有关。一般地，如果资本集中在一个家族手中，依据按股投票原则，这个家庭就理所当然可以当选为企业组织的领导者，甚至可以对企业组织实行绝对的个人或家族控制；而且，家族对企业组织发展所承担的责任越大，个人或家族控制能力也越强。正因如此，在一般的概念上，人们也常常更倾向于把家族企业当成主要出资人的某家族所有，这也成为家族企业和公众企业的传统区分标准。特别是，那些承担无限责任的企业组织更被视为家族性的。

因此，从极端的意义上看，家族企业具有两个明显的特征：承担无限责任和家族传承。之所以要承担无限责任，是因为家族成员把家族企业当作谋取个人利益的工具，相应地，它的失败也必须由自己全权负责；之所以要家族传承，是因为如果企业组织不能为家族所世袭，那么现今的家族企业领导者就可以实行"竭泽而渔"的短视政策，而不考虑企业组织的长期发展。但是，随着社会的发展和企业规模的扩大，现代社会中已经很少有企业组织的资本是完全由某单个家族所有，使得家族企业的性质也发生了很大的变化，以致现代家族企业呈现出与原始家族企业很不相同的特征。（1）家族很少再承担无限责任，既然不承担无限责任，那么家族也就没有完全占有之权，没有任意处置企业各种资源之权；（2）企业组织的管理者也不再完全由家族人员充当，企业职位更不具有世袭特性，而致使越来越依赖于市场的聘用。钱德勒就把支薪管理阶层的出现视为现代企业的崛起。

显然，正如上面对家族企业和非家族企业的特征所作的初步区分所表明的，现代社会中家族企业与非家族企业之间已经没有一个泾渭分明的界限，它们的性质越来越具有相似性。实际上，尽管在资本主义初期，人格化的公司个人逐渐取代了"人造的"法律机制，并产生了自治性的公司实体；但19世纪末期以来，公司法也重新定义了企业内部的控制关系，并逐渐明确了企业的公共职能，将企业置于公众的监督之下。究其原因，基于企业规模经济的需要，在一定的历史时期资本必然会出现一个集中的过程，而个别资本通过结合就"在更高级的个体性中扬弃自己，从而转化为社会化的单一个别资本的过程中表现出来的形态，……（即）个别资本的集中形态"（大塚久雄，2002：7）。

按照大塚久雄的分析，个别资本的集中形态一般具有这样的发展轨迹：首先，当这种集中形态以"合伙公司"出现时，此时的出资人掌握着全部的企业职能，他们各自代表着该公司制企业，并对企业的损失承担无限责任；其次，当其中一部分出资者不参与任何控制、经营企业的活动时，他们所承担的责任就开始以其出资额为限度，此时个别资本的集中形态也就转变为"合资公司"形态；最后，当那些从事企业经营活动的出资者的责任也以出资额为限度时，个别资本集中形态就转变为"股份公司"形态。显然，在股份公司中，公司的大股东对企业控制的形式也不再是合资公司中那样的"承担无限责任的人治性控制"，而是内化于股东会、董事会、监事会等公司机构中通过掌握股东会中的多数表决权实行"法制性控制"（大塚久雄，2002：11－12）。此时，虽然大股东可以凭借其投票权而对企业实行家族控制和传承，但是，有限责任的股份公司也开始具有了独立性。（1）企业的规模开始具有固定和持久性，股份不能随意退出公司而只能自由转让；（2）承担职能的企业家不再是自然人而是"法人"，经营也由"机构"进行，因而企业的经营也逐渐独立于自然人。也就是说，原本由个别资本组成的私人企业从无限责任制发展到有限责任制时，它的"私有"色彩便开始淡化了。

事实上，本书也一再强调，作为协作系统的企业组织本身是由多种要素组成的，从本质上说，企业所有权也不能归属于某个出资人和其他单个主体所有；而且，随着社会的发展以及其他生产要素重要性的提高，这种认识也逐渐得到越来越强烈的认同。因此，在现代社会中，现代股份公司不是出资者所有，家族企业同样也是如此，它们都必须为全体成员的利益服务，并承担一定的社会责任。为了说明这一点，我们可以从其他社会组织的所有权演变获得感性认识，因为家庭、企业、国家等都是一种人类为增进协调性而不断"创造"出的组织，它们的本质是相同的。

首先，我们可以用家庭所有权现实归属的演化来增进对企业所有权归属的认识。我们知道，家庭组织本质上是一个男人和一个女人相结合的产物，缺少任何一方都不构成完全意义上的家庭，那么，我们能够把家庭所有权简单地归属男性或女方中的任何一方单独所有吗？事实上，子女也是父母的共同结晶，我们也无法将子女界定为哪一方单独所有，甚至不可能确定夫妇双方的贡献大小。因此，尽管在迄今为止的人类大多数时期，人类社会确实曾把子女界定为父系家族所有，但现代社会业已对此进行了纠正。同时，如果考究以前将男性及其家族视为家庭主权者的原因，那么就不得不回溯历史条件和进程：早期家庭组织之所以得以从氏族组织中分化出来，就在于女人仅仅是男人的战利品，而不具有独立的地位（克鲁泡特金，1963：86）。与这种历史的现实相适应，男性控制的法律最终界定了家庭的"所有权"归属。显然，随着这种历史条件的消失，家庭所有权的现实归属也必然发生变化，这在现实世界中已经得到了显现。当然，由于法律的滞后性以及路径依赖效应，导致这种不合理的家庭关系延续了相当长的时间，我们迄今在一些国家和社会还可以看到极端的父系制家庭。

其次，我们通过对企业所有权和国家所有权类比来获得更深入的认知。一般地，在国家组织的早期形态中，帝国被视为一人或一家的财产，是"家天下"。这种"家天下"的认同基于两方面的原因：（1）王朝的开创者一般都是将王朝当作自身或家族的产业来经营的并为此付出了全部努力和风险（创业之初的风险），因而秦始皇等都试图将帝业传之子孙万世而不已；（2）这些帝王家族要承担经营"天下"失败的全部责任，一旦被异族打败或被内部推翻，帝室将面临家族灭绝的风险。也即，拥有"家天下"绝对所有权的帝王及其王室也要承担经营"天下"这个产业的无限责任，这也是以前王朝被称为某"氏"的原因，所谓"李唐王朝""刘汉天下""爱新觉罗帝国"等。相应地，在国家组织或者政府机构中谋职也就等同于为帝王或王室所雇用，所谓的"学成文武艺，货与帝王家"。但是，随着社会的演变，当某个家族已不再为国家组织的"兴衰"承担无限责任之后，此时的国家组织也不能再被看作某个"家族"的国家。例如，现在的总统、首相都是选举的，如果失败的结果只是下台，而不会导致全体家族面临风险；相应地，总统和首相也就不再拥有无限裁量权，也不具有拥有制定接班人的权力。当然，在一些独裁性国家，国家组织的领导称号也是总统、首相或主席，其上台程序也是基于名义上的选任制；但这些当政者在国内实行的却是家族统治，其任期也非常长久甚至是终身制的，因而其个人乃至家族也将要为国家组织的管理失败承担很大乃至无限的责任。例如，20 世纪上半叶德国的希特勒政权，20 世纪下半叶伊拉克的"萨达姆政权"、利比亚的"卡扎菲政权"、一些原社会主义国家（如罗马尼亚的齐奥塞斯库政权）以及非洲和中东一些国家，都是如此。

显然，如果说以前的大臣是帝王的仆人（即雇佣者），那么，现代的雇佣主体就不再是某个帝王将相或者某个国家领导人，而现在的官员只能是被国家这一组织所雇佣。相应地，如果在以前家族承担了整个企业经营的无限责任时，还可以称某企业组织是某个人所有的话；那么，在当今的有限责任制下，再无理由支持"家族企业是家族所有的企业"这一论点了。事实上，既然在"天下"的经营中，随着家族责任从无限向有限的转化，国家组织的性质也开始发生的变化：从帝国走向共和；那么，同样在企业组织的经营中，随着家族责任从无限向有限的转化，企业组织也不应再由家族所独有，其性质也必然由私有转向公众。基于这种类比，我们还可以对企业组织中的成员地位以及雇佣关系有更清晰认识。我们知道，在现代社会的国家组织中：一般百姓或公务员与总统、将军和内阁大臣一样都是国家的雇员，而不能说公务员是某位总统或部长的雇员。事实上，尽管总统或内阁总理有推荐人选的权力，但他仅仅是作为国家的代理人而行使职权，而且还要受到其他机构的审查或监督。相应地，在现代社会的企业组织中，一般员工和经理人员一样都是企业的雇员，而不能说一般员工受经理人员的雇用，甚至也不是受出资者的雇用。事实上，企业作为一个由多种要素形成的公共机构本身就是雇主，企业管理层则仅仅是作为代理者而行事，它在为企业选聘其他人员时必须受到严格的监督而不能任人唯亲。

然而，迄今为止，现代主流经济学的企业理论还存在"家天下"的思维，往往将原始出资者或企业主视为企业的主权者，而企业的一切活动都是为主权者的利益服务；相应地，当出现相违背的现象时，经济学理论界以及受之影响的媒体界就开始展开攻击，将有损企业主利益的一切行为都视为违反职业道德的。比较明显的例子就是创维集团和国美电器集团，大多数经济学家都站在大股东黄宏生和黄光裕一边，所探讨的议题大多是如何约束和规范职业经理人的行为。以致在 2009 年中央电视台的一则有关家族企业和职业经理人的节目上，一些私营业主就明目张胆地鼓吹，老板和经理的关系是君臣关系，臣一切都必须听命于君，老板也可以随时让经理人卷铺盖走人。显然，这反映了这些私营业主对企业组织性质认识的无知以及国家法律的严重扭曲，还竟然可以在中央电视台的节目上进行公开播送，这些精英的社会认知显然也太过肤浅了。为此，国美电器董事局主席陈晓就感慨中国职业经理人面临很大的困境，创业股东对职业经理人一直采取一种"居高临下"的态度。事实上，中国社会的很多民营企业上市以后，企业组织的创始股东和原初职工之间财富往往都会出现一个巨大鸿沟：创始股东投入的原始货币资本通过上市得到价值增值放大，但以职业经理人为代表的人力资本则很少出现价值增长。同时，民营企业上市多半是出于融资的考虑，出于赚到更多钱的利益驱动，但很少有人意识到公司借由上市将变成一个公众公司，以致很多中国上市公司的治理机制很不完善。因此，问题的根本在于要搞清楚"企业是谁的企业？""谁来控制这个企业？"这两个问题。但是，迄今的理论和舆论都认为，民营企业里是创始人创立了公司，决策应该由创始人说了算，却很容易忘记这家企业已经变成了公众公司，还有很多其他的利益共同体：投资者、团队、员工等。[①]

事实上，企业组织是所有要素共同结合而形成的独立实体，企业组织一旦形成就具有独立于主要出资人之外的地位和特性，它的发展需要同时雇佣劳动和资本，从而即使在最初意义上也不完全是家族所独有的。当然，在企业组织在初创时期之所以往往被认为是某个人或家族的企业，就在于某些企业家在创业中付出了艰辛和努力，并在此过程中树立了权威，从而赢得了其他生产要素所有者的认同。这也如同王朝的创建一样，本来国家组织的构成源自众多百姓之间达成的契约，但那些"马上得天下"者由于独特的才能和功劳，而往往会形成了高高在上的威望和地位。这样，在一定的威权下，百姓们可能被动或主动地承认他对国家组织具有管理权或统治权。同时，所有权的现实归属往往是法律界定的结果，而实在法又是力量博弈的产物，从而往往体现强势者的意志。因此，即使国家组织本应该是所有公民的共有国家，但王朝的开创者往往凭借其个人威权通过法律形式规定帝国世袭，从而为子孙的继承提供合理性基础。同样，企业组织的开创者也往往凭借其个人贡献或魅力，通过类似的章程指定企业组织的接班人，从而使得企业家族化，成为家族的一份产业；而且，依靠强势者的力量这种观点也逐渐流行起来并为大众所默认，使这种观点逐渐上升为国家的法律形态，依靠国家法律将企业界定为家族所有或出资者所有，从而使得家族产业法理化了。

那么，为什么法律能够做到这一点呢？关键就在于巴泽尔（1997：导论）指出的，从法律上界定一项资产的所有权要比事实上界定它花费的成本更小。而如果没有法律的界定，那么在实际生活中就不能如此轻易地确定家族企业就是家族所有，这也是为什么家族企业发展中往往会出现各个

[①] 陈晓：《职业经理人在中国的不公正待遇》，http://finance.sina.com.cn/leadership/crz/20101225/02399161759.shtml，2016 – 02 – 17。

物质资本投入者因所有权归属而展开的激烈争夺之原因，甚至也是出资者与人力资本围绕产权产生众说纷纭的纷争之原因。事实上，改革开放30年来中国企业在发展过程中所出现的有关所有权或产权的争斗就一直没有停息过，典型的事例就是创业者与当时的合伙出资者的纠纷。例如，中国现在的许多乡镇企业在创办之初都存在或多或少的乡镇政府投资，那么现在企业壮大后，原来出资的乡镇政府应该对企业组织拥有多大的所有权呢？根据现在的法律，企业组织为出资者所有，因此乡镇政府是企业法理上的所有者。但是，根据上面的分析，企业组织是所有要素相结合的产物，特别是在企业资产几倍、几十倍，甚至是成百倍的增长后，原来要素所有者拥有的所有权实际上就被稀释了。因此，从财富创造的角度上讲，乡镇企业产权主要应该归员工所有。①

最后，我们也可以用国家组织或其他组织来类比地审视企业组织，从而说明现代企业不应该再是属于某个人的企业。显然，根据现代社会的一般理解，国家组织不是一人所有，天下也并非一人之天下。而且，这种看法实际上在中国的西周就形成了，当时的周公旦就向成王指出，周王朝是周人的王朝，而不是一人的王朝（当然，他所谓的周人，主要是以西岐为主的周人集团）。即使王朝创建者具有权威，他的子孙对帝国世袭具有法理上的合理性；但是，国家组织毕竟还是天下人的天下，因为国家组织是所有个体构成的。因此，国家组织的制度和治理也就不应仅是这些所谓的"王室"单方面对底层百姓进行约束，百姓也可以对帝王形成某种约束。显然，这种关系是对等的。所以，孟子强调针对桀纣这样的暴君，"人人得而诛之"。基于同样的原理，传统的以属人原则为特征的家族企业已经转变成了以非属人原则运行的法人机构，而传统上的所有者也开始仅仅承担起有限的责任。因此，企业组织也不再应该归属特定的个人，企业内部成员的关系也应该是对等的。事实上，这种原理也适用于现代社会的任何一个层面，每种类型的组织都不再是属于个体所有。例如，如堺屋太一（2000：47）指出的，"教育机构由原本只培养特定个人的学识和人格的'塾'，演变成现代永续运作的非属人的学校。由特定医师的技术与指导而成立的个人医疗机构，

---

① 主流经济学者往往持有一种矛盾的立场：当面临的是职业经理人与集体资本或国有资本之争时，他们往往主张企业是经理人发展和做大的，从而经理人应该拥有企业；当面临的是职业经理人与私营资本或民营资本之争时，他们往往主张企业产权应归企业主所有，从而经理人只能得到合同规定的工资。

变成了院长或医师可以更换的医疗法人'××'医院"。

可见，从社会组织的产权归属的一般演变中，我们可以更清楚地认识到企业组织的属性：企业组织不是一人或一家的企业，即使冠以"家族企业"之名的企业也是如此。事实上，尽管企业组织的创始人具有权威，他的子孙在企业中也具有相当的权力；但是，企业组织作为由众多要素构成的独立实体，没有任何人具有完全权力，员工和企业管理者之间的关系也是对等的。因此，如果管理者不合格，生产者照样可以驱逐他，而不是将企业组织视为家族所有而听之任之。正是基于社会组织作为协作系统的本质，我们可以更好地理解为什么随着社会的发展国家组织就不再是一人之国家，在古代社会有朝代迭兴，而近代则成了"service for people，by people，of people"的国家了。同样，我们也可以理解为什么企业组织也必如国家组织从"家天下"成为"公天下"一样，遵循类似的发展路径：企业组织的发展最终会由家族形式走向社会（公众）形态。究其原因，随着社会的发展，社会中各种力量逐渐平衡，因而原先被异化的组织逐渐向其本质回归，而作为协作系统的本质特征日益显露。实际上，当前社会对企业产权的认识和界定也仅仅是将家族企业本来隐藏的多元化产权显露出来，因为家族企业本身就是由物质资本、人力资本和社会资本等共同组成的。因此，如果真正重视各自的贡献，并享受相应的收益，那么，"……这个财产不是某个家族所有的，而是要清晰到家族的每个自然人头上。只要把家族产权清晰到每个自然人头上了，每个自然人都作为产权拥有者，也就是成为独立的利益主体，企业当然就成为多元化产权结构了"。这也意味着，"家族企业从来就没有过产权的一元化，产权的一元化不过是家族企业的一个错觉而已"（夏春玉，2002）。

总之，随着家族企业的社会性和公共性属性的增强，家族企业也出现了各种变体，并对家族企业的性质产生了深远的影响：它不再是家族独占的。事实上，家族企业的独占所有权是与其承担无限责任相对应的，因而自从家族企业从无限责任制向有限责任制转变之后，家族企业中的管理者及其家族就不再享有绝对所有权，不再能够实行人治式的管理，也不再具有指定继承人的权利。这种特性与国家组织是类似的：早期国家领导者或统治者承担了管理国家的无限责任，从而形成了专制的主权者国家；但是，随着社会平等地位的加强，国家作为协作系统的性质重新开始获得凸显，从而形成了民主的裁判性国家。譬如，在奴隶社会，奴隶主承担奴隶行为的责任，因而在某种意义上奴隶主拥有对奴隶的所有权；但是，随着契约形式的发展，奴隶主不再承担奴隶（也就转化为佃农、荫户等）行为的所有责任，那么也就再不能声称拥有奴隶这个个体的全部所有权了。而且，这种转化也是人类社会发展的必然趋势，体现了社会组织的本质。正如国家是源于社会大众基于理性而形成的社会契约一样，现代企业作为一个独立法人，"是具有民事权利能力和民事行为能力，依法独立享有民事权利和承担民事义务的组织"（《中华人民共和国民法通则》第36条）。正因如此，无论是家族企业还是现代企业都具有公共企业的性质，其产权也并非为某单一要素所专有，而是属于一个所有权谱系。

三　家族企业治理的软约束

上面指出，企业组织的效率根本上取决于分工程度以及相应的协调水平，而协调水平又可以分为显性协调和隐性协调两种类型。一般认为，家族企业中管理者的显性协调水平相对较差，却具有较强的隐性协调水平；相反，现代企业中管理者的显性协调水平相对较高，却具有较低的隐性协调水平。当然，与隐性协调所根基的文化、心理等那些具体性的非正式制度相比，显性协调所依赖的抽象规则更容易模仿和建设。因此，注重缘协调的家族企业在与现代企业的竞争中也并非处于劣势，这是现代社会中依然存在大量的家族企业的根本原因。特别是，家族企业由于强大的内聚力而拥有监督上的效率，因此，在当前社会外部约束机制"短缺"的情况下，中国家族企业具有深厚的发展基础。当然，随着经济规模的扩大，除了协调水平的高低外，影响企业效率的因素还有监督机制的有效程度。相应地，尽管小型家族企业因其强大的内聚力而能够较好地解决监督问题，但随着家族企业之社会性和公共性的增强，这种依靠自律的监督机制越来越缺乏效率了。事实上，家族企业的两个基本特质——在治理关系上是基于"人治"，在管理岗位选定上是基于"传承指任"——所基于的特殊主义的治理和发展机制同时也是软约束滋生的沃土，这种软约束造成了企业治理的混乱并随着企业的成长而日益明显。因此，本节就家族企业中的软约束现象作一剖析。

（一）财务软约束

一般来说，家族企业的创办者往往把企业组织作为家族产业来经营，把它视为一个可以凝聚家族成员力量的重要组织方式，并以实现家族利益作为企业经营的首要目标。事实上，人类社会的分配原则主要有这样三种基本类型：（1）在私人关系极为密切的共同体中主要实行"按需分配"的原则，特别是要对那些弱势者进行照顾；（2）在现代企业组织中主要实行"按贡献分配"的原则，从而主要有利于那些稀缺性生产要素的拥有者；（3）在现代社会中主要"按平等分配"的原则，从而产生了平均主义和共同富裕的主张。显然，在家族企业中，由于家族内的父子、夫妇以及兄弟等都属于"情感性关系"，因而他们之间也主要以"需求法则"进行交往，并通过增大整体蛋糕来满足家族成员的特定需要。正因如此，家族企业活动所实现的经济成果主要由家族成员分享，并把实现经济利益作为家族成员的基本凝聚力。正如堺屋太一（2000：59）指出的，在家族企业中，"增加成员或财产只是组织的手段，其目的无非是让家中每个成员都能过上快乐、满足的生活"。当然，由于家族成员之间也存在亲疏之别，因而这种"按需分配"原则也是存在差序性等级的，与领导人关系越亲近的成员处于越优先的地位。例如，黄光国（2006：42－43）就指出，在极重视家族关系的儒家社会，"分配正义"所依据的是"亲亲"原则，即根据双方关系的亲疏选择适当的交换法则。

正因为家族企业本身不是独立的，而是家族成员利益的化身，因而满足成员对组织的期待就往往比组织的成长更加重要。在这种情况下，如何更好地利用企业的积累基金以谋未来之发展就被淡化了。这也意味着，在家族企业中，企业盈利并非仅仅为了企业组织的发展，相反，这些积累资金可以任意用于满足家族成员需要的其他方面，因而在家族企业发展中就呈现出明显的财务软约束现象。福山（1998：81）就写道："大家庭为所有成员提供温饱，而不计较个别成员对家庭的贡献多寡，因此只要是自家人，不论是贫穷困顿或饱食终日者，都能获得同样的照料，知识化是某种'社会安全'制度。社会期待有工作的家人把赚得的钱财用到每个家庭成员的身上，个人藏私房钱会受到责难。家族长辈极为关切家人的行为和事业（包括婚姻），而对家庭的忠诚与义务最为优先，其次才考虑对其他对象的忠诚和义务。因此，大家庭制度显得是会销蚀个人工作、储蓄、投资的诱因。"

显然，正是由于家族利益的多重性所导致组织目标的多元化，以致家族企业往往不被当作一种纯粹的经济组织。相应地，家族企业的资金也不仅仅用于企业组织的发展方面，而是可能用于众多的非经济性方面，从而造成企业财务的软约束。譬如，儒家社会就特别强调个人对家族所承担的责任，创业者在创办家族企业时的直接目的就是让家中每个成员都能过快乐、满足的生活。事实上，家族企业的原始财产本身往往也是家族成员节衣缩食而集中起来的，主要目的也是增进所有人的利益而非创业者个人的荣耀。因此，对家族企业而言，如何使家族成员都凝聚在企业中就显得非常重要，而好的共同体组织就是要能够同时令每个成员感到满意，且维持团结不坠的状态。事实上，儒家社会长期实行众子平等分摊的继承制度，这种制度是符合人本主义精神的。然而，尽管这种体制满足于更多成员的需要，但在充满竞争的社会中，这种制度却往往因"软约束"问题而导致竞争力下降。例如，清末官商盛宣怀经营的事业非常成功，有人曾说他本可以建立一个三井式的经济帝国。但是，他没有把赚得的钱用于继续投资，而是把六成的财产用来资助他的儿子和孙子，结果在盛宣怀死后不到一代的时间，庞大的家业就被败光了。

事实上，按照儒家的传统社会责任观，任何人都对家庭、集体乃至国家负有一定的社会责任，而且这种责任具有差序性，首先表现在对家族成员的关怀和照顾。因此，中国人不是"为赚钱而赚钱"，赚钱的首要目的是为了提高家族成员的生活和福利。相应地，传统儒者也不喜欢财产集中，而热衷将财富散发给乡亲邻里。例如，中国历史上有名的富豪陶朱公就几次致富，几次分金，然后再致富。相似地，儒家社会还存在着分家的传统，富裕的家庭往往将财富平均地分配给子孙，甚至基于"按需原则"分配给那些能力最差的子孙更多的财富。正因如此，儒家社会往往"富不过三代"，从而也形成不了长期稳定的贵族阶层。当然，从整个社会发展的角度而言，这也是无可厚非的，甚至是有利于整个社会的发展与和谐的。究其原因，尽管一家因为分家而衰落了，却在整个社会形成了众多的增长点，同时，也给其他家庭提供了发展的机会，最终使得社会财富呈现出平均化的倾向。事实上，正是基于这种传统，长期以来中国社会的收入结构一直比西方社会更为平均，由此也更为富庶和安定。

问题是，在竞争激烈的商业社会中，这种"分"的习俗往往不利于竞争力的提高，不利于特定家庭组织的壮大，一个不断分家而收入平均化的家庭组织显然竞争不过财产集中在一起的家庭组织。究其原因，那些财产集中的家庭组织的消费倾向往往更低，从而拥有更多的可用于进一步发展的财富和资金，尽管这以牺牲其他人的消费福利为代价。正因如此，我们可以看到，在当今这个激烈竞争的社会中，那些因照顾家族成员而过度分散资金的家族企业往往处于不利的地位，往往会被那些注重财产集中以用于发展的企业所打败。同样，对一个社会也是如此：那些藏富于民的国家尽管百姓的生活富足，但整个国家却往往并不强大。事实上，在迄今为止的人类社会尤其是 20 世纪之前的人类社会，那些注重国强的国家却往往能够战胜注重百姓富足的国家。例如，在西方民族国家兴起之初，欧洲各国之间的竞争实际上就是国家财力的竞争，因而当时的国家想尽一切办法来壮大国家的力量，重商主义也就是这个背景下的产物。同理，社会主义国家也强调国家的力量，从而实行财富集中的政策，因而在财力非常匮乏的基础上能够建立起一批可与资本主义列强进行竞争的基础工业。

当然，人类社会的历史发展表明，当生产力发展到一定水平以后，它就对生产关系提出了新的要求，此时，人们也更为关注自身的切身福利以及社会和平。在这种情况下，片面强调财富集中就会带来明显的弊端：它会造成国民的主动心、积极心之松懈，从而导致那种依靠财富高度集中以发展经济之路的中断。显然，这是很多社会主义国家之所以会遽然崩溃的重要原因。同样，对一个企业组织的发展也是如此，如果企业组织过分注重资金的集中，那么必然影响员工的积极心，无法获得企业员工的认同，企业组织的协调效率必然会下降，这也是当前西方企业组织的问题所在。特别是，随着社会的发展和物质资本积累的进一步增加，物质资本已经不再是社会发展的瓶颈，而新出现的以知识生产要素为内涵的人力资本则越来越重要，此时，成员的积极性在经济发展的重要性也更为凸显，西方企业中那种依靠财富集中的发展之路也必将越来越不可行。因此，企业组织所创造财富的分散并不意味着企业组织本身的有效性不足，它仅仅是体现为特定时期企业未分配利润的不足。也就是说，仅仅只是就为获得未分配利润这一目标的效率而言，家族企业表现出某种不足。

不过，尽管从整个社会的长期发展而言，企业组织的财富分散并没有什么害处，但如果考虑到财富分散的具体归属，财富分散也会产生严重的不良影响。一般地，企业组织作为契约性的存在，与企业有关联的管理者、员工、债权人、顾客和供应商等都与企业组织存在明确的契约关系：不仅股东、经理和职员是企业组织的所有者；而且，像债权人、客户、供应商这些向企业投入生产要素的相关者都因承担了风险而是企业的所有者。因此，即使是纯粹的家族企业，它本质上也不完全属于个人所有，企业领导者也不能任意支配属于企业组织的财产。事实上，现代社会的法律大多已经明确规定，作为法人的企业资金与归属自然人的资金是不同的。然而，由于儒家社会传统的家族观念，相当一部分的家族企业领导者迄今还将家族企业等同于个人财产，甚至将上市公司的资金当作私人钱财来支配，这样的事例在最近几年就屡见不鲜。譬如，原东莞主营 DVD 的知名家电企业金正集团董事长万平就挪用上市公司近 5000 万元资金，更甚者，像创维老总黄宏生这样的企业主竟然自己挪用公司数千万元资金给自己的母亲或者用作房地产投资而不知错，而在全国政协会议上利用政协委员的身份呼吁加强对民营企业家这类行为的保护。事实上，中国许多所谓的企业家也根本上没有弄清这些基本常识，没有跳出传统的家族伦理思维，没有扩散到对企业员工的爱，从而处于一种非道德的状态，更不要提什么道德责任了。正是有这种心态，那么我们也就可以理解为何这些民营企业的企业主和职业经理人之间往往会不断暴露出严重的分歧和矛盾，甚至出现一些经理人员带领其所属的一批骨干集体哗变的事件，如创维集团、国美集团等。①

一般地，尽管将赚取的金钱回馈亲人、回馈社会本身是无可厚非的，但家族企业的一切活动都必须公开、合法。究其原因，家族企业的发展已经不仅涉及一个家族的利益，而是与相关的员工、客户乃至债权人、供应商、经销商等都有密切联系。同时，关怀亲人不仅是无约束的财务转让，而更主要是其他方面的需求满足，包括给亲人更好的发展机会等；否则，不仅企业组织因这些短视行为而缺乏长期发展的潜力，而且那些家庭成员也因获得的仅仅是"鱼"而非"渔"，而无法获得长期的竞争力。显然，这里存在一个理念的转变问题，我们关心后代是通过什么方式：为他提供未来生活的一切保障还是增强他参与社会竞争的初始条件？这是中西方社会的差异所在，也是家族企业发展不同走向的内在原因。其实，尽管日本社会也浸淫了儒家的家族文化，但它在引进儒家文化的同时，在仁、义、礼、智、信的基础之上又增添了一个"忠"，并把"忠"提高到了首要地位。而且，"忠"不再反映家族关系，而是反映非血缘的共同体之间的关

① 尽管我们不能说陆强华的行为一定是对的，但黄宏生后来的行为确实错了，甚至连他自己也不知为什么错了，反而似乎觉得法律和社会冤枉了他。

系，从而把中国对家族成员的关怀扩散到了非家族成员之外。与此同时，"二战"以后，随着美国对日本企业的改造，日本企业建立了相当透明的现代企业制度，以约束企业或企业领导人行为。此外，日本企业也逐渐建立严格的财务制度，从而使"公"与"私"具有明显的分界线。

可见，正是由于家族企业中存在着"企业是家族的延伸"这一观念意识：企业资产被视为家族财产，企业业务被看作是家族事务；结果，导致了家族企业缺乏发展的独立性，其财务也存在严重的软约束问题。这种财务软约束尽管在一定程度上有助于社会财富的平均化，却严重限制企业自身的发展。特别是，当企业资金因财务软约束而滥用时就会产生严重的不公正现象，甚至会违反法律。因此，在家族企业资金的使用上，也必须严格遵守法律，要真正有"公""私"之别。事实上，日本企业就建立了较为明确的财务制度，企业社长也能够自觉地将"公"与"私"区别开来，当其从事个人行为时，只用个人财务进行消费。正因如此，日本社会出现了越来越多的、生存越来越持久的、并且势力越来越壮大的大型的准家族企业。相反，中国企业没有经过激烈的改造，也缺乏对企业本质的真正认识，因而家族企业中往往是实行"人治"的管理方式，这使得那些掌控权力的家族成员在资金的使用上很少有所顾忌，也很少受到制约。结果，中国家族企业的领导可以随意把企业的资金挪用为其他方面，或者转移资产到国外，或者以房地产方式转移到孩子、妻子或其他亲人的名下，或者用于购买其他资产，从而产生了家族企业中的财务软约束现象。

（二）治理软约束

上面分析了家族企业中的财务软约束，而治理软约束和财务软约束是共生的。在现代企业组织中，财务制度是工具理性的首要方面，只有在健全财务的基础之上才可以建立一个良好的治理结构。因此，既然在家族企业中财务是软约束的，那么治理也必然是软约束的。事实上，家族企业的创办者开始往往将经营家族企业看作体现家族追求与实现家族成就的事业，把家族企业视为可以随时抽取金钱以为家族成员服务的仓库。问题是，如果一个企业组织的领导能够随心所欲地或无计划地使用甚至挪用企业组织的发展基金，那么，又如何保证企业组织的有序运作和持续发展呢？显然，当前中国的家族企业（包括具有家族特征的类似企业）中，由于许多企业主都对公司的财务信息拥有绝对的垄断控制权，从而造成了企业生产、销售以及盈利等信息在企业主和管理人员之间、在家族成员和非家族成员之间的极端不对称。在这种情况下，职业经理人员以及其他非家族成员不但会由于难以获得企业发展的必要信息而致使自身的人力资本无法得到充分发挥，而且会因产生对企业组织的不认同感而无法全心全意地为企业发展打拼；相反，为了增加与企业主谈判的筹码，他们会千方百计地隐瞒信息，这也正是造成现代企业制度难以建立的重要原因。

而且，家族企业往往实行"人治"的治理模式，这种治理模式有正反两方面的效应。一方面，亲情之间往往形成一种非正式的关系网络，有助于相互理解、互动沟通，便于协力摆脱一些重大困境。正如人类学者沃尔夫（M. Wolf）研究台湾的一个村落时写道："如果一个人在血缘上和某个家族没有完备的关系，就不能得到这个家族的全然信赖，因为这个家族不能用一般的方法来对待他。比方说这个人的言行失当，家族不能把他的兄长找来谈谈，也不能向他的父母讨公道。如果家族里有人想和他接洽什么难以启齿的事，也不能找他的叔叔伯伯什么的来当说客，打点关节。"另一方面，过分重视家族的亲情关系而没有将缘关系进行拓展，常常会将家族的利益看得过重，而无法获得非家族成员的认同，从而也会限制资源的利用。正如班菲尔德（Banfield，1958）对意大利南部的麦山村所描写的："在麦山村民的心目中，施任何恩惠给外人，就等于是牺牲了自己家人的利益，因此他们负担不起'奢侈'的慈善举动，让别人比自己获得更多，他们甚至连公道正义也吝于给予外人，因为麦山村民见不得别人得到和自己一样的待遇。"

显然，正是由于家族企业中往往因亲情至上而缺乏确定的管理规范，从而导致家族企业的治理往往具有很强的随意性，并进而引发了家族企业中的治理软约束现象的泛滥。（1）由于存在浓厚的人情关系而无法对家族成员实施一致的规章制度，在这种情况下，即使某些家族成员的行为危害了企业的发展，他往往也得不到应有的惩罚，甚至与这些家族成员关系密切的其他成员也因此而具有"豁免权"。而且，即使就家族成员对企业的认同以及尽心程度而言，这也与企业主的个人威望和管理能力紧密相关。（2）如果在家族成员中依旧存在亲疏之别，那么，家族成员之间往往会存在钩心斗角和争权夺势的现象。特别是，由于缘伦理重视尊卑关系和角色规范，任何人在组织中因伦理规范而居于尊长地位时就自然拥有管辖其他人的权威，这也会严重扰乱企业组织的岗位治理原则。（3）尽管家族企业的缘关系、缘文化和缘协调具有节约交易成本和增进协调收益的功效，但是，非家族成员往往有一种被排斥或被忽视。因此，有时反而会降低家族成员内外的协调程度，无法更充分地协调家族之外成员的活动，甚至抑制非家族成员的创新动力。（4）如果家族成员的权力过大、家族利益的考虑过重，那么，非家族成员的职业经理人就不得不屈服于家族意志。显然，这不但阻碍了那些有抱负的职业经理人进入并参与企业的管理，即使参与了管理，其能力的发挥也往往受到限制。

此外，在家族企业中，上司往往因扮演类似君父的家长角色而享有极大权力，而部属则因扮演臣子的晚辈角色而权力有限。正因为角色规范的差异以及权力的不同，两者关心的焦点也不同，从而形成不同的信任体系。一方面，上司要求下属保持对他的服从和忠诚，能够有效地完成他所分派的任务；另一方面，下属要求上司能够提供关怀和保护，获得公正的收益和发展机会。但是，在一般的家族企业中，对下属的角色规范和行为标准远比对上司的规范更为详细，而上司却往往不能像家庭那样为下属承担无限责任。因此，在现代企业中，上司和下属之间的责权呈现出明显的不对称性，由此衍生出行为目标的不一致性，从而往往会导致治理机制缺乏效率。正因如此，家族企业往往实行人治方式，它所强调的忠诚并不是对企业发展的忠诚，更不是对其他利益相关者的忠诚，而是强调对企业领导者的忠诚或者对家族利益的忠诚。事实上，在绝大多数家族企业中，私人之间的缘关系都是建立互信和合作的基本来源。例如，有学者1995年在14个城市范围内对300家大型私营企业进行调查的结果就表明，其中管理层成员中有37.5%来自家庭和好友，而47.6%的企业老板对企业管理层成员持有不同程度的不信任感（转引自王飞雪和山岸俊男，2003）。

在家族企业中，那些没有完全听命领导者或者为家族利益考虑的员工或其他相关者利益的人士往往会不断被排挤掉，最后留下的那些管理者基本上都会听命于家族企业的领导人。相应地，家族企业中的那些非家族成员的管理者往往会成为企业领导人牟取私利或者违法乱纪的同谋者，显然，目前一些报道所披露的案例基本上都反映了这一点。例如，伊利事件中，除董事长兼首席执行官郑俊怀外，其他涉案的包括副董事长兼首席知识运营官杨桂琴、董事会秘书兼财务负责人张显著、董事会办公室主任兼证券事务代表李永平以及执行董事、总裁助理、原奶事业部总经理兼呼和浩特市八拜奶牛场场长郭顺喜等；在创维事件中，除董事会主席黄宏生外，还涉及 3 名执行董事、1 名财务总监、1 名非执行董事、1 名前任董事、1 名职员及 2 名与主席有联系的人；在有"德隆刑事第一案"之称的德恒证券事件中，涉案的包括公司总裁韩新林、原副总裁郭建伟、原副总裁邵义政、原副总会计师李普选、原总裁助理兼资产管理部总经理王政、原投资管理部总经理王维刚、原计划管理部总经理谢云燕等。

而且，在现代社会中，家族企业内部的治理软约束往往表现为行为的不规范，甚至是不合法。一方面，由于家族成员天然的利益一致性，家族企业的管理者往往倾向于雇用家族的成员，这样，家族企业内部成员由于利益的驱使更能够严守秘密。因此，企业经营中往往存在一些不可为外人所道的内幕，即使是公司内部人也未必知道，譬如，财物的转移、偷税漏税以及其中的质量问题等。另一方面，由于家族企业往往过于看重家族利益，因而在一些上市的家族企业中往往就会出现那些具有强势地位的家族经常侵害小股东应得利益的现象，甚至往往以某种"合法"的投票范式把公司财产权利变相转移到完全为家族控制或独有的公司中。显然，这必然影响外部股东的投资意愿，从而制约企业长期发展。例如，仰融通过资本运作方式控股华晨集团而使得国有资产私有化达到 70 亿元，周正毅通过农凯集团虚报资本并操纵证券交易获利 31 亿元，钱永伟可以通过虚报盈利而蒙混上市并获取 19 亿元资金，金正集团的万平挪用 ST 天龙巨额资金达 15 亿元，上海腾达的许培新通过做假账、蒙混上市获利 1.9 亿元。

最后，需要指出的是，正是由于企业成员之间并非具有同等的紧密关系，也并非都是家族成员，从而就会存在不同的分配原则。显然，不同的分配原则又往往会造成不正义，从而影响治理的有效性。例如，D. 米勒（2001：28 – 38）就区分了团结性社群和工具性联合体两类基本模式。其中，团结性社群是指一个既是由亲戚关系或相互熟识，也是由共同的信仰或文化联系在一起的相对稳定的群体。在团结性社群内部，实质性的正义原则是按需分配，每个人都被期望根据其能力为满足别人的需要而做出贡献，责任和义务则视每种情况下社群联系的紧密程度而定。工具性联合体则是指以获取报酬、升迁以及其他类似私人目标的功利方式（买卖双方关系、雇佣关系）而相互联系在一起的群体。在工具性共同体内部，相应的正义原则是依据应得分配，每个人作为具有用来实现其目标的基础和才能的自由行为者而加入联合体当中，当其所得与其贡献相等时正义就实现了。但显然，在企业共同体内部，当这两种分配原则共存时就会发生冲突：因为按照团结性社群的按需分配原则，企业主只对其共同的成员乃至家族成员负有职责，而按照工具性联合体的应得分配原则，企业主必须支付家族内外的所有成员其应得报酬。显然，如果不解决好两种分配机制之间的冲突，必然会影响两类成员的工作积极性，从而也就导致治理上的软约束。

总之，正是由于家族企业往往被视为家族成员牟取个人利益的工具，因而那些家族企业的控制者就不会完全将企业组织交由职业经理人来经营而坐等分享红利，这不仅产生了严重的财务软约束和治理软约束的现象，而且也总是滋生出各种非法行为。事实上，具有有限责任的现代家族企业之所有权已不再属于家族所独有，那些上市的家族企业更是如此。但是，迄今为止，无论在理论界还是实务界似乎对此还没有清晰的认识，这导致了一系列违规的或非道德的企业行为丛生。例如，创维就是一个明显的例子，正如2001年5月陆强华在接受《赢周刊》记者采访时所说的：相信中国的法律还是健全的，创维是香港上市的大公司，已不是黄宏生个人的，保护企业与公民的合法权益并不矛盾，民营企业在发展中有无法脱净的老板独断及不良管理的痕迹，只有通过各种非常事件的推动，才会有进步，这对社会与企业在市场经济中的改革是有意义的。事实上，正是由于这些家族企业本身就存在不少的治理缺陷，而这些缺陷一旦暴露出来就会导致家族企业的休克。因此，企业组织健康发展的关键还是在于，要对短期的违法利益的诱惑具有一定的抵抗力，即使那些在企业组织发展中做了很大贡献的人也应该遵循一定的规则。卢梭（1990：135）在分析国家的治理的时候说，"对于有功于国家的人应该奖以荣誉，但决不奖以特权。因为，当任何人能认为不遵守法律是好事时，这个国家就临近灭亡了"。实际上，综观中外历史，这种教训是惨痛的，对家族企业也是如此。

第四节　中国家族企业的现状和发展探析

自中国实行市场化的经济改革以来，全国各地就冒出了大量的家族企业；而且，迄今为止，中国的民营企业仍主要是以家族形态存在。但是，目前理论界对中国家族企业存在的意义、发展方向、竞争能力等问题都存在很大的争议，争议的一个重要内容就是是否需要引导家族制度的转变，以及如何转变。事实上，根据上述比较分析指出，中国目前形成的家族企业状态是历史发展的必然产物，并具有长期存在的合理性。当然，由于一些显规则还不成熟，从而导致显性协调的不足，并暴露了一系列问题。但这是发展中的问题，它意味着中国家族式的民营企业还在不断调整之中，调整的一个基本途径是需要不断吸收其他现代组织的有益养分。事实上，中国家族企业的发展必须与时俱进，不断完善自身的管理体制和组织结构，才可以避免创业、成长、衰败这样的恶性循环宿命。基于上述分析，这里就中国当前家族企业的存在和发展谈几点简要认识。

一　家族企业长期存在的合理性

笔者第一个认识就是，家族企业和现代公司制度没有优劣之分，而是适应的环境不同。就中国目前的家族企业而言，它具有长期存在的合理性和必然性，具体理由如下。

其一，企业组织形态和治理机制的选择与企业规模和行业性质等密切相关。

事实上，产权结构只是企业治理的一种机制，它对企业所属权利的有效界定从而发挥约束和激励功能要受多方面因素的影响，如企业规模、产品特色、行业集中程度、产业技术、社会文化以及市场发育状况等。显然，从总体情况看，中国目前的企业组织具有这样几个特色。（1）规模较小，过分搬用委托—代理方式，反而增加监督成本。据"中国私营企业研究课题组"调查，2003 年底中国私营企业为 300.55 万户，注册资金为 35305 亿元，从业人数为 4299 万人，平均每个企业的人数为 14.3 人，平均注册资金为 117.47 万元（全国工商联，2005）。（2）产品集中（如希望集团专门做饲料），分工较细，家族企业实施家族化治理的合理性就在于能够根据家族成员的不同禀赋特征而进行合理分工。特别是，由于中国民营企业大多数都还处于创业第一代，因而具有丰富经验的家族成员反而更适应于此类管理活动。（3）产业技术水平较低，产品的更新升级速度较慢，从生产到销售可控性强，要求的协调能力也不高。在这种情况下，尽管产品市场竞争程度较高，但通过压低劳动力成本，依然能够在价值链的低端生存。（4）产业资本密集度较低，往往依靠家族关系就可以积累起企业发展所需要的资金。事实上，正是存在上述种种特点，家族管理方式基本能够适应当前中国经济发展的要求，这也是为什么在广东、浙江一带企业主体都是家族式企业的原因，因为这些地区的民营企业往往呈现出上述特征。

其二，企业组织形态和治理机制的选择也与社会文化伦理密切相关。

一般地，企业效率源于企业内部各要素之间的协调，而企业组织包括由经理人员实施的显性协调和成员之间默会合作的隐性协调，同时，随着社会信息的分散，隐性协调的重要性重新日益凸显。显然，基于私人间特殊关系的缘协调是隐性协调的重要方面，这种缘协调源于共同的生活和工作环境，并在此基础上形成了相互认同和互惠合作的企业文化。而且，家族成员之间存在天然的利益共同体，因而在以家族为细胞的社会文化中，家族间的凝聚力往往非常强大，从而更便于企业内部文化的形成，甚至形成涂尔干意义上的有机团结。同时，内部监控治理模式适合于集体主义的文化传统，外部监控治理模式适合于个人主义的文化传统。显然，儒家文化传统具有很强的集体主义特征，从而较适宜于企业的内部治理，从而较容易形成家族治理式的企业。究其原因，家族企业与生俱来的亲缘关系和利他主义倾向所形成的独特企业文化具有极强的凝聚力，成员间有密切的联系和依恋，家族成员信誉的抵押功能可以看作成员之间的一种长期契约；因此，建立在血缘、亲缘和姻缘关系基础上的家族成员将家族内的伦理和情感带进并融入企业，更容易和能够为了家族利益而相互配合、团结奋斗。正因如此，在儒家文化盛行的东南亚各国，企业大多数实施家族化治理模式。例如，家族企业在东亚各国最大的 15 个家族控股公司的市价总值占其国内生产总值的百分比分别是：中国香港 82.26%、马来西亚 76.2%、新加坡 48.3%、菲律宾 46.7%、泰国 39.3%、印度尼西亚 21.5%、中国台湾 17%、韩国 12.9%、日本 2.1%。特别是，华人社会的家族式企业更是常态，台湾的 100 家集团企业大部分都是由家族掌握控股权并对企业组织进行家族式经营。而近代中国的企业组织基本都是由家族包揽，例如，当时最大的民营企业集团——荣氏企业——就是典型的家族企业，据 1928 年统计，荣氏集团的 19 个企业中共有总理、协理职位 54 个，其中荣氏血亲的占了 31 个，姻亲 14 个，占总数的 83.5%（杜恂诚，1993：129）。

其三，企业组织形态和治理机制的选择也是当前的社会环境决定的。

当前中国社会的社会制度环境存在这样几个特点，从而更有利于家族企业的生存和发展。（1）由于法律制度还很不完善，因而与现代企业相适应的委托—代理治理往往存在较高的代理成本。例如，2002～2003 年，对广东潮汕地区、珠三角地区及浙江、福建等地区部分私营企业的一项抽样调查表明，认为"国家的法律不健全"占样本总数的66.66%，认为"通过法律程序解决问题代价太大，不如私了"占样本总数的33.33%（储小平，2004）。（2）由于市场和信息机制不发达，制度化普遍信任机制远未充分建立，因而社会上的机会主义倾向比较严重。在这种情况下，家族伦理约束与特殊信任简化了企业组织的监督和激励机制，家族利益和家庭亲情对企业行为产生了双重激励与约束，从而家族式管理有利于降低这种内生交易成本。（3）由于缺少完善的职业经理人市场，因而无法有效地筛选、监督和制约职业经理人。在这种情况下，企业主就无法像发达国家中那样委托职业经理人来管理企业。一般来说，在法制不完善、监督体系不健全的条件下，企业主往往会担心职业经理人的道德风险而不敢信任他们；相应地，由于企业信息很不对称，职业经理人也担心被企业主随意解聘等风险而对企业缺乏应有的认同和热情。显然，所有这些方面都增加了企业职业化、制度化治理的难度，相反，家族化治理模式建立在家庭成员的心理契约上，通过家庭伦理观念的道德约束，能够有效建立一个防范道德风险的防火墙，从而在一定范围内弥补了法律制度对于私人产权保护的缺陷以及信息不对称引起的代理成本。

其四，家族企业在发展初期往往表现出相对于其他企业形态更高的效率。

一般来说，家族企业在企业组织发展初期的优势主要表现在如下几个方面。（1）经营者对企业资产是高度负责的，在资金稀缺的情形下更能够使有限的资源达到最佳配置，舒尔茨、林毅夫等就论证低收入者的行为更具理性。同时，它又能充分利用家族成员之间特有的血缘关系、类似血缘关系、亲缘关系和相关的社会网络资源，从而较快地完成原始资本的积累。（2）家族制使得领导者具有充分的权威，家族成员之间容易达成共识，从而使企业反应迅速，政策能随时根据市场信息而变化。例如，太太药业集团董事长朱保国就认为，家族企业不会形成股东间的矛盾，因为特定的血缘关系，大家相互了解，很难起纠纷，不像其他企业，股东之间动不动就闹起来了。（3）由于家族成员彼此间的信任及了解的程度远高于其他非家族企业的成员，特有的血缘、亲缘关系又使家族企业具有强烈的凝聚力；因此，在监督管理上的成本家族企业往往较非家族企业要低很多。例如，荣宗敬兄弟在创办振新纱厂之初采取的是股份有限公司形式，尽管两兄弟分别为董事长和总经理，但由于董事会握有全权，而董事会中的多数反对荣氏兄弟大力发展企业的计划；因此，荣氏兄弟只得愤而拆股，另谋发展，并在以后创办申新等集团时都采取无限公司形式，此后取得了更快速的发展。特别是，在社会不稳定、监督机制不发达的情况下，监督是企业组织持续发展的瓶颈；而且，社会越不稳定，行业越不规范，就越需要加强监督。显然，家族企业在这种背景下更有利于发挥监督上的优势，从而快速促使企业的成长。

其五，家族企业可以充分利用家族信任而快速筹措企业发展资金。

当前，中国企业正处于初创和快速增长阶段，它亟待资金的投入，但是，迄今为止中国企业的筹资渠道还不通畅和多元，从而限制了它的发展。（1）中国社会的个人资本还比较短缺，并且筹资渠道比较缺乏，而家族联系则成为一个企业快速形成的一个重要途径。例如，民国初期当周学熙创办华新青岛纱厂时，资金就来自亲戚老太太们的积蓄、姑娘们的嫁妆，甚至是儿孙媳妇的陪送以及小儿女们多年积攒的压岁钱。就目前而言，中国大量的私营企业在初创时期往往也是依靠亲属之间的无偿劳动起步的，这点我们也可以通过观察海外华人企业的成长中获得认识。Hamilton（1998）就认为，在台湾由关系支撑的投资结构使得企业家能够迅速投资而进入新的领域。相反，"美国黑人在自己的社区内缺乏亚裔美国人和其他种族所存在的那种信任联系和社会联系"，因而黑人小型工商业就相对缺少发展（福山，2002：22）。（2）中国社会的企业融资体系还很不健全，在这种情况下，一些创业者也只能从家族人员中筹资，这也为企业的家族色彩打下了基础。例如，据中国社会科学院1998年的调查显示，在31个省级行政区的1000余家私企中，业主本人投资占投资总额的82.7%，在其他投资者中，又有16.8%是业主的亲属。事实上，一项调查表明，81.6%被访私营业主认为向银行借贷困难，其中33.8%将原因归结为"手续烦琐"，46.5%将原因归结为"贷款抵押、担保条件太严"，12.7%将原因归结为"贷款成本太高"；因此，更多企业组织偏好于内源融资，无论是开办私营企业时的实收资本，还是2003年底的所有者权益，企业主所占份额比例都是70%（全国工商联，2005）。事实上，正因为股权融资极为有限，致使企业股权往往集中为某一家族所拥有。

可见，由于家族制在血缘、地缘、学缘关系的天然联盟关系，蕴含了共同的需求和利益，使得家族制在创业初期功不可没。事实上，中国社会的儒家文化非常重视家庭以及其他缘关系，中国长期的发展和稳定也是建立在这种强大的社会资本基础之上。一些学者认为，"家族不但成为中国人之社会生活、经济生活及文化生活的核心，甚至也成为政治生活的主导因素"（杨国枢，1998）。施坚雅在《晚清之城市》中写道："村庄之上的社会组织是一个相当复杂的研究课题。……市场之下的村际组织亦五花八门，如严密的宗族、水利协会、看青会、政教合一的会社等，不同的守护神及寺庙亦有自己的辖界。这些组织中的大部分具有多种功能，组织原则也不止一个"（杜赞奇，1996：15）。正因如此，在某种意义上，中国社会的企业资本中比西方国家具有更强烈的网络化的社会资本含义。李新春（2000b）曾就此作了统计分析（见表2）。

表 2 企业家创业资金的来源

单位：%

国家或地区	个人积累 *	关系网络 ***	组织机构 ***	合计
美国	55.3	24.1	20.6	100.0
中国大陆	53.1	28.3	16.1	100.0
中国台湾	45~55	30	15~25	100.0

　　注："＊"个人积累包括个人储蓄和家庭继承财产；"＊＊"关系网络包括亲戚、朋友、同学和乡邻的资金借贷和支持；"＊＊＊"组织机构包括银行、信用社借贷以及风险投资、按揭资产和政府担保贷款。

　　总之，家族式并不是所谓的落后形态，而恰恰是企业组织发展的基石。正是以家庭为基础，人类形成了自然的亲密关系，开始了有效的分工协作。正如上面指出的，以家庭为核心的缘协调是最早的协调方式，其他协调方式都是由它扩展而成的；因此，它是各种协调机制的基础，完全舍弃家族企业中的"缘关系"是造成现代企业困境的根源。美国的新闻工作者理查德·卢沃早在20世纪80年代就写了《第二美国》一书，该书中提出，第二美国正代替第一美国成长起来，而第二美国的特征是"高技术工业，以家庭为基础的小企业，电子邮政信箱和有计划的公共社区"，其发展动力就是小型企业，由重新复活的企业家精神支撑。特别是，当前中国民营企业之所以普遍呈现出家族式企业形态：决策权和管理权高度集中在家族企业主手中以及企业内部普遍实行注重私人关系的家族式管理，这也是由特定的企业内外环境所共同决定的。其中，企业外部环境因素主要包括法律制度、社会信任程度、职业经理人市场、资本市场与家族文化，而企业内部因素主要包括企业组织的成长阶段与规模、产品的技术特性、家族企业家的能力与控制愿望等因素（辜胜阻等，2006）。

二 借鉴现代企业制度的必要性

笔者第二个认识是家族企业要随着经济形势的发展而变化，产权安排也要不断调整；其中，最重要的是不断借鉴和吸收现代企业的治理方式，不断吸收现代企业制度的积极养分。

（一）家族企业进行制度转型的内在压力

尽管小规模、低技术、差环境、缺乏信任是家族企业产生和成长的沃土，但是，企业组织毕竟要做大，技术毕竟要提高，环境毕竟要改善。显然，随着企业组织的规模成长以及产品的多元化发展，企业组织逐渐向综合型组织方向转变，此时既管生产又管销售，同时又要兼顾科研开发的管理，单一的家族力量就越来越不足以应付。西方的企业组织发展史已经清楚地说明了这一点。钱德勒（1987：57）写道："企业的各经营单位变得太多了，其管理和协调也太复杂，这种个人管理的办法难以适应。业主继续作为专职的决策人员参与确定最高层方针和资源分配的决策。但甚至在这样的一些决策中，家族成员与在企业中持有很少或没有股权的专职的领薪水的高、中层管理人员也是密切地合作的。"因此，企业组织的发展必然蕴含了企业制度的转型。

而且，尽管家族化经营为企业提供了一个快速发展的有效途径，但它却无法激发更进一步发展所必须的创造性，也无法应对环境的变化做出必要的改革。一个明显的例子是，在技术密集型的企业组织，企业组织的发展和技术创新很大程度上依赖员工潜力的发挥，此时就无法完全依靠家族监督的手段来调动其积极性。也就是说，企业规模的壮大对传统的家族之管理提出了两方面的挑战：（1）家族企业在监督成本方面的优势逐渐消失，"把鸡蛋全部放在一个篮子里"的家族企业在抵御风险方面的能力也日显不足，从而越来越难以适应企业发展日益增长的资金需求；（2）家族企业在快速决策上的优势逐渐消失，企业组织越来越难以获得能够应付更复杂协调活动的最佳管理者，从而使得企业组织在显性协调上的劣势日趋明显。事实上，协调是相对于监督更复杂的劳动，而且，随着社会的发展，协调劳动随社会的发展而越来越复杂。但是，从家庭成员中选择管理者，无论在能力和智力上都存在明显的限制，从而必然越来越难以适应企业组织的发展需要。显然，这正是家族企业的弱点所在，也是越来越多的所有者逐渐退出管理层的根本原因。

一般地，随着企业组织的规模壮大，家族式管理会越来越不适应社会发展的需要，这主要体现在两个方面。（1）家族企业大多实行"人治"制度，这主要依靠个人经验与智慧、情感的好恶和亲朋好友关系来管理企业，管理的主观随意性大。显然，这种治理的重要不足就在于，其显性协调水平会随着企业规模的扩张而逐渐下降，从而越来越难以应付环境的不确定性和复杂性。（2）由于这些企业组织在过去发展中也曾取得了很大成功，当那些具有权威性的家族企业领袖沉溺于这些成功的经验当中时，企业组织就变得无法适应环境的变化了。例如，华人社会曾津津乐道的王安电脑公司最终结局就是如此。堺屋太一（2000）也举丰臣秀吉家族、日本陆海军以及日本煤矿产业成功崛起和迅速衰败的例子说明这一点。这两方面的因素都表明，家族企业要取得持续的发展，其组织结构和治理方式就必须随着规模的扩大而不断调整。事实上，那些百年老店都是时刻适应社会环境变化的结果，而一旦忽视环境的变化时就开始崩溃了。杜邦、福特、通用这些国际巨型企业固不待说，中国历史上有名的山西票号和江南钱庄的发展历程就清楚地说明了这一点。此外，近代中国的南洋烟草公司也是经历了这样的调整才度过了危机：南洋烟草公司原本为无限责任制，为了解决企业出现的风险和治理问题，到了 1918 年 3 月则改为有限公司，并且股份也逐渐对外销售。

（二）家族企业进行制度转型的基本路径

正是由于企业组织所涉事务随规模增大而日繁，任何个人或单一家族都越来越难以胜任其任务。因此，天通股份总经理潘建清就感慨地说，企业组织一旦做大，就要赶快淡化家族色彩，家族企业同样面临制度创新。问题是，家族企业要做大、要持续发展，必须向现代企业制度转型，但转型的方向如何呢？一般地，现代企业制度有两个基本特征：一是择贤而任，二是实行"规治"。显然，家族企业的制度转型也要紧扣这两条：（1）从家族世袭向社会选聘的转型；（2）从"人治"到"规治"的转型。在某种程度上，日本企业之所以能够长期在全球"独领风骚"，就在于它成功地进行了从"家庭共同体"（或"缘共同体"）向"企业共同体"的转换和变迁；同时，通过对西方现代企业"显规则"的创造性吸收，使隐性协调和显性协调在较高层次上有机结合了起来。

首先，在管理岗位的选任方面。具有强烈缘文化的华人家族企业中往往只信任和自己有密切关系的人，而对家族以外的人则往往不很信任。因此，一些家族企业的创办人即使知道自己的亲属可能不是最出色的，但是仍然冒着企业衰落的危险也要选择这样的人来继承自己的事业；即使继承人是个扶不起的阿斗，也要找个诸葛亮那样的忠臣来辅佐他。例如，在美国曾经是非常著名并被视为最有前途的高科技企业之一的华人家族企业——王氏实验室，在20世纪80年代中期其创办人王安准备功成身退的时候，就不是把企业组织交给大部分员工看好的王安接棒人坎宁安，而是坚持由其36岁的儿子王列接管整个事业；这种明显的亲族袒护使得王氏实验室的许多主管在王列调升后不久就纷纷求去，结果王氏实验室在王列的管理之下没有几年就破产了。正因为华人家族企业里的员工清楚地认识到自己无法获得家族企业的全然信赖和平等对待，想升到高层经理的机会非常渺茫，因而只要一有机会就会考虑跳槽，这也是为什么华人家族企业中的那些与家族无关的员工几乎没有想过一辈子待在一个企业的原因。

因此，德鲁克（1999b）认为，管理家族企业的第一条规则就是，家庭成员不可以在企业组织里工作，除非他们和其他非家庭成员的雇员至少一样能干和勤奋。对一个懒惰的侄子，给他钱但不要他工作要比让他在企业里占个位子要划算得多。如果平庸和懒惰的家庭成员在企业组织里占着位子，整个职工队伍里对高层管理乃至对整个企业组织的尊敬就会消退。家族企业的发展乃是建立在一个根本概念的基础之上的：只有家族服务于企业组织，企业组织和家族才能够生存和发达；如果企业组织的经营目的是服务于家族，那么两者都不会有什么起色；在"家族管理的企业"中，决定一切的不是"家族"，而是"企业"。也正因为大多数的家族企业往往难以做到"与时俱进"，因而家族企业的发展后劲普遍不足。据国外的研究资料表明，家族企业的寿命，一般为20年左右；家族企业能延续至第二代的，仅为39%；能延续至第三代的家族企业，更是只有15%。①

---

① "家族企业上市的目标选择与存在的问题"，http：//www.globrand.com/2009/150356.shtml，2016－02－17。

其次，在企业组织的治理机制方面。由于家族企业往往是其创始人历经艰辛和困苦才创办起来的，因而创办人在企业组织中享有很高的威望；而且，创办人往往都是精力充沛、头脑灵活的人，在企业组织的成长过程中还积累了不少经验。因此，创办人依靠自己的威望和经验实行直接的人治，在一定时期可以取得较好的效果。但是，人总是要老的，随着企业规模的壮大，而创办人的精力却越来越不济；同时，其他人又没有创办人那样的经验和威望。那么，依然一成不变以继承企业成长时期的人治方式就越来越难以达到原先的效果，特别是随着管理人员的更替而没有一套相应的法规来治理，那么企业组织很可能会陷入治理瘫痪状态。而且，按照堺屋太一（2000：3）的看法，从数十人到 200 人左右的组织，以个人领导就能统御全员行为；但是，组织一旦超过上述规模就必须设立管理机构，否则单靠一人领导，势必无法顾及全体，此时管理机构和治理机制都应力求规则化和统一化。实际上，上述王安公司之所以迅速破产除了任人不贤外，还有一个重要原因就是它本身没有形成一套相对完善的治理机制。即使王列已经接班了，王安还依旧保留着 CEO 的位置并实质控制着企业组织；1972 年当王安实验室的员工已经扩张到超过 2000 人时，直接向王安报告的部属人数就达到 136 人。

显然，在这种"人治"的企业组织里，员工是很难获得平等地对待的，总觉得自己是为他人打工。因此，家族企业要进一步提高其凝聚力，除了维护良好的高度关怀的企业文化外，更重要的是实现"人治"到"规治"的转变。其中，关键是要有一套较为完善的企业规章，这个规章不是建立在私人关系之上的针对具体个人的规则而是大家都认同的抽象规则；而且，加速家族企业抽象规则建设的一个重要动力和保障是家族企业的上市，因为上市有利于更多的人对企业进行监督。实际上，随着企业组织的规模增大以及技术提高，必然伴随着吸收社会管理人员和工作人员的可能性。在这种情况下，如果企业组织仍抱着家族式的经营方式，采用"人治"而不是"规治"，必然会造成很多问题。在近年来，中国一批家族企业纷纷上市，如天通股份、康美药业、用友软件、太太药业、广东榕泰等。企业既然吸收了大量的社会资金，企业组织的产权安排和治理结构也必须吸收社会企业的方式。事实上，首家上市的中国家族企业——"天通股份"——在十几年时间就成了中国软磁行业最大的企业，号称"中国软磁王"，占据了国内 35% 的市场份额。可见，正如太太药业董事长朱保国指出的，家族企业要做大只有两条路，上市或者卖给大公司。

总之，尽管在当前特定的社会环境下，家族企业和家族化治理模式在中国社会中具有较强的合理性，但家族化治理毕竟存在严重的内在缺陷：权力过于集中、决策具有专断性，企业对"家长"过分依赖，并且由于主要依靠企业主个人经验与智慧、情感的好恶等来管理企业，相应地，管理的主观随意性大，缺乏全面的制度化、规范化和程序化。因此，家族企业要发展就必须向现代企业制度转变，必须从家族化治理模式向职业化治理模式演进。事实上，从最终发展来看，那些能够持久增长的家族企业一般都向经理式的社会企业转换了，如福特、杜邦等；杜邦公司的真正发展也就在于亨利·杜邦之后逐渐建立了系统化的组织和管理。即使被认为有希望打破华人"家族企业三代衰败论"的李嘉诚帝国，也没有将企业全部让自己两个毕业于斯坦福的儿子接手，而是将和黄集团交由霍建宁等专业经理负责。一般认为，一个绩效较差的家族企业寻找管理继承人的优先顺序应是：家族企业外部人、非家族成员内部人、家族成员内部人。事实上，Smith（1999）基于 1963~1996 年多伦多证券交易所上市家族企业宣布管理继承计划的前一天至后一天的非正常收益率变动的研究就发现，由家族成员继承、非家族成员内部人继承以及家族企业外部人继承消息发布前后一天所形成的非正常收益率分别为 -3.20%、-0.50% 和 3.54%。显然，这些研究都表明了，家族企业突破原有关系限制寻找管理者并建立起规治管理方式的重要性。

三 克服"缘内"隐患的紧迫性

笔者第三个认识就是，由于中国的家族企业大多还处于成长阶段，大部分企业组织的现代企业制度改造的条件还没有成熟，而与此同时，不少企业第一代的创办人已经逐渐退出领导岗位，那么，如何有效地将管理权限交给接棒人而能保持企业发展的连续性就是至关重要的。也就是说，家族企业内部形成一个解决"缘内"隐患的有效机制在目前已经显得非常重要和紧迫。

（一）家族企业代际传承中的权力斗争

我们知道，凝结和整合家族企业组织的是充满私人色彩的缘伦理，从而导致其治理中也盛行"人治"作风。尽管这种"人治"在企业草创时期可以发挥决策即时、精诚协作的积极作用，但是，其弊端却在企业发展过程中逐渐暴露出来：（1）家族内外有别的伦理关系导致在企业领导换代过程中一批家族以外的功臣健将的逐渐疏离；（2）家族成员之间的争权夺势也常常会造成企业组织内部帮派林立和组织内耗（李新春，1998）。特别是，在家族企业中一般都形成了按资排辈的非正式制度，企业成员要获得升迁往往要依靠其资历；因此，为了满足成员的这种欲望，企业组织的规模就必须不断做大。但是，当企业组织的扩张接近饱和状态时，那些为某企业共同打天下的元老以及领导者的亲属就会发现，未来升迁的机会已经渺茫，而薪水似乎也不再会得到增加。在这种情况下，他们就会逐渐感到失望和困惑，从而也就转到企业组织的控制权的争夺上来。一般地，家族企业中换代时产生的权力争斗大致可以划分为如下几种类型。

（1）在企业壮大后，原先家族的几个共同创业者对有关企业组织的发展方向和利益分配等产生冲突，家族企业并没有一个较有效的问题处理机制，从而导致发展势头良好的企业突然解体或者分家。一般来说，尽管家族企业创业阶段是比较艰苦的，但是由于企业组织有上升的空间，每个人都不断看到变化和新的希望，因而各个创业者比较能够同心协力。然而，一旦企业组织壮大后，企业组织的发展开始变得平稳，共同创业者之间就考虑对打下的"天下"进行"分金银，论荣辱，排座次"，从而分歧和矛盾由此产生。譬如，1984年7月，南存辉和他的同学胡氏兄弟合伙创办了"乐清求精开关厂"，约定双方股权各占50%，投资利益、风险以及对决策权都对称，南存辉主要负责企业管理，胡氏负责对外营销网络的建立，双方能力具有互补性；但数年合作之后，双方的各方面能力的互补性下降，在决策上的分权界限开始模糊，并产生分歧最终导致分离，分别成立了"正泰集团"和"德力西集团"。实际上，中国家族企业的创办过程中往往都是既有雄心又有才略的兄弟几人或者非常密切的几个人共同创办的，譬如，荣氏家族由荣宗敬和荣德生兄弟开创，而南洋烟草、永安百货等都是兄弟创办；并且，这些共同创业者之间初期的个性也相投，并且往往由兄长挂帅。但是，由于没有正式的企业制度，当企业组织做大以后个体创业者之间往往也可能会产生不同的看法；即使他们本人还遵循原来的规范，但各自日益长大的子女也会染指企业牟取个人利益，从而引发冲突。

（2）在第一代创业者去世后，旧有的家族权威不再，第二代的众多继承者往往为获得权威而展开争斗，导致企业动荡。费孝通（1998：180）

认为其主要原因是，在一个协作的经济单位中，权利和义务的平衡是维持团体完整的必要条件；在以亲属作基础的团体里，两代之间还可以用权力来维持不太平等的关系，同代之间则比较困难。例如，在近代中国史上，即使为时人称道的聂氏恒丰纱厂在第一代创业者聂缉椝死后，聂氏三兄弟聂云台、聂潞生、聂简臣之间也长期存在尖锐的矛盾；结果恒丰纱厂被分成了九股，家族企业也变成了八个儿子和聂缉椝遗孀共有的合股公司。事实上，家族企业在接班问题上往往都存在一个不成文的规定：如果有多名兄弟姐妹在企业工作，年龄最大的儿子将处于最高的地位。这样的仲裁方法在兄弟姐妹年龄都不大的情况下可能奏效，但是随着其他弟妹的成长，内部矛盾就会越来越尖锐；而且，老大并非一定是最有能力的人，因而在后来企业的发展方向上的权威就会受到其他弟妹的挑战。

（3）同辈创业者领军人物去世，同辈的第二号人物也往往没有足够的权威保持企业组织的发展轨迹。例如，南洋兄弟烟草公司在老大简照南逝世后，老二简玉阶的声望就不足以压众，特别是对老五简英甫的奢侈生活基本没有任何约束手段。再如，荣氏企业在荣宗敬去世后，荣德生就感慨企业不如以前好管理了。特别是，中国伦理上讲究子女平等，常常是一旦开创者过世，家族企业就将面临被分拆的危险，因而导致企业不能持续壮大。例如，当著名商人叶澄衷病逝后，他留下的五金店老顺记、新顺记和钱庄等就成为诸房儿子的"公产"，不久因诸子的矛盾而将老顺记出售，叶家事业也只经历两代就结束了。再如，亚洲船王包玉刚未死之前，他的四个女婿已经将一个企业王国搞得四分五裂了。当然，企业分家并不一定是坏事，因为企业分家往往酝酿了新的扩张契机，关键在于如何分家。譬如，四川的刘氏四兄弟［刘永言、刘永行、刘永美（陈育新）、刘永好］创办"育新良种场"，1995年，兄弟四人"绝密状态"下"分家"；后来，老大刘永言创立希望大陆公司，老二刘永行成立希望东方公司，老三陈育新建立希望华西公司，老四刘永好办起希望南方公司。尽管"分了家"，为了体现兄弟间的权利均衡，刘氏兄弟分别在集团担任重要职务：老大任集团董事局主席，老二任集团董事长，老三任集团总经理，老四为集团总裁。

（4）由于创业者与继承人对企业发展的观念不一致，从而展开了对管理权的争斗，引起企业组织的发展波动，甚至中断。瑞士洛桑管理学院教授舒瓦斯表示，家族企业经营权不易顺利过渡的原因与老企业家的性格息息相关：很多老一辈的不愿放手，且对培育接班人的认识不足，第二代因此常有挫折和抑郁的感受，对接班缺乏准备；此外，继承者早熟而开创者留恋权力不肯放权，从而也会造成两代之间关系紧张。例如，近代大隆机器厂的创办人严裕棠和他儿子严庆祥就因企业经营管理实权和资金运用上产生矛盾影响事业的发展。再如，傻瓜瓜子也因其创始人年广久与他儿子年金宝以及年强之间关于经营上的矛盾而一蹶不振。实际上，目前一些开明的家族企业创办人考虑到企业的长期发展问题，也会将子女送到斯坦福、耶鲁、麻省、哈佛等名校去学习，但是，也可能因这些子女获得书本上的知识与创始人经验上的理念不一致而产生管理上的冲突。例如，在美国读书的刘念仁就写信给他的父亲刘鸿生对公司投资过于分散、个人精力也过于分散等现象进行指责（杜恂诚，1993：161）。而且，管理理念引起的冲突不仅发生在华人企业中，即使像福特这样的公司，亨利·福特也拒绝听取工程师、销售人员、会计甚至自己儿子的建议，并迫使福特公司最出色的生产人员之一的库德森跳槽至通用汽车公司，并使得通用赶上并超过福特。

（二）解决代际传承问题的重要性及思路

显然，家族企业中这些隐患是其长期发展的肿瘤，一旦爆发，就会使企业组织休克死亡。这也就是目前中国社会的家族企业面临而又亟待解决的问题，特别是，要保持企业组织的长治久安就必须时刻警惕家族企业组织中的内患，不要终日沉溺在家族成员的忠诚和团结上，而要形成组织的适用性转变。实际上，1926年9月，鉴于聂潞生的独行专断，聂云台就捧出母亲严氏组织一个"聂氏家庭集益会"来协调各方兄弟的利益和行为，"以道德礼义为标准"，遇事"衡以圣贤古训"（杜恂诚，1993）。但尽管如此，由于缺乏一个健全组织的保障，后来聂氏家族企业还是问题不断。相反，新加坡的李光前为我们提供了一个良好的案例，他自1928年创立南益公司，只用10多年的工夫便执新加坡及马来西亚的橡胶及黄梨业牛耳，并成为金融界巨子。为此，有人总结几方面的经验：（1）在家族成员中，按其地位及作用，合理分配公司股权，免去了争夺家产的纠纷。（2）始终保持家族对企业组织的控股权，不会产生大权旁落。（3）推行西方现代管理原则，把企业组织的所有权与管理权分离，形成一种法治精神取向的家族管理法；当董事的家族股东只扮演决策者的角色，实际管理及执行则放手由专业经理和属下负责。

当然，说来容易做来难。在中国这样一个具有强烈家庭伦理的国度，引进制度理性来促进家族企业中价值理性的改变是一个非常艰难而漫长的过程。如温州低压电器生产企业新华公司董事长郑元孟为改变家族管理方式，几乎与家族其他成员撕破了脸皮，而在改制后却仍不能与新任总经理构成良性关系。方太公司的老板茅理翔为企业不受家族侵害，得罪了姐姐、大哥，不但被 80 岁的老母亲骂为不孝，职工也不理解；结果，方太二次创业，家里除了妻子和子女外，没有人愿意参与投资。1999 年，兰州黄河集团差点被经理人颠覆，董事长杨纪强只得又重新把他的几个儿子安排在高层管理岗位上。但是，也正因为变革的艰巨，它才显得重要。理论和经验也表明，经历时间越长的组织，就越稳定，这也是为什么百年老店罕见并受认同的原因。庆幸的是，经过中国民营企业 30 多年的发展，加上发达国家一些企业组织几百年成功转变的案例，以及遍布全球的华人企业发展的经验，为我们提供了宝贵的财富。如浙江正泰集团的南存辉通过股权稀释的方式将股东人数扩大到 107 人，既保证了家族的合力，又对家族成员形成了约束。吴泰集团的家族核心人物吴敏将自身资产做大之后，通过红利入股的方式在企业重新合并过程中把平均股权改变为不等股权。1998年，浙江金义集团的业主陈金义则对企业家族制进行了一场较为成功的革命，将金义集团内担任管理职务的 30 多位家族成员，包括他的妻子、兄弟等几乎全部从集团中退出，引起社会很大的轰动。

而且，需要指出，并不是家族成员就一定不适合担任企业管理者。事实上，全球很多有影响力的大企业正准备着由下一代领导人来接管家族企业。例如，2000 年辜濂松接任台湾中华信托商业银行行长，成为辜氏家族日益膨胀的金融帝国的新一代掌门人；小威廉·福特也已成为福特公司新任 CEO，并将与丰田公司携手开拓全球汽车市场。问题的关键在于，如何确保家族成员作为管理者的素质？这方面杜邦公司的发展可以提供一些借鉴。在杜邦公司，家族管理公司维持了多代，但是杜邦家族并不受到"用人唯亲"的指责，关键是在管理人员的培训和接续上形成了一套严格的挑选和训练机制。杜邦家族摒弃了长子继承的传统，相反，为了能进入杜邦公司工作，杜邦家族的人通常必须在美国一所头等大学学习自然科学，在上百个可能的竞争者中只有获得了学位的杜邦家族的人才可能有在杜邦公司中长期服务的机会；在经过工作成绩的考验，又刷下了一批人。然后，再有计划地把各个职能部门和产品部门的杜邦家族的人和非杜邦家族的人放在一起，对他们的领导潜力进行测验；候选人还常常被安排担任不同的工作，如在制造、销售、研究部门做直线人员和参谋人员，做"助手"或"助理经理"，从而经受在不同类型管理方式上有着不同意见的长者们的考验并从其忠告中得益。而且，即使经历了这样严格的选择过程，要进入核心圈子（经营委员会和财务委员会）还要符合其他要求。后来，随着杜邦家族的各个分支日益增多并经常与外族人通婚，因而有越来越多的杜邦家族的人被吸引来培训其经营管理人才；而且，能干的经理人员同杜邦家族的人通婚并日益同杜邦家族的人有着同等的机会进入领导层。

总之，随着家族企业的日益壮大和成熟，企业领导权的继承就变成了一个迫在眉睫的至关重要的问题，这就需要逐渐形成一个较为成熟的传承程序：或者将领导位置自动转交给最年长的儿子；或者让遴选最有才智、最聪明、最有兴趣接管家族企业的一个作为接班人；或者采用联合执政的方式，由 2 个或 3 个亲属共同分担 CEO 的职责；或者将家族企业分成几个小部分，由每个下一代家族成员自己去发展；或者实行产权多元化，从市场中聘用贤良。莫里斯指出，成功的继承过程有 3 个共性：（1）继承者必须在接受教育和积累经营经验方面做好准备；（2）他与家庭成员之间的关系应当是积极的，相互之间保持低水平的抗衡和高层次的信任及价值分享；（3）不仅要在继承计划中存在非正式的尝试，而且要在税收计划中突出重点。不管如何，将家族企业经营管理从第一代过继给第二代能否成功的关键首先在于，是否有一个成功的继承计划；期间作为退休的创始者也会对继任者提出协助和指导，但是一定要逐渐淡出。正如家族企业研究之父力恩·丹寇（Leon Danco）所说："企业所有者认为退休既有安享晚年的乐趣，又充满着大权移交后的失落。但是事已至此，你就没有理由不将企业和盘托出。"

四　家族企业壮大的网络化途径

（一）家族伦理的基本特性及其对企业规模的制约

一般地，由于家庭共同体内部存在着长期的利益互动形成的家族伦理，从而便于家族成员之间的互惠合作和有效分工，这是家族企业得以迅速产生和壮大的原因。但与此同时，内部信任度过高也可能对不同家族共同体之间的合作产生阻碍，从而造成了福山所谓的社会低信任现象。实际上，关于共同体内外信任程度相互消长的现象，我们也可以从动物相互间的行为关系中得到认识。关于这一点，专门研究动物攻击性的洛伦兹（1987：163 - 164）就作了描述："这些动物对待自己团体里分子的行为就像社会规范下的标准道士，但是当它们遇到另一个社会的同类分子时，马上转变成可怕的野兽。人们素来知道社会化昆虫的庞大团体，是以家庭为基本组织的，每一家庭由一只雌性或一对配偶率领，此种团体常常拥有数以百万计的个体。我们也早已听说蜜蜂、白蚁、蚂蚁等这些大部族都借着特定的蜂窝、穴巢及气味，彼此辨别。陌生者一旦不小心窜进这个穴巢，就会被谋杀。假若试验者企图把两个集团混合，屠杀随即发生。"显然，要防止这种以邻为壑的现象，人类社会就必须发展出高于家族认同的伦理，这是古人所讲的"老吾老以及人之老，幼吾幼以及人之幼"。

事实上，家族伦理本身具有强烈的私有性、特殊性和封闭性，在特殊主义的家庭伦理支配之下，普遍主义的社会信任很难建立起来，抽象的一般规则也很难得到遵守。例如，马克斯·韦伯（1995：296、289）就断言："儒家君子只顾表面的'自制'，对别人普遍不信任，这种不信任阻碍了一切信贷和商业活动的发展。"雷丁（1993）也认为，华人之间的信任是有限的，是个人之间的信任，"主要特点似乎是对家庭的信任是绝对的，对朋友或熟人的信任只能达到建立相互依赖关系，双方都不失面子的程度"（转引自储小平，2000）。结果，整个社会的协作半径往往内缩在亲族的圈子里，无法减少共同体内外成员之间的机会主义倾向。相应地，建立在家族缘伦理之上的家族企业内存在明显的信任消长现象：家族成员之间相互信任、并对企业具有无限的忠诚，但家族成员与非家族成员之间却缺乏信任，非家族成员对家族企业也缺乏足够的认同；而且，家族企业越重视家族成员的利益，家族企业也就越得不到非家族成员的认同。一个明显的表征是，在管理岗位的选任方面，家族企业的管理者往往是由家族成员继承，即使继承者并非是适任的。正因如此，家族企业中的家族成员与非家族成员之间就很难形成良好的协调、合作，从而严重限制了家族企业的协调水平，并阻碍了家族企业的进一步成长。福山（1998：71）就描述道："华人家庭成员间的密切联系，意味着非血缘关系的社会成员之间关系相对薄弱：华人社会里，只要出了家族的圈子，人与人之间的信赖感就变得相当低……（因此，）企业倾向于家族拥有和管理，所以在规模上也显得比较小……正是这个缘故，家族意识超强的社会在接纳大规模组织的速度上就显得很缓慢，因为大型组织需要的是不讲人情的公司结构。"

正是由于家族企业存在内外信任度的不平衡问题，因而家族企业的发展也往往呈现内卷化现象，表现为明显的循环三部曲：第一阶段是一个具有强大能力的企业家打出天下，在创业后把亲戚放在重要的管理职位上，并以卡里斯马式的威权和权威魅力治理企业，此时家族企业内部团结一致，每个成员都兢兢业业，企业也欣欣向荣，规模不断壮大；第二阶段则由于创办人过世，其众多儿子平分企业遗产，同时享有等值股权的兄弟之间开始为夺取公司的最高控制权而展开权力斗争，结果很可能导致公司的分裂；到了第三阶段时，随着创办人后代的增多，每个人所持股份逐渐降低，此时从小就在优越环境下成长的第三代对经营事业往往不再感兴趣，也不愿为保持企业的竞争力而承担必要的牺牲，特别是很少有华人企业能够自行完成制度化工作，从而企业死亡的可能越来越大。显然，要防止家族企业这种低层次的重复循环，根本要提高企业成员之间的信任程度，要促使家族伦理的圈层扩展，从而建立普遍的合作关系，这也就是古人所讲的"老吾老以及人之老，幼吾幼以及人之幼"。事实上，随着人类社会的发展，共同体之间发生的联系越来越普遍、越来越频繁，而局限于狭隘的共同体内部的缘关系因无法增进外部成员之间的信任而必然会导致交易成本随着交易范围的拓宽而急剧上升，从而严重限制人类合作半径的扩展。

（二）壮大家族企业规模的主要途径及其合理性比较

既然华人企业主要以家族伦理为纽带，那么，华人企业是否就一定无法壮大规模呢？答案显然是否定的，因为无论是历史上还是现实中都存在着一些大规模的华人企业。进一步说，这些家族企业又是如何壮大的呢？福山指出，华人社会企业组织的规模壮大一般有这样三条主要途径。（1）通过网络型组织，即经由家庭或个人与其他小型的华人企业联合起来发展相当于规模经济的综合体。目前在浙江、广东、江苏以及福建等地已经初步形成了这种家族网络，并正朝全国各地加速蔓延。在这种结构下，家庭不仅对个别公司很重要，而且对网络组织也意义非凡，因而许多网络都善加利用家族以外的亲属关系。显然，对自主经营的自由企业而言，这是规模做大的基本途径：一是可以充分发挥传统家庭伦理在企业成长过程中的积极作用；二是也可以凭借相互合作以实现一定的规模经济。（2）依靠跨国公司的直接投资，由华人社会的民营企业、个人与这些跨国公司合作组建大规模企业组织。由于这些企业直接移植了国外基于个人主义的行事规范，从而便于培养华人社会对抽象规则的认同感。（3）通过国家赞助或直接投资创办大型企业，这方面日本、韩国可以提供经验借鉴。实际上，儒家社会中的重要行业历来都掌握在政府手中，从西周出现的"工商食官"（《国语·晋书》）和"官山海"政策（《管子·轻重·海王》），以及王莽推行的"六莞"政策到晚清洋务运动推广的"官办""官督商办"和"官商合办"，都是依靠国家力量创办的大规模企业组织，即使华人社会中那些现代大企业也往往带有"国字号"的影子。

然而，"马上得天下，却不能马上治天下"。上述家族企业借助外力做大的基本途径，却不是维持大规模企业组织长期存续的基本条件。事实上，在一个家族文化较为深厚的社会里，如果没有普遍主义文化的引入、伦理的圈层扩展或者其他社会机制的保障，企业的扩展过程就必然会出现中断现象。显然，企业组织持续壮大的关键就在于，特殊主义伦理朝普遍的特殊主义以及普遍主义方向的扩展。一方面，基于缘关系的社会组织之间一般来说是比较容易形成合作的，并在困境时相互扶持、共渡难关。譬如，1919 年简氏的南洋兄弟烟草公司面临英美烟草公司竞争的严重威胁时，广东籍的大买办上海泰和洋行的劳敬修和上海祥茂洋行的陈炳谦就提供资金助其渡过难关（白吉尔，1994：162）。另一方面，当不同家族共同体之间存在严重的利益冲突时，或者说处于一个零和博弈的状态，那么，也会产生更为残酷的恶性竞争。譬如，同是广东籍的上海四大百货——先施公司、永安公司、新新公司和大新虽然早期相互扶持，但后来为争夺有限市场而形成了严重的竞争关系，甚至不惜互挖墙脚。因此，在企业之间除了缘关系作为协调的润滑剂外，还需要较为正式的规则作保障。中国古话说，"举案齐眉，相敬如宾"，也就是说，即使夫妻之间也需要一定的礼仪来维系。

事实上，规模壮大是企业组织取得短期竞争力的一个重要方面，但不是全部；相反，这种竞争力得以维持的关键在于它适应市场环境变化的能力，并形成一套适应市场竞争的内在机制。特别是，缺乏分工和协作基础的规模做大往往反而潜伏了严重的问题，很可能因一些细微因素的触发而垮掉，这在每次经济危机中都明白无误地展示了出来。而这种大规模生产的基础就是相互之间信任和对企业发展认同的企业文化，这种文化与特定的市场之间也存在相互的融合，这就是企业组织的根植性问题。一般地，通过上述途径做大规模之后的企业组织往往都面临着扎根的问题。（1）就基于家族联系的网络组织而言，表现在实践中也就是集群企业的发展，这是缘协调深厚的华人社会企业获取规模经济的重要方式。要做到这一点，关键是家庭伦理的扩展，在企业组织之间形成既合作又竞争的市场伦理，这需要进一步培育社会对抽象规则的遵守，并形成一套较为有效的社会共同治理机制以对各企业的行为进行制约；为此，可以积极引导家族企业之间相互参股，并加强银行和企业之间的联系，这一点日本企业可以提供很好的经验借鉴。（2）就合作企业而言，这是外来制度的引进性变迁，其中的关键是如何使华人社会注重缘关系的文化与西方社会对抽象规则的认同结合起来，并且以外企来引领民营企业的行为规范。（3）就"官商合办"企业而言，它要能获得持续发展的动力，关键在于一个有效的机制保障其独立运作，防止内部的裙带关系和机会主义倾向，这就需要一个较为完善的监督体系。事实上，20世纪六七十年代以后，韩国政府就像明治维新时期的政府一样，大力发展大公司和财阀；但是，由于没有一个很好的社会监督体系，其整体上的家族文化特征使得这些大公司或财阀同样滋生出严重的管理阶层的接班问题，企业内部也难以形成一套普遍遵守的规范。

因此，就目前国内外的情势而言，中国家族企业做大的一个基本途径是形成网络状的企业集群：（1）它可以充分发挥家庭伦理的作用；（2）它也可以凭借相互合作以实现一定的规模经济。事实上，企业集群往往都是发生在家族伦理非常浓厚的地区，无论是意大利南部还是中国的浙江南部等都是如此。当然，尽管家族伦理有助于企业集群的形成和培育，但它的壮大和升级却有待于信任半径的扩大。因此，以家族企业为主体的企业集群也就存在两个方面的根植性要求：（1）家族企业内部要形成有效的协作文化，不仅家族成员要认同，而且要把这种伦理扩展到所有的员工之间；（2）家族企业之间要形成有效的协作文化，这要求企业之间具有互利的基础和实现的途径，也就是要使得整个集群的发展是蛋糕增大型的。显然，就企业之间的协作而言，不但要形成有效的分工体系，不同企业有差异性的市场目标，还必须有系列的监督体系。一般来说，集群内部的大企业所面对的市场应该具有强烈的外向型，而集群中那些提供中间品的中小企业则往往依赖于内部的中间市场。

总之，家族企业中家族成员之间强大的缘关系必然会削弱家族成员和非家族成员之间的信任关系，从而往往会带来较为严重的监督和协调困难，甚至可能引起整个企业发展过程中的突然休克。因此，家族企业所依赖的家族伦理必然面临着一个不断发展和转换的压力，相应地，这对企业组织的治理关系也提出了新的要求。马克斯·韦伯（1995：289）就强调，"在中国，一切信任，一切商业关系的基石明显地建立在亲戚关系或亲戚式的纯粹个人关系上面，这有十分重要的经济意义。伦理宗教，特别是新教的伦理和禁欲教派的伟大业绩，就是挣断了宗族纽带，建立了信仰和伦理生活共同体对于血缘共同体的优势，这在很大程度上是对于家族的优势"。相应地，希望集团总裁刘永好指出，最理想的企业 = 家庭企业的效率 + 上市公司的规模。当然，在某种意义上讲，效率和规模之间往往存在着负向关系，这是帕金森定律表明的。因此，家族企业的规模不是简单地壮大，而是要形成企业间互助联合的机制，要朝网络型的大企业方向发展。事实上，要在有规模的基础上做到有效率，也即，要综合大企业规模经济和小企业灵通经济这两者的好处，关键就是要提高企业内部的协调水平，特别是，要求家族企业能够充分利用其不断扩展的缘伦理关系，提高企业内外的认同感。因此，在家族企业规模壮大的过程中必须注重企业根植性的塑造，需要牢固企业与企业之间联系的纽带，夯实企业和市场之间的嵌入基础，而这又与特定地域的市场伦理有关。也即，夯实家族企业根植性的关键在于，培育一个良好的地方文化伦理。当然，企业组织的转变过程和根植性基础的奠定过程是漫长而艰辛的，但是，只要我们善于总结经验，就可以站在前人的肩膀上发现适合家族企业管理的治理机制，就能够找到家族企业长治久安的道路。

五　稳定劳动力以提高企业的根植性

（一）稳定的劳动力是提高企业根植性的主要内容

一般地，家族企业要借助于网络状的企业集群来提高效率和壮大规模，一个重要条件就是存在稳定的劳动力，这就要求为打工者提供更稳定的社会保障。事实上，就集群内的家族企业而言，它的发展状况显然与集群内外的文化伦理密切相关，而文化伦理的形成往往需要长期的共同生活、工作的背景，而这又与整个地区的劳动力构成特点有关。一般地，当一个地区的人员相对稳定时，在共同生活背景的基础上可以增强认同感，从而就有利于共同伦理培育；相反，如果人员流动频繁，则不仅在企业内部无法形成一个互信的企业文化，而且也会影响企业之间信任关系。同时，按照协作系统观的观点，构成企业组织的所有参与者都是平等的一员，只有在平等的基础上进行分工协作才能真正提高企业的有效性。但是，由于人口流动比较频繁，企业组织往往更不容易把这些员工视为公司大家族的一分子，从而也就会逐渐偏离协作系统这一本质。与此相适应，近年来中国正在努力构建和谐社会，和谐社会的本质特征就是安定有序、互惠合作，所有国民都是社会平等的一分子；正是受国家发展目标和方针的引导，越来越多的社会舆论开始关注农民工的福利和社会保障问题。当然，论者大多是从社会公正角度来阐述的，但事实上，保障农民工的福利乃至提供安定的生活，本身就与其工作单位乃至所在地区的经济发展存在密切关联。

　　一方面，就企业组织的发展而言，企业组织的持久发展的关键在于内部成员的认同，是建立在企业主、管理者及其他员工互信的基础上。显然，如果员工不认同和关心企业的发展，那么，如何能够确保员工在企业组织遇到危机时不会弃它而去？同样，如果企业主对员工的企业认同感缺乏信心，那么，企业组织又如何会对员工进行长期的人力资本投资以及进行大规模的技术改造？在这种情况下，企业组织的任何决策往往是短期的，不可能着眼于长期效率而进行通盘的考虑，企业组织必然缺乏持久的发展动力，以致企业组织也必不可能得到充分的规模扩张。显然，如果劳动力具有高度的流动性，企业组织在雇用和解雇员工时具有较强的随意性：那些外来工仅仅是在年轻时才能受雇于企业组织，而一旦有病、结婚就被迫回乡而再无返回同一企业组织的可能。试问，在这种情况下，如何能期待这些员工视企业组织如家以及把个人利益与企业发展结合起来呢？同样，如果员工随时都可能离开而不再回来，那么如何让企业主倾向于并有信心做大企业呢？一般来说，劳动力流动越频繁，员工对企业组织的认同感越差，企业主也越不可能真正视员工为企业组织的真正一员。相应地，企业组织也就越缺乏发展后劲，规模也就不可能做大。据我们的研究统计，正是高度的劳动力流动性，导致了广东省的企业总体规模特别是三资企业的规模就比江苏、山东等低很多，且主要以劳动密集型企业为主。进一步讲，如果劳动力的不稳定，一个地区或者一个集群经济往往也就难以形成良性的合作和竞争关系，更难以形成健全的信息交流机制。这样，最终将使得整个地区和集群的产业缺乏根植性，造成根植性危机。事实上，近年来，由于劳动力的不稳定，广东省一些地区的集群已经处于衰退状态，有越来越多的企业和集群正向其他地方转移。

另一方面，就社会的安定而言。因劳动力的频繁流动而缺乏共同的生活和情感背景，往往会使得企业主和员工都盛行机会主义而没有长期扎根的愿景。在这种环境下，这个地区的企业组织往往实行更为苛刻的管理制度来控制员工可能的机会主义行为，更倾向于基于委托—代理式的单向治理方式。并且，由于在这种情况下，劳方相对于资方的谈判势力更弱，企业对员工的剥削更严重。事实上，在广东等沿海地区，由于人口流动比较频繁，因而这里的工厂往往实行更为苛刻的管理制度：不但员工缺乏法律上的福利保障，而且，即使法律上已经规定的也无法真正贯彻。与此同时，我们也可以看到，在同一个工厂里，外来员工所受的剥削要比本地人高得多，不仅表现在工资上，而是体现在岗位、福利、工作条件等几乎所有方面。正因如此，外来员工对本地企业、政府乃至社会都采取很不认同的态度，这种社会紧张不但造成了严重的经济危机；而且，也为社会安定埋下了可能爆发危机的导火索，这是和谐社会构造中的极大隐患。究其原因，在这种社会文化中，企业主和员工相互不信任，导致企业不仅严重剥削员工，甚至还拖欠少得可怜的工资；与此同时，一些地方政府对这些分内之事却无所作为，甚至还站在企业主角度共同对抗员工的罢工等抗议活动，反而造成问题越积越重。因此，笔者呼吁关注打工者的社会福利，这不仅是出于社会正义，也是为了这些地区企业和社会成员的利益考虑。

（二）劳动力影响企业根植性的历史经验和教训

关于劳动力的稳定对企业治理模式以及企业和地区长期发展的影响，我们也可以从资本主义企业发展史的例子中窥见一斑。事实上，以等级控制著称的泰罗管理体制之所以能够在底特律得到全面的实施，就在于当时底特律的人口流动非常频繁，大多数劳工都是外来移民。例如，1910 年底特律市只有约 50 万人，而 1920 年达到 100 万人；1911 年底特律只有 17 万工人，其中 16 万都是通过雇主协会从外地招募过来的外来移民（主要是奥地利、匈牙利、意大利、俄国和其他东欧地区的移民）。推而广之，泰罗管理体制之所以在美国比其他国家应用更为成功，也在于美国是一个移民国家，并且在 20 世纪初期的移民潮非常强盛。实际上，当时许多工业部门中半数以上的工人都是移民。例如，钢铁工业中是 8%，棉纺织业中是72%，服装业中是 83%，等等（拉什，2001：215）。再如，1907 年匹兹堡市郊的卡内基镇的 2.3 万多个工人里，也就有 2/3 是外来移民（福山，1998：273）。但历史经验表明，这种泰罗管理体制是不可能维持企业持续发展的，事实上，当时以贯彻泰罗体制而著名的福特公司实际实施的管理制度就比理论上的更加人性化。例如，在大萧条时期，福特公司尽管营业收入和利润都大为下降，但还是为员工提供了住屋和福利津贴，并试图培养劳工和管理阶层之间的共同体精神。正是这些安定劳动力的措施，最终夯实了福特公司持续发展的基础。

而且，早期美国的移民基本上都是没有文化的，这些半熟练和非熟练工人具有极高的流动比率，到 1913 年为止平均每年为 100%，这也是美国实行泰罗制的社会基础。发展到今天，就整体而言，美国的劳动力市场仍旧是高度流动性的；对单个企业更是如此，因而企业往往倾向于实行短期雇佣制。事实上，在从事体力劳动和办公室工作的职员中，美国公司经常出现 50% 的年度职工补缺率，在某些年度甚至高达 90%。在这种情况下，美国公司更不愿意对员工作全面技能的培训，员工也倾向于走专业化的发展道路。这样，一方面，一个企业组织可能花费 15 天左右时间来训练新雇员，而这些雇员常常干 2~6 个月就辞职了；另一方面，企业组织往往倾向于从市场中聘请专业的管理人员，但这些经理人员也经常变动，每年往往也存在 25% 左右的补缺率，以致负责协调企业全面工作的副总经理们也经常更动（大内，1984：49）。据研究，美国公司人员的补缺率约为日本公司的 4~8 倍，因此，雇员的高流动性迫使公司采取迅速评价和升级的办法，而经理人员的更换更是使一些尚未适应企业微妙性的信任担任了有影响的职位。显然，在这种情况下，如何能够在管理者、员工和企业之间建立密切的认同关系？也正因如此，美国企业一般总是强调上级明确的控制，美国学术界也普遍关注"leadership"，而对如何发挥员工的团结协作精神以及提高企业内部的隐性协调相对重视不够，这也正是欧美企业相对于日本企业的劣势。

可见，家族企业的壮大和地区整体经济的发展都与本地区的文化密切相关，进而也与劳动力的流动状况有关。事实上，企业集群的根本性优势就在于其良性的合作和竞争关系，关键是形成了最大多数成员之间相互信任的文化氛围。就中国社会目前的状况而言，首先就是要努力保持劳动力的相对稳定以及劳动力素质的稳步提高，这是以集群形态存在的网络式组织具有强大根植性的一个重要条件。要解决这一问题，往往有待于政府的积极作用：（1）政府要为外来工提供基本的社会保障；（2）政府要努力为他们提供安定而长期的住所，甚至使之成为当地社会的一员。事实上，只有生活安定了，雇主和员工相互间才能有信心，才可能有真正健康的企业文化，从而也有利于企业的成长。当然，这里强调劳动力流动对企业组织成长有显著影响，并不仅仅是针对企业个体而言的，更主要的是针对一个地区和社会而言；而且，劳动力流动性越差，并不意味着企业就越稳定、规模越容易做大，这存在一个流动的"度"。事实上，硅谷企业之所以能够迅速做大，一个主要特点就是，存在开放而自由流动的劳动力市场，这使得雇员们的经验和知识得到优化配置。不过，我们还是要更进一步地认识到，这种流动与国内流动之间的差异：硅谷的人员流动基本上还是在地区内的，在该地区内相互之间都熟识，这样反而可以形成了社会网络组织。相反，目前中国劳动力的流动往往是跨地区间的，这样造成所有的人之间都是陌生的。

总之，在当前形势下，中国家族企业要持续发展和壮大，一个重要途径就是形成网络化的集群。网络化的集群又是建立在相互认同的文化伦理之上，而这种文化伦理的培育又需要存在稳定的劳动力。但不幸的是，由于企业治理上的认知偏差以及各地政府的不作为，迄今为止还没有很给力的政策措施来为外来工提供较为稳定的生活条件，这导致劳动力供给因流动性过高而很不稳定："民工潮"和"民工荒"交替出现。与此相适应，在企业治理上也往往实行那种会恶化劳资关系的方式，最终导致中国的家族企业一直得不到良性的发展和壮大。事实上，近十几年来，无论是在理论界还是在实务界，中国企业都崇尚欧美社会的那种竞争体制，并盲目模仿和引进欧美企业的委托—代理机制。但迄今为止，无论是对国有企业还是对家族企业的现代化改制，其成效并不明显，甚至反而造成了越来越严重的社会问题。究其原因，委托—代理机制体现的是单向约束关系：委托人有权监督代理人的行为，而代理人却没有监督委托人的权利，结果反而造成了委托人的机会主义行径之盛行；而且，委托—代理机制建立在双方利益能够截然分开、并且具有较为完善的社会监督机制的基础之上。一般地，如果说委托—代理机制比较适应于以个人主义为基础的西方社会，那么，它在以集体主义特别是以家族为基石的儒家社会就显得很不相容，特别是，它不是注重相互监督的集群内企业的有效治理方式。事实上，经济行为深深地嵌入在一定的社会关系网络之中，因而企业治理本身就涉及社会制度与文化之间的根植性问题。显然，如果不能解决根植性问题，不但家族企业无法做大，地区经济的发展也会受到抑制。

结语：企业组织的形态嬗变和走向

本书正文从协调演化角度分析了企业组织的起源、性质、发展、归属、治理和效率等诸方面。显然，根据本书的观点，协调是人类社会中一切组织的本质职能，人类社会中衍生或设计出的一切制度规范最原始的目的和功能都是为了增进社会事物之间的协调。正如 H. P. 扬（2004：2）指出的，"经济与社会的制度协调着人们在各种交往过程的行为。市场则协调发生在特定时间和特定地点的特定商品的交换。货币协调交易。语言协调交流。礼仪则协调着我们相互间如何进行社会交往。普通法限定了对人及财产所采取的可接受的行为的界限，并告诉我们逾越这一界限意味着什么"。而且，需要指出，尽管一个制度规范从非正式到正式的演变过程中渗入了人类有意识的努力，但从大历史的角度看，几乎所有社会制度都是人类社会在长期的互动中逐渐演化而成的。迄今为止，不但人类社会中绝大多数社会协调和制约还是以习俗或者伦理形态存在，而且目前看似已经成文化的正式制度也面临着不断演化的过程，因而它们实际上也都处于流动的不定型状态。

事实上，就生产型的协作系统而言，它从家庭组织演化到企业组织经历了几千年的时间，从家族企业组织形态过渡为现代企业组织形态又经历了几百年的时间，而现代企业制度的发展也已经有了上百年时间。而且，构成协作系统的内在要素还在不断演变，因而企业组织的形态和结构也必然还要发生进一步的演化。根据前面提出的理论，企业组织的产生和发展是与协调机制演变相对应的产物，是人类为增进协调收益而进行的组织"创设"。那么，随着社会发展而带来对协调水平的新要求，人类社会的协调机制将发生新的变化，与此相适应，企业这种组织形态也将发生嬗变。也就是说，基于协调水平增进维度，通过对不同历史时期相应的协调机制之演变的探索，我们就可以探知各类协作系统的形态变化，并通过分析现实社会中的力量结构而剖析它的种种现实形态。特别是，通过考察协作系统构成要素的未来变化，我们借此可以预测和洞悉企业组织在未来一段时间的演变走向。为此，本章从构成协作系统的基本要素的更替和组合方式入手，探究相应的协调机制的演化，从而挖掘和预测生产型协作系统的形态演变。

（一）社会生产力发展与协作系统构成要素的递变

要探索协作系统的具体形态及其相应的协调机制，首先就必须对协作系统的构成要素加以分析。一般地，生产要素在某种程度上体现了物化劳动在不同历史发展阶段的具体形态，而物化劳动的主体形态则体现了一定社会阶段的生产力状况（朱富强，2004：第7章）。这意味着，生产力的发展水平是协作系统中的构成要素以及形成相应协调机制的基础，剖析生产力水平的变化也就可以更深刻地认识协作系统的演化。事实上，"企业组织的历史起源"部分对生产组织的演变所作的考察也就是以生产力的发展为基础的。因此，顺着生产力的发展途径，通过对协作系统中关键生产要素的变换以及与之相适应的协调机制特征的探索，也就可以洞悉企业组织形态变化的大致趋势。

1. 智力社会中知识要素地位之凸显

对生产力发展的探讨，我们最为关注的是生产要素转换，因为协作系统根本上就是各类生产要素间的协同合作；生产要素的构成和相对地位的不同必然导致协调方式和水平的变化，企业组织的诞生也是与协作的特定生产要素相联系的。为此，这里从生产要素演化维度重新对人类社会的发展进行梳理。事实上，社会科学没有绝对真理而只有对本体认识的不断接近，它反映了拥有不同知识和处于相异环境下的社会主体对社会现象的认识，从而不可避免地带有主观性（朱富强，2004：278）。例如，就社会发展历史阶段的划分而言，社会发展本身是个连续的过程，尽管存在发展过程从量变到质变的转变；但是，它本身并不自然地表现为封建主义和资本主义等明显的阶段，这些名词仅仅是学者们（典型的是马克思主义者）为了考察人类社会的某些特征（如社会制度形态的差异）而附加的概念（或名词），它们有助于人们在提到某些东西时产生共同理解的镜像。也正因为这些概念是不同主体观察社会所赋予的，不同主体观察社会的角度和观察的对象不同，就会赋予社会发展以不同的概念，这同样可以产生共同理解的分析镜像。

　　事实上，马克思提出的社会发展五阶段论也仅仅是反映了一类学者观察社会发展的视角，但这并不是一个绝对规律，相反，按照这个社会发展观，多姿多彩的社会中本身就存在着很多特殊、偶然的情况。例如，这种一般的划分就将亚细亚生产方式排除在外了，而根据法国马克思主义经济人类学家戈德利尔的看法，亚细亚生产方式应该被看作一种世界性的、普遍性的生产方式，而以前视其为一种纯地域性的生产方式是一种曲解和贬低（栗本慎一郎，1997：23）。因此，在某种程度上讲，例外、偶然、特殊就是一般，它暗含了人类社会发展中的一般，也暗示了传统理论的缺陷。按照波普尔理论，存在例外的理论本身就被例外证伪了，因此理论就需要纠正和发展。事实上，马克思将社会的发展划分为原始社会、封建社会、资本主义社会和社会主义社会等几个阶段，是从人与人之间的关系，即生产关系的角度进行划分的。生产力和生产关系是社会生产方式的两个基本方面，但在两者当中，生产力是第一性的，生产关系是第二性的；生产关系与一定的生产力相适应的，但与一种生产力相适应的生产关系可能不止一种。正因如此，马克思本人强调，世界的发展即使是一元的，也是多线的（罗荣渠，1993：62）。也就是说，就有可能出现与同一生产力水平相适应的社会形态（即生产关系）的变异性和多样性。例如，有人基于中国的现状而把它称为永远的农业社会，但正如钱穆（2001：14）指出的，农业社会并不就是封建社会。同样，商品经济主要盛行于工业社会，但工业社会显然并非一定就是资本主义社会。

　　在我们看来，人类社会的发展是一个从涂尔干意义上的机械团结向有机团结演进的过程，也是社会分工不断和谐、有序化的过程，也就是社会生产的协作半径不断扩展、协调不断增进的过程。在这个演化的过程中，生产力水平也在不断提高，社会价值量不断增多。因此，通过生产力水平的考察，我们可以大致剖析分工的状态。譬如，当我们还处于小农生产阶段时，社会分工就主要局限于家庭范围。当然，当我们具体考察生产力的发展时，往往可以从体现生产力水平的工具标志进行分析。但是，生产工具往往具有两个不同层次的理解。在狭义的通常理解上，工具被看成斧头、机器等劳动资料；而在广义的深层理解上，则包括了劳动对象和劳动资料两个方面，综合体现为生产要素。正是根据这种思路，笔者（朱富强，2004）尝试探索了一种新的更为细化的社会阶段划分法，这里再次作简要说明。

我们知道，生产力的发展主要是靠生产要素的投入支撑的，而生产要素是多重的，但在不同生产力水平的发展阶段，必有一种起最主要作用的生产要素。例如，在奴隶制社会，奴隶的劳动是最重要的生产要素，财富的创造主要是投入的奴隶劳动数量决定的；在封建社会，土地是最重要的生产要素，这也是法国的重农学派强调土地是财富之母的原因；在资本主义社会，物质资本是最重要的生产要素，资本投入多寡直接影响到产出状况；在未来社会中，关键的生产要素仍旧会发生转变，这就是知识（或者说信息），即凝结了人类物化劳动的智力（的运用）。而再往以后，私人性的生产要素将会进一步被公共性的生产要素所取代，社会资本或制度资本等的重要性日益凸显，它们的根本作用在于协调以往各种私人性的生产要素。也就是说，未来社会生产力的发展的动力可能是来自社会协同所产生的潜在能量，这是真正的要求人类社会可持续发展的阶段。其实，协调也可大致地看成管理资源。在早期，首先只是土地和劳动才被看成生产资源，而只有当教会对高利贷的指责放松以后，资本才被视为一种生产资源。同样，管理和协调也是经过相当长的一段时间，直到近年来才被作为一种资源看待的，它也才被承认为创造价值过程中的一个合理因素。所以，雷恩（2000：560）指出，"管理作为活动也是一种资源，它是通过更为经济地指导各项工作从而负有创造价值的能力的"。究其原因，协调会创造出一种生产力，也创造出价值，而且，有序化协调是生产力提高的根本源泉。

根据以上分析，从关键生产要素轮替的角度，我们可以根据历史演进的逻辑将社会发展阶段划分为劳力社会、地力社会、资力社会、智力社会以及协力社会（或称序力社会）这几个阶段。一般来说，每一新阶段的社会来临，都会对前一社会阶段所累积的问题进行冲刷，从而有效地解决或缓和前一阶段社会中积累的矛盾；同时，新的社会阶段又会伴随着其自身矛盾的成长，从而衍生出新的问题。在劳力社会中，劳动的产物（即财富）基本上都用于消费而没有多少剩余，拥有活劳动的多少就成为财富拥有量的显著标志，有了钱一般总要用于购买奴隶；因此，关于农奴和奴隶甚至佃农、荫户的争夺就成为当时社会的主要矛盾，也是爆发激烈社会动荡的根源。在地力社会，活劳动创造的财富有了一定程度的积累，这种积累主要凝结在土地上，从而土地成为衡量财富大小的标志，有了钱总要以购买土地为理想归宿；因此，地力社会自然自发地解决了劳力社会中对劳力争夺的矛盾，但又不断地出现了争夺土地的对抗，这时的社会矛盾也就集中体现在土地问题上，如在中国"平均地权"就是贯穿地力社会始终的口号。同样，到了资力社会，活劳动则主要物化在自然物质上，并以货币作为通约性的资本度量；此时，由土地所有权而产生的矛盾基本上已经得到了缓解，但资本的集中和垄断又成为该时期的主要社会症结，从而产生了累进制税收等进行收入再分配的政策。

其实，在整个地力社会，抑制土地兼并甚至均分土地一直是上千年中经久不衰的呼声。但是，随着资本主义的到来，土地问题的重要性已经下降到几乎可以忽略的程度。同样，在漫长的资力社会，抑制垄断和资本兼并也一直是学者、政治家关注的焦点。但是，随着新的智力社会的来临，它的重要性也必然会日趋下降，资本主义矛盾的发展会像前面任何一个社会阶段中的矛盾一样，必将随着资本在市场中作用的稀释而消解。早在150年前，马克思曾深入分析过资本主义社会不可调和的矛盾：资本越来越集中，企业组织的规模也越来越大，等级链越来越长；正因如此，这就为以计划机制为主的计划管理方式奠定了物质基础，资本主义也从自由资本主义发展到国家垄断资本主义，最终被社会主义（共产主义）所代替。但是，如果从大历史观的角度对不同社会发展阶段的生产力的变化进行分析，那么我们就可以明白，马克思的方案基本上都是建立在以资本为主要生产要素的资力社会基础之上，而没有预料到生产力阶段的改变，因而他的设计方案由于受到历史的限制而变得粗糙和虚无。相反，在一个以知识为主要生产要素的智力社会中，由于知识生产要素的独特性，它给社会带来的影响将比以往几次更替都更为强大，也必将重组社会资源，大大缓解资力社会中存在的矛盾，同时会产生出新的、更为艰巨和复杂的问题。

总而言之，上面的分析表明，人类社会正在经历一个否定之否定的循环过程，从以人为本的劳力社会重新回到了以人为本的智力社会，只不过劳力社会中的人是几乎同质的人，而智力社会中的人则越来越异质化、多样化。而且，我们可以预见，智力社会将会是整个人类社会发展的一个重要转折点或新的发展点，它带来了史无前例的新课题。那么，在智力社会中，如何提高生产效率，增进劳动有效性的呢？与此相适应的协调机制又有何特点？显然，任何社会的协调机制都与其生产要素相适应，而智力社会中最重要的问题是如何协调多样化的个人和多样化的生产要素——知识。因此，为了探索智力社会中的协调机制特征，就有必要对知识的特性作一番考察。

2. 知识生产要素的根本性特质

基于对以往生产要素所有权的观察：奴隶的规模、土地的规模以及资本的规模都会越来越大。坎铁隆率先提出了在任何经济社会形态下都存在的所有权集中规律，这在后来又为马克思、帕累托等人所发展。确实，所有权集中规律体现了迄今为止的社会机制和市场机制下的财富运动规律，也体现了社会分配的马太效应。（1）在政治主导的社会机制下，社会财富分配是社会权力较量的结果，而社会权力又是不断自我强化的，从而导致财富不断向社会强权者流动和集中；（2）在资本主导的市场机制下，社会财富分配是金钱权力较量的结果，而金钱权力也是不断自我强化的，从而导致财富不断向金钱强权者流动和集中。同时，在迄今为止的人类社会中，社会权力和金钱权力又是相互支持和相互渗透的，这就强化了社会阶层的存在。但是，在以知识为关键生产要素的智力社会中，这种所有权集中规律就不再成立了，因为知识具有不同于其他生产要素的显著特点：分散性和互补性。

首先，就知识的分散性而言。一般来说，以往的生产要素无论是奴隶的劳动、土地还是资本都具有易转移性、易积聚性和易积累性等几个特点。之所以说奴隶的劳动是易转移的，是因为劳动的载体奴隶本身可以由作为奴隶主的父亲遗留给作为奴隶主的儿子，或者一个奴隶主转送给另一个奴隶主。之所以说奴隶的劳动具有易积累性，因为随着生产剩余的越来越多，奴隶主可以购买越来越多的奴隶，从而也就带来劳动的积累。至于劳动的易积聚性，是指管理有序的奴隶主可以兼并"破落户"奴隶主的奴隶，从而积聚劳力。奴隶劳动的易积累性、易转移性等还在于，从劳动的复杂程度的角度上讲，奴隶的劳动相对来说是同质的简单劳动，以及奴隶的子孙也成为原来奴隶主的奴隶。同样，土地和资本也具有相当的易转移性、易积聚性、易积累性，因为这些生产要素都是有形的，可以与其使用主体分离开来。

然而，智力社会中的知识却具有不同于以往任何生产要素的显著特征：难转让性、难积累性、难积聚性。知识的难转让性是指，父辈很难像转移资本等有形财富那样将一生所获得的知识转移给子孙，因而子孙就不能像传统社会接受巨大土地或资本那样迅速获得具有领先于其他人的先天（事先）优势，同时，也难以从其他人那里方便地接受到巨大的人力资本转让。知识的难积聚性主要是指，每个人的学习时间和精力甚至生命长度也是有限的，他不可能无限制地扩展他的人力资本。知识的难积累性是指，知识具有即时性和易逝性，它不像资本那样可以窖藏，所谓"学如逆水行舟，不进则退"。正因如此，知识的发展将是越来越分散的，人们也越来越难以拥有自己所需要的全部信息；而且，随着社会的发展，个体的知识占整个社会知识的比例越来越小。这样，以知识为主要源泉的财富的规模将越来越受到限制，甚至可能越来越萎缩（特别是相对量更加明显），个人也越来越需要他人的协作和帮助。

此外，无形状态的知识资本的一个显著特征是异质性，这种异质性使得知识难以加总、合并，甚至衡量；相反，以往的生产要素基本上都是同质的，或者说差异是有一定的限度的。譬如，早期的劳力主要是指体力，而不同人之间的体力差异显然非常有限；同样，地力社会中土地的肥沃程度也是有限的，而资力社会中各种具体的物质资本都能够同质化为货币资本。特别是，人力资本本质上是知识形态的物化劳动在人体上的凝结，而异质而分散的知识凝结在人体中就形成了异质化的人力资本，异质化的知识资本和人力资本相互强化使得知识本身越来越复杂，信息也可能越来越不对称，从而增加了协作的难度。

其次，就知识的互补性而言。我们知道，以前各个社会阶段的生产要素在使用和占有上都是强烈排他性的，因而这些生产要素具有强烈的私有性。但是，知识这种生产要素却可以在更大的范围内共享，从而具有丰富的公共性；更为重要的是，知识的互补性远远要高于以前的劳动、土地、资本等生产要素。一般地，知识的互补性可以从两个方面得到体现：（1）沿时间的互补性，即对同一个（个人或群体的）知识传统而言，尚未获得的知识与已经获得的知识之间存在着强烈的互补性；（2）知识沿空间的互补性，即对不同的知识传统（个人的或群体的）而言，各个传统内已经积累起来的知识，通过传统之间的交往而获得强烈的知识。因此，要想更充分地实现某一知识的价值，就必须与其他知识共同使用。事实上，根据木桶原理，由于知识的互补性，如果合作的每一方都将自己木桶中最长的那一块木板用来组建新的木桶，那么新的木桶容量将大大提高，而这个木桶也可以为每一方使用，从而达到真正的双赢或多赢。

一方面，知识在使用上具有互补性。这主要是指两个知识单独运用于经济活动时各自获得的收益之加总小于它们联合运用于经济活动时的收益。事实上，当前市场上各种最终产品的使用或零部件之间都存在兼容性问题。例如，一旦某一软件程序占有足够的市场份额，其他新的软件就往往只能在兼容基础上进行革新（肖渡等，1999）。而且，知识的价值就在于被使用，采取协作和开放的态度大大有利于知识的利用效率。另一方面，知识在生产上具有互补性。这主要是指任何新知识的生产都以前各种知识相互作用、相互契合的结果。事实上，知识发展过程中存在明显的非线性扩展和协同效应。例如，当前企业单靠自身的力量就难以跟上技术变化的步伐，而只有通过协作才能获得竞争所需要的资源。而且，协作也有利于知识创造的风险分担，有利于投入的增加。所以，德鲁克（1993：202）总结说："在过去200年间，专业化是取得新知识与传授新知识的最佳途径，这在今天的自然科学中依然如此；而在其他方面，专业化正在成为获得知识的一种障碍，而使知识发挥效益的过程中，专业化更成为一个绊脚石。学术界将一切印刷成书的东西都看成是知识，但这肯定并不是知识，它只是未经加工的数据。"

可见，正因为知识具有分散性和互补性的双重特性，并且以知识为核心内容的人力资本最具私权的性质，它几乎从来不会为他人所完全占有。因此，如何提高人与人之间的协调、充分利用知识的互补性，就成为智力社会的一个重大课题。其实，也正是由于知识生产要素之间的这种协作性要求，使得传统的协作系统发生了进一步演变：等级制的企业组织越来越凸显出网络化的特征；而且，随着组织的网络化特征越来越明显，网络的外部性成为推动网络增长的重要因素。譬如，就互联网基础设施的建设而言，对于较大的提供商来说，同其他提供商共同指定兼容标准的双边协议是最优的，而对于较小网络提供商来说，服从大厂商标准的协作协议则最好。相反，如果人人都不愿让别人享受自己知识的外部性，那么知识的发展就会遭到遏制。譬如，如果管理者想将其他员工的想法据为己有，那么员工的知识供给动机就会遭到削弱，从而使得组织中本应该自由使用的知识由于被隐藏而造成一种人为的稀缺和垄断（斯蒂格利茨，1999）。

（二）协作系统构成要素的递变与协调机制的演进

分析生产要素的演化，关键目的是要揭示出不同生产要素在协作系统的团队生产中是如何协作的。因此，在挖掘智力社会及其基础——知识——特征的基础上，就可以进一步深入分析影响协调的内在因素以及相应的协调机制，从而可以进一步揭示协调机制演变的内在动力及其机理，以预测企业组织形态的发展趋势。

1. 知识分工的深化及其伦理基础

由于在智力社会中，知识成了最为关键的生产要素，因而完善的知识开发、创造及应用体制就为经济的发展注入了内在的动力。问题是，怎样才能提高知识的创造率、利用率？这就需要知识分工的深化，原来一直隐藏在有形的具体劳动之下的知识分工，其重要性在智力社会日渐显露。所以，哈耶克（2003）说，如果斯密的劳动分工理论已经成为经济学的基石，那么，由劳动分工所引起的知识分工实际上应作为社会科学的经济学的中心问题。而且，正如正文中指出的，社会化生产之所以强调协调，就在于协调能够深化分工并进而提高分立劳动在创造价值过程中的有效性，而协调机制的演变正是基于分工深化的基础之上。事实上，正是智力社会中分工的变化，产生了对社会化生产中协调机制的影响，因为分工日益体现在越来越异质化的劳动之间。显然，知识分工的扩展就意味着协作层次的深化和范围的拓延，并且，知识的特殊性使得知识分工需要更为深厚的伦理基础。因此，通过分析智力社会中知识分工深化的趋势及其带来的新要求，就可以挖掘增进协调水平的相应机制。

首先，知识作为主要生产要素的出现，为社会的生产和交易带来更为广泛的两难困境，从而增进了对伦理认同的要求。（1）就知识生产来说，表现在知识产权保护和知识创造的报酬激励两方面的两难困境。在知识产权保护方面，存在着知识的利用效率和创造效率之间的二律背反：知识的公共性规定了知识只有在不存在利用障碍的情况下才能最大限度地实现自身价值，这意味着，诸如专利、版权和基于商业秘密的财产权等的作用对社会总福利而言往往是无效率的；但同时，知识产权的私有性决定了如果知识不受到保护的话其生产和创造就会失去激励，从而使得知识的创造效率下降。在知识创造的报酬激励方面，也存在着报酬的激励效率和知识创造的投资效率之间的二律背反：如果报酬激励不强，则知识创造的投入也不足；但同时，如果报酬激励过强（例如实行锦标赛式的报酬机制），则可能引起投资的拥挤，从而造成资源的浪费，这是因为知识是可重复使用的。（2）就知识交换来说，也存在知识价值的测不准法则：如果知识不公开，就无法了解它的真正价值；而一旦公开了，它也就失去了原先的价值。因为个人在获得某条信息之前是需要它的，而当获得信息以后实际上已经不再需要它了，或不再愿意为此支付费用了。

其次，知识的使用也需要知识所有主体之间的协作，从而需要深化不同知识所有主体之间的协调。（1）知识是分散的，每一个社会成员都只能拥有为社会成员所掌握的知识中的一小部分，从而每个社会成员对于社会运行所依凭的大多数事实也都处于无知的状态（哈耶克，2000c：11）。而且，知识的增长使得人类创造的文明日趋复杂，相应地为人们认知周围的世界设置了新的障碍。因此，一个人知道得越多，他所掌握的知识在全部知识中所占的比例就越小；而且，随着人类知识的增长，无知的新领域就会被不断开拓出来。（2）知识具有互补性，知识作为个人的知识而存在，但所有个人知识的总和并不能构成一个整体；相反，个体知识的差异往往会增强总群体力量，使其超出个人努力的总和。为此，哈耶克（1999：44）强调，文明的生成就是始于个人能够利用自己知识范围以外的更多的知识来追求自己的目标，只有这样才能突破无知的樊篱；进而，哈耶克（1997：52）还指出，整体越复杂，我们就越得凭借在个人之间的分散的知识。特别是，知识分工的推进使得知识进一步分散化，而生产任何一件微小的东西都需要众多人的智慧和协作的努力。尽管每个人都具有一定的个人知识，但在大多数情形下，只能运用与别人协作中所了解的知识，从而不同的知识载体之间就具有协作的必然性和必要性。

显然，正是由于知识具有强烈的互补性，这就涉及如何有效地处理知识使用的分工和互补性知识的交流问题。（1）知识应用的分工和知识创造的分工造成技能的广泛分散，虽然对于经济活动具有重要意义，但也可能导致创造和应用的脱节，这就需要拥有"知道是谁"的知识企业家的出现。德鲁克（2000：239）就指出，"只有管理活动才能令所有这些知识和知识工作者产生出效益来。管理的崛起将知识从社会的装饰品和奢侈品转变为所有经济部门的真实财富"。（2）更重要的是形成广泛的共识。Hazlitt指出，"如果没有一个较广框架内的信任，个人往往难以专心致志地利用其专业知识，也很难去新领域中发现知识，结果大量的有益行动永远不会发生"（转引自柯武刚和史漫飞，2000：113）。汪丁丁（2000：133）则指出形成共识的两个基本条件：（1）主体间物质生活的互惠性，即交易带来的好处；（2）主体间共享的基本伦理意识。巴达拉科则指出，知识能够充分交流必须具备的四个基本条件：（1）它必须能被清晰地表达；（2）必须有某个人或某个集团能够理解该知识；（3）该个人或集团必须具有充分的动机去理解该知识；（4）必须不存在限制交流的障碍（迪屈奇，1999：150）。这就意味着，要形成普遍的协作，就要培育普遍认同的伦理。彼得斯提醒说，即使是新技术，科技的使用也是5%的比特（先进的跨洲的电子邮件系统）和95%的心理学和社会学（倾向于共享信息而不是保存信息的组织）（V. 艾莉，1998：33）。

可见，随着社会的发展以及知识的进一步分散，特别是在大量的知识还主要是以非规范的默会形态存在的情况下，如何更好地利用这些默会知识就越来越重要，这就需要文化的认同、共同背景的分享。相反，在一个缺乏信任的组织中，每一个人都倾向于贬低他们从别人那里获得任何知识的重要性，并极大地粉饰他们已经拥有的知识的力量，这些都是智力社会低效率的根源。当然，知识充分利用的关键是适应信息的变化而促进组织结构的变革，因为传统具有较强封闭性的共同体式企业本身的失灵问题在信息时代将日益显露。金迪斯和鲍尔斯（2006：79）就指出："成员彼此间持久的接触要求共同体的规模相对小，同时，由于共同体成员偏好与共同体内部的其他成员交往，这经常限制了他们发展从外界更广泛的交易中获得利益的能力；此外，共同体相对同质性的趋势使其不可能获得由不同的知识和其他技术所能带来的经济多样性的利益"。

2. 社会网络化与协调机制的演化

为了解决共同体式企业组织对知识协调的失灵问题，一个基本的解决措施就是组织网络化。譬如，在"第三意大利"地区，正是组织的网络化治理使得原先无法独立生存的小企业在营销、研究和培训的规模经济中获益，并能够与其他的公司巨头进行竞争。事实上，智力社会的推进在导致智力分立和劳动异质化加强的同时，除了加速知识分工的深化外，更主要是形成了对协调机制产生重大影响的社会网络化特征。究其原因，协调机制的特征是与组织结构历史地并行发展的，因而企业组织的变化也必然要求协调机制发生相应转变以适应网络化的要求。显然，正如"金字塔"的层级制和"法约尔桥"完美符合等级制工业经济时代的以控制和计划为特征的平稳的商业世界的需要；在网络化时代，信息和知识成为组织的核心战略资源，整个组织沉浸在巨大的信息和知识的海洋中。

因此，在新的形势下，组织内部的信息沟通也不再简单地遵从孔茨等人所指出的纵向、横向和斜向等线性方式，相反，企业组织结构重新设计需要考虑的关键在于如何提高企业的柔性。可以肯定地说，网络技术的发展赋予了这个时代企业组织柔性的管理方式，因为没有任何传统的企业组织结构能够具备在今天的社会中成功所需要的速度、灵活性和凝聚力。为此，现代企业的协调主要呈现这样的几个特点：（1）跨功能小组的凸显。这种跨功能小组通常由具备不同技能和能力的成员组成，这些小组产生了协同作用，可以促使不同功能间的交叉繁殖，从而使产出增殖。（2）横向组织——等级制的消亡。由于运行成本越来越高，金字塔式的等级制已经越来越不能适应智力社会的需要，而平面化的横向结构则便利于对客户需求的及时反应。（3）重新设计生产流程以有效利用资源和贴近客户（科马里，2000：34-38）。

正是由于信息的加速分散化，企业组织的日益网络化，整个社会的资源配置凸显了另外一种方式。如果说农业社会的突出特点是以"缘协调"为主，工业社会的突出特点是以"企业显性协调"为主，那么网络社会的突出特点是协同有序，即转换到兼顾显性协调和隐性协调的"社会协调"为主。在目前的智力社会最有代表性的生产力是网络，也就是信息赖以传播、处理和交换的设施和通道；如果说工业社会是以机器为中心的商品社会，那么智力社会就是以网络为中心的服务社会。网络经济使人们的相互依赖性正在加强，但是，西方现行社会制度从根本上不适应网络经济，只有某种更先进的社会所有制形式，才能促使人类顺利地进入成熟的信息社会（杨培芳，2000：100）。

等级制的组织协调在当今世界越来越丧失其优越性，协调越来越向基于个体的互动化发展。当然，历史也已经表明，纯粹基于力量决定的市场机制本身就存在种种失灵问题。其实，在纯粹的市场和等级制的企业组织之外还有一些更为有效的协调机制，这是以前的科学未能从经验数据和理论思维两个方面加以把握的，这就是网络化协调方式。有学者指出，资源配置的机制有三种：市场、管理等级制和网络。罗茨（2000）则进一步认为，网络是市场和等级制的替代，而不是两者的混合，而且，网络拓展了公共、私人以及自愿部门的边界。显然，互联网络以及网络化趋势的出现和发展，蕴含了网络社会生活中一切最复杂、最深刻的关系和结构：（1）网络行动使得个人与他人在网络上发生互动并构成一定网络社会关系，即网际关系，从而在此基础上组成网络群体、网络组织、网络社区乃至整个网络社会；（2）网络行动作为网络空间中一个最简单和最抽象的现象和范畴，它存在一个由自身的矛盾运动而不断展开和发展的历程。在人类社会的发展中，把不同个体、不同事物、不同群体、不同组织、不同部门等连接起来，促进彼此的交流和协作，从而实现行动协调、信息沟通和资源共享，也就构成了人类生存和发展的一个基本要求。

因此，网络不是严格地基于价格机制或科层组织的权威命令，而是一种相互适应的协调机制，是一种广泛存在的社会协调方式，动态发展的网络组织是今天经济环境中最有效的结构形式。一般认为，网络治理方式特别强调声誉、信任、互惠以及相互依存，如 Frances 指出的，"如果说价格竞争是市场的核心协调机制、行政命令是等级制的核心机制的话，那么信任与协作则是网络的核心机制"（罗茨，2000）。事实上，如果缺乏一种协商式均衡所需的信任，市场与竞争的话语只能使调控问题复杂化，而网络关系的特点是互惠与相互依赖，而不是竞争。网络化的演进要求各方共同依存于相互控制的资源，它实际上包含相互信任和具有长期愿景的协作以及得到遵守的行为规范。显然，相互依赖性的加强将促进信任的发展，并降低机会主义行为，这意味着短期的追逐私利的机会主义在网络化社会中是不适合的。所以，艾克斯罗德（Axelrod）认为，网络化特征的发展可以利用反复实施囚徒困境策略的方式得到理解。进一步地，随着信任被扎根于网络化中，非正式的机制将扮演更重要的角色（迪屈奇，1999：138）。

一般可以认为，网络化是信息的函数，信息越复杂、互补性越强，协作的要求越强烈，因而网络化的程度也越高，这也是智力社会发展必然出现的特征。正因如此，在技术密集的高新技术领域，企业之间一般也更倾向于采用契约式的联盟，如硅谷的公司组织特征所展示的。其中一个原因就在于，高新技术发展的高度不确定性要求有更高的组织灵活性，从而便于获得短时期的技术成就。根据网络化的发展趋势和要求，波特（2000b）还提出了集群理论，集群的最大特点就是其成员之间的互补性，每个成员的利益增加都会为其他成员带来利益。这意味着，集群具有鼓励新企业设立的倾向，集群一旦开始形成就会呈现出一个自我强化的良性循环效应。20 世纪 90 年代以来，Best 和 Gerlach 等人也相继提出，世界已步入一个新的市场资本主义路径，这新的路径被描述为联盟、关联、协作以及"新"资本主义，此时生产的组织和交易活动是通过主导财富创造的主体之间的协作过程来实现的（李新春，2000a：17）。社会在从"共同体"向"社会"过渡，合理价值向合理目标过渡，世俗生活向经济一体化过渡中，与行为本身有重要关系的价值和标准则也日趋消失。因此，加强社会的伦理道德的普遍认同就是网络社会的当务之急。

3. 社会协调对管理协调水平的增进

由于社会网络化的兴起，与此相适应，协调机制也将发生变化：它以社会网络化组织为基础，重新凸显了个体之间的互动关系，再次强调了隐性协调的基础性作用，从企业间和企业内两方面的隐性协调来增进协调水平，笔者称其为社会协调。

一方面，就企业间的协调而言。随着新技术和信息产业的发展，组织日趋网络化，因此，企业内的互补性开始下降，而企业间的系统振荡日渐凸显，此时信息分散化体制的协调也就越来越具有信息效率。例如，萨克森宁（1999：10）对美国具有代表性的两座信息产业中心城市——波士顿郊外的 128 号公路沿线地区和加利福尼亚的硅谷进行了比较研究后就认为，128 号公路沿线地区具有明显传统科层制组织的企业特征是它衰落的根本原因，它"以公司为基础的体系由于制造商有利于外部的专门知识和信息来源，所以举步维艰"；相反，"硅谷以网络为基础的体系支持了分散试验和学习的过程，从而培育起成功地适应变化的能力"。青木昌彦等也指出，当今社会的发展是朝着尽可能减少部门间的互补性方向发展，企业外部性协调的加强已经导致出现了那种超越法律意义上的企业界限，根据信息空间意义上的模拟组织协调而成的"事实上的企业"，这种超越企业界限的信息网络形式的重要性日见增强。

前面指出，日本企业的协调机制主要是以企业内知识共享的深化和逐步改善为基础，这种内部关系过强常常妨碍它对没有关系企业的交流，以及对新事物的拒绝，因而，反而难以适应当今信息产业中出现的急剧的环境变化。当前社会的现实也表明，日本在传统工业方面虽然仍具有明显的优势，但它的新技术产业，特别是目前的信息技术产业，往往落后于美国。这是因为，美国基于个体为基础的信息交流机制反而有利于企业间，特别是小规模团体间的信息交流，而这是信息技术创新的核心。当然，美国这种基于利己主义的个人间信息交流机制在信息产业起飞阶段是具有一定优势的，但并不意味着它有长期的效力。所谓"马上得天下"，并不意味着"马上能治天下"。因为强烈的个人自利追求往往会陷入集体行动的困境，增加无休止的内生交易费用，在信息越来越分散化的智力社会尤其如此，这也是笔者一直强调深化隐性协调的根本理由。事实上，尽管在资本主义初期，西方的个人主义似乎更适合工业社会的起飞；但显然，当东方社会适当摆脱了早期过于集体化带来的桎梏之后，就开始呈现出对工业社会比西方更优良的适应性了（最典型的就是日本）。因此，我们可以想象，当东方社会再次摆脱信息产业起飞过程中的一些障碍后，以隐性协调方面的优势为基础，同样可能在信息产业方面发展得比西方社会更好。例如，日本现在的信息产业发展的势头相当好，而我们知道西方的信息产业正在走向泡沫化。

但不管如何，智力社会初期的信息分散化更加凸显了个体网络化的协调，强化了个体和组织之间的外部（社会）分工；只有这样，才能适应不断膨胀的知识间的互动和协作，使组织发展更具灵活性。一般来说，知识的共享与横向协调是目前日本企业组织的主要特点，而美国则主要是以依靠个人专业知识为主的企业组织占压倒地位；因此，日本在汽车、录像机等能发挥横向协调长处的产业占优势，而美国则是在多媒体、软件等信息分散化体制较有效的产业上具有优势。在采用信息共享体制的企业中，企业内的知识共享极其重要，不论企业内出现什么样的局面，都需要劳动者之间通过相互交流、共同努力来解决问题；而在采用信息分散体制的企业里，每个人需要运用自己的专门知识处理个别性问题。显然，在前一类企业组织中，企业内的协调水平比较高，但企业间的关系往往不很密切；相反，后一类企业的成员容易与外界进行交流，特别适合规模较小的团体协作，而这正是智力社会的重要特征。因此，尽管日本的传统工业取得了奇迹般的成就，并引起世界各国的学习、模仿，但进入 20 世纪 90 年代后，一味强调"日本式经营"长处的论调渐渐变弱，日本也开始在学习依靠专业知识和创造性的美国型企业组织。

另一方面，就企业内的协调而言。"企业组织的规模界限"部分揭示的企业 F－E 定律表明，规模的扩展会使企业自动地走向低效率。而要克服这一问题，就需要采用新的社会协调方式，它的基本特点就是再次回到以分包制为主的生产—销售方式中，从而弱化企业规模扩大中的收入转移效应。尽管一般认为，非正式组织可能会导致资源配置的扭曲，如"磨洋工"、浪费和其他形式的子目标的追求等，但实际上，这更与早期分包制相对应。因为早期的契约协调是一种粗略的、松散的并且是机械的，缺乏能密切其联系的伦理认同和外在制约。相反，随着社会伦理的相对丰满，在信息日益分散的情况下，通过重建分包制可以进一步加强企业之间以及个人之间的联系，有利于信息的交流和使用。（1）分包制促使企业规模缩小，从而在一定程度上克服了 F－E 现象造成的低效率问题；（2）建立在经常性相互依赖之上的交易关系也为信任、惯例化和相互调整提供了基础，从而降低了交易成本。因此，在协调机制的演变上就存在一个否定之否定规律，从而导致协调水平的螺旋式上升。例如，企业管理协调是对以家庭组织为核心的多缘关系协调方式的否定之否定，而社会协调则是对早期契约协调机制的"回归"。

其实，市场协调和自上而下的等级调控常常会产生有限理性、机会主义以及资产专用性等问题，但作为第三种资源配置方式的网络化自组织却可以减少机会主义的危害，因为它以第三种类型的理性——反思的理性为基础，它要求的是持续不断的对话，以此产生和交换更多的信息，把参加治理的单位锁定在涉及短期、中期和长期并存运作、相互依赖的一系列决定之中。并且，通过鼓励有关方面的团结，以此建立相互依赖的关系、共同承担与"资产专用性"相联系的风险。也即，网络化自组织可以借助于制度化的谈判达成共识、建立互信，从而弥补市场交换和等级自上而下调控之不足。当然，网络化自组织的发展和互信协作本身就是一个硬币的两面：网络化自组织的发展可以促进互信协作的深化，而互信协作的深化又可以进一步推动网络化自组织的进一步发展。因此，为了促使自组织本身的扩展以及自组织之间的交流，就需要夯实"一般化的相互信任"或"系统的信任"的基础。一般来说，市场越大，经济的形式理性和分工程度也就越高，而人类的共性则越少，而这种共性的丧失必然又会导致协调费用的上升。因此，在智力社会和协力社会中，人的因素在社会的发展中再度变得重要，人与人之间的关系日益成为社会生产力发展的决定性因素（即在价值的创造中，协调成为主要因素）。

可见，由于社会在从"共同体"向"社会"过渡，合理价值向合理目标过渡，世俗生活向经济一体化过渡中，与行为本身有重要关系的价值和标准则日趋消失。因此，加强社会的伦理道德的普遍认同就是网络社会的当务之急。当然，滕尼斯（1999：54）曾指出，"共同体是持久的和真正的共同生活，社会只不过是一种暂时的和表面的共同生活。因此，共同体本身应该被理解为一种生机勃勃的有机体，而生活应该被理解为一种机械的聚合和人工制品"。显然，滕尼斯这里看到的是以缘关系为基础共同体中强大的隐性协调的力量以及过渡到早期的契约组织中的隐性协调的削弱，但如果从历史发展的角度来看，就可以发现早期隐性协调的封闭性，以及契约组织中引入显协调的重要性。特别是，如果我们观察以社会协调为基础的未来网络社会，那么，就可以洞悉这种社会不再是机械的聚合。当然，这需要建立伦理认同半径扩展的基础之上。总之，由于智力社会中分工的深化以及网络化协作系统的形成，与之相对应的协作机制也发生着相应的变化，此时，它更强调的是基于默会的隐性协调，这就是凸显了伦理建设的意义。

（三）协调机制的演进对普遍主义社会伦理的要求

"企业组织的历史起源"部分强调，家庭伦理是各种协调的基础和内核，一切协调机制作用的有效发挥都以其为基础；同时，协调机制的演化应当具有开放性，它的基础伦理也应该作开放性转换。实际上，从缘协调到契约协调，再从企业协调到社会协调，都是以伦理的不断演化和发展为基础和前提。从某种意义上讲，人类文明的提升也就是协作性的社会伦理不断扩展的结果。因此，尽管由于生产要素的变化，网络化已成为当前企业组织演化的一个基本趋势，但伦理认同的发展和扩展状况却制约这种发展的速度和有效性。

1. 协调机制演化与伦理认同扩展

一般而言，协调机制的演进必然伴随着伦理的扩展以及新型伦理的出现，因为伦理是协调机制发挥作用的深厚基础，伦理只有适应环境、响应环境，才能起到协同创造的作用。涂尔干（2000：113）曾指出，由团结产生的社会关系的紧密程度主要取决于这样三个条件：（1）共同意识与个人意识之间的关系，前者越是能够全面地涵盖后者，社会关系就越紧密；（2）集体意识的平均强度，如果个人意识和共同意识是相互对等的，那么共同意识就越有活力，它对个人的作用也就越强；（3）集体意识的确定性，信仰和行动越是界线分明，就越不会给个人留下背离这些规定的余地，从而增强社会的凝聚力和调节力。也就是说，在有机团结的社会，需要加强整个社会的道德认同。但显然，在当前的众多发展中国家，人与人之间却普遍存在着对超越私人关系的交易制度的"信任危机"，从而很难建立和积累关于相互信任以及对交易监督系统的监督能力的信任等方面的制度性知识（汪丁丁，2000：14）。事实上，这也正是这些国家之所以落后的根源。

诺贝尔奖获得者普里高津将热力学系统分为三类：孤立系统、封闭系统、开放系统，并强调，自组织现象只能在开放系统中产生。显然，将普里高津的理论应用到社会协调机制上就意味着，如果协调机制不是处于一种开放状态，同样也会存在着内卷化的倾向。协调的内卷化除了会导致协调的效益得不到改进或提高外，更重要的是不断产生功能障碍，从而引发逐步加大的冲突。例如，中国的缘协调曾经对社会发展起到积极的推动作用，但显而易见的是，在前现代社会的后期，其内卷化倾向已经越来越严重了。即使同一协调机制类型也需要不断地发展、演进。例如，相互冷淡的个人主义比较适应工业社会发展初期的契约协调和企业协调，但随着工业社会发展的逐渐成熟，甚至开始步入服务社会后，这种原先起推动作用的个人主义就开始促使企业协调内卷化发展。显然，从历史上看，西方企业的协调机制已经经历了泰罗主义、福特主义以及后福特主义，并且，正在朝笔者称之为后后福特主义的当代方式转变。

正文指出，契约形式以及职业联系是价值伦理的重要补充，并在一定历史时期甚至成为影响组织乃至整个社会协调效率的主要因素；但是，从历史的角度看，由于没有形成一种有机的道德联系，这种协调方式具有自身无法克服的缺陷。譬如，行会制度之所以破产，就在于它过于依赖国家，而没有形成一种自愿自主的联系。福山（1998：35）指出，缺乏互信基础的社群无法自发形成，社群内并非人人都只靠静态的伦理规范社会，而是存在大量的机会主义倾向，因而必须靠官僚制来解决问题。也就是说，一个社会之所以需要官僚体制，是因为社会无法信任成员在任何时候都会遵循内化的伦理规范，并尽自己身为社会成员的一分力量。这也意味着，只有当人们不遵守社会既定规范时，最终社会才必须通过外加的法规与惩罚手段，来迫使他们接受约束，早期工厂制对分包制的取代也是缘于此理。但是，在当今信息日益重要且分散的时代，要使得现代社会具有健康的发展动力，就不能再简单地依靠惩罚和监督，而是关键要培育一种互动的职业伦理，并促使伦理协调的增进和扩展。

一般来说，从特殊主义的共同体伦理到普遍主义的社会性伦理的转变也是人类社会发展的一般趋势。事实上，任何社会的成员都与一定的团体发生联系，无论这些团体是核心家庭、大家庭、宗族或部落，地方性、道德、种族或宗教团体，贸易协会、商业公司，还是社会阶层和国家；并且，大多数人都会认同这样的一个集体单位、一个团体，并对之表示忠诚，从而形成了众多的道德团体，并有利于社会的稳定和治理。但是，这种道德团体的有效性是以集体主义为基础，由于对待一个相关集团的成员和非相关集团的成员存在很大的差异，结果，在相关团体之间或是不同团体的成员之间，就可能存在激烈的社会冲突（J. M. 布坎南，2000）。因此，就有必要建立起以个人为基础的有效的道德秩序，它的基础就是普遍的伦理认同。而且，一旦建立起以个人为基础的体现相互信任的准则，一个合同的双方就不再有必要加入一个拥有共同价值观和忠诚度的道德团体。J. M. 布坎南（2000）就指出，当社会中人际关系的参与者们都将彼此作为道德上的参照物，但没有分享对一个群体或团体的忠诚的意识时，就会存在一定的道德秩序。从世界范围看，美国社会的长期强盛就在于它的成员遵守了这种道德秩序；而日本则对道德团体的认同超过了他们自身，但由于也成功地实现了伦理转化，从而能在较大范围达成伦理认同，它的现代化成功也就在于其伦理认同已经在更大的范围内得到了扩展。

显然，日本社会一个明显特征就是，其伦理认同已经从家族共同体扩展到了企业组织，并进而在全社会形成了一种关系网络。例如，日本的主银行制就可看作是包括银企关系、银银关系和政银关系三个基本要素的网络（何自力，1997：188）。不过，日本社会的伦理转化仍旧是不彻底的：日本企业内的伦理认同感很强烈，但在企业间依旧薄弱；对国内社会的认同感强烈，而对国外却极不信任。特别是，日本社会的伦理很难适应信息社会的要求，这是20世纪晚期以来日本经济的问题所在。当然，即使是美国，尽管长期具有以个人为基础的有效道德秩序的传统，但近几十年来其道德秩序也已经慢慢地被腐蚀了：越来越多的人变成了道德无政府主义者，人们之间丧失了相互尊重和信任，也失去了对普遍性法规的遵守。显然，这就涉及社会伦理与时代环境的适应性问题。帕森斯就指出，任何社会体系要能够生存下去都必须具备四个基本功能：（1）适应的功能：即从外部环境获得足够的资源并在系统中加以分配，以适应其环境；（2）达鹄的功能，即最大限度地利用其资源去实现系统的目标；（3）整合的功能，即每一个体系都必须维持其各部门之间的内部协调，并发展出对付越轨现象的方法；（4）维模的功能，这包括维持模式和调停紧张。

特别是，每当人类社会进入一个新的时代，就需要一种新型的伦理形态对社会各种关系进行整合以维护社会的稳定和发展，而当前正在兴起的智力社会正面临着这一要求。显然，智力社会（即后工业化社会）的中心是服务——人的服务、职业和技术的服务，因而它的首要目标是处理人际关系，其中的原则是协作和互惠，而不是协调和等级。也就是说，智力社会也是一个群体社会，这就要求对人与人的相处关系重新加以整合以为新型的协调机制夯实社会基础。事实上，协调机制的演变成功与否的关键就在于它是否适应社会的变迁，能否对新的社会结构进行整合；而社会体系的核心就是模式化的规范秩序，它主要依赖于共享的价值。例如，帕森斯就强调，一套共同的价值模式与成员人格的内化的需要——性格的结构的整合是社会系统动力学的核心现象。为此，帕森斯将社会变迁过程分成四种主要结构：一是分化，二是适应力上升，三是容纳，四是价值普遍化。在帕森斯看来，分化未清楚、适应力低、容纳不完全、缺乏价值普遍化的社会必定是较低等的社会，而分布清晰、适应力高、容纳过程完整、有价值普遍化的社会必定是高等的社会。

总之，协调机制发挥作用的基础在于存在与之相适应的社会伦理，因而伦理必须适应协调机制的调整而作开放性转换。正如阿罗强调指出的，道德因素在不同程度上进入了每一个合同，没有它，任何市场都不能正常运转。为此，K. 波兰尼主张从社会、自然环境与人类之间的交换、代谢关系的角度来考察经济。他强调，在非市场经济中"经济被嵌合在社会之中"，"只是因为长期共同生活在一起的人群和组织中间具有一种结构化的生活方式，社会才有了'经济'"（栗本慎一郎，1997：8）。显然，在非市场经济中如此，市场经济中也是如此，因为本来任何社会都不存在绝对的市场经济或非市场经济之分。社会学家奥格本则认为，社会变迁本身就是一种文化现象，应该从人的文化方面而不是从人的生物本性中去寻求社会变迁的原因；为此，他把文化分为物质文化和适应文化（诸如习惯、信仰、法律等），认为正是由于近代社会中物质文化得到了飞速增长，这破坏了同适应文化的均衡关系，从而产生了"文化滞后"。显然，这种文化实质就是伦理价值，因而"文化滞后"也就是伦理的认同滞后。如果奥格本主要是说明 19 世纪末 20 世纪初伦理与经济发展相脱节的情况，那么，这同样可以解释 20 世纪末 21 世纪初的社会现状。

2. 伦理认同持续扩展的时代要求

上面的分析表明，智力社会中关键生产要素——知识的独特性使得与之相适应的协调机制对伦理提出了新要求，其基本要点就是伦理认同的普遍化，注重个人之间的道德秩序的建立。究其原因，在以凸显个体间协调的网络社会，如果缺乏一种真正认同的价值标准，就很可能带来失范，反而使社会丧失凝聚力和调节力。这里可以进一步从两个方面来进行说明。

一方面，伦理认同的扩展是互惠性深化的要求，因为伦理是人类互动的结晶，其根本特点就是互惠性。我们知道，如果每个人都从自己效用最大化的角度出发采取行动往往就会陷入囚徒困境，而采取集体行动则比较容易取得帕累托改进，因而互惠实际上也就意味着"集体行动"。所以，奥克森（1992）认为，互惠表现为双方（二人）和任意几个人的关系：双方的互惠往往在社会学界被视为"社会交换"。然而，集体行动的一个重要障碍就是奥尔森提出的"集体行动逻辑"缺陷，即在小范围内的互惠往往是比较容易实施的，但是，如果在大范围内进行互惠就会遇到机会主义等问题，此时往往需要潜在地借助于强制或者整个社会的价值认同。前面指出，智力社会的网络化特征最突出的要求就是形成大范围的，甚至是全社会的协作；同时，由于知识的分散性和异质性，使得知识及其所有主体之间的这种全社会协作无法单纯地依靠选择性激励，而是应该求助于价值伦理扩展，从而形成普遍的伦理互惠。

而且，如果将互惠仅仅局限于小范围内，那么它就会产生严重的负外部性，甚至导致整个社会福利水平的严重下降。例如，防勾结博弈模型就说明，即使双方的互惠也可能导致低效率状态。事实上，在黑手党和三K党内部都有非常丰厚的社会资本，相互之间遵循中高强度的互惠性规范，但它对广大社会来说却是有害的。同样，现实中的大量实践也证明，在一个充满互相争斗的小集团，门阀、宗派主义盛行的社会里，对内拉帮结派，对外则充满了不信任，低效率也是常态，这显然也可以解释具有强烈家族主义的社会中为什么常常会出现低效率的问题。因此，社会的良性发展就要求将互惠关系扩展开来，形成普遍的共惠，这也是布坎南、哈耶克以及波普尔等强调从封闭社会过渡到开放社会，或者从道德共同体扩展到道德秩序的过程。也正如佩因（1999：2）指出的，诸如诚实、信赖和公平这些伦理理念并不只是个人理念，它们是人们与他人交往时应遵循的标准，另一些伦理理念如权利、义务和责任，则勾勒出社会关系的结构框架。

然而，在当今世界特别是在那些发展中国家，人与人之间依然普遍存在着对超越私人关系的交易制度的"信任危机"（汪丁丁，2000：14），这严重限制了市场的扩展以及市场伦理的成熟。特别是，随着智力社会的日渐深入，分工不断深化，个人比以往任何时候都更深地卷入社会生活的日常交往；在这种情况下，每个人都开始被卷入混乱而又不可避免的、没完没了的、潜在的和实际的诉讼网，一切都求助于法律，形成了目前所谓的"法律集中制"。然而，由于契约的不完全性，法律失败是不可避免的（朱富强，2005b）。因此，在当前社会中，重要的是"私下了结"，而不是普遍的"法庭了结"（威廉姆森，2002），而"非法律的解决纠纷的成功永远取决于一致的社会观点"（Auerbach，1983：4），这也就是价值伦理认同普遍化、扩展化。

另一方面，社会协调机制的演化也要求伦理认同的持续扩展，因为在智力社会和协力社会中，信息技术飞速发展以及信息技术对人际关系的冲击，使得人们的行为已经很难用传统的伦理准则去约束。例如，一家"虚拟"公司可能通过网络将大量信息传给它的供应商和下游承包商，可是如果它所往来的这些上、下游公司都存在严重的机会主义，那么必然会牵涉复杂合约和监督活动，导致很高的交易成本。为此，德国的齐默里（2000）就列举了科技的发展导致了促使人们在道德上无所适从的三种"不可了然性"：（1）随着科学技术的发展，人类行为领域的复杂性空前提高，从而造成了人类"行为领域的不可了然性"；（2）人类行为领域的不可了然性不是停留在基础研究，而是广泛扩展和落实到技术工艺中，于是造成了"技术工艺领域的不可了然性"；（3）在现代社会发生并形成了受到欢迎甚至鼓吹的价值体系多元化，从而造成了"多元伦理的不可了然性"。也就是说，原先适用于等级制共同体以及稀疏型市场联系的伦理已经远远不能适应当前社会的需要，也即伦理亟待随社会生产力的发展而演化。而且，智力社会的网络化趋势也对社会注入了新的道德内涵，主要表现在这样几个方面：（1）传统的道德是基于血缘、地缘和业缘关系上，而网络化则拓宽了人的交际空间，从而引发社会价值观念和人的道德互动方式的更新，有助于形成新的道德关系；（2）网络的发展的社会实践形成了许多新的价值观念和伦理精神，如自主精神、信息共享的奉献精神、自由平等精神等；（3）网络化还铸造了当代社会需要的开放思想、创新精神；（4）网络化使得在家里可以处理越来越多的工作，从而促使家庭核心的回归；等等。

与此同时，网络化的发展也为伦理的转换提出了一系列的二难困境：（1）个人自由与隐私的保护；（2）知识产权的保护和知识垄断；（3）信息共享与信息污染；（4）信息传送与信息欺诈；（5）交往的扩大与人情的淡漠；（6）全球化的发展和民族文化的衰落；等等。而且，网络化在短期内甚至还造成了道德的衰落：（1）网络技术易于诱发犯罪，导致社会道德水平下降；（2）网络技术还有可能造成知识匮乏，文化退步及人的道德素质下降；（3）传统伦理的丧失，表现为道德相对主义盛行，无政府主义泛滥，道德冲突和失范严重，道德监督困难。特别是，在智力社会，信息将成为经济发展的重要因素，但信任却无法浓缩成信息。其实，信息和交易费用是协作问题的核心，合作理论问题可以这样叙述：在给定条件下，一个人至少应该对于其他人的信仰和欲望知道多少才能够产生合作的想法并能将这些想法传递给其他人（埃格特森，1996：267）。显然，如果互联网技术可以把信息传递的成本降低到零，那么，获得和积累制度性知识的成本将成为协调分工的各种成本当中最主要的成本（汪丁丁，2000：13-14）。为此，福山（1998：35）说，信息革命能否让大型科层组织变成明日黄花，变成小型弹性网络性公司，而这与广义社会的信任程度和社会资本息息相关。

　　然而，迄今为止，由于人与人之间还普遍存在着对超越私人关系的交易制度的"信任危机"，因而很难建立和积累关于相互信任以及对交易监督系统的监督能力的信任等方面的制度性知识。也正因如此，尽管在20世纪末网络的新经济曾盛极一时，成为该时期经济发展的主要动力。但是，这个曾给人们无限希望和憧憬的新经济很快就迅速衰落了，甚至被人诅咒为"网络泡沫"。显然，这种骤热剧冷的事态的问题关键并不在于网络化的方向是否错误，而是相配套的伦理没有跟上。也就是说，与网络经济相配套的伦理协调机制还没有有效地建立起来。例如，汪丁丁（2000：98-99）就曾列举了目前网络交易所面临的三个主要社会道德问题：（1）由于双方信任程度太低，绝大多数网上商务的第一步是潜在客户用自己的身份证号码登录并取得会员资格，但根据网上的实验结果表明，至少30%的身份证号码是网客按照身份证号码的组编规则伪造的；（2）客户信用卡号码的保密问题，根据抽样估计，个人信用卡号码由于一次网上购物而被非法滥用的案例不少于网上交易次数的10%；（3）商品的质量和售后服务问题，网上交易经常发生收到的货品与网上照片呈现的货品相差甚远的令人进退两难的境地。

　　总之，随着社会信息化的发展，个人知道得越来越多，拥有越来越大的信息权力，这对其——无论是领导者还是一般员工——也提出了越来越高的道德要求。事实上，在当前社会，如果缺乏信任和基本责任，那么越来越多的商业行为将无法达成。同时，由于在智力社会中社会交往已经越来越多地发生在个体之间，协调机制也主要是体现在异质化的个体之间的互动；与此相适应，互惠的伦理也不再限于共同体内部，也不仅仅是发生在具有密切关系的私人之间，这就对伦理认同的扩展提出了新的迫切需求。可见，要真正解决"新经济"发展的困境，也必须重新反思当前社会中的伦理问题，并建立与伦理相配套的协调机制，这是网络时代的社会基础设施。也即，伦理认同的扩展就是智力社会中协调水平提高的内在必然要求，它也正成为当前社会演化的一种重要趋势。

（四）生产要素、协调机制与企业组织的形态嬗变

上面基于生产力的发展剖析了生产要素的转换，从生产要素的变换探索了协调机制的演化，又从协调机制的演化揭示了其对社会伦理认同半径扩展的要求；进一步地，生产要素的变化、协调机制的转变以及伦理认同的扩展，都将影响到生产组织的形态，从而推动企业组织形态的进一步演变。事实上，钱德勒（1987：456）就曾指出，随着多样化程度的增加，要保持企业绩效的增长，企业组织的结构就必须发生相应的变化。例如，英美烟草公司在杜克的领导下在很短的时期内就在海外获得迅速的扩充，但在对雪茄生产的介入却带来了一场巨大的失败，而这正是由于"美国烟草公司现有的组织，对于雪茄的制造和销售实在派不上用场"。就当前而言，影响企业组织形态变化的最重要因素是如何协调日益复杂而分散的信息。阿罗（1989：205）指出，"一个组织能够获得比任何一个成员都要多得多的信息，因为它可能拥有很多成员，而他们又各自具有不同的经验。然而如果要使信息对组织有用处的话，信息必须加以协调，也就是说，必须在组织内部产生信道"。正因为影响企业生产和决策的信息已经发生了根本性的变化，因而，我们可以想见，未来的生产组织可能不再是目前这种等级制的企业组织形态。

1. 企业组织结构的演变机理及轨迹

其实，企业组织自诞生那一刻起，企业组织的形态就在不断地演化着。例如，根据米尔斯（R. Miles）和斯诺（C. Snow）的归纳，历史上已经出现了四种主要组织形式：（1）功能型公司，出现于19世纪末到20世

纪初，特征是基于专业化分工的等级制；（2）部门型组织，初现于第一次世界大战后，繁荣于20世纪50年代；（3）矩阵型组织，短期存在于20世纪60至70年代；（4）网络型组织，是矩阵型组织到80年代演变而成，它强调动态联系而非固定角色（艾莉，1998：158 - 159）。而且，企业组织演变的基本方向就是使得企业内外的运行更为协调，即协调机制更有效率。例如，追随钱德勒，威廉姆森就指出，M形创新被发展出来的主要目的就在于，减轻U形企业中高级经理的管理和沟通负担，使经理更有效率地执行他们的管理职责。相应地，当M形企业也逐渐变得于信息机制不相适应，一些新型的组织形式也就再次被开发出来。

当然，流行理论在分析公司的目标和治理时，习惯以企业主利润最大化的途径来分析。正因如此，我们往往强调企业主以及高层主管对企业组织变革的主动性和积极性。譬如，钱德勒在梳理美国企业的管理革命和组织变革时就是采取这种分析思路。但实际上，这种方法是从个体的理性行为来推导公司的起源和性质，它是基于一种方法论上的自由放任主义，在这种方法论上的自由放任主义中，经济代理人的偏好和特性被认为是外生的。正如霍奇逊（1993）所说的，把社会基本上设想为一种契约关系的网络以及个人间契约的总和，这样，在某些行为限制以内，追求自身利益通常会产生一种有助于整个社会和谐发展的结果。显然，产权学派的著作以及包括威廉姆森在内的新制度主义的绝大多数著作，基本上都逃不出这样的一般理论传统。但是，企业并非可以为特定个体或群体摆布的工具，而是如迪屈奇（1999：9）所说，公司能够内生欲望并规定和引导个人的决定，这就要求我们重新思考公司的性质及其发展途径。

正因如此，本书就把企业组织放在一个大的协作系统下考察它的演变轨迹。显然，作为一个协作系统，它的演变动力来自内部所有要素的调整和社会环境的变化，这种分析就不再局限于企业主利润这一维度。其实，即使仍旧把追求利润视为企业的基本目标，但也正如纳尔逊和温特（1997）等指出的，企业组织追求的并不是利润最大化，相反，由于人是有限理性的，这使得企业组织的决策也不是最优的，企业组织对自己选定的方案感到满意就可以了。特别是，在经济发展过程中存在大量的随机因素，因而经济发展的前景也不可能完全预测到，而只能知道变化的概率的范围。为此，纳尔逊等提出的演化理论强调，经济均衡只是暂时的，而不可能是长期的，企业行为和市场状况都随着时间的推移而由动态过程决定。实际上，经济发展过程也是一个马尔科夫过程，某一时期的状况决定了它在下一个时期状况的概率分布。例如，在企业组织的发展中，企业组织内外的各种惯例就影响了企业组织的日常行为，这些惯例就如同人类的基因一样可以遗传，这就是企业组织的演化。当然，企业组织的演化与生物的进化有些不同，因为企业组织在"存活"期所学习的东西可以不断地积累，形成企业组织的新惯例，因此，企业组织的演化更像是拉马克式的，而非达尔文式的。

总之，作为一个协作系统，企业组织的演变归根到底在于内部成员之间关系的调整，特别是与协调机制相适应的伦理认同的扩展和转换。究其原因，任何企业组织本身都有其自身的惯例特性，这些惯例特性往往决定了企业组织的演化轨迹，显然，一方面，构成企业惯例之重要内容的企业文化就是企业内部协调和认同的基础；另一方面，社会价值伦理不但影响了企业文化，而且也影响了企业之间的互动关系。例如，鲍尔和科汉（Bauer & Cohen，1983：85－86）就论证指出，一贯高水平的组织业绩必然是建立在成员的忠诚和从属单位的一致性基础之上。实际上，在公司内部，组织的信念和设想，构成了组织的日常工作和管理经验法则的基础，并且塑造和引导个人的目标、欲望水平和调查活动。为此，格林耶和斯本德（Grinyer & Spender，1979）描绘了公司变化的动态图式，如图1。

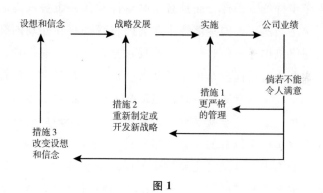

图 1

2. 企业组织的网络化趋势及其特征

正文中指出，与协作系统本质相适应的是社会共同治理模式，当然，只有当企业组织的所有权逐步分散以后，曾经被异化的协作系统的本质才会显露出现，从而逐步采用社会共同治理的模式，这就如国家组织一样。

显然，在智力社会中随着信息的分散有助于企业组织权力的分散，从而更有利于社会共同治理模式的施行。事实上，自 20 世纪 70 年代以来，首先在日本，企业组织的发展就越来越远离等级制的传统结构，并且由于在资金、技术、原材料等方面相互交叉、相互扶持，从而日益凸显出网络化的特征；这种网络化使得企业组织的资源配置方式发生了很大变化，同时，企业组织的规模也具有缩小的趋势。有学者就把日本网络型企业称为联盟资本主义，这种经济是按照如下网络原则运行：（1）大公司与同等规模的欧美公司相比权利更为分散；（2）大部分市场都转而依赖于由各种供货商所组成的复杂的网络系统；（3）一个公司的身份是与它所从属的那个商业集团紧密联系在一起的（鲍威尔，2003）。

当然，日本企业之所以较早地形成了网络化组织，也与它的社会文化有关，因为日本文化更为强调每个人的责任以及大家利益与共的关系，从而对企业组织的理解也更接近协作系统的观点。也正因如此，日本企业的纵向一体化程度比较低，相反它们更喜欢以分包制的形式将上下游企业整合起来。譬如，我们知道，日本汽车业的外包比率就相当高，而且逐渐形成了多层次性的金字塔形供应体系：向汽车厂家提供零部件的是一次零部件企业，而二次零部件企业向一次零部件企业提供更初级零部件，以此类推，出现了三次、四次企业。显然，在这种体系下，一次零部件企业不再只是加工生产单件的零部件，而是将这些单件零部件组装成集成部件后再交付汽车厂家。当然，不同零部件企业之间也往往存在互动的交易，从而形成复杂的网络机构：不但有一次企业反过来向二次企业供货，也有二次企业跨过一次企业直接向汽车厂家供货等。此外，在日本，尽管早期的零部件企业对汽车厂家的专属性较高，但多数零部件企业已逐渐将订货客户分散于多个汽车厂家，这也就是形成了藤本隆宏（2000）所称的供应商群体同时向几个汽车厂家供货的"多峰型"或"山脉型"结构。

不过，企业组织这种网络化趋势却不仅发生在日本，而是逐渐演变成了一场全球性潮流。究其原因，这种网络化组织与智力社会中信息分散的特征相适应，更有利于知识性市场要素及其所有者之间的协调。例如，为了对规则和技术变化做出反应，美国电话电报公司放弃了垂直一体化的体制，而把公司分成三个独立的部分（范德厄夫，2003：12）。而且，自 20 世纪 80 年代以来，整个世界的社会经济都越来越呈现一种网络化的趋势，这种网络化超越了传统的关于市场与企业两分法的复杂的社会经济组织形态。美国《财富》杂志 1993 年 5 月的一篇文章概括了社会经济发展的六大趋势：（1）普通公司将变得更小，雇用的员工更少；（2）传统的垂直等级制的组织将让位于一种变化的组织形式——一个由杰出的专业人员构成的网络；（3）包括从计算机修理人员到暖气修理人员在内的技工将取代作为工人精神的制造业技工；（4）垂直的劳动分工将被水平的劳动分工所取代；（5）做业务的模式将从生产一种产品转向提供一种服务；（6）将重新定义工作本身：持续的学习，更高层次的思考，更少的"朝九晚五"。实际上，社会化本身也就是社会互动网络化的结果，社会网络是一些由特定社会关系联系起来的个人或组织的联结点，网络构成了人类行动和人类社会的基本属性。一些学者总结了网络概念的几个要点：（1）所有的组织都是社会网络的重要方面；（2）一个组织的环境正是其他组织的网络；（3）组织中主体的行动（态度和行为）可根据其在网络中的地位给出很好的解释；（4）网络限制组织的行动，反过来行动形成了网络组织的进化发展；（5）组织的比较分析必须考虑其所在网络的特征。

总之，现有的种种迹象表明，由于知识性生产要素在智力社会中重要性的凸显，企业组织的纵向层级正在减少或者消失，而网络化正在形成。一般地，这种网络化组织凸显了这样几个特征：（1）结构平展化。这种结构尽可能地下放或分裂成各类更小的单元，从而能根据时势快速地移动并能迅速进行调整，从而变得更为高效和更有适应性。人员越少，组织结构越是平展，对变化就会更为适应。（2）组织网络化。为了战略性地活用信息，企业满足网络型分工需要而形成网络组织，其网络结点间的联系经常变动，网络组织的界限具有伸缩性和变动性，不能够截然划定。（3）网络流动化。由于通信技术的进步和网络效率的提高，企业的网络化组织越来越不稳定，而是一种灵活性很强的网络，这种临时化企业的工作由组成它的个人来协调，几乎没有或根本没有中央集权的指挥和控制。其中，中间商、风险资本家和总承包商都扮演重要角色，他们发起项目、配置资源和协调工作。

3. 与网络化组织相适应的协调机制

尽管企业组织的网络化趋势如此明显，但是，由于主流经济学基于股东价值观而把企业组织视为特定个体牟取私利的工具，从而根本上无法跳出企业和市场两种相对立的资源配置机制的二分法，从而往往对这一现象熟视无睹。一方面，主流经济学忽视企业内部成员之间的协作性，而把企业组织的协调机制集中在专门人员的组织、指挥方面，把组织内部的资源配置等同于自上至下的计划方式；另一方面，主流经济学也忽视了企业组织之间以及不同企业组织的个体之间的协作特性，从而难以深入对介于企业和市场之间的中间形态的认识，更无法揭示企业组织网络化的实质，也就无法正确预测企业规模的变化趋势。事实上，网络化趋势已经非常明显。例如，威廉姆森就发现，由于 20 世纪 80 年代个人电脑的普及及其向管理方面的渗透，美国大部分公司正在经历一场组织结构的"横向"革命，即决策层和操作层之间的垂直距离大大缩短的过程。但是，现代主流经济学的分析还是集中在交易成本方面，而没有对网络化组织中的新型协调机制进行深入的考察。究其原因，从主流经济学来看，企业组织的变革根本上是为了增进特定个体的收益，因而企业组织的治理机制也是适应这一要求：在等级制的科层组织中，企业的组织方式就是便于高层管理者对员工行为的控制，尽管这种控制的手段也是多样的，包括雇用和解雇、决定工作分配和补偿，以及授予处理权、制定议事日程和拥有合法威权发言权等其他奖赏；即使在目前的网络化潮流中，主流经济学也不过是从整个社会的分工以及信息变化等方面出发，认为企业组织变革的基本趋向仅仅是使监督层次减少，通过降低交易费用以增进股东的收益。

我们知道，网络化的一个重要特征就是传统的权威结构越来越弱化，而代之以平等的伙伴关系，如目前的分包团体、集群网络、战略联盟以及长期供应性关系中都几乎不是以等级制权威的形式来对各方的行为进行控制的。显然，这种方式在企业组织内外都增加了交易的数量和频率，因此，如果依旧遵循原先那种互动方式必然会大大增加交易成本。事实上，在市场经济中，最重要的一项协调成本便是参与分工的人们之间的交流成本，汪丁丁（2000：3、12）认为，最充分的人际交流所必须支付的成本是与参与交流的总人数的平方成正比的，即需要 Nm $[m = f (f - 1) / 2]$ 条信息渠道。显然，按照这种观点，最优的科层结构是在每个人之间建立双向渠道。但问题是，渠道越多，渠道的建设成本越高。这意味着，传统的体现等级制和单向控制色彩的委托—代理机制在网络化组织中就显得不相适应了。因此，即使网络化组织确实可以因技术革命而有利于交易（组织）费用的降低，但这也不是主要方面；相反，网络化组织主要通过影响各方的互动行为以增进了企业组织内外的协调。究其原因，网络型组织是一种弱等级的后官僚体制组织，主要用来支持和协调自我管理或团队；因此，它的协调机制迥异于等级制的企业组织，更加凸显了协作系统的特征和要求，并强调协作成员之间的协调。也正因如此，贝克尔在《分工、协调成本与知识》一文中曾暗示，制约现代经济"规模"的，不再是斯密所说的"市场广度"，而是分工的协调成本；他甚至声称，宁愿使用"协调成本"而不使用"交易费用"的概念，因为后者太宽泛（汪丁丁，2000：11）。

显然，既然无法用传统的奖励和处罚措施来降低未来发展的不确定性，那么我们只能培育相互信任的氛围，这也就是目前很多学者所讲的信任控制，而网络组织正是强化各方的互动而培育出新型的信任关系。Limerick 和 Cunnington 在其《管理新组织》一书中就写道："对于西方管理者，网状组织中最有价值，同时也是最难预测的便是信任……高层的相互信任有助于缩减处理事物的费用……信任降低了对于未来的不确定性，以及不懈地防止成员的可能的机会主义行为的必要性……信任通过消除摩擦，并且把对成员间互不信任为特征的官僚结构的需求最小化，来使组织协调且运转顺利。但是信任不是自然而然产生的，它需要谨慎的构架并加以控制"（转引自刘易基和邦克，2003）。也正因如此，为了与层级日益减少的网络化趋势相适应，现代企业组织就必须着重创造支持性文化氛围，以加强人们的自组织能力（艾莉，1998：161）。实际上，也只有形成一套明确的指导理念和行为界限，经理人员在下放决策权时才会感到放心，这样不但可以减少管理监督的层数，而且还不至于失去控制的重点和组织的重心（佩因，1999：4）。特别是，组织信誉与组织中成员的个人之间存在着必然的联系，没有高忠诚的个人，就不可能有高信誉的组织。同样，没有高信誉的组织，个人忠诚方式也很难得以延续。在实践上，近年来，许多公司都纷纷采取措施来增强公司伦理和价值观念，一些公司的经理人员专门设立了公司伦理办公室、董事会层次的伦理与公司责任委员会，或安排专门力量来处理复杂的伦理问题；另外一些公司的经理人员还引入专门的培训项目来增强员工对伦理问题的认识，促使经理人员把伦理考虑到决策的制定过程中。

总之，随着生产力水平的发展、分工水平的深化、伦理认同的扩展，协作系统也在不断演化；因此，作为协作系统的企业组织本身也经历了一个发生、发展、成熟的过程。特别是，当人类社会逐渐步入信息时代以后，企业自身的组织结构、治理模式将会呈现出一种新的特征：它不再是原先那种典型的等级制纵向组织，而是更加凸显出一种扁平式的网络组织。与这种网络化组织相适应，隐性协调的重要性愈益凸显，而要增进社会的隐性协调水平，就必须扩大伦理认同的范围，也即要重视文化伦理的培育和建设。美国著名的知识实践公司巴克曼实验室的巴克曼就强调，"我们作为领导者所创造出的氛围会对我们跨越时间和空间进行知识共享的能力有重要的影响"，而"要使知识共享成为现实，你必须在你的组织中创造一种信任的气氛。你不能授权给一个你不信任的人或一个不信任你的人"（艾莉，1998：294）。事实上，许多西方企业的领导者都逐渐把建立在合理伦理基础上的价值体系看作是衡量组织杰出性的基石，而力求增强公司的伦理自治能力。特别是，普遍主义的社会伦理建设也是人类社会发展的内在要求。究其原因，当知识生产要素逐渐取代以前那些有形市场要素的核心地位时，如何协调知识之间的分工就是整个社会经济发展的症结所在；但此时，分散而复杂的知识会使得市场主体之间的信息越来越不对称，从而也衍生出了机会主义等伦理问题的温床。佩因（1999：前言第3页）通过大量的案例就说明，"当环境比较复杂或高度受控时，更容易滋生伦理方面的问题"。可见，基于本书的分析，我们可以更加清除地认识到企业组织形态的演变趋势以及企业文化以及社会伦理建设的重要意义，这可以说是未来企业之核心竞争力的源泉所在。

尾论：理论研究的森林观和树木观

正文洋洋洒洒近 80 万字基于协作系统维度论及了企业组织的起源轨迹、本质内涵、异化发展、规模扩张、所有权归属、产权安排、治理机制、效率来源、伦理因素以及结构演变等内容，这实际上涵盖了企业理论相关的几乎所有基本问题。我们知道，当前新制度主义的企业研究大致可以分成两个领域：（1）以交易费用理论为基础探究企业组织的本质及其规模边界问题；（2）以委托—代理理论为基础探讨企业组织的治理机制及其效率来源问题。显然，这两个问题分别对应于本书的上卷和下卷的内容，因而可以说，本书提供了一个较为全面的企业分析框架。其实，主流经济学的企业理论的根本性缺陷在于它仅仅以静态地考察企业组织的现状，以致理论探索与现实发展之间出现了越来越大的裂痕，从而也就无法有效地把握企业组织的变动；相反，本书却基于从本质到现象的研究路线，既揭示了由内在结构规定的企业本质，又分析由现实力量左右的企业现状，特别通过本质和现状的对照来剖析现实企业存在的问题，并以本质这一奇怪吸引子来预测企业组织的未来走向。

一般来说，本书的研究可以从这样几个方面来理解：首先，本书探究作为协作系统的企业组织的产生动因、形态结构、协调机制以及影响运作有效性的主要因素；其次，通过对现实因素的分析阐述了企业组织的过度扩张、产权异化、治理扭曲以及相应的低效率等问题；再次，对不同文化下企业组织的认识以及由此造成了本质与现象之间脱节的程度差异而对不同类型的企业组织也作了深层次的比较制度分析；最后，基于大历史发展观探究了如何促使企业组织向本质回归的路径和要求。正是由于本书把企业组织视为一个协作系统而不是为特定集团尤其不是为物质资产所有者服务的工具，这种分析基本视角和假设基础就与主流经济学存在很大差异，并由此得出了一系列相异于流行企业理论的独特论断。正因如此，对那些长期受主流企业理论和分析思维熏陶的人而言，本书所提出的一些观点往往就是难以接受的。

当然，需要指出的是，书中所有观点也不是凭空产生的，而是建立在对以前各种理论的吸收、整合和提炼的基础之上，是对各学科领域中有关企业知识进行契合的产物，是基于相当严密的逻辑推演的结果。举例说明如下：（1）本书在探究作为体现协作系统这一本质的企业理论时，实际上就广泛吸收了分享经济理论、利益相关者理论、合作博弈理论、分工演化理论等新兴学派的一些思维和分析；（2）在分析现实企业的规模拓展、治理机制以及效率衡量时，所采用的基本工具和分析框架则主要是承袭了新制度主义的基本范式；（3）为了剖析企业组织的异化成因及其后果，积极引入英国古典学派和美国老制度主义所强调的利益和冲突的权力结构分析；（4）为了对企业组织发展趋势进行分析以及为中国企业制度改革提供借鉴和指导，广泛借鉴了最新发展起来的新比较制度分析的思路。也正是由于本书尽可能地吸收和采纳前人所积累的理论和方法，从而使得这里提出的有关企业分析的基本框架更为全面和系统。

（一）针对两个潜在批判的初步预答

本书尽可能地对相关研究提供细致的理论分析和资料佐证，尽管如此，由于本书所涉及的内容太多太广泛，这些分析又是建立在一个与流行理论很不同的崭新理论体系之上，因此，这种庞大分析体系就不可避免地会引起一些学者的批评和反对。就过去几年与人交流而收到的反馈意见来看，主要的批评归结起来大致有二，因而这里作一简要说明。

1. 缺乏实证的分析

对本书提出的一个批评就是本书的很多观点都是源于逻辑的推理，而较少用到实证分析。其中，有学者认为，本书的研究缺乏基于大规模统计数据的实证分析，而在既定新古典经济学理论框架下进行计量实证当前经济学研究的流行范式；另有学者则认为，基于本书分析框架所得出的相关结论需要作进一步的案例研究，这种案例研究是当前新制度主义框架下研究企业问题的基本范式。例如，国内一位著名经济学家 2005 年就曾对笔者说，"你所作的分析大致是不错的，不过还需要对现实中的具体实践作微观分析，这样才更有说服力，影响才更大"。不可否认，这种建议是中肯的，本书的许多研究工作还有待于在今后作进一步展开，尤其在实证检验方面。问题是，（1）任何理论本质上都是形而上学的，首先需要逻辑推演上的严谨，人类思想史上的洞见往往都是逻辑思维的产物；（2）理论往往是实践的先导，实证没有展开并不意味着所提出的理论就没有意义；（3）实证检验并非一定要理论提出者亲自展开，实证的材料更不一定非要亲自收集。事实上，就目前而言，笔者也确实还没有这种精力和财力，甚至数据处理也不是自己的强项，因而首先是处在逻辑思维的层次上；同时，经过近 10 年思考，本书也就是希望能够启发更多人的思维，促使更多人去关注它、探讨它。当然，也有学者对本书所提出的偏离主流企业理论的分析框架不以为然，认为这里的分析太过理想化了。例如，几位专搞企业内部委托—代理治理的同人就跟笔者说，"你沉浸在书本中太久了，如果你去企业中看看，就知道企业治理并不完全是你所描述的，或者会有更深的认识"。问题是，尽管这些同人热衷对企业搞调查研究，但企业组织的现实情形并不代表它就是合理的，而本书的研究正是要揭示现实的问题，并思考未来的发展或改革。因此，笔者不敢完全苟同逻辑推理无用的论点。

其实，即使从事基于实践调查的研究，首先也是必须要有个理论做指导，否则，很有可能流于形式或者涉之不深。（1）所谓的调查和实证只是对逻辑推理的结论进行印证，而根本不可能取代逻辑推理而得出广泛性结论。（2）即使实证与理论逻辑不一致，也应该反思我们的实证过程：方法是否科学？数据是否正确？解释是否合理？所以，熊彼特（2003：222）说，"没有'理论'，就根本不存在实证研究或'测量'"。尽管当前的学术界如此强调所谓的"实证"研究，但我们知道，当年康德几乎一辈子不出小城哥尼斯堡，更没有像今人那样专注于所谓的"调查实践"，却为人类留下了不尽的知识，甚至提出了具有无限想象力的批判实践理性。布劳德（2002：9、10）称他是"有史以来最重要的、最富原创的思想家"，"在哲学的任何分支科学中，没有任何重要的问题未经康德讨论过，他从来没有在研究一个问题时没有得出某些启发性的、根本的观点"。同样，马克思的理论体系基本上都是根基于前人书籍的基础之上，他在大英博物馆里待了将近 40 年。而且，在笔者与一些学者进行交流时，其中颇多的学者都劝笔者说，"你首先需要依据自己提出的理论，就某一具体问题展开研究，能够解决别人所不能解决的问题，你的理论才有价值，才能使人相信"。但扪心自问，目前那些铺天盖地的"实证主义"文章又解决了多少具体问题呢？再试问：像康德、马克思等人提出的理论都不是着眼于具体微观问题的解决，但却引起整个人类思想和文明的进步，难道就没有价值了吗？

现在的教育往往要求我们"读万卷书，行万里路"，以免陷入本本主义。固然，对处理具体实践问题而言，这是个箴言；特别是，对那些钻进象牙塔里搞数字游戏而企图转用到实践的人，更不啻是个警钟。其原因在于，具体问题产生的具体条件不同，这不是抽象的一般理论已经能够加以考虑和分析的，这也正是社会科学不同于自然科学的根本特点。但是，就理论研究而言，这不免有失偏颇，反而往往会陷入琐碎之中，将理论研究庸俗化了。所以，李敖先生说，搞研究要"行零里路，读两万卷书"。其实，中国古话也有相对应的说法："秀才不出门，便知天下事。"尽管这在今天往往成为揶揄那些迂腐秀才的讽语，但这句话实际上包含更多的是智慧箴言：秀才之所以不出门便能知晓天下事，就在于他能不断地从书本中汲取人类积累的智慧，以书为媒介与那些人类史上的智慧人士不断进行互动和交流。因此，笔者坚持认为，理论的发展根本上是基于对前人思维及其大量文献的梳理，并结合社会发展所提供的新实践、新信息而进行修正和完善。

尤其在现代社会，绝大多数知识特别是理论化的知识更主要的是凭借抽象思维对广泛的社会实践进行深入思考的结果，同时，这种实践的内容主要不是基于研究者的实际经验和调查，而更主要是由其他社会成员所提供的，也是整个人类社会所不断积累的。相反，如果一个研究者将过多的精力用于所谓的具体实践的话，思维就会被琐事所牵涉和网罗，不但无法通晓理论的发展以及问题所在，而且也无法把从自身实践中获得的知识上升到理论的层面。究其原因，现代理论的发展需要非常广博的知识，靠亲身实践所获得的知识是远远不够的，这种获取知识的方式仅是前现代社会知识积累的途径。当然，不是说亲身调查实践对理论不起作用，在某种程度上它确实可以启发人的思维，甚至可能促动研究者跳出原来可能陷入的教条主义窠臼；但是，作为从事理论研究的学者必须清楚，这决不能成为积累知识以推动现代理论发展的主要途径。

一个明显的事实是，当前中国经济学界那么多人整天在承接各类课题，作各类案例研究，又有几个人能够在理论上做出了微小的发展呢？恰恰相反，由于目前中国学人（尤指经济学人）大多积极投身于致用之学的研究，结果，我们的学术非但没有什么发展，反而使得理论的进步大大被窒息了。事实上，正如默顿（2001：48－49）告诫的，"科学家在评价科学工作时，除了着眼于它的应用目的外，更重视对扩大知识自身的价值。只有立足于这一点，科学制度才能有相当的自主性，科学家也才能自主地研究它们认为重要性的东西，而不是受他人的支配。相反，如果实际应用性成为重要性的唯一尺度，那么科学只会成为工业的或神学的或政治的奴仆，其自由性就丧失了。这就是为什么今天的许多科学家对三个世纪前由弗郎西斯·培根所提出的观点表示担忧的原因，培根由于提出科学具有实用性价值，因而使科学具有了社会价值"。因此，笔者坚信，理论的深化和学术的发展更主要是建立在梳理前人思想的基础之上，而不一定非要从个人实践中去摸索；否则，就落入林毅夫（1994：257）所指出的，这种以经验为基础的知识获取方式是前现代社会的主要方法。

然而，当前中国经济学界的风气却似乎是好动不好静，那些急乎乎的功利之徒竟为学术界之普遍推崇，而能够静下心来坐在书桌前真正梳理几本书的人真是非常罕见的。君不见，那些所谓的知名学者整日现身于报纸、电视、论坛乃至各种新闻发布会上，成为社会热点的制造者或者新闻的中心人物，俨然成了大街小巷的谈资和社会娱乐界的角儿。即使被他们称为理论研究的也不过是庸俗和肤浅的所谓的"实证研究"，但必须明白，大多数并不是真正的实证研究，而仅仅是用几个数据来装装门面而已。笔者曾经一再指出，理论研究存在四个层次，而实证分析仅仅是最后的检验层次，而且，只有形成了自己真正的认知后才进入实证层次；但是，当前充满功利色彩的实证研究却不管三七二十一，只要能够找到一些数据，即使对两个也许风马牛不相及的事物进行计量分析一下，就当作学术研究乃至理论研究了。事实上，正是在这种崇尚"拿来主义"的学风支配下，中国经济学界的绝大多数实证研究都只是将外国的量表和问卷翻译成中文，然后雇一些研究生依葫芦画瓢地充实数据，但这些文章竟然可以发表在专业权威刊物上，并引起新的一代学子跟风研究。显然，这种文章不但无用，甚至往往还会误导实践，扰乱社会。

譬如，就当前的企业研究而言，流行的路线就是，把新制度经济学的企业理论作为研究的前提，"主流的股东价值观和委托—代理理论都是对的"则成为学者们的"大胆假设"，而利用基于中国企业数据所做的分析就是"小心求证"，如果中国企业的现状与西方理论不符就需要"改变"这种现状，把西方社会的制度存在视为中国企业的改革方向。正是基于这种研究路线，无论多少人从事所谓的实证分析检验，几乎所有的研究结论都是强调如何使得产权"明晰",如何深化委托—代理的治理机制,因为他们的研究本身就是从出资者的角度出发,并把"产权私有促进效率"作为基本前提假设,所谓的实证仅仅是寻找一些数据亦提供支持而已。然而,难以理解的是,这种研究竟然广受教师、学生、企业主乃至政府官员的青睐,并且,可以获得源源不断的课题。由此可以追问:尽管国家为此投入了巨大的资金,但这些研究又能够提供什么有价值的东西?其实,在如此功利主义的学风下,那些"学以致用"的经济学研究根本不是为了求知,而仅仅是为了"蒙得"一些金钱;或者,为了迎合课题发放者的意图,以基于统计数据的所谓实证来为那些当政者的决策提供支持。试问,那些绝大多数的实证结论几乎没有任何的逻辑和学理性,却要由此而提出政策建议,这岂不是痴人说梦乎?说实在的,目前这种抛开前人所积累的知识和思想,更缺乏其他领域专门性的研究,而专注所谓的实地调查或者在摆弄几个数据作所谓的实证分析,最后能够得出何种洞见?

因此,就中国目前的学术氛围而言(尤指经济学领域),我们并不缺乏热衷于世俗实践的学人,反而是没有多少学人能够真正静下心来认真梳理一下前人的文献、反思一下传统的理论。我们真正缺少的是真正的经院学派学者,而目前那些尽管栖身于大学和科研机构但醉心于"时务"的新闻型学者并不是真正意义上的经院学者。事实上,新思想的产生首先要建立在对前人大量文献梳理的基础之上,这就得有坐得"冷板凳"的学术精神,只有如此才可以有所成就,才可能有稍许的洞见,所谓"板凳不坐十年冷,文章不写一句空"嘛!其次又要与同人作真诚、广泛而深入的交流。钱穆(2002:自序)就指出,"思想必然是公共的……凡属大思想出现,必然是吸收了大多数人的思想,又必散播到大多数人心中去,成为大多数人的思想,而始完成使命……某一时代思想家或学派思想,其影响力最大者,即其吸收多数人之思想者愈深,而其散播成为多数人思想者愈广,因此遂成其为大思想"。正因如此,中国传统上历来都非常重视沉思默想和思想交流。子曰:"学而不思则罔,思而不学则殆"(《论语·为政》),又说,"吾曾终日不食,终夜不寝,以思,无益,不如学也"(《论语·卫灵公》)。究其原因,合理的理论必须以坚实的逻辑推理为基础,这是理论应具有的基本学理性。而且,任何可取的创见都必须通过慎重的分析和逻辑的支持。宾纳(K. Brunner)甚至宣称,未经慎重的逻辑推理就不应该有任何结论。当然,这里绝不是要完全否定实证分析,因为实证分析有助于提醒我们对逻辑推理中可能隐含错误的认识。但不管如何，现代理论的发展首先必须存在理性思维，其次有实证材料的验证，而不是相反。

2. 缺乏实践的价值

构成对本书的另一批评是，本书所提出的理论体系是大而无当的，因为流行的实证主义强调，"遵照'科学'标准，我们只能研究整体的片断"。例如，一些学者就认为，本书基于协作系统来分析企业运行乃至治理机理可能太过理想化，而对现实企业制度的改造没有什么用处。其实，姑且不说本书所提出的一些观点、建议基本上是基于各国实践比较的基础上，仅仅就理论的构建和发展而言，它本质上就是理想化的和超越现实的（当然，这不是脱离实践的抽象）；而且，只有在严格逻辑的基础之上给出理想的状态，并通过比较现实与理想状态的差异而去寻找改进现实状况的途径，从而才有研究现实的必要。事实上，主流经济学中的阿罗－德布鲁模型、科斯定理、霍姆斯特姆机理不相容定理、M－M无关性定理等都是提供了一种理想状态，但是，本书提供的理想状态与现代主流经济学却存在很大的不同。究其原因，现代主流经济学的理想状态仅仅是建立在抽象假设之上，这种假设完全可以脱离事实经验和事物本质，也是根本无法做到的，而本书的理想状态是建立在对事物本质的揭示之上，它提供了发展和改进的方向。

其实，学者的根本价值就在于能够为人类社会的合理化发展提供方向和指导，为此，他就需要能够挖掘事物的本质，并考察现实事物的异化状态及其成因，而不是简单地从事所谓的实证。科塞（2001：前言）就指出，"知识分子是从不满足于事物的现状，从不满足于求助陈规陋习的人。他们以更高层次的普遍真理，对当前的真理提出质问，针对注重实际的要求，他们以'不实际的应然'相抗衡"。相反，一味的实用主义倾向只会带来适得其反的后果。正如 C. 弗兰克（2003：9）指出的，"一个只看到眼皮底下的直观事物的人并不是真正的现实主义者，他充其量只是个死抱住教条不放的人，因为他看到的不是真实存在的整个大统世界，而仅仅是被本人利益及个人地位所限定的一个人为的小圈子；真正的现实主义者是一个能登高望远、全面客观地洞察现实的人"。试想，如果对企业组织的基本性质都没有识透，对现状的实证又能说明什么呢？没有对自身文化环境及行为机制的探究，又如何保障从欧美搬来的治理机制能够经得起时间和实践的检验呢？奈特（2005：第一版前言）在几乎一个世纪前就告诫，要提防学术中的实用主义和平庸的倾向，并认为"'实用主义'只是暂时的，甚至从某种程度上说，是在装腔作势"。事实上，除了研究的视角、方法以及个人的理论素养之外，当前这种"实证主义"倾向的根本原因在于我们学问的基本取向问题："是要献身于知识系统的增进，还是追求应用科学"（M. 波兰尼，2002：49），抑或仅仅是获取研究者的个人私利。

显然，那些长期着眼于微观实证的人，往往陷入"盲人摸象"的认知误区，最多看到了表象，甚至是局部的表象，而无法深入企业组织的本质，因而也就无法在动态发展的过程中理解企业组织的结构演化。究其原因在于，正如弗兰克（2005：64 - 65）所说的，"他们似乎没有意识到，如果整体大于部分的总和，那么整体本身也会造成整体的部分和片断之间的差异。总之，他们或者由于不愿看见整体，或者由于看不见整体，因而不去看整个画面。因此，他们甚至也无法理解他们考察的那个片断或者他们想加以比较的两个或更多的片断的基本要素"。当然，任何一个社会现象都是复杂而细化的，作为经济活动细胞的企业的相关问题更是如此，这不是一本书所能完全做到的。因此，就一个新的分析体系而言，它往往只能从宏观角度着眼于一些基本问题，而将其他更为微观而具体的问题留待今后。关于这一点，弗兰克也深有感触，他在《白银资本》中构建其宏观历史分析体系时也遇到了类似的反对意见。为此，他作了非常精彩的反驳，这种反驳也真正道出了笔者深深的体认，因而这里不吝笔墨大段引述如下，希望也对读者能有所启发。

"有人会挑剔地指责说，我没有使用（甚至没有能力使用）原始资料。对此，我有几个理由进行反驳。1966 年，我把一份有创见的批评墨西哥历史研究中的传统说法的稿件寄给一位墨西哥史专家。他很客气地给我写了回信，但是在信中说，我的稿子没有发表的价值，因为它不是基于原始资料写成的。我把这篇稿子放在抽屉里 13 年之久，后来因沃勒斯坦邀请我把它纳入由他主编的剑桥大学出版社的一套丛书中才发表出来。此时，那位专家写了一篇书评，认为我的这本书不应该出版，因为我所说的东西已经陈旧了，其他学者的新的研究和分析成果已经把我早先提出的看似稀奇古怪的世界经济观变成了公认的流行理论。"

"这段经历表明，作出一个历史阐释，尤其是范式阐释，需要什么样的资料。用显微镜进行档案研究会很自然地造成一个问题：它不可能给历史学家提供一个广阔的视野。另外，如果历史学家希望跳出公认的范式，甚至向微观研究的范式发出挑战，那么他们最需要的就是一个更广阔的视野。当然，如果历史学家迈的步子太大，不可能用望远镜来考证资料，那么他们必然会遗漏某些细节。这就引起下面这种指责。"

"有人会指责说，尤其因为缺少足够的原始资料，甚至根本没有察看原始资料，因此我的知识不足以考察世界整体，甚至不足以考察世界的若干部分。……然而，正如世界史专家威廉·麦克尼尔在为我的一本书写的前言中指出的，无论我们把研究课题规定得多么狭窄，我们不可能洞察一切，甚至不可能对任何一件事有'足够'的知识。"

"因此，知识的匮乏（我很愿意承认这种缺点）实际上并不取决于研究课题的狭窄还是宏大。相反，正如本书第 5 章所援引约瑟夫·弗莱彻的说法，正是由于人们普遍不愿意作'横向整合的宏观历史'研究，才导致了历史狭隘乃至极其匮乏"（弗兰克，2005：71 - 72）。

弗兰克的描述之所以引起笔者的由衷同感，是因为笔者也曾经从事过一段时期经济史的研究，硕士论文就是有关近代中国经济史的。为此，笔者在上海档案馆以及中国第二历史档案馆（在南京）待了近一年的时间，努力寻找能够反思流行理论的第一手材料。尽管导师也对笔者的工作深表赞赏，说"学界一看你的文章就知道是下了功夫的"。但是，功夫确实下了，不过自我感觉在这么长的时间内自己对社会的真正认识却似乎并没有提高多少，这也导致了笔者内心的焦虑和痛苦，并最终决心转向理论的研究。舒尔茨（2001：38）强调，"经济史的作用不是重写历史。它应该分辨特定的历史经济环境，以达到拓展我们关于经济行为的知识的目的"。也就是说，经济史的研究不是为了基于考据，而是提高认知，特别是要从中发现理论。当然，目前经济学理论的研究中也普遍存在着"只见树木，不见森林"的倾向。试问，那些执着于摆弄数学模型的人有几个能够对经济现象发生的机理有较为清晰的认识？

总之，理论体系的构建是困难的，被认识的过程更为漫长和艰难。这种状况不仅在经济学界是如此，整个社会科学界几乎都是如此。胡塞尔（1988：11）就指出，"如果说十八世纪的人还相信理论将趋向统一，还相信通过一代又一代人的不懈努力能建立起一个经得起任何批评的理论大厦的话，那么这种信念没有能够持续下去"。究其原因正在于，19 世纪下半叶掀起的实证主义运动不但否定主体在理论构建中的作用，甚至把一切精力都限于琐碎的经验事实，以致"受到崇高精神激发并享受幸福的那代新人……对自己理想的普遍哲学和这种新方法的范围失去了热情的信仰"。自从经济学逐渐走上了专门化生产道路之后，经济学家的知识就越来越窄，越来越局限于一些细节的修补，从而也就难以出现整个经济学的革新，正如海尔布伦纳指出的，当代主要经济学家的工作与过去的传统不一样了，因为今天像斯密或马克思意义上的伟大思想家太匮乏了（曾伯格，2001：导言）。特别是，在功利主义甚嚣尘上的当今中国学术界，更少学者情愿舍弃名利的诱惑而静下心来作理论构建的尝试。为了说明此言不虚，笔者这里引用王海明（2001）在其《新伦理学》的自序中写的一段话：当前的中青年伦理学者："有几个不是一直在照着葫芦画着瓢呢？他们付不出创新所必须的数十年潜心研究的辛苦，避开人类世世代代一直求索而至今未决的难题，讥笑今日寥若晨星的苦苦求索者为陈腐过时，而竟至以'不奢望科学、不探索规律、不创造体系、不确定原则、不承认真理、不追求创新'的时髦而否定精神自诩。可惜！可叹！可悲！"

（二）社会科学理论研究的基本思维

本书之所以反对当前盛行的庸俗实证主义而强调要探究企业组织的本质，是因为实证论源于西方自然主义的基本思维，而经济学本质上则属于社会科学，它研究由人的行为所产生的社会现象，而不是一门纯粹的工艺学。因此，作为社会科学的经济学的首要研究目的，就是要解释社会现象是如何产生的，社会事物的发展有何规律，如何预测社会的发展。显然，这实质上就是要揭示事物的本质以及现象之间的因果机制，本质是事物的根本属性，是隐藏在事物表象后面的内在性质。也就是说，理论研究就是要揭示事物的本来面目，要按照事物的本来面目——既不是它们的可能面目，也不是大家所认为的那种样子——来认识它们。正因为如此，经济学的理论研究就需要能够透过纷繁芜杂的表面现象，不能仅仅停留在经验数据之上，而是要充分借助人类的知性思维；而且，要能够深入地探究事物的本质，就必须具有广博的知识，能够充分借鉴和利用人类社会所积累的材料和思想。正是由于一代代学者对人类所积累的思想作潜心梳理，使得"往圣之绝学"得以流传，也正是在梳理的基础上，后人不断修正或补充新的思想，从而使得人类的认知不断深入。而且，遵循本质到现象的研究传统，可以更好地探究当前社会中的热点问题，这里可以举几个例子说明。

例1 就产权结构安排而言。目前大多数经济学家都知道并喜欢运用"产权"一词，并极力鼓吹产权明晰，似乎产权明晰是包治百病的灵丹妙药；而且，在产权学派观点的支配下，又想当然地把产权明晰等同于产权私有。然而，学界又有多少人能够明白"产权"的真正含义？一般地，我们知道，产权体现了权利的分配关系，而权利必然是相互的而不可能单纯地归一方所有，也即，产权界定的核心是明确当事人之间的责权关系，通过责权的界定来为一组激励和约束机制提供支持以保障物的有效利用。而且，责权的执行以及由此而来的激励和约束的有效性必须由一套相应的执行机制来保障，即产权安排实际上包含了两个方面：责权界定和相应的实施机制。由此，也就产生了产权两个层次的含义：（1）权利是与责任相对应的，没有不承担责任的权利；（2）权利的行使和责任的承担必须由法制来保障，没有相应的实施机制的保障，产权改革仅仅是一句空话。特别是，由于产权反映的是物之属性在人之间的界定，而物之属性丰度往往无法完全测度；因此，产权根本上是无法界定清晰的，而仅仅反映了某些已知或可以估测属性的界定。显然，在传统中国文化中，盛行的是以社会为中心的价值取向，在这种社会关系中，财产往往无法界定到个体，而是与所有发生关系的人都有牵连。在这种情况下，基于财产共同所有的基本信条，儒家认为，组织是认同通过契约而成立的相对独立的共同体，它仅仅是个人权利的"裁判者"而不是"主权者"，因而作为共同体的组织就无法完全私有化，而往往以产权模糊的状态属于一个所有权体系，模糊产权也是儒家社会中社会组织的基本特征。不过，基于财产的公有观以及相应的社会价值导向，由于儒家社会的组织中形成了一种有序的责权安排，每个成员都必须承担一定的责任和义务，并由此获得相应的权利；并且，在组织社会化的前提下，衍生出了社会共同治理模式，从而在漫长的历史时期都呈现出了一种高效率的状态。然而，在市场化的今天，主流学者开始抛开了传统社会中的治理基础而盲目搬用西方社会产权清晰化的思维，却常常忘却完备的产权必须要有一套相应的执行机制来保障责权的施行；结果，在法制不健全、特别是缺乏有效实施机制保障的情况下，那些弱者根本无法有效保护自己名义上的产权，而那些强势者则利用产权改革之名大肆掠夺和侵占国有或其他人的财产而不承担自己应尽的责任。实际上，在这种情况下，根本就没有什么清晰产权。

例2 就企业组织而言。当前对企业组织改革的一个重要方向就是使它成为追求利润最大化的主体，因此，企业及其从业人员并不直接关注伦理道德，认为只要不违法，企业组织的任何逐利行为就都是无可厚非的，而在企业经营活动中进行伦理道德的考虑则是不合时宜的。问题是，果真如此吗？正文指出，企业组织的本质内涵体现为增进生产要素协调分工的协作系统，具有强烈的社会性，这种社会性的存在使得企业行为充满了社会责任和道德要求。例如，正是基于协作系统观，企业组织就不仅为股东的利益服务，而且要为所有利益相关者服务，甚至保障员工安全或者保护社会环境或者服务消费者的义务往往还比股东的利益更为优先。但是，基于主流经济学却集中于特定时期的企业外在形态的分析，这种分析的基本框架是供求关系，而供求状况又是由社会各界的力量决定；因此，在主流经济学看来，企业组织的外在性质就表现为企业组织实质上的控制权、支配权和剩余价值索取权，并进而为法律所承认、界定和维护，在利益分配上则体现为股东价值观。也正因如此，主流经济学极力主张依靠基于力量对比的契约来分配社会创造的财富：在完全信息情况下，依据夏普利权力指数来分配各生产要素协作创造的收益，并且，由于在迄今为止的社会中资本是生产的关键加入者，因而股东将获得全部的剩余索取权；而在信息存在严重偏的情况下，就存在严重的收入转移效应，这主要体现在员工进入企业并与企业主签订契约时的不平等，这涉及了弱势与强势之间不完全信息下的博弈。而且，基于股东价值观，企业组织片面施行所谓的委托—代理机制以及相应的买断年薪制。当然，在西方社会，由于市场信息比较健全，因而经理人员和一般工人的工资都有一定的市场参照，一般都接近于边际生产力工资。但是，在中国，由于信息极不对称，而盲目搬用西方的治理和激励制度，反而导致了整个生产和分配秩序的失范。一方面，那些管理者由于本身垄断了信息而又缺乏来自下面的监督，因而可以获得极高的年薪，不仅如此，他们还可以享受各种职务消费和收益，甚至可以大量转移国有资产；另一方面，由于一般工人越来越成为流水线中的一个零件，不但没有组织力量与企业谈判的权力，也没有监督上级之权，因而工资就非常的低，甚至还会承受频繁解雇、提前退休、延长工作日的风险，这实际上已经是当今社会非常突出的现象。

　　例3　就国有企业的改革方向而言。当前，一些学者从社会主义的本质就是生产资料公有制和个人消费品按劳分配这一理解出发，认为，判断社会主义改革成功与否的重要依据就是国有资产的比重是否增进了；相反，另一些从个人是利益的自然主体以及政府不应与民争利这一理解出发，强调国有经济成分的下降是改革成功的标志。① 正因为两者在出发点上存在根本性的差异，从而也就必然缺乏交流的可能，这也是为什么当前经济学界会被截然分成两个对抗性团体的原因。而要缓和目前这种局面，就不能简单地停留在观点的陈述和主观的愿望上，而是需要进一步深化对国家组织及社会主义本质的理解。当前，两派人士对此的理解视角是截然不同的：在传统的马克思主义者看来，国家是一个阶级对另一个阶级实行暴力统治的工具，而社会主义则是无产阶级专政的体现，无产阶级专政的经济基础就是掌控大部分的生产资料；相反，接受西方主流经济学的人士则把国家权力视为是全体人们转让的，但由于其代理人本质上是性恶的，因而必须对他们的权力进行限制，不能侵犯社会个人的财产权。然而，两派理论都还没有追溯到国家的起源，从而他们所理解的国家本质都各有其片面性。实际上，从国家起源之初，基于个人权力转让给对象差异形成了两类性质不同的国家：（1）作为主权者的国家是掠夺性的，体现为阶级统治工具，对这种国家的主权者权力就必须进行限制，这种限制主要来自被统治的另一方，从而"坏人也会做好事"；（2）作为协调者的国家是服务性的，体现为社会协调的社会机构，需要承担一定的社会经济功能，但对其代理者的行为必须进行监督和限制，否则也可能偏离作为协作系统的本质，从而"好人也会做坏事"。因此，在讨论改革的判断标准时，首先必须对社会主义国家的性质进行定位，同时，也要分析特定时期的国家类型和功能是否体现国家的一般本质，要关注如何防止"好人干坏事"。其实，从全体社会发展的角度上讲，社会主义要体现其存在的合理性，就必须能够促进人们的应得权利和社会财富的同步发展，衡量当前改革的标准也是如此；而产权也仅仅是提高人类社会生活的机制和手段之一，人类福利的提高才是人类社会发展的根本目的。也正因如此，邓小平说，"社会主义的本质，是解放生产力、发展生产力，消灭剥削，消除两极分化，最终达到共同富裕"。实际上，这已经站在历史和本质的高度看待社会主义了，基于这一本质也就更容易认识改革的方向问题。

---

① 当然，也存在其他的看法，如罗默（1997：18）就认为，"社会主义者已经形成对公有制的崇拜：公有制已被看作是社会主义的绝对必要条件，然而这种判断是建立在一种无根据的推论基础上的。……社会主义者应该要的是这样一些财产权，这些财产权能造成一个最能促进每个人机会平等的社会"。

显然，只有结合事物本质的探究和现状成因的分析，我们才能提供更为全面而系统地改革建议。当然，要做到这一点，就要求研究者能够厚积薄发，注重知识的继承和积累，能够旁征博引从更全面视角分析问题，并剖析社会现象的本来面目以及现状产生的内在机理。正因如此，长期以来，笔者一直试图向学界特别是经济学界的同人们说明，理论研究实际上包含了四个轻重不同的层次。首先是方法论层次。这是研究者观察和思考社会现象的哲学理念和基本视角，只有形成一个较为明确的方法论，才可以着手有条不紊的研究。事实上，方法论可以为我们接受还是拒绝一个研究纲领提供了标准，也帮助我们在区分精华和糟粕时有章可循。其次是理论素养层次。有了一定的观察视角和分析方法之后，就可以对某些具体的问题进行研究，从而形成自己的认知。显然，不同学者由于所处的地位、观察角度以及哲学理念上的差异，从而对同一社会现象的研究往往会得出不同的甚至截然相反的结论，一个良性理论的发展应该能够将不同角度的看法、理论契合起来以构建一个日趋完善的理论。再次是表达工具层次。基于理论契合的基础形成自己对某一问题的观点乃至系统的理论后，就需要表达出来便于与他人交流和传播，这就需要借助恰当的表达工具。显然，目前经济学界教学过程中普遍存在的重视数学建模的训练仅仅是一种表达或分析工具，特别是在教学上有所裨益，而基本上不属于方法论的范畴。最后是实证检验层次。有了自己的观点和理论还必须进行检验，从而可以进一步提炼理论。当然，不仅检验并不必要是由理论提出者自己展开，而且也不能仅仅限于以局部的数据为依据，相反需要广泛收集学界其他的实证资料，因为个人就特定时间、特定地点、特定资料以及特定方法下的实证并不必然是可靠的。

基于上述基础理论研究的层次，笔者强调，理论的基本范畴包含方法和内容两个范畴，而另两个方面则是辅助性的。因此，对社会经济现象的认识，绝不是停留在华丽数学符号的表达上，也不能通过某些局部的数据的处理而得出数字上的某种联系，特别是不能就此而得出一般性的理论，这实际上也就是波普尔证伪理论的基本含义。既然一般性科学理论无法通过经验材料得到证实，那么我们就必须考察事物之间作用机理，也即，理论的构建更重要的是要探究何以存在这种关系的内在机理。事实上，在社会现象的对内在机理还缺乏真正的理解的基础上，片面追求所谓科学化的数学模型反而窒息了理论的发展。特别是，目前经济学界趋之若鹜的计量经济学实际上仅仅是一种检验方法，它属于理论研究的最低层次，甚至根本不是理论性的研究。而且，正如杜恒 – 奎因命题（Duhem – Quine thesis）指出的，确定地证伪一个假设与证实一个假设一样困难，因为每一个假设的检验，实际上都是关于所谈论的假设的数据资料的质量、使用的测量仪器以及对检验的特定环境进行规定的附加假设的一个联合检验，如果证伪发生，我们不能将罪过明确地归因于待检验的主要假设。因此，我们就必须重新反思理论的逻辑推理和检验之间的关系：当检验结果与理论发生差错时，首先是要反思检验的方法、数据是否合理，而不是简单地抛弃理论，以为理论被证伪了；其次，需要展开多层次的检验，因为不同情况下对同一理论的检验结果往往相差很大，只有在确认检验方法、数据等都没问题的情况下，再反思理论得出的前提、逻辑是否有所差错，从而进一步完善理论。一般地，所谓的调查和实证只是对逻辑推理的结论进行印证，而根本不可能取代逻辑推理而得出广泛性结论。因此，只有以具有深厚学理性的理论为基础，我们才可以有针对性地对社会现象进行考察。

当然，要真正遵循理论研究的四个层次，特别是形成一定的方法论和理论素养，要求我们能够静下心来对人类所积累的文献和知识进行梳理。显然，这就需要有良好的学风和相对合理的社会制度，而不是追求所谓的功利主义指标。然而，我们当前的学术不是为了学术本身，而是为了那些异化的目的，是为了指标，为了评比，为了瓜分资金；为此，拼命地追求所谓的前沿，极端地从事所谓的实证。其实，尽管当今欧美学术盛行求新求异之气，但又有多少真正的理论发展呢？或者真正解决社会问题了吗？斯诺登就指出，自 20 世纪六七十年代红极一时的凯恩斯主义和经济学实证主义二者的内在缺陷及其在实践中的失败而导致旧的正统的死亡，同时又没有被任何具有绝对优势的新方法所取代，不同的宏观经济理论之间的竞争就变得公平和激烈。斯诺登（1998：495）写道："宏观经济学家大都热衷于强调他们之间的区别而不是他们之间的相似性。他们常常更为关心的是使他们的智力产品在学术界与众不同，在公共场合则就政策建议也与人展开争论。各宏观经济学流派的存亡必然取决于其成功地标榜自己的能力。在宏观经济学中有一种强调自己与众不同的倾向，这反过来，又导致了多义性和贴标签。"也正因如此，越来越多的人已经开始对诺贝尔经济学奖的评审产生了质疑，因为它激励人们不断推出新的却根本无法解决问题的"理论"，这导致了经济学的理论不断反复和轮回，却几乎没有实质的进展。甚至有人认为，在 20 世纪 90 年代以来经济学所取得的进展中许多都是杜撰出来的而不具有长期意义。

总之，对社会事物科学研究的根本目的是不断地渗入对事物本质的认识，对事物之间作用的内在机理进行探究，而不是仅仅限于事物之间的功能联系或者数字联系，更不是当前的这种庸俗实证主义；而且，人类不能穷尽真理，个人更不能发现终极真理，而只能向真理不断逼近，而这需要相互争鸣和交流，如此理论才能不断发展和完善。因此，如果先验地以某种理论和某一人的观点作为检验真理的标准，只会窒息理论的发展。然而，当前中国学者却极力模仿和照搬盲从西方主流经济学理论，心安理得地从事所谓的实证研究。其实，主流经济学本身就是建立在建构理性主义的基础上，在极端的抽象化路径上进行均衡模型的构建，根本上已经把学术作为一种显示智力的游戏。然而，尽管西方的经济学家已经开始把经济学视为与现实无关的游戏或艺术，但中国学术界中庸俗实用主义的取向却极力夸大它的应用价值，并在市场机制如此不完善的情况下试图把它用于引导中国的改革实践，从而造成愈益突出的社会问题。也正因为如此，当前绝大多数的研究就必然只能是停留在经济现象的表面，对经济的探讨往往就是由社会产生的直接问题引发的，解决的方法也是就事论事或者机械的；并且，由于缺乏对本来面目的探讨，也就无法解决根本问题，甚至表面的问题也解决不了。因此，中国学术界不但形不成真正的理论，反而还误导了改革实践；而所有这些问题的根源就在于，我们学界本身就缺乏对社会科学研究的本质认识，从而也就不可能对经济的发展有真正的长远指导。

最后，需要指出的是，关于理论研究的基本思维、学术研究的基本任务以及当前学风的扭曲等问题，笔者也曾多次与多位学者进行了交流，并不断强调树立良好学术风气和理念对学术研究的重要性；而且，大部分学者对笔者的观点大多比较赞同，但又都感慨改变目前这种风气太艰难了，因而都不愿身躬亲践。笔者深知"与其临渊羡鱼，不如退而结网"的道理，因而只能沿着一个新的视角默默地独自思索；正是在大量文献梳理的基础上，逐渐厘清了自己的分析思路，不断提高自己的社会认知，而基于企业组织的思索就逐渐形成了上述看似庞杂的与流行理论不同的分析体系。正如科塞（2001：前言）所言，"大多数人从事专业时，就像在其他地方一样，一般只为具体的问题寻求具体的答案，知识分子则感到有必要超越眼前的具体工作，深入到意义和价值这类更具普遍性的领域之中"。特别是，正如李泽厚（2003：后记）指出的，"对于创造性思维来说，见林比见树更重要"。因此，笔者坚持认为，理论的发展首先要对相关的实质有更广的认识，要识别森林性知识，只有这样，当我们走在森林中的时候，才不至于迷失方向。

当然，上面说本书缺乏原始实证的分析，但并不是说没有实证分析；而是承认大量的数字上的实证资料来源于其他学者的处理，是用其他学者的分析来佐证本书的观点。事实上，正如米塞斯（2001：70）指出的，"重要的不是资料，而是处理资料的大脑。伽利略、牛顿、李嘉图、门格尔和弗洛伊德得出他们伟大发现所用的资料是他们同时代每一个人和许多前几代人都拥有的"。因此，笔者更愿意采用他人已经收集的数据，甚至是绝大多数人熟视无睹的数据，并用自己的思维来进行剖析。而且，作为探究社会现象之间机理的经济学家，并不是要独自去考察和处理每个细节问题，而是要能够对众说纷纭的计量结论进行解释，探讨业已存在的大量实证分析得出不同结论的背景，通过对数据来源的取舍以及处理方法的选择方面探究各自在分析可能蕴含其中的偏误。不过，也正如弗兰克所说的，研究树林的步伐迈得太大，就必然会遗漏某些细节。这就是要求我们增强理论微观机理的探索，这也正是新的理论提出后有待进一步发展的地方。事实上，原创性理论往往都是不完善的，只有这样才可以吸引更多的人加入研究的队伍，理论才有发展的空间；而且，细节的遗漏总是可以不断弥补的，而方向的迷失只会在原地打转。这是大历史的研究思路，是理论发展的需要，同样可以为当前经济学的发展所借鉴，希望本书的研究也能为广大同人和青年学子提供一些启发。

朱富强

初稿：2003/9/1

二稿：2004/11/10

三稿：2005/8/2

四稿：2007/4/2

五稿：2014/3/3

主要参考文献

阿尔钦：《产权：一个经典注释》，载科斯等著《财产权利与制度变迁：产权学派与新制度经济学派译文集》，上海三联书店/上海人民出版社，1994。

阿尔斯通、埃格特森等编《制度变革的经验研究》，经济科学出版社，2003。

阿罗：《信息经济学》，北京经济学院出版社，1989。

阿瑞吉等：《现代世界体系的混沌与治理》，生活·读书·新知三联书店，2003。

埃格特森：《新制度经济学》，商务印书馆，1996。

埃克伦德、赫伯特：《经济理论与方法史》，杨玉生等译，中国人民大学出版社，2001。

艾勒曼：《民主的公司制》，新华出版社，1998。

艾莉：《知识的进化》，珠海出版社，1998。

艾克斯罗德：《对策中的制胜之道：合作的演化》，上海人民出版社，1996。

霭理士：《性心理学》，生活·读书·新知三联书店，1987。

安索夫：《协同与能力》，载坎贝尔和卢克斯《战略协同》，机械工业出版社，2000。

奥尔森：《国家兴衰探源》，商务印书馆，1995。

奥尔森：《权力与繁荣》，上海世纪出版集团，2005。

E. 奥斯特罗姆、施罗德和温：《制度激励与可持续发展》，上海三联书店，2000。

V. 奥斯特罗姆：《机会、差异及复杂性》，载 V. 奥斯特罗姆、菲尼和皮希特主编《制度分析与发展的反思：问题与抉择》，商务印书馆，1992。

奥克森：《互惠：一种颠倒的政治发展观点》，载 V. 奥斯特罗姆、菲尼和皮希特主编《制度分析与发展的反思：问题与抉择》，商务印书馆，1992。

巴克豪斯：《导言：经济学方法论的新趋势》，载巴克豪斯编《经济学方法论的新趋势》，经济科学出版社，2000。

巴纳德：《经理人员的一般职能》，中国社会科学出版社，1997。

巴尼特：《迈向利害相关者民主》，载凯利等编《利益相关者资本主义》，重庆出版社，2001。

巴斯夏：《和谐经济论》，中国社会科学出版社，1995。

巴泽尔：《产权的经济分析》，上海三联书店/上海人民出版社，1997。

巴泽尔：《考核费用与市场组织》，载陈郁编《企业制度与市场组织：交易费用经济学文选》，上海三联书店/上海人民出版社，1996。

巴泽尔（R. Buzzell）、盖尔：《企业群的整合战略》，载坎贝尔和卢克斯《战略协同》，机械工业出版社，2000。

白吉尔：《中国资产阶级的黄金时代（1911~1937）》，上海人民出版社，1994。

鲍尔斯等：《理解资本主义：竞争、统制与变革》，中国人民大学出版社，2010。

M. 鲍曼：《道德的市场》，中国社会科学出版社，2003。

S. R. 鲍曼：《现代公司与美国的政治思想》，重庆出版社，2001。

鲍威尔：《基于信任的管理形式》，载克雷默和泰勒主编《组织中的信任》，中国城市出版社，2003。

鲍伊：《经济伦理学：康德的观点》，上海译文出版社，2006。

贝尔：《资本主义文化矛盾》，生活·读书·新知三联书店，1989。

贝尔：《后工业社会的来临：对社会预测的一项探索》，新华出版社，1997。

贝克：《新型社会资本及其投资》，载曹荣湘编《走出囚徒困境》，上海三联书店，2003。

贝克尔：《家庭论》，商务印书馆，1998。

贝克尔：《人类行为的经济分析》，上海三联书店/上海人民出版社，1995。

贝拉：《德川宗教：现代日本的文化渊源》，生活·读书·新知三联书店，1998。

贝提格尼斯：《考克斯圆桌商业原则的提出与讨论》，恩德勒编《国际经济伦理》，北京大学出版社，2003。

彼特利斯：《交易成本经济学的超越：发展制度经济学的七大原因》，载克劳奈维根编《交易成本经济学及其超越》，上海财经大学出版社，2002。

边燕杰、丘海雄：《企业的社会资本及其功效》，《中国社会科学》2000 年第 2 期。

宾默尔：《博弈论与社会契约（第 1 卷）：公平博弈》，上海财经大学出版社，2003。

M. 波兰尼：《个人知识：迈向后批判哲学》，贵州人民出版社，2000。

M. 波兰尼：《自由的逻辑》，吉林人民出版社，2002。

波特：《竞争优势》，华夏出版社，1997a。

波特：《竞争战略》，华夏出版社，1997b。

波特：《国家竞争优势》，华夏出版社，2001。

波特：《业务单元之间的关联》，载坎贝尔和卢克斯《战略协同》，机械工业出版社，2000a。

波特：《集群与新竞争经济学》，《经济与社会体制比较》2000 年第 2 期。

波斯特：《信息方式：后结构主义与社会语境》，商务印书馆，2000。

波普尔：《开放社会及其敌人》（第 2 卷），中国社会科学出版社，1999。

波普尔：《开放的思想和社会：波普尔思想精粹》（米勒编），江苏人民出版社，2000。

波斯纳：《法律的经济分析》，中国大百科全书出版社，1997。

博特赖特：《金融伦理学》，北京大学出版社，2002。

布坎南：《自由、市场与国家》，上海三联书店，1989。

布坎南：《道德团体、道德秩序或道德无序》，载多蒂和李编《市场经济：大师们的思考》，江苏人民出版社，2000。

布莱尔：《所有权与控制：面向 21 世纪的公司治理探索》，中国社会科学出版社，1999。

布劳格：《凯恩斯以后的 100 位著名经济学家》，商务印书馆，2003。

布劳格：《经济理论的回顾》，中国人民大学出版社，2009。

布劳德：《五种伦理学理论》，中国社会科学院出版社，2002。

布劳、梅耶：《现代社会中的科层制》，学林出版社，2001。

布罗代尔：《15～18世纪的物质文明、经济与资本主义》（第一卷），生活·读书·新知三联书店，1992。

布罗代尔：《15～18世纪的物质文明、经济与资本主义》（第二卷），生活·读书·新知三联书店，1993a。

布罗代尔：《15～18世纪的物质文明、经济与资本主义》（第三卷），生活·读书·新知三联书店，1993b。

布罗姆利：《经济利益与经济制度：公共政策的理论基础》，上海三联书店/上海人民出版社，1996。

布鲁：《经济思想史》，机械工业出版社，2003。

布瓦索：《信息空间：认识组织、制度和文化的一种框架》，上海译文出版社，2000。

蔡宁、杨闩柱：《基于企业集群的工业园区发展研究》，《中国农村经济》2003年第1期。

曹正汉：《寻求对企业性质的完善解释：市场分工的不完备性与企业的功能》，《经济研究》1997年第7期。

长谷川启之：《亚洲经济发展和社会类型》，文汇出版社，1997。

陈工孟：《现代企业代理问题和国有企业改革》，《经济研究》1997年第10期。

陈宏辉、贾生华：《企业利益相关者三维分类的实证分析》，《经济研究》2004年第4期。

陈凌：《论国有企业的法人所有权》，《经济研究》1994年第3期。

陈平：《文明分岔、经济混沌和演化经济学》，经济科学出版社，2000。

陈万里等：《市场经济300年》，中国发展出版社，1995。

陈晓、江东：《股权多元化、公司业绩与行业竞争性》，《经济研究》2000年第8期。

陈颖源：《企业改革·法人·财产所有权》，《经济研究》1994年第3期。

陈永正：《所有权构造论》，四川大学出版社，2003。

程恩富：《西方产权理论评析：兼论中国企业改革》，当代中国出版社，1997。

程恩富、李新、朱富强：《经济改革思维：东欧俄罗斯经济学》，当代中国出版社，2002。

程恩富、施锡铨、朱富强：《经营者收入的博弈分析：劳动价值论的一种拓展》，《经济学动态》2001 年第 4 期。

程恩富、胡乐明、方小利、朱富强等：《经济学方法论：马克思、西方主流与多学科视角》，上海财经大学出版社，2002。

储小平：《家族企业研究：一个具有现代意义的话题》，《中国社会科学》2000 年第 5 期。

储小平：《华人家族企业的界定》，《经济理论与经济管理》2004 年第 1 期。

崔之元：《美国二十九个州公司法变革的理论背景》，《经济研究》1996 年第 4 期。

崔之元：《"看不见的手"范式的悖论》，经济科学出版社，1999。

大内：《Z 理论：美国企业界怎样迎接日本的挑战》，中国社会科学出版社，1984。

大塚久雄：《股份公司发展史论》，中国人民大学出版社，2002。

戴约：《国家、产业结构调整和人力资源战略：泰国和东亚新兴工业化国家》，载罗荣渠等编《东亚现代化：新模式与新经验》，北京大学出版社，1997。

戴木禾：《管理的伦理法则》，江西人民出版社，2001。

稻盛和夫、梅原猛：《回归哲学：探索资本主义的新精神》，学林出版社，1996。

德尔、韦尔瑟芬：《民主与福利经济学》，中国社会科学出版社，1999。

德勒巴克：《法律动机的认知科学视角》，载梅纳尔编《制度、契约与组织》，经济科学出版社，2003。

德鲁克：《走向下一种经济学》，载贝尔等编《经济理论的危机》，上海译文出版社，1985。

德鲁克：《有效的管理者》，工人出版社，1989。

德鲁克：《新现实：走向 21 世纪》，中国经济出版社，1993。

德鲁克：《后资本主义社会》，上海译文出版社，1998。

德鲁克：《一个社会变革的世纪》，载德鲁克《大变革时代的管理》，上海译文出版社，1999a。

德鲁克：《管理家族企业》，载德鲁克《大变革时代的管理》，上海译文出版社，1999b。

德鲁克（又译杜拉克）：《德鲁克论管理》，海南出版社，2000。

德鲁克：《公司的概念》，上海人民出版社，2002。

德姆塞茨：《一个研究所有制的框架》，载科斯等著《财产权利与制度变迁：产权学派与新制度经济学派译文集》，上海三联书店/上海人民出版社，1994a。

德姆塞茨：《关于产权的理论》，载科斯等著《财产权利与制度变迁：产权学派与新制度经济学派译文集》，上海三联书店/上海人民出版社，1994b。

德姆塞茨：《所有权、控制与企业》，经济科学出版社，1999a。

德姆塞茨：《企业经济学》，中国社会科学出版社，1999b。

德姆塞茨：《对詹森、麦克林"专门知识、一般知识和组织结构"论文的评论》，载沃因和韦坎德等编《契约经济学》，经济科学出版社，1999c。

德姆塞茨：《企业理论再考察》，载威廉姆森和温特编《企业的性质：起源、演变和发展》，商务印书馆，2008。

邓宏图：《组织、组织演进及制度变迁的经济解释：质疑"伪古典化"的"杨小凯范式"》，《南开经济研究》2003年第1期。

迪屈奇：《交易成本经济学》，经济科学出版社，1999。

迪克西特：《经济政策的制定：交易成本政治学的视角》，中国人民大学出版社，2004。

都留重人：《日本的资本主义：以战败为契机的战后经济发展》，复旦大学出版社，1995。

杜海燕：《管理效率的基础：职工心态与行为》，上海人民出版社，1992。

杜恂诚：《中国传统伦理与近代资本主义：兼评韦伯〈中国的宗教〉》，上海社会科学院出版社，1993。

杜恂诚：《市场呼唤中国传统伦理》，《上海经济研究》1993年第6期。

杜恂诚：《金融深化中的信息约束》，《上海经济研究》1999年第4期。

杜赞奇：《文化、权力与国家：1900~1942年的华北农村》，江苏人民出版社，1996。

恩德勒：《面向行动的经济伦理学》，上海社会科学院出版社，2002。

恩德勒：《国际经济伦理：挑战与应对方法》，北京大学出版社，2003。

恩格斯：《反杜林论》，人民出版社，1970。

恩斯明格（Ensminger）：《变更产权：非洲正式和非正式土地产权的协调》，载德勒巴克和奈编《新制度经济学前沿》，经济科学出版社，2003。

法约尔：《工业管理与一般管理》，中国社会科学出版社，1998。

法马：《代理问题与企业理论》，载陈郁编《所有权、控制权与激励：代理经济学文选》，上海三联书店/上海人民出版社，1998。

法马、詹森：《所有权和控制权的分离》，载陈郁编《所有权、控制权与激励：代理经济学文选》，上海三联书店/上海人民出版社，1998。

法马、詹森：《组织形式和投资决策》，载普特曼和克罗茨纳编《企业的经济性质》，上海财经大学出版社，2000。

范黎波、李自杰：《企业理论与公司治理》，对外经济贸易大学出版社，2001。

范德厄夫：《共鸣式公司》，人民邮电出版社，2003。

饭野春树：《巴纳德组织理论研究》，生活·读书·新知三联书店，2004。

繁人都重：《制度经济学回顾与反思》，西南财经大学出版社，2004。

樊纲、张曙光等：《公有制宏观经济理论大纲》，上海三联书店/上海人民出版社，1995。

樊纲：《灰市场理论》，《经济研究》1988年第8期。

方竹兰：《人力资本所有者拥有企业所有权是一个趋势》，《经济研究》1997年第6期。

菲吕博顿、平乔维奇：《产权与经济理论：近期文献的一个综述》，载科斯等著《财产权利与制度变迁：产权学派与新制度经济学派译文集》，上海三联书店/上海人民出版社，1994。

菲吕博顿、瑞切特：《新制度经济学：一个评价》，载菲吕博顿和瑞切特编《新制度经济学》，上海财经大学出版社，1998。

菲吕博顿、魏金斯：《工厂关闭、工人再配置成本和董事会中的工人参与》，载菲吕博顿和瑞切特编《新制度经济学》，上海财经大学出版社，

1998。

菲吕博顿:《跋:制度的经济学分析的不同方法》,载菲吕博顿和瑞切特编《新制度经济学》,上海财经大学出版社,1998。

费孝通:《乡土中国、生育制度》,北京大学出版社,1998。

费方域:《企业的产权分析》,上海三联书店/上海人民出版社,1998。

福山:《信任:社会道德与繁荣的创造》,远方出版社,1998。

福山:《大分裂:人类本性与社会秩序的重建》,中国社会科学出版社,2002。

G. 弗兰克:《白银资本:重视经济全球化中的东方》,中央编译出版社,2005。

C. 弗兰克:《社会的精神基础》,生活·读书·新知三联书店,2003。

弗朗茨:《X 效率:理论、论据和应用》,上海译文出版社,1993。

弗罗门:《经济演化:探究新制度经济系的理论基础》,经济科学出版社,2003。

弗洛姆:《精神分析与宗教》,中国对外翻译出版公司,1995。

弗里德曼:《资本主义与自由》,商务印书馆,1986。

高家龙:《华人企业与人际关系网:试剖析 1915～1937 年的申新棉纺企业》,载张仲礼主编《城市进步、企业发展和中国现代化》,上海社会科学院,1994。

高觉敷:《心理学史》,中国大百科全书出版社,1985。

格雷夫:《经济、社会、政治和规范诸因素的相互关系与经济意义:中世纪后期两个社会的状况》,载德勒巴克和奈编《新制度经济学前沿》,经济科学出版社,2003。

格雷汉姆:《芙丽特:管理学的先知》,经济日报出版社/哈佛商学院出版社,1998。

格雷戈里、斯图尔特:《比较经济体制学》,上海三联书店,1988。

格罗斯曼、哈特:《所有权的成本和收益:纵向一体化和横向一体化的理论》,载陈郁编《企业制度与市场组织:交易费用经济学文选》,上海三联书店/上海人民出版社,1996。

盖尔西克:《家族企业的繁衍》,经济日报出版社/哈佛商学院出版社,1998。

高家龙:《大公司与关系网:中国境内的西方、日本和华商大企业》,

上海社会科学院出版社，2002。

辜胜阻、张昭华：《家族企业治理模式及其路径选择》，《中国人口科学》2006年第1期。

郭晋刚：《国有工业企业激励机制的变革及效果评价》，《经济研究》1992年第10期。

郭克莎：《国有产权制度改革的模式和途径》，《经济研究》1995年第11期。

哈耶克：《通往奴役之路》，中国社会科学出版社，1997。

哈耶克：《自由宪章》，中国社会科学出版社，1999。

哈耶克：《个人主义与经济秩序》，北京经济学院出版社，1989。

哈耶克：《经济、科学与政治：哈耶克思想精粹》，江苏人民出版社，2000a。

哈耶克：《致命的自负》，中国社会科学出版社，2000b。

哈耶克：《法律、立法与自由》（第1卷），中国大百科全书出版社，2000c。

哈耶克：《法律、立法与自由》（第2、3卷），中国大百科全书出版社，2000d。

哈耶克：《个人主义与经济秩序》，生活·读书·新知三联书店，2003。

哈贝马斯：《合法化危机》，上海人民出版社，2000。

哈特、穆尔：《产权与企业的性质》，载陈郁编《企业制度与市场组织：交易费用经济学文选》，上海三联书店/上海人民出版社，1996。

哈特：《企业、合同与财务结构》，上海三联书店/上海人民出版社，1998。

赫尔曼：《全球化的威胁》，《马克思主义与现实》1999年第5期。

赫延平：《十九世纪的中国买办：东西间桥梁》，上海社会科学院出版社，1988。

赫什莱佛、赖利：《不确定性与信息分析》，中国社会科学出版社，2000。

何自力：《法人资本所有制与公司治理》，南开大学出版社，1997。

何宗武：《经济理论的人文反思》，载黄瑞祺和罗晓南主编《人文社会科学的逻辑》，台北：松慧文化。

亨廷顿：《变化社会中的政治秩序》，生活·读书·新知三联书店，1989。

亨塞尔：《总体经济视野中的雇员参与决策问题》，载何梦笔主编《秩序自由主义》，中国社会科学出版社，2002。

洪银兴：《政治经济学的与时俱进》，《政治经济学评论》2003 年第 1 期。

胡乐明、张建伟、朱富强：《真实世界的经济学：新制度经济学纵览》，当代中国出版社，2002。

胡塞尔：《欧洲科学危机和超验现象学》，上海译文出版社，1988。

霍尔瓦特：《社会主义政治经济学：一种马克思主义的社会理论》，吉林出版社，2001。

霍奇逊：《现代制度主义经济学宣言》，北京大学出版社，1993。

霍奇逊：《企业文化与厂商的性质》，载约翰·克劳奈维根编《交易成本经济学及其超越》，上海财经大学出版社，2002。

霍奇逊：《演化与制度：论演化经济学和经济学的演化》，中国人民大学出版社，2007。

霍奇逊：《经济学是如何忘记历史的：社会科学中的历史特性问题》，中国人民大学出版社，2008。

黄光国：《儒家关系主义：文化反思与典范重建》，北京大学出版社，2006。

贾根良：《演化经济学：现代流派与创造性综合》，《学术月刊》2002 年第 12 期。

杰文斯：《政治经济学理论》，商务印书馆，1984。

杰索普：《治理的兴起及其失败的风险：以经济发展为例的论述》，载俞可平主编《治理和善治》，社会科学文献出版社，2000。

堺屋太一：《组织的盛衰：从历史看企业再生》，上海人民出版社，2000。

金泳镐：《论第四代工业化：对格尔申克隆与希施曼模式的反思》，载亨廷顿等著《现代化理论与历史经验的再探讨》，上海译文出版社，1993。

金迪斯、鲍尔斯：《人类的趋社会性及其研究：一个超越经济学的经济分析》，上海世纪出版集团，2006。

今井贤一等：《内部组织的经济学》，生活·读书·新知三联书店，

2004。

经济学消息报社编：《追踪诺贝尔：诺贝尔经济学奖得主专访录》，中国计划出版社，1998。

卡明斯、沃里：《组织发展与变革》，清华大学出版社，2003。

J. 凯：《利益相关者公司》，载凯利等编《利益相关者资本主义》，重庆出版社，2001。

凯尔萨等：《民主与经济力量：通过双因素经济开展雇员持股计划革命》，南京大学出版社，1996。

E. 凯利：《探求厂商的特殊性质：对正统新古典经济学批判的超越》，载克劳奈维根编《交易成本经济学及其超越》，上海财经大学出版社，2002。

D. 凯利：《全球展望》，载凯利等编《利益相关者资本主义》，重庆出版社，2001。

G. 凯利等编《利益相关者资本主义》，重庆出版社，2001。

坎特：《寻求并实现协同》，载坎贝尔、卢克斯《战略协同》，机械工业出版社，2000。

坎贝尔、卢克斯：《战略协同》，机械工业出版社，2000。

康芒斯：《制度经济学》（上），商务印书馆，1962。

克拉克、K. 布伦南：《四分类组合分析法》，载坎贝尔、卢克斯《战略协同》，机械工业出版社，2000。

克莱因：《"不公平"契约安排的交易费用决定》，载陈郁编《企业制度与市场组织：交易费用经济学文选》，上海三联书店/上海人民出版社，1996。

克莱因：《自我实施合同》，载菲吕博顿、瑞切特编《新制度经济学》，上海财经大学出版社，1998。

克莱因：《契约与激励：契约条款在确保履约中的作用》，载沃因、韦坎德等编《契约经济学》，经济科学出版社，1999。

克莱因、克莱佛德、阿尔钦：《垂直一体化、可剥削性租金和竞争性合同订立过程》，载普特曼、克罗茨纳编《企业的经济性质》，上海财经大学出版社，2000。

克鲁泡特金：《互助论》，商务印书馆，1993。

科勒德克：《从休克到治疗：后社会主义转轨的政治经济》，上海远东出版社，2000。

科马里：《信息时代的经济学》，江苏人民出版社，2000。

科塞：《理念人：一项社会学的考察》，中央编译局出版社，2001。

科斯：《对张五常"关于新制度经济学"的评论》，载沃因、韦坎德等编《契约经济学》，经济科学出版社，1999。

科斯：《新制度经济学》，载梅纳尔编《制度、契约与组织》，经济科学出版社，2003。

科斯：《企业的性质：影响》，载威廉姆森、温特编《企业的性质：起源、演变和发展》，商务印书馆，2008。

柯武刚、史漫飞：《制度经济学》，商务印书馆，2000。

库利：《人类本性与社会秩序》，华夏出版社，1999。

拉各斯等编《知识优势：新经济时代市场制胜之道》，机械工业出版社，2002。

拉什：《组织化资本主义的终结》，江苏人民出版社，2001。

赖肖尔、詹森：《当今日本人：变化及其连续性》，上海译文出版社，1998。

雷恩：《管理思想的演变》，中国社会科学出版社，2000。

雷德菲尔德：《民俗社会》，载米尔斯等著《社会学与社会组织》，浙江人民出版社，1986。

厉以宁：《超越市场与超越政府：论道德力量在经济中的作用》，经济科学出版社，1999。

里德雷：《美德的起源：人类本能与协作的进化》，中央编译出版社，2004。

李凤圣：《译者前言》，载沃因和韦坎德等编《契约经济学》，经济科学出版社，1999。

李新春：《中国的家族制度与企业组织》，《中国社会科学季刊》1998年秋季卷。

李新春：《企业联盟与网络》，广东人民出版社，2000a。

李新春：《企业家过程与国有企业的准企业家模型》，《经济研究》2000年第6期。

李斯特：《政治经济学的国民体系》，商务印书馆，1961。

李稻葵：《转向经济中的模糊产权理论》，《经济研究》1995年第4期。

李晓：《东亚奇迹与"强政府"》，经济科学出版社，1996。

李泽厚：《中国古代思想史论》，天津社会科学出版社，2003。

梁琦：《产业集聚论》，商务印书馆，2004。

梁漱溟：《儒家复兴之路：梁漱溟文选》，上海远东出版社，1994。

林德布洛姆：《政治与市场：世界的政治—经济制度》，上海三联书店/上海人民出版社，1995。

林德伯格：《组织理论的新推动力》，载菲吕博顿和瑞切特编《新制度经济学》，上海财经大学出版社，1998。

林金忠：《企业组织的经济学分析》，商务印书馆，2004。

林毅夫：《制度、技术与中国农业发展》，上海三联书店/上海人民出版社，1994。

林毅夫：《现代企业制度安排的内涵与国有企业改革方向》，《经济研究》1997年第3期。

刘刚：《企业的异质性假设：对企业本质和行为的演化经济学解释》，中国人民大学出版社，2005。

刘芍佳：《超产权论与企业绩效》，《经济研究》1998年第8期。

刘世锦：《中国国有企业的性质与改革逻辑》，《经济研究》1995年第4期。

刘天纯：《日本现代化研究》，东方出版社，1995。

刘小怡：《X效率的一般理论》，武汉出版社，1998。

刘小玄：《国有企业和非国有企业的产权结构及其对效率的影响》，《经济研究》1995年第7期。

刘小玄：《企业边界的创新确定：分立式的产权重组——大中型国有企业的一种改制模式》，《经济研究》2001年第4期。

刘云鹏：《企业家理论的历史沿革》，《经济科学》1997年第12期。

刘元春：《交易费用分析框架的政治经济学批判》，经济科学出版社，2001。

刘易基、邦克：《工作中信任的发展于维持》，载克雷默、泰勒主编《组织中的信任》，中国城市出版社，2003。

洛克：《论降低利息和提高货币价值的后果》，商务印书馆，1962。

洛温斯坦：《公司财务的理性与非理性》，上海远东出版社，1999。

洛：《强管理者　弱所有者：美国公司财务的政治根源》，上海远东出版社，1999。

洛伦兹：《攻击与人性》，作家出版社，1987。

罗茨：《新的治理》，载俞可平主编《治理和善治》，社会科学文献出版社，2000。

罗荣渠：《东亚跨世纪的变革与重新崛起：深入探讨东亚现代化进程中的新经验》，载罗荣渠等编《东亚现代化：新模式与新经验》，北京大学出版社，1997。

罗马塞特：《19世纪夏威夷财产权和政治制度共同演变的一个例证》，载 V. 奥斯特罗姆等编《制度分析与发展的反思》，商务印书馆，1996。

罗默：《社会主义的未来》，重庆出版社，1997。

罗森：《契约和经理市场》，载沃因、韦坎德等编《契约经济学》，经济科学出版社，1999。

罗思文：《谁的民主？何种权利？》，载《儒家与自由主义》，生活·读书·新知三联书店，2001。

罗兹曼主编《中国的现代化》，江苏人民出版社，1995。

卢梭：《社会契约论》，商务印书馆，1980。

卢梭：《走向澄明之境：卢梭随笔与书信集》，上海三联书店，1990。

卢卡奇：《历史和阶级意识：马克思主义辩证法研究》，重庆出版社，1989。

马克思：《马克思恩格斯全集》（第4卷），人民出版社，1958。

马克思：《资本论》（第1卷），人民出版社，1963。

马克思：《资本论》（第3卷），人民出版社，1966。

马克思：《对德国工人党纲领的几点意见》，《哥达纲领批判》，人民出版社，1965。

马克思：《马克思恩格斯全集》（第23卷），人民出版社，1972。

马克思：《马克思恩格斯全集》（第26卷第3册），人民出版社，1974。

马克思：《马克思恩格斯全集》（第47卷），人民出版社，1979。

马克思：《马克思恩格斯全集》（第30卷），人民出版社，1995。

马克思：《马克思恩格斯全集》（第44卷），人民出版社，2001。

马克思、恩格斯：《共产党宣言》，人民出版社，1964。

马歇尔：《经济学原理》（上卷），商务印书馆，1964。

马歇尔：《经济学原理》（下卷），商务印书馆，1965。

马丁、舒曼：《全球化陷阱：对民主和福利的进攻》，中央编译出版社，1998。

马格努森、奥特森：《交易成本与制度变迁》，载克劳奈维根编《交易成本经济学及其超越》，上海财经大学出版社，2002。

马基雅弗利：《君王论》，光明日报出版社，2001。

马林诺夫斯基：《原始的性爱》，中国社会出版社，2000。

麦金德：《民主的理想与现实》，商务印书馆，1965。

麦克尼尔：《新社会契约论》，中国政法大学出版社，1994。

麦克库洛赫：《政治经济学原理》，商务印书馆，1975。

曼：《宁波帮和上海的金融势力》，载张仲礼主编《中国近代经济史论著选译》，上海社会科学院，1987。

芒图：《十八世纪产业革命》，商务印书馆，1983。

梅因：《古代法》，商务印书馆，1959。

梅奥：《工业文明的社会问题》，商务印书馆，1964。

米德：《心灵、自我与社会》，上海译文出版社，1992。

米尔斯：《一种批判的经济学史》，商务印书馆，2005。

G. J. 米勒：《管理困境：科层的政治经济学》，上海人民出版社/上海三联书店，2002。

D. 米勒：《社会正义原则》，江苏人民出版社，2001。

H. 米勒：《文明的共存：对塞缪尔·亨廷顿“文明冲突论”的批判》，新华出版社，2002。

米尔格罗姆、罗伯茨：《谈判成本、影响成本和经济活动的组织》，载普特曼、克罗茨纳编《企业的经济性质》，上海财经大学出版社，2000。

米塞斯：《经济学的认识论问题》，经济科学出版社，2001。

穆勒：《政治经济学及其在社会哲学上的若干应用》，商务印书馆，1991。

默顿：《社会研究与社会政策》，生活·读书·新知三联书店，2001。

摩尔根：《古代社会》（上、下），商务印书馆，1977。

纳尔逊、温特：《经济变迁的演化理论》，商务印书馆，1997。

奈特：《风险、不确定性和利润》，中国人民大学出版社，2005。

尼布尔：《道德的人与不道德的社会》，贵州人民出版社，1998。

诺诺：《别对我说这是不可能的：改变当代世界的十三个男人》，载张志雄主编《企业家的空间》，学林出版社，1996。

诺思：《交易成本、制度和经济史》，载菲吕博顿、瑞切特编《新制度经济学》，上海财经大学出版社，1998。

诺思：《西方世界的兴起》，华夏出版社，1999。

诺思：《绪论》，载德勒巴克、奈编《新制度经济学前沿》，经济科学出版社，2003a。

诺思：《经济学的一场革命》，载梅纳尔编《制度、契约与组织》，经济科学出版社，2003b。

诺思：《对制度的理解》，载梅纳尔编《制度、契约与组织》，经济科学出版社，2003c。

帕森斯：《现代社会的结构与过程》，光明日报出版社，1988。

帕瓦：《对相关利益者理论的两声欢呼呼：宗教角度的评析》，载恩德勒主编《国际经济伦理》，北京大学出版社，2003。

潘必胜：《乡镇企业中的家族经营问题》，《中国农村观察》1998 年第1 期。

佩因：《领导、伦理与组织信誉案例：战略的观点》，东北财经大学出版社，1999。

佩雷曼：《经济学的终结》，经济科学出版社，2000。

普林多：《私有化和公共利益》，载普林多、普罗德安主编《金融领域的伦理冲突》，中国社会科学院，2002。

齐默里：《建立科技应用伦理学》，《国外社会科学》2000 年第 3 期。

钱颖一：《企业理论》，载汤敏等编《现代经济学前沿专题》（第一辑），商务印书馆，1989。

钱津：《追寻彼岸：政治经济学论纲》，社会科学文献出版社，2001。

钱穆：《中国历代政治得失》，生活·读书·新知三联书店，2001。

钱穆：《中国思想通俗讲话》，生活·读书·新知三联书店，2002。

钱德勒：《看得见的手：美国企业的管理革命》，商务印书馆，1987。

钱德勒：《企业规模经济与范围经济：工业资本主义的原动力》，中国社会科学出版社，1999。

秦家懿、孔汉思：《中国宗教与基督教》，生活·读书·新知三联书店，1997。

青木昌彦、帕特里克、P. Sheard：《日本主银行体制：导论》，载青木昌彦、帕特里克主编《日本主银行体制》，中国金融出版社，1998。

青木昌彦、奥野正宽：《经济体制的比较制度分析》，中国发展出版社，1999。

青木昌彦：《沿着均衡点演进的制度变迁》，载梅纳尔编《制度、契约与组织》，经济科学出版社，2003。

青木昌彦：《比较制度分析》，上海远东出版社，2001。

青木昌彦：《企业的合作博弈理论》，中国人民大学出版社，2005。

乔治：《经济伦理学》，北京大学出版社，2002。

桥本寿郎：《日本经济论：20 世纪体系和日本经济》，上海财经大学出版社，1997。

全国工商联：《2005 中国私营企业调查报告》，http：//edu. sina. com. cn/j/2005 – 02 – 03/ba100196. shtml。

Ramseyer：《隐性合同之显性原因：日本主银行体制的法律逻辑》，载青木昌彦、帕特里克主编《日本主银行体制》，中国金融出版社，1998。

荣兆梓：《论公有产权的内在矛盾》，《经济研究》1996 年第 9 期。

瑟罗：《人工智能产业时代》，载尼夫主编《知识经济》，珠海出版社，1999。

瑟罗：《资本主义的未来》，中国社会科学出版社，1998。

森：《以自由看待发展》，中国人民大学出版社，2002。

森：《经济学、商务原则和道德情操》，载恩德勒主编《国际经济伦理》，北京大学出版社，2003。

萨克森宁：《地区优势：硅谷和 128 公路地区的文化与竞争》，上海远东出版社，1999。

单伟建：《交易费用经济学的理论应用及偏颇》，载汤敏等编《现代经济学前沿专题》第一辑，商务印书馆，1996。

Sheard：《主银行与企业财务危机的治理》，载青木昌彦、帕特里克主编《日本主银行体制》，中国金融出版社，1998。

盛昭瀚、蒋德鹏：《演化经济学》，上海三联书店，2002。

施泰因曼、勒尔：《企业伦理学基础》，上海社会科学院出版社，2001。

艾伦·施瓦茨：《法律契约理论与不完全契约》，载沃因、韦坎德等编

《契约经济学》，经济科学出版社，1999。

施沃伦：《自觉资本主义时代的企业模式》，社会科学文献出版社，2004。

石亿邵：《企业群落理论及其在中国的实践》，《工业经济》2001年第10期。

石磊：《现代企业制度论》，立信会计出版社，1995。

舒尔茨：《报酬递增的源泉》，北京大学出版社，2001。

斯宾诺莎：《伦理学》，商务印书馆，1997。

斯蒂格勒：《产业组织和政府管制》，上海人民出版社/上海三联书店，1996。

斯蒂格利茨：《社会主义向何处去》，吉林人民出版社，1998a。

斯蒂格利茨：《政府为什么干预经济：政府在市场经济中的角色》，中国物资出版社，1998b。

斯蒂格利茨：《知识经济的公共政策》，《经济社会体制比较》1999年第5期。

斯蒂格利茨：《正式的和非正式的制度》，载曹荣湘编《走出囚徒困境》，上海三联书店，2003。

斯密德：《财产、权力和公共选择：对法和经济学的进一步思考》，上海三联书店/上海人民出版社，1999。

斯密：《国民财富的性质和原因的研究》（上卷），商务印书馆，1972。

斯密：《国民财富的性质和原因的研究》（下卷），商务印书馆，1974。

斯诺登等：《现代宏观经济学指南：各思想流派比较研究引论》，商务印书馆，1998。

斯特拉斯曼：《经济学故事与讲故事者的权力》，载麦克洛斯基等著《社会科学的措辞》，生活·读书·新知三联书店，2000。

宋涛：《马克思价值构成理论发展研究》，《当代经济研究》2003年第1期。

苏启林、欧晓明：《西方家族企业理论研究现状》，《外国经济与管理》2002年第12期。

苏一星：《西方法律思想发展简史》，中国社会科学出版社，2002。

栗本慎一郎：《经济人类学》，商务印书馆，1997。

孙永祥、黄祖辉：《上市公司的股权结构与绩效》，《经济研究》1999

年第 12 期。

孙耀君：《西方管理学名著提要》，江西人民出版社，1998。

Sunamura：《主银行管理能力的发展》，载青木昌彦、帕特里克主编《日本主银行体制》，中国金融出版社，1998。

塔洛克：《寻租：对寻租活动的经济学分析》，西南财经大学出版社，1999。

泰勒、克雷默：《信任向何处去》，载克雷默、泰勒主编《组织中的信任》，中国城市出版社，2003。

泰勒尔：《产业组织理论》，中国人民大学出版社，1997。

泰罗：《科学管理原理》，上海科学技术出版社，1982。

汤在新：《试论社会主义社会的生产劳动和非生产劳动》，《经济学家》2003 年第 2 期。

汤普逊：《最能促进人类幸福的财富分配原理的研究》，商务印书馆，1986。

唐纳森、邓菲：《有约束力的关系：对企业伦理学的一种社会契约论的研究》，上海社会科学院出版社，2001。

滕尼斯：《共同体与社会》，商务印书馆，1999。

藤本隆宏：《零部件购销与企业间关系》，载植草益等著《日本的产业组织：理论与实证的前沿》，经济管理出版社，2000。

提斯：《多产品企业的一个经济学理论》，载普特曼、克罗茨纳编《企业的经济性质》，上海财经大学出版社，2000。

涂尔干：《社会分工论》，生活·读书·新知三联书店，2000。

托夫勒：《创造一个新文明：第三次浪潮的政治》，生活、读书、新知上海三联书店，1996。

Varian：《用代理人监督代理人》，载菲吕博顿、瑞切特编《新制度经济学》，上海财经大学出版社，1998。

王飞雪、山岸俊男：《信任的中、日、美比较研究》，载郑也夫等著《中国社会中的信任》，中国城市出版社，2003。

王海明：《新伦理学》，商务印书馆，2001。

王家范：《中国传统社会农业产权辨析》，《经济史》2000 年第 2 期。

王珺：《国有企业的经济绩效分析》，《经济研究》1996 年第 8 期。

王珺：《转轨时期国有企业经理行为与治理途径》，《经济研究》1998

年第 9 期。

王开国、宗兆昌：《论人力资本性质与特征的理论渊源及其发展》，《中国社会科学》1999 年第 6 期。

王威海：《韦伯：摆脱现代社会两难困境》，辽海出版社，1999。

王询：《人际关系模式与经济组织的交易成本》，《经济研究》1994 年第 8 期。

王则柯等：《激励机制》，中山大学出版社，2000。

王振中、裴小革：《论剩余价值理论的学术价值及其发展依据》，《经济研究》2002 年第 6 期。

汪丁丁：《经济发展与制度创新》，上海人民出版社，1995。

汪丁丁：《自由人的自由联合：汪丁丁论网络经济》，鹭江出版社，2000。

汪丁丁：《消费主义时代的情感》，《IT 经理世界》2010 年 2 月 5 日。

汪涛：《竞争的演进：从对抗的竞争到合作的竞争》，武汉大学出版社，2002。

威廉森：《工作中的利害关系：TUC 的议程表》，载凯利等编《利益相关者资本主义》，重庆出版社，2001。

威廉姆森：《交易费用经济学：契约关系的规制》，载陈郁编《企业制度与市场组织：交易费用经济学文选》，上海三联书店/上海人民出版社，1996a。

威廉姆森：《生产的纵向一体化：市场失灵的考察》，载陈郁编《企业制度与市场组织：交易费用经济学文选》，上海三联书店/上海人民出版社，1996b。

威廉姆森：《经济组织的逻辑》，载陈郁编《企业制度与市场组织：交易费用经济学文选》，上海三联书店/上海人民出版社，1996c。

威廉姆森：《治理的经济学分析：框架和意义》，载菲吕博顿、瑞切特编《新制度经济学》，上海财经大学出版社，1998a。

威廉姆森：《对经济组织不同研究方法的比较》，载菲吕博顿、瑞切特编《新制度经济学》，上海财经大学出版社，1998b。

威廉姆森：《反托拉斯经济学：兼并、协约和策略行为》，经济科学出版社，1999。

威廉姆森等：《理解雇佣关系：对专用性交换的分析》，载普特曼、克罗茨纳编《企业的经济性质》，上海财经大学出版社，2000。

威廉姆森：《治理机制》，中国社会科学出版社，2001。

威廉姆森：《资本主义经济制度》，商务印书馆，2002。

威廉姆森：《科斯：制度经济学和制度的建设者》，载梅纳尔编《制度、契约与组织》，经济科学出版社，2003。

威尔逊：《论契合：知识的统合》，生活·读书·新知三联书店，2002。

卫兴华：《深化劳动价值理论研究要有科学的态度与思维方式：兼与晏智杰教授商榷》，《高校理论战线》2002 年第 3 期。

马克斯·韦伯：《新教伦理与资本主义精神》，生活·读书·新知三联书店，1987。

马克斯·韦伯：《儒教和道教》，商务印书馆，1995。

阿尔弗雷德·韦伯：《工业区位论》，商务印书馆，1997。

A. M. 韦伯：《知识就是力量，欢迎民主》，载拉各斯等编《知识优势：新经济时代市场制胜之道》，机械工业出版社，2002。

文贯中：《发展经济学的新动向：农业租约与农户行为的研究》，载汤敏等编《现代经济学前沿专题》（第一辑），商务印书馆，1989。

沃克、马尔：《利益相关者权力》，经济管理出版社，2003。

沃因（又译为魏龄）：《"经济学画像"：罗纳德·科斯》，载王宏昌编《诺贝尔经济学奖金获得者讲演集》（下），中国社会科学出版社，1997。

沃因：《对格斯奈里"阿罗德布鲁范式与现代契约理论：涉及信息和时间特定问题的讨论"的论文评论》，载沃因、韦坎德等编《契约经济学》，经济科学出版社，1999。

沃因：《科斯和新微观经济学》，载梅纳尔编《制度、契约与组织》，经济科学出版社，2003。

伍山林：《企业性质解释》，上海财经大学出版社，2001。

吴家骏：《现代企业制度与企业法人财产权》，《经济研究》1996 年第 2 期。

西蒙：《达尔文主义、利他主义和经济学》，载多普弗主编《经济学的演化基础》，北京大学出版社，2011，第 77 ~ 90 页。

西斯蒙第：《政治经济学新原理》，商务印书馆，1964。

希克斯：《经济史理论》，商务印书馆，1987。

夏春玉：《论我国中小家族企业的三项修炼》，《经济管理》2002 年第 3 期。

小宫隆太郎：《竞争的市场机制和企业作用》，载吴家骏、汪海波《经济理论与经济政策》，经济管理出版社，1986。

肖耿：《产权与中国经济改革》，中国社会科学出版社，1997。

萧琛：《全球网络经济》，华夏出版社，1998。

谢千里：《中国钢铁工业企业效率源泉和改革影响》，载郑玉歆、罗斯基主编《体制转换中的中国工业生产率》，社会科学文献出版社，1993。

谢康：《信息经济学原理》，中南工业大学出版社，1998。

谢康等：《企业信息化的竞争优势》，《经济研究》1999 年第 9 期。

谢林：《微观动机和宏观行为》，中国人民大学出版社，2005。

熊彼特：《经济分析史》（第 1 卷），商务印书馆，1991。

熊彼特：《经济分析史》（第 2 卷），商务印书馆，1992。

熊彼特：《从马克思到凯恩斯》，江苏人民出版社，2003。

胥鹏：《日本企业的公司治理结构》，载植草益等著《日本的产业组织：理论与实证的前沿》，经济管理出版社，2000。

许小年：《以法人机构为主体建立公司治理机制和资本市场》，《改革》1997 年第 5 期。

许倬云：《从历史看领导》，生活·读书·新知三联书店，1994。

许倬云：《从历史看组织》，上海人民出版社，2000。

晏智杰：《劳动价值学说新探》，北京大学出版社，2001。

H. P. 扬：《个人策略与社会结构：制度的演化理论》，上海三联书店/上海人民出版社，2004。

杨培芳：《网络协同经济学：第三只手的凸现》，经济科学出版社，2000。

杨小凯：《贸易理论和增长理论的重新思考及产权经济学》，载汤敏等编《现代经济学前沿专题》（第一辑），商务印书馆，1989。

杨小凯：《微观经济学的新发展》，载汤敏等编《现代经济学前沿专题》（第二辑），商务印书馆，1993。

杨小凯：《企业理论的新发展》，《经济研究》1994 年第 7 期。

杨小凯：《分工与专业化：文献综述》，载汤敏等编《现代经济学前沿专题》（第三辑），商务印书馆，1999。

杨小凯、张永生：《新兴古典经济学与超边际分析》，中国人民大学出版社，2000。

杨格：《报酬递增与经济进步》，《经济社会体制比较》1996 年第 2 期。

杨瑞龙、周业安：《交易费用与企业所有权分配合约的选择》，《经济研究》1998 年第 9 期。

杨瑞龙、周业安：《相机治理与国有企业监控》，《中国社会科学》1998 年第 3 期。

杨瑞龙、周业安：《一个关于企业所有权安排的规范性分析框架及其理论含义》，《经济研究》1997 年第 1 期。

杨瑞龙、杨其静：《专用性、专有性与企业制度》，《经济研究》2001 年第 3 期。

杨国枢：《家族化历程、泛家族主义及组织管理》，载郑伯壎等主编《海峡两岸之组织与管理》，流远出版公司（台湾），1998。

杨哲英、关宇：《比较制度经济学》，清华大学出版社，2004。

野中几次郎：《创造知识的公司》，载尼夫等编《知识对经济的影响力》，新华出版社，1999。

叶银华：《家族控股集团、核心企业余报酬互动之研究：台湾与香港证券市场之比较》，《管理评论》（第 18 卷）1999 年第 2 期。

易宪容：《科斯评传》，山西经济出版社，1998。

伊旦广之：《隐形资产》，载坎贝尔、卢克斯《战略协同》，机械工业出版社，2000。

余英时：《文史传统与文化重建》，生活·读书·新知三联书店，2004。

俞建国：《现代企业制度与国有企业的现代化》，《中国社会科学》1998 年第 6 期。

泽尔腾：《经济行为中的公平原则》，载泽尔腾《策略理性模型》，首都经济贸易大学出版社，2000。

曾伯格：《经济学大师的人生哲学》，商务印书馆，2001。

詹森、墨菲：《绩效报酬与对高层管理的激励》，载陈郁编《所有权、控制权与激励：代理经济学文选》，上海三联书店/上海人民出版社，1998。

詹森、麦克林：《专门知识、一般知识和组织结构》，载沃因、韦坎德等编《契约经济学》，经济科学出版社，1999。

张帆：《中国的物质资本和人力资本估算》，《经济研究》2000 年第 8 期。

张军：《比较经济模式：关于计划和市场的经济理论》，复旦大学出版社，1999。

张军：《"双轨制"经济学：中国的经济改革（1978～1992）》，上海三联书店，1997。

张建琦：《人力资本的性质与企业的剩余分配》，《中国工业经济》2001 年第 5 期。

张凤林：《寻求治理国资流失的根本途径》，《经济学家》1999 年第 6 期。

张其仔：《社会资本论：社会资本与经济增长》，社会科学文献出版社，2002。

张维迎：《企业的企业家：契约理论》，上海三联书店/上海人民出版社，1995。

张维迎：《所有制、治理结构及委托—代理关系：兼评崔之元和周其仁的一些观点》，《经济研究》1996 年第 9 期。

张维迎：《产权安排与企业内部的权利斗争》，《经济研究》2000 年第 6 期。

张维迎：《产权、政府与信誉》，生活·读书·新知三联书店，2001。

张五常：《私有产权与分成租佃》，载科斯等著《财产权利与制度变迁：产权学派与新制度经济学派译文集》，上海三联书店/上海人民出版社，1994a。

张五常：《交易费用、风险规避与合约安排的选择》，载科斯等著《财产权利与制度变迁：产权学派与新制度经济学派译文集》，上海三联书店/上海人民出版社，1994b。

张五常：《企业的契约性质》，载陈郁编《企业制度与市场组织：交易费用经济学文选》，上海三联书店/上海人民出版社，1996。

张五常：《关于新制度经济学》，载沃因和韦坎德等编《契约经济学》，经济科学出版社，1999。

张五常：《佃农理论：应用于亚洲的农业和台湾的土地改革》，商务印书馆，2000a。

张五常：《经济解释：张五常经济论文选》，商务印书馆，2000b。

张雄、陈章亮主编《经济哲学：经济理念与市场智慧》，云南人民出版社，2000。

张永生：《厂商规模无关论：理论与经验数据》，中国人民大学出版社，2003。

张宇燕：《说服自我》，生活·读书·新知三联书店，1997。

赵振华：《国外学者关于劳动价值理论讨论综述》，《青海社会科学》2003 年第 3 期。

郑伯埙：《企业组织中上下属的信任关系》，载郑也夫等著《中国社会中的信任》，中国城市出版社，2003。

郑红亮：《公司治理理论与中国国有企业改革》，《经济研究》1998 年第 10 期。

郑怡然：《有效劳动价值论》，《江汉论坛》2000 年第 2 期。

郑英隆：《现代企业的信息经济性分析：正在兴起的管理变革》，广东人民出版社，2001。

郑玉歆、罗斯基主编《体制转换中的中国工业生产率》，社会科学文献出版社，1993。

郑也夫：《信任论》，中国广播电视出版社，2001。

植村利男：《企业、市场组织与社会制度》，载植草益等著《日本的产业组织》，经济管理出版社，2000。

周其仁：《公有制企业的性质》，《经济研究》2000 年第 1 期。

周其仁：《市场里的企业：一个人力资本与非人力资本的特别合约》，《经济研究》1996 年第 6 期。

周冰、郑志：《公有制企业改革中控制权的分配：河南注油器厂产权制度改革案例研究》，《经济研究》2001 年第 1 期。

左大培：《重新理解劳动价值论》（续），《社会科学战线》2003 年第 1 期。

朱荫贵：《国家干预经济与中日近代化》，东方出版社，1993。

朱东平：《论混合所有制的经济合理性》，《经济研究》1994 年第 5 期。

朱钟棣：《西方学者对马克思主义经济理论的研究》，上海人民出版社，1991。

朱国云：《组织理论历史与流派》，南京大学出版社，1997。

朱富强：《试论产权结构与效率》，《学术月刊》2000 年第 11 期。

朱富强：《"T 型买方市场"的供需结构分析》，《学术研究》2000 年第 5 期。

朱富强：《劳动价值论的一个"悖论"及其阐释》，《江苏社会科学》2001 年第 4 期。

朱富强：《"新经济"发展中的伦理问题综述》，《学术月刊》2001 年第 6 期。

朱富强：《渐进：改革的一般逻辑》，《社会科学》2001 年第 3 期。

朱富强：《有效劳动价值论：以协调洞悉劳动配置》，经济科学出版社，2004。

朱富强：《有效劳动价值论的现实阐释》，经济科学出版社，2005a。

朱富强：《博弈、协调与社会发展：协调经济学导论》，广东人民出版社，2005b。

Aghion & Boltin, 1992, "An 'Incomplete Contracts' Approach to Financial Contracting," *Review of Economic Studies*, 59 (3): 473 – 94.

Alchian, A. & Demsetz H., 1972, "Production, Information Costs, and Economic Organization," *American Economic Review*, 62 (December): 777 – 795. 中译文见阿尔钦、德姆塞茨《生产、信息费用与经济组织》，载科斯等著《财产权利与制度变迁：产权学派与新制度经济学派译文集》，上海三联书店/上海人民出版社，1994。

Alchian, A. & Woodward S., 1987, *Reflection on the Theory of the Firm*, Journal of Institutional and Theoretical Economics, 143 (1): 110 – 136. 中译文见阿尔钦等《对企业理论的思考》，载菲吕博顿、瑞切特编《新制度经济学》，上海财经大学出版社，1998。

Aoki, M., 1980, "A Model of the Firm as a Stockholder-Employee Cooperative," *American Economic Review*, 70 (4): 600 – 610.

Aoki, M., 1984, *Co-operative Game Theory of the Firm*, Oxford University Press & Claredon Press.

Aoki, M., 1986, *Horizontal and Vertical Information Structure of the Firm*, American Economic Review, 76 (5): 971 – 983.

Aoki, M., 1995, *An Evolving Diversity of Organizational Mode and Its Implications for Transitional Economies*, Journal of the Japanese and International

Economies, 9 (4): 330 – 353.

Arrow, K. J. , 1969, *The Organization of Economic Activity*: *Issues Pertinent to the Choice of Market versus Nonmarket Allocation*, in Joint Economic Committee (eds), *The Analysis and Evaluation of Public Expenditure*: *the PPB System*, VOL. 1, US Washington DC: Government Printing Office, pp. 59 – 73.

Arrow & Scitovsky, 1962, *Readings in Welfare Economics* Ⅻ. Homewood: Richard D. Irwin.

Auerbach, J. , 1983, *Justice Without Law?* New York/Oaford: Oxford University Press.

Babbage, C. , 1835, *On the Economy of Machinery and Manufactures*, Republished in 1977, New York: Kelly.

Bauer & Cohen, 1983, *The Invisibility of Power in Economics*: *beyond Markets and Hierarchies*, London: Heinemann Educational Book.

Banfield, E. , 1958, *The Moral Basis of a Backward Society*, Reprinted in 1967, New York: Free Press.

Barzel, Y. , 1977, *An Economic Analysis of Slavery*, Journal of Law and Economics, 20 (1): 87 – 110.

Berle, A. & Means G. , 1932, *The Modern Corporation and Private Property*, New York: Macmillan.

Bernheim, B. D. & Whinston M. D. , 1986, *Menu Auctions*, *Resource Allocation*, *and Economic Influence*, The Quarterly Journal of Economics, 101 (1): 1 – 31.

Black, B. , 1992, *Agents Watching Agents*: *the Promise of Institutional Investor Voice*, UCLA Law Review, 39 (4): 811 – 893.

Buttirick, J. , 1952, *The Inside Contracting System*, Journal of Economic History, 12 (Summer): 205 – 221.

Coase, R. H. , 1937, *The Nature of the Firm*, Economica, 4 (16): 386 – 405. 见科斯《企业的性质》, 载普特曼、克罗茨纳编《企业的经济性质》, 上海财经大学出版社, 2000。

Coase, R. H. , 1960, *The Problem of Social Cost*, Journal of Law and Economics. 1: 1 – 44. 中译本见科斯《社会成本问题》, 载科斯等著《财产权利与制度变迁: 产权学派与新制度经济学派译文集》, 上海三联书店/上

海人民出版社, 1994。

Coase, R. H., 1992, *The Insititutional Structure of Prodution*, American Economic Review, 82 (September): 713–719.

Cremer, J., 1990, *The Nature of the Co-ordination of Economic Activities*, in Aoki (eds), *The Firm as a Nexus of Treaties*, Sage Publications.

Demsetz, H., 1967, *Toward a Theory of Property Rights*, American Economic Review, 57: 347–359. 中译文见德姆塞次《关于产权的理论》, 载科斯等著《财产权利与制度变迁: 产权学派与新制度经济学派译文集》, 上海三联书店/上海人民出版社, 1994。

Dodd, S., 1932, *For Whom are Corporate Managers Trustees?* Havard Law Review 45: 1145–1163.

Donaldson & Preston, 1995, *The Stakeholder Theory of the Corporation: Concepts, Evidence, Implications*, Acamdemy of Management Review, 20 (January): 65–91.

Dow, G. K., 1987, *The Function of Authority in Transaction Cost Economics*, Journal of Economic Behavior and Organization, Vol. 8 (1): 13–38.

Dow, G. K., 1993, *Why Capital Hires Labor: A Bargaining Perspective*, American Economic Review, 83: 118–134.

Dow, G. K., 2003, *Govering the Firm: Worker's Control in Theory and Practice*, Cambridge University Press.

Franks, J. R. & Mayer C., 1993, *The Market for Corporate Control in Germany*, Working Paper, London Business School and University of Warnick.

Francis, A., 1983, *Markets and Hierarchies: Efficiency or Domination?* in Francis, Turk & William (eds.), *Power, Efficiency and Institutions*. London: Hienemann.

Freeman, R. E., 1984, *Strategic Management: A Stakeholder Approach*, Boston, MA: Pitman.

Fischer, S., 1977, *Long-term Contracting, Sticky Price and Monetary Policy: A Comment*, Journal of Monetary Economics, 3 (3): 317–323.

Ghiselin, M. T., 1974, *The Economic of Nature and the Evolution of Sex*, Berkeley, California: University of California Press.

Gower, E. C. B., 1969, *Priciples of Modern Company Law*. London: Stevens

& Sons.

Greif, A. , 1989, *Reputation and Coalitions in Medieval Trade*: *Evidence on the Maghribi Traders*, Journal of Economic History 49: 857 – 882.

Greif, A. , 1994, *Cultural Beliefs and the Organization of society*: *A Historical and the Theotetical Reflection on Collectivist and Individualist Societies*, Journal of Political Economic 102: 912 – 950.

Grossman & Hart, 1986, *The Costs and Benefits of Ownership*: *A Theory of Vertical and Integration*, Journal of Political Economy 94 (4): 691 – 719.

Halberstam, D. , 1986, *The Reckoning*, New York: Avon Books.

Hamilton, G. G. , 1998, *Culture and Organization in Taiwan's Economy*, in Robert (eds), *Market Cutures-Society and Porality in the New Asian Capitalisms*, Westview Press.

Hampden-Turner & Trompenaars, 1993, *The Seven Cultures of Capitalism*, New York: Doubleday.

Holmstrom, B. , 1999, *Managerial Incentive Problem*: *A Dynamic Perspective*, Review of Economic Studies, 66 (1): 169 – 182.

Houthakker, M. , 1956, *Economics and Biology*: *Specialization and Speciation*, Kyklos 9 (2): 181 – 189.

Jagannathan, N. V. , 1987, *Informal Markets in Developing Countries*, New York: Oxford University Press.

Jensen, M. C. & Meckling W. H. , 1976, *Theory of the Firm*: *Managerial Behavior, Agency Costs and Ownership Structure*, Journal of Financial Economics, 3 (4): 305 – 360. 中译文见詹森和麦克林《企业理论：管理行为、代理成本和所有权结构》，载陈郁编《所有权、控制权与激励：代理经济学文选》，上海三联书店/上海人民出版社，1998。

Jones, E. L. , 1994, *Patterns of Growth in History*, in James and Thomas (eds), *Capitalism in Context*, Chicago and London: University of Chicago Press, pp. 115 – 128.

Kang, D. L. & Sorensen A. B. , 1999, *Ownership Organization and Firm Performance*, Annual Reviews, Sociology, 25: 121 – 144.

Kay, N. , 1984, *The Emergent Firm*: *Knowledge, Ignorance and Surprise in Economic Organization*, London: Macmillan.

Klein, B. , Crawfor R. & Alchian A. , 1978, *Vertical Integration, Appropriable Rents, and the Contracting Process*, Journal of Law and Economics, 21: 297 – 326.

Knight, F. H. , 1921, *Risk, Uncertainty and Profit*, Chicago: Haffner.

Bruce Kogut & Udo Zander, 1996, *What Firms Do? Coordination, Identity, and Learning*, Organization Science, 7 (5): 502 – 518.

Landes, D. S. , 1969, *The Unbound Prometheus*, Cambridge: Cambridge University Press.

Leibenstein, H. , 1983, *Property Rights and X-Efficiency: Comment*, American Economic Review, 73 (4): 831 – 842.

Macleod, M. , 1988, *Equity, Efficiency, and Incentives in Cooperative Teams*, Advances in the Economic Analysis of Participatory and Labour Managed Firms, 3: 5 – 23.

Malcomson, J. M. , 1984, *Work Incentive, Hierarchy, and Internal Labor Market Markets*, Journal of Politic Economy, 92 (3): 486 – 507.

Manne, H. , 1965, *Mergers and the Market for Corporate Control*, Journal of Political Economy, 73: 110 – 120.

Marglin, S. A. , 1974, *What do Bosses Do? The Origins and Functions of Hierarchy in Capitalist Production*, Part I , Review of Radical Political Economics, 6 (2): 60 – 112.

Marschak, J. & Radner R. , 1972, *Economic Theory of Teams*, New Haven: Yale University Press.

Marshall, A. , 1949, *The Principle of Economics*, 8th (reset) edn (1st edn 1890), London: Macmillan.

Marx, K. , 1988, *Economic and Philosophic Manuscripts of 1844*, Buffalo, New York.

Mason, E. , 1958, *The Apologetics Managerialism*, Journal of Business, 31: 1 – 11.

Mirrlees, J. A. , 1976, *The Optimal Structure of Incentives and Authority within an Organization*, The Bell Journal of Economics, 7 (1): 105 – 131.

Mises, F. , 1949, *Human Action*, New Haven: Yale University Press.

Murakami, N. , Deqiang Liu and Keijiro Otsuka, 1994, *Technical and*

Allocative Efficiency among Socialist Enterprises: *The Case of the Garment Industry in China*, Jourmnal of Comparative Economics, 19 (3): 410 – 433.

Nagaoka & Atiyas, 1990, *Tightening the Soft Budget Constraint in Reforming Socialist Economics*, World Bank Industry & Enerrgy Department Working Paper, Industry Series Paper No. 35, May.

Nee, P., 1992, *China Post Maoist Political Economy*: *A Puzzle*, Contributions to Political Economy, 12 (1): 71 – 87.

Nelson, D., 1975, *Manager and Workers*: *Origins of the New Factory System in the United States*, 1880 – 1920, Madison: University of Wisconsin Press.

North, D. C., 1990, *Institutions*, *Institutional Change and Economic Performance*, Cambridge University Press.

North, D. C., 1994, *Economic Performance Through Time*, American Economic Review, 84: 78 – 89.

Orts, E. W., 1992, *Beyond Shareholders*: *Interpreting Corporate Constituency Statutes*, The George Washington Law Review, 61 (1): 14 – 135.

Pratt, J. & Zeckhauser R., 1987, *Incentive-based Decentralization*: *Expected Externality Payment Induced Efficient Behavior in Groups*, in Feiwel G. R. (eds.), *Arrow and the Ascent of Modern Economic Theory*, pp. 439 – 483, New York: New York University Press.

Prahalad, C. K. & Hamel G., 1990, *The Core Competence Theory of the Corporation*, Harvard Business Review, 66 (May/June): 79 – 91.

Prowse, S. D., 1992, *The Structure of Corporate Ownership in Japan*, The Journal of Finance 47: 1121 – 1140.

Porter, M., 1992, *Capital Choice*: *Changing the Way America Invests in Industry*, Research Report Presented by the Council on Competitiveness and Cosponsored by Harvard Business School, Washington.

Putterman, L., 1986, *The Economic Nature of the Firm*: *Overview*, in L. Putterman (eds.), *The Economic Nature of the Firm*: *A Reader*, Cambridge: Cambridge University Press.

Richardson, G. B., 1972, *The Organization of Industry*, Economic Journal, 82: 883 – 896.

Roberts, M., 1975, *Evolutionary and Institutional View of the Behavior of*

Public and Private Companies, American Economic Review, 65: 415 – 427.

Rosen, S. , 1985, *The Theory of Equalizing Differences*, In: Augustus and Layard, *Handbook of Labour Economics*, Amsterdam: North-Holland.

Ross, S. , 1973, *The Economic Theory of Agency: The Principal's Problem*, American Economic Review, 63: 134 – 139.

Salaman, G. , 1981, *Class and the Corporation*, Glasgow: Fontana.

Schumacher 1989, *Small Is Beautiful : Economics as if People Mattered*, Harper Perennial.

Shankman, N. A, 1999, *Reframing the Debate between Agency and Stakeholder Theories of the Firm*, Journal of Business Ethics, 19 (4): 319 – 334.

Shiller, 1981, *Do Stock Prices Move Too Much to be Justified by Subsequent Changes in Dividends?* American Economic Review, 71: 421 – 436.

Shleifer, A. , 1991, *The Conflict Between Managers and Shareholders*, NBER Working Paper, No. 4125.

Simon, H. A. , 1951, *A Formal Theory of the Employment Relationship*, Econometrica, 19 (3): 293 – 305.

Smith, 1999, *Management Succession and Financial Performance of Family Controlled Firms*, Journal of Corporate Finance, 5: 341 – 368.

Spence, A. M. , 1973, *Market Signalling: Information Transfer in Hiring and Related Process*, Cambridge, MA: Harvard University Press.

Stepher, M. & Parker D. , 1997, *The Impact of Privatelization-Ownership and Corporate in the U. K*, Rontledge.

Stigler, G. , 1976, *The Successes and Failure of Professor Smith*, Journal of Politcal Economics, 84 (6): 1199 – 1213.

Summers, 1998, *Equity in a Global Economy*, Remarks Presented to the Conference on Economic Policy and Equity, Washington, D. C. , The International Monetary Fund, June: 8 – 9.

Sumers, C. , 1982, *Codetermination in the U. S. : A Projection of Problems and Potentials*, Journal of Comparative Corporate Law and Security Regulation, 4: 155 – 191.

Tirole, J. , 1986, *Hierarchies and Bureaucracies: On the Role of Collusion in Organizations*, Journal of Law, Economics, & Organization. 2 (2): 181 – 214.

Tittenbrum, J. , 1996, *Private Versus Public Enterprise*, London: Janus Publishing Company.

Tobin, J. , 1992, *Dissent*, in Twentieth Century Fund（eds. ）, Report on the Task Force on Market Speculation and Corporate Governance, New York.

Votaw, D. , 1965, *Modern Corporations*, Prentice-Hall.

Walker, A. , 1874, *Sience of Wealth*: *A Manual of Political Economy*, Bonston: Little Brown, Reprinted, 1969, New York: Kraus.

Warner, 1988, *Stock Prices and Top Management Change*, Journal of Financial Economics, 20 （January/March）: 461 – 492.

Weisbach, M. S. , 1988, *Outside Directors and CEO Turnover.* Journal of Financial Economics, 20 （January/March）: 431 – 460.

Weitzman, M. L. , 1980, *Efficient Incentive Contracts*, Quarterly Journal of Economics, 94: 719 – 730.

Weitzman, M. L. , & Kruse D. , 1990, *Profit Sharing and Productivity*, In: *Paying for Productively*: *A Look at the Evidence*, Washington D. C. : The Brookings Institution.

Williamson, O. E. , 1975, *Market and Hierarchies*: *Analysis and Antitust Implications.* New York: Free Press.

图书在版编目（CIP）数据

协作系统观的企业理论：基于协调机制演化的分析 /
朱富强著. －－北京：社会科学文献出版社，2016.8
ISBN 978 - 7 - 5097 - 8258 - 3

Ⅰ.①协…　Ⅱ.①朱…　Ⅲ.①企业管理 - 经济理论
Ⅳ.①F270

中国版本图书馆 CIP 数据核字（2015）第 257497 号

协作系统观的企业理论
——基于协调机制演化的分析

著　　者 / 朱富强

出 版 人 / 谢寿光
项目统筹 / 宋月华　范　迎
责任编辑 / 范　迎

出　　版 / 社会科学文献出版社·人文分社（010）59367215
　　　　　　地址：北京市北三环中路甲 29 号院华龙大厦　邮编：100029
　　　　　　网址：www. ssap. com. cn
发　　行 / 市场营销中心（010）59367081　59367018
印　　装 / 三河市尚艺印装有限公司

规　　格 / 开　本：787mm × 1092mm　1/16
　　　　　　印　张：49　字　数：823 千字
版　　次 / 2016 年 8 月第 1 版　2016 年 8 月第 1 次印刷
书　　号 / ISBN 978 - 7 - 5097 - 8258 - 3
定　　价 / 249. 00 元